Um Estudo Crítico da História

Helio Jaguaribe

Um Estudo Crítico da História

Tradução:
Sergio Bath

2ª Edição

© Helio Jaguaribe
Capa: Isabel Carballo

CIP-BRASIL. CATALOGAÇÃO-NA-FONTE
SINDICATO NACIONAL DOS EDITORES DE LIVROS, RJ.

J24e

Jaguaribe, Helio, 1923-
Um estudo crítico da história / Helio Jaguaribe ; tradução de Sérgio Bath. — São Paulo : Paz e Terra, 2001
2v.

Tradução de: A critical study of history
Inclui bibliografia
ISBN 85-219-0385-5

1. Civilização – História. I. Título.

CDD 909
01-0375.   CDU 93

010465

Direitos adquiridos pela
EDITORA PAZ E TERRA S.A.
Rua do Triunfo, 177
01212-010 — São Paulo —
Tel.: (011) 223-6522

E-mail: vendas@pazeterra.com.br
Home page: www.pazeterra.com.br

2002

SUMÁRIO
VOLUME II

11 Índia 9
    I.   Introdução 9
    II.   Síntese histórica 12
    III.   Principais traços culturais e religiosos 57
    IV.   Surgimento da civilização Indiana 90
    V.   Desenvolvimento 99
    VI.   Reforma e transformação cultural 112

12 China 123
    I.   Introdução 123
    II.   Breve síntese histórica 126
    III.   Principais traços culturais 140
    IV.   Surgimento da civilização 213
    V.   Desenvolvimento 218
    VI.   Decadência e ressurgência 225

13 África 233
    I.   Prólogo 233
    II.   Itinerários africanos, das origens à colonização:
          Épocas marcantes, lugares importantes e povos testemunhas 235
    III.   Dinâmica das culturas e das civilizações 284
    IV.   Condições para o desenvovimento da civilização na África 303
    V.   Dinâmica das culturas: Principais condições do seu
          florescimento 307

UM ESTUDO CRÍTICO DA HISTÓRIA

VI. Dinâmica das culturas: Principais condições do seu declínio 310
VII. Epílogo: Um recomeço? Como renascer? 314

14 Civilizações pré-colombianas 317
I. Introdução: Quadro de referência temporal e espacial 317
II. Eventos históricos 327
III. Principais traços culturais 333
IV. Condições para o surgimento das grandes civilizações pré-colombianas 355
V. Desenvolvimento e reprodução dessas sociedades 356
VI. Sua crise e seu declínio 360
Mapas 365

15 A civilização ocidental — I. Formação da Europa 367
I. Introdução 367
II. O fim da Antiguidade tardia 369
III. Emergência da sociedade européia 396
IV. A sociedade medieval 415

16 A civilização ocidental — II. O Renascimento 431
I. Introdução 431
II. O quattrocento 440
III. As grandes descobertas e a aurora da ciência moderna 450
IV. O cinquecento 458
V. Observações conclusivas 476

17 O desenvolvimento ocidental 479
I. Introdução 479
II. A idade do Barroco 484
III. A grande transição 518

18 Reflexões sobre o século XX 551
I. Introdução 551
II. Aspectos principais 555
III. Principais acontecimentos 567
IV. O sistema internacional 624
V. Perspectivas para o século XXI 633

19 Conclusões 647
    I.   Introdução 647
    II.   As civilizações: Seu nascimento 649
    III.   Desenvolvimento 653
    IV.   Decadência 657
    V.   Outras conclusões importantes 661

NOTAS CAPÍTULOS 11 A 19 689

BIBLIOGRAFIAS CAPÍTULOS 11 A 19 703

ANEXOS CAPÍTULOS 11 A 19 725

ÍNDICE ONOMÁSTICO 771

11
ÍNDIA*

I
Introdução

A terra, os povos, as línguas

No globo terrestre a Índia aparece como uma grande península, juntamente com um território continental ao sul do Himalaia. O conjunto tem a forma de um triângulo invertido, situado entre o mar da Arábia, a oeste, e o golfo de Bengala, a leste, com o vasto Oceano Índico ao sul. Ao norte chama atenção a majestosa cadeia do Himalaia, muralha com poucas aberturas. O conjunto dessa área, que até a separação da Índia, Paquistão e Bangladesh, no nosso XX, foi sempre vista como um conjunto, se espraia para o Ocidente na direção do Afeganistão, e no sentido do Oriente apontando para a Birmânia (Myanmar), onde as montanhas do Assam e a cadeia Arakan formam uma fronteira natural. A distância do Himalaia, na Caxemira, ao norte, até a ponta meridional do triângulo, o cabo Camorim, é de cerca de 3.200 quilômetros. Do Baluchistão, no oeste, até o Assam, no Leste, a distância é ainda maior. A Índia tem aproximadamente metade do tamanho do Brasil, da Europa e dos Estados Unidos continentais.

Nessa vasta área, que se estende das montanhas nevadas até o litoral, ao longo de vales fluviais e de desertos, há uma grande variedade climática; e no curso do tempo ocorreram algumas mudanças de clima dramáti-

---

* As seções I a III deste capítulo são de autoria do prof. Kees Bolle.

cas. Na Pré-história e em diferentes épocas históricas as atividades humanas atravessaram e evitaram uma variedade de obstáculos, às vezes auxiliadas, às vezes prejudicadas por essas mudanças. De acordo com as investigações dos geólogos e historiadores, os desertos (especialmente nas regiões áridas do oeste, fronteiriças do Afeganistão, do Irã e de parte do que hoje é o Paquistão) representaram "uma barreira entre a península Asiática e a Ásia Ocidental durante as fases áridas, e uma estrada durante as fases úmidas".[1] O oceano por vezes convidou os indianos a navegar. Vamos descobrir de que modo essa história de movimentos por longas distâncias, que começaram muito cedo, justificaram o uso generalizado do plural — as Índias — para abranger o conjunto da Índia e do restante do sul da Ásia. Com efeito, nenhuma parte do sul e do sudeste da Ásia deixou de receber uma certa influência indiana. Embora pareça surpreendente, nunca a Índia gozou de hegemonia política sobre essas regiões; não obstante, nos tempos históricos a noção de Índia aparece constantemente como uma unidade. Nossa palavra "Índia" e também "as Índias" têm a mesma origem dos termos "hindu" e "hinduísmo" — o nome do rio Indus, a oeste (correndo agora quase todo no Paquistão), o principal curso d'água na primeira região alcançada pelos viajantes, comerciantes e guerreiros. Em outras palavras, "Índia" entrou no vocabulário mundial como um rótulo dado por estrangeiros, a começar pelos iranianos e gregos. Exatamente da mesma forma, "hinduísmo" foi o nome atribuído a uma extraordinária variedade de formas e costumes religiosos encontrados na Índia — rótulo que para os próprios indianos é desnecessário. Tratava-se simplesmente da "tradição", do mesmo modo como a Índia era a terra da tradição *Bharata*. O termo *Bharata*, conhecido desde a antiga literatura épica, a princípio parece modesto para um país tão celebrado. Com efeito, provavelmente nenhuma religião tradicional, tribal, sem fundadores conhecidos, jamais precisou ter um nome antes que os estrangeiros, ao "descobri-la", sentissem a necessidade de um nome para identificá-la.[2]

No início da nossa introdução à civilização indiana é importante ver os limites da perspectiva com que a vemos, uma vez que essa perspectiva foi determinada por ideologias nacionalistas e confissões religiosas. O enorme triângulo apontando para o Índico estava simplesmente nesse lugar, do mesmo modo como as tradições ancestrais não pareciam ter uma gênese localizável, e não faz muito sentido procurar confirmá-las ou negá-las. O hinduísmo não é uma religião criada por um fundador. Assim também a terra — a Índia — transcende qualquer reino ou dinastia, mostrando-se como um dado que não pertence a ninguém em particular.

De modo geral não se pode saber a origem da primeira população de qualquer lugar no mundo antigo, e com relação à Índia temos o mesmo desconhecimento. No entanto, há evidência de seus habitantes pré-históricos, caçadores e coletores de alimentos, cuja habitação diferia dos centros urbanos surgidos mais tarde. Os povos que habitavam a Índia antes da chegada dos arianos — vários deles em comunidades camponesas bem estabelecidas — deixaram traços na variedade da população subseqüente. Como acontece muitas vezes, devemos à lingüística histórica a possibilidade de generalizar sobre isso. Em algumas regiões da Índia, como nas áreas montanhosas de Orissa, existem línguas e resíduos de línguas que mostram uma relação com as línguas faladas no sudeste da Ásia, assim como no arquipélago indonésio. Em muitos detalhes não está ainda claro para os lingüistas a relação existente entre a língua munda, do nordeste da Índia, as línguas do grupo mon-kmer (cujo principal representante encontramos no Camboja) e as línguas malaio-polinésias, distribuídas pelo Pacífico, mas não há muita dúvida de que há entre elas um parentesco estrutural. Pesquisadores reputados têm argumentado que certos elementos encontrados nos textos do *Rigveda* (e, portanto, nos mais antigos registros deixados pelos arianos) mostram um alto grau de coerência entre a Índia e o sudeste da Ásia, no que tem sido chamado de "grupo austro-asiático".

Embora especulativas, essas pesquisas acadêmicas estão em harmonia com os indícios existentes de movimentos de população e língua do noroeste da Índia para o sul e o leste. Naturalmente, é preciso levar em conta que não há um paralelismo perfeito entre línguas e povos. Como sabemos muito bem, dada a história das modernas línguas indo-européias, idiomas como o inglês, o espanhol e o português são falados por numerosas nações que não se originaram na Inglaterra, na Espanha ou em Portugal. Na história das civilizações, porém, as linhas de descendência sanguíneas não são tão importantes quanto as línguas faladas.

Duas outras famílias lingüísticas precisam ser mencionadas. Em primeiro lugar, a dravidiana, de que o telugu, tamil, malaialam e kanada têm o maior número de falantes na Índia moderna. Tamil, a língua do estado de Tamil Nadu, no sul, é desses idiomas o mais difundido. Telugu, a língua do estado de Andra Pradesh, é caracterizada entre outras coisas pela clareza das suas vogais e a sua tradição musical é comparável à do italiano no Ocidente. Os lingüistas estão longe de pretender que resolveram todas as dúvidas no caso da família dravidiana. No entanto, temos razões para acreditar que essas línguas já existiam na Índia na época da chegada dos primeiros arianos. Há hoje no Paquistão um pequeno enclave dravidiano:

a língua brahui. Embora tenha-se procurado explicá-lo como o resultado de uma antiga migração do sul, é muito mais provável que a população que fala brahui tenha sua origem em novimento migratório do noroeste para o sul.

A influência de todos esses habitantes originais da Índia sobre os que chegaram depois e se misturaram com eles ocupa uma boa parte do estudo da civilização indiana, que sempre nos reserva surpresas. Tanto os povos dravidianos como os mon-kmer (levando em conta os dados menos claros sobre estes últimos) eram agricultores capacitados. Não eram povos "primitivos" ou "selvagens" a serem considerados irrelevantes para o crescimento da civilização indiana.

Adicionalmente, o mapa lingüístico da Índia mostra também, nas regiões setentrional e norte-oriental, dialetos do grupo sino-tibetano. Na Índia, com suas espantosas cadeias de montanhas, como em toda parte, as pessoas não admitem a impenetrabilidade das fronteiras. Em 1931 o número total das línguas faladas na Índia foi estimado em 225. Segundo o especialista francês Louis Renoux, se descontarmos as línguas faladas por relativamente poucas pessoas, nas regiões fronteiriças do Tibete e da Birmânia, ficaremos com perto de uma centena de idiomas — e mesmo esse número é considerável.

II
Síntese histórica

Civilização e religiões primitivas

a) A civilização do vale do Indus

Os dois fatos mais conhecidos da história indiana são a invasão dos arianos e, depois das escavações iniciadas por sir John Marshall em 1921, a civilização do vale do rio Indus. A ordem cronológica das duas contraria a da sua descoberta por pesquisadores estrangeiros: os resíduos encontrados no vale do Indus são anteriores à chegada dos arianos.

A surpresa reservada pela civilização do Indus para todos os que estudam a Índia foi a modificação do que se tornara gradualmente o conhecimento padrão desde que os ocidentais pela primeira vez se conscientizaram da civilização indiana, no século XVIII: a idéia de que o refinamento indiano teve a sua origem na invasão ariana. É bem verdade que alguns especialistas que puderam definir famílias lingüísticas coerentes, e que estavam conscientes dos primeiros movimentos étnicos, tinham motivos para suspeitar dos movimentos anteriores de maior importância. No entanto, o próprio tamanho e magnificência da arquitetura e dos artefatos encontrados no vale do Indus põe um fim na visão evolucionista ingênua da Ásia meridional. Quanto à dimensão geográfica do país, o termo "império" pode ser apropriado, porque ele se estendia desde as montanhas setentrionais (perto da atual Lahore) até o mar da Arábia. Durante seus dias de glória, o limite meridional quase atingia o rio Narbada e a moderna Baroda. Ali, no golfo de Cambai, estava situado o principal porto, não longe da moderna Lotal.

A antiguidade da civilização que acabara de ser descoberta espantou o mundo. Ela havia florescido desde antes da metade do terceiro milênio a.C. até a metade do segundo milênio a.C. Os arqueólogos concordam em que muito antes o aumento da produtividade, no Neolítico, e da criatividade nas povoações da região do Indus, e nas suas margens, no Baluchistão, deve ter preparado o caminho para o desenvolvimento gradual das cidades e da sua organização econômica, social e política. O noroeste da península Indiana mostra novas formas de ocupação desde o quinto milênio a.C. O surgimento da civilização do vale do Indus é mais ou menos contemporâneo com o aparecimento da civilização na Mesopotâmia e no Egito, e comparável a ele. Tecnicamente o vale do Indus era mais avançado — por exemplo, na infra-estrutura sanitária pública das suas grandes cidades, ultrapassando a Mesopotâmia e o Egito e antecipando a exuberância de Roma. Objetos de cobre do período remoto dessa cultura foram encontrados nas escavações. Embora haja evidência de comércio com a Mesopotâmia, o surgimento da civilização do Indus foi um fenômeno independente. Na região da Mesopotâmia os arqueólogos encontraram selos do vale do Indus, assim como carneliana (calcedônia rubra usada em jóias). É interessante notar que, embora importasse sobretudo matérias-primas, a Mesopotâmia parece ter desenvolvido uma inclinação pelas jóias fabricadas no vale do Indus. Se essas belas peças ornamentais significam algo, pode-se pensar que uma das raízes da visão exaltada do Oriente sustentada nos países do Ocidente é muito antiga. Como é bem conhecido, a "descoberta" de caminhos para o Oriente — pelos gregos, depois os romanos e, finalmente, os europeus — parece ser variações em torno do mesmo tema. Sob a forma de certos produtos silenciosos da artesania, o longo curso da história pode sugerir a busca de um sonho.

Muitos detalhes que gostaríamos de decifrar ainda estão fora do alcance dos especialistas. Sabemos que uma escrita notavelmente uniforme foi usada em toda a área coberta por essa civilização, mas o conhecimento que temos dela é parcial. Além disso, como os registros conhecidos dessa escrita se limitam até aqui a selos de esteatita (pedra-sabão), e não conhecemos quaisquer hinos ou épicos — nada comparável à documentação deixada pela tradição sucessora, védica-sanscrítica —, não é provável que consigamos penetrar profundamente na sua cultura e religião. Mesmo no que respeita à organização política e social, limitamo-nos a inferências de caráter geral. As duas maiores cidades, cada uma delas com uma circunferência de mais de 5 quilômetros, estavam situadas, respectivamente, no Indus inferior, em Mohenjo-Daro, no Sind, e em Harapa, no norte, no Panjab, sobre o rio Ravi, um dos cinco rios dessa região que alimentam o Indus. O local desta última cidade coincide com a atual Harapa. Dada a nossa ignorância lingüística, esses antigos centros urbanos são denominados com o nome das vilas próximas das suas ruínas. Lotal, onde havia uma próspera cidade portuária, é conhecido pelo nome moderno.

A despeito das dificuldades de interpretação, as descobertas arqueológicas elucidaram algumas questões importantes. Em primeiro lugar, sabemos que por volta do ano 2000 a.C. havia uma florescente atividade de navegação entre Ur, na Mesopotâmia, e a cultura de Harapa; durante a sua época de maior prosperidade, é provável que a maior parte desse comércio passasse por Lotal, e parece certo que objetos de marfim encontrados em Ur vieram do vale do Indus, criados provavelmente por artistas dessa região, como indicam o seu desenho, típico da cultura de Harapa. As dimensões desse antigo império são significativas, sendo impossível que, com todas as suas realizações, tenha podido desaparecer sem deixar registro na história posterior da Índia. E nesse ponto a arqueologia confirmou o que até mesmo os primeiros exploradores suspeitaram, na década de 1920. Nas escavações feitas há estruturas que devem ter precedido a civilização do vale do rio Indus. Depois que ela se extinguiu, muitos dos seus implementos e ornamentos se espalharam por uma vasta região, no sentido do sul. E durante a era do esplendor de Mohenjo-Daro e Harapa, outras áreas circundantes, em grande parte do noroeste da península Indiana exibem adaptações da cultura do Indus em povoações agrícolas. As numerosas culturas regionais surgidas como seqüelas da civilização do Indus, no segundo milênio a.C., são conhecidas como "calcolíticas" ou "neolítico-calcolíticas", porque encontramos nas suas ruínas instrumentos de pedra, de boa qualidade, e também de cobre. As cidades, porém, só surgiram muitos séculos depois, e não houve uma tentativa de construir outra Mohenjo-Daro. Quando surgem as cidades, não é na bacia do Indus, mas sim do Ganges.

Os grandes depósitos de cereais erigidos nas cidades do vale do Indus têm impressionado profundamente os arqueólogos, pois indicam uma organização política e social sem paralelo nessa época remota. Naturalmente, a capacidade de armazenar grãos representa riqueza e também centralização do poder. Poder evidenciado mais ainda pelo fato de que todas as grandes cidades tinham uma cidadela que se erguia distintamente sobre as construções vizinhas, construída com argila e tijolos cozidos, bem preparadas para o caso de guerra. A geografia do Indus com seus tributários e outros rios adjacentes proporcionava um sistema de transporte eficiente. Essa rede fluvial deve ter exercido um forte impulso para a unificação do vale do Indus, em escala muito maior do que a da Grécia. Outra vez, muitos detalhes nos escapam, mas há uma concordância generalizada de que essa organização era provavelmente real e também sacerdotal. Sob esse ponto de vista a civilização do Indus lembra a da Mesopotâmia e do antigo Egito. Uma notável uniformidade no estilo arquitetônico em todo o Antigo Império parece datar de depois do ano 2200 a.C., quando Harapa subitamente sentiu necessidade de se fortificar; depois disso, há evidência da destruição de alguns centros. O historiador Herman Kulke sugere que o crescente processo de unificação e a construção da cidade portuária de Lotal podem ter resultado de uma guerra em que Mohenjo-Daro saiu vitoriosa.

Mesmo além dos limites da cultura do vale do Indus propriamente, e antes de ela surgir, os camponeses plantavam cevada, trigo, arroz e lentilha, os alimentos mais comuns nessa época. A despeito das grandes mudanças havidas na produção de arroz, especialmente em épocas menos remotas, podemos encontrar uma extraordinária continuidade ao longo da história da Índia. Ao norte da planície do Indus, no vale da Caxemira, um vaso pintado de cinza, no sítio arqueológico de Burzahom, estudado minuciosamente, mostra o desenho de um búfalo do rio Indus, que os pesquisadores Bridget e Raymond Allchin consideram imagem de uma divindade. Tendo em vista a ocorrência de desenhos de búfalos na arte de Harapa e Mohenjo-Daro, não há dúvida de que essa interpretação é correta. Com efeito, ainda hoje encontramos nas aldeias do interior da Índia o uso do búfalo como animal de sacrifício — geralmente no culto de uma deusa.

Assim, muita coisa nos leva a concluir que, independentemente dos detalhes nos costumes religiosos da civilização do vale do rio Indus, seu quadro geral se harmoniza com as tradições precedentes e contemporâneas das comunidades camponesas — conclusão reforçada pelas descobertas arqueológicas de objetos de artesania. Tanto a imagem do Búfalo-divindade como as numerosas imagens femininas de terracota — sem dúvida símbolos da grande deusa — testemunham a tenacidade de certos traços religiosos básicos na civilização indiana.

Logo depois da divulgação dos primeiros dados sobre Mohenjo-Daro, deu-se muita importância aos sinais de destruição da cidade, que nunca foi reconstruída. A outra hipótese, de que os invasores violentos tenham sido os arianos, mostrou ser falsa. O fim de Mohenjo-Daro e de toda a civilização do Indus deveu-se a uma variedade de fatores, alguns dos quais relacionados com a atividade humana, como o desflorestamento e a pastagem excessiva. Os níveis mais recentes das escavações mostram também muitas casas construídas sem um plano, diferentemente do que acontecia durante os muitos séculos precedentes, em que as moradias eram construídas do mesmo modo e nos mesmos lugares. Os arqueólogos referem-se a esse desenvolvimento tardio como a "fase dos favelados". Houve também alterações geológicas e tectônicas, fazendo com que se elevasse o nível das águas subterrâneas. Em conseqüência, hoje os arqueólogos têm dificuldade em examinar as camadas mais antigas de Mohenjo-Daro, que estão a mais de 12 metros de profundidade em relação ao nível do solo atual. Assim, a principal causa da decadência da civilização deve ter sido climática. Os paleobotânicos já demonstraram que o período que marcou o fim da civilização do vale do rio Indus coincidiu com uma fase de secas rigorosas que duraram 700 anos.

b) A invasão ariana e a formação das religiões

A época da invasão da Índia pelos arianos só pode ser datada aproximadamente. De qualquer forma, depois de cruzar os desfiladeiros do Hindu Kush, no noroeste, atravessando o Afeganistão e a região do Indus, os arianos não precisaram enfrentar uma reação organizada no vale do Indus. A intensa erudição do século XIX, dedicada à língua dos vedas (uma forma primitiva do sânscrito), tendeu a romantizar excessivamente os arianos. Não só a descoberta da civilização do Indus como estudos arqueológicos na Europa Oriental alteraram consideravelmente nossa perspectiva. Já se sugeriu que as tribos guerreiras indo-européias atrasaram a marcha da civilização em mil anos (Marija Gimbutas), e alguns especialistas eminentes parecem ter sido influenciados por essa mudança do clima intelectual.

Assim, por exemplo, um texto védico tardio que prescreve o uso de um vaso ritual, moldado com técnica bastante primitiva, foi indicado para provar que os arianos não estavam familiarizados com o torno do oleiro. Supostamente a utilização de peças fabricadas com torno para a moldagem da argila teria sido rejeitada com o argumento de que essa técnica só era conhecida dos habitantes que os invasores encontraram na Índia. Ora, essas conclusões, baseadas em um texto ritual, são claramente pouco convincentes, considerando-se que esses tornos já eram conhecidos na Mesopotâmia, por volta de três mil anos antes de Cristo, assim como dos habitantes de toda a área ocupada pela civilização do Indus. E levando em conta também que desde o princípio das suas migrações as tribos indo-arianas mantiveram contato com regiões de cultura avançada, e que os arianos conheciam bem o princípio da roda, pois usavam carros de guerra.

Em vão procuraremos uma civilização indo-européia primordial: será preferível imaginar uma multidão composta de várias tribos, com um estilo de vida nômade, baseado na pecuária, que se opunha às muitas vilas e cidades com seus habitantes sedentários. Em todos os casos as avaliações simplistas das idéias atrasadas e a tecnologia primitiva dessa cultura não parece justificada — como no referente aos invasores originais da Itália, que falavam uma forma de protolatim e eventualmente instituíram o Estado romano; assim como as tribos eslavas, célticas e germânicas que construíram fortalezas e dominaram populações camponesas em toda a extensão da Europa Da mesma forma, é preciso resistir à tendência para degradar os arianos. Embora sua herança seja difícil de decifrar, os textos védicos nos revelam bastante sobre eles. Suas tradições orais eram não só altamente articuladas como deixaram uma marca permanente no conjunto da cultura indiana — notadamente a prática da divisão social em três classes, encontrada nas tradições de todas as tribos que falavam um idioma indo-europeu, o qual continuou vivo na Índia mais firmemente do que em qualquer outro lugar.

Os textos védicos não nos contam o que aconteceu, porque não pretendiam fazer a crônica de eventos. Os mais antigos eram hinos que, na sua maior parte, glorificavam os deuses. A seu lado, havia tratados comentando os hinos e os procedimentos rituais: os *Brahmanas*. Estes são acompanhados por comentários adicionais que não só fazem observações mas meditam: os *Upani*. Mesmo os *xades* leitores atuais, distantes milênios da criação dos *Vedas*, podem ver que boa parte das imagens védicas e dos rituais se destinavam a provocar a contemplação. Nos hinos as duas divindades mais cultuadas são Agni e Indra. Indra é o rei dos deuses. No entanto, no universo religioso desses textos não há um exclusivismo dogmático do tipo que tantos modernos consideram parte de qualquer religião. Se Indra é necessário, pela sua função de chefia, Agni, o deus associado ao fogo, é também indispensável. Com efeito, o fogo é não só um meio pragmático usado para cozinhar e para outros fins utilitários; é essencialmente o que é porque se trata de elemento ritualístico absolutamente vital, descrito na sua função mediadora que não difere da exercida por Jesus Cristo no cristianismo: ele traz os deuses ao local de sacrifício. E pode ser identificado com o próprio sacrifício. O primeiro hino do *Rigveda* é dedicado a Agni. A tradução seguinte dos quatro primeiros versos, no estilo da Bíblia inglesa do rei Jaime (em tradução livre para o português), não está à altura da linguagem arcaica do original, com seu ritmo absorvente:

> Louvo Agni, meu sacerdote, deus, ministro do sacrifício, / Oferenda de riqueza esplendorosa. / Digno de ser louvado pelos profetas vivos, como o foi pelos antigos. / Com ele chegarão os deuses. / Por ele se alcançará a riqueza, uma grande riqueza, crescendo cada dia / Na glória e no heroísmo. / Agni: contigo, o sacrifício mais perfeito / Com certeza alcançará os deuses.[3]

Só a execução correta dos rituais pode produzir bem-estar e, literalmente, manter a higidez do mundo. Os textos védicos contam entre suas deusas uma que é especialmente exaltada: Aditi, nome que significa "aquela que não tem limites". Ela é a mãe dos deuses — e "mãe" significa aqui menos a maternidade biológica, ao fato de que dela nasceram suas filhas, as Adityas, mas ao poder supremo que tem Aditi sobre tudo o que existe: a vida e a morte; o passado, o presente e o futuro. Como na Mesopotâmia, no Egito e em outras culturas arcaicas, a concepção dos deuses admitia a existência de diferentes hierarquias paralelas. Não há dúvida de que a figura de Aditi é um dos símbolos religiosos com os quais os primeiros indianos participavam de um universo muito mais amplo e familiar, com uma deusa suprema, em várias tradições que aceitavam muitos outros deuses, como acontecia com os indianos da tradição védica e bramânica. É concebível que Aditi, "aquela que não tem limites", atraísse também um tipo de pensamento que poderíamos chamar de "especulativo". Ela podia ser entendida como o poder abrangente por trás dos deuses que participavam dos rituais. Usas, cujo nome significa "aurora", era outra deusa de grande importância. Não há evidência de que ela estivesse ligada a uma forma de "adoração da natureza", como especulavam os pesquisadores do século XIX, com zelo romântico, mas é ela que anuncia tanto o começo da batalha como do ritual. Cada divindade invocada recebe elogios superlativos. Quando empregam o termo "politeísmo", os modernos pensam que não há diferença entre os vários politeísmos. No entanto, cada um deles (o pânteon grego, os deuses aztecas etc.) tem sua própria "estrutura", que nos pode revelar sua realidade simbólica. Ora, a unidade existente no "politeísmo" indiano primitivo pode ser vista mais claramente em razão do ritual.

Os tipos mais antigos de ritual mencionados nos textos focalizam a vida doméstica. O principal condutor do sacrifício é o chefe da família, que lembra os *pater familias* romanos. Ao longo dos séculos os rituais aumentaram em número e em importância sociopolítica. A distinção entre os sacrifícios domésticos e os grandes sacrifícios se tornou padrão na antiga Índia. No entanto, mesmo nos sacrifícios elaborados um dos fogos prescritos é o "fogo doméstico". Para os grandes sacrifícios era necessário reunir vários sacerdotes, e até mesmo muitos deles. O desenvolvimento da vida ritual é sem dúvida inseparável da elaboração e sistematização da tradição oral, assim como das escolas em que os textos eram memorizados e discutidos. Os *Brahmanas*, com seus comentários, derivam também de alguns dos ensinamentos mais antigos dessas escolas.

A evidência lingüística mostra que o *Rigveda* é a mais antiga das quatro coletâneas de hinos. Rig é, por definição, um poema recitado em honra de uma divindade. Além do *Rigveda*, havia três outras coleções de textos. Duas contêm em grande parte os mesmos hinos, e todas as quatro mostram a maior variedade nas suas *Brahmanas*, *Upanixades* e outros textos anexos. O *Samaveda* é a coleção védica de cânticos (Samani). O terceiro Veda é o *Yajurveda*, a tradição sagrada daqueles brahmins de cujo meio vieram os sacerdotes cuja tarefa, nos grandes procedimentos rituais, consistia em recitar as fórmulas necessárias para a sua realização prática. *Yajus* é o nome dos textos usados nos sacrifícios usados nesses procedimentos. Dos três tipos de sacerdote, o primeiro — os que recitavam — era a incorporação da autoridade do ritual; o segundo, o acompanhante, e o terceiro, o praticante. Os *Vedas* eram memorizados com diferentes comentários, e uma variedade de cânticos. O *Rigveda* é sempre chamado de "o mais antigo" (em todas as culturas clássicas, "o mais antigo" significa "o mais significativo"), mas todos os três são necessários. Assim, o *Samaveda* não deve ser considerado um "mero" acompanhamento. Seu cântico é característico e usa cinco tons. E nas escolas dessa tradição foram criados algumas das "especulações" mais importantes e respeitadas. O quarto *Veda, Atarvaveda*, é muito diferente dos outros nos seus textos. Os estudiosos ocidentais muitas vezes se referem a essa coleção como "mágica". A tradição indiana tem muita consciência das suas peculiaridades. Era comum que os monarcas escolhessem sacerdotes *brahmins* dessa tradição para servir como "capelães", e sua participação era indispensável para corrigir os erros rituais cometidos. Presumia-se que o ritual era absolutamente necessário. Contudo, era necessário para quê? A resposta não é fácil de encontrar. Na base dos textos pode-se argumentar que era necessário para manter todo o equilíbrio cósmico e a ordem do universo. Quando dizemos isso, porém, cometemos uma distorção ao explicar demais, e é inevitável a sugestão de "mera mágica" ou de "compreensão insuficiente". Pode ser mais correto dizer que no mundo desse hinduísmo primitivo o sagrado tem por base a ação. Um ponto de vista que é ao mesmo tempo evidente e tão difícil de "explicar" quanto a garantia dos "direitos humanos" ou da "liberdade de imprensa" nas nações do século XX. Pergunta-se: "Por que devemos respeitar os direitos humanos? E por que deve haver liberdade de imprensa?". Questões que são evidentes dentro da sua tradição.

Quando a tradição védica se consolidou em formas mais sistemáticas houve um grande debate. Essa tradição passou a ser o que os pesquisadores chamam de "bramanismo", uma vez que a classe dos brahmins era sem dúvida o grupo mais diretamente responsável (sabemos, porém, pelas discussões dos *Upanixades*, que outros grupos estavam envolvidos, notadamente certos kshatrias). Os textos deixam claro que essa época testemunhou muitos "ascetas peregrinos" — indivíduos e grupos. Está claro também que não devemos imaginar que essas novas religiões eram mais organizadas e centralizadas do que o antigo hinduísmo. Os budistas não tardaram a ter os seus conflitos, e os jainas logo se dividiram entre os que seguiam estritamente as práticas do seu fundador, chegando ao extremo de não usar roupas (como era o costume do Mahavira nos seus últimos anos de vida), e os menos extremados, demonstrando maior inclinação para produzir mercadores bem-sucedidos.

A partir do século sexto a.C. começamos a ter um mapa mais claro das regiões da Índia onde ocorriam esses desenvolvimentos. Os nomes que constam dos textos incluem Kosala, Magadha, Vatsa, Avanti — esses os principais países situados nos férteis vales do Ganges e dos seus tributários. Segundo a tradição, um asceta peregrino, que se tornou o Buda (ca. 560-480 a.C.), nasceu como Sidartha Gautama, no norte, filho de um rei. No mapa de hoje o lugar do seu nascimento ficaria no Nepal. Ele se deslocou para o sul, para a região central da Índia, e começou a sua pregação, depois de um período de busca da verdade que concluiu com a sua iluminação em Bodh Gaya, em Magadha (Bihar no mapa atual) — experiência que o transformou em um Buda.

Nesse ponto vale lembrar outras figuras originárias de lugares remotos, que abraçaram as idéias principais de uma tradição importante e aumentaram vitalmente o seu poder de persuasão. Penso, por exemplo, em Agostinho de Hipo (cidade relativamente afastada do Império Romano). Agostinho foi para Roma e se transformou em um bispo cuja voz até hoje inspira respeito no mundo ocidental. Da mesma forma, Calvino veio da Normandia, uma região da França que não era considerada exatamente o centro da civilização. No entanto, ele dominou os principais problemas vividos pela Igreja na época, tornando-se o líder das igrejas da Reforma. Portanto, o caso de Buda tem muitos paralelos, o que o torna historicamente mais compreensível.

Obviamente o Buda teve mais sucesso do que outros pregadores: o budismo se transformou em uma religião mundial, enquanto Mahavira, seu contemporâneo e sob muitos aspectos seu igual, fundou uma religião, o jainismo, que não se difundiu além da Índia. Buda não criou uma Igreja, propriamente, mas abriu mosteiros para seus monges e discípulos. O rei Bimbisara, de Magadha, foi o primeiro a estender sua proteção aos discípulos de Buda, dando-lhes um lugar para ficar. Assim, embora exercesse uma grande influência, o budismo primitivo era uma religião para monges; só mais tarde, nos primeiros séculos da nossa era, começou a ser uma religião para monges e também para leigos: o budismo mahaiana.

Os textos védicos — tanto os hinos como os *Upanixades* — mencionam pelo nome monarcas, poetas famosos e comunidades tribais, e muitos desses nomes aparecem novamente em textos de datas posteriores. No entanto, é impossível deduzir deles uma história objetiva, no sentido do clássico *"wie es wirklich gewesen"* — como as coisas realmente aconteceram. A observação de que na Índia nunca se escreveu história é irrefutável se pensamos no tipo de história a que nos habituamos. As linhas e os sinais valorizados pela cultura indiana também não são os mesmos das crônicas chinesas. Devemos muito às fontes chinesas, pois com a sua ajuda podemos ocasionalmente estabelecer algumas datas na história da Índia. Quanto aos indianos, porém, eles davam mais valor às linhas de transmissão que sugeriam (sem provar) a autoridade de uma certa tradição. O termo *dharma*, que muitas vezes só podemos traduzir por "religião", significa na verdade "tradição" — ou seja, a tradição cuja existência e observância constituem a única garantia de bondade, virtude e verdade. Os longos poemas narrativos que chamamos de épicos são denominados *itihasa*, que em sânscrito significa "foi assim". Por isso eles são entendidos como história, enquanto quase todos nós os colocaríamos na mesma categoria da *Ilíada* e da *Odisséia* de Homero, também com boa razão. O mais longo dos dois grandes épicos, o *Mahabharata*, tem como ponto central a guerra entre os pandavas e kauravas, e a grande batalha "no campo dos Kurus" — *Kuruksetra*. Nos séculos que precederam a nossa era muitas narrativas foram contadas, baladas foram cantadas, e dessa mina o *Mahabharata* selecionou gradualmente os seus elementos. Embora as fontes do *Ramayana* possam ter a mesma antigüidade, seu estilo é bem mais homogêneo do que o *Mahabharata*. Assim, não se pode negar a ocorrência de elementos históricos, mas para nós seria muito difícil chamar esses épicos de "história", em razão dos numerosos eventos imaginativos que eles contêm. O registro do pensamento e das narrativas indianas está em harmonia com a filosofia indiana, especialmente a visão ioga (mas não só ela), que se recusa a separar claramente "o que realmente aconteceu" do que foi imaginado. Na percepção desses textos, a realidade da existência humana, e seu propósito, cruzam repetidamente essa fronteira — o que afeta o modo como entendemos a história, ou na verdade deveríamos entendê-la.

Os dois grandes épicos e também as *puranas*, "histórias de antanho" (oficialmente, 18 em número) provavelmente começaram a ser compostas por volta do segundo século a.C.; continuaram a ser criadas ou desenvolvidas ao longo do tempo, e no décimo século a.D. estavam essencialmente completas. As *puranas* são coletâneas de reflexões sobre memórias — se por memória entendemos a preocupação ativa com a nossa situação e os nossos atos. Uma vez mais, a explicação de eventos que nossos estudos sociais desejariam definir focalizam temas que para os textos indianos são irrelevantes.

Usamos algumas vezes o termo bramanismo. Como "hinduísmo" e "Índia", trata-se de um rótulo usado pelos estrangeiros, na tentativa de especificar o que só pode ser visto como um fenômeno marcado pela fluidez. Refere-se ao tempo e ao movimento social transcorridos da época védica à época gloriosa do Império Gupta, e mais adiante. Como designação de um período, "bramanismo" abrange vários séculos antes e depois de Cristo. Dessa forma, é um tema útil para um período muito produtivo, que demonstrou reiteradamente a sua abertura. A sugestão que acompanha com freqüência o termo (na verdade, um simples rótulo usado pelos estrangeiros), é a influência predominante dos *brahmins* — sugestão errônea. O *Mahabharata*, que se desenvolveu a partir de numerosas tradições orais, surgiu neste período, tornando-se conhecido como o "quinto *Veda*". Um titulo esclarecedor, significando um *Veda* que se dirige a todos, diferente dos *Vedas* relativamente esotéricos que oficialmente só podiam ser estudados pelos iniciados, os "nascidos pela segunda vez".

Com relação a muitos acontecimentos de grande importância histórica, nossa informação não é mais precisa do que no caso da "invasão ariana". Além disso, quando estamos informados, no que respeita à Índia — como no domínio aquemênida sobre a Pérsia, cujo brilho afetou todos os países vizinhos — não podemos falar de uma influência duradoura. Não obstante, Dario I, o terceiro imperador aquemênida, segundo uma inscrição datada de 519 a.C., parece ter exercido controle sobre Gandara (parte da região noroeste do atual Paquistão, que se tornaria famosa como centro da reputada arte budista de Gandara), assim como sobre uma extensa área do Panjab. Não obstante a sua importância, estritamente os aquemênidas não são relevantes para os nossos argumentos. A simples questão do que significa "controle" no caso da Índia — na época e durante os séculos seguintes — é difícil de resolver. Devemos levar em conta que as portas de entrada da Índia (o noroeste, de modo geral, a Ásia Central e em particular os desfiladeiros do Afeganistão) foram áreas vitais desde as primeiras fases da história indiana. Um aspecto curioso é que algumas das passagens que têm tido mais interesse para os ocidentais, como a campanha oriental e indiana de Alexandre, o Grande, não deixaram nenhuma lembrança entre os indianos. É bem verdade que a Báctria pós-alexandrina, correspondendo ao que hoje é uma parte do Afeganistão e da Ásia Central ex-soviética (Uzbequistão e Tadjiquistão) foi dominada durante alguns séculos pelos sucessores militares de Alexandre — alguns deles de forma muito bem-sucedida. Mas, na verdade, a influência grega foi modesta. Isso não quer dizer que devemos descontar a arte greco-indiana, que nos deixou algumas das mais esplêndidas imagens de Buda. No entanto, essas mesmas imagens evidenciam o modo como os "príncipes" gregos foram absorvidos pela Índia — um processo que ocorreu muitas vezes na história indiana. O que Horácio disse sobre a Grécia — *Graecia capta ferum victorem cepit* — ("Mesmo quando conquistada, a Grécia mantém prisioneiro o seu feroz conquistador") — pode também ser dito da Índia. Séculos mais tarde, no princípio da nossa era, judeus e cristãos (os seguidores de São Tomás) fixaram-se em Malabar e terminaram se ajustando bem ao sistema de castas. Os cristãos convidavam os hinduístas para as suas festas, convite que era recíproco. A estrutura social indiana remodelou os estrangeiros que absorvia. E, como veremos, quando o Islã entrou em cena, o típico hindu "dar e tomar, e aparar" se fez sentir firmemente sob Akbar.

As grandes mudanças ocorridas na Índia antiga são marcadas por certos acontecimentos políticos, mas mesmo esses eventos não podem ser vistos separadamente da transformação religiosa nascida das discussões sobre os *Upanixades*. É difícil dizer em que medida o religioso afeta o político, e vice-versa. Em muitos casos observamos que "o social" e "o político" nunca estiveram separados, ou em oposição, como, por exemplo, a Igreja medieval e o Estado, no Ocidente.

Na história da Índia, os primeiros eventos que podem ser datados com uma certa precisão pertencem ao sexto século a.C. — ou seja, no meio de um período em que os primeiros e grandes *Upanixades* estavam sendo compostos, ou recebiam sua forma definitiva. É também o período em que surgiram as duas preeminentes criações religiosas: o jainismo e o budismo. Uma fase de tumulto espiritual e fertilidade nas questões relacionadas à orientação humana fundamental. Essas duas religiões nasceram com base em símbolos e premissas conhecidas dos textos védicos. Com isso quero dizer que a maior parte das noções e expressões religiosas dos *Upanixades* era aceita como válida, tais como a lei de *Karma* e a meta da *Moksha* (*Nirvana*). É bem verdade que, ao contrário do hinduísmo corrente, tanto o jainismo como o budismo eram criações humanas, e por essa razão desenvolveram uma autopercepção, a consciência de que eram "diferentes". O fundador do jainismo, Vardamana, era venerado pelos seus seguidores como Mahavira, "o grande herói", o maior *jina* ("conquistador" espiritual). Mahavira nasceu por volta de 540 a.C. e viveu cerca de 72 anos. Segundo a lenda, morreu de inanição, tendo deixado de se alimentar. O jainismo nunca se propagou além das fronteiras da Índia, mas existem hoje na Índia alguns milhões de crentes da tradição jaina, que formam um casta respeitada: a maioria deles é comerciante. A situação atual é significativa em um contexto mais amplo. O mundo de Mahavira e de Buda era um mundo em transformação política e econômica: a gradual urbanização do país estava criando novas formas de relacionamento entre as pessoas, diferentes das que havia no passado estritamente agrícola. Nessa atmosfera, é fácil entender que tenham surgido disputas do que se aceitava como natural em matéria de religião. A realidade histórica dos ensinamentos de Mahavira é acentuada por referências nos textos budistas, já que ele era mencionado entre os opositores de Buda. Em vida, Mahavira se separou de um dos seus discípulos,

Gosala, que fundou a sua própria comunidade, conhecida como o grupo dos ajivikas.

O que faz com que o jainismo e o budismo pareçam diferentes da religião tradicional da qual se afastaram é a sua "heterodoxia". Nenhum deles aceitava a autoridade dos *Vedas*. No entanto, o termo sânscrito *nastika* não corresponde exatamente a "heterodoxia". Deriva de *"na asti"*, ou seja "não é" (não é a autoridade dos *Vedas*). Para compreender a cultura indiana, é importante não introduzir prematuramente nossas idéias ocidentais: o hinduísmo nunca teve um "papa" e nunca aderiu a qualquer "doutrina" — e o mesmo se pode dizer do jainismo e do budismo.

De acordo com a memória indiana, no período menos conhecido que precedeu o sexto século a.C. o centro dos acontecimentos estava mais a oeste do que as grandes planícies e as cidades tradicionais, como Benares. O *Mahabharata*, o mais longo dos dois épicos sânscritos, fala sobre a guerra de Kuruksetra, resultado de uma disputa dinástica entre os kauravas e os pandavas. É impossível saber quando ocorreu realmente essa guerra, nem podemos ter certeza de onde ela de fato aconteceu. É provável que estivesse relacionada com acontecimentos do extremo noroeste, até mesmo da Ásia Central, na direção em que ao longo da história conhecida muitas ações se sucederam, provocadas muitas vezes por guerreiros procedentes do norte. Os cartógrafos situam a tribo kuru (da qual derivam os kauravas) no noroeste, tocando o rio Indus. É mesmo possível que a grande batalha tenha ocorrido perto da atual Delhi. Quando entramos em um terreno histórico um pouco mais firme, o centro da civilização indiana já se deslocou para o leste, ao longo do rio Ganges, e para o ssul, no sentido dos montes Vindia, e mais além.

Os Maurias

Não é provável que os governantes indianos tenham precisado esperar pelos conquistadores persas do Império Aquemênida, ou por Alexandre, o Grande, para adquirir o gosto pelas conquistas — embora isso já tenha sido sugerido. Bimbisara, o protetor de Buda, não só foi um conquistador como teve por sucessor um filho que o assassinou para subir ao trono. No entanto, os primeiros conquistadores importantes da história indiana foram da dinastia Mauria. Chandragupta pode ter adquirido sua experiência bélica lutando contra patrulhas dos bactrianos helenizados, no extremo noroeste. Não está claro de que forma ele subiu ao trono de Magadha, por volta de 320 a.C., mas é possível que estivesse ligado por casamento com os governantes Nanda que substituiu. De qualquer forma, ele era um kshatria que deu à sua dinastia o nome do seu clã. Os gregos o conheciam como sandragyptos. Devemos boa parte do que sabemos a Megastenes, o embaixador grego, cuja obra não sobreviveu, mas que é citado por Arriano e outros autores clássicos. No entanto, o principal motivo por que Chandragupta ainda tem interesse para nós é seu conselheiro e primeiro-ministro — o famoso Kautilya. Não há muita razão para duvidar que o texto do *Arthashastra*, o primeiro tratado de ciência política em todo o mundo, foi escrito pelo ministro de Chandragupta — e o fato de que é associado tradicionalmente à reputação de Chandragupta tem um interesse mais do que passageiro. Com boas razões o *Arthashastra* tem sido comparado a *O Príncipe* de Maquiavel. Chandragupta conseguiu incluir o Baluchistão no seu Império, ampliando-o, no Afeganistão, a oeste de Kabul, e tornando-se assim o monarca mais poderoso da Índia setentrional. Conseguiu isso não só defendendo-se de Seleucos Nicator, o monarca bactriano, como também por meio de alianças bem urdidas, tratados de paz e compras — como se tivesse seguido os conselhos do livro de Kautilya. Um desses arranjos envolvia uma aliança matrimonial, e provavelmente os maurias tenham tido alguns gregos entre os seus ancestrais. Pataliputra, a capital de Chandragupta, era uma cidade de grandes dimensões, e pode ter tido duas vezes o tamanho da Roma de Marco Aurélio. Destinava-se a ser um centro cultural renomado; ao lado de Nalanda e Lhasa, no Tibete, figura na história como um centro de treinamento budista, anterior em muito às mais antigas universidades européias.

No Ocidente, os estudiosos já perderam muito tempo discutindo a respeito do texto autêntico do tratado de Kautilya. Embora uma parte do tratado tenha sido modificada ao longo de um século, ou ainda mais, o simples fato de que tenha existido nessa época um tratado explícito sobre a arte de governar é significativo. Juntamente com outros textos indianos, deixou claro algo que muitos especialistas europeus dos últimos dois séculos tinham dificuldade em admitir: a teoria política não começou com os gregos. Com Kautilya e algumas informações (às vezes estranhas) sobre Megastenes, podemos fazer uma idéia de como era o mundo então. Em conseqüência das atividades de Chandragupta, mas não menos por meio de uma tradição preservada por ele, o Império Mauria deve ter sido muito bem organizado, e alguns autores têm empregado o termo "burocracia" para descrever o seu funcionamento. Megastenes impressionou-se sobretudo com o sistema judicial de Chandragupta, e com a nomeação dos seus agentes, que vigiavam todos os lugares onde poderiam ocorrer distúrbios políticos. Uma das características mais preeminentes do Império era a divisão em classes sociais. Embora muitos pormenores administrativos nos escapem, não há dúvida de que essa divisão tinha raízes na tradição védica que distinguia os *brahmins* (a classe que representava o propósito "espiritual" do conjunto da sociedade), os *kshatrias* (a classe relacionada com a proteção da sociedade) e os *vaisyas* (a classe responsável pela produção da riqueza indispensável para que a sociedade pudesse prosperar). No Império Mauria determinados grupos eram endógamos, associados com determinadas atividades e ocupações. Parece, assim, que, na verdade, o sistema de castas que costumamos relacionar com a Índia é bem antigo. Havia naturalmente algumas exceções às regras gerais. A restrição que impunha a certas pessoas determinados tipos de ocupação era dispensada no caso dos *samniasins*, os ascetas, que aparentemente podiam ser originários de qualquer classe ou grupo, e cujo elevado valor espiritual não era um direito de nascença, mas dependia da sua realização pessoal. Sabemos também que os textos védicos reconheciam o caso especial de pessoas que estavam fora do agrupamento normal. Os autores gregos eram fascinados pela função e a dignidade da classe dos "filósofos" — ou seja, os *brahmins* — mas mencionam também os que fazem um esforço espiritual próprio. Obviamente o fenômeno dos pregadores e dos homens santos peregrinos (alguns dos quais caminhavam nus) dos dias de Buda e de Vardamana eram mais do que uma moda temporária: eles se tornaram uma parte do cenário da Índia. Segundo uma lenda jaina Chandragupta abandonou o trono para tornar-se um monge, pondo fim à vida ao deixar de se alimentar, conforme a tradição dos grandes jainas do passado. Embora esta seja uma afirmativa difícil de comprovar, é um dos muitos indícios de que quaisquer que fossem as tradições aplicadas ou regulamentadas, o quadro religioso era de uma liberdade tão pouco dogmática como sempre foi no mundo tradicional hinduísta.

Se quisermos fazer uma leitura seletiva do tratado de Kautilya, ele poderia contradizer todas as associações do hinduísmo com a paz e a tolerância. Assim, por exemplo:

> O monarca dotado de personalidade e dos fatores materiais da soberania sobre os quais se assenta toda política efetiva é conhecido como o Conquistador. O que o cerca por todos os lados e predomina no território imediatamente adjacente constitui o círculo de estados conhecidos como o Inimigo. Da mesma forma, o que predomina no território separado do território do Conquistador pelas terras do Inimigo é o que conhecemos como Amigo. Um Príncipe vizinho com a medida

máxima de antagonismo é um Inimigo. Quando estiver em dificuldade, deve ser atacado; quando não tiver apoio, ou o tiver em grau insuficiente, deve ser exterminado. Em circunstâncias opostas, quando for
forte ou tiver um forte apoio, deve ser perseguido ou debilitado. São
essas as atitudes que devem ser adotadas com relação a um Inimigo".
(De Kautilya, *Arthashastra*, 6.2)[4]

Mas antes de chegar a conclusões sobre a natureza do sistema apresentado por Kautilya, precisamos tomar nota da orientação epistemológi-
ca da qual ele observa a sua ciência. Ao contrário dos especialistas modernos, Kautilya não se limita a colocar a sua disciplina em uma posição
central, mas permanece consciente das suas relações com as outras ciências. Em primeiro lugar menciona a filosofia e os *Vedas*. Depois, a agricultura, a pecuária, o comércio: as ciências econômicas. O terceiro grupo de
ciências consiste em *danda* (literalmente, "vara", a capacidade de punir,
portanto o cetro real, e *artha*, um termo coletivo que significa o conjunto
de tudo o que constitui a vida prática: o objetivo, a utilidade etc. O Arthashastra trata de temas práticos e governamentais. A obra de Kautilya é
parte de um amplo capítulo da literatura indiana classificado como *rajani-
ti* — literalmente, "a conduta do rei". Naturalmente, Kautilya está familia-
rizado com a *trivarga* tradicional, a estrada tríplice, os "objetivos da vida",
onde *artha* aparece junto com *kama* ("desejo" ou "prazer" — o amor físico) e *dharma* ("religião"). "A realização de *dharma* e do prazer depende do
ganho material", afirma Kautilya.[5]

O mais célebre monarca do Império Mauria foi o neto de Chandragupta, Asoka, que pode ter assumido o trono entre 269 e 264 a.C. e 261
a.C., tendo morrido em 227 ou 226 a.C.. As discrepâncias dos textos indianos impedem uma datação exata. Por outro lado, como acontece também
em outras culturas, não dispomos de fatos históricos relacionados com
muitos assuntos que desejaríamos conhecer, a despeito do testemunho
histórico imutável deixado pelo próprio Asoka em inscrições feitas em
colunas e em rochas. Essas inscrições, em várias línguas, que encontramos
em todo o país e além das suas fronteiras, formam a primeira "evidência
séria" na história da Índia. Nesse caso, os lingüistas não precisam certificar
a "realidade" da documentação examinada, como poderia acontecer no
texto autêntico de Kautilya. No entanto, o deleite dos historiadores com a
evidência sólida gerou um problema metodológico: o pouco tempo investido na interpretação. As inscrições sugerem que Asoka era um devoto do
budismo, mas não chegam a provar isso. A inscrição que mais fascinou os
interessados foi o chamado "edital da décima terceira rocha" em que

Asoka lamenta sua sangrenta conquista de Kalinga (que corresponde aproximadamente ao atual estado de Orissa). Lemos nesse texto que essa conquista provocou grande sofrimento; cerca de 150 mil pessoas foram aprisionadas, e outras 100 mil foram mortas. Já se comentou que o remorso sentido pelo monarca também o converteu ao budismo. Embora essa conversão seja possível, e até mesmo provável, as inscrições nada provam. O termo *dharma*, que se traduz por "religião" ou "costume correto", ocorre muitas vezes, mas a palavra usada normalmente para a religião budista, *saddharma*, aparece uma única vez. Além disso, não é preciso ser um cético profissional para suspeitar que as declarações públicas de um governante bem-sucedido têm outros objetivos além da confissão pessoal. Uma vez conquistada, Kalinga não foi restituída ao seu povo ou aos seus antigos governantes pelo monarca arrependido. Vale notar também que até mesmo o Edital XIII, a inscrição mais "confessional", contém algumas linhas significativas que normalmente não são citadas. É verdade, assim, que Asoka, que se intitula *Devanampriya*, "o amado dos deuses", afirma

> [...] mesmo se o número dos mortos e aprisionados na conquista de Kalinga tivesse sido cem ou mil vezes menor, isso seria lamentado pelo Amado dos Deuses.

Mas continua:

> O Amado dos Deuses concederá o seu perdão em toda a medida em que isso é possível, e chega mesmo a tratar pacificamente as tribos que vivem nas florestas dos seus domínios; mas previne que há poder até mesmo no remorso do Amado dos Deuses, que recomenda a sua reforma, para que não sejam mortos.[6]

Não parece possível interpretar esse texto a não ser confirmando uma política tradicional de conquista, consistente com o que fizeram todos os governantes da Índia antiga e clássica: a ocupação das terras férteis dos vales, expulsando seus habitantes para as montanhas, especialmente os que eram hostis. As terras férteis eram então confiadas aos amigos e aos servidores leais. Não é sem razão que em muitas das tribos das montanhas encontramos lendas sobre sua origem real. De toda forma, qualquer que tenha sido a posição religiosa de Asoka, e admitindo que ele provavelmente era budista, há motivo para duvidar da propriedade da imagem, pintada por alguns historiadores, de um monarca completamente devotado ao serviço de uma religião.

As fontes budistas têm muito a dizer sobre Asoka, e as do budismo meridional, escritas em *pali* — idioma relacionado com o sânscrito — são particularmente elaboradas. São todas hagiográficas, e pretendem que Asoka não só se tornou um seguidor de Buda como ganhou a iluminação. Ao mesmo tempo, a tradição budista nos conta que quando o seu pai, o rei Bindusara, estava à morte, Asoka se apossou do trono, tendo assassinado para isso seu irmão mais velho, Sumana, que era o sucessor legítimo. Segundo outra versão, Bindusara tinha 16 esposas e 101 filhos. Quando da morte do pai, Asoka assassinou todos eles, com exceção de Tissa, seu irmão menor, nascido da mesma mãe. Desnecessário dizer que com esse início sanguinolento a lenda da conversão ao budismo se torna ainda mais dramaticamente hagiográfica, apresentando Asoka como um grande benfeitor dos budistas. Menciona-se a construção de 84 mil monumentos budistas durante o seu reinado, assim como a realização de um grande e legendário concílio budista em Pataliputra, a capital do reino.

Qualquer que seja a verdade histórica por trás das inscrições e das tradições legendárias a respeito de Asoka, as primeiras deixam bem claro que ele foi um administrador tão excelente quanto o avô, fundador do Império Mauria. As inscrições revelam-nos que Asoka nomeou *dharmamahamatas*, autoridades incumbidas de fiscalizar a observância das leis e dos regulamentos relativos aos *dharmas*. Tudo indica que as sementes de um sistema policial efetivo, plantadas por Chandragupta, não foram abandonadas. Asoka ampliou o Império na direção do sul, estendendo-o até Andra Pradesh, e foi o primeiro a penetrar seriamente no Decan. Podemos assim concluir dessas inscrições que a influência civilizadora de Asoka não é apenas a ilusão de intérpretes românticos. Elas nos revelam, por exemplo, que Asoka desaprovava a caça — o esporte real por excelência — e estimulava a não-violência. As lendas budistas acrescentam que a prática da tortura nas prisões e nos tribunais foi abandonada — mas, se isso aconteceu, deveríamos encontrar o registro correspondente nas suas inscrições, e por outro lado não há dúvida de que Asoka manteve a pena capital.

Depois da morte de Asoka, em 232, o domínio centralizado do Império começou a se deteriorar. Administradores regionais, muitos deles nomeados ainda durante o reinado de Asoka, fortaleceram o controle local. Não obstante, embora reduzida, a dinastia Mauria sobreviveu por mais meio século, pelo menos em Magadha. Por volta de 183 a.C., o último monarca Mauria teve de transferir o poder para um dos seus generais, Pusiamitra Sunga, um *brahmin* que supostamente procurou estimular o renascimento dos costumes védicos e reintroduziu o sacrifício do cavalo. Parece provável, contudo, que ele tenha usado o ritual já legendário (e permitido apenas aos soberanos plenamente qualificados) de confirmar seu próprio governo, em vez de gerar uma reforma religiosa. O que sabemos é que durante a dinastia dos Sungas o budismo floresceu. A dinastia chegou ao fim por volta do ano 73 a.C., de um modo que lembra o seu início: o último soberano sunga foi assassinado pelo seu conselheiro *brahmin*, Vasudeva. A dinastia de Vasudeva, conhecida como Kanva, viu o declínio de Magadha, país que tinha centralizado as atividades artísticas e culturais durante cerca de 500 anos. Seu ultimo monarca foi derrotado em 28 a.C. por um novo poder que deveria impor a sua marca à história da Índia em sentido mais amplo, sobretudo por originar-se em uma região onde se falava uma língua dravidiana: Andra, na região do Centro-Sul, governada pela dinastia Satavahana.

Os Partas e os Gregos

Muito mais para o oeste, no Irã, os partas conquistaram o poder por volta do ano 250 a.C., derrotando os selêucidas, que tinham herdado uma boa parte das terras conquistadas por Alexandre. Esse Estado selêucida chegou a se estender desde a Síria até as fronteiras da Índia. Depois de derrotados, embora já inteiramente indianizados, os gregos da região da Báctria do Império Selêucida tiveram de contar apenas com os seus próprios recursos. Milindra (Menandro), que já mencionamos, foi um bactriano que serviu como general o rei Demétrio e o sucedeu no trono. Reinou por um período entre 16 e 25 anos, entre 166 e 130 a.C. Se é verdade que reinou até o ano 130 a.C., a Báctria foi ocupada pelos partas enquanto vivia. Mas esse não foi o fim do domínio helênico a noroeste da Índia. Não somente os esforços desenvolvidos por Demétrio e Milinda na Índia setentrional tiveram êxito (segundo Strabo suas campanhas chegaram até Pataliputra) como a intrusão dos partas significava que os "gregos" se estabeleceram efetivamente na Índia, mais para o oriente. Milinda manteve seu domínio sobre o Punjab e o Sind. Pusiamitra de Magadha tem recebido crédito por obrigar os báctrios a se retirarem do norte da Índia, mas temos notícia também de uma revolta na própria Báctria (que provocou a morte de Demétrio) — e essa pode ter sido uma causa mais provável. Contudo, durante algum tempo Milinda controlou uma parte importante da Índia setentrional e, embora pareça estranho, sob o domínio e a influência persistente da cultura helênica esse período de constantes conflagrações foi também uma fase de esplendor artístico.

Com todos esses acontecimentos, devemos observar os sinais que testemunham o poder da cultura indiana sobre tantos governantes sucessivos. Os *yavanas* mencionados nos textos indianos (embora seu nome tenha sido traduzido em geral como "gregos") não deviam ter entre eles muitos gregos autênticos, vindos da Grécia. Mas os sucessos alcançados foram mais do que suficientes para popularizar os *yavanas*. Milinda é o único governante bactriano, indogrego, citado nominalmente na literatura indiana, embora não deva ter reinado mais de 15 anos. Seu funeral, descrito por Plutarco, seguiu a prática budista: seu corpo foi cremado e as cinzas colocadas em "monumentos" (que não devem ter sido mais do que estupas budistas, erigidas em várias cidades do reino). Um fato interessante, e típico do processo de indianização, é que as moedas emitidas durante o seu reinado lembram o símbolo budista do *chacra*. O *chacra* é absolutamente indiano, e deriva em boa parte o seu significado da roda d'água utilizada na cultura do arroz nas terras altas. Seu simbolismo aparece em primeiro lugar nos *Upanixades*, portanto antes de surgir o budismo, mas com o budismo ele ganha importância, especialmente na arte religiosa. A roda d'água recolhe a água e se esvazia, em movimento incessante. Está associada assim ao que, em termos mais filosóficos, é a *samsara*, o processo eterno da existência finita, que precisa ser abraçado para que se consiga chegar à liberação — o *nirvana*. As características indianas adotadas por monarcas como Milinda são mais do que a expressão de um espírito exibicionista.

Depois dos Maurias

Não podemos fazer mais do que mencionar os desenvolvimentos gerais que levaram do Império Mauria ao seguinte império gigantesco, dos Guptas. A Índia setentrional e, como sempre, o noroeste indiano e as regiões adjacentes estavam mergulhadas em tumultos. As terras férteis do norte eram um convite permanente aos conquistadores e aos povos deslocados. Durante séculos deixou de haver a segurança proporcionada pela capacidade de organização dos Maurias. De certa forma, era quase como um retorno ao período em que os arianos chegaram à Índia. As tradições originais dos arianos incluíam o costume de incursões predatórias tendo por alvo o gado, que não foi abandonado da noite para o dia. Os monarcas que projetavam o seu poder para o sul encontravam às vezes uma séria resistência, e muitos dos dravidianos que tentavam resistir às incursões procedentes do norte promoviam suas próprias expedições predatórias tão avidamente quanto os arianos originais — com mais empenho ainda, porque eram povos oprimidos que se defendiam, e não conquistadores potenciais. Do ponto de vista dos monarcas que se deslocavam para o sul, que tinham agora suas imagens ideais dos governados e dos governantes perfeitos, a resistência que encontravam era devida a bandoleiros e criminosos. Mas antes de qualquer esforço mais amplo para conquistar o sul, os guerreiros do norte precisavam resolver outros problemas, mais sérios e mais próximos. Báctria, com suas raízes helênicas, entrava em uma fase de deterioração. Entre 141 e 128 a.C., a nação fundada pelos gregos chegava ao fim, sob o ataque mortífero dos sakas da Ásia Central. Toda a região, desde Kabul até Taksasila, já se havia fragmentado em pequenos Estados, mas nessa oportunidade toda a Báctria recebeu o golpe de misericórdia dos invasores. Sua grande força era o acesso natural à Pérsia e à Índia, mas isso representava também a sua fraqueza, pois atraía invasores. Por causa de sua localização, a área continuava a servir como uma ponte entre a Grécia e a Índia. Vale notar que temos indícios de um processo de dupla transmissão de informações astronômicas, astrológicas e médicas, nos dois sentidos. Em particular, a evidência dos cálculos astronômicos sugere que todos os tipos de idéias podem ter sido intercambiadas pelas duas civilizações. No concernente às idéias filosóficas, porém, um terreno em que muitos estudiosos gostariam de encontrar provas desse intercâmbio, descobrir provas é uma tarefa extremamente difícil.

O Sul

Por volta do ano 50 a.C., Orissa — a antiga Kalinga que Asoka lamentou ter conquistado — fez sentir sua presença. Um monarca que não parece ter tido sucessores, e deu força ao jainismo, chegou ao poder e durante algum tempo lançou expedições em todas as direções. O sul da Índia começa a ter um papel crescente. Nessa mesma época, a dinastia dos Andras, ou Satavahanas, se estabeleceu nas regiões ocidental e setentrional do Decan. Essa dinastia durará 300 anos, e durante algum tempo, no segundo século a.D., domina a região de costa a costa, a despeito de ataques por uma tribo saka. Quando as regiões mais meridionais do continente indiano aparecem nos nossos textos, entramos em uma nova era de "hinduização". Essas regiões dravidianas tinham suas próprias línguas, muito diferentes dos principais dialetos indo-europeus falados no norte, e uma cultura completamente diversa. Os três reinos são Cola, na costa oriental, de Coromandel; Cera ou Kerala, na costa ocidental, de Malabar; e Pandia, na ponta meridional da península.

No entanto, essas nações meridionais não viviam em completo isolamento com relação ao norte da Índia. Seus marinheiros viajavam amplamente e Asoka chega a mencionar os três reinos dentre os que foram visitados pelos seus mensageiros. Os dravidianos conheciam também os monges budistas e os ascetas jainistas. O terceiro século a.D. é o grande século da literatura clássica tamil e nos revela a independência das tradições do sul, cujos textos incluem feitos de guerra e heroísmo, atrocidades e gestos de vingança, ao lado de mostras de sabedoria sublime. Embora não se possa sugerir que a grande literatura sânscrita esteja livre de crueldades, de modo geral ela retrata uma forma de espírito de cavalaria que não é típica do sul. A. L. Basham, autor da mais famosa síntese histórica da Índia do hinduísmo, chega a mencionar a "crueldade" e o "desprezo pela vida individual" como parte do caráter dravidiano. No entanto, essas generalizações são superficiais; nos estudos sociais precisamos ser muito cuidadosos ao caracterizar nações inteiras.

No processo de hinduização muitos extremos foram reunidos; no Decan, o processo se repetiu ao longo de alguns séculos. Os próprios clássicos da literatura tamil mostravam uma absorção de idéias e imagens, assim como o espírito de textos sânscritos, como o *Mahabharata* e as *Puranas*. É visível também no Decan a característica de identificar as divindades locais com as da tradição védica e bramânica. Havia no sul da Índia (e ainda há) um grande número de deusas locais, muitas vezes horripilantes, conforme os mitos associados, relacionados com a guerra e a doença, e sempre dotadas de poder absoluto sobre a vida e a morte das pessoas. Elas pouco mudaram, e no entanto o processo de bramanização (que não consistia no domínio crescente de um dos lados, mas ao contrário em uma mútua absorção) pôde sempre incluí-las em algum nível.

Em um aspecto o sul deve ter sido muito diferente: não havia desenvolvido um sistema de castas, como no norte. Além disso, os *dvijas,* os arianos duas vezes nascidos, categoria que foi sempre integrada por *brahmins, kshatrias* e *vaisyas,* no sul era composta quase exclusivamente por *brahmins.* Floresceu no sul o estudo do sânscrito, em especial entre os *brahmins,* e não é exagero afirmar que o sistema sonoro do sânscrito — o *sine qua non* dessa língua — foi mais bem preservado no sul, indubitavelmente como decorrência da diferente estrutura e fonologia das línguas dravidianas. Justamente porque as línguas faladas no norte derivavam do sânscrito, a clareza da pronúncia deste último idioma se tornou menos exata.

Os citas. O Império Cusana. As "colônias" indianas.

Entre os povos que se deslocaram para o sul pela Ásia Central estavam aquele que só conhecemos pelo nome chinês de Yüeh-Chih. Um dos motivos que levaram esses nômades a migrar foi o esforço de centralização e consolidação do poder político na China. É provável também que mudanças climáticas tenham contribuído para isso. Como em todas as grandes migrações, a dos Yüeh-Chih perturbou outras nações, fazendo-as deslocarem-se também. Entre estas, a dos citas. A língua cita pertence ao grupo iraniano, e portanto participa da família indo-européia. Os sakas (assim eram chamados os citas em sânscrito) desempenharam um papel importante na história do Irã e da Índia. Não só penetraram no Irã como iniciaram a conquista da região centro-setentrional da Índia, por volta do ano 90 a.C. Chegaram assim a dominar uma ampla área, incluindo o Norte e a maior parte da região central da Índia, desde Gandhara, no norte, até Madura e Ujian, no sul, incluindo a costa do (moderno) Gujarat.

O que impulsionava tais invasores, que vinham da Ásia Central ou passavam por essa região? Como nos casos anteriores, inclusive na invasão ariana — e sem dúvida em muitos outros exemplos, de povos que seguiram a mesma rota na Pré-história — as razões são complexas. Certamente havia sempre a pressão exercida por outros povos, e a esperança de encontrar melhor suprimento de alimentos. E havia também a sedução da riqueza a ser encontrada em outras paragens. Os grandes centros de civilização e de poder tendem a exercer uma certa radiação, e em diferentes épocas os centros da Ásia Meridional, da antiga Mesopotâmia, da Pérsia, da Ásia Menor e da Índia exerceram essa atração, estimulando a imaginação dos povos. Tanto a Pérsia como a Índia exerceram essa influência bem para o norte, e a Índia começou a tê-la também no leste e no sudeste da Ásia. De qualquer modo, podemos afirmar com segurança que os povos que desciam do norte para a Ásia meridional por longos períodos causaram importantes perturbações na Índia setentrional.

Dadas as diferenças entre os vários invasores, para a nossa compreensão das civilizações em desenvolvimento é importante observar que as línguas culturalmente predominantes — as línguas iranianas e, mais tarde, o turco — tiveram um papel de relativa homogeneização, e não só um impacto divisório, precisamente dado o prestígio das culturas que representavam. Para acrescentar ao processo de homogeneização, os povos que imigraram para a Índia não podiam deixar de ser afetados pelos elementos hinduístas, budistas e jainas nas formas gerais e nas idéias presentes na fala e nos hábitos locais. Os cusanas eram uma tribo dos Yüeh-Chih e sua presença na Índia é marcada por grande criatividade budista. Em particular, o reinado de Kaniska (que pode ter vivido na segunda metade do primeiro século a.D.) foi um período glorioso para os budistas. Os monarcas cusanas conseguiram também desenvolver um comércio bastante próspero, e mercadorias indianas eram enviadas para Roma, por mar e por terra, pelo Egito. Uma observação de Plínio, ao descrever as viagens entre Roma e a Índia, registra a seguinte queixa "[...] nunca a Índia recebe do nosso Império menos de 550 sestércios por ano, em troca dos seus produtos, vendidos entre nós por 100 vezes o custo".[7]

O Império Cusana na Índia começou com a ocupação de Gandhara, em meados do primeiro século. Embora não estejamos certos a respeito das suas fronteiras exatas, ele chegou a se estender do rio Oxus, a oeste, até Benares no leste, e da Caxemira no norte até a costa de Gujarat, no sul. As conquistas de Cusana avançaram bastante pela Ásia Central. Sob Kaniska (ca. 120-160 a.D.), que deixou algumas inscrições, e seus sucessores, o Império desenvolveu novos contatos com a Ásia Central e fortaleceu o comércio com Roma. Circulavam moedas romanas de ouro em tal quantidade que eram utilizadas para cunhar moedas de Cusana, e os arqueólogos têm notado a extraordinária qualidade destas. A expansão dessas relações envolvia não só o intercâmbio comercial, mas também trocas de idéias, de cultura e de religião. O período cusana testemunhou o princípio de um fluxo de monges eruditos entre a Índia e a China. Os relatos de viagem feitos por monges budistas chineses estão entre os documentos mais valiosos para os historiadores, em especial durante os primeiros séculos da nossa era, e havia uma verdadeira torrente de monges viajantes. Como é natural, independentemente da importância da informação que alguns deles nos deixaram, o objetivo da sua viagem não era a produção de crônicas, mas o ensino da religião e a busca de textos que os chineses se entusiasmavam em trazer da terra natal do Buda.

No quadro mais amplo da civilização indiana, a expansão das rotas de comércio do norte estão relacionadas também com a Índia meridional. Naquela região, a atividade marítima tinha sido significativa, possivelmente desde 1200 a.C. O caráter independente da civilização do sul da Índia está bem demonstrado arqueologicamente. A região tinha desenvolvido a mineração e a metalurgia. Tinha uma longa tradição de agricultura irrigada, anterior mesmo à época em que começamos a ouvir referência à construção de depósitos de água pelos monarcas meridionais. Quanto ao comércio, os textos bíblicos nos proporcionam itens sugestivos de informação. Ofir é mencionada várias vezes como o lugar de onde a antiga Israel importava ouro, jóias, "madeira de *almug*" (possivelmente o sândalo vermelho ou o mogno), marfim, assim como macacos e pavões. Ofir estava situada na Arábia sul-ocidental, o atual Iêmen, e era um grande porto de trânsito para contatos com outros países mais ao sul e ao oriente. Essas referências bíblicas nos levam de volta aos dias de David e Salomão. Embora não provem o relacionamento direto com a Índia meridional, os arqueólogos descobriram teca de origem indiana em antigos edifícios da Mesopotâmia. Ora, o *hábitat* da teca é um cinturão quente e úmido ao longo do Equador. A expansão do comércio no norte deve ter estimulado o sul da Índia (que desempenhava um papel importante nos contatos com a Ásia do sudeste, pelo menos nos primeiros séculos da nossa era), quando menos indiretamente.

A mais antiga "colônia" indiana de alguma importância — se é que podemos empregar esse termo despindo-o das conotações do século XIX — foi Funan, criada (mais bem dito, recriada sob influência indiana) no primeiro século a.D., no delta do rio Mekong. "Funan" é a transcrição para o chinês de uma palavra khmer que significa "montanha". Os monarcas desse reino, assim como de outros da Ásia do sudeste, usavam o título de "Rei da Montanha", título que encontramos também nos epítetos reais sânscritos, tais como *Sailaraja* e *Parvatabhupala* (*saila* e *parvata* significam "montanha"; *raja* e *bhupala*, "rei"). Termos sânscritos como esses não são meras curiosidades, mas parte da evidência que aponta para as raízes indianas, ou pelo menos suas influências, na fundação não só de Funan mas também de outros estados do sudeste da Ásia que indicam a Índia nos relatos sobre as suas origens. No seu auge, Funan se estendia até o Vietnã meridional, no sentido do oeste através de terras a longo de Menam, e mesmo pela península Malaia. Uma lenda de fundação, embora registrada na China, tinha todos os indícios de uma história indiana. Seus traços principais incluem um navegador vindo da Índia, uma princesa local (ou a filha do monarca pescador local) que se torna sua noiva e a influência civilizadora da Índia, que funda uma dinastia. Mais precisamente, o tema da montanha e do mar como opostos que se complementam, encontrado em muitas tradições mitológicas do sudeste da Ásia e do Pacífico, foi reformulado à moda indiana. Não é difícil entender que esse tipo de narrativa resume um padrão histórico. O francês Georges Coedès foi o principal pesquisador que no século XX pôs em claro os muitos eventos ocultos por lendas, trabalhando com dados arqueológicos e várias fontes regionais — chinesas e indianas. Coedès revelou de forma precisa a história dos "*états hindouisés d'Indochine et d'Indonésie"* — os estados indianizados do Sudeste Asiático.

Outras "colônias" incluíam a Camboja, Champa, alguns Estados na península Malaia, Sumatra (em sânscrito *Suvarnadvipa*, "ilha dourada"), Java e Báli. Na Birmânia e na Tailândia foram fundados outros reinos. Naturalmente, empregada nesse contexto nossa palavra moderna "colônias" exige aspas, porque em nenhum desses casos há qualquer evidência da aplicação de força. No entanto, o que aparecia era muito mais do que simples postos de comércio ou feitorias (*factorijen* em holandês), conforme o modelo desenvolvido pelas companhias holandesa e britânica das Índias Orientais, embora seu objetivo ostensivo fosse os lucros comerciais. Mas as influências não pretendidas eram mais profundas, e em toda parte moldavam de uma nova forma a matriz cultural existente. Uma parte da influência da Índia se fazia sentir não pela atividade de indianos, mas indiretamente, por intermediários. Muito da influência indiana exercida sobre a ilha indonésia de Bornéu (Kalimantan) — embora não toda — tinha sua origem em Java, Os reinos birmanês e tailandês foram indianizados pela mediação das tribos Mon e Khmer. Não se pode esquecer que a navegação marítima não começou com os comerciantes indianos; era uma atividade que marcou a Pré-história assim como a história do Pacífico, e os moradores nas ilhas da Indonésia tinham também bastante habilidade na navegação marítima. Parece mais provável que tenha havido contatos anteriores com a Índia, feitos por viajantes indonésios — e não o contrário. No que concerne ao desenvolvimento técnico da navegação nesse período, contudo, o evento singular mais importante foi sem dúvida a construção do junco, o barco chinês clássico, usado na guerra e no comércio. Sua popa elevada é o traço característico que sempre impressionou os visitantes. De modo geral os juncos eram equipados com três mastros e velas retangulares; transportavam uma carga que por comparação fazia com que outros tipos de barco parecessem simples canoas, e tornou possível o transporte de centenas de passageiros. Não sabemos quando surgiu o junco, mas é certo que ele já existia no princípio da nossa era, se não antes.

Até o século XX não se percebia a amplitude das relações da Índia com outras nações. Embora "orientalismo" tenha-se tornado um termo afastado pelos estudiosos contemporâneos, a descoberta das antigas civilizações do sudeste da Ásia está entre as grandes realizações da investigação filológica, arqueológica e histórica de que os europeus podem orgulhar-se — especialmente os franceses e os holandeses. As civilizações sobre as quais esses estudiosos lançaram luz, cada uma com a sua própria criatividade, suas guerras e distúrbios, duraram — sem qualquer interferência externa — até o século XVI, quando chegaram primeiro os portugueses e um pouco mais tarde os holandeses. Coincidindo com essas primeiras intervenções do Ocidente, o Islã penetrou na Ásia do Sudeste, difundindo-se rapidamente, em especial nas áreas litorâneas do que se tornou conhecido como *"Greater India"* ou *"Farther India"*, a começar, mais uma vez, com os portos e entrepostos comerciais. Embora Java fosse importante, possivelmente o Império mais poderoso estava localizado em Srivijaya, na ilha de Sumatra. Era um foco de resistência budista, e dominava politicamente uma região importante, nos dois lados do estreito de Malaca, controlando assim todo o comércio com a China. O Império de Srivijaya floresceu do século sétimo ao décimo terceiro, a despeito das tentativas ocasionais de conquista por parte de Java. Uma grande aventura militar indiana no ultramar foi a tentativa do reino meridional de Chola de derrotar esse Império distante, no ano de 1025 a.D. Não conhecemos os detalhes desse conflito, mas sabemos que a situação internacional era complexa, com a busca de alianças e de um equilíbrio de forças entre os vários Estados envolvidos: China, Camboja, Srivijaya e as nações do sul da Índia. Geograficamente, o estreito de Malaca continuou a guardar a sua importância. Já se sugeriu que os holandeses cometeram um erro estratégico ao fixar seu centro de poder em Jacarta (Batávia), em lugar de Cingapura ou na península Malaia. Nessa hipótese, a Indonésia teria o seu centro no lugar que parecia sugerido pela natureza. É curioso notar que a descoberta da existência de um grande Império no passado, Srivijaya, fato que era conhecido dos indonésios, aumentou a preocupação política em 1962, quando foi assinado um acordo para criar a Federação da Malásia, compreendendo Cingapura, Maláia, Sarawak, Brunei e o Borneo inglês. Essa nova Federação lembrava o renascimento do Império Srivijaya, sugerindo uma possível ameaça a Java. A Malásia foi instituída formalmente em 1963, mas a Federação planejada teve vida curta, tendo sido dissolvida efetivamente dois anos depois, principalmente sob a pressão da Indonésia e das Filipinas.

A muitos (mas não aos estudiosos da cultura indiana) parecerá curioso que a própria Índia tenha perdido a memória dos contatos que criaram essas civilizações multifacetadas, as quais não só sobreviveram independentemente por quase 1.500 anos mas até hoje guardam certas características magníficas. O maior e mais importante santuário budista não está na Índia mas na Indonésia, no centro de Java: é Borobudur, o mais famoso e mais espetacular monumento da arte budista, construído pela poderosa dinastia Sailendra, do Império Srivijaya de Sumatra, que no fim do século XII dominava a parte ocidental de Java. O Borobudur era um santuário budista mas também um monumento triunfal do Império Srivijaya. Seu desenho é marcadamente indiano, com a forma de mandala, caracterizada por círculos concêntricos, a estupa central se elevando para o ponto mais elevado, ao qual subiam os devotos. É decorado com imagens das escrituras budistas, que acompanham os visitantes na sua subida. No topo não há imagens, mas um vazio que sem dúvida está de acordo com os ensinamentos do *Mahayana*: um clímax que ultrapassa os sentidos. Os arqueólogos restauraram Borobudur no princípio do século XX, depois de centenas de anos de abandono e deterioração. Há outro importante monumento indiano também conhecido: Bayon, o templo central do conjunto de Angkor Thom no Camboja. É um templo hinduísta, construído provavelmente no fim do século XII, e sua deusa principal é Shiva. Acompanhando o crescimento contemporâneo do vishnuísmo na Índia, Vishnu era a divindade principal de Angkor Wat, um complexo construído durante o século XII.

Os eventos que deram início aos contatos entre a Índia e outros países são inseparáveis dos interesses urbanos e comerciais surgidos na Índia, especialmente durante o Império Gupta mas mesmo antes, durante o desenvolvimento dos estados meridionais e da sua navegação marítima. A familiaridade com o mar entre os indianos do sul é anterior à bramanização dessa área. Desde o sétimo século a.C. fontes chinesas mencionam os navegadores que traziam produtos típicos da Índia. É provável que esses indianos tenham desde cedo tomado conhecimento com as monções; se essa informação era um segredo, como já se sugeriu, esses navegadores primitivos podem tê-la transmitido mais tarde aos árabes. Para as viagens mais prolongadas de períodos posteriores, para partes da Índia onde o hinduísmo estava bem enraizado, o efeito do budismo precisa também ser acentuado. Não é tanto uma questão de zelo missionário budista, embora isso também possa ter sido um fator secundário, mas o resultado do papel assumido pelo budismo em liberar a aplicação estrita das regras da *dharmashastra*. Assim, por exemplo, a proibição de poluir o oceano fez com que as viagens pelo mar fossem para os hinduístas um empreendimento desaconselhável. Tipicamente, nas investigações arqueológicas feitas no sudeste da Ásia, as imagens de Buda são encontradas nos níveis mais antigos.

Não sabemos quando foram criados os três reinos da antiga Índia meridional, mas isso ocorreu seguramente bem antes da nossa era. Os reinos de Chera, Chola e Pandya já estavam bem estabelecidos antes da data dos primeiros documentos que chegaram até nós. Com respeito a épocas ainda mais antigas, a civilização da Índia meridional é evidenciada por descobertas arqueológicas. Nas Filipinas, os arqueólogos encontraram artefatos e ornamentos muito parecidos com os da Índia meridional. Outra vez, as implicações marítimas são notáveis. Entre os instrumentos metálicos há armas: machados, adagas e pontas de lança. Há também contas de vidro verdes e azuis, assim como pulseiras do tipo produzido na mesma época na Índia meridional; as cores verde e azul são obtidas com ferro e cobre, respectivamente. As épocas em que se desenvolveu essa produção artística correspondem precisamente. Assim, tudo indica que os três reinos surgiram em uma época em que a agricultura era próspera e as viagens internacionais já tinham acumulado riqueza comercial. Esses primeiros contatos com as Filipinas implicam que o arquipélago indonésio era bem conhecido dos navegadores sul-indianos. E dada a história já antiga da navegação no Pacífico Sul, é desnecessário dizer que navegadores daqueles países distantes devem também ter visitado a Índia.

A dinastia Gupta

No ano 320 Chandragupta (não confundir com o imperador mauria de mesmo nome) criou um reino que rivalizou com as maiores realizações dos maurias. Os guptas devem seu título dinástico ao fato de que o nome de todos eles termina em *gupta*, que significa "protetor". A nova dinastia surgiu ao longo dos grandes rios do norte, nas planícies gangéticas. No seu apogeu o reino foi tão extenso quanto o Império de Asoka. Como no caso dos maurias, seu poder não era medido apenas pela extensão da terra sob controle direto do rei, mas pela autoridade que os guptas exerciam sobre os governantes circunjacentes. Chandragupta nasceu na família de um chefe local cm Bihar; portanto, sua origcm cra relativamente modesta. Sua ascensão ao poder foi conseqüência de um casamento com uma mulher do clã licchavi. Os licchavi ocupam um lugar interessante na história da Índia, pois eram uma das sociedades mais bem conhecidas governadas sem um monarca. Sua presença já era notada no tempo de Mahavira, o fundador do jainismo, que tinha nascido em uma tribo aliada dos licchavis. Sabe-se que eles resistiram a todo poder real e lutaram ativamente contra as ambições do rei Ajatasastru (embora este os tenha finalmente derrotado). Como os modernos republicanos, conseguiram chegar a um acordo com o poder. O novo reinado, nascido da aliança de Chandragupta com os licchavis, impôs sua influência sobre as áreas circundantes. Chandragupta adquiriu o antigo reino de Magadha, e adotou Pataliputra (Patna) como sua capital. Em pouco tempo seus domínios abrangeram todo Bihar e parte da Bengala. Nas moedas cunhadas a propósito da sua coroação ele se intitula *Maharajadhiraja* — "Rei dos Reis" é uma tradução pobre. É possível que ainda houvesse um eco de influências anteriores da Pérsia, onde os títulos exaltados eram *de rigueur*. As inscrições de Chandragupta e dos seus sucessores elogiam seus grandes feitos mas, como muitas inscrições reais, a realidade por trás das palavras é difícil de alcançar com precisão.

Ao morrer, no ano 320, Chandragupta foi sucedido pelo filho Samudragupta, que reinou até cerca de 380, tendo ampliado o Império consideravelmente para o leste e o oeste. O reino alcançava agora desde o Assam quase até o Punjab. Na direção do sudoeste, Samudragupta chegou ao rio Narbada, mas não ao litoral (a despeito do seu título de "Protetor dos Mares"). No sul, seguiu com suas tropas até Kanci (Conjeeveram), mas, ao partir, voltou a colocar no poder os monarcas que derrotara, como fez em outras regiões dominadas, especialmente as mais distantes, inclusive o Rajastan. Chandragupta é conhecido como o "Rei Poeta". Era um hinduísta devoto, mas nomeou um primeiro-ministro budista. Pretendia ser o soberano dos sakas, mas, na verdade, foi Chandragupta II (380-415), seu filho e sucessor, que derrotou essa nação, expulsando-a do próspero estado de Ujain. Famoso por seus conhecimentos, especialmente em astronomia, Chandragupta II foi também conhecido como Vikramaditya, "Sol da Coragem", nome com que aparece nas lendas elaboradas pelas gerações seguintes. Na verdade, seu reinado marca a maior glória da dinastia Gupta, e corresponde a um ponto alto da Índia clássica. Segundo a tradição, o grande poeta Kalidasa teria vivido nesse período, e há bons indícios de que essa foi a sua época (embora outros o colocassem na época de Agnimitra, por volta do ano 150 a.C.). Durante o reinado de Chandragupta II o monge chinês Fa-hsien esteve na Índia e elogiou a tranqüilidade prevalecente e o fato de que era possível viajar por todo o país sem ser molestado. Observou também o grande número de mosteiros budistas, com muitos monges, assim como um costume que a um monge chinês parecia curioso: budistas e hinduístas participavam juntos das mesmas procissões religiosas. Segundo essa fonte, todas as pessoas de uma certa categoria social eram vegetarianas: o consumo de carne estava limitado às castas inferiores. A despeito dessa avaliação otimista, a verdade é que o budismo indiano já tinha começado a declinar (no sétimo século, dois outros monges budistas itinerantes, Hsüan Tsang e I Tsing, registraram um sensível declínio do budismo). Não há dúvida de que os monarcas da dinastia Gupta demonstraram tolerância com respeito às tradições religiosas, mas a verdade é que eram hinduístas. No entanto, não obstante essa decadência geral, Bihar e Bengala continuaram fortes centros budistas, e no século quinto era fundado em Bihar o grande mosteiro de Nalanda.

Os nomes dos últimos monarcas Gupta, como Kumaragupta (415-455) e Skandagupta (455-ca. 480), marcam a persistente tradição real hinduísta. É interessante notar que, como Samudragupta, sabe-se que Kumaragupta praticou o tradicional *asvamedha*, o sacrifício real do cavalo. Dá-se crédito também a esse monarca pela derrota dos hunos que tinham penetrado na Índia, chegando até o Oxus, na região que já foi a Báctria. Ao deslocar-se rumo ao sul, pelo Afeganistão, os hunos teriam sido detidos por Skandagupta. Se os hunos assim derrotados participavam do mesmo grupo de tribos que mais tarde assolariam a Europa, a ação de Skadagupta pode de fato ter mudado a história, além de salvar a Índia. No entanto, essa premissa não é certa; é perfeitamente possível que o povo chamado de "hunos" pelos indianos fosse os "hunos brancos" (heftalitas), de diferente etnia.

Depois de Skandagupta, o esplendor do domínio gupta se reduziu. Enquanto os monarcas anteriores dessa dinastia eram considerados soberanos titulares de muitas regiões distantes, em razão de sua autoridade, gradualmente o próprio poder central se tornou meramente titular. No entanto, governantes usando o nome Gupta permaneceram no poder em Magadha até o oitavo século.

Um dos derradeiros grandes monarcas do norte foi Harsa de Kanauj (Kanyakubja), cujo reinado começou no ano 606, quando ele ainda era muito jovem, e durou 41 anos. Esse período começou com seis anos de atividades militares, com a derrota dos guptas em Malwa. Seu longo reinado restabeleceu a estabilidade, depois dos distúrbios anteriores, havendo o monarca assumido o título de "Imperador das Cinco Índias" — ou seja, Punjab, Bengala, Mitila, Kanauj e Orissa. Segundo Hsüang Tsang, Kanyakubja converteu-se ao budismo antes de morrer. Com suas conquistas, de Katiawar à Bengala, assegurou o domínio de toda a Índia setentrional. Seguindo o costume dos primeiros grandes imperadores, permitiu que o rei de Katiawar e vários outros monarcas mantivessem seu trono, depois de derrotados. Em uma avaliação histórica, e de acordo com a lenda, seu nome é comparado ao de Vikramaditya. Além disso, foi um rei genuinamente ilustrado, ganhando fama duradoura com alguns dos textos que deixou, inclusive três peças.

Já falamos dos processos que contribuíram para debilitar o budismo e revigorar o bramanismo e o hinduísmo. Pode-se observar um aspecto dessas mudanças no momento em que uma dinastia como a dos guptas passa a adotar nomes hindus. E é igualmente razoável suspeitar que a adesão a determinada religião possa ser um fruto do oportunismo político. No entanto, certas dúvidas permanecem. Harsa favorecia o budismo, embora os budistas só tivessem guardando uma parte do seu poder em Bihar, e não no conjunto do Império. Harsa morreu sem deixar um herdeiro, e seu império não tardou a se desintegrar. Teria sido politicamente mais sábio comungar com a tendência bramanizante que predominava? Não há uma resposta segura. No entanto, como acontece virtualmente em todos os casos relacionados com estruturas religiosas, as explicações mais simples que encontramos nos livros de história não são satisfatórias. Afirmar que o budismo Mahayana que se desenvolveu na Índia setentrional foi na verdade uma forma de tantra, e acrescentar que o tantra se caracteriza pela moral pouco estrita, é sem dúvida uma interpretação equivocada dos acontecimentos históricos. Tanto o budismo quanto o hinduísmo, como existiam nessa época, devem ser vistos com cuidado quando nos voltamos para os temas sociais e religiosos. No momento, o único fato histórico importante é que o budismo desenvolveu sua força nos mosteiros e em centros intelectuais, tais como Nalanda; nunca procurou reformar os costumes religiosos cotidianos do povo. E o povo, as pessoas comuns, diante de problemas comuns — casamentos, funerais etc. — procuravam os mesmos profissionais que sempre se dedicaram a essas questões, e que nunca foram substituídos, continuando a alimentar-se das tradições védicas e dos ritos bramânicos. Quando precisavam de orientação as pessoas se voltavam para esses profissionais.

Muçulmanos e hindus

Nos séculos seguintes a disputa entre governantes rivais deve ter provocado uma situação de agonia, o que torna mais compreensível a busca das certezas proporcionadas pela "religião eterna" (*sanatanadharma*). Poucas dinastias duraram tempo suficiente para dar ao país uma certa estabilidade, despontando em regiões que no passado estiveram sob o domínio de grandes impérios. Na Índia oriental os palas conquistaram o poder; Darmapala (ca. 770-810) foi o mais famoso desses monarcas e o seu Estado manteve contato com os governantes de Srivijaya, em Sumatra — os sailendras. Tanto os palas como os senhores de Srivijaya eram budistas devotos. Embora o budismo tenha penetrado no Tibete por mais de um caminho, os palas tiveram um papel ativo na conversão desse país. Os gurjara-pratiharas capturaram Kanyakubja (Kanauj), no Ganges, que pertencia aos palas, tornando-se nos séculos nono e décimo os monarcas mais importantes da Índia setentrional. Desempenharam também um papel importante ao retardar a penetração do Islã, resistindo aos árabes que em 712 ocuparam o Sind, e a partir dessa época promoveram várias campanhas, penetrando mais profundamente na Índia.

Mohammed bin Kassim comandou a força que ocupou o Sind, tornando-se em 725 o primeiro governador da região, como parte do Império Islâmico. Em vão os árabes fizeram várias tentativas de prolongar suas conquistas para o sul (Broach, Gujarat e Malwa), região que tinha mais a oferecer do que o Sind, com suas numerosas áreas semidesérticas. Em 731 o terceiro governador, Tamin, tentou invadir o Decan pelo mar, com um grande exército — um esforço que parecia promissor, pois os árabes eram senhores incontroversos do mar, mas que fracassou. As forças árabes foram derrotadas em Navasari pelos calukyas do noroeste do Decan. Em outras tentativas, por terra, os árabes chegaram a Ujain, onde mais uma vez foram derrotados, agora pelos gurjara-pratiharas.

Embora o papel desempenhado por essa dinastia nos acontecimentos que detiveram o avanço muçulmano possa não ter sido tão deliberado quanto os historiadores indianos gostariam que fosse, o golpe sofrido pelos árabes foi importante, e impediu a sua penetração por algum tempo — na verdade, por quase 300 anos. A resistência gurjara-pratihara foi um episódio menor na longa série de esforços dos indianos, geralmente descoordenados, para manter os árabes afastados. Na verdade durante três séculos os árabes não se moveram do Sind, que permaneceu sua base militar. A penetração árabe no Sind ocorreu no princípio da história do Islã, na época dos califas. Os esforços de conquista por parte dos árabes eram bem planejados e tinham como pano de fundo uma rede de relações comerciais. Além disso, a tradição islâmica tinha uma motivação poderosa — a vontade divina — muito distante da concepção hinduísta. Além disso, o mundo do hinduísmo não podia saber o que hoje sabemos: ninguém podia olhar o mapa e maravilhar-se com o fato de que em 50 anos o Islã conquistara metade do mundo conhecido — o que acontecera antes do primeiro muçulmano interessar-se pela Índia. A palavra escolhida pelos indianos para denominar os novos invasores evidencia o desfalecimento do universo hinduísta, mais ainda do que na época em que surgiram o jainismo e o budismo. O termo usado era *mlecha*, que desde os tempos védicos se deixara de utilizar comumente. Era empregado principalmente pelos povos que não conheciam o sânscrito (que por isso pronunciavam sons desprovidos de sentido) e, portanto, não estavam qualificados para participar dos rituais. Agora, porém, a palavra adquiria um novo impacto. Menos próximo do qualificativo "bárbaro", com que os gregos denominavam os que não sabiam falar a sua língua, e portanto tinham uma cultura inferior, *mlecha* se aproximava do sentido de "pagão", conforme empregado pelos cristãos — mais do que "incivilizado", significava "destrutivo da verdadeira religião".

O novo poder se inspirava em um zelo que o distinguia de todas as anteriores dinastias indianas, e provou ser muito mais duradouro, embora tenha chegado à Índia por meio de várias ondas invasoras, das quais a dos árabes foi apenas a primeira. Depois dos árabes vieram os turcos, que tinham fundado um reino em Gazni, no Afeganistão, consistindo principalmente em uma guarnição de escravos. Inevitavelmente, como tantos outros que trilharam o mesmo caminho, eles voltaram os olhos para a Índia. Em 986, um dos *emirs* ("príncipes") invadiu um reino do noroeste da Índia e conquistou Peshawar. Cerca de uma década mais tarde, o filho desse *emir*, Mahmud, aproveitou as divisões entre os reinos indianos e no ano 1001 capturou o mais importante monarca da região, Jayapala, que se suicidou. Só então foram feitas as primeiras tentativas de unir as forças dos vários estados indianos em defesa do poder hinduísta. Mas era tarde demais. Durante quase três décadas, no princípio do século XI, sob Mahmud, a Índia foi destruída pelos turuskas, os turcos — não só o noroeste mas toda uma ampla região do país. Palácios reais e templos hinduístas foram saqueados e destruídos, assim como as grande cidades de Kanyakubja e Madura.

Muito tinha mudado desde a época das primeiras incursões dos árabes. Mahmud parecia mais um saqueador do que um militante muçulmano. No entanto, embora uma aparência de independência tivesse persistido por algum tempo, o Norte da Índia hinduísta estava mudando definitivamente diante desse massacre. Aconteceu mais uma vez o que vimos antes em épocas de grandes distúrbios. Tipicamente, em Bengala, que fora até então um centro budista, uma nova dinastia, os senas, retornaram a um hinduísmo estrito, e os budistas remanescentes passaram a ser os bodes expiatórios das misérias do período. No entanto, nas regiões não afetadas imediatamente pelas incursões de Mahmud, a vida continuava como dantes, e um mínimo sentido de segurança podia mesmo conduzir à cultura ativa da tradição hinduísta. Assim, nesse mesmo século de invasões muçulmanas, Malwa era governada pelo erudito rei Boja, um dos mais admirados de toda a história indiana, adorador de Shiva; conhecido como construtor de obras de irrigação e patrono da literatura, achou tempo para escrever um comentário sobre os *Iogasutras*. Enquanto Mahmud conduzia suas incursões, Boja tentava consolidar sua autoridade sobre a Índia central, Gujarat e Katiawad, e sabemos que os ataques de Mahmud alcançaram esta última região. É mesmo possível que as forças do rei Boja tenham enfrentado e vencido as de Mahmud, como querem algumas fontes hinduístas, embora isso não seja mencionado pelas crônicas islâmicas.

O certo é que, divididos, os vários estados da Índia não aprenderam a se reunir em uma frente comum. E como depois das expedições destrutivas de Mahmud teve início um período de meio século de relativa calma, sob o regime do seu filho, Masud (1030-1041), que enfrentou suas próprias dificuldades no relacionamento com os turcos sob seu comando, basicamente nômades, não teria sentido condenar os hindus por não terem percebido a ameaça potencial e o zelo do Islã nos anos seguintes. O que estava totalmente fora da realidade do mundo, na forma como os indianos o concebiam. A tranqüilidade desse período não era completa: embora Masud tenha nomeado um general hindu para manter a ordem no Punjab, sugerindo assim uma certa "tolerância" indiana, o fim do século XII testemunhou a guerra entre os três principais monarcas da Índia setentrional. Já então essas guerras devem ter parecido comuns, e certamente desviaram a atenção com respeito ao que deveria acontecer em seguida.

A casa reinante turca tomou decisões sobre todos os territórios ocupados, inclusive o distante Afeganistão, e seus governadores. Em 1173, em obediência à ordem para substituir a linha de Mahmud, houve mudanças que transformariam a islamização em um força poderosa, em um mundo que nunca concebeu algo como a "conversão religiosa". O seguinte monarca turco de importância foi Muhammad de Gor, que consolidou seu poder sobre o Punjab, e tentou conquistar outras regiões da Índia setentrional. A princípio viu-se derrotado pelo rei Prtiviraja Cahamana, que se apressara a fazer a paz com outros monarcas com os quais tinha entrado em conflito recentemente. No entanto, Muhammad retornou com forças superiores e em 1192 derrotou Prtiviraja de forma decisiva. Acompanhando o curso do Ganges até Bengala, os exércitos de Muhammad conquistaram quase toda a Índia setentrional. Em 1206 Muhammad foi assassinado, e assumiu o seu lugar um ex-escravo, Qutbudin Aybak, que se tornou sultão de Lahore e governou toda a planície do Ganges. Depois da sua morte, em 1210, outro ex-escravo, lltumish, assumiu o trono, tornando-se sultão de Delhi, poucos anos depois da conquista dessa cidade. Teve início assim a fase do sultanato de Delhi.

Uma das prováveis razões dos sucessos turcos era o fato de que na região do Indus viviam muitos budistas, que não tinham muito a lamentar com a derrota dos seus senhores hinduístas. Para eles, a conversão ao Islã tornou-se uma rotina. Em outros lugares, porém, as conversões não foram tão simples. No norte da Índia a maioria da população permaneceu fiel à tradição hinduísta. Na parte oriental de Bengala, porém, as classes baixas, que continham muitos budistas, não demoraram a abraçar o Islã, enquanto de modo geral as classes superiores continuavam hinduístas. A falta de unidade da Índia, inclusive a oposição entre as castas, não estimulava a revolta contra os governantes muçulmanos. Mesmo nas regiões fora do controle imediato do sultão, mas que precisavam pagar-lhe tributos, a unidade era insuficiente para promover uma revolta. Todas essas regiões eram protegidas por fronteiras montanhosas: Caxemira, Nepal, Assam, Orissa — estados que já tinham pago tributo a muitos senhores, só raramente perdendo a sua autonomia. A época da hegemonia dos grandes imperadores hinduístas e budistas sobre as planícies setentrionais chegara ao fim, e daí em diante governariam os sultões.

O Islã tarda a chegar ao sul

A Índia meridional não foi afetada direta ou indiretamente pelas grandes mudanças ocorridas no norte. Como na maior parte da história do sul, poucos chefes militares conseguiram penetrar nessa região. Com efeito, no sul a cultura hinduísta florescia. Os estados meridionais tinham uma vantagem sobre os do norte, que permaneciam em fluxo constante. Embora não houvesse "nacionalismo" na antiguidade e no mundo clássico, a lealdade ao Estado fazia uma diferença. A durabilidade do sul, durante muitos séculos, era não apenas uma questão de haver estados mais fortes — pois eles tinham seus próprios conflitos, uns com os outros — mas da existência de comunidades leais, orgulhosas dos seus costumes. O reino Vakataka, ao norte do Decan, que se estendia pelas montanhas Vindia, em meados do século sexto tinha passado à insignificância. Mais para o sul, contudo, coexistiam três poderes, e de modo geral o controle da costa oeste e leste estava em mãos diferentes. Até o século nono a dinastia Palava floresceu em Kanci (Conjeveram), e sua memória ainda perdura graças aos esplêndidos templos construídos por esses monarcas. No fim do século nono, eles foram derrotados pelos colas, que tinham sua capital em Tanjore. Os grandes reis Cola, Rajaraja I e Rajendra, reinaram, respectivamente, por volta do ano 1000 e na primeira metade do século XII. Na época em que a Índia setentrional sofria as primeiras incursões dos turcos, o sul acumulava riqueza sob esses monarcas, em decorrência do comércio amplo e lucrativo com o Sudeste asiático.

O poder dos colas só se extinguiu no século XIII, quando as duas outras potências do sul, os hoysalas de Misore e a revigorada dinastia Pundia em Madura se uniram contra ele. Enquanto no norte o hinduísmo sofria golpes severos, no sul a herança do sânscrito era estudada e celebrada; na verdade, o processo de bramanização se tornou mais intenso. Enquanto a pressão islâmica começou a se fazer sentir também no Decan, um novo estado era fundado no sul: o reino hinduísta independente de Vijayanagara, sobre o rio Tungabhadra, um tributário do Krisna. Sua influência se difundiu por todo o Decan, ao sul do Krisna, tornando-se, nos séculos XIV e XV, o único grande estado hinduísta em toda a Índia. Por fim, seu poder declinou, no princípio do século XV, sendo atacado pelo governante muçulmano do reino Bahmani, que se estabelecera ao norte do Krisna, espraiando-se por quase metade do Decan. A derrota final do reino hinduísta ocorreu em 1565. O rei mais celebrado de Vijayanagara, Krisna Deva Raya, que governou entre 1509 e 1529, foi descrito pelo português Domingo Paes em termos gloriosos como um "rei perfeito [...] de temperamento alegre e muito jovial". No sul da Índia coincidiram a penetração tardia do Islã e a presença dos primeiros interesses coloniais do Ocidente: na época de Domingo Paes os portugueses já tinham fundado uma feitoria em Goa.

Os Rajputs

Antes de passar por cima de muitos séculos, devemos retornar ao destino do norte, que deveria ter conseqüências sobre toda a Índia. Podemos ter observado que mesmo sob o domínio dos sultões, algumas potências regionais continuaram a existir, lembrando a situação anterior à chegada das primeiras forças islâmicas. Assim, mesmo depois da fundação do sultanato de Delhi vários estados e principados preservaram a sua autonomia. Esse é um período em que desempenham um papel importante os "rajputs" — não só "filhos de reis" mas titulares de domínio universal. É impossível determinar a origem dos rajputs, que pretendiam pertencer à casta kshatrya e descender das dinastias solar e lunar das lendas dos grandes épicos e das *Puranas*. Em outras palavras, os rajputs eram aderentes plenamente conscientes do hinduísmo. Com efeito, descendiam das várias nações de organização tribal procedentes da Ásia Central, possivelmente desde o século sétimo, talvez antes mesmos dos guptas, formando uma mistura para a qual os hunos também contribuíram. Eles próprios eram uma mistura de diferentes origens raciais e lingüísticas. Mais significativo, o fato de que constituíam o exemplo mais acabado da capacidade indiana de indianizar e hinduizar — o que a Índia tinha conseguido com outros povos, com algumas das suas dinastias mais exitosas e até mesmo com os orgulhosos gregos. Os rajputs têm sido chamados de neo-kshatryas, mas essa qualificação erudita não lhes faz justiça. Eles não só se ligaram pelo casamento com hindus de casta elevada mas demonstraram uma conduta cavalheiresca na sua luta contra os invasores do território hindu, ao longo de séculos. Sua área de origem é conhecida como Rajputana ou Rajastan, composta por vários principados, desde Jaipur até Udaipur, abrangendo terras desérticas ao norte da cadeia Aravali e terras mais férteis a sudeste. Uma região que teve sempre importância estratégica, por estar exatamente entre as terras férteis do Indus e do Ganges. Durante muito tempo os rajputs se tornaram conhecidos como kshatryas por excelência (como Basham os chama), e dificilmente controláveis por qualquer governo centralizado. Conquistaram grandes áreas das planícies indianas, e só nos séculos XVIII e XIX precisaram recuar, por causa da pressão dos sikhs e dos marathas.

Prossegue a islamização. Timur. O Império Mogul

Por volta do ano 1200 ocorreu uma série de migrações e de conquistas, movimentos provocados por circunstâncias sociopolíticas entre os mongóis, liderados por Gêngis Khan (1162-1227). Esse guerreiro poderoso começou sua carreira unindo as tribos mongóis e organizando um formidável exército. Chegou a dominar boa parte da Ásia, e até a Rússia sofreria derrotas diante dos seus ataques. Na direção do sul, Gêngis Khan penetrou no Afeganistão, na Pérsia e na Índia.

Uma vez mais a história atribuiu ao Afeganistão um papel crucial. O comércio entre a Índia e a Ásia Central tinha passado por esse país desde épocas muito remotas, e ele atraiu constantemente a cobiça estrangeira (Os aquemênidas, no sexto século a.C.; os gregos, no quarto século a.C.; cusanas, no segundo século a.D.; os sassânidas, no terceiro século a.D.; os turcos ocidentais, no sexto século; Gêngis Khan, no princípio do século XIII;. A União Soviética e os Estados Unidos, no século XX). Na época de Gêngis Khan o Afeganistão, como a maior parte da Pérsia, tinha adotado a religião islâmica e já tivera várias dinastias muçulmanas.

Com a expansão turca, o processo de islamização chegou à sua segunda grande fase (depois da inicial, com os primeiros califas), estabelecendo-se agora vitoriosamente na Europa e na Ásia. Na Europa, os turcos ameaçavam Viena, causando profunda preocupação à Igreja e aos governantes cristãos, mas na Ásia o sucesso da influência turca foi mais numeroso e mais duradouro. Como sempre acontece nas expansões religiosas, as mudanças espirituais podem ter sido as mais profundas no longo prazo, mas a conversão de regiões completas é mais bem compreendida como a adesão voluntária a uma nova civilização, vista como atraente e prestigiosa. Na história européia isso aconteceu com a expansão gradual da cristandade latina e grega. Foram precisos 200 anos para fazer com que os povos turcos se tornassem predominantemente muçulmanos; durante muito tempo eles hesitaram entre o apelo de Bizâncio e a cultura islâmica, e no século XI soldados turcos lutavam nos dois lados em muitos encontros. O termo "turco" não se refere aqui meramente às línguas relacionadas com a dos turcos mas, historicamente, a muitos dos governantes islamizados (e às suas forças) em toda uma vasta área que esteve mais ou menos sob a influência turca.

No ano de 1250, no Egito muçulmano, os escravos militares (mamelucos) impediram um novo monarca de subir ao trono — um príncipe da família dominante sunita que tinha criado um Estado sírio-egípcio para substituir o Fatimida. Os mamelucos preferiram escolher um dos seus para governar o país. Seu conceito se firmou quando foram os primeiros a derrotar os mongóis, em 1260, perto de Damasco, na Síria. O sultão mameluco Baybars (1260-1277) reorganizou o Estado segundo linhas estritamente militares. Ele próprio era turco, e podia confiar nos turcos que formavam o grosso do exército de muitos países islâmicos ou islamizados, notadamente ao norte do mar Negro e do Cáspio. Foi prudente o bastante para não alienar outros grupos, e fez com que um membro legítimo da família Abassida, do Cairo, se tornasse oficialmente o titular do poder sob o qual ele podia pretender servir. Os baybars não formavam uma dinastia, mas em harmonia com o seu talento militar governaram com a ajuda de um sistema oligárquico em que os mamelucos tinham o poder final de decisão.

Os mamelucos permaneceram no poder até 1517, quando foram derrotados pela artilharia de campo otomana (os mamelucos desprezavam as armas de fogo e se recusavam a usá-las, por conservadorismo e pelo culto da honra militar). O seu período é importante, quando menos porque mostra incisivamente que o Islã podia abranger todas as classes sociais e satisfazer em qualquer parte tanto as tradições tribais com as mais civilizadas. Uma lição que torna mais fácil compreender suas variadas experiências posteriores na Ásia Meridional.

Como vimos, um ex-escravo, que tivera outro ex-escravo como seu senhor, tornou-se o primeiro sultão de Delhi, no princípio do século XIII. Os ataques mongóis não pouparam a Índia e, como sempre, os atacantes vieram inicialmente do noroeste. Durante algum tempo o Sultanato de Delhi pôde resistir, mas a influência do paganismo mongol penetrou a incipiente cultura islâmica da Índia, que também tivera uma origem humilde. Os mongóis não eram apenas invasores armados, e incluíam muitos civis que se infiltraram pela Índia setentrional pacificamente, desde o oeste até Bengala. Outro fator da maior importância era o fato de que muitos outros civis buscavam refúgio sob a proteção do Sultanato de Delhi, fugindo da pressão mongol. Essas pessoas incluíam eruditos, comerciantes, artesãos e especialistas de muitos tipos e tiveram um papel na transformação do quadro social. Os governantes islâmicos da Índia inevitavelmente precisavam aceitar a estrutura fundamental de castas da sociedade indiana. Esse sistema hierarquizado, e de chocante desigualdade potencial, até certo ponto justificável tradição na hinduísta, tornava-se agora menos evidente. Por outro lado, fiel à sua natureza o Islã não enfraquecia, mas ganhava força.

Os grandes mugals, que deveriam governar o império indiano desde 1526 até 1857, eram também de origem mista, em grande parte turca e muçulmana, e só em um grau muito pequeno poderiam ser considerados de origem mongol. Não obstante, o termo "mugal" deriva de "mongol", e a história da Índia justifica associar o poder imperial com governantes procedentes da Ásia Central. O fortalecimento do Islã pelos mugals, de acordo com os seus próprios padrões de pensamento e cultura, era comparável ao que tinha acontecido antes: a unificação cultural, social e política de uma população muito heterogênea. Balban (ca. 1249-1287), o terceiro dos grandes sultões de Delhi, usou o seu poder para diminuir a tendência dos turcos de agir monarquicamente. Como é natural, a ameaça de uma aristocracia muçulmana não podia ser impedida por completo, mas forças contrárias foram mobilizadas com a maior intensidade.

A despeito da pressão dos mongóis no noroeste, os governantes de Delhi fizeram um grande esforço para aumentar a sua influência no sentido do sul. Parte da sua política consistia em organizar expedições, ultrapassando os montes Vindia (como já mencionamos), e chegando mesmo a Madura, na terra tamil, cobrando tributos aos governantes locais. Por volta de 1330, sob Muhammad Tughluq, a maior parte do Sul já tinha sido conquistada, e os conquistadores ficaram tão encantados com a região que o rei considerou mudar a capital de Delhi para o Decan. Plano que poderia ter sido executado se não fosse a opinião negativa dos seus conselheiros. Mas a partir desse momento o sul deixou de ser impermeável ao poder do Islã.

O mundo islâmico teve outro governante poderoso: Timur (mais precisamente, Temür), conhecido no Ocidente como Tamerlane ou Tamerlão (1336-1405), nascido perto de Samarcanda (atualmente no Uzbequistão), que sacudiu o Império Otomano, tornou-se um famoso conquistador turco e acelerou o processo de islamização em todo o mundo. O nome Tamerlão corresponde a Timur Lang, Timur, o Coxo, referência ao defeito físico resultante de um ferimento em combate. A influência mongol sobre o mundo o tinha tocado pessoalmente. Além disso, muito provavelmente, embora fosse "turco" Tamerlão tinha ancestrais mongóis do lado materno. Nascido muçulmano, começou sua carreira a serviço dos mongóis (que ainda eram pagãos), como oficial. Conquistou o poder sobre uma vasta região derrubando seu governante mongol, e começou assim uma carreira espetacular. Nessa época, o poder real era um conceito mongol, e foi a inspiração de Timur. No entanto, no seu caso o poder supremo estava associado à insistência islâmica na justiça, mais especialmente a justiça aceita que os mestres religiosos, os membros da *ulama*, deviam defender. Não há dúvida de que Timur se via como tendo direito ao poder, sendo duvidoso que pensasse em justiça independentemente desse poder. Timur tinha orgulho de ser descendente de mongóis, e a história nos deixou um longo registro das crueldades praticadas por ele na guerra, e seu prazer no derramamento de sangue.

De início Timur se estabeleceu na bacia do Sir e do Oxus, no norte do Afeganistão. Em uma série de vitórias subjugou as terras altas do Irã, e em 1398 deu início a uma campanha contra a Índia. Devido ao fato de que a Índia já se encontrava sob um regime islâmico, esse empreendimento exigia uma explicação especial, que foi a seguinte: os governantes muçulmanos eram excessivamente lenientes com relação aos hindus; e além disso se envolviam de modo indevido no comércio. Com essa justificativa, os soldados de Tamerlão massacraram os cidadãos de Delhi. Agindo fora de controle, excederam os propósitos do seu comandante e devastaram a cidade, o que tornou impossível durante algum tempo a instituição de um governo central forte para o norte da Índia. Timur morreu em 1405, durante uma campanha subseqüente contra a China. Esses eventos finais traziam consigo uma lembrança mais da irradiação dos mongóis como detentores do poder supremo, pois o objetivo declarado de Timur, nessa campanha, era punir os chineses por terem expulso seus governantes mongóis. Tamerlão não teve descendentes capazes de manter unidas todas as terras que conquistara. Um dos seus filhos herdou o Khurasan e ampliou seu domínio a partes do Afeganistão e do Irã.

A despeito do seu aspecto conflitivo, o século XV mostra certos desenvolvimentos notáveis. Mesmo antes desse século, o mundo islâmico tinha começado a emergir das suas dores do crescimento. As crueldades de Timur e dos conquistadores islâmicos de menor importância não prejudicaram a percepção cada vez mais clara de uma imagem viável dos homens como iguais. Nos vários países que adotaram o Islã, ou onde essa religião se havia instalado, a língua local se tornou um poderoso instrumento expressivo, não só para a poesia de modo geral mas para a realidade do Islã. Uma diversidade de escolas tinha acompanhado o islamismo quase desde o seu nascimento, e depois escolas foram instituídas em todo o mundo. A preocupação central dos muçulmanos continuava a ser a sua Lei, e a maior parte dos problemas dizia respeito à comunidade humana. Os acontecimentos violentos sob Timur contribuíram para a formação de comunidades muito amplas, cada uma com a sua própria cultura islâmica. A oeste, a maior delas era o Império Otomano; a leste, a Pérsia e a Índia. Esses novos impérios tinham surgido sob a influência dos mongóis, e todos se pareciam em certa medida com o Império Mongol, em particular no ponto que tinha inspirado Timur: o uso eficiente do poder. A difusão gradual e o aperfeiçoamento das armas de fogo exigiam uma reconsideração cuidadosa de qualquer operação militar do Estado. O custo das maiores peças de artilharia era muito alto para os indivíduos, e só podia ser coberto por estados e cidades. As armas menores eram também caras, mas sua mobilidade e facilidade de uso as tornavam perigosamente funcionais, aumentando a potencialidade dos rebeldes.

Em conjunto a Índia tornara-se uma coleção de estados relativamente independentes — alguns muçulmanos, outros hinduístas. O desenvolvimento que levou a uma nova unidade sob o Império Mugal só pode ser visto como um efeito imprevisto das ações de Timur. Como já observamos, o termo "mugal" deriva de "mongol", o que não significa que tenha havido uma linha direta de descendência, embora o fundador, Babur, tenha manifestado essa pretensão. Babur herdara o estado de Timur, Farganah, do qual, no entanto, foi expulso. Reconstituiu seu poder em Kabul, no Afeganistão, e desceu sobre as planícies da Índia, que eram controladas pelos muçulmanos, e onde instalou o império conhecido apropriadamente como "Indo-Timur", ou pelo seu equivalente comum "Mugal". As guerras prosseguiram, e só com a ascensão ao trono de Akbar (1556-1605) o império em crescimento começou a se unificar. Ao terminar o seu reinado já se estendia do Afeganistão para o sul até o rio Godavari. Seguiu-se um período de paz e grandes realizações culturais. Depois de Akbar os mais famosos monarcas da dinastia Mugal foram Shah Jahan (1628-1658) e Aurangzeb (1658-1707), que expandiram ao máximo o território do Império. Mas no fim do século XVIII o Estado mugal recebeu golpes mortais dos sikhs e dos marathas. Em 1803, os ingleses finalmente ocuparam Delhi, pondo fim ao império em termos efetivos, embora permitissem a permanência nominal de imperadores até o ano de 1857. O Império Islâmico tinha durado mais do que qualquer outro na Índia, e podia orgulhar-se de algumas das realizações mais importantes, mantendo a paz e a harmonia religiosa e deixando para as gerações vindouras magníficas obras de arte.

O auge do Império se deu com o seu terceiro imperador, Akbar. É evidente que os olhos do historiador é que fazem avaliações como esta, mas no caso trata-se de uma opinião generalizada. Se atribuímos importância à tolerância, como a maioria das pessoas, o reinado de Akbar teve de fato muita importância e tornou possível a influência recíproca do islamismo e do hinduísmo. Marca a primeira vez que muçulmanos e hinduístas se puseram a trabalhar juntos e a intercambiar idéias que os anteriores governantes islâmicos nunca tinham imaginado ou querido. Embora em boa parte o crédito deva ser dado ao próprio Akbar, outros fatores levaram a essa situação. Embora islamizada, a Pérsia tinha desenvolvido de forma independente seus meios de expressão, especialmente na poesia. Parte da mudança foi a renovação da antiga "seita" islâmica dos shiitas, que na Pérsia assumiu formas muito especiais, com base em conceitos mais antigos, zoroastrianos. De modo mais amplo, surgiram novas formas de experiência religiosa — o sufismo. Sob a influência desse movimento místico islâmico foi possível conceber a harmonia política como uma possibilidade prática, pois a experiência genuína dos valores supremos era considerada possível em qualquer religião, como acreditavam alguns adeptos do sufismo. Um estudioso de grande influência, durante muito tempo confidente de Akbar, que pensava dessa maneira, foi Abulfazl 'Allami, que morreu em 1602, três anos antes do imperador.

Depois de meio século, a política dirigida para a harmonia social e religiosa teve um fim abrupto, quando subiu ao trono Aurangzeb, o último dos grandes imperadores, que mudou de rumo, com novas tentativas de islamização de toda a Índia. Pela sua natureza, essa mudança de atitude explícita reacendeu a hostilidade por parte dos hinduístas, e dos estados hinduístas remanescentes. O novo imperador não só impôs o seu controle sobre as potências islâmicas independentes como, a partir de 1681, atacou o Decan. Longe da perfeita islamização pretendida, a conseqüência foi, ao contrário, a animosidade, a rebeldia e o ódio dos marathas.

Se as políticas de Akbar e de Aurangzeb podem ser qualificadas, respectivamente, como a busca da cooperação e o zelo pela islamização, deveríamos mencionar também a posição peculiar de Shah Jahan, o predecessor imediato de Aurangzeb. Sua mãe era uma princesa rajput, e portanto era por nascimento meio hindu. Mas seu interesse pelo poder parece ter superado seu interesse pela religião. Assim, destruiu templos hinduístas que estavam sendo construídos e afirma-se que destruiu também igrejas cristãs em Agra e Lahore. Penalizado com a morte da sua esposa, a imperatriz Mumtaz Mahal, em 1631, Shah Jahan erigiu em sua memória o Taj Mahal, em Agra — uma obra-prima arquitetônica que parece uma mesquita mas na verdade é o túmulo da imperatriz.

O poder absoluto está revestido dos seus próprios mistérios. Ironicamente, durante seus últimos anos de vida o mesmo Shah Jahan foi mantido prisioneiro pelo próprio filho, Aurangzeb, em um lugar onde podia ver o Taj Mahal refletido em um espelho, por uma pequena janela. Ao contrário do pai, Aurangzeb não se interessava pelas artes. Na sua soberba obra póstuma, Marshall Hodson conta sucintamente o que aconteceu: "[...] com ele o alto patrocínio das artes diminuiu, diminuindo também a perfeição minuciosa que ela alcançou nos seus melhores dias; e por sua vez começou a decair a excelência universal da cultura que apoiava boa parte do prestígio do governo imperial nas classes privilegiadas".[8]

Os europeus

A chegada dos europeus, como a dos muçulmanos, deu-se em etapas. Os portugueses foram os primeiros no que se poderia chamar de "segunda grande expansão indo-européia". Este não é o lugar para examinar os acontecimentos comerciais, técnicos e políticos ocorridos na Europa que impulsionaram os navegadores nessas viagens repletas de perigos. Não há dúvida de que a busca do poder político teve muito a ver com as primeiras expedições, associadas com o nome de Vasco da Gama, que embarcou com a sua frota sob os auspícios do rei de Portugal, contornou o cabo da Boa Esperança e em 1498 ancorou na costa de Malabar. Calicut, que era parte do Império Vijayanagara, viu a primeira feitoria lusitana, e em 1510 os portugueses acrescentaram um entreposto em Goa. Um acidente histórico, guerras no Mediterrâneo, interrompeu virtualmente o comércio da pimenta pelo Oriente Próximo, e o comércio direto, por mar, era a solução óbvia. As nações menores — Portugal primeiro, depois a Holanda — tiravam os maiores lucros desse intercâmbio. Os lucros comerciais da Holanda eram consideráveis, em grande parte por causa das operações no Oriente, e explicam a sua "Idade do Ouro" do século XVII. Embora tenha sido fundada alguns anos antes da Companhia Holandesa da Índia Oriental, só no século XVIII a *British East India Company* superou a sua principal competidora. Embora os franceses tivessem um grande interesse pela Índia meridional, onde se instalaram em torno de Pondichéry, o interesse direto da Holanda era mais limitado, orientando-se principalmente para as ilhas das especiarias (Indonésia). No entanto, o último governador holandês do Ceilão, Van Angelbeek, só foi liberado das suas funções depois que os ingleses a assumiram, durante as guerras napoleônicas. Como a principal motivação dos navegadores e daqueles que os enviavam era a busca da riqueza e não do poder, eles tinham tudo em comum com o numerosos árabes e indianos que antes deles se aventuraram pelos mares. No entanto, a rota escolhida fez uma grande diferença para a história da Índia e do mundo: tinha início a fase do domínio universal da Europa.

III
Principais Traços Culturais e Religiosos

As religiões como uma esquema de referência

Já falamos sobre a continuidade da vida na Índia na base de certos eventos religiosos do vale do Indus. Antes de continuar com um breve esboço das novas e duradouras criações dos invasores de língua indo-européia será útil ver um esquema cronológico do desenvolvimento religioso da civilização indiana. As datas aproximadas marcam as correntes religiosas e culturais mais importantes.

Do lado esquerdo estão mencionadas as religiões que não reconhecem um fundador e que não se atribuem um nome, mas que de certa forma cresceram "organicamente", e devem a sua denominação a observadores e a estudiosos externos. A origem do bramanismo, do budismo e de outras crenças só pode ser datada de modo aproximado; no caso do "vedismo", até mesmo falar de uma "origem" é enganoso, porque não podemos sequer aproximar-nos de qualquer conhecimento real da tradição viva que penetrou na Índia e criou os textos védicos (a origem desses invasores de língua indo-européia, de que o povo dos vedas era um subgrupo, remonta ao começo do terceiro milênio a.C.). Do lado direito estão relacionadas aquelas religiões que tiveram a sua origem histórica na Índia, como desdobramentos das tradições básicas. Elas não se consideram diferentes e não podem indicar um fundador, mas têm um nome para si, que indico com uma seta. Finalmente, na mesma coluna, estão as tradições religiosas estrangeiras, introduzidas mais tarde. Incluo também nessa coluna a religião dos sikhs, embora não se trate de uma importação, mas de uma criação indiana. No entanto, historicamente ela só pode ser compreendida como uma nova tradição formada nas circunstâncias da tensão entre o Islã e o hinduísmo. A despeito da insistência dos sikhs na sua independência, muitos hindus, se não a maioria deles, consideram o sikhismo parte da família hinduísta, como uma "casta", ou comunidade aceita, comparável à dos cristãos de São Tomas, do Malabar. Só no caso do Islã temos uma tradição religiosa vinda de fora, que teve tal impacto na Índia e conquistou tantos adeptos indianos que suas repercussões políticas adquiriram um significado duradouro.

Para termos um quadro completo precisaríamos imaginar uma coluna adicional representando numerosas tradições tribais, algumas delas com raízes pré-históricas, outras criadas pelas guerras e perseguições que expulsaram alguns povos dos vales férteis para as regiões montanhosas. É injusto ignorar essas tradições, mas não há um estudo abrangente em que poderíamo-nos basear para a sua inclusão neste levantamento da civilização indiana. Em certos contextos, "tribos e castas" são mencionados em um só fôlego, o que é compreensível, pois a origem tribal é inseparável do nascimento (*jati*).

O hinduísmo	Desdobramentos independentes na Índia e religiões introduzidas do exterior
Ca. 3000 — 1500 a.C. Costumes religiosos da civilização do vale do Indus	
Ca. 1.200 a.C. Vedismo	
Ca. 800 a.C. Bramanismo	
	Ca. 600 a.C.-900 a.D. =>Budismo
	Ca. 600 a.C. =>Jainismo
Ca. 700 a.D. Hinduísmo	
	Ca. 1000 a.D. Islã
	Ca. 1500 (=>) Sikhismo Cristianismo Primeira onda com o apóstolo Tomás Século I a.D.? Segunda onda Ca. 1500 Terceira onda século XIX Judaísmo século I a.D.?

Os vedas e o bramanismo: sua influência

Estritamente, as mais antigas evidências históricas da Índia começam com os textos védicos. É quando encontramos a marca principal da história: a língua com que nos defrontamos é uma língua que podemos ler. É bem verdade que presumimos determinar o começo da história do Ocidente com a invenção da arte da escrita no Oriente Próximo, conquanto os textos védicos só foram escritos de forma completa no século XIX. No entanto, não estamos tomando liberdades com o *dictum* dos historiadores. Com efeito, as técnicas de memorização indianas eram tão extraordinárias que superavam em muito a segurança dada pela tradição escrita. Praticamente não havia variantes dos mesmos textos, quando eles foram registrados por escrito em diferentes lugares. Comparativamente, os textos bíblicos, que repousavam na escrita, mostram numerosas variantes, erros de cópia etc. Vimos que a civilização do vale do Indus conhecia a escrita, mas o fato de não podermos entendê-la a coloca fora da "história". E enquanto o problema permanecer sem solução, podemos falar de "proto-história". No entanto, os textos védicos marcam o verdadeiro começo da história na Índia, pois a despeito das dificuldade de interpretação podemos compreender o seu sentido.

Os documentos védicos nos foram legados por invasores da Índia que se denominavam *arianos* ou *árias*, "nobres", ou "homens livres". Cultivando uma importante tradição oral, celebravam seus deuses com hinos de louvor e não podiam imaginar a sua existência sem o ritual. Se em outros lugares a religião pode eventualmente ser imaginada de forma independente da sociedade e da política, no caso da Índia isso não é possível. Essa observação pode chocar-se com muitas abordagens recentes à interpretação histórica, mas os documentos não nos obrigam a tomá-la literalmente. Além disso, a natureza religiosa dos textos védicos difere muito da idéia de "religião" da maioria dos ocidentais educados. Nesses textos, os deuses e deusas, embora inteiramente divinos, se comunicam com os humanos por meio da *yajna* — os sacrifícios de sangue (inclusive com gado) ou as oferendas de leite e cereais. Não há dúvida de que se sentia uma proximidade com os deuses. Podemos pensar em analogias: por exemplo, os encontros entre os gregos e os seus deuses, como no caso de Ulisses e Atenas, segundo Homero. Os gregos clássicos tinham muitas objeções a Homero, mas não esta, porque conheciam essas experiências.

O mundo das idéias nos Vedas é a origem da civilização indiana — não no sentido de que ele criou individualmente cada uma das divindades, ou mesmo os costumes religiosos e culturais, mas no sentido de que as idéias estruturais da religião, filosofia, sociedade e política surgiram dessa fonte. Como muitos já observaram, o "hinduísmo" não é uma religião, mas uma grande coletânea de religiões. A unidade da Índia sempre teve como base esse vasto e peculiar conjunto unitário que muitas vezes foi desnecessariamente romantizado, mas que pode ser identificado em muitos detalhes. O fato de que "Índia" e "hinduísmo" foram nomes dados inicialmente por um grego — Arriano — e por outros forasteiros, representou uma percepção intuitiva dos impulsos de organização que naquela época ainda se expandiam pelo subcontinente e não a sua perfeita compreensão. As divindades locais eram identificadas com os deuses do panteon bramânico. Terras eram concedidas a *brahmins* que os governantes consideravam merecedores, cuja reputação como membros da "classe espiritual" era parte do prestígio do mundo em transformação sob os seus auspícios. A bramanização da Índia deve ser vista como um processo com limites mal definidos e poderia ser comparada aos mitos modernos que têm um funcionamento efetivo. Assim, muitos centro-americanos falam de "El Norte" como uma terra de riqueza mítica, e sob a influência de um mito vital muitas pessoas cruzaram o Atlântico ou o Pacífico, em outros tempos, para chegar ao Novo Mundo. Hoje, nas regiões mais distantes do mundo as garrafas de Coca-Cola são sinais do prestígio aceito da terra da qual tantos outros símbolos — a música de *jazz* e o *rock*, os *blue jeans* — foram recebidos e aceitos, sem uma avaliação do seu valor. *Prestige an sich*, dir-se-ia, é um fator da História que não podemos ignorar. Não é razoável procurar propósitos úteis, bem considerados, que poderíamos definir em nossos próprios termos. Embora estejamos familiarizados com a influência do inglês no mundo atual, devemos entender também que o sânscrito, a língua trazida com essa tradição prestigiosa e crescente, teve sua influência expandida ao longo de séculos — influência que é visível no vocabulário de todas as línguas vernáculas. Podemos comparar essa influência com a que o inglês viria a exercer mais tarde? No que diz respeito à profundidade da transformação das idéias, ações e atitudes predominantes, a influência do sânscrito parece incomparável.

Na suas fases primitiva e clássica a civilização indiana não nos oferece muitos pontos de referência para uma cronologia precisa, mas as pessoas responsáveis pela transmissão dos textos védicos dão acesso ao que o povo dizia. Só muito limitadamente podemos usar esses textos como evidência histórica detalhada, revelando disputas de poder, conflitos sociais, ou mesmo a alimentação costumeira.

No entanto, dispomos de informação abundante sobre aqueles temas que tinham uma importância suprema para os arianos. A dimensão religiosa não é menos significativa quando percebemos disputas de poder e conflitos sociais. A relativa clareza das fórmulas sociológicas não nos ajuda muito a compreender a vida na civilização indiana, em particular na Índia primitiva e clássica, quando o "bramanismo" não era ainda um sistema organizado. As *varnas*, "classes", de que falam os textos védicos, não podem ser explicadas apenas em termos econômicos. A conquista da Índia pelos arianos não representou uma conversão "forçada" da população existente, em suas formas muito variadas. Com efeito, na história da Índia poucos monarcas nasceram kshatryas, arianos da classe nobre (talvez nenhum deles). O que provocou a mudança de um culto sem templos para um culto com templos — e a própria noção de templo como base duradoura das divindades, típica do hinduísmo moderno — representa tecnicamente uma continuação das religiões camponesas pré-arianas. Só pelos seus resultados podemos inferir a força de transformação do influxo védico e bramânico e a sua expansão por toda a Índia. O termo "sanscritização" (introduzido pelo sociólogo M. N. Srinivas) indica o ponto principal. No entanto, ainda mais intrínseco com relação ao processo que se desenvolveu na história é o "gênio" religioso da tradição original védico-bramânica. Ainda que nossas categorias habituais não abranjam adequadamente o que aconteceu, os dados disponíveis indicam o prestígio da tradição védica em virtualmente todas as manifestação da cultura indiana — na sociedade, na política, na arte, nas atitudes morais. Pode ser verdade que todas as comunidades tradicionais aceitam a validade dos costumes de outras comunidades, mas só os indianos postularam conscientemente a validade das suas próprias tradições, onde quer que fossem — esta é a evidência demonstrada por textos como as *Puranas* e a *Dharmashastra*. Nas relações comerciais da Índia com o sudeste da Ásia vimos como essa certeza teve um impacto nas terras com as quais os indianos estabeleceram contato.

Para a maioria dos estudiosos ocidentais pareceria que as mudanças mais incisivas da orientação humana fundamental ocorreram na idade védica tardia. Foi essa época (ca. 750-550 a.C.) que produziu alguns dos primeiros *Upanixades*, de maior influência. É o período que Karl Jaspers propôs denominar de "idade axial". Nos estudos históricos sobre a Grécia encontramos ocasionalmente expressões como "período de insegurança", "período de ansiedade", "período de ceticismo". Duvido muito que essas expressões sejam apropriadas para descrever as mudanças fundamentais ocorridas na Índia. O que não significa que não tenham havido sentimentos de insegurança, ansiedade e certamente de ceticismo. O ceticismo foi praticado na discussão filosófica como uma arte muito desenvolvida. No entanto, na documentação existente temos a revolução dos *Upanixades* da idade védica tardia, caracterizado uma vez mais como a reinterpretação da herança de uma época védica anterior. Os termos cruciais são *karma* e *sam-*

sara. O primeiro aparece nos textos védicos primitivos, e tem muito a ver com o ritual: no vocabulário védico, "fazer" significa por excelência "fazer ritualmente". Durante muito tempo explicar um ritual por meio de alguma noção externa sobre o propósito que o orienta foi habitual entre os estudiosos modernos, mas esse procedimento não nos ajuda, porque não define o que está acontecendo; e os textos indianos não demonstram preocupação em dar essa "ajuda", a despeito de exigirem discussões altamente complexas. Em vez de elaborar a respeito dos fins com que esses rituais eram praticados, os textos repetem que eles são e precisam ser praticados. Em nenhum lugar vamos encontrar qualquer indício de que o objetivo prático a ser alcançado (uma boa colheita ou o nascimento de um filho) viria automaticamente com a perfeita realização do ritual, e menos ainda há uma indicação da meta esperada como fundamento do ritual.

O termo *karma* deriva da raiz *kr*, que significa "fazer", e um dos seus significados primários é a prática dos rituais exigidos. Dois exemplos mostram como esse sentido primário é claro. Em primeiro lugar, a influência "organizadora" da tradição védico-bramânica pode não ter provocado por si mesma a criação do sistema de castas, mas quando ela surgiu um dos seus princípios básicos associava a casta com um tipo particular de trabalho executado pelos seus membros, como, por exemplo, os carroceiros, os sacerdotes, os que trabalhavam com couro. O segundo exemplo é o emprego do termo *karma* no budismo, que rejeita a autoridade dos *vedas*, ou seja, os fundamentos aceitos por todos os cultos e as escolas hinduístas, mesmo quando nunca davam atenção especial aos textos védicos. No entanto, como veremos adiante com algum detalhe, os budistas recolheram instintivamente como elemento primário aquilo que chamam de "lei do *karma*" — a existência de uma ordem misteriosa no universo pela qual nenhuma ação é vã. Esse elemento de certeza absoluta com respeito à ação era o núcleo do ritual védico e bramânico: tudo o que é feito registra definitivamente um resultado. Assim, a força propulsora da "lei do *karma*" do budismo deriva diretamente da eficácia incontroversa dos sacrifícios, parte da tradição ritual hinduísta.

Para a mente moderna é difícil entender a posição central e básica dos atos na religião védica. Como em todas as tradições religiosas, podemos observar no hinduísmo três diferentes tipos de manifestação, focalizadas, respectivamente, em lugares, palavras e atos específicos. De modo geral, em qualquer tradição a maior concentração de sacralidade ocorre em um desses três modos. Podemos assim falar sobre o papel predominante dos lugares sagrados, dos mitos ou dos rituais em uma religião. Nas modalidades mais antigas do hinduísmo, que chamaremos respectivamente de vedismo e bramanismo (essa última designação é dada às formas sistematizadas e elaboradas que foram desenvolvidas) — o ato tinha uma prioridade incontroversa. A tradição original védica e bramânica não erigia templos. A esse respeito, ela diferia claramente do tipo do hinduísmo posterior com que nos familiarizamos, pois não havia lugares sagrados permanentes. Isso significa que quem queria fazer um sacrifício tinha de dar início ao procedimento; precisava indagar formalmente a um responsável se podia usar um determinado local. A resposta era igualmente formal, expressa em fórmulas prescritas. O lugar precisava ser purificado formalmente e só então os procedimentos podiam ter início. Depois disso, o local utilizado, que a princípio não era sagrado, precisava ser restituído à sua condição secular.

No moderno mundo intelectual é preciso uma revolução mental especial para que a maior parte das pessoas possa entender isso. A história do cristianismo assumiu muitas vezes a forma de conflitos de idéias. Desde a Reforma, pelo menos aos olhos de muita gente, o desenvolvimento da religião no Ocidente foi uma discussão infindável sobre temas bastante esotéricos. No entanto, normalmente esquecemos que nossa própria busca do que é mais importante aceita sem questionar a proposição de que só importam o conhecimento, a compreensão, a cognição. Naturalmente, na civilização indiana as idéias também têm importância, mas o impulso principal da sua origem vem da ação. Para entender isso precisamos abandonar a tendência para ver todo ritual como uma espécie de "magia". Tendência que ganhou um papel tão preeminente nos estudos feitos no Ocidente, durante o período da colonização ocidental, que continua ainda hoje a dominar nossos estudos, impedindo uma compreensão adequada da Índia. Além disso, não é exagero falar da educação lingüística que veio com a tradição védica como fonte da civilização indiana. A grande literatura clássica da Índia foi produzida séculos depois que o sânscrito deixou de ser usado na vida "comum", e os vernáculos usados pelas famílias se diferenciaram dele, até mesmo de forma importante.

A complexidade do sacerdócio védico e bramânico, com suas divisões e várias funções, levar-nos-ia a pormenores que para os nossos fins têm menos importância. No entanto, o fato de que os rituais e seus textos levavam a um raciocínio sutil tem importância extraordinária. Embora os textos antigos tenham sido estudados intensamente pelos especialistas ocidentais, durante quase 200 anos, só recentemente percebemos que a separação que havíamos presumido existir entre "ritualistas" e "filósofos" é fruto da nossa imaginação ou, mais precisamente, uma distorção que promovia nossa auto-estima. Persistem ainda as sugestões feitas no século XIX de que os *Upanixades* nos mostram os primeiros sinais da filosofia na Índia, mas elas são tão condescendentes como na época em que foram expressas pela primeira vez. A sugestão adicional de que os *Upanixades* se opunham de certo modo à herança ritualística védica é não só enganosa mas totalmente incorreta. Os textos védicos têm muito a dizer sobre o "sacrifício do cavalo" (*asvamedha*) — um dos grandes sacrifícios que só o monarca podia realizar, e apenas em circunstâncias especiais. O cavalo, um garanhão, era morto por estrangulamento. Uma das cerimônias na longa duração do festival, que tem sido mencionada repetidamente nas descrições feitas por estrangeiros, é a obrigação da primeira esposa do monarca de representar uma cópula com o cavalo. De fato, nesses procedimentos todo o conjunto de fatos parece um arsenal inesgotável de curiosidades na busca de evidência do pensamento selvagem e primitivo. No entanto, os textos não sugerem os tipos de conclusão a que têm chegado os estudiosos ocidentais.

O *Brhadaranyaka Upanixades* é parte da respeitada *Satapatha Brahmana*, e começa assim:

> *Aum*, a madrugada, é verdadeiramente a cabeça do cavalo sacrificial, o sol é o olho, o vento é o sopro, a boca aberta, o fogo de *Vaisvanara* (fogo que é conhecido e adorado em toda parte); o ano é o corpo do cavalo do sacrifício; o céu são as costas, a atmosfera é a barriga, a terra são os cascos, os quartos são os lados, os quartos intermediários as costelas, as estações, os membros, os meses e as quinzenas, as juntas, os dias e as noites, os pés, as estrelas são os ossos, as nuvens, a carne, o alimento no estômago é a areia, os rios são os vasos sanguíneos, o fígado e os pulmões são as montanhas, as ervas e as árvores são o cabelo. O sol nascente é a parte frontal, o sol poente, a parte traseira, quando ele boceja fica mais leve, quando se sacode troveja, quando urina, chove; a voz, na verdade, é a sua voz.
>
> (B.U.I 1.1., trad. S. Radhakrishnan, retraduzido do inglês para o português)

O que é notável a respeito do início do comentário (uma meditação) sobre o sacrifício do cavalo é o significado cósmico, universal, atribuído a cada detalhe. A última linha dessa interpretação cósmica é espantosa: "[...] a voz, na verdade, é a sua voz". A palavra *vak*, voz, ocorre com freqüência nos *Upanixades*. É a essência do elemento ritual; é divina, como as palavras do *Sruti*, a revelação dos textos védicos; e é o elemento humano inalienável. Essa passagem não se ocupa dos "detalhes sangrentos" do sacrifício do cavalo, mas com a realidade que precisamos compreender. Não haverá um paralelo com o fato notável de que a destruição do templo de Jerusalém não representou o fim dos sacrifícios, mas a absorção da tradição do "sacrifício da prece" pela sinagoga? E do mesmo modo a Igreja cristã, depois de "abandonar" os sacrifícios da tradição bíblica, mantém o seu vocabulário, sobretudo na Eucaristia.

Sutilezas desse tipo abundam na literatura védica, a tal ponto que somos levados a pensar: terá havido algum desses procedimentos que fosse um "mero sacrifício"? A resposta inevitável é negativa. Não há tradição agrícola que não inclua sacrifícios sangrentos. Na Índia, provavelmente mais do que em qualquer outro lugar, temos comentários articulados e reflexões que acompanham essas cerimônias. Parece-me que em um estudo comparativo das civilizações isso tem grande importância. Na Índia como no Ocidente, o ceticismo dos meios filosóficos sempre os levou a criticar os sacrifícios. No entanto, de modo geral as mesmas escolas filosóficas que fizeram essa crítica têm tido grande dificuldade em defender a sua própria tradição (um exemplo clássico é o desmentido por David Hume da influência de Lucrécio. Comparáveis são os "materialistas" indianos, os *lokayatas* ou *carvakas*). Para o pensamento humano o problema fundamental do sacrifício é que ele se dirige diretamente à questão da vida e da morte, resistindo ao ataque imperioso da análise racional. Para esse fim, é importante observar que as origens das principais tradições filosóficas indianas são precisamente as meditações dos *Upanixades*, que focalizam os temas centrais da existência humana.

Os textos ignoram a maioria das perguntas que gostaríamos de fazer. Assim, não indagam quem são os recipientes dos donativos dos sacrifícios. No entanto, uma passagem do *Satapatha Brahmana* está entre as que indicam que a morte do sacrifício é na verdade a morte de quem o oferece. Somos informados em detalhe sobre o modo como o corpo da vítima é cortado em 33 partes, que formam as oferendas submetidas aos deuses. A razão dada não é o fato de que o número 33 representa os clássicos 33 deuses, mas o de que ele representa o homem. Com efeito, segundo a tradição clássica da Índia o ser humano tem 10 dedos das mãos, 10 dedos dos pés, 10 fôlegos vitais secundários e três principais. Total: 33. Assim, o corpo sacrificado é dividido de modo analógico ao homem vivo (Malamoud). Notável também é o fato de que a maioria das oferendas que não implicam vítimas, como as de produtos agrícolas ou animais, ou extratos das plantas (por exemplo, o celebrado *soma*), é descrita também como tendo sido morta, exatamente como os sacrifícios de animais.

Hoje, termos como "matar", usados nesse contexto, podem surpreender muita gente. E é verdade que há pelo menos 10 séculos a abstenção da violência tem sido uma corrente importante na Índia. No Ocidente, a crença popular é que essa atitude seria uma contribuição importante da Índia, exemplificada na vida do Mahatma Gandhi. No entanto, não podemos esquecer que a abstenção da violência — no hinduísmo, no jainismo e no budismo — é em grande parte uma posição de movimentos da elite. Movimentos que não se abstêm de falar em sacrifício, mas se referem de modo geral muito explicitamente ao sacrifício interior. Tipicamente, o *Bhagavad Gita* — não um texto védico, mas não-védico, com a sua autoridade baseada nos *Upanixades* — falando de *Brahman*, o princípio divino supremo, afirma:

O trabalho do culto vem do Divino,
O divino vem do supremo som sutil (a sílaba como essência dos mantras védicos).
Por isso o Divino, embora omnipresente, é estabelecido no sacrifício.
E vive em vão, ó Filho de Pritha,
Aquele que não gira com a roda posta em movimento.
Sua intenção é maléfica, está mergulhado nos sentidos.

(III, 15-16)

O capítulo IV, pp. 24-30, relaciona várias práticas religiosas, incluindo o asceticismo, a ioga, o controle da respiração, o jejum, chamando-as de "sacrifícios". Esses textos não eliminam o sacrifício, mas acentuam a interpretação espiritual em lugar dos detalhes no ato de matar. No entanto, fora dos círculos de elite, os sacrifícios sangrentos (do tipo que sem dúvida são anteriores à civilização do vale do Indus) continuaram a ser feitos até os nossos dias. É certo que eles não participaram da tradição védico-bramânica, mas são de um tipo encontrado comumente nas tradições camponesas. Na Índia, as vítimas sempre incluíram o búfalo, e em alguns casos também seres humanos. Uma vez mais o *Bhagavad Gita* expressa a atitude de virtualmente todo o hinduísmo sucessivo — por inclusão ou, poder-se-ia dizer, por "cooptação". Nas palavras de *Krishna*,

"E quando os devotos têm outros deuses, e trazem sacrifícios, cheios de confiança. Fora da liturgia estabelecida, só a mim oferecem sacrifícios". (IX, 23)

Nesse contexto, é preciso observar que a distinção entre o "religioso" e o "intelectual", que se tornou normal nos países industriais modernos, não parece ter ocorrido na Índia. A separação entre "espiritual" e "material" começa bem cedo na herança religiosa do Ocidente. O profeta Isaías disse: "Vossos inúmeros sacrifícios, que representam eles para mim? Não desejo o sangue dos touros, das ovelhas ou dos bodes [...] Deixai de fazer o mal, e fazei o bem, perseguindo a Justiça e protegendo os oprimidos; dai aos órfãos os seus direitos, defendei a causa da viúva". (Isaías 1: 11,17) A leitura e a aplicação desses textos ajudou a criar no Ocidente uma séria distinção, mas na Índia não houve nenhum desenvolvimento comparável. Pelo contrário, a realização do sacrifício e a (igualmente atual) "interiorização" (Eliade) permaneceram até certo ponto complementares. Os *Upanixades* nunca se expressam de modo contrário ao ritual, nem os seus textos permitem tal interpretação.

Os *Upanixades* contêm muitos dos temas essenciais do pensamento indiano, que acompanham e influenciam toda a história da Índia. *Yajna*, "sacrifício", e *"yajnamana"*, aquele que faz o sacrifício, aparecem nos mais antigos textos védicos. Sua "influência" é maior do que a simples retenção na memória. Por exemplo: sabemos o que na Índia de hoje é conhecido como "sistema *jajmani*": a complexa relação socioeconômica entre as pessoas, e especialmente entre as famílias, abrangendo serviços e privilégios mútuos; em todos os casos, um grupo ou uma família ocupa posição superior na escala social e funciona como patrono. O patrono é chamado o *jajman* — na verdade a mesma palavra antiga *yajamana*, "aquele que faz o "sacrifício". Assim como no *"karma"* dos budistas, o que permaneceu foi o pensamento fundamental, a compreensão do sentido fundamental do termo. Aquele que faz o sacrifício" se define não como quem paga pela realização de um ritual elaborado, mas aquele cuja ações o relacionam com todos, não só os que participam do ato, como os sacerdotes, mas todos os que o cercam na família e na comunidade.

Os *Upanixades* continuam a obra das *Brahmanas* ao comentar os textos rituais mas, conforme sugerido, o fazem de forma meditativa. Já se disse que eles interiorizam o ritual (Eliade). O ensino das técnicas de ioga começam em alguns *Upanixades*, e aí esse processo de interiorização é absolutamente explícito. O fogo usado no ritual corresponde ao fogo interior do praticante de ioga em contemplação. Os *Upanixades* elaboram especialmente os grandes termos filosóficos de natureza mais técnica, tais como *avidya, jnana, samsara, ioga*. *Avidya* é a ignorância "natural" que condiciona todos os seres humanos, sendo necessário um treinamento especial para superá-la. Tem a ver com a cegueira do homem no que se refere à sua liberação, ou seja, ao caminho que leva à *moksa* ou ao *nirvana*, que é a libertação duradoura dessa cegueira, da prisão das aparências do mundo. *Samsara*, palavra que sugere um fluxo gigantesco, é o termo técnico para o mundo das existências finitas, cuja única característica clara é o fato de que é marcado pelas mortes, e no entanto não chega ao fim. *Samsara* descreve assim a condição a que estão sujeitos os seres não iluminados.

É importante entender que *samsara* não é uma premissa estranha ou a "crença" na transmigração, processo pelo qual as almas individuais iniciam uma nova existência após a morte. Conforme é discutida nos textos, não é mais estranha do que a idéia, aceita pacificamente no Ocidente, de que a extensão da vida é limitada. A observação de que "objetivamente" a vida continua, não obstante a sua brevidade, tem uma base empírica, embora (como a brevidade da vida sob a égide das religiões baseadas na Bíblia) tenha também conseqüências religiosas. A imagem da lagarta em uma folha de grama, do *Upanixade Brhadaranyaka*, é muito apropriada:

> Assim como depois de chegar à borda de uma folha de grama a lagarta se encolhe nesse sentido, da mesma forma a alma, ao dar o passo seguinte (diante da morte) golpeia o seu corpo, vence a sua ignorância e se contrai (para fazer a transição).
> (*Upanixade Brhadaranyaka* 4.4.3, conforme a tradução para o inglês de E.E. Hume, retraduzido para o português)

Precisamos levar em conta também que essas discussões não eram acompanhadas por um público amplo e interessado. Ocorriam nos mesmos círculos fechados que guardavam, memorizavam e transmitiam a herança védica de geração em geração. Os *Upanixades* foram acrescentados aos materiais que chamamos de textos védicos, embora ainda não tivessem sido escritos, sendo transmitidos por via oral e mediante memorização. Os iniciadores dos novos ensinamentos são várias vezes mencionados pelo nome, como os poetas legendários dos hinos mais antigos.

Para compreender o que estava acontecendo e essas mudanças, nos tempos primitivos, é necessário entender que em nenhuma parte se percebe nesses "novos textos" uma ponta sequer de insatisfação com os ritos tradicionais. Em vez de criticar o passado, os novos ensinamentos proporcionavam interpretações renovadas do que havia sido preservado do passado. É essencial entender que a preservação "secreta" desses ensinamentos, que encontramos na própria fonte da filosofia indiana, não é um "segredo" — no sentido de que só um pequeno círculo de pessoas os guardasse para si. Com efeito, nas procissões em torno dos templos, nas vilas e cidades, os *Brahmins* cantavam em voz alta os *Upanixades*. Pode-se falar de "segredo" exclusivamente no sentido de que o que leva à liberação última transcende o conhecimento ordinário. Não estamos diante de um fato social preciso, que permita separar a *"intelligentsia"* das "massas deseducadas". Só a qualidade especial desse "conhecer", o conhecimento do caminho da liberação, explica a ampla influência dos *Upanixades* sobre o pensamento posterior.

Desde o princípio das discussões sobre os *Upanixades* a Índia teve mestres que — longe de serem ignorantes ou supersticiosos — tinham um conhecimento e uma sabedoria genuínos, que lhes permitia romper com as condições do *samsara*, levando à liberação (*moksa, nirvana*). Esse é um traço que nunca desapareceu do cenário indiano. No século XX, Mahatma Gandhi foi considerado um desses sábios-santos — milhares e milhares de pessoas viajavam longas distâncias para vê-lo. A maior parte dessas pessoas não podia sequer entender o que lhes dizia, não só porque nas reuniões de massa ficavam muito afastadas, mas porque o Mahatma não falava na sua língua. No entanto, para essas pessoas bastava o *darsan* — ou seja, vê-lo, assim como se vê Deus em um templo. Um termo de extraordinária importância que aparece pela primeira vez nos *Upanixades* é *bhakti*, cujo sentido literal sugere a "participação em algo". Pode-se traduzi-lo como "a experiência do amor divino". O *Upanixades Svetasvatara* termina com estas palavras: *"yasya deve para bhaktir yatha deve tatha gurau, tasyaite kathita hy arthah"*. Ou seja, "[Esses ensinamentos] foram explicados àquele cuja maior devoção a Deus é igual à maior devoção ao seu *guru*". Outra vez observamos uma característica religiosa que exibe uma parte essencial da Índia. Sem dúvida, graças às suas premissas religiosas, de modo geral na Índia não se confundiu "poder" com "autoridade", o que vale a pena lembrar pelas suas implicações para a história política do país. Há uma anedota bastante conhecida segundo a qual Talleyrand lembrou a Napoleão o fato de que as baionetas são úteis mas não é confortável sentar-se sobre elas. Esse mesmo tipo de conselho prático foi transmitido desde a primeira ligação de memorização dos textos védicos, não porque introduzisse um capítulo especial sobre a atividade política, ou porque aplicasse uma forma especial de moralismo, mas porque continha todos os preliminares para uma orientação séria da prática.

Finalmente, é preciso mencionar *sat*. O "Hino da Criação" (*Rigveda* 10.129) afirma, na sua linha de abertura, que naquela época primordial não havia nem *sat* ("o existente") nem o seu oposto, *asat* ("o não-existente"). Parece-me que o termo não tem equivalente em outras tradições, e só por essa razão tem significado especial em qualquer estudo comparativo. Pode ser traduzido também como "o bom". Será que isso esconde um raciocínio próximo ao da definição platônica de Agostinho, para quem o mal é a ausência do ser? Não, porque *sat* é menos especulativo. O existente é uma realidade ordinária dada imediatamente. Está a uma certa distância da principal tradição espiritual e filosófica do Ocidente, com sua habitual coexistência com o cristianismo, pois o bem perfeito não se define identificando-o com o divino — pelo menos, uma tal identificação não é um tema importante no pensamento indiano. Parece-me de suprema importância fazer um esforço para compreender que o *sat* indiano não é meramente uma sutileza filosófica, vinda de um recanto esotérico do mundo, mas levanta uma questão que nos é dirigida. Constitui uma dificuldade relevante na nossa tentativa de interpretar a realidade da Índia — como logo veremos, por exemplo, na questão das classes e castas. Presumimos que qualquer civilização tenha uma certa noção da justiça, cuja função é garantir o que deve ser preservado — no entanto, essa verdade evidente nos conduz a algumas dificuldades especiais. No caso de *sat*, temos uma civilização em que a origem e a manutenção do que é justo não está ancorado na vontade divina, como no caso das civilizações afetadas pelo judaísmo, o cristianismo ou o Islã.

Numa escala comparativa mundial, é importante compreender o caráter único da tradição indiana. O termo *sat* é ao mesmo tempo "o existente" e "o bom". Assim, ele une o que para a maioria de nós é uma dualidade, quando não um paradoxo. Não quero sugerir que se deva reintroduzir a antiga oposição entre Ocidente e Oriente (*"The twain shall never meet"*), bem enraizada, embora repouse em um equívoco. Devemos simplesmente lembrar que nossa compreensão recíproca não pode ser estimulada por algo como a avaliação consciente dos nossos pontos de orientação permanentes e dos nossos problemas duradouros. Com efeito, esses problemas duradouros não são muralhas que possam dividir civilizações. Ao contrário, são mais arenas nas quais os problemas superficiais persistem nossas disputas intelectuais, e onde podem ocorrer conciliações importantes.

Na história do Ocidente, o problema do bem e do mal é inconcebível sem o pioneirismo de Israel. Se a ética de Kant (*A crítica da razão prática*) não cita a declaração feita por Deus, em *Gênesis* I, de que o que ele criou é bom, ou mesmo muito bom, como pensador Kant era parte de um mundo onde a Bíblia vinha funcionando há muito tempo. Para ele, a filosofia do bem tinha uma prioridade clara sobre a filosofia da existência (*A crítica da razão pura*). Seguramente Kant pode basear-se também na convicção platônica de que em sua pureza absoluta o bem transcende o nosso conhecimento, mas precisamente no aspecto dessa convicção que na história do Ocidente relaciona Israel com o platonismo, a estrutura religiosa do Ocidente nunca desmentiu a si mesma. Como é natural, neste nosso estudo das civilizações alimentamos a esperança de que nosso trabalho possa trazer-nos um quadro convincente do mundo como um conjunto. Mas essa aspiração corre constantemente o risco de tombar na armadilha de algum absolutismo mental, que aparece sempre que fabricamos algum tipo de unidade de medida. No entanto, nosso tema nos corrigirá, pois, enquanto existirem civilizações, elas se encontrarão e se fertilizarão mutuamente. Isso acontecerá porque todos esses encontros têm um núcleo secreto em uma ética concreta, e não em teorias abstratas, e na nova vida gerada, inesperada e imprevisível. Do mesmo modo, arriscando-se a agir com presunção, o historiador precisa tentar localizar os temas centrais, que testemunham o caráter único de cada civilização. Em toda parte surgem filosofias com base nas heranças religiosas. Na Índia esse fato é tão evidente que muitos estrangeiros quase chegam a identificar a Índia como o berço da perfeita espiritualidade. E para cada visão reducionista da Índia, como outro produto de forças econômicas anônimas, há uma perspectiva que a vê flutuando em uma nuvem de espiritualismo indefinido. A filosofia de Hegel já foi identificada erroneamente por mais de um estudioso com a de Sankara, e já aconteceu mesmo que uma *philosophia perennis* total tenha procurado expressar-se como um modelo indiano, capaz de abranger todo o mundo (não precisamos fazer pouco de todas essas tentativas, e devemos muitíssimo a Ananda K. Coomaraswamy!). Historicamente, é obrigatório levarmos em conta um conjunto altamente articulado de categorias que temos disponível nos textos indianos e que durante muitos séculos permaneceu de modo fundamental nas discussões sobre o assunto. Conjunto que, exceto em alguns raros casos, não se considerou em oposição a um vocabulário religioso primordial, baseado em práticas religiosas.

A filosofia

É preciso acrescentar uma palavra sobre a filosofia, ainda que sucintamente. Na Índia os grandes pensadores têm exercido uma influência que sob certos ângulos é notavelmente mais ampla do que a dos filósofos ocidentais. O termo "filosofia" talvez não seja inteiramente aplicável ao pensamento sistemático indiano. Seu objetivo não é acrescentar ao nosso conhecimento tudo o que existe, mas sim *moksa*, *nirvana*: a liberação. O termo sânscrito para essa disciplina é *darsana*, "visão". As várias escolas reconhecidas do hinduísmo não se excluem mutuamente, ao contrário, se complementam, com suas diferentes perspectivas e focos de atenção. Alguns dos termos mais fundamentais do vocabulário filosófico dos grandes pensadores hinduístas procedem da autoridade das escrituras védicas. Sankara (ca. 800 a.D.) foi um *brahmin nambudiri* de Kerala, que se dispôs a explicar os ensinamentos fundamentais dos *Upanixades*. Típico da maior parte do pensamento indiano, ele considera que a realidade empírica é limitada e enganosa. Ramanuja (ca. 1100 a.D.), um *brahmin* de Tamil nadu, adorador de *Vishnu*, tinha o mesmo ponto de vista, mas com uma forte ênfase na realidade de Deus e na teologia da devoção promovida pela tradição dos templos *Vaisnava* (*Pancharatra*). E, como vimos, o budismo também derivou sua terminologia básica dos *Upanixades*.

Segundo muitas opiniões, o maior filósofo indiano de todos os tempos pode ter sido Nagarjuna (do segundo século a.D.). Nascido em Andra, portanto um meridional, foi a força mais criativa no desenvolvimento do budismo *Mahayana*. Embora no curso da história a tradição dos debates críticos nunca tenha terminado, o clima geral das idéias se caracteriza mais pelas discussões estimulantes do que pelos ataques letais. No nível do debate erudito, porém, afirma-se que Sankara foi extremamente eficaz na redução do poder do budismo na Índia.

Dados os contatos comerciais da Índia com o Ocidente, durante a maior parte da sua história, e a comprovada troca de informações sobre astronomia entre a Índia e a Grécia, seria de estranhar que não tivesse havido contatos também no campo da filosofia. Nas áreas específicas pesquisadas pelos especialistas, tais como a idéia da metempsicose em Platão e as preocupações com a salvação nos textos órficos, platônicos e neoplatônicos, não tivemos nenhuma prova. No entanto, os estímulos filosóficos podem não se identificar com fórmulas específicas, e a filosofia não se transmite como a cerâmica ou mesmo as fórmulas matemáticas.

Nesse sentido, vale a pena lembrar Pirro, o fundador do ceticismo na Grécia. É certo que ele pode ter desenvolvido suas idéias com base em tendências preexistentes na história do pensamento grego. No entanto, sabemos que acompanhou Alexandre na sua campanha indiana e, como tantos outros gregos, ficou impressionado com os *gymnosophistai*, os sábios nus da Índia. Seriam eles jainas ou outros iogues? Terá Pirro conversado com eles? Não sabemos, mas não é impossível que a experiência indiana dos gregos tenha tido repercussões — especialmente porque, como alguns sábios já observaram, a história da filosofia é uma história de equívocos. Segundo a tradição, Pirro estudou filosofia na Pérsia e na Índia, e não há dúvida de que aprendeu que as opiniões prevalecentes eram prematuras: para ele a realidade não era mais o que costumava ser.

A ciência da lingüística

A formalidade das técnicas de memorização para preservar os textos rituais não era uma mera curiosidade, mas uma parte viva de toda a tradição em que se baseavam a cultura, a civilização e até mesmo a ciência. No Ocidente prevalece a concepção de que a física é a primeira ciência real. De uma perspectiva histórica mundial, não há fundamento para essa visão. Na Índia, por exemplo, o lugar de honra cabe à ciência da lingüística. Panini é o lingüista mais célebre, embora não tenha sido o primeiro. Ele viveu no quinto ou no quarto século a.C., e menciona seus predecessores; no entanto, o lugar que ocupa no desenvolvimento da lingüística é único. Repousando em uma análise fonética completa, a lingüística não poderia ter florescido a não ser na tradição védica, em que o ritual prescreve o enunciado correto e a transmissão perfeita das palavras.

Dharmashastra. A ciência dos costumes, a vida social e a cultura popular

Depois da filosofia, a contribuição mais original da Índia para o mundo é *dharmashastra* — o termo compreensivo para a ciência da vida social e política. Assim como as *darsanas*, a *dharmashastra* se dirige a todos, especialistas e pessoas comuns, e o faz, como a filosofia indiana, mediante um grande número de narrativas, ao lado dos textos técnicos. As exposições lógicas do budismo não constituem leitura fácil, mas além delas temos a *Jataka*, as histórias do nascimento do Buda — imaginativas, atraentes e ao mesmo tempo esclarecedoras. Da mesma forma, juntamente com os textos técnicos sobre *dharma* e *niti*, existem esplêndidas coleções de histórias acessíveis ao grande público. A mais famosa destas últimas é o *Panchatantra* (que pode recuar ao ano 200 a.C., na Caxemira), que se apresenta como uma cadeia de narrativas para a instrução de três príncipes "que eram supremamente estúpidos" ("*supreme blockheads*"), na tradução de Arthur W. Ryder.

Essa dupla natureza de estudos que poderiam com igual facilidade tornar-se esotéricos assenta sobre uma base firme. Os épicos indianos — o *Mahabharata*, o *Ramayana* e as *Puranas* — têm uma estrutura narrativa, mas ao longo dessas narrativas ensinam lições de sabedoria e explicam temas difíceis, tais como os efeitos deletérios da ira. A tradição da ioga, como uma disciplina formalizada do autocontrole, com práticas físicas e respiratórias, já existia antes de ser ensinada a estudantes bem preparados pelos textos clássicos. Um dos temas é o perigo de ceder à *krodha*, a ira, que perturba o progresso seguro no sentido da *moksa*. Mesmo hoje as exibições iradas em público são malvistas pelos indianos, quando não provocam o riso; o perigo da ira tornou-se assim um componente da cultura indiana. Em contraste, em boa parte do Ocidente a "ira justificada" é admirada publicamente (em especial nos países protestantes), e até mesmo esperada.

Deveríamos ouvir algumas afirmativas sobre a questão do relacionamento entre a vida social e a política. Essas afirmativas aparecem em um grande número de textos que constituem a literatura *smrti*. Para compreendê-las adequadamente precisamos antes de mais nada tratar de um problema intelectual que é comum entre nós. Na nossa época, Sri Aurobindo mencionou uma perspectiva indiana, ao comparar com andaimes a maior parte das nossos debates intelectuais "modernos" e a maioria dos esforços filológicos europeus; eles podem não ser desprovidos de sentido, mas permanecem fora da construção a que servem. Pertencem à mesma categoria dos esforços missionários que os indianos muitas vezes encaram intrigados, e as vezes com irritação. Sabemos, por exemplo, que os primeiros missionários cristãos no Ceilão, no século XIX, foram recebidos com braços abertos pelas comunidades budistas. Só gradualmente ficou claro que essa acolhida cordial não significava um interesse na sua "conversão" — uma idéia incompreensível para os budistas. Em lugar da "mudança de fé", pretendida pelos missionários, o trabalho dos missionários resultou na alienação mútua das comunidades, e o resultado foi o surgimento de contrastes não tanto religiosos como políticos e nacionais, na história do século XIX. O mundo da Índia continental poderia oferecer muitos outros exemplos comparáveis.

O hábito mental de muitos de nós, que consiste em ver os princípios da sociedade e do poder de certa forma em oposição às proposições religiosas, pode dificultar a nossa compreensão da era hinduísta primitiva. Escapa à nossa tarefa aqui traçar a história da separação da Igreja e do Estado no Ocidente, e estudar os outros desenvolvimentos que levaram a esse modo de ver, mas precisamos sintonizar-nos com a civilização indiana, especialmente se quisermos examiná-la em uma escala mundial.

O período que começa não muito depois do Império Mauria, e continua durante a maior parte da época conhecida na história do Ocidente como "Idade Média", é aquele em que o hinduísmo moderno firma suas manifestações mais importantes. Durante o Império Gupta (do princípio do século quarto a.D. ao fim do quinto século) — a "Idade de Ouro" da civilização indiana — os rituais védicos parecem ter vivido uma ressurreição. Ao mesmo tempo, e sem que se caracterizasse como uma rebeldia, a religiosidade popular muda ou, para ser mais preciso, ressurge. Esse desenvolvimento do hinduísmo é comparável ao surgimento do culto de Maria na Idade Média do Ocidente, que se popularizou e correspondia estruturalmente a um renascimento do culto pré-cristão das deusas, embora estivesse firmemente ancorado na tradição cristã, tendo recebido por fim forte apoio de teólogos preeminentes. Da mesma forma, a nova religiosidade popular indiana ampliou sua influência e sua estima, encontrando assim proponentes da elite: nos novos movimentos ouvimos a voz de alguns dos maiores pensadores indianos. As antigas formas védicas não se modificam; elas nunca desaparecem, mas os segmentos humildes da vasta população indiana passam a coabitar com a herança ariana, védica, que é formal sem jamais tornar-se indevidamente solene, e permanece flexível sem chegar a ser caótica. Para os estrangeiros essa "coabitação conservadora" constitui o maior enigma da Índia, e os textos *smrtis* comprovam plenamente a sua realidade. Além das ciências auxiliares relacionadas de forma direta com os *Vedas*, as três que com a sua autoridade representam materialmente a base do hinduísmo posterior são *itihasa* (os grandes épicos: *Mahabharata* e *Ramayana*), as *Puranas* ("histórias de antanho") e a *nitishastra* ("ciência da conduta). Do ponto de vista do conteúdo é difícil separar desta última o grande acervo da *dharmashastra*, composto de textos muitas vezes qualificados de "códigos de leis". Com efeito, esses textos são muito mais abrangentes do que é sugerido por essa denominação.

A despeito da sua variedade, pode-se dizer que os textos smrtis têm suas raízes primordiais nos mesmos círculos que prescreveram a herança e a cultura dos *Vedas*. Contudo, por definição pode-se distinguir os textos *smrtis* dos védicos, conhecidos como *srutis*, termo que se traduz corretamente por "revelação". A ciência ou filosofia do ritual védico, *mimamsa*, enfatiza que os textos básicos para o ritual têm outra característica que não aparece em nenhum outro texto: colocam diante de nós o que não temos outro modo de conhecer. Esta é provavelmente a maneira mais precisa de definir "revelação". É perfeitamente compreensível que a tarefa de preservar a herança védica tenha levantando muitas questões, exigindo muitas perguntas. Cada diferente *Veda*, e cada escola de transmissão, oferecia suas próprias explicações. Contudo, a percepção de que fundamentalmente os mesmos costumes básicos requeriam essa nova atividade era mais importante do que as diferenças existentes entre eles.

O primeiro conjunto de indagações é conhecido como os *Vedangas*, os "membros do *Veda*". A astronomia era necessária para estabelecer o calendário e ajudar na determinação dos momentos apropriados para realizar os ritos. Da mesma forma, como já observamos, a ciência da lingüística surgiu de uma dessas indagações primitivas, e *sutras*, "livros de textos" foram preparados para esclarecê-las; dentre eles, os *kalpasutras*, considerados essenciais. Havia um conjunto de textos tratando das questões práticas, imediatas, a respeito das ações, dos gestos etc., no *kalpa* — o que preciso que seja feito na liturgia. Essas explicações eram dadas muitas vezes sob forma mitológica, e por isso podem ser comparadas aos comentários rabínicos sobre os textos bíblicos. Por exemplo: elas contemplam a questão de como, exatamente, os sacrifícios alcançam os deuses, e a resposta parecerá a maioria de nós muito imaginosa, se não mesmo fantasmagórica. No entanto, precisamos lembrar que a pergunta não foi proposta por um cínico moderno, que insistisse no emprego da persuasão pela lógica. Em vez disso, o *Vadhulasutra* conta uma história em que as principais divindades estão localizadas em regiões distintas daquelas a que estão normalmente associadas. Assim, *Agni*, sempre relacionada com a terra, supostamente seria encontrada no céu, a despeito da terra pedir a sua presença, o que era o desejo da própria *Agni*, e da mesma forma outras divindades deslocadas perguntam o que precisam fazer para que os seus desejos sejam realizados: que preces, que práticas ascéticas as ajudarão? E *Agni* se oferece em sacrifício para que todos possam encontrar seu lugar verdadeiro. E foi isso que aconteceu.

Em um lento processo, que durou aproximadamente um terço do século IX, diminuiu a influência do budismo na Índia, e terminou por virtualmente desaparecer. No entanto, a região singalesa de Sri Lanka (o Ceilão) permaneceu budista, assim como as regiões menos conhecidas e menos arianizadas do Leste, perto de Myanmar (a Birmânia), onde o território indiano guarda um certo número de budistas. O declínio do budismo não resultou de perseguição — fenômeno relativamente raro na Índia — mas de uma atitude conservadora muito especial. Esse conservadorismo — de que já notamos alguns sinais — deixa de ser inferido, mas se revela claramente.

Essa atitude conservadora não se manifesta pela permanência das características exteriores, como as pulseiras de vidro que as indianas vêm usando desde a época da consolidação das colônias arianas, ou o emprego de bois pelos camponeses. Estou pensando na capacidade extraordinária de adaptar-se a novas circunstâncias sem desprezar o passado, que inclui renovações religiosas fundamentais, como a que transformou o ritualismo em devoção, durante o período entre o Império Gupta e o desaparecimento do budismo. Embora tenha produzido e admitido novas religiões, a Índia nunca se deixou conquistar inteiramente por qualquer nova religião, como aconteceu na Europa; e não teve um "Renascimento", e nenhuma grande revolução — nenhuma dessas quebras de continuidade que muitos de nós passamos a identificar com a história.

As condições políticas e sociais podem ter contribuído muito para a nova era conservadora. Lembramos que o homem que usurpou o trono do último monarca mauria vivia em uma época de tensões e incerteza: o Império já se tinha desmoronado. A incerteza nunca foi um fator de estímulo ao crescimento econômico, e não pode haver dúvida de que os comerciantes das cidades estavam desgostosos. Não por mero acaso, a força do budismo (como do jainismo, a outra religião *nastika*) estava concentrada nas cidades. Entre os novos fatos que ficamos sabendo sobre Pusiamitra Sunga, o usurpador do trono Mauria, é que ele era um *brahmin* que praticava o antigo sacrifício védico do cavalo, e que de algum modo estava associado aos sacrifícios humanos. Embora este último ponto seja difícil de determinar claramente, a simples associação, mencionada tradicionalmente, é muito interessante. Os dois primeiros pontos, mais o terceiro, sugerem uma fundamentação em costumes que não podiam estar associados com o budismo, ou com a vida urbana, mas sim com o campo e a manutenção das antigas tradições. Essas tradições antigas abrangiam não só os costumes védicos mas também sacrifícios camponeses de uma raiz histórica ainda mais antiga: sacrifícios de sangue que para a maioria dos habitantes das cidades pareciam coisas do passado.

As ações "reacionárias" de alguns monarcas que retomaram os rituais védicos não explicam naturalmente o desenvolvimento da literatura *smrtis*, mas indicam apenas a evidência de que em alguns círculos a volta ao passado era perfeitamente possível. Os textos *smrtis* são tipificados não por uma posição reativa, mas pela atitude de preservação — a conservação, em novas circunstâncias.

Entre as *Vedangas*, a categoria dos *sutras* mais conhecida dos estudiosos do hinduísmo moderno são as anexadas de imediato a outras: as *dharmasutras*. Conforme já observamos, elas não podem ser chamadas propriamente de "leis": em vez de legislar relacionam todas as coisas, funções e costumes que devem ser observados, e contêm, no máximo, observações difusas sobre possíveis penalidades aplicáveis às transgressões. Contêm igualmente instruções em prosa, facilmente memorizáveis, sobre a ética e a conduta humana, de modo geral. Assim, são mais descritivas do que prescritivas.

Algumas regras estabelecidas no *Manusmrti*, conhecido também como *Manavadharmashastra*, ilustram a lucidez, a abrangência e o genuíno poder de conservação que caracterizam os mais textos *smrtis* de maior autoridade. Essa é uma das obras mais respeitadas sobre *dharma*, e na tradição indiana, como em muitas outras tradições em todo o mundo, atribui-se grande antiguidade ao que tem mais autoridade. No entanto, algumas referências constantes do próprio texto levam os estudiosos a avaliar a data da sua composição, ou pelo menos da sua edição, entre os anos 100 e 300 a.D. O texto inicia com um relato cosmogônico, referindo-se a sábios legendários, lembrando as *Puranas*. Fornece instrução sobre temas fundamentais, como as idades do mundo, os deveres das várias classes e castas, as fontes do *dharma*, a localização e os limites da terra ariana, os *samskaras* ("sacramentos" ou iniciações durante a vida), a natureza e a duração dos estudos feitos pelos *brahmins*, o casamento, com os direitos e obrigações dos esposos, os sacrifícios diários obrigatórios e outros rituais, inclusive os da hospitalidade, assim como as normas que regulam as etapas da vida, do nascimento até a morte, e todas as regras aplicáveis aos governantes e às funções governamentais.

Quanto às fases da vida, segundo a concepção clássica hinduísta, um elemento fundamental do texto e da maior parte do hinduísmo é *varnasrama*, "classes ou fases da vida". Trata-se de uma teoria, não de uma descrição realista da vida conforme experimentada por todos. Como a divisão védica dos *brahmin, kshatrya, vaisya* e *sudra*, trata-se de uma concepção de tipo ideal. Concebida desse modo, a vida dos seres humanos está associada primordialmente (mas não exclusivamente) com o *dvijas*, o "nascido duas vezes" das três principais *varnas*. Depois da infância um menino entra na primeira fase, a do *brahmacarin*, estudante dos *Vedas* e do sentido dos textos sagrados, morando na casa do seu professor e servindo-o em tudo — não só em coisas profundas mas também nas ordinárias e cotidianas, tais como carregar água e lenha. A segunda fase é a do *ghasta*, o chefe de família, casado, com filhos. Mais tarde, depois de ter netos, ele pode deixar a sua casa para tornar-se um eremita (*vanaprastha*, o que vive na floresta). Finalmente, na quarta fase, pode abandonar todos os vínculos mundanos, tornando-se um peregrino sem lar (*samnyasin*) e dedicando as forças que lhe restam à meditação. O texto contém igualmente muitos ensinamentos que poderiam ser chamados de "filosóficos", tais como a noção do *karma* e a retribuição da ação perversa, e o conceito das três *gunas*, conceito desenvolvido em detalhe na escola de pensamento *Samkhya*. São três as qualidades fundamentais presentes em tudo o que existe: *sata, rajas* e *tamas*. Todas elas "não manifestadas" (*avyakta*), e sem equivalência no mundo ocidental. A primeira tem sido chamada de "realidade" ou "bondade", e é predominante nos deuses. A segunda é a "mobilidade", e caracteriza a maioria dos animais, sendo preponderante nas pessoas. A terceira é a "apatia", que caracteriza a maioria dos animais e é preponderante nas pessoas. Pareceria que esses conceitos tentam atingir a unidade subjacente de tudo o que existe, sob a aparente variedade dos fenômenos mundanos. As três ocorrem na literatura purânica e nos textos épicos e são aceitas por todas as escolas filosóficas tradicionais.

As regras de conduta estabelecidas pelas *dharmashastras*, tais como as Leis de Manu, ajustam-se aos padrões que assumem uma forma dramática nas histórias relatadas pelos épicos. Isso significa que não estamos falando meramente sobre uma ou várias escolas teóricas, mas sobre toda uma visão da vida e do mundo, com que a população estava familiarizada, ainda mais porque os épicos tinham força adicional graças às versões vernaculares. Quanto ao princípio da preservação, ele é aceito em toda parte, sendo formulado com maior concisão em *Manusmrti* 4.178:

"Devemos seguir o caminho seguido pelos nossos pais, pelo nosso avô: o caminho do Bem; poderemos assim evitar o mal".

O termo *dharma* ocorre com freqüência, e está claro que a tradução "religião" não cobre integralmente o seu sentido. Um trecho bem conhecido em que a palavra "religião" se aproxima mais do sentido original é *Manusmrti* 4. 138:

"Devemos dizer a verdade, e dizê-la de modo agradável, não de forma desagradável, como também não devemos dizer mentiras porque sejam agradáveis. Este é o *dharma* eterno".

O *"dharma* eterno" (*sanatanadharma*) passou a ser a resposta dada comumente pelos indianos educados para responder à pergunta: "O que é o hinduísmo?". Devemos observar, porém, que mesmo nesse contexto *dharma* não é só "uma religião": é todo o conjunto de costumes e tradições recebido do passado. A antiguidade do seu fundamento, afirmada formalmente pelo reconhecimento dos *Vedas*, assim como do hinduísmo posterior, torna impossível duvidar da sua validade.

O dever de dizer a verdade e fazê-lo de forma agradável, e muitas outras regras, parece coerente com os chamados "Livros de Sabedoria" — as coleções de textos do antigo Oriente Próximo, incluindo os bíblicos. A maioria dos preceitos dos textos do *dharmashastra* apresenta essa semelhança, que não significa em absoluto uma influência recebida (embora as regras práticas e morais advogadas se prestassem bem às transações comerciais internacionais). Esses textos não propõem questões especulativas, mas permanecem no nível da vida prática. É uma sabedoria que poderia facilmente atravessar fronteiras, para ser afirmada em qualquer lugar. Outro parentesco íntimo não encontramos no passado, mas no que se seguirá na história: a tradição islâmica de aceitar os costumes legais de cada comunidade absorvida — um aspecto que devemos lembrar para compreender melhor a relativa facilidade com que o Islã se difundiu.

A época em que foram reunidas as coleções de *dharmashastra* na Índia foi também o período em que ganharam importância os contatos entre os mercadores indianos e o mundo exterior — não só o Ocidente, com que esse intercâmbio já vinha sendo feito há alguns séculos, mas também no Sudeste da Ásia e nas ilhas da Indonésia. A natureza claramente conservadora dos textos *smrtis* trouxe consigo a aplicabilidade universal das verdades que propunham. Embora pareça estranho, essas verdades não abandonaram a certeza da herança védica, mas se prendiam aos antigos costumes reais e às práticas de sacrifícios, ainda que apenas pela apresentação de cerimônias elaboradas como parte das histórias narradas. Assim, em lugares distantes da Índia, alguns dos quais só podiam ser alcançados pelo mar, vamos encontrar *yupas* (postes de sacrifício), para amarrar os animais a serem sacrificados nas cerimônias védicas, com inscrições em sânscrito registrando esses antigos ritos indianos. O que não pode deixar de impressionar o especialista, ao estudar esses materiais, é a notável autoconfiança dos representantes indianos que tratavam com as populações locais e suas tradições, ajustando-se todo o tempo às circunstâncias de cada lugar.

A formação das castas

Desde que Max Weber escreveu sobre a Índia, duas noções claramente distintas na tradição indiana foram vitimadas por uma confusão: *varna* ("clase") e *jati* ("nascimento", traduzida geralmente pela palavra portuguesa "casta"). O sentido primário de *varna* pode ser mais bem compreendido com o termo "função" (Dumézil). Os textos védicos falam de três dessas funções: a produção de riqueza (função dos *vaisya*), a proteção da comunidade (função dos *kshatrya*; a orientação espiritual (função dos *brahmin*). É evidente que essas três categorias não podem ser entendidas exclusivamente como pessoas especificas, com uma função específica. Mesmo no nível mais primitivo dos textos védicos, a sociedade já era complexa demais para ser descrita com apenas três tipos de atividade. Na verdade, temos três idéias gerais das atividades praticadas, que juntas perfazem uma sociedade.

Os textos da *dharmashastra* criam uma "ponte" entre as idéias védicas e o mundo empírico; eles próprios já tinham dado um passo na direção do mundo real colocando todos os que não pertenciam à categoria dos "nascidos duas vezes", ou seja, as três *varnas*, em uma classe adicional, a dos *sudras*, cuja tarefa era prestar serviços aos "nascidos duas vezes". Não faremos justiça aos textos da *dharmashastra*, e não poderemos entender o que eles dizem, se não nos vincularmos ao significado primário de *varna*. O *Manusmrti* "explica" mitológica, não historicamente, a formação das castas. Manu (quem quer que tenha sido) relacionou cada casta, alta ou baixa, a um casamento que pelos padrões mais estritos estava condenado. Assim, a *candala* — nome dado em toda a Índia àqueles de baixo nascimento — deve a sua existência à aliança entre uma mulher *brahmin* e um homem *sudra* (10.12). Dentro do mesmo raciocínio, baseado em uma explicação mitológica, não só as castas humildes mas também as altas resultam de *mésalliances* de algum tipo. A casta dos *sutas*, associada com o trabalho dos carroceiros, não é "baixa", pois na grande guerra narrada no *Mahabharata*, Krishna conduzia a carruagem do príncipe Arjuna. Segundo o *Manusmrti*, os *sutas* descendem de um homem *kshatrya* e da filha de um *brahmin* (10.11). A intenção desses textos não é degradar ou elevar qualquer grupo de forma indevida, mas descrever um mundo que é empiricamente hierarquizado, e que pode ser explicado relacionando os vários grupos que o compõem à realidade confiável e incontestada do padrão védico da criação.

Embora o termo "brahmanismo" tenha sido cunhado para descrever a cultura em que os *brahmins* eram predominantes, eles são retratados muitas vezes como tolos ou pouco inteligentes. Nos dramas em sânscrito o bufão é invariavelmente um *brahmin*, e nos textos budistas escritos em pali o *kshatrya* geralmente é apresentado em posição superior ao dos *brahmins*. Nos *Upanixades*, o mestre mais brilhante é às vezes um *kshatrya*. Quando Manu enumera os invasores tais como os *yavanas* (gregos), *sakas* (citas) e *pahlavas* (persas), que conquistaram partes da Índia, onde se fixaram, chama-os de "nações *kshatryas*". Com efeito, todo o sistema *trivarna*, das três castas, ou o sistema *caturvana* (acrescentando os *sudras* aos três grupo *dvija*) é bastante flexível. Na Índia tradicional, essa forma de explicação mitológica podia incorporar os povos tribais. Conseqüentemente, a linha divisória entre "nascimento" e "tribo" permanecia fluida. Desde o começo, portanto, a idéia dos três princípios ou funções tornava possível uma harmonia baseada na multiplicidade.

O Budismo

O conhecimento vulgar do budismo, que o vê como uma religião que rejeitou o sistema de castas, tem por base uma equívoco. Os budistas organizaram seus mosteiros hierarquicamente, e nada indica que Buda assumiu a posição de um reformista social. Como o hinduísmo, o budismo procura o meio mais sensato e viável de chegar ao seu objetivo, no contexto de um mundo visto como um dado, repleto de desigualdades. A "falta de mérito" do sistema de castas, na visão budista, concorda com o que dizem os textos hinduístas, que buscam o que é verdadeiramente importante por trás do mundo fenomenal. O *Manusmrti* afirma que um *brahmin* não é na verdade um *brahmin*, mas até "o seu nascimento do Veda" (ou seja, até praticar com propriedade seus deveres como um *brahmin*) estará "no mesmo nível dos *sudras*". Nas mesmas linhas, no *Mahabharata* o grande rei Yudhisthira questiona o sábio Bhisma a respeito da função do monarca. Como e por que pode reinar sobre os outros homens alguém que é igual a todos eles? A pergunta é respondida com uma elaborada explicação mitológica, cujo sentido fundamental é: trata-se de uma relação contratual, necessária para evitar o caos.

Os textos budistas foram memorizados, e só foram escritos no primeiro século a.C., no Ceilão (Sri Lanka), em pali, uma língua relacionada de perto com o sânscrito. Já nos referimos às excelentes técnicas de memorização indianas, e há nesses textos fatos políticos que não estão sujeitos a dúvida. Aprendemos assim, entre outras coisas, que a ambição de aumentar o domínio territorial era um fator da vida política, também naqueles tempos, e que não estava afastada a associação dos monarcas com dignatários religiosos. Na época em que Buda estava pregando e reunia seus discípulos, Magadha era governada pelo rei Bimbisara, que certamente não se abstinha da guerra, porque na Índia, como em todo o mundo antigo, a guerra era a principal atividade dos reis. Naturalmente, é possível que a notícia da ascensão ao poder de Ciro, o Grande (558-530 a.C.), no Irã, tenha servido como um incentivo para os monarcas de outros países, e sabemos que jovens de Magadha viajaram para Taksasila, no noroeste da Índia, na região de Gandhara, para a sua formação. Não há dúvida de que a influência do Irã era forte, e um pouco mais tarde, por volta do ano 519 a.C., o grande monarca da dinastia aquemênida, Dario I, considerou toda a Índia como a 20ª província do seu Império. Quaisquer que tenham sido as ambições políticas de Bimbisara e do seu filho Ajatasatru, que se tornaria um parricida, o cânone budista nos propõe uma imagem simpática de Bimbisara: era um rei como os outros, mas ouvimos dizer que foi o primeiro a oferecer proteção a Buda e aos seus discípulos.

Não ousamos especular sobre a natureza dos ensinamentos religiosos que recebeu, com relação às suas circunstâncias políticas. Não é improvável que Bimbisara tenha dado proteção especial a Buda pela razão prática de que este parecia ter maior probabilidade de êxito institucional do que muitos dos ascetas e mestres peregrinos que por vezes tumultuavam a vida nas ricas terras da Índia setentrional. Em um estudo comparativo das civilizações, contudo, é apropriado acrescentar que os ensinamentos budistas não aprovavam ou condenavam diretamente os governos, suas instituições, vícios e virtudes. A esse respeito, precisamos observar a diferença fundamental que existe entre o vocabulário do budismo e o das religiões baseadas na Bíblia. Conforme os especialistas têm apontado, tipicamente os principais termos dos ensinamentos bíblicos se relacionam a temas políticos e leais: "reino de Deus", "justiça", "graça" e até mesmo *ekklesia*, "igreja", que é a assembléia dos fiéis, por analogia com a assembléia dos cidadãos. Mas os termos fundamentais do budismo, como os do hinduísmo, mesmo quando se relacionam com problemas do poder e dos direitos, são fundamentalmente diferentes: *dharma, nirvana, Buda, samgha* (a comunidade monástica).

A preocupação fundamental continuava a ser a prática. No jainismo e no budismo, mais do que nunca o progresso feito no caminho da liberação interior era o ponto essencial. Nesse curso de ação interior, nenhuma recomendação relacionada com algum poder externo, "objetivo", tinha sentido prático — nem mesmo o texto védico. Em uma palavra, poderíamos dizer que essas duas religiões tentaram de forma consciente e consistente alcançar a meta que, segundo os textos jainas e budistas, tinha sido obscurecida pela prática hinduísta. Em um texto mais recente, o *Mahapurana*, do século nono a.D., um autor jaina, Jinasena, critica os ensinamentos sobre a origem do mundo. Na tradição hinduísta, a realidade do *moksa* e do mundo surgem em conjunto; o *Brahman* é a própria origem do mundo, além da meta na busca da liberação. Para o texto jaina, porém, esse ensinamento é uma tolice, porque não tem um propósito razoável. Os textos budistas seguem um argumento semelhante. Uma idéia importante do brahmanismo é, na verdade, a noção de que *Brahman*, o princípio supremo, é ao mesmo tempo a origem do mundo e a meta da busca interior da *moksa*. Da perspectiva dos que participavam das novas assembléias religiosas, isso não parecia ter sentido, sendo também uma manifestação de arrogância por parte dos que o proclamavam, porque os *brahmins* pareciam falar como se fossem proprietários da *moksa*, simplesmente porque guardavam os textos védicos.

O que caracterizava o budismo e o jainismo, e estava inteiramente em harmonia com as tradições hinduístas precedentes era o fato de que essas novas religiões, embora inovadoras em muitos aspectos, não eram experimentadas como uma novidade absoluta, mas sim como uma nova manifestação de algo que já havia sido revelado, e voltava a ser manifestado. Assim, o jainismo conhece uma série de 24 grandes mestres, sendo Mahavira o vigésimo terceiro. Por outro lado, Siddhartha Gautama não foi o primeiro Buda, e segundo os budistas será sucedido por outro, conhecido como Maitreya. Essas concepções "seriadas" estão em harmonia com a noção de tempo implícita nas idéias do *Samsara*. Idéias comparáveis foram desenvolvidos no hinduísmo primitivo e continuariam a se desenvolver. Nos épicos indianos, e nas *Puranas*, até mesmo a figura de *Indra*, o rei dos deuses, é vista mais como uma função do que como uma divindade específica e eterna. Não obstante, o hinduísmo desenvolveu um certo contrapeso com relação ao budismo e ao jainismo nos movimentos *bhakti* em torno das figuras de *Vishnu*, *Shiva* e da grande deusa *Devi*. Cada um desses três se tornou mais e mais importante no curso da nossa era, especialmente a partir de 700 a.D., como divindades genuinamente eternas. Os grandes movimentos de devoção orientados para cada uma dessas três divindades supremas adquiriram importância histórica como força que levou o budismo à defensiva, e podem ter figurado entre os motivos que explicam por que o budismo praticamente desapareceu da terra indiana. Não obstante, o hinduísmo, que continuou sua trajetória depois de milhares de anos de budismo na Índia, foi fortemente afetado por formas budistas. Os adoradores de *Vishnu*, por exemplo, passaram a falar em um futuro *avatara*, uma nova manifestação de *Vishnu*, assim como os budistas falavam de um futuro Buda. No norte, na Caxemira, as formas adotadas pelo budismo e o saivismo (culto de Shiva) eram por vezes difíceis de distinguir.

Várias razões explicam o desaparecimento do budismo. A principal é a questão do acesso à liberação. Os grandes movimentos devocionais que mencionamos se tornaram mais atraente, e embora o budismo disponha também de formas devocionais, as divindades populares hinduístas, que sempre estiveram presentes, pareciam mais próximas e mais concretas. O vaisnavismo em particular desenvolveu uma teologia da graça divina que fez do culto de *Vishnu*, até nossos dias, um ramo importante do hinduísmo. Uma explicação freqüente para o declínio do budismo são as alegadas formas cúlticas licenciosas e repulsivas (no *Mahayana* e especialmente no *Vajrayana*). Explicação que deve mais aos laivos de moralismo existentes na nossa pesquisa do que a argumentos defensáveis. A concretização das metas do *nirvana* e do *moksa* não era um monopólio budista; acontecia também no hinduísmo, notadamente na *maithuna*, o ritual da união sexual (uma descoberta chocante para os pesquisadores vitorianos). A *coincidentia oppositorum* (expressão que se tornou bem conhecida depois de usada por Nicolas de Cusa) é uma característica religiosa universal. Na verdade, mais marcante do que a presumida imoralidade dos procedimentos cúlticos como a *maithuna* é não só a união de um homem como uma mulher, mas também de um homem *brahmin* com uma jovem mulher de casta humildade (união prescrita nos textos tântricos hinduístas). Portanto, tudo indica o simbolismo religioso como uma tentativa de viabilizar o impossível, como uma experiência concreta. Além do que, historicamente essas e outras práticas cúlticas relacionadas eram esotéricas por natureza — secretas. Nada tinham a ver com a decadência moral das massas — se é que isso aconteceu.

A despeito dos períodos de florescimento do budismo, como sob o domínio dos cusanas, os costumes hinduístas eram mantidos, quase sempre simultaneamente. O último monarca da dinastia cusana, que reinou em Madura por volta do fim do segundo século, foi Vasudeva. O seu nome já indica que era um hinduísta da tradição de adoradores de *Vishnu*. No desenvolvimento do budismo *Mahayana*, a figura de um Buda "supremo" deixa de ser identificada com o Buda "histórico" — Siddhartha Gautama. Com efeito, o Buda — denominado muitas vezes de *Tathagata* ("o que vem") é um "funcionário supremo", com uma certa qualidade divina, sobre a qual os textos da corrente *Mahayana* têm muito a dizer. Historicamente, e em termos de atitudes culturais, é interessante observar que em muitos lugares Buda e *Shiva*, o deus hinduísta, parecem muitos próximos na experiência religiosa popular. Durante os quase dois séculos de domínio da dinastia cusana, a influência budista iniciou uma expansão no sentido contrário ao das invasões. O budismo começou a impor as suas marcas na Ásia Central, e a espraiar-se no sentido do Extremo Oriente. Nos círculos reais há uma flexibilidade concreta comparável à falta de rigidez na identidade religiosa das figuras divinas. Na Índia a noção de monarquia assume uma qualidade diferente, a despeito dos traços de absolutismo existentes na tradição de Alexandre, o Grande e, pelo menos aparentemente, na história do Irã. Os historiadores têm notado a importância das "federações" de governantes locais, em lugar da imposição do poder absoluto de um governante ou de uma corte. Essas qualidades políticas indianas podem ser devidas a circunstâncias típicas do país, tais como a vasta extensão e a prosperidade das áreas agrícolas que floresceram em parte graças aos líderes camponeses poderosos ou aos anciãos moradores nas aldeias, que deviam seu *status* ao apoio recebido da comunidade. Ocasionalmente isso poderia funcionar como uma "democracia" *de facto*, que nenhum rei ou imperador podia ignorar, especialmente porque a riqueza do reino ou do império dependia da sua prosperidade agrícola.

O tema da tolerância

O lugar ocupado por Asoka na herança cultural e religiosa da Índia confirma a natureza não judicativa da religião na cultura indiana. Já vimos que, pelo menos segundo a lenda, Chandragupta Mauria se inclinava em favor do jainismo. Quanto a Asoka, não há dúvida de que pendia para o budismo. No entanto, ao governar um grande império, as regras que ele autorizava respeitavam todos os costumes religiosos — as *dharmas*, no plural. Essa situação, característica da maior parte das etapas da civilização indiana, não deve ser confundida com o que os ocidentais chamam de "tolerância" — que é principalmente o fruto do racionalismo europeu do século XVIII, baseando-se na premissa da soberania da razão humana (e compartilhando assim a acidez e a rigidez do inimigo que tentava derrotar: o dogmatismo da Igreja, aliada com o Estado).

Em nome da racionalidade, Voltaire proclamava: *"Ecrasez l'infame!"* O traço peculiar da situação da Índia é a ausência do caráter agudo que animava a tolerância da Ilustração. Sob os impérios, o hinduísmo continuava a existir "organicamente", abrangendo o que no Ocidente é normalmente um conjunto de categorias distintas, tais como a religião, a cultura, a lei, a moralidade. Naturalmente, essa qualidade "orgânica" não impedia os conflitos. A maior parte dos textos religiosos do hinduísmo, à medida que ele chegava a uma fase tardia parece comparável, sob muitos aspectos, ao que conhecemos como os "Livros de Sabedoria" do Oriente Próximo. Podia dirigir-se a tudo e a qualquer coisa, embora assumindo sempre que a existência humana exigia um equilíbrio, um sentido das proporções. Ao se desenvolver, o budismo assistiu à formação de escolas muito diferentes. A divisão principal é bem conhecida, e separa a *Theravada* (os ensinamentos dos antigos), também conhecida como *Hinayana*, "o pequeno veículo", do *Mahayana*, "o grande veículo". Inclinados a aplicar a todas as religiões as suas próprias explicações, os ocidentais falam muitas vezes como se o *Mahayana*, uma forma posterior do budismo, que se desenvolveu nos primeiros séculos da nossa era, fosse de certo modo um movimento de "reforma". Na verdade, porém, monges pertecentes aos dois grandes movimentos costumavam viver nos mesmos mosteiros. No que concerne às diferenças de dieta, os mosteiros terminaram ajustando seus cardápios a uma variedade de opiniões. Não podemos esquecer que a Índia está fundamentalmente em paz com as hierarquias do mundo.

O caráter "pacifista" atribuído à Índia, e do qual muitas vezes certos círculos indianos se gabam, é mais relativo do que poderia parecer. Com efeito, a Índia passou por muitas guerras. Naturalmente, mesmo nos tempos modernos, todos conhecem a posição contrária à violência pregada por Mahatma Gandhi. Deveríamos, porém, lembrar também Subhas Chandra Bose (1897-1945), de Bengala, um contemporâneo de Gandhi que durante vários anos foi pelo menos igualmente popular. Durante a Segunda Guerra Mundial Bose tomou o partido dos japoneses, e chefiou um contingente indiano que lutou contra os ingleses. Contudo, é razoável argumentar que a civilização indiana privilegia a paz, a conciliação, a moderação. Esse sentimento tem a mesma raiz que fundamenta o sistema de castas. Em princípio, todas as pessoas têm direito à sua existência. Se existem anomalias nesse sistema, também as há, e cruéis, em culturas que pretendem acreditar no individualismo, na igualdade, na inexistência de "castas". Parece-me que a força do sentimento pacifista indiano fica evidenciado do modo mais convincente nos 12 séculos da sua "colonização" do sudeste da Ásia. Onde estivessem os indianos, surgia a escrita, baseada nos princípios usados na Índia. No entanto, nenhuma das escritas indianas foi copiada: cada nova escrita tinha um desenho local. Em contraste, onde quer que fossem os chineses (eles estiveram muito interessados nas mesmas regiões) introduziam sempre a sua escrita ideográfica. Os contatos oficiais entre os vários Estados indianos e suas "colônias" eram desenvolvidos por embaixadores em condições de igualdade. E podemos observar também a virtual ausência do elemento militar na maior parte da expansão indiana no Sudeste asiático, enquanto os chineses quase sempre enviavam um exército, e os territórios conquistados lhes pagavam um tributo.

Tendências "republicanas"

Não podemos considerar insignificantes a forma "republicana" de governo adotada por algumas sociedades indianas com raízes antigas, tais como os *licchavis*. Com efeito, essas tradições estão inteiramente em harmonia com o espírito do *dharmashastra*: o desejo de permitir que todos vivessem de acordo com as suas preferências. Nessa tradição "republicana", várias tribos importantes podem ser citadas: os *vrsnis, bhojas, andhakas* e *malas*. Todas essas sociedades insistiam na sua autonomia, na independência sob governantes locais federados, que dependiam da aprovação dos camponeses que moravam em aldeias. Parece ter grande importância o fato de que os textos religiosos das principais tradições elogiavam a realidade desse sistema de autogoverno. Já mencionamos o rei Yudhisthira, e a sua discussão com Bhisma sobre o fato de que os monarcas são iguais às pessoas comuns. Há também nos *Upanixades* a referência a uma terra mítica, no norte, que se dizia especialmente abençoada porque não tinha um rei. O mesmo mito aparece em textos budistas. É verdade que não houve "profetas" hinduístas ou budistas que condenassem os governantes, como na historia de Israel e do Islã. No entanto, em toda parte (e também na Índia) vamos encontrar mitos provocados por grandes tensões sociais, inclusive políticas. Mesmo em círculos elevados, esse tipo de inspiração pode ter tido suas conseqüências. O poderoso reino Cola, do Decan (que chegou ao fim no século XIII) preocupou-se particularmente com o desenvolvimento de entidades locais autônomas, não para extinguir o reino, mas para ampliar a eficiência da função do Estado, considerado em conjunto.

IV
Surgimento da Civilização Indiana

a) Características gerais

O que chamamos de "civilização indiana" é um sistema sociocultural que emergiu gradualmente no subcontinente indiano mediante um processo muito longo, que passou por quatro fases formativas. O processo teve início no quarto milênio a.C., com a civilização do vale do Indus, prosseguindo com o período védico, da segunda metade ou do fim do segundo milênio até aproximadamente o oitavo século a.C.. Continuou do oitavo século a.C. até o quarto século a.D. com a fase bramânica, e chegou a sua configuração mais completa com o Império Gupta, assumindo as características culturais do hinduísmo, cujos traços fundamentais foram mantidos até o século XX, mediante muitas vicissitudes.

A civilização indiana é uma das poucas grandes civilizações além da ocidental que, como a chinesa e a islâmica, pôde manter seus principais traços culturais por um longo período, até o presente. Como as demais, a civilização indiana passou por um amplo processo de modernização, a partir da segunda metade do século XIX, especialmente no curso do presente século, em parte como resultado da colonização britânica, em parte por uma escolha deliberada da sua elite. Embora preservasse muitas tradições indianas, esse processo de modernização consistiu essencialmente na ocidentalização dos setores modernos do país, convertendo-os em uma versão indiana da modernidade ocidental e da emergente civilização planetária.

O longo processo formativo da civilização indiana começou com a superimposição de uma cultura indo-européia a uma cultura nativa da região do rio Indus. Depois disso, sucedendo um longo período védico, o desenvolvimento interno da cultura dos vedas e a influência gradualmente crescente dos substratos residuais da cultura pré-védica geraram uma cultura completamente diversa, que podemos chamar de bramânica. Finalmente, a evolução interna da cultura bramânica, sob a influência decisiva de uma nova visão do mundo caracterizada pela difusão de movimentos devocionais (*bhakti*), as práticas e idéias da *ioga*, inclusive a antiga concepção da *samsara* (metempsicose) gerou, dentro do hinduísmo original, o núcleo religioso, intelectual e cultural da civilização indiana.

b) A civilização do vale do Indus

Conforme mencionamos na Seção II deste capítulo, a civilização do vale do Indus, conhecida como civilização de Harapa, nome de um dos seus centros mais importantes, foi um desenvolvimento espontâneo da região norte-ocidental do subcontinente indiano, constituindo uma das poucas civilizações primárias do mundo.[9] Seus centros urbanos eram duas cidades principais, uma descoberta em Harapa, na margem esquerda do rio Ravi, no Punjab, a outra em Mohenjo Daro, na margem direita do rio Indus, a cerca de 400 quilômetros do seu estuário. Além disso, três cidades menores e um grande número de vilas representavam as principais aglomerações dessa civilização, cuja área total, cobrindo mais de um milhão de quilômetros quadrados, era maior do que a Mesopotâmia ou o Egito.

As características mais impressionantes dessa civilização, cuja escrita ainda não foi decifrada, eram o desenho regular das cidades, casas e cidades, seu extraordinário sistema sanitário, só comparável ao de Roma, construído 2 mil anos depois, e a aparência de prosperidade geral que ela projeta, até cerca de metade do segundo milênio a.C.

A composição desse povo, que parece combinar elementos mediterrâneos e proto-australóides, com alguns tipos mongólicos, ainda não foi definida com clareza. Eram agricultores e criadores de gado de pele escura, que mantinham um comércio ativo com a longínqua Mesopotâmia. Sua religião estava associada com deuses dotados de chifres, deusas, animais sagrados, árvores e símbolos fálicos.

As causas do desaparecimento completo dessa civilização como sistema organizado, por volta de meados do segundo milênio a.C., ainda estão sujeitas a uma variedade de hipóteses. Alguns especialistas, inclusive o professor Kees Bolle, autor das três primeiras seções deste capítulo, acreditam que ela já estava quase completamente destruída na época da invasão ariana, e que a sua decadência foi decorrência de fatores naturais — secas muito prolongadas, mudanças importantes no nível dos rios e, provavelmente, distúrbios sociais causados por essas calamidades. Outros estudiosos, como sir Mortimer Wheeler, acham que essa decadência é significativamente mais recente, e que foi provocada por uma destruição violenta, conseqüência da invasão dos arianos, que celebraram no Rig Veda seu deus Indra como o "destruidor de fortalezas". Por outro lado, o historiador A. L. Basham hesita em aceitar firmemente qualquer uma dessas hipóteses.[10] Investigações arqueológicas mais recentes, notadamente por

F. R. Allchin e seus colegas, confirmaram que a decadência da civilização de Harapa foi um processo lento, que começou ainda por volta de 2000 a.C., e preferem usar a expressão "pós-urbana" em lugar de "pós-Harapa" para indicar o período da invasão ariana, implicando assim que nessa época a civilização organizada e urbana do vale do Indus já tinha chegado ao fim.[11]

c) O período védico

Os árias ou arianos que invadiram a Índia depois de atravessar o Hindu Kush a partir do planalto iraniano, no segundo milênio a.C., eram uma das muitas tribos pastorais indo-européias que se deslocaram das estepes da Europa Oriental durante esse período. Entre essas tribos estavam os hititas, que se fixaram na Anatólia e atacaram a Babilônia, e usavam uma língua relacionada com a dos invasores da Índia.

Os primeiros contatos dos arianos com os povos do Indus foram belicosos; em uma série de batalhas eles destruíram e saquearam cidades e vilas, subjugando a população remanescente. Como mencionamos, não sabemos ainda se encontraram uma civilização já decadente ou se a destruíram. Os arianos eram guerreiros, unidos por uma estrutura tribal de base patriarcal, motivados por um *ethos* heróico, como as outras tribos indo-européias. Usavam armas de bronze e sabiam trabalhar esse metal. Combatiam em carros de duas rodas, puxados por cavalos, e faziam expedições predatórias. A população do Indus era composta por agricultores e comerciantes pacíficos, cujas preocupações militares eram puramente defensivas e, pelo menos no princípio, baseadas nas suas fortificações. É provável que tenham resistido tenazmente aos ataques, sendo derrotadas completamente pela superioridade militar e a agressividade feroz dos invasores arianos.

Nosso conhecimento dos árias vem das coleções dos seus hinos, parte mais antiga dos *Vedas* (a palavra *"veda"* significa "conhecimento"). Os Vedas eram considerados uma revelação sagrada, *Sruti*. Há quatro coleções de Vedas; a mais antiga delas é o *Rig Veda*, com hinos compostos possivelmente nos anos 1200 ou 1200 a.C., talvez mesmo antes da queda de Harapa.

Na época da invasão os arianos estavam organizados em tribos e não em reinos, sob a chefia de *rajas*. Sua cultura era menos avançada do que a dos aqueus descritos por Homero, e tinha uma certa semelhança com a dos antigos islandeses. Compunham já uma sociedade de classes, dividida em três estratos: os *brahmins*, que eram sacerdotes, os *kshatryas*, guerreiros, e os *vaisyas*, camponeses, criadores e artesãos. A população local foi reduzida à servidão, como *sudras*. A unidade social básica era a família, sob a responsabilidade do equivalente a um *pater familias*. Um grupo de famílias formava um *grama*, ou seja, uma comunidade, aproximadamente um "clã".

A religião védica primitiva estava centrada em poderes divinos, os *devas*, de certo modo semelhantes aos *numina* arcaicos de Roma. A noção de *devas* era associada de perto com o que no nosso vocabulário seriam "os poderes da natureza", mas não idênticos com eles. A população do Indus aparentemente também adorava os poderes naturais, embora personalizados sob a forma de animais. Os *devas* arianos relacionavam-se com os poderes cósmicos, tais como o sol ou o céu. A palavra *deva* tem a conotação primária de "relativo ao céu". *Diaus Pitr*, o "Pai Céu" é uma parte conspícua da antiga herança comum indo-européia, correspondendo ao grego *Zeus* e ao latim *Júpiter*. No entanto, o indiano *Diaus* passou a ser menos importante entre os deuses. Maior importância tinha *Varuna*, quase sempre citado juntamente com *Mitra*; os dois eram guardiães da ordem cósmica e moral, considerados também os criadores do mundo. *Indra*, o deus do trovão, era o rei dos deuses, e o senhor da guerra. Segundo o tema mítico dos hinos védicos, foi ele que destruiu o demônio *Vrtra*, liberando o fluxo da água, doadora da vida; combateu os inimigos dos árias e os *dasas* ou *dasius*, de pele escura, que podem ter incluído os povos subjugados da região do Indus.

Além dos deuses celestiais, o pânteon ariano incluía *devas* terrestres, cuja importância aumentou com o tempo. Os principais dentre eles eram *Agni*, o fogo sagrado, deus do fogo; *Brihaspati*, deus das preces e sacerdote cúltico divino; e *Soma*, divindade do êxtase, crucial para os sacrifícios e as libações (originalmente intoxicantes).

A julgar pelos textos védicos, os árias devem ter sido um povo belicoso e turbulento, inclinado aos festejos, à bebida e ao jogo. Amavam a música e tocavam a flauta, o alaúde e a harpa. Como os antigos escandinavos, formavam uma sociedade profundamente diferente da que representaria a subseqüente civilização indiana. Uma das ocorrências mais marcantes na evolução gradual da civilização indiana foi a transição desse povo, ao longo de muitos séculos, das características védicas para as hindus.

d) Bramanismo

A fase crucial no longo processo de transição da sociedade ariana para a hindu foi o período bramânico. Desde a época da migração e invasão ariana, na segunda metade do segundo milênio a.C., até a emergência do bramanismo, por volta do nono século a.C. — cerca de sete séculos mais tarde — ocorreram na Índia importantes mudanças sociais e culturais, e quatro acontecimentos importantes devem ser mencionados. O primeiro foi a consolidação e o reforço da autoridade e do poder dos *rajas*, que se tornaram monarcas tribais hereditários, cercados por uma espécie de corte. A resultante centralização do poder reduziu a autonomia dos guerreiros como classe coerente, transformando-os em membros dos exércitos reais, ou então guardas de segurança. Ao mesmo tempo, os *Brahmans* viram aumentar a sua autoridade e preeminência, à medida que os rituais de sacrifício cresciam em importância como condição para preservar a ordem social e cosmológica. Os requisitos mágico-religiosos para a execução desses sacrifícios provocaram uma crescente especialização e sofisticação da classe sacerdotal. Os *Brahmans* responsáveis pelo culto real adquiriram uma autoridade superior sobre os feiticeiros e os sacerdotes das aldeias. Uma terceira nova condição foi a influência sobre a cultura e a sociedade indiana dos elementos pré-arianos, que crescia gradualmente, devido aos casamentos de arianos com nativos e à penetração na cultura védica de resíduos da antiga cultura, transformados substancialmente. Por fim, em parte por causa dessas mudanças mas também das especulações bramânicas, passou a ser aceita amplamente uma nova concepção, distinta das idéias védicas, que incluía a aceitação de uma certa identidade entre a alma individual, *Atman*, e a alma do Universo, conhecida como *Brahman*.

Na cultura védica, *Brahman* era o poder mágico inerente especialmente nas palavras sagradas (os *mantras*) dos ritos usados nos sacrifícios. Os que possuíam *Brahman* ficaram conhecidos como *Brahmana* ou *Brahmans*, sacerdotes tribais e guias espirituais da sociedade. Muitos *Brahmans* se preparavam para executar suas funções rituais com exercícios ascéticos, estudando e memorizando as fórmulas sagradas sob a orientação de mestres reconhecidos (*acaryas*). Outros conseguiam chegar a um estado de êxtase que não se separava do ritual, como deixa claro a tradição sobre os efeitos hipnóticos do soma. De modo geral os *Brahmans* passaram a considerar-se seres especiais, em que os deuses tinham feito sentir a sua presença. Acreditavam possuir poderes que hoje chamaríamos de "sobrenaturais".

Durante muito tempo os *Brahmans* acreditaram em que para alcançar o mundo supersensorial era necessário condicionar-se com os ritos e *mantras* dos sacrifícios. Isso não significa que não tivessem interesse em resolver os problemas do mundo natural; os textos deixam claro que não havia uma grande separação entre essas duas dimensões — tais reflexões estão contidas nos *Upanixades*, que formam o "fim do *Veda*" (*Vedanta*). Eles se impressionavam com a relação entre a vida e a respiração, pelo que acontecia nos sonhos, pelo fato de que a planta já está contida na sua semente. A explicação desses fenômenos era encontrada na premissa de que toda existência corporal continha algo não-corporal. Sob o mundo sensorial havia um mundo espiritual. De vários modos ensinavam que a essência real de tudo o que existe é imaterial e eterna. O nome principal dessa dimensão "supersensorial", na sua totalidade, continuou a ser *Brahman*, a mesma palavra usada para a essência do sacrifício. Embora nunca tenha perdido a conotação de uma força "mágica" que controlava a existência, *Brahman* passou a ser mais enfaticamente o substrato espiritual de toda realidade, a "alma do mundo", assim como a alma humana, o *Atman* (que não é simplesmente *jiva*, o princípio da vida, mas a "realidade última" do eu). O termo *Brahman* é um nome neutro, concepção impessoal de uma realidade última superior aos sentidos, que permeia todos os seres. Na especulação foi identificada com a alma do universo e a alma do homem. Igualado a *Purusha*, e provavelmente estimulado pela imaginação popular, sob a influência dos cultos de *Vishnu* e *Shiva*, foi identificado com esses deuses supremos. Na sua forma gramaticalmente masculina, converteu-se em *Brahma*, o deus máximo. Albert Schweitzer, um estudioso eminente, encontrou evidências de uma nova doutrina que transformou o misticismo mágico dos sacrifícios védicos em uma concepção mística do mundo.[12] No entanto, segundo o professor Kees Bolle, os textos são demasiadamente articulados, do ponto de vista filosófico, para sugerir um desenvolvimento tão simples; até mesmo os textos mais antigos mostram lado a lado os sentidos "superior" e "inferior", espiritual e mágico.

De acordo com Albert Schweitzer, a doutrina da união com o "ser puro", a visão afirmativa do mundo implicado nos Vedas, se transformou em uma perspectiva negativa do mundo. É como se fosse possível alcançar o Ser Puro, a realidade última supersensorial, pela superação do mundo ilusório dos sentidos. É certo que os *Upanixades* presumem que é possível alcançar a unidade com o divino, com *Brahman*, e alguns deles recomendam a prática da *ioga* para controlar a mente, concentrando-a, de modo a atingir a meta final desejada. No entanto, os *Upanixades* não falam com uma só voz; não há neles uma "doutrina" singular. Em uma apresentação sucinta como esta, é significativo observar que o mais famoso filósofo hindu, Sankara, que baseou sua filosofia nos *Upanixades*, embora saliente que na busca da liberação definitiva não devemos confiar na "realidade" trazida pelos sentidos, menciona também a situação humana como crepuscular, com a dificuldade em distinguir entre uma corda e uma cobra. Por isso, adverte, o melhor é não assumir riscos.

A fundamentação muito limitada no mundo como um dado, para os fins espirituais, se junta às necessidades práticas relacionadas com a existência dos *brahmans* e a perpetuação da sua autoridade. Em uma passagem do *Jabala-Upanixades* 4, que não pertence aos *Upanixades* "védicos", de maior autoridade, encontramos uma breve referência às várias fases da vida que conhecemos dos textos *smrti* (*asramas*).[13] São quatro: 1) os estudos védicos sob a orientação de um professor *brahman*; 2) a vida como um chefe de família; 3) a vida retirada na floresta; e 4) a vida como um andarilho solitário, depois de completada a renúncia ao mundo.

O misticismo bramânico da união com Brahma nunca pretendeu ser um movimento amplo, mas estava restrito aos *brahmans*. De qualquer forma, não havia uma instituição que implementasse as restrições. O jainismo e o budismo devem seu vocabulário essencial à herança védica e aos *Upanixades*. Suas técnicas ascéticas e de meditação têm um grande apelo fora dos círculos bramânicos. Significativamente, a discussão mais antiga sobre a ioga (no *Upanixades Svetasvatara*) associa o termo a *bhakti*, a experiência religiosa e a prática da devoção; podemos assim inferir a existência de uma conexão entre os esforços sistemáticos dos *brahmans* e as tradições indianas genéricas, não-védicas ou pré-védicas, em que a veneração das divindades se tornou com certeza uma prática comum. De qualquer forma, podemos dizer que na Índia a "negação do mundo" nunca chegou a excluir a vida social e humana ordinária.

e) Hinduísmo

Com o hinduísmo a civilização indiana alcançou sua configuração típica, com características que foram mantidas até o presente. "Hinduísmo" é um nome coletivo que abrange um grande número de concepções e práticas religiosas separadas; equivale assim à expressão "as religiões da Índia". No seu sentido mais amplo inclui o budismo, o jainismo e o sikhismo, entre outras crenças. Em uma acepção mais estrita, e mais apropriada, designa as várias escolas da forma tardia do bramanismo, incorporando as especulações complexas sobre *samsara* e *karma*.

Não é fácil identificar qual a mudança introduzida pelo quarto e último estágio de formação da civilização indiana — o desenvolvimento do hinduísmo na sua persistente forma clássica. No entanto, em todas as antigas modalidades aceitas nesse período, vale a pena, para a nossa melhor compreensão, focalizar a idéia da *samsara* conforme aparece nos *Upanixades*. Embora já seja bastante tradicional, a *samsara* pode ser vista como um ponto focal, refletindo raios antigos de modos inovados.

Como vimos, o significado básico da *samsara* era o fluxo contínuo da vida. No hinduísmo clássico, a noção de *samsara* reverbera, não só em tratados sobre a *ioga* mas também em todas as escolas clássicas da filosofia indiana. Afinal, a liberdade — que corresponde ao objetivo último dessas filosofias — é precisamente a liberação da *samsara*. Nesta quarta etapa da civilização indiana, ao lado das sutilezas dos grandes pensadores encontramos também uma ampla literatura popular, na qual essa idéia vem à superfície. Uma pessoa nasce e pode renascer em uma nova existência, que será determinada pelos seus atos (*karma*) bons e maus, cometidos na existência anterior. O termo *samsara* nem sempre é empregado, mas renascimento (*punarjanma*) é muito comum: embora fosse também tradicional, suas imagens tornaram-se agora mais acessíveis a todas as camadas da população.

O surgimento e a difusão do conceito de "reencarnação" estavam associados naturalmente com a penetração gradual dos invasores arianos no vale do Ganges, e com a crescente influência sobre a sua cultura dos substratos culturais dos nativos. Segundo o *Rig Veda* o destino dos mortos é decidido no momento da morte: os mortos ou vão para o "Mundo dos Pais" ou para a "Casa de Barro" — imagens que não se afastam muito das que encontramos em alguns salmos do Velho Testamento. O deus *Varuna* aparece ocasionalmente desempenhando um papel que já foi comparado ao de *Yahve*. E a morte é considerada como final.

No *Upanixades Brhadaranyaka*, a primeira formulação de um novo ensinamento aparece em especial na voz de *Yajnavalkya*.[14] Esse novo ensinamento é sobre a *samsara* e o renascimento como resultado do que é feito durante a vida. "Depois de certas peregrinações obscuras, as almas daqueles que viveram vidas de sacrifício, caridade e austeridade passam para o Mundo dos Pais, o paraíso de *Yama*; daí, após um período de felicidade, vão para a lua; da lua seguem para o espaço vazio, de onde passam para o ar e descem para a terra com a chuva. Transformam-se em alimento e são oferecidos novamente no fogo-altar que é o homem, para renascer no fogo das mulheres, enquanto os que não são justos reencarnam como vermes, pássaros ou insetos."[15]

Essa concepção da reencarnação se difundiu rapidamente durante os séculos sétimo e sexto a.C., tornando-se gradualmente uma convicção fundamental na visão hindu do mundo; finalmente, no oitavo século a.D., foi incorporada à sabedoria bramânica.

O bramanismo tinha um fascínio pela existência observável no mundo, sob diferentes formas, de animais, das plantas e dos homens. Ao mesmo tempo, porém, ensinava que depois da morte as almas podiam voltar a unir-se com *Brahman* (a realidade impessoal e subjacente do mundo). Em contraste, a idéia da reencarnação sustenta a transmigração das almas, cuja liberação final só ocorre com a recompensa da não-reencarnação. Não obstante, devemos lembrar que as várias idéias contrastantes encontradas nos *Upanixades* nunca interferiram com a certeza de que algumas pessoas, notadamente os grandes *acaryas* (como *Yajnavalkya*) já se tinham liberado da roda da vida: essa liberação, ou santidade, era mais do que um simples tema para a especulação.

Mais sistematicamente do que qualquer outro, *Sankaracarya* (ou seja: "o mestre espiritual Sankara", ca. 788-820)[16] tratou dos problemas representados pelas contradições nos textos e na mente das pessoas. De uma perspectiva esotérica a doutrina bramânica clássica estava correta: a união com *Brahman* era a meta do pensamento humano. Do ponto de vista exotérico, a liberação buscada só podia ser entendida como a desvinculação da *samsara*. Em suma, o contínuo renascer como uma característica do mundo é parte integral do conhecimento libertador (*jnana*).

Como um desenvolvimento posterior do bramanismo, o hinduísmo é um organismo coerente — na verdade, é mais um organismo do que um sistema lógico ou doutrinário, de conceitos metafísicos e éticos contidos na cultura hindu. Diferentemente do monoteísmo do Oriente Próximo, que, como regra geral, postula no seu centro regras éticas e legais, o bramanismo e o hinduísmo consideram a conduta ética como uma preliminar para o progresso espiritual — concepção que deve muito à influência difundida da *ioga*, claramente visível também no budismo. Não mentir, não roubar, não matar são apenas uma condição *sine qua non*. A prática da compaixão é um tema freqüente na literatura hindu como na budista, não só com respeito às pessoas mas também aos animais. No entanto, ao mesmo tempo a prática da compaixão para alcançar uma meta individual, por mais sublime, seria vã. A pessoa deve ser capaz de prosseguir no seu caminho espiritual sem vinculações, sem envolver o *ego*. Na tradição hindu, problemas éticos que se apresentariam imediatamente a muitos outros, adquirem aspectos diferentes. Assim como as noções de *samsara* e de renascimento tipificam o mundo dos fenômenos em que vivemos, o sistema de castas, caracterizado pela hierarquia, mostra a diferenciação que acompanha a ordem do mundo natural, visível, que para nós é um dado. Nesse ponto encontramos certamente uma tradição que não teve dificuldade em justificar moralmente o sistema de castas. Nas palavras do Manusmrti (239-240): "O *dharma* (o mérito) se sustenta por si mesmo. Uma criatura nasce só e sozinha desaparece; sozinha goza os frutos dos seus atos meritórios, e só vai responder pelas suas más ações".[17]

V
Desenvolvimento

a) Características gerais

Depois do período formativo dos maurias (ca. 321-ca. 184) e dos guptas (300-600), o desenvolvimento da civilização indiana se caracteriza, do oitavo século ao décimo oitavo, pela dicotomia entre a expansão cultural e sua consolidação, a difusão pelo conjunto do subcontinente indiano e a incapacidade dos governantes de superar a fragmentação política e alcançar a unidade política do país. Essa fragmentação vai facilitar a penetração e a expansão dos governantes turcos de fé muçulmana, provocando a superimposição da cultura islâmica à hindu — processo que culminará com a criação do Império Mugal, por Babur (1483-1530), e sua consolidação por Abkar (1556-1605).

No século XVIII os marathas, um povo de Maharashtra, depois de muitas vicissitudes consegue ganhar controle do Sultanato Mugal e sob a autoridade nominal do sultão tentou lograr a unificação política da Índia. Quase alcançaram esse objetivo, mas nas duas primeiras décadas do século XIX foram derrotados pelos ingleses, que expandiram gradualmente sua área de controle direto ou de influência predominante. Desde a época de lorde Warren Hastings (1772-1785) a Índia tornou-se *de facto* uma colônia britânica, situação que passaria a ser *de jure* depois do *Government of India Act* de 1858.

A segunda metade do século XIX e a primeira metade do século XX testemunharam o desenvolvimento de um relacionamento complexo entre as elites indianas e os administradores ingleses, que passou por várias fases e culminou com o movimento indiano em favor da autonomia (*home rule*) e da plena independência, meta alcançada finalmente em 1947, embora com a partição que dividiu o subcontinente entre a Índia e o novo Estado do Paquistão.

Portanto, a civilização indiana desenvolveu-se sob uma condição muito especial, e única: durante a maior parte da sua história não teve o comando político sobre a maior parte do seu território. O fato de que o desenvolvimento de uma civilização tão robusta e peculiar tenha sido possível nessas condições só pode ser explicado pela combinação de três principais fatores e circunstâncias, o primeiro e mais importante deles, o desenvolvimento do hinduísmo como núcleo orgânico dessa civilização, nas condições que descrevemos.

A predominância dos *brahmans* sobre os *kshatryas* acentuou o papel de liderança social da classe sacerdotal, assim como a sua mensagem religiosa e cultural. Como o bramanismo tardio, o hinduísmo assegurou a grande estabilidade cultural e social da civilização indiana, com seu sistema de classes e de castas. Embora tenha havido reações, como as perseguições dos mosteiros budistas pelos muçulmanos, o hinduísmo contribuiu decisivamente para a virtual eliminação do budismo; isso não significou contudo o fim do budismo, que continuou a ser uma força poderosa no Sudeste da Ásia — portanto, na "Grande Índia". A supressão de uma poderosa competição religiosa, cuja renúncia radical ao mundo poderia ter prejudicado a resistência indiana ao Islã, juntamente com a influência limitada do jainismo, fortaleceram a consciência hindu, impedindo um domínio político islâmico que poderia ter levado à completa islamização da sociedade indiana.

Nas condições mencionadas, a resistência cultural ao Islã foi um segundo fator que estimulou a tenacidade da civilização indiana, a despeito da falta de autonomia política. Durante o prolongado domínio muçulmano, só uma pequena fração da população da Índia se converteu ao Islã. Na verdade, o domínio islâmico, quase sempre benigno e cujas fases de opressão em geral foram curtas, reforçou os aspectos culturais hindus, como um escudo protetor da individualidade e da coesão social indianas.

Um terceiro fator importante que explica a preservação da civilização indiana, a despeito da supremacia política islâmica, foi a circunstância da permanência da autonomia política local indiana, nos níveis tribal e regional. A importância cultural dos chefes de família, em uma sociedade fortemente patriarcal, contribuiu para a resistência da autonomia local baseada na tradição.

b) Da fragmentação até os muçulmanos

O período de formação da civilização indiana foi discutido brevemente na seção precedente. É interessante observar que nenhuma das duas tentativas exclusivamente indianas de unificação política do subcontinente teve êxito duradouro. O Império Mauria durou menos de dois séculos, e a dinastia Gupta deteve o poder por pouco mais de dois séculos. Além disso, nenhum desses dois exemplos incluiu o domínio da ponta meridional da Península Indiana.

No caso dos maurias, pode-se argumentar que, a despeito da importância de outros fatores, tais como os conflitos intradinásticos, com Asoka[18] o comprometimento budista mostrou não ser compatível com as exigências de orientação política da sociedade, a despeito do realismo e das qualidades excepcionais do monarca. O budismo é uma das expressões mais radicais de renúncia ao mundo, e a direção política de uma sociedade consiste, precisamente, no esforço oposto, visando otimizar a coexistência humana neste mundo. Do ponto de vista objetivo, o budismo só é viável empiricamente à medida que a maioria dos membros da sociedade se comporte de acordo com as exigências mundanas, ainda que proclamem sua adesão ao budismo.

No caso dos guptas, o principal fator subjacente à sua queda foi a dissensão interna depois do reinado de Kumaragupta (ca. 414-455), com o resultante enfraquecimento do Império que facilitou a sua destruição pelas hordas invasoras de hunos eftalitas, no quinto século.

O período que se seguiu à invasão dos hunos testemunhou um surto de fragmentação política entre vários pequenos estados, incluindo o domínio dos *rajputs*, e o florescimento de um governo centralizador de Harsa (606-647), embora pouco duradouro. Essa fragmentação facilitou a carreira de uma série de aventureiros turcos, durante um longo período (647-1526): os *gaznavidas* (977-1176), os *guridas* (1175-1206), os reis escravos 1206-1266), a dinastia *Khalji* (1290-1320), a dinastia *Tujhluk* (1320-1413), com a invasão de Tamerlão (1398-1399) e o advento do Império Mugal, com Babur, no ano 1526.

No curso desse longo período o hindi tornou-se a língua principal do país, substituindo o sânscrito, e *Vishnu* passou a ser o deus mais importante. Os numerosos reinos existentes favoreceram as artes, em especial a arquitetura, pintura e escultura religiosas. Os especialistas distinguem dois estilos principais na arquitetura dos templos indianos, cada um deles com numerosas escolas. O estilo setentrional ou indo-ariano caracteriza-se por torres de topo circular e silhueta curvilínea, enquanto o estilo meridional ou dravidiano prefere as pirâmides truncadas retangulares.

Entre os séculos sexto e décimo terceiro, sob a dinastia Palava, que reinava sobre a porção sul-oriental da Península, templos importantes foram construídos em Mamalapuram e Kanci. O apogeu desse estilo foi alcançado no templo costeiro de Mamalapuram e no tempo Kailasanata de Kanci. Esse estilo foi desenvolvido ainda mais sob a dinastia Cola, estabelecida no litoral em Cola Mandalam, onde o templo de Shiva em Tanjore e o templo de Gangaikondapuram foram as suas melhores realizações. No Decan, sob a dinastia Vijayanagara, a expressão mais bem-sucedida desse estilo, que lembra o barroco, é o templo Vithala de Hampi, a antiga Vijayanagara. Mais tarde, no século XVII, sob os Nayaks, foi erigido um dos templos mais famosos: o grande templo de Madura.

Na Índia setentrional a maioria dos traços da arquitetura indiana primitiva foi destruída. Uma exceção importante é o tempo budista de Gaia, cuja parte mais antiga data do sexto século.

Três escolas — de Orissa, Bundelkand e Gujarat — ilustram a arquitetura da Índia do Norte nesse período. O melhor templo de Orissa é o Lingaraja de Bhubanesar. O conjunto de templos de Khajuraho é o principal trabalho dos reis Candela de Bundelkand, que datam dos séculos décimo e décimo primeiro. Os templos mais belos da escola de Gujarat são os santuários jainistas de monte Abu.

Esse período é marcado também pelas primeiras visitas de viajantes vindos do Ocidente, começando com Marco Polo (1288-1293) e culminando com a chegada de Vasco da Gama a Calicute (1498) e a subseqüente criação de um entreposto português em Goa (1515).

O Império Mugal

O Império Mugal foi a tentativa mais bem-sucedida de unificação política da Índia, até a chegada dos ingleses. Fundado por Babur (1483-1530) e consolidado por Abkar (1556-1605), resistiu até o *Government of India Act* britânico, de 1858. O Império passou por três fases principais. A primeira, de Babur até Aurangzeb (1658-1707) foi a fase dos Grandes *Moguls*. A segunda, até o princípio do século XIX, testemunhou a decadência gradual do poder do sultão e a tentativa dos *marathas* de construir uma união política sob a autoridade nominal do sultão. A terceira fase, depois da derrota irreversível dos *marathas* pelos ingleses, foi marcada pela expansão do controle inglês, exercido pela Companhia das Índias Orientais (*East India Company*), em nome do sultão. O motim dos *sepoy*, em 1855, introduziu uma mudança brutal no rumo dos acontecimentos, dada a selvageria da revolta e da sua subseqüente repressão, pondo fim ao domínio da Companhia das Índias Orientais, com a conversão formal da Índia em uma colônia da Coroa Britânica, em 1858 — portanto, passando para o controle direto pelo governo de Londres.

Babur era um turco chagatai, quinto descendente de Timur do lado paterno e décimo quarto descendente de Gengis Kan pelo lado materno. Aos 11 anos de idade herdou o reino de Fargana, mas perdeu o trono e passou os 20 anos seguintes tentando recuperá-lo. Aprendendo com os reveses, tornou-se um comandante militar de grande competência, e em 1504 conseguiu capturar Kabul. Decidiu então embarcar em uma aventura indiana, em vez de continuar seus esforços para recuperar Fargana. Em 1525, em Panipat, infligiu uma derrota decisiva a Ibrahim Lodi, o sultão de Delhi, e conquistou Delhi e Agra, tendo assumido o título de imperador do Indostão na grande mesquita de Delhi. Nos anos seguintes ampliou suas conquistas, adquirindo um vasto território, que ia do Indus até Bihar, dos Himalaias atré Gwalior e Chanderi, abrangendo todo o Noroeste da Índia.

Humayum, seu filho e sucessor, manteve um domínio limitado e precário sobre o Império, desafiado seriamente pelo emergente poder afegão de Sher Shah. Abkar (1556-1605), neto de Babur, que tinha só 13 anos de idade quando subiu ao trono, sob a orientação do seu tutor, Bayaran Kan, conseguiu consolidar seu domínio e derrotou Adil Shah Sur, o sucessor de Sher Shah. Nos seis anos seguintes o jovem monarca livrou-se da tutela de Bayaran e de outras influências, assumindo pleno comando do império.

Abkar foi o maior dos imperadores da dinastia Mugal, e um dos melhores governantes indianos, sendo comparado muitas vezes a Asoka. Seu reinado se caracterizou por três principais objetivos e realizações: uma grande expansão territorial, uma centralização equitativa e eficiente e a tolerância étnica e religiosa.

No começo do seu governo, o império, tendo Agra como capital, incluía o Punjab, o vale do Ganges até Alahabad e algumas áreas em torno de Gwalior e Ajmer. Mais tarde, durante o seu reinado, foram incorporados a Bengala, incluindo Bihar e Orissa, Rajputana, Malwa e Gujerat, os cinco Sultanatos do Decan, Vijayanagar e Gondwanas.

A política de centralização equitativa foi executada de duas formas principais. Na maioria dos casos, as áreas conquistadas eram administradas por governadores nomeados de forma centralizada. Sob a supervisão vigilante de Akbar, com a ajuda do seu competente ministro das finanças, o hindu Todar Mall, os governadores precisavam executar uma administração justa e honesta, incluindo a cobrança de impostos moderados, para fornecer recursos adequados ao governo central e ao mesmo tempo promover a prosperidade das províncias e da sua população. Em outros casos, como no dos *rajputs*, Akbar impôs inicialmente sua suserania sobre os *rajas* por meio de negociação ou de vitórias militares, e em seguida lhes delegava a autoridade regional, exigindo que fizessem um governo adequado e apoiassem lealmente o exército imperial com suas tropas e seus comandantes.

A política de eqüidade ética e tolerância religiosa foi a característica mais marcante do reinado de Akbar, estabelecendo o modelo para a administração adequada de uma sociedade multiétnica como a indiana. Profundamente interessado nas questões religiosas, e abordando-as com maior eqüidade e tolerância, o imperador suprimiu todas as formas de prerrogativa e de fanatismo por parte dos muçulmanos, assegurando uma completa liberdade e igualdade religiosa e dispensando o mesmo tratamento aos seus súditos hinduistas e muçulmanos. Tentou mesmo uma síntese dos aspectos das duas religiões que lhe pareciam mas aceitáveis, abrindo um livre debate no seu palácio de Fatepur Sikri, e redigindo um tratado sobre a religião, *Din-i-Illahi* (*A Fé Divina*), em que tentou definir a essência do divino da perspectiva de cada religião. Akbar foi também um grande patrono das artes e da literatura, e seu reinado foi uma das fases mais brilhantes da história da Índia.

Os sucessores de Akbar

Jahangir (1605-1627), seu filho e sucessor, manteve as políticas de Akbar, embora não tivesse as suas grandes qualidades pessoais. Deu pouca atenção à coisa pública, demonstrando mais interesse pelas artes e pela sua vida amorosa. Sua esposa persa, Nur Jahan, muito capaz, e os parentes da imperatriz tiveram uma participação importante no processo decisório do governo.

Jahandir morreu em 1627, e a sua sucessão precipitou uma guerra fratricida entre seus dois filhos Shah Jahan (cujo nome verdadeiro era Kurraw) e Shahryar, que tomou a iniciativa de se proclamar imperador em Lahore. No entanto, Shah Jahan derrotou o irmão e foi proclamado imperador em 1618. Seu governo (1628-1658) manteve a política de expansão e centralização iniciada pelo avô, mas quebrou a tradição de igualdade e liberdade religiosa, restabelecendo o Islã como religião oficial e restaurando os privilégios gozados no passado pelos muçulmanos. No entanto, os hinduístas não eram molestados e tinham a possibilidade de participar do governo. Shah Jahan foi um grande construtor, e sua obra mais famosa é o Taj Mahal, um mausoléu soberbo dedicado a Muntaz Mahal, sua amada esposa.

Aurangzeb (1658-1707)

Quando Shah Jahan adoeceu seriamente, em 1657, a questão da sucessão veio à superfície. Shah Jahan tinha quatro filhos — Dara Shukah, Shuga, Aurangzeb e Murad — e duas filhas. Presumindo a morte do pai, e conhecendo a preferência que demonstrava por Dara Shukah, homem culto e liberal, que desejava restabelecer as políticas de Akbar, Shuga e Murad se proclamaram imperadores, respectivamente, em Bengala e em Gujarat. No conflito que se seguiu, Aurangzeb, contando com o apoio de Murad, derrubou Dara Shukah, aprisionou seu pai e apoderou-se do trono. Shah Jahan morreu oito anos mais tarde e Murad foi depois assassinado.

Shuga foi derrotado em 1659, em uma batalha perto de Allahabad, mas escapou e desapareceu; provavelmente foi também assassinado. O reinado de Aurangzeb foi marcado pelo fanatismo islâmico, com a repressão violenta do hinduísmo e a discriminação brutal dos hinduístas. Essa política rompeu a emergente unidade social estimulada por Akbar, provocando rebeliões sucessivas (1669, 1688, 1707), levantes pelos hindus, a hostilidade das tribos afegãs e revolta dos sikhs (1675-1678). Aurangzeb reprimiu impiedosamente todas essas rebeliões e expandiu ainda mais o território do Império. Mas as divisões profundas introduzidas pelo seu fanatismo islâmico foram fatais para a dinastia Mugal. Depois da sua morte, em 1707, começou um longo período de decadência para o Império, com guerras de sucessão e invasões estrangeiras.

Durante a era dos grandes imperadores, o Império Mugal ilustrou de forma impressionante as dificuldades implicadas na busca da unidade política na Índia. Os líderes rajputs não dispunham de recursos para uma tentativa nesse sentido, e muitas vezes não tinham também a habilidade pessoal necessária; já os moguls tinham os meios mas, com a exceção extraordinária de Akbar, eram incapazes de superar seus preconceitos religiosos e culturais. A orientação interiorizada da cultura hinduísta facilitava sua coexistência com outras culturas, como a do Islã, de forma que sua própria cultura e suas práticas não sofriam com esse contato. A política de tolerância religiosa e cultural de Akbar, combinada com práticas não discriminatórias contra os hindus, ou em favor dos muçulmanos, teve um grande êxito, pois o imperador conseguiu o apoio leal dos vários setores da sociedade indiana, inclusive dos *rajputs*, a despeito da reputação destes últimos de resistir a qualquer interferência. Se os seus sucessores tivessem mantido a mesma política, o império Mugal provavelmente teria estendido seu domínio a toda a Índia, e um império que funcionasse adequadamente poderia ter impedido a colonização inglesa, alterando com toda probabilidade a história subseqüente desse país e de todo o sul e sudeste asiáticos.

Um esforço final autóctone visando a unificação política foi feito pelos *marathas*, que ganharam uma posição de predominância com Shivaji (1627-1680); este conseguiu reunir sob seu comando várias tribos de Maharashtra, iniciando uma série de campanhas vitoriosas contra as forças do Império Mugal, que proporcionaram ao seu filho e sucessor Shamhaji um vasto reino. A princípio os *marathas* tentaram sem êxito superar os moguls mediante a confrontação militar; depois, conseguiram formar uma confederação e passaram a controlar o sistema imperial de dentro, exercendo o poder efetivo sobre o Império por intermédio dos primeiros ministros hereditários, *peshwas*, que agiam em nome do sultão.[19] Mas essa derradeira tentativa autóctone não foi duradoura, por causa das divisões existentes entre os membros da confederação. Os administradores da Companhia das Índias Orientais jogaram habilidosamente uns contra os outros, e finalmente derrotaram. Os *marathas* de forma decisiva nas primeiras duas décadas do século XIX.

A Companhia das Índias Orientais

A penetração do Ocidente na Índia começou com os portugueses, depois da chegada de Vasco da Gama a Calicute, em 1498. Liderados por Francisco de Almeida e Afonso de Albuquerque os portugueses conquistaram Goa (1510) e vários outros portos, criando um império colonial lusitano na Índia. Contudo, Portugal era um país pequeno, sem a população compatível com suas extensas possessões ultramarinas. A fusão das coroas portuguesa e espanhola, em 1580, reuniu os inimigos da Espanha, especialmente os Países Baixos e a Inglaterra, contra as colônias portuguesas. A política portuguesa de impor o cristianismo às populações locais, que permitiu a formação de uma pequena comunidade católica em Goa, a qual persiste até os nossos dias, provocou por outro lado fortes reações contrárias, reduzindo a influência de Portugal a alguns enclaves.

Os holandeses e os franceses também tentaram penetrar na Índia, mas foram contidos pela expansão exitosa da *East India Company*. Fundada por mercadores ingleses em 1599, a Companhia obteve da rainha Elizabeth a concessão do monopólio do comércio com a Índia. Com o mesmo objetivo os franceses, sob Colbert, fundaram em 1664 a sua própria Companhia das Índias, e criaram entrepostos em Pondichery (1673) e outros lugares. Durante a primeira metade do século XVIII, como resultado das guerras havidas na Europa — a Guerra da Sucessão Espanhola (1701-1714), a Guerra da Sucessão Austríaca (1740-1787) e a Guerra dos Sete Anos (1756-1763), a França disputou com a Inglaterra o controle da Índia.

Dupleix tentou construir um império colonial indiano para a França, mas, sem o apoio do governo do seu país, foi derrotado pelos ingleses em Trichinopoli (1752), sendo chamado de volta à França. Depois da Guerra dos Sete Anos os franceses perderam para a Inglaterra a maior parte das suas possessões na Índia. Clive, ao defender o *nawab* de Bengala (1757) em Plassey, preparou o terreno para o domínio da Índia pelos ingleses. Warren Hastings (1772-1785), que o sucedeu como governador, construiu a base do Império Britânico na Índia instalando um bom sistema fiscal.

Como já mencionamos, do fim do século XVIII aos primeiros anos do século XIX os *marathas* tentaram deter a expansão do poder britânico na Índia, embora não de forma consistente. Ocasionalmente, alguns *marathas* apelaram para o apoio dos ingleses, com o propósito de superar seus competidores indianos. Finalmente, por falta de suficiente coesão interna, entre 1800 e 1818 a Confederação *Maratha* foi subjugada pelos ingleses.

Em meados do século XIX a Inglaterra tinha estabelecido seu domínio direto sobre a maior parte da Índia, enquanto vários principados indianos, notadamente Rajputana, Hyderabad, Mysore e Travancore mantinham uma relativa autonomia, sob a supervisão de um residente britânico.

A ocidentalização e anglicização forçadas, juntamente com a arrogância e os preconceitos sociais ostensivos dos ingleses, terminaram por provocar uma grande rebelião, o *Mutiny* de 1857-1858.[20] Começando em Bengala, com a revolta dos soldados indianos do exército inglês local, a revolta se espalhou prontamente e chegou a Delhi, onde europeus foram massacrados e Bahadur Shah relutantemente deixou-se proclamar imperador. A insurreição explodiu também em outros lugares, mas a Índia meridional permaneceu indiferente e vários principados mantiveram sua lealdade à Inglaterra. O Maharajah Sindhia, de Gwalior, salvou os ingleses permitindo que as tropas que permaneceram leais ao governo retomassem Delhi, depois de um combate violento. Bahadur Shah II foi preso e deportado, seus filhos e netos foram mortos. A repressão britânica foi selvagem e levou a uma onda maciça de fuzilamentos indiscriminados.

Londres ficou chocada com a revolta e sua dura repressão. O domínio da Companhia das Índias Orientais foi substituído pelo domínio direto do Estado inglês, sob um vice-rei. Em nome da rainha Vitória, lorde Canning, o primeiro vice-rei, fez uma proclamação garantindo o respeito aos tratados concluídos com os príncipes, respeitando os antigos direitos e costumes, e concedeu anistia a todos que não se tinham levantado em armas contra os ingleses. Várias outras garantias civis e religiosas foram prometidas aos indianos.

A Índia colonial

Desde o *Great Mutiny* até a independência indiana, declarada formalmente no dia 16 de agosto de 1947, com a formação de dois Estados independentes, a Índia e o Paquistão, o domínio inglês sobre a Índia passou por várias fases. Começou com uma divisão nítida entre os ingleses e os nativos, nos anos que sucederam a grande revolta, com os indianos reduzidos à condição de cidadãos de segunda classe. Depois, o domínio inglês implantou um tratamento mais eqüitativo da população local, chegando a uma compreensão cada vez maior da riqueza da cultura indiana e a crescentes concessões em termos de autonomia administrativa. As pressões exercidas pela presença russa, até a revolução bolchevista, agiram como um fator externo de estímulo a essas concessões, destinadas a assegurar a lealdade dos indianos. A importante participação de tropas indianas nas duas guerras mundiais, lutando pela Inglaterra, foi outro elemento de peso. Finalmente, houve a influência crescente das importantes mudanças culturais que vinham acontecendo.

Na Inglaterra, as idéias liberais e a filosofia do Partido Trabalhista fizeram crescer a pressão pela autonomia e eventual independência da Índia. E na própria Índia, o número crescente de pessoas influentes educadas na Inglaterra, onde adquiriam a cultura e alguns valores ingleses, gerava um sentido cada vez maior de proximidade entre uma nova elite indiana ocidentalizada, a elite britânica e a opinião pública inglesa. De alvo do desprezo racial do século XIX, que perdia força, os líderes indianos como Gandhi e Nehru adquiriram o *status* de heróis, admirados pelo povo inglês.

c) O desenvolvimento da civilização indiana

Ao concluir esta análise do desenvolvimento da civilização indiana, resumida brevemente nos tópicos precedentes, cabe acentuar os aspectos mais importantes de um processo civilizatório realizado sem sua própria ordenação política. Nesse sentido, quatro questões importantes podem ser levantadas:

1) Como foi possível a uma cultura e religião tribais (portanto sem pretensões missionárias), transmitidas pela tradição oral que lhe servia de base, crescer de forma tão vigorosa depois de penetrar nessa área pelo noroeste, chegando por fim a abranger todo o subcontinente indiano?

2) Como pôde uma civilização guiada por uma classe sacerdotal, e que insistia em orientação dirigida para uma realidade que transcendia o mundo empírico, produzir tantos eventos militares, tantos líderes, conseguindo gerar um *ethos* heróico, como no caso dos *rajputs*?

3) Por que razão os líderes hindus, muitos dos quais eram comandantes militares competentes, nunca puderam alcançar a unidade política da Índia, enquanto aventureiros turcos conseguiram construir grandes domínios, e o Império Mugal pôde estender seu domínio sobre a maior parte do subcontinente, que foi por fim inteiramente subjugado pelos ingleses?

4) Como pôde a civilização indiana preservar sua identidade e até mesmo florescer, durante a maior parte da sua história, sob o domínio político dos muçulmanos e, mais tarde, dos ingleses?

A expansão por todo o subcontinente de uma civilização gerada no seu canto norte-ocidental, pela transformação gradual da cultura védica na bramânica, e finalmente na hinduísta, é algo que chama a nossa atenção, sobretudo quando se leva em conta o caráter não missionário do hinduísmo, que é estritamente uma religião adquirida no nascimento. Normalmente, ninguém se torna um hindu se seus pais já não o são. No entanto, originalmente o hinduísmo correspondia a uma fração muito reduzida da população da Índia, país que mantinha um grande número de diferentes tradições locais e tribais, enquanto ao longo do tempo minorias pequenas e maiores se tornaram devotas de outras religiões, como a de Zoroastro e o Islã. De que modo elas se tornaram reconhecíveis tipificando características hindus?

Devemos a explicação desse fato notável ao esplêndido estudo de Max Weber sobre a religião na Índia.[21] Segundo Weber, embora o hinduísmo não fosse difundido por missionários, como o cristianismo e o Islã, e até mesmo o budismo de Asoka, a cultura hindu foi propagada ativamente e tendeu a exercer uma influência profunda sobre as elites pré-hinduístas. Sob a sua influência, muitas dessas elites adquiriram um modelo de conduta concordante com os ideais hinduístas e, sob o domínio desse processo, criaram suas próprias lendas sobre ancestrais hindus remotos, sendo finalmente aceitas como parte integrante da cultura hindu.

A segunda indagação diz respeito a uma aparente contradição. De um lado prevaleceu na Índia uma religião orientada para aceitar uma realidade além do mundo dos sentidos, preconizando a fusão final das almas individuais com *Brahma*, entendido como a Alma do Universo ou o Deus Supremo. No entanto, essa concepção predominante coexistia com príncipes mundanos e líderes militares empenhados em alcançar objetivos políticos e militares. Para respondê-la é preciso compreender a estrutura de classes da Índia. Como já se notou neste estudo, a classe sacerdotal foi aceita como tendo autoridade sobre a classe dos guerreiros porque, entre outros fatores, a centralização do poder nas mãos de monarcas tribais hereditários reduzia a autonomia dos *kshatryas*. No entanto, a cultura indiana enfatizava a observância geral da cultura e dos valores específicos da classe e da casta de cada indivíduo. O *ethos* heróico da classe militar se manteve nessa classe, chegando ao limite extremo no *ethos* de cavalaria dos *rajputs*, que preferiam morrer, e ver exterminada a sua família, a render-se ao inimigo vitorioso. Embora o exemplo dos *rajputs* seja excepcional, o *ethos* guerreiro guardou sua influência por meio dos ensinamentos védicos. É preciso também levar em conta que a própria tradição védica surgiu como parte de um universo indo-europeu mais amplo, cujas mitologias exaltavam em toda parte (como acontecia na Grécia e em Roma) a importante função, divina e humana, dos guerreiros.

A esse propósito, é também importante considerar que, dada a condição humana, as contradições entre as metas de uma religião e as práticas da comunidade que a adotou tendem a ser a regra geral. O cristianismo, religião do amor e da caridade, e o Islã, que prega a completa sujeição a

"*Allah*, o misericordioso", deram origem a alguns dos grupos e dos eventos mais belicosos e sangrentos. As Cruzadas e a "Santa Inquisição" são bons exemplos disso; os genocídios praticados por Tamerlão e, já no princípio do século XX, o massacre dos armênios pelos turcos são outras ilustrações notáveis dessas contradições. No entanto, a grande variedade das práticas e das comunidades hinduístas resultam certamente de uma circunstância especial que muitos de nós, habitantes de países sob influência cristã ou islâmica, tendemos facilmente a esquecer: o hinduísmo não dispõe de uma autoridade central, e falta-lhe a noção de "doutrina", ou de fidelidade doutrinária. Seus próprios ensinamentos são tão fluidos quanto as relações entre as comunidades.

Outra questão interessante — saber por que a unidade política da Índia não foi alcançada pelos líderes autóctones, mas por turcos muçulmanos e por ingleses cristãos — já foi discutida brevemente neste estudo. Assim como na antiga Grécia, a desunião dos indianos impediu os líderes locais de superar seus particularismos para chegar a uma unificação política do país. Os *marathas* quase o conseguiram, quando mudaram sua política, deixando de enfrentar direta e militarmente o Império Mugal para infiltrá-lo, procurando controlá-lo de dentro, usando sua posição de ministros do sultão. Uma vez mais, porém, a desunião dos indianos não permitiu uma vida longa para a Confederação que representava a contrapartida externa do poder dos *marathas*.

Em contraste, à medida que puderam preservar durante algum tempo a unidade dinástica, aventureiros turcos conseguiram impor seu domínio sobre amplos territórios. O mesmo aconteceu, durante ainda mais tempo e sobre área mais ampla, com o Império Mugal. No caso dos ingleses e da expansão gradual do seu domínio sobre a Índia, o sucesso se deveu a uma combinação de quatro fatores principais: 1) a superioridade clara e crescente dos meios técnicos e militares à sua disposição; 2) a falta de união dos príncipes locais; 3) a unidade do comando inglês, sob os governadores-gerais e, mais tarde, dos vice-reis e 4) a influência crescentemente positiva da modernização da Índia e da criação de um regime legal uniforme e confiável, cujo valor prático lhe rendeu uma ampla aceitação.

A questão relativa à espantosa preservação da civilização indiana, sob prolongado domínio político exercido por forasteiros, também já foi discutida brevemente neste estudo. O hinduísmo é, em larga medida, uma religião e uma cultura voltadas para dentro. Naturalmente, está longe de considerar o mundo exterior como irrelevante, mas para o hindu o objetivo último da vida humana é transcendê-lo. Embora na prática os hindus vivessem de acordo com as exigências do seu ambiente físico e social, sua cultura e sua religião não eram afetadas pelas circunstâncias políticas, exceto nos casos extremos de perseguição violenta. Diferentemente da igreja e da mesquita, o templo hinduísta não é o ponto de encontro de uma "congregação" de fiéis, mas apenas o local de moradia de uma divindade à qual os hindus vêm prestar homenagem. Por isso o templo hinduísta é, pela sua natureza, muito menos um barril de pólvora do ponto de vista político. Embora não fossem menos fervorosos do que os seus correligionários de outros países, os muçulmanos indianos raramente chegavam ao ponto de promover perseguições físicas, ainda quando adotavam políticas discriminatórias, como no caso de Aurangzeb. Além disso, quando explodia a violência islâmica, seus alvos preferenciais eram os templos budistas, e não os santuários bramânicos. E quanto ao domínio britânico, embora caracterizado durante muito tempo pelo preconceito racial e a arrogância cultural, nunca chegou a interferir seriamente com as religiões nativas, exceto quando praticavam rituais desumanos, como o *sati*, o sacrifício compulsório das viúvas.

VI
Reforma e Transformação Cultural

a) Características gerais

A civilização indiana alcançou sua expressão plena no oitavo século a.D., sendo exposta, a partir do século XI, ao desafio de um Islã em expansão. Depois de uma longa sucessão de governantes turcos, controlando o Noroeste indiano, a maior parte do subcontinente caiu sob o poder do Império Mugal, do século XVI ao XVIII. Um segundo desafio, mais forte, foi a expansão da influência e do domínio direto dos ingleses, a partir da segunda metade do século XVIII, culminando com a conversão formal da Índia em uma colônia da Coroa, em 1858.

Como já observamos, os líderes hindus não conseguiram alcançar a unidade política do país. As três tentativas mais importantes de construir um sistema político unificado, antes da independência, foram a dos *maurias*, dos *guptas* e dos *marathas* — todas de vida curta, que não conseguiram incorporar a totalidade do subcontinente. Só a Inglaterra conseguiu estender seu domínio sobre praticamente toda a região, e a Índia independente, que sucedeu o *Raj* britânico, teve de aceitar a partição com o Paquistão.

O destino da civilização indiana, exposta durante tanto tempo ao domínio político de governantes que representavam culturas diferentes, teve uma influência importante, e finalmente decisiva, sobre essa civilização, transformando seus setores modernos em uma versão indiana da Civilização Ocidental Tardia.

b) O desafio islâmico

O longo domínio político dos governantes islâmicos sobre amplas regiões da Índia deixou uma marca importante nos monumentos e nas tradições do país, assim como na islamização de uma minoria importante do seu povo. Na época da partição, os muçulmanos representavam cerca de um quarto da população. Se levarmos em conta a longa duração e a amplitude do domínio muçulmano, a escala das conversões ao Islã não foi muito significativa, e em grande maioria os indianos preservaram suas características culturais e religiosas. No entanto, alguns pensadores indianos, depois da longa exposição da Índia ao Islã, se convenceram de que por trás das formulações divergentes das tradições hinduísta e islâmica há um só Deus. Notáveis entre esses pensadores são os poetas-santos Kabir (1440-1518) e Nanak (1469-1538). Do lado islâmico, vale notar as tentativas do imperador Akbar de chegar a uma compreensão não-sectária da divindade.

Kabir (ca. 1440-1518), que nasceu em uma família humilde de tecelões muçulmanos, rejeitou a revelação dos livros sagrados, o *Corão* e o *Veda*, enfatizando sua fé tanto em *Vishnu* como em *Allah*, vistos como dois nomes para o mesmo Deus. Rejeitou também qualquer distinção de raça, casta ou credo, proclamando a igualdade absoluta dos seres humanos. Opôs-se fortemente à prática de sacrificar animais à divindade. Sua filosofia, apresentada em muitos sermões colecionados pelo seu discípulo Bhagoji, sustentava que a divindade suprema era um ser sutil, criador das almas individuais. Embora não tivesse freqüentado qualquer escola, Kabir mobilizou um grande número de discípulos, criando uma nova seita, os *Kabirpanthi*, que viviam em *matha*, um tipo de falanstério.

Nanak (1469-1538) fundou a religião dos sikhs, tendo pregado a tolerância e a veneração de um único Deus, pelos hindus como pelos muçulmanos, sem discriminação de fé ou de crença. Seus hinos foram reunidos por Arjiun Dev, o quinto *guru* do sikhismo, e seus versos colecionados no *Japji*, que é considerado a parte mais importante do *Adi Granth*, o livro sagrado dos sikhs. Nanak morreu um ano depois de fundar a sua seita, sendo sucedido por Angad Dev (1504/1538-1552). Sob o décimo *guru*, Gobind Rai (1666-1708), e reagindo à perseguição do governo Mughal, os sikhs se transformaram em uma comunidade marcial.

c) O desafio ocidental

O desafio proposto à Índia pelo Ocidente teve uma longa duração, desde o seu início, no século XVI, com a presença dos portugueses e sua difusão do cristianismo, seguida pelo mercantilismo pragmático dos holandeses, dos franceses e por fim, da influência mais duradoura dos ingleses.

A influência portuguesa, que começou com a chegada de Vasco da Gama, em 1497, também teve um impacto duradouro, mas ficou limitada a alguns enclaves, dos quais Goa, Diu e Damão resistiram até a sua ocupação por tropas indianas, em 1961. Além do legado de belos monumentos barrocos, a presença portuguesa na Índia provocou a formação de uma pequena minoria católica nas áreas limitadas da sua ocupação, que perdurou até os nossos dias, embora em menor escala.

Posteriormente, o impacto dos ingleses, a partir da segunda metade do século XVIII, foi extremamente importante e teve conseqüências decisivas para a civilização indiana. No curso de mais de dois séculos, a influência britânica na Índia passou por três fases principais, cada uma delas com seus efeitos específicos.

A primeira fase, correspondendo à expansão gradual da influência econômica e política da Companhia das Índias Orientais, caracterizou-se pelo estabelecimento dos ingleses como um núcleo de poder no quadro fragmentário da política indiana. É bem verdade que os ingleses eram apenas um dos poderes presentes, dentre vários, mas detinham uma superioridade marcante em armamento, organização e recursos técnicos, a despeito do número limitado. Seu sucesso dependia da formação de alianças locais, do recrutamento de indianos e das disputas entre os poderes locais. A Inglaterra não era considerada um desafio à cultura indiana, como acontecia com os muçulmanos, porque os ingleses não pretendiam tornar-se nativos do país. Eram vistos como dispensáveis, se necessário, caso os poderes indianos concentrassem suas forças, como os *marathas* quase conseguiram.

A segunda fase da influência inglesa, depois da dura repressão do motim dos *sepoys*, correspondeu à conversão da Índia, formalmente, em uma colônia da Coroa, em 1858, e vai até a Primeira Guerra Mundial. Durante esse período os ingleses assumiram inicialmente uma atitude de arrogante distanciamento dos nativos, considerados geralmente como uma raça inferior — uma espécie de atitude de *apartheid*. Com o tempo, essa atitude cedeu a um interesse crescente, ainda que limitado, pela Índia, preservando embora um evidente complexo de superioridade. A Índia passou a ser vista não mais apenas como um objeto de exploração, ou como uma oportunidade aberta para o progresso na carreira militar ou burocrática, mas, pelo menos aos olhos de uma minoria esclarecida, como uma realidade cultural complexa e fascinante, conforme seria mais tarde representada por E. M. Forster no seu romance *A Passage to India*; e também como um país que exigia da Inglaterra, por razões de auto-interesse e orgulho nacional, um sério esforço para proporcionar-lhe uma boa administração e um desenvolvimento eficiente.

Durante essa fase os ingleses foram alvo de uma atitude de ódio e admiração por parte dos indianos. Eram odiados pela sua arrogância, discriminação cultural e racional e complexo de superioridade. E admirados pela sua eficiência técnica e administrativa. Mas as noções inglesas de *fair play* e de conduta dentro da lei eram vistas pelos indianos como aplicáveis exclusivamente aos europeus. O caso da carreira de Surendranath Banergia (1848-1926) é uma boa ilustração.[22] A relação ambígua entre as duas culturas distintas permaneceu evidente na baixa estima em que eram tidas as importantes comunidades anglo-indianas — como se a desaprovação dos *"natives"* pelos ingleses, que não queriam vê-los como iguais, se fundisse com o pior lado do sistema indiano de castas.

Essa mesma segunda fase de ambigüidade foi marcada também por uma preocupação crescente, por parte dos ingleses, o que levou à emergência de vários movimentos reformistas na Índia. Esses movimentos, que tinham suas raízes no período precedente, se inspiravam no desejo de superar as limitações culturais indianas e de ajustar o país às exigências da modernidade. Seu promotor foi Ram Mohan Roy (1772-1833), homem muito culto, de mente aberta, que em 1828 fundou a Sociedade *Brahmo-Samaj*, empenhada na modernização da cultura indiana e na tentativa de harmonizar a cultura ocidental com as tradições hindus. Debendranath Tagore (1817-1905), pai de Rabindranath Tagore (que viria a receber mais tarde o Prêmio Nobel), fundou uma sociedade similar, *Tatt-vabadodhini Sabha*, com uma visão monoteísta, que se fundiria depois com a *Brahmo-Samaj*.

A inclinação reformista indiana era evidente, expressa por um grande número de pessoas eminentes que se preocupavam com a defesa das chamadas *Indian liberties*, e cada vez mais empenhadas na instituição da *svaraj* — a *self-rule* ou autonomia administrativa — e em abrir a cultura indiana para a ciência e a racionalidade do Ocidente. Mahadev Govind Ranade (1842-1901), um jurista brilhante, fundador da *Poona Sarvajanik Sabha* (Sociedade Pública de Poona), iniciou o movimento nacionalista e de defesa dos interesses indianos, com uma fundamentação legal e ética. Seu discípulo mais importante foi Gopal Krishna Gokhale (1866-1915), para quem a modernização era uma pré-condição da independência. Balwantrao Gangadhas Tilak (1856-1920) deu o maior ímpeto a esse movimento; saudado em toda a Índia como *Lokamanya* ("aquele que é reverenciado pelo povo"), foi o principal promotor do nacionalismo e da modernização antes de Gandhi e de Nehru.

Os intelectuais muçulmanos seguiram uma trajetória semelhante, acentuando, porém, as características especiais da Índia islâmica, e criando uma tendência que culminaria no futuro com a criação do Paquistão. Entre esses líderes, sir Sayyid Ahmad Khan (1817-1898) merece uma menção especial: foi o fundador do prestigioso *Muhammadan Anglo-Oriental College* de Aligarh, inspirado em Cambridge e que representava o principal centro orientado para promover uma maior harmonia entre o Islã e a cultura ocidental. Uma menção especial deve ser feita também a Mohammad Ali Jinnah (1.876-1.948), um anglófilo liberal que teve um papel decisivo na fundação do Paquistão.

O movimento de reforma indiano contou também com alguns importantes participantes ingleses. Alguns deles, como Allan Octavian Hume (1829-1912) eram *insiders*: membro do Serviço Público da Índia (1849-1882), depois de aposentado organizou, em 1885, o Congresso Nacional Indiano, que serviu como secretário-geral até 1908, lutando pelos interesses indianos. Outros eram altos funcionários ingleses, ligados ao Partido Liberal, particularmente durante os governos de Gladstone.[23] O apoio da Inglaterra à adoção de uma política liberal com relação à Índia, levando ao *self-rule*, era um tema mais debatido no governo inglês do que entre as autoridades britânicas na Índia. Com poucas exceções, os administradores locais se inclinavam mais em favor de decisões autoritárias relacionadas com as medidas de modernização, demonstrando menos interesse pela preparação da autonomia indiana. Esta era particularmente a posição dos chefes militares, e lorde Kitchener (1850-1916) é um bom exemplo. Alguns vice-reis, porém, tais como lorde Ripon (1827-1909) e o visconde Chelmsford (1868-1923) apoiaram ativamente os interesses indianos. No nível do Gabinete Ministerial, em Londres, essa posição foi defendida em especial por dois secretários de Estado para a india: John Morley (1838-1923) e Edwin Samuel Montagu (1879-1924). Este último foi o promotor da Lei de Reforma de 1919, que assegurava aos indianos a maioria dos assentos no Conselho Legislativo Supremo (100 membros eleitos, de um total de 140) e no Conselho de Estado (40 membros eleitos entre 60).

O confronto entre a Índia e o Ocidente criava também posições antiocidentais. O representante mais típico do tradicionalismo indiano, contrário a qualquer tipo de influência ocidental, era o movimento *Arya Samaj*, fundado em 1875, em Bombaim, por Dayananda Saraswati (1824-1883), que tinha por meta a revivescência hindu e o proselitismo védico. No entanto, o fato de que a mesma sociedade se tornou mais tarde um centro dedicado à promoção das *Indian liberties* e da modernização ilustra bem a medida em que a idéia da reforma prevalecia sobre a resistência tradicionalista.

A terceira fase do governo inglês na Índia, da Primeira Guerra Mundial à independência, se caracterizou, do lado inglês, por uma compreensão crescente e bastante consistente da idéia de que administrar a Índia deveria ser uma tarefa dos indianos. Como já mencionamos, esse entendimento se formou em Londres, e não em Nova Delhi, que em 1911 se tornou a capital da Índia. No entanto, nesta terceira fase os movimentos indianos em favor do *home rule* e da independência completa cresceram rápida e amplamente.

Dois eventos principais contribuíram para fortalecer os movimentos de independência: a desilusão dos indianos que se seguiu à Primeira Guerra Mundial e o massacre do Jardim de Jallianwala, em Amritsar, no ano de 1919. Os indianos haviam participado intensamente do esforço de guerra, compartilhando a posição da Inglaterra de que se tratava de um conflito entre a democracia civilizada e o militarismo prussiano. Um milhão de indianos foi enviado à Europa, sofrendo cem mil baixas. Depois da guerra, porém, em vez de obter as esperadas *liberties*, e a desejada autonomia, os indianos viram os ingleses voltar a ocupar suas antigas posições no *Indian Civil Service*, deslocando os substitutos locais e renovando o sistema autoritário, com a aprovação das repressivas Leis Rowlatt, de março de 1919. Ao mesmo tempo, a Índia sofria uma devastadora epidemia de influenza, que fez 12 milhões de mortos. Todos esses fatores, e mais o sentimento de que a Índia tinha sido traída pelos ingleses, provocaram protestos exasperados. Gandhi condenou as Leis Rowlatt, convocando uma greve nacional por um dia, durante a primeira semana de abril. Distúrbios em Amritsar foram contidos pelas tropas do general R E H. Dyer. Alguns dias depois, porém, em 13 de abril, um domingo, quando uma multidão pacífica de cerca de 10 mil pessoas celebrava um festival hindu no jardim de Jallianwala, os soldados de Dyer abriram fogo sobre elas, durante 10 minutos, matando perto de 400 pessoas e ferindo três vezes esse número — quase todos membros de famílias camponesas que tinham vindo das aldeias vizinhas com seus filhos para a celebração.

A indignação nacional provocada pelo massacre, combinada com as frustrações da Índia de pós-guerra, levou à radicalização dos movimentos de reforma, fazendo com que sua meta comum passasse a ser a plena independência. Modernização e independência eram agora os dois lados da mesma moeda. A Lei Montagu-Chelmsford veio tarde demais; embora criasse as instituições iniciais que permitiriam a autonomia administrativa indiana, não impediu que as demandas pela plena independência se difundissem rapidamente. Nos anos que se seguiram, três homens tiveram um papel decisivo na modelagem do futuro da Índia: Gandhi, Nehru e Jinnah.

Mohandas Karamchand Gandhi (1869-1948), de uma rica família de comerciantes da casta Baniya, aos 19 anos foi estudar direito em Londres, e em 1891 concluiu sua preparação como advogado. Em 1893 começou a trabalhar para uma firma muçulmana Memon em Durban, na África do Sul, onde defendia os trabalhadores indianos endividados de Natal, uma colônia da Coroa. Ali Gandhi transformou-se de um advogado inglês de classe média no típico *sadhu* (sábio) indiano. Retornando à Índia em 1915, acompanhado já pela fama de santidade, como Mahatma, empenhou-se em um quádruplo esforço dirigido principalmente para a independência do país. Seu objetivo fundamental, apoiado na prática pessoal, era ensinar a auto-suficiência individual (*swaraj*). Como Diógenes, Gandhi deu forma concreta a esse objetivo alimentando-se com leite de cabra e outros alimentos simples, e trabalhando com sua roda de fiar. A prática do *swadeshi* (o uso exclusivamente de produtos fabricados na Índia) representava para Gandhi um boicote das mercadorias importadas da Inglaterra, e o apoio à produção interna, uma forma de melhorar ao padrão de vida das massas miseráveis e uma redução disciplinada do consumismo moderno. Um segundo objetivo importante era terminar a discriminação brutal que resultava do sistema de castas, particularmente com respeito aos chamados "intocáveis", que Gandhi, com sua mais calorosa expressão de solidariedade, chamava de *harijans*, "filhos de Deus". A terceira meta importante de Gandhi era preservar a unidade social da Índia, ameaçada cada vez mais pelo desejo dos muçulmanos de alcançar uma independência em separado. Gandhi objetava fortemente ao que considerava a vivissecção da Índia, e insistia na possibilidade de uma coexistência amigável entre os hinduístas e os muçulmanos, de que ele próprio dava exemplos contínuos, apoiando os interesses islâmicos legítimos e as tradições religiosas. Com efeito, Gandhi terminaria sendo assassinado por um hindu fanático precisamente por causa da sua defesa dos muçulmanos. Uma quarta meta importante era conseguir a independência da Índia pela *satyagraha* ("abraçando a verdade"), mediante atos não-violentos tais como a desobediência civil pacífica, as marchas de protesto e outras ações semelhantes.

Mohammad Ali Jinna (1876-1948), o líder muçulmano e anglófilo liberal, não acreditava na possibilidade de uma independência viável e justa sem a divisão do subcontinente em dois países diferentes, reservando para o futuro Paquistão as áreas onde a população fosse majoritariamente muçulmana. Insistia em que a experiência histórica tinha demonstrado o caráter irredutível das duas culturas, e assim impôs a partição da Índia.

Filho de um líder político, advogado rico e influente, Motilal, Jawarharlal Nehru (1889-1964) foi educado na Inglaterra, em Harrow e no Trinity College, Cambridge. Retornou à Índia em 1913 e juntou-se ao pai, militando no Partido do Congresso. Depois do massacre do jardim de Jallianwal, em 1919, os dois Nehrus se tornaram adeptos radicais do movimento de independência. Nehru e Gandhi passaram a ser os líderes supremos do movimento. Depois de uma longa luta, que lhe custou 10 anos na prisão, Nehru foi forçado pela realidade política a renunciar à idéia de uma Índia unida e independente, que havia compartilhado com Gandhi, aceitando assim a partição do subcontinente e a independência separada da Índia e do Paquistão. Gozando de amplíssimo apoio, tanto no partido como no povo, foi reeleito primeiro-ministro por três períodos sucessivos, tendo falecido no meio do terceiro mandato.

d) A Civilização Ocidental Tardia

Como a maioria dos países do Terceiro Mundo, a Índia contemporânea exibe duas faces distintas, a moderna e a tradicional, correspondendo aproximadamente à divisão entre o campo e as cidades. O setor moderno é onde vive o estrato educado da população, com a sua elite educada na Inglaterra. Formados em universidades indianas ou britânicas, os membros desse setor moderno adquiriram uma cosmovisão ocidental e racionalista, baseada na ciência e na tecnologia ocidentais, vendo o mundo sob uma perspectiva baseada na racionalidade instrumental.

O processo de modernização da Índia, que traz consigo inevitavelmente um elemento de ocidentalização, começou com os movimentos reformistas do século XIX e ganhou *momentum* no curso da Primeira Guerra Mundial e logo depois. Durante a guerra, 1 milhão de indianos, sobretudo das camadas sociais inferiores, foi exposto às realidades européias. Os líderes influentes do pós-guerra tinham sido educados na Inglaterra, compartilhando com seus ex-colegas de Oxford e Cambridge um nível elevado de cultura ocidental. O movimento em favor da independência foi, ao mesmo tempo, uma nova afirmação da individualidade indiana e uma difusão e reforço da modernidade ocidentalizada.

A conseqüência desses processos foi a formação, nos setores modernos do país, de uma versão indiana da Civilização Ocidental Tardia. As tradições culturais indianas são mantidas como ingredientes essenciais da identidade indiana específica, mas são ajustadas seletivamente às exigências da racionalidade instrumental, conforme ela se expressa na visão ocidental científica, humanista e tecnológica. Na Índia, como em outros países do Terceiro Mundo, o setor moderno está em constante expansão, com a correspondente redução nos centros urbanos do setor tradicional.

Gandhi procurou ajustar a cultura indiana às exigências da modernidade, ao mesmo tempo que acentuava a possibilidade e a conveniência de preservar as formas tradicionais de vida e produção. Seu extraordinário valor humano foi um dos fatores mais decisivos a obrigar a consciência dos ingleses a aceitar a independência da Índia. No entanto, uma vez conquistada a independência, sua influência política declinou, em razão da óbvia impossibilidade prática de converter seu comportamento pessoal em um padrão universal de conduta. Por outro lado, os projetos ocidentalizados de Nehru, visando ao desenvolvimento econômico e social da india, obtiveram apoio quase unânime. Os substratos culturais indianos deixaram de fornecer uma compreensão do mundo que fosse aceitável racionalmente, embora preservassem o caráter específico da identidade nacional indiana, por meio de muitos dos seus valores e ritos.

Com efeito, a civilização ocidental tardia está passando por um processo semelhante de ajuste em sua própria área geográfica. Os ocidentais contemporâneos não explicam mais a origem do mundo e do homem com base nas afirmativas da Bíblia (que corresponde ao Veda ocidental), mas por meio do raciocínio cosmológico e evolutivo. Continuam a observar a maior parte dos seus ritos religiosos tradicionais, embora muitas pessoas sejam agnósticas, e praticamente não haja quem possa subscrever integralmente a doutrina pregada pelas igrejas cristãs. A civilização ocidental tardia está se tornando uma civilização planetária, desenvolvendo muitas variedades culturais, segundo as origens da cultura dos seus muitos componentes. Isso é mais ou menos o que aconteceu, do Renascimento à Ilustração, com a precedente civilização ocidental, que teve características inglesas, francesas, alemãs, italianas e espanholas, entre outras.

A civilização indiana não desapareceu e não está desaparecendo — no sentido em que desapareceu a civilização mesopotâmica, por exemplo. Como as civilizações do Islã e da China, a civilização indiana se está transformando em uma variedade específica da civilização ocidental tardia, e da civilização planetária emergente.

12
CHINA

I
Introdução

a) A terra e o povo

A civilização chinesa é uma civilização primária que emergiu diretamente da cultura Lungshan, do Neolítico (3000-2200 a.C.). Começando no rio Amarelo, ela se difundiu por todo o território atual da China e áreas adjacentes — a Mandchúria e a Mongólia no norte, a Coréia e o Japão no nordeste, a Indochina no sul, a bacia do Tarin e o Tibet no oeste. Por outro lado, em muitas regiões do mundo colônias chinesas importantes estenderam ainda mais o seu território.

A pré-história da China, a partir do Paleolítico primitivo (de 1 milhão a 200 mil anos antes do presente) foi marcada pelo surgimento do *Homo sapiens* no Paleolítico tardio (50 mil-12 mil AP), pela era neolítica (12 mil-2 mil a.C.), a Idade de Bronze proto-histórica de uma semimitológica dinastia Xia (ca. séculos XXIII a XVIII a.C.) e a dinastia histórica Shang (1750-1040 a.C.).

Há muitos vestígios do Neolítico, datando de 6500 a 5 mil a.C., no vale Wei (atual Sheaxi), associados com o cultivo de milhete e a domesticação do porco e do cão. Diversas outras culturas foram identificadas, de períodos mais recentes. A cultura Yangshao, situada abaixo da curva meridional do rio Amarelo, deixou resíduos em centenas de lugares, datados de cerca de 5100 até 3 mil a.C.

Cultivando uma variedade de milho, caçando e pescando, criando porcos e cães, a cultura de Yangshao produziu uma ampla variedade de objetos de cerâmica, com seus melhores vasos exibindo figuras geométricas e o desenho estilizado de peixes. A cultura Dawenkou (ca. 4746-3655), que cultivava o milho e produziu vasos de formas mais elaboradas, estava localizada na península de Shandong e em parte da bacia aluvial do rio Amarelo. Nos vales baixo e intermediário do Yangzi houve quatro outras culturas, que cultivavam o arroz e domesticaram o búfalo, contemporâneas com as de Yangsho e Dawenkou. Mais para o sul, nas províncias marítimas de Fujian e Guangdong, assim como em Formosa, o Neolítico veio mais tarde, e essas culturas parecem ter praticado uma forma primitiva de jardinagem.

Uma característica notável da China neolítica era a produção de seda — uma realização impressionante, se considerarmos que uma libra de seda crua exige 15 libras de casulos, ou seja, cerca de 100 libras (mais de 43 quilos) de folhas de amoreira.

Sucedendo a cultura de Yangshao, com sua cerâmica pintada com motivos geométricos, a cultura de Lungshan produziu uma cerâmica de melhor qualidade, negra brilhante, que exigia fornos de alta temperatura. Parece provável que a técnica de fundir o bronze, que caracterizaria o período proto-histórico da China, nas dinastias Xia e Shang, se tenha originado na cultura Lungshan, que exibiria assim os primeiros sinais da civilização chinesa.

b) A civilização chinesa

De todas as civilizações, a chinesa é a única que chegou aos nossos dias emergindo diretamente de uma cultura neolítica, no curso de mais de três milênios. A despeito da sua fama de imutabilidade, é evidente que ela experimentou mudanças profundas ao longo dessa longa trajetória. A China dos Zhou Ocidentais (1122-950 a.C.) é muito diferente do primeiro Império de Shih Huang-Ti (206-195), dos T'ang (618-907), dos Ming (1368-1644), dos Mandchu tardios ou da República Popular.[1]

A despeito das mudanças profundas sofridas pela civilização chinesa, desde a Antiguidade até a sua expressão contemporânea, há certos traços fundamentais comuns que nem mesmo o regime comunista instituído em 1949 conseguiu destruir. A continuidade cultural foi certamente protegida, e em larga medida promovida, pela continuidade fundamental da língua, que evoluiu gradualmente durante os últimos 30 séculos, do chinês arcaico para a língua moderna, abrangendo um grande número de dialetos.[2] No entanto, as variações fonéticas não têm sido semanticamente importantes, pois a escrita não é fonética e sim logográfica na sua representação das palavras. O uso básico da escrita implica o conhecimento de pelo menos mil caracteres. Para os estudiosos, é necessário o conhecimento de pelo menos seis mil caracteres, e o número total destes é da ordem de trinta mil. A preservação da escrita chinesa manteve a continuidade da língua, e desse modo, das características básicas da cultura.

O traço fundamental da cultura chinesa é a visão pragmática do mundo, levando a uma ética que acentua os valores necessários para manter as formas eqüitativas de coexistência social ordenada, com base em fortes laços familiares e um profundo respeito pelos ancestrais, pelo *pater familias* no nível micro e pelo líder supremo da nação no nível macro, conjunto manifestado por meio de uma sinalização ritual.

A concepção pragmática do mundo, que predomina mas não exclui outras abordagens, não tardou a converter a cosmogonia deísta arcaica (baseada em Shang Ti, o "Senhor Acima") em uma cosmologia imanente. Embora essa religião arcaica fosse substituída mais tarde pelo taoísmo ou pelo budismo mahayana, na China a religião nunca assumiu o caráter transcendente do cristianismo ou do Islã, mas esteve sempre relacionada com uma visão do mundo imanente. Por essa razão, desde a dinastia Han (206 a.C.-220 a.D.), e a despeito da importância relativa do budismo e do taoísmo, o confucionismo e mais tarde o neoconfucionismo foram a cosmovisão predominante entre os chineses.

Uma cultura desse modo pragmática, bem intencionada, socialmente centralizada e respeitadora das hierarquias podia ajustar-se a diferentes concepções científicas e filosóficas. Os problemas de modernização encontrados pela civilização chinesa no século XVIII, e em particular no século XIX, não foram causados por limitações inerentes à cultura, como no caso da civilização islâmica, durante o mesmo período. O obstáculo à modernização da China derivava da orientação exclusivamente clássica da educação superior, do sistema de concursos governamentais dela resultante e, por fim, da mentalidade clássica do mandarinato.

Logo que novas gerações foram expostas à ciência e à tecnologia do Ocidente, o pragmatismo chinês incorporou essa nova visão sem perder suas características culturais básicas. Como também outra cosmovisão ocidental imanente, o marxismo, foi adotada facilmente pela cultura chinesa. E esse é também o motivo pelo qual, até a coletivização forçada, o regime comunista foi bem recebido pelo povo e a razão por que, depois das loucuras de Mao, as reformas de Deng Xiaoping foram tão bem-sucedidas. A versão humanista do marxismo — que representa na verdade a concepção original de Marx — está mais próxima do neoconfucionismo do que qualquer outra filosofia moderna. Nesse sentido, pode-se dizer que o neo-marxismo de Deng é uma reformulação do neoconfucionismo, atualizada pelos chineses.

c) Abordagem adotada

O presente capítulo seguirá a mesma abordagem adotada nos capítulos precedentes, dividindo o tema em seis seções. No caso da civilização chinesa, porém, o seu desenvolvimento histórico acompanha tão de perto o desenvolvimento cultural que a seção III, que trata dos principais traços dessa cultura, recebeu um tratamento mais amplo, incluindo as vicissitudes políticas relacionadas diretamente com a evolução da cultura chinesa. Por esse mesmo motivo, a seção II, que apresenta uma breve síntese da história chinesa, teve um tratamento mais conciso, para evitar duplicação desnecessária.

II
Breve Síntese Histórica

a) Antiguidade

A dinastia Shang

A dinastia Shang (1765-1122 a.C.) é a primeira que deixou registros históricos, tendo reinado sobre uma área que se estendia de forma não contígua desde Shensi no Oeste até o rio Yangtze, no Sul, e Hopeh meridional, no Norte. Nessa época apareceu o primeiro calendário, juntamente com um sistema de escrita, a metalurgia de bronze e a carruagem ligeira, com rodas de 18 a 26 raios.

A arte da adivinhação, com o emprego de escápulas de boi e escudos ventrais de tartaruga, era praticada ritualmente antes de qualquer providência importante a ser tomada. O culto dos antepassados dinásticos era outro ato importante dos Shang, já que a boa vontade dos ancestrais era considerada essencial para o sucesso e para conseguir a proteção do deus Ti, ou Shang ti, que assegurava a vitória nas batalhas, as boas colheitas, o tempo favorável e o destino do reino.

A sociedade Shang estava integrada pelos laços de dever para com os antigos monarcas, os ancestrais, os superiores e os dependentes, com o emprego da força *quantum satis*, à medida em que ela se fazia necessária. Esse sistema de dependência recíproca era uma das características básicas da civilização chinesa primitiva.

A dinastia Zhou (Chou)

O povo Zhou migrou do norte para o vale do rio Wei, sob a liderança de Tan Fui, e provavelmente sob a pressão de tribos nômades do Norte, construindo uma muralha de proteção em torno das suas aldeias. A princípio os Zhou tinham uma posição de vassalagem com relação aos Shang, mas gradualmente afirmaram a sua independência. Começando com o rei Wen-Wang, e por fim com o seu filho, Wu-Wang, eles sobrepujaram os Shang, possivelmente em 1028, e fundaram a dinastia Zhou (1028-256 a.C.).

Wu-Wang morreu logo depois da sua vitória. Um dos seus irmãos, Zhou Kung, assumiu a regência do reino em nome de Ch'eng-Wang, o filho menor do precedente monarca Shang. No entanto, dois dos irmãos de Zhou Kung apoiaram uma rebelião iniciada pelo príncipe Shang, e Zhou precisou empenhar-se em uma longa campanha para reafirmar a sua autoridade. Ao concluí-la, Zhou tinha de fato consolidado seu domínio sobre toda a China, embora os Shang ainda tivessem um papel secundário. O poder dos Zhou tinha uma estrutura feudal, consistindo em uma grande rede de Estados vassalos, cujo número já foi estimado entre 20 e 70, cada um dos quais com sua cidade fortificada. Essa sociedade feudal era altamente estratificada, com o monarca no topo seguido pelos senhores feudais que o serviam como ministros, e uma aristocracia de guerreiros. Abaixo vinham as pessoas do povo, camponeses e artesãos, e por fim uma classe de escravos.

Esse sistema provocou conflitos internos, e um dos Estados vassalos, Ch'i, sob a liderança de Huan Kung (685-643 a.C.), conseguiu alcançar uma autonomia de fato. Huan Kung adotou o título de *pa* (senhor), e reduziu sua vassalagem a Zhou a termos meramente nominais. Alguns anos depois da morte de Huan Kung, a liderança se transferiu para o rei de Chin, Wen Kung (630-628 a.C.). Muito mais tarde os Zhou seriam substituídos pelos governantes de Ch'in.

Um dos principais processos políticos desse período foi a extensão do feudalismo, com uma cadeia de vínculos de vassalagem, horizontais e verticais. O resultado foi o crescente enfraquecimento do poder central, pois a rede de vassalagem superava a autoridade do suserano, e o poder efetivo se transferia para o vassalo mais poderoso ou então para os ministros que conseguiam desenvolver seu próprio sistema pessoal de poder. Com a crise do sistema feudal, o poder predominante erigia um aparelho burocrático centralizado para substituir a rede de vassalagem.

Os Estados beligerantes

O sistema evoluiu para a partilha de poder dentro de um grupo de Estados. Uma fase de rebeldia deixou a China com sete Estados principais e meia dúzia de Estados menores. O longo período de disputas pelo poder que se seguiu, entre 453 e 221 a.C., ficou conhecido como *Chan-Kue*, ou "Os Estados beligerantes".

Durante essa fase, os Estados cresceram tanto em área como em população, o que levou à formação de monarquias centralizadas. Estas, por sua vez, desenvolveram um sistema de prefeitos nomeados por um período fixo como administradores locais, sob o controle centralizado. E desenvolveram também a função de um ministro que, chefiando a administração em nome do rei, atuava por intermédio de uma burocracia nomeada para esse fim.

Durante esse período, houve também mudanças na situação militar. Soldados profissionais assumiram o lugar da aristocracia, os carros de guerra foram praticamente abandonados, e substituídos pela infantaria e pela cavalaria, e formou-se uma nova aristocracia militar, com a correspondente redução na escala da antiga nobreza. Surgiram tratados sobre a guerra, como o *Pin- Fa* (*A arte da guerra*), de Sun-Tzu.

Cresceu também nesse período a classe dos agricultores independentes, que comprava e vendia terra, sem depender mais pessoalmente da nobreza.

b) Os primeiros Impérios

O Império Qin (Ch'in)

O reino Qin foi governado provavelmente por uma das famílias reinantes das antigas nações que tinham reconhecido a suserania Zhou, no oitavo século a.C. Sob Mu Kung (659-621), Qin tornou-se a potência mais importante da parte ocidental da China.

Deixando de expandir-se para o centro do país, Qin estava limitado a incorporar as tribos e os Estados não-chineses dentro da grande curva do Huan, e mais para Oeste. As duas superpotências da época, Ch'u e Ch'in, que deram seu nome a esse período, tiveram de reconhecer a Qin, juntamente com Ch'i, a soberania sobre a sua própria região. No entanto, Qin era considerado pelas potências orientais como um Estado bárbaro, devido a suas características próprias, diferentes das chinesas.

Durante a disputa entre Ch'un e Ch'in, Qin conseguiu sobreviver graças à sua situação geográfica, permanecendo distante do conflito. Foi assim a única potência de importância a não ter batalhas travadas dentro do seu próprio território. Como um Estado emergente, não foi onerado por um longo sistema feudal, o que lhe permitiu oferecer oportunidades a homens educados no Oriente, cujo talento permitiam a Qin competir efetivamente com as potências orientais sem expandir demais o aparelho estatal. Isso ajudou Qin a manter-se como uma das poucas dinastias a sobreviver os distúrbios do período Ch'un-Ch'in.

Até as grandes reformas de Hsiao King (361-335) e Shang Yang (Wei Yang), a China era dominada por Wei, potência situada na planície central, sucessora de Chin, e pelo poder de Ch'i, a Leste, que permaneceu como uma potência secundária.

Não tendo conseguido alcançar seus objetivos em Wei, Shang Yang viajou para a corte de Qin, onde manteve um relacionamento estreito com o monarca, Hsiao Kung, criando o Estado mais bem organizado da época. Aplicava a lei imparcialmente, e convenceu Hsiao Kung de que a nobreza e os privilégios, em vez de serem um direito hereditário, deviam contemplar só aqueles que prestassem bons serviços ao Estado, especialmente pela sua coragem no campo de batalha. Com isso a nobreza existente perdeu seus títulos e privilégios, o que gerou um grande antagonismo na corte real.

Uma das suas reformas mais exitosas foi a padronização dos administradores locais, criando as condições para unificar o Estado. Várias localidades eram combinadas, formando municípios organizados em prefeituras, sob a supervisão direta da corte. Depois da unificação do país, em 221 a.C., esse sistema foi estendido a toda a China.

As reformas de Shang Yang incluíam fortes estímulos à agricultura, que foi vitalizada com imigrantes. O sistema de tributação, baseado nos adultos do sexo masculino, induziu à formação de famílias nucleares, em lugar da tradicional família estendida, fato que foi fortemente criticado pelos tradicionalistas.

Transformado por Hsiao Kung e Shang Yang em uma potência importante, Qin passou por um período crítico depois da morte do primeiro e a subseqüente execução do segundo, em 338 a.C. Alguns anos mais tarde, porém, Hui-Wang, filho de Hsiao Kung, ascendeu ao trono, empenhando-se na consolidação do poder de Qin e na expansão do reino. Meio século depois, Qin, sob Shih Huang-Ti, completou seu domínio sobre todos os outros seis Estados, realizando em 221 a.C. a unificação política da China, quando o monarca assumiu o título de primeiro imperador.

Assistido por um ministro capaz, Li Su, Shi Huang-Ti (221-209 a.C.) foi um monarca enérgico e autocrático, que organizou um império centralizado, mandando construir uma rede de estradas, assim como a Grande Muralha, para evitar as incursões dos nômades das estepes setentrionais. Depois da sua morte (seu túmulo foi cercado por um exército extraordinário de 6 mil soldados de terracota, em tamanho natural) a dinastia foi interrompida, e o principal arquiteto da sua destruição, Piu Lang, apoderou-se da coroa imperial, em 202 a.C., e fundou a dinastia Han.

A dinastia Han

A dinastia Han (206 a.C.-220 a.D.) foi a mais longa da história da China — uma fase marcada de modo geral pela unidade política, a homogeneidade cultural e o progresso tecnológico, incluindo a invenção do sismógrafo e a fabricação de papel.

Os Han deram início ao seu governo dividindo o país em 14 territórios administrados por burocratas, nomeados pelo governo central, com mandatos limitados, e 10 reinos aristocráticos, governados teoricamente como feudos independentes. Mais tarde, por volta de 108 a.C., o número desses territórios foi ampliado para 84, e os reinos passaram a ser 18, mediante a subdivisão das antigas unidades. O imperador nomeava seus filhos para dirigir os reinos, e escolhia pessoas competentes para governar os territórios. Uma rede de estradas proporcionava boas comunicações internas, permitindo o deslocamento rápido dos soldados e fiscais, sempre que necessário.

O governo das províncias era controlado pelo imperador, por meio de inspetores regionais, que apresentavam a cada ano um relatório sobre a região sob a sua responsabilidade. O nível mais elevado da administração era formado pelo primeiro-ministro, o conselheiro imperial e o comandante-em-chefe. Abaixo deles, havia nove ministros, responsáveis pelos assuntos religiosos, a segurança do palácio, a justiça penal, a diplomacia, os tributos, o tesouro, a agricultura e outros assuntos governamentais. Cada ministro dirigia um departamento com diretores e funcionários subordinados.

Os candidatos a ingressar no Serviço Público eram testados para avaliar a sua competência, mas não havia ainda os concursos públicos que foram adotados mais tarde. O Serviço Público tinha 12 níveis de pessoal, do escriturário ao ministro, e por meio de promoções os funcionários mais competentes podiam chegar ao topo dessa escala. Em princípio não havia uma divisão entre os funcionários das agências centrais e das provinciais. A duplicação de atribuições era muitas vezes aceita deliberadamente, para evitar a concentração excessiva do poder burocrático. Essa estrutura formava a chamada Corte Externa, que com o tempo passou a ser equilibrada por uma Corte Interna e um conjunto de funções secundárias (que se tornaram predominantes) do secretário do Tesouro, que tinha acesso direto ao imperador.

O comando das forças armadas estava também organizado de modo a evitar a concentração exagerada de poder em um único oficial. Os generais eram nomeados aos pares, e muitas vezes indicados para executar tarefas específicas, sendo dispensados depois de completadas. O recrutamento se fazia principalmente mediante alistamento obrigatório, e também com voluntários e condenados. Os soldados serviam por dois anos, e todos os homens capazes estavam sujeitos à conscrição, excetuados os que gozavam de privilégios sociais. Os voluntários eram filhos de famílias privilegiadas, e normalmente serviam na cavalaria. Os membros de tribos da Ásia Central eram também recrutados para a cavalaria, devido à sua perícia hípica. O exército estava dividido em um certo número de companhias, cada uma das quais dividida em 40 a 50 seções, comandadas por um oficial e contando normalmente com cinco homens.

Durante os quatro séculos de domínio Han — interrompidos pela usurpação de Wang Mang, entre os anos 9 e 23 a.D. — [3] ocorreram algumas mudanças importantes, entre elas o aumento das propriedades dos latifundiários locais, transformando pequenos fazendeiros em trabalhadores rurais a serviço de grandes fazendas. A tributação era ligeira, de um décimo a 1/13 da colheita, mas o arrendamento da terra consumia de metade a dois terços das colheitas. Os camponeses estavam sujeitos também a um ano de serviço devido ao Estado (*corvée*), que podia ser convertido em dinheiro. O crescimento econômico dos Han, na China setentrional, estimulou o comércio internacional e a expansão militar.

A política exterior dos Han se concentrava na contenção dos Xiongnu, nômades turcos que faziam incursões no Norte da China. Nas épocas de maior poder militar, os Han patrulhavam a fronteira com seus próprios arqueiros montados, auxiliados por nômades aliados ou então soldados mercenários. Os Xiongnu meridionais eram muitas vezes subsidiados para lutar contra os do Norte. Nas épocas de debilidade militar, os Han recorriam a procedimentos diplomáticos (*hegin*, "paz e parentesco"), aceitando a vassalagem desses vizinhos incômodos mediante o casamento com suas princesas e a troca de presentes valiosos.

c) A Idade Média

Os três reinos

Os quatro séculos depois do golpe de Ts'ao e a derrubada do último imperador Han, Liu Hsieh, foram um período de fragmentação, guerra civil e invasões. A princípio, o Império se dividiu em três reinos (220-280): Wei, no Norte, governado por Ts'ao Plei, filho de Ts'ao Ts'ao; Wu, no Sul, sob a família Souen. A dinastia Shu-Han, fundada por Liu Pei, considerada a sucessora legítima da dinastia Han, controlava a área da atual província de Szechwan.

O reino Wei prevaleceu sobre Shu-Han (263-264). Dois anos depois, um general do clã Su-Ma derrubou o monarca Wei e fundou a dinastia Hsi (ocidental) Chin, no ano 265. Em 280, os exércitos Chin conquistaram também Wu.

Chin Ocidental (265-316/317)

No começo do período de Chin Ocidental, a China se encontrava em uma situação de grande debilidade, depois das Guerras dos Três Reinos, quando possivelmente metade da sua população pereceu em condições de tremenda miséria.

Os Chin foram confrontados com uma série de grandes invasões (como acontecia na mesma época com Roma), de povos procedentes do interior do continente eurasiano. Como os romanos, eles permitiram que os bárbaros se fixassem no império, chegando a incumbi-los de guardar suas fronteiras. Os Hsiungnu, que desde a época dos Três Reinos se haviam estabelecido nas margens do rio Amarelo, capturaram as duas capitais dos Chin, Lo-Yan em 311 e Ch'ang-An em 316. O seu líder, Liu Yüan, proclamou-se imperador, devastando o país até o rio Yangtse.

Chin Oriental (317-420)

Acossados, os Chin se refugiaram em Nanking, na China meridional, sustentando um Império que sobreviveria (a partir de 420 sob outras dinastias) até o ano 589.

No curso do quarto século, hordas de turcos e mongóis ocuparam a China setentrional. No princípio do quinto século, uma dessas tribos, de origem turca, os Tabghatch (To-Pa em chinês) chegou a controlar toda a área, adotando em larga medida os costumes chineses e fundando, sob Tao-Wu-Ti (nome *shih*) a dinastia Wei (386-534).

Tendo adotado rapidamente a cultura chinesa, depois do ano 450 os monarcas Wei se converteram ao budismo e encomendaram as peças mais importantes da escultura religiosa da China, nas grandes cavernas budistas de Yun-Kang, ao Norte de Chan-Si e Long-Men, perto de Lo-Yang, em Ho-Nam (fim do século quinto, princípio do século sexto).

No sul, a dinastia Chin foi derrubada por um aventureiro, Liu Chi-Nu (420-422), que durante algum tempo conseguiu fortalecer o Império nacional, e cujos descendentes reinaram até o ano 479, sendo sucedidos por três novas dinastias Han (meridionais): Ch'i (479-502), Liang (502-557) e Ch'en (557-589). Esse período foi marcado por uma considerável expansão do budismo, tanto no norte como no sul, com monges budistas viajando para a Índia e a redução da influência do confucionismo.

d) Os Sui e os T'ang

A dinastia Sui (581-618)

Fundada por Yang Cien (Wen-Ti) (581-604), sucessor dos herdeiros dos T'o-Pa no Norte, e tendo conseguido finalmente controlar a China meridional, em 589, a dinastia Sui se empenhou em restaurar a unidade chinesa, expulsando os turcos da fronteira norte-ocidental. O segundo imperador Sui, Yang-Kuang (Yang-Ti) (604-618), voltou a adotar a política dos Han, controlando o oásis Tarim e retomando as relações comerciais com a Pérsia e a Índia. Depois de cerca de quatro séculos de fragmentação, os Sui conseguiram por fim reunificar o país, repetindo o que os Ch'in tinham feito no terceiro século a.C.

Yang-Ti foi um monarca extremamente enérgico e empreendedor, mas sem sentido de equilíbrio, e comprometeu o reino com um número excessivo de obras públicas (em especial uma grande rede de canais, que incluía o primeiro grande canal), assim como guerras custosas e pouco exitosas na Coréia. Com isso estimulou a rebeldia, sendo por fim assassinado por cortesãos, em 618, ficando o poder nas mãos dos vários líderes rebeldes. Em 617 um dos homens fortes locais, Li Yian, que se mantinha nominalmente leal ao imperador, conquistou a capital, Ch'ang-An. Um príncipe Sui, Kung-Ti, foi declarado imperador, e Yang-Ti se viu obrigado a deixar o trono. Depois da sua morte, Li Yüan se proclamou imperador, com o nome de Kao-Tsu, dando início assim à dinastia T'ang.

Os T'ang (618-907)

A dinastia Tang teve um começo difícil. Durante sete anos (618 a 624) Kao-Tsu precisou lutar contra rivais poderosos, até conseguir unificar a China sob o seu domínio. Seu filho Li Shi-Min (Tai-Tsung), que reinou de 626 até 649, tomou parte na luta para consolidar a dinastia. Depois de suceder o pai, enfrentando a rivalidade dos irmãos, conquistou o respeito por ser um governante de grande competência.

A dinastia T'ang foi uma das mais importantes da história da China: restabeleceu a hegemonia chinesa na Ásia Central, estendendo sua soberania até o Turquestão, recuperou o controle do antigo Estado dos turcos orientais (a atual Mongólia) e impôs-se a todos os vizinhos: o Anam, a Coréia e, no sentido cultural, também ao Japão.

O governo e a administração pública foram restaurados com toda energia. O confucionismo voltou a ser adotado como doutrina estatal, mas o Budismo continuou a se expandir, chegando ao auge sob a Imperatriz Zatian (Wu Chao), até a sua proibição em 845. Por outro lado, outras religiões penetraram na China: o nestorianismo, o maniqueísmo e o Islã, que no entanto conquistaram poucos adeptos.

A época dos T'ang foi marcada pelo progresso científico, especialmente na astronomia. A imprensa foi inventada,[4] houve um florescimento da literatura (com a poesia de Li Po, Tou Fou, Wang Wei, Po K'in Yi), o surgimento da prosa clássica (com Han Yu e Liu Tsung-Yuan) e das artes — a escultura, a pintura de animais, a pintura budista, os trabalhos em terracota — refletindo uma tendência cosmopolita, sob influência persa e indiana.

Depois de uma fase algo incerta de poder de Wu Chao (690-705), a cultura T'ang chegou ao apogeu com o imperador Hsüan-Tsung (712-756). Os últimos anos do seu reinado foram prejudicados pela rebelião de um general turco, An Lu-Shan (755-757), que o forçou a abdicar. Essa rebelião devastadora resultou da maior concentração de poder nos comandantes militares (*Fanzhen*), para proteger o Império dos bárbaros do Norte. An Lu-Shan chegou a comandar mais de 200 mil homens, com o grosso dos recursos militares da China. A dinastia quase foi derrubada na guerra civil que se seguiu, sendo salva pela intervenção, em 763, de soldados uigur, mercenários turcos convocados por Tai-Tsung (762-779/780).

Em 843-845, o imperador Wu-Tsung, um taoísta fanático, decidiu suprimir o budismo, em parte por razões econômicas. Cerca de 40 mil santuários foram fechados e 260 mil monges e freiras foram obrigados a abandonar seus mosteiros. Embora essa repressão não tenha continuado, provocou um sério dano ao budismo chinês.

A partir desse ponto a dinastia se enfraqueceu cada vez mais, vitimada por rebeliões populares e pelo banditismo, como resultado do crescente empobrecimento dos pequenos agricultores, à medida que os maiores proprietários continuavam a ampliar seu controle sobre as terras agrícolas. Foi um período de grande pobreza e de declínio da população.

Depois da queda dos T'ang, a China entrou no caos — o chamado "Período das Cinco Dinastias e dos Dez Estados" (908-960). Um grande guerreiro, Chao K'uang-Yin, conhecido como T'ai-Tsu (960-976), conseguiu restabelecer o Império, dando início a uma nova grande dinastia, os Sung.

e) O primeiro Império Mandarim

Os Sung (960-1279)

Os Sung não conseguiram restaurar todo o Império dos T'ang; embora controlassem a maior parte do país ao Norte do rio Amarelo, tiveram de aceitar o domínio dos khitans em Pequim.

Com os Sung a China meridional teve um período de paz e prosperidade, com um ativo comércio externo, relações marítimas com o Japão, a Índia, a Arábia e o Egito, o desenvolvimento do artesanato, novas invenções (a bússola, a pólvora), a investigação filosófica, o neoconfucionismo de Shu Xi e a pintura paisagística.

Em 1114-1116 o reino khitan de Pequim foi dominado pela dinastia Jürchen (Chin), que se apoderou de todas as terras baixas da China (1122-1123). Com a paz de 1141, a China ficou dividida em três partes: os Jürchen mantiveram seu domínio sobre a parte setentrional, ficando os Sung com o sul, enquanto o reino dos Sihia dominava o oeste.

Senhor da Mongólia desde 1206, Gêngis Khan começou sua conquista da China com o apoio do Estado T'angut de Hsi Hsia, em 1209. Circundando a Grande Muralha pelo Tarim, os mongóis conquistaram Pequim, que foi devastada. Em seguida, Gêngis Khan se voltou para o Oeste. Durante três décadas esse povo nômade tinha-se contentado em realizar expedições predatórias contra o Império Chinês dos Sung. Coube a Mongka (1251-1259), o terceiro sucessor de Gêngis Khan, empreender a conquista sistemática do Império Sung, que foi concluída pelo seu irmão Kublai Kan (1260-1294); este último fundou a dinastia mongol de Yüan (1260-1368), tomando a capital, Lin-Na (agora Hang-Chou), em 1270, e Cantão em 1278.

f) Os Mongóis

A dinastia Yüan (1206-1368)

Kublai Kan conseguiu se apoderar de toda a China, que pela primeira vez foi governada por uma potência estrangeira. Sinófilo, adotou todos os costumes chineses, fixando sua capital em Pequim, que reconstruiu, eliminando todos os vestígios da devastação provocada por Gêngis Khan. O Estado foi reorganizado, estradas e canais foram reparados, a vida intelectual promovida, as tradições nacionais respeitadas, todas as religiões toleradas — com um favorecimento especial do budismo.

Na corte mongol a literatura chinesa teve um certo renascimento, com a poesia de Yang Wei-Chen e de Kao Ch'i, e o desenvolvimento da ópera chinesa, colecionada no *Yüan Ch'ü Hsüan (Seleção de óperas Yüan)*. A pintura paisagística uma vez mais chegou a um nível elevado, tendo como principais expoentes os pintores Ni Tsan, Huang Kung Wang, Wu Chen e Wang Meng.

Kublai Kan fracassou nas suas tentativas de invadir o Japão e nas expedições organizadas contra Anam, Champa e Java. Durante o seu reinado, a China retomou as relações com o Ocidente, e Marco Pólo fez duas visitas ao país, em 1275 e 1291 Da mesma forma, missionários europeus, como Jean de Montcorvin e Oderic de Pordenone, visitaram livremente o Império.

Os sucessores de Kublai Kan não puderam continuar a sua obra. A despeito de terem incorporado as instituições chinesas, os mongóis sempre foram vistos pelos chineses como invasores estrangeiros. No Sul do país uma revolta, liderada pelo monge Chu Yüan-Chang (1328-1398), conseguiu tomar Nanking (1356), Cantão (1367) e finalmente Pequim (1368). Em 1371 os mongóis tinham sido completamente varridos da China. Chu Yüan-Chang, conhecido como T'ai-Tsu, tornou-se imperador e fundou a dinastia Ming.

g) Os Ming

A dinastia Ming (1368-1644)

A dinastia Ming chegou ao seu apogeu com Yung Lo (1402-1424), um administrador competente dos assuntos internos do país, que implantou um período de relativa prosperidade, adotando uma política externa pacífica, embora prosseguissem as ações militares defensivas contra os mongóis. No entanto, embora garantisse a paz, essa política tinha um efeito de imobilização, que era agravado pela forte influência conservadora dos estudiosos do confucionismo.

A segunda metade do período Ming foi marcada pela penetração do Ocidente. Os portugueses tomaram Macau (1557) e missionários católicos, tais como Matteo Ricci (que chegou em 1582) e seus seguidores, tentaram uma adaptação audaciosa do cristianismo à cultura chinesa. O "Cristianismo Adaptado" teve êxito em círculos limitados, mas foi mais tarde proibido pelo Vaticano.

Os Ming porém não estavam preocupados com os ocidentais, mas sim com as incursões de japoneses e mongóis. A transferência de alguns deveres para os eunucos enfraqueceu consideravelmente a dinastia, que ficou exposta a várias rebeliões, em especial a de Li Zicheng, tendo por fim sucumbido diante dos Mandchus, procedentes da Sibéria. O primeiro ataque mandchu a Pequim foi repelido com canhões fabricados pelos jesuítas (1627). Mas em 1644 Pequim terminou por cair, e os Mandchus conquistaram todo o território da China.

O Império Sino-Mandchu

A dinastia mandchu (1664-1911)

A dinastia fundada por Fu-Lin (que assumiu o nome Shun-Chih) adotou em grande parte a cultura chinesa, embora guardasse sua identidade étnica e o seu próprio sistema de escrita, com versões em chinês para o uso geral. O imperador K'ang Hsi (1662-1722) e seu neto Ch'ien Lung (1736-1799) figuram entre os maiores imperadores chineses. Sob o seu governo a China pôde realizar o programa milenar de expansão na Ásia Central, impondo um protetorado à Mongólia, ao Tibet, as Kashgar e à Coréia. Pelo tratado de Nerchinsk (1689) as relações com a Rússia foram estabilizadas por cerca de dois séculos, eliminando a ameaça daquele país à Mandchúria.

A princípio, os Mandchus tinham uma inclinação favorável em relação aos missionários cristãos, especialmente os jesuítas, que lhes proporcionavam importante assistência técnica nos campos da astronomia, cartografia e artilharia. Mas a "Controvérsia dos Ritos", decidida por Roma contra os jesuítas, prejudicou seriamente a sua posição; assim, em 1717 o cristianismo foi proibido, e em 1724 os missionários foram expulsos. O governo chinês impôs um controle estrito dos contatos com estrangeiros, e deixou de acompanhar o progresso tecnológico que o Ocidente estava fazendo nessa época, chegando a esquecer boa parte do que os jesuítas tinham ensinado.

A legislação chinesa contra os cristãos e ordenando o fechamento dos portos ao comércio exterior provocou grande reação no Ocidente. A proibição imposta pela China ao lucrativo comércio do ópio, praticado pelos ingleses, se tornou um tema importante de conflito. Em 1839, o vice-rei Lin Tseu-Siu ordenou o confisco e a destruição de uma carga de ópio em Cantão, e o episódio provocou a Guerra do Ópio (1841-1842), que terminou com a China derrotada e obrigada pelo tratado de Nanking de 1842 a abrir cinco portos ao comércio com a Inglaterra, além de ceder a ilha de Hong Kong. O tratado de Wanghsia, de 1844, concedia vantagens semelhantes aos Estados Unidos, e o tratado de Whampoa, do mesmo ano, veio proteger os interesses franceses.

A revolta de T'ai-Ping (1850-1864), com a conseqüente perda de controle sobre a China meridional, mostrou a fraqueza do Estado mandchu. Uma intervenção franco-britânica (1857-1858) levou ao controle de Cantão, e pelo tratado de Tientsin (1858) novas concessões foram extraídas dos chineses. A ocupação de Pequim pelos franceses (1860) resultou no incêndio do Palácio de Verão, alegadamente como represália às torturas a que os europeus foram submetidos. De seu lado, em 1858 a Rússia ameaçou anexar a área ao norte do rio Amur, e em 1860 outros territórios.

Tendo submetido os Mandchus ao seu controle, as potências ocidentais se empenharam em sustentá-los e ajudaram a subjugar a rebelião T'aiping, que foi finalmente dominada por Zeng Guofain, com a ajuda do general inglês Charles Gordon.

Desde esses acontecimentos, a China passou a ser vitimada cada vez mais por abusos cometidos pelos ocidentais, e alvo da sua penetração imperialista. No entanto, os chineses não fizeram muito progresso em suas tentativas de reforma. Ao mesmo tempo, o Japão se modernizava rapidamente. Na primeira guerra sino-japonesa (1894-1895), a China foi derrotada, e obrigada a reconhecer a independência da Coréia, tendo cedido ao Japão Formosa, as ilhas Pescadores e a península Liaotung. Os efeitos morais dessa derrota foram ainda piores, e em 1898 os chineses foram obrigados a fazer outras importantes concessões às potências ocidentais. Os russos empreenderam a construção da ferrovia transiberiana, e em 1895 estabeleceram uma base em Port Arthur. Os alemães receberam a baía de Kiadchow em concessão por 99 anos, assim como as minas de Shantung. Os franceses receberam a concessão da baía de Kuang-Chu, também por 99 anos, e a Inglaterra recebeu Kowloon e Weihawei por igual período.

Nessas circunstâncias humilhantes, em 1898 subiu ao poder na China o Partido da Reforma, dirigido por K'ang Yu-Wei e Chang Chih-Tung, propondo um amplo programa de modernização para o Estado e o país. O Império Mandchu chegava assim ao ponto de promover mudanças profundas, semelhantes às da restauração Meiji no Japão.

No entanto, a imperatriz viúva Tzu Hsi, que de 1861 a 1908 exerceu um papel preponderante na corte mandchu, bloqueou o movimento de reforma e voltou-se para as sociedades secretas tradicionalistas. Com esse estímulo, em 1900 os boxers assassinaram em Pequim o ministro alemão, barão Von Kettler, e atacaram as legações estrangeiras. Sob o comando do marechal Von Walderse, uma força expedicionária ocidental foi despachada rapidamente para Pequim; os diplomatas estrangeiros foram liberados e a China obrigada a aceitar o humilhante tratado de 1901.

A guerra de 1904-1905 entre o Japão e a Rússia, para decidir a disputa sobre a província chinesa da Mandchúria, terminou com a vitória do Japão, que anexou a Coréia.

UM ESTUDO CRÍTICO DA HISTÓRIA

Com esses acontecimentos, a imperatriz Tzu Hsi foi obrigada a mudar de posição, passando a favorecer as reformas, e em 1903 nomeou como primeiro-ministro um reformista enérgico, Yüan Shih-K'ai.

h) A China contemporânea

Os principais eventos da China contemporânea, da proclamação da República, em 1912, aos sucessores de Deng Xiaoping, são tratados na seção III, sob os respectivos aspectos culturais.

III
Principais Traços Culturais

a) Aspectos gerais

A história da China segue uma longa trajetória de 3 mil anos, do segundo milênio a.C. até o presente. Conforme sugeriu Jacques Gernet, nesse percurso histórico podemos diferenciar dez fases desiguais: (1) a Antiguidade, de ca. 1765 a 222; (2) os primeiros Impérios, de 221 a.C. a 220 a.D.; (3) a Idade Média, de 226 a 585; (4) o período Sui e T'ang, de 589 a 907; (5) o primeiro Império Mandarim, de 920 a 1279; (6) o período mongol, de 1206 a 1367; (7) o período Ming, de 1368 a 1644; (8) o Império Sino-Mandchu, de 1644 a 1912; (9) o período republicano, de 1912 a 1949; e (10) a República Popular, a partir de 1949.

No curso desses 3 mil anos a China teve, até o século XX, uma economia agrária, embora no curso desse longo período estivesse sujeita a diferentes regimes de propriedade da terra. Política e institucionalmente, o país oscilou entre fases de descentralização, na Antiguidade, na Idade Média e nos anos que se seguiram ao colapso dos Impérios, e períodos de concentração imperial, como o Primeiro Império (221-206), a dinastia Han (206 a.C.-220 a.D.), a época T'ang (618-907), a Sung (920-1279), a dos mongóis (1206-1367), dos Ming (1368-1644), a dinastia Mandchu (1644-1911), a República do Kuomintang (1927-1949) e a República Popular, a partir de 1949. A cultura chinesa superior foi tão influenciada pelo confucionismo, particularmente na sua forma neoconfucionista (a despeito da forte influência budista) que a sua história, vista de forma global, pode ser dividida em três períodos de extensão desigual: a era pré-Confúcio, até a dinastia Han (206 a.C.); a era confuciana, com influência do budismo, da dinastia Han até o fim do século XIX; e a era pós-confuciana, depois da crise da dinastia Mandchu.

b) Antiguidade

A cultura e a civilização chinesas foram influenciadas de forma decisiva por desenvolvimentos ocorridos na Antiguidade, um período que cobre mais de mil anos, desde a dinastia Shang ou Yin (1765-1122 A) até a era dos Estados beligerantes (453-222 a.C.). Nessa fase crucial foram formuladas as grandes doutrinas religiosas ou filosóficas que formariam a cultura chinesa, com Confúcio (Kong Qiu, 551-479 a.C.), Lao-tzu (sexto ou sétimo século a.C.), seu discípulo Tzhouang-Tzu (365-286 a.C.) e Mêncio (Meng-Tzu, 372-289 a.C.), continuador de Confúcio.

Shang ou Yin (1765-1122 a.C.)

O período inicial Shang testemunhou o surgimento da escrita, da metalurgia do bronze, do carro de guerra, das técnicas arquitetônicas, das práticas divinatórias, da cerâmica usada nos sacrifícios e dos motivos decorativos.

As cidades eram cercadas de muralhas. Na capital, o palácio real era o centro de todas as atividades em uma sociedade de nobres, apoiada por uma população de camponeses que ainda usava instrumentos do Neolítico. O monarca era ao mesmo tempo o chefe militar, o supremo sacerdote e o administrador geral do país. A linhagem real ocupava o topo de uma estrutura de clã, na qual os chefes de clã eram os líderes do culto familiar. Havia autoridades territoriais, com o título de *nou* ou *ba* — função exercida pelos membros da família real e às vezes pelos chefes de outras linhagens da nobreza.

O domínio dos Shang abrangia toda a planície central chinesa e várias partes do vale do Yangzi. A cultura Shang desenvolveu práticas de adivinhação originárias da cultura Longshan: a "leitura" de ossos quebrados, contendo inscrições, depois de submetidos ao fogo. A escrita chinesa foi criada para esse fim.

Os Zhou (1028-256 a.C.)

A vitória dos Zhou (Chou) sobre os Shang, em 1028, foi explicada mais tarde como a expressão de um mandato dos céus. No começo da dinastia o deus celestial T'ien (céu) ou Shang-Ti (O Senhor do Alto) tinha as características de um deus pessoal e antropomórfico, e morava no centro do firmamento, na Grande Ursa. Era onisciente, onipotente, infalível; podia tudo ver e compreender.[5] Seu nome era invocado nos pactos e contratos. Mais tarde, os atributos de onisciência e onivisão do céu são celebrados por Confúcio. Mas para os filósofos o deus dos céus gradualmente perde sua natureza propriamente religiosa, tornando-se o princípio da ordem cósmica e da lei moral. Mas os céus (T'ien) continuam a ser os protetores da dinastia. O monarca é filho de T'ien, regente de Shang-Ti. É responsável pelo desenvolvimento normal dos ritmos cósmicos. No caso de desastres — secas, calamidades, inundações — ele se submetia a ritos expiatórios.

A organização institucional de Zhou se assemelha a um sistema feudal, com o monarca no tipo, na qualidade de Filho dos Céus (Tianzi), cuja função é concedida pelo Senhor do Alto (Shang-Ti), o único com o direito de conduzir sacrifícios. A capital, Zhouzong, no vale Wei, era o centro cultural de todas as cidades Zhou.

Em cada cidade o poder cabe às famílias de acordo com o número de carruagens que possuíam, seus privilégios religiosos tradicionais, suas ligações com a família real, seu tesouro em vasos de bronze. A organização de cada principado (as cidades cercadas de muralhas) reproduz a organização real. Sob a autoridade nominal do rei, o poder reside efetivamente nos principados e nas respectivas relações, cooperativas ou conflitivas.

A instabilidade desse período, feito de fases primaveris e outonais, levou à formação, na periferia do vale Wei, de reinos maiores, que lutaram contra os principados e entre si, gerando a Era dos Estados Beligerantes (452-222 a.C.). As instituições aristocráticas entraram em decadência, com a formação de Estados maiores e centralizados, dependentes de burocracias e militares profissionais. Foi um período (do quarto ao terceiro século a.C.) de rápido desenvolvimento econômico e tecnológico, e de mudanças na sociedade.

O vale Wei, as planícies centrais, as bacias de Chengdu e Sichuan se tornaram áreas sob cultivo permanente, e foram empreendidas obras intensivas de abertura de novos campos. A agricultura baseada na tecnologia, usando fertilizantes, o uso diferenciado dos solos, ajustes sazonais, drenagem e outras práticas produziram um grande desenvolvimento econômico. Grandes obras de irrigação foram empreendidas, com a correspondente expansão demográfica. Cresceu a produção e o emprego do ferro. Um novo arreio para os cavalos, com a adoção de correias frontais, aumentou consideravelmente a capacidade de carga desses animais.

Distúrbios sociais

Os dois séculos que precederam a unificação da China, em 221 a.C., foram um período de desenvolvimento econômico, inovação tecnológica e também de distúrbios sociais. Os novos Estados destruíram a antiga aristocracia, que foi arruinada economicamente e expulsa do poder. Ocupou o seu lugar uma pequena nobreza atraída pelas novas cortes, que formou um círculo de clientela (*binke*) em torno dos monarcas e dos seus ministros. Nesse ambiente, no quarto e no terceiro séculos a.C. floresceram novas idéias e reflexões sobre questões humanas e científicas.

Além dessa pequena nobreza, a nova era gerou uma classe emergente de mercadores, empreendedores e proprietários de terras. O período testemunhou inicialmente o surgimento de uma classe de camponeses, seguida pelo empobrecimento dos pequenos agricultores, e um número crescente de trabalhadores sem terra foram escravizados por dívidas. A extensa família camponesa se subdividiu em famílias nucleares e a maioria das comunidades rurais foi arruinada.

Formação do Estado centralizado

Isolado na bacia Wei, o Estado de Qin, bem protegido contra a agressão externa, pobre e relativamente atrasado, com uma nobreza debilitada, foi o reino no qual a nova arte de governo mais floresceu. Gangsum Yang, senhor de Yang, mais bem conhecido como Shang Yang, foi o arquiteto das primeiras grandes reformas do reino de Qin. Deu uma nova estrutura ao exército, baseada em grupos de cinco a dez famílias camponesas; criou um novo sistema fiscal, orientado para a família nuclear, e não mais para a família extensa; e instituiu uma nova nobreza militar, selecionada pela bravura demonstrada em combate. Essas reformas asseguraram as condições necessárias para uma expansão bem-sucedida.

A base teórica do novo Estado foi formulada por Han Fei (280?-234 a.C.), com a doutrina mais tarde conhecida como a "Escola Legal". Orientava-se para o enriquecimento do Estado e para fornecer ao príncipe os instrumentos materiais do poder (*fugno*), fortalecendo o exército (*qiangbing*). A noção de "lei" desse período difere bastante do que hoje entendemos como tal: significava a organização racional do Estado, compatível com a natureza das coisas, e visava maximizar o poder estatal. A "Escola Legal" substituiu a pluralidade das tradições e dos antigos particularismos com a uniformização racional do Estado, concebido, porém, de modo fortemente autoritário e coercitivo.

A herança da Antiguidade

O conjunto de documentos herdados da Antiguidade forma um legado precioso, em que até os nossos dias sucessivas gerações chinesas têm concentrado o seu estudo, procurando colher uma mensagem de sabedoria e de conhecimento, de acordo com as condições de cada época. É uma herança só comparável à tradição cristã no Ocidente.

Os documentos mais antigos, transmitidos pela tradição escrita ou oral, são os procedentes dos escribas da corte real Zhou e das cortes principescas da mesma época. Vêm portanto de um período que vai do século nono ao sexto a.C. A maior parte desses documentos é da corte real: fragmentos de arquivos que, pela linguagem e pelo conteúdo, se aproximam das inscrições em bronze do mesmo período (atos de investidura, recompensas, decisões legais), mas que fornecem também fragmentos de cenários de dança ritual. Foram reunidos em uma coleção sob o título de *Escritos* (*Shu*) ou *Shangshu*, e hoje a metade desses textos é considerada autêntica.

Outra coleção, denominada *Poemas* (*Shi*), contém hinos de sacrifício e cerimônias rituais. Os poemas eram cantados na corte dos monarcas Zhou, com acompanhamento de dança e música. Seus temas parecem mais variados nos séculos oitavo e sexto a.C., incluindo um novo gênero, "Canções do Principado", que eram canções de amor. Os anais ou crônicas eram também outras das formas originais da tradição escrita, registrando eventos anunciados no templo. Esses registros históricos chineses, dos mais antigos, constituem uma extensão dos arquivos divinatórios.

Os textos mais recentes, do quinto e do terceiro século a.C., representando uma herança mais substancial do passado, tinham o objetivo de relacionar e interpretar os textos antigos; revelam sinais de que a Antiguidade estava chegando ao fim e refletem idéias e teorias de uma nova fase histórica.

Confúcio

De Kong Qiu, que os missionários ocidentais do século XVII latinizaram como Confucius (Kong Fuz, ou seja, mestre Kong), o que restou se limita a algumas tradições razoavelmente autênticas e uma pequena coleção de *dicta*, o *Lunyu*, texto *post-mortem* preparado pelos seus discípulos.

O que podemos chamar de "tradição confuciana" é um conjunto de textos, relativamente heterogêneos pela sua natureza e o seu conteúdo, contendo os clássicos, seus comentários mais antigos, o *Entretenimento com Confúcio* e outras obras do terceiro século a.C. que expressam a orientação original típica daquele período, marcado por profunda intranqüilidade social e política.[6] Portanto, como conceito formulado no Ocidente o confucionismo excede em muito a pessoa e a obra de Confúcio.

Podemos certamente atribuir a Confúcio e à sua época o começo da reflexão moral, que parece ter sido provocada pela crise da sociedade dos nobres e o declínio dos ritos tradicionais. Confúcio estava associado ao ambiente tradicionalista dos escribas e autores de anais, chocados com esse declínio dos antigos costumes e das antigas regras. Nesse contexto, houve um esforço genuíno para definir o "homem bom" (*juntzi*), independentemente das circunstâncias externas.

A meta de Confúcio (datas tradicionais: 551-479 a.C.) era formar "homens bons". Ele atribuía grande importância à prática da conduta ritual como meio para alcançar o autodomínio. Sua moral não conhece um imperativo abstrato: é prática, ajustada às circunstâncias e às personalidades individuais. As qualidades que fazem um homem bem realizado requerem, antes de mais nada, *sen* — uma disposição benevolente.

A sabedoria exige um esforço permanente e toda uma vida para controlar os detalhes menos importantes da conduta, para a observância da vida em sociedade (*yi*), o respeito ao próximo e a si mesmo e o sentido da reciprocidade (*shu*). O que ele tem em mente não é uma antropologia abstrata, mas a arte de viver, abrangendo a psicologia, a moral e a política. A virtude é fruto do esforço pessoal, não da nobreza dos antepassados. Em lugar do espírito de competição que movia a alta nobreza, Confúcio propunha a probidade, a confiança no bom entendimento que, segundo ele, prevalecera no passado. Identificava assim a cultura pessoal com o bem público.

Essas idéias seriam desenvolvidas por Mêncio (Mengzi, na segunda metade do século quarto a.C.) e Xunzi (ca. 298-235 a.C.). Se Confúcio teve o mais glorioso reconhecimento sob os Han, e mais ainda sob os Sung (nos séculos décimo a décimo segundo a.D.), isso se deve às contribuições teóricas e doutrinárias feitas depois da sua época.

Mêncio

Mêncio (Mengzi), que viveu na segunda metade do quarto século a.C., continuou a tradição confuciana, e afirma que a virtude do príncipe é o fundamento do poder. Seus modelos são os heróis mitológicos da Alta Antiguidade (Yao, Shunandyu, o fundador de Xia) e os primeiros monarcas Zhou — uma era em que supostamente reinava a mais perfeita harmonia social: o importante era o homem. A avidez dos príncipes levou-os a multiplicar as limitações e o sofrimento das pessoas humildes, privando-os da simpatia da população. Numa época em que prevalecia a violência (a época de Mêncio), o rei que ousasse retornar ao governo humanitário dos antigos monarcas provocaria uma verdadeira revolução, atraindo o interesse e o apoio de todas as vítimas da opressão.

O tema é desenvolvido em texto que relata uma conversação com o mestre e está associado à sua concepção otimista da natureza humana. Desde o nascimento as pessoas têm os germes das qualidades morais necessárias para a sua realização como "boas pessoas": *ren* (humanidade), *yi* (sentido de dever), *li* (cortesia) e *zhi* (conhecimento).

O sucesso de Mêncio, do século nono ao décimo primeiro a.D., deveu-se à analogia entre a sua concepção da natureza humana (*xing*) e certas teorias budistas, segundo as quais a natureza de Buda é inata em todos os indivíduos. Mêncio tornar-se-ia um dos textos básicos da ortodoxia neoconfuciana adotada pelos Ming (1368-1644) e pelos Qing (1644-1911).

A "Escola Legal"

Nos séculos quarto e terceiro a.C., que correspondem ao período dos Estados Beligerantes, um grande número de pequenos aristocratas procurava ingressar como conselheiro nas cortes dos príncipes; estes, por outro lado, buscavam reforçar o poder central do Estado, e criar uma burocracia civil e militar capacitada, para livrar-se da influência das famílias poderosas.

Entre os "sofistas" chineses, os mais influentes foram os que ficaram conhecidos mais tarde como "legalistas". A história do "legalismo" não é bem conhecida. Já se atribuiu a Shang Yang, responsável pelas reformas feitas em Qin, em meados do quarto século a.C., uma obra (*Shangzi ou*

Shangjunshu) que na verdade era uma fraude. Um trabalho da época dos Estados Beligerantes, atribuído a Guan Zhang, ministro do príncipe Huan, de Qi, do século XVII, levou alguns estudiosos a considerá-lo o primeiro legalista. Contudo, o único trabalho legalista bem conhecido é *Hanteizi*, escrito por Han Fei (280-234 a.C.). O texto de Han Fei é uma análise bastante objetiva das condições que conferem, mantêm e aumentam o poder do príncipe, basicamente nas linhas do que mais tarde seria expresso por Maquiavel. É também uma avaliação das possibilidades que tem a lei, como um instrumento social, de criar e preservar a ordem na sociedade e regular o funcionamento do Estado.

O Taoísmo

A despeito dos distúrbios e revoltas que os caracterizaram, o quarto e o terceiro séculos a.C. foram propícios ao desenvolvimento do pensamento religioso, e o movimento religioso mais importante do período foi o taoísmo. Das suas origens, temos coleções de apólogos, histórias e discussões simbólicas. O texto mais importante é *Zhuangzi*, que é sobretudo o produto de um homem genial, Zhang Zhou (ca. 370-300 a.C.). Uma coleção posterior é *Liezi*, que parece uma cópia do *Zhuangzi*. Além disso, há o *Laozi Daodejing*, um tratado curto e muito obscuro.[7]

O objetivo dos pensadores taoístas é fundamentalmente religioso e não filosófico. Seu objetivo é manter e desenvolver o poder vital das pessoas por muitos meios — dieta, técnicas sexuais e respiratórias, ginástica e alquimia. Era um processo para alcançar a invulnerabilidade, para flutuar livremente no universo em viagens extáticas e para retardar indefinidamente o envelhecimento. Sua meta é alcançar uma vida autônoma, natural e cheia de alegria. Todas as misérias do mundo provêm de deformidades que a cultura impõe à natureza, as quais enfraquecem o princípio vital. Para uma vida mais plena é preciso evitar o desperdício de energia, recuperar a simplicidade perfeita do ser em condições naturais, ajustar-se ao ritmo do universo. Como o Grande Todo, precisamos alcançar o silêncio, a quietude perfeita e a perfeita indiferença. É necessário rejeitar todo pensamento discursivo. A linguagem, uma instituição social, é um dos primeiros obstáculos à livre comunicação com o Grande Todo. O conhecimento verdadeiro é imediato e universal, proporcionado pela perfeita tranqüilidade e pela indiferença.

A terminologia chinesa distingue o taoísmo filosófico (*Tao-Kia*, a Escola Taoista) do religioso (*Tao-Kiao*, a seita taoista). Assim, o taoísmo de Lao-

Tzu e Tohouang-Tzu é puramente filosófico, contrastando com a busca da imortalidade física, objetivo principal do taoísmo religioso. Alguns estudiosos sustentam a unidade fundamental de todas as formas históricas do taoísmo. O taoísmo metafísico e místico, assim como aqueles que buscam a imortalidade física, compartilham a mesma concepção do Tao — reunir nas suas pessoas as epifanias da realidade última, do *Yang* e do *Yin*, matéria e espírito, vida e morte.

Hsün-Tzu

Hsün-Tzu (ca. 298-235), juntamente com o seu contemporâneo Han Fei, é uma das mentes mais poderosas do terceiro século: um confucionista influenciado pelos legalistas e taoístas. É a primeira pessoa na história a reconhecer a origem social da moral. Na sua forma bruta a natureza humana nada mais é do que um complexo de tendências anárquicas e irracionais. É a sociedade que, pela repressão contínua dos apetites, da violência e do egoísmo natural do indivíduo, canaliza essas forças, domando-as e transformando-as em benefício geral. Assim, a sociedade é a grande educadora. Os deveres (*yi*) e as regras de comportamento *li* (os ritos) ensinam o autocontrole, o sentido do que é próprio e bom. São as instituições que formam o homem.

Longe de ser o produto arbitrário de um legislador, *yi* e *li* são produtos naturais da história, que incorporam um princípio de racionalidade; e a sociedade é em si mesma a fonte de toda razão (*li*). Razão e ordem social são a mesma coisa. Sem uma distribuição dos níveis sociais e das condições de cada grupo ou classe segundo o princípio da eqüidade (*yi*), reconhecido por todos, os conflitos e as disputas arruinariam a coesão social que dá aos grupos humanos sua força coletiva. É importante, portanto, que essa partição seja clara, e que os nomes estejam de acordo com as realidades. Xunzi é um dos melhores formuladores da teoria da chamada "correção dos nomes" (*zhengming*). Vindo dos escribas e redatores de anais, a teoria do *zhengming* tornou-se o instrumento de uma nova ordem fundada nos méritos e nas faltas das pessoas. Ao qualificá-las — ou seja, ao conferir títulos e graus — o príncipe gera a ordem que garante o funcionamento regular do conjunto da sociedade. A mesma idéia vamos encontrar em Han Fei: o príncipe não comanda, ele não interfere de forma direta. Perfeitamente imparcial, é a fonte e a garantia de uma ordem universal. A idéia de que essa ordem só pode resultar de um ajuste espontâneo vamos encontrar também nas concepções cosmológicas. A natureza não é comandada pelo poder individual; seu equilíbrio é garantido pelo jogo de forças e virtudes opostas e complementares, cujo crescimento e declínio refletem a sucessão das estações.

Os "Cinco Elementos"

As condições políticas do período dos Estados Beligerantes favoreceram o desenvolvimento do sofismo pragmático, destinado a vencer os debates políticos. Ao contrário dos sofistas da antiga Grécia, os chineses não se inclinavam a elaborar teorias filosóficas gerais. São lembrados os nomes de Hui Shi (ca. 380-300 a.C.) e seu sucessor Gongsum Long, mais bem conhecido (ca. 320-250 a.C.), com vários fragmentos contendo paradoxos sobre as idéias de dimensão, tempo, espaço e movimento.

A lógica chinesa seguiu um caminho diferente, acompanhando os especialistas em adivinhação, que foram os iniciadores da matemática chinesa. A manipulação de números e sinais, representando valores concretos de espaço e tempo, forneceu os fundamentos das teorias filosóficas e científicas. Aparentemente foi na época dos Estados Beligerantes que as teorias classificatórias foram sistematizadas, herdadas dos adivinhos, que estabeleceram correlações entre os princípios fundamentais — *Yin*, feminino, e *Yang*, masculino — e os Cinco Elementos: a terra, a madeira, o metal, o fogo e a água. Zou Yan (305-204 a.C.), de Qi, foi o mais famoso desses teóricos, estendendo seu sistema interpretativo a todos os domínios do conhecimento. Elaborou um tipo de sistema escolástico fundado na correspondência entre espaço e tempo, segundo o qual as virtudes femininas (*Yin*) e as masculinas (*Yang*) se sucedem, passando pelos Cinco Elementos, cada um deles levando ao seguinte, circularmente, mediante fases de crescimento, apogeu e declínio.

A cosmogonia

A China não guardou nenhum mito cosmogônico. Há, no entanto, algumas lendas cosmogônicas. Segundo uma delas, quando a terra e o céu eram um caos, Plan-Kou, um ser antropomórfico primordial, nasceu com a aparência de um ovo. Quando morreu, sua cabeça se transformou em um pico sagrado, seus olhos, no Sol e na Lua, sua gordura, nos rios e nos mares, seu cabelo, nas árvores e nas plantas. Um mito similar ao de Tiamat.

Outra lenda conta como o imperador Augusto (Hoang Ti) ordenou a Tch'ongli que interrompesse a comunicação entre o céu e a terra, para evitar que os deuses descessem ao mundo e os homens subissem ao céu. Originalmente os deuses juntavam-se aos humanos, e estes aos deuses, escalando montanhas ou transportados por pássaros. Em conseqüência de uma falha ritual, o céu foi separado da terra, e só os seres privilegiados — magos, místicos, heróis — puderam continuar alcançando o céu, quando no estado de êxtase.

Uma terceira lenda fala de um irmão e uma irmã, Fou-Hi e Miu-Koua, com o corpo de dragão, que refizeram o mundo depois de um dilúvio. E segundo ainda outra versão, depois de recriar o céu e a Terra, Miu-Koua fez os nobres com barro, e as pessoas comuns com lama.

Com base em tradições mitológicas arcaicas, Lao Tzu sustenta que o mundo teve origem no caos primordial. A terra tem a forma de um quadrado e está envolta pelo céu, como uma esfera. A China ocupa o centro da Terra, e a capital o centro da China.

As divindades chinesas

O panteon chinês mais antigo atribui preeminência ao deus supremo celestial *Ti* (Senhor) ou *Shang Ti* (Senhor do Alto). *Ti* comanda os ritmos cósmicos e os fenômenos naturais – a chuva, o vento, a seca etc. Dá a vitória aos reis e garante colheitas abundantes, mas pode provocar desastres, doenças e a morte. É o objeto de dois sacrifícios, nos santuários dos antepassados e em campo aberto. No curso do tempo *Ti* torna-se um deus mais distante, enquanto o culto dos antepassados reais aumenta em importância. Só os ancestrais dos reis podem interceder junto a *Ti* em favor dos homens, e só o rei pode comunicar-se com os seus antepassados. Nos grandes túmulos reais, perto de Anyang, foram encontrados ossos humanos e de animais, os primeiros dos servos sacrificados e acompanhantes do rei.[8]

As divindades ctônicas e o seu culto têm uma longa história na China, não muito bem conhecida. Antes de ser representada como mãe, a terra era conhecida como um poder criativo cósmico, um lugar sagrado. Depois a terra foi vista como uma potência materna e nutris. Mais tarde ainda, com a aparência de família agnática (de descendência pela linha paterna) e poder senhorial, o solo tornou-se um deus masculino. Na época de Zhou havia muitos deuses do solo organizados hierarquicamente, deuses do solo familiar, da aldeia, dos domínios reais.

A época dos Han

Aspectos sociais

Com a dinastia Han (202 a.C.-220 a.D.) foi reforçada a antiga visão chinesa da sociedade como um grupo governante opondo-se a uma maioria governada. O grupo governante incluía os senhores feudais — embora desde o primeiro século a.c. estivessem privados de poder territorial — ministros, altos funcionários e os literatos, que tinham assumido o lugar dos antigos chefes militares. A maioria governada incluía camponeses, artesãos e comerciantes, formando o que era chamado algumas vezes de grande povo (*li-min*) ou "cabeças negras". As relações entre essas duas camadas eram fluidas e alguns membros do grupo governante provinham do povo, enquanto outros indivíduos, perdendo suas prerrogativas, decaíam para o nível das pessoas comuns.

Durante o longo curso da dinastia Han, a agricultura — base da economia chinesa — passou por diversas fases de abundância e escassez. Estas últimas eram devidas a dois fatores principais. O primeiro era a expansão significativa das grandes plantações à custa das pequenas propriedades, o que provocou, entre outras coisas, a servidão por dívidas de um número considerável de camponeses. O segundo fator negativo foi o climático, com períodos de seca e inundações, tais como as grande enchentes do ano 48 a.C., que tiveram conseqüências catastróficas, e a inundação do rio Amarelo no ano 10 a.D. Os confucianos recomendaram uma série de medidas corretivas e compensatórias, com resultados variáveis. A revolta de Swang Mang, quase exitosa, em 9 a.D. e o levante social dos "Sobrancelhas Vermelhas" (*Tsi Mei*), em 17 a.C., foram, de uma forma ou de outra, reflexos desses desastres.

A despeito dessas calamidades naturais e convulsões sociais, o longo domínio dos Han foi marcado de modo geral por um regime eficiente de racionalidade e eqüidade, baseado na seleção pelo mérito das autoridades administrativas e na sabedoria fundamental da maioria dos Imperadores. Depois da permanência das influências taoístas, o confucionismo tornou-se o fundamento da ideologia oficial.[9] A partir de 130 a.C., foi criado um grupo de literatos especializados no conhecimento dos cinco clássicos: eram inicialmente 50, sob o imperador Wu-Ti (141-87 a.C.), expandindo-se gradualmente para 200, sob Ch'eng-Ti (33-7 a.C.).

Aspectos culturais

O período Han caracterizou-se culturalmente por três linhas principais de pensamento, em continuação ao período precedente: práticas divinatórias, a teoria *yin-yang* e a teoria dos Cinco Elementos (*yinyang wuxi shuo*). Essas idéias eram sistematizadas de acordo com o princípio da correspondência espacial-temporal. O mais famoso especialista em práticas divinatórias, Zou Yan (305-240 a.C.), de Qi, estendeu seu sistema de interpretação a todos os campos do conhecimento, da astrologia à política, estabelecendo uma relação entre a sucessão de poderes políticos e a teoria dos Cinco Elementos, segundo uma ordem dada: terra, madeira, metal, fogo e água. A nova dinastia Han marcou o triunfo da virtude fundamental da água sobre a virtude fundamental do fogo representado pelos Zhou.

A escolástica dos Cinco Elementos foi um traço cultural característico sob os primeiros Han. Enquanto havia uma renovação importante dos estudos clássicos e das doutrinas de Confúcio, esses estudos eram empreendidos sob a influência da doutrina *yin-yang*. Uma nova interpretação dos clássicos, transmitida pela tradição oral, foi proposta por Dong Zhongshu (ca. 175-105). Sua obra principal, *Chunqiu Fanlu*, é ao mesmo tempo uma explicação dos *Anais de Lu* e comentários a seu respeito por Gongyang, assim como um desenvolvimento das teorias próprias de Dong Zhongshu. Sua principal inspiração veio dos escolásticos do *yin-yang* e da teoria dos cinco elementos. Os estudiosos da época foram induzidos a oferecer uma interpretação esotérica dos clássicos, buscando o seu sentido oculto.

A preocupação com as interpretações esotéricas, e o uso político dos presságios, que chegou ao apogeu no fim do primeiro Han, por volta do advento da era cristã, teve efeitos positivos sobre o progresso da observação científica. A partir do ano 28 a.C. a observação astronômica, que era uma tradição antiga na China, permitiu o registro sistemático das manchas solares. Em 124 a.D. Zhang Hang inventou a esfera armilar e em 132 a.D. o primeiro sismógrafo. Duas outras importantes contribuições científicas e tecnológicas desse período devem ser mencionadas: a invenção do papel e o desenvolvimento sistemático da medicina chinesa.

Os estudos clássicos atingiram o seu auge sob o segundo Han (25-220 a.D.), com Ma Rong (79-166), autor de um estudo comparativo dos três comentários dos *Anais de Lu*, e com Zheng Xuan (127-200) e Cai Yong (133-192), que estabeleceram o texto de seis clássicos — Yi, Shi, Shu, Chunqiu, Li e Yue.

A crise social e política do fim do período Han contribuiu, porém, para mudar as tendências prevalecentes, criando condições que restauraram a preferência pelo taoísmo, juntamente com o nominalismo de Mozi[10] e o legalismo. Essas novas tendências, que surgiram no fim da dinastia Han, se ampliariam nos séculos terceiro e quarto, marcando tendência favorável aos movimentos religiosos na Idade Média chinesa, e abrindo o caminho para o desenvolvimento do budismo.

c) A Idade Média

A cultura chinesa na chamada "Idade Média", que corresponde basicamente aos quatro séculos da decadência da dinastia Han e a formação dos Impérios Sui e T'ang, foi marcada por dois aspectos principais: o desenvolvimento de grandes movimentos religiosos, inspirados principalmente no budismo mas também com algumas tendências taoístas (contrastando com a sabedoria racional confuciana do período anterior) e um brilhante florescimento artístico, expressando, no caso das artes plásticas, o novo espírito religioso ou manifestando, na poesia como na pintura paisagística, um moderno esteticismo da arte pela arte.

O budismo se expandiu da Índia pela Ásia, chegando à China pelas grandes rotas comerciais: por terra, através da cadeia de oásis ligando a bacia do Amu-Daria a Gansu; por mar, pelas rotas marítimas do Oceano Índico ao Sudeste asiático.

Como doutrina, o budismo penetrou na China sobretudo sob a forma do Grande Veículo (*Mahayana*), com o culto sacralizado de Sakyamuni, a expectativa da vinda de um messias, Maitreya, e os numerosos *Bodhisattvas*. A primeira menção de uma comunidade budista na China data de 65 a.D., em Pengcheng, onde havia muitos mercadores empenhados no comércio internacional, embora a penetração do budismo tivesse começado pelo mar. O budismo *mahayana* se desenvolveu a partir do ano 300, por meio do trabalho do monge Zhu Fahu, em Chang.

Havia uma coincidência de interesses e de temas entre o budismo *Mahayana* e as escolas de mistérios *Xiang Xiu* e *Guo Xiang*. A doutrina budista do *karma* correspondia em certa medida à noção chinesa da sorte individual (*fen*), e a doutrina da vacuidade fundamental do mundo às teorias do ser e do não-ser da escola dos mistérios.[11] O código moral budista era muito semelhante à ética chinesa. A vida dos monges budistas correspondia à dos anacoretas chineses. O ioga budista assemelhava-se à êxtase taoista. A taumaturgia budista equivalia às práticas mágicas chinesas.

No princípio do século quinto, o budismo chinês já era uma religião amplamente difundida, promovida em particular por dois grandes líderes religiosos: Huiyuan (334-412) no Yangzi e Kumarajira (350-413) na China setentrional. Foi organizado um corpo de sacerdotes, e em 470 o monge Tanyao tinha sido designado diretor dos sacerdotes. Alguns monges viajavam para a Índia, com o propósito de adquirir experiência de primeira mão nas fontes da sua doutrina. E no ano 489 foram iniciadas as obras nas cavernas de Yungang, com suas famosas esculturas. No fim do quinto século a.D. o budismo atingiu o auge da sua influência, tanto na China setentrional como no vale do Yangtze. No começo do século sexto reinava em Nanking o imperador *Bodhisattava*, Wu-Ti, de Liang do Sul.

Na Idade Média da China, o sentimento religioso manifestou-se também na expansão do taoísmo cuja expressão mais notável, no começo do século quarto, foi o erudito Ge Hong (ca. 283-343), que escreveu sobre alquimia, farmácia, medicina e astronomia. Sucedeu-o outro enciclopedista, Tao Hongjing (456-536), que como pensador religioso organizou as escrituras taoístas e foi uma fonte inesgotável de revelações. Sob a sua influência, Kou Qianzhi (363-448), de uma família importante associada com a corte de Wei setentrional e do imperador Taiwaudi (424-451), criou o primeiro mosteiro taoísta, inspirado nas regras monacais do Budismo.[12]

As outras correntes culturais importantes da "Idade Média" chinesa expressaram-se na arte religiosa e em manifestações de esteticismo puro, tanto na poesia como na pintura paisagística. As cavernas de Yungang, com suas colossais estátuas budistas, as cavernas de Longmen, ao sul de Luoyang, a nova capital de Wei setentrional, e as grutas de Maijishon, em Gansu, são os locais mais famosos da arte budista.

Em contraste com a poesia Han, que expressava a vida na corte de Fu, com todos os seus refinamentos, a poesia do quarto e do quinto séculos, como os poemas bucólicos de Tao Yuanming (365-427) e os poemas e pinturas de paisagens de Xie Lingyun (385-433), que revelam também a influência do budismo, se dirigem para a busca da beleza, sendo essencialmente mostras de arte pura, a arte por amor à arte.

d) O período T'ang

Estrutura administrativa

A estrutura administrativa dos T'ang (618-907) é uma continuação dos desenvolvimentos do quarto e do terceiro séculos a.C. A esse propósito, há dois aspectos importantes que devem ser salientados. Em primeiro lugar, o fato de que no período Han as nomeações para cargos importantes eram feitas pelo imperador, e não pelos membros da velha aristocracia; em segundo lugar, o fato de que esses delegados imperiais formavam uma nova aristocracia, limitada possivelmente a umas poucas centenas de famílias, clãs que sobreviveram durante todo o período T'ang.

Sob os T'ang, a administração central foi dividida em quatro grupos principais: (1) o Departamento de Assuntos Governamentais (*huangshusheng*), que incluía as finanças, os rituais, o exército, a justiça e as obras públicas; (2) uma Chancelaria Imperial (*menxarheng*), para a transmissão e coordenação dos decretos do imperador; (3) um Grande Secretariado Imperial (*zhongshusheng*), incumbido de preparar os textos oficiais e de supervisionar de modo geral a condição dos assuntos políticos; e (4) um Conselho de Estado, presidido pelo imperador, que incluía dignatários importantes e os diretores dos seis ministérios incluídos no Departamento de Assuntos Governamentais.[13]

Havia também outros órgãos importantes, como o Tribunal dos Inspetores (*yushitai*), que supervisionava o funcionamento da administração pública, a Alta Corte de Justiça, a Biblioteca Imperial, a Universidade do Estado (*guozijan*), a Guarda do Palácio etc.

Os administradores locais estavam subordinados ao núcleo central do Estado. No nível inferior havia subprefeituras (*xiam*), compreendendo vários milhares de habitantes. Quatro ou cinco dessas subprefeituras formavam uma prefeitura, com sede na cidade mais importante da sua região. Dirigidas por uma autoridade imperial, as regiões ocupavam um nível superior.

A admissão aos diferentes níveis do serviço público dava-se por meio de concursos públicos, cujas exigências aumentavam com a importância do posto. O regime de concursos públicos favorecia implicitamente os notáveis, porque eles tinham acesso privilegiado às duas universidades imperiais, uma localizada em Tch'ang-An, a outra em Loyang, além de serem conhecidos pessoalmente pelos examinadores. Nas universidades havia quatro seções, e as três primeiras estavam reservadas para os nobres intelectualmente qualificados. As pessoas comuns só tinham acesso à quarta seção. As universidades eram as instituições nas quais um estudante podia adquirir a competência necessária para ser aprovado nos exames mais difíceis, e assim alcançar os níveis mais elevados do serviço público.

Codificação

Uma das contribuições duradouras da dinastia T'ang foi seu famoso código legal (*T'anglü Shuyi*), do ano 624, revisto em 627 e depois em 637, e seguido por um comentário, em 653.[14] O código T'ang, que prevaleceria por dez séculos, desenvolvia idéias jurídicas de tentativas anteriores — o código de Zhou setentrional de 564 e os códigos menos completos de Cao-Wei e de Jin ocidental, de 268.

Era uma regulamentação abrangente, administrativa, civil e penal, com 500 artigos, agrupados em 12 seções.

O regime agrário

Como todos os governos da época, o chinês precisava proteger os pequenos agricultores, que pagavam impostos e forneciam recrutas ao exército, para evitar que fossem absorvidos pelos grandes latifundiários, e o sistema agrário dos T'ang era dominado por essa preocupação. Reativou assim um antigo regime de distribuição de terras e, por meio das leis agrárias (*tianting*) do ano 624, concedeu áreas iguais de terra estatal às famílias camponesas, que ficavam sujeitas a certas obrigações fiscais: *zu*, um imposto sobre os cereais produzidos; *yong*, a obrigação de prestar vários serviços públicos; e *diao*, um tributo sobre a manufatura de tecidos. Algumas terras eram concedidas como propriedade privada (*yongyo*), para a produção de frutas; outras, mediante uma concessão vitalícia (*koufentian*), se destinavam ao cultivo de cereais. Esse regime agrário e fiscal exigia um levantamento exato da população e da terra disponível em cada região.[15]

Exército

O exército T'ang era uma corporação aristocrática, cujas melhores tropas eram fornecidas principalmente pelas grandes famílias de Shenxi e da região oriental de Gansu. Enquanto os burocratas eram recrutados na classe dos letrados, os militares provinham da aristocracia tradicional, que desenvolvera um *ethos* militar. Esses soldados formavam a cavalaria. A infantaria era recrutada entre os camponeses. Começando de forma modesta, a cavalaria T'ang se expandiu regularmente, chegando ao máximo no século sétimo, quando possuía um total de 700 mil cavalos, que eram alimentados nas pastagens da China setentrional.

O exército se concentrava em torno das capitais e ao longo das fronteiras setentrional e norte-ocidental. Estacionada ao sul da capital, a Guarda Imperial responsabilizava-se pela proteção do imperador, o qual, onde quer que fosse, se fazia acompanhar por uma escolta militar.

A Idade de Ouro dos T'ang foi a primeira metade do século oitavo. Com a passagem do tempo, a necessidade de manter um grande contingente militar nas fronteiras, para impedir invasões pelos árabes ou incursões dos bárbaros das estepes, levou a uma transferência de poder e autonomia para os comandantes daquelas forças, a um custo fiscal cada vez mais elevado. A conseqüência última dessa autonomia cada vez maior dos grandes chefes militares foi a catastrófica rebelião de An Lushan, Comandante do exército e favorito do Imperador Hsüan-Tsung (712-756). Suas forças mercenárias ocuparam Luoyang e Chang'an, obrigando o imperador a fugir, e depois a renunciar. Seu sucessor, o imperador Su-Tsung (756-762) teve a maior dificuldade em debelar a revolta, mesmo depois da morte de An Lushan, contando para isso com a ajuda dos uigurs.

O sistema fiscal e o papel moeda

O sistema fiscal dos T'ang baseava-se inicialmente no regime tradicional de pagamento dos tributos com grãos ou tecidos. No entanto, como dissemos, esse regime exigia um levantamento muito exato das famílias e das terras disponíveis. Deficiências no censo e o crescimento das despesas governamentais provocaram dificuldades fiscais cada vez maiores, agravadas pela compra e venda ilícita de terra.

No reinado do imperador Te-Tsung (779-804), o ministro Yang Yen (727-780) elaborou um novo sistema, tomando como ponto de partida a estimativa das despesas públicas durante o ano e a distribuição da correspondente tributação fiscal por região ou em base *pro rata*, conforme a riqueza estimada de cada parte do país. Os tributos eram coletados duas vezes por ano, daí o seu nome, *leang-chovei-fa* ("Imposto Duplo"), pagável em dinheiro ou em produtos. As pessoas contribuíam, em cada região, de acordo com a sua riqueza estimada. O novo sistema, contudo, não teve êxito, devido ao caráter arbitrário das estimativas de riqueza patrimonial, os abusos e atos de corrupção cometidos contra ela. Além disso, o novo sistema não conseguiu equilibrar o orçamento do Estado.

A crise fiscal obrigou à instituição ou recriação de monopólios governamentais do sal, do ferro e de outros produtos, sendo o mais lucrativo o do sal. Com esses monopólios, o Estado pôde adquirir a preço de custo materiais que eram vendidos com lucro por intermédio de uma rede de comerciantes, muito favorecidos pelo sistema. Eventualmente, os monopólios passaram a representar a parte mais importante da renda tributária.

Promovida por razões religiosas e ideológicas, a crise fiscal provocava também sentimentos antibudistas e foi o motivo mais importante da decisão de proibir o budismo (845), transferindo para o Estado a imensa riqueza dos templos — bens que foram depois vendidos, fazendo surgir uma nova elite na China meridional.

Outra nova fonte de renda fiscal, no curso do século oitavo, eram os impostos cobrados sobre o comércio do chá, à medida que o seu consumo começou a se expandir rapidamente. Dado o aumento desse comércio, no princípio do século nono os comerciantes de chá criaram letras de câmbio (*feiquian*, isto é, "dinheiro voador"), e mais tarde, no fim do século nono e no princípio do décimo, as firmas comerciais começaram a emitir recibos de depósito negociáveis — os predecessores do papel moeda.

Religião

O período T'ang levou a uma forma mais elevada de religião organizada. Oficialmente, a dinastia apoiava o taoísmo, proclamando descender de Lao-Tzu. Até a proibição do budismo, no ano 845, prevalecia na China a tolerância religiosa; além do taoísmo e do persistente confucionismo, várias outras religiões se expandiram no país, como o mazdeísmo, o nestorianismo, o islamismo e, em particular, o budismo.

O budismo foi introduzido na China no começo da era cristã, e mais tarde obteve uma recepção favorável pela dinastia Tsin (280-317). Na versão *Mahayana*, o budismo chinês deve muito ao monge Hruan-Tsang (602-664), que passou quase 20 anos visitando centros budistas na Índia, e ao regressar à China foi recebido triunfalmente pelo imperador Li Shi-Min (T'ai-Tsung, 626-649). O favorecimento imperial ao budismo foi renovado pela imperatriz Wu (ca. 654-705). Os mosteiros budistas se desenvolveram-se consideravelmente, tanto em termos geográficos como em riqueza — e este último aspecto, como já mencionamos, foi o motivo principal da sua expropriação pelo Estado, em 845.

De modo geral, o budismo adquiriu na China muitas características derivadas da cultura local, especialmente influências taoístas. Além disso, surgiram duas escolas de budismo tipicamente chinesas, a *Tch'an* e a *T'ien-t'ai*. A primeira, sob a influência original da seita indiana *Dhyana*, foi introduzida por Tao-An (314-295), e angariou ampla aceitação durante o período T'ang.[16] A escola *Tch'an* sustentava que o acesso à verdade suprema podia ser alcançado ou subitamente (*touen*), pela intuição, ou de forma gradual (*kien*), por meio de exercícios progressivos. O primeiro método tinha, politicamente, uma implicação totalitária, enquanto o processo *kien* era mais pluralista e pragmático, e tendeu a prevalecer.

Fundada por Tche-K'ai (538-597), a segunda escola, *T'ien-T'ai*, assim denominada pelo lugar da sua fundação, representou uma tentativa de sintetizar, dentro da disciplina clerical do budismo setentrional, contribuições místicas de outras escolas do sul, incluindo certos elementos do confucionismo.

Historiografia

A historiografia chinesa começou no primeiro século a.C., com Gsen-Ma Ts'ien (ca. 145-90 a.C.), astrólogo e historiador, que narrou a história das antigas dinastias chinesas. Pan Kou (32-92), com seu irmão Pan Piao e a irmã Pan Tchao, escreveu a *História dos Han*. Subseqüentemente, houve uma tendência para que a história registrada sofresse a influência de objetivos políticos. No oitavo século houve novas tentativas de apresentar relatos objetivos sobre o passado. Além da contribuição de Gseh-Wo Ts'ien, a mais antiga obra historiográfica que conhecemos é *Che T'ong* ("Generalidades sobre a História"), de Lieou Tche-Ki (661-721), concluída em 710, que cobre o período T'ang e discute em particular a filosofia da história, sustentando a existência de um vínculo entre o homem e a sua terra de origem, e acentuando a necessidade de mostrar o lado bom e também o lado mau de todos os acontecimentos, independentemente do que Confúcio poderia pensar sobre eles. O autor defende a necessidade de uma análise mais profunda dos textos para verificar sua validade, recusando-se a aceitar de forma acrítica qualquer autoridade.

As artes T'ang

O período T'ang foi uma fase importante no desenvolvimento da arte chinesa. A poesia lírica alcançou um nível elevado com Mong Hao-Jan

(689-740), que levou uma vida retirada no campo, depois de reprovado no exame oficial, e ali produziu sua poesia lírica. Li Po (701-762), um dos maiores poetas líricos da China, viajou muito pelo país, e durante um certo tempo foi o poeta oficial da corte do imperador Hsuan-Tsung, por volta do ano 742. Intrigas obrigaram-no a deixar essa posição, mas recebeu um dote do imperador. Com alguns amigos fundou um grupo literário, "Oito Imortais em Vinho". Tou Fou (712-770), contemporâneo de Li Po, pode também ser considerado um dos maiores poetas chineses de todos os tempos. Recebeu uma pensão do imperador Hsuan-Tsung (712-756) e foi nomeado poeta da corte, tendo fugido quando da rebelião de An Lushan, para retornar no reinado do imperador Su-Tsung (756-762), que o nomeou censor. Desacordos a respeito do exercício dessa função o obrigaram a retirar-se para Gsentch'ouan, onde levou uma vida errante, recusando convites para novas posições na corte. Po Kiu-Yi (772-846) foi um grande poeta e também um estadista. Sua poesia, empregando uma nova metrificação, tinha um sentido político. Fez uma carreira política importante como governador de Hangtcheou e como ministro da guerra (em 814). Depois da sua morte, o imperador ordenou que seus poemas fossem gravados em um monumento.[17]

Além das artes decorativas, a caligrafia e a pintura também alcançaram um grande desenvolvimento no período T'ang. Li Che-Min (imperador T'ai-Tsung, 626-649) atribuiu preeminência à arte caligráfica, tomando como modelo o trabalho de Wang Hi-Tche (307-365), o mais reputado mestre chinês. A importante obra caligráfica do imperador foi enterrada com ele, mas as cópias remanescentes, distribuídas como presentes, transmitem a elegância majestosa dos originais. Sob a influência de Li Che-Min, a obra de Wang Hi-Tche tornou-se o paradigma da caligrafia chinesa, uma arte de grande sofisticação.

A pintura foi outra contribuição importante desse período. A pintura chinesa tradicional tem três formatos principais, que começaram a ser padronizados no período T'ang: o rolo horizontal (*kiwan*), que é o formato mas antigo; o rolo vertical (*tcheou*); e o álbum (*p'eng*). Os pintores T'ang desenvolveram os estudos teóricos iniciados por Sie Ho no fim do século quinto, e continuados por Yao Tsouei em meados do século sexto. Tchang Yen-Yiuan (ca. 810-880) escreveu uma *Memória de Pintores Famosos no Curso da História* (*Li Tai Ming Houa Ki*), que é a história mais importante da pintura chinesa antiga. Ele próprio era um bom pintor, interessado particularmente em retratos, e atribuiu à pintura a missão ambiciosa de aperfeiçoar o ensino dos sábios e ajudar a manter as boas relações sociais, tendo enfatizado a importância da pintura em preto e branco.

Podemos classificar a pintura T'ang nas escolas setentrional e meridional. A primeira, concentrada nas capitais, é predominantemente narrativa, representando pessoas, animais e paisagens em um estilo decorativo, delimitando as figuras com linhas geométricas. A escola meridional, cujo maior expoente foi Wang Wei, prefere um tratamento onírico, usando técnicas monocromáticas e desenho abstrato. Os pintores setentrionais são principalmente retratistas, como Tzhou Fang (ativo ca. 780-810), Yen Li-Pen (século sétimo), Fan Tachang e Hou Honan. Da vida destes dois últimos, nada sabemos.

O pintor mais importante do período T'ang, Wang Wei (699-759), que foi poeta além de artista plástico, atraiu a atenção do imperador Hsuan-Tsung (712-756), que o nomeou ministro. Foi forçado por An Lushan a participar do seu governo revolucionário, o que lhe valeu um período na prisão, até ser convocado pelo imperador Su-Tsung (756-762), mas logo depois preferiu retirar-se da vida na corte, consolando-se com o budismo. Wang Wei ficou famoso pelas suas pinturas de paisagens sob neve, especializando-se nos estilos monocromático e abstrato.

A difusão da civilização T'ang

A civilização T'ang difundiu-se amplamente. No Ocidente, manteve um fértil intercâmbio cultural com o Islã, cuja expansão para o Leste foi interrompida pela presença maciça da China. Por outro lado, a expansão da China para o oeste esgotou-se com a sua derrota na batalha de Talas, ao sul do lago Balkhash, no ano 751 Daí em diante, o intercâmbio cultural entre as duas civilizações cresceu rapidamente e, por intermédio dos árabes, a influência chinesa alcançou gradualmente o mundo ocidental. Uma das conseqüências mais importantes desse processo foi a difusão do papel, fabricado por artesãos chineses aprisionados pelos árabes depois da derrota de Talas.

No Oriente, a influência T'ang se fez sentir vivamente na Coréia, de onde, levada por viajantes, chegou ao Japão. Em ondas sucessivas, em 602-622 e novamente em 646-671, essa influência começou a afetar profundamente as instituições políticas e administrativas japonesas — a língua, a literatura, a arte, a tecnologia e a religião. Nas épocas de Nara (710-784) e Heian (794-1068), a incorporação da cultura chinesa passou a ser uma política oficial dos japoneses. O código Taiho de 701 e várias outras leis e normas administrativas adotadas pelo Japão no século oitavo se inspiraram no código T'ang e em outras leis chinesas. Os planos de Nara (Heije), fundada em 710, e de Quioto (Heian), em 793, estavam baseados no plano de Chang'an. As primeiras histórias oficiais japonesas, *Kojiki* (712) e *Nihonshoki* (720) seguiram o modelo das histórias dinásticas da China. E as seitas budistas do Japão (Iedo, Tondar, Shingon, Zen) eram um reflexo do budismo T'ang, introduzido no Japão por monges japoneses e chineses. Essas influências culturais foram seguidas pelo intercâmbio comercial, e dezenas de barcos chineses estiveram em portos japoneses. A mais antiga influência chinesa no Japão começou com a incorporação dos caracteres chineses, no quarto século a.D., mais tarde suplementados por um sistema silábico, e alcançou o seu auge no período T'ang.

e) O período Sung

Visão geral

O período Sung (960-1279) foi marcado por uma grande expansão do comércio, interno e internacional, apoiado em uma crescente base agrícola, com o aumento correspondente da riqueza, o que gerava as condições para a formação de grandes cidades. Estas surgiram, com mais de um milhão de habitantes, ao longo do litoral e das artérias fluviais de maior importância. Ao mesmo tempo, houve uma notável eclosão cultural em todos os campos, desde o desenvolvimento do neoconfucionismo, da ciência e da tecnologia até as artes plásticas, a poesia, a música e as artes decorativas. Esforços importantes foram feitos também para reorganizar o Estado, depois da longa crise que sucedeu a queda da dinastia T'ang, com a adoção do sistema de concursos, com critérios muito estritos, para o ingresso no serviço público.

A falha fundamental da dinastia Sung foi sua debilidade militar no confronto com duas tribos mandchus do Norte — os agressivos khitans, em parte aculturados, e particularmente os juchens, que terminaram ocupando a China setentrional, em 1127, forçando os Sung a recuar para o Sul do Yangtze. Século e meio mais tarde, os mongóis de Mongka (1251-1259) e Kublai (1260-1294), bisnetos de Gêngis Khan, submeteriam também os Sung meridionais.

O exército era um problema recorrente nas civilizações antigas, desde o Império Romano e o Bizantino ao Califado Muçulmano e as dinastias

T'ang e Sung na China. Um exército forte, sob o comando de generais capacitados, tendia a usurpar o poder, enquanto exércitos mais fracos e sob controle central, concebidos para evitar rebeliões militares, tendiam a ser vulneráveis à agressão estrangeira.

A China T'ang e Sung foi confrontada com esse problema, enfrentando também dificuldades, dadas as condições da cultura chinesa da época, resultantes da forte tendência antimilitarista da elite, agravada pela falta de interesse dos camponeses em prestar serviço militar, particularmente nas fronteiras remotas do Império, onde eram mais necessários. A solução alternativa também continha o seu perigo, pois os exércitos profissionais de mercenários tendiam a ser mais leais aos comandantes do que ao imperador.

Com um certo êxito, os Sung tentaram compensar sua relativa fraqueza militar com inovações tecnológicas, tais como o emprego da pólvora, a partir do século décimo, para a fabricação de bombas explosivas e outras armas. No entanto, os mongóis não tardaram a conseguir as mesmas armas. Os Sung nunca conseguiram manter por muito tempo um sistema militar satisfatório, a despeito das vitórias militares conseguidas por Chao K'uan-Yin, o fundador da dinastia e, em certa medida, aquelas obtidas pelo imperador Jen-Tsung (1022-1064) sobre os t'angut.

Os Sung perderam o norte da China para os juchen em 1127, mas sob Kao Tsung (1127-1163) conseguiram reorganizar-se na China meridional, onde voltou a florescer novamente uma sociedade rica e culta. No entanto, com a exceção da campanha de 1203-1205, não se ousou tentar a reconquista do norte. Os apelos patrióticos para recuperar o território perdido, tais como o do general Yhe Fei (1103-1141), não tiveram êxito; Yhe Fei terminou sendo condenado e executado, devido à política cuidadosa seguida pelo império, buscando assegurar a coexistência e o apaziguamento do inimigo.

Principais traços culturais

Com os Sung setentrionais houve um importante renascimento do budismo. Pien-Ching, a capital, tornou-se uma bela cidade, com esplêndidos palácios, templos e pagodes. A arquitetura caracterizava-se por estruturas elevadas, com seus típicos beirais curvos. As estátuas de Buda eram o paradigma chinês desse gênero. A pintura atingiu um nível elevado, especialmente nas paisagens, tendo Fan K'uan (960-1030) e Li Cheng (ca. 940-967) como seus principais expoentes.

Com os Sung meridionais, a pintura de divindades budistas, animais e pássaros foi praticada ativamente, embora não fosse aceita pelo mandarinato. A academia Hanlin adquiriu fama com suas miniaturas e os efeitos produzidos com o pincel. As artes decorativas gozaram também um período de esplendor, fabricando a melhor cerâmica da China. Além da sua importância estética, a cerâmica Sung representou uma inovação tecnológica, com o uso de fornos de temperatura extremamente alta.

A literatura voltou a enfatizar o formato da prosa simples, com interesse particular pelos contos, *ku-wen*, o desenvolvimento de um novo gênero poético, o *te'n*, com poemas líricos de alegria ou desespero. A música acompanhou o desenvolvimento da poesia, com canções e dramas musicais. A música pura era cultivada com a adoção do violino mongol de duas cordas.

O período Sung foi muito produtivo também nos campos da ciência e da tecnologia. O desenvolvimento da álgebra por Shao Yong (1011-1077) e Li Ye (1192-1279) foi notável. A astronomia também fez grandes progressos, com a invenção, por Su Sung, de um instrumento extraordinário para a época, que mostrava a rotação das esferas celestiais, instalado no observatório astronômico de Kaifeng. As ciências da natureza experimentaram igualmente um desenvolvimento notável, com a publicação de tratados sobre plantas, animais e aplicações médicas, com Fu Gong (ativo em meados do século XI) e Han Yanshi (um século mais tarde). Shen Gua (1031-1094), um alto funcionário, físico e competente astrônomo amador, inventou (ou descreveu) o sistema de tipos móveis para impressão, muito antes de Gutenberg. Durante esse período, foi publicado por Sung Ci, em 1242, o primeiro tratado de medicina forense, o *Xiyuanlu*. Meio século antes, Yue Shi (930-1007) publicou em 979 uma obra extraordinária, *Taiping Ji*, uma geografia enciclopédica do Império Sung. A invenção da bússola e o desenvolvimento de armas baseadas na pólvora figuram entre as principais inovações tecnológicas desse fértil período.

Um aspecto especialmente importante da cultura Sung foi o desenvolvimento do neoconfucionismo e, associado com ele, a tentativa de construir uma organização governamental racional e sábia. A invenção da imprensa favoreceu de modo geral a expansão da atividade intelectual. Enquanto o budismo perdia terreno na elite letrada, a despeito do seu surto artístico anterior, o confucionismo recebia um novo ímpeto com o neoconfucianismo.

O neoconfucionismo foi um movimento intelectual rico e complexo, apresentando tendências distintas no norte e no sul, como acontece tantas vezes na China. No Sung setentrional os pensadores predominantes eram também líderes políticos, preocupados particularmente em melhorar as condições do Estado e da sociedade. Os principais representantes desse ramo do neoconfucionismo foram Don Zhongyan (996-1053), Onyang Xiu (1007-1072), Wang Aushi (1021-1086) e Sima Guang (1019-1086). Já o neoconfucionismo do Sung meridional, do movimento "Aprendendo o Caminho" de Zhu Ci (1130-1200), com Cheng Hao (1032-1085) e seu irmão Cheng I (1023-1107), entre outros, para os quais a maioria dos estudiosos reservam o termo neoconfucianos, rejeitava parcial ou completamente a orientação dos pensadores do Norte, com seu foco no estado.

Na sua versão setentrional, o neoconfucionismo proporcionava uma base teórica para a tentativa de construir um Estado racional, eqüitativo e sábio, com um imperador de conduta adequada e uma burocracia meritocrática, selecionada por concursos públicos e devidamente habilitada em boas universidades. O neoconfucionismo meridional valorizava as iniciativas individuais e voluntárias.

O sistema fiscal, que coletava os impostos principalmente sob a forma de produtos, se tornou insuficiente para atender às despesas crescentes do estado. A crise fiscal do século XI, que contribuiu para a queda dos Sung setentrionais, derivava do peso excessivo do orçamento militar. Para reaver o equilíbrio fiscal, o imperador Shen-Tsung (1067-1086) aprovou as reformas radicais propostas por Wang Anshi, que já mencionamos. Essas reformas, de caráter fiscal, econômico e administrativo, tinham seis elementos importantes:

1. Um novo sistema de tributação, baseado na riqueza individual, como já se fazia desde a criação de dois impostos pelos T'ang, mas controlado por meio de "quadrados de terra cultivada". A terra arável do país foi dividida em quadrados de uma certa área e os impostos eram cobrados de acordo com a estimativa da sua produtividade. O valor total desses impostos era fixado a cada ano de acordo com a previsão das despesas públicas.
2. A aquisição pelo Estado dos produtos de uma região, que eram vendidos nas outras por um preço mais alto, embora abaixo do seu valor de mercado.
3. A concessão aos pequenos agricultores de empréstimos governamentais a baixo custo, para estimular a produção agrícola, adequar os pagamentos devidos ao ciclo das colheitas e para reduzir o poder dos agiotas particulares.

4. O estímulo aos pequenos empresários mediante uma série de incentivos destinados a expandir o comércio e a oferta de produtos.
5. O retorno ao sistema de milícias baseadas no campo. Para responder ao risco crescente de agressão estrangeira foram feitas tentativas de transformar os camponeses em uma força militar capacitada, sem retirar-lhes a condição de trabalhadores rurais.
6. A reforma do sistema de ensino, que até então era exclusivamente literário, com a introdução de disciplinas administrativas e científicas, em benefício do Estado.

A forte oposição a essas reformas obrigou o imperador a usar métodos coercitivos para a sua implementação; contudo, depois da morte de Shen-Tsung, as reformas foram abandonadas e os conservadores assumiram o poder.

O sistema de tributação da terra funcionou bem até o fim de Sung setentrional, mas mesmo nessa época o grosso das receitas do Estado provinha dos monopólios e das taxas comerciais.

f) Os Mongóis

Aspectos gerais

A partir de 1230 os mongóis, ou a dinastia Yüan, com capital em Karakorum (1260-1267), Shang-Tu (1260-1267) e Ta-tu (1267-1368), mais tarde Pequim, dominaram o Norte da China. A grande invasão mongol, que se espalhou pela maior parte do continente eurasiano, formou o maior Império de toda a história, que sobreviveu, com muitas vicissitudes, e já em declínio nas suas fases finais, de 1206 até 1696. Cobria uma área imensa, que se estendia da China, no leste, até a Hungria no oeste, do norte da Ásia até Bagdá no Sul.

Os mongóis eram uma tribo nômade pastoral do grupo altáico, aparentada com os turcos e os Mandchus, cuja terra de origem era a região que corresponde hoje à Mongólia. Em 1206 Jamüjin (ca. 1155-1227), que depois ficou conhecido como Gêngis Khan ("soberano supremo"), filho órfão de um chefe tribal de pouca importância, tornou-se um dos mais extraordinários conquistadores de toda a história mundial. Depois de muitas peripécias, conseguiu inicialmente unir sob o seu comando as várias tribos mongóis. Em seguida, e até a sua morte, empenhou-se em uma série infindável de guerras nos territórios que, com seus sucessores, se transformaria no Império Mongol.

Na sua marcha sobre a China, cuja conquista seria concluída pelo seu neto Kublai, Gêngis Khan começou obtendo o apoio (1209) dos hsi hsia, do reino T'angut, hoje Kansu, na China setentrional. Depois disso atacou os junchen, do reino Chin, no Norte da China (1211-1215), culminando com a conquista de Chung-Tu, cidade que viria a ser Pequim. Em 1226-1227 impôs seu domínio sobre os hsi-hsia. Morto Gêngis Khan, seguiu-se um período de incursões mongóis nas áreas fronteiriças de Sung meridional. Por fim, em 1250, seu neto Möngke, eleito Grande Khan em 1251, com o irmão Kublai (1215-1294), que o sucedeu (em 1259) como Grande Kan, renovou a ofensiva. Kublai recebeu o comando das tropas mongóis contra os Sung, e entre 1250 e 1277 completou a conquista da China.

O domínio da China pelos mongóis, que no norte do país durou cerca de 150 anos — um período relativamente curto em termos históricos —, gerou uma situação bastante contraditória. De um lado, representava a sujeição de uma sociedade altamente civilizada e sofisticada a um grupo estranho de bárbaros odiados, a princípio quase todos analfabetos, com base puramente na sua força militar. Por outro lado, foi marcado pelo governo esclarecido de Kublai Kan (1260-1294) — Ghih-Tzu em chinês — seguido por outro imperador relativamente esclarecido, embora dotado de personalidade menos forte: seu neto e sucessor Temür (1267-1307), que governou a China a partir de 1295.

Kublai Kan compreendeu a importância da China e da sua civilização sofisticada, e adotou em larga medida a cultura chinesa, tanto no seu reino como pessoalmente. Pragmático, percebeu que os bárbaros mongóis tinham conseguido dominar militarmente a China mas eram absolutamente incapazes de governar uma sociedade tão complexa. Decidiu assim tornar-se em muitos aspectos um imperador chinês, ainda que à custa de reduzir seu controle sobre o restante do Império Mongol, e empregou auxiliares chineses para administrar o país.

A primeira mostra da conversão do domínio mongol à cultura chinesa foi Yeh-Lü Ch'u-Ts'ai, de origem khitan, que tendo adquirido plena competência nos conhecimentos acadêmicos chineses, tornou-se o principal conselheiro do imperador Ogodai (1229-1241). Sob Kublai Kan, que construiu uma nova capital, Ta-Tu ("a grande capital"), mais tarde Pequim, os conselheiros chineses, como o reputado erudito Liu Ping-Change, foram nomeados para funções de grande importância. Em 1271 a China, até então um simples domínio colonial dos mongóis, tornou-se um Império, com a designação dinástica de *Ta Yüan* ("a grande origem").

As tradições e os procedimentos administrativos chineses foram sendo introduzidos no Império Mongol, às vezes só nominalmente, outras vezes na prática. Em 1313, os Yüan chegaram a restaurar os concursos públicos para ingresso no serviço do Estado, embora tivessem mantido um número reduzido de categorias, com cotas em separado, favorecendo os mongóis e os candidatos da Ásia Central. Sob os Yüan, esses concursos nunca chegaram a recuperar sua antiga função de preencher a maioria dos postos burocráticos, servindo como rota de acesso aos candidatos da elite.

As religiões tradicionais da China foram respeitadas e protegidas pelos governantes mongóis, que demonstraram uma certa preferência pelo taoísmo e o budismo. O neoconfucionismo da escola Chu Hsi foi introduzido na corte no fim do século XIII, sendo reconhecido oficialmente no princípio do século XIV.

No período mongol houve um desenvolvimento considerável da literatura, especialmente da literatura dramática e da ópera. As sátiras a respeito dos mongóis circulavam largamente, já que eles demonstravam pouco interesse pelo que os chineses escreviam, e de modo geral não podiam ler a escrita chinesa.

Houve também novos desenvolvimentos na pintura, ou com abordagens inovadoras na caligrafia clássica, com Chao Meng-Fu, que adotou um estilo abstrato, ou a pintura menos naturalista, mais preocupada com o sentido filosófico ou literário, cultivada por artistas notáveis, tais como Li K'an e Jen Jen-Fa. A família real mongol colecionava pinturas e patrocinava a atividade dos artistas, embora menos do que na época dos Sung.

Sob Kublai Kan, a China gozou de um comércio próspero, tanto interno como internacional. Grandes obras públicas foram iniciadas, particularmente a abertura de um segundo grande canal, ligando Pequim ao rio Amarelo, que gerou um tráfego intenso de mercadorias, garantindo à capital um suprimento abundante. Uma das maiores surpresas de Marco Polo, que vinha de Veneza, com seus 50mil habitantes, foi descobrir que Ta-Tu tinha mais de um milhão. Recebido esplendidamente por Kublai Kan, que o nomeou para um cargo importante, durante a sua permanência na China, entre 1272 e 1292, o viajante italiano manteve uma relação estreita com o imperador, e na história das suas viagens o apresenta como um bom governante, monarca supremamente esclarecido.

A despeito dos esforços feitos por Kublai Kan para adaptar o domínio mongol à cultura chinesa, e para governar como um sábio imperador confuciano, os mongóis eram odiados e desprezados, e nunca conseguiram ser aceitos plenamente como governantes legítimos.[18] Por outro lado, como um grupo eles nunca procuraram integrar-se ao país. O sentimento contrário aos mongóis por parte dos chineses resultava de modo geral da conduta dos conquistadores, em que pese as boas intenções de Kublai Kan, um pouco tardias, pois no seu reinado as regras do domínio mongol já tinham sido estabelecidas. Eram as seguintes essas regras: a população foi dividida em quatro grupos desiguais, com base em critérios étnicos. A primeira classe era composta pelo pequeno grupo privilegiado de mongóis. A segundo pelos *se-mu-ren*, pessoas com *status* especial, tais como os turcos e os muçulmanos do Oriente Médio, aliados dos mongóis. A terceira classe era a dos *han-ren* (chineses do Norte), e incluía outras etnias que viviam no antigo Estado Chin — hsi hsia, juchen, khitan, t'angut etc. A última classe, de menor importância, era a dos *man zu*, uma expressão depreciativa que designava os habitantes da China Sung meridional, representando 75% da população. Essas pessoas carregavam a maior parte da carga fiscal e, com poucas exceções, estavam impedidas de ocupar os cargos mais importantes. Os mongóis e os *se-mu-ren* estavam isentos dos impostos, controlavam todos os cargos de importância e gozavam de um tratamento legal privilegiado.

Ao mesmo tempo, os mongóis dominantes eram originalmente um povo pouco civilizado, com muitos analfabetos; poucos podiam ler a escrita dos chineses ou mesmo falar a sua língua. Por outro lado, poucos chineses interessavam-se em aprender o mongol, que embora fosse a língua dos senhores do país, na qual as leis e as decisões governamentais eram formuladas, precisava ser traduzido para o chinês, em versões que os chineses educados consideravam bárbaras.

Os hábitos pessoais e os costumes de cada povo diferiam completamente, pois os mongóis guardavam muitas das práticas da sua tradição nômade, inclusive a falta de higiene pessoal, o que os tornava repugnantes aos sofisticados chineses. Esse hiato cultural condenava o domínio mongol a uma debilidade que o tornaria relativamente breve.

Muitos fatores contribuíam para agravar o largo hiato cultural que comentamos: práticas administrativas incompetentes; a rápida deterioração do valor da moeda, devido a uma inflação elevada; a corrupção dos monges tibetanos que, designados pelos mongóis, controlavam o estabelecimento religioso na China; a discriminação intolerável dos chineses; e as grandes inundações nas bacias dos rios Huang e Huai, em 1351, com efeitos catastróficos sobre a produção agrícola. Além disso, segundo alguns estudiosos o início da epidemia de praga bubônica, que pode ter começado na China antes de se espalhar pelo Oriente Médio e pela Europa. Em meados do século XIV, todos esses fatores e circunstâncias provocaram uma atitude de rebeldia. Quando esses surtos de rebelião conseguiram unir-se, a partir de 1355, aproximadamente, uma boa parte da China se libertou do controle mongol. As zonas liberadas incluíam Henan, Shenxi, Hebei, Shanxi e Sichuan. Logo que os rebeldes concentraram suas forças em Nanking, em 1359, lançaram uma ofensiva importante contra as tropas mongóis, e em 1368 tomaram Ta-Tu, forçando o último imperador mongol, Togon-Temür (1333-1368) a fugir, acompanhado pelos seus últimos defensores.

O comandante geral da rebelião era Chu Yüan-Chang (1328-1398), um monge budista, filho de um camponês de Anhui, que conseguiu reunir as forças remanescentes das antigas guerrilhas messiânicas do turbante vermelho, conduzindo a rebelião antimongol à vitória final. Depois de eliminar alguns rivais, Chu Yüan-Chang fundou em 1368, em Nanking, a nova dinastia dos Ming, assumindo o nome de Hung-Wu (1368-1398).

g) Os Ming

Três fases

A dinastia Ming foi uma das mais longas da história chinesa, tendo governado o país de 1368 a 1644. No curso desse período de quase três séculos, podemos identificar três fases distintas. A primeira, os períodos Hung-Wu (1368-1398) e Yung-To (1402-1424), corresponderam a uma etapa de reconstrução do país — na economia, no governo, na diplomacia e no exército. Militarmente, os primeiros imperadores tentaram expandir o seu domínio, dirigindo-se principalmente para a repulsa dos mongóis e das tribos das estepes setentrionais. Na fase seguinte, da segunda metade do século XV aos primeiros anos do século XVI, foi adotada uma política mais defensiva, destinada a preservar as conquistas anteriores. A terceira e última fase da era Ming, a partir do ano 1520, aproximadamente, corresponde a um novo período de dinamismo econômico, social e cultural. Nos últimos anos do século XVI porém, a dinastia enfrentou uma crise crescente, que terminaria com a invasão dos Mandchus e o seu controle da China, sob a dinastia Qing (Ch'ing) ou Mandchu.

A agricultura

O problema mais premente resultante das condições caóticas prevalecentes no fim do domínio mongol era a necessidade de alimentar a população de um país arruinado pela exploração da classe governante estrangeira, e destruído pela rebelião libertadora. Hung-Wu dedicou as duas primeiras décadas do seu reinado à recuperação em vasta escala da agricultura chinesa, reparando canais, represas, pontes e sistemas de irrigação. Os resultados foram impressionantes. Entre 1371 e 1379 uma área extensa, de quase 9 milhões de hectares, foi recuperada para a agricultura. Ao mesmo tempo, implementou-se uma política de repovoamento das áreas abandonadas, com a concessão de terra aos camponeses transferidos, mediante assistência do Estado, inclusive isenção de impostos.

Outra iniciativa muito importante foi o reflorestamento do país, com mais de 50 milhões de árvores plantadas só na região de Nanking. Em 1391, na região de Anhui, ao receber uma área para plantio cada família era obrigada a plantar 600 árvores. Em 1396, mais de 84 milhões de árvores frutíferas foram plantadas na região que corresponde hoje às províncias de Hunan e Hubei. Por trás dessa política de reflorestamento, havia a decisão de utilizar madeira para reconstruir uma grande frota, que viabilizaria as expedições marítimas do século XV.

A nova ênfase dada à agricultura mudou o peso da economia chinesa, com todas as conseqüências fiscais, já que até então a principal fonte de tributação era o comércio. Assim, os Ming decidiram promover um grande censo da terra e da população do Império, empreendimento que levou 20 anos para ser completado. Em 1387 foi concluído o *Yulin Tuce*, o registro agrário, e em 1381 e 1382 o *Huangu*, o censo demográfico.

A especialização social

Para garantir um suprimento constante de camponeses, artesãos e soldados, de modo a satisfazer as necessidades do país, Hung-Wu adotou a política (que seus sucessores tentaram manter) de dividir a população nessas categorias, tornando essas ocupações hereditárias. A distribuição regional das categorias levava em conta as características de cada região, ou seja, a concentração de camponeses no campo, de artesãos nos centros urbanos e de soldados em torno da capital e ao longo das fronteiras. O sistema, contudo, teve vida curta, porque quem rejeitasse sua função hereditária simplesmente se mudava para outra região. Isso acontecia particularmente com os soldados hereditários que, a despeito das vantagens que recebiam do Estado, inclusive isenção de impostos, procuravam escapar do serviço militar, em especial na fronteira do norte, sujeita a contínuas agressões por parte dos bárbaros das estepes. A partir do começo do século XV o estado foi obrigado a empregar mercenários no exército.

Para fins fiscais o sistema *li-chia*[19] voltou a ser adotado: as famílias eram divididas em grupos de dez, e cada grupo se responsabilizava pela divisão eqüitativa dos impostos e das *corvées* entre os seus membros, com responsabilidades adicionais pela manutenção coletiva da ordem pública. O sistema foi adotado para compensar a escassez de funcionários do Estado. No século XV, em um Império com cerca de 60 milhões de habitantes havia no máximo 15 mil funcionários em todo o país. Pelo sistema *li-chia* muitas funções públicas eram delegadas aos núcleos de dez famílias. No curso do tempo, contudo, o sistema levou à exploração das famílias pobres pelas ricas em cada localidade, pois estas últimas tinham a possibilidade de uma conexão direta com um funcionário público. A partir do século XV houve uma diminuição no número dos pequenos agricultores, em benefício dos grandes latifundiários, embora estes ainda representassem uma maioria de camponeses. O resultado foi um número crescente de pessoas deslocadas, que eram recrutadas como mercenários do exército, mas que engrossavam também os bandos criminosos.

Aspectos políticos

O regime político instituído por Hung-Wu e mantido pela dinastia Ming se inspirava em um tríplice receio: o medo da predominância dos letrados, que era especialmente forte em uma pessoa com pouca instrução, como o primeiro imperador Ming; o temor de que os comandantes militares se rebelassem, se não estivessem sujeitos a um estrito controle centralizado; e o medo da corrupção entre os servidores do Estado.

Esses receios levaram Hung-Wu a favorecer o recrutamento de candidatos ao serviço público entre indivíduos de baixo nível social. Por outro lado, os primeiros imperadores Ming criaram um Estado muito centralizado, sob sua direção pessoal, sistema que foi mantido pelos sucessores. Hong-Wu, por exemplo, extinguiu o *Zhongshusheng* (Grande Secretariado), colocando sob suas ordens diretas os seis ministérios que antes integravam o Secretariado: Funções Públicas, Finanças, Ritos, Exército, Justiça, Obras Públicas. Para manter o exército sob o seu controle, o imperador subordinou os cinco corpos de exército a um comando geral (*Wujun Dudu-fu*), sob a sua chefia pessoal.

Foi criado um serviço secreto, o *Jinyinwei* ("a polícia vestida de broca-do"), que espionava pelo imperador os comandantes e altos funcionários. Com o tempo, esse sistema concentrou um poder enorme nas mãos de um grupo de eunucos, que como empregados palaciais do imperador podiam filtrar as informações recebidas e transmitir as suas ordens, genuínas ou não. Consciente desse perigo, o primeiro imperador Ming proibiu os seus eunucos de aprender a ler e escrever, vedando-lhes a interferência nos assuntos políticos. Aos poucos, porém, os eunucos adquiriram controle do serviço secreto do Império, tornando-se seus principais agentes, com poderes ilimitados de corrupção, chantagem e manipulação política. O poder ilegítimo dos eunucos viria a ser um dos fatores da futura decadência da dinastia Ming.

Na esfera política é preciso mencionar a decisão tomada pelo imperador Yung-Lo, em 1421, de transferir a sede do governo de Nanking, no Sul, para Pequim, no norte. Com a recuperação do grande canal, concluída em 1415, Pequim passou a ter boas comunicações com o Sul do país, e podia ser suprida com facilidade. Assim, entre 1421 e 1450 os serviços governamentais foram transferidos gradualmente para a nova capital. Embora Pequim tivesse a desvantagem de uma localização remota com relação à China meridional, e da exposição às invasões pelos bárbaros setentrionais, a mudança de capital aconteceu em uma época em que os chineses realizavam campanhas bem-sucedidas no Norte e, sob Yung-Lo, chegavam ao rio Amur. Mas a adoção de Pequim como capital não só colocava a corte imperial longe das regiões mais civilizadas e comercialmente mais ativas do baixo Yangtze, isto aumentava também a distância entre a corte e as elites econômicas e culturais do país.

Aspectos militares

Hung-Wo procurou estabelecer um sistema militar auto-sustentável, sob seu comando centralizado, para impedir o risco de rebeliões. Uma das medidas adotadas com esse fim, como já mencionamos, foi a atribuição a um certo segmento da população das funções hereditárias de suprir recrutas ao exército, assegurando assim a continuidade do recrutamento. Outra medida foi a criação de colônias militares (*juntum*), com a concessão de terras (*junhu*) às famílias dos militares, para que as cultivassem e deste modo garantissem seu sustento. Nessas colônias, de cada grupo de dez homens três deviam prestar serviço militar (*ghoucheng*), e sete dedicar-se ao trabalho agrícola (*gengtian*). Como já dissemos, o controle centralizado pelo Comando Geral foi concebido para manter o exército sob as ordens do imperador.

Esse sistema cumpriu os seus objetivos até meados do século XV, a despeito da rebelião exitosa do príncipe Chu Ti, que se apoderou do trono depois da morte de Hung-Wu, reinando com o nome de Yung-Lo (1402-1424). Sob o primeiro e o segundo imperadores Ming, os chineses obtiveram importantes vitórias militares, expulsando os mongóis do norte — processo que culminou com a grande vitória de 1410 em Ulan Bator, quando ocuparam a Mandchúria e derrotaram o reino de Tsan no Norte do Vietnã (1406).

No longo prazo, porém, o sistema de exército hereditário precisou ser substituído por tropas mercenárias, com o uso complementar do recrutamento, pois como dissemos muitas famílias de militares tentavam escapar do seu destino fugindo para outras regiões. Por outro lado, as colônias militares, que a princípio tiveram êxito, sofreram mais tarde com a compra ilegal das terras que lhes eram cedidas pelos latifundiários, o que contribuía para o seu êxodo.

O reinado brilhante de Yung-Lo (1402-1424) foi não só um período de expansão territorial como também de notáveis expedições marítimas, organizadas originalmente pelo eunuco Zheng He (1371-ca. 1434). A grande frota construída com o produto do reflorestamento do primeiro imperador Ming permitiu a Yung-Lo promover uma série de aventuras navais distantes, em busca de tesouros. Entre 1405 e 1433 seis dessas expedições partiram dos portos da China, alcançando as duas costas da Índia, Java, Sumatra, Malaca, Ceilão, a África Oriental e o Golfo Pérsico. Os grandes juncos chineses eram embarcações superiores às caravelas portuguesas e espanholas da mesma época. O domínio dos mares pelos chineses tinha a vantagem de impedir as incursões dos piratas japoneses que, com a decadência na marinha chinesa, no período anterior, passaram a infestar a costa setentrional da China. Essa grande campanha marítima dos chineses, que na época estavam muito melhor equipados para viagens longas do que as nações ibéricas, foi interrompida em 1433 e nunca retomada. Só em 1498, meio século depois, Vasco da Gama iria descobrir o caminho marítimo para a Índia. Os chineses interromperam suas explorações navais, como mencionamos, porque as autoridades confucianas se opunham em princípio ao comércio internacional e aos contatos com os países estrangeiros; por outro lado, a derrota sofrida no Vietnã, alguns anos antes, em 1428, tinha exaurido o tesouro chinês, desestimulando empreendimentos fora do país.

Distúrbios sociais

A organização social instituída por Hung Wu, ao dividir a população em três grupos desiguais, cada um deles com uma determinada função hereditária, começou a se desintegrar no princípio do século XV. Como dissemos, as famílias militares foram as primeiras a tentar evadir suas responsabilidades, enquanto os ricos proprietários compravam ilegalmente as suas terras. Alguns artesãos procuravam também escapar do seu destino, já que, em uma economia crescentemente mometarizada, podiam ser mais bem remunerados trabalhando livremente, sem a obrigação das *corvées* periódicas — os serviços obrigatórios prestados ao Estado. Por outros motivos muitos pequenos agricultores eram também obrigados a vender suas terras aos latifundiários, o que contribuía para aumentar o número dos pobres, alguns dos quais ingressavam no exército como mercenários; a maioria, contudo, se juntava aos numerosos focos de rebelião no campo, que explodiam em toda a China, ou então simplesmente se dedicavam ao banditismo.

Os governos Ming oscilavam entre a tentativa de encaminhar as pessoas deslocadas para novas ocupações úteis e reprimi-las brutalmente, o que era mais freqüente. Assim, na segunda metade do século XV, milhões dessas pessoas foram mortas.

Os problemas enfrentados pelos Ming nessa época foram agravados por agressões externas: pelos mongóis, no norte, que obrigaram o império a construir novas muralhas defensivas; e pelos piratas japoneses que infestavam a costa setentrional, saqueando aldeias e fazendas. Depois de um longo período de defesa pouco eficaz, em 1556, os chineses fizeram uma contra-ofensiva contra os piratas, conseguindo voltar a controlar os mares circunvizinhos entre 1560 e 1570, embora não por muito tempo.

Um período de renascimento

A terceira fase da dinastia Ming, que durou desde o ano de 1520, aproximadamente, até as crises dos últimos anos do século XVI, foi um período de renascimento econômico e cultural, que começou com o reinado de Chia-Ching (1521-1566). Contidas as agressões externas e as revoltas internas, a China viveu um surto de dinamismo social e econômico, com a adoção generalizada de uma economia monetária, a emergência de uma classe de empresários e de uma classe média urbana, o desenvolvimento da artesania industrial, importantes mudanças agrícolas e uma novo florescimento cultural.

A generalização da economia monetária, baseada no cobre e em lingotes de prata, substituindo os pagamentos em espécie ou em papel moeda desvalorizado, alterou rapidamente a estrutura social do país. O sistema de especialização funcional hereditária de Hung-Wu foi substituído em larga medida pelo trabalho assalariado.

O preço da terra continuou a cair dramaticamente nos últimos anos do século XVI. A agricultura em larga escala, baseada em algodão, óleos vegetais, anil, cana-de-açúcar e fumo, tomou o lugar dos cereais nas terras menos férteis. Mas foi o desenvolvimento do artesanato industrial, incorporando muitas inovações técnicas, que atraiu a maior parte dos novos investimentos, e uma classe empresarial que emergia. Pequenas lojas se transformaram em grandes empresas, empregando centenas de trabalhadores. Houve uma rápida expansão urbana, com o surgimento de um numeroso proletariado, uma classe média de funcionários e comerciantes e uma burguesia empresarial. Vamos encontrar, assim, na sociedade chinesa do século XVI muitas das condições que criaram o espírito individualista do Renascimento europeu, e que gerariam o capitalismo moderno, a Reforma e o desenvolvimento da ciência. No entanto, foram o sistema imperial e o neoconfucionismo que criaram a base do individualismo chinês, no contexto das tradições culturais do país, preservando a orientação sociocêntrica da sua civilização.

Desenvolvimento cultural

O neoconfucionismo foi a filosofia oficial dos Ming, e a escola de Chu Hsi (1131-1200) proporcionou as diretrizes para os concursos de ingresso no serviço público. Além disso, outras linhas de pensamento foram desenvolvidas na China do século XVI, tais como os chamados "intuicionistas", ou a escola idealista (*xinxue*), tendo Wang Yang-Ming (1472-1528) como o seu maior expoente, que se opunha à escola racionalista (*li*).

Embora rotular o pensamento chinês dessa época exija uma boa dose de prudência, o idealismo parece ter-se originado no budismo do período T'ang, e teve sua primeira formulação explícita com Lu Chiu-Yuan (1138-1191). Ele sustentava que "o espaço e o tempo estão (na) minha mente, e é a mente que (cria) o espaço e o tempo".[20] Wang Yang-Ming professava um idealismo moderado; para ele o mundo exterior era tão real quanto o mundo subjetivo, mas todos os objetos materiais eram o produto de idéias do mundo do espírito, que se identificava com o pensamento de todos os indivíduos. Daí a sua ênfase na intuição como o único caminho para chegar ao conhecimento.

Wang Yang-Ming era um confucionista, como todos os neoconfucionistas que seguiam a linha de Mêncio, e seu conceito de intuição tinha uma orientação ética neoconfuciana, antecipando o conceito kantiano do imperativo categórico. Com respeito às questões de natureza prática, preocupava-se particularmente (como Zhu Xi) em preservar as comunidades rurais, que estavam sendo destruídas pela expansão das grandes propriedades, à custa dos pequenos produtores rurais. Wang Yang-Ming insistia na necessidade de um programa público orientado para preservar essas comunidades rurais, incluindo medidas para promover padrões morais elevados entre os seus membros.

A despeito da contribuição filosófica de Wan Yang-Ming e de alguns desenvolvimentos importantes em certos campos teóricos como a filologia, com Chen Di (1541-1617) ou a geografia, com Xu Hangzu (Xu Xiake, 1586-1641), no período Ming a ênfase era atribuída ao conhecimento aplicado — na farmacologia, com Li Shizhen (1518-1598), autor de um tratado importante sobre botânica e farmácia, *Bencao Gangmu* (publicado em 1578) e com Li Shih-Chen, que em 1596 escreveu o tratado *Pen Tshao Kang Mu* (A Grande Farmacopéia). Foram estudados também vários assuntos técnicos, tais como no *Gongbu Chang Ku Xuzhi*, de 1615, que apresenta um quadro geral da tecnologia chinesa, e com Wang Zheng (1571-1644), com as descrições das máquinas agrícolas, hidráulicas e militares por ele inventadas. No fim do período Ming foram publicados também vários tratados sobre agricultura, como o *Mongshuo*, de Ma Yilong (1490-1571) e o famoso *Mongzheng Quanshu* (1639), um tratado geral sobre as técnicas agrícolas usadas na China, contendo informações sobre procedimentos hidrográficos e a geografia ocidental.

No período Ming, as belas artes tiveram também uma fase de brilho, especialmente com o desenvolvimento de porcelanas decorativas, cujo tratamento policromático contrastava com os vasos sóbrios e monocromáticos do período Sung. A pintura, especialmente a arte do retrato, produziu um certo número de obras importantes por mestres como Shen Chang Ch'iu Ying e T'ang Yin. Tung Ch'i-Ch'ang produziu também belas e sofisticadas paisagens de inspiração romântica.

Sob os Ming, a poesia clássica era até certo ponto uma arte derivada, repousando fortemente nos precedentes mestres T'ang e Sung. Em compensação, esse período criou uma literatura popular muito vibrante e inovadora, escrita em chinês coloquial, e portanto acessível a um grande público de classe média, e na qual o drama tinha um lugar importante. Um dos romances mais notáveis dessa época foi o Hsi Yu Chi (Viagem ao Oeste), por Wu Ch'eng-En, publicado em 1570, que narrava as aventuras de um monge que viajou até a Índia acompanhado por um macaco. Outra obra notável foi Chin P'in Mei (Flores para Pescar em um Vaso Dourado), por um escritor desconhecido do fim do século XVI — a narrativa rabelaisiana da vida de um rico comerciante de Shandong, que é o primeiro romance de costumes da história.

Os jesuítas

Um capítulo interessante e importante na história da ciência na China está relacionado com os jesuítas, na transição das dinastias Ming para Qing. Depois do estabelecimento dos portugueses em Macau, em 1557, São Francisco Xavier (1506-1552) chegou ao Japão em 1549, mas morreu três anos depois (1552) sem ter chegado a entrar na China. A princípio, as autoridades chinesas desconfiavam das intenções dos jesuítas e restringiram o seu acesso ao pequeno entreposto português de Macau, perto de Hong Kong. Mais tarde, porém, em 1595, o jesuíta italiano Matteo Ricci (1552-1610) conseguiu penetrar seriamente na China, onde permaneceria até a sua morte em 1610, fazendo contato com altas autoridades e o próprio imperador Wan-Li (1601). O sucesso de Matteo Ricci na China não tem igual no Ocidente, e durante séculos ele ficou conhecido como Li Ma-Tun. Os jesuítas pretendiam converter a elite chinesa ao cristianismo, e com esse propósito aprenderam a língua do país e colaboraram com os chineses na pesquisa científica e tecnológica, tendo trazido consigo cerca de 7 mil livros, e traduziram para o chinês obras sobre trigonometria (*Celians Tayi*), em 1608, os *Elementos* de Euclides (*Jihe Yuanben*), em 1611, e muitos outros títulos, contando para isso com a ajuda de estudiosos chineses. De seu lado, estes tinham um grande interesse em compartilhar o conhecimento dos jesuítas em matemática, astronomia e geografia, assim como em certas matérias técnicas, particularmente a fabricação de relógios e de canhões.

A maioria dos chineses via os jesuítas como um tipo de monge budista, com influência islâmica, tomando-os como alvo para muitas críticas e acusações, e censurando-os particularmente pelo seu desrespeito pelos cultos e santuários locais. Um dos primeiros dos muitos panfletos antijesuítas foi o *Poxieji* (Coletânea de Heresias Refutadas), de 1639.

No entanto, a corte chinesa dispunha-se a tolerar a propaganda religiosa dos jesuítas em troca das suas contribuições científicas e tecnológicas. Atraídos pelos conhecimentos trazidos do Ocidente, alguns dignatários chegaram a adotar o cristianismo, como aconteceu com Hsu Kuang-Ch'i (1562-1633), Li Chih-Tsao (falecido em 1630) e Yang T'ing-Yun (1557-1627). De seu lado, os jesuítas deixaram-se também influenciar profundamente pela doutrina de Confúcio e pela cultura chinesa (na época a astronomia chinesa era mais adiantada do que a dos estrangeiros) e compreendiam a necessidade de ajustar a fé cristã à cultura chinesa. A questão crucial girava em torno da aceitação pelos jesuítas da compatibilidade do confucionismo e do culto dos antepassados com o cristianismo. Os franciscanos e os dominicanos denunciaram essa posição como herética, o que provocou a chamada "controvérsia dos ritos". O tema foi objeto de longo debate nas universidades européias e no Vaticano, e envolveu também um imperador mandchu, Kang-Hsi (1661-1772). Por fim, em 1641 os "ritos" foram condenados pela Congregação para a Propagação da Fé. Proibição levantada mais tarde, em 1656, diante dos argumentos apresentados pelo jesuíta Martino Martini. Este sustentou a tese de que uma concessão pouco importante em termos rituais era a condição necessária param difundir o cristianismo na China. No entanto, depois disso a controvérsia foi decidida contra os jesuítas pelo papa Clemente XI, em um decreto de 1704, reforçado em 1715 pela bula papal *Ex illa die*. A reação chinesa foi a proibição do cristianismo em 1724 pelo imperador Yung Chang, por ser considerada uma religião heterodoxa.

As crises das últimas décadas

A China Ming sofreria uma série de crises, começando no fim do século XVI, que culminaram no colapso da dinastia em 1644. Quatro fatores principais contribuíram para a queda dos Ming: a crise financeira das últimas décadas da dinastia; a predominância dos eunucos sobre os membros do serviço público, seguidores do confucionismo, a partir dos últimos anos do reinado de Wan Li (1572-1620); as insurreições populares depois das más colheitas de 1627-1628; e a invasão manchu de 1639.

A crise financeira do fim do regime Ming teve uma variedade de causas: o custo elevado da desastrosa guerra coreana de 1593-1598; os gastos

UM ESTUDO CRÍTICO DA HISTÓRIA

excessivos da corte imperial, particularmente na época do imperador Wan-Li (1572-1620); o ônus financeiro excessivo representado pelos privilégios da família imperial, que ao terminar a dinastia contava com 45 príncipes do nível mais alto, além de mais de 20 mil nobres; e as despesas militares crescentes exigidas para sustentar um exército que aumentava sempre em número de homens, com uma eficiência cada vez menor.

A crise política dos anos 1615 a 1627 estava relacionada com o poder extraordinário detido pelos eunucos, particularmente sob a liderança de Wei Ch'ung-Chen, favorito do jovem imperador T'ien-Chi (1620-1627), o que desmoralizava os altos funcionários governamentais, muitos dos quais tinham sido presos. Embora Wei Ch'ung-Chen fosse assassinado em 1628, quando o último imperador Ming ascendeu ao trono, tanto o exército como o serviço público já tinham sofrido danos irreparáveis.

As insurreições populares provocadas pelos impostos sufocantes, a corrupção e a incompetência no governo e as más colheitas de 1627-1628 derrubaram o governo de Ch'un-Chen (1627-1644), o último imperador da dinastia Ming. Um dos líderes rebeldes, Li Tzu-Ch'eng, conseguiu mobilizar um enorme exército com 400 mil soldados de infantaria e 600 mil de cavalaria e tomou Pequim. O imperador suicidou-se, e nas condições caóticas causadas pela rebelião, o comandante militar de Shan-Hai-Kuan aceitou o auxílio dos Mandchus para ajudar a derrotar Li Tzu-Ch'eng, que fugiu da capital em 1645, sendo finalmente morto por alguns camponeses. O resultado final, porém, foi a tomada do poder pelos mandchus, e a instalação da dinastia Mandchu, ou Qing, sob a autoridade nominal de Shun-Chih (1644-1661).

h) Os Mandchus

Visão geral

A dinastia Mandchu instituída por Fu-Lin, com o nome dinástico de Qing (Ch'ing) governou a China desde 1644 até a revolução de 1911 e a proclamação da República, em 1912. Ao longo de mais de dois séculos e meio, dez imperadores governaram a China (11, se consideramos os períodos 1875-1879 e 1898-1908, nos quais a imperatriz viúva Tsai-T'ien reinou *de facto*). Podemos dividir esse longo período em três fases, de extensão desigual. A primeira corresponde à conquista da China pelos Mandchus e à consolidação do seu poder, de 1644 a 1683, com os reinados de Shun-Chih e a primeira parte do de K'ang-Hsi. A segunda fase, que inclui o período final do imperador K'ang-Hsi (cujo reinado completo se estendeu de 1661 a 1722) e os reinados de Yung-Cheng (1722-1735) e Ch'ien-Lung (1735-1796), é uma época de desenvolvimento econômico, político, militar e cultural, e corresponde ao apogeu do Império chinês. A terceira fase, longa e conclusiva, vai desde o reinado de Chia-Chiang (1796-1820) até a proclamação da República, em 1912, e é marcada por crescente declínio (embora não linear), que levou à desorganização geral do país, sob os efeitos combinados de revoluções, a agressão estrangeira e um governo deficiente ou incompetente.

Durante esses anos, a população da China experimentou um crescimento muito rápido, a partir de meados do século XVIII, passando de cerca de 140 milhões na década de 1740 para mais de 430 milhões em meados do século XIX.

A consolidação da dinastia Mandchu, com o segundo imperador Qing, criou condições muito favoráveis ao desenvolvimento do país; militarmente, com a ampliação significativa do seu território; economicamente, com o aumento em quantidade e qualidade da produção agrícola, das manufaturas e o crescimento do comércio internacional; com a formação de um sistema bancário, crucial para promover o comércio de longa distância. No domínio cultural, porém, o interesse demonstrado por Ch'ien-Lung (1735-1796) pelo progresso científico, técnico e artístico do Ocidente não bastou para modernizar a cultura chinesa. Seus efeitos sobre um grupo limitado de intelectuais foram excessivamente breves e não produziram um grande impacto. O imperador seguinte, Chia-Qing (1796-1820), que reinou em um período histórico marcado por mudanças cruciais, era, nas palavras de René Grousset, "pouco inteligente e cruel; um beberrão indolente, dominado pelos eunucos e viciado na pederastia".[21] Foi o responsável por cerrar as portas de comunicação da China com o restante do mundo. Entre outros fatores — como as rebeliões do fim do século XVIII, a Guerra do Ópio, as unidades produtivas de pequena escala etc. — o isolamento resultante impediu a China de acompanhar o progresso científico e tecnológico do Ocidente no curso do século XIX, e ajudou a "congelar" a cultura chinesa no seu quadro clássico, com as conseqüências desastrosas da primeira Guerra do Ópio e eventos subseqüentes.

Uma série de revoluções — do Lótus Branco, em 1796-1804; de Taiping (a mais séria), em 1851-1864; Nian, em 1855-1868; e o levante Boxer em 1898-1901 — além das derrotas humilhantes impostas por agressores estrangeiros — as Guerras do Ópio de 1839-1842 e 1856-1860; o ataque francês de 1883-1885; a Guerra Sino-Japonesa de 1894-1895, além do grande número de concessões vexatórias extorquidas do país em 1895 — foram indicações sucessivas de que a China se tornara uma nação atrasada e indefesa, necessitando desesperadamente de reformas que a modernizassem. Não obstante, embora o governo mandchu reconhecesse por vezes a necessidade de reforma, tendia a se comportar como se fosse um prisioneiro da sua cultura e dos seus interesses conservadores, e adotava medidas insuficientes e ineficazes, que não conseguiam resolver os problemas enfrentados pelo país. A Restauração de 1860, que poderia ter conduzido à modernização da China, foi neutralizada pela mentalidade conservadora da imperatriz viúva Tz'u-Hsi e pelo impacto do imperialismo ocidental. Embora esse movimento tivesse conseguido debelar a devastadora rebelião Taiping, deixou o processo de reforma nas mãos das autoridades provinciais, que não estavam à altura da tarefa de modernizar o país. Uma séria tentativa de reforma radical foi encetada, por um breve período, pelo jovem imperador Kuang-Hsu, em 1898, sob a influência de K'ang Yu-Wei e Liang Ch'i-Ch'ao. No entanto, a imperatriz, que com o apoio dos conservadores detinha as rédeas do poder efetivo, deu um verdadeiro golpe de Estado e confinou o imperador no Palácio Imperial, ordenando a execução dos reformistas radicais que não conseguiram escapar. Foram retomadas, assim, as políticas tradicionais. K'ang e Liang conseguiram fugir para o Japão. Houve outra tentativa tardia de reforma, em 1861, com Zhang Zhidong, e finalmente com Yüan Shih-K'ai, às vésperas da revolução de 1911. Por fim, a revolução republicana derrubou a dinastia Mandchu e com ela o regime monárquico.

Os dois primeiros imperadores mandchus

Shun-Chin subiu ao trono quando tinha apenas cinco anos de idade, sob a regência e o domínio do seu tio Dorgon, até a morte deste último, em 1650. Sozinho, reinou 11 anos, tendo falecido aos 23 anos.

K'ang-Hsi ("Harmonia da Paz", 1661-1772) era o terceiro filho de Shun-Chin e da imperatriz Hsiao-K'ang, filha de um prestigiado general mandchu. Com a morte súbita de Shun-Chin, devido à varíola, o futuro K'ang-Hsi, que tinha apenas sete anos, foi escolhido como sucessor dentre os seis irmãos, porque sua mãe tinha um nível hierárquico superior e ele próprio havia sobrevivido a um ataque de varíola, ficando assim imunizado contra a doença.

Quatro ministros conservadores administravam os negócios do Estado: Sonin, Suksaha, Ebilun e Obei, todos remanescentes do reinado anterior. Eles criaram inicialmente um Escritório da Casa Imperial (*Dorgi Yamun*), para substituir o antigo Décimo Terceiro Escritório (*Shih San Ya Men*), controlado pelos eunucos e que representava um verdadeiro centro de abuso do poder. O novo Escritório da Casa Imperial era dirigido por empregados mandchus e durante todo o período da dinastia Qing conseguiu impedir efetivamente a repetição dos antigos abusos.

Depois da morte de Sonin, em 1667, Obei assumiu posição quase ditatorial, governando em nome do imperador, que assumira nominalmente o trono aos 13 anos de idade. Em 1669, porém, o imperador, já com quinze anos, mandou prender Obei e assumiu o controle efetivo do Estado.

A primeira decisão importante de K'ang-Hsi foi submeter ao seu domínio os três monarcas vassalos da China Meridional: Wu San-Kuei, de Yanuam; Shan K'o Hsi, de Kwantung, e Keng Chi-Mao, de Rukien, sucedido pelo seu filho Ken Ching-Chung. Esses três monarcas vassalos eram um resíduo do período inicial da conquista mandchu, à qual tinham dado um apoio decisivo, mas depois passaram a ser um obstáculo à unidade política do império.

A segunda iniciativa importante de K'ang-Hsi foi enviar suas tropas através dos estreitos de Taiwan para forçar a rendição de Cheng, cuja família vinha ocupando a ilha desde que a reconquistara dos holandeses, em 1662.

Tendo sujeitado todo o território chinês ao seu domínio, K'ang Hsi orientou sua política para a extensão da influência da China sobre as áreas vizinhas. Após duas vitórias militares sobre as forças de Pedro, o Grande, fez com que os russos aceitassem a proposta chinesa de adotar o rio Gorbin como fronteira. Depois de vitórias militares brilhantes contra os mongóis, o imperador pôde incorporar ao império a Mongólia Exterior, e em 1696 forçou a Mongólia Interior a aceitar um compromisso formal de fidelidade. Duas décadas mais tarde, em 1720, K'ang Hsi expulsou do Tibet os dzungaros, que tinham tomado Lhasa em 1717, incorporando também aquela região ao seu império.

Pessoa de grande força física e energia inesgotável, K'ang-Hsi supervisionava pessoalmente a administração do Império. Levava uma vida privada de grande sobriedade, e foi responsável por uma série de importantes obras públicas, tais como o controle das inundações do Huang Ho, em Kiangsu setentrional, e o conserto do Grande Canal, sem que fosse preciso aumentar os impostos, e chegando mesmo a reduzir o número dos contribuintes.

Seu reinado marcou um período de grande prosperidade, com a expansão da agricultura e da indústria artesanal, e a promoção do comércio interno e internacional. Suspendeu todas as restrições à navegação costeira e abriu quatro portos ao comércio exterior, inclusive o de Cantão.

Apaixonado pela cultura e leitor incansável, abriu uma sala de estudos na Cidade Proibida, a *Nan Shufang*, onde conduzia pessoalmente debates com os especialistas mais importantes nos vários campos do conhecimento. Além dos concursos tradicionais para admissão ao serviço público, K'ang-Hsi criou num setor especial, na Academia Hanlin, para as pessoas de talento excepcional. Chu-I-Tsun, um dos estudiosos mais reputados do grupo, assumiu a tarefa monumental de compilar uma história oficial da dinastia Ming, a *Ming Shih*, e várias outras obras enciclopédicas foram preparadas pela Academia.

K'ang-Hsi interessava-se muito pela contribuição científica dos jesuítas, e lhes deu permissão oficial para difundir o cristianismo. Em Pequim, foi construída uma igreja para os missionários franceses, que receberam licença para residir na capital. O matemático Ferdinand Verbiest foi nomeado vice-diretor do Observatório Imperial e criou o calendário oficial do Império, supervisionando também a fabricação de canhões, que eram usados nas ações militares do Império. Pierre Jartoux e Jean Baptiste Régis foram comissionados para preparar um atlas preciso e abrangente do Império, que foi concluído em 1717. No entanto, irritado com as decisões do papa a respeito da Controvérsia dos Ritos, o imperador ordenou a prisão do legado apostólico, Carlo Tommaso Maillard de Tournon, e em 1706 expulsou do país os dominicanos e franciscanos, que se opunham à aceitação dos ritos chineses, defendida pelos jesuítas. Estes, porém, continuaram a ser bem tratados pelos chineses.

Yung-Cheng (1722-1735)

O terceiro imperador mandchu foi o quarto filho de K'ang-Hsi, nascido em 1678. O herdeiro designado, Ying-Jeng, o segundo filho, foi afastado por causa de problemas mentais e Yung-Cheng manobrou com êxito para subir ao trono, contando para isso com o apoio dos militares.

Seu primeiro ano como imperador foi dedicado à consolidação do poder, com a prisão e execução de rivais, tendo submetido os príncipes da Casa Imperial, que comandavam cinco das oito "Bandeiras" a uma doutrinação especial, para garantir sua lealdade, que na verdade foi preservada durante todo o período da dinastia.

O poder foi centralizado ainda mais na pessoa do imperador, com a substituição do Grande Secretariado pelo antigo Grande Conselho, com cinco ou seis membros subordinados diretamente ao chefe de Estado. A despeito de alguns excessos, o seu governo foi exemplar: a corrupção foi mantida sob controle, as leis eram aplicadas e as finanças públicas mantidas em boa ordem, com o aumento da receita fiscal sem que para isso fosse preciso elevar os impostos.

O imperador interessava-se pessoalmente pelas questões religiosas, tendo autorizado a publicação de muitos textos do budismo zen. No entanto, seu reinado foi marcado também pela censura e pela destruição de milhares de livros "subversivos".

Ch'ien-Lung (1735-1796)

Hung-Li (nascido em 1711, falecido em 1796), o quarto imperador mandchu, que reinou com o título de Ch'ien-Lung, tinha sido declarado secretamente o herdeiro do trono logo depois do seu predecessor assumir a coroa imperial, e foi preparado cuidadosamente para o exercício das futuras funções. Pessoa metódica, séria e frugal, governou o império com grande dedicação pessoal. Na velhice, porém, sofreu a influência excessiva de um jovem oficial, Ho-Shen, que não demorou a tornar-se o homem mais poderoso da corte imperial, tendo contraído casamento com a filha favorita do imperador. Cometeu os mais sérios abusos e atos de corrupção, que nunca foram percebidos pelo imperador. Depois da morte deste, porém, Ho-Shen foi preso, teve suas propriedades confiscadas e foi obrigado a se matar.

O longo reinado de Ch'ien-Lung teve duas fases distintas — antes e depois da influência nefasta de Ho-Shen. A primeira parte do seu reinado foi extremamente eficaz em termos militares, administrativos e culturais. O Império Chinês alcançou sua expansão máxima, eliminando as ameaças dos turcos e dos mongóis no Norte, incorporando a vasta região do que é atualmente o Sinkiang, conhecida então como Hsin-Chian ("nova província"). No Tibet, uma rebelião anti-chinesa foi reprimida em Lhasa, no ano de 1752, e dois comissários chineses foram designados para supervisionar os assuntos locais. Uma rebelião em Yünnan foi finalmente subjugada em 1776, e em 1778 o Sião concordou em pagar tributo à China.

O reinado de Ch'ien-Lung deu uma contribuição importante à cultura chinesa, incluindo obras pessoais do imperador em prosa e poesia, pintura e caligrafia. Sob a direção de Chi Yün e Lu Hsi-Hsiung, depois de dez anos de pesquisa e compilação, foi preparada uma obra monumental, que teve a intervenção pessoal do imperador: o *Su-Ku Ch'üansh* ("Biblioteca Completa dos Quatro Ramos da Literatura"), formando uma coleção maciça de 36.275 volumes.

A atividade artística dos dois reinados anteriores prosseguiu sob Ch'ien-Lung nos campos da arquitetura, da pintura, da fabricação de porcelana e de outras peças de artesanato. Os jesuítas continuavam a gozar os favores imperiais, devido à sua contribuição científica e tecnológica, assim como pela sua pintura. Ch'ien-Lung apreciava particularmente o estilo barroco e rococó do Ocidente. No entanto, a despeito do trabalho dos jesuítas, a Igreja Católica continuava proibida de promover qualquer atividade evangélica, em decorrência da decisão tomada pelo Papa na questão da Controvérsia dos Ritos.

Tendo reinado durante 60 anos, em 1795 Ch'ien-Lung decidiu abdicar, transferindo o título para o seu sucessor, Chia-Ch'ing, mas o poder efetivo continuou nas suas mãos até o seu falecimento, em 1796.

A imagem muito favorável do reinado de Ch'ien-Lung, procedente principalmente dos jesuítas que viviam em Pequim na sua época, não corresponde à percepção muito menos positiva dos historiadores contemporâneos, em grande parte devido à fase final e negativa do seu reinado, sob a influência de Ho-Shen. Outro elemento que contribui para essa revisão do conceito desse imperador é a atitude com que abordava a cultura, que permaneceu puramente clássica, ignorando as realizações do Ocidente no século XVIII, assim como a repressão de quaisquer idéias inovadoras, mediante uma censura muito rigorosa.

De modo semelhante ao que acontecia na Europa, embora com importantes diferenças conceituais, o século XVIII foi para a China um período de Ilustração. Contrastando com a tendência crítica característica do clima intelectual do fim do período Ming e das primeiras décadas do domínio mandchu, o século XVIII foi para a China uma fase de afirmação otimista e positiva de um classicismo renovado.

Desde a época de K'ang-Hsi, os imperadores da dinastia Qin foram capazes de atrair os intelectuais, incorporando o confucionismo de forma ainda mais ampla do que os Ming, e gerando um ambiente de paz e prosperidade; com estímulo às artes e aos projetos intelectuais, de modo que, como na era de Augusto na antiga Roma, os estudiosos se consideravam uma parte importante do sistema. Os aspectos negativos do regime, como o seu autoritarismo (uma presença permanente na China) e a censura repressiva, não afetaram a atividade desses estudiosos. As grandes mentes do período, como Dai Zhen (1723-1777), matemático e enciclopedista, e Zang Xuecheng (1736-1796), filósofo, trabalhavam em perfeita harmonia com o regime, que era compatível também com um poeta libertino como Yuan Mei (1716-1798) — esteta que promoveu a emancipação feminina e foi um crítico severo da poligamia, e cujo estilo de livre pensador não continha implicações contrárias aos Mandchus.

A proliferação de eruditos qualificados, que eram atraídos por um serviço público aberto a todos os interessados, mediante concursos públicos competitivos, excedia em muito o número de cargos públicos disponíveis. Com K'ang-Hsi, porém, o Estado ampliou o recrutamento de intelectuais fora do serviço púbico, para a realização de grandes trabalhos editoriais, criando assim um mercado considerável para o trabalho desses intelectuais. A preparação do *Minghsi*, a história oficial da dinastia Ming, foi o primeiro desses importantes projetos, realizado sob a direção de Xu Pianxue (1631-1694). Ainda sob o imperador K'ang-Hsi, começou o preparo de uma grande enciclopédia ilustrada, *Gujin Tushu Jicheng*, com 10 mil verbetes sobre astronomia, matemática, geografia, história, tecnologia, zoologia, botânica, filosofia, literatura, artes plásticas, temas legais. A enciclopédia foi impressa em 1728 com tipos móveis de cobre. Só no reinado de K'ang-Hsi foram encomendadas mais de 50 publicações oficiais de importância.

No período de Ch'ien-Lung um trabalho ainda maior foi empreendido, o *Siku Quanshu Zongmu Tiyao*, a coleção completa de obras escritas, que 360 eruditos levaram dez anos para preparar, e que foi concluída em 1782, com 79.852 volumes. Quinze mil copistas foram usados para reproduzir essa imensa coleção, que não podia ser impressa com os recursos limitados da época.

A iniciativa privada aumentou também a demanda pelos trabalhos artísticos e acadêmicos, e os comerciantes de sal de Yangzhou figuram entre os principais patronos da época. Hang Shijun (1698-1733), poeta e filólogo; Quan Zuwang (1705-1755), geógrafo e historiador; Qi Zhaonan (1706-1767), especialista em rios e canais; e Qian Daxin, historiador e epigrafista, assim como o próprio Dai Zhen estavam entre os que receberam encomendas particulares relacionadas com projetos acadêmicos.

Como já mencionamos, Dai Zhen e Shang Xuecheng foram as duas figuras excepcionais da China no século XVIII. Grande matemático, Dai Zhen escreveu estudos comparativos da matemática ocidental e chinesa. Foi também um reputado filólogo e um dos diretores da grande coleção *Siku Quanshu*. Como filósofo, suas obras mas importantes são *Yanshan* (Sobre as Origens do Bem) e *Mengzi Ziyi Shuzheng* (Comentários Críticos sobre o Sentido Literal de Mêncio). Ele critica a ortodoxia neoconfuciana, segundo a qual a natureza está composta de *li* (a ordem imanente) e *qi* (a substância), sustentando o monismo de *qi*, porque tudo o que existe é uma manifestação de *dao*, a ordem cósmica. Nega a existência propriamente de faculdades abstratas — a justiça, a eqüidade, a humanidade — porque elas se manifestam na conduta do homem, como parte das paixões humanas. Para Dai Zhen a virtude não consiste na supressão dos desejos, mas na sujeição destes a um comportamento harmonioso.

Zhang Xuecheng, a outra figura notável da China do século XVIII, diferia da maior parte dos outros trabalhadores intelectuais por se devotar à análise filológica, orientando-se pelos temas relacionados com a sociedade e a história. Neste sentido, enfatizava a necessidade do acesso à informação específica: por ter uma sociedade tão grande e complexa, a China precisava ser estudada nos níveis regional e local, tendo em vista os dados e os arquivos de cada local. Suas concepções históricas fazem dele um precursor do Historicismo. Para ele, "Tudo é História, inclusive os clássicos".[22]

O declínio e a decadência

O longo período transcorrido entre a morte de Ch'ien-Lung (1796) e a revolução de 1911, abrangendo todo o século XIX, foi uma fase de declínio quase contínuo, interrompido pelo movimento de Restauração, entre 1861 e 1894, que, no entanto, não obteve sucesso, o que provocou a desintegração do Estado e o desmantelamento da sociedade chinesa.

Como já observamos, o declínio da China deveu-se basicamente ao seu imobilismo, desde a época de Ch'ien-Lung, quando o país mergulhou no que era então um esplêndido neoclassicismo, permanecendo totalmente alheio ao rápido progresso científico e tecnológico do Ocidente. A partir do reinado de Chia-Ch'ing (1796-1820), governos incompetentes ou deficientes, em um país que não dispunha de meios modernos, não conseguiram lidar com uma série de rebeliões, algumas delas de grandes proporções, como a de Taiping, assim como agressões externas das potências ocidentais e de um Japão que acabara de se modernizar.

O declínio

Na primeira metade do século XIX, duas das várias rebeliões internas e duas agressões estrangeiras erodiram profundamente a força e o prestígio do Império Mandchu.

A chamada rebelião do Lótus Branco (1796-1804) foi um levante camponês liderado pela Sociedade do Lótus Branco, uma seita secreta de tendência budista e anti-mandchu, que anunciava a iminente chegada libertadora de Buda Maitreya, mobilizando amplo apoio entre os camponeses muito pobres na região montanhosa e inóspita entre as províncias de Hubei, Sichuan e Shaanxi, ao norte dos desfiladeiros do Yangtze. A rebelião começou como um protesto contra as exigências dos coletores de impostos locais e foi alimentada pela profunda insatisfação com as condições miseráveis dos camponeses da região, pelas quais os Mandchus eram responsabilizados. Nos últimos anos do reinado de K'ang-Hsi as tropas regulares não puderam debelar o movimento; depois da morte do imperador, em 1799, o governo usou como estratégia mobilizar os habitantes das vilas contra os camponeses rebeldes. Com a fortificação das vilas e a formação de milícias locais, foi possível finalmente reduzir a rebelião, mas com considerável perda de prestígio para as tropas do governo.

Muito mais sério para o prestígio do governo foi a derrota da China na primeira e tristemente famosa Guerra do Ópio, de 1839-1842. Comerciantes ingleses estavam introduzindo ilegalmente o ópio indiano na China, pelo porto de Cantão, estimulando o vício, com o qual obtinham lucros imensos. As autoridades chinesas procuravam vãmente impedir esse tráfico — o que era dificultado pela corrupção dos funcionários locais — que tinha alcançado proporções alarmantes. Em 1836 mais de 40 mil caixas de ópio entraram na China como contrabando, cada uma pesando cerca de 65 kg. Isso significava uma drenagem substancial de moedas de prata para pagar pelo ópio, exigindo ainda a exportação de quantidades cada vez maiores de seda e inflacionando o valor do *liang* [23] de prata com relação às moedas de cobre — além dos efeitos sociais prejudiciais do vício em larga escala. Por isso, o governo decidiu tomar medidas enérgicas. Comissionado em 1839 para interromper o tráfico, Lin Tse-Hsü se apoderou de 20 mil caixas de ópio contrabandeado em Cantão, e ordenou a expulsão dos comerciantes ingleses. Estes, contudo, conseguiram o apoio do seu governo, cujas canhoneiras rápidas e bem armadas derrotaram facilmente os juncos chineses mal equipados, em meia dúzia de encontros. Terminado o conflito, os ingleses impuseram, entre outras exigências, a cessão de Hong Kong.

A terrível revolução Taiping, que explodiu em 1851, foi iniciada por um visionário religioso e revolucionário, Hung Hsiu-Ch'üan (1813-1864), que pregava uma versão chinesa do protestantismo cristão, prometendo aos crentes os reinos celestiais da Grande Paz (*Taiping Tiangus*). Criou assim a Sociedade dos Adoradores de Deus (*Pai Shang-Ti Hui*), em uma região montanhosa de Guanqxi, e o número dos seus discípulos aumentou rapidamente, assim como a área sob o seu controle. O movimento de Hung Hsiu-Ch'üan era ao mesmo tempo religioso, antimanchu e comunista, confiscando a propriedade dos fazendeiros locais e dos aldeães, para distribuí-la aos seus militantes. Com uma organização cerrada, podia reunir grandes exércitos agressivos. Em 1851, Hung Hsiu-Ch'üan fundou o Reino do Céu e da Grande Paz, proclamando-se *Ianwang*, "Rei do Céu". Cercado por colaboradores de notável talento estratégico, conseguiu derrotar as tropas do governo em uma série de batalhas, e em 1854 tomou Nanking, que passou a ser a capital Taiping até a sua reconquista pelo governo, em 1864 — dez anos depois.

A reação contra a revolução Taiping veio principalmente das autoridades provinciais e dos intelectuais. Um líder enérgico, Zeng Kuo-Fan (1811-1872) organizou em 1852 uma milícia local, os "Homens Bravos", para lutar contra os rebeldes. Outras forças foram reunidas em 1862, sob o comando de Li Hung-Chang (1823-1901). Em 1862, as potências ocidentais, temendo que os Taiping se apoderassem de Shangai, decidiram apoiar neste particular o partido Qing, e enviaram à China uma força expedicionária, comandada por um oficial inglês brilhante, C.G. Gordon (1833-1885). Entrementes, o movimento revolucionário entrou em declínio, enquanto os seus líderes se entregavam a uma vida de luxo e prazeres, perdendo assim muito em autoridade e combatividade. Desse modo, as forças de oposição conseguiram reverter a situação sem seu favor. Em 1864 Zeng recuperou Hangzhou e assediou Nanking, que foi tomada nesse mesmo ano, o que levou Hung Hsiu-Ch'üan ao suicídio. A rebelião Taiping deixou um terrível legado de destruição e massacre, causando mais de 30 milhões de mortes e desacreditando profundamente a dinastia Mandchu.

Pouco depois de subjugada a rebelião Taiping, e antes que uma nova revolta, de Nian (1853-1868) pudesse ser suprimida, a China foi vitimada por outro ataque por forças anglo-francesas, em 1856-1860, com pretextos pouco plausíveis. No fim de 1857, as tropas estrangeiras ocuparam Cantão; tomaram o forte Taku em 1858 e se deslocaram rumo a Tientsin. Em 1860, tropas da França e da Inglaterra ocuparam Pequim, cometendo a vilania de incendiar o Palácio de Verão, em um gesto de vingança. Pelas convenções de Pequim, a China foi condenada a conceder novos privilégios e a pagar indenizações adicionais, sendo obrigada a estender certos privilégios comerciais à Rússia e aos Estados Unidos.

O movimento de Restauração

Com a morte de Hsien-Feng, em 1861, seus antigos conselheiros, intensamente contrários ao Ocidente, passaram a controlar o governo de Pequim, colocando no trono Tsai-Ch'un, o filho de seis anos do falecido imperador, que reinaria com o título de T'ung-Chih. Com a ajuda do príncipe Kung, irmão do último imperador, a imperatriz viúva, Tz'u-Hsi (1835-1908), derrubou a classe dominante, promovendo um golpe de Estado que criou um triunvirato, sob sua presidência juntamente com outra imperatriz viúva, Tz'u-An, antiga consorte e mais idosa, e o príncipe Kung, que era co-regente com a imperatriz Tz'u-Hsi.

O novo governo fez uma tentativa de restaurar o poder dos Qing e da China. Com esse propósito, suas primeiras providências no campo das relações externas foram orientadas para estabelecer a paz e as boas relações com as principais potências estrangeiras. Nesse sentido, foi criado um alto comitê, *Tsungli Yemen*, para tratar dos assuntos externos, e instalou-se uma escola de línguas (*T'ung-Wem-Kuan*) para ensinar idiomas estrangeiros aos filhos dos militares.[24]

Internamente, o novo governo concentrou inicialmente seus esforços na sujeição dos rebeldes Taiping, o que foi conseguido em 1864, sob o comando de Zeng Kuo-Fang. Concomitantemente, sob a influência do príncipe Kung e de líderes políticos como Zeng Kuo-Fan, Li Hung Chang, Tso Tsung-T'ang e Fang Kuei-Fan, foi lançado um ambicioso programa de industrialização, visando ao "autofortalecimento" do país. O programa incluía a instalação de estaleiros para construir navios mercantes e de guerra, fábricas de munição e, em estágio mais avançado, muitas outras indústrias, assim como a criação de uma empresa de navegação mercante a vapor e várias outras empresas nos setores da mineração, ferrovias, telégrafo e geração de energia elétrica.

A despeito do considerável sucesso inicial (o primeiro navio a vapor chinês foi lançado ao mar em 1868), o movimento da Restauração e o programa de "autofortalecimento" não alcançaram os resultados esperados. Por um lado, intrigas internas nos setores conservadores levaram à redução gradual da influência do príncipe Kung, e finalmente à sua demissão, em 1884. Para prolongar-se no poder, a imperatriz Tz'u-Hsi resolveu unir-se ao partido conservador. De outro lado, novos desastres no relacionamento externo, como a agressão da França em 1883-1885 e a derrota da China pelo Japão, na guerra de 1894-1895, drenaram o tesouro e desmoralizaram o governo.[25]

Um esforço final para reformar o regime e o país foi tentado pelo jovem imperador Kuang-Hsü, que vinha exercendo o poder nominal desde 1889, sob o controle da imperatriz viúva. Em 1898, reagindo a novas exigências abusivas das potências ocidentais, Kuang-Hsü decidiu depositar sua confiança em Kang Yu-Wei (1858-1927) e assumiu o governo efetivo do país. Kang Yu-Wei era um intelectual respeitado, que tinha revisto as doutrinas do neoconfucionismo, propondo uma interpretação autêntica das idéias do mestre e reorientando o confucionismo no sentido do progresso científico e do liberalismo político. Com a assistência de Kang Yu-Wei, o imperador Kuang-Hsü promoveu uma série de reformas radicais nos campos da administração, da educação, da legislação, da economia, da tecnologia, na área militar e no sistema policial. Surpreendidos com essas reformas, a maior parte dos participantes da máquina governamental se opôs fortemente às inovações, adotando uma posição de imobilismo. Cercada pelos conservadores, a imperatriz viúva conseguiu o apoio dos chefes militares e, cem dias depois dos primeiros decretos de reforma, promoveu um novo golpe de Estado, confinando o imperador no palácio e assumindo o comando do Estado; as reformas foram canceladas, e os reformistas que não puderam escapar — como Kang Yu-Wei, que fugiu para o Japão — foram executados. Com esse novo golpe de Estado, Tz'u-Hsi pôs um ponto final na possibilidade de uma auto-reforma pelo governo Qing.

Tendências intelectuais

Como vimos nos tópicos precedentes, as tendências intelectuais da China, nas condições internas e externas tão críticas do século XIX, passaram do neoclassicismo do século precedente para um empenho militante na promoção de reformas.

Os intelectuais reformistas queriam fundamentalmente conciliar a doutrina de Confúcio com a moderna ciência e tecnologia. Feng Guifen (1809-1879), um destacado representante do reformismo chinês — matemático, cartógrafo, estudioso das questões administrativas e financeiras, com um grande interesse pela ciência ocidental — fazia uma distinção entre o que era essencial preservar, a tradição chinesa e a doutrina de Confúcio, e o que era meramente instrumental, a ciência e tecnologia do Ocidente. Zeng Kuo-Fan (1811-1872), vencedor dos rebeldes Taiping, era um especialista consumado em Confúcio, e ao mesmo tempo promotor da industrialização da China e do esforço de "autofortalecimento". Essa era também a posição de Kang Yu-We, a principal inspiração por trás da reforma dos Cem Dias, já mencionada. Ele afirmava, porém, que o neoconfucionismo tradicional era culpado de ter atribuído características equivocadas a Confúcio, que na verdade não era um pensador estático, mas sim progressista.

A posição de Wang Tao (1828-1897) — historiador, autor de uma *História resumida da França*, publicada em 1871, e de um estudo sobre a Guerra Franco-Prussiana, de 1872 — era mais complexa. Ele compreendia a correlação entre o desenvolvimento tecnológico e científico e as características gerais das sociedades que produziam esse tipo de conhecimento, e sustentava que são o sistema político e as práticas políticas que determinam basicamente a força ou a fraqueza de uma nação. Acentuava, assim, a medida em que a modernização estrutural da China dependia da sua modernização política, e esta última refletia um ajuste consistente do governo e de suas políticas à vontade das forças sociais que lideravam o país. A força da Grã-Bretanha, por exemplo, um país pequeno e fisicamente pobre, era um resultado da sua consistência política.

i) A República

Yüan Shih-K'ai (1859-1916)

Em 1898, durante as suas reformas, o imperador Kuang Hsü determinou a Yüan Shih-K'ai que prendesse a Imperatriz viúva. Traindo o imperador, Yüan fez o jogo da imperatriz, e deteve o imperador como um prisioneiro no seu próprio palácio. Como recompensa, foi nomeado governador de Shantung, e durante a revolta dos Boxers, de 1900, teve a oportunidade de proteger os estrangeiros que se encontravam na sua jurisdição.

Depois dc assinar o protocolo de paz (Pequim, 1990), Li Hung-Chong, já bem idoso, renunciou e Yüan foi nomeado no seu lugar vice-rei interino de Chihli, cargo que se tornou efetivo depois da morte de Li, em dezembro de 1901. Em 1902 ele foi feito ministro do Conselho de Reorganização do Exército. Durante os cinco anos em que foi vice-rei, formou e equipou seis divisões, um corpo de exército maior do que qualquer outro. Depois da morte da imperatriz, o príncipe Chun o exonerou, obrigando-o a se retirar para Hunan, sua província natal. No princípio da revolução de 1911, porém, o príncipe o designou vice-rei de Hunan e Hupeh, ordenando-lhe pôr fim à revolução.

Yüan estava convencido de que a queda da monarquia seria o caos, e era favorável a uma monarquia limitada, mas não conseguiu controlar a insurreição. Em 12 de fevereiro de 1912, o imperador abdicou. A Assembléia Nacional de Cantão elegeu Sun Yat-Sen como presidente. O decreto imperial da abdicação incumbia Yüan de organizar um governo republicano. Como Yüan controlava de fato os instrumentos do poder, Sun Yat-Sen renunciou em seu favor.

No entanto, Yüan não era um republicano, mas um monarquista confuciano, e tentou restabelecer a monarquia tendo ele próprio como o novo imperador. Sun Yat-Sen iniciou uma revolta, que, contudo, não teve êxito. No entanto, a tentativa de Yüan de se tornar imperador não recebeu suficiente apoio, além de contar com a oposição dos japoneses. Não obstante, a monarquia foi proclamada em 12 de dezembro de 1915, com a cerimônia de coroação marcada para o dia 9 de fevereiro de 1916. Uma insurreição obrigou ao adiamento, e em abril de 1916 Yüan renunciou à sua pretensão monárquica, embora continuasse a reter a presidência até morrer, em 6 de junho daquele ano.

Interregno

Coube ao vice-presidente, general Li Yüa-Hung, suceder o presidente. O Parlamento voltou a se reunir em primeiro de agosto, e o general Tuan Ch'i-Jui foi confirmado como primeiro-ministro, enquanto seu adversário político, o general Fang Kho-Chang, foi eleito vice-presidente.

Em fevereiro de 1917, os Estados Unidos romperam as relações diplomáticas com a Alemanha. Tuan era favorável à entrada da China na guerra, mas Li se opunha, e Sun Yat-Sen pensava da mesma forma. Em abril os Estados Unidos entraram na guerra. Tuan exigiu que a China fizesse o mesmo, mas Li o demitiu e convocou o general Chang Hsün. Chang manobrou para ocupar Pequim com suas tropas, com o objetivo de restaurar no poder a dinastia Qing. Sob protestos gerais, o exército de Tuan recapturou Pequim. Chang fugiu e Li se refugiou na legação japonesa.

Tuan retomou o cargo de primeiro-ministro, o vice-presidente Feng assumiu a presidência, e a China entrou na guerra. Com tropas do Sul, Sun Yat-Sen tentou tomar Pequim, sem conseguir. Deixou Cantão e voltou para Shanghai. A China obteve algumas vantagens com a guerra, e com a derrota da Alemanha pôde reaver as concessões alemãs e austríacas.

Em Versalhes, ficou decidido que as concessões da Alemanha em Shantung seriam transferidas para o Japão, o que provocou na China um grande protesto, que eclodiu no dia 4 de maio de 1919. Formou-se assim o Movimento 4 de Maio, que no princípio da década de 1920 assumiu as proporções de uma nova revolução. Sun Yat-Sen reorganizou o antigo Partido Nacionalista, o *Kuomintang*, enquanto o Movimento 4 de Maio provocou a formação do Partido Comunista Chinês.

O comunismo na China

Os fundadores e primeiros líderes do Partido Comunista Chinês foram Li Dazhao (Li Tachao), bibliotecário da Universidade de Pequim, e Chen Duxiu; Mao Zedong e Zhou Enlai estavam entre os membros pioneiros do partido. Em 1920 o *Comintern* soviético enviou à China Gregory N.Voytinsky. Em 1923 o partido contava com 300 membros e entre 3 e 4 mil simpatizantes, reunidos na Liga da Juventude Socialista.

Em 1923, SunYat-Sen concordou em colaborar com os comunistas, e permitiu que alguns deles se inscrevessem no seu partido. Na Conferência de Washington, no inverno de 1921-1922, as grandes potências decidiram respeitar a independência da China e desenvolver relações comercias com os chineses; e os soviéticos resolveram enviar Borodin para colaborar com Sun Yat-Sen.

As facções militares

Nessa época o território da China estava dividido em várias regiões, entregues a *warlords* — chefes militares autônomos. O Sul, sob Sun e vários comandantes militares; a Mandchúria, sob Chang Tso-Lin e seu exército de Fengtien; e Shansi, sob Yen Hsi-Shan. O exército de Peiy se encontrava-se dividido em duas facções, uma controlando o vale do Yangtze, a outra estacionada no Norte, e ambas disputavam o controle de Pequim.

Hong Kong, Taiwan e outras áreas eram controladas por potências estrangeiras, como resultado dos "tratados desiguais". Os produtos chineses não eram protegidos por tarifas. Missionários cristãos dirigiam escolas, hospitais etc., e gozavam de extraterritorialidade.

A reorganização do Kuomintang

O KMT (*Kuomintang*) reuniu seu primeiro Congresso Nacional em 1924, seguindo o conselho dado por Borodin a Sun Yat-Sen. O Congresso preparou a Constituição e o programa partidário, definindo seus objetivos:

amplas reformas sociais, reajuste da situação internacional da China, nacionalismo, antimilitarismo, antiimperialismo, oposição aos latifundiários e aos privilégios concedidos às potências ocidentais; apoio aos agricultores, aos trabalhadores, aos intelectuais e às mulheres.

Desse momento até a sua morte inesperada, em março de 1925, Sun conseguiu, da sua base em Cantão, progressos importantes na posição nacional do partido. Entre suas realizações cabe citar a criação da Academia Militar de Whampoa, ao sul de Cantão, sob o comando de Chiang Kai-Shek. No princípio de 1926 o KMT tinha cerca de 200 mil membros, enquanto o Partido Comunista não contava com mais de 10 mil. Wang Ching-Wei (1883-1944) assumiu a presidência do partido. No entanto, a morte de Sun Yat-Sen provocou uma cisão entre uma ala radical de esquerda, estimulada pelos comunistas, e a maioria moderada. Em 1926, Chiang Kai-Shek, na condição de comandante do Exército Revolucionário Nacional, decidiu reduzir a influência dos comunistas dentro do partido, e dispensou os soviéticos. Aliados aos comunistas, os esquerdistas formaram então um grupo dissidente, chefiado por Wang e baseado em Wuhan, mas esse grupo terminou entrando em conflito com os comunistas, e quase todos os seus participantes voltaram a apoiar Chiang Kai-Shek. Mais tarde, Wang iria cooperar com a invasão da China pelos japoneses.

Chiang procurou manter um bom relacionamento com a Rússia Soviética, e garantir a continuação do seu apoio. A seu pedido, o general B. K. Blücher, que já tinha auxiliado Chiang na Academia de Whampoa, foi enviado para ajudá-lo a organizar uma expedição a ser enviada ao Norte do país. A campanha de Chiang Kai-Shek contra os *warlords* do Norte, entre julho de 1926 e sua vitória final, em 1928, começou em condições difíceis, devido à inferioridade numérica da suas forças, compensada pelo talento militar de Chiang e o entusiasmo revolucionário dos combatentes. No princípio de 1927, os nacionalistas prepararam um ataque contra Nanking e Shanghai, depois de assumir o controle de Hunan, Hupeh, Kiangsi e Fukien. Mas as relações entre Chiang e os comunistas tinham deteriorado, e o general percebeu que precisava tomar preventivamente algumas decisões radicais para preservar sua autoridade e o apoio da maioria moderada.

Os problemas criados pelos comunistas, depois da tomada de Shanghai e Nanking pelas forças nacionalistas, em março de 1927, obrigaram Chiang a reagir, e em abril ele promoveu uma purga sangrenta dos comunistas em Shanghai, Nanking, Cantão e outras cidades. As tentativas de rebelião dos comunistas, em Nan-Ch'ang (em agosto) e Cantão (em dezembro) foram esmagadas impiedosamente.

Tendo assumido pleno controle do partido e do exército, na primavera de 1928 Chiang deu continuidade à expedição ao Norte e, com o apoio de forças adicionais, conseguiu nesse mesmo ano obter um controle básico, mas não completo, de todo o país. No dia 10 de outubro de 1928, instalou-se o governo nacional da República da China, tendo Nanking como capital.

O governo nacionalista

O governo nacionalista, chefiado por Chiang Kai-Shek, passou por duas fases distintas — ou três, se incluirmos o período de Formosa, depois da vitória comunista. A primeira fase corresponde ao período entre a constituição do governo nacionalista, em 1928, até o princípio da Guerra Sino-Japonesa, em 1937. A segunda cobre a Guerra com o Japão e os conflitos crescentes com os comunistas, culminando com a vitória destes, em 1949, e o êxodo maciço para Taiwan (Formosa) de Chiang e das suas forças, com a tentativa de manter naquela ilha um governo chinês não-comunista.

Depois da formação do governo nacionalista, em 1928, Chiang Kai-Shek precisou devotar muito tempo e energia à tarefa de unificar a China. Após algumas tentativas malsucedidas de assegurar por meios persuasivos a aceitação geral do governo nacionalista, o general promoveu uma série de intervenções militares, que por volta de 1930 tinham conseguido um relativo sucesso. Mesmo assim, uma grande parte do país continuava ou só nominalmente sujeita ao governo de Nanking, urbano e litorâneo, ou virtualmente autônoma. E a despeito do seu programa antilatifundiário, para preservar uma influência precária no interior do país era necessário negociar com os grandes proprietários de terras. Por outro lado, sua dependência dos bancos de Shanghai, que financiavam os gastos governamentais, antecipando o recebimento dos impostos, acentuava os traços conservadores do governo e explica também a prevalência das considerações financeiras, que relegavam a industrialização a um plano secundário.

A despeito das intenções reformistas de Chiang Kai-Shek, as realizações efetivas do governo de Nanking, no período que precedeu a Guerra Sino-Japonesa, foram muito modestas. Vários fatores contribuíram para isso, os mais importantes sendo os efeitos negativos da burocratização autoritária do *Kuomintang*, a divisão resultante do antagonismo entre comunistas e nacionalistas e a agressão japonesa, a princípio na periferia setentrional da China, no princípio da década de 1930 e, depois de 1937, sob a forma de guerra aberta.

Para manter seu domínio pessoal autoritário, Chiang se recusou a permitir que a Constituição de Sun Yat-Sen fosse institucionalizada. Governo e partido se fundiram, e este último ficou limitado a seus níveis de direção, reduzindo-se os militantes ao papel de apoio passivo. O ramo executivo do governo era o único que tinha funções relevantes. A intervenção estatal na economia não era apenas excessiva, com um grande número de empresas oficiais, mas sustentava uma ampla corrupção.

Devido ao antagonismo agudo entre comunistas e nacionalistas, cujas origens datavam do período da revolução republicana, Chiang decidiu fazer do combate ao comunismo a maior prioridade do seu governo. De seu lado, o Partido Comunista Chinês passou por uma transformação profunda: em vez de imitar a estratégia revolucionária soviética, como fazia inicialmente, voltou-se para o interior, sob a liderança de Mao Zedong, mobilizando os camponeses e organizando núcleos rurais de resistência, com base na distribuição de terras expropriadas. Esses núcleos rurais comunistas, que se expandiam rapidamente, eram completamente independentes de Nanking, e ofereciam a maior resistência às forças nacionalistas. A agressão japonesa, que começara na Manchúria (invadida em 1931), e nas fronteiras da China setentrional, era muito embaraçosa para o governo de Nanking. A opinião pública exigia uma reação vigorosa contra o Japão, mas Chiang preferia concentrar primeiramente suas forças e seus recursos limitados na eliminação do poder comunista, que ele considerava um pré-requisito para o futuro confronto com o Japão.

O incidente de Sian o obrigou a mudar de rumo. Quando visitava o general Chang Hsüch-Liang, comandante de Sian, em dezembro de 1936, com o objetivo expresso de obter o seu apoio na luta contra os comunistas, Chiang foi detido pelo general, e permaneceu sob a sua guarda de 12 a 25 daquele mês. O general queria repelir a agressão japonesa, em vez de lutar contra os comunistas, e Chiang foi obrigado a concordar com a suspensão da luta contra os comunistas, formando com eles uma frente unida contra o Japão.

A guerra aberta com o Japão começou em 1937, e se arrastou até a derrota japonesa na Segunda Guerra Mundial, em 1945. Durante essa segunda fase do seu governo, Chiang tentou preservar as suas forças, com a intenção de retomar a luta contra os comunistas logo que a guerra terminasse. Depois do início da Segunda Guerra Mundial, e sobretudo depois da entrada dos Estados Unidos no conflito, em 1941, Chiang esperava que o Japão terminasse derrotado pelos americanos, e manobrou para preservar o mais possível as suas forças, prevendo uma futura luta decisiva contra os comunistas, para decidir o futuro da China.

A Guerra Civil

Chiang esperava a derrota do Japão como a oportunidade para usar suas forças, relativamente bem preservadas, e eliminar os comunistas. No entanto, sua força era mais aparente do que real, e na verdade foram os comunistas que o eliminaram. A estratégia vermelha de conquistar o apoio dos camponeses, que representavam 90% da população, lhes garantia recursos inesgotáveis para prosseguir na sua luta.

A inflação, a corrupção, a pouca motivação, a desmoralização crescente e a perda de apoio popular combinaram-se para destruir a capacidade de luta das tropas nacionalistas, enquanto as forças comunistas eram compostas pelas próprias comunidades camponesas, dirigidas por ativistas do Partido Comunista, competentes e com forte motivação.

O emprego de um grande exército regular, em ações realizadas em um amplo território, envolvia um custo muito maior do que o permitido pelas receitas fiscais. Por isso, o governo recorria à emissão de papel moeda, o que provocou uma inflação galopante. Esta, associada à administração descontrolada por parte dos gerentes de um número enorme de empresas estatais, nomeados pelo partido, trabalhando com contratos governamentais, levou a uma corrupção desmedida. Os interesses dos aproveitadores tomava o lugar da motivação política, erodindo seriamente o moral do exército e a sua vontade de combater. Cada vez mais desmoralizado, o governo perdia aos poucos o apoio popular.

De seu lado, os comunistas tinham podido começar a guerra quase que sem qualquer despesa. Os camponeses garantiam ao mesmo tempo a sua própria subsistência e forneciam contingentes para uma guerra de guerrilhas, empregando uma estratégia que evitava o combate direto, provocando baixas no inimigo, cujas armas eram aproveitadas, praticamente sem perder um só homem. Em 1947 os comunistas puderam mobilizar um grande exército, e passaram à ofensiva. Aumentava o território sob seu controle, e em todas as áreas ocupadas a tática de distribuição de terra aos camponeses confirmava o apoio popular e aumentava a força política e militar do Exército Vermelho. Um número cada vez maior de desertores se juntava aos comunistas.

Em 1948, bem equipados com armas e recursos capturados do inimigo, os comunistas lançaram a sua grande ofensiva. Duas batalhas decisivas, em setembro e outubro, nas quais os nacionalistas perderam 40 mil homens — uma parte significativa das suas melhores tropas — lhes permitiu conquistar o Nordeste. No inverno de 1948-1949 houve uma batalha decisiva em Xuzhou, onde os nacionalistas perderam mais de meio milhão de homens. Uma após outra caíram Pequim, Shanghai e Cantão. Percebendo que a sua derrota era irremediável, Chiang tentou salvar o que restava das forças nacionalistas transferindo-as para Formosa, e em primeiro de outubro de 1949 era proclamada a República Popular da China, sob a presidência de Mao Zedong.

A cultura chinesa na primeira metade do século XX

Na primeira metade do século XX a cultura chinesa foi profundamente afetada pelas vicissitudes sofridas pelo país, sujeito externamente a pressões intoleráveis por parte do Ocidente e do Japão, e submetido internamente à derradeira tentativa reformista dos Qing, à revolução republicana de 1911, ao governo nacionalista de 1928, à Guerra Sino-Japonesa de 1937-1945, e finalmente à revolução comunista de 1945-1949, com a influência penetrante das idéias marxistas. Esses acontecimentos recaem em três fases distintas. A primeira década do século XX foi marcada pelas tentativas dos intelectuais confucianos remanescentes de ajustar o seu pensamento à intrusão esmagadora de idéias ocidentais, contribuindo para as desejadas reformas da dinastia Mandchu. A segunda fase, que corresponde aos anos intermediários da primeira metade do século, refletiu a crise profunda por que passava a China, e a angústia que dominava os seus intelectuais, no momento em que os eruditos confucianos eram substituídos por intelectuais educados no Ocidente. A terceira fase, que começa na década de 1930, foi marcada pela rápida erosão da credibilidade do governo de Nanking, o crescimento da força do Partido Comunista e a rápida disseminação das idéias marxistas.

No princípio do século, os intelectuais chineses se preocupavam, filosófica e cientificamente, em incorporar as idéias ocidentais. Yan Fu (1853-1921), que combinava uma educação clássica chinesa com o treinamento científico e técnico adquirido na Grã-Bretanha, publicou em 1898, com seus comentários, a tradução da *Evolution of Ethics*, de T.H. Huxley (*Tianyanluh*) e, entre 1900 e 1910, traduções de *The Study of Sociology*, de Herbert Spencer (*Qunxue Siyan*), *Wealth of Nations*, de Adam Smith (*Yangu*), *On*

Liberty (*Qunjiquan Jielun*), de Stuart Mill e *L'Esprit des Lois* (*Fayi*), de Montesquieu.

Eram abundantes, e muito populares, as traduções de romances ocidentais, assim como as edições de romances chineses escritos segundo os padrões ocidentais. Lin Shu (1852-1924) ficou célebre publicando, no fim do século XIX, uma tradução para o chinês de *Dame aux Camellias*, de Alexandre Dumas. Embora não conhecesse nenhuma língua estrangeira, Lin Shu publicou muitos livros de Walter Scott, Defoe, Dickens, Cervantes, Ibsen e Victor Hugo, baseando suas versões em traduções orais feitas por outras pessoas. Nessa época, foram publicados na China milhares de romances seguindo o padrão ocidental mas mantendo a estrutura chinesa.

A outra corrente da produção intelectual chinesa, nessa época, orientava-se para as propostas de reforma institucional. O modelo favorito era o Japão, que no momento mantinha relações de cooperação com a China. Sua combinação bem-sucedida de modernização operacional inspirada no Ocidente com a preservação da herança cultural e dos valores fundamentais japoneses era considerada a ideal para a China. A *intelligentsia* chinesa passara por uma mudança profunda: no fim do século XIX muitos estudantes viajavam para a Europa e os Estados Unidos, e na China surgiam novas escolas com orientação ocidental, que recebiam mais de 4 milhões de estudantes. O novo reitor da Universidade de Pequim, Ts'ai Yüan-P'ei, educado na Alemanha, apresentou seus estudantes à ciência ocidental e às idéias de reforma.

Na segunda década do século XX, começou uma nova fase na vida intelectual da China. Nessa época o país sofreu a Revolução Republicana de 1911; as 21 exigências japonesas de 1915; a decisão da Conferência de Paz de Versalhes, favorecendo o Japão em prejuízo da China, de 1919; a invasão da Mandchúria pelo Japão, em 1931; a gradual (e depois rápida) deterioração da moral e da reputação do governo de Nanking, prejudicado pela crescente corrupção e pela incapacidade de resistir às agressões japonesas (1932-1936) no Nordeste da China, devido à prioridade de Chiang Kai-Shek, que era o combate ao comunismo. Esses eventos provocavam uma profunda desilusão com as tradições chinesas, criando um clima de desespero e levando a reações muito radicais.

Chen Duxiu (Ch'en Tu-Hsin), que tinha estudado no Japão e na França, lançou uma revista influente, *Hsin Qingnian* (*A Nova Juventude*), para difundir idéias radicais de reforma, enquanto o Novo Movimento Cultural mobilizava nesse sentido a maioria dos estudantes. Os alunos da Universidade de Pequim fundaram um jornal para apoiar as reformas, o *Hsin*

Ch'ao (Nova Onda). Essa mobilização intelectual se converteu rapidamente em mobilização política, reagindo contra a decisão favorável ao Japão, tomada em Versalhes, a respeito das antigas concessões alemãs em território chinês. Em 1919 houve um Pequim um violento distúrbio estudantil, que antecipou a formação naquele ano do Movimento 4 de Maio, e as propostas reformistas foram substituídas por metas revolucionárias.

A crescente aceitação das idéias marxistas e o apoio cada vez maior ao Partido Comunista e ao seu Exército Vermelho, na guerra civil de 1945-1949, foram as conseqüências previsíveis da radicalização da *intelligentsia* chinesa, diante da desmoralização do governo de Nanking, que aumentava regularmente.

Lu Xun (1881-1936), tradutor de Gogol, Plekhanov e Lunatcharski, crítico severo do *Kuomintang*, passou a ser uma referência básica nos textos de propaganda de Mao Zedong sobre o marxismo, durante o seu período de Yan'an. A maioria desses textos, tendo sempre em vista objetivos práticos, foi escrita entre 1940 e 1949, e estão reunidos nas *Obras selecionadas de Mao Tsé-Tung (1961-1977)*.

j) A República Popular

A consolidação do poder (1949-1958)

Para garantir o controle do país, o Exército Popular de Libertação se espalhou por todo o território da China, que foi dividido inicialmente em seis regiões administrativas militares, cada uma delas governada por uma comissão militar — sistema mantido até 1954. Em 1949 reuniu-se a Primeira Conferência Consultiva Política do Povo Chinês, como principal órgão consultivo, sendo adotado o Programa Comum, de caráter gradualista.

Para assegurar a estabilidade e continuidade administrativas, o novo governo manteve as autoridades locais do regime anterior (cerca de 2 milhões de pessoas), e a mesma política foi aplicada às empresas. Na economia, a prioridade mais importante era controlar a inflação, reduzida prontamente a 15% ao ano, o que foi conseguido por três meios: a) a nacionalização de todo o sistema bancário; b) a criação de associações nacionais de comércio para cada um dos principais produtos de consumo, de modo a garantir seu suprimento regular; e c) a fixação dos salários em termos de produtos básicos de consumo, para evitar oscilações de preço.

Um esforço especial foi dirigido para a reconstrução das ferrovias e das linhas de navegação. No campo internacional, em 14 de fevereiro de 1950 foi assinado um Tratado de Amizade, Aliança e Assistência Mútua com a Rússia Soviética.

O novo regime foi bem recebido nas cidades, devido à sua disciplina e aos compromissos patrióticos. Para ajustar a máquina administrativa existente, o governo deu início a uma "campanha de limpeza", baseada nos três "Anti": campanha contra a corrupção, o desperdício e a burocracia, e nos cinco "Anti": contra o suborno, a evasão fiscal, o roubo da propriedade do Estado, as trapaças com o material ou o trabalho executado e o desvio da inteligência econômica do Estado. Essas campanhas serviram para controlar as fábricas e expropriar os capitalistas.

A intervenção da China na Guerra da Coréia, em outubro de 1950, representou um custo elevado, na fase inicial de reconstrução em que se encontrava o país. Cerca de 2,3 milhões de soldados (dois terços do exército chinês) foram mobilizados e conseguiram deter o avanço das tropas norte-americanas rumo ao rio Yalu. O sucesso da intervenção chinesa reforçou o apoio de toda a nação ao novo regime.

As campanhas dos três "Anti" e dos cinco "Anti" mobilizaram o país, particularmente nas cidades, reforçando o sentimento de lealdade, eliminando adversários e abrindo a oportunidade para a incorporação de novos membros ao Partido Comunista Chinês, que cresceu de 2,7 milhões em 1947 para 6,1 milhões em 1953.

A Lei de Reforma Agrária de junho de 1950 iniciou a primeira reforma no campo. Grupos de militantes percorriam as aldeias e treinavam os camponeses no ataque aos grandes proprietários de terra. O julgamento público e a execução sumária desses proprietários estavam na ordem do dia, e milhões de pessoas foram mortas.

Em 1954 foi adotada uma nova Constituição, baseada na Constituição de Stalin, de 1936, que tomou o lugar do Programa Comum e pôs um fim à democracia. Criou formalmente o Governo Central Popular, presidido por Mao e tendo Zhou Enlai como primeiro ministro, fortalecendo o Conselho Administrativo do governo e os seus 50 ministérios. O Conselho Administrativo passou a ser o braço executivo do partido, composto por seus membros. Foi instituída a função de Chefe de Estado, conferida a Mao. Os militares e os serviços de segurança pública foram colocados sob o controle do partido. O Exército, subordinado à Comissão de Assuntos Militares, era comandado por Mao, e competia ao Partido, e ao Ministério da Segurança Pública, zelar por esse setor. Com todo o Partido e a máquina estatal sob o controle de Mao, uma série de Congressos Populares foram instituídos nos níveis provincial e local, sujeitos a uma hierarquia de responsabilidade, tendo acima deles o Congresso Nacional Popular. Um plano qüinqüenal (1953-1957) de inspiração soviética, com ênfase na criação da indústria pesada, foi aprovado formalmente em 1955, embora já estivesse sendo executado parcialmente. Os soviéticos tinham concedido à China um empréstimo no valor de 300 milhões de dólares, que foi utilizado até 1956; um empréstimo adicional para o desenvolvimento, menor, foi concedido em 1954 e utilizado até 1956. Dentro dos acordos bilaterais entre os dois países, os soviéticos forneceram equipamento e assistência técnica em escala considerável. Durante os três anos (1952-1954), criou-se uma poderosa organização estatal para administrar o plano de desenvolvimento.

Uma segunda reforma agrária foi levada a cabo, coletivizando a agricultura. Inicialmente, foram criadas pequenas fazendas coletivas, com 20 a 30 famílias, medida que contou com amplo apoio dos camponeses. Cada família recebia pagamentos que refletiam a área total de terra recebida pela cooperativa e o trabalho realizado. Por decisão de Mao, em julho de 1955 foram instaladas cooperativas agrícolas de nível mais elevado, sem o direito de retirada e com pagamentos feitos pelo trabalho efetuado. Os camponeses mais pobres e sem terra para cultivar apoiaram a iniciativa, que os agricultores mais ricos foram obrigados a aceitar.

A coletivização foi também imposta no setor industrial, com a transferência para o Estado do controle sobre as fábricas. Os proprietários foram forçados a concordar, tornando-se meros empregados das suas antigas fábricas.

Em 1957 a socialização da economia já era uma realidade, apresentando algumas tensões mas de modo geral funcionando regularmente. A população urbana cresceu muito, de 77 milhões em 1953 para quase 100 milhões em 1957.

Nesse ponto, restavam três problemas importantes a serem enfrentados. O primeiro com respeito à produção agrícola, que era insuficiente para produzir os saldos exigidos pelo programa de desenvolvimento. O segundo dizia respeito ao Partido Comunista Chinês, que não dispunha de membros suficientes para administrar a economia controlada pelo Estado. Finalmente, a China precisava repagar os empréstimos soviéticos, o que gerava um déficit no balanço de pagamentos com a União Soviética.

As Cem Flores

No princípio de 1956, Mao lançou a política denominada "Que Floresçam Cem Flores", convidando os intelectuais a criticar livremente as políticas governamentais. A idéia era atrair a sua participação nos projetos de desenvolvimento do partido, contribuindo assim para aumentar o número de membros. No entanto, o efeito foi o oposto, já que a liderança comunista foi atingida por uma imensa onda de críticas.

Em conseqüência, o partido retomou a linha autoritária, e centenas de milhares de pessoas qualificadas foram declaradas "inimigos do povo", e punidas. A experiência reforçou a suspeita com que Mao via os intelectuais, intensificando a tendência para o fundamentalismo partidário, às custas da competência individual, e antecipando o que aconteceria mais tarde, em uma escala gigantesca, durante a Revolução Cultural.

O Grande Salto para a Frente

À medida que o problema da necessária aceleração do ritmo de desenvolvimento continuava sem solução, Mao decidiu (em 1958), depois do fracasso da política das "cem flores", lançar um movimento ousado nesse sentido, com o programa do "Grande Salto para a Frente". O contraste com a Rússia soviética proporcionava uma forte motivação: enquanto em 1950 a China tinha quatro vezes a população da União Soviética em 1920, seu padrão de vida era só a metade. Entre 1952 e 1957 a população rural da China aumentara em 9%, e a população urbana em 30%. Portanto, alcançar os soviéticos exigia um salto gigantesco. Mao decidiu assim promover uma mobilização em massa da força de trabalho rural para aumentar a área cultivada, dobrando a produção e criando uma indústria rural, com a multiplicação em todas as aldeias de unidades produtivas de pequena escala. Os ativistas rurais que tinham participado da reforma agrária foram convocados para executar as várias tarefas previstas pelo novo programa.

Em toda a zona rural regimentos de lavradores foram organizados e postos a trabalhar; em formação militar, com bandeiras e tambores, dedicando-se a tarefas como a construção de diques, a abertura de canais de irrigação, a recuperação de terras para o cultivo, o plantio, semeadura e colheita, assim como a instalação de pequenas unidades industriais, em especial milhares e milhares de pequenos fornos para fundir minério de ferro. No fim de julho de 1958 cerca de 50 mil desses "fornos de quintal" tinham sido construídos, e no fim do ano esse número chegava a 1 milhão. Os relatórios sobre os resultados do programa eram extraordinários, indicando que em toda parte a produção tinha dobrado; assim, o governo podia contar com o dobro da produção, para suprir as cidades e para exportar.

Em 1959, depois da esplêndida colheita do ano anterior, o mau tempo provocou uma colheita fraca, e viu-se que os relatórios que mostravam resultados extraordinários eram totalmente falsos. Com efeito, os camponeses estavam sofrendo de séria desnutrição, pois o alegado excedente de produção recolhido pelo governo na verdade não existia, e era retirado do consumo do homem do campo. Em julho de 1959, um dos principais comandantes do Exército, o marechal Peng Dehai, relatou esses fatos a Mao em uma reunião dos líderes do Partido. Mao, porém, interpretou essa denúncia como um ataque pessoal, e uma traição à causa, demitindo-o imediatamente. Apoiado pelos sicofantas, ordenou a continuação do programa.

No ano seguinte, 1960, o desastre do "Grande Salto" não podia mais ser ocultado. É verdade que alguns resultados importantes tinham sido alcançados, como a construção de novos diques, a abertura de canais de irrigação e a recuperação de terras para plantio. No entanto, o volume real da produção agrícola tinha sido exagerado, e por isso o estoque destinado ao consumo da população rural foi desviado, gerando a fome em muitas áreas. Além disso, a maior parte dos produtos das pequenas unidades industriais não podia ser utilizada, razão da sua má qualidade. O fracasso do "Grande Salto para a Frente" afetou as cidades e comprometeu a produção industrial. Em 1961 houve uma queda na produção de mais de 25%, e o desemprego urbano significou o retorno forçoso ao campo de trinta milhões de pessoas residentes nas cidades.

A situação crítica provocada pelo fracasso colossal do "Grande Salto" tornou imperativas medidas severas de correção. Em outubro de 1960, a Comissão de Assuntos Militares — e em janeiro de 1961 o Comitê Central do partido — adotou uma série de medidas destinadas a restaurar a segurança e reorganizar a economia do país. Liu Biao assumiu o comando do Exército, enfatizando a disciplina e a lealdade ao regime. Em janeiro de 1962 Mao Zedong transferiu a direção administrativa do estado para Liu Shaoqi, que em 1959 tinha sido nomeado presidente da República Popular. Como secretário-geral do partido, Deng Xiaoping recebeu uma parte importante das responsabilidades operacionais.

Sob Liu e Deng, foram efetuados alguns ajustes importantes na administração pública. As comunas ficaram reduzidas a uma terça parte do seu tamanho original, para torná-las mais administráveis e para criar um vínculo mais estreito entre o trabalho desenvolvido pelos camponeses e a remuneração que recebiam. Houve um retorno parcial à lavoura individual. Na indústria, reforçou-se a responsabilidade e a autoridade dos gerentes. De modo geral, o período entre 1961 e l.965 foi caracterizado por decisões realistas, com a criação de incentivos para melhorar a produtividade e expandir a produção.

Entrementes, as relações com a União Soviética pioraram consideravelmente. Os chineses não concordavam com a política de desestalinização adotada por Kruschev, que considerava Mao um utopista romântico. Em 1960 cessou completamente a assistência e a cooperação da União Soviética com a China, que reagiu aumentando a crítica ao revisionismo soviético.

A Revolução Cultural

A Grande Revolução Cultural Proletária lançada por Mao em 1996 revolucionaria a China, levando-a em dez anos quase à sua morte. Não é fácil compreender o propósito desse evento extraordinário, ou a medida em que ele, com seus múltiplos aspectos e ocorrências, correspondeu efetivamente às intenções de Mao. Surpreende também que o regime tenha podido sobreviver a esse verdadeiro terremoto sociopolítico, e não só isso mas que tenha nesse período produzido a bomba de hidrogênio (1967), reorientado decisivamente sua política externa (com a visita de Nixon a Pequim, em 1972) e, depois da morte de Mao, tenha ressurgido em pouco tempo dos destroços de uma década caótica, com Deng Xiaoping reabilitado.

As origens da Revolução Cultural estão relacionadas com os eventos que se seguiram ao fracasso do "Grande Salto" e à transferência feita por Mao da direção operacional do Estado para o novo presidente Liu Shaoqi, e para Deng Xiaoping. Há três aspectos desse período, entre 1961 e 1966, que precisam ser acentuados. O primeiro diz respeito ao *status* pessoal de Mao. Aos olhos de muitos dos líderes partidários, seu prestígio como o "Grande Timoneiro" da revolução se debilitara consideravelmente. É verdade que toda a liderança política se tinha comprometido com a adoção e implementação daquela política, mas é também verdade que Mao tinha sido o seu inspirador, e depois tinha-se recusado teimosamente a reconhecer os maus resultados alcançados, mesmo quando eles já eram claramente visíveis. Contrastando com o declínio da sua autoridade no nível superior do partido, a imagem popular de Mao não foi prejudicada seriamente pelos resultados negativos do "Grande Salto", e a promoção feita por Liu Biao do fortalecimento da sua popularidade foi um tremendo sucesso, tornando-o objeto de um culto de personalidade, com a distribuição do pequeno livro vermelho contendo a síntese do seu pensamento — a princípio para os soldados, mais tarde para toda a população. Sua figura heróica e paternal o distinguia dos burocratas do partido, que não gozavam de popularidade. Assim, havia um hiato crescente entre a relativa perda de autoridade de Mao no grupo reformista da liderança partidária, que na época controlava o Estado, e sua poderosa imagem popular.

O segundo aspecto importante a ser enfatizado, no contexto dos já mencionados, é o fato de que, a despeito dos fracassos das políticas anteriores, Mao mantinha sua convicção profunda de que, com a necessária capacidade de mobilização, uma idéia clara do objetivo a ser alcançado e a determinação de atingi-lo, seria possível reformar a sociedade e reconstruí-la de forma igualitária ideal, sem distinções de classe ou diferenças entre o campo e a cidade.

Na opinião do autor, foi uma combinação desses três aspectos que deu a Mao a idéia de mobilizar a população estudantil, que não estava comprometida com o *status quo* e que poderia ser conduzida facilmente por ele para atacar os burocratas e a "nova burguesia" composta pelas autoridades acadêmicas, derrubando nesse processo os novos líderes do partido, Liu Shaoqi e Deng Xiaoping.

O Exército, comandado por Liu Biao, teve um papel crucial nesse movimento, fornecendo soldados e facilidades para mobilizar, transportar e acomodar grandes contingentes de estudantes enviados a Pequim e a outras cidades que lhes eram propostas como alvo dos seus ataques, preservando ao mesmo tempo o único sistema remanescente de autoridade e ordem pública. Estudantes secundários e universitários, ajudados por jovens professores, formavam o grosso dos Guardas Vermelhos, que atacavam diretamente as vítimas escolhidas, individuais ou coletivas. A orquestração do movimento, sob a direção geral e a autoridade pessoal de Mao Zedong, cabia ao que ficou conhecido mais tarde como a "Gangue dos Quatro", sediada em Shangai: Liu Biao, como comandante do Exército; a atriz Jiang Qing, esposa de Mao, envolvida na escolha dos novos padrões artísticos oficiais; e os ideólogos Kang Shang e Chen Boda. Depois dos excessos praticados em 1967, o movimento ficou sujeito a um certo controle, especialmente a partir de 1969, com as campanhas contra os ultra-esquerdistas e a sujeição dos Guardas Vermelhos à supervisão do exército. O XII Congresso Plenário de outubro de 1968 depôs Liu Shaoqi e confirmou Liu Biao como o sucessor de Mao, e no ano seguinte o Nono Congresso do partido adotou um novo estatuto, tendo Mao como presidente e Liu Biao como vice-presidente e sucessor designado.

Embora tenha terminado oficialmente em abril de 1969, até a morte de Mao, em 1976, Revolução Cultural continuou com suas ações terroristas, sob a orientação dos "Quatro", usando agora outros meios e não mais a mobilização estudantil maciça. No entanto, sob a liderança de Zhou Enlai, foram feitos alguns esforços para reorganizar o país e a sua economia, a despeito dos ataques anticonfucionistas dirigidos contra ele. Foi Zhou Enlai que propôs então as "Quatro Modernizações", que depois seriam implementadas por Deng Xiaoping — na agricultura, na indústria, na ciência e na tecnologia e na defesa.

Em setembro de 1971 Liu Biao morreu misteriosamente em um acidente de aviação, quando alegadamente tentava escapar para a União Soviética, depois de uma tentativa frustrada de assassinar Mao. Seguiu-se ao episódio uma ampla purga no exército.

Deng Xiaoping foi restaurado como membro da liderança política em 1973, sob a influência de Zhou Enlai, que estava lutando contra um câncer e queria que Deng o sucedesse como primeiro-ministro. Depois da morte de Zhou, em janeiro de 1976, a Gangue dos Quatro proibiu qualquer manifestação oficial de luto, e conseguiu afastar Deng uma segunda vez. A despeito dessa banição, porém, centenas de milhares de pessoas se reuniram na praça *Tiananmen*, em abril, no dia de comemoração dos mortos, para pagar seus respeitos à memória de Zhou.

Em julho um grande terremoto matou meio milhão de pessoas a Leste de Pequim, o que foi interpretado popularmente como uma condenação pela natureza do grupo dirigente. Mao faleceu em 9 de setembro de 1976, e Hua Guofeng, o chefe de polícia, foi nomeado presidente interino, mas a reação contra a Gangue dos Quatro se tornou incontrolável. Em outubro eles foram presos, e em 1978 Deng Xiaoping retornou ao poder, posição que manteria até a sua morte, em 1996.

O período Deng

A herança de Mao

Deng Xiaoping (1904-1996) reassumiu sua posição de liderança no Partido Comunista Chinês e no governo de modo quase informal. Ele tinha sido reeleito vice-primeiro ministro pelo XI Congresso, em agosto de

1977, quando Hua Guofeng foi designado presidente. Deng manobrou com sucesso para nomear homens de sua confiança para as posições chave: Zhao Ziyang como primeiro-ministro e Hu Yaobang como secretário-geral do Partido, enquanto ele próprio ficou com a função mais modesta de vice-primeiro ministro.

De fato, porém, combinando persuasão, a negociação de um consenso e uma ampla e eficiente rede de membros que o apoiavam nos níveis elevados do partido, Deng governou o país quase até a sua morte, em setembro de 1996, embora em 1987 tivesse renunciado a maior parte dos seus cargos oficiais, e no fim da vida seu papel fosse mais simbólico do que ativo.

Coube a Deng introduzir amplas reformas, que transformaram um partido ideológico em pragmático, e um Estado totalitário e arbitrário em alguma coisa próxima de um Estado respeitador da lei; uma economia estatizada em uma economia basicamente de mercado, sob o rótulo de "socialismo de mercado".

A herança deixada por Mao era complexa e contraditória. Mao tinha realizado alguns feitos extraordinários: conquistando o poder a partir de uma base camponesa, unificou a China, rigorosamente, sob o domínio incontroverso do Partido Comunista, mobilizando as grandes massas para os seus objetivos com a força do seu apelo pessoal e da sua autoridade; exerceu total controle econômico, cultural e político sobre a maior sociedade do mundo, transformando uma cultura confuciana clássica, orientada pelo passado, em uma cultura de massa orientada para o futuro. No entanto, devido ao seu caráter utópico e à profunda convicção de que era possível converter a China em uma sociedade ideal sem classes, sem distinções de educação ou diferenças entre a população urbana e rural, conduziu o país a um Estado de anarquia próximo de uma completa ruptura, e nesse processo vitimou brutalmente centenas de milhões de indivíduos. John King Fairbank[26] calcula que mais de meio milhão de pessoas foram acusadas arbitrariamente de "direitistas"; vários milhões foram qualificadas de "elementos anti-socialistas", 3 milhões de funcionários e membros do partido foram condenados injustamente; no total, cerca de cem milhões de pessoas foram vitimadas pelo maoísmo, particularmente durante a Revolução Cultural.

Confrontados com uma herança de tal modo contraditória, os sucessores de Mao decidiram projetar dele uma dupla imagem, diferenciando a fase boa anterior, mais longa e mais importante, da fase posterior, maléfica dada a influência negativa da "Gangue dos Quatro". Mao foi o fundador e o inspirador da Nova China, mas os seus sucessores precisaram consertar seus últimos erros e garantir, com uma administração eficiente e honesta, a transformação da China em uma boa sociedade moderna.

As reformas de Deng

Durante a fase mais ativa da sua liderança, entre 1978 e 1988, Deng conseguiu introduzir amplas reformas que mudaram completamente o caráter do país e da sua classe dirigente, adotando e implantando as Quatro Modernizações de Zhou Enlai — na agricultura, na indústria, na ciência e na tecnologia e na defesa.

Começou por admitir os erros do passado e reabilitar, em alguns casos postumamente, como no caso de Liu Shaoqi, a maior parte das vítimas das arbitrariedades cometidas. Procurou também reformar o Partido Comunista, no qual, dada a influência de Mao, predominavam os membros com pouca educação. Embora não tenha conseguido expulsar muitos deles, conseguiu atrair pessoas qualificadas. Se antes de 1981 só 25% dos líderes partidários tinham formação universitária, em 1984 essa proporção já era de cerca de 50%. O mesmo processo aconteceu no exército, juntamente com uma redução significativa dos seus efetivos.

No partido e no governo a liderança coletiva tendia a eliminar as decisões arbitrárias, submetendo as deliberações a um processo racional de discussão. Deu-se força ao princípio da soberania da lei, embora o país ainda não conte formalmente com um poder judiciário independente.

Na área internacional, Deng abriu o país, tanto em termos políticos como econômicos, encetando uma política de coexistência pacífica. As relações com os países ocidentais passaram a ser cooperativas e consensuais, atribuindo uma grande ênfase à absorção de tecnologia e investimentos. O governo chinês reiterou sua determinação de incorporar à China os enclaves coloniais remanescentes, tais como Hong Kong e Macau, e região autônomas como Taiwan. Para esse fim, enfatizou a adoção de meios pacíficos e a preservação das características dessas regiões, com a aplicação do princípio "Um país, dois sistemas". A incorporação solene de Hong Kong, em primeiro de julho de 1997, demonstrou praticamente como esse princípio seria observado.

As reformas de Deng tiveram importância especial no domínio econômico, com mudanças profundas na agricultura e na indústria, que deram resultados extraordinários. A partir de 1980 a China ingressou em um longo processo de rápido crescimento cumulativo, da ordem de 10% ao ano. Nos dois setores a diretriz adotada foi o "socialismo de mercado" – ou seja, um regime que estabelecia uma relação direta e eqüitativa entre o trabalho e o salário, a produção e a sua recompensa, o investimento e o lucro. A coletivização rural foi substituída pelo sistema da responsabilidade pela produção. Em lugar das antigas grandes comunas ou brigadas, foram organizados pequenos grupos de produção, com 25 a 40 famílias, para cultivar um campo determinado em condições estáveis, levando ao mercado a sua produção. Na indústria, os gerentes receberam a maior parte da responsabilidade que cabia outrora aos comitês partidários. As indústrias estatais passaram a ser administradas na base de lucros e perdas, de acordo com o mercado, e grandes setores industriais foram privatizados.

O progresso no campo da ciência e da tecnologia ressalta entre as maiores realizações da era Deng. Sob a orientação intelectual da Academia Chinesa de Ciências e a coordenação da Comissão de Ciência e Tecnologia, os chineses adotaram um sistema de trabalho que descentralizou as atividades de pesquisa em mais de 5 mil institutos especializados e departamentos universitários. O objetivo era evitar duplicação desnecessária, ao vincular a pesquisa à produção. Os resultados nos campos da tecnologia espacial, biologia aplicada e saúde pública, entre outros setores, têm sido extraordinários. Embora ainda procure atrair tecnologia do Ocidente e do Japão, a China tornou-se um exportador importante de *know-how*, especialmente para os países do Terceiro Mundo.

O problema da democracia

Os líderes chineses preocuparam-se seriamente com os resultados negativos da política de *glasnost* e *perestroika* de Gorbachev. A lição foi a de que um Estado comunista que quisesse modernizar-se deveria preservar sua autoridade política central e o poder de comando, para poder abrir a economia de forma ordenada.

Segundo Deng, o princípio do socialismo de mercado exigia a manutenção do poder e da autoridade política do Partido Comunista. Só quando se alcançasse um nível satisfatório de desenvolvimento e liberalização econômica seria possível dar início a um processo correspondente de liberalização política.

No entanto, a posição de Deng encontra certas dificuldades práticas, resultantes do fato de que os agentes econômicos independentes tendem a pressionar pela sua autonomia política. Ainda mais importante é a circunstância de que o processo da ocidentalização cultural em escala crescente, como se vê na China contemporânea, contém uma demanda de democracia política.

O trágico episódio de Tiananmen, em 4 de junho de 1989, quando um número grande mas não revelado de estudantes rebeldes, que queriam impor uma democracia inspirada no modelo norte-americano, foi massacrado pelo exército, é uma demonstração das terríveis contradições dessa posição.

A morte de Deng Xiaoping, em 1996, não interrompeu a realização do seu projeto, baseado nas Quatro Modernizações, na idéia do socialismo de mercado e no princípio de um só país com dois sistemas, ou na preservação do poder e da autoridade central do Partido Comunista como condição para um processo ordenado e eficiente de liberalização e modernização da economia. Com o presidente Jiang Zemin (desde 1993) e o primeiro-ministro Li Peng (desde 1987), substituído este último, em 1998, por um líder mais pragmático, Zhu Ronggi, os sucessores de Deng Xiaoping estão tendo êxito em manter e implementar sua política, adaptando-a às novas circunstâncias, à medida que isso se faz necessário. No entanto, enfrentam ainda as mesmas tensões, e ao tentar consolidar o seu poder, Jiang Zemin está procurando introduzir um toque pessoal na continuação das políticas de Deng, enfatizando a estabilidade em contraste com as reformas, e reforçando o controle político do Partido Comunista.

IV
Surgimento da Civilização

Aspectos gerais

Das civilizações que emergiram diretamente de um período neolítico precedente, a chinesa é a única que durou até os nossos dias. Seu processo de formação envolveu o desenvolvimento da cultura neolítica *Lungshan*, a legendária dinastia Xia, a emergência da Idade do Bronze e a formação, com a dinastia Shang, do núcleo original dessa civilização, bem como, sob os Zhou ocidentais, do primeiro Estado chinês.

A partir do princípio da agricultura na China, no período aproximado entre os anos 8 mil e 5 mil a.C., podemos estabelecer a seguinte cronologia básica:[27]

5.000 - 3.000 a.C. Cerâmica pintada *Yangshao*
3.000 - 2.200 Cerâmica negra *Lungshan*
2.200 - 500 Idade do Bronze
2.200 - 1750 Xia
 1750 - 1040 Shang
 1100 - 256 Zhou
  600 - 500 Início da Idade do Ferro

O período correspondente aos três últimos milênios da cronologia de Fairbank pode também ser apresentado da seguinte forma, segundo Glyn Daniel:[28]

2.500 - 2.100 a.C. Proto-Shang (fase neolítica)
2.100 - 1750 Shang primitivo
 1750 - 1400 Shang intermediário, período dinástico
                 primitivo
 1400 - 1100 Shang tardio

O surgimento do núcleo original da civilização chinesa foi condicionado por quatro fatores cruciais, relacionados com o desenvolvimento da cultura neolítica *Lungshan* e o princípio da Idade do Bronze. O primeiro foi um aumento substancial da população nas planícies férteis da China setentrional, no começo do terceiro milênio a.C., com a proliferação de aldeias, processo que levou à formação de uma autoridade central, com a legendária dinastia Xia. O segundo fator crucial foi o desenvolvimento de uma tecnologia para produzir altas temperaturas nos fornos de cerâmica do período do estilo negro de *Lungshan*. O terceiro foi a adaptação dessa tecnologia à fundição do cobre e do bronze, no período Proto-Shang ou Xia tardio. O fator final, decisivo, foi a emergência da dinastia Shang, com a invenção da escrita, as cidade cercadas de muralhas, as crenças mágico-religiosas e um exército real.

A sociedade Shang

O povo Shang era composto de agricultores, que trabalhavam nas condições favoráveis existentes na época nas férteis planícies da China setentrional, cultivando cevada, trigo, milho e sorgo e criando porcos, cães, bois e ovelhas. Suas cidades eram construídas nas margens dos rios, que proporcionavam os principais meios de transporte. O povo Shang desenvolveu um artesanato brilhante, que incluía a escultura em pedra, jade, marfim, osso e conchas, assim como a cerâmica. Trabalhava a madeira, fabricava ornamentos de ouro e dominava a metalurgia do cobre e do bronze. Muitas das suas peças de bronze, da melhor qualidade, continham inscrições com breves referências a eventos, o nome de clãs ou expressões votivas. Os resíduos dessa inscrições do período Shang, em bronze, conchas ou ossos — centenas de milhares de peças — são objeto de um ramo especial da arqueologia e da epigrafia chinesas, que contam com centenas de especialistas dedicados a decifrá-las. Segundo alguns estudiosos, a primeira escrita pictográfica chinesa foi desenvolvida de forma independente no período neolítico, no terceiro milênio a.C., passando por um rápido desenvolvimento sob a dinastia Shang, quando foi incorporada à vida urbana.

A sociedade Shang estava dividida em dois estratos principais — os nobres guerreiros, ajudados por escribas e sacerdotes shamanísticos, e os habitantes das aldeias, lavradores e artesãos. Cercados por uma aura mágico-religiosa, os monarcas eram chefes militares, altos sacerdotes e governadores civis. Os processos divinatórios, com a "leitura" de escápulas, eram um procedimento padrão nas decisões reais. Os cultos do deus supremo *Ti* (Senhor) e dos ancestrais dinásticos constituíam o núcleo da religião Shang, e o fundamento ideológico da legitimidade real. Um grande exército, comandado por guerreiros nobres, usando carros de dois cavalos, tripulados por três homens — o cocheiro, um guerreiro armado de espada e outro com arco e flechas — garantiam a autoridade do rei e a defesa das cidades contra os nômades bárbaros.

Ao longo do tempo, os Shang tiveram várias capitais — seis, segundo a lenda. A última delas, fundada pelo rei P'an Keng em 1384 a.C., foi Anyang. As cidades Shang eram bem planejadas, com uma cidadela, casas quadradas, armazéns e cemitérios. Os túmulos reais continham também ossos de vítimas humanas, prisioneiros de guerra ou membros da corte sacrificados em homenagem ao monarca falecido. A organização política da sociedade se baseava nos laços familiares, mediante uma rede de clãs reais ou nobres, que formava um amplo sistema de aldeias subordinadas e tribos vassalas.

Conchas eram usadas como dinheiro, sendo utilizadas também para fins ornamentais. Eram reunidas em grupos de cinco, amarradas com um cordão, e um par desses conjuntos constituía um *p'eng* — dez unidades, pois os Shang usavam um sistema decimal, e contavam o tempo em unidades de dez e cem dias.

Zhou ocidental

Os Zhou eram originalmente uma pequena tribo originária do Norte, que se instalou no vale do rio Wei, como vassalos dos Shang. Com o tempo, tornaram-se cada vez mais fortes e por fim puderam dominar os Shang, por volta do ano 1040 a.C. Os dois lados mobilizaram as aldeias dependentes, estimadas em cerca de oitocentas, para compor os respectivos exércitos. Vitoriosos, os Zhou construíram uma nova capital em Xi'an. Mas, embora derrotados, os Shang não foram extintos, e preservaram em boa parte a sua legitimidade, o que pode explicar, com outras circunstâncias, o processo que se seguiu, de fusão das respectivas elites.

A expansão do poder dos Zhou prosseguiu nas áreas dos rios Han e Yangtze e com a derrota dos nômades do Noroeste. Foram eles os fundadores do primeiro Estado chinês, criando uma espécie de regime feudal que investia os filhos dos monarcas com o poder de governar mais de 50 Estados vassalos. Como acontecia com os Shang, o parentesco continuava a ser a base da organização política, mas os Zhou criaram a doutrina do mandato celestial, que deveria fundamentar a cultura política chinesa: a crença no mandato celestial superava o culto dos ancestrais dinásticos, sem contudo eliminá-lo. Os céus eram vistos como uma divindade impessoal (*Tian*), cujo mandato (*tianming*) podia ser atribuído a qualquer família merecedora, pelo seu valor moral. A doutrina implicava a observância das regras morais pelos governantes, para que merecessem o mandato dos céus.

Os Zhou difundiram a cultural da planície central (*zhongyuan*), os rituais e a escrita chinesa. Sua influência abrangia os povos seminômades do Norte, do Nordeste e do Noroeste, assim como as tribos da China meridional. Gradualmente, pelo casamento, aculturação e o início do governo burocrático, os Zhou criaram os Estados Beligerantes do período seguinte. A influência e a predominância dos Zhou era basicamente cultural, e consistia na disseminação da cultura que se tornaria o fundamento da civilização chinesa.

Emergência da civilização

Como mencionamos no primeiro tópico desta seção, com a dinastia Shang a cultura neolítica *Lungshan* se converteu no núcleo da civilização chinesa. Como aconteceu isso? Os especialistas estão de acordo em que o processo não envolveu qualquer interferência externa violenta, mas foi uma transição de dinastias nativas que chegaram ao poder pela guerra, durante um longo período de evolução gradual da sua cultura.

Como também já mencionamos, quatro fatores cruciais precisam ser levados em conta. O primeiro foi o aumento significativo da população e do número e tamanho das aldeias nas férteis planícies da China setentrional, no princípio do terceiro milênio a.C. É muito provável que um crescimento demográfico substancial tenha induzido um processo de sinecismo, de amálgama de centros urbanos, semelhante ao ocorrido no vale do rio Índus. A formação de cidades maiores, dentro do mesmo sistema cultural, implicava a criação de vínculos de subordinação entre esses centros, gerando assim a formação de uma autoridade central — a legendária dinastia Xia.

O segundo fator importante foi o desenvolvimento, na transição da cultura *Yanshao* para a *Lungshan*, de uma tecnologia que permitia alcançar altas temperaturas nos fornos de cerâmica, condição necessária para produzir a cerâmica negra característica. O terceiro fator foi a aplicação dessa mesma tecnologia para a fusão do cobre e a fabricação do bronze. Este último foi um elemento crucial na transformação da cultura neolítica em uma cultura da Idade do Bronze, por um longo estágio calcolítico, de transição. O cobre e o bronze — que é uma liga de cobre e estanho — aparecem quase simultaneamente na cultura *Lungshan* tardia. Outro aspecto surpreendente é o fato de que a produção de bronze não demorou a produzir a fundição de objetos de grande sofisticação, como belos vasos e armas.

Não se sabe como a cultura *Lungshan* tardia adquiriu essa competência metalúrgica, começando a fabricar os mais delicados vasos de bronze depois de tão pouco tempo. Essa questão tem levado alguns especialistas a acreditar em um processo de difusão da respectiva tecnologia a partir do Oriente Próximo, onde essas técnicas estavam solidamente estabelecidas. No caso da China, contudo, não há indicações da influência de povos estrangeiros na cultura *Lungshan*. Hoje, o ponto de vista prevalecente é o reconhecimento do caráter endógeno do advento da Idade do Bronze na cultura Lungshan tardia, admitindo embora que um certo conhecimento da metalurgia do bronze possa ter vindo do oeste.[29]

O desenvolvimento da metalurgia do bronze exigia uma organização social baseada em uma forte autoridade central, e isso gerou as condições para a emergência da dinastia Shang, pois era necessário um sistema estatal para supervisar o processo complexo que começa com a mineração, nas condições trabalhosas daquela época, passa pela fase da fundição, exigindo decisões sobre o tipo de objeto a ser fabricado, e finalmente chega à imposição de uma forma ao bronze e à distribuição dos produtos finais. A emergência da Idade do Bronze levou à formação de uma linha real histórica — a dinastia Shang — e ela criou as condições sociais para o desenvolvimento da sociedade da Idade do Bronze, e o núcleo da civilização chinesa. Com os Zhou e a subseqüente fusão das elites Zhou e Shang foi criado o primeiro Estado na China.

V
Desenvolvimento

a) Introdução

Aspectos gerais

O desenvolvimento da civilização chinesa é um fenômeno sócio-histórico singular e tem sido o mais longo processo civilizatório contínuo até o presente, o qual, com altos e baixos, e uma série de ajustes, manteve suas características básicas ao longo de 3 mil anos de história.

Como dissemos na introdução a este capítulo, a característica fundamental da civilização chinesa é a abordagem pragmática da realidade, com uma ética que enfatiza as valores exigidos para as formas eqüitativas de uma sociedade hierárquica bem ordenada, com fortes vínculos familiares, profundo respeito pelos antepassados, pelo *pater familias* no nível micro e o senhor supremo no nível macro, tudo isso implicado e expresso em manifestações rituais.

Esse pragmatismo respeitoso da hierarquia, socialmente centrado e bem intencionado, oferecia uma atitude muito adaptável a todos os tipos de condições e circunstâncias. Por isso os Shang (entre os séculos XVIII e XVII a.C.) puderam estender a civilização chinesa aos nômades setentrionais e às tribos do sul. Por isso a derrota dos Shang pelos Zhou (111-285 a.C.) não os destruiu mas resultou na fusão das respectivas elites. Pela mesma razão, a civilização chinesa foi capaz de persistir em um rumo tendencialmente progressista, embora não linear, em que períodos de fragmentação política alternavam com fases de unificação. E é esse também o motivo por que a civilização chinesa pôde incorporar e absorver os seus conquistadores, como aconteceu com Kublai Kan e, de modo mais amplo, com os mandchus.

Expressando a formulação racional desse pragmatismo ético, o confucianismo, e particularmente o neoconfucionismo, tornaram-se o elemento central e o modelo de organização da cultura chinesa. E foram suficientemente abertos e flexíveis para ceder espaço a outras expressões menos racionais, como o taoísmo e o budismo *Mahayana*.[30]

O que é ainda mais significativo é o fato de que esse pragmatismo ético levou a uma coexistência realista entre os literatos confucionistas (*wenren*), de cultura cívica (*wen*), que administraram o país durante a maior parte do tempo, e os militares, praticantes da força e da violência (*wu*), que se apossaram do trono imperial, fundaram novas dinastias e sempre que necessário utilizaram o poder das armas para obrigar o povo à obediência, assegurando por outro lado a defesa do país contra as agressões externas.

Wu e Wen

Ao longo de toda a sua história, a China exibiu uma aparente contradição entre o profundo pacifismo e antimilitarismo da sua filosofia oficial e predominante — o confucionismo em suas várias formulações — e o fato de que todas as dinastias, chinesas ou estrangeiras, foram fundadas por líderes militares. Além disso, um *ethos* heróico e uma tradição militar permeiam a história da China, durante a qual houve muitas guerras, várias delas claramente guerras de agressão, como as de Yang-Ti (604-617), na Coréia, ou as incursões militares de K'ang Hsi (1662-1722) e Ch'ien Lung (1736-1799), na Ásia Central, com a imposição de protetorados em Mongólia, Tibet, Kashgar e Coréia.

Com efeito, a tensão entre o pacifismo e o militarismo tem sido um dos fatores dinâmicos no desenvolvimento da civilização chinesa. A contradição entre o pacifismo da filosofia prevalecente e a dimensão militar do país fica mais clara quando se entenda a dialética entre a corte interna e a corte externa, ao longo de toda a história da China, e a correspondente dialética entre *wu* (violência, ação militar) e *wen* (cultura, ordem civil). O poder era adquirido por meios militares e, a despeito de outros fatores, era mantido também por esses meios. Além disso, as tradições militar e heróica eram a característica fundamental da velha aristocracia e, a despeito da predominância social e política adquirida crescentemente pelos literatos confucionistas, a partir da dinastia Han, essa tradição nunca desapareceu das famílias aristocráticas alegadamente com antecessores heróicos ou associadas de perto às tribos da estepe.[31]

No curso da história chinesa, as tradições pacifista e militar estiveram presentes com uma força variada, de acordo com o período considerado e as circunstâncias do momento, mediante uma distinção básica entre a esfera do poder (o governo) e a esfera da administração (a burocracia). O poder pertencia ao imperador, e o fundador de cada dinastia o adquiria por meios militares. De modo geral, o imperador preservava seu comando do sistema militar e tinha a assistência dos membros da corte interna, geralmente eunucos, que o ajudavam a administrar os instrumentos de poder, muitas vezes visando obter vantagens pessoais. Por outro lado, a administração cotidiana do império cabia a uma burocracia de literatos, geralmente pacifistas e confucionistas, que constituíam a corte externa, e tentavam — com sucesso variável — obter a aceitação do povo mediante incentivos morais ou expondo a imagem das virtudes do imperador e da medida em que a autoridade imperial era exercida em benefício do povo. Os burocratas confucionistas sabiam que, em caso de necessidade, os militares se fariam presentes para impor a vontade imperial aos recalcitrantes que não sucumbissem aos seus estímulos. Mas tanto os imperadores como os militares sabiam também que a adesão ostensiva ao confucionismo era a melhor garantia da sua legitimidade. Quanto maior a aceitação popular da imagem do governo benevolente do imperador, menor a necessidade de usar meios coercitivos, e maior a estabilidade do governo.

b) Permanência e mudança

A China projeta uma imagem de permanência, quando não de imutabilidade. A mesma linguagem e a mesma escrita, aparentemente as mesmas instituições e os mesmos costumes, se mantiveram por milênios. No entanto, por baixo da superfície dessa permanência, vamos encontrar uma mudança contínua — nos períodos alternados de fragmentação política e unificação imperial, na sucessão das dinastias e nas fases de ordem e distúrbios. Mudanças, por fim, no ajuste das instituições, idéias e práticas a novas condições internas e externas.

A permanência e a mudança — esta última dentro de um certo paradigma cultural estável — constituem outro fator dinâmico no desenvolvimento da civilização chinesa. Há vários fatores que contribuíram para a estabilidade de algumas características importantes dessa civilização, e quatro deles merecem menção especial. Em primeiro lugar, a permanência, ao longo de mais de 30 séculos, basicamente da mesma língua e do mesmo sistema de escrita. Como já observamos neste capítulo, as quatro variedades de mandarim, a língua básica da China, coexistem com um grande número de dialetos. No entanto, os mesmos caracteres logográficos, livres de qualquer variação dialetal, representam as mesmas idéias, expressas oralmente de várias formas, preservando assim a unidade fundamental da cultura chinesa.

Um segundo fator importante de unidade e permanência foi a grande predominância, no povo chinês, de um grupo étnico, os Han, que representam 90% da população. Essa homogeneidade étnica quase completa ajudou a preservar a unidade cultural da população e a gerar a capacidade que tem a cultura chinesa de absorver seus invasores, como os Manchus, e, em certa medida, os menos civilizáveis mongóis.

Outro fator importante de permanência foi o isolamento espacial e a longa distância que separa a China de outros centros civilizados, isolando-a assim da influência de qualquer civilização superior. Por outro lado, os chineses sempre estiveram cercados de bárbaros, ameaçados continuamente com suas incursões e tentativas de invasão, o que lhes impunha uma reafirmação igualmente contínua da sua identidade cultural, reforçando a consciência da sua superioridade cultural.

Os efeitos unificadores desses fatores receberam uma configuração decisivamente estável na expansão constante, embora não linear, do Confucianismo. Há um grande hiato entre as afirmativas básicas que podem ser atribuídas originalmente a Confúcio e o corpo da doutrina confuciana, que cresceu de forma contínua — doutrina revista e enriquecida pela acumulação das contribuições de muitas gerações sucessivas de estudiosos. Nesse longo processo, a mensagem central do confucionismo — a proposta de um governo benigno e esclarecido — foi preservada, enquanto suas implicações sociais se ampliaram gradualmente, e a importância original arcaica atribuída aos aspectos rituais da ordem pública foram substituídas pela idéia de uma organização racional e eqüitativa da sociedade.

Dentro da orientação desses e de outros fatores de estabilidade, a China vem demonstrando constantemente a capacidade de ajustar-se a uma variedade de circunstâncias. Essa capacidade deriva em primeiro lugar da abertura filosófica da sua cultura. As crenças religiosas, como o taoísmo e o budismo chinês, não criaram uma metafísica rígida e menos ainda normas dogmáticas de organização social, como as fixadas pelo Islã. A visão racional do mundo que têm os chineses, proporcionada pelo confucianismo, consistia, essencialmente, em uma aceitação pragmática da realidade, permeada por uma disposição benevolente. Foi essa atitude, e a abertura mental dos intelectuais chineses, que lhes permitiu absorver as contribuições científicas e tecnológicas trazidas pelos jesuítas, incorporando-as com concessões mínimas às suas crenças religiosas, enquanto de seu lado os jesuítas se impressionaram profundamente com o confucionismo, e procuraram elaborar uma versão chinesa do cristianismo.

A obstinada relutância em superar os limites da educação clássica retardou dramaticamente a segunda tentativa chinesa de incorporar a ciência moderna, no século XIX. As conseqüências foram trágicas, mas não se deveram a uma incompatibilidade inerente entre a cultura chinesa e a ciência moderna, mas apenas à distorção do mandarinato em favor do classicismo. Distorção não muito diferente da hesitação com que o escolasticismo ocidental incorporou a física moderna de Galileu. Seguindo a posição do neoconfucionismo reformista de Kang Yu-Wei (1858-1927), novas gerações de estudiosos chineses absorveram rapidamente a moderna ciência e tecnologia, criando novas indústrias no fim do século XIX, e desenvolvendo a bomba de hidrogênio em 1967.

Refletindo em certa medida a capacidade de adaptação da cultura chinesa, as instituições do país, com as tensões dialéticas entre a corte interna e a externa, e a elasticidade do princípio do mandato celestial, puderam por muito tempo adaptar-se às circunstâncias cambiantes, embora passassem muitas vezes por momentos de crise. No próximo tópico mencionaremos brevemente a alternância dos períodos de fragmentação política e unificação imperial. Neste ponto, bastará dizer que até o século XVIII a China apresentava um nível médio de civilização relativamente mais elevado do que o do Ocidente. Tanto na China como na Europa Ocidental, o século XVIII foi um período de Ilustração clássica. A diferença, que produziu resultados cruciais, residia no fato de que na Europa esse século produziu não só Mozart e Goya, mas também uma crítica radical das suas instituições, com Rousseau e os Enciclopedistas, e grandes progressos nas ciências naturais, com Newton, Lineu, Laplace, Ampère e Lavoisier, entre muitos outros. Na China, porém, a Ilustração foi exclusivamente clássica. E com a sua excelência clássica foi parcialmente responsável pela demora do país em ganhar acesso aos tempos modernos.

c) Fragmentação e unificação

Ao longo da sua história milenar, a China alternou períodos de fragmentação com fases de unificação. Os primeiros corresponderam aos anos que se seguiam ao colapso de um sistema imperial, como o dos Zhou, dos Han e dos T'ang. Os períodos de unificação corresponderam à imposição bem-sucedida da hegemonia de um dos Estados fragmentados sobre os demais, como no caso dos Qi, Sui e Sung, ou à conquista do poder central por um general vitorioso, como Liu Pang, que fundou a dinastia Han, T'ai-Tsu, fundador da dinastia Sung, e Chu Yüan-Chang, que expulsou os mongóis e fundou a dinastia Ming.

Submetido à crescente autonomia dos seus Estados vassalos, o Estado Zhou provocou, com o período das Primaveras e Outonos (722-481 a.C.), a fase dos Estados Beligerantes (403-221 a.C.), quando vários Estados independentes entraram em conflito uns com os outros, até que o Estado de Qin, depois das reformas de Shang Yang (morto em 330 a.C.), pôde finalmente impor sua hegemonia e unificar a China com Shih Huang Ti, o primeiro imperador (221-209/210 a.C.). Outra época de fragmentação foi a da decadência da dinastia Han, que resultou no período das Seis Dinastias (220-589 a.D.) e dos Dezesseis Reinos (303-439 a.D.). Sob o nome de templo de Kao-Tsu (581-604), Yan Chien conseguiu reunificar a China sob o seu domínio, fundando a dinastia Sui (581-618), que foi seguida pela dinastia T'ang (618-907), mais longa. O colapso dos T'ang gerou novo período de fragmentação, com as Cinco Dinastias (907-923) e os Dez Reinos (902-937). A unidade foi restabelecida por um grande general, T'ai-Tsu (960-976), fundador da dinastia Sung (960-1279). Daí em diante a unidade da China foi basicamente mantida, ou pelos invasores mongóis, que fundaram a dinastia Yüan (1206/12251-1368) ou pelos Ming chineses (1368-1644), ou outra vez por invasores Mandchus, com a dinastia Qing, que governou o país até a proclamação da República, no ano de 1912.

Milhares de eventos, tanto nas fases de fragmentação como nas de unificação imperial, preenchem o curso de cerca de vinte e sete séculos, desde o período das Primaveras e Outonos (722-481 a.C.) até a queda da monarquia Mandchu, em 1911 No entanto, três observações gerais podem ser feitas. A primeira diz respeito ao fato de que os períodos de fragmentação tenderam sempre a aproximar os governantes dos governados, ampliando a compreensão das necessidades locais por parte dos primeiros; e também, devido à competição de outros Estados, estimulava-os a tentar satisfazer tais demandas. A segunda observação, relaciona-da com as fases de unificação imperial, se relaciona com o fato de que, de modo geral, os imperadores tinham a vantagem de contar com recursos humanos e econômicos muito amplos, o que lhes permitia realizar grandes obras públicas, tais como a construção de muralhas de defesa, a abertura de canais e a construção de grandes edifícios; por outro lado, isso lhes permitia também efetuar conquistas militares ou, com mais freqüência ainda, dedicar-se a prazeres alienantes e às intrigas de uma sofisticada vida cortesã.

Uma terceira observação de caráter geral pode ser feita a respeito dos períodos alternados de fragmentação e unidade, durante o longo curso da história chinesa, é o fato de que, após as fases de fragmentação ou ao suceder a dinastia precedente, várias dinastias utilizaram as realizações e a experiência acumulada pelos antigos imperadores, assim como a derivada das crises e distúrbios anteriores, procurando utilizar esse conhecimento em seu benefício, ou quando menos para sua vantagem pessoal.

A China sempre teve grande consciência da história. Desde o seu primeiro historiador, Seu-Ma Kouang (1019-1086), o passado foi abordado de forma metódica, tendo por meta uma narração objetiva dos eventos transcorridos em um certa época. Assim, o razoável conhecimento do passado, à disposição dos imperadores a partir do século XI a.D., foi usado para orientar progressivamente as dinastias sucessivas, mesmo quando não de forma contínua e linear. Embora com períodos intermediários de retrocesso e governo ineficiente, essa tendência progressista conduziu a civilização chinesa, a despeito do seu isolamento, por um caminho de desenvolvimento cumulativo, que até o princípio do século XVIII lhe assegurava um nível médio de civilização relativamente mais alto do que o da Europa. As vastas dimensões territoriais de uma China unificada, com sua abundância de recursos naturais e uma imensa população, ajudaram naturalmente a gerar um intenso dinamismo na civilização chinesa. No entanto, a própria cultura chinesa, de orientação racional, humana e socialmente construtiva, embora conservadora, formada por sucessivas manifestações do confucionismo, foi um fator decisivo no desenvolvimento exitoso da China, desde a dinastia Han até as crises do século XIX.

VI
Decadência e Ressurgência

a) Considerações gerais

A maioria das civilizações que surgiu na história não conseguiu sobreviver até o presente. As que chegaram ao século XX, como a islâmica e a indiana, estão se transformando em versões específicas da civilização ocidental tardia, que se vem transformando em uma única civilização planetária. No caso da civilização chinesa, que chegou ao nosso século, que estará acontecendo? Ela se transformará também em uma variedade especial da civilização ocidental tardia ou continuará a ser a civilização chinesa, sob a nova forma de uma civilização chinesa tardia?

No curso da sua longa história, a China passou por vários períodos de decadência, seguidos por fases de ressurgência. As épocas de fragmentação política foram marcadas pela decadência política, do ponto de vista da unidade institucional do país. Algumas delas, contudo, foram períodos de grande florescimento cultural, como, por exemplo, a era das Primaveras e Outonos. Outras fases de fragmentação política, como a que se seguiu ao colapso da dinastia T'ang, precedida pela ruinosa revolta de An Lushan, levaram a uma etapa de decadência geral, seguidas de um impulso de ressurgência (a dinastia Sung, no exemplo citado).

O século XIX foi um longo período de decadência generalizada, que começou com a Guerra do Ópio (1839-1842) e a terrível rebelião Taiping (1851-864), a despeito dos movimentos de restauração do príncipe Kung, e da atuação de alguns líderes esclarecidos, como Zeng Kuo-Fan, Li Hung-Chang, Tso Tsung-T'ang, Fang Kuei-Fan e os esforços tardios do jovem imperador Kuang-Hsu, apoiado no seu ministro Kang Yu-Wei. As tentativas de ressurgência da República, empreendidas por Sun Yat-Sen, e mais tarde por Chiang Kai-Shek, também fracassaram. Depois de uma campanha extraordinária, durante a Guerra Civil, e um começo promissor, ao conquistar o poder, a revolução comunista, com Mao Zedong, foi seriamente prejudicada por suas medidas totalitárias, pela tentativa irrazoável do "Grande Salto para a Frente" (1958-1962) e a aventura ainda mais insensata da Revolução Cultural, a partir de 1966 até a morte de Mao, em 1976.

Sua nova ressurgência, lançada inicialmente por Deng Xiaoping, corresponderá a uma fase de renascimento da civilização chinesa ou ao começo de um novo ciclo de civilização — uma versão chinesa da civilização ocidental tardia?

b) Estado, sociedade e civilização

Para elucidar essa dúvida é necessário estabelecer uma clara distinção entre Estado, sociedade e civilização. O Estado chinês, como sistema político que regula e sustenta operacionalmente a civilização chinesa, já experimentou vários períodos de desintegração. No entanto, na história da China a fragmentação política não foi seguida necessariamente pela decadência da sociedade e menos ainda da sua civilização. A longa crise que se seguiu ao colapso da dinastia T'ang foi também muito negativa do ponto da vista da sociedade, mas não a ponto de provocar uma decadência irremediável da civilização chinesa, cuja resistência permitiu um novo florescimento, sob os Sung e ao longo dos séculos subseqüentes.

O declínio da dinastia Mandchu afetou também a sociedade, e a despeito de algumas inúteis e corajosas tentativas de reforma, criou-se uma situação diferente, com a decadência generalizada da própria civilização. O impacto cultural, econômico e militar do Ocidente, a partir do fim do século XVIII e particularmente durante a segunda metade do século XIX e o princípio do século XX, excedeu os recursos da civilização chinesa, que não foi capaz de enfrentar esse desafio com seus próprios meios institucionais.

Como já observamos, porém, o núcleo central de uma civilização é a sua cultura, e a cultura chinesa não é inerentemente incompatível com as modernas ciência e tecnologia. A crise da China, quando o país sofreu o assalto da modernidade ocidental, foi devida à conjunção perversa de duas circunstâncias: o classicismo impermeável do mandarinato e a predominância política dos tradicionalistas, com a capacidade demonstrada pelo seu líder, a imperatriz viúva Tz'u-Hsi de impedir as reformas. Mas é preciso reconhecer que essas duas circunstâncias não eram fortuitas. O confucionismo, que sempre foi conservador, a partir do século XVIII tornou-se uma forma de classicismo adversa ao pensamento científico, influenciando não só as convicções e a conduta dos intelectuais mas todos os níveis dirigentes da sociedade chinesa, políticos e militares. Por isso o impulso reformista, que vinha do topo da escala social, era um movimento minoritário, e as reformas só puderam ser feitas quando foram impostas pelos setores intermediários da sociedade, com Sun Yat-Sen, ou pelos representantes do nível inferior, com Mao Zedong — e neste caso em condições revolucionárias

c) A experiência chinesa

Para compreender a civilização chinesa contemporânea é preciso levar em conta duas considerações distintas. A primeira tem a ver com as condições que prevaleceram no curso dos eventos que se seguiram à proclamação da República, de Sun Yat-Sen e Chiang Kai-Shek a Mao Zedong e Deng Xiaoping. A outra se relaciona com a natureza da cultura e da sociedade chinesas.

Uma análise satisfatória das principais condições que influenciaram o rumo dos acontecimentos na China, desde a proclamação da República até as reformas de Deng Xiaoping, exigiria um estudo amplo. Os aspectos essenciais da questão foram apresentados brevemente na seção precedente deste capítulo, mas há dois pontos cruciais que agora precisam ser acentuados: a interferência do acaso e a estrutura da sociedade chinesa no princípio do século XX.

A sorte tem sempre um papel decisivo na história. No exemplo que estamos considerando a sorte interferiu em primeiro lugar com a circunstância da morte prematura de Sun Yat-Sen, em 1925, antes de que ele pudesse consolidar o regime republicano. Sun foi o único líder republicano a inspirar o respeito e a lealdade de todos os setores do Kuomintang, inclusive do incipiente Partido Comunista Chinês. Tivesse ele vivido alguns anos mais, talvez pudesse ter assegurado as condições para preservar a unidade da República e promover sua consolidação institucional.

Outra interferência decisiva do fator sorte foi a agressão japonesa, no princípio dos anos 1930, que a partir de 1937 se transformou em uma guerra em larga escala. Confrontada com hostilidades em duas frentes — externamente, repelindo os japoneses, e internamente, controlando a revolução comunista — a República do governo nacionalista terminou por soçobrar.

No entanto, o acaso sempre atua em condições sociais específicas, o que nos leva a considerar o aspecto estrutural da questão: a natureza da sociedade chinesa no princípio do século XX. Uma das suas características era a dimensão limitada da classe média e a divisão incisiva existente, na sua *intelligentsia*, entre uma maioria moderada e uma minoria radical. A República foi uma iniciativa da classe média e dos moderados. A consistente incapacidade dos setores dirigentes de promover as reformas exigidas com toda urgência alienaram da monarquia a classe média urbana, e conduziram à revolução republicana. No entanto, os moderados, que prevaleciam na classe média, não eram em número suficiente para sustentar a República nas condições críticas causadas pela agressão japonesa e agravadas pela guerra civil.

Por outro lado, liderando uma minoria de intelectuais radicais, Mao Zedong não tardou a perceber que na China uma revolução comunista só seria viável se tivesse o apoio dos camponeses, que representavam mais de 80% da população, e conseguiu mobilizá-los contra a classe média. Pôde assim empreender uma guerra de atrito, pouco custosa, contra as tropas republicanas, enquanto o governo, excedendo de muito os seus recursos, precisava custear um grande exército profissional para enfrentar ao mesmo tempo um inimigo externo e outro interno. A inflação, a corrupção e o colapso final foram os resultados inevitáveis dessa situação.

O acaso voltou a interferir nos acontecimentos porque Mao Zedong, que conseguira articular uma revolução camponesa e conduzi-la à vitória final, lutando ao mesmo tempo contra os japoneses e o exército republicano, era um utopista inveterado, além de um implacável homem de poder, ignorando qualquer restrição ética à sua aplicação à sociedade. Começando praticamente do nada, e lutando nas condições mais adversas, Mao conseguiu em duas décadas alcançar o controle absoluto do país, realizando um dos feitos mais extraordinários registrados pela história.

Gênio militar e revolucionário, era ao mesmo tempo um utopista monolítico, que não se deixava limitar por qualquer restrição ética, e acreditava que uma sociedade — no caso, a sociedade chinesa — em alguns anos podia ser convertida radicalmente em um sistema igualitário, desde que se submetesse à liderança inflexível de um governante dotado de poder absoluto, político e militar. Depois de uma fase inicial de política sábia e moderada, devotada à consolidação do novo governo, Mao levou à prática às suas convicções, promovendo a coletivização forçada da agricultura, seguida do "Grande Salto para a Frente" e mais tarde da Revolução Cultural.

O fato de que a China resistiu a uma série de medidas catastróficas é uma demonstração notável da extraordinária resistência de uma sociedade camponesa, como a chinesa, assim como do vigor da sua civilização. No entanto, essa mesma série de catástrofes, que não decorria de necessidades inerentes ao novo regime, mas resultava exclusivamente da personalidade peculiar de Mao, e das suas idéias, representava um antídoto decisivo contra os ingredientes utópicos de qualquer projeto comunista, particularmente nas versões stalinista e maoista.

Para reparar os amplos efeitos de tais catástrofes era preciso fazer as reformas radicais introduzidas por Deng Xiaoping, dentro do pragmatismo antiideológico da sua política, continuada pelos seus sucessores, que compartilhavam a mesma posição. A concentração do poder nas mãos de um utopista radical e intransigente, ao longo de duas décadas, quase invalidou completamente a utopia comunista. A sucessão relativamente breve de políticas desastrosas poupou ao regime chinês o longo e agônico processo de deterioração pelo qual deveria passar a União Soviética, e impediu também a desmoralização do governo, cuja autoridade foi ao contrário relegitimada e reforçada pelo sucesso das reformas introduzidas por Deng.

d) A nova civilização chinesa

Que tipo de sociedade resultou das experiências por que passou a China desde o colapso da dinastia Mandchu? Qual a situação atual da sua civilização?

Obviamente é muito cedo para descrever o tipo de sociedade em que a China se está transformando depois das experiências sociopolíticas das últimas décadas. O projeto de socialismo de mercado de Deng, aprovado oficialmente pelo XV Congresso do Partido Comunista Chinês, em 1997, parece ter por objetivo dar um sentido de continuidade aos postulados da revolução comunista mas representa de fato uma tentativa de adaptar às condições atuais do país a idéia alemã de uma economia de mercado regulada socialmente. Trata-se portanto de um projeto social democrático em versão mais estatizada — exceto no nível político, no qual mantém as características principais de um autoritarismo esclarecido. É um sistema de partido político único, com uma certa democracia dentro do partido, nos níveis inferior e intermediário. O nível superior, contudo, é formado pelo processo de cooptação, e manipula os níveis imediatamente abaixo, mantendo assim uma certa aparência de delegação de poder, de baixo para cima. No topo, prevalece um sistema de liderança coletiva, com debates internos e deliberação dos temas importantes, contando porém com uma ampla delegação de poder em favor do secretário-geral do Partido Comunista e do presidente do Estado, funções desempenhadas normalmente pelo mesmo indivíduo — atualmente Jiang Zeming, um líder que participava do círculo íntimo de Deng.

Dentro desse regime político, estão acontecendo rapidamente algumas mudanças profundas na sociedade e na economia. Esta se está transformando em uma economia moderna de mercado. No entanto, pela propriedade direta de ações das unidades produtivas e, cada vez mais, pelo direito de regular o processo de produção, o Estado interfere na economia, mobilizando o livre jogo do mercado para orientar e acelerar o processo de desenvolvimento, promover o bem-estar social e proteger o interesse nacional.

Esse sistema está transformando uma sociedade agrária em uma sociedade industrial moderna, e a população camponesa, que ainda é muito grande, precisa ajustar-se a essas novas condições, um processo que implica três dificuldades importantes. A primeira consiste em como administrar a transformação dessa grande população rural em uma sociedade industrializada, num momento marcado pela redução do emprego na indústria graças ao rápido progresso tecnológico. A segunda é como manter a unidade nacional e a concentração do poder efetivo em um país de crescente diferenciação regional; e como aumentar as responsabilidades e a autoridade exigidas (e obtidas) pelos governadores das províncias e pelos prefeitos das cidades maiores. O terceiro problema é como preservar um autoritarismo esclarecido e legítimo diante da crescente privatização da economia e do resultante individualismo, processo acompanhado pelo crescimento da taxa de criminalidade e pelo declínio dos compromissos morais e cívicos da população.

São problemas que podem seguir rumos alternativos, sujeitos a diferente regulamentação institucional, dependendo de fatores e circunstâncias particulares. Um fator primordial na orientação de todo esse processo, porém, será o tipo de cultura que venha a emergir da nova sociedade chinesa, e o tipo de civilização que essa nova sociedade venha a produzir. Nesse ponto somos confrontados por duas interrogações importantes. A primeira diz respeito ao tipo de civilização que existe atualmente na China. A outra, à medida que, levando em conta os problemas mencionados, esse país poderá manter suas altas taxas de crescimento, chegando a ser um dos mais importantes centros de poder político e econômico de todo o mundo, em meados do século XXI.

A pergunta sobre o tipo de civilização existente hoje na China pode ser respondida assim: trata-se na verdade de um versão tardia da civilização chinesa. Conforme já mencionamos, a cultura chinesa não apresenta qualquer incompatibilidade intrínseca com a moderna ciência e tecnologia. A longa crise experimentada pelo país, a partir do século XIX, e até a consolidação da República Popular, com as reformas de Deng, não foram devidas a alguma incompatibilidade cultural, mas sim às circunstâncias já citadas: a um classicismo obstinado do mandarinato e ao tempo excessivo tomado pela China para recuperar a sua estabilidade institucional depois do colapso da monarquia. Hoje os chineses absorvem a ciência moderna e utilizam a moderna tecnologia exatamente como os ocidentais. Não foram obrigados, como os muçulmanos e os indianos, a rever sua concepção religiosa e metafísica do mundo, da sociedade e do homem; apenas atualizaram sua cosmovisão, exatamente como fizeram os ocidentais com respeito às concepções pré-modernas prevalecentes no Ocidente.

Tendo em vista os problemas discutidos anteriormente, a segunda pergunta sobre o futuro da China fica obviamente em aberto — como, aliás, qualquer pergunta sobre o futuro. As forças centrífugas podem prevalecer sobre as centrípetas, tornando a fragmentar a China, como ocorreu em várias oportunidades no passado. A incorporação de uma maioria rural em uma sociedade industrial moderna, que dá uma ênfase cada vez maior aos serviços, pode causar distúrbios. O conflito entre o individualismo crescente da China moderna, com um certo coeficiente de desordem moral e cívica derivado do individualismo desenfreado, e de outro lado o atual autoritarismo esclarecido, pode levar a uma democracia populista como também a uma ditadura menos esclarecida. Portanto, muitas situações diferentes podem resultar da atual situação da China.

Mas há um aspecto dessa situação que merece ser acentuado em particular: o fato de que a manutenção da presente tendência progressista da economia chinesa, e do crescente poder internacional do país, consulta os melhores interesses de todos os setores da sociedade chinesa. As sociedades estão sujeitas predominantemente a um condicionamento circular entre os seus vários sub-sistemas. As tendências favoráveis de caráter geral exercem uma tremenda pressão sobre os sub-sistemas mais importantes, influenciando o seu comportamento. À luz dessa evidência empírica parece provável que a evolução dos acontecimentos na China tome um rumo compatível com a continuação do seu desenvolvimento.

Uma das conseqüências mais importantes da criação pelos chineses de instituições apropriadas à consolidação do seu desenvolvimento será a configuração de uma moderna civilização chinesa tardia, ajustada à civilização ocidental tardia, mas sem ser absorvida por ela. Essa civilização precisará desenvolver suas modalidades específicas de conduta individual e coletiva, implicando um novo sistema ético e político, e gerando provavelmente um individualismo mais ajustado à sociedade e formas correlatas de democracia. Nas condições do fim do século XIX o neoconfucionismo reformista, como nas propostas de Kang Yu Wei (1858-1927), proporcionou a fundamentação filosófica daquele projeto. Há boas razões para acreditar que o marxismo reformado de Deng implique uma versão atualizada da mesma abordagem filosófica. Assim, o confucionismo social poderá ser a filosofia da civilização chinesa tardia, a qual, preservando a sua identidade e coexistindo com a civilização ocidental tardia, mediante um relacionamento complexo feito de cooperação e competição, tenderá a tornar-se, no século XXI, uma das fontes principais da emergente civilização planetária.

13

ÁFRICA*
HISTÓRIA CRÍTICA DA ÁFRICA
AO SUL DO SAARA

I
Prólogo

O corte que separa a África subsaariana do norte do continente, em razão do deserto, é essencialmente geográfico e não histórico, mesmo porque o Saara é um deserto relativamente recente.

Muitos perfis podem ser traçados da evolução histórica da África, apresentando notáveis disparidades.

Por exemplo: se compararmos a Núbia e o Sudão, a Senegâmbia, a Etiópia, os países Hauçá, a costa oriental do Oceano Índico, os países dos Grandes Lagos, os povos da floresta congolesa e aqueles dos planaltos elevados de Chaba etc., não perceberemos qualquer homogeneidade mais importante.

Daí a tentação, diante dessas "Áfricas", de: a) colocar no exterior o motor histórico de todo o continente ou da África Negra (interpretação extrovertida), e transferir para a África pura e simplesmente a periodização da história européia; e b) subordinar os processos históricos às condições geográficas, e sujeitar o tempo e o "sentido histórico" ao espaço ecológico.[1]

Na realidade os fatores externos só são importantes em certos períodos, sobretudo a partir do século XV. Por exemplo, a invasão marroquina de Tondibi (1591), a invasão italiana resistida por Menelique em Adua (1896), o tráfico de escravos e a colonização. Esses fatores

---

* O presente capítulo é de autoria do prof. Joseph Ki-Zerbo.

externos se ativaram por intermediação de estruturas internas que os detonaram, explícita ou implicitamente. No entanto, durante os períodos mais longos da sua história, a "África Negra" teve uma evolução autônoma, a tal ponto que outros pesquisadores fizeram do isolamento da África ao sul do Saara a marca principal e a chave da sua linha evolutiva específica.

No entanto, além dos núcleos geograficamente isolados, e até mesmo além do espaço saariano (antes do Saara, depois e através do deserto), há todo um conjunto histórico africano marcado pela osmose cultural, com influências recíprocas no espaço e no tempo. Por exemplo, através do Nilo, que vem da matriz profunda da África; ou por meio do plurimilenar comércio transaariano, bem antes desses itinerários se voltarem para o golfo da Guiné.

Portanto, é preciso admitir o caráter fundamentalmente endógeno dos processos históricos africanos, cujos esquemas de evolução se diversificaram devido às condições internas ou a influências externas específicas.

Mas muitas vezes a linha de evolução interna é difícil de determinar dada a inexistência de registros cronológicos e estatísticos — ainda que não se deva exagerar o impacto da oralidade, que só se aplica a certas regiões e a determinados períodos, é preciso rejeitar o argumento *a silentio* que consiste em negar tudo o que não deixou um traço escrito. Sobretudo porque hoje os documentos orais são aceitos integralmente como fontes históricas válidas, desde que submetidos a uma crítica metodológica apropriada.

Incidentalmente, é preciso rejeitar a linha de evolução linear e com base puramente em acontecimentos factuais, que renunciasse à complexidade e à densidade da história estrutural, complexa e de longa duração. Na verdade, só esta última pode revelar a "verdade" no sentido histórico, e desde logo é mais difícil de ilustrar.

A história da África ao Sul do Saara é a mais antiga e a mais longa do mundo. No entanto, por serem distantes os pontos altos que ela atingiu, escapam à percepção clara dos próprios africanos, que por isso não podem reinvesti-los nos desafios contemporâneos. Daí a necessidade de uma "história crítica", a única que pode ajudar a África a não faltar, uma vez mais, ao seu encontro com o mundo contemporâneo.

II.
Itinerários Africanos, das Origens à Colonização: Épocas Marcantes, Lugares Importantes e Povos Testemunhas

a) África: Cadinho e Matriz da História Universal

1. Os primeiros tempos do homem

A história da África tem de 2,5 a 3,75 milhões de anos, e é a mais longa do mundo.

Os africântropos foram os antepassados comuns da humanidade. A África foi não só o teatro e o berço da antropogênese mas uma parteira ativa, devido ao seu ambiente favorável, no momento em que a Eurásia estava coberta por imensas calotas glaciais, que chegavam a tornar a vida humana proibitiva. Segundo os crentes, a hominização foi o resultado de uma engenharia programada, mas em todo caso isso ocorreu em grande parte mediante uma autogênese da espécie.

Só a África registra a presença de todas as etapas da evolução rumo ao humano, dos *Australopitecos* ao *Homo erectus* e aos primeiros *sapiens*, em diversas linhas evolutivas. "As duas principais regiões do mundo onde foram descobertas as mais antigas ossadas de hominídeos são a África Oriental e o Transvaal, na África Austral."[2]

"Os restos mortais atribuídos à linhagem *Homo*, anteriores aos do *Homo erectus*, estão atualmente limitados à África Oriental."[3]

Nesses primeiros episódios da longa marcha da humanidade, os mais determinantes foram a postura ereta e os primeiros passos. "Estamos caminhando no chão!", poderiam exclamar na sua língua primitiva os seres do tipo *Homo habilis* que habitavam outrora a região hoje ocupada pela Tanzânia.

O primeiro caminhante anônimo deveria figurar em lugar preeminente na galeria de retratos dos nossos antepassados comuns. No sítio de Laetoli, "marcas de passos muito bem conservadas provam que naquela época os nossos ancestrais caminhavam em postura ereta".[4]

Virão depois o desenvolvimento do cérebro, a palavra, a invenção das primeiras ferramentas, entre as quais o machado de duas faces, instrumento *factotum* (arma e ferramenta) — verdadeiramente revolucionário, comparado aos primeiros seixos usados pelos *Australopitecos* da bacia do Orange e os *Zinjantropos* de Olduvai, na Tanzânia; a invenção do fogo, dos ritos de significação religiosa ou testemunhos do despertar da consciência humana (inumana). Tudo isso ocorreu antes dos primeiros africanos descobrirem a Eurásia. Ao que parece, há 700 mil anos representantes do tipo ereto africano chegaram à Eurásia onde, munidos de técnicas de instrumentação ("oldovianos aperfeiçoados", machados de duas faces do Aqueuliano superior), empreenderam a colonização de uma variedade de ambientes.

Dessa primeira época do Homem data também a singular e deslumbrante produção artística africana de pinturas e gravuras rupestres que encontramos na África Austral e no Saara. Foi o primeiro livro de história da nossa espécie: um museu vivo e prodigioso, do qual a África é detentora dos tesouros mais prestigiosos, mais numerosos e de longe os mais antigos.[5]

As pinturas rupestres do Chade abrangem cerca de 1.500 sítios arqueológicos, com uma evolução que marca a passagem da magia à religião.

2. Os vestíbulos do Egito faraônico: a Núbia, o Alto Egito, o Saara antes do deserto

Temos aí uma transição muito pouco conhecida.

No entanto, o Egito é parte da África! A civilização faraônica não nasceu por geração espontânea nem é o fruto de um "milagre" imaginário, mas sim o produto da ecologia ambiental e da história precedente.

A Núbia e o Saara neolítico foram as bancadas de prova do Egito. No Neolítico o ótimo ecológico estava situado no espaço pré-saariano. Com a desertificação, contudo, esse ótimo se deslocou no vale livre de terrenos pantanosos, e daí o ótimo demográfico que se seguiu, permitindo atravessar o limite que conduz a realizações mais importantes.

Os "saarianos" e os núbios estavam em melhores condições para alcançar o vale valorizado pelo ressecamento ambiente. Entre eles estão documentadas sua cerâmica, inventada há 7 mil anos, a criação de animais, as artes e a organização social. Os migrantes levavam consigo todas essas aquisições, que se acrescentaram a outras, posteriores, feitas a Leste do delta. O Egito é uma "dádiva do Nilo": a densidade e a profundidade desse julgamento de Heródoto sublinha o papel de cordão umbilical desempenhado pelo rio mais longo do mundo, que transportou em suas águas não só o húmus da "terra negra" como também as civilizações provindas das fontes africanas mais distantes.[6]

Quando Tebas, Mênfis e Heliópolis se impuseram, a Núbia passou de centro original a periferia: mas terá ainda a força suficiente para conquistar todo o vale; para formar a 25ª dinastia faraônica e defender o Egito contra os seus invasores. O parentesco cultural fundamental entre as civilizações negras africanas e a do Egito é inegável, e foi demonstrado em detalhe desde os Antigos (Heródoto, Diodoro da Sicília) até Cheik A. Dip, Th. Obenga, passando por Volney, Amelineau e tantos outros. O parentesco genético das línguas (hauçá, uolofo etc.), da religião, da arte, dos costumes sociais e políticos, em dezenas de exemplos, demonstram pelo seu caráter amplo e sistêmico não que os negros receberam e trouxeram consigo esses elementos ao migrar para o sul, mas sim que existiu um fundo comum paleoafricano, centrado no Saara e na Núbia, antes da desertificação; e que o intercâmbio interafricano se manteve ao longo de milênios.

No ano 25 a.C. voltamos a encontrar a Núbia em posição de rebeldia, defendendo a sua civilização contra a vontade de poder de Roma. O general romano G. Petronius repele as tropas cuchitas até Napata, e sua interlocutora será a rainha Amanirenas.

Compreende-se assim a atitude introspectiva e defensiva mantida durante séculos pelos povos africanos dessa região, e a transferência da capital núbia, de Napata para Méroe.

A inundação do rico e deslumbrante vale do Nilo por esses invasores não podia deixar de provocar uma atitude de resistência e introspecção, que atravessou séculos até os nossos dias, diante dos assírios, dos persas de Cambises, dos gregos de Alexandria, dos romanos de Augusto, dos bizantinos, árabes, turcos etc.

Tudo se passa como se, nascida nas profundezas da África, desde Azânia, e através da África Oriental, da Etiópia, da Núbia e do Saara, a história se tivesse cristalizado no Egito. Por outro lado, recuando diante das agressões de certos povos hegemônicos do Norte e do mar, ela se curvava também para o sul, diante da extensão espetacular do maior dos desertos.

Será preciso mais para explicar a "desconexão" recente da África Negra (sobretudo quando essa falta de conexão não é completa)?

Os povos terão a tendência de avançar no sentido contrário ao do Paleolítico: na direção dos oásis, das margens dos lagos e dos rios meridionais, e por fim rumo às florestas tropicais e equatoriais.

"Na bwara koron fe!" — "Viemos do Leste", dizem os bambara. E muitos outros povos dizem "Viemos do Norte", como indicam a tradição his-

tórica e os vestígios arqueológicos dos serere do Senegal. A verdade é que populações novas e antigas se fundiam em movimentos brownianos difíceis de destrinchar.

3. Os antigos povos "refugiados"

Entre todos esses povos em movimento, povos intermediários, compostos e mistos, muitos se fixaram no mesmo lugar, enquanto outros apenas passavam por eles, para reaparecer como predadores em toda a área subsaariana.

São muitos os povos estáveis, considerados autóctones. Os mais notáveis são os garamantes da Antiguidade. Parecem ter sido residuais no Fezzan (sul da Líbia e norte do Chade) e alguns autores (Duveyrier, Bovill, Trimingham) os consideram negróides. Ocupavam uma posição comercial estratégica, entre Cartago e o vasto *hinterland* subsaárico. Ao que parece viviam em concubinagem generalizada com suas mulheres, e usavam carros puxados por quatro cavalos. Rebeldes crônicos, opunham-se ao poder de Roma, e no entanto se associaram aos romanos em uma grande expedição através do Saara, que chegou ao país "etíope de Agisimbas, onde se encontra o rinoceronte." Será o Niger? Provavelmente essa expedição só foi possível com a utilização de camelos. Esse animal foi levado ao Egito pelos persas, no sexto século a.C., e tinha sido adotado no começo da era cristã pela terceira legião augusta. Dois ou três séculos depois era encontrado por toda parte, sobretudo devido a aumento da aridez ocorrido nesse período. O camelo alterava o equilíbrio de forças anterior, valorizando os povos nômades, como os bérberes e os tuaregs, que passaram a controlar as rotas de caravanas, extorquindo ou predando as populações sedentárias, e agindo como intermediários (às vezes úteis, às vezes perigosos) entre as duas margens do deserto.

Quanto aos tubus, a sela das suas montarias, em forma de albarda, lembra o equivalente egípcio. Praticavam alguns ritos pré-islâmicos, como o de enterrar pedras polidas ao pé das tamareiras para aumentar a sua fertilidade. As mulheres tubus são feministas pioneiras, de uma coragem a toda prova e grande estoicismo — qualidade que aliás é a marca desse povo.

Mais ao sul, entre o oitavo e o décimo graus de latitude norte, há povos que, em comunidades restritas, levavam um tipo de vida sob certos aspectos arcaico (nudez dos adultos, poder muito difuso, refratário a qualquer centralização); mas com um estilo muito elaborado, chegando à perfeição em alguns domínios: sua agricultura era tecnicamente intensiva, sofisticada, com o uso de adubos, a construção de pequenas barragens, sistemas de irrigação, dispositivos contra a erosão etc. Tinham uma arquitetura original, às vezes fortificada, sempre refinada. Como se instalaram nas montanhas, eram vistos como "refugiados", o que está longe de estar provado. São os cabié, do Togo; os somba, de Benim; os quirdi, da Nigéria e do Camerum; os nuba, do Sudão; etc.

Nas florestas da África Central e Oriental viviam outros grupos, com microcomunidades literalmente parasitárias da floresta equatorial: são os pigmeus, identificados pela baixa estatura, a pilosidade relativamente pronunciada, de troncos longos em comparação com as pernas. No Camerum, no Gabão, na África Central, em Ruanda e Burundi os pigmeus se encontram hoje em vias de absorção e sedentarização. Muito adaptados à caça no ambiente da floresta densa, inclusive a caça do elefante, para a extração dos tendões das pernas, têm habilidade na colheita do mel e possuem um grande conhecimento das plantas medicinais.

Virtuosos do canto e da dança, dependem das populações vizinhas para conseguir cereais, objetos de cerâmica e metal, mediante escambo ou convenções matrimoniais, tendo as jovens como principais vítimas.

Os coi-san, coletividades pouco numerosas, como o seu nome indica são povos gêmeos. Viviam outrora, como muitos outros povos africanos, bem mais ao Norte. Testemunham esse fato as típicas pinturas rupestres, que permitem balizar as suas migrações para o extremo sul, onde chegaram antes dos europeus. Os bantus (sotos, nfgunis, depois suazis, zulus, xhosas) perseguiam os coi (hotentotes), e estes os san (bosquimanos), caçadores e coletores de alimentos, de tecnologia muito rudimentar. Vivem nas estepes do Kalahari, um meio particularmente difícil. Quanto aos hotentotes, têm em seu favor uma organização pastoral e social que lhes permitiu influcnciar os vizinhos bantus: por exemplo, com respeito às suas línguas, para as quais transferiram os cliques, além da influência mais ampla exercida sobre as suas estruturas sociopolíticas.

A conclusão que se pode tirar dessa experiência histórica é a capacidade que tiveram esses povos, a despeito dos conflitos seculares que persistem ainda na África entre os povos pastores e os agricultores, de preservar um mínimo de coabitação, permitindo evitar a prática do genocídio e/ou do etnocídio.

b) No Nordeste africano

1. Os reinos núbios

Nos reinos que sucederam Méroe a fé cristã foi introduzida em 543 por um missionário bizantino, chamado Juliano, que implantou ali a Igreja ortodoxa.

Um século depois, os árabes muçulmanos, senhores do Egito, atacaram esses reinos, mas foram repelidos pelos terríveis arqueiros núbios conhecidos como "furadores de pupilas". O resultado foi um tratado (*baqt*) exigindo o fornecimento anual de 453 escravos, trocados por cereais e tecidos. Contudo, dez anos mais tarde a igreja principal de Dongola foi destruída, oportunidade em que a Núbia prestou socorro ao Patriarca do Cairo e chegou a reconquistar o Alto Egito.

Os Fatímidas (969) respeitaram o *statu quo*, mas com a sua queda o irmão de Saladino (Salah Addin) conquistou o país e transformou suas igrejas em mesquitas.

A reação dos núbios, para evitar o estrangulamento do seu território, foi atacar em 1272 o porto árabe de Adal, no mar Vermelho.

Em 1323, depois de querelas palacianas, o último monarca núbio, Cudales, foi derrotado, e a onda islâmica se espalhou, a despeito do esplendor agonizante de Soba, capital do reino meridional de Aloa, que sem dúvida procurou avançar para o oeste até Darfur, em Enedi e Tibesti, como o demonstram certos vestígios bastante explícitos.

Esses estados dispunham de uma língua escrita: o antigo núbio usava caracteres coptas. As igrejas eram construídas com tijolos cozidos, como em Faras, onde a arte da pintura mural, com clara influência bizantina, tem igualmente certas características locais. Por exemplo, o adorno para a cabeça usado pelo Eparca da Núbia: um chapéu com dois cornos.

2. Aksum, Etiópia, Somália

O cenário é o mesmo da Núbia: resistência feroz contra o Islã, prejudicada por problemas internos. Exterminados pelos reis da Núbia, os nômades blemies são substituídos pelos bedja, que dominam a Etiópia, a Leste, e chegam até o planalto da Eritréia.

A princípio as relações com a Arábia são cordiais, e a Etiópia acolhe como refugiados os companheiros do profeta. Por isso a disposição favorável dos muçulmanos, que preferiam não levar a Guerra Santa à Etiópia.

Mas os etíopes saqueiam Jidah, e os califas reagem tomando os portos do mar Vermelho, inclusive Adulis, chave do comércio exterior da Etiópia.

Fechar as saídas para o mar Vermelho significava para os etíopes a sufocação pelos bedja. Daí a internação progressiva nos planaltos de Amhara e Choa. No século X a Etiópia consegue retomar Massaua e Zeila, mas uma rainha do sul devasta o reino e põe tudo a perder.

O grande rei Lalibela, da dinastia Zague, adquiriu fama no século XIII com a construção de mosteiros e de igrejas rupestres, mas tentou em vão obter do Patriarca do Cairo a consagração de pelo menos sete bispos para poder dispor de uma igreja "autocéfala". Lebna Denguel (1508-1540) recebeu em 1520 uma embaixada portuguesa. Orgulhoso da sua recente vitória sobre o emir muçulmano de Harrar e o sultão de Adal, tratou com condescendência esses estrangeiros que traziam presentes modestos, demonstrando indignação com as guerras fratricidas entre os reinos cristãos da Europa. Prometeu aliar-se contra os muçulmanos, e terminou por solicitar uma assistência técnica de médicos e artesãos — exatamente como Afonso I do Congo, na mesma época.

Contudo, quase simultaneamente os turcos otomanos conquistadores do Egito e senhores da Arábia intervieram, concedendo a Ahmed el Ghazi, reformador muçulmano de Adal, um contingente de mosqueteiros, com o qual ele organizou um assalto ao planalto etíope. Essas vitórias sangrentas contra os etíopes, aliados dos portugueses, foram devidas em boa parte a esses mosqueteiros. Essas "guerras santas" de grande ferocidade foram interrompidas pelas ondas de animistas gala, que varreram cristãos e muçulmanos, enquanto os turcos, baseados em Massaua, dominavam definitivamente a Etiópia.

Portanto, do século XI ao XIX a Etiópia viveu uma terrível confrontação com muçulmanos, árabes e turcos. Em um certo momento, o poderoso rei Sarsa Denguel (1563-1597) conseguiu impor-se ao paxá turco, mas com os seus sucessores, depois da chegada dos missionários jesuítas, sangrentos conflitos religiosos dilaceraram nobres e monarcas, católicos e ortodoxos. Seguiu-se uma sucessão de hecatombes na classe dirigente, e golpes de Estado, até Fazilidaz, que perseguiu os católicos e fundou uma nova e esplêndida capital em Gondar, longe da região Choa, assediada pelos gala. Seus sucessores se deleitaram com especulações teológicas, e, como Iyasu, o Grande (1682-1706), se distinguiram por reformas administrativas, expedições vitoriosas e uma abertura para com a França de Luís XIV. Seu assassinato levou ao paroxismo a série de regicídios e as intervenções crescentes dos funj de Senar, além dos gala. Segundo o viajante inglês Bruce, em 1770 o exército do Negus contava com 40 mil soldados, dos quais 7 mil com armas de fogo, e cavaleiros protegidos por cotas de malhas.

Essa lenta decomposição foi interrompida por um Negus enérgico e por vezes violento, que mandou incendiar Gondar para se instalar em Magdala: Teodoro II (1855). Tendo entrado em conflito com o governo da Inglaterra, pois a rainha Vitória deixara uma carta sua sem resposta, Teodoro firmou um tratado com a Turquia, e depois de aprisionar todos os europeus presentes, decidiu suicidar-se quando seu exército foi derrotado por uma força expedicionária inglesa. Esse primeiro ensaio de ingerência européia teria sem dúvida levado à reflexão o segundo sucessor de Teodoro: Menelique II, que derrotou os italianos em Adua (1896), inscrevendo assim a Etiópia como um país independente, reconhecido internacionalmente.

Quanto à Somália, era um espaço apertado entre os flancos do promontório etíope — ou seja, entre a autoridade dos imperadores cristãos e, de outro lado, as potências muçulmanas que dominaram sucessivamente o mar Vermelho, o golfo de Aden e o Oceano Índico. Sua população era um amálgama de grupos étnicos variados: imigrantes do Sul da Arábia, nômades cuchitas (beja, danaquil, somalis, afar, gala). Um conjunto que com o tempo deslizou lentamente na direção do Oeste e para o Sul, com vantagem para os afar e os darod.

c) O Sudão centro-oriental

Nas margens do lago Chade, em um ambiente canuri, instalaram-se antigos reinos fundados pelos zagaua, os nômades negros teda, do Tibesti, liderados por Saif, em Njimi, aí pelo ano 800. A dinastia dos Saif de Canem-Bornu, apoiada no Islã adotado sob o rei Umé (1025-1097) e nas rotas comerciais transaarianas que levavam a Trípoli, controladas graças à aliança dos intrépidos tubu do Tibesti, chegou mesmo a incluir no seu Império o longínquo Fezzan. Com Dunama Dabalemi ibn Salma (1221-1259), essa expansão foi referendada por uma aliança com os hafsidas da Tunísia, cujo sultão, El Mostancir, recebeu do Canem, em 1257, uma girafa — presente inaudito, evocado por Ibn Kaldun. Ao sul, porém, a conquista se chocava com os temíveis são, nos pântanos de Logone e nas montanhas de Adamaua. Outros inimigos irredutíveis, os animistas bulala, das margens do lago Fitri, irão fundar mais tarde o reino de Uadai.

No regime da realeza sagrada do Canem pré-islâmico, cabia ao rei a responsabilidade pela saúde dos seus súditos, assim como pelos eventos climáticos. O espírito dos antepassados era representado, ali como no Egito, em Méroe, no país Acã (Gana) ou Cuba (Congo), por uma efígie de carneiro. Descoberto o vaso sagrado contendo as insígnias reais, sem respeitar a prescrição tradicional, o resultado foi uma série de revoltas populares, uma recrudescência dos ataques são e bulala, situação complicada por conflitos internos entre clãs reais, que provocou a emigração dos líderes locais para o lado oeste do lago Chade: o Bornu propriamente dito. Todas essas crises estimularam os chefes de bandos árabes de mercadores de escravos, que não poupavam sequer os muçulmanos. Daí a carta de protesto enviada em 1391 pelo rei de Bornu, Ben Idriss, ao sultão al Malik az Zahir Barquq.

Não resta dúvida de que Ali Ibn Dunama (1472-1504) consolidou a administração do império, fundou a capital Ngazargamu e submeteu os hauçá. Bornu era então uma monarquia do tipo feudal, descentralizada, cabendo um papel predominante ao Conselho de Estado (*notiena*), composto por 12 príncipes ou emires, com autoridade territorial ou funcional.

No fim do século XVI o apogeu foi alcançado sob o reinado de Idriss Alaoma (1581-1617). Tendo observado pessoalmente as técnicas militares egípcias, Alaoma encomendou caravanas inteiras de mosquetes e instrutores turcos, construindo uma formidável máquina de guerra que combinava armas de fogo com cavaleiros couraçados, regimentos de arqueiros, cameleiros coiam e uma flotilha de barcaças para fins logísticos e de intendência. As hostilidades opunham Bornu às etnias animistas do sul (mandara, musgu, cotoco), aos tuaregs, aos tubus e até mesmo aos canembu e bulala. Com estes últimos o conflito foi sancionado por um tratado, formalizando a cisão e fixando a fronteira entre Bornu e Canem.

No entanto, a partir de meados do século XVII Bornu foi seriamente amcaçado pelos jucun de Corofonda, pelos estados hauçá como Gobir e finalmente pela onda peul (fulani) do líder religioso Usman Dan Fodio. Bornu só se salvará graças à intervenção muitas vezes solicitada de um general e estadista que era além disso um intelectual e um muçulmano rigoroso — El Canemi. Ele conseguirá conter os peul e os hauçá, a oeste, mas não poderá impedir Bornu de ser arrastado por conflitos bilaterais e multilaterais dos reinos do leste: Barguimi, Uadaí, Darfur e Cordofan, envoltos cada vez mais pela dinâmica implacável do fornecimento de escravos para formar guardas pretorianas e unidades de cavalaria, e recorrendo para isso às reservas humanas dos povos animistas meridionais. Um processo que continuará até o século XIX, com negreiros como Zubeir Pacha ou Rabah.

d) O Sudão ocidental

Durante mil anos, do século VII ao XVII, veremos o Sudão ocidental estruturar-se em um grande número de configurações sociopolíticas, desde simples aldeias até uma multiplicidade de reinos, dominados por três potências hegemônicas mais importantes, cada vez mais influentes: Gana, Mali e o Império de Gao.

1. O Império de Gana

Apoiado inicialmente nos dois cursos superiores divergentes dos rios Senegal e Niger, Gana estava melhor colocada que Tecrur, com sua base no baixo Senegal, para lucrar com as migrações e o comércio vindo do Norte e do Além Saara. Mas só o comércio não pode explicar o desenvolvimento desses reinos; é preciso levar em conta todas as outras atividades econômicas internas, crescentemente diversificadas, que geravam a acumulação de um saldo de produção — principalmente a agricultura, a pecuária e o artesanato. Nesse contexto, o principal artigo de comércio era o metal amarelo de Galam e de Bambul, bem ao Sul de Gana, conhecido no mundo árabe como "País do Ouro".

A partir da sua capital, Cumbi Saleh, Gana se impôs aos principados bérberes de Ualata e Audagost (hoje Tegdaust), no Norte.

Em 872 Iacubi escreveu: "O rei de Gana é um grande soberano. No seu território há minas de ouro, e ele tem numerosos reinos sob o seu domínio".

Al Bakri descreve-nos a prosperidade de Audagost e da faustosa capital do *Tunca* (rei), onde percebemos o caráter absolutamente negro do reino, mas também a influência econômica e religiosa dos bérberes arabizados, que dispunham de um bairro especial e de uma grande mesquita para o culto das sextas-feiras. A religião imperial, contudo, era animista, praticada em uma floresta sagrada, onde eram celebradas as obséquias reais, de acordo com ritos que encontramos freqüentemente em todo o subcontinente negro.

Os autores africanos, árabes e negros (*tarikhs*), assinalam também o regime matrilinear da sucessão (o monarca deixava o trono para o filho da sua irmã).

A todos aproveitava essa mescla e essa tolerância, e o comércio (a princípio praticado com discrição) era organizado com base na liberdade, mas também em um certo dirigismo estatal, já que o rei reservava para si o monopólio das pepitas de ouro.

Os séculos IX e X viram o apogeu de Gana, mas o século XI trará ao país grandes perturbações.

Um dos chefes bérberes, vassalo de Gana, convocou um guia espiritual do rito malequita, Abdalay Ibn Yacine, que criou o Movimento dos Almorávidas e, a golpe de armas brancas, revolucionando a tática militar com a formação de contingentes compactos e monolíticos, movidos por um fervor religioso apaixonado, varreu o Sahel antes de provocar, por seus representantes, dois grandes distúrbios no norte e no sul. No norte, o grande estrategista Yussuf Ibn Tachfine, com um exército composto por bérberes e negros, apoderou-se de Sidjimasa e, chegando à Espanha, em plena fase da reconquista cristã, juntou-se aos muçulmanos e venceu os espanhóis em Zallaqa (1086), superando a resistência de Rodrigo e outros. Após um segundo desembarque, levou suas armas até o sopé dos Pirineus, criando um Estado que ficou conhecido como o Império das Duas Margens: do Senegal ao Ebro.

Esse Estado almorávida, único no gênero pelo conteúdo religioso e nacional, integrava pelo menos três sistemas de civilização: o primeiro, negro africano, cuja base sociopolítica tinha sido destruída, embora os guerreiros negros se houvessem distinguido em particular na batalha de Zallaqa. O segundo, dos emires que ocupavam a Espanha, e até mesmo os sucessores de Yussuf, e que não estavam à altura da epopéia. Finalmente, quanto ao mundo intermediário árabe-bérbere, os conflitos existentes entre os vários grupos destruiriam qualquer projeto de integração, sem contar que os almohadas iriam logo retomar esse projeto unificador em uma escala ainda mais ampla, até o século XIII.

As áreas extraídas de Gana coubcram sobretudo a Tecrur, Galam e Sosso. Por fim, a última onda animista favoreceu, aqui como em outros lugares, o progresso do Islã rumo ao sul, e o recuo dos povos refratários na mesma direção.

2. O Império de Mali

Nos século XII a etnia sosso de Caniaga caiu sob o poder dos clãs dos ferreiros, os cante, que se aproveitaram da destruição de Gana para se apoderar da sua capital em agonia, aproximando-se assim das fontes do ouro, no sul — Bure e Bambuque. Mas no caminho de Bure havia um pequeno reino baseado em Cangaba (depois Niani), cujos governantes se haviam convertido muito cedo ao Islã. Do ponto de vista religioso, o Sosso animista se encontrava cercado. Sobretudo, um príncipe cante, Sumauro, era especialmente inclinado ao governo autocrático, e cometeu o erro de negligenciar o sentimento "nacional" mandinga.

Intervém nesse ponto a personalidade incomum de Sundiata Queita, que graças a certos episódios — alguns deles seguramente legendários — elevou-se à posição heróica de comandante da guerra de libertação, devido à vitória de Crina (1235). São episódios cantados em detalhe até nossos dias pelos *griots*, feiticeiros e memorialistas populares.

Em Curucanfuga, no momento da grande união dos povos e de todos os grupos socioprofissionais, Sundjata outorgou uma verdadeira constituição não escrita ao povo que já existia como nação e exigia tornar-se um Estado.

Para isso, além de organizar uma força militar, dedicou-se também à construção de uma base econômica agrícola, mediante a promoção do cultivo do algodão, do amendoim etc.

A ação dos seus sucessores não foi menos meritória, já que, cem anos mais tarde, o mansa Cancu Mussa (1312-1332) fez uma peregrinação que ficou célebre nos anais muçulmanos: "O sultão distribuiu na cidade do Cairo amostras da sua generosidade".

Com efeito, o sultão se fez acompanhar até o Cairo e os lugares santos, através do deserto, por milhares de empregados, levando quase duas toneladas de ouro em pó e em barras, a tal ponto que o preço do metal caiu e se manteve mais baixo durante vários anos.

Sundjata difundiu o nome de Mali por todo o mundo árabe, da Andaluzia a Corassan. O mapa do mundo de Angelo Dulceret, de 1339, mostra uma rota transaariana chegando até o monarca das minas de ouro: "*Rex Milli*". Assim também o atlas catalão de Abraham Cresques traz a menção "*Ciutat de Melli*".

Situado entre o Oceano Atlântico e os estados hauçá, entre os terminais das rotas saarianas e a floresta da Guiné, Mali ocupava uma posição estratégica única, em uma área não-cartografada e de passagem obrigatória, que se estendia pela distância de um ano, medida pela marcha a pé. Os comerciantes diula e saracolê em particular investiram nesse intercâmbio durante séculos.

Há registro da presença de embaixadas de Mali junto aos sultões do Magreb e do Cairo, que também enviavam delegações a Niani. O autor do

Tarikh el Fettach (Mahmud Kati) garante que para seus contemporâneos havia quatro grandes sultões, sem contar o sultão supremo de Constantinopla: em Bagdá, no Cairo, em Bornu e no Mali.

Em 1490, quando um general do reino de Gao, que se encontrava em processo de expansão, ameaçou as províncias ocidentais de Mali, o mansa enviou mensageiros para solicitar o apoio e a aliança do rei João I de Portugal.

A grandeza de Mali é revelada nas crônicas de Ibn Battuta, grande jornalista e *globe trotter* da sua época (século XIV), que atravessou o Saara para visitar pessoalmente o país. O que ele escreve, e em particular o capítulo intitulado "O que Encontrei de Bom e de Mau Entre os Negros", é um dos maiores testemunhos da civilização africana negra, e mostra um Islã tolerante, a despeito da sua vigorosa originalidade, o esplendor excepcional das festas religiosas, nas quais o mansa era saudado, como um Deus, "na posição de quem se prostra para rezar".

Mas do alto da sua plataforma imperial, cercado de chefes militares, governadores, imans e cádis, de pajens, funcionários, todos mais ou menos cobertos de ouro, o Mansa se prestava às exortações, às quase provocações rituais do feiticeiro Duga.

Com efeito, a organização política parece ter atingido naquele momento um excelente ponto de equilíbrio positivo; uma espécie de modelo clássico da experiência sociopolítica africana em matéria de poder poliétnico descentralizado, com dezenas de povos vivendo dentro de um sistema complexo, embora não sem contradições.

Ibn Battuta, que viveu essa experiência, dá exemplos concretos e marcantes da segurança e da justiça que reinavam ali naquela época, e testemunha: quando se entra no território do Império, os guias e os guardas deixam de ser necessários.

3. O Império de Gao

Esse Império substituiu gradualmente o de Mali, com foco mais para o Leste, em Gao, a sua capital. É impossível dizer se foi o efeito de uma atração subsaariana pelo oeste, ou se essa transferência não terá sido telecomandada pelas mutações ocorridas no norte.

Vale observar que a costa ocidental africana ainda não era visitada pelos navios do tráfico negreiro, e o coração do Império de Mali ainda estava fortemente ocupado pela administração direta, pelo que a competição só podia vir de um vizinho potencialmente mais bem colocado. E a região que servia de caminho para o país hauçá e a Bornu, no Ocidente, era claramente a melhor indicação.

Depois da dinastia dos Dia, foi a dos Soni, cujo membro mais famoso foi Soni Ali Ber (1464-1493): um longo reinado com muitas batalhas furiosas e a conquista de parte desse muçulmano tão pouco ortodoxo que foi criticado pelos notáveis da religião, e até mesmo suspeito de Kharejismo e de práticas criptopagãs. Mas foi um chefe militar incomum que se apoderou de Tumbuctu, de Djenê, de Macina, e desceu para o Sul até a região dos gurma e bariba. Disse palavras amáveis sobre o papel indispensável dos sábios e foi o primeiro a decidir que os atos oficiais deviam ser formulados por escrito. Reuniu assim, com suas conquistas, um enorme tesouro público, confiado aos líderes religiosos; mas destinava ao Estado milhares de servos, tomados dentre os prisioneiros de guerra, para explorar o domínio público. Imaginou mesmo escavar um canal entre Djenê e Ualata, para o transporte de víveres, soldados e trabalhadores agrícolas, quem sabe para escapar das críticas e intrigas de Tumbuctu.

Mas a sua dinastia não tardou a ser derrubada por um membro do clã teckrourina, dos Sila, Mohamed Torodo, cuja linha dinástica ficou conhecida como Asquia.

Como para rivalizar com mansa Kankou Moussa, em 1496 Asquia, que era um devoto muito sensível as exortações dos imãs e cadises, fez uma peregrinação faustosa a Meca. Levou as armas do Império a todos os pontos cardiais: a oeste, até Tecrur; ao sul, contra o país Mossi que teve a veleidade de converter, quando regressou da peregrinação a Meca; no Norte, onde o império se estendia até a posição estratégica subsaariana de Teghazza; e a Leste, até os estados hauçá, que foram submetidos e precisavam pagar tributos. Somente os kebi mantiveram ferozmente sua independência, promovendo contra-ataques temidos pelos Asquia.

Aliás, o grande problema dessa dinastia foi a paixão pelas intrigas palacianas e os acertos de contas sangrentos, cujo preço foi pago em primeiro lugar pelo iniciador da dinastia. A estrutura desse Império, ainda maior do que Mali, era menos homogênea. Os ministros tinham uma competência setorial ou territorial (eram ministros dos assuntos externos, das florestas etc.), e recebiam uma delegação de poder sobre as províncias mais ou menos prósperas; mas eram mantidos sob o controle do poder discricionário do soberano, embora tendessem a participar de intrigas políticas nos intervalos entre dois monarcas sucessivos.

Enfraquecido por dentro, e sujeito a terríveis secas e epidemias, o Império sucumbirá diante do corpo expedicionário comandado pelo eunuco e renegado espanhol Djuder Pacha, enviado pelo sultão do Marrocos com 2.500 soldados munidos de arcabuzes e artilheiros ingleses com dez canhões. Na batalha de Tondibi (1591), as armas de fogo levaram a melhor sobre as defesas do Império de Gao.

4. Os estados Hauçá

Situados a meio caminho entre os Impérios do Oeste africano e Bornu, esses estados exploraram magnificamente essa situação. Uma dúzia de suas grandes cidades atravessaram a história. As principais foram: Cano, Catsina, Zaria, Cororofa, Jucun, Nupe e Quebi.

Os hauçá vieram do Nordeste, dos oasis de Air, do Tibesti e do Cauar, e mais longe ainda, da Núbia. A língua hauçá, aliás, pertence à mesma família do antigo egípcio. Esses imigrantes se amalgamaram com os autóctones são e com outras etnias, para criar um povo aberto a novos contatos e ao mesmo tempo com raízes firmes.

As fortalezas do país tiveram, como em outros lugares, um duplo papel: a proteção oferecida por uma casta de aristocratas e burocratas aos camponeses, que por sua vez pagavam impostos mais ou menos codificados; e a fortificação se transformava naturalmente em um mercado, isto é, um local de encontro entre a produção e a oferta de um lado, de outro a demanda e o consumo. Todos se beneficiavam com isso, inclusive os sacerdotes tradicionais, escribas, jurisconsultos e chefes religiosos muçulmanos.

O Islã tinha sido introduzido no país a partir do século XIV. Foi nessa época que Cano lançou contra Zaria os seus cavaleiros, protegidos por cotas de malha e placas metálicas, como as usadas na Europa na mesma época, durante a Guerra dos Cem Anos. Os sucessos foram brilhantes até o momento em que Zaria passou a ser governada por uma mulher excepcional: a imperatriz Amina, que tomou e saqueou fortalezas, construindo cidades que guardaram o seu nome. Comandante militar emérita, ela se impôs durante 34 anos ao país hauçá, e em particular a Cororofa e Nupa, que ficaram sujeitas a um tributo, pago com eunucos e nozes de cola (*cola acuminata* ou *nitida*), ricas em cafeína, mascadas pelos africanos.

Com o comércio da cola proveniente do reino Gondja (atual Gana), Cano estava bem situada para obter grandes lucros e chegar ao seu apogeu, com o rei Mohammed Rimfa (1463-1499). Foi quando a cidade atraiu muitos comerciantes e líderes religiosos, como o reformador El Maguili, que erradicou os bosques sagrados tradicionais, enquanto aqui e ali surgiam certos costumes como o harém e o véu usado pelas mulheres.

Mohammed Rimfa construiu um grande palácio, assim como a alta muralha que protegia a cidade, com 12 metros de altura, 18 quilômetros de extensão e sete grandes portões guardados rigorosamente, cujas ruínas ainda hoje podem ser vistas.

No entanto, as rivalidades entre Catsina e Zaria prejudicavam cronicamente esse desenvolvimento, e facilitavam as ingerências do Império de Gao, que impôs finalmente um tributo. Bornu fazia também esporadicamente intrusões desse tipo. O único reino Hauçá a enfrentar o desafio desses dois gigantes foi Quebi, sobretudo sob a direção de Canta, seu temido líder, cujo nome foi mantido como título dinástico: um grande construtor de cidades, com duas capitais sucessivas, Surame e Gungu, formidável guerreiro que destruiu os dois Impérios vizinhos, um de cada vez, e cuja morte em combate, em condições triviais, foi sentida em Quebi como uma catástrofe "nacional".

A organização das cidades-estado hauçás era sofisticada, como testemunhou o explorador H. Barth, que no século XIX pôde observar a grande atividade cultural exercida dentro das fortalezas. Mas essas cidades se haviam especializado principalmente em um artesanato em escala e qualidade semi-industriais, produzindo manufaturas controladas por corporações, regulamentadas minuciosamente e ligadas muitas vezes à corte real por contratos de aquisição. Gobir, situado mais ao Norte, estava bem localizada para importar cobre das minas de Taaqueda, entre os tuaregs, pago com arroz importado dos países do Sul. As manufaturas de têxteis, couro e metal eram abundantes nas aldeias hauçás. Nupe, célebre por sua capital econômica, Bida, e pelas numerosas corporações como a dos fabricantes de vidros coloridos, ficou conhecida como a "Bizâncio negra[7]".

Uma aristocracia burocrática usava diariamente documentos escritos, dentre eles as cartas de outorga de privilégios (*girgams*) e as listas dinásticas (*marhams*), sem contar as peças relativas a uma fiscalidade minuciosa com tributos sobre as rendas (*zakat*), sobre as terras, o gado, os produtos luxuosos e até mesmo as prostitutas.

O monarca era eleito pelos dignatários do país, inclusive o condestável, "Mestre dos Cavalos", e respondia perante eles — um dado político que reflete o nível socioeconômico atingido por esses Estados, que no século XIX exportavam sobretudo produtos manufaturados, inclusive para o Norte, além do grande deserto. O rei deixava muitas vezes o exercício do poder efetivo a uma espécie de primeiro ministro: o *galadima*, que colaborava com os comandantes do exército, os administradores, os imans e cadises, o astrônomo especializado no ciclo lunar, o chefe do protocolo, os responsáveis pela guarda dos portões etc. As colônias hauçás tinham-se multiplicado nas numerosas capitais do Oeste africano; e nos seus bairros particulares (*zongo*), funcionando como antenas eficientes para ativar o mercado. Aliás, a palavra "hauçá" adquiriu um sentido genérico, designando todos os que participavam dessa civilização urbana específica, vivida no entanto por cidades intensamente ciumentas dos seus interesses, abertas e no entanto conflitivas.

Entre as formações políticas que tiveram um papel político notável no Sudão ocidental, entre os séculos XVI e XIX, citaremos os reinos Mossi, os reinos Bambara de Kaarta e de Segu, os Estados peul ou fulani de Futa Djalon e Macina, observando o caráter "étnico" dessas denominações, em contraste com o caráter transétnico dos Impérios de Mali e Gao, do período anterior.

5. Os reinos Mossi

Eram estados do tipo feudal, organizados a partir de meados do século XV, originários de Manpursi e Dagomba (Norte da atual Gana).

O primeiro monarca da região de Ugadugu (Ubri) teria nascido de uma mãe concedida em casamento pelos autóctones nionios, como sinal de aliança.

Com efeito, os migrantes vindos de Dagomba eram cavaleiros em busca de feudos. Entre os descendentes de Ubri vale assinalar em particular Cumdumie (meados do século XVI), grande conquistador e organizador, cujo filho Cuda foi tão bondoso que a sua morte, segundo se dizia, foi lamentada até pelos animais.

Naaba Uarga (primeira metade do século XVIII) parece prevenir os eventuais conjurados com o seu lema: "É imprudente emprestar a crédito até a morte: o pagamento será feito com a tua própria vida". Com efeito, foi sobre o seu reinado que as estruturas foram reforçadas, com a instituição de um corpo de pagens reais (*sogonê*) e de milicianos (*daporê*).

No fim do século XIX o explorador Binger descreveu as graves tensões que agitavam esse reino, entre membros da família dinástica, mas também contra outros monarcas (Bussuma, Iatenga). Este último tinha sido governado, entre 1754 e 1787, por Naaba Cango, um príncipe enérgico e sem escrúpulos, que tinha conseguido a aliança dos reinos de Segu, Cong (Costa do Marfim), e até mesmo dos arqueiros de Gomboro, no país San.

Com efeito, a organização política dos mossi era ao mesmo tempo rigorosa e sutil. Sustentada pela migração de camponeses que se dirigiam para terras de nova colonização, ela permitiu a ocupação de regiões cada vez mais extensas. E explica até mesmo que, havendo um dos primeiros monarcas decidido que nenhum mossi genuíno, identificado pelas marcas faciais características, podia ser condenado sem passar diante de um juiz (uma espécie de *habeas corpus*) — o que provocou a rápida proliferação de novos mossi, pelo menos com a respectiva identidade facial, que se tornou comum até entre os autóctones.

A estruturação sociopolítica compreendia, abaixo do rei, os grandes dignatários que constituíam seu entorno: príncipes com privilégios territoriais, ou que esperavam recebê-los, vivendo de predações e rapinas. Mais abaixo, havia a massa de homens livres, camponeses ou comerciantes, e depois os membros de castas (ferreiros, sapateiros, oleiros) e os escravos. Reinava o rei, mas era o costume que governava, daí a dependência do monarca e dos chefes com relação aos notáveis, principalmente o seu líder, que tinha competência para realizar os rituais e aplicar os direitos fundiários.

No entanto, embora o monarca fosse escolhido na família do defunto, por um colégio composto de notáveis e ministros não aristocráticos, a designação dos novos chefes que lhe eram subordinados não se fazia automaticamente, nem mediante uma eleição, mas pela nomeação real de um dos candidatos que pertencesse à família do morto, em linha direta ou colateral (filhos, irmãos, tios). Como acontece muitas vezes na África, os candidatos não contemplados eram afastados, ou mesmo eliminados. Essa é a causa dos interregnos entre dois monarcas, dos períodos distúrbios e anárquicos. Por outro lado, quando nomeado um chefe não pode perder o seu cargo, a não ser se vítima de traição, vencido e suprimido depois de uma rebelião. Por isso o *status* dos chefes, hierarquizado em cascata até a base, é muito valorizado, e o conceito da subordinação está bem expresso na divisa de Naaba Zaana, da primeira metade do século XVIII: "Quando o soberano ultrapassa a soleira da porta, o dono da casa passa a ser um estranho na sua própria residência".

6. Os reinos bambara de Segu e de Caarta

Esses estados foram criados no mesmo lugar ocupado outrora pelos impérios prestigiosos de Mali, mais tarde de Gao, tomando como ponto de partida original um local a montante da confluência do rio Bani com o Níger.

Seus ancestrais foram dois irmãos, gêmeos porém inimigos, que instituíram os dois reinos de Segu e Caarta (em torno de Nioro).

O principal monarca de Segu foi Mamari, dito Biton Culibali, que chegou ao poder em 1712 demonstrando uma notável imaginação criadora política, tema ao qual retornaremos. Teve início com uma associação (*Ton*) de caçadores, com outros aderentes, para construir passo a passo um Estado funcional; e mais tarde, pela conquista, um grande Império que se estendia do Alto Níger à região de Djenê. Depois de um período de anarquia, com caçadores-guerreiros transformados em bandidos, um dos escravos emancipados de Biton, Ngolo Diarra, deu continuidade a essas conquistas, completadas mais tarde pelo seu sucessor Da Monzo, que atacou os *Massasi* (reis) de Caarta, os mossi etc. Mas os dois reinos terminarão sendo varridos pela onda de conquista do líder religioso El Hadj Omar Tall. Vale lembrar que os estados bambara eram considerados bastiões do animismo, bloqueando a expansão islâmica.

7. O estado peul de Futa Djalon

Os pastores peul ou fulanis foram atraídos naturalmente pelas pastagens elevadas de Futa Djalon, "pai dos rios", onde foram acolhidos pelos dialonque, que lhes consignaram certas áreas. Mas os conflitos subseqüentes entre pastores e lavradores provocaram uma reversão da aliança — os dialonque se juntaram aos malinque contra os peul, que foram salvos por dois líderes excepcionais: Alfa Ba, chefe espiritual místico, e Ibrahima Sori, chefe militar imbuído do espírito da guerra santa. No entanto, sérias discussões comprometeram essa direção bicéfala. Transformado em autocrata, Ibrahima Sori fundou a capital de Timbo, longe dos marabutos de Fugumba — ascetas muçulmanos — alguns dos quais foram executados. Depois disso e até a chegada dos europeus, desenvolveu-se uma guerra civil recorrente entre o partido militar dos sori (soria) e o clã de marabutos de Alfa Ba (Alfaia).

8. O estado Peul de Macina

Aqui, como em Futa Djalon, os muçulmanos fulanis ou peul eram de obediência Kadiria (malequita). No fim do século XVIII Amadu Barri, um líder muçulmano local, entrou em conflito com Hamadi Dicko, *ardo* ("chefe") pagão, vassalo do Império de Segu. Essa foi a origem da guerra santa iniciada por Amadu Barri, que se voltou para Usman dan Fodio, cujas tropas na época varriam o Sudão central, até Bornu, com o objetivo de reformar e depurar a religião. Os delegados enviados por Sokoto a

Amadu, que tinha sido reconhecido como Cheiku, atraíram adesões maciças dos fulanis, convertidos em crentes e combatentes. Djenê e Tumbuctu não tardaram a ser conquistadas, e ao contrário dos conquistadores africanos típicos, sempre tentados pela grande expansão territorial, Cheiku Amadu instituiu um Estado razoavelmente proporcionado e administrado racionalmente, apoiado em um Tesouro (*Beit al-mal*) alimentado pelo uçuru (pedágio), os dízimos *in natura* pagos por todos os artesãos, os pescadores bozos e, sem contar o quinto (quinta parte) do botim das campanhas militares, o produto das multas e confiscos, as sucessões, os animais perdidos e sem dono etc. De modo geral, um décimo das receitas cabia ao coletor de tributos local, um quinto ao tesouro público, e o restante ao governador da província.

A administração do Cheiku era em boa parte colegiada, centralizada no Grande Conselho dos 40 marabutos nos planos legislativo, executivo e judiciário, sob um triunvirato supremo.

Tudo era determinado minuciosamente, inclusive as passagens para os animais entre os campos cultivados, rede de caminhos que é usada às vezes ainda hoje. Prevalecia o puritanismo, e Hamdalaie, a capital, parecia um mosteiro. Quando em 1860 a onda conquistadora do líder muçulmano El Hadj Omar (de obediência tidjaniya) chegou a Segu, não poupou Macina, pondo fim à experiência original ali desenvolvida.

e) Nos países da costa e da floresta

1. Os reinos Iorubá e Benim

Não há dúvida de que os iorubás vieram do Alto Nilo via Canem, entre o sexto e o décimo primeiro séculos da era cristã. Ile-Ife foi o centro de disseminação desse povo, e a fonte mítica do poder do rei (Oni), que é um grande pontífice. Ife é também o lugar para onde vão os restos mortais de todos os monarcas das cidades-estado iorubás: Ibadan, Abeocuta, Ilesha etc. Com efeito, o sistema tinha uma base municipal, em cidades que desde a época que precedeu a colonização reuniam várias centenas de milhares de habitantes. Assim, um reino iorubá era uma federação de aldeias mais ou menos autônomas, de acordo com a distância em que se encontravam.

Em Oio, por exemplo, o *Alafing* (rei) era considerado "companheiro dos deuses"; mas na verdade o seu poder estava limitado originalmente a um período de 14 anos. O monarca era assistido por um Conselho de Estado com sete membros, os *Oio Mesi*, que não eram nobres e constituíam o colégio eleitoral incumbido de designar o sucessor ao trono, como em Uagadugu. A princípio, a escolha quase automática do filho mais velho provocara alguns parricídios, daí a decisão de que o filho estaria sempre associado ao seu pai, mas deveria morrer com ele. Nos casos de concussão ou de escândalos inadmissíveis por parte do monarca, o mais graduado dos *Oio Mesi* (*Bahorun*) lhe trazia uma cabaça vazia ou ovos de papagaio, com a seguinte mensagem: "Os advinhos nos revelaram que o destino de Vossa Majestade é funesto, e que o seu duplo (*orun*) não tolera mais sua permanência neste mundo. Pedimos assim que durma". Em resposta, o rei devia envenenar-se em seguida. O chefe de cada aldeia membro do reino era o *Balé*, que também contava com a assistência de uma comissão de notáveis, guardiães dos costumes e ao mesmo participantes da Corte Suprema.

Uma vez eleito, o *Balé* prestava o juramento de estar sempre à disposição do povo, sobretudo dos doentes e dos mais pobres, e de ser absolutamente imparcial na distribuição da justiça. Em cada uma das portas da cidade havia um duplo escritório para receber impostos, com coletores "da mão esquerda" e "da mão direita", que estavam sempre sob vigilância especial. O comandante do exército devia retornar da guerra vitorioso; caso contrário precisava pagar a derrota com o exílio ou o suicídio por envenenamento.

2. Benim

O povo do Benim era aparentado com os iorubá.

Foi o rei Evedo que no século XIII ocupou o lugar atual da cidade de Benim, com suas sete portas defendidas — fisicamente e por meio de ritos religiosos. Esse rei ordenou a vinda de Ife de um mestre que depois de morto foi honrado como um semideus. Por volta de 1440, Evare, o Grande, médico e conquistador, criou uma rede de estradas importantes e duráveis. Em 1684 foi feito um primeiro contato com os portugueses.

O *Obá* (rei) de Benim era um monarca absolutista mas muito limitado; até mesmo as suas refeições e o seu sono eram codificados, porque cabia a ele garantir a saúde e a prosperidade geral. Era o sumo sacerdote do reino e o magistrado supremo, em procedimentos que às vezes implicavam sacrifícios humanos. Tinha a assistência de um conselho com sete membros (*orizama*), nomeados por sucessão hereditária, e participava também de dois outros conselhos — o dos notáveis do palácio e o dos "chefes da cidade". Mas se no reino iorubá o *Alafing* dependia dos Oio-Mesi, representantes das famílias poderosas, em Benim era o *Obá* que nomeava de forma discricionária os titulares dos cargos na corte e na cidade. E tinha também o monopólio das transações comerciais, enquanto o *Alafing* de Oio se contentava em tributar essas transações.

A cidade de Benim

A capital, Benim, impressionou os primeiros visitantes europeus pelo rigor do plano urbano, a profusão das artes e o fausto, assim como pela natureza às vezes espantosa dos ritos praticados. No século XVI a cidade de Benim ultrapassava em urbanismo muitas grandes cidades européias. Suas primeiras fortificações datam do século XIII, mas o seu grande urbanizador foi o rei Evare, no fim do século XV. Quatro grandes avenidas, com 120 pés de largura e uma légua de extensão, unindo as grandes portas da cidade, se cruzavam em ângulo reto, bordejadas de árvores e casas em um estilo original, com os tetos cobertos de folhas e palha, uma grande serpente de bronze no alto do portão.

A corte real era uma verdadeira cidade dentro da cidade, com uma população de funcionários e de serviçais hierarquizados minuciosamente, sem contar o harém das mulheres, inacessível. A mãe do monarca, porém, dispunha de um grande casa fora da vila, com sua própria corte. Venerada pelo príncipe, que nada decidia de importante sem ouvir o seu conselho, nunca podia vê-lo de frente. Segundo um autor, a vila real "ocupa uma área equivalente à da cidade de Grenoble, e está cercada por muralhas". As esquinas dos prédios que a compõem têm pequenas torres de forma piramidal, exibindo no topo um pássaro de cobre, as asas abertas. A cidade é composta de 30 grandes ruas, retas, com 26 pés de largura, além de uma infinidade de pequenas ruas transversais. As casas ficavam uma ao lado da outra, dispostas de forma ordenada. Em matéria de limpeza os habitantes de Benim nada deviam aos holandeses: lavavam e escovavam tão bem as suas casas que elas brilhavam como um espelho. Uma vez por ano, o rei desfilava a cavalo, vestido com os ornamentos reais, seguido por 300 ou 400 homens, infantes e cavaleiros, e um grupo de músicos[8]. Ninguém podia usar cabeleira ou certas vestimentas na corte sem autorização real. Há referências também a rituais com sacrifícios humanos. A cidade tinha bairros especializados de artesãos e artistas (trabalhadores em metal, tecelões, ebanistas, músicos etc.), e estava ligada ao interior do país por uma rede de estradas com depósitos de água para os viajantes.

A arte das cidades iorubá (Ifé) e do Benim constitui um dos pontos mais altos da estatuária mundial, com peças em barro cozido, bronze (latão) e madeira, sendo possível distinguir, entre 1500 e 1691 os períodos arcaico, precoce e clássico. O estilo de Ifé é marcado por uma serenidade suprema, enquanto em Benim grandes placas de latão mostram o *Obá* com toda a imponente majestade do seu porte, enquanto os acólitos (guardas e músicos) proclamam episódios tempestuosos da vida augusta e tormentosa dos *Obás*.

Os ingleses assaltaram Benim, que foi pilhada, despojada dos seus tesouros artísticos e incendiada.

3. O Império Achanti

Entre a costa do golfo de Benim e as savanas do oeste africano, o interior florestal foi dominado a princípio por grandes reinos como Aquamu e Denquira, que cobravam um tributo aos reinos vizinhos, como o de Cumasi. Este último tomou a iniciativa de unir os estados que estavam sendo explorados. Durante o reino do seu rei Osei Tutu (1697-1731) uma grande assembléia reuniu os mais importantes principados acã: Mampong, Nsuta, Cocofu etc. Na presença de todos, o grande sacerdote Anoquie teria feito descer do céu uma cadeira de ouro, que apresentou como símbolo e garantia do Estado e da nação. Verdadeiro senhor do povo acã, essa cadeira de ouro instalada em um trono com sua corte e seus símbolos reais, continha a alma da nação. A partir do juramento de unidade feito pelos reis houve uma série de vitórias sobre os denquira, e os achanti passaram a ser os principais interlocutores dos negreiros europeus que freqüentavam a costa, cujos aliados tradicionais eram povos marítimos como os fantis. Os achanti tomaram consciência de que eram eles que controlavam a oferta de produtos africanos (ouro, cola, escravos), e constataram que os povos litorâneos e os intermediários europeus auferiam enormes lucros, e por isso tinham interesse em impedir a qualquer preço que algum poder africano conseguisse monopolizar um dos segmentos desse comércio.

Era isso que estava em jogo. Os achanti desenvolveram uma estratégia notável para arrebatar o controle desse mercado das mãos dos europeus e dos seus aliados africanos. Foi Osei Bonsu ("A Baleia") (1801-1824) que pela primeira vez impôs um acordo aos ingleses, que se encontravam então imersos nas guerras napoleônicas. Por meio de ações vigorosas e às vezes brutais, os achanti conseguiram impor sua autoridade sobre uma área imensa, desde o país "Gurunsi", no Norte, fornecedor de escravos, até a região litorânea, controlando assim todos os elementos dessa produção. No entanto, depois de Waterloo e do Congresso de Viena, a Inglaterra reuniu todas as suas forças para terminar com os achanti. No entanto, o governador de Serra Leoa, incumbido dessa missão, foi derrotado esmagadoramente em Bonsasu (1824), suicidando-se para não cair nas mãos dos inimigos vencedores. Os regimentos das Caraíbas britânicas, enviados pelo governo de Londres para resolver a situação, foram também liqüidados pelos achanti. Só em 1874 Sir G. Wolseley, com um grande exército de europeus e africanos, conseguiu apoderar-se de Cumasi, que foi saqueada e incendiada. Mesmo assim, o monarca achanti rejeitou a oferta de um tratado de amizade feita pela rainha Vitória, e enviou a Londres uma delegação para informá-la de que o país dos achantis era "independente e pretendia assim permanecer, mantendo relações de amizade com todos os brancos", mas não sentia em absoluto necessidade de ser protegido.

Com um ato de perfídia e perjúrio o governador britânico, autorizado a viajar até Cumasi, surpreendeu a cidade com um forte exército, aprisionando Prempeh, que morreu exilado nas ilhas Seicheles. No entanto, foi preciso uma terceira invasão para instalar a colônia britânica.

A organização do Estado dos achantis mostra uma adaptação progressiva, rápida e perfeita às terríveis realidades do modo de produção ao mesmo tempo escravista e capitalista que dominava a África nessa época. Uma adaptação feita no quadro de estruturas genuinamente africanas.

O regime político não era autocrático. A designação do rei dependia da rainha-mãe (a irmã do monarca), mas o Conselho dos Anciãos devia aceitar esse nomeação que precisava também ser aprovada pelos mais jovens.

Os velhos podiam iniciar um procedimento para destituir o rei. Este, no dia da sua investidura perdia todos os seus bens, que não podia legar aos próprios herdeiros; empenhava-se assim em uma espécie de contrato sinalagmático com o povo, mediante uma série de "grandes juramentos".

No entanto, sob Osei Codjo (1765-1777), uma reforma constitucional reduziu consideravelmente a autonomia dos membros da Confederação, reforçando assim o poder central e instituindo uma espécie de guarda pretoriana (*ancobra*). À testa dos diferentes setores da administração pública foram colocados altos funcionários, alguns deles europeus, impedidos de constituir uma classe social privilegiada porque as propriedades só podiam ser transmitidas pela linha materna.

As finanças eram administradas por um superintendente, com equipes de funcionários trabalhando como caixas e preparando balanços. Instituiu-se um regime de visas e de licenças para o ouro e as armas de fogo. Dez mil servos do Estado trabalhavam nas minas de ouro e como na antiga Gana havia um monopólio de todas as pepitas das minas particulares. O mesmo se dava com o marfim e a primeira colheita de nozes de cola, reservada para o rei, que se beneficiava assim com os preços da produção precoce.

As estatísticas financeiras e mesmo demográficas eram registradas mediante um sistema de contabilidade com conchas, aperfeiçoada pelo recurso a escribas muçulmanos.

Foi formado um corpo de embaixadores, especializados em negociações e tratados, que eram também agentes secretos, e o rei criou uma rede de relações diplomáticas exclusivamente africanas, abrangendo os estados vizinhos: Daomé, Mandê, Dagomba, Hauçá etc.

Um tal poder, acrescido da tradicional autoridade do soberano, era claramente maior do que o de um moderno chefe de Estado.

4. O reino de Abomei

Os fundamentos desse reino foram implantados por Vegbadja (1645-ca. 1686), com ministros ditos "da mão esquerda e da mão direita", em diferentes setores, e com homólogos femininos para reforçar o controle exercido sobre eles.

Aliás, para diminuir o déficit de homens recrutados para a guerra, foram organizadas tropas femininas (fuzileiras e arqueiras), com jovens virgens e mulheres solteiras. Do assédio de Abeocuta, em 1851, participaram 10 mil homens e 6 mil mulheres, que demonstraram uma coragem inaudita. Mulheres foram engajadas também contra as tropas coloniais francesas na batalha de Cana (1891). O rei Agadja (1708-1732) foi obrigado a reconhecer a suzerania de Oio, que no entanto nunca chegou a aceitar plenamente. Com seu longo e frutífero reinado, Guezo (1818-1858) organizou a administração de modo rigoroso.

Os encarregados de recolher os tributos precisavam apresentar relatórios circunstanciados do seu trabalho, e as estradas, passagens e aduanas foram adaptadas para esse fim. Prevendo o fim do tráfego negreiro, o monarca procurou substituir os escravos pela produção agrícola, com novos produtos tais como óleo de palma, coco, milho, mandioca, tabaco etc. As grandes plantações reais contavam com um grande número de servos. O exército foi racionalizado, com a introdução de manobras, exercícios e de um serviço de informações. No entanto, a tradição não perdia os seus direitos, e a religião exercia todo o seu peso com a dupla divina Lissa-Mahu (a lua e o sol), e seus deuses agentes ou espíritos (os voduns), da forja, do raio, do não conformismo inovador (Lebga). Por ocasião dos funerais dinásticos, o culto dos antepassados obrigava também a sacrifícios humanos.

Os ministros e os filhos do rei se ajoelhavam diante dele; no entanto, o monarca era quase cativo dos advinhos (*bokonu*), adeptos do oráculo de Fa, que procuravam sondar os mistérios do futuro.

f) Povos em movimento, povos em confusão

Essa parte da África foi marcada pelos ecossistemas de florestas densas, montanhas, rios cortados por quedas gigantescas; e também pelo fluxo tardio de povoação, com as migrações bantus, e pela chegada precoce de europeus empenhados no tráfico de escravos.

É preciso pensar no fluxo norte-sul ou leste-oeste dos povos não como invasões recorrentes, mas como uma percolação humana plurissecular, criando estruturas de mescla biológica, sociopolítica e cultural extremamente variadas — por exemplo, entre os nilotas e os bantus na região dos Grandes Lagos; entre os bantus e os árabes de Oman ou do Golfo Pérsico (*shirazi*) para criar o território suahili, que é uma das experiências de mestiçagem multidimensional melhor sucedidas da história. É preciso citar também o encontro entre os nguni, xhosa, soto e outros povos com os brancos (bôeres e ingleses) e os hindus, provocando ao contrário um dos choques históricos mais terríveis, até o advento de Nelson Mandela e a liberação do *apartheid*.

Mas não esqueçamos esses outros contatos que são as intrusões seculares dos portugueses nas costas do Atlântico e do Índico; e também pelo interior do continente, com o prodigioso tráfico transcontinental de negreiros e "pombeiros", comerciantes que se especializavam em tratar com os nativos. É preciso citar também os contatos dos bantus com os autóctones da floresta, e lembrar sua longa coabitação com os coi san. Mas é necessário mencionar os encontros belicosos e/ou matrimoniais entre os bantus — por exemplo, entre os povos fang e os outros encontrados na trajetória do seu êxodo extraordinário, desde o Norte do atual Camerum até o Gabão e a Guiné Equatorial. Por fim, muitas vezes ficam esquecidas as trocas havidas entre a África oriental e central no sentido da África ocidental, e reciprocamente. Não é verdade que o xilofone, vindo da Ásia, atravessou todo o continente até Mali?

Aqui, como na África ocidental, a floresta não passava de um filtro penetrado cada vez mais por fatores climáticos e o trabalho humano. Assim, ao estudar os relógios geminados, atributos reais até o Zimbábue, J. Vansina demonstrou seu deslocamento do norte para o sul pela floresta equatorial, juntamente com o caminhar dos povos. Como em outras situações, os rios, esses "caminhos que andam", permitiram a difusão de idéias e técnicas, graças aos pescadores; ao longo do litoral atlântico, a navegação costeira teve o mesmo papel, transferindo para Angola, por exemplo, o estilo encontrado nas estatuetas policrômicas da Nigéria.

É preciso por fim lembrar o intercâmbio entre o continente africano e a grande ilha de Madagascar, assim como as ilhas vizinhas, onde testemunhamos uma das mais extraordinárias fusões intercontinentais de toda a história.

Não se tratará aqui de relatar em detalhe essa saga dos povos, transcrita na *História Geral da África*, mas apenas evocar alguns traços significativos nas principais áreas geográficas, para provocar a reflexão do leitor.

g) Na África central

Uma tese muito difundida associava a expansão dos bantus à da agricultura e metalurgia, no princípio da era cristã. Na verdade, não é certo que os bantus tenham levado a toda parte novos instrumentos e técnicas, mas sim aperfeiçoamentos, que favoreceram o crescimento econômico e demográfico, assim como novas formas de sedentarização.

Qualquer que tenha sido sua base de partida, que se tem procurado determinar pela lingüística e pela arqueologia, a longa marcha dos povos bantus durou séculos, chegando até os nossos dias. Ela precisou seguir as linhas de menor resistência no espesso mar verde da floresta, ou seja, pelo curso do Sanga e do Ubangui até o Zaire e à zona de savanas que bordeja o Atlântico, do Zaire até Angola ou pelo caminho oriental de contorno que, seguindo a cadeia montanhosa que fica a oeste da sucessão dos Grandes Lagos, desemboca no planalto elevado de Chaba, na região dos luba. Ali encontra-se o núcleo original das línguas bantus, definido pelos lingüistas, posterior às eventuais matrizes pré-bantus (Nigéria) ou proto-bantus. Ali também a arqueologia pôs em evidência os vestígios de uma antiga cultura do ferro; por exemplo, em Sanga, no lago Quisalé, e em Catoto, no Alto Lualaba. As pequenas cruzes de cobre de Sanga testemunham um comércio do cobre no sentido da costa oriental, que data do século VIII. A cerâmica de Igombê Idelê, na margem esquerda do Zambeze, assinala a presença de povos que parecem coincidir com os primeiros clãs chona — que com os venda, os soto e os nguni têm a mesma origem étnica, anterior à sua dispersão.

Na África central, o conjunto político conhecido, devido ao seu contato precoce com os portugueses, é o Congo, mas outras configurações políticas floresceram na mesma região, desde Angola e o país Teque até os reinos Cuba, Luba e Lunda.

1. O reino do Congo

Cerca de dois séculos antes da chegada dos portugueses havia no curso inferior do rio o reino do Congo, sob a autoridade do *Mani Congo*, "Senhor do Congo". No seu apogeu, no século XVI, esse reino se estendia desde o Baixo Congo, ao norte, até o rio Cuanza, no sul; e do rio Cuango, a leste, até a costa atlântica. Compreendia seis províncias, das quais Nsundi era o feudo original da dinastia, e Mbamba, em Angola, faixa de segurança contra os inimigos meridionais. Como em outros lugares, a distância permitia que as províncias mais afastadas fossem na verdade reinos vassalos.

A leste o Congo fazia fronteira com o grande reino Bateque (Anzique), que produzia um tecido muito apreciado e vendia marfim, ferro e cobre, em troca do sal e de conchas usadas como moeda congolesa, de que os *Mani Congo* tinham o monopólio.

O encontro entre os congoleses e os portugueses foi a história de uma lua-de-mel (que a Igreja se apressou a batizar) terminada no pesadelo de um divórcio difícil: um mal-entendido histórico emblemático do *quidproquo* persistente entre as civilizações africanas e os seus interlocutores europeus, movidos por princípios e uma lógica comercial bem diferentes, às vezes contraditórios.

Tudo está dito na famosa declaração de intenção de Vasco da Gama: "Procuramos cristãos e especiarias". Mas, como separar as duas? Os portugueses batizaram Mbanza Congo, a capital do país, que chamaram de Salvador, e sobretudo a condenaram depressa demais. Resultado: o monarca batizado se afastou da prática cristã para retornar aos seus "feitiços", sem por isso abjurar a nova fé ou perseguir os cristãos. Sua sucessão engalfinhará o candidato tradicionalista com Afonso, o candidato cristão, que naturalmente era também o dos portugueses. Afonso subiu ao trono ao custo de um conflito sangrento e o mal-entendido se institucionalizou. Com a acolhida dada aos estrangeiros, os congoleses, que "tinham de si mesmos uma alta opinião", haviam demonstrado que mereciam ser respeitados. Longe de exibir ferocidade ou hostilidade, desde a primeira visita os congoleses davam simplesmente "sinais de grande doçura e amizade". Tendo esperado por muito tempo o retorno dos delegados enviados à corte real, os portugueses tomaram como reféns os congoleses que por curiosidade haviam subido ao seu navio, para liberá-los um ano depois, não só batizados mas vestidos como nobres portugueses, a tal ponto que, mal os reconhecendo, o povo gritava: *"Mindele miandombe!"* ("São negros brancos!"). A acolhida foi delirante: "...cantando, tocando a trompa, tambores e outros instrumentos do país. E, coisa admirável a ser notar, em toda a distância de cento e cinqüenta milhas que separa o mar da Cidade de Salvador, as estradas estavam todas limpas, varridas, e abundantemente supridas de alimentos e de coisas úteis para os portugueses".

Nova troca de presentes. Os portugueses saudaram o *Mani Congo* com os mesmos sinais de deferência que tinham para com o seu próprio rei. Mais tarde, a embaixada do Congo em Lisboa foi convidada por João II para um banquete oficial "como os que são oferecidos aos embaixadores de outros países". E com razão, pois o Congo era um Estado bem organizado e civilizado.

A sucessão não era hereditária, e todos os parentes próximos do rei podiam pretender o trono, havendo porém uma preferência pela sucessão matrilinear. O Conselho Eleitoral compreendia três grandes conselheiros, inclusive o *Mani Vunda*, "Chefe da Terra" da capital. É verdade que antes de morrer o monarca podia indicar a sua escolha, mas o Conselho mantinha sua soberania, daí os interregnos sucessórios muitas vezes difíceis. Nas províncias a sucessão era garantida pela designação real ou por uma eleição local, que precisava ser confirmada pelo rei. Na capital havia um bosque sagrado cujas árvores não podiam ser abatidas: uma medida ao mesmo tempo ecológica, farmacológica e religiosa.

Uma grande praça (*mbazi*) era a corte de justiça, onde o monarca comparecia sentado em uma grande cadeira de marfim, sob uma imensa figueira. Ali se desenrolavam as festas oficiais e a revista triunfal das tropas. Os súditos se posternavam, cobrindo a cabeça com a poeira e implorando a bênção do rei, que a distribuía estendendo a mão e movendo os dedos. Perto, passando por um labirinto, chegava-se à corte real, em recinto fortificado, cercado por muralha de mais de um quilômetro de extensão.

As ordens urgentes do rei eram transmitidas por mensageiros que corriam de posto em posto, mantendo-se sempre prontos para esse fim. As distâncias eram estimadas em jornadas, com ou sem carga. Durante as batalhas, o general dava as suas ordens às diferentes unidades do exército por meio de mensagens cifradas linguagem dos tambores. O tesouro real era suprido com o monopólio estatal da exploração, pelas mulheres, dos depósitos de conchas (os *nzimbus* da ilha de Luanda), usadas como moeda.

Os congoleses eram muito industriosos. Por exemplo: extraíam de alguns peixes um óleo que, misturado com piche servia para calafetar as embarcações. O rei Manuel de Portugal começava suas cartas a Afonso nesses termos: "Muito poderoso e excelente rei do Congo". Do ponto de vista europeu não há dúvida de que Afonso era um excelente monarca, e foi considerado por um dignatário europeu como "um anjo enviado pelo Senhor a este Reino". Mandava reunir e queimar os "fetiches pagãos" (máscaras, objetos de culto) e não hesitou em enterrar viva uma parente refratária. Enviado a Portugal e ao Vaticano, seu filho fez um discurso em latim na presença de Leão X, o Papa renascentista. Retornou com o título de Vigário Apostólico no Congo, o que despertou o ciúme dos missionários europeus.

Afonso aceitou pela metade o projeto de assimilar o Congo à corte de Lisboa e à cristandade. Foram criados duques (de Mbata de Nsundil, de Nsoio), marqueses, condes e viscondes — em um sentido hierárquico bem pouco africano. Pelo menos Afonso recusou-se à transferência pura e simples do direito português, e pedia a vinda de sacerdotes que só chegavam em pequeno número. Resultado: para determinar a culpa de um português no Congo ele precisava ser transferido para Lisboa. Afonso contava com Portugal para "modernizar" o seu país. Fez construir escolas para os filhos dos notáveis, quase fortificadas para desestimular a fuga dos alunos. Mas na escola profissional que foi fundada, alguns monitores portugueses moíam de pancada os alunos que fugiam pela primeira vez.

O governador português da ilha de São Tomé, que pretendia atuar como um procônsul em relação ao Congo, tratava os enviados de Afonso como "cães pagãos". Ora, São Tomé estava envolvida no tráfico negreiro, e não tardou para que príncipes e até mesmo parentes do rei fossem aprisionados pelos negreiros. Desesperado, Afonso reclama, em uma carta dirigida à corte de Lisboa: "Para evitar isso, do vosso reino só queremos receber padres e professores; e no que troca às mercadorias, só o vinho e a farinha para a missa". Em 1539, em pleno ofício pascal, Afonso foi agredido por um grupo de brancos, que matou uma pessoa. Morreu pouco depois — um santo homem, mas um monarca ultrapassado pelos acontecimentos.

A África, que estava numa encruzilhada da sua história, podia ter a esperança de que, tomando o lugar do mundo islâmico, os europeus a pusessem em contato direto com a técnica e a ciência, mas essa oportunidade histórica não lhe foi concedida. Implacável, a regra férrea do seu desenvolvimento econômico impulsionava os europeus a abusar dos africanos.

Depois de Afonso, a sucessão se fará muitas vezes com recurso ao homicídio.

No reinado de Álvaro I os portugueses salvam o país da invasão dos jaga, mas quando Álvaro II (1574-1614) protesta contra o tráfico negreiro, o Congo é abandonado em "favor" de Angola, e os portugueses se aliarão em seguida aos jaga para saquear o reino, até o dia em que o rei Antônio foi morto em Ambouila (1665), e sua cabeça levada para Luanda.

Pouco depois Quimpavita, batizada dona Beatriz, sacerdotisa africana, criou um culto sincretista, queimando os fetiches e as cruzes. Denunciou e expulsou os capuchinhos, apresentados como ladrões da herança prometida aos africanos.

Capturada por fim, e queimada viva em 1706, morreu "com o nome de Jesus na sua boca", conforme o testemunho do inquisidor que a tinha julgado.

Ao norte do estuário do rio Congo vários reinos se sucederam, inclusive o de Anzique (Bateque), povoado por navegadores famosos, que no interior controlavam as minas de cobre de Minduli e comerciavam com lingotes, madeiras preciosas, escravos e tecidos, vendidos com a ajuda dos vili de Loango. Tecidos de ráfia eram fabricados em larga escala pelo reino de Ocango, a oeste do baixo Cuango.

A partir do chamado *Asiento* (1701), que concedia o monopólio do suprimento de escravos a um fornecedor sob contrato, o tráfico negreiro floresceu ainda mais, porque os portugueses atiçavam as disputas, geradoras de guerras étnicas que alimentavam a oferta de escravos. No começo do século XIX os vestígios da obra missionária tinham quase desaparecido.

Angola passou a ser então o ponto principal do tráfico, onde o governador geral tratava com os colonos e os missionários jesuítas. Luanda, o primeiro porto negreiro, exportava cada ano mais de 30 mil escravos, essencialmente para o Brasil, de onde veio Salvador de Sá, general e grande proprietário, que deslocou os holandeses e fez de Angola uma espécie de colônia. O governador nomeava os capitães das fortalezas instaladas no interior. No século XVIII os lucros do tráfico negreiro permitiram fazer de Luanda uma cidade repleta de monumentos e de palácios públicos.

Foi nesse contexto que ocorreu a resistência feroz da princesa Jinga, de Matamba. Em 1618, quando a capital do *Ngola* de Ndongo, nos Mbundu, foi ocupada, e 94 dos seus chefes foram mortos pelos portugueses, Jinga se refugiou em Matamba, recusando-se a se submeter ao tributo que lhe era imposto, porque dizia: "Cobra-se tributo daqueles que foram conquistados". Assim, não hesitou em se aliar aos holandeses, dedicando-se à guerra, à diplomacia e a certos rituais com o objetivo de aterrorizar o inimigo. Seu próprio irmão passara a ser o *Ngola* de serviço, um títere manipulado pelos portugueses; assim, não teve dúvida em mandar matá-lo, e depois de 13 anos de guerrilha, morreu em 1663 em uma Matamba que continuava independente. Depois da derrota do *Ngola*, em 1671, Ndongo será anexado com o nome de Reino Português de Angola. Percebendo os efeitos destrutivos do tráfico, em 1765 o governador Francisco de Souza Coutinho tentou em vão limitar os excessos cometidos, substituindo-o pelo desenvolvimento da lavoura e das manufaturas. Uma segunda tentativa, pelo primeiro-ministro português Sá da Bandeira, em 1836, teve igual resultado.

2. Os reinos do Alto Zaire

Alguns autores pensam que a formação de reinos e de sistemas imperiais na bacia superior do rio Congo ou Zaire tenha sido estimulada pela demanda de escravos, com a vinda dos negreiros europeus no litoral Atlântico. Quando menos pode-se dizer que o tráfico promoveu a sua expansão, pois as pesquisas arqueológicas já evidenciaram a existência, nas margens do lago Quisalê, de vestígios importantes datados do século VIII, testemunhando formações sociopolíticas de envergadura. A introdução do milho e do tabaco americanos não pode deixar de ter tido apenas um efeito suplementar, pois não devemos subestimar as conseqüências negativas do tráfico de negros, mesmo sobre aqueles que lucravam com ele.

a) O reino Cuba

Partindo do litoral para se fixar na margem esquerda do rio Congo, os cubas foram expulsos pelos terríveis jagas; e depois de remontar o Casai, aparecem como chefes de clã dos Buchong (os lançadores de faca). Instalados entre Casai e Lulua, desenvolvem o comércio dos tecidos de ráfia, do ferro e do cobre, na direção do Baixo Zaire e do Chaba. No curso do século XVII o rei Chamba Bolongongo estrutura o sistema acrescentando à iniciação dos jovens a prestação de serviço militar e cívico para realizar grandes obras públicas. Concentra os dignatários do reino na capital, para poder controlá-los melhor. Cria aldeias com prisioneiros de guerra, alguns dos quais são admitidos como um reforço do exército. Para os tribunais, institui um sistema original de júri, com delegados dos dois partidos; e proíbe a prática de lançar facas, consumidora de vidas. Os sucessores eventuais nas chefias do reino ficavam também concentrados na capital, para a sua proteção e para evitar uma eventual secessão. Apesar de tudo, as guerras civis se sucederam, atraindo as ingerências dos lubas até a conquista belga.

O reino Cuba era uma confederação. Cada chefe era assistido por um tríplice conselho, respectivamente para os assuntos correntes, as questões mais importantes e a nomeação dos chefes. O cargo de conselheiro é vitalício, mas os chefes são demissíveis. Quanto ao monarca, é inamovível, e a linha de sucessão contempla seus irmãos mais jovens, depois os filhos da sua irmã, como na antiga Gana: uma fonte estrutural de conflitos. A rainha-mãe era a segunda personagem do país em importância. Não há um conselho central ao lado do rei. O tributo anual dos chefes consistia em uma mulher, peles de leopardo ou presas de elefantes.

b) O reino Luba

Foi em 1585, depois de alguns episódios violentos, Calala Ilunga muda a localização desse reino, situado no curso superior do Lomani e do Lualaba, perto do lago Tanganica. Desse momento em diante, cada rei é visto como o vetor de um carisma exclusivo transmitido pelo sangue de Cala Ilunga.

Entre os ministros, uma espécie de juiz para decidir sobre queixas, mediador dos contenciosos entre os notáveis. Com efeito, os conflitos internos vão provocar a intrusão violenta dos tchocue, no sul, e de Niamezi Msiri, caçador de escravos, com seus *baieke* (milicianos). Introduzido na região graças à hospitalidade dos cazembe, ele conseguiu desfazer seu exército e separá-los do país dos lunda, apropriando-se assim da posição estratégica representada por essa região, que permitia o controle do comércio transcontinental.

Respeita a autonomia dos chefes locais, mas agrega-lhes um comissário. Retira do *Basenga* local o monopólio da fundição do cobre, instalando seus próprios fundidores; introduz o fio de cobre, em lugar dos lingotes, aumentando assim o valor do produto semifinal. Criou uma capital em Busenia, proclamando-se rei de Garenganze. Vendendo cobre a Angola e marfim à costa oriental, ambos os produtos sob monopólio, substituiu os cazembe de Basenga, que permaneceram insubmissos. Em 1891, Msiri foi abatido pelos belgas, e a confederação luba desmantelada.

c) Os Lunda

Na língua dos bungu, baseados a oeste dos luba, "lunda" significa "amizade". Com efeito, os chefes desse povo tinham feito um juramento de amizade antes de eleger como líder um deles, Muata Muacu. Entre seus netos, a única mulher, Luedji, foi escolhida como herdeira. Luedji, que teve vários maridos em sucessão, e recebeu o bracelete de ferro e o título de Mulunda ("Mãe dos lunda"), fez um grande casamento diplomático com um príncipe luba, Lunga Shibinda. Um dos seus filhos, Muata Iamvo, estenderá as conquistas para o Sul, até o curso superior do rio Zambeze, e para o Noroeste até Casai, enviando um exército para ocupar a zona dos pântanos salgados de Chaba. Transformado em uma das grandes potências da África Central, o Estado lunda impõe um tributo às províncias vassalas, por intermédio dos seus governadores (Muata, Muene, Cazembe).

O monarca era eleito por um Conselho composto por quatro dignatários, que escolhia também, entre os seus parentes, a "mãe do rei". O sistema dos lunda é mais "democrático" e aberto do que o sistema luba. Em primeiro lugar porque o Conselho real (*citentam*) tem composição e competência mais amplas, com três categorias de conselheiros: os chefes rituais, os delegados dos chefes tributários e os funcionários reais.

Segundo um mito lunda, cada monarca se identificava genuinamente com o seu predecessor, de tal modo que formava com ele uma cadeia, um bloco compacto, que se identificava com todos os novos aliados. Além de tudo, esse esquema se adaptava a qualquer estrutura preexistente.

No século XVIII os lundas conseguiram, com um dos seus generais, controlar a região além do lago Moero, substituindo os cazembes de Luapula; assim, recebiam mercadorias portuguesas provenientes dos dois oceanos, que eram pagas com escravos, os quais percorriam a pé 2 mil quilômetros até o litoral.

A partir do fim do século XIX, a decadência (decorrente em boa parte das contradições do tráfico negreiro) marcou o país com numerosos assassinatos, antecedendo a conquista pelos belgas.

h) Na África oriental

1. O litoral

Do século VII ao XII, entre Mogadishu e Sofala, os árabes aumentaram consideravelmente a sua presença entre os imigrantes shiitas originários da Pérsia.

Escapando da perseguição que lhe foi movida, Hussein finalmente adquiriu a ilha de Quilua Quisiuani, e seus sucessores, atraídos especialmente pelo comércio do ouro, do marfim e dos escravos, anexaram a ilha de Máfia. Em 750 havia 400 soldados negros no exército do sultão de Bagdá, e em 869 os negros promoveram uma insurreição que enfraqueceu seriamente o sultanato.

No interior, as populações continuavam a migrar para o Sul, como aconteceu com os rozuis, que abandonaram as margens do lago Tanganica para fixar-se ao sul do vale do Zambeze. No século décimo, foram seguidos pelos ngunis. Al Masudi descreveu essas populações, dedicada ao culto dos antepassados e com um monarca eleito, que era às vezes executado ritualmente pelo seu povo, e que se atribuía o papel de filho de Deus. No Extremo Oriente, tinha havido interesse por esse tipo de comércio, que chegaria à Malásia através do golfo Pérsico e da Índia ou da China. No século XII, poucos cantoneses ricos não dispunham de escravos negros. Os chifres de rinoceronte, o marfim e as lâminas de ferro e aço de qualidade excepcional, procedentes da região, tinham um amplo mercado. A viagem do leste para o oeste era facilitada pela corrente equatorial, o que permitiu que muitos indonésios se estabelecessem em Madagascar, introduzindo na África certos produtos como algumas variedades de banana e as conchas das ilhas Maldivas, que na África Negra viriam a representar uma espécie de moeda.

Os árabes ainda não tinham penetrado no interior africano e se contentavam com entrepostos periféricos que, particularmente nas ilhas, deveriam provocar uma mistura genética excepcional, acompanhada por grande criatividade cultural. O resultado foi o quisuahili — estrutural e fundamentalmente uma língua bantu, mas cujo vocabulário se baseava em grande parte no árabe.

As investigações arqueológicas descobriram muitas subestruturas de casas e estradas. Estas proliferaram de tal modo na região que inclui hoje Uganda, Quênia, Tanzânia e Malawi que os especialistas têm razão quando mencionam uma antiga civilização datada do século décimo. Essas estradas, com 3 a 5 metros de largura, em superfície plana, se estendiam por quase mil quilômetros, através de colinas, escavações e pontes, tendo dos seus lados fileiras de pedras. Além disso, como acontecia na região Nando, havia vestígios de escavações feitas para a irrigação.

Todos esses fatores parecem ter estimulado o progresso no uso do ferro, por exemplo, com numerosos resíduos de canos, e a na concentração demográfica em sociedades muito unidas, para fins de defesa. Finalmente, havia a influência da oferta e da procura nos mercados abertos ao longo do litoral do Oceano Índico e do mar Vermelho. Essas pessoas eram agricultores bantus, conhecidos como uagnicas, e receberam mais tarde o acréscimo de pastores, os bahima (luos, masais etc.).

No litoral, a demanda pelos produtos afro-asiáticos era estimulada pelos contatos feitos durante as Cruzadas e com as cidades italianas. Um teste científico mostrou que a primeira moeda lançada por Henrique III da Inglaterra (1216-1272) foi produzida com ouro africano. O marfim africano era especialmente fácil de trabalhar e o ferro de Malindi era usado para fabricar as melhores lâminas de espada da época. Em 1414, uma embaixada africana procedente de Malindi (Quênia), entregou presentes (inclusive uma girafa) ao imperador da China. No século XIII e na primeira metade do século XIV, Mogadishu e Quilua eram centros comerciais particularmente importantes, e recebiam, entre outras mercadorias, tecidos orientais e porcelana chinesa dos períodos Song e Ming.

O sultão Alasan Ibn Taluth (1277-1294), de Quilua, fundiu moedas de cobre, cem 100 das quais foram encontradas. Havia estradas desde o litoral ou além do Zambeze na direção das minas de ouro, ou ainda por trás do lago Niassa até as minas de cobre de Chaba. Pate deveria prevalecer sobre os outros centros até o século XV, quando Quilua reafirmou sua influência dominante sobre as trinta e sete cidades costeiras.

A situação mudou completamente com a chegada dos portugueses. Os recém-chegados parecem ter ficado fascinados com o padrão de vida e a cultura que encontraram, mais refinada do que o das classes médias de Portugal naquela época, e as miragens do Oceano Índico pareciam prometer ainda mais. Isso significava que era absolutamente necessário remover o obstáculo representado pelos árabes. Entrementes, em 1505, Portugal conquistou brutalmente Sofala, Quilua, Mombaça, Lamu, Pate, Brava e Muscate, Aden e Oman — usando a tortura, execuções e mutilações orquestradas pelo próprio Vasco da Gama. Percebendo que estavam matando a galinha que punha ovos de ouro, os portugueses tentaram reviver o tráfico, mas algo tinha mudado. Depois de conquistar o Cairo, os turcos não tardaram a aparecer no mar Vermelho, atiçando o ódio contra os lusitanos que, depois da sua partida, se tornaram ainda mais violentos. Em seguida, o canibal Zimba capturou e conquistou Mombaça, o que provocou a construção do gigantesco forte Jesus.

Em 1650 o sultão conseguiu livrar-se dos portugueses; estes, em número muito limitado, se refugiaram mais ao Sul, nas praias de Moçambique.

Depois disso, após a secessão de Omã, a família árabe Mazrui passou a governar Mombaça, lutando pelo domínio das ilhas em uma guerra interminável. Seyid Said (1804-1856) só conseguiu prevalecer sobre os Mazrui aproveitando os conflitos dentro daquela família. Subseqüentemente, para consolidar seu domínio africano, transferiu a sede do Sultanato para Zanzibar. Até então as ilhas litorâneas eram habitadas principalmente por negros, conforme testemunharam viajantes como Montclaro, Barros e outros.

Por outro lado, o comércio estava em mãos dos árabes, que importavam tecidos do Extremo Oriente, e muitas outras mercadorias. O tráfico negreiro se desenvolveu em larga escala no século XVII. Por volta de 1735, quando La Bourdonnais governava a Ilha de França (Reunião), aquela colônia já tinha 20 mil brancos e 100 mil escravos. Em 1776, o comerciante francês Maurice assinou um tratado com o sultão de Quilua recebendo o monopólio do comércio negreiro em troca de 20 piastras por cada escravo vendido, e dessa quantia 2 piastras correspondiam ao Sultão: o dízimo pelo tráfico negreiro.

Cultura

Ao longo do litoral sul, o rei de Pemba se convertera temporariamente ao Islã, mas esses primeiros passos da islamização submergiram no contexto negro-árabe. Por toda a região, os ritos árabes muçulmanos se combinavam com os negros africanos. Em Pangani, o nome das roupas e a sucessão matrilinear revelavam claramente sua origem bantu, até o momento em que o casamento da rainha com um árabe deu início à sucessão pela linha paterna. O Ano Novo suahili era celebrado com a purificação dos fiéis antes das colheitas, e pela invocação dos antepassados, quando o celebrante bantu enriquecia suas preces com referência islâmicas.

Na arquitetura, a qualidade decaiu. A guerra e a destruição crônica não eram compatíveis com um investimento importante na construção, e por isso desapareceu a cantaria e "aquela magnífica argamassa de cal e clara de ovo, que endurece como se fosse cimento". O barro passou a ser o material mais comum, mas as casas continuavam a ter nichos para exibir peças de porcelana chinesa, arcas com cintas de cobre, para guardar a melhor roupa, caixas de especiarias e estojos de jóias e pérolas vindas de Veneza, da Boêmia e de Java. Florescia a chamada poesia Nashairi, em suahili, assim como obras éticas e doutrinárias tais como *Al Inkishafi* ("O despertar da Alma"), de Abdallaj Ben Ali Ben Massir, que criticava o luxo muitas vezes excessivo com que se cercavam os mercadores enriquecidos pelo comércio afro-asiático.

2. Os países ao Norte do Zambeze

Foi no contexto dessa região que ocorreu o enfraquecimento de povos que deveria desarrumar o mapa demográfico do continente ao longo de um extenso eixo norte-sul.

Os luo, um grupo meridional de povos nilóticos, que incluíam os dinca, nuer e acoli, migraram da região de Bar-el-Ghazal por razões econômicas, ecológicas e demográficas, e entraram em contato com os bantus que já tinham testemunhado a migração dos povos pastorais, ancestrais do hima e dos tutsi. Os luo subjugaram os chefes chuezi, na região de Bunioro e Uganda, que tinham imposto seu domínio sobre as populações nativas no reino Quitara. Encontramos sinais dessa mudança nas subestruturas de Bigo, onde o baluarte nilótico, semicircular, se superpunha ao baluarte hima, em forma de U. Bunioro foi fundado pelo primeiro monarca nilótico, Rudiqui, que enviou seu irmão gêmeo para fundar o reino de Buganda.

Ancolê e Burundi libertaram-se dessa estrutura, e depois Buganda e Ruanda firmaram sua influência na região dos Grandes Lagos, até o século XIX.

Não devemos extrair conclusões simplistas desse processo histórico pelo qual os bantus receberam todas as condições para o progresso econômico, tecnológico e sociopolítico pelos invasores hamíticos, os pastores e os pregadores islâmicos, juntamente com mostras materiais desse progresso. Esta seria uma idéia preconcebida, sem fundamento, embora os recém-chegados tivessem seus próprios métodos de organização, que substituíam a *vendetta*, por exemplo, por formas de compensação e arbitragem. Não obstante, essas mudanças não ocorreram em uma escala tal que pudesse provocar o caos.

Conta-se que Niicango chegou com dez famílias. Os recém-vindos escolheram suas mulheres na população nativa, que já tinha firmado sua autoridade sobre certas áreas, com base na tecnologia dos metais, e que lhes impuseram sua lavoura, as línguas bantus, as representações ideológicas e, mais particularmente, certas características da realeza sagrada que seriam encontradas entre muitos povos negros que não tinham experimentado esse tipo de contato, tais como os mossi, chona, cuba, etc. Há uma tendência para ver de forma muito isolada os reinos africanos situados entre os lagos.

Em Bunioro, as várias partes do corpo do rei eram designadas por palavras especiais, que não se aplicavam ao comum dos mortais. O monarca era a fonte da prosperidade do país, e precisava portanto preservar sua integridade física. Quando subia ao trono, o jovem monarca era tratado primeiramente como um rei, e depois condenado à morte, o que faz lembrar o *curita* dos mossi. Morto, era enterrado envolto em um couro de boi. A Rainha Mãe era a segunda personalidade mais importante do Estado; permitia-se o casamento com uma meia-irmã: as princesas tinham uma conduta licenciosa; o poder real era simbolizado pelo povo sagrado — esses aspectos são consistentes com o modelo negro africano que prevalecia em todos os territórios ao sul do Saara.

Buganda

Buganda se desenvolveu no século XVII às custas de Bunioro, beneficiando-se com a agricultura próspera em solos vulcânicos férteis, ricos em água. O hiato entre os aristocratas e a gente comum não era muito grande, e aqueles que tinham talento e caíam nas graças do monarca gozavam uma perspectiva de ascensão social. A lavoura e a pecuária eram confiadas às mulheres, enquanto os homens se dedicavam aos vários ofícios e artes.

Com respeito à vida política, vale notar que os filhos do monarca falecido estavam excluídos da sucessão. Os únicos candidatos aceitos eram os filhos do rei predecessor do falecido e portanto haviam "nascido em berço de ouro". O Grande Conselho (*Luquico*) só se reunia para discutir temas de muita importância. O Conselho Eleitoral era composto pelo primeiro ministro (*Catiquiro*) e o chefe do clã mais importante. Os chefes provinciais eram responsáveis pela cobrança de impostos, o recrutamento e as obras públicas (estradas que levavam à capital). As reformas foram certamente apressadas pelo interesse de Buganda no leste e no litoral.

Ruanda

Ruanda, na região a sudoeste do lago Vitória, experimentou uma dinâmica semelhante. A classificação social era mais clara, sem envolver uma dicotomia absoluta nas diferenças de classe e *status*. As duas riquezas principais, a terra e o gado, correspondiam aos dois grupos sociopolíticos mais importantes. A vocação dos tutsis se dirigia essencialmente para a guerra e as relações sociais. Os hutus se dedicavam à lavoura e eram tratados muitas vezes de forma arbitrária pelos aristocratas. Dependiam dos tutsis que, em troca de tributos e serviços prestados, lhes estendiam sua proteção, juntamente com um ou mais cabeças de gado que os hutu tinham à sua disposição, temporariamente ou de forma vitalícia. Os tua, um grupo residual de pigmeus, se dedicavam à caça e à cerâmica.

Como conquistador, Ruganza II Ndoli formou um grupo de guerreiros de escol (*Ibisumizi*), e escolheu o tambor *caringa* como emblema da sua dinastia. Sua morte provocou o suicídio coletivo dos *Ibisumizi*.

Cilima II Rujugira (1675-1708) e Quigeli IV foram soberanos famosos, que controlavam a estrada para o lago Quivu. No entanto, Ruanda foi cada vez mais prejudicada por conflitos internos e as limitações impostas pelo tráfico negreiro.

3. A disputa em torno dos Grandes Lagos

A luta pelo poder dentro dos grupos políticos e pelo domínio dos vários reinos foi a principal causa desses distúrbios, mas a força fundamental dessa manifestação de agressividade era a caçada de seres humanos, que obrigava à aplicação da lei da selva: "Caçador ou presa? Todos preferem ser ou tornar-se um caçador".

No caso do rei Mutesa de Buganda (1865-1884) esse temor contribuiu para aumentar o ritmo da centralização do seu reino e da respectiva administração. Ao receber missionários protestantes que disputavam os seus favores com os padres católicos e os pregadores muçulmanos, o rei fez uma série de perguntas sobre a Bíblia, e finalmente acrescentou: "E quanto aos rifles?".

Nessas circunstâncias, as populações menores, com governos menos centralizados, corriam todas um perigo, e as que não tinham escravos para oferecer sucumbiam à demanda externa dos traficantes, que vinham oferecer-lhes produtos novos e atraentes.

Os quicuiu, por exemplo, "parasitas do gado", continuavam a roubar rebanhos usando violência e a praticar "acertos de contas" dentro da tribo ou entre tribos. Os caamba, que controlavam a estrada de Mombaça a Quilimandjaro, compravam marfim e escravos, especialmente moças masai, que eram muito apreciadas no litoral. Em troca, vendiam sobretudo ferro, que os masai usavam para fazer suas lanças, além de braceletes e colares para as suas esposas. Deste modo, os povos amantes da paz não guardavam por muito tempo essa atitude. Segundo Livingstone, foi o que aconteceu com o país Iao, no princípio do século XIX, ao enfrentar uma onda de ngunis, além da horda de traficantes. Alimentos eram distribuídos gratuitamente a qualquer viajante, que em troca devia contar as novidades que trazia consigo. E segundo Burton, o mesmo aconteceu no país Hiacusa.

As 30 tribos hehe se uniram para resistir às incursões dos masai e também para controlar o comércio do marfim em Bagamoio. No entanto, os escravos eram necessários até mesmo para transportar o marfim até o litoral.

Para escapar dessas incursões, os chaga inventaram toda uma rede de moradias subterrâneas com espaço para abrigar o gado, depósitos de alimentos e dormitórios, com sistemas de ventilação e de esgoto.

Essa adaptação aos desafios da selva criou também figuras excepcionais, como Mirambo, que com grande energia e inteligência instituiu um reino cuja capital, Uramba, chegou a rivalizar com os mercados de escravos de Tabora. Mirambo firmou seu poder mediante a formação de um exército profissional, composto por jovens muito bem treinados para deslocar-se, sob disciplina de ferro, com grande rapidez e mobilidade. Stanley o chamou de "o Napoleão africano".

Durante o século XIX as autoridades litorâneas procuraram captar a maior parte possível desse mercado. O sultão Said, que se tinha estabelecido em Zanzibar desde 1840, centralizou o governo da ilha e estimulou sistematicamente a cultura do cacau e do cravo — o que significava um aumento da necessidade de força de trabalho.

Em resposta a essa demanda, mercadores árabes e suahilis mergulhavam no interior do continente, enfrentando a oposição dos chefes locais, determinados a preservar a sua participação nos lucros do tráfico. Na verdade, Said não pretendia criar um império no continente, mas apenas os vínculos de uma rede relativamente densa, que lhe permitisse controlar as condições do mercado.

Todo ano 100 ou mais toneladas de marfim eram extraídas da selva africana, envolvendo a morte de alguns milhares de elefantes. As epidemias de cólera que devastaram toda a região da costa, em 1857 e 1870 (quando 200 pessoas morriam por dia em Quilua), e o tufão que destruiu dois terços das árvores de cravo na ilha, reacenderam a demanda pelo braço escravo justamente no momento em que a Inglaterra proclamava a abolição dos escravos, ameaçando os navios negreiros com um bloqueio.

Na verdade, isso ocorreu quando os comerciantes que operavam no continente tinham alcançado o máximo da sua técnica e eficiência, conquistando territórios sob administração direta e combinando esforços para organizar caravanas gigantescas, de modo a reduzir suas despesas básicas. Por volta de 1859 essas idéias ganhavam terreno devido ao fluxo extraordinário de armas de fogo. Em 1880, os rifles representavam uma terça parte das importações recebidas na costa oriental da África. O chefe dos unianembes, Tipu Tib, possuía 20 mil rifles e canhões; negociou com Mirambo a passagem dos seus 2 mil carregadores, levando marfim, protegidos por mil milicianos.

A década de 1880 a 1890 testemunhou um surto cruel de destruição humana. Paradoxalmente, o fim da atividade escravista na costa piorou as condições encontradas no interior do continente. Como o preço dos escravos tinha caído virtualmente a zero, um número muito maior precisava ser vendido para a realização de um lucro mínimo. Quando as mulheres empregadas como carregadoras chegavam ao fim da resistência física, eram forçadas a abandonar os filhos em lugar da sua carga de marfim.

Nas palavras de um explorador — Cameron — que viu essa tragédia, "A África está perdendo sangue por todos os poros". E outra testemunha descreveu esse inferno em termos mais lacônicos: "No Alto Congo, tudo está às portas da morte".

i) Na África Austral

A bacia superior do Congo margeia a África Austral. Na mesma região que testemunhou o nascimento da humanidade observamos o epílogo africano desse processo, com a chegada às regiões meridionais do continente não só de povos negros, vindos do Norte, como de imigrantes da Europa (portugueses, *boers*, ingleses) e da Ásia.

Foi nesse contexto que teve início uma fase terrivelmente traumática, com o tráfico de escravos e a *apartheid*, chegando por fim ao governo de uma figura extraordinária, Nelson Mandela, com o "Renascimento Africano" advogado por Thabo Mbequi. Na savana habitada pelos shona, perto de Fort Victoria, eleva-se um grupo de ruínas monumentais, as do Grande Zimbabue. A palavra "zimbabue" designa uma grande casa de pedra, normalmente a residência de um chefe tribal, que em geral está composta de três setores: um amplo cercado oval, de 2,5 quilômetros e de extensão; um edifício de cantaria, admiravelmente bem construído, com 7 metros de largura e de 10 de altura. Dentro do cercado, duas torres cônicas, além de várias outras estruturas. O conjunto era conhecido como um "templo elíptico". Para o sul encontramos os restos de uma fortificação ciclópica, que aproveita sutilmente características naturais — rochas gigantescas, chamadas de "Acrópole". Entre essa estrutura e o templo elíptico o vale está cheio de resíduos de habitações modestas, cuja datação sugere o quarto século a.D. Já se estimou que essa estrutura exigiu o mesmo trabalho de uma das principais pirâmides do Egito. Construções desse tipo se estendem do século sétimo ao décimo sétimo — portanto, um total de mil anos.

O escritor Al Masudi, do século décimo, registra que, no interior de Sofala houve um reino dos uaclimi grandes produtores de ouro e comerciantes de marfim. A população negra adorava muitos deuses, sob um deus supremo. Até mesmo o seu monarca era considerado um deus (a realeza sagrada habitual no continente africano), embora não houvesse qualquer hesitação em matá-lo caso se afastasse da lei e dos costumes tradicionais. O rei não podia ser visto, e falava aos cortesãos por trás de um biombo. Uma fogueira era mantida acesa na corte, e todo ano, em um dia determinado, mensageiros acendiam suas tochas nessa fogueira, levando-as aos chefes locais que, ao aceitá-las, demonstravam sua lealdade. Com a morte do monarca apagava-se a fogueira, que voltava a ser acesa e disseminada quando o seu sucessor subia ao trono. O regicídio sagrado era também praticado, o que revela uma surpreendente identidade de ritos em toda a África.

Uma sucessão de chefes precedeu o homem que, no princípio do século XV, seria o verdadeiro fundador desse Império: Mutapa, conhecido como Muene Mutapa, e mais tarde como Monomotapa. Depois de se separar do Império, o território meridional caiu nas mãos dos changamire. Grupos políticos se desenvolveram especialmente entre os rozi, um ramo dos shona. O seu desenvolvimento se deveu em parte ao comércio com a região litorânea (comércio de ferro, estanho e especialmente de marfim, ouro e cobre, vendido este último sob a forma de grandes cruzes com o aspecto de um X), em particular com Sofala. As pérolas e os objetos de porcelana encontrados nas ruínas do interior eram artigos importados, como testemunhou Barbosa, em 1517.

Os portugueses chamavam o rei africano de "Senhor das Minas". O mapa dessas minas mostra que Zimbabue estava localizado no limite externo oriental de uma vasta área de mineração, onde as escavações arqueológicas têm revelado esqueletos de trabalhadores muito jovens, o que parece projetar uma certa luz sobre a utilidade desses monumentos outrora grandiosos e agora arruinados. Dominando os edifícios situados no vale, onde viviam provavelmente os mineiros e comerciantes, a Acrópole pode ter sido uma fortaleza, protegendo a região; a parede do templo, uma área dedicada à adoração do monarca divino.

Em 1505 Vasco da Gama construiu sua própria fortaleza em Sofala, considerada como porta de entrada para as reservas de ouro, que em pouco tempo pareciam exauridas, ainda mais porque os portugueses esperavam encontrar na América do Sul um Eldorado. Com efeito, os chefes africanos, que conheciam a brutalidade de Vasco da Gama, evitavam negociar com ele, e usavam rotas que levavam a outros pontos da costa, ou caminhos indiretos chegando à própria Sofala, onde, em 1511, três quartos de todo o ouro escapava do pagamento das taxas reais, embora os portugueses tivessem o monopólio desse comércio. Os governadores portugueses aplicavam suas próprias taxas, recursos que às vezes eram transferidos para Goa, na Índia, onde havia um grande número de palácios públicos e particulares, além de edifícios religiosos, decorados com gemas e folha de ouro — com freqüência, ouro de Monomotapa.

No fim do século XVI os povos nguni, que se dirigiam para o Sul, liberavam os grupos étnicos vassalos do tributo em ouro a ser pago a Monomotapa.

Já em 1531 os portugueses tinham decidido fixar-se no interior, em Sena e Tete, onde missionários e aventureiros logo se juntaram a eles.

Tendo subido ao trono com a idade de 14 anos, o rei português Sebastião, o Africano, nascido em 1554, enviou à África, em 1578, um corpo expedicionário que foi dizimado pelo clima e os ataques dos africanos. Aumentava o número de aventureiros que se aproveitava do aparente desinteresse dos africanos pelo ouro, que era derramado em pequenos orifícios ao lado das pérolas, estas sim muito estimadas.

Proliferavam as milícias particulares, com conflitos entre suahilis, hindus e até mesmo chineses. A independência de Monomotapa esteve ameaçada, como, por exemplo, quando os portugueses repuseram no trono o rei Gatsirusere, depois de controlar a revolta dos seus vassalos. Em 1628, porém, uma ampla coalizão de príncipes e povos africanos, sob as ordens de Capranzine, liquidou muitos portugueses e seus colaboradores africanos. Alguns anos depois, foi a vez dos aventureiros lusitanos e dos mercenários nativos atacarem ferozmente Capranzine, que deixou 12 mil mortos no campo de batalha.

Os monarcas africanos com nomes cristãos, submissos e protegidos, concediam aos estrangeiros todos os privilégios que lhes eram solicitados.

Em 1693 Monomotapa, que se tornara o "homem doente" da África Meridional, foi derrubado por Changamire Dombo, rei de Butua. Antes de morrer, o novo monarca de Monomotapa decidiu que era mais prudente procurar refúgio nos confins da fortaleza portuguesa de Tete. A corrupção e o banditismo se haviam instalado virtualmente em toda parte. Para sobreviver alguns missionários precisavam também agir como comerciantes ou comprar terras, para poder recolher impostos. As escolas primárias recebiam crianças portuguesas, africanas, chinesas, javanesas, hindus e congolesas, com uma maioria de mestiços.

No século XIX, o rei de Portugal confirmou as possessões concedidas pelos chefes africanos de reputação duvidosa, e procurou institucionalizar as propriedades da Coroa com direitos quase soberanos: o chamado "prazo". Os "prazeiros" impunham a lei nos seus palácios fortificados, onde viviam com as concubinas. Cobravam impostos em espécie (ouro ou marfim, quando não em escravos). Para "embranquecer" um pouco mais esse círculo de senhores feudais, decidiu-se que o prazo só podia ser legado para a filha mais velha se ela se casasse com um português; o casamento com um negro acarretava o confisco do privilégio. De modo geral, o prazo não tinha condições de cumprir a função prevista de estímulo à economia — ou porque os novos senhores ficavam divididos entre uma vida de prazeres e o desejo de poder, ou devido à lógica infernal do tráfico negreiro, que dominava toda a sub-região. O fornecimento de escravos em Moçambique aumentou de 10 mil por ano, no século XVIII, para 25 mil no século XIX, em razão da demanda dos Estados Unidos, e depois de 1850 pela demanda das colônias francesas do Oceano Índico. Em 1836, o decreto que abolia a escravidão foi recebido em toda parte com indignação, e o tráfico continuou, secretamente.

África do Sul

Nosso objetivo, neste caso, não é contar a história desses países que experimentaram e superaram o *apartheid*, graças à luta de africanos e não-africanos. O que faremos é mencionar alguns marcos cronológicos e geográficos na formação de sucessivos sistemas de organização política e social.

Desde a Pré-história, povos africanos foram os primeiros a ocupar o território sul-africano. Prova da sua presença é dada por numerosas ferramentas, peças de madeira entalhada e pinturas rupestres. Historicamente, a primeira presença humana foi a dos já mencionados coi-san, ou hotentotes.

Depois de vários séculos de conflitos, os povos dessa região emergiram de um calvário sem precedentes para criar a república democrática e a sociedade multirracial que conhecemos hoje. A África do Sul nunca foi um território desabitado, e no seu solo vários povos africanos se digladiaram — caçadores, pastores, lavradores e conquistadores. Quando por acaso um navio da Companhia das Índias Orientais naufragou na vizinhança, seus tripulantes chegaram ao litoral, e isso levantou o problema da necessidade de garantir facilidades para ancoragem no caminho que levava à Índia.

Os atores dessa tragédia histórica deveriam emergir gradualmente em conflitos sangrentos: os zulus contra os coi-san, e depois contra os *boers*. Vale notar que esses criadôres e agricultores holandeses buscavam terras de pastagem em parte porque o número de cabeças de gado era contabilizado quando precisavam pagar um dote aos pais do jovem que se casasse com suas filhas.

Depois do Congresso de Viena (1815), que confirmou a soberania inglesa sobre a Colônia do Cabo, os *boers* tornaram-se súditos de Sua Majestade Britânica. Na época, porém, os ingleses estavam envolvidos na luta contra a escravidão, e o profundo distúrbio causado pela campanha relâmpago de Chaca, o chefe zulu, tinham dispersado a população para o Norte e o Sul, aumentado assim de súbito as pressões demográficas e a crise sociopolítica. Quando a escravidão foi abolida, em 1833, os boers se consideraram ultrajados, e empreenderam um êxodo espetacular (o *Groot Trek* ou *Great Trek*) através dos montes Drakensberg, onde caíram sobre Dingaan, o sucessor de Chaca. O equívoco evidente, aqui, reside no fato de que os africanos nunca negam um território aos recém-chegados, mas estes não se podem intitular proprietários da terra quando nem mesmo os habitantes originais proclamam ter esse título. O resultado foi que, diante de Pretorius e suas tropas, equipadas com armas de fogo, Dingaan perdeu 3 mil dos seus guerreiros na batalha de Blood River (1838).

Os *boers* que tinham chegado a Natal partiram quando os ingleses a transformaram em uma Colônia da Coroa, em 1843. Escapando em direção oposta, os *boers* retornaram aos montes Drakensberg, fixando-se no Transvaal e no Estado de Orange, cuja independência foi reconhecida pelos ingleses em 1854.

No vale do alto Orange, sob o rei Mochech, os basuto negociaram com os zulus e os ndebele, e tomaram providências para evitar os ataques dos ingleses e dos nas suas montanhas elevadas e no planalto cercado de precipícios. Conseguiram assim obter o *status* de protetorado britânico, como Bechuana; quanto aos suazi, sua independência foi garantida.

No entanto, quando em 1867 foram descobertos os primeiros diamantes na região disputada entre o Transvaal, Orange e Griqualand, dos *Waterboers* mestiços — inclusive o mais esplêndido de todos, o *"Star of Africa"* —, a Inglaterra interveio como árbitro e anexou a área, antes mesmo de agir do mesmo modo com relação ao próprio Transvaal, que seria virtualmente recuperado pelos *boers* depois da sangrenta batalha de Majuba Hill, em que Kruger saiu vitorioso. Logo que ricas minas de ouro foram descobertas no Transvaal, Cecil Rhodes aplicou seu gênio predatório em benefício da Inglaterra, com a *British South Africa Company*.

Mais ao Norte, em Matabeleland, Lobengula, que os *griots* chamavam de "Grande Elefante, Dono do Trovão", continuava a exibir a pompa dos reis de Monomotapa, embora em menor escala. Em 1880 os ingleses já tinham sido derrotados em várias ocasiões por outro monarca, Cetiuaio, que finalmente conseguiram vencer e afastar do poder. A descoberta de uma reserva petrolífera na vizinhança do Grande Zimbabue, pelo geólogo alemão K. Mauch, provocou um *"rush"* orquestrado por Cecil Rhodes, que preferiu negociar com Lobengula direitos exclusivos sobre quaisquer possíveis riquezas minerais. Em troca, o monarca africano receberia uma pensão mensal e mil rifles. No entanto, Rhodes excedeu os termos desse acordo e ordenou a construção de dois fortes, em Victoria e Salisbury, e a independência dos ndebele ficou prejudicada. Quanto à população africana, seu destino foi selado com a abertura das minas; criadores e lavradores, acostumados a se deslocar no seu trabalho, foram confinados e domesticados para servir como força de trabalho na mineração. Diante do rumo implacável dos acontecimentos, os matabele se rebelaram, infligindo aos ingleses perdas pesadas; finalmente, Lobengula foi forçado a ceder e morreu durante seu recuo.

Em conseqüência, a África do Sul teve de enfrentar três regimes de ferro: o favorecimento da escravidão, por parte dos fazendeiros boers; o capitalismo mercantil e depois industrial, culminando com a colonização imperialista, simbolizada por Cecil Rhodes; e uma forma nazista de *apartheid* que só seria erradicada, depois de uma luta heróica, mediante a aliança de africanos e não-africanos, mobilizados pela liderança emblemática de Nelson Mandela.

Em suas várias formas, durante quatro séculos esses três regimes dominaram todo o continente africano ao Sul do Saara, tendo como resultado a sujeição da África ao domínio colonial.

j) Madagascar

A história dessa grande ilha foi uma longa série de lutas pela sua integração. No século XIX, quando esse longo processo, muitas vezes sangrento, tinha quase terminado, os franceses só precisaram colher o fruto que durante tanto tempo tinha amadurecido internamente.

As tradições locais se referem aos antepassados vazimba, e mostram como na sua memória coletiva Madagascar estava associado de perto ao continente africano. Grupos sucessivos de navegadores vindos da península Malaia, da Indonésia e da Polinésia tiveram períodos longos de permanência na África, quando os elementos afro-árabes na região suahili já eram numerosos. Os árabes-bantus ficaram conhecidos no Noroeste da ilha como os antalaotra. Outros árabes visitaram a costa oriental de Madagascar. A variedade desses povos era rica, mas havia alguns elementos de unidade, tais como a língua, de origem indonésia, salpicada de palavras bantus e árabes; a insularidade, uma existência espiritual e material complexa, com embarcações de um só casco, a cultura irrigada do arroz, certos instrumentos musicais e o culto dos antepassados vindos da Ásia, enquanto os animais domesticados, o milho, o feijão, a banana, os grupos sociais divididos por idade e o caráter sagrado da realeza tinham origem africana. Por outro lado, o calendário lunar e a escrita eram árabes. E assim a sociedade insular se foi desenvolvendo dentro de cada grupo sociopolítico, das clãs aos reinos.

Entre os betsileo, o processo ocorreu a partir do século XVIII, e a vitória dos isandra sobre os lalangina. Entre os betsimisaraca, foi também no século XVIII que se estabeleceu na ilha uma ampla confederação, sob a autoridade de Ratsimilho.

Entre os sacalava, essa expansão se fez a partir dos dois estados litorâneos de Menabe e Boina, onde governou com mão de ferro a famosa rainha Ravahini. Em meados do século XVIII, a capital de Boina, Marovoai, era a maior cidade da ilha. A guarda real incluía uma centena de mosqueteiros. O mausoléu dos reis era conhecido como Zombabe, nome derivado evidentemente do termo africano para Zimbabue. Mas, no século XVIII, esses reinos estavam profundamente debilitados pelo alcoolismo e o tráfico de escravos.

Isso facilitou a integração dos merina, e a absorção nacional dos imerina (nos planaltos elevados da região norte-central da ilha). Durante o reinado de Ralambo (1575-1610), e especialmente de Andrianampoinimerina (conhecido também como Nampoina) (1787-1810), essa dinastia já tinha tomado algumas iniciativas habilidosas para criar um reino em torno de um núcleo central que compreendia reinos vassalos ou tributários e outros que eram simplesmente aliados, como o de Boina, que não podiam ser incorporados imediatamente. O segundo monarca pôde combinar a consciência da situação com a afirmação da sua soberania; a preocupação em organizar o Estado com a imposição de tributos, atraindo o respeito das outras populações e criando uma vinculação direta com as massas, guiadas dentro das *foconolonas* (comunidades rurais).

Seu sucessor, Radama I (1810-1828) foi um homem aberto, interessado nas línguas européias, que organizou a expansão do reino até poder proclamar sua soberania sobre toda a ilha, em 1822. Durante essa espécie de "era Meiji" malgache, algumas fábricas foram instaladas.

Mas no reinado de Ranavalona I (1828-1861), o pêndulo voltou a apontar para o conservadorismo e o fechamento da ilha às influências externas nos campos da justiça, da religião e da economia. Mas a rainha não conseguiu separar seus inimigos — os franceses e os ingleses. Quando um governador malgache prendeu o comerciante francês Pinson, condenando-o à escravidão, as autoridades francesas locais se levantaram contra o que qualificaram de prática "contrária à civilização". A rainha Ranavalona respondeu invocando a lei malgache. A liberdade de Pinson foi comprada pelos seus compatriotas, enquanto um industrial talentoso, Laborde, foi expulso do país. Seguiu-se uma política de bloqueio.

Radama II (1861-1863) adotou uma atitude contrária à política isolacionista dos seus predecessores. As missões cristãs se desenvolveram como nunca. O ordálio pelo veneno (*tangena*) foi abolido, assim como a pena de porte. No entanto, o monarca, que era um diletante, tinha subestimado a força da burguesia e da administração superior, e foi estrangulado com uma *lamba* (lenço de seda). Proclamada rainha, Rasoherina, sua esposa (1863-1868), adotou uma política prudente, preparando o país para os desafios que na sua opinião ele teria que enfrentar.

Ranavalona II (1868-1883) era protestante fervorosa, e limitou o número de guardas das autoridades principais, que terminaram criando milícias particulares. Introduziu um código legal reformado, em 1881, mas não pôde evitar a guerra com a França, que aproveitou o pretexto de uma disputa a respeito da herança de Laborde para intervir no país. Dentro dos termos do tratado de 1885, a França reconheceu a soberania da rainha sobre toda a ilha, mas outorgou-se o direito de supervisionar as relações internacionais de Madagascar. Como garantia, os franceses ocuparam o porto de Tamatave, cuja alfândega passaram a controlar.

Ranavalona III (1883-1896), uma jovem rainha, movida por paixão patriótica, chegou tarde demais. Quando em 1890 a França e a Inglaterra entraram em um acordo para compartilhar Zanzibar e Madagascar, o caminho se abriu para os franceses, que em 30 de setembro de 1895 ocuparam Tananarive com um corpo expedicionário. O general Duchesne obrigou à assinatura de um tratado de protetorado e dispersou o exército malgache.

Em 1896, depois de uma série de revoltas esporádicas, a França simplesmente anexou a grande ilha.

III
Dinâmica das Culturas e das Civilizações

a) Historicidade

À falta de uma datação escrita e precisa, às vezes é difícil determinar o momento das mudanças e transformações ocorridas nas sociedades africanas, especialmente quando o processo envolvido se estende por um período mais longo. Por outro lado, nas sociedades nas quais a tradição é a norma, as mudanças parecem ainda mais marcantes, sendo registradas pelos guardiães dos costumes, cujo dever é transmiti-las às novas gerações. Quando se cria um exército permanente, surge um tributo para custeá-lo, até então inexistente, e sabemos que foi o que aconteceu na época do rei bambara Biton Culibali. Isso tem a ver com a questão preliminar que surge sempre quando lidamos com a história africana. Terá o continente negro experimentado realmente um movimento histórico e um impulso social? Nesse caso, as aparências podem ser enganosas, mesmo para grandes mentes, como Hegel. Deixamos de perceber o movimento porque esperamos encontrar o mesmo ritmo histórico na África e na Europa. Quando os métodos de produção, de aquisição do conhecimento e do exercício do poder são diferentes, é difícil fazer comparações.

Nossa apresentação traz à luz o fato de que até o século XVII os vários processos da história africana podem ser resumidos em uma tendência globalmente ascendente. Depois, o continente negro viveu vários séculos de estagnação e astenia, marcados por estruturas relativamente positivas ou negativas, refletindo a escravidão que minou muitos dos seus territórios, até que a colonização lhe desferiu um golpe mortal, que no entanto não livrou inteiramente os povos africanos do desejo de alcançar um desenvolvimento endógeno.

É preciso dizer que em termos do desenvolvimento histórico das sociedades, não há condição que seja puramente positiva ou negativa. A maior parte das condições sociais são ambivalentes, plenas de contradições, e cabe às comunidades humanas filtrá-las e fazer as escolhas apropriadas.

Todos os povos tiveram de fazer essas escolhas, às vezes tentativamente, ou pelo processo dos erros e acertos. Assim, a historicidade da África se manifestou em muitas oportunidades. "Tanto de acordo com a idéia tradicional como na visão islâmica que deveria exercer sua influência sobre a África, esse continente não foi prisioneiro da estagnação ou da renovação cíclica. A dimensão social do tempo, percebida pelos africanos, é eminentemente histórica: ela não elimina o crescimento individual."[9] Como os *griots* costumavam dizer a Bakary Dyan, "É em seu próprio benefício que o incitamos a realizar essa nobre tarefa; 'depois da sua morte, ela se acrescentará ao seu nome'". É verdade que a noção de tempo era múltipla, envolvendo o passado, o presente e o futuro de uma só vez, como, por exemplo, na interpretação dos sonhos sobre o futuro ou nos sacrifícios oferecidos aos ancestrais para tomar uma decisão no presente. No entanto, os africanos não investiam toda a sua energia no simbólico e no transcendente, e reconheciam o papel da violência na história: "A verdade do rei é a verdade efetiva". Quando os mossis iam visitar o seu monarca, diziam: "Vou ver o Poder".

b) O comércio

Ao criar uma rede de rotas comerciais, os africanos dinamizaram a sua história, valorizando as influências externas e endógenas. Claramente, o comércio é ambivalente: pode proporcionar mais riqueza e também maior pobreza — muito depende dos termos de intercâmbio. Em Engaruca, na Tanzânia, os arqueólogos descobriram traços de antigas vias de comunicação que parecem ter ligado a região do lago Niassa com a do monte Quênia. Esse também é o caso das trilhas que cruzam o Saara, mantidas a um custo elevado pelos povos e príncipes locais, nas épocas de prosperidade. Eram rotas ajustadas às oportunidades econômicas e às circunstâncias políticas prevalecentes ao norte e ao sul do grande deserto, em contraste com as ligações antiqüíssimas entre o leste e o oeste. Ali, como em outras partes, essas estradas eram ao mesmo tempo um resultado da história e uma força criativa subjacente à história. Devemos então concluir que essas estradas e essas remotas oportunidades comerciais explicam a origem dos reinos africanos situados ao sul do Saara? Certamente não. O caso de Msiri, no século XIX, baseado nas armas de fogo e em um frenético tráfico de escravos, de ouro e marfim da África Central, para proclamar-se o rei de Busenia, é excepcional, um indicador de tempos terríveis. É verdade também que por razões religiosas, especialmente islâmicas, mas de modo mais amplo para alimentar a imaginação coletiva com imagens e idéias convincentes e estimulantes, muitas dinastias africanas criaram para si ancestrais míticos ou pelo menos respeitáveis, acima de qualquer suspeita: é o caso de Gana, do Império Gao, de Daomé, da Etiópia e dos reinos da região dos Grandes Lagos.

Enquanto o comércio era encorajado, de forma possivelmente ambivalente, por reinos surgidos de forças dinâmicas internas, ele contribuía também para fortalecer essas formações históricas, especialmente por ajudar a acumulação de um excedente mínimo, sem o qual seria impossível alimentar e manter uma nova classe de pessoas dedicadas à arte de governar, com os conhecimentos necessários para administrar um Estado.

Isso levanta o problema dos termos de intercâmbio e do valor acrescentado aos produtos, que por tanto tempo têm prejudicado a África, ao longo de toda a sua história, especialmente durante a fase de exploração pelo tráfico negreiro e do domínio pelos colonizadores europeus. Ele põe em relevo a necessidade inescapável de que haja uma indústria por trás da atividade comercial, de modo a torná-la lucrativa. A África sempre exportou matérias-primas para a indústria de outros países, que retornavam sob a forma de produtos manufaturados; ou então exportava artigos de grande valor em relação ao seu peso, já que a travessia do Saara, por exemplo, e de modo geral a precariedade das estradas, inviabilizavam uma relação desfavorável entre o valor e o peso das mercadorias transportadas. Por isso o sal, o ouro e os escravos eram prioritários. E pela mesma razão os africanos sempre procuraram aumentar o valor acrescentado dos seus produtos. Assim, por exemplo, os congoleses do país luba inventaram o processo de fundição do cobre em forma de barras, e parece certo que mesmo antes de Msiri, no século XIX, a técnica de fabricar fio de cobre já era utilizada em Monomotapa.

No país hauçá as fábricas eram reputadas pelos seus tecidos, couro, produtos de vidro e de metal, conforme a região, mas especialmente em Cano e Bida (Nupe).

Como na maioria das civilizações, os povos africanos compravam e vendiam no mercado, inclusive no campo do comércio invisível, distinto daquele dos bens materiais.

Da América e da Ásia os africanos importavam plantas alimentícias. O vocabulário das línguas africanas ao longo da faixa do Sahel, tanto no Saara meridional como na costa oriental, se enriqueceu com muitas palavras de origem árabe. Há também o xilofone, de origem asiática, adaptado às condições de cada região africana. E não podemos esquecer o vestuário, as práticas religiosas etc. De seu lado, a África fornecia a força de trabalho, ferramentas e técnicas, assim como o conhecimento do *status* humano durante os períodos iniciais da presença do homem na terra, e também as competências nativas não patenteadas, livremente disponíveis, sem exigir qualquer compensação. Por outro lado, a África contribuiu também para muitas guerras que não havia provocado; criou e inovou no campo da música — e os ritmos africanos, ou de origem africana, se difundiram por todo o mundo.

c) O ferro

Examinemos o caso do ferro e o papel desempenhado por esse metal como uma força propulsora da civilização africana. Na África, como em outras partes do mundo, o ferro alimentou o conceito de autoridade e de hegemonia diante das armas e das ferramentas feitas de pedra, de madeira ou outros metais menos resistentes. Há evidência minuciosa demonstrando que determinados reinos se tornaram dominantes graças a vitórias militares viabilizadas pelas suas armas de ferro, de que os inimigos não dispunham. Foi o caso de Gana nas fases iniciais do seu desenvolvimento e, da mesma forma, de Sosso sob Sumaoro Cante; de Méroe, naturalmente, e muitos reinos bantus, quando precisaram enfrentar os coi-sans. As rotas comerciais do ferro no continente africano foram estudadas detalhadamente por especialistas como Jean Devisse, J.B. Kíetega e também sob o patrocínio da Unesco. No entanto, o ferro não é apenas um metal ordinário, mas tem uma importância histórica e mesmo cultural. Nos reinos sudaneses da África Ocidental, os ferreiros pertenciam a castas que eram ao mesmo tempo desprezadas e temidas, porque intervinham em circunstâncias relacionadas com a vida e o sangue das pessoas, como a circuncisão. Os ferreiros eram reconhecidos também como mediadores e negociadores das relações matrimoniais entre as famílias, intervindo na solução de disputas, triviais ou até mesmo mais sérias. Era o caso do reino de Liptcaco, em Burquina Faso. Em contraste, nos países bantus os ferreiros foram muitas vezes fundadores de estados e dinastias; e tinham quase tanta importância quanto os advinhos que localizavam água subterrânea, porque como eles eram mestres de um elemento (natural, neste caso) sem o qual nenhum reino podia prosperar. Quanto aos mestres da palavra (os *griots*), formavam uma casa proibida de governar as terras tribais, já que havia uma virtual incompatibilidade entre a mensagem secular difundida abundantemente por esses magos e a mensagem ritual dos chefes, transmitida de forma apenas audível, mediante a intervenção de um ministro designado para esse fim. Essas mensagens tinham muitas conotações, e a do chefe precisava ser considerada como capaz do pior e também do melhor.

d) O ouro

O ouro teve também um papel histórico importante, embora subestimado pelos produtores, que o vendiam pelo seu peso em sal, ou em troca de alguma bugiganga fútil e brilhante. Gana era conhecida como a terra do ouro. Mali e Gao espantaram o mundo, sucessivamente, com suas peregrinações feitas sob o signo do ouro. Até mesmo os reinos dos ashanti e dos acã tinham suas raízes em grande parte nos aluviões que geravam o metal amarelo. O valor do ouro era sobretudo simbólico, que produzia efeito na esfera das idéias e da imaginação, devido ao fato de que o metal era por demais precioso para ser apropriado individualmente por este ou aquele monarca: era um bem comum, uma herança cujo papel consistia em exaltar o esplendor indestrutível da realeza, dada a permanência do seu valor. Daí o trono dourado dos ashanti, e os pesos usados para avaliar o ouro — emblemas maravilhosos da sabedoria, que testemunham o valor incomensurável do metal amarelo, como se afirmassem que ele não pode ser medido apenas em termos do seu peso físico, mas pela sabedoria expressa por suas máximas e seus provérbios, que proclamam a quintessência da cultura africana. Não obstante, tanto o ouro como o ferro não eram usados apenas para construir, mas com freqüência muito mais para destruir. Assim, o ouro do Transvaal foi uma das bases do feroz regime do *apartheid*.

e) A demografia

As tendências demográficas foram sem dúvida outro fator ambivalente no impulso da civilização na África, e podem ou não ter representado um elemento favorável, conforme o *optimum* demográfico tenha ou não sido atingido. No entanto, é preciso levar em conta que a demografia não é um fator isolado, mas um componente associado a outros elementos, como a tecnologia e a organização social.

O que explica o conceito de superpopulação ou subpopulação relativa. No curso da história o ótimo demográfico foi profundamente alterado. Parece ter sido alcançado no vale do Nilo, durante o período faraônico. A formação do deserto do Saara teve como resultado um ótimo demográfico no vale do Nilo, ao mesmo tempo que provocava situações adversas em outros lugares, como na Núbia e no vale superior do próprio Nilo. Precisamos levar em conta as epidemias e as doenças endêmicas, e lembrar que a Europa também foi atingida por elas — durante a Grande Peste, por exemplo — mas o caso da África negra é diferente, pelo menos por duas razões. Em primeiro lugar porque os organismos que causavam essas patologias específicas proliferavam muito mais nos sistemas ecológicos tropical e equatorial; e também porque inexistiam na Europa certos fatores estruturais exógenos com conseqüências de grande vulto, tais como o tráfico de escravos e a colonização. Isso pode explicar a razão por que de todos os continentes do Velho Mundo só a África perdeu população no princípio do século XIX, embora tenha sido o primeiro a ter uma população humana, e não obstante tenha sido vista como densamente povoada por viajantes árabes e mais tarde europeus, no século XVI.

Pode-se observar também que as regiões mais desenvolvidas estavam localizadas em territórios resguardados dos grandes distúrbios demográficos, como a desertificação, nas regiões periféricas do Saara — Senegal, Níger e o lago Chade — que no entanto dispunham de recursos aqüíferos. Eram essas regiões que tinham uma densidade demográfica relativamente alta.

Ao avaliar o desenvolvimento de uma civilização, o que importa não é tanto o conjunto de estatísticas mas a composição efetiva da população, ou seja, como ela está composta em termos de grupos de idade, e como o território em questão se divide em cidades e zonas rurais. Vale lembrar aqui que Ibn Khaldun fez uma análise da relação dialética entre a mentalidade das cidades e a das áreas urbanas, chegando a identificar o fluxo das populações entre várias regiões como a verdadeira força subjacente à história. As principais conturbações surgidas no curso da história africana, tais como Benin, Cano e Djene, foram apresentadas às vezes como "agrocidades". Um termo controvertido, mas que revela que não havia na África, com exceção das colônias do Norte e do Sul do continente, a função urbana existente na Europa, especialmente a partir do século XVII. Essa tendência efetiva para a urbanização não se produziu na África negra, cujas cidades eram geralmente pseudocidades, e seus subúrbios mais pobres não passavam de aldeias pobres. Por isso, esses centros populacionais africanos não desempenharam o papel histórico das cidades européias: o ambiente rural se desestruturava mas o fenômeno não era compensado pela formação de uma estrutura urbana "moderna": não passava de um desmantelamento não construtivo, diferente da urbanização européia do século XIX, por exemplo. Neste último caso, a cidade funcionava como um magneto, em termos demográficos e socioeconômicos. Reagindo ao êxodo rural que a supria com mão-de-obra, a cidade criava fábricas e produzia insumos agrícolas que subseqüentemente aumentavam a produtividade nas áreas reais, justificando assim a evasão da juventude rural, que se deslocava para as cidades em busca de emprego na indústria — um processo histórico complementar benéfico aos dois contextos.

No caso da África, devido ao pacto colonial e à divisão internacional do trabalho (sem esquecer os problemas propriamente africanos), o fluxo de pessoas, de tecnologia, de bens e serviços, continuava sem um componente industrial, o que causava o desaparecimento de qualquer elasticidade no mercado de trabalho, cuja rigidez recorrente é um dos problemas da África negra. Na Europa, a natureza endógena da vida rural foi erodida e rompida, mas resultou em uma nova cultura, e em novas classes que buscavam nas cidades um novo futuro. Na África, tudo parece desmoronar, no campo e na cidade, sem que haja progresso, ou seja, uma nova fase das relações potenciais de produção e socioeconômicas. O continente pode apodrecer não como uma semente que desponta do solo, mas como sucata jogada em um depósito de lixo.

f) A ecologia

É impossível exagerar a importância do papel exercido pela natureza e o ambiente, ainda que ambivalente. Já mencionamos seus aspectos positivos na época da hominização e do desenvolvimento da civilização faraônica. É um papel às vezes enfatizado, outras vezes ignorado.

A história e o desenvolvimento provocam o que Henri Lefebvre chamou de "produção de espaço" — isto é, alternativamente, a criação de tempo-espaço, proporcionando uma visão da trajetória da existência do Homem.

De Ptolemeu a Buffon e seus sucessores, sem esquecer Ibn Khaldun, muitos autores postularam a teoria do clima como fator fundamental na história dos povos. Até mesmo Karl Marx adota em certos momentos esse raciocínio: "Onde a natureza é muito generosa, ela prende [o homem], como uma criança que é presa por cordões, sem lhe impor a necessidade de se desenvolver. A terra-mãe do capital não é o trópico, com a sua vegetação luxuriante, mas a zona temperada"[10]. Nesse ponto, Marx concorda com Hegel.

Pela sua própria natureza o espaço teve um efeito negativo sobre o desenvolvimento da história africana, embora a história se sustente pelo espaço mediante a conquista. O desenvolvimento só ocorre com base em um espaço estruturado e humanizado, adequadamente povoado e organizado. Na África, o espaço muitas vezes diminuiu o ritmo da organização qualitativa, que nas palavras de F. Braudel está associado à densidade: *"Le nombre rend intelligent. La civilisation est fille du nombre"*. Ou seja: "O número faz a inteligência. A civilização é filha do número". Dentro de um espaço pleno e cerrado, as contradições e os conflitos só podem ser resolvidos pela transição tecnológica ou social a um nível mais elevado. Não se trata portanto de uma questão de números ou de espaço. Com efeito, o sistema africano foi concebido de tal forma que a regra era a secessão de um sistema administrado, devido a três fatores:

a) uma atitude social permissiva com respeito aos rebeldes, às mulheres e aos indivíduos anti-sociais em confronto ocasional ou definitivo com a sociedade;

b) as normas de propriedade da terra, que normalmente asseguravam o acesso por parte de qualquer recém-chegado;

c) finalmente, a legislação pública que propiciava, até mesmo de forma sistemática, o banimento dos pretendentes ao trono que não conseguissem alcançar esse objetivo, assim como a dispersão deliberada e "legal" dos pretendentes insatisfeitos (como na Etiópia, na África Central, nos Grandes Lagos, entre os mossi etc.). Essa contradições eram assim excluídas estruturalmente ou absorvidas pelo debate coletivo, o que permitia à sociedade sobreviver mantendo o *status quo*.

g) A religião e o relacionamento com a natureza

Com respeito à posição ocupada pelo ser humano no universo, a filosofia africana sustenta uma noção particular que contrasta com a visão predominante no Ocidente. O pensamento ocidental "moderno" tem uma natureza dupla e dicotômica, ajustada à epistemologia cartesiana, suas classificações e métodos de "contagem". Segundo esse ponto de vista, o homem está situado diante da natureza, e para ser seu "mestre e proprietário" precisa inventar um método de conhecimento, uma disciplina mental. Já a abordagem africana é muitas vezes mais simbiótica e menos antagônica, vendo o mundo como um vasto campo de forças com energias latentes que podem ser ordenadas e transferidas sob a forma de uma engenharia específica baseada em ritos, sacrifícios, magia ou adivinhação. Desse ponto de vista, não há ação que seja inteiramente profana, em particular quando se trata de figuras investidas com um *status* transcendente — como os anciãos, que já têm virtualmente a posição de ancestrais, os sacerdotes e chefes tribais, assim como os reis. A "realeza sagrada" amplifica ao extremo o poder dos monarcas, ao mesmo tempo em que os expõe à mercê dos guardiães dos costumes: como um elemento tóxico, o poder é sacralizado para que possa ser domesticado.

Nisso reside uma espécie de clericalismo não declarado.

Além disso, o culto dos antepassados é tão importante que os vivos moram às vezes entre os resíduos dos que os precederam, enterrados na sua própria casa; por isso predomina uma mentalidade voltada para o passado, o que não podia deixar de influenciar o curso da história africana de modo retrospectivo.

Por fim, na África o ser humano muitas vezes não é visto como um construtor ativo do seu destino, capaz de construir um barco que o habilite a navegar pelos oceanos do mundo, mas sim como um nadador que precisa adaptar-se às marés e correntes, ajustando-se às forças da natureza. E essa atitude não estimula a maximização do controle do mundo pela descoberta das leis que o governam.

Não obstante, a religião tradicional, na verdade fundamentalmente monoteísta, teve uma influência positiva no curso da história, desde a época dos egípcios, devido à sua visão mais tolerante do que a das religiões subseqüentes, e através de uma convivência profunda com a natureza. Além disso, essa religião elevou o conceito do bem comum e da responsabilidade entre as gerações ao nível dos princípios intangíveis da lei. A religião não tinha sacerdotes, exceto no contexto de sociedades secretas com poderes seculares de polícia, para manter a "lei e ordem" estabelecida, ou os cultos secundários dos espíritos, voduns e outros "ministros" e delegados do Deus supremo, detentores de um mandato proconsular. A religião tradicional sobreviveu desde as suas origens e mesmo sob a forma das religiões bíblicas (como no caso de Dona Beatriz), em um sincretismo por vezes surpreendente e as outras combinações espirituais que vamos encontrar nas Américas e no Caribe.

Quanto às religiões bíblicas, introduzidas há menos tempo, seu impacto histórico foi genuinamente revolucionário, embora ambivalente — e por fim globalmente positivo, em campos tão variados quanto a alimentação, o sufismo e a resistência à conquista colonial, assim como as relações com a natureza, o dinheiro e os seres humanos de modo geral.

O Islã, por exemplo, desde o século sétimo desempenhou um papel decisivo, difundindo-se até a zona de florestas tropicais e equatoriais (o mesmo termo, *djula*, designa um comerciante e um adepto do Islã), e entre os grupos marabutos, em termos da resistência aos "infiéis" europeus, vistos equivocadamente como descendentes dos antigos cruzados.

Ao sul do Saara, o Islã foi relativamente tolerante, embora certos grupos étnicos fossem considerados fontes de infidelidade ou reservas de escravos. Os muçulmanos estenderam a sua influência até Bornu, deixando porém de converter certas populações no norte do Camerum e no Sudão, para não prejudicar um comércio lucrativo.

Durante séculos a Etiópia foi uma ilha cristã ameaçada por ondas islâmicas, às vezes agressivas, às vezes defensivas, mas quase sempre militares e invariavelmente militantes.

A Guerra Santa por vezes opunha em conflito muçulmanos de diferentes filiações, como no caso dos exércitos de Al Hadj Omar, o guia espiritual dos tidjanias, que destruiria o reino fulani de Masina, conduzidos com rigor por Cheikh Amadu, um adepto da Cadiria.

Quando o Islã conseguia converter certas dinastias, tendia a mergulhar no clericalismo: o Iman de Timbuctu passou a criticar acerbamente o Imperador Mohamed, guardião do poder temporal, estimulando-o a promover uma guerra santa contra os mossi.

O Islã teve um papel importante também na transição do sistema de sucessão matrilinear, que persiste até hoje em alguns lugares, para o sistema patrilinear. Transição que é claramente visível na África ocidental, passando de um sistema matrilinear puro, no Império de Gana (do século oitavo ao décimo primeiro) ao sistema patrilinear prevalecente no Império de Gao (do século XV ao XVII). Em Gana, no passado, e entre os ashantis de hoje, a coroa é transferida do tio materno para o filho da sua irmã — conhecida como "rainha Mãe" porque é a progenitora do futuro rei. Em Mali, ao contrário, o sistema de sucessão, que é cronologicamente intermediário entre Gana e o Império de Gao, exibe toda uma série de distintos sistemas de sucessão, inclusive a primogenitura matrilinear e patrilinear, assim como a sucessão de irmão para irmão. Com efeito, muitos fatores demográficos, econômicos, territoriais e políticos avolumaram a tendência para o método sucessório patrilinear. No entanto, a preeminência dos laços sanguíneos ("é o ventre que faz o escravo e o nobre") atribuía um valor indiscutível ao "lado materno". Mas a adoção da linha patrilinear foi defendida pelos muçulmanos, às vezes com veemência. Assim, por exemplo, quando Asquia Mohammed propôs a questão ao reformista Al Maghili (morto em 1503), com respeito "ao caso das pessoas que não herdam conforme o Corão e a Sunna, mas por seu tio materno", o jurisconsulto respondeu traçando uma distinção precisa entre duas categorias e subcategorias:

1) os que não aceitam a lei islâmica, e assim devem ser tratados;
2) os que aceitam o Islã mas desobedecem a sua lei. Estes podem ser divididos em dois subgrupos: a) os que se arrependem e aceitam mudar sua conduta; e b) os impenitentes, cuja propriedade deve ser totalmente confiscada.

Essa jurisprudência, que se difundiu por todo o Sudão ocidental e central (Al Maghili morou algum tempo em Cano) apressou a mudança em processo, sem que houvesse uma coincidência automática entre o Islã e a sucessão patrilinear, já que os bombaras e os mossis, que resistiam ao Islã, adotaram essa modalidade sucessória. A experiência subseqüente mostra que este último sistema era virtualmente mais conflitivo.

Em uma nota mais positiva, o Islã — melhor dito, a cultura árabe — deve ser creditado com o enriquecimento das línguas africanas, em particular o quisuahili, o canuri e o hauçá. O mesmo pode ser dito com relação à escrita árabe, introduzida para transcrever certas línguas africanas (o adjami).

Por fim, algumas ideologias derivadas dos nobres princípios corânicos foram expressas excelentemente — por exemplo, por Usman dan Fodio, que professou seu ideal de um soberano justo (Al Iman al Adl): "O governo deve basear-se em cinco elementos: primeiro, o poder não deve ser dado a qualquer um que o busque; segundo, as consultas são necessárias;

terceiro, deve-se abster da violência; quarto, é preciso preservar a justiça; quinto, deve-se praticar a caridade".

Quanto ao cristianismo, tinha-se estabelecido na África do Norte desde a Antiguidade, produzindo na comunidade bérbere alguns dos maiores pensadores cristãos, como Agostinho. Com várias denominações, particularmente a Igreja Ortodoxa (através de Bizâncio e do Cairo), o cristianismo chegou aos reinos núbios e à Etiópia. Neste último país houve grandes controvérsias na corte do Negus entre ortodoxos, católicos e protestantes, chegando a pôr em risco a vida dos protagonistas. O mesmo aconteceu na corte do Cabaca (rei) de Buganda, no século XIX, assim como na corte dos reis de Madagascar.

Com efeito, o principal defeito e o pecado original do cristianismo na África foi ter dado sua bênção virtual ao tráfico de escravos, legitimando-o por razões religiosas, e de juntar-se aos colonizadores, no século XIX, quando alguns cristãos chegaram a justificar o *apartheid*. Nessas circunstâncias, não surpreendia que um inquisidor oficiasse a condenação e presenciasse a queima de uma princesa africana, Dona Beatriz.

Contudo, uma vez estabelecida a religião cristã desenvolveu um certo número de princípios, modos de conduta e facilidades (escolas, serviços sociais etc.) que ajudaram a África a se adaptar mais facilmente à modernidade ocidental. Muitos líderes políticos africanos, inclusive aqueles envolvidos nas lutas pela independência, eram cristãos, embora por vezes influenciados também pelo marxismo.

h) Papel da ciência e da tecnologia

Uma vez mais, este é um fator ambivalente, já que nem todo o progresso técnico importado pela África foi um estímulo ao seu progresso. As armas de fogo, por exemplo, ajudaram a liquidar o Império Gao. Mas, por que os dirigentes desse Estado, que como Asquia Bencan tinham bibliotecas aos seu dispor, não adotaram as armas de fogo, enquanto o imperador do vizinho Bornu o fez de modo tão sistemático? Por que razão a roda, peça tão comum nos brinquedos infantis, foi aparentemente "esquecida" como um componente importante nos aparelhos destinados à locomoção e ao transporte? Com efeito, já havia carros reproduzidos nas pinturas rupestres do Saara; e quando viajavam a Meca, pelo Cairo, os imperadores do Sudão possivelmente usavam carruagens cerimoniais.

O que deve ser posto de lado, antes de mais nada, é a idéia ridícula e preconceituosa de que os africanos não são capazes de invenções técnicas e científicas. Afinal, todas as dinastias negras da Núbia (Pianqui-Taharca) usaram carruagens e hoje não há um só campo da ciência e da tecnologia que os africanos não tenham dominado no nível mais alto. Portanto, o problema deve ser considerado em termos de necessidade e circunstâncias históricas, incorporando os fatores científicos e tecnológicos com outras variáveis em um determinado sistema social ou de produção, como opção alternativa por razões que por vezes hoje não podemos identificar.

Recordemos simplesmente que a influência da ciência e da tecnologia não começou no Ocidente, mas no coração da África e no Egito antigo — que foi uma inspiração para a Grécia —, na China e na Índia, antes de chegar ao Ocidente, na Idade Média, muitas vezes por intermédio dos árabes, precedendo o desenvolvimento europeu, no século XVI. As disciplinas ensinadas nas universidades de Timbuctu, Djene e Cano eram principalmente literárias, legais, econômicas e religiosas, mas o mesmo acontecia nas instituições universitárias ocidentais.

Com o desenvolvimento do tráfico negreiro, nos séculos XVI e XVII, o fator trabalho tornou-se tão banal, disponível e abundante que, segundo certos especialistas, isso depreciou a criatividade tecnológica, em termos estruturais, relativamente ao custo dos outros fatores de produção.

De qualquer forma, o desenvolvimento da ciência contemporânea é um fenômeno relativamente novo, e suas aplicações mais espetaculares datam do fim do século XIX, devido a um único processo de acumulação que beneficiou a Europa e do qual a África sempre participara, especialmente a partir do século XVI. Por outro lado, na própria África desenvolveu-se uma ampla gama de capacidades, técnicas e métodos científicos aplicados, mais ou menos associados ao uso da escrita, às custas de perdas absolutas devidas às vezes ao analfabetismo e ao esoterismo. Assim, por exemplo, não há doença humana que os africanos não tenham procurado curar através de uma investigação sistemática com apoio na experimentação, embora os problemas de dosagem e apresentação deixem muito a desejar. Os curandeiros africanos conheciam as propriedade radioativas de certos solos, e a eficácia hormono-terapêutica das vacinas, com o uso de pós. Milhares de plantas eram usadas no tratamento das moléstias. E as técnicas de embalsamamento vêm sendo usadas há muito tempo.

Em 1420, a contabilidade real da França registrou o pagamento de 200 escudos de ouro a um certo Abu Ali, um médico negro proveniente de Timbuctu, que em Toulouse teria curado o Delfim (futuro Carlos VII) de uma doença grave. Nesse campo, tem-se feito referência ao charlatanismo tomando a exceção pela regra. Nada mais moderno do que o provérbio bambara: "A doença é o único verdadeiro inimigo do Homem". Muitas lições podem ser aprendidas com a abordagem profissional do médico africano diante da trilogia *paciente, terapeuta* e *ambiente*. A saúde está na *interface* desses três fatores. No entanto, enquanto uma visão burocrática prioriza o *tandem* curador isolado em contato com o paciente, e até mesmo o *tandem* remédio-paciente, que leva ao trágico isolamento deste último, a abordagem africana consiste em integrar esses elementos em um conjunto no qual a natureza é sucessivamente solicitada, usada e envolvida, e em que a comunidade está investida de uma missão curativa ainda que só alguns dos seus membros sejam competentes nesse campo. Em suma, cria-se uma situação em que o paciente nunca é condenado a um enfrentamento bilateral com um produto inerte. É um procedimento psico-socio-somático que tem prevalecido até hoje, especialmente quando o preço do tratamento médico ultrapassa o poder aquisitivo do paciente.[11]

Muitos exploradores, viajantes, habitantes e estrangeiros já foram curados pela medicina africana, inclusive personalidades como Mungo Park em Segu e Du Chaillu no Gabão. Mas a competência africana nesse campo, que não conta com a proteção das patentes, sempre foi objeto de predação, e utilizada como matéria-prima para o comércio. Contudo, ela se estendeu a muitos campos tais como as ciências da terra, a prática veterinária e as técnicas de construção, os alimentos e a nutrição, a metalurgia, os têxteis, as tinturas etc. Em Quilua, por exemplo, os edifícios de pedra são relativamente raros, devido à inexistência de cal e calcários. No entanto, prédios que datam da época dos conflitos entre portugueses, de um lado, árabes e africanos de outro, ou mesmo os ainda mais antigos, foram construídos com uma mistura de cal e clara de ovo que formava um cimento de propriedades excepcionais.

Na verdade, na África sempre houve um desejo de conhecer por parte das massas e a vontade política de atender a esse anseio, por parte de certos líderes políticos. Em 1960, quando o Congo devia alcançar sua independência, depois de 75 anos de colonização, e a despeito do desenvolvimento da educação primária, só meia dúzia de congoleses tinham completado uma formação universitária. No entanto, já no século XVI Afonso I solicitara em vão instrutores e assistentes técnicos, e em troca precisou contentar os traficantes de escravos de São Tomé. Pedidos semelhantes foram feitos pela Etiópia e por Madagascar (durante o reino de Radama I). No entanto, os colonizadores não perderam tempo em banir os produtos africanos que podiam competir com os seus, e durante a conquista eliminaram os que trabalhavam nessa produção, como aconteceu no caso dos rifles fabricados em oficinas de Samori Turê, no século XIX, e na fábrica de Terê, dirigida por um joalheiro, na qual ferreiros e joalheiros organizados em grupos, segundo uma judiciosa divisão do trabalho, usavam o processo de cera perdida para produzir os componentes mais complexos dos rifles europeus, inclusive os de cano estriado, o que levou o joalheiro Siaga Mussa a ganhar o apelido de Datan Mussa ("Mussa do rifle de 10 tiros").

Chegamos assim ao problema do treinamento como fator de produção e de reprodução social. O treinamento tradicional tem vários aspectos positivos, mas entre os seus defeitos podemos citar os seguintes:

– um baixo nível de abstração e generalização, e portanto um grau de empirismo que inibe a ciência;
– um baixo coeficiente de acumulação e disseminação. O esoterismo do conhecimento sofisticado (por exemplo, no campo da astronomia entre os dogons), e a natureza iniciática do processo educativo, envolviam um alto fator de perda potencial, enquanto a tradição oral limitava a disseminação das tarefas, com base em textos estabelecidos;
– fora da comunidade esse tipo de educação oferecia uma perspectiva relativamente limitada.

Não obstante, há muitas vantagens que compensam os defeitos desse tipo de treinamento estrito:

– os vínculos criados entre as competências genéricas, ao lado de qualquer dicotomia;
– os vínculos entre a educação e a produção, como no caso das profissões com conotações simbólicas ou ideológicas, freqüentemente sofisticadas;
– os vínculos "democráticos" entre a educação e sociedade, pela sua natureza funcional e imanente, por meio do processo de iniciação e aprendizado de uma identidade pessoal e coletiva, assim como a aquisição de autocontrole diante das dificuldades, enquanto o espírito da iniciação também criava uma forte solidariedade para toda a vida;
– os vínculos com a cultura por meio da língua materna, pelo envolvimento dos aspectos do conhecimento dos valores e práticas cul-

turais (máscaras, rituais, dança, jogos e esportes, alguns dos quais, como o uari, de considerável conteúdo matemático);

– de modo geral, em toda a África há evidência de uma demanda permanente de conhecimentos e até mesmo de erudição. As cidades mais importantes do Sudão medieval eram centros não só de manufatura e comércio mas também intelectuais. Com sua população de 150 mil habitantes (contrastando com os 120 mil de Londres na mesma época), Timbuctu no século XVI proporcionava instrução escolar para todos os filhos de pais livres, e a universidade de Al-Azar solicitava a participação dos seus professores.

Segundo Leo, o Africano, "O rei tem um grande respeito pela literatura, e são vendidos muitos livros vindos do país dos bérberes — vendas que geram mais lucro do que as de todas as outras mercadorias".[12]

O erudito Ahmed Baba, de Timbuctu, era venerado em todo o mundo islâmico, e sabemos também que o rei Njoia, de Bamun, inventou uma das escritas africanas, com a qual redigiu a história do seu reino.

i) Etnias, Estados e Nações

Muitos termos usados pelas ciências sociais têm sido empregados para descrever a realidade africana. Na verdade, eram apenas transferências semânticas que implicavam a proposição de um desenvolvimento linear para todos os povos do mundo, que se acreditava terem embarcado no mesmo processo de desenvolvimento — com uma qualificação: a saber, os "subdesenvolvidos" estavam atrás dos outros, e portanto precisavam esforçar-se para melhorar a sua posição.

Os estudiosos da etnologia muitas vezes fazem uma distinção entre os "povos com um estado" e os "povos sem um Estado" portanto, sem uma direção. Isso porque o sistema estatal era considerado melhor do que os outros. O Fundo Monetário Internacional e o Banco Mundial disseminaram uma imagem depreciada do Estado, que no passado foi considerado como um critério de grau elevado de civilização. Mas sempre que competia com o mercado, ou nele intervinha, o estado era criticado.

Ora, concentremo-nos agora nas sociedades com um governo mais ou menos centralizado, nos povos com um mínimo de governo, sem recorrer ao termo "pré-Estado", o qual implica que todos os povos pertencem à mesma órbita de civilização, pois a relativa ausência de um estado corresponde, no caso de muitos povos, a uma antiga opção histórica.

Antes de mais nada, o Estado representa um princípio e um sistema. O princípio consiste em substituir o poder individual e as lealdades a ele associadas por um órgão abstrato que detém o monopólio da violência legítima e da criação de normas aplicáveis a todos os seus súditos. A forma como esse sistema está organizado difere de um país para outro. Na África, muitas sociedades preferiram permanecer sem tal estrutura, mas tinham um governo linear, ou baseado em clãs, por vezes extremamente sofisticado. Além disso, em vez de centralizar a sua administração, homogeneizando toda a população, as monarquias e os impérios abriam às vezes uma oportunidade para o autogoverno, na medida em que o único vínculo permanente com a "autoridade central" era o pagamento de um tributo e uma "homenagem" periódica. A administração do Estado exige um sistema produtivo que acumule um excedente, necessário para sustentar os que estão no poder. Muitos povos e líderes africanos escolheram esse tipo de estrutura, e dispunham dos recursos necessários. Outros, porém, por opção ou necessidade, preservaram estruturas lineares, autônomas ou independentes. A experiência histórica em todo o mundo demonstra que a organização de um país em Estado tem sido feita muitas vezes por meio de um método de produção baseado no trabalho escravo. Com efeito, um sistema de produção com base mais ou menos no trabalho servil não conseguiu funcionar perfeitamente na África, quando menos porque a vasta maioria dos cativos, até o pico do tráfico negreiro, no século XVIII, era absorvido pela família, linhagem ou sistema comunitário. No século XVII, porém, foram fundados alguns Estados tendo por base tributos que podiam ser pagos com escravos, como os seus predecessores do Sudão e de outras regiões.

Na medida do possível, esses Estados consolidavam o seu poder com a identidade nacional. Na sinopse histórica acima, foram identificados os muitos casos da constituição de comunidades de vários tipos de nacionalidade, tentativas conduzidas quase sempre dentro de configurações inter-étnicas ou transétnicas por amálgama em nível mais profundo (por casamento, a adoção da língua de uma população nativa, participação no poder, os chamados vínculos de parentesco, adoção de cultos, máscaras, rituais etc.).

Um dos meios de avaliar o grau de pan-africanidade sob a máscara externa dos grupos étnicos é o desenvolvimento de teorias lingüísticas. As línguas africanas foram apresentadas inicialmente de acordo com a sua diferenciação, e até mesmo hierarquizadas, antes de serem colocadas na quase unidade das línguas subsaarianas.

Em termos sociológicos, certas estruturas consagraram esse desenvolvimento interétnico que salvaguarda a solidariedade na diversidade. Em termos políticos, o reino uolofo de Ualo, o Conselho Tríplice (Seb Ag Baor), cuja tarefa era nomear, supervisionar e depor o monarca, era composto por um "advinho de água", de origem serer, um mestre da terra e um tesoureiro, ambos de origem fulani (peul); portanto, não pertenciam ao mesmo grupo étnico do rei. No caso de conquista, os deveres do "mestre da terra" — que graças a suas qualificações particulares contrabalançava as do líder político — eram quase sempre confiados a um nativo.

No Império dos achanti, os que se referissem às circunstâncias pessoais, ao *status* ou à antiga etnia de um escravo liberto eram severamente castigados.

No entanto, dada a obsessão de categorizar e acentuar essa diversidade, qualificada às vezes de "racial", até mesmo em carteiras de identificação, a colonização agravou um problema que antes predominava mas que era mantido sob controle ou superado. Assim, por exemplo, diferindo da classificação grosseira da população de Ruanda e Burundi em grupos tutsi, hutu e tua, tanto em termos biológicos como sociais, E. Muoroha demonstrou que a aristocracia no poder, os ganua (baganua), não se considerava nem hutu nem tutsi.

Resta o fato de que na África, como em outros lugares, o processo interétnico e transétnico que leva à constituição das nações, o qual foi brutalmente interrompido pelo desmantelamento e reagrupamento das etnias, em conseqüência da colonização, prevaleceu durante o período pré-colonial às custas de conflitos que podiam chegar a uma violência sem precedentes, com a destruição de tronos, sedes de governo e muitas vidas humanas. Não obstante, os etnocídios foram relativamente raros na África, o que pode explicar o mapa lingüístico inextricável do continente negro: normalmente os vitoriosos não erradicavam a língua dos vencidos. E quando se casavam com mulheres do povo vencido, muitas vezes era a língua dessas mulheres a que prevalecia.

j) A solidariedade africana

A solidariedade africana é uma característica social que até mesmo o observador menos perceptivo não pode deixar de reconhecer. Esse sentimento solidário, que se manifesta especialmente em benefício dos mais fracos (crianças, os velhos e os doentes), persiste até hoje, a despeito da erosão implacável a que o tem sujeitado o crescente individualismo. No entanto, podemos perguntar se na marcha da civilização no continente africano essa solidariedade atuou de forma negativa ou como um estímulo.

Em termos negativos, é possível sustentar que ela inibe o esforço pessoal, consome poupança, evita a acumulação e o investimento; encoraja a preguiça e desestimula o empenho produtivo. Além disso, sob a propriedade comunitária o espírito da responsabilidade individual desaparece no anonimato. Portanto, como estilo de vida a solidariedade pode ter prejudicado os métodos de produção, que permaneceram "congelados" em um estágio determinado por centenas ou mesmo milhares de anos.

É preciso salientar, antes de mais nada, que a solidariedade não é uma causa; foi também um efeito de certo nível e metodologia de produção, ao qual correspondia como único meio de sobrevivência.

Além disso, nenhum sistema se pode basear apenas na solidariedade. Há sempre um elemento de propriedade individual, quando menos em termos de usufruto. Se havia um "grande campo familiar", exigindo um compromisso de todos os membros da família, havia sempre "pequenos campos" nos quais cada membro podia empregar sua própria iniciativa. Para usar as palavras de Julius Nyerere, quando oferecemos hospitalidade a um estranho, no terceiro dia lhe damos também uma enxada, para que possa fazer a sua contribuição.

Essa solidariedade não existia apenas em épocas de crise, mas estava sempre presente na organização do trabalho, dos serviços, das cooperativas, festas, celebrações etc. Sem solidariedade haveria o caos ou a exclusão. No entanto, em um nível mais profundo, não se poderia esperar que a solidariedade social africana persistisse hoje como na época pré-colonial, quando não estava imersa no método dominante de produção capitalista. No entanto, em vez de ser arrastada como uma carga incômoda, poderíamos perguntar se não deveria ser preservada não apenas como um vestígio da época anterior à colonização, mas como um dos elementos de configuração pós-moderna. Os serviços prestados pela solidariedade social, que não deixam registro nas contas nacionais, e portanto não podem ser avaliados estatisticamente, corresponderiam a um sistema de "segurança social", sem esse título — uma segurança coletiva imanente, parte orgânica do tecido da sociedade, liberando o governo de um ônus insuportável e digna de ser considerada como um grande serviço prestado à modernidade (ou mesmo à pós-modernidade) pela "tradição".

Mas a solidariedade não deve ser vista exclusivamente do ângulo funcional, mas como um valor humanista que ultrapassa sua utilidade cotidiana, uma alternativa refletida nesse ditado africano: "Um homem depende dos outros. Um velho vale mais do que o seu preço. Quando vim ao mundo, estava em suas mãos; quando o deixar, estarei outra vez nas suas mãos".

Não só as mercadorias têm utilidade, mas também esses laços que podem mesmo produzir objetos. Os laços sociais são parte de um processo de acumulação e investimento, invisível e visível.

IV
Condições para o Desenvolvimento da Civilização na África

a) Os Direitos Humanos

Para sermos mais precisos, a primeira condição para esse desenvolvimento reside no fato de que muitos povos africanos conseguiram preservar, por meio de tabus, códigos e práticas sociais, certos direitos e valores humanos que são imprescritíveis.

Alguns bens considerados como essenciais foram excluídos do mercado, tornando-se disponíveis a todos. Assim, em muitos países a água, a terra e a saúde não eram vendidas e não podiam ser adquiridas.

Os primeiros exploradores europeus viram no Benim e no Congo grandes urnas contendo água, colocadas ao longo das estradas.

Vale lembrar, aqui, o *status* privilegiado do vizinho e do forasteiro.

A memória coletiva dos africanos reteve deliberadamente o nome dos reis mais cruéis e dos mais beneficentes. Sumaoro Cante era tão mau que quando as pessoas queriam criticá-lo cavavam um buraco no chão para expor suas queixas, e depois voltavam a enchê-lo.

Por outro lado, há testemunhos escritos na ampla liberdade de expressão que prevalecia na época de Asquia, em Gao.

A noção do bem comum foi uma referência central, como o demonstram os juramentos solenes do imperador achanti, assumindo um compromisso com o seu povo na condição de pretendente ao trono.

A noção da responsabilidade do soberano era levada a tal ponto que a doença ou o enfraquecimento da autoridade do soberano eram consideradas causas de sofrimento para o povo, e em muitos países podiam levar ao regicídio. Um sinal de instabilidade, dir-se-á, mas que garantia a estabilidade em um nível secundário.

b) O papel positivo da mulher

Não há dúvida de que, na África como em virtualmente todas as civilizações do mundo, as mulheres foram dominadas e exploradas. No entanto, as africanas gozavam de certas vantagens, como a de poder guardar o seu nome de família e sua posição como membro da família dos pais, à qual não hesitavam em retornar, na hipótese de uma crise. No caso das princesas, sua grande liberdade chegava quase à licença. Nas sociedades e impérios dinásticos, as mulheres manifestavam seu talento em todos os campos — na produção, como sacerdotisas, líderes de sociedades secretas. A história da origem dos reinos registra com freqüência a intervenção feminina. Ibn Batuta, por exemplo, menciona o papel desempenhado pela Rainha Caça no poder político do marido, Mansa Suleiman. Depois dos candaces da Núbia deixou de haver a Lei Sálica na África. Por outro lado, a sucessão matrilinear, que Cheikh Anta Diop descreveu como uma característica das civilizações negras sedentárias, fortalecia a posição familiar da mulher, especialmente nas cortes reais.

Embora não oficialmente, a rainha Amina governou durante 34 anos, e conquistou várias cidades que guardaram o seu nome. A rainha Mãe dos Suazi foi co-monarca com o seu filho, e cada um mantinha a própria corte, com esferas de competência que certamente se contrabalançavam. Só o rei podia pronunciar uma sentença de morte, depois das deliberações de uma assembléia que incluía os conselheiros da rainha, e esta tinha o direito de suspender a pena. O rei, conhecido como "Leão, o Sol, a Grande Fera Selvagem", era o comandante supremo do exército, mas o alto comando militar estava sediado na capital da Rainha Mãe, conhecida como "Elefanta, a Beleza, a Mãe do País".

O apelido de Luedji, a famosa filha, irmã, esposa sucessiva e mãe de reis, era "Mãe do Povo Lunda". E a famosa rainha Sacalava Ravahiny (1778-1808) tinha um temperamento igualmente apaixonado, mudando de marido à vontade. O mesmo acontecia com Rasoherina de Madagáscar, que subiu ao trono depois que o seu marido foi assassinado.

Além de rainhas houve outras mulheres extraordinárias. Por exemplo, as amazonas de Daomé, contingentes compostos por milhares de mulheres, constituindo forças de elite que se empenhavam nas batalhas mais sangrentas. As mulheres desempenharam um papel decisivo na resistência aos conquistadores europeus, nos conflitos pela liberação e na luta dos partidos políticos nacionalistas. O mesmo se pode dizer das mulheres de hoje, que trabalham dando sua contribuição para o desenvolvimento, em condições de desigualdade que estão procurando abolir. A criatividade variada da mulher africana tem sido seguramente uma das forças de mudança mais poderosas na civilização africana.

c) O poder socializado

A "sociedade civil" africana, instrumento poderoso de desenvolvimento histórico, teve um papel excepcional, embora revestido de ambigüidade nas suas relações com o Estado, que raramente possuía os meios de coerção disponíveis em outros países. Esses meios incluíam a escrita, que era controlada por uma casta de mandarins e burocratas, embora com numerosas exceções (Mali, Gao, Etiópia, Achanti).

Daí a escolha original de uma forma de governo não só decentralizado em termos geográficos mas também socializado por meio do envolvimento deliberado de grupos sociais, castas, ordens e várias propriedades, de acordo com o princípio de que quanto mais compartilhado o poder, mais ele cresce.

Na verdade, a situação legal da África pode ser expressa de forma bem simples: "A realeza não pertence ao rei, mas ao contrário é a ela que o rei pertence". A realeza é o conjunto de costumes que governam os deveres reais e que são mantidos, declarados e interpretados por um colégio de dignatários que são os verdadeiros líderes da nação, embora possam não ser visíveis." Neste caso, como acontecia em outros países, o rei podia solicitar os serviços dos cidadãos comuns, para atuar como ministros e membros do Colégio Eleitoral, mas eles muitas vezes representavam a população nativa — os *griots*, sapateiros e ferreiros, as ligas de comerciantes e artesãos, como nas cidades dos hauçás; representantes de prisioneiros da coroa, normalmente guerreiros, da casta dos marabutos etc. Compartilhada desta forma, a autoridade de fato reforçava o poder de arbitragem do monarca. Esse padrão era o poder endógeno na África, que naturalmente tinha exceções, contrastando de forma marcante com a personalização do poder observada uma vez que os sistemas judiciais passaram a ser independentes.

d) A arte como fator e resultado das realizações sóciopolíticas

A arte dos negros africanos conquistou seu lugar no panteon mundial da beleza; é a mais antiga forma de arte no mundo que preservou algumas das suas características pré-históricas.

É uma forma de arte ao mesmo tempo funcional e comprometida; muitas vezes de vocação utilitária, voltada para as necessidades cotidianas: travesseiros, suportes para cachimbo, máscaras, balanças para pesar pó de ouro etc.

É densa e sintética, e traz a marca de uma busca patética pelo que é essencial. Tem servido como uma forma motriz na sociedade, na política e na religião nos países ao sul do Saara. Em sua maior parte as efígies, estatuetas, estátuas e máscaras têm uma natureza religiosa, explícita ou implícita. O fato de que as duas principais religiões de ambição universal (o cristianismo e o Islã) militaram contra essas representações figurativas resultou na destruição iconoclástica, antiga e maciça, de numerosos objetos artísticos, e na esterilização das suas próprias fontes de criatividade. As representações religiosas, muitas vezes de notável valor artístico, eram qualificadas de "fetiches" e tratadas como tal — em outras palavras, estavam condenadas à destruição sistemática. Desse ponto de vista, a complacente docilidade de Afonso, o rei do Congo, diante das advertências dos missionários e da dramática insurreição de Dona Beatriz e de Champavita, é um sintoma da agonia mais profunda experimentada pela civilização negra africana. Os povos convertidos ao Islã renunciavam à escultura, para focalizar a arquitetura.

Quando essa forma de arte não foi destruída ou mutilada, foi vítima de um abuso secular, e de uma transferência maciça, para enriquecer as coleções dos museus de todo o mundo. Com efeito, a arte representou um patrimônio histórico desses povos, tanto em termos de aldeias e clãs como de suas dinastias reais. Uma determinada máscara, pertencente a uma sociedade secreta, era a principal figura emblemática de uma vila ou região.

Longe de representar uma mera superestrutura, a arte era o próprio fundamento da ideologia subjacente ao poder, ou porque um objeto era um vetor direto da sua "eficácia" multifacetada ou porque o simbolismo representado alimentava e entretinha o compromisso político das massas. Desse ponto de vista, as jóias de ouro dos acãs (de Gana e da Costa do Marfim), usadas pelos monarcas e seus cortesãos, assim como os esplendores artísticos de Gana e Mali, representavam a "força produtiva" do poder individual e coletivo, do mesmo modo como o comércio, por exemplo. Os relevos de Benim que representavam o Obá em toda a sua majestade, entre os membros da corte real, e os do palácio de Abomei, são livros de história, de legislação e ética que podem ser lidos pela população sem qualquer intérprete ou intermediário. O mesmo se pode dizer das estátuas dos cubas que representam sucessivos soberanos identificáveis. Da mesma forma, a lenda épica dos malinques, em louvor de Sundjata, que sobreviveu aos séculos para tornar-se o hino nacional de Mali contemporâneo. E até mesmo artes menores adquiriram grande importância (a joalheria, as artes corporais; os pesos de balança para pesar ouro, símbolos materiais da sabedoria).

A dança coletiva era um acontecimento nacional. Sabemos todos que os líderes africanos não hesitam em presidir cerimônias de dança para captar momentos de comunhão "nacional". Assim faziam os reis do Congo, como os amoris e, nos anos 1970, Modibo Queita de Mali.

Quanto aos tambores esculpidos magnificamente, são figuras sagradas como em Ruanda (*caringa*): se não são tocados pelo mestre dos tambores (o *bend naaba* dos mossi), eles expressam simplesmente a cronologia gloriosa e a galeria dos sons dos reis.

A arte e a religião africanas emigraram com os escravos pelo Atlântico, rumo ao continente americano e ao Caribe, e essa arte retornou, difundindo-se por todo o mundo como um eco brilhante e florescente da identidade e do gênio da África.

V
Dinâmica das Culturas:
Principais Condições do seu Florescimento

Algumas condições necessárias (embora inadequadas) alimentaram ou acompanharam as realizações mais importantes da civilização ao Sul do Saara:

1) em primeiro lugar, tratava-se de um contexto geofísico e ambiental não-repulsivo;

2) além da sua base ecológica, era preciso uma sólida base econômica ou mediante o produto da mineração, um rendimento garantido, tributo pago por entidades subordinadas, taxas sobre o comércio etc. desde que o governo não matasse a galinha que punha ovos de ouro;

3) as relações sociais precisavam ser suficientemente bem equilibradas para garantir a todos um progresso razoável, especialmente as classes, ordens e estados que controlavam qualquer campo particular de poder econômico, religioso ou intelectual;

4) um mínimo de ideologia progressista e integradora. Enquanto uma interpretação romântica precisa ser excluída da força motriz por trás da civilização africana, não pode haver uma Idade do Ouro sem contradições, pois as contradições sociais são as molas propulsoras dos impulsos civilizadores. Houve, porém, fases de equilíbrio, com um progresso significativo, conforme a história pode testemunhar. Em especial, as fases positivas não são modelos que precisem ser duplicados neste ou naquele lugar, mas servem como referência e fonte de inspiração para as idéias e a ação;

5) finalmente, uma condição logística inevitável poderia ser a "produção" de um espaço organizado, relativamente amplo, pelo qual se pudesse chegar a uma divisão de trabalho favorável à produtividade, juntamente com economias de escala, valor acrescentado e diversidade no intercâmbio. Entre os séculos VII e XVII, os impérios sudaneses, ao longo de mais de mil anos, demonstraram, com altos e baixos, o crescimento e desenvolvimento de um ímpeto sociopolítico e econômico, aproximando-se porém, cada vez mais, da região das florestas, desses *uoro dugu* (terra da Cola), que constituíam uma área complementar e indispensável. Além disso, nesse intervalo Mali se tinha expandido exitosamente na direção do distante Atlântico e do reino vassalo de Gabu.

Mali pode ser visto como um momento particularmente favorável no seu processo histórico e de civilização, e há dois períodos particulares que merecem uma atenção especial: o primeiro em 1235, quando os sosso, que representavam forças conservadoras e mesmo retrógradas, foram vencidos; Sundjata concedeu a Curucan Fuga uma lei magna que deu uma dimensão social ao poder governamental nascido com a vitória. Além disso, um século mais tarde, cruzando o Saara, Ibn Batuta descreveu Mali, no auge do seu poder, quando a paz, a justiça e a autenticidade cultural estavam presentes. O *Mansa* (imperador) podia autorizar rituais tradicionais, considerados pagãos, entre os garimpeiros de Bambuque e Bure, mostrando que o governo real sabia distinguir entre a autoridade (e mesmo a força) e a pura violência.

Uma configuração semelhante, em contexto diferente, que logo se envolveu na prática da escravidão, a partir do século XVI, foi o das áreas insulares e litorâneas que alimentavam a civilização suaíli. No entanto, como já mostramos, essa expansão rumo ao interior deu frutos amargos.

A Etiópia na época de Lalibela (século XIII) e Amde Tsion (1319-1344), devendo-se mencionar que a natureza federativa e nacional da religião revelou em vários conflitos essa força impulsionadora, subjacente, que tinha várias causas.

Os reinos Cuba, Luba e Lunda revelaram a capacidade de impor amplas configurações sociopolíticas em ecossistemas difíceis, podendo controlar o comércio ilícito praticado em todo o continente, e criar um traço de união entre os oceanos Atlântico e Pacífico, mercado sustentado pela existência de uma moeda comum — a concha.

Poderíamos mencionar também o reinado de Radama I, em Madagascar; o de Guezo, em Daomé, o de Osei Codjo na nação achanti, e o genial Njoia, inventor de uma escrita, arquiteto e empreendedor.

6) em alguns casos o desenvolvimento de determinado processo sociocultural e político se deveu em particular à inventiva de um líder que ingressou na história "pela porta dos fundos", e demonstrou considerável imaginação para produzir e organizar o seu domínio, ainda que às custas de certos valores muito respeitados nas sociedades que reorganizou. Esses líderes provocaram uma mudança espetacular no período de poucos anos ou décadas, mas em geral tiveram a trajetória de uma estrela cadente, e não chegaram a perturbar o ritmo suave da gerontocracia governante e da vida na aldeia.

O líder ou estava absorvido pelo sistema sociocultural existente ou se considerava representante do Todo Poderoso. Neste caso, do ponto de vista da população, a verdade da sua força correspondia à força da sua verdade. Não se tratava sequer de uma questão de resignação mas apenas do reconhecimento da realidade como se supunha que ela fosse. Mamari I (Biton) Culibali, que veio de uma associação (*Ton*) de caçadores, deveria estendê-la a outros grupos sociais, sujeitando os seus membros a obrigações fiscais e subseqüentemente a obrigações militares, o que permitiu a formação de um exército profissional. Em lugar de servos da associação (*tondion*), seus membros deveriam tornar-se gradualmente cidadãos de um estado e de uma nação, contribuindo reciprocamente para a construção de ambos.

No século XIX Usman Dan Fodio, El Hadj Omar, Cheikh Amadu e Samori tentariam radicalmente construir "impérios combatentes", teocráticos ou não, em um momento em que o continente estava já perseguido e cercado. Esse derradeiro surto de energia, dirigido para a construção de vastos territórios africanos, fazendo um esforço de adaptação à violência das circunstâncias, teria um ou mais séculos de atraso.

. As principais configurações políticas não foram as únicas a conseguir promover as forças da civilização na África. As aldeias eram fontes permanentes desse dinamismo, com seus artesãos, produtores, os grupos de jovens, mulheres, crentes e adeptos, líderes locais e curandeiros, que ao longo da história mantiveram acesa a chama da criatividade africana.

Os distritos menores de Mangbetu — cujo notável senso de planejamento urbano tinha sido admirado pelos primeiros viajantes estrangeiros — as aldeias fang, senufo, guere, lobi e buaba produziam e defendiam objetos culturais com mais paixão do que a manifestada pelos "grandes homens".

VI
Dinâmica das Culturas:
Principais Condições do seu Declínio

As condições internas eram mais permanentes, mas as condições externas tiveram um papel determinante, especialmente a partir do século XVI.

a) Condições internas

(1) Ecossistêmicas

Desde o período da Antiguidade em que se formaram os extensos desertos do Saara e de Calahari, cobrindo entre eles cerca de 30% do continente, as sociedades africanas eram relativamente compartimentalizadas. Se incluirmos o verde deserto das florestas, estaremos nos referimos a metade do território ao Sul da Saara. Foi especialmente a posição transversal desses obstáculos que desarticulou e naturalmente desintegrou o território africano, sem qualquer penetração substancial dos oceanos.

Ainda mais significativa foi a destruição de seres humanos e da sua produção cultural pela proliferação de pragas: os térmitas atacando utensílios de madeira, ferramentas e obras de arte; a mosca tsétsé trazendo a doença do sono, que prejudicava a criação de gado; a cegueira fluvial que impedia a fixação do homem à terra e a exploração dos solos mais férteis.

(2) Humanas

a) O déficit de adaptação

É preciso mencionar a falta de adaptação e inovação devida à força excessiva dos costumes — o que nos leva à questão da modernidade e da modernização. A simples transferência do "modelo ocidental" faria disso nada mais do que um padrão universal imposto às sociedades locais. Com efeito, o que é universal não é o acréscimo mecânico de todos os casos específicos, ou a imposição sobre todos eles de um caso particular considerado universal, mas, ao contrário, o confronto e a combinação do que é melhor em todos os casos particulares, compatíveis devido à presença em cada um do mesmo *status* humano.

Por mímica ou ideologia, a África tomou emprestado algumas vezes a aparência formal ou o resultado dos direitos socioculturais e políticos europeus, mas sem os princípios fundamentais que os inspiraram. No que diz respeito à ciência, ao desenvolvimento e à democracia, há uma tendência para esquecer o caráter sistêmico, holístico e integrado de cada "modelo" em particular. Isso pode explicar as opções paranóicas ou esquizofrênicas que esterilizam a criatividade endógena e resultam muitas vezes em um acúmulo dos piores aspectos de todos os modelos.

b) Condições demográficas

Já nos referimos às condições demográficas como obstáculos e também como fontes de desenvolvimento. Um déficit demográfico pode ser também um obstáculo. O que importa é antes de mais nada a garantia de um *optimum* demográfico que na África não existe desde o século XVI. É interessante observar que nunca houve qualquer experiência histórica de uma situação em que a transição demográfica para a queda da taxa de nascimentos tenha sido alcançada mecanicamente, antes da sociedade atingir um desenvolvimento econômico mínimo. "O número faz a inteligência" (Braudel): eles melhoram o equilíbrio de poder. Para quebrar esse círculo vicioso é preciso pôr em movimento o processo de desenvolvimento endógeno.

b) Condições externas

(1) O tráfico

Em muitos casos, o impulso civilizador foi prejudicado na África pela agressão interna de povos predadores, líderes políticos e generais ambiciosos; como também pelas contradições internas que, como observamos, na maioria dos casos foram reduzidas a uma pequena escala.

Será por essas razões que na África a agressão externa teve um impacto tão violento sobre o progresso?

Neste trabalho nos referimos a dois períodos cruciais sem explorá-los sistematicamente. Com respeito ao tráfico de escravos, tem surgido uma controvérsia com relação às perdas humanas sofridas pela África — perdas calculadas muitas vezes simplesmente pela contabilidade dos navios negreiros. Tem havido disputas entre os especialistas sobre o montante da perda de força de trabalho sofrida pelas sociedades africanas, que foram transformadas em fontes supridoras de mão-de-obra justamente na época em que deveriam desenvolver-se economicamente. No entanto, se essa perda foi de 50 ou 100 milhões de pessoas não altera a natureza do problema, que continua a ser um genocídio, com efeitos letais sobre o estoque humano da África, pela perda sistemática concentrada nos grupos de idade mais dinâmicos, quando a população total era muito menor do que a de hoje. A instabilidade das fixações humanas, a astenia irremediável causada pelas psicoses do medo, a auto-imagem negativa e o "atraso" objetivo e subjetivo do continente negro são sintomas desse círculo vicioso da maldição africana.

Na verdade, o modelo do tráfico de escravos sobrevive hoje, quase que com os mesmos atores, os mesmos papéis e os mesmos motivos: mercadores, pequenos monarcas africanos, as várias formas de "ouro negro", os agentes intermediários, o acirramento dos conflitos, as comissões etc. Os vestígios do antigo tráfico também sobreviveram e, como um espartilho de aço, estrangulam a África. Em Almina, Gana, por exemplo, havia, no passado, 35 fortalezas européias. Entre as centenas de feitorias dedicadas ao comércio havia fortalezas em Cabo Verde, Goree, Assínia, Bassam, Costa do Cabo, Uidá, São Tomé, Forte Jesus, Zanzibar, Sofala, Quiluar etc.

(2) A colonização

Mas o verdadeiro assalto às civilizações africanas, que fundamentalmente as destruiu, ou pelo menos feriu de morte, foi a colonização. Embora o processo de colonização, como qualquer fenômeno histórico, tenha alguns aspectos positivos, nada de irremediável aconteceu com as civilizações da África negra até a colonização — e a partir desse momento tudo ficou comprometido. Tendo durado talvez quatro vezes menos do que o tráfico de escravos, a colonização causou um dano quatro vezes maior.

Em primeiro lugar, a colonização resultou de um novo método de produção, o capitalismo imperialista.

Além disso, se o tráfico permaneceu periférico, como uma forma de epifenômeno endêmico e vicioso, o colonialismo atingiu todo o continente, que pela primeira vez foi anexado, desmantelado e reorganizado, dilacerado pela violência e reconstruído em segmentos definidos por fronteiras que ignoravam populações, estados e nações. Áreas do *hinterland* eram administradas por centros do poder europeu situados à distância de milhares de quilômetros.

Em conseqüência, as estruturas políticas foram decapitadas e escravizadas por meio de genocídios e etnocídios baseados em um racismo implícito ou explícito (como o *apartheid*).

Os sistemas econômicos e socioculturais endógenos foram violentados: as línguas, a educação, as religiões, as técnicas e competências etc.

O sistema africano tinha sido muito debilitado pelo tráfico de escravos, mas depois foi destruído pela colonização. O tráfico prejudicou o *"hardware"* do continente, mas a colonização, com seus vírus, destruiu o *"software"* da África.

O chamado "pacto colonial" induziu a não-industrialização, portanto a ausência dos processos de reforma rural e de acréscimo de valor à produção, estimulando a fossilização das economias africanas em formas elementares, embriônicas e vegetativas. O "pacto colonial" bloqueou prematuramente o crescimento das classes médias, que não eram genuinamente nacionais, e das sociedades civis, que raramente eram independentes.

Na verdade, o modelo colonial se difundiu por meio de uma independência pseudolegal, sem a reforma dos sistemas de educação, com a imprensa absolutamente domesticada pela produção externa, um balanço comercial baseado estruturalmente na exportação de matérias-primas, conflitos que implodiam ou eram controlados remotamente, a paz e a guerra decidida por empresas transnacionais ou pelas super potências, o peso esmagador da dívida externa, o vício do recurso à assistência humanitária etc.

Depois do período neocolonial, que não restaurou o dinamismo endógeno das civilizações africanas, estamos agora diante da globalização que parece recapitular o mesmo modelo recorrente da escravidão, colonização e neocolonização.

A experiência da globalização significa inclusão e exclusão: um cenário tragicômico para as forças propulsoras da civilização na África, uma perda absoluta em termos da diversidade cultural do mundo.

VII
Epílogo:
Um Recomeço? Como Renascer?

Para que haja esperança, é preciso que ela tenha algum fundamento. Torna-se necessário assim construir uma nova coesão entre as fases do processo racional (a ciência e o conhecimento) e a ação individual e coletiva — ou seja, a vida. O que enfatiza a importância das ciências sociais e da educação para a cidadania, desde a participação na aldeia como no mundo, com base nos seguintes valores fundamentais do respeito pela vida: a busca do bem comum, o compromisso com o núcleo da democracia, que são os direitos e deveres do homem, com base em princípios universais, e portanto também africanos. Por exemplo: não pode haver democracia se a população for deixada à margem do processo político. Como reza o provérbio africano: "Você não pode cortar o cabelo de quem está ausente". O que significa um processo de socialização aplicado em toda a medida do possível ao poder, inclusive o poder do conhecimento e o poder aquisitivo.

O importante é pôr em movimento a produção material, sem desprezar a reprodução social e cultural; daí a necessidade que tem a África de restabelecer a educação formal e a educação contínua.

Seria apropriado criar um plano social para o desenvolvimento endógeno orientado para fora, em vez de promover a abertura em um mundo que destrói o desenvolvimento endógeno no nascedouro.

Para isso, a chave do Renascimento africano é a integração, pelo menos em nível sub-regional. Diante da exploração provocada pelo processo globalizador, a regionalização é um passo necessário e inescapável. Os microestados africanos em gestação são partículas anacrônicas, sem visibilidade e carentes de credibilidade, sem raízes na história, sem qualquer influência decisiva sobre o equilíbrio de poder contemporâneo, dominado por superpotências e empresas multinacionais com metas oligopolísticas, quem sabe monopolísticas. Nestas circunstâncias, os estados africanos estão reduzidos cada vez mais ao destino de "esmolar ou morrer".

Só a formação de áreas amplas e de mercados internos viáveis permitirá à África resolver esse dilema, criando uma divisão de trabalho interafricana, com base em vantagens comparativas internas e externas. Além disso, essas áreas nos darão um efetivo poder de negociação com as formações gigantescas que surgiram no mundo. O vácuo que no passado reduziu o ritmo da história africana precisa agora fazer o contrário: aumentar a sua velocidade.

Só a integração poderá criar a base para uma nova cultura africana; só ela poderá desenvolver a infra-estrutura das civilizações negras, alimentando uma versão africana da modernidade — melhor ainda, uma versão moderna da africanidade. Daí a necessidade de formar alianças e tecer redes entre as organizações e as economias, para que os intelectuais, que hoje são marginalizados, possam recuperar o seu papel, se estiverem genuinamente envolvidos nesse processo.

Com esse esforço não se procura alcançar alguém em particular, mas a nós mesmos.

Os africanos devem estabelecer uma prioridade: a nossa construção. Precisamos ser. Ser e não ter. Ser para ter. A questão é: Ser ou Não Ser.

Desse modo, será preciso identificar as condições necessárias que nos permitam erguer a cabeça acima do fluxo da história, para sermos reconhecidos, até mesmo por Deus, como o Prometeu africano foi reconhecido depois de competir em uma maratona patética como o próprio autor das coisas, o descobridor do fogo.

14

CIVILIZAÇÕES PRÉ-COLOMBIANAS*

I
Introdução:
Quadro de Referência
Temporal e Espacial

A Mesoamérica e a região andina foram as duas grandes áreas culturais do continente americano onde se desenvolveram civilizações complexas antes da expansão da presença européia, a partir de 1492. Entre os numerosos agrupamentos humanos a se estabelecerem nesse continente desde 30 mil a.C., provavelmente pelo estreito de Bhering, vindos da Ásia Oriental, os mais notáveis são os incas, os aztecas e os maias. A importância e o esplendor dessas três civilizações são de tal forma evidentes que todo o passado pré-hispânico, anterior à Conquista, costumava ser associado exclusivamente com esses três grupos e a sua história. Há algum tempo o arqueólogo alemão Max Uhle demonstrou que esse ponto de vista era um equívoco, e encobria o fato de que essas civilizações usaram necessariamente o conhecimento acumulado pelas sociedades que as precederam.

As civilizações avançadas criadas pelos incas, aztecas e maias, assim como as sociedades coloniais criadas mais tarde pelos espanhóis, no México e no Peru, só foram possíveis uma vez que souberam utilizar, com diferentes objetivos culturais, uma série de instituições e mecanismos existentes, formados por outros grupos humanos que as haviam precedido. Nesse

---

* O presente capítulo é de autoria do prof. Heraclio Bonilla.

sentido, eram civilizações tardias, capazes de sintetizar e de prolongar realizações anteriores em uma escala inteiramente nova. Ao mesmo tempo, conferiam homogeneidade à diversidade cultural antes existente, criando uma herança que tem perdurado até os nossos dias, a despeito da extinção misteriosa da civilização maia e do fim violento dos impérios Azteca e Inca. É impossível entender a especificidade cultural da Mesoamérica e dos Andes, de um lado, e de outro os processos posteriores, a partir da colonização européia, sem levar em conta o que ocorreu antes da expansão ocidental. Tomando o Novo Mundo como um conjunto, é esse processo denso e complexo que separa e distingue as experiências mexicana e peruana do que aconteceu em qualquer outra parte do continente.

Esta afirmativa mostra que qualquer esforço para fazer um corte radical entre essas grandes civilizações pré-colombianas e as culturas que vieram antes delas é completamente arbitrário. Na verdade só podemos fazer tais distinções com objetivo analítico e para enfatizar as inovações promovidas por esses grupos. Já se demonstrou que desde que os primeiros humanos pisaram o continente americano até os séculos XIV e XV, quando as civilizações inca e azteca se consolidaram, vários reinos e impérios regionais surgiram e desapareceram. A experiência desses Estados anteriores, ao longo de várias centenas de anos, foi indispensável para fundamentar a emergência dos impérios posteriores, que tivemos a oportunidade de conhecer. O que sabemos dos primeiros momentos dessa longa história não é certo, e continua a se caracterizar por conjecturas, dada a fragilidade e a constante revisão da pesquisa paleontológica e arqueológica. No entanto, há um certo consenso com respeito à idéia de que as culturas mais antigas nem sempre resultaram da evolução de grupos precedentes, mas tiveram origem nas contribuições de sucessivas ondas de migração originadas na Ásia. Mais tarde, a dispersão desses grupos por todo o continente assim como as diferenças regionais da sua fixação criaram traços étnicos e culturais diferenciados e firmaram importantes desequilíbrios no seu desenvolvimento histórico. Se houve qualquer contato posterior entre eles isso foi certamente excepcional, dadas as enormes dificuldades em termos geográficos e de transporte. Por isso é necessário analisar essas grandes civilizações separadamente.

Na região dos Andes, quando Francisco Pizarro e um punhado de conquistadores espanhóis chegaram a Cajamarca, na Sierra Setentrional Peruana, o Império Inca ou Tawantinsuyo — "O Império das Quatro Regiões" — já se tinha institucionalizado plenamente, encontrando-se no meio de uma guerra fratricida entre Huascar e Atahualpa, os filhos do falecido imperador Huayna Capac. O território do Império se estendia em um eixo norte-sul desde Pasto, na atual Colômbia, até o que hoje são províncias do Chile central e do noroeste da Argentina; da costa do Pacífico, no oeste, até a selva amazônica, que a leste limitava a sua expansão. Esse extenso território, que na época abrigava uma população estimada em 10 milhões de habitantes, foi e continua a ser uma das regiões mais difíceis do planeta. Dificuldades que incluem montanhas altíssimas, vales profundos e desertos áridos, com noites geladas contrastando com dias muito quentes. É a longa cadeia montanhosa dos Andes, com sua bifurcação, que dá à região esse caráter peculiar, com diferentes nichos ecológicos permitindo uma produção agrícola diversificada dentro de um único ciclo. O modo como os seus habitantes administravam adequadamente esses desafios geográficos, ao longo do tempo, explica por que a maioria da população aborígene vivia e vive ainda entre 2.500 e 4 mil metros acima do nível do mar. As desvantagens geográficas e climáticas que citamos não inibiram o cultivo de uma dúzia de variedades de tubérculos, tais como batatas, a *tarwi* (alimento rico em gorduras), *kinuwa* ou quínua (cereal rico em proteínas) e, naturalmente, a famosa folha da coca. Além disso, os antigos povos indígenas dos Andes se beneficiaram das bruscas variações climáticas para transformar batatas em *ch'uñu*, e carne em *ch'arki*, ou seja, charque, para sua preservação e estocagem em enormes depósitos que causaram admiração aos espanhóis, quando estes os encontraram.

Antes do começo da expansão do Império Inca ou Tawantinsuyo, em meados do século XV, houve na região vários reinos étnicos e impérios regionais. Os primeiros grupos humanos a se fixar na área, há mais de 14 mil anos, eram caçadores e coletores de alimentos que percorriam as planícies e montanhas do atual território peruano. Resíduos arqueológicos neolíticos foram encontrados em Paijan, Oquendo e Chivateros, no litoral, assim como em Luricocha, El Guitarrero, Pachacamay etc., na Sierra. Alguns milênios mais tarde, as grandes geleiras do Pleistoceno se deslocaram dos Andes, destruindo o solo e a vegetação da costa. Durante essa época, esses grupos itinerantes começaram a se fixar em comunidades sedentárias ao longo dos estuários dos rios peruanos, e se puseram a explorar também os recursos marítimos existentes à sua volta, o que proporcionou uma base firme à rápida adoção da agricultura na região litorânea. Em Chilca e Paracas, na costa meridional, a abóbora, o feijão e o algodão começaram a ser cultivados, por volta de 3500 a.C. Pouco depois surgiu o cultivo do milho, originado provavelmente na Mesoamérica, embora já se tenha argumentado que o cultivo pioneiro do milho ocorreu independentemente nos Andes. A partir de 1500 a.C. o milho se estendeu até Huarmey, na costa setentrional. Não se sabe com certeza como teve início a prática da agricultura nas terras altas dos Andes, mas se suspeita de que ela tenha começado simultaneamente com a agricultura nas regiões baixas. Havia uma economia baseada fundamentalmente na agricultura, mas em algumas regiões, em contraste com a América Central, surgiu uma economia complementar baseada na criação de lhamas e alpacas, que começou no planalto de Junin. A cerâmica aparece no litoral peruano no fim do segundo milênio a.C., em Ancon, Casma e Guañape, e na região da Sierra em San Blas (Junin) e Pandanche (Cajamarca). Comparativamente a cerâmica surgiu bem antes no Equador e na Colômbia, em Real Alto (Equador, 3200 a.C.); Canaporte, Tesca e Barlovento (Colômbia, 2200 a.C.).

A pesca e o desenvolvimento agrícola provocaram mudanças importantes nessas culturas. Uma das conseqüências mais visíveis foi o aumento da população e o crescimento das comunidades em torno de centros cerimoniais, com pirâmides e templos. A comunidade de Chavin foi o primeiro exemplo importante desse processo: localizada na região conhecida como *Callejón de Conchucos*, Chavin foi uma entidade religiosa de tipo predecessor do estado, cuja história se estendeu por quase todo o primeiro milênio a.D. Foi um importante centro cerimonial, equivalente às comunidades olmecas de La Venta ou Tres Zapotes, no México, recebendo habitantes dos Andes centrais como peregrinos. A cultura Chavin coexistiu com vários outros grupos locais, e sua religião estava baseada no culto do jaguar ou puma. A partir de 900 a.C. Imagens desse culto se difundiram por várias localidades, distantes centenas de quilômetros umas das outras. Essa fase de unidade ideológica e provavelmente também política — o "horizonte primitivo" dos arqueólogos que estudam a região — corresponde ao período de formação dos Andes setentrionais e ao período pré-clássico do conjunto da Mesoamérica. Os motivos da ampla difusão do culto religioso de Chavin ainda são controvertidos, mas se sabe com certeza que essa cultura desapareceu por volta do ano 300 a.C.

O deslocamento da unidade pan-andina liderada a princípio por Chavin abriu a possibilidade de surgirem várias culturas locais, que se desenvolveram entre o primeiro e o oitavo séculos a.D. Entre elas, as mais importantes são a Mochica, dos vales de Chicama e Trujillo, e a de Paracas-Nazca, na costa meridional do Peru. Os mochica foram os primeiros a criar uma poderosa máquina estatal, juntamente com grandes canais de irrigação, destinados a fertilizar terras desérticas. Embora a cultura mochica não tenha construído cidades importantes, com a exceção relativa de Pampa Grande, em Lambayeque, e Galindo, em Moche, praticava técnicas metalúrgicas avançadas e fabricava belos vasos de cerâmica, com figuras reputadas pelo seu estilo realista. A arquitetura tinha caráter fundamentalmente religioso, com centros cerimoniais e pirâmides, como as *"huacas do sol e da lua"* de Moche. A descoberta, em 1987, do túmulo de um sacerdote-guerreiro, com um grupo de concubinas, em Sipan, no vale Lambayeque, datado provavelmente do ano 290 a.D., mostrou, de forma adicional e conclusiva, o nível impressionante alcançado por aquele civilização. No sul, porém, não se desenvolveu uma estrutura estatal poderosa, pois as sociedades eram mais democráticas, com orientação religiosa. Dois exemplos dessas sociedades são as culturas de Lima e Nazca, respectivamente, na costa central e meridional. Especificamente no caso da cultura Nazca, as cores usadas na sua cerâmica e a grandeza dos seus têxteis de Paracas lhe criaram uma sólida reputação como um dos centros importantes da arte universal.

Entre os século III e IV a.D., desta vez 20 quilômetros ao sul do lago Titicaca, que hoje separa o Peru da Bolívia, começou a florescer um novo Estado e uma nova cultura, Tiahuanaco, cuja expansão criou nova uniformidade andina. Ainda se debate se Tiahuanaco foi a capital de um centro cerimonial ou uma ativa cidade comercial, com 20 a 40 mil habitantes. Mas a sua importância é inegável, mesmo levando em conta que estava localizada em um dos recantos mais pobres e desolados dos Andes, onde só os camelídeos conseguiam compensar as dificuldades impostas pela geografia. Sabemos hoje que Tiahuanaco contava com uma agricultura extensa e intensiva em Pampa Koani, que revela a existência de uma economia mista, baseada tanto na lavoura como na criação. Na sua época, com a expansão para o sul e o crescimento da cultura Huari rumo ao norte, houve uma reunificação da cultura andina, por um período de dois ou três séculos, conhecido pelos arqueólogos como "horizonte intermediário". O chamado Império Huari tinha como centro uma grande cidade localizada em Ayacucho. Por razões militares ou religiosas, que ainda são motivo de controvérsia, os Huari expandiram o seu domínio até Lambayeque e Cajamarca, no norte, e até Sihuas e Sicuani no sul — expansão que levou depois à fundação de importantes centros urbanos.

No século XII a.D., por razões desconhecidas, os estados de Tiahuanaco e Huari desapareceram, abrindo uma nova fase de deslocamentos regionais, e no litoral Norte, nos vales de Chicama e Moche, despontou um novo Estado centralizado, conhecido como Chimu, que reativou o grande complexo de irrigação criado pelos Mochica. A capital do reino Chimu era Chan-Chan, que, juntamente com Teotihuacan, foi uma das maiores cidades da América pré-hispânica. Contando com uma população de quase 200 mil habitantes, a esfera de influência dessa cidade se estendia, no começo do século XV, desde Lambayeque no norte até Nepeña no sul, ultrapassando assim tudo o que os mochica tinham antes realizado. Essa expansão prosseguiu com a anexação de Casma, Huarmey e Pativilca, onde foram construídas as fortalezas bem conhecidas de Paramonga, chegando a uma extensão territorial de quase 1.200 quilômetros. A maior parte desse território era constituída de desertos cortados por canais de irrigação. Não muito longe, no leste, outro grupo étnico começou uma expansão semelhante, a partir de Cuzco, ao longo da Sierra andina.

No caso dos aztecas, na época da chegada dos espanhóis, em 1519, o seu Império cobria uma boa parte do que hoje é o México. No entanto, assim como o Império Inca, a civilização azteca foi uma fase tardia, pois a origem da sua cultura data do século XIII a.D. Por isso, para compreendermos a curta mas complexa história dos aztecas será necessário examinar brevemente as civilizações precedentes. A geografia das antigas civilizações mesoamericanas contrasta fortemente com a da região andina. Embora a agricultura tenha sido nos dois casos a atividade dominante, na Mesoamérica o solo era muito mais fértil do que nos Andes. Mas a inferioridade do solo andino era compensada em parte pela presença dos camelídeos, e pelo emprego como fertilizante dos seus excrementos, assim como do guano existente nas ilhas litorâneas. Nas duas regiões a produção agrícola se baseava no uso da água da chuva e em canais de irrigação, mas na América Central, com a exceção do vale do México, os canais de irrigação podiam ser construídos por grupos locais, enquanto nos Andes era necessário um esforço mais considerável para a construção de canais. A comunicação entre as terras altas e as baixas era muito mais fácil na Mesoamérica do que no Peru, devido ao controle do fluxo dos rios que vinham das montanhas. Além disso, havia um perímetro ecológico definido em que se concentrava quase 40% da população mesoamericana, o que contrasta fortemente com a população andina, bem mais dispersa. Como observou Friedrich Katz, foi dentro desse perímetro ecológico definido que tiveram origem os movimentos de integração política mais importantes da Mesoamérica.

Assim como na América Central, os primeiros assentamentos ocorreram há vários milhares de anos. Nessa região, os primeiros grupos humanos foram também de caçadores e coletores, e a atividade agrícola teve iní-

CIVILIZAÇÕES PRÉ-COLOMBIANAS **323**

cio provavelmente por volta de 5 mil a.C., com a cultura da abóbora, dos *chili*, feijões e milho. Nos 500 anos subseqüentes a agricultura se difundiu pelo planalto elevado na direção da costa do Golfo do México, mas a fundação de povoações permanentes só ocorreu milênios depois do surgimento da agricultura. As comunidades sedentárias só foram possíveis depois da produção do milho atingir um volume considerável, e da invenção de técnicas mais eficientes para armazenar produtos agrícolas. Se é verdade que o início da colonização data de 2500 a.c., sua reprodução só ocorreu depois de 1500 a.C. Essas povoações do período formativo, como as estudadas por Kent Flannery e Joyce Marcus em Oaxaca, eram compostas de oito a 12 casas, em torno de uma praça central usada para ritos públicos, contando com 50 a 60 habitantes.

Por volta do ano mil a.C., os habitantes da região tropical do Golfo do México, ao sul de onde se encontra hoje a cidade de Vera Cruz, e do Estado vizinho de Tabasco, alcançaram um novo nível de desenvolvimento. Os arqueólogos chamam de "olmecas" os protagonistas dessa cultura. Os olmecas construíram importantes centros cerimoniais como os de La Venta, Tres Zapotes, Cerro de las Mesas e San Lorenzo. Pirâmides e altares, o estudo da astronomia, estelas esculpidas (pilares de pedra gravados), hieroglifos e um calendário são parte das realizações dessa civilização. Os olmecas foram considerados a matriz de todas as culturas que floresceram depois na Mesoamérica, e a civilização olmeca é vista como um período de transição entre a fase pré-clássica e a clássica. No entanto, o eclipse dessa cultura é para nós tão enigmático quanto o seu surgimento.

Segundo os arqueólogos e os historiadores, por volta de 200 a.C. começou um novo período, conhecido como Clássico, durante o qual houve quatro culturas importantes: os maias no sul; Montealban e Mitla, entre os zapotecas de Oaxaca; Tajin, em Veracruz; e Teotihuacan, no Planalto Central Mexicano. Esta última cultura, situada a nordeste do que hoje é o Distrito Federal da Cidade do México, floresceu entre o século IV e VII a.D., aproximadamente, e foi considerado pelos aztecas como um centro mítico. Teotihuacan alcançou um nível elevado de desenvolvimento artístico, arquitetônico e político, de que são testemunhas as gigantescas pirâmides do Sol e da Lua e o templo de Quetzalcoatl, a deusa e serpente emplumada. A população da cidade cresceu de 30 mil habitantes no século a.D. para quase 125 mil no IV século a.D. O panteon de deuses no mundo religioso de Teotihuacan incluía Tlaloc, o deus da água e da chuva, Quetzalcoatl, o deus da fertilidade agrícola, e Chalchiuhtlicue, a deusa da água. O declínio dessa cidade magnífica começou no século VII a.D., quando por razões desconhecidas ela foi abandonada. As possíveis razões para esse abandono incluem a escassez de alimentos decorrente do aumento da população, a resistência de certos grupos étnicos, reagindo ao crescimento demográfico da cidade, invasões "bárbaras" do norte o questionamento do poder tradicional da classe de sacerdotes. É importante notar que a destruição da cidade não representou o fim da cultura urbana. O legado do período clássico se fez presente em instituições como o mercado e na persistência do calendário, da escrita hieroglífica; na astronomia, astrologia e em outros campos de conhecimento permanente. Além disso, as chefias étnicas não foram destruídas completamente, tendo-se refugiado em pequenas cidades como Azcapotzalco, fixando-se perto de lagos. No fim do período clássico esses grupos, agora dispersos, tinham uma estrutura de poder muito mais militarizada, em comparação com a fase precedente.

Depois da destruição das civilizações clássicas, tribos de guerreiros procedentes da Mesoamérica setentrional, meridional e sul-oriental ocuparam as povoações existentes. Dentre as tribos vindas do norte a mais preeminente era a dos toltecas. Liderados pela Serpente Nebulosa, os toltecas, participantes provavelmente do grupo lingüístico nahuatl, que incluía os aztecas e outros habitantes do vale central do México, invadiram as planícies centrais nos séculos IX e X a.D., instalando sua capital em Tula ou Tollan no ano 856 a.D. O fato de que tantas características culturais dos toltecas foram encontradas em toda a América Central prova a força do expansionismo tolteca. Além da óbvia importância dos guerreiros, pouco se sabe sobre a organização social dos toltecas. No entanto, é sabido que eles abriram as rotas comerciais que tinham sido fechadas depois da queda de Teotihuacan, e que geraram grande atividade comercial entre o norte e o sul, assim como entre o planalto mexicano e os vales. O comércio se fazia com penas, cacau e algodão. Esses imigrantes trouxeram com eles novos ritos e crenças religiosas, inclusive a prática habitual de sacrifícios humanos. Uma divindade conhecida como Tezcatlipoca, Deus do Grande Urso, dos céus e do vento noturno, protetor de todos os guerreiros, conseguiu derrotar o deus Quetzalcoatl, expulsando-o para um misterioso país "vermelho e negro" do outro lado do mar divino, no ano 999. Os deuses celestiais substituíram então todos os deuses da terra e da água. No auge da sua civilização, os toltecas estenderam seu domínio desde o planalto central até o atual Michoacan, no oeste, e da costa do Golfo do México, no leste, ao que hoje é Oaxaca e Yucatan, no sudeste. Mas a prosperidade de Tula e dos toltecas começou a se desfazer, nos séculos XI e XII a.D., devido à fome, desastres naturais, secas e conflitos internos. Em 1156 ou 1168 a.D. o último líder tolteca, Huemoc, mudou sua capital para Chapultepec, na parte ocidental do que hoje é a cidade do México, onde se suicidou. Com a crise subseqüente, os sobreviventes se refugiaram em cidades menores, como Cholula, enquanto outros grupos de invasores vieram do Norte para ocupar o vale central do México.

A cultura desses novos invasores era muito mais rudimentar do que a dos toltecas, mas foram eles que criaram o Estado mais poderoso de toda a América Central, aproveitando plenamente o grande potencial agrícola do vale do México. Seu sistema agrícola consistia em uma série de lagos interligados, com ilhas artificiais — as *chinampas* — que permitiam uma lavoura intensiva assim como um transporte eficiente, uma melhoria do comércio, a divisão do trabalho e a integração econômica e política. No entanto, esses invasores não formavam um grupo homogêneo. De fato, os mais famosos dentre eles eram os chichimecas, mas mesmo nessa tribo havia caçadores-coletores e outros grupos que, pelo contato com os toltecas, tinham aprendido as técnicas da agricultura. Os chichimecas não cediam simplesmente à influência das cidades-estado que já existiam, mas se juntavam aos outros povos na qualidade de aliados ou mercenários. Por volta do fim do século XIII, os chichimecas tinham abandonado as suas cavernas para fundar cidades importantes, como Texcoco — uma das várias cidades-estado existentes no planalto central mexicano, sob o controle de diferentes etnias.

No que diz respeito aos maias, sua cultura floresceu na península de Yucatan, no norte do golfo do México, entre os séculos III e IX a.D. Essa região tropical, quente e úmida, que não parece apresentar as condições mais favoráveis para o desenvolvimento de uma cultura avançada, inclui hoje os estados mexicanos de Yucatan, Campeche, Tabasco, metade de Chiapas e o território de Quintana Roo; na Guatemala, o Departamento de Peten, e as montanhas adjacentes, no sul desse país; a parte ocidental e Honduras; e todo o território de Belize. Uma superfície total da ordem de 200 mil km², onde vivem hoje cerca de 2 milhões de camponeses cuja língua é o maia.

A origem histórica dos maias assim como o seu declínio datam da época que os arqueólogos chamam de Período Clássico. O surgimento e a queda dos maias são assuntos envoltos em mistério, e continuam como temas centrais da agenda de pesquisa histórica e arqueológica. No entanto, há um amplo reconhecimento dessa civilização, que alcançou os progressos científicos mais impressionantes de todo o continente americano.

Os hieroglifos maias assim como o seu calendário são as expressões mais notáveis do seu desenvolvimento cultural, e essas realizações não podem ser explicadas se considerarmos apenas o breve contexto histórico dos maias. Em conseqüência, é necessário ver essas realizações como parte de uma tradição mais antiga, e é importante também enfatizar o fato de que a civilização clássica dos maias tinha praticamente desaparecido quando asztecas e incas chegaram ao auge das suas respectivas civilizações.

Do ponto de vista geográfico, a região ocupada pelos maias divide-se em duas partes principais: as terras altas e a planície. No entanto, do ponto de vista cultural os maias se dividiam em três grupos principais: a área meridional; as planícies meridionais ou área central; e a planície setentrional. A área meridional abrange essencialmente a região montanhosa guatemalteca e, embora o papel dos maias nessa região tenha sido importante no início do desenvolvimento da sua civilização, tornou-se marginal no Período Clássico. Os aspectos mais essenciais da cultura maia desenvolveram-se na planície e especialmente na zona central, situada abaixo de seiscentos metros.

Os arqueólogos estabeleceram a seguinte cronologia para os maias:

2.000 a.C. —	1.000 a.C.	Pré-Clássico Primitivo
1.000 a.C. —	300 a.C.	Pré-Clássico Intermediário
300 a.C. —	50 a.D.	Pré-Clássico Tardio
50 a.D. —	250 a.D.	Proto-Clássico
534 a.D. —	593 a.D.	Hiato Clássico
600 a.D. —	900 a.D.	Clássico Tardio

Segundo Gordon Willey, da Universidade de Harvard, a primeira evidência concreta confirmando a ocupação da planície consiste nos resíduos deixados no vale do rio da Paixão, em Peten. Esse local contém testemunhos de um complexo de cerâmica conhecido como "Xe", relacionado com outros sítios arqueológicos na Mesoamérica meridional, a costa pacífica de Chiapas e as povoações pré-olmecas e olmecas do litoral do golfo México. Não havia muitas povoações, que se dispersavam por uma ampla área, e provavelmente dependiam da agricultura. Mas nas terras baixas da costa do golfo, no que hoje é o Estado de Chiapas, havia no período pré-clássico aldeias com centros cerimoniais que demonstravam sinais de grupos sociais estratificados. À medida que esses primeiros grupos cresceram em termos demográficos eles se transferiram para outras áreas, em alguns casos mantendo sua unidade cultural, em outros assumindo novas formas de cultura. Foi durante o período pré-clássico tardio, associado com a cerâmica de Chicanel, que se usou uma arquitetura dirigida para a construção de grandes centros cerimoniais. No curso desse período as diferenças sociais também aumentaram. No princípio do período clássico aparecem monumentos com marcas da hierarquia social desenvolvida durante o período precedente. Conforme se pode ver claramente em Tikal, a esfera cerâmica Tzakol e o culto das estelas são também expressões culturais dessa fase. Parece claro também que as influências externas foram importantes para o desenvolvimento da civilização maia em seu conjunto. Entre elas, pode-se incluir seguramente a influência dos olmecas da costa do golfo, do sul de Chiapas, das montanhas da Guatemala e do planalto central mexicano.

II
Eventos Históricos

A compreensão da "história" das civilizações pré-colombianas é bastante problemática. A razão principal já mencionamos: esses grupos não dispunham de uma escrita. Por isso, a busca de informação sobre eles depende das investigações arqueológicas e das crônicas deixadas pelos espanhóis, que testemunharam a queda dessas civilizações. No entanto, a arqueologia não ajuda na reconstrução de "eventos", de forma precisa, e as crônicas espanholas mostram uma visão muito distorcida, pois os acontecimentos são interpretados à luz dos códigos culturais dos cronistas. Essas observações se aplicam também com respeito à "escrita" maia. Os códices maias ainda não foram decifrados completamente, e o seu sentido — como seria de esperar — corresponde a uma permanente reconstrução da "história" em função das necessidades dos governantes do momento. Por outro lado, o estudo relativamente recente das "visitas" de funcionários espanhóis a toda a região andina não permitiu ouvir a "voz dos vencidos", por assim dizer. Voz que é especialmente eloqüente quando consideramos certas características dos povos indígenas, testemunhadas por esses funcionários do governo da Espanha nos primeiros momentos da colonização. São idéias que precisamos ter em mente ao ler a presente seção.

O início do Império Incaico está associado com a permanente expansão política e militar havida a partir de Cuzco, no princípio do século XII a.D. A fundação desse império coroou vários séculos da densa e complexa evolução dos povos andinos. Quem eram os incas, e de onde vieram? Atualmente não temos respostas definidas para essas perguntas. Segundo uma crença profundamente arraigada nos habitantes da região, os incas atribuíam a sua origem a um ancestral remoto. Segundo os cronistas espanhóis, o berço dos incas, ou *pacarina*, foi o monte Pacari Tampu, situado a cerca de 30 quilômetros ao sul de Cuzco. Os incas acreditavam que de uma caverna em Pacari Tampu surgiram quatro irmãos: Ayar Cahi, Ayar Uchu, Ayar Auca e Ayar Manco. Depois de peregrinar por muitos lugares com sua esposa e irmã, Mama Occlo, foi o irmão Manco Capac que fincou no chão seu cetro dourado, em Huanaypata, pondo fim à peregrinação e fundando ali a cidade de Cuzco, que seria a capital do futuro império. Por isso os incas viam em Manco Capac o seu fundador mítico e heróico. Neste caso é difícil separar o mito da história, e é evidente que essa lenda foi utilizada mais tarde por sucessivos imperadores para legitimar-se no poder.

Em 1946 o reputado arqueólogo norte-americano John H. Rowe publicou no segundo volume do *Handbook of South American Indians* um artigo importante intitulado "A Cultura Inca na Época da Conquista Espanhola" no qual relaciona a seguinte série de imperadores:

1. Manco Capac
2. Sinchi Roca
3. Lloque Yupanqui
4. Mayta Capac
5. Capac Yupanqui
6. Inca Roc
7. Yalhuar Huacac
8. Viracocha Inca   (? -1438)
9. Pachacuti (Pachacutec) Inca Yupanqui   (1438-1471)
10. Topa Inca Yupanqui   (1471-1493)
11. Huayna Capac   (1493-1525)
12. Huascar   (1525-1532)
13. Atahualpa   (1532-1533)

Rowe reconhece que o primeiro desses imperadores, Manco Capac, era tido como um semideus convertido em pedra. A linhagem dos primeiros cinco monarcas pertencia a Urin Cuzco; os demais a Hanan Cuzco. Entre Viracocha e Pachacuti reinou, por um curto período Inca Urcon, um meio-irmão de Pachacuti, que o excluiu da lista oficial. Rowe data o começo da dinastia Inca de aproximadamente 1200 a.D., mas antes do início da fase de maior expansão do Império, com Pachacuti, em 1438, não se conhece precisamente a sucessão de Imperadores.

Essa cronologia mais ou menos exata da sucessão dinástica é agora objeto de uma grande controvérsia. A reconstrução da história cultural dos incas por Rowe resulta da aplicação de simples lógica à análise comparativa da informação fornecida pelos cronistas espanhóis. Terminada sua reconstrução, Rowe continuou a estudar a história dos incas, do mesmo modo como a história é praticada no Ocidente — ou seja, uma série linear de eventos sobrepostos à cronologia da sucessão. Em contraste, o antropólogo Tom Zuidema tem argumentado em várias publicações que como não há testemunhos indígenas sobre a estrutura, a organização e a história do Império Inca, falta uma base de informação suficiente para estabelecer a veracidade histórica dos eventos narrados nas crônicas espanholas. Com efeito, é bem possível que essa informação sobre os imperadores incas possa ser uma interpretação equivocada da instituição do parentesco entre os incas, vista do ângulo dos modelos dinásticos europeus, cujas regras sucessórias os espanhóis do século XVI conheciam bem. Rowe argumenta que a veracidade histórica e as datas do reinado de Pachacuti, de 1438 a 1471, são fatos relativamente definidos. No entanto, Zuidema argumenta que Pachacuti e todos os outros nomes dos incas anteriores à chegada dos espanhóis na verdade não são nomes, mas sim títulos, em uma dupla estrutura hierárquica de posições genealógicas e administrativas. Segundo essa concepção, tal estrutura administrativa, que na realidade era um mito histórico, foi convertida pelos cronistas espanhóis em uma cronologia linear, no estilo europeu. Em outras palavras, os cronistas interpretaram o sistema de títulos hereditários como uma sucessão dinástica linear.

Com base nessas idéias, Zuidema sugere que há uma conexão íntima entre o culto das múmias dos ancestrais incas e das *huacas* (lugares sagrados), e os conceitos de espaço expressos por meio de uma preocupação sistemática com a água, em suas diferentes manifestações. No caso de Cuzco, as dez *panacas* (linhagens) dos antigos incas e o *allyu* (a comunidade andina baseada no parentesco) de outros dez grupos não descendente dos incas formam um sistema compacto. Dentro desse sistema, a história dinástica mítica dos imperadores incas servia apenas como uma função metafórica para expressar certas relações hierárquicas.

Em outro trabalho recente, Brian S. Bauer argumenta que o surgimento do Estado inca não resultou de um processo súbito, como a vitória inca sobre os seus inimigos chanka por Pachacutec, em 1438, conforme a versão tradicional da história incaica. Para ele a centralização da autoridade regional e o desenvolvimento de uma hierarquia social estratificada na região de Cuzco foram processos que tiveram seu início bem antes desse conflito histórico mítico. Bauer afirma que esse processo começou por volta do ano mil a.D., desenvolvendo-se não só em Cuzco mas em toda a região circunvizinha. Grupos como os masca, chillque, tambo e os incas de Privilégio que ocuparam a região ao sul de Cuzco já estavam sob o controle e a influência dessa cidade, desde uma época anterior, por volta do ano mil a.D. Além disso, a unificação da região não resultou de uma simples conquista militar, mas foi provocada pelo uso de meios não-militares, antes da guerra contra os chanka.

Qualquer que tenha sido a função dessa reconstrução do passado mítico dos incas, a existência de Tawantinsuyo é um fato histórico, como o é também a expansão do Império Inca promovida por alguns dos seus últimos imperadores. Há um amplo consenso com respeito à idéia de que Pachacuti foi o imperador que ao mesmo tempo reorganizou o Império e começou a série de conquistas militares decisivas. Primeiramente ele derrotou os chanka nos Andes Meridionais, garantindo o controle das terras altas pelos incas, o que, por sua vez, permitiu o início do seu avanço sobre as terras dos lupakas, nas planícies elevadas do Sul. Por fim, por volta do ano 1463, uma única campanha militar chefiada pelo filho de Pachacuti, Topa Inca Yupanqui, derrotou os huanca na parte central da Sierra e conquistou o Império Chimu, na costa setentrional, antes de tomar Quito e Manta, onde hoje é o Equador. Mas os feitos de Pachacuti envolveram muito mais do que essas vitórias e conquistas militares; atribui-se a ele a reorganização de Cuzco, assim como a formação de uma rede de transporte e comunicação para integrar fisicamente o império.

A expansão militar iniciada por Pachacuti foi continuada pelo seu filho, Topa Inca Yupanqui, que mais tarde o sucedeu como imperador. Durante esse período os lugares hoje conhecidos como Potosi (na Bolívia), Jujuy e Tucuman (na Argentina) foram incorporados ao Império Inca. Assassinado Yupanqui, o poder passou para o filho, Huayna Capac, mas embora o exército imperial tenha avançado até o vale do Ancasmayo, onde hoje é a fronteira do Equador com a Colômbia, os esforços militares incas sob o novo imperador não tiveram o mesmo êxito daqueles realizados pelos dois imperadores precedentes. Durante o seu reinado, epidemias de varíola e sarampo, trazidas da Europa, arrasaram vilas inteiras, anunciando a chegada dos espanhóis. Quando o próprio Huayna Capac morreu, atingido por uma dessas doenças, o império ficou profundamente dividido pela ambição dos seus herdeiros.

Na Mesoamérica, depois das crises do Período Clássico, o último dos grupos de imigrantes chichimecas a chegar ao vale do México foi o dos tenochcas ou mexicas, conhecidos também como aztecas, procedentes da vila de Aztlan, localizada provavelmente no México ocidental. A nobreza azteca originou-se com os descendentes dos toltecas e colhuacanos, e o primeiro chefe azteca, Acamapichtli, foi escolhido em 1376. Daí em diante, o governante azteca seria conhecido como Huey Tlatoani, ou seja, "o chefe que fala". A princípio os aztecas tiveram a permissão de permanecer na cidade de Colhuacan, da qual foram depois expulsos. Segundo uma lenda, essa teria sido a punição por haverem sacrificado uma princesa oferecida como esposa ao governante azteca. No entanto, quaisquer que tenham sido as razões para deixar Colhuacan, os aztecas recomeçaram a sua peregrinação até se fixarem em uma ilha deserta perto do lago Texcoco. Serviram como guerreiros Tezozomoc, o senhor da cidade-estado de Azcapotzalco, que tinha hegemonia política sobre todo o planalto central mexicano, e onde se misturavam habitantes de Teotihuacan, toltecas e descendentes dos chichimecas. Foi nessa área que mais tarde os aztecas fundaram as cidades duplas de Tenochtitlan e Tlatelolco, respectivamente em 1325 e 1345. Depois da morte de Acamapichtli, seus sucessores imediatos foram Huitzilihuitli (1391-1415) e Chimalpopoca (1415-1428).

Tezozomoc, o senhor de Azcapotzalco, incorporou ao seu domínio territórios localizados a Leste e a Oeste do lago Texcoco. No processo da sucessão, seu herdeiro legítimo, Nezahualcoyotl, foi derrotado pelo meio-irmão Maxtla, e um dos primeiros atos do vencedor foi matar os líderes aztecas que haviam apoiado o seu rival. Este porém, sob a liderança de Itzcoatl, aliou-se com Nezahualcoyotl e rebelou-se contra Maxtla, destruindo a cidade de Azcapotzalco. Vitorioso, Itzcoatl tornou-se o IV imperador azteca (1426-1440), e promoveu manobras políticas para remover do processo decisório relativo aos territórios conquistados os representantes de cada linhagem. Uma vez que Tlacopan, que pertencia a Azcapotzalco, foi incorporada como um aliado, estavam preparadas as bases para uma tríplice aliança durante o reinado de Moctezuma (1440-1469). Assim, as cidades de Tenochtitlan, Texcoco e Tlacopan tornaram-se o centro do Império Azteca, permanecendo assim até a chegada dos espanhóis.

Com a morte de Itzcoatl, em 1440, a tríplice aliança passou a dominar outras regiões além do vale central do México. Tlacopan ampliou o Império até o nordeste do vale, onde havia uma população predominantemente otomi, enquanto Texcoco dominava o nordeste e alguns povos litorâneos. Entre o reinado de Itzcoatl e a chegada dos espanhóis, o Império Azteca foi governado por Montezuma (1440-1469), Axayacatl (1469-1481), Tizoc (1481-1486), Auizotl (1486-1503) e Moctezuma II (1503-1520). Esses governos se caracterizaram pela extensão geográfica do Império e o fortalecimento da hegemonia política de Tenochtitlan, à custa das outras duas cidades da tríplice aliança. Tlatoani foi o único governante azteca a nomear os governadores de Texcoco e a tratar o senhor de Tlacopan como um vassalo, e não como um aliado. Calcula-se que a população do Império aumentou para 11 milhões no planalto central, com 200 a 300 mil habitantes em Tenochtitlan e Tlatelolco. Como termo de comparação, em 1519 a capital dos aztecas era maior do que Madri, Sevilha, Roma e Florença. A agricultura, baseada em amplas terras férteis, era a base da economia azteca. A área cultivada foi ampliada com canais de irrigação e as famosas ilhas artificiais — chinampas — nos lagos do Império. No entanto, contrastando com o que acontecia nos Andes, os aztecas não se dedicavam à criação de animais.

No caso dos maias é ainda mais difícil falar de eventos históricos, devido à crise ocorrida no fim do Período Clássico. Foi durante esse período, que durou aproximadamente do século III ao XI a.D., que os maias atingiram o auge do seu desenvolvimento. Essa fase se caracterizou por um aumento da estratificação social, a expansão do território, a construção de pirâmides monumentais e outras estruturas, e a proliferação de estelas. É importante notar também a consolidação havida de uma complexa rede comercial. Estudos recentes das estelas de Tikal levaram alguns especialistas como Tatiana Proskouriakoff e Clemency Coggins a arriscar algumas interpretações históricas provisórias. Esses autores mencionam um príncipe local conhecido como "Pata de Jaguar", que foi sucedido por "Focinho Anelado", e este reinou entre 378 e 425 a.D. Sua efígie mostra elementos da cultura de Teotihuacan, que aparentemente revela a influência desse grande centro, conhecido como "Cidade dos Deuses". Mais tarde, um novo monarca, "Céu Tempestuoso", recuperou as antigas tradições maias, contudo sem isolar completamente essa civilização das outras culturas mesoamericanas. No período seguinte, aproximadamente entre os anos 480 e 680 a.D., parece ter havido uma instabilidade política e a diminuição do processo de construção de monumentos, devido a uma situação de duplicidade do poder. Durante esse período clássico intermediário, o governo foi compartilhado por dois governantes, representando ostensivamente dois segmentos da sociedade maia. É possível que o primeiro fosse o da antiga aristocracia local, incumbindo-se dos assuntos internos, e o segundo respondesse pelos assuntos comerciais e militares. Além disso, durante esse período o poder perdeu o caráter sagrado e a pessoa do monarca ganhou maior importância.

Depois dessa interrupção, teve início um novo ciclo, por volta do princípio do século VII — o Período Clássico Recente. Nessa nova fase, a atividade comercial se ampliou e houve um aumento da população. Além disso, várias cidades-estado exerciam um poder descentralizado. O renascimento maia encontrou sua maior expressão cultural entre os anos 681 e 768 a.D., que correspondem aos governos dos monarcas conhecidos com A e B. Pela primeira vez, construiu-se um par de pirâmides gêmeas em Tikal, destinadas a celebrar a passagem de um *katun* (período de 7.200 anos no calendário maia) para outro, e apropriado à realização de cerimônias públicas. Ao mesmo tempo foram construídos dois templos majestosos, com mais de 45 metros de altura, conhecidos simplesmente como templos I e II. Essas pirâmides e esses templos, construídos no meio da selva, são um testemunho duradouro do nível cultural atingido pelos maias, a despeito dos desafios que a geografia lhes impunha.

III
Principais Traços Culturais

1. Sistemas econômicos, sociedades, civilizações

Os pesquisadores têm observado que a rapidez e a eficiência com que o Império Inca foi organizado só podem ser explicadas pelo fato de que os seus governantes souberam utilizar uma série de instituições e tradições já existentes na região andina — instituições e tradições criadas por reinos e impérios anteriores. Nesse sentido, o Império Inca não passou da manifestação organizada de diversas populações de camponeses, sujeitas a seus líderes étnicos tradicionais e a suas próprias divindades locais, que, por sua vez, dependiam dos deuses e do poder central do Império. As relações de poder entre o imperador inca e os governantes locais e regionais dos domínios de Tawantinsuyo lembravam, superficialmente, as relações políticas tradicionais da região. No entanto, sob essa superfície, novas relações de poder continham formas inovadoras de subordinação e opressão.

Há um consenso geral em apoio à idéia de que o *ayllu*, a comunidade camponesa ligada por laços de parentesco, é a base da civilização andina, desde a época dos primeiros reinos até o fim do Império. O a*yllu* dividia-se em duas metades — *hanan*, a superior, e *hurin*, a inferior, com líderes diferentes e diferentes regras matrimoniais. No seu conjunto o *ayllu* consistia em muitas unidades domésticas individuais dedicadas essencialmente à atividade agrícola de subsistência em um contexto social que permitia o acesso coletivo à terra. Dado o caráter rudimentar das técnicas usadas na lavoura (os povos andinos não dispunham da roda e do arado), a força de trabalho e a cooperação entre os lavradores eram indispensáveis para o processo da produção. Assim, os laços de parentesco formavam as fibras do tecido social andino, não só em termos de reprodução familiar como também de relações econômicas e políticas. Como diria um antropólogo, os laços de parentesco funcionavam como um mecanismo voltado ao mesmo tempo para as funções de produção e da reprodução. Os sistemas de ajuda mútua e de reciprocidade no processo produtivo tinham por base a cooperação entre parentes. Com efeito, nessa civilização, que não conhecia a fome e o desemprego, o conceito de pobreza aparece associado à palavra quechua *huaccha*, que significa ao mesmo tempo "órfão" e "pobre", referindo-se àquele que não tem uma família que possa ser mobilizada para a produção.

Esses grupos estavam sujeitos à autoridade dos líderes étnicos tradicionais que tinham múltiplas funções, sendo responsáveis pela manutenção do equilíbrio entre o tamanho da família e seus recursos. Isso significava o fornecimento de mais recursos ou a retirada de recursos das famílias, conforme as mudanças no tamanho da família. Em conseqüência, inexistia o conceito de propriedade privada individual. Nesse sentido, esses líderes estavam incumbidos de assegurar o bem-estar da comunidade, o que incluía a concessão de recursos àqueles que tinham tarefas específicas a realizar para a aldeia, ou os que não podiam trabalhar. Em troca dos serviços prestados esses líderes locais recebiam uma parte do excedente produzido pelos camponeses, ficando assim liberados de participar diretamente no processo da produção durante o período em que exerciam essa função de liderança. O excedente em questão era produzido individualmente pelas unidades domésticas, pois não havia rendimento em dinheiro ou mesmo em produtos. No entanto, o excedente agrícola não representava uma base para a desigualdade institucional entre os líderes étnicos e a comunidade, porque ou era devolvido fisicamente aos camponeses, sob a forma de estoques de alimentos, ou restituído simbolicamente por meio das funções exercidas pelos líderes. Em outras palavras o poder dos *kurakas*, ou líderes étnicos, tinha por base as funções que exerciam, e não a exploração dos seus subordinados.

A economia dessas comunidades era essencialmente agrícola, e a terra e a água eram considerados recursos estratégicos. Seus principais produtos incluíam a batata, o milho e a quínua, especialmente os dois primeiros. A produção da batata e do milho formavam dois sistemas agrícolas distintos. De modo geral, essa economia fundamentalmente agrícola demonstrava um certo grau de diferenciação, sobretudo nas regiões das planícies elevadas, ao sul, e no que hoje corresponde ao Peru meridional e ao norte da Bolívia. Quando os espanhóis viram pela primeira vez essas regiões, com milhares de lhamas e alpacas (a razão principal do seu sucesso agrícola), ficaram muito impressionados. Com esses recursos, as diferentes unidades domésticas se dedicavam ao que era basicamente uma economia auto-suficiente, produzindo todos os alimentos de que necessitavam e fabricando as suas próprias roupas. Em conseqüência, não havia um mercado, nem dinheiro em circulação, e só excepcionalmente os incas praticavam formas rudimentares de comércio. Até hoje só duas exceções a esse quadro foram documentadas. A primeira, identificada por Frank Salomon, se refere a um grupo conhecido como mindalaes. Localizados nos Andes setentrionais, entre as atuais Pasto e Carchi, os mindalaes se dedicavam à comercialização regional de alguns produtos. A outra exceção era o comércio do *mullu*, a concha marítima usada em sacrifícios rituais na região da costa sul do Peru, hoje chamada de Chincha. Além dessas exceções, o que se permitia para a articulação econômica e social da extensa região andina era o "controle vertical de um máximo de nichos ecológicos", conforme o modelo proposto por John V. Murra.

A obra pioneira de John V. Murra propõe uma explicação de como surgiu o ideal andino da auto-suficiência nesse contexto geográfico tão difícil e diversificado. A capacidade produtiva e a diversidade de cada região dos Andes dependia do seu ecossistema particular. Nesses contextos, o dinheiro e o comércio estimulam a diversificação do consumo. Ora, isso era precisamente o que não existia nos Andes, mas segundo Murra a solução estava justamente aí: os Andes eram e continuam a ser uma região "vertical", caracterizada pela presença de vários nichos ecológicos, ou microclimas, que permitem colheitas diversas dentro do mesmo ciclo agrícola. Os povos andinos seguramente exploraram essas vantagens, formando colônias com membros das suas comunidades em diferentes zonas, para produzir ou extrair os produtos de consumo indispensáveis. A escala e a extensão desses movimentos que se dirigiam para diferentes nichos ecológicos variavam com a importância da população de cada aldeia (as aldeias mais populosas podiam enviar colonos a maior distância), e essas colônias nunca perdiam sua ligação com os grupos étnicos de origem.

Esses *ayllus*, cujas características básicas já descrevemos, proporcionavam a base fundamental sobre a qual foi criado o Império Inca, Tawantinsuyo. No seu processo de expansão, os incas submetiam os diferentes grupos étnicos das regiões andinas, na costa e no interior, usando a força das armas ou pela persuasão — esta era tão importante quanto a força e garantia uma lealdade política mais duradoura. Em conseqüência, a conquista e o domínio dos incas era um evento peculiar, e o seu governo era indireto, pois os grupos incorporados ao Império mantinham seus próprios líderes, sua língua, seus deuses e tradições. No entanto, ficavam sujeitos à supervisão dos *tucuiricoc* — os inspetores da burocracia imperial.

No Império Inca os tecidos de lã e algodão, as roupas e cobertas eram não só produtos essenciais na vida cotidiana dos povos andinos mas tinham importância política e exigiam um certo ritual. De fato, os têxteis eram produzidos também por *acllas* — mulheres que eram afastadas dos seus grupos étnicos e mantidas em reclusão em Cuzco, dedicando suas vidas a fiar e tecer. É espantoso pensar na importância ritual dos tecidos e da sua fabricação, desde os ritos de iniciação até as mortalhas. Mas as funções políticas da fabricação de tecidos não era menos importante. Os *kurakas*, líderes tradicionais dos grupos étnicos submetidos ao Império, recebiam grande quantidade de tecidos e de roupas como sinal da generosidade do imperador e como meio de garantir a reciprocidade de tratamento.

Muito embora os que governavam o Império procurassem não provocar grandes mudanças no modo de vida dos vários grupos sujeitos ao seu domínio, inevitavelmente ocorriam algumas modificações. Como é natural, a mais evidente era a emergência do Estado imperial incaico, uma instituição política acima de todas as unidades regionais, que impunha obediência a todos os habitantes do Império. Havia também uma redistribuição radical da terra e também dos camelídeos. Embora todos os recursos fossem considerados uma propriedade coletiva, os incas os redistribuíam de três formas: em primeiro lugar, para sustentar o Estado; em segundo, para sustentar a classe sacerdotal e a religião do Estado — o culto do sol. Por fim, o restante cabia às famílias que constituíam o grupo étnico em questão.

Nosso conhecimento desse sistema de propriedade da terra é muito precário, porque os direitos e as obrigações dos camponeses, os diferentes grupos étnicos com seus líderes, bens e serviços eram interpretados pelos cronistas espanhóis em termos dos conceitos e das instituições com que estavam familiarizados. Ainda não sabemos claramente o que significava a "propriedade" no contexto andino. Por outro lado, a ordem seguida no processo de redistribuição também não é compreendida. No seu livro *Comentarios Reales de los Incas*, Inca Garcilaso de la Vega propõe uma visão idealizada dos seus ancestrais maternos e escreve sobre o processo de redistribuição dos incas, afirmando que as necessidades comunitárias tinham precedência, e que os recursos excedentes eram redistribuídos para "o Sol e o inca" — ou seja, para a classe sacerdotal e a política. No entanto, a despeito do fato de que a noção de propriedade nos Andes ainda é problemática, há indícios de que o surgimento do Império Inca não modificou o uso coletivo dos recursos disponíveis, dentro da economia social de cada grupo. Além disso, se algum conceito de propriedade foi definido em conseqüência da expansão imperial, foi seguramente o conceito de propriedade estatal. O historiador peruano Franklin Pease sugere que o conceito andino de propriedade não tem a ver com a propriedade "comum", mas sim com uma comunidade de trabalho.

Durante muito tempo o conhecimento do Império Inca focalizava em especial Cuzco e o funcionamento do seu governo, sobretudo em decorrência do tipo de informação fornecida pelos cronistas espanhóis. Mas os relatórios originais publicados por Jimenez de la Espada nas suas *Relaciones Geográficas*, e principalmente os textos das "visitas" de funcionários espanhóis a Huanuco e ao reino Lupaca, no altiplano andino, mudaram essa ênfase. Esses textos resultaram de autênticos levantamentos sociológicos feitos pela administração colonial, e permitiram descentralizar o conhecimento que temos sobre os Incas. São documentos que permitem focalizar nossa atenção no estudo do funcionamento dos reinos étnicos sujeitos ao Império, que abrangiam parte de Tawantinsuyo. Agora sabemos bem, por exemplo, que o mesmo princípio da redistribuição, que regulava outrora as relações econômicas e políticas entre os *kurakas* regionais e seus súditos, é aplicável também às relações entre o Estado inca e esses líderes regionais, assim como com outros povos de Tawantinsuyo. Desse modo, o acesso à terra e aos animais pelas famílias era considerado uma concessão do Estado, um ato de generosidade que dava aos governantes o direito de acesso ao trabalho dos camponeses do império.

No entanto, nem todos os líderes étnicos estavam completamente convencidos da idéia de que o que sempre fora deles era agora uma concessão de Cuzco. Como observam Castro e Ortega Morejón, os líderes chincha nunca aceitaram essa idéia, e acreditavam que suas terras tinham sido tomadas pelo Estado inca. Ao mesmo tempo, o excedente produzido se destinava, como antes, aos grandes armazéns imperiais, para atender as necessidades coletivas do império e para manter o exército durante as campanhas militares. Além da articulação dos diferentes nichos ecológicos nos Andes, provocada pelo deslocamento dos camponeses por distâncias consideráveis, a função redistributiva do Estado virtualmente criava um mercado. Isso tinha o efeito de evitar a necessidade de trocas entre as regiões e aprofundava, subseqüentemente, o caráter auto-suficiente da economia andina.

Em termos políticos, a manutenção e reprodução das formas políticas tradicionais permitia a apropriação eficiente dos excedentes. Segundo os cronistas espanhóis, trabalhar nas terras do Inca e do Sol era motivo de grandes celebrações coletivas. Mas, como já mencionamos, essas novas formas produtivas disfarçavam novas e mais profundas modalidades de extorsão. Apesar de tudo, o poder do imperador inca e suas funções oficiais não estavam mais ao alcance de todos, e o exercício do poder era muito menos uma obrigação do que antes. Esse poder era tão controlado e monopolizado que foi instalada uma instituição de *panakas* reais com a única função de criar futuros incas. E só aí se permitia o casamento de irmãos, com o fito de evitar a dispersão do poder.

Houve também duas outras mudanças, menos perceptíveis do que as outras. A primeira foi o uso privado de recursos como terra e mão-de-obra, pelo imperador e as altas autoridades incaicas, assim como pelas pessoas que se distinguiam nos serviços prestados ao Império. Em conseqüência, no contexto econômico geral, dominado pelo uso coletivo e generalizado de recursos, uma parte dessa economia começou a ser posta inteiramente à disposição exclusiva desses grupos. Uma segunda mudança dizia respeito ao afastamento de um grupo da comunidade para trabalhar exclusivamente a serviço dos incas ou de algum dignatário local. Esses camponeses, conhecidos como *yana*, deixavam de ser como os outros *hatun runa*, camponeses comuns, obrigados a trabalhar de forma rotativa: os *yana* eram colocados em situação permanente de servidão. Alguns pesquisadores, como Emilio Choy e Carlos Nuñez Anavitarte, identificaram o sinal inequívoco da escravidão nesses "servos" andinos. No entanto, essa avaliação pode ser questionada, pois a condição de *yana* não era transmitida aos descendentes. Além disso, os *yana* representavam só uma pequena parte da população e mantinham seu acesso aos recursos públicos. Em certas ocasiões, o imperador inca nomeava *yanas* da sua confiança para administrar grupos étnicos conquistados, como no caso da costa central. No entanto, no fim do Império a população servil estava claramente em crescimento — o que significa que a instituição estatal de coleta dos excedentes de produção, mediante o sistema do trabalho rotativo dos camponeses, tinha chegado ao seu limite, e que o Estado precisava introduzir novos mecanismos de exploração para aumentar substancialmente a disponibilidade desse excedente.

2. A organização política Inca

Durante quase toda a sua existência Tawantinsuyo, ou o Império das Quatro Regiões (*suyo*), tinha seu centro administrativo em Cuzco. A partir desse centro o Império se estendia às quatro regiões imperiais — Chinchaysuyu no norte, Cuntisuyu no oeste, Collasuyu no sul e Antisuyu no Leste. Por razões administrativas, cada uma dessas regiões se dividia em províncias, muitas das quais correspondiam aos vários grupos étnicos incorporados ao Império. Cada província dividia-se em duas ou três *sayas*, tendo como padrão ideal a divisão dupla em *hanan* e *hurin*. Finalmente, essas seções se subdividiam em *ayllus* de diferente número e tamanho. Foi Huayna Capac, quase no fim do Império, que selecionou Tumipampa, onde mais tarde os espanhóis fundaram a cidade de Cuenca, hoje em território do Equador, como a nova sede do poder incaico. Sua motivação foi controlar melhor as frágeis fronteiras do império e escapar das pressões políticas da elite tradicional de Cuzco. No entanto, essa mudança da capital não reduziu a importância e o caráter sagrado de Cuzco como centro do poder imperial.

O poder era personificado pelo imperador inca, que pertencia à realeza imperial de Cuzco, gozava de poder virtualmente absoluto e se distinguia facilmente da nobreza menor, dos governadores regionais e dos camponeses, pelas roupas especiais que usava, seus símbolos e rituais. A historiadora e etnóloga Maria Rostworowski sugeriu que para evitar conflitos sucessórios os incas criaram um sistema de governo duplo, pelo qual o imperador selecionava seu sucessor, trazendo-o para o governo. Os membros da família real tinham as orelhas furadas e distorcidas pelos grandes brincos que usavam, razão pela qual os espanhóis os chamavam de *orejones*, ou seja, "orelhões". Um conselho governamental era responsável pela escolha, entre os filhos do imperador, daquele considerado mais adequado para suceder o pai. Morto o imperador, a mesma ostentação que o cercava em vida o acompanhava até o túmulo. Com a morte de Huayna Capac, por exemplo, diz-se que quase 4 mil amigos íntimos, parentes e concubinas se suicidaram para poder ser enterrados com o seu governante. Os descendentes do imperador criavam diferentes linhagens reais e a memória do soberano era objeto de um culto permanente.

A despeito da vida relativamente curta do Império, o poder do imperador sofreu mudanças profundas. A princípio havia uma divisão nítida entre o Imperador Inca e o Grande Sacerdote, de quem o primeiro recebia o turbante *maskaipacha*, símbolo da autoridade imperial. No fim do império, porém, o imperador encarnava tanto o poder político como o religioso, ainda mais porque tinha crescido a idéia da sua natureza divina, considerado como filho de Inti, o deus solar. À medida que crescia sua reputação de divindade, crescia também seu papel como mediador entre o mundo sobrenatural e o mundo dos homens, assim como sua alegada capacidade de prever o futuro.

O imperador inca apoiava-se em um grupo de quatro conselheiros, conhecidos como *Apu*, membros da nobreza real e responsáveis pelo controle das quatro regiões (*suyo*) que compreendiam o Império. Sob esses conselheiros supremos havia os *tucuiricoc*, uma espécie de governadores provinciais incumbidos do controle e supervisão da política regional, e pela contabilização dos tributos coletados. O movimento das pessoas e dos produtos era registrado cuidadosamente com os famosos *quipus* — feixes de cordões de diferentes cores, preparados por especialistas conhecidos como *quipu-camayoc*.

Como o próprio imperador, os membros da burocracia real se distinguiam por uma série de privilégios, como a isenção de participar do trabalho rotativo; recebiam terras e animais e dispunham de servos e concubinas. O poder lhes era concedido em base individual, e as terras que recebiam não podiam ser legadas aos filhos; com a morte do beneficiário retornavam ao patrimônio do *ayllu*. Essa separação entre o poder exercido sobre o povo e o controle dos recursos públicos inibia a formação de uma aristocracia proprietária de terras.

Devido à rápida e ampla expansão do império a nobreza real não podia contribuir com todas as autoridades governamentais necessárias para controlar o número crescente de territórios e recursos a serem administrados. Esse fato, juntamente com o desejo dos últimos imperadores de se dissociar da sua linhagem original para poder exercer um controle político mais completo, introduziu outros elementos no governo. Os imperadores passaram a incorporar à burocracia governamental os chamados "incas privilegiados", e até mesmo funcionários de grupos étnicos submetidos ao Império.

A forma de governo indireto com que os incas tratavam os povos a eles sujeitos se caracterizava pelos *kurakas* tradicionais. Esses *kurakas* tinham exercido um papel importante no processo da expansão imperial, o que lhes valia o reconhecimento do poder e dos privilégios que tinham gozado no passado. Em alguns casos esses privilégios, que incluíam o recebimento de terras, animais, servos e mulheres, eram até mesmo ampliados. O que não sabemos é se essas vantagens eram suficientes para compensar a perda do controle tradicional que deixavam de exercer sobre a sua comunidade. Uma erosão especialmente forte quando os seus subordinados eram apartados da sua gente e enviados a regiões distante ou transformados simplesmente em *yanas*, ou serviçais dos novos governantes. No entanto, esse poder tradicional tinha um limite imposto como resultado da nova subordinação ao Estado incaico. Assim como os governantes locais recebiam "presentes" como manifestação da generosidade do imperador, precisavam viajar a Cuzco todos os anos para cumprir o rito de reconhecimento da autoridade do imperador, e para entregar os excedentes da produção regional. Além disso, um parente próximo do *kuraka*, ou o próprio *kuraka*, ficava retido em Cuzco, como no caso de Michancaman-Chimu. Isso era feito para que essa pessoa se familiarizasse com as novas formas de governo, e também para controlar as atividades dos que permaneciam a distância da capital. Os cronistas espanhóis mencionam também que os *huacas*, ou ancestrais das comunidades submetidas ao Império, eram guardados no templo de Cuzco. Não obstante, o reconhecimento dos muitos privilégios e o atendimento das pretensões dos *kurakas* pode ter sido suficiente não só para garantir sua lealdade ao novo Estado como para exercer um papel importante na construção da *Pax Andina* que os incas queriam impor a toda a região.

Os *kurakas* eram classificados em vários grupos, segundo o número de unidades familiares que controlavam. Por exemplo: 10 mil dessas unidades estavam sob o controle de Hono Kuraka; 5 mil sob Picqawarañqa Kuraka; mil sob Warañqa, 500 sob Picqa-Pacaka Kuraka; cem sob Pacaka Kuraka.

3. A organização social incaica

Como já dissemos, Tawantinsuyo estava composto por um certo número de Estados regionais e grupos étnicos variados, incorporados ao Império Inca como resultado da sua expansão. Dentro de cada uma dessas unidades havia uma divisão fundamental entre os líderes da comunidade tradicional e os *hatunruna*, camponeses que viviam sob a sua autoridade. Vista em conjunto, porém, a organização social do Império era mais complexa. No topo da hierarquia social estava a *panaka* — o inca e as famílias reais, descendentes dos antigos imperadores. Logo abaixo estava a nobreza, com muitos privilégios, e a ampla burocracia imperial, cujos membros eram recrutados nas diversas regiões do império. Por fim, nas províncias havia os *kurakas* tradicionais, que gozavam de uma situação privilegiada. Esse grupo dirigente se distinguia pelo acesso a diversos bens e serviços, assim como pela isenção do pagamento de tributos. No entanto, segundo o cronista Polo de Ondegardo, este último privilégio só era concedido aos *kurakas* com cem ou mais unidades familiares sob a sua responsabilidade.

Para ajudar-nos a compreender a organização social de Cuzco, uma das sugestões mais inovadoras foi a proposta por Tom Zuidema, em 1964, no seu livro *The Ceque System of Cuzco*. Ele sugere que os Ceques — linhas imaginárias que ligavam os templos, ou *waq'a*, dentro de cada *suyo*, representavam uma hierarquia tripartite consistindo em três grupos: Collana, Payan e Cayao. Estes, por sua vez, tinham diferentes graus de parentesco, combinando os princípios dual e tripartite. Collana era o grupo dos fundadores da *panaka*; Payan era o grupo dos *panakas*; Cayao, os *ayllus* de Cuzco.

A população camponesa do império reunia-se em unidades familiares que perfaziam parte de cada comunidade. Embora houvesse um estrito sistema de classificação que permitia o controle efetivo dessa população em termos de suas obrigações tributárias, o número de habitantes de cada comunidade ainda é desconhecido. Aparentemente todos os grupos eram chamados de *ayllu*, qualquer que fosse o seu tamanho. Depois de casar-se, o líder masculino de cada unidade familiar passava a ser um contribuinte, mas como a cota de trabalho era imposta sobre o conjunto familiar, a rapidez com que essa obrigação fiscal era cumprida dependia do tamanho da família. As maiores famílias eram as mais ricas, em termos relativos.

As obrigações tributárias eram sempre expressas em cotas de trabalho, e envolviam várias atividades. Para as unidades familiares a obrigação do trabalho na lavoura em benefício do Estado era a mais importante. Além disso, no caso dos homens, suas obrigações incluíam também o serviço militar e de mensageiro — a transmissão de mensagens, pelas estradas imperiais, executando a função de *chasqui*. Para as mulheres, a obrigação mais importante era a fabricação de tecidos com a lã guardada nos depósitos do Estado.

No nível inferior da sociedade, abaixo dos camponeses livres, estavam os *yanas* — cuja origem ainda é uma fonte de controvérsia. Os *yanas* já existiam antes do Império Inca, mas foi durante o governo dos incas que o seu número aumentou. Eram servos permanentes e por isso estavam isentos do pagamento de tributos. Conforme a tradição, foram originalmente prisioneiros de guerra que deveriam ter sido mortos, mas cuja sorte foi transformada em servidão pela benevolência da esposa do inca. Conseqüentemente, a guerra deve ter sido uma das fontes mais importantes desses servos, dentre os muitos prisioneiros feitos durante as várias expedições militares do Império. Mas os camponeses também se transformavam em *yanas* ao ser recrutados para o serviço permanente de certos dignatários. Infelizmente, as razões para isso não são claras.

No caso das mulheres, uma categoria importante era a das *akllas*, as "escolhidas". Aos dez anos de idade eram selecionadas pelo *apu-panaka*, durante suas visitas a cada comunidade, tendo em vista sua beleza e perfeição física, para serem ou educadas pelo governo em determinadas instituições, nas capitais da províncias, ou sacrificadas em ocasiões especiais. Dedicavam-se à cozinha, tecelagem ou à preparação de *chicha*, a cerveja fermentada com milho, e muitas delas eram escolhidas mais tarde como esposas principais ou secundárias dos dignatários imperiais. Outras ainda tornavam-se *mama-konas*, "mães", a serviço das divindades locais e do culto oficial ao Sol. Essas "Virgens do Sol" deviam conservar a castidade e eram incumbidas de preparar pratos especiais e *chicha* para o inca ou para fins rituais.

Outro grupo era o dos *mitma-kuna* ou *mitimaes*. Em contraste com os *yanas*, que eram destinados ao serviço pessoal de um dignatário, os *mitimaes* eram colonos. Como já mencionamos, o Estado os afastava dos seus grupos étnicos originais, enviando-os a outras regiões para colonizá-las ou para controlar populações rebeldes. Essa política era praticada em larga escala, provocando uma movimentação significativa de pessoas em todo o Império. Por exemplo: segundo a tradição andina os salasacas, um povo que vivia perto de Quito, fixou-se aí em conseqüência do seu deslocamento do que hoje corresponde ao altiplano da Bolívia. Segundo o cronista Cobo, embora tivessem perdido sua afiliação original, os salasacas não se tinham integrado completamente à comunidade local e mantinham suas vestimentas típicas.

4. Religião e ciência

Um império teocrático como o dos incas tratava a religião e os cultos oficiais como uma prática importante na vida diária dos Andes. No panteon dos incas havia muitos deuses, com diferentes níveis de importância. A divindade principal era Viracocha, o deus criador, teoricamente a fonte de todo poder divino. Seu equivalente na região litorânea era Pachacamac. Um herói cultural, deslocava-se permanentemente, fazendo milagres e ensinando as pessoas a viver. A importância da sua figura foi mais tarde substituída pelo deus Sol processo atribuído a Pachacutec e à reorganização que promoveu no Império. O imperador inca passou então a ser considerado filho do Sol, e o principal templo de Cuzco, o Coricancha, foi construído especialmente para o seu culto.

Além do deus Sol, as outras divindades eram o trovão, a Lua e as estrelas. O trovão era o deus da chuva. A Lua era a esposa do deus Sol, importante para os cálculos astronômicos e a determinação do calendário de festivais. As estrelas eram consideradas protetoras de sementes, dos lhamas etc. Segundo a concepção dualista do mundo, em contraste com os deuses do mundo superior, ou *Hana Pacha*, havia os do mundo inferior, ou *Urin Pacha*. Estes últimos eram conhecidos como *Pachamama* ou *Amaqoca*, a mãe do mar e protetora da agricultura e da pesca. Finalmente, havia diversos *huacas* em cada local: Cobo menciona quase 350 em um raio de cerca de 30 quilômetros em torno de Cuzco. Metade desses *huacas* eram nascentes de rios ou grandes rochedos a que se atribuía poderes sobrenaturais. Os mais importantes eram a montanha de Huanacauri, perto de Cuzco, que supostamente representava um dos irmãos de Manco Capac, o fundador mítico do império, e que era um símbolo importante nos ritos de iniciação dos jovens incas.

Em contraste com os maias, os incas não possuíam um sistema de escrita e de datação e fracassaram todas as tentativas de identificar alguma forma de escrita nos têxteis, na cerâmica e nos *quipus*. A observação do Sol, da Lua e das estrelas eram atividades importantes, por razões econômicas e religiosas. O Sol e a Lua eram necessários para preparar o calendário incaico e para indicar as mudanças sazonais da agricultura. Mas esses desenvolvimentos não tinham a sofisticação alcançada na Mesoamérica. A ciência e a tecnologia dos incas estavam mais orientadas para o desenvolvimento agrícola e o incremento da produção agrícola. Com esse fim foram construídas admiráveis obras de engenharia, como os canais de irrigação usados para expandir a fronteira agrícola no litoral desértico e os grandes terraços utilizados para a lavoura nas ladeiras íngremes dos Andes.

O conceito andino de tempo era cíclico. Guzman Poma de Ayala, o grande cronista indígena, menciona quatro idades ou eras precedendo a dos incas: Uari Uiracocha Runa, Uari Runa, Purun Runa e Auca Pacha. A era incaica coroava essa seqüência e terminaria com um cataclisma final.

5. A organização econômica e política do Império Azteca

O Império Azteca floresceu no vale do México, em uma área com a distância norte-sul de 12 quilômetros e leste-oeste de 64 quilômetros. Como no caso dos incas, entre os aztecas havia grupos de camponeses, conhecidos como *calpulli*, formados com base no reconhecimento de um ancestral comum. No entanto, discute-se a natureza desses grupos, pois não se sabe ao certo se tinham todos a mesma importância ou se havia diferenças significativas entre eles. Defendendo esta última tese, Friedrich Katz, por exemplo, sustenta que havia uma família hereditária privilegiada no centro do *calpulli*, sem uma divisão periódica da terra; que inexistia um sentido de solidariedade ou qualquer forma de proteção para os mais fracos. Além disso, o governo azteca era dominado por uma coalizão de sacerdotes e guerreiros. Tendo reconhecido a superioridade das práticas culturais e políticas dos toltecas, os migrantes aztecas se adaptaram aos seus costumes, e uma das manifestações desse sincretismo cultural era a divisão de Tenochtitlan em quatro áreas principais (o número quatro era sagrado, segundo o pensamento religioso azteca).

O governante azteca, ou *Tlatoani*, que chamamos às vezes de imperador, recebia terras e também camponeses, conhecidos como *ayeque*, para trabalhar nessas terras. Além disso, os membros do *calpulli* precisavam trabalhar nas terras do dirigente ou chefe local. O poder do *Tlatoani* não era despótico, e ele não podia escolher o seu sucessor — um filho ou irmão, eleito pelo Conselho Azteca, que era responsável também pelas decisões sobre a guerra, a repartição dos tributos e a nomeação dos dignatários mais importantes, que formavam uma espécie de aristocracia do mérito.

Outro segmento do grupo governante era a nobreza, chamada *Pipiltin*, constituída pela família do imperador e que morava no palácio real, sob a proteção do *Tlatoani*. Este nomeava o *Teteuctin*, cuja função era administrar alguns *calpullis*, e cujos membros eram muitas vezes *Pipiltin*. A unidade produtiva dirigida por um *Teuctli* era conhecida como *Tecalli* (palavra que denotava o grupo palaciano). Os artesãos e os comerciantes também participavam da classe dirigente. Estes últimos ficavam reunidos em aproximadamente 66 categorias. Calcula-se que em um dos principais mercados da cidade, em Tlatelolco, diariamente entre 60 e 80 mil pessoas compravam e vendiam mercadorias, usando cacau e outros produtos como dinheiro. Enquanto os comerciantes pertenciam a Tenochtitlán por razões de conquista, os artesãos procediam de diferentes partes do Império, a que eram incorporados pelos líderes da Tríplice Aliança. O trabalho tanto dos artesãos como dos negociantes se destinava a satisfazer a demanda da nobreza.

Edward Calnek, um arqueólogo norte-americano, já sugeriu que a formação do Estado azteca, no período Pós-clássico, esteve fortemente associada ao surgimento de um grupo dinástico hereditário. Por volta do século XV a.D., os grupos do império já eram governados por linhagens aristocráticas toltecas, baseadas no princípio de que o *Tlatoani* só podia ser descendente de uma das antigas dinastias. Os que não possuíam esses antepassados tinham a possibilidade de fazer alianças matrimoniais com mulheres nobres, esposando-as e gerando assim filhos que teriam futuramente o necessário reconhecimento social. O modelo tolteca preexistente teria sido decisivo no deslocamento que se seguiu dos líderes tradicionais que não gozavam de prerrogativas reais pelas novas linhagens. Foi no contexto dessas mudanças que Itzcoatl (1427-1440), o quarto *Tlatoani*, criador da Tríplice Aliança, seguindo o conselho de Tlacaelel, ordenou a destruição dos antigos manuscritos e sua substituição, para legitimar o novo sistema. A partir de então, as relações políticas entre as cidades-estado, inclusive a formação de coalizões e o tratamento dos Estados conquistados, precisava ser negociada com essa nova elite.

Presumia-se que as dinastias locais permanecessem no poder mesmo se fossem vencidas em uma guerra, mas na maioria dos casos a lealdade dos Estados sujeitos ao domínio do Império era obtida por meios indiretos, mediante casamentos que entrelaçavam as dinastias. Não foi necessário expandir a burocracia administrativa, com a notável exceção dos *calpixque*, funcionários responsáveis pela cobrança de tributos, e dos *huei-calpixqui*, que supervisionavam essa atividade. Nesse mesmo contexto, J. Rounds assinala que a formação dessa nova elite significou também a concentração do poder em uma classe governante distinta daquela da qual tradicionalmente emergiam os *Tlatoanis*. Essa mudança se manifestou em termos de modificações nos modelos de sucessão dinástica, porque no princípio da última fase de Tenochtitlan a sucessão de pai para filho foi substituída pela regra da sucessão entre irmãos, que passaram a ter prioridade sobre os filhos na substituição dos governantes.

A elite governamental era sustentada pelo excedente produzido pelos camponeses a ela subordinados. Estes estavam obrigados tanto à prestação de serviços como ao fornecimento de produtos, e esta última modalidade de imposto era especialmente importante no caso das províncias mais afastadas da capital. Os tributos eram pagos ou a cada 80 dias ou anualmente e, conforme mencionamos acima, eram recebidos por funcionários especiais, os *calpixques*. Por outro lado, esses coletores de impostos possuíam terras que eram cultivadas pelos camponeses. Além de trabalhar nas terras do governante e da nobreza, os camponeses estavam sujeitos a muitas outras obrigações, tais como trabalhar em obras públicas e prestar serviço militar, participando das guerras da Tríplice Aliança.

Composta do *Tlatoani*, a aristocracia militar e religiosa e os poderosos *pochteca*, a classe governante exercia seu domínio sobre as classes mais modestas. Estas, por sua vez, apresentavam também uma estratificação interna, distinguindo-se os povos conquistados, os camponeses livres ou *macehualtin*, "servos" ou *mayeques* e "escravos" ou *tlacotin*. A maioria era composta de *macehuales*, camponeses com terras próprias, pertencentes pelo nascimento a um dos 20 clãs, ou *calpoltin*. Cada um desses clãs tinha uma situação social diferente, refletida na sua localização em uma das quatro seções em que se dividia Tenochtitlan. Aparentemente, os *calpoltin* não perderam suas terras, mas só os escravos, quando as tinham. Em conseqüência, há hoje um debate sobre se a terra era ou não uma propriedade coletiva.

Em contraste com os *macehuales*, os *mayeque* estavam a serviço dos proprietários, sendo transferidos com a terra onde trabalhavam, quando ela mudava de dono. Sua condição era hereditária, e eles estavam isentos do pagamento de tributos, mas provavelmente não do serviço militar. Embora representassem um número significativo, quase um terço da população do Império, sua origem não é clara. Uma das versões mais aceitas os vê como imigrantes recentes que não tinham podido encontrar terras livres, e ficaram sem outra alternativa senão trabalhar para os camponeses que haviam ocupado originalmente essas terras. Considerados tradicionalmente escravos, os *tlacotin* tinham uma situação diferente da dos escravos da Antiguidade Clássica. Assim, embora estivessem a serviço da elite, sua "escravidão" não era hereditária, exceção feita aos descendentes dos traidores. Desse modo, os *tlacotin* podiam possuir terras e mesmo escravos, e seus senhores não tinham o direito de matá-los. Sua situação como "escravos" era reversível, à medida que pudessem pagar as dívidas em que incorressem. As pessoas eram escravizadas caso cometessem um crime (por exemplo, um roubo), por causa de ofensas políticas cometidas ou pelo não pagamento de dívidas. Havia também o caso dos indivíduos que em situação de crise se vendiam como escravos. Estima-se que os *tlacotins* representavam quase 5% da população total.

Pedro Carrasco, um especialista mexicano em povos pré-colombianos, observou que esse sistema de estratificação social refletia um sistema em que os membros de determinadas categorias sociais tinham uma série de direitos e obrigações em termos econômicos, sociais e políticos. Como resultado, os direitos e obrigações eram inerentes a uma posição ou função, mais do que ao indivíduo que assumia essa situação. Além disso, esse autor acredita que no sistema azteca não havia uma distinção entre a classe governante e a burocracia governamental, e afirma que essa é uma característica da "função primitiva" existente em certo tipo de sociedade. Em outras palavras, as instituições aztecas seriam "multifuncionais": a economia era dirigida pelo Estado, enquanto as relações econômicas se baseavam nas relações políticas de sujeição e controle. Como esse sistema era politicamente descentralizado, tendo por manifestação mais concreta a liga das três cidades-estado, o comércio e o intercâmbio desempenhavam nele um papel fundamental.

6. Religião e o mundo sobrenatural

Como tudo o mais na sua história complexa, a religião dos aztecas era o resultado de um longo processo de fusão e síntese, misturando divindades e heróis culturais. Essa religião tinha originalmente um deus duplo: Ometecuhli, o deus supremo da dualidade, e Omecihuatl, sua esposa. O primeiro, deus de todos os guerreiros, era a personificação do Sol. A mesma dualidade manifestava-se também no poder supremo representado pelo *Tlatoani* e por Ciuacoatl, a serpente feminina responsável pelas finanças e a administração do reino. Por sua vez esses dois deuses criaram outras divindades, que fizeram o mundo real — os "espelhos fumegantes" branco, negro, vermelho e azul. Eles puseram o Sol em movimento e trouxeram vida à Terra. Na memória coletiva azteca fundiram-se depois com certos heróis culturais, um dos mais celebrados foi Quetzalcoatl, a "serpente emplumada". Durante o governo de Itzcoatl, em 1430, o deus tribal dos aztecas, Huitzilopochtli, foi reconhecido como o deus da Criação.

Segundo as idéias religiosas dos aztecas, o mundo foi criado e destruído quatro vezes antes da formação do universo em que viviam, o quinto dessa sucessão. Acreditavam que a história desse novo ciclo seria diferente da dos ciclos anteriores porque Quetzalcoatl lhes tinha dado o milho, mas compartilhavam a premonição de que o quinto mundo poderia também chegar a um fim, quando monstros descessem do céu para destruir a humanidade. Nesse contexto, não é estranho que os aztecas tenham visto a chegada de Cortez e dos espanhóis como um sinal do fim dos tempos.

Uma das dimensões mais dramáticas da história dos aztecas, no concernente às suas concepções religiosas, é a dos sacrifícios humanos, com os quais se acreditava poder influenciar os deuses. Sem sacrifícios, o Sol deixaria de existir e seria o fim do mundo. Todos os prisioneiros feitos nas guerras eram sacrificados e isso explica as guerras permanentes promovidas pelos aztecas. Além disso, as promoções dos militares dependiam do número de prisioneiros capturados. Na cerimônia de consagração do templo de Huitzilopochtli, em Tenochtitlan, foram feitos de 20 a 80 mil sacrifícios, ao longo de quatro dias. A procissão das vítimas se estendia por 4 quilômetros, em quatro filas. S. F. Cook estimou o número de sacrifícios realizados pelos aztecas em 2 mil por ano, no princípio do Império, chegando no fim a cerca de 15 mil. No entanto, essa prática não foi inventada pelos aztecas, e fazia parte de uma antiga tradição mesoamericana.

7. A civilização dos maias

Como já mencionamos, nosso conhecimento sobre o processo histórico dos maias ainda é pequeno e incerto. Novas investigações modificam continuamente o que sabemos sobre esse povo, especialmente a pesquisa orientada para a decifração dos hieroglifos maias, que contribuiu com nova e importante evidência para complementar as contribuições tradicionais da arqueologia. De modo geral, esse novo conhecimento que está sendo acumulado levou a questionar várias afirmativas dos anos 50, contidas nos livros clássicos de Eric J. Thompson e Sylvanus Morley, considerados na época como a verdade definitiva sobre o assunto. Não é mais possível, por exemplo, aceitar a idéia de uma sociedade maia livre de guerras e conflitos, afirmar que Tikal foi a única capital do mundo dos maias ou que a sua escrita se refere apenas a eventos astronômicos. No entanto, ainda há um consenso de que a consolidação e o auge da civilização maia aconteceu no Período Clássico, entre os anos 250 e 900 a.D. Assim, o debate sobre os aspectos mais significativos dessa civilização toma esse período como referência.

A base econômica da sociedade maia era a cultura do milho, praticada pelo processo de queimada, conhecido como *milpa*, e utilizada em face das dificuldades típicas do trópico úmido. Outras culturas incluíam o feijão, a batata-doce e a abóbora. Os limites severos impostos pelo ambiente natural levaram os maias a viver em comunidades dispersas, em torno de centros cerimoniais. O excedente da produção agrícola era trocado horizontalmente pelas comunidades locais e apropriado verticalmente pelos líderes políticos, que tinham acesso também à cerâmica e aos instrumentos de pedra fabricados provavelmente pelos *macehualob*, um grupo social intermediário da sociedade maia clássica.

Os maias do Período Clássico tinham uma sociedade estratificada, com os grupos sociais mais elevados compostos da família real e uma nobreza inferior e superior conhecida como *almehen*. As classes baixas incluíam os *yalba-uinic* e os *pach kah uinic* (moradores das cidades). O governante maia, membro de uma dinastia hereditária matrilinear, era conhecido como *Hallach Uinic* (homem verdadeiro), e *Ahau* — o termo genérico para rei, imperador ou chefe militar. Abaixo da alta nobreza estavam os *batabob* (*batab* no singular), nobres de posição mais baixa, e às vezes familiares do governante, incumbidos de administrar as comunidades fora da capital. Em nível ainda mais baixo estavam os *Ah Cuch Cabob* (conselheiros municipais), os coletores de tributos e os *Ah Kulelob* (advinhos). Finalmente, a base da sociedade era integrada pelos moradores das cidades e do campo, e não sabemos com certeza se havia ainda servos e escravos.

Uma das preocupações da elite maia era o estabelecimento de registros dinásticos, que eram gravados em monumentos públicos. Joyce Marcus tem enfatizado os objetivos políticos dessa "escrita", que representava a permanente manipulação dos acontecimentos históricos em função das necessidades dos governantes. Com efeito, uma das mudanças mais importantes entre os maias do Período Pré-Clássico e os do Período Clássico foi o deslocamento do culto de uma elite teocrática geral para o culto individualizado do rei. Isso explica a razão por que os escritos maias se referem quase exclusivamente à elite, e não às classes inferiores. Os mecanismos que permitiam a integração da elite com as classes inferiores têm sido também um tema de debate. Já houve sugestões da existência de mecanismos feudais, além do controle político do comércio, como meio de integração.

No entanto, parece claro que os mecanismos decisivos da integração tinham por base a religião, o culto de deuses celestiais, chamados *Itzamma*, ou culto de diferentes Ancestrais, das linhagens locais à dinastia real.

Os sacerdotes maias desempenhavam uma função hereditária e pertenciam à nobreza. Eram não só administradores capazes mas também cientistas notáveis. Além das suas funções sacerdotais, eram astrônomos e matemáticos competentes. Alguns deles atuavam como *chilanes*, ou advinhos, exercendo a função de porta-voz dos deuses.

A classe popular era composta de agricultores que cultivavam o milho. O excedente da produção servia para manter o governo supremo, a nobreza, os sacerdotes e os líderes de cada localidade. Esses lavradores eram responsáveis também pela construção de templos, pirâmides e estradas entre as cidades. O tributo pago pelas classes inferiores à classe política e aos deuses incluía produtos agrícolas, tecidos de algodão, sal, peixe seco e aves, assim como cacau, copal para ser usado como incenso, mel, cera, pedras de jade, coral e conchas. A terra cultivada era de propriedade coletiva, sendo trabalhada em conjunto. Esses camponeses viviam em torno das cidades, e a distância entre suas casas e a praça central era determinada pela posição social que ocupavam.

O sistema de governo dos maias tem sido caracterizado como teocrático. A princípio as cidades eram provavelmente cidades-estado independentes, governadas por sacerdotes, em um contexto geralmente pacífico. Mais tarde porém, entre os anos 514 e 534 a.D. (durante o nono ciclo de Longa Contagem do calendário maia), surgiram quatro capitais regionais nas planícies da região, cada uma delas com o seu próprio emblema hieroglífico: Tikal, Calakmul, Copan e Palenque. Ao mesmo tempo houve a transformação de simples agrupamentos sob uma chefia local em Estados organizados. Essas quatro cidades eram centros políticos primários, que governavam cidades secundárias e terciárias, assim como comunidades ainda menores. Cada cidade era dividida em quatro seções, conforme os quatro pontos cardeais, participando de alianças políticas e econômicas. Embora frágeis e de curta duração, essas alianças criavam a possibilidade de uma estrutura regional de relacionamento, dentro do contexto maia.

8. A religião maia

A religião dos maias nasceu simplesmente com a personificação dos fenômenos naturais. Mais tarde, entre a introdução da agricultura e a invenção do calendário, a religião começou gradualmente a mudar. Nesse intervalo, os deuses se individualizaram, o número de sacerdotes aumentou e os rituais se tornaram mais complexos. A religião era compartilhada por todos, mas a sua prática estava reservada a um grupo fechado de sacerdotes que, como mencionamos, eram também astrônomos, matemáticos, profetas e especialistas no ritual.

Os maias acreditavam que o mundo tinha sido criado por um deus chamado Hunabku, o pai de Izamma, que presidia o panteon divino. Era o deus dos céus e senhor da noite e do dia. Itztamma, o inventor da escrita, era considerado o primeiro sacerdote, o deus que deu nome aos lugares do Yucatan e dividiu suas terras. Sua esposa era Ix Chel, a "Senhora do Arco-Íris", deusa da tecelagem, da medicina e dos nascimentos. Pode ter sido também a deusa lunar, embora as serpentes que levava nos cabelos e as mãos terminando em garras revelem que era o equivalente maia de Coatlicue, a deusa mãe azteca, genitora tanto dos deuses como dos homens. De Itztamma e Ix Chel descendiam todos os demais deuses, inclusive os bacabs. Outros deuses menores eram os da chuva, do milho, da morte, da guerra, do mundo superior e inferior, dos nove meses do calendário maia, assim como as 20 divindades que presidiam sobre cada dia do mês. De acordo com o *Popol Vuh*, o livro sagrado dos maias quiche da Guatemala, o Criador fez a humanidade com o milho. Da mesma forma que os aztecas os maias acreditavam que antes do mundo atual vários outros tinham sido criados e destruídos por inundações. A religião maia era dualista, expressando forças do bem e do mal. Estas últimas causavam a morte e a destruição, enquanto as primeiras protegiam o milho e garantiam a abundância das colheitas. É provável que os sacrifícios humanos tivessem um papel importante nas práticas religiosas, e a queima de incenso de copal era uma parte indispensável das cerimônias religiosas.

9. A escrita e a ciência maia

Os maias são conhecidos por terem criado o sistema de escrita mais avançado do Novo Mundo. Os hieroglifos maias são apresentados como pictogramas em manuscritos pintados ou ilustrados, ou então gravados em rochas. A maioria desses pictogramas foi destruídas pelos espanhóis, que os consideravam satânicos. Os três manuscritos maias que sobreviveram até hoje estão na Europa e são conhecidos como os códigos de Dresden, Paris e Madrid. As inscrições em pedra tiveram muito melhor sorte, e quase mil estelas foram conservadas em grande parte, além dos hieroglifos gravados em objetos feitos de rocha. Decifrar esses hieroglifos tem sido uma das preocupações mais importantes dos especialistas, pois a sua leitura mostraria o grau de expressividade da língua dos maias e poderia também dar-nos acesso a testemunhos extraordinários da vida e da história desse povo.

Serão esses hieroglifos ideográficos ou fonéticos? Expressarão idéias ou sons? No seu livro *Relacion de las Cosas de Yucatán*, publicado em 1865, o bispo Diego de Landa reconstruiu um alfabeto fonético de 29 sons. Curiosamente, o bispo Diego de Landa participou da queima de códices, embora tivesse uma grande curiosidade com relação aos maias. O seu livro foi a chave para a compreensão do calendário e da astronomia dos maias, no século XIX, quando foram decifrados um terço dos hieroglifos relacionados com essa matéria. De qualquer forma, acredita-se de modo geral que a escrita hieroglífica dos maias é uma combinação de elementos pictográficos, ideográficos e fonéticos. Qualquer que seja a sua natureza, sabe-se com certeza que entre os maias não havia um alfabeto, com letras individuais representando sons, como vogais e consoantes.

O conteúdo desses hieroglifos tem sido igualmente motivo de muita controvérsia. Alguns especialistas sugerem que eles contêm informação sobre o calendário, a religião e a astronomia dos maias. Recentemente, Tatiana Proskuriakov chegou ao ponto de afirmar a possibilidade de que alguns contenham informação de caráter histórico. No entanto, o conceito de "história" tem aqui um sentido peculiar, pois, como acontece com muitas civilizações arcaicas, os textos escritos dos maias poderiam combinar a história real com o mito e a propaganda. Nesse contexto, a tese de Joyce Marcus é que nas sociedades complexas da Mesoamérica a escrita era um instrumento político. Desde os grupos zapotecas ou as "sociedades hierarquizadas" de 600 a 400 a.C. até os Estados primitivos zapotecas e maias dos anos 100 a 900 a.D., e os Estados mixtecas e aztecas do Período Pós-Clássico, entre 1000 e 1530 a.D., a escrita era usada para dar caráter público e permanente a uma série de mensagens consideradas importantes pelos líderes hereditários dessas sociedades.

Não obstante, a informação sobre a astronomia e a matemática dos maias, assim como o seu calendário, é muito mais completa, e demonstra a preocupação que tinha esse povo com a religião e a mudança de estações, para fins agrícolas. Os maias possuíam dois calendários: um deles era ritual, dividido em 13 meses e 260 dias; o outro, secular, tinha 18 meses de 20 dias, mais 6 dias adicionais, totalizando 365. Subseqüentemente, todos os dias tinham um lugar nos dois calendários. Os dois calendários podiam ser combinados para formar um ciclo de 52 anos, análogo ao nosso século. A cada 52 anos o primeiro dia do calendário solar coincidia com o primeiro dia do calendário ritual, dando início assim a um novo ciclo de 52 anos. Cada dia podia ser fixado precisamente com relação a uma data precisa, mas o ano exato a que se referia era desconhecido. No vale de Oaxaca a existência de dois calendários recua pelo menos ao ano 400 a.C. Embora a estrutura desses calendários tenha sido preservada, os nomes dos dias começaram a mudar, sem mencionar o fato de que muitos grupos decidiram começar a contagem do ano em meses diferentes. Por isso Marcus prefere falar em uma variedade de calendários, em vez de um só. Além de ficarem conhecidos pelo seu "calendário circular" de 52 anos, os maias tinham também a chamada "longa contagem", inventada provavelmente durante o primeiro século a.C. Nessa "longa contagem" as datas perfazem uma seqüência de dias começando no ano 3114 a.C. e terminando no ano 2012 a.D. Para fazer esse cálculo era necessário usar o conceito matemático do zero, que permitia aos maias calcular usando um sistema numérico com cinco posições.

As realizações no campo da astronomia eram ainda mais avançadas. Assim como o seu calendário, a astronomia maia podia calcular com grande precisão os fenômenos cíclicos, e os sacerdotes previam as eclipses solares e até mesmo a rotação de Vênus. Na verdade, o calendário maia era mais preciso do que o juliano, usado na Europa na época da Conquista. Nesse caso, porém, a precisão servia para que a elite governamental manipulasse as datas por conveniência política. Segundo a crença prevalecente, cada dia dependia de um deus específico. Assim, os sacerdotes precisavam determinar os dias "bons" e "maus", conforme o temperamento do deus correspondente.

As realizações dos maias no campo da astronomia dependiam de um conhecimento matemático avançado. O sistema numérico tinha base 20, e os números eram representados por símbolos: as barras valiam 5, os pontos 1. Como dissemos, os maias tinham inventado o zero e usavam a notação posicional dos números. Para se avaliar a importância desses dois conceitos, que hoje aceitamos sem pensar, basta dizer que eram desconhecidos dos gregos e dos romanos.

Esse conhecimento matemático avançado era usado para fins políticos, astrológicos e religiosos. Há assim um contraste entre as realizações intelectuais dos maias e a qualidade rústica da sua vida material. Como foi possível chegar a um conhecimento científico tão grande quando a base econômica dessa civilização era tão precária? Seria possível explicar esse contraste pela natureza teocrática do governo, no sentido de que a crença nos deuses, apoiada na intermediação eficiente dos sacerdotes, justificaria os sacrifícios feitos pelo povo? Esses são alguns dos problemas que esperam para ser pesquisados, mas a carência extrema de fontes os tornam muito difíceis de resolver.

IV
Condições para o Surgimento das Grandes Civilizações Pré-Colombianas

As três grande civilizações do Novo Mundo — aztecas, maias e incas — representam a expressão final de um longo processo de desenvolvimento histórico vivido por grupos humanos que se estabeleceram naquelas regiões do hemisfério há milhares de anos. Como já dissemos, esse processo se caracterizou por avanços e recuos, fases de expansão e contração, tanto em termos geográficos como territoriais. A emergência dos aztecas e dos incas se deu no contexto de um hiato histórico representado, respectivamente, pelo declínio do Império Tolteca, no México Central, e da Civilização de Tiahuanaco, nas margens do lago Titicaca. É essa continuidade histórica e cultural que explica duas dimensões importantes da emergência desses impérios.

A primeira é que nem os aztecas nem os incas teriam podido criar seus impérios respectivos se não se tivessem baseado em alguma medida nas tradições e instituições existentes previamente nos contextos mesoamericano e andino. A partir do *Calpulli*, no caso do México, e do *Ayllu*, no do Peru, aztecas e incas foram capazes de reformar essas instituições que herdaram, para apoiar uma expansão imperial em estruturas de liderança étnica local que encontraram. O fato de que esses impérios puderam construir extensas organizações políticas e administrativas em tão pouco tempo testemunha o sucesso com que incas e aztecas utilizaram apropriadamente as tradições recebidas do passado para com elas elaborar um novo projeto político.

A segunda dimensão citada se refere ao papel central da religião, e a sucessiva reconversão e manipulação de deuses existentes na sua cultura, como Quetzalcoatl e Viracocha. Como essas sociedades não tinham um conceito de propriedade individual de recursos da importância da terra, dos animais e seres humanos, não havia uma base para a diferenciação social, institucionalizada e duradoura, entre os membros desses grupos, em termos de classes. O que certamente não significa a inexistência de óbvias diferenças entre os governantes e os governados. Afinal, os aztecas tinham uma aristocracia hereditária, e os incas possuíam diferentes panakas reais, que monopolizavam os recursos da sociedade. Essas elites eram tão fechadas que permitiam o casamento entre irmãos, mas o acesso das elites aos recursos e aos tributos derivados desses recursos resultava, na maioria dos casos, de guerras e conquistas. Essa disputa sobre recursos era uma fonte de constantes conflitos entre as várias facções da elite governante e os recursos eram utilizados como uma espécie de fundo para integrar os impérios social e politicamente, mediante mecanismos de redistribuição. As desigualdades sociais e a racionalidade necessárias para a futura expansão não teriam existido sem a apropriação e manipulação inicial das religiões locais, na Mesoamérica e nos Andes, pelos aztecas e os incas. Nos dois casos, a apropriação da religião pelas elites era o fundamento das relações de poder e da desigualdade social, e se manifestava na crença de que os governantes eram os mediadores necessários entre este mundo e o mundo dos deuses.

V
Desenvolvimento e Reprodução dessas Sociedades

Nos séculos XIII e XIV o vale do México tinha-se fragmentado em várias cidades-estado rivais, cada uma delas proclamando orgulhosamente sua descendência dos toltecas. No princípio do século XIV, porém, surgiram duas confederações: a dos tepanecas, no nordeste, com capital em Azcapotzalco, e a dos acolhuas, na margem oriental do lago Texcoco. Não temos ainda idéias muito claras sobre a origem dos aztecas, mas sabemos que eles eram seguramente um dos grupos setentrionais que tinham recebido influência dos toltecas e que se deslocaram para o vale do México depois da queda de Tula. No entanto, em meados do século XIV os aztecas já estavam presentes em Tenochtitlan e Tlatelolco, como vassalos dos tepanecas de Azcapotzalco. Diz-se que foi em 1370 a.D. que eles criaram um sistema monárquico de governo, sob a liderança de Acamapichtli, um príncipe da cidade-estado de Culhuacan, descendente de toltecas, escolhido como primeiro *Tlatoani* de Tenochtitlan. Durante o mesmo período os tepanecas impuseram a Tlatelolco um outro governante.

À medida que o apoio dado pelos aztecas a Tezozomoc, o rei tepaneca, se tornava mais importante, eles passavam a receber em troca terras e tributos, e o seu deus, Huitzilopochtli, começou a ser diferenciado e distinguido dos outros deuses do vale. Em 1418, com o terceiro *Tlatoani*, Chimalpopoca, os mexicas (ou aztecas) ajudaram efetivamente os tepanecas a derrotar de forma definitiva a confederação dos acolhuas, e a exilar Nezahualcoyotl, que tinha pretensões ao trono de Texcoco. Durante esse processo, em que a elite mexica transformou sua relação com os tepanecas, de vassalagem em aliança, os aztecas tiveram que enfrentar a rivalidade de outras facções da aliança tepaneca, assim como a resistência interna da liderança local dos *calpulli*.

Quando em 1426 morreu o rei Tezozomoc, dos tepanecas, explodiu uma guerra sucessória, que aproximou Maxtla da liderança tepaneca quando Itzcoatl substituiu Chimalpopoca como *Tlatoani* azteca. O novo soberano, com seu sobrinho Monctezuma I e o Conselheiro Tlacaelel, era parte de um grupo que apoiava a completa independência, mediante a separação dos tepanecas e do seu novo governante, Maxtla. Com o apoio do príncipe Nezahualcoyotl, exilado de Texcoco, e também da aliança de Tacuba, essa facção azteca alcançou sua vitória em 1428, quando sua Tríplice Aliança derrotou os tepanecas.

Um consenso amplo consubstancia a suposição de que a vitória de Itzcoatl sinalizou o começou de uma série de mudanças importantes na estrutura econômica, social e ideológica do Império. Uma dessas mudanças inclui a manipulação da história dos mexicas, quando Itzcoatl ordena a destruição de todos os documentos históricos e religiosos da nação. Da mesma forma, houve uma concentração do poder no *Tlatoani* e no "Conselho dos Quatro", com o cancelamento do privilégio que tinham os *Capultin* de eleger o imperador. E houve igualmente um aumento do poder econômico e político da classe dos guerreiros que, juntamente com o próprio *Tlatoani*, passou a apropriar-se das terras e dos tributos recebidos pelo Império azteca como resultado das suas conquistas. Finalmente, outra mudança importante foi a fundação do novo culto imperial a Huitzilopochtli, transformado em nova religião oficial.

Desde o triunfo de Itzcoatl, em 1428, até a chegada de Hernan Cortez a Tenochtitlan, em 1519, transcorreu quase um século de glória para o

Império Azteca. Devido a suas seguidas vitórias militares, só interrompidas pela grande fome de 1454, os membros da Tríplice Aliança puderam estender a sua hegemonia da pequena ilha original dos mexicas a toda a Mesoamérica. Naturalmente, explicar esse processo tem provocado grande controvérsia entre os historiadores. Uma das explicações mais sugestivas é a apresentada por Jeoffrey W. Conrad e Arthur A. Demarest no seu livro *Religion and Empire: The Dynamics of Aztec and Inca Expansionism*, de 1984. Esses autores pensam que

> A contribuição original dos mexicas à evolução da Mesoamérica consistiu em uma ideologia que conseguia integrar os sistemas religioso, econômico e social em uma máquina de guerra imperialista. Na realidade, sua mudança dos conceitos históricos e religiosos foi um esforço para justificar-se e para consolidar o seu poder, assim como para garantir o domínio mexica.

Esse argumento alude ao fato de que a conversão de Hutizilopochtli em um dos quatro filhos dos deuses criadores, assim como a combinação de crenças religiosas mais antigas, teve conseqüências no relativo aos ritos de guerra e os sacrifícios humanos. Seguindo essa ideologia, para deter a destruição inexorável do Sol era absolutamente necessário fazer prisioneiros e sacrificá-los. A idéia da necessidade de manter um processo de expansão e de guerras constantes deriva dessas suposições. A força dessa hipótese é demonstrada pelo número de sacrifícios humanos praticados. Em 1946, S. F. Cook estimou uma média anual de 15 mil sacrifícios no México central, número que pesquisadores mais recentes têm considerado conservador.

Como no caso dos aztecas, no caso dos incas a história e o mito também se entrelaçam. Já registramos a controvérsia havida entre Rowe e Zuidema a respeito da veracidade histórica da genealogia dos imperadores incaicos. As crônicas espanholas atribuem a Pachacutec, o IX imperador, um papel fundamental na organização e expansão de Tawantisuyo, depois da vitória sobre os chanca, cem anos antes da chegada de Pizarro. No entanto, essa tese foi contestada também por Bauer. Há uma história, com alguns elementos míticos, segundo a qual Cuzco foi invadida e saqueada pelos chanca, provocando a fuga para Yucay do inca Viracocha e do seu filho, Urcon. Depois disso, o outro filho do Inca, Yupanqui, que antes fora exilado de Cuzco, recebeu ordens do Sol para enfrentar os invasores. Essa campanha, na qual as pedras de Cuzco se transformaram magicamente em soldados, terminou com a derrota dos chanca, mas a vitória de Yupanqui não foi reconhecida pelo pai, que preferia Urcon. Seguiu-se novo confronto entre os dois irmãos, que terminou com uma segunda vitória de Yupanqui. Recebendo por fim o apoio paterno, Yupanqui foi sagrado Inca, mudando seu nome para Pachacutec.

O período em que Pachacutec assumiu o trono, tornando-se o novo imperador dos incas, foi uma época de mudanças importantes na organização e expansão do Império, assim como aconteceu com Itzcoatl entre os aztecas. A idéia de que todas essas mudanças seriam atribuíveis a Pachacutec é também o resultado da manipulação da história, com o objetivo de consagrar e legitimar a nova ordem instituída. Não obstante, o fato é que de Pachacutec (1438) até Huayna Capac (1525), o terceiro último imperador, a expansão territorial incaica transformou uma pequena comunidade em um amplo território, estendendo-se do que hoje é o sul da Colômbia até o norte da Argentina e do Chile. A lógica do expansionismo inca é um tema que vem sendo debatido. A argumentação apresentada por Conrad e Demarest enfatiza o papel fundamental da religião. Desde a época de Viracocha os incas acreditavam estar sob a proteção do seu progenitor, o deus Inti, identificado pelos cronistas espanhóis com o Sol. Na realidade, porém, Inti era um conceito que representava um agrupamento de divindades que nem podiam opor-se a Viracocha, Criadora do universo, nem fundir-se com ela no culto do Sol, Apu Inti. A apoteose do Sol como um deus do Estado investiu a elite inca com uma missão divina, proporcionando coesão ideológica ao Império como um todo.

As outras duas práticas existentes na história dos povos andinos que foram modificadas por Pachacutec foram as regras da herança e o culto dos antepassados, assim como a *panaka*. A primeira tradição, cuja origem é atribuída aos chimu da costa setentrional, estabelecia a sucessão do imperador por um dos seus filhos. No entanto, a propriedade material do imperador falecido não se transferia diretamente para o novo Inca, seu filho, mas para os membros da família reconhecidos como membros da *panaka* real. O culto dos mortos e dos antepassados era, e ainda é, uma das expressões mais importantes da tradição religiosa pan-andina. Os povos andinos acreditavam receber mensagens dos seus ancestrais no *ayllu*, e consideravam o culto desses antepassados como uma obrigação. Se os antepassados comuns mereciam tanta reverência, ainda mais importantes deviam ser as múmias dos imperadores, vistas provavelmente como *huacas*, ou deuses locais. O culto suntuoso das *huacas* exigia muitos objetos e recursos da *panaka*, e como muitos bens estavam em poder das múmias, cujo culto representava um consumo adicional desses bens, a única forma de reproduzir o sistema imperial era pelo aumento dos tributos pessoais ou da incorporação ao Império de novos territórios.

VI
Sua Crise e Seu Declínio

Com a morte de Huayna Capac, por volta de 1525 a.D., surgiu uma nova disputa a propósito do poder do Império Inca, cujos atores principais foram Huascar e Atahualpa, filhos de Huayna Capac com esposas diferentes. Huascar tinha sua base em Cuzco, enquanto Atahualpa contava com o apoio do exército da fronteira setentrional, onde tinha vivido durante algum tempo. Mas essa crise era completamente diversa das crises anteriores. Tradicionalmente, a sucessão imperial não obedecia à regra da primogenitura. Só o filho mais capaz, nascido de uma esposa legítima, tinha direito a substituir o imperador falecido. De acordo com esses princípios, faltava legitimidade a Atahualpa, general vitorioso nos Andes setentrionais, porque ele era fruto de um casamento secundário. Huascar, por outro lado, tinha o título de herdeiro legítimo, porque sua mãe era irmã de Huayna Capac.

Mas essa disputa entre dois meio-irmãos a propósito do controle político de Tawantinsuyo era só uma parte da crise. Havia ao mesmo tempo uma crise ainda mais profunda, cuja origem, por mais paradoxal que possa parecer, tinha origem na dialética que impulsionava o expansionismo do Império. Como dissemos, as práticas da herança e o culto dos antepassados representavam uma forte demanda por recursos, cujo resultado era a necessidade de aumentar a extensão territorial do Império. Embora esse processo fosse legitimado pela religião oficial, representando um mecanismo importante de mobilidade social para os guerreiros que se distinguiam, tinha certas limitações críticas. O recrutamento pelo exército imperial de homens em idade produtiva representava um impacto negativo sobre a produção, ao mesmo tempo e que o Estado recorria aos seus estoques para alimentá-los. Além disso, nem sempre era possível incorporar novas comunidades ao Império, como os incas perceberam ao encontrar a selva na sua expansão para o leste. Por fim, muitos grupos dominados não se convenciam da "generosidade institucionalizada" do imperador, como o demonstram os freqüentes levantes e a necessidade de usar o recurso da *mitmakuna*, conforme vimos, para manter o controle político dos povos subjugados.

O Estado procurava encontrar diferentes soluções para essas dificuldades. Apelando para a tradição *yana*, os incas modificaram essa instituição de modo a separar os camponeses dos seus *ayllus*, colocando-os a serviço permanente de um dignatário local ou regional. Enviavam também grandes contingentes de *mitmakunas* para ampliar seu controle político ou para introduzir o cultivo do milho, que era controlado pelas autoridades. Com o uso dos *yana*, a solidariedade comunitária se enfraquecia, enquanto os *mitmakuna* erodiam o ideal andino de auto-suficiência. Além disso, havia uma série crise social sob essas dificuldades, e a tentativa de solucionar o problema do ônus cada vez maior imposto pelas *panakas* reais já tinha provocado conflitos. Como Conrad e Demarest observam ironicamente, o resultado foi o alinhamento das *panakas* com as múmias dos seus antepassados, cada vez que o Inca tentava diminuir os seus privilégios. Para pôr um fim a esses conflitos, Huascar propôs terminar com a abolição do culto dos antepassados, decisão que alienava o apoio do *Hurin* de Cuzco, o segmento superior que incluía as *panakas* de todos os imperadores desde Inca Roca. Depois disso, Atahualpa passou a ter apoio não só do exército setentrional como também de uma parte importante da própria nobreza de Cuzco, no contexto de uma guerra civil sem precedentes.

O restante é história conhecida, que já foi contada e recontada muitas vezes pelos historiadores oficiais. Foi essa guerra fratricida que debilitou a resistência do Império contra os 180 soldados que desembarcaram com Francisco Pizarro na ilha de Puna, no início do ano de 1532. Desde aquele momento até sua chegada a Cajamarca, em 16 de novembro do mesmo ano, Pizarro não só recebeu o apoio dos partidários de Huascar, como de lideranças locais e de vários grupos étnicos. Os primeiros porque achavam que o conquistador poderia ajudá-los a derrotar Atahualpa, os outros porque queriam escapar do jugo inca. A rápida captura de Atahualpa não deteve o avanço dos espanhóis, que ampliaram sua base de apoio com o acréscimo dos canhar e dos chachapoya no Norte e dos huanca na Sierra Central. Da mesma forma, a população servil, os *yana*, que tinha sido liberada por Pizarro em Cajamarca, apoiou também as tropas espanholas. Com todo esse auxílio, a promessa de ouro e prata feita por Atahualpa, em troca da sua liberdade, nada significava para os conquistadores; e numa noite de sábado, em 26 de julho de 1533, ele foi executado sob a acusação de fratricídio e de usurpação do trono imperial.

A morte de Atahualpa significava a queda quase imediata do Império Inca, como um castelo de cartas, pois o seu centro nervoso tinha sido destruído. Os grupos de resistência organizados, por exemplo, por Manco Inca, em Vilcabamba, não tinham nem a força nem a determinação necessárias para deter o avanço vitorioso dos conquistadores. Mais efetiva foi a resistência passiva da população indígena, ao ser incorporada à nova ordem colonial. Contrastando com o silêncio dos aztecas depois da morte de Montezuma, essa resistência subsiste ainda hoje na esperança latente, em setores importantes da população indígena de um futuro retorno do Inca, com a crença de que sob a sua liderança seriam restauradas a ordem e a felicidade perdidas há tanto tempo.

Com respeito à civilização maia, é a especulação, mais do que o conhecimento, que preenche o debate sobre a sua origem e o seu declínio. A fase de decadência, depois dos maias terem atingido o seu apogeu, começou no Período Clássico, no fim do século VIII a.D. Os sintomas desse declínio incluem o desaparecimento de monumentos esculpidos, datados com a "longa contagem", assim como o abandono parcial das cidades. Palenque, Yaxchilan, Piedras Negras, Bonampak e Quirigua deixaram de ser centros urbanos importantes. E com essa crise desapareceram o conhecimento e as tradições que os maias tinham acumulado ao longo de séculos. Segundo os pesquisadores, a exaustão do solo, pelo excesso de uso, e a invasão de tribos vindas do norte são possíveis causas desse desastre. De qualquer forma, o mundo maia reconstruído no Período Pós-Clássico parece bem diferente, a começar com Chichen-Itza, no Norte do Yucatán, onde prisioneiros eram sacrificados no famoso poço do mesmo nome. Sob forte influência do planalto central mexicano, Chichen-Itza tornou-se a capital da península durante esse período. Nos livros do *Chilam Balam*, os itzas são apresentados como forasteiros suspicazes, embora alguns pesquisadores acreditem que eram maias putun impregnados com a cultura dos aztecas. Quando os primeiros espanhóis desembarcaram na costa do Yucatán, em 1517, a península estava dividida em 16 cidades-estado, todas envolvidas em conflitos de fronteira.

Como grupo étnico os maias não desapareceram depois de destruída a brilhante civilização que construíram na era clássica. Sua realização mais importante no período subseqüente foi o templo em Chichen-Itza. No entanto, o perfil da cultura maia começava a se desvanecer, por causa do seu deslocamento e à fusão com outros grupos, procedentes de regiões diferentes da Mesoamérica. De qualquer modo, não puderam alcançar o mesmo nível dos aztecas no vale central, depois da queda de Teotihuacan.

Entre 1527 e 1528 os espanhóis fizeram duas tentativas mal-sucedidas de conquistar os maias, o que conseguiram finalmente, entre 1531e 1535, sob o comando de Francisco de Montejo, o mais moço. Assim, todos os povos da Mesoamérica ficaram sujeitos à nova ordem colonial e o seu destino foi selado. Mas isso não obscureceu as realizações extraordinárias dos maias na fase de florescimento da sua civilização.

O papel desempenhado pela religião, na expansão do Império Azteca, foi explorado nas páginas precedentes. O movimento dos exércitos aztecas, a captura de prisioneiros para agradar os deuses e a exigência de tributos pelo Estado criaram também desequilíbrios profundos que minaram os fundamentos do Império. O processo de coleta de tributos contribuiu para debilitar a economia dos povos dominados, embora alguns deles, como em Tlaxcala, tenham conseguido resistir durante meio século às pressões dos aztecas. Nas décadas finais, essas tensões provocaram uma crise no centro da elite governante, entre a aristocracia hereditária e os proprietários de terra (*pipiltin*), cada vez mais numerosos, devido à prática da poligamia, assim como os prósperos comerciantes e guerreiros que tinham originado a expansão inicial.

A despeito dessas tensões, a dinâmica posta em movimento por esse tipo de racionalidade religiosa não podia ser controlada, pois os deuses exigiam cada vez mais sacrifícios. Até mesmo as "guerras de flores", essa prática curiosa das cidades-estado aztecas, que organizavam encontros periódicos para escolher os guerreiros a serem sacrificados, não era suficiente. Cresciam as dificuldades subjacentes à crise e, finalmente, de forma dialética, elas debilitavam o relacionamento entre os homens e os deuses. Os deuses estavam insatisfeitos por causa do número insuficiente de sacrifícios, o que, por sua vez, provocava a perda da fé que os aztecas neles depositavam.

O desdobramento dessa crise ocorreu durante o reino de Moctezuma II, que subiu ao trono em 1503 para substituir seu tio, Ahuitzotl. O expansionismo azteca tinha sido reduzido e ao mesmo tempo o custo das guerras era elevado. Em 1505 houve um novo período de fome, causado pelo desajuste entre a população azteca e o ecossistema que a sustentava. As medidas tomadas pelo *Tlatoani* para resolver essas dificuldades só agravaram os problemas. Ele passou então a reestruturar a elite governante, demitindo conselheiros e líderes que não pertenciam à aristocracia. Além disso, o governo de Tenochtitlan monopolizava o poder da Tríplice Aliança, chegando ao ponto de designar em 1515 um seu protegido para governar Texcoco. Os comerciantes foram obrigados a ceder suas mercadorias aos camponeses, sofrendo uma redução do poder econômico e político de que gozavam. Essa decisão, além da criação da escravidão por dívidas, reforçou o poder do Estado sobre os camponeses, tornando vulneráveis os membros ricos dos *calpulli*. O "Conselho dos Quatro" foi transformado em um discreto órgão consultivo do imperador, e começou a emergir o novo conceito do monarca-de-origem-divina. Foi a soma de todas essas tensões entre os povos dominados e a autoridade central, e de outro lado entre as diferentes facções da elite dirigente, que prejudicou de forma irreparável o Império Azteca. Em 1519, quando iniciaram a sua conquista, Hernan Cortez e suas tropas se aproveitaram da conseqüente enfraquecimento do poder azteca.

Contrastando com a resistência pronta mas de curta duração oposta por Manco Inca, no Peru, à conquista de Tawantinsuyo, a resistência de Cuitlahuac e Cuauhtemoc não teve seqüelas, a despeito do fato de que os aztecas tinham derrotado e eliminado muitos soldados espanhóis durante a famosa *noche triste*. Esse silêncio precedeu um silêncio ainda maior, pois enquanto a grandeza de Tawantinsuyo permaneceu na memória coletiva da população indígena conquistada, a memória de Montezuma e do seu Império se perdeu devido a um único golpe que foi a destruição de Tenochtitlan.

Agradecimentos

O autor gostaria de agradecer o Instituto de Estudos Avançados de Princeton pela oportunidade de organizar essas idéias e colher informações durante sua presença como *Fellow* no inverno de 1997. Gostaria também de agradecer ao professor Jorge Silva, da Universidade Nacional Mayor de San Marcos, seus valiosos comentários sobre a primeira versão deste estudo, que foi traduzido para o inglês por John Barry, da Universidade Nacional de Colombia.

CIVILIZAÇÕES PRÉ-COLOMBIANAS **365**

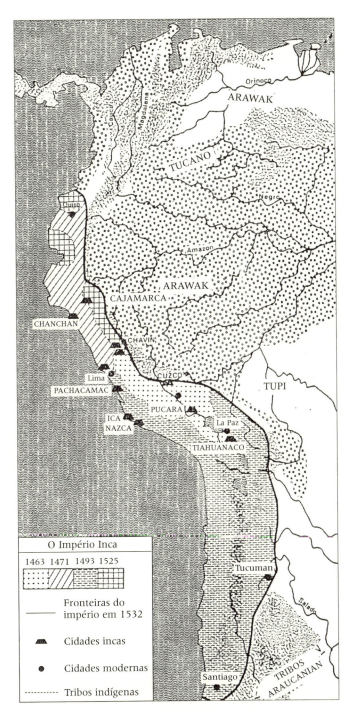

Mapa 1
O Império Inca
1460-1532

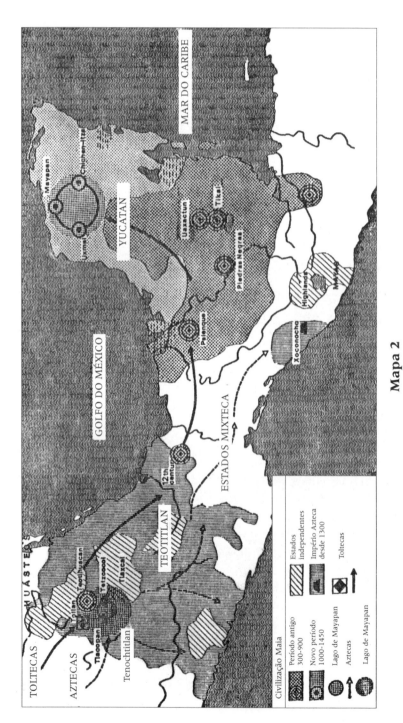

Mapa 2
Civilizações Meso-americanas até 1520

15

A CIVILIZAÇÃO OCIDENTAL
I. FORMAÇÃO DA EUROPA

I
Introdução

A civilização ocidental, como a Bizantina, é terciária, tendo emergido da Antiguidade tardia em um longo processo que transformou a sociedade européia cristã primitiva, sucessora do Império Romano do Ocidente, na sociedade medieval dos séculos X e seguintes.

Geograficamente, a civilização ocidental foi a princípio européia, estendendo-se até as terras ocupadas pelos povos eslavos. Expandiu-se depois para o leste, incorporando o território das atuais Hungria, Romênia, Polônia e, mais tarde, partes da Rússia e da Bulgária. Após as grandes descobertas marítimas do começo do século XV, ela se difundiu pelo continente americano e parte da África, Ásia e Oceania, tendo alcançado na Idade Moderna uma dimensão universal, e adquirido também, desde a Primeira Guerra Mundial, certas características próprias, sob a forma de uma Civilização Ocidental Tardia.

Os povos que geraram originalmente a civilização ocidental formavam uma mistura de romanos (inclusive os vários grupos étnicos incorporados ao Império Romano Ocidental), germânicos e celtas, com pequenos contingentes representando ainda outras etnias.

Como todas as demais, esta Civilização também passou por uma sucessão de fases. A linha divisória entre a Antiguidade tardia e a civilização ocidental é fluida, e depois do quarto século muitas características desta última podem ser observadas na primeira; e até o século XIII e mesmo o século XIV, vários traços da primeira foram mantidos na sua sucessora, como é o caso do Sacro Império Romano. Do mesmo modo, a transformação da civilização ocidental na sua fase tardia, e o desenvolvimento desta última na modernidade, assumindo a forma de uma civilização planetária, foi também um processo de transformação gradual. A derrubada de Rômulo Augústulo, no ano 476, serve como data convencional para marcar o fim do Império Romano do ocidente. Na verdade, depois do assassinato de Stilico, em 408, e de Aécio em 454, e mesmo no fim do reinado de Teodósio o Grande (379-395), o Império já não passava de uma sombra do que tinha sido. As fases subseqüentes da civilização ocidental, seguindo o seu período de formação, tais como o Renascimento, a era do Barroco, a Ilustração e a Modernidade, também apresentavam características próprias, justificando assim sua qualificação como períodos distintos, embora tivessem também fronteiras pouco claras, com mudanças que ocorriam gradualmente.

No presente trabalho a civilização ocidental será examinada em quatro capítulos: 15, 16, 17 e 18. O capítulo 15 focaliza o processo de formação da Europa, o núcleo dessa Civilização. O capítulo 16 procura discutir o Renascimento, inclusive a Reforma e as grandes descobertas marítimas. O capítulo 17 analisa o desenvolvimento do Ocidente, desde o século XVII até a Primeira Guerra Mundial, enquanto o capítulo 18 contém reflexões sobre os problemas contemporâneos do ocidente, sua transformação na civilização ocidental tardia, a tendência para tornar-se o núcleo de uma emergente civilização planetária, e a crise social resultante em uma cultura hipersensata, dada a erosão dos seus valores fundamentais.

A fase de formação da Europa corresponde, *lato sensu*, à Idade Média. Conforme já observamos, o conceito de "Idade Média" é impreciso devido à longa interpenetração dos traços medievais na Antiguidade tardia, e das características clássicas no princípio da Idade Média. Falar em "formação da Europa" tem a vantagem, como denominação descritiva, de cobrir a totalidade do período que vai do fim da Antiguidade tardia até a Europa do século XIV.

II
O Fim da Antiguidade Tardia

1. Um processo gradual

Contrastando com um ponto de vista ainda corrente, o fim da Antiguidade tardia não foi um evento súbito, causado pela invasão do Império Romano do Ocidente por bárbaros ferozes. É verdade que o colapso do poder militar de Roma foi uma ocorrência relativamente súbita, embora resultasse de um longo processo de decadência política e militar. Até ser executado por Honório, em 408, Stilico estava conseguindo conter os bárbaros, e infligiu uma séria derrota aos visigodos em Polentia, no ano 402, e mais tarde às forças de Ragadasio, em 406. Mesmo depois do saque de Roma por Alarico, Aécio venceu em 451 uma batalha decisiva contra Átila, que era tido como invencível. A partir de então, depois do assassinato de Aécio em 454, Roma sofreu uma rápida sucessão de derrotas e, a despeito do breve interlúdio de Majoriano, entre 457 e 461, no fim da terceira parte do século V seu poder militar tinha virtualmente deixado de existir.

No entanto, na época de Teodósio (379-395) e mesmo na de Honório (395-423) não se previa a queda de Roma. Além disso, o fim da Antiguidade tardia não coincidiu com o colapso militar romano, no século V, mas correspondeu a um longo processo, iniciado séculos antes e que prosseguiu de diferentes modos nos séculos seguintes, até o XIII ou mesmo o XIV.

A Antiguidade tardia chegou ao fim no Ocidente pela exaustão gradual das suas condições socioculturais de sustentação; e sobreviveu em parte, pelo menos como um ideal persistente, até a destruição do Sacro Império Romano. Seu fim se consumou basicamente com a morte de Frederico II e o subseqüente extermínio dos seus descendentes — o último deles, Conradino, em 1268. Uma ressurgência tardia desse ideal persistente ocorreu com o Imperador Luís IV da Baviera (1314-1347), que retomou as pretensões de autoridade universal do Sacro Império Romano dos Hohenstaufens, desafiando o Papa João XXII, com o apoio de Marcílio de Pádua e do seu famoso ensaio *Defensor Paci*, de 1326.

Conforme ficou demonstrado no capítulo sobre Roma, a gradual exaustão das condições de auto-sustentação da Antiguidade Ocidental Tardia resultou de muitos fatores, a começar com a crise do terceiro século, que erodiu a coesão de Roma, desviou a elite romana do serviço público para as esferas privada e religiosa e levou à barbarização do exército e do seu comando.

2. Os germanos

A barbarização de Roma foi um processo duplo, interno e externo. À medida que os romanos se retiravam do serviço militar, o Império se viu obrigado, especialmente no fim do quarto século, a incorporar ao seu exército um número cada vez maior de bárbaros. Por outro lado, a penetração do território romano pelos bárbaros se deu principalmente na condição de aliados — *foederati*. Para escapar dos hunos ou por outros motivos as tribos germânicas pediam autorização para fixar-se dentro das fronteiras do Império. Às vezes por precisarem de agricultores para trabalhar terras abandonadas, mais freqüentemente porque era melhor admitir esses bárbaros, que ficavam formalmente sujeitos ao Imperador, do que correr o risco de combatê-los, as autoridades romanas autorizavam o seu recebimento, mediante o compromisso de defender as fronteiras e fornecer soldados para o exército. Em outros casos, os bárbaros simplesmente invadiam o território do Império, como aconteceu com os vândalos de Gaiserico, que se rebelaram contra as autoridades romanas depois de aceitos como *foederati*; ou com os visigodos, em 378, ante a derrota de Roma em Adrianápolis.

Mediante penetração gradual, uma imigração maciça ou a simples conquista, os bárbaros terminaram se apossando das terras do Império Romano do Ocidente. Depois do breve interlúdio de Majoriano (457-461), que já mencionamos, os comandantes bárbaros passaram a controlar os "Imperadores fantoches" até que Odovacar decidiu depor o último monarca nominal, em 476, reconhecendo apenas a autoridade formal do Imperador do Oriente, Zeno (474-491).

Os bárbaros germânicos que ocuparam o Império Romano do Ocidente descendiam de um povo que desde o terceiro milênio a.C. se tinha estabelecido na Escandinávia e na região situada entre os rios Elba e Oder. Por volta do ano 1000 a.C. essa população começou um movimento migratório. Os teutônicos, que ocupavam a área mais a ocidente, deslocaram os celtas, subindo o Elba e o Reno até Mainz, ponto que foi alcançado em 200 a.C.; por volta do ano 100 a.C. ocuparam o sul da Alemanha, ameaçando a Gália. Quanto aos germânicos que viviam na região oriental (escandinavos), eles cruzaram o Báltico no período entre os anos 600 e 300 a.C., atingindo o rio Vístula e os Carpatos. Já os germânicos setentrionais permaneceram na Escandinávia.

Os germânicos ocidentais abrangiam vários grupos importantes: os alamani, de origem suevia, se estabeleceram no Reno superior; os francos e os saxões, entre o Weser e o Elba; os turíngios, mais ao sul. Os germânicos orientais compreendiam também diversos grupos: bastarnae, burgundios, gepidos, godos, herulos, rugionos e sciri, e no princípio do terceiro século a.D. se deslocaram para as margens do mar Negro. Os godos, que deveriam ter um papel histórico de grande importância, se dividiram, provavelmente depois de chegarem ao mar Negro, em godos ocidentais (visigodos) e orientais (ostrogodos).

No quarto século a.D. os hunos — nômades mongóis do grupo uralaltáico — invadiram a Europa, fixando-se durante meio século no vale do Danúbio e do Thiers. Mais tarde atacaram os germânicos, derrotando alanos e herulos; destruíram o Império de Hermanrico, dos ostrogodos, absorvendo-o por algum tempo. Derrotaram os visigodos, chefiados por Atanarico, no rio Dniester, para depois se deslocarem rumo ao Oeste. Foi após a sua derrota pelos hunos que cerca de oitenta mil visigodos se refugiaram no território do Império Romano.

3. Os reinos bárbaros

Os germânicos viviam em um regime de democracia tribal, liderados por monarcas ou *grafs*. Os reis eram escolhidos nas famílias reais e os *grafs* eram eleitos pelos homens livres da tribo. Durante o quinto século seis reinos bárbaros ocuparam o território continental do antigo Império Romano do Ocidente.

Os visigodos foram os primeiros a formar o Reino de Toulouse (419-507), fundado por Walla, irmão de Ataulfo (410-415), o sucessor de Alarico. Mais tarde, depois de expulsos pelos francos, eles se deslocaram para a Espanha, formando ali um reino visigodo, que durou desde o ano 507 até a sua conquista pelos mouros, em 711.

Instigados por Zeno, o Imperador Romano do Oriente, os ostrogodos, chefiados por Teodorico o Grande, invadiram a Itália, derrotando Odovacar e fundando na península um reino ostogrótico, subordinado nominalmente a Bizâncio, que sobreviveu de 489 até a sua destruição pelas forças de Justiniano, sob Belisário e Narses, entre 535 e 554.

Em 429, os vândalos de Gaiserico fundaram um reino na África setentrional, que mais tarde, entre 533 e 548, foi destruído por Belisário.

Em 451, sob Clódio, filho de Merovech, os francos invadiram Artois, mas foram vencidos por Aécio. Mais tarde, em 481, Clóvis conseguiu reunir os francos sob o seu domínio, formando um reino que mais tarde teria um desenvolvimento extraordinário, gerando a Europa ocidental.

Os lombardos chegaram mais tarde, emigrando da Escandinávia no sexto século para fundar um reino na Panônia. Em 568, sob o Rei Albuíno, invadiram a Itália, onde fundaram um reino tendo Pavia por capital. Seriam depois derrotados pelos francos e expulsos de Pentápolis e Ravena nos anos 754 e 756, sendo objeto de uma doação ao Papa feita pelo Rei Pepino. Em 774 seu reino foi finalmente destruído por Carlos Magno.

A Inglaterra seguiu um curso diferente. Na época das incursões de César, em 55 e 54 a.C., havia ali uma Civilização Céltica, muito próxima da gaulesa. Conquistadas por Cláudio em 43 a.D., as ilhas britânicas foram logo ocupadas até o Clyde. Hadriano e Antonino Pio construíram muralhas de proteção contra os pictos, respectivamente em 122 e 142. O auge da fase romana da Inglaterra foi o terceiro século, especialmente as primeiras décadas. Os centros urbanos mais importantes eram Londinium (Londres) e Eboracum (York), e durante esse período houve a introdução do Cristianismo. Em 407, Constantino, que governava a Bretanha e aspirava ao trono, deixou a ilha e chegou à Gália com todos os seus soldados, que o proclamaram Imperador. Mais tarde seria derrotado por Constâncio, um dos generais de Honório, e em 411 foi executado.

Abandonada pelas legiões romanas, a Inglaterra seria presa fácil para os invasores germânicos: jutos, anglos e saxões. O povo romanizado, composto principalmente de celtas, aos poucos cedeu lugar aos invasores; no fim do século V alguns celtas deixaram a ilha, emigrando para a França, onde ocuparam a região que viria a ser a futura Bretanha.

A invasão da Inglaterra pelos bárbaros germânicos provocou a formação de sete reinos: Kent, ocupado pelos jutos; Essex; Wessex e Sussex, dominados pelos saxões meridionais; Ânglia Ocidental; Mércia; e Nortúmbria, com os anglos. Assim a Inglaterra voltou a ser um país bárbaro e pagão, só retornando ao seio da cristandade com Agostinho, em 597, que converteu o Reino de Kent à Igreja de Roma.

4. O Reino dos Francos

Quando se chocaram pela primeira vez com os romanos, os francos estavam divididos em dois grupos — os marítimos ou salianos, voltados para o mar (*sal*), e os ripuanos ou ribeirinhos, que habitavam a margem dos rios (*ripa*).

A primeira tentativa dos francos de invadir a Gália, sob o Rei Clódio, foi contida por Aécio, em 451. Nesse mesmo ano os francos salianos tinham lutado contra Átila como aliados dos romanos, sob Aécio, na batalha de Chalons. Clóvis (Clodovech), filho de Quilderico, e seu sucessor em 481, quando tinha apenas 15 anos, adotou uma posição de independência, e em 486, na Batalha de Soissons, derrotou as forças romanas que permaneciam na Gália, comandadas por Siagrio, expandindo assim o domínio dos francos salianos até o rio Loire. Mais tarde, em 496, derrotou os alamani na batalha de Tolbiac.

Casado desde 493 com uma princesa católica da Borgonha, Clotilde, e amigo do bispo Remígio, Clóvis se converteu à Igreja de Roma, sendo batizado solenemente por Remígio, provavelmente em 496. Sua conversão, para a qual devem ter pesado considerações de ordem política, foi um acontecimento de importância histórica. A população galo-romana da Gália e seus sacerdotes, muito influentes, estavam perfeitamente felizes de ter um monarca cristão e romano. Ao converter-se, Clóvis e seus francos — que acompanharam o gesto do Rei — foram os primeiros bárbaros a adotar o cristianismo romano, em contraste com o arianismo das outras tribos germânicas.

Clóvis continuou a ter sucesso militar, obtendo vitórias sucessivas sobre as tropas da Borgonha, Estado que no ano 500 se viu obrigado a pagar-lhe um tributo; vitória ainda mais importante foi a obtida em Vouille, no ano 507, com a conquista do reino de Toulouse e a sua expulsão dos visigodos para a Espanha. No ano seguinte Anastasio fez de Clóvis um patrício honorário. Em 509, depois do assassinato do rei dos francos ripuanos, Sigibeto, pelo seu filho Cloderico, Clóvis ordenou a execução do parricida e foi eleito monarca dos ripuanos, reunindo assim todos os francos sob a sua coroa.

Com a morte de Clóvis, em 511, de acordo com o costume que prevalecia entre os francos, o reino foi dividido entre seus quatro filhos. Teodorico (511-534) recebeu a Austrásia, com capital em Metz. Clodemar (511-534) recebeu Orleans, a Turíngia e a Borgonha. Gilberto I (511-524) recebeu Paris. Clotar I (511-558), a Neustria, com capital em Soissons.

Mas em 558 Clotar era o único sobrevivente, tendo voltado a reunir sob o seu domínio os territórios dos francos. Quando morreu, houve uma nova divisão, e depois de uma fase de conflito entre seus filhos surgiram quatro reinos: Sigiberto I (561-575) ficou com a Austrásia, Cariberto I (561-567) com Paris, Guntram (561-592) com a Borgonha e Quilperico I (561-584) com Soissons.

Com o passar do tempo, a dinastia de Clóvis, que ficou conhecida como Merovíngia devido ao seu suposto ancestral, Merowech, reinou sobre dois reinos francos — Austrásia, com Sigiberto III (632-656), e Neustria, com Clovis II (639-657), que era também o rei da Borgonha. Mas devido a vicissitudes da sucessão real, alguns dos descendentes de Clóvis II conseguiram reunir todos os francos sob o seu domínio.

Depois de Dagoberto I (rei de todos os francos entre 629 e 639), pai de Sigiberto III e Clóvis II, os monarcas merovíngios sofreram uma perda gradual do seu poder efetivo em favor dos seus administradores palaciais, representantes da alta nobreza, expressando forças regionais, que conseguiram converter essas funções em posições hereditárias. Isso criou uma série de *"rois faineants"* ("reis vadios"), provocando também a consolidação de uma das famílias desses administradores — a dinastia de Pepino. Bega, filha do patriarca da família, Pepino I de Landen (administrador de Austrásia, que faleceu em 640), casou-se com Ansegisal, que foi também por um curto período (632-638) administrador de Austrásia, e cujo filho, Pepino II de Heristal, reuniu sob o seu controle a Austrásia e a Neustria. Carlos, seu filho ilegítimo, que ficou conhecido como Carlos Martel, foi administrador dos dois reinos entre 714 e 741. Sua vitória sobre os árabes em Tours, no ano de 732, embora obtida sobre um simples grupo avançado da expansão maometana, comandado pelo Governador da Espanha muçulmana, Abd-ar-Rahman al-Ghafigi, que morreu na batalha, teve um significado histórico importante, correspondendo ao ato final do esforço de contenção da expansão do Islã na Europa. Embora lançasse mão de terras da Igreja para recompensar seus seguidores, Carlos Martel se envolveu também com a propagação do cristianismo, e apoiou o trabalho dos missionários anglo-saxões na terra dos francos.

Com a morte de Carlos Martel, em 741, seu filho Carlomano (morto em 754) recebeu a posição de administrador de Austrásia, e Pepino III, o Breve, ganhou a administração de Neustria. No entanto, o primeiro optou pela vida eclesiástica, deixando Pepino mais uma vez como administrador dos dois reinos. Sob essas condições Pepino mereceu a aprovação do Papa Zacarias (741-752), com o argumento de que os plenos poderes reais cabiam àquele que tivesse o poder político efetivo, e não ao monarca nominal; assim, no ano de 747 foi proclamado Rei dos Francos.

O episódio marcou o início de um relacionamento especial do Papado com os francos. Com o tempo os bispos de Roma, que a princípio tinham o mesmo *status* dos Patriarcas de Constantinopla[1], começaram a gozar de uma maior autoridade na Igreja; depois do Papa Gregório I, o Grande (590-604), passaram a ter supremacia incontroversa sobre a Igreja do Ocidente. A situação do Papa em Roma, porém, não igualava a sua preponderância religiosa: vivia cercado pela turbulenta aristocracia romana, que pretendia interferir nos assuntos da Igreja, e dependia da proteção militar do Imperador de Bizâncio, geograficamente distante e que hesitava em reconhecer a supremacia papal sobre o Patriarca de Constantinopla. À medida que os lombardos penetravam nos territórios da Igreja, a situação do Papa se tornava ainda mais vulnerável.

O Papa Gregório III (731-741) decidiu mudar de tática e para se defender dos lombardos apelou para Carlos Martel. Carlos, aliado destes últimos, ignorou o apelo. Com Pepino, porém, que precisava que o Papa legitimasse a sua apropriação da coroa dos francos, esse pedido foi recebido de outro modo. Depois da aceitação do golpe dinástico de Pepino pelo Papa Zacarias, o seguinte Pontífice, Estêvão II (752-757), tomou a iniciativa de viajar à Gália para sagrar Pepino como Rei, conferindo-lhe o título de *Patricius* (que legalmente só podia ser concedido por Constantinopla), o que fortalecia significativamente a autoridade de Pepino. Em troca, o monarca decidiu ajudar o Papa a livrar-se dos lombardos. Marchando contra eles, em 754, obrigou-os a restituir ao papado Pentápolis e o Exarcato de Ravena. Mais tarde, como o Rei Aistulfo não honrasse essa promessa, Pepino retornou à Itália, no ano de 756, impondo uma séria derrota aos lombardos, e com a "Doação de Pepino" transferiu para o Papa o território que se tornaria a base do estado papal — *Patrimonium Petri* —, assumindo os francos oficialmente a função de protetores do Papa.

No fim da sua vida Pepino conquistou Septimânia, disciplinou a Aquitânia e ampliou até os Pirineus o controle efetivo exercido pelos francos. Ao morrer, em 768, o reino tornou a ser dividido entre seus dois filhos: Carlos recebeu a Austrásia, Neustria e a Aquitânia setentrional; Carlomano, a Aquitânia meridional, Borgonha, Provença e Septimânia. Mas o falecimento de Carlomano, em 771, fez que o reino dos francos voltasse a se unificar sob Carlos.

5. Carlos Magno

Nascido em 2 de abril de 742, e falecido em 28 de janeiro de 814, Carlos I era o filho mais velho de Pepino III o Breve, e ficou conhecido pela posteridade como Carlos Magno — *Carolus Magnus, Charlemagne*. Sem dúvida foi a figura mais notável da primeira parte da Idade Média. Muito alto, de pele clara, revelou grande competência em muitos domínios: como comandante militar, político e estadista, líder carismático, promotor da cultura, defensor e divulgador do cristianismo. Deixou atrás de si uma lenda extraordinária que sobrevive até hoje. A pedido de Frederico I Barbarossa, em 1164 foi santificado pelo antipapa Pascal III.

Depois da morte do seu pai, em 768, Carlos I precisou compartilhar o reino com o irmão Carlomano, com quem tinha um relacionamento difícil. Quando o irmão faleceu, em 771, Carlos reuniu todos os francos sob o seu cetro, ordenando o exílio da cunhada e seus filhos no território dos lombardos, cuja aliança Carlomano preconizara. A posição adotada por Carlos era diferente: repudiou sua esposa Desiderata, filha de Desiderius, o monarca lombardo, e renovou a aliança com o Papado. Em 773, quando Roma foi atacada pelos lombardos, Carlos interveio em defesa do Pontífice, derrotando Desiderius em Pavia e assumindo a coroa da Lombardia, cujo território anexou aos seus domínios.

Até muito tarde na sua vida Carlos Magno esteve continuamente envolvido em operações militares. À campanha contra os lombardos seguiu-se uma intervenção na Baviera, em 787, para obrigar o Duque Tassilon a renovar seu juramento de vassalagem. Uma nova rebelião pelo Duque provocou a sua condenação à morte pela Assembléia Geral da Baviera, em 788, mas a pena foi comutada pelo Imperador, transformada em prisão perpétua no Mosteiro de Jumieges, assim como do seu filho Teodon, que foi internado no Mosteiro de São Máximo de Treves. A Baviera foi incorporada ao reino dos francos, preservando contudo sua identidade, com administração do país confiada ao Conde Geroldo, irmão de Hildegarda, esposa de Carlos. Depois de 797 Salzburgo foi designada como a capital bávara.

Carlos Magno conduziu também campanhas militares na Saxônia, região que abrigava uma variedade de povos — westafalianos, ostfalianos, angrarianos, nordalbingenses e wihodienses — que mantinham um estilo de vida pagão e atacavam continuamente as regiões vizinhas. Para Carlos Magno, subjugar essas tribos belicosas foi uma tarefa longa e difícil, mas em 785 ele conseguiu finalmente obrigar à capitulação o chefe mais importante dos saxões, Widuking, que se converteu ao cristianismo com os outros líderes mais importantes daquele povo, jurando lealdade ao Imperador. Em nova rebelião, no ano de 793, os saxões retornaram aos seus costumes pagãos, mas essa revolta foi reprimida brutalmente. Só em 797 a Saxônia foi pacificada e posta firmemente sob o domínio de Carlos. A pacificação da Saxônia permitiu a Carlos Magno ampliar seu domínio até a Frísia, no norte da região.

A incorporação da Saxônia trouxe os eslavos à fronteira do reino dos francos. Carlos Magno cuidou da gradual cristianização e domínio desses povos, a começar com os abodritos, em 780, e — depois de varias campanhas militares — dos wilzes, em 812.

Mais difíceis de controlar eram os avaros, povo originário da Ásia Central que se estabelecera no meio do vale do Danúbio. Os avaros faziam incursões freqüentes, sob o comando de um Khagan, acumulando seu tesouro em um local fortificado — o *ring*. Foram objeto de intensa doutrinação cristã, mas se rebelaram duas vezes, em 802 e 803, antes que seus chefes fossem finalmente convertidos.

A Bretanha, habitada pelos celtas, foi outra região que Carlos Magno tentou incorporar aos seus domínios. Foram necessárias várias campanhas para submeter os bretões (em 799). Em 811 uma revolta exigiu nova intervenção militar, e depois de uma segunda revolta Carlos promoveu uma incursão na Bretanha, chefiada por um conde franco.

Os sucessos de Carlos Magno na Europa setentrional não se fizeram acompanhar de qualquer intervenção efetiva do outro lado dos Pirineus. Com o apoio de Solaiman ib-Arabi, Governador de Barcelona, que se tinha rebelado contra o Emir Umaiad, Abd ar-Rahman I, Carlos tentou dominar o norte da Espanha, mas sua expedição, em 778, não teve sucesso, obrigando-o a uma retirada. No processo, sua retaguarda, sob o comando do Conde Rolando, foi aniquilada pelos bascos em Roncesvalles — episódio que seria celebrado mais tarde na famosa *Chanson de Roland*.

No ano de 799 o Papa Leão III (795-816), atacado pela aristocracia italiana, que o acusava de vários crimes, apelou para Carlos Magno, que veio em seu auxílio. Aceitando as justificativas apresentadas por Leão III, Carlos restabeleceu a autoridade papal, que num gesto de gratidão lhe conferiu a coroa imperial do ocidente. Assim, no Natal do ano 800 Carlos Magno foi coroado solenemente Imperador Romano, na Basílica de São Pedro, em Roma — coroação rejeitada com indignação por Constantinopla. Carlos precisou tomar uma série de iniciativas diplomáticas e militares para que os bizantinos aceitassem a sua coroação. Mas só mais tarde, durante o reinado do seu filho e sucessor, Luís o Piedoso, o Imperador bizantino reconheceu o título imperial dos Carolíngios.

6. O Império Carolíngio

A coroação de Carlos Magno pelo Papa Leão III (795-816) resultou de uma confluência de diversos fatores e circunstâncias. Cinco aspectos principais merecem ser mencionados especialmente. Primeiro, é preciso deixar claro que a idéia de um Império Romano não desapareceu nos séculos que se seguiram à queda de Roma. Era uma idéia alimentada pela própria Igreja, que a via como manifestação política da unidade da Europa cristã, e defendida também pelos germanos, que não queriam pôr fim ao Império, mas apenas se estabelecer dentro dele, e eventualmente dominá-lo. Do ponto de vista do Papa, a ressurgência do Império do Ocidente sob os Carolíngios era tanto uma forma de liberação da tutelagem bizantina (com a resultante implicação da superioridade papal sobre o Patriarca de Constantinopla) como um modo de garantir uma proteção militar efetiva contra seus inimigos externos — como os lombardos, normandos e sarracenos — assim como contra adversários internos, sobretudo a aristocracia romana.

Três outros aspectos merecem ser levados em consideração. Um deles era a concepção, derivada da Antiguidade tardia, de que enquanto o governo monárquico estava limitado a um só reino, o governo de muitos povos diferentes, sobre um território extenso, exigia um governo imperial. Esse foi o governo de Carlos Magno, no fim do século VIII. Outro elemento importante nesse processo era a emergência da idéia da Europa — não como simples denominação geográfica, mas como entidade social e cultural. A primeira idéia da Europa, manifestada não como simples expressão geográfica ou referência mitológica (o rapto de Europa), derivava de um conceito grego, com raízes na cultura helênica, baseada na liberdade e na razão, em contraste com a cultura asiática, fundada no despotismo e na superstição. Essa concepção primordial da Europa ressurgiu na época de Carlos Magno, para designar o seu domínio imperial em oposição ao de Bizâncio. Uma das primeiras manifestações dessa idéia aparece em um poema de 799, atribuído a Angilberto (ca. 770-814), Abade de Centula, que celebrou Carlos Magno como "o Rei Carlos, cabeça do mundo e cume da Europa."[2]

Do ponto de vista do próprio Carlos Magno, sua coroação como Imperador Romano teve o duplo sentido de legitimar seu domínio sobre outros povos além dos francos — que o *status* de soberano dos francos não lhe concedia de forma automática — e de assegurar a unidade política da cristandade, objeto da sua preocupação particular.

A organização e direção do Império por Carlos Magno se baseava essencialmente na idéia de proporcionar à cristandade os meios materiais para alcançar sua meta suprema — a salvação eterna. Dentro da perspectiva de Carlos Magno, esse objetivo superior dava ao Imperador igualdade de *status* com o Papa, e também lhe garantia, no domínio material, plena independência de ação: o Imperador respondia pelos seus atos diretamente a Deus.

O Império foi dividido em condados, que correspondiam de modo geral às antigas *civitates* romanas. Os condes eram nomeados pelo Imperador, com a indicação dos respectivos benefícios, e podiam ser demitidos livremente. Cabia aos próprios condes nomear viscondes como seus representantes e delegados (*vicarii*), responsáveis pelas comunidades locais e também conhecidos como *centenarii*.

Com exceção do antigo núcleo do reino dos francos, a necessidade de agrupar vários condados para que fossem supervisionados de forma mais permanente levou à criação de governadores de províncias, de caráter permanente, hierarquicamente superiores aos condes, e ostentando o título de prefeito, duque ou *margrave*, cada um deles com base no seu próprio condado específico. A organização eclesiástica era análoga: os bispos correspondiam basicamente aos condes, os arcebispos aos duques. Enviados especiais dos Imperadores, os *missi dominici*, inspecionavam regularmente todos os condados. Eram em geral nobres ou dignatários da Igreja e tinham plenos poderes para corrigir abusos, sendo responsáveis diretamente perante o Imperador.

A administração central era muito reduzida, pois não era obrigação do Imperador fornecer serviços públicos, mas somente garantir a lei, a ordem e a defesa. Havia uma completa fusão da propriedade pública com a privada do Imperador. Sua residência era o palácio imperial, administrado por um *camerarius*, seguido por um *senescalus*, responsável pelas provisões, o *buticularius* (mordomo), que respondia pelos vinhos, e o *comes stabuli* (de onde a palavra inglesa *constable*), responsável pelos cavalos. Nas suas funções judiciais o Imperador era assistido por um *notarius*, um *cancellarius* e um *comes palatii* (conde palacial).

O recrutamento para o exército era anual, realizado basicamente no verão e, quando convocados, todos os homens livres precisavam apresentar-se prontamente em determinados centros, trazendo suas próprias armas e suprimentos suficientes para três meses — a duração normal de uma campanha. O nível de tributação era muito baixo: excetuados os dízimos pagos à Igreja, os impostos diretos tinham praticamente desaparecido. No entanto, todos os grandes proprietários de terras precisavam fazer uma doação anual ao Imperador. Havia impostos indiretos cobrados nas alfândegas (*portorium*), taxas de pedágio em algumas pontes e estradas, assim como taxas sobre veículos (*retatirum*).

Uma das características mais significativas do Império Carolíngio era o grande respeito demonstrado pelo Imperador com relação à cultura e à educação. As qualidades intelectuais de Carlos Magno, e sua ampla compreensão dos assuntos mundanos e religiosos, ultrapassavam muito a modesta educação formal que recebera. Carlos era provavelmente analfabeto, mas reconhecia a necessidade da educação formal e a importância da cultura. Com esse objetivo, reuniu na sua corte alguns dos mais importantes estudiosos da época: Alcuino, da Inglaterra; Paul Diacre, da Lombardia; Einhard (que foi também seu biógrafo), da Alemanha; Teodolfo, da Espanha. Esses esforços produziram o chamado Renascimento Carolíngio, centralizado na escola palacial de Aachen, dirigida por Alcuino, que com seus acadêmicos, tinha acesso fácil ao Imperador.

Carlos Magno dividira seus domínios pelos três filhos vivos: Carlos, Rei de Neutria (morto em 811), Pepino, Rei da Itália (morto em 810) e Luís o Piedoso (778-840), que a sorte fez o único Imperador, entre 814 e 840, por ter sobrevivido aos irmãos. Dos outros dois filhos, Pepino o Corcunda, o mais velho, tinha sido condenado à reclusão em um mosteiro, e morreu em 810; e Lothair morreu em 780. Em 813, em uma assembléia de notáveis reunida no palácio de Aachen, Carlos Magno concedeu a Luís a coroa imperial, fazendo-o seu sucessor.

Desde os primeiros anos do seu reinado Luís deixou de mencionar nos documentos oficiais seu tríplice *status* (como Carlos Magno) de Rei dos Francos, Rei dos Lombardos e Imperador do Sacro Império Romano, retendo só este último. Luís participava da concepção da Igreja da unidade do Império Cristão e dos seus compromissos morais, e devotou seu reinado ao cumprimento desse compromisso. No ano de 817, com o *Ordinatio Imperii*, tentou garantir a futura unidade do Império nomeando como sucessor seu filho mais velho, Lothair I, e destinando os Estados subordinados a seus outros dois filhos — Pepino, Rei da Aquitânia, e Luís II, o Germânico, Rei da Germânia. Esse arranjo foi afetado pelo seu casamento com Judite, depois da morte da primeira esposa, Ermengarda, pois a segunda mulher lhe deu um filho, Carlos o Calvo, que mais tarde recebeu os mesmos direitos dos seus meio-irmãos.

Antes, Bernardo, rei da Itália, neto de Luís o Piedoso (filho de Pepino), rebelou-se contra o avô, que em 818 o prendeu e mandou cegar, crueldade que em 822 precisou expiar publicamente, em Attigny.

Os projetos de Luís o Piedoso foram neutralizados pela revolta dos seus filhos, que o depuseram em 833. Embora tivesse conseguido restabelecer sua posição, com a ajuda do filho Pepino, nunca recobrou o poder e a autoridade que tinha originalmente.

A sucessão de Luís o Piedoso foi prejudicada pelo conflito fratricida entre seus filhos. Primeiramente houve a partição de Worms, no ano 839. Como Luís o Germano se rebelara contra ele, Luís o Piedoso só lhe deixou a Baviera, ficando a maior parte das suas possessões com Lothair e Carlos o Calvo. Além de fragmentar o Império, a partição não foi aceita por Luís o Germano, e quando o pai morreu foi contestada por todos. Depois de muitas vicissitudes, o conflito que se seguiu entre os três irmãos levou ao Tratado de Verdun de 843, que dividiu o Império em três reinos, supostamente de igual importância: *Francia Occidentalis*, que coube a Carlos o Calvo; *Francia Orientalis*, a Luís o Germano; *Francia Media* — Reino Médio ou Lotaríngia —, a Lothair, que reteve o título simbólico de Imperador.

A luta dos irmãos pelo poder

A Igreja, cuja autoridade tinha aumentado substancialmente desde a época de Luís o Piedoso, com o Papa arbitrando os conflitos dinásticos, preservou a idéia de um Império cristão unificado, e durante a vida de Lothair I conseguiu manter um grau razoável de cooperação entre os três monarcas. No entanto, eles se viram confrontados com sérias ameaças externas: repetidas excursões dos vikings, húngaros e sarracenos, conflitos que foram resolvidos temporariamente pelos dois tratados de Meersen, de 844 e 847.

Antes da sua morte, em 855, Lothair dividiu seu reino entre seus três filhos legítimos: Luís II, o mais velho, recebeu a Itália e o título simbólico de Imperador, destituído de importância concreta; Lothair, o segundo, recebeu a parte setentrional do Reino, como rei de Lorena; a Carlos coube a parte meridional do Reino: a Provença e a Borgonha.

O *status quo* resultante foi rompido em 857 por Luís o Germano. Aproveitando-se do fato de que Carlos o Calvo estava fortemente empenhado na luta contra os vikings invasores, Luís atravessou a Lorena com a autorização do seu rei (seu sobrinho Lothair II) e invadiu o território de Carlos, recebendo o apoio dos notáveis do país. Carlos interrompeu a luta contra os vikings e deslocou suas tropas rapidamente para enfrentar o irmão em Brienne, no dia 10 de novembro. A essa altura, contudo, a maioria dos seus soldados desertou, bandeando-se com o inimigo, e Carlos foi obrigado a uma retirada desesperada.

A conquista da *Francia Occidentalis* estava quase completa quando Luís o Germano precisou enfrentar inesperadamente a firme oposição dos bispos gauleses, liderados pelo Arcebispo Hincmar, que divulgou um longo documento condenando a usurpação em curso. A resistência dos bispos gauleses deteve Luís, dando a Carlos a oportunidade de reorganizar seu exército e efetuar um ataque de surpresa contra Luís, no dia 15 de janeiro de 859, derrotando suas tropas e forçando-o à retirada.

Desse modo a situação se inverteu completamente. Os notáveis que haviam traído Carlos renovaram seus votos de lealdade, e a Igreja provara possuir a chave para legitimar os reis. Em 28 de maio de 859 o Concílio de Metz, reunindo bispos dos três reinos, deplorou os abusos praticados contra a Igreja e o reino de Carlos, decidindo formar uma delegação de três arcebispos e seis bispos para encontrar Luís o Germano e absolvê-lo dos seus pecados, desde que aceitasse uma série de condições, bastante severas, destinadas a garantir o respeito pelo reino de Carlos e o cumprimento do acordo de Meersen.

Luís decidiu consultar primeiramente seus próprios bispos, e depois de uma prolongada negociação chegou-se ao Acordo de Coblenz, de 5 de junho de 860, que reafirmou o pacto de Meersen. A pedido de Luís, foram aplicadas sanções moderadas contra os que tinham traído Carlos. Uma das conseqüências mais importantes desse episódio foi a construção de bases sólidas para a autoridade política suprema da Igreja.

É interessante observar que para se fazerem entender pelas suas tropas Luís o Germano falava uma forma primitiva da língua alemã, enquanto Carlos o Calvo usava uma forma antiga de francês. Começava assim a se definir a fronteira lingüística que no futuro dividiria a Europa continental: gradualmente a língua dos francos se tornaria o ancestral do francês, no território mais romanizado da Gália, e o antepassado do Germano evoluiria na área da *Francia* Oriental.

A fragmentação do poder

Depois de Carlos Magno o Império Carolíngio sofreu a contradição entre o conceito unitário inerente à noção de Império e a tradição patrimonial, derivada dos francos, que levava à divisão territorial do reino para a sua partilha entre os filhos do monarca falecido. O próprio Carlos Magno, a despeito das suas firmes idéias sobre a importância da unidade imperial, que manteve com toda energia durante toda a vida, teve a iniciativa de dividir seus domínios entre os filhos, e só a sorte, que deixou Luís o Piedoso como único sobrevivente, manteve a unidade do Império. Mais coerente do que o pai, Luís tentou preservar essa unidade conferindo o título e a função imperial ao filho mais velho, Lothair, e dando aos outros filhos Estados subordinados ao Império. A revolta destes, porém, mesmo durante a vida do pai, frustou essa intenção.

Embora o filho de Lothair I, Luís II (855-875), tenha conseguido manter por algum tempo o projeto imperial, com as bênçãos da Igreja, a divisão entre os seus sucessores levou finalmente à fragmentação do poder entre os reis da França (da *Francia* Ocidental) e da Germânia (da *Francia* Oriental), com o resultado de que o título imperial perdeu toda importância efetiva.

Três fatores acentuaram esse processo. O primeiro foi a difusão do poder, do alto para baixo, pela feudalização do território do antigo Império Carolíngio, particularmente na França. Uma complicada rede de vassalagem — vertical mas também horizontal — descentralizou o poder político e militar, deixando-o sujeito, no nível operacional, à nobreza intermediária dos condes, cujos títulos e propriedades se tornaram hereditários. Em um nível social mais baixo, o poder residia nos senhores feudais, que mantinham seus castelos hereditários e viviam cercados pelos seus próprios cavaleiros.

Um segundo motivo para a fragmentação do poder foi a autoridade que durante algum tempo tiveram os Papas, depois de Nicolau I (858-867), e a sua capacidade de manipular em certas circunstâncias o poder dos reis, visando seus próprios fins. O que se seguiu foi uma crescente dependência do poder e prestígio do rei da França, evidente ainda muitos anos depois, entre os Papas de Avignon (1309-1378) e durante o Grande Cisma (1378-1417). No curso do século X o poder papal foi completamente destruído, com a chamada "pornocracia", sendo o papado controlado por facções da aristocracia romana, como os Teofilactos e especialmente a condessa Marozia, amante do Papa Sérgio III (904-911) e mãe do Papa

João XI (931-935). Além disso, a decadência papal favoreceria o ressurgimento do poder imperial, com Oto I (936-973) e a formação do Sacro Império Romano, que sucedeu o Império Carolíngio.

Um terceiro fator que contribuiu para a fragmentação do poder na segunda metade do século IX foi a nova onda de incursões pelos vikings, os sarracenos e os húngaros.

Para compreender os acontecimentos que se seguiram às tentativas malsucedidas de restabelecer a autoridade imperial por parte de Carlos o Gordo (Imperador entre 881 e 887), culminando com a morte do menino Luís (899-911), que significou a extinção da dinastia Carolíngia, é preciso levar em conta três processos mais ou menos inter-relacionados: a feudalização, a formação do Sacro Império Romano e, do lado religioso, o desenvolvimento da Igreja, com o estabelecimento da Abadia de Cluny, que deveria ter extraordinária influência em toda a Europa. Para não mencionar o aspecto político, com a liberação dos papas do controle exercido durante tanto tempo pelos Imperadores germanos. Essa recuperação teve início com o Papa Nicolau II (1058-1061), e se completou com os Papas dinâmicos do século XIII: Inocêncio III (1198-1216), Gregório IX (1227-1241) e Inocêncio IV (1243-1254).

A sociedade feudal

Como processo sóciopolítico, a feudalização tem sido um fenômeno recorrente na história, desde as civilizações mais antigas, e tende a ocorrer sempre que a autoridade central de um império perde o poder de nomear e demitir seus representantes locais. Desse modo, os agentes locais da autoridade central adquirem um poder autônomo e convertem em direito hereditário uma função antes delegada soberanamente por essa autoridade. Foi o que aconteceu com os nomarcas egípcios, os governadores sassânidas, os governadores das províncias islâmicas (depois da decadência dos Abassidas) e também na Europa, com a desintegração do Império Carolíngio.

É no processo da feudalização da Europa que tipificamos o feudo. Depois da desintegração do Império os beneficiários dos *beneficia* carolíngios os converteram com o tempo em propriedade hereditária. A partir do século XI esses *beneficia* passaram a ser conhecidos como feudos, sofrendo uma transformação. A princípio eram concedidos como recompensa por serviços prestados, principalmente serviços militares, e vieram a ser considerados como fonte da obrigação de servir o senhor que dera origem ao benefício. O vínculo entre senhor e vassalo era simbolizado pela cerimônia que investia o vassalo na posse do seu feudo. Essa investidura criava obrigações negativas e positivas para o vassalo, que nunca deveria trair seu juramento de lealdade, dando sempre ao senhor apoio e conselho. O apoio era, antes de mais nada, militar. No nível mais baixo, o vassalo era um combatente montado, que podia ser convocado para a guerra pelo seu senhor. No nível mais alto, era um conde, que jurara lealdade ao rei. Mas o apoio podia ser também financeiro, e aos poucos ficou limitado a quatro obrigações específicas: pagar o resgate do senhor, se ele fosse capturado; reconhecer como sucessor seu filho mais velho; participar das cruzadas; fazer uma doação quando do casamento da sua filha mais velha. Quanto aos conselhos devidos, o vassalo visitava com freqüência a corte do senhor, onde se desenvolviam a maior parte das relações de vassalagem.

Os castelos apareceram no curso do século X, a princípio como estruturas de madeira; no fim desse século, foram construídos os primeiros grandes castelos de cantaria. Eram cercados por um fosso, com torres elevadas e pontes levadiças, muitos aposentos amplos para acomodar os cortesãos e, em situação de perigo, os habitantes das aldeias dependentes. Os Condes de Anjou foram os primeiros a construir esses grandes castelos de pedra.

O sistema feudal, com seus castelos, fez surgir um estrato social peculiar — os cavaleiros. Eram vassalos de um senhor feudal, equipados e treinados como militares de cavalaria pesada. Atuavam como força policial e militar, assegurando a coleta dos impostos e formando um exército pessoal.

A cavalaria exigia treinamento especial, assim como uma forma específica de iniciação, culminando com a cerimônia de reconhecimento do futuro cavaleiro pelo seu senhor. A Igreja tentou, com considerável sucesso[3], introduzir um código de honra para os cavaleiros, abençoando suas armas e transformando o rito de iniciação em uma cerimonia religiosa.

O feudalismo se fundamentava em um relacionamento especial entre o senhor e os camponeses, tendo por base o sistema de feudos. As grandes áreas rurais do senhor feudal eram divididas em dois segmentos: o domínio senhorial (*mansus indominicatus*), explorado diretamente, e os *mansi*, que os camponeses tinham permissão para cultivar em troca de um determinado pagamento e alguns dias de trabalho para o senhor feudal — a corvéia (*corvée*). O senhor tinha certos direitos sobre os camponeses, quase sempre servos vinculados ao cultivo da terra do feudo. Estavam sujeitos à justiça do senhor, e deviam fazer-lhe certos pagamentos em dinheiro. Eram obrigados também a realizar alguns trabalhos específicos no domínio senhorial — normalmente três dias por semana.

Depois do ano 840 o colapso da unidade carolíngia fez com que a Europa sofresse uma segunda onda de invasões, facilitadas pela inexistência de um poder central forte. Essas invasões vinham de vários lados: os vikings (em inglês também conhecidos como *northmen* ou *norsemen*, "homens do Norte") que chegavam da Escandinávia, penetrando na Europa setentrional com seus longos barcos, os *drakkars*. Da Espanha, do norte da África e das ilhas do Mediterrâneo vinham os sarracenos, que investiam contra pontos litorâneos. Os húngaros, turcos e mongóis incursionavam pela Europa oriental.

Entre os vikings, os suecos freqüentavam a costa do mar Báltico e penetraram na Rússia, chegando a Kiev; os dinamarqueses incursionavam pelo Canal da Mancha e partes do sul da Inglaterra, enquanto os noruegueses realizavam incursões predatórias mais para o norte e o oeste. Em um segundo ataque, a começar em 865, os vikings conquistaram a Nortúmbria, a Mércia e a Ânglia Oriental, estabelecendo um reino dinamarquês no Sul da Inglaterra.

A costa francesa não estava livre desses ataques. Rollo e os vikings ocuparam uma região importante em torno de Rouen, obrigando Carlos o Simples a conceder-lhes permanentemente (pelo Tratado de Saint-Clair-sur-Epte, do ano 911) as terras de Caux, em troca da sua conversão ao cristianismo e a promessa de uma vassalagem puramente nominal. Ampliado, esse território se transformaria mais tarde no Ducado da Normandia.

7. A Igreja e o Império

Na Europa, desde o fim do Império Carolíngio e até o século XIV, os acontecimentos foram condicionados decisivamente pela relação entre a Igreja de um lado (na sua dimensão religiosa e como papado, atuando na qualidade de agente político) e de outro a segunda tentativa de reviver o Império Romano — que depois de 1157 passou a ser chamado de Sacro Império; depois de 1254, de Sacro Império Romano; para finalmente ficar conhecido, no século XV, como Sacro Império Romano Germânico — *Sacrum Romanum Imperium Nationis Germanicae*.

Como já observamos, a idéia e o ideal do Império Romano não desapareceram com a queda de Roma. Os germânicos que ocupavam o território romano não pretendiam pôr fim ao Império, mas sim apoderar-se das suas riquezas e governá-lo. Quanto à Igreja, sempre pretendeu reconstruir um sistema imperial que proporcionasse aos povos cristãos unidade e proteção efetiva, sob a suprema autoridade espiritual e a supremacia política do papado. Além disso, desde Gregório o Grande (590-604) os Papas tinham ficado expostos à situação contraditória de ter uma autoridade espiritual universal sobre a cristandade ocidental sendo ao mesmo tempo extremamente vulneráveis às pressões locais da aristocracia romana, assim como aos inimigos externos. Foi o que deu origem aos apelos de Gregório III (731-741) a Carlos Martelo, a aliança entre o Papa Zacarias (741-752) e Pepino e, finalmente, a coroação de Carlos Magno como Imperador de Roma, por Leão III (795-816).

O desaparecimento do Império Carolíngio restabeleceu a vulnerabilidade local dos papas — situação que atingiu proporções intoleráveis no século X, com a Cúria dominada pela família Teofilacto, culminando com o controle escandaloso do papado pela condessa Marozia, amante de Sérgio III (964-911) e mãe de João XI (931-935).

A idéia de um novo Império Romano sobreviveu com mais força na Alemanha, onde o feudalismo não tinha raízes tão profundas como na França, e os monarcas preservavam uma margem significativa de autoridade central, embora estivessem sujeitos à eleição pelos notáveis do reino. Henrique I, o Caçador de Aves (919-936), eleito sucessor de Conrado I, antigo Duque da Francônia, foi sucedido por sua vez pelo filho Oto, criando assim uma nova dinastia real.

De acordo com a tradição carolíngia, em 936, Oto quis ser consagrado rei em Aachen. Sua posição era a princípio bastante fraca, uma vez que era contestada no próprio país pela nobreza feudal, e externamente por húngaros e eslavos. Mas com o apoio da Igreja ele dominou sucessivamente as rebeliões do seu irmão Henrique e do Duque Eberhard de Francônia, e logo depois a revolta do seu filho mais velho, Lindolfo, e do Duque Conrado da Lorena.

Em 951 conseguiu ser coroado rei da Itália, em Pavia. Sua realização mais importante foi a vitória de 955 sobre os húngaros, em Lechfeld.[4] Depois disso, Oto passou a ser visto como um possível futuro Imperador, segundo a tradição Carolíngia, que se mantinha particularmente viva na Alemanha. Em uma segunda expedição à Itália, conseguiu impor seu controle sobre o norte da península, e em 2 de fevereiro de 962 o Papa João XII lhe conferiu a coroa imperial. Mais tarde, porém, João XII se posicionou contra Oto. O Imperador convocou um concílio em dezembro de 963, demitindo o papa graças o seu comportamento escandaloso, e elegendo para substituí-lo Leão VIII. Deriva desse Concílio o chamado *Othonium Privilegium*, que exigia dos Papas um juramento de obediência ao Imperador, antes da sua consagração.

Com o Sacro Império Romano os Papas obtiveram a proteção que desejavam contra a aristocracia romana e seus inimigos externos, assim como a desejada unidade política da cristandade ocidental, mas sob o preço de subordinar-se ao Imperador germânico. No entanto, mais grave do que essa imposição abusiva ao papado era a difusão da simonia nos assuntos da Igreja, em conseqüência do *Othonium Privilegium*. Para manter seu controle sobre os príncipes germânicos, Oto I delegou autoridade regional aos dignatários da Igreja, que se necessário podiam ser mais facilmente removidos, evitando a geração de um sistema hereditário. Bispados e abadias eram concedidos pelo Imperador segundo a conveniência política, muitas vezes a leigos, enquanto os recursos da Igreja eram utilizados para recompensar os serviços prestados ao imperador.

A completa dependência da Igreja de Roma com relação ao imperador, por meio da crescente prática da simonia, assim como sua dependência dos reis da França e da Inglaterra, com a resultante permissividade de costumes dos clérigos, era inaceitável para as pessoas religiosas, e provocou uma demanda cada vez maior por reformas, dentro e fora da Igreja. Uma primeira reação prática em favor da austeridade e independência da religião foi a fundação da abadia de Cluny pelo Duque Guilherme III da Aquitânia, em 910. Essa abadia era uma instituição independente, subordinada diretamente ao Papa. A independência papal foi afirmada por Leão IX (1049-1054), embora ele tivesse sido indicado por Oto III. Nicolau II (1058-1061) obteve para si uma eleição independente. A fundação da Irmandade dos Cistércios em 1098, pelo Abade de Molesmes (o monge beneditino Roberto), criou uma instituição monástica que enfatizava a pobreza evangélica ainda mais do que Cluny. Os cistércios adquiriram maior influência e prestígio com a adesão de Bernardo de Clairvaux, que seria depois canonizado — um grande místico e excepcional homem de ação, fundador da abadia irmã de Clairvaux, de que foi Abade até a sua morte, em 1153.[5]

Foi com Gregório VII (1073-1085) que a Igreja passou por uma reforma profunda, com a condenação de todas as formas de simonia e licença sacerdotal. Com o seu *Dictatus Papae* o Papa Gregório instituiu, entre outros princípios, a supremacia papal sobre o Imperador, na qualidade de portador de duas espadas, assim como o direito papal de destronar os Imperadores que desmerecessem a sua posição. Condições inaceitáveis para Henrique IV, cujo controle dos assuntos imperiais dependia em grande parte do privilégio da investidura nos postos da Igreja, e que herdara a tradição otoniana da supremacia imperial sobre o papado, que datava de Carlos Magno. Teve início assim o chamado conflito das investiduras.

Em 1076, com apoio dos bispos germanos, que queriam manter os seus privilégios, Henrique IV convocou um Sínodo em Worms, que acordou a deposição do Papa. Subseqüentemente, uma assembléia de bispos lombardos reuniu-se em Placentia, e endossou essa decisão, que Henrique comunicou ao Papa com os mais violentos termos. Em resposta, Gregório VII excomungou o imperador, no Sínodo daquele mesmo ano, liberando assim os seus súditos do juramento de fidelidade, e suspendeu os bispos germanos que haviam apoiado a decisão. Os acontecimentos logo assumiram um rumo desfavorável para Henrique IV, que foi abandonado pela maior parte dos seus seguidores. Vendo o seu trono sob ameaça, o imperador decidiu pedir perdão ao Papa, e viajou como penitente até o castelo de Canossa, pertencente à condessa Matilda, que apoiava o Pontífice, e onde este se encontrava. Após três dias de humilhante penitência, em janeiro de 1077, o imperador recebeu o almejado perdão papal.

No entanto, o conflito sobre as investiduras continuou por vários anos. Em 1083 Henrique IV teria a oportunidade de vingar-se do Papa, apoderando-se de Roma e instalando o antipapa Clemente III, que o coroou Imperador Romano. A controvérsia só foi solucionada em 1122, pela Concordata de Worms, por Calixto II e o Imperador Henrique V. A solução consistiu em dividir o processo de investidura nos cargos da Igreja em duas partes: a autoridade leiga conferiria aos bispos e abades o poder material derivado dos *beneficia* eclesiásticos, e a autoridade religiosa lhes atribuía o poder espiritual.

Sacerdotium e Regnum

A Concordata de Worms não passou de uma solução temporária para a disputa de poder entre os Papas e os imperadores. Estimulados pela vitória parcial que tinham alcançado, os Papas fortes do século XIII, como Inocêncio III (1198-1216), Gregório IX (1227-1241) e Inocêncio IV (1243-1254), estabeleceram firmemente a supremacia papal. Em oposição, a dinastia Hohenstaufen, que desde Henrique IV (1056-1106) governava o Sacro Império Romano, teve nas pessoas de Frederico I Barbarossa (1152-1190) e no extraordinário Frederico II (1212-1250) adversários formidáveis do poder temporal da Igreja, cuja derrota final pelo papado representou um custo elevado em termos de recursos e de perda da autoridade moral do Pontífice, levando à subseqüente subordinação dos Papas de Avignon aos reis da França.

Os Hohenstaufens eram uma família alemã originária da Suábia, cujo nome provinha do castelo do mesmo nome, ao norte de Ulm, que datava de cerca de 1080. O membro conhecido mais antigo da família era Frederico de Beuren (ca. 1015-1084), genro do Imperador Conrado o Sálico. Seu filho Frederico Zarolho, Conde de Staufen (morto em 1105) construiu o castelo e recebeu do Imperador Henrique IV (1079) o Ducado da Suábia. Aparentados com os membros da dinastia Franconiana, quando da morte de Henrique V, em 1125, os Hohenstaufens herdaram o seu patrimônio pessoal e disputaram a coroa do Império com Lothair II (1125-1137). O genro de Lothair, Henrique o Soberbo, da casa dos Guelfos, defendeu com energia a sua causa, que era apoiada pelo Papa Honório II. Esse foi o início da longa luta entre Guelfos e Guibelinos (denominação que vem de Waiblingen, que pertencia à família). Em 1112 Conrado, filho de Frederico Zarolho, foi feito Duque de Francônia por Henrique V. Com a morte de Lothair II, foi reconhecido Imperador, assumindo o nome de Conrado III (1138-1152), havendo sido sucedido pelo filho, Frederico I Barbarossa (1152-1190).

Frederico Barbarossa se considerava herdeiro da tradição de Carlos Magno (que em 1165 se fez canonizar pelo antipapa Pascal II), e se proclamava subordinado diretamente a Deus, aspirando ao *dominium mundi* — projeto que envolvia a formação de um sistema imperial abrangendo tanto a Alemanha como a Itália, inclusive os estados papais, pretensão a que o papado naturalmente se opunha, manipulando as cidades lombardas contra o Imperador.

Em 1155 o Papa Adriano IV pediu a Barbarossa para deter Arnaldo de Brescia, um pregador que defendia o ideal da pobreza cristã e que tinha expulso o Papa de Roma. Barbarossa o prendeu e executou. Logo depois, porém, entrou em conflito com o Pontífice. No mesmo ano, opondo-se a Alexandre III (1159-1181), que fôra eleito pelos cardeais e reconhecido pela França e a Inglaterra, criou o antipapa Victor IV, e em 1160 forçou o Sínodo de Pávia a reconhecê-lo. Com o conflito que se seguiu com as cidades lombardas, em maio de 1176 foi derrotado em Legnano, sendo forçado no ano seguinte a assinar a Paz de Veneza, prostrando-se para pedir perdão ao Papa. Pela Paz de Constança, em 1183, reconheceu a independência *de facto* das cidades lombardas.

Em 1186, Henrique, o futuro Henrique VI, filho de Barbarossa, contraiu matrimônio com Constança, herdeira do reino normando das Duas Sicílias, o que deu aos Hohenstaufens acesso à Itália meridional. Barbarossa preparava sua vingança pela derrota em Legnano quando a queda de

Jerusalém, em 1173, provocou forte agitação por nova cruzada, levando Filipe Augusto, Ricardo Coração de Leão e o próprio Barbarossa a promoverem a Terceira Cruzada, em 1189. Contudo, no ano seguinte este último se afogou acidentalmente no rio Kalykadnus.

Henrique VI (1169-1197), que em 1169 se casara com Constança da Sicília, foi o sucessor de Barbarossa, sendo coroado rei daquela ilha em 1194, depois de derrotar outro pretendente, Tancredo de Lecce. Quando Ricardo Coração de Leão retornou da Terceira Cruzada, Henrique VI o aprisionou, exigindo uma quantia muito elevada como resgate. Morreu ao preparar uma nova cruzada, com o objetivo de estender seu domínio ao Mediterrâneo oriental.

Houve dois candidatos à sua sucessão: Filipe da Suábia, o filho mais moço de Barbarossa, apoiado pelos Guibelinos, e Oto de Brunswick, que foi eleito imperador pelos Guelfos, com o apoio de Inocêncio III. Filipe estava ganhando terreno na disputa sucessória quando foi assassinado, em 1208. Oto foi então reconhecido como Imperador e coroado por Inocêncio III no ano seguinte — contra a vontade do Papa. Em 1210 Oto invadiu a Sicília; foi imediatamente excomungado, e o Papa fez que os suábios elegessem Frederico II, filho de Henrique VI e neto de Barbarossa, que na época tinha só dezoito anos. Oto perdeu seu apoio e, induzido pelo rei João da Inglaterra a combater Filipe Augusto da França, sofreu esmagadora derrota em Bouvines, no dia 27 de julho de 1214, refugiando-se em Harzburg, enquanto Frederico II era coroado em 1215.

Frederico II nasceu em 26 de dezembro de 1194 e faleceu em 13 de dezembro de 1250, tendo ficado conhecido como *Stupor Mundi* — "Assombro do Mundo". Herdou o reino da Sicília em 1197, quando tinha apenas três anos. Para proteger seu filho, Constança lhe deu como tutor o próprio Papa Inocêncio III. Depois da excomunhão de Oto, o Pontífice promoveu a eleição de Frederico como rei pelos príncipes germânicos, em Mainz (1212). Em 1220 Frederico foi coroado imperador em Roma pelo Papa Honório III. Interessado pelos assuntos italianos e pretendendo realizar as ambições do seu avô Barbarossa, Frederico II tinha interesses conflitantes com o papado, que antagonizava a idéia de reunir o norte e o sul da Itália sob o domínio imperial.

Como Frederico atrasasse em 15 anos seu compromisso de assumir a cruz, em 1227 o Papa Gregório IX o excomungou, e por isso Frederico decidiu empenhar-se em uma cruzada, em 1227-1229. Percebendo que uma ocupação cristã duradoura de Jerusalém, cidade cercada de potências islâmicas, era simplesmente inviável, mudou de rumo, em busca de uma solução diplomática. Entrou em negociação com o sultão al-Kamil, do Egito, que ficou fascinado com a personalidade do imperador e sua fluência e familiaridade com a cultura e a língua árabes. O resultado foi um acordo que instituiu durante algum tempo um condomínio islâmico-cristão de Jerusalém, Nazaré e Belém.

Em 1222 morreu Constança, a primeira mulher de Frederico, e em 1225 ele se casou com Iolanda, filha e herdeira de João de Brienne, rei titular de Jerusalém. Durante sua estada nessa cidade fez-se coroar rei, proclamando ao mundo que essa era a vontade divina.

As atividades políticas de Frederico, que eram consideradas favoráveis aos infiéis, despertavam considerável hostilidade do Papa e de modo geral dos círculos religiosos. No entanto, ele conseguiu impor sua autoridade sobre a Sicília, e fez que Gregório IX aceitasse o *"fait accompli"* na Paz de San Germano, em 1230.

Depois da menoridade, quando a Alemanha foi governada por regentes, seu filho Henrique assumiu o governo em 1228. Depois de se chocar contra as políticas paternas, Henrique rebelou-se em 1234, forçando Frederico a intervir nesse mesmo ano. A rebelião foi facilmente debelada; deposto, Henrique foi preso e em 1242 suicidou-se na Calábria.

Em 1235, Frederico — cuja segunda esposa tinha falecido em 1228 — casou-se com Isabel, irmã de Henrique III da Inglaterra, casamento que contribuiu para resolver as disputas entre os Guelfos e os Hohenstaufens. Na Dieta de Mainz, em agosto de 1235, Frederico investiu Oto de Lüneburg com o título de Duque de Brunswick-Lüneburg. Um decreto proclamando a paz no império foi também assinado, e entre as suas provisões estava a criação do cargo de *justitiarius curiae regiae*, baseado no modelo siciliano, com poderes para implementar a jurisdição imperial.

A disputa entre o imperador e o Papa produziu uma série de manifestos, editados pelos dois lados. Pietro della Vigna, conselheiro de Frederico, deu uma contribuição importante a essa guerra de panfletos. Quando o Papa convocou um Concílio, em 1240, para condenar Frederico, a marinha imperial capturou muitos dos prelados que viajavam para dele participar, impedindo assim a sua realização.

Gregório IX morreu em 1241, sendo sucedido pouco tempo depois por Celestino V. Por sua vez, o novo Papa teve como sucessor um advogado canônico, o cardeal Sinibaldo de Fieschi, supostamente amigo de Frederico, que adotou o nome de Inocêncio IV (1243-1254) e inesperadamente abriu hostilidades implacáveis contra os Hohenstaufens. O novo Papa iniciou negociações com Frederico depois da sua eleição, aparentemente para chegar a um acordo, mas em junho de 1244 fugiu em segredo para Lyons, ainda dentro do Império mas perto do território do Rei da França, convocando um concílio nessa cidade para o ano de 1245. Nessa reunião, Frederico foi acusado de ocupar territórios papais, e deposto.

O período entre o Concílio de Lyons, em 1245, e o súbito falecimento de Frederico, em 1250, foi difícil para o imperador, mas ele nunca desfaleceu ou perdeu sua capacidade de tomar iniciativas, a despeito de toda uma série de graves infortúnios, ainda que os anti-Reis criados em sua campanha contra o Papa se mostrassem inteiramente ineficientes. O mais importante dos seus problemas foi o contra-ataque das forças assediadas em Parma, em 18 de fevereiro de 1248, quando já estavam reduzidas a uma situação desesperadora. O excesso de confiança dos comandantes das tropas de Frederico levou-os a não guarnecer suficientemente seu acampamento em Vittoria, que serviu de base para o cerco da cidade de Parma, e à sua captura pelos Guelfos, que se apossaram do tesouro imperial. Isso fez que Frederico precisasse interromper sua marcha sobre Lyons, e tivesse suas forças seriamente enfraquecidas, o que provocou levantes dos Guelfos em muitas cidades, assim como uma longa crise financeira. Frederico contudo pôde reorganizar rapidamente o seu exército, com o apoio de contingentes de Cremona e os remanescentes cavaleiros Guibelinos de Parma. Voltando a atacar, infligiu nova derrota ao inimigo, poucos dias depois do desastre de Vittoria, forçando-o a se retirar para trás das muralhas da cidade.

Mais uma vez o imperador voltou sua atenção para Lyons. Os problemas enfrentados pelo seu exército e o apoio recebido por Inocêncio IV por parte de Luís IX (São Luís), o monarca francês, mantiveram o Papa no seu refúgio, embora sem o apoio oficial da França e esperando com ansiedade a chegada de Frederico.

No entanto, três acontecimentos inesperados contribuíram para impedir que Frederico alcançasse Lyons. O primeiro foi a descoberta, em 1249, que seu auxiliar mais próximo e *logothete* (administrador), Piero della Vigna, o estava traindo por dinheiro. O traidor teve os olhos perfurados e se suicidou na prisão. O segundo episódio infeliz foi a captura acidental pelos bolonheses, naquele mesmo ano, do seu filho Enzio, Rei da Sardenha e um dos seus melhores generais. Quando, a despeito de todos esses incidentes, o imperador avançava seus preparativos para uma nova marcha sobre Lyons, morreu subitamente, em 13 de dezembro de 1250.

No leito de morte, em Castel Fiorentino, na Apúlia, Frederico designou como sucessor o filho Conrado, que se encontrava na Alemanha, e incumbiu seu amado filho ilegítimo, Manfredo, então só com 18 anos, de atuar como regente da Sicília durante a ausência de Conrado. Manfredo transferiu o corpo do pai primeiro para Messina e depois para Palermo, onde ele foi solenemente enterrado no sarcófago de porfírio que o próprio imperador tinha escolhido para seu túmulo.

A perseguição sistemática pelo papado, apoiada finalmente por Carlos de Anjou, que recebera o reino da Sicília, levou à destruição dos Hohenstaufens remanescentes. Conrado morreu em 1254, lutando pela Sicília. Depois de reconquistar o sul da Itália (1255) e a Sicília (1256), Manfredo foi coroado rei dessa ilha em 1258, tendo sido finalmente derrotado por Carlos de Anjou em 1266, na Batalha de Benevente, onde perdeu a vida. Conradino, filho de Conrado IV, o último dos Hohenstaufens, foi solicitado a continuar a luta pelos Guibelinos italianos, depois da morte de Manfredo. Contudo, após uma entrada triunfal em Roma, em 1268, foi derrotado e capturado por Carlos de Anjou na Batalha de Tagliacozzo, naquele mesmo ano, e mais tarde executado.

Frederico II, *stupor mundi*, foi um dos homens mais extraordinários da história, e possivelmente a figura política mais extraordinária da Idade Média. Graças à sua personalidade, seus atos e realizações, não pertenceu à Idade Média, sendo considerado um autêntico precursor do Renascimento. Como um homem do Renascimento, combinava na sua pessoa genialidade política e intelectual em um nível que dificilmente voltaria a ser alcançado. Falava as seis línguas mais importantes da sua época, dominando as respectivas culturas, e cultivava todos os campos do conhecimento — da literatura à matemática, da filosofia e teologia à astronomia e astrologia. Na sua magnífica corte de Palermo cercou-se por grupo um esclarecido de estudiosos cristãos, judeus e muçulmanos, com os quais debatia uma grande variedade de temas eruditos.

Como governante, introduziu na Sicília e nas áreas da Itália sob o seu controle um Estado moderno centralizado, inspirado nos princípios da justiça e da eqüidade e caracterizado pela eficiência administrativa, fiscal e militar; antecipou assim, com antecedência de séculos, os Estados da Ilustração. General consumado, organizou um exército de extrema eficiência, combinando a cavalaria pesada alemã com os rápidos contingentes sarracenos e a infantaria italiana. Saiu vitorioso em todos os seus combates de importância, a despeito do sério desastre no acampamento de Vittoria, durante o assédio a Parma.

Foi também um político excepcional, que com um mínimo de coerção pôde manter a unidade do seu Império heterogêneo, embora não tenha podido subjugar as cidades lombardas. Ademais, além de sofrer a hostilidade permanente do Papa, com decretos de excomunhão e de deposição, e os recursos mais hediondos (vários atentados foram feitos contra a sua vida), conseguiu preservar seu poder e sua autoridade, superando a série ininterrupta de estratagemas empregados contra ele por dois Papas, Gregório IX e Inocêncio IV. Se este último conseguiu, durante algum tempo, causar sérios danos ao seu poder e à sua imagem — apresentando-o como o próprio anticristo —, a enorme energia e a inteligência superior de Frederico lhe permitiram superar as maquinações papais, deixando Inocêncio IV em situação precária, e só a sua morte súbita o impediu de alcançar a vitória final nessa disputa.

No entanto, a imagem desse homem extraordinário, com um robusto sentido de eqüidade e magnanimidade, era prejudicada por um traço de crueldade persistente, exemplificada pelo uso freqüente da tortura e a mutilação dos inimigos antes da sua execução. Crueldade que não era emocional, mas nascia de uma deliberação racional, tornando-o um precursor abominável do uso totalitário do terrorismo estatal como técnica de intimidação coletiva.

A personalidade e as ações de Frederico II deixaram uma marca histórica decisiva. De um lado, ele criou o modelo do herói renascentista, também prenunciando os autocratas iluminados do século XVIII. De outro, prefigurou o espírito pagão da Ilustração e, opondo audaciosamente a autoridade estatal à onipotência dos papas, impediu que a civilização ocidental sucumbisse à teocracia, como aconteceu no Islã.

As vicissitudes do reinado de Frederico II ilustram também o fato de que a idéia imperial, tão estimada pelos legistas e clérigos medievais, que sonhavam com a realização do ideal do Império Cristão, de Constantino e Carlos Magno, era incompatível com as realidades sóciopolíticas da época. Para sobreviver, um império cristão exigiria uma articulação íntima e estável do poder militar alemão com a inteligência italiana e a riqueza e a legitimação papais. No fim do que restou da Antiguidade tardia, Carlos Magno pôde conciliar esses três elementos sob o seu domínio pessoal, mas não conseguiu transferi-los aos seus sucessores. Depois de um período de anarquia civil e religiosa, Oto I pôde construir e controlar exitosamente um segundo Império cristão, que Frederico I tentou inutilmente manter. Frederico II pôde fazer o mesmo por um curto período, mas, a despeito da sua genialidade, foi confrontado por três obstáculos insuperáveis: os príncipes germânicos não queriam usar seus recursos militares para ajudar outro príncipe, melhor situado — o imperador —, que governasse às custas dos seus interesses locais. Quanto às cidades italianas, estavam caindo cada vez mais sob o controle da sua burguesia emergente; voltadas para o autogoverno, eram hostis à centralização imperial. E os papas, tendo vencido os príncipes leigos na disputa sobre as investiduras, buscavam agora o domínio do mundo, e queriam um Imperador que lhes fosse subordinado. Nessas circunstâncias, um império centralizado ativo tornara-se um projeto impossível de realizar.

III
Emergência da Sociedade Européia

1. A França feudal

Conforme já mencionamos, a vitória dos Papas sobre o Sacro Império Romano teve um custo elevado: a dependência subseqüente dos reis da França, durante o período de Avignon (1309-1373), seguido do Grande Cisma de 1378-1427, no qual o papado ficou materialmente exaurido e menos respeitado. Para compreender esses acontecimentos, que tiveram repercussões profundas na formação da cultura européia, faz-se necessário descrever brevemente o que aconteceu na França feudal, desde a época dos primeiros Capetos, e na Inglaterra normanda, a partir de Guilherme o Conquistador.

Na França, depois do desaparecimento do Império Carolíngio, os eventos foram ditados pela posição dominante de Hugo o Grande, Conde de Paris, a primeira pessoa a deter o poder efetivo depois dos últimos Carolíngios.

Hugo Capeto

Filho de Hugo o Grande, Hugo Capeto (987-996) era assim chamado devido ao hábito religioso que vestia, na condição de abade leigo. Tendo mobilizado o apoio dos notáveis do reino, foi eleito em lugar do pretendente carolíngio, Carlos da Baixa Lorena, sendo coroado rei em 3 de julho de 987, em Noyan. O herdeiro carolíngio foi assassinado na prisão, e para garantir sua sucessão Hugo Capeto fez que o seu filho Roberto fosse coroado rei. O território sob seu domínio correspondia aproximadamente a *Francia Occidentalis* de Carlos o Calvo, depois do Tratado de Verdun.

Na verdade o rei não gozava de soberania sobre todo esse território, pois era um suserano. Seu próprio domínio se restringia à Île-de-France, a um palácio situado em Paris, algumas cidades herdadas dos carolíngios (Attingny, Compiègne), e outras pertencentes ao patrimônio de Roberto — Orleans, Dreux, Etampes, Poissy, Senlis e Montreuil-sur-Mer. Mesmo dentro desse território limitado, era confrontado por vassalos turbulentos, protegidos por castelos formidáveis, como os dos senhores de Puiset, Montlhery, Marles etc. O resto do reino estava dividido em numerosos feudos, sendo os mais importantes o Condado de Flandres, os Ducados da Normandia e da Bretanha, os Condados de Champagne, Blois e Anjou, o Ducado da Borgonha e, quase inteiramente autônomos, os Ducados da Aquitânia e da Gasconha, além dos Condados de Toulouse e de Barcelona.

A própria debilidade dos primeiros Capetos favoreceu a sua posição na França feudal, preservando a transmissão hereditária da coroa real. Assim, Luís VI, conhecido como Luís o Gordo (1108-1137), era apoiado pela Igreja e pelo povo, agindo como um dispensador de justiça, e conseguiu terminar com as usurpações do domínio real pelos senhores feudais.

Seu filho Luís VII (1137-1180) era assistido por um grande conselheiro, Suger, abade de St. Denis. No seu reinado foram editadas as primeiras Ordenações Reais. Luís VII participou da Segunda Cruzada, e seu casamento com Eleanor da Aquitânia lhe dava um vínculo com a França meridional, que ele perdeu irrefletidamente ao repudiar a esposa, que não tardou a casar-se com Henrique Plantageneta, o Conde de Anjou, que dois anos depois tornou-se o rei da Inglaterra.

Entre os séculos X e XII a França experimentou progressos importantes em matéria de religião, na vida intelectual e na arquitetura. Os Capetos adotaram uma política de aliança com a Igreja, opondo-se ao Sacro Império e aos conflitos eclesiásticos dos monarcas ingleses. A França foi o cenário dos grandes movimentos religiosos de Cluny (901), Citeaux (1098) e Clairvaux, com São Bernardo (1115). Nos séculos X e XII a Igreja francesa tomou a iniciativa de impor aos cavaleiros turbulentos a Paz de Deus e a Trégua de Deus. A Primeira Cruzada foi pregada por um Papa francês, Urbano II, no Concílio de Clermont (1095). A França também brilhava intelectualmente: as escolas de Chartres, Reims, St.Victor, assim como as preleções de Abelardo, em Paris, tiveram a maior influência em toda a Europa. Essa imagem da França era reforçada pelas inovações na arquitetura, exemplificadas pelo número crescente de basílicas românicas, como as de Cluny, Vezlay e Autun. O estilo gótico, *opus Francigenum*, fez sua aparição inicial em St. Denis, por volta dos anos 1130-1140. Duas das maiores obras-primas góticas eram Notre Dame de Paris, iniciada em 1163, e Notre Dame de Chartres, iniciada em 1194.

Filipe II (Filipe Augusto)

Filho de Luís VII, Filipe II (1180-1223) deu início à política mais dura que seria continuada por Filipe o Belo (1285-1314). Dedicou-se a expandir o domínio real na França, contra os Plantagenetas e outros senhores feudais, e à consolidação do poder real sobre esses feudos, contando para isso com o apoio da Igreja e das cidades. Filipe participou só superficialmente da Terceira Cruzada, com Ricardo Coração de Leão e Frederico Barbarossa, e regressou rapidamente à França para se apoderar das possessões dos Plantagenetas. Explorando os erros cometidos por Ricardo Coração de Leão e João Lackland, confiscou a Normandia, o Maine, Anjou, Poitou e Touraine, conseguindo o apoio de Inocêncio III, que excomungou João Lackland. Depois disso reduziu a independência dos Condes de Flandres. A aliança formada pelo Conde de Flandres, João Lackland, e Oto IV foi derrotada na Batalha de Bouvines, de 1214, que marca a primeira manifestação do patriotismo francês.

A política de centralização seguida por Filipe era apoiada pela pequena nobreza, pelos juristas e a burguesia emergente das cidades. Para administrar os serviços reais foi criado um grupo de funcionários, os *baillis*.

Com o objetivo de dominar o sul da França, Filipe deu toda liberdade a Simon de Montfort e apoiou a vergonhosa cruzada movida pelos cavaleiros setentrionais contra os albigenses. A heresia dos cátaros foi usada como um pretexto para esse ataque, mas o que estava em jogo na verdade era o desejo dos setentrionais de dominar o sul da França e apropriar-se das suas riquezas, às custas dos provençais, languedocianos e toulousianos, que tentaram heroicamente defender a sua independência e a florescente língua e civilização occitana, distinta da *langue d'oil*. O massacre de milhares de meridionais, na cruzada antialbigense (1208-1213), buscava, com um pretexto religioso, incorporar a região meridional à França, sob controle real. O que seria conseguido com o Tratado de Paris de 1229, assinado durante a regência de Blanche de Castela, quando seu filho, Luís IX, ainda era menor. O reinado de Luís VIII (1226) foi uma continuação das políticas de Filipe Augusto. Seu neto, Luís IX (São Luís) (1226-1270) tinha um caráter bem diferente. Era profundamente religioso, preocupado com a justiça e a eqüidade, qualidades que lhe valeram a mais alta reputação internacional, fazendo que fosse convidado a arbitrar numerosas disputas. Tomou a iniciativa de restituir aos Plantagenetas aquelas terras cuja aquisição por Filipe Augusto considerava de duvidosa legitimidade — o Limousin, Perigord e a Guyenne.

O reinado de Filipe III o Calvo (1270-1285) foi um período de consolidação, seguido por outra fase de expansão agressiva do poder real, com Filipe IV o Belo.

Filipe o Belo

Antecipando Maquiavel, Filipe o Belo (1285-1314) introduziu a prática da *Realpolitik*, utilizando todos os meios ao seu alcance, inclusive alguns infames (tais como a falsificação de documentos papais e tentativas de homicídio) para o seu triplo propósito: a centralização real na França, a expansão do território francês e a hegemonia da França na Europa.

Apoiado por um grupo de legistas notáveis, tais como Bel Flotte, o inescrupuloso Pierre de Nogaret, Pierre Dubois (1250-1320) e Marigny, Filipe tentou preencher o vácuo de poder deixado pelo Sacro Império Romano, e enfatizou a necessidade de atribuir à França completa soberania leiga. Na sua disputa com Bonifácio VIII chegou a tentar prender o Papa, com o golpe de Anagni, em 1303, comandado por Nogaret. Desmoralizando o papado, conseguiu fazer como sucessor de Bonifácio um cardeal francês, Raymond Bertrand de Got, que adotou o nome de Clemente V (1305-1314), deslocando a cúria para Avignon e dando início assim a uma longa série de pontífices franceses, sob a ascendência dos reis da França.

Filipe ampliou o domínio real, incluindo Champagne e Lyons, e tornou-se rei de Navarra. Tentou também anexar Flandres, mas foi derrotado por uma milícia flamenga em Courtrai (1302). Dois anos mais tarde, porém, conseguiu anexar a maior parte do Flandres dos Valões, inclusive Lille, Douai e Bethune.

Filipe IV o Belo foi sucedido pelos três filhos — Luís X (1314-1316), Filipe V (1316-1322) e Carlos IV o Belo (1322-1328) — e todos só tiveram filhas. Para impedir que a coroa passasse para Eduardo III da Inglaterra, neto de Filipe IV, os notáveis franceses invocaram a Lei Sálica[6], estabelecendo que a sucessão não podia ser feita através de uma mulher. De acordo com o sentimento nacional, foi escolhido um primo dos últimos três monarcas, Filipe V de Valois (1328-1350) — decisão que foi uma das causas da Guerra dos Cem Anos.

A Guerra dos Cem Anos

A Guerra dos Cem Anos (1337-1453) foi precedida por um século de conflitos entre os Capetos e os Plantagenetas, de 1154 até 1259 — de certa forma, uma primeira Guerra dos Cem Anos. Desde a conquista da Inglaterra por Guilherme, duque da Normandia, em 1066, os monarcas ingleses eram suseranos na Inglaterra, mas na França eram vassalos dos Capetos. O casamento de Eleanor da Aquitânia com Henrique II Plantageneta, em 1152, ampliou muito os seus domínios, que incluíam a Normandia, Anjou e o Ducado da Aquitânia. Filipe Augusto conseguiu superar o poder dos Plantagenetas no continente europeu, e pelo tratado de Paris de 1259, assinado por São Luís, eles renunciaram à Normandia, Maine, Anjou e Poitou, mas mantiveram no seu domínio o Ducado da Guyenne, inclusive Bordeaux, embora precisassem para isso considerar-se vassalos do rei da França. Filipe o Belo rompeu esse acordo e em 1296-1297 tentou invadir a Guyenne. Em 1324-1325, Carlos IV promoveu uma nova invasão.

Eduardo III da Inglaterra (1327-1377) era muito ligado à França; herdara a cultura anglo-normanda e tinha uma atitude simpática com relação a seus parentes Capetos. Reconheceu sua posição de vassalo com respeito a Filipe VI de Valois (1331), e não protestou quando Filipe assumiu em seu lugar a coroa francesa. O que precipitou o conflito foi a atitude anti-inglesa adotada a partir de 1337 por Luís de Nevers, o Conde de Flandres. Eduardo III reagiu impondo um embargo à exportação de lã inglesa para Flandres, o que prejudicava fortemente o comércio flamengo de tecidos de lã, e provocou uma revolta dos comerciantes, liderados por um certo Artevelde. Este último instigou Eduardo III a reclamar seus direitos à sucessão francesa, proclamando-se rei da França. Assim, em 1340 os flamengos passaram a ser vassalos e aliados da monarquia inglesa.

O primeiro ato de hostilidade foi a destruição da frota francesa ao largo de Sluys, em Flandres, em 1340. Em 1346 Eduardo invadiu a França, com dez mil homens. Esse mesmo ano precisou enfrentar em Crecy uma força francesa duas vezes superior, mas os arqueiros ingleses, equipados com arcos de longo alcance, dizimaram a cavalaria feudal francesa. Um ano mais tarde (1347) os ingleses conquistaram Calais, apoderando-se assim de um porto francês, que mantiveram em seu poder até 1558, quando foi retomado pelo duque de Guise.

A guerra continuou até 1453 com uma sucessão de batalhas, favorecendo inicialmente a Inglaterra, e com longos períodos de trégua, terminando com a expulsão definitiva dos ingleses do território francês, com exceção do porto de Calais, depois da sua derrota em Castillon, em 1453, e a subseqüente reconquista de Bordeaux. Nunca se chegou a assinar um tratado de paz, e até 1801 os reis da Inglaterra continuaram a ostentar o título de rei da França.

Nas suas fases iniciais, entre 1337 e 1420, a guerra foi marcada pela superioridade militar da infantaria inglesa e dos seus arqueiros, que se impuseram à cavalaria feudal dos franceses. O resultado foi uma sucessão de derrotas da França: Crecy, em 1346; Poitiers, em 1356, com a captura do monarca francês, João o Bom. Muito mais tarde, no ano de 1415, após várias vitórias francesas, o talento militar do jovem rei Henrique V infligiu outra derrota desastrosa à cavalaria francesa, em Agincourt. A última fase da guerra, de 1420 até a expulsão final dos ingleses, em 1453, foi marcada por uma inversão da sorte, favorecendo a França. O sentimento de uma cultura comum entre a França e a Inglaterra normanda, que prevalecera no período anterior, começou a ser substituído por uma percepção cada vez maior das diferenças nacionais. A língua das classes superiores inglesas passou a ser o inglês, em lugar do francês, e o patriotismo popular francês criou as condições que levariam ao surgimento de Joana d'Arc e suas realizações extraordinárias, desde a reconquista de Orleans, em 1429, até a coroação de Carlos VII como Rei da França, em Reims, mais tarde naquele mesmo ano.

O longo período de lutas recorrentes foi assinalado também por distúrbios sociais e mudanças políticas internas, na França e na Inglaterra. Em Beauvais, Champagne e na Picardia, os camponeses arruinados pela devastação provocada pela guerra iniciaram uma revolta — a Jacquerie de 1358. A epidemia da Morte Negra (1347-1351) dizimou as tropas dos dois lados, levando à trégua de 1347-1355. Em Paris, Etienne Marcel (ca. 1315-1358), o rico superintendente dos comerciantes, chefiou uma revolta burguesa contra o Delfim, o futuro Carlos VII, obrigando-o a deixar a cidade, e tentou instalar em Paris um governo comunitário autônomo — movimento que foi abortado pelo seu assassinato, em 1358. Na Inglaterra houve também rebeliões, como a revolta de Wat Tyler (1381), o levante dos Barões contra Ricardo II e a agitação provocada pela pregação de Wycliff e o movimento dos *Lollards* que se seguiu.

2. A Inglaterra normanda

Durante o reinado de Eduardo o Confessor (1042-1066), que tinha sido criado na corte normanda, a Inglaterra e a Normandia mantiveram relações estreitas. Com a morte de Eduardo, Guilherme, o duque da Normandia, a quem o monarca tinha concedido e depois revogado a sucessão no trono, começou a se preparar para a conquista da Inglaterra. Em 1066, o *Witan*, Conselho Real, elegeu Haroldo, filho do poderoso *Earl* ou Conde Godwin, como rei da Inglaterra. Pouco depois, outro pretendente, o rei Harold Hardrade, da Noruega, invadiu o norte do país, com o apoio de Tostig, Conde da Nortúmbria, e ocupou a cidade de York. O monarca inglês, que se preparava para uma esperada invasão normanda no sul, deslocou suas tropas para o norte, tendo derrotado e morto Hardrade e seu aliado Tostig em Stamford Bridge, no dia 25 de setembro. Três dias mais tarde Guilherme desembarcou em Pevensey, na costa de Sussex, e Haroldo correu para o sul a fim de enfrentá-lo. As defesas que tinham sido preparadas de nada valeram e quando finalmente os ingleses enfrentaram os invasores, Haroldo estava à frente de uma tropa cansada, que foi derrotada na batalha de Hastings, em 14 de outubro de 1066, quando Haroldo perdeu a vida. Guilherme marchou rumo a Londres, e ao alcançar Berkhampstead recebeu a adesão dos nobres ingleses.

Guilherme demonstrou ser um estadista competente. Organizou uma administração centralizada, concentrando grande poder nas suas mãos, com *sheriffs* reais representando-o em cada condado, com o apoio da nobreza feudal normanda, que recebeu os feudos confiscados aos proprietários nativos. As finanças reais foram bem organizadas, e em 1086 a riqueza do país foi registrada minuciosamente no famoso *Domesday Book*.

Guilherme o Conquistador foi sucedido pelos seus dois filhos, Guilherme II (Guilherme Rufus) (1087-1100) e Henrique I (1100-1135), e depois pelo seu neto Estêvão (1135-1154). Com a morte deste último a coroa passou para Henrique II Plantageneta (1154-1189), filho da neta do Conquistador, Matilda, com Geoffrey de Anjou. O casamento de Henrique com Eleanor da Aquitânia, que fôra repudiada por Carlos VII da França, trouxe à Coroa inglesa, além dos domínios da família Plantageneta (Normandia e Anjou), a ampla herança da sua esposa, que incluía a Aquitânia e a Gasconha.

A partir de Henrique II os reis da Inglaterra passaram a ser suseranos no seu país e vassalos do rei da França, devido aos vários feudos que tinham em território francês. Como já mencionamos, essa circunstância foi, entre outras, uma das causas subjacentes da Guerra dos Cem Anos.

3. A Península Ibérica

O reino visigodo da Espanha (466-711) foi um dos reinos bárbaros de menos êxito. Devido ao seu arianismo e ao desejo de preservar os privilégios étnicos de que gozavam, durante muito tempo depois de se estabelecerem na península, os visigodos não se misturaram com a população local, formando uma pequena classe dirigente minoritária. Além disso os seus governos sofriam de uma tríplice debilidade: a eleição dos monarcas, que gerava conflitos em cada sucessão; uma nobreza rebelde, contando com privilégios excessivos, que com freqüência conspirava contra o rei; e a subordinação da Coroa ao clero.

Sob o rei Reccared (587), os visigodos se converteram à Igreja de Roma, o que contribuiu para a sua fusão relativamente rápida com a população nativa, romana-celtibérica, e para a latinização da sua cultura. Mas o país continuou a ter um governo fraco, situação que se agravou particularmente durante o curto reinado de Roderico (710-711), afetado por intrigas e conspirações que o impediram de mobilizar uma resistência eficaz à invasão de Tarik, levando à sua derrota e morte no campo de batalha, em Guadalete, o que abriu caminho para a conquista de todo o reino pelos mouros.

Em termos políticos e militares a ocupação da Península Ibérica pelos muçulmanos, ao longo de vários séculos, desde 711 até a sua expulsão do enclave final de Granada, no ano de 1492, alternou fases de centralização e poder com períodos de fragmentação e debilidade. Poder tiveram os monarcas da dinastia Umaiad, entre 756 e 1031 e, novamente, os Almorávides e Almohades, entre 1086 e 1212. Os períodos de fragmentação e debilidade militar correspondem aos vários reinos "taifa", de 1031 a 1086 e, outra vez, depois da vitória cristã decisiva de Navas de Tolosa, em 1212. Um novo período de fragmentação levou à criação do reino de Granada, que sobreviveu de 1238 a 1492, sob a dinastia esclarecida dos Nasrids.

A longa ocupação muçulmana deixou uma marca profunda na emergente cultura ibérica. No nível mais baixo, os moçarebes (cristãos que viviam sob o domínio islâmico) receberam da cultura árabe uma série de características, desde costumes e técnicas até um número significativo de palavras, quase sempre designando instrumentos, procedimentos ou comidas derivadas dos muçulmanos — herança que foi transmitida às culturas espanhola e portuguesa. Em um nível cultural mais elevado, a Espanha muçulmana, com sua civilização bem mais avançada e sofisticada do que a do ocidente cristão, pelo menos até o século XIII, transmitiu aos europeus a maior parte do que eles vieram a conhecer da cultura grega antes de entrar em contato com os estudiosos bizantinos, no século XV. Transmissão que se fez por meio de intelectuais como Ibn Rushd (Averroes), Avicena, Ibn Khaldun e Maimonides, para mencionar só os mais eminentes. A contribuição islâmica pode ser encontrada também no domínio das artes, especialmente na arquitetura, com edifícios extraordinários tais como a mesquita de Cordoba, a Giralda de Sevilha, o Alcazar de Alhambra e as maravilhas arquitetônicas de Granada.

Os muçulmanos não chegaram a conquistar toda a Península Ibérica. Nas montanhas setentrionais subsistiram quatro pequenos núcleos cristãos independentes, que formaram subseqüentemente o reino de Astúrias, sob Pelagio (718/22-737), além dos Condados de Aragão, Barcelona e Pamplona. Por outro lado, a despeito da sua tentativa malsucedida de invadir a França, os muçulmanos preferiam fixar-se ao Sul de uma linha que passava por Coimbra, Toledo, Guadalajara e Saragoça.

As relações entre muçulmanos cristãos, particularmente depois que estes últimos conseguiram expandir seus enclaves originais, a partir do século X, variaram muito, incluindo períodos de luta violenta, longas tréguas e fases com diferentes formas de cooperação. Tem interesse especial a tentativa relativamente bem-sucedida do grande rei Alfonso VI de Leão (a partir de 1065) e de Castela (a partir de 1077) de criar, até a sua morte, em 1109, um império tolerando as duas religiões. Tentativa que foi bem-recebida pelos taifas até que o recrudescimento da intolerância religiosa dos dois lados, sob a influência dos monges da linha de Cluny, no campo cristão, e com o advento dos fanáticos Almorávides no campo islâmico (1086), pôs fim à tolerância religiosa e à cooperação cultural.

O processo da *Reconquista* cristã continuou em ondas, como se disse acima, correspondendo às vicissitudes experimentadas pelo desenvolvimento dos quatro centros originais dessa expansão — o reino de Astúrias e os condados de Aragão, Barcelona e Pamplona.

Sob seu primeiro governante, Pelagio (718-733) Astúrias expandiu-se gradualmente para o sul, até incluir a cidade de Leon, tornando-se então o reino de Leon, sob Garcia I (909-914). De Leon surgiram dois condados importantes, que se tornariam Estados independentes: Castela e Portugal.

Castela adquiriu independência com Fernan Gonzales (917-970), sendo depois incorporada a Navarra sob Sanchez III o Grande (1005-1035); outra vez tornou-se um reino independente, destinado a ter um futuro extraordinário, mediante o testamento de Sancho, que doou Castela ao filho Ferdinando. No século XI Portugal tornou-se também um condado autônomo, e em 1139 passou a ser um reino independente, sob Afonso Henriques, depois da sua grande vitória sobre os mouros em Ourique.

Aragão foi absorvido por Sancho III e mais tarde, com seu testamento, transformou-se em um reino, doado ao seu filho Ramirez I. Teria uma história brilhante, tornando-se um importante centro econômico e intelectual, com uma marinha poderosa, que lhe permitiu subjugar a Itália meridional. Por fim Aragão se uniria a Castela, no ano de 1469, com o casamento de Ferdinando II com Isabel de Castela.

Barcelona, um grande centro econômico, artístico e intelectual, fundiu-se com Aragão, tornando-se sua capital depois do casamento do conde Ramon Berenguer IV com a herdeira aragonesa, princesa Petronilha, em 1137.

O Condado de Pamplona tornou-se um reino independente com Garcia Inigo (ca. 860-880), e mais tarde formou o reino de Navarra, sob Sancho III. Dois séculos depois, com a morte de Sancho VII (1194-1234)), o reino passou para Teobaldo I, conde de Champagne (1234-1253), o primeiro de uma linha de monarcas franceses. Seu último descendente, Jeanne I, Rainha de Navarra, casou-se com Filipe o Belo, provocando assim a união de Navarra com a França, mantida até 1328. Nesse ano, Jeanne, filha de Luís o Altercador, excluída do trono da França pela Lei Sálica, recebeu Navarra, que voltou a ser um reino independente. Em 1512, Ferdinando II o Católico tomou Navarra de Jean II de Albert, incorporando-a definitivamente à Espanha em 1515.

Ao longo de nove séculos os vários Estados que emergiram dos quatro centros focais que mencionamos — o reino de Astúrias e os Condados de Aragão, Barcelona e Pamplona — ficaram reduzidos a dois, a Espanha de Castela e Portugal. Castela, que se constituíra relativamente tarde, tornou-se um reino independente em 1035, graças ao testamento de Sanchez III; por meio de uma combinação bem-sucedida de matrimônio e conquista, terminou por absorver todos os outros estados peninsulares, com a exceção de Portugal — a despeito de várias tentativas de incorporá-lo também (as duas mais importantes ocorreram durante as crises da sucessão de Fernão I, em 1383, e do Cardeal Henriques, em 1580).

A sucessão de Fernão I foi disputada pelo rei João I de Castela, casado com Beatriz, a filha de Ferdinando, que era inaceitável pelo povo português e pela nobreza do país por ser castelhano, com João de Avis, filho ilegítimo do antigo rei Pedro I. João de Avis foi proclamado rei pelas Cortes de Coimbra, mas João de Castela sustentou sua pretensão invadindo Portugal. A derrota dos castelhanos na batalha de Aljubarrota, em 1385, pelos portugueses comandados brilhantemente por Nuno Alves Pereira, permitiu preservar a independência do país.

A segunda grande ameaça de Castela à independência de Portugal, no ano de 1580, atingiu o seu objetivo durante algumas décadas. Sebastião, o jovem rei português, imbuído utopicamente da convicção religiosa de que era seu dever converter Marrocos ao cristianismo, sob o domínio de Portugal, conduziu o exército português, com a flor da nobreza do país, em uma invasão desastrosa, sendo os invasores dizimados pelo rei Ahmed al Mansur, na batalha de Alcacer Kibir. Sebastião morreu sem deixar herdeiros, e subiu ao trono o Cardeal Henrique (1578-1580), filho do rei Manuel I e tio do monarca falecido, que também não deixou herdeiros. Quando morreu, o rei da Espanha, Filipe II, primo de Sebastião e neto do rei João III por Maria, sua mãe, postulou o trono como herdeiro legítimo, tendo encontrado forte oposição, inclusive de Antônio, Prior da Ordem do Crato e filho ilegítimo do príncipe Luís, que era filho do rei Manuel I.

O povo apoiava Antônio, mas o alto clero e parte da nobreza preferiam Filipe II, cuja formidável superioridade militar lhe permitiu obter a coroa, prometendo contudo respeitar a autonomia do país. No entanto, a despeito da pouca interferência espanhola nos assuntos de Portugal, a união com a Espanha teve resultados muito prejudiciais para os portugueses. Tradicionalmente aliado da Inglaterra (desde o tratado de Windsor, de 1386), devido à união ibérica, Portugal passava agora para o campo oposto, e por isso perdeu para os Países Baixos e a Inglaterra partes substanciais do seu amplo império marítimo, insuficientemente protegido. João de Bragança, bisneto do príncipe Duarte e filho do rei Manoel I, invadiu Portugal com o apoio dos ingleses, e em 1640 derrotou os espanhóis, restaurando assim para sempre a independência do seu país.

4. Principais etapas

Conforme já se mencionou neste estudo, a sociedade medieval européia se desenvolveu no curso de um processo longo e gradual. Na Antiguidade tardia já podiam ser observadas certas características da Europa medieval, como a drástica redução da autoridade central e dos serviços públicos dela dependentes, assim como o crescente poder autônomo das autoridades regionais e locais, com a transformação de muitas *villae* em grandes propriedades rurais fortificadas, com colonos que foram os predecessores dos servos vinculados às terras feudais. Da mesma forma, algumas características da Antiguidade tardia persistiram até os séculos XIII e XIV, especialmente aquelas relacionadas com o Sacro Império Romano.

Nesse processo de transformação gradual podemos distinguir seis etapas principais. A primeira, correspondendo de modo geral ao período em que os francos se estabeleceram na Gália e na Alemanha, no V e VI séculos, poderia ser chamada de romanização dos bárbaros. É marcada pelas tentativas dos reinos bárbaros, inclusive os godos, lombardos e burgúndios, de adaptar seu governo e seus costumes às instituições e aos costumes dos romanos. Vem depois, no século VIII, uma fase em que ocorre processo inverso: querendo ser incorporados à nova camada dirigente, os galo-romanos tentaram germanizar-se. A terceira etapa foi caracterizada pela emergência e desenvolvimento do Império Carolíngio (747-886): foi a primeira tentativa importante de preservar e proteger a sociedade cristã, que tinha ocupado o lugar da sociedade cristianizada da Antiguidade tardia, atribuindo-lhe unidade política e um sistema integrado de poder.

O insucesso de Luís o Piedoso em assegurar a continuidade do Império Carolíngio, diante da rebelião dos seus filhos e das ondas sucessivas de incursões escandinavas, sarracenas e magiares, levou à completa subversão do sistema centralizado de autoridade, substituído pela feudalização da Europa e a correspondente fragmentação do poder entre diferentes reinos, ducados e condados, no nível mais elevado, e no nível mais baixo entre inumeráveis senhores feudais.

A quinta etapa começou com a segunda tentativa de criar um novo Império Romano, desta vez por parte dos monarcas alemães, sob a forma do Sacro Império Romano fundado por Oto I o Grande (926-913), que deveria atingir o seu apogeu com Frederico I Barbarossa (1152-1196), e particularmente com Frederico II (1215-1250), *stupor mundi*. A destruição implacável dos Hohenstaufens pelo papado, especialmente por Gregório IX e Inocêncio IV, prejudicou a segunda tentativa medieval de formar um novo Império Romano. No século seguinte, Luís IV da Baviera tentou reviver o Sacro Império Romano (1314-1347), tendo conseguido um certo sucesso inicial, mas as condições prevalecentes não eram mais compatíveis com um projeto imperial.

As tentativas medievais de reconstruir o império começaram com Carlos Magno, com o esforço de proporcionar integração política e defesa militar à nascente sociedade cristã européia. O império de Oto e dos seus sucessores foi concebido como um sistema cristão leigo, com o objetivo de proteger a Igreja Cristã, sob a supremacia do imperador. O império de Barbarossa e Frederico II era um Estado leigo, governado por cristãos mas sem estar a serviço do papado. No caso de Frederico II, que era agnóstico, o Estado que governava era tolerante e aberto a outras religiões, embora por razões políticas o governo reprimisse os movimentos heréticos.

A vitória sobre os Hohenstaufens, porém, representou um custo elevado para o papado, exaurindo seus recursos materiais e erodindo sua autoridade espiritual. O resultado foi o Papado de Avignon (1309-1376), sujeito ao controle dos reis da França, seguido do Grande Cisma (1378-1417).

Ao destruir o império dos Hohenstaufen, o papado destruiu as bases do seu próprio poder político, assim como da sua supremacia espiritual indisputada. O resultado foi uma nova fase na evolução da Europa — a sexta etapa mencionada acima — que só então passou a ser uma sociedade plenamente medieval. Sociedade com vários centros políticos — a Inglaterra, a França, a Alemanha, a Borgonha, a Espanha — e uma ampla rede de centros semi-autônomos, tais como os Estados dos eleitores e as cidades independentes da Alemanha, os vassalos turbulentos do rei da França, os Estados conflitantes da Itália e, abrangendo outra dimensão social da Europa, as cidades-estado emergentes da Itália setentrional e de Flandres. Essa sociedade medieval continuava dividida em três ordens (como observou o bispo Adelberonte de Laon, na sua *Carmen ad Robertum Regem*, de cerca de 1020): os que oravam (*oratores*), os que lutavam (*bellatores*) e os que trabalhavam (*laboratores*). Com o desenvolvimento das cidades, a partir do fim do século XII, e a concessão de licenças possibilitando que a maioria delas ficassem sujeitas diretamente à autoridade do rei, sem intermediários feudais, surge uma nova dimensão na Europa medieval: a vida urbana. E com ela uma diferenciação adicional na sociedade, com o desenvolvimento, nos burgos medievais, de uma burguesia dividida em novos grupos: os artífices, os comerciantes e os intelectuais.

5. As três ordens

Como já mencionamos, o bispo Adelberonte de Leon constatava que a sociedade cristã estava dividida em três ordens, que ele considerava necessárias e complementares, cada uma delas prestando serviços indispensáveis às outras duas. Essa concepção representava uma visão apropriada da estrutura da sociedade medieval até o século XII, quando o desenvolvimento gradual das cidades gerou outra divisão tripartite nos centros urbanos emergentes, diferenciando artífices, comerciantes e intelectuais. No entanto, as três primeiras ordens não desapareceram, embora mudanças importantes ocorressem no caso dos *bellatores* e dos *oratores*.

Quanto aos camponeses, foram pouco afetados pelas mudanças ocorridas durante a Idade Média. Houve uma tendência para melhorar a situação dos camponeses livres, e o lento processo de conversão de uma parte das terras comuns das aldeias em propriedade dos senhores feudais, ampliando a área sob propriedade privada, inclusive a pertencente aos camponeses mais ricos, marcou uma tendência que só se desenvolveria de forma significativa muito mais tarde, no século XVIII.

Dentro da ordem dos *bellatores*, uma grande mudança estava ocorrendo a partir do século X, com respeito aos guerreiros montados — os cavaleiros. Como já mencionamos previamente neste estudo, os cavaleiros apareceram em conseqüência do processo de feudalização, com a desintegração do Império Carolíngio. No nível mais elevado, a fragmentação do poder criou reinos independentes, ducados e outros poderes regionais; no nível médio, condados feudais, vassalos de suseranos do nível superior, com seus próprios guardas montados; no nível inferior, criou senhores feudais, na condição de vassalos, gozando certa margem de autonomia local, entrincheirados nos seus castelos e com seus próprios cavaleiros vassalos. Como guerreiro montado o cavaleiro tornou-se o elemento central dos exércitos feudais. Depois do século X a antiga divisão social entre *liberi* e *servi* passou a ser uma divisão entre *milites* e *rustici*.

O desenvolvimento de grupos de cavaleiros, compostos de jovens robustos, treinados para a prática da guerra e da violência em defesa dos seus senhores, e sem outros limites a não ser a vontade do seu senhor, de quem recebiam armas, alimentação, abrigo e o fruto de saques, criou bandos de pessoas socialmente perigosas, conhecidas popularmente como *tyranni*, devido à sua conduta violenta e abusiva, e *praedones*, devido aos freqüentes roubos que cometiam.

Profundamente preocupada com essa situação, e agindo com o apoio dos membros mais responsáveis do sistema, a Igreja começou a fazer um sério esforço para instaurar a disciplina moral e religiosa na nova classe dos cavaleiros. Esforço que teve um certo sucesso, levando à criação e difusão dos ideais da cavalaria. Os cavaleiros abusivos passaram a ser *chevaliers*, com um código de honra especial, envolvendo a obrigação de defender a Igreja, os pobres e fracos, conduzindo-se sempre com coragem e galanteria. A cerimônia militar de armação do cavaleiro, conferindo-lhe as esporas douradas que o identificavam como tal, foi convertida em uma cerimônia religiosa, exigindo uma vigília de prece e o juramento de observar o código de honra da cavalaria: o cavaleiro era um *miles Christi*. O conde St. Géraud de Aurillac (855-909) foi o primeiro modelo do *chevalier* ideal, devotando-se às boas ações e fundando mesmo um mosteiro beneditino, onde — segundo o seu biógrafo, o abade Odon de Cluny — passou os últimos anos da sua vida.

O ideal da cavalaria foi disseminado por uma vasta literatura que apresentava o nobre cavaleiro como campeão da cristandade, um cruzado na *Reconquista* da Espanha[7], ou cavaleiro errante buscando corrigir o mal. Exemplos podemos encontrar, com perspectivas distintas, no *Cantar de mio Cid*, na Espanha; na *Chanson de Roland*, do século XI, celebrando a morte de Roland de Roncesvalles, dois séculos antes; nas histórias do Rei Artur e dos Doze Cavaleiros da Távola Redonda; no *Perceval* de Chrétien de Troyes, do século XIII; no *Livre de l'Ordre de Cavaylaria*, do místico catalão Ramon Lull, também conhecido como Raymond Lluli (ca. 1234-1316), que serviu a muitas gerações como manual de cavalaria; e na famosa história romântica do *Amadis de Gaula*, passada no século XIV.

Os cavaleiros tornaram-se a nova nobreza inferior da Idade Média, modelo da conduta nobre masculina, que até os reis procuravam imitar, como São Luís da França e Ricardo Coração de Leão, e fundamento de uma ideologia que sobreviveu à época em que os cavaleiros eram o elemento central do poder militar. Essa ideologia representou o principal ingrediente do futuro modelo do *gentleman* ou cavalheiro. Mas a época dos cavaleiros terminou com o desenvolvimento de novas táticas de infantaria, como as empregadas pelos ingleses na Guerra dos Cem Anos, a introdução da pólvora e a organização de exércitos permanentes. No século XVI os cavaleiros já eram obsoletos, servindo de motivo para sátiras, das quais a mais importante, porque exibe valores universais, é o *Dom Quixote* de Cervantes. Não obstante, a imagem romântica do nobre cavaleiro passou a ser uma figura permanente da tradição européia.

Houve também algumas mudanças importantes com os *oratores*, a ordem dos que se dedicavam à prece. Em síntese pode-se dizer que no curso do tempo a Igreja incorporou na estrutura clerical herdada do cristianismo romano (baseada em uma rede de arcebispos, bispos e sacerdotes) dois novos estratos sucessivos: os monges e os frades.

Uma primeira reação importante, no contexto da decadência dos padrões morais e religiosos da Igreja do século X, foi a fundação do Mosteiro de Cluny, no ano de 910, pelo Duque Guilherme III da Aquitânia. Uma série ininterrupta de bons abades, começando com Bernon (910-927) e continuando com Odon (927-942), Aymond (942-963), Mayeul

(963-964), Odilin (994-1049) e Hughes (1045-1109), deu a Cluny a maior respeitabilidade religiosa e moral, e a mais ampla influência, com a difusão do seu modelo por toda a Europa. Na época do Abade Hughes, Cluny chegou ao seu apogeu, contando com 65 outros mosteiros sob a sua jurisdição. A biblioteca de Cluny era a mais rica da Europa depois de Monte Cassino, e o mosteiro representou uma das bases para as importantes reformas realizadas na Igreja pelo Papa Gregório VII (1073-1085).

A influência de Cluny combinada com o surgimento de novas tendências religiosas, enfatizando menos a liturgia e mais a pobreza evangélica, provocou a criação de um novo tipo de mosteiro beneditino, caracterizado pela extrema austeridade e simplicidade. Foi o caso do mosteiro cartusiano de São Bruno, fundado em 1084, que originou duas Ordens similares, baseadas na pobreza absoluta — Grandmont e Fontevrault. A expressão mais importante do novo modelo beneditino foi Citeaux, fundado em 1098 pelo Abade beneditino Robert Molesme. Aubri, seu sucessor (1099-1109), trocou o hábito negro dos monges de Cluny por uma veste branca. A importância de Citaux foi muito ampliada com a chegada, em 1112, de Bernardo de Clairvaux, um grande místico, homem de energia inesgotável, com extraordinária capacidade de liderança. Em 1115 Bernardo fundou o mosteiro de Clairvaux, permanecendo à sua frente até morrer, em 1153. Juntamente com extrema austeridade e simplicidade, São Bernardo introduziu o culto da Virgem, exercendo na sua época uma grande liderança nos assuntos eclesiásticos e políticos. Representou também a resistência da fé incondicional aos exercícios críticos de intelectuais como Abelardo. Em meados do século XII havia já trezentos mosteiros cistercianos, número que aumentou para mais de setecentos na segunda metade do século seguinte, incluindo mosteiros para mulheres e a extensão da condição monástica para leigos, sob a forma de *conversi* (irmãos).

Os séculos XI e XII viram a emergência de uma nova modalidade de vida monástica, combinando funções religiosas com militares, sob a forma de Ordens militares. São Bernardo apoiou esses cavaleiros, considerando o extermínio de infiéis um ato meritório. A primeira dessas Ordens foi a dos Cavaleiros Hospitaleiros, fundada em Jerusalém em 1050, com o objetivo inicial de ajudar o hospital dos cruzados, mas que no século XII se transformou em uma Ordem militar. Da mesma forma, os Templários, fundados por Hughes de Payns em 1119, faziam o tríplice voto de pobreza, castidade e obediência, com o propósito de defender Jerusalém e ajudar os peregrinos que viajavam à Terra Santa. Depois da perda de Jerusalém os Templários se tornaram uma Ordem de grande riqueza, dedicando-se a operações financeiras. Essa opulência levou Filipe o Belo a mover-lhe uma perseguição selvagem, para confiscar sua riqueza. A última das grandes Ordens militares foi a dos Cavaleiros Teutônicos, composta quase exclusivamente de cavaleiros alemães e fundada em São João de Acre, em 1198, pelo Duque da Suábia. Os Cavaleiros Teutônicos tiveram um papel decisivo na expansão militar e religiosa da Cristandade e dos domínios germânicos na Europa Oriental. Em vários países foram fundadas versões leigas nacionais dessas Ordens — como as de Santiago, Calatrava e Alcântara, na Espanha; a Ordem de Aviz, em Portugal; a Ordem da Liga, na Inglaterra; e a Ordem do Velocino de Ouro, na Borgonha.

No século XIII surgiu uma nova dimensão da estrutura da Igreja, com as Ordens mendicantes. Como já dissemos, o espírito da pobreza apostólica já tinha provocado a fundação de Citeaux e de Clairvaux, dentro da família beneditina. O objetivo de imitar a renúncia radical de Cristo à propriedade levou, em condições diferentes e com características distintas, à fundação das Ordens dos franciscanos e dos dominicanos. Essas Ordens expressavam também a adequação da Igreja às novas condições urbanas surgidas com o desenvolvimento das cidades, a partir do século XII.

São Francisco (1181-1226), filho de um rico comerciante de tecidos de Assis, na Itália — Francis Bernardone —, foi uma das pessoas mais extraordinárias que já viveram. O pai queria que seguisse o seu ofício. No entanto, depois de uma juventude normal e alegre, Francisco foi ferido e aprisionado na guerra de 1202 contra Perugia, tendo experimentado os primeiros sinais da sua vocação religiosa, que o levou à prática da prece solitária. Obedecendo a uma ordem recebida da imagem de Cristo na igreja da sua paróquia, que o mandava reconstruir a Igreja — ordem que ele interpretou literalmente —,dedicou-se a reparar igrejas, vivendo de esmolas. Esse tipo de vida contava com forte oposição do seu pai, o que fez que Francisco rompesse com ele. Em 1208, na festa de São Mateus, deixou-se impressionar vivamente pelas instruções dadas por Cristo aos seus apóstolos: "Não levem ouro, prata ou cobre em sua viagem; nem um bastão, sandálias ou um casaco sobressalente, pois quem trabalha tem direito ao sustento. Chegando a uma aldeia procurem uma pessoa de confiança e se alojem na sua casa enquanto estiverem no povoado" (Mateus, 10: 9-11).

Tendo decidido seguir essas instruções literalmente, e vivendo de esmolas, Francisco começou a pregar para as pessoas das cidades da região. Logo surgiram alguns discípulos, e ele estabeleceu uma regra de vida simples, para que todos seguissem. Em 1909, quando o número desses discípulos já tinha aumentado para doze, foi a Roma em busca da aprovação do Papa Inocêncio III. Impressionado, mas ainda hesitante, o Papa deu-lhe oralmente a aprovação pedida, no dia 16 de abril de 1209 — data considerada tradicionalmente como a fundação da Ordem Franciscana.

Os frades, tendo como centro Porciúncula, pregavam nas ruas, e não possuíam bens materiais. Em 1212 Santa Clara fundou a Ordem Franciscana feminina, centralizada na igreja de São Damião. Depois de uma primeira tentativa de viajar à Terra Santa, em 1212, frustrada por um naufrágio, sete anos mais tarde São Francisco foi até Damietta, no Egito, quando os cruzados estavam assediando a cidade. Conseguiu alcançar o campo sarraceno e pregou ao Sultão, que ficou muito impressionado, embora não se tivesse convertido, mas o autorizou a visitar os lugares sagrados.

Entrementes, a Ordem cresceu para cinco mil membros, dentre os quais surgiram pontos de vista conflitantes, distinguindo os "espirituais", que insistiam no cumprimento literal do voto de pobreza, dos "liberais", que preconizavam soluções práticas, e dos "moderados", que permitiam pequenas concessões em matéria de propriedade coletiva. Relutando em exercer a sua liderança, pois preferia devotar-se exclusivamente à pregação e à prece, São Francisco nomeou Pedro Caetani como seu representante para administrar a comunidade. Com a morte de Caetani, em 1221, escolheu Elias de Cortona para essa função. A controvérsia sobre a forma de adaptar a pobreza total às necessidades práticas da comunidade só mais tarde foi resolvida temporariamente, com uma posição moderada adotada por São Boaventura que, como ministro geral, entre 1257 e 1274, foi como um segundo fundador da Ordem.[8]

Entrementes, São Francisco continuava sua vida de prece e pregação. Um dia, em 1224, enquanto rezava em La Verna, nas montanhas, perto de Assis, recebeu os estigmas de Cristo, que tentou ocultar enquanto viveu. Depois da sua morte, as feridas foram vistas pelo Irmão Elias, que revelou o fato à comunidade.

Passada na mais completa simplicidade, a vida de São Francisco[9] foi um esforço ininterrupto para difundir a mensagem original de Jesus, manifestada com o amor irresistível por todos os homens e todos os seres vivos, no exemplo mais extraordinário de bondade suprema e caridade irrestrita. Francisco passou os dois últimos anos da sua vida com dores permanentes e quase cego, por causa de uma a infecção contraída na viagem ao Egito. Provocou entre seus contemporâneos um impacto maior do que qualquer outro santo, e com ele uma mensagem e uma lenda, de que a versão mais popular é a dos *Fioretti* ("As Florezinhas de São Francisco") — um dos mais fortes testemunhos da fé cristã.

A Ordem Dominicana, fundada por São Domingos e aprovada pelo Papa Inocêncio III em 1215, tinha também um compromisso com a pobreza, mas, como o seu fundador, seu caráter era muito diferente do franciscano.[10] Domingos de Guzman (ca. 1170-1221) era filho de uma família nobre de Caleruega, na Castela Antiga. Orientado desde a juventude para uma carreira eclesiástica, fez estudos superiores na universidade de Polencia, e juntou-se ao cânon da Catedral de Osma, tendo atingido a posição de Vice-Prior. O Prior Diego de Azevedo (falecido em 1207) era um grande amigo de Domingos e tornou-se Bispo de Osma. Ao acompanhar uma missão diplomática exercida pelo seu bispo, em 1203, representando Alfonso VIII de Castela, Domingos se familiarizou com os cátaros do Sul da França e do Norte da Itália. Quando o Papa convocou o bispo e Domingos para trabalhar na conversão dos cátaros, ele enfatizou aos representantes do pontífice a necessidade de que os pregadores demonstrassem a mesma austeridade dos líderes cátaros, os *perfecti*. Domingos conseguiu converter membros de um subgrupo desses heréticos, os vaudoisianos, e fundou uma comunidade religiosa em Prouille (1207), para abrigar algumas das mulheres vaudoisianas que convertera, mas não teve êxito com a linha principal dessa heresia.

Depois do assassinato do legado papal, Pierre de Castelnau, em 1208, o Papa, com o apoio de Filipe Augusto, convocou uma cruzada contra os cátaros (albigenses), comandada por Simão de Montfort. Para Filipe Augusto, a cruzada era realmente uma forma de incorporar o Sul da França ao seu reino, sob o pretexto de combater os heréticos. Para os que dela participaram não passou de um massacre vergonhoso da população local, com o objetivo de apoderar-se da sua propriedade. Com efeito, a cruzada albigensiana significou a destruição da cultura occitana pela França setentrional, e impediu a consolidação dos povos que falavam a *langue d'oc* — povos que, inclusive na Itália do norte, estavam em processo de formação do que poderia ter sido uma nação occitana.

São Domingos, amigo de Simon de Montfort, não chegou a participar dessa cruzada, mas foi um conivente passivo. Depois da derrota do Conde Raymond de Toulouse, na batalha de Muret, em 1213, Toulouse foi tomada e em 1215 seu Bispo, Foulques, antigo cavaleiro e trovador, bom amigo de Domingos, nomeou-o pregador diocesano. Com a autorização de Foulques, Domingos começou nesse ano a organizar a sua Ordem, que foi depois aprovada pelo Papa, com o nome de *Ordo Fratrum Praedicatorum*

O.P. Seu objetivo era dotar a Igreja e a fé cristã de um grupo devotado de pregadores competentes, vivendo na pobreza e austeridade mas qualificados com a melhor preparação intelectual da época, para assegurar o êxito da sua missão.

A preocupação principal de São Domingos era dar a seus frades o melhor treinamento intelectual, particularmente filosófico e teológico, como precondição para pregar com competência e revelar os erros dos heréticos. Com esse objetivo ele se manteve em estreito contato com a Universidade de Paris e outros centros acadêmicos na Itália, Espanha e Inglaterra. Imprimiu também uma interpretação moderada e realista ao voto de pobreza dos dominicanos, vendo-o como um meio para atingir a perfeição moral e não como um fim em si mesmo; desse modo a Ordem podia possuir os meios materiais para o seu funcionamento, tais como a sua subsistência básica, conventos e bibliotecas. São Domingos foi um grande amigo e admirador de São Francisco, mas, com a sua concepção cautelosa da pobreza instrumental, preservou os dominicanos dos conflitos que na Ordem Franciscana dividiam radicais de moderados.

Os dominicanos não tardaram a atuar como um instrumento decisivo na missão evangelizadora da Igreja. Tiveram um papel importante no desenvolvimento da filosofia medieval, ilustrado pelos dominicanos Albertus Magnus (ca. 1200-1280) e Tomás de Aquino (1225-1274). Mais tarde participariam na menos elogiável obra da Inquisição.[11]

IV
A Sociedade Medieval

1. Ressurgência das cidades

As cidades do Império Romano não desapareceram subitamente com as invasões dos bárbaros. Como já mencionamos, com algumas exceções, os bárbaros não pretendiam destruir o Império, mas sim fixar-se dentro das suas fronteiras, saquear suas riquezas e eventualmente governá-lo. Com efeito, os germânicos tentaram manter as instituições civis e administrativas locais romanas, juntamente com os seus próprios costumes. Alguns líderes bárbaros tiveram considerável sucesso, como Teodorico o

Grande, com o seu reino ostrogodo da Itália. No entanto, o modo de produção e o estilo de vida dos bárbaros não eram compatíveis com a manutenção das cidades. Assim, durante os séculos VI e VII elas declinaram seriamente, por falta de apoio econômico infra-estrutural.

Ao atingir o máximo do seu crescimento, no século II a.D., Roma tinha perto de um milhão de habitantes, mas entre os séculos X e XIV ficou reduzida a menos de trinta mil.[12] A população urbana da Gália romana, representando 40% do seu total, caiu para menos de 10% nos séculos VIII e IX. Deve-se mencionar também o fato de que no curso da Antiguidade tardia o Império Romano do ocidente já tinha experimentado um processo de diminuição demográfica e de redução do tamanho das cidades. A maioria dos membros da classe senatorial se deslocou para suas vilas campestres, juntamente com os familiares e acompanhantes.

A ressurgência das cidades começou no fim do século X, especialmente na Provença, Languedoc, Catalunha, Itália setentrional e Flandres, espalhando-se logo por outras regiões da Europa. Esse processo continuou firmemente nos séculos XI e XII, até a época da Peste Negra (1348-1350), que matou mais de um terço da população européia — cerca de 25 milhões de pessoas. No século XV as cidades voltaram gradualmente a se expandir.

O novo processo de urbanização se devia a vários fatores: o aumento da produtividade agrícola, criando um excesso crescente de mão-de-obra rural, e o fim das incursões dos vikings, húngaros e sarracenos, na parte final do século X. Estimulado por essa prosperidade crescente, o comércio começou a florescer, a despeito da interrupção do tráfego marítimo no Mediterrâneo pelos árabes, até a sua expulsão da Sicília, com a conquista normanda de 1072-1091 (Pirenne, 1947). O aumento da atividade comercial provocou um processo circular de crescimento de fatores interligados: os comerciantes atraíam os artesãos e estimulavam a produção dos camponeses, aumentando o fluxo de mercadorias, o que por sua vez levava a uma expansão das trocas. Esse processo provocou a criação de aglomerações de casas comerciais fora das muralhas das velhas cidades, o que, depois de algum tempo, obrigava à construção de novas muralhas, mais extensas, para cercar a área urbana expandida. Outro resultado foi a urbanização ocorrida em torno dos mosteiros e castelos, e perto dos locais onde se realizavam feiras periódicas, como as da Champagne.

Na rede urbana gerada por esse processo só meia dúzia de cidades tinham mais de cem mil habitantes: Paris, Palermo, Nápoles, Gênova, Florença e Milão. Uma dúzia de metrópoles regionais contavam com cerca de trinta mil habitantes: Ghent, Ypres, Bruges, Colônia, Londres, Barcelona, Metz, Bordeaux, Bolonha e Toulouse.

Essas cidades incluíam jardins e campos cultivados dentro das suas muralhas, com a criação de vacas, ovelhas etc. Havia também edifícios religiosos, públicos e privados, construídos ao longo de praças e ruas estreitas, de caráter bem diferente dos existentes nas aldeias, embora algumas dessas aldeias fossem maiores do que certas cidades. O que distinguia estas últimas, além das muralhas circundantes e de uma cultura urbana em crescimento, era o grau de autonomia e auto-administração, que variava desde uma limitada auto-regulagem municipal até a independência quase completa, situação a que chegariam algumas cidades do Renascimento italiano e flamengo-alemão.

Do século XI ao fim do século seguinte a autonomia das cidades era alcançada, em vários níveis de autogoverno, através de um processo gradual de substituição (nem sempre pacífica) da autoridade feudal pelas autoridades municipais. De modo geral os monarcas eram favoráveis à autonomia das cidades, como uma forma de reduzir o poder dos seus vassalos feudais, e como um expediente para melhorar a coleta dos tributos, canalizando-os para o tesouro real e não mais para a burra dos senhores feudais, sob a responsabilidade das autoridades municipais.

Durante os séculos XII e XIII a maioria das cidades da Europa Ocidental desenvolveu instituições administrativas comunitárias, autônomas. Característico do sistema comunitário era o juramento que obrigava os cidadãos à assistência e proteção mútuas, com a imposição de penalidades severas aos que o desrespeitassem. De modo geral as comunas eram governadas por uma classe patrícia que incluía os nobres residentes, os comerciantes ricos e as ligas profissionais mais importantes. Na Itália setentrional e central as cidades eram controladas pela *Podestà*, a mais alta autoridade executiva civil.

Na cidade de Florença, depois do exílio em 1295 de Siano della Bella (responsável pelo *Ordenamento di Giustizia*), os "magnatas" podiam ocupar cargos públicos desde que participassem de uma liga ou corporação profissional, pelo menos nominalmente. A nova ordem introduziu uma segunda organização do comando político, além da antiga: o *Popolo*. A *Podestà* continuava a presidir a comuna, mas ficava limitada ao papel de mera aplicadora da Lei, tendo seus poderes judiciais restringidos pela ampla competência reconhecida ao *Capitano del Popolo*. Os conselhos da comuna e a *Podestà* se limitavam a deliberar sobre projetos já aprovados pelo Conselho do Povo.

Organizado — topográfica, militar e profissionalmente — em seis *sestieri*, cujas companhias eram conduzidas por um *Gonfaloniere*, o povo dispunha muitas vezes de poder legislativo e executivo, elegendo o *Gonfaloniere di Giustizia* e o conselho que assistia os priores.

Cada corporação profissional era dirigida por um cônsul, assistido por dois conselhos e vários funcionários, que cuidavam do cumprimento das normas adotadas. Os mestres controlavam essas corporações, e as mais importantes dentre elas controlavam todo o sistema. O *Capitano del Popolo* e a *Signoria* eram as principais autoridades executivas. O *Capitano* era habitualmente um nobre eleito a cada seis meses ou a cada ano, assistido por três conselhos, um dos quais — o Conselho Especial — era composto dos cônsules das 21 ligas profissionais. Esses conselhos debatiam as propostas feitas pelo *Capitano*.

O poder executivo cabia à *Signoria*, que representava Florença nas suas relações internacionais. Abrangia o *Gonfaloniere di Gisustizia* e os Priores. Estes eram seis (depois oito), com mandato de dois meses; eram escolhidos dentre os membros das principais categorias profissionais por um colégio eleitoral formado pelos 12 cônsules das artes maiores e intermediárias, e pelos notáveis indicados pelos priores que deixavam o cargo. O *Gonfaloniere di Giustizia* tinha o direito exclusivo de convocar as companhias militares, e aos poucos veio a ser a mais importante autoridade da república, dando início à tramitação das leis e presidindo os colégios e o Conselho de Priores.

Em Flandres, onde se desenvolviam centros importantes da produção e comércio de tecidos (no século XIV Ghent tinha 50 mil habitantes), os *echevins*, designados nominalmente pelo Conde mas na verdade escolhidos pelos patrícios, detinham o poder de administrar as cidades, e nomeavam um chefe do executivo, o *Maire* ou *Burgmeister*. As instituições alemãs eram semelhantes às flamengas. Na Espanha, comunidades eram fundadas nas terras conquistadas aos muçulmanos, e recebiam do rei seus títulos de autorização, os *foros*. Na França setentrional e na Inglaterra, as comunidades locais tinham menos autonomia, e seus direitos eram estipulados por um decreto real.

O novo ambiente urbano criava outros grupos sociais além das três ordens feudais dos *oratores*, *bellatores* e *laboratores*. Entre esses grupos avultavam os comerciantes, artesãos e sacerdotes seculares, inclusive frades mendicantes, assim como a figura emergente do intelectual, muitas vezes um clérigo não-ordenado.

2. Ligas e profissões

Inicialmente os comerciantes medievais transportavam as próprias mercadorias que negociavam, usando os poucos trechos remanescentes das estradas romanas e os precários caminhos medievais, desprovidos de pavimentação. As mercadorias eram transportadas em veículos ligeiros, de duas rodas, ou, mais freqüentemente, em mulas ou cavalos. Na medida do possível preferia-se o transporte fluvial, que apresentava inúmeras vantagens, e canais e represas eram construídos para minimizar as diferenças de nível entre os rios. O comércio marítimo era também cada vez mais usado, devido à segurança crescente do Mediterrâneo, com a redução dos ataques pelos árabes e pelos piratas. Um prodigioso desenvolvimento tecnológico, com a vela latina, a bússola e a caravela, tornava a navegação oceânica uma possibilidade prática. Com o tempo alguns comerciantes mais importantes, dedicados ao comércio internacional, fixavam-se em uma cidade determinada, credenciando representantes em outras cidades e usando agentes ou companhias especializadas para transportar suas mercadorias.

A extensão da rede de representantes comerciais italianos no século XIII pode ser ilustrada pelo caso dos irmãos Niccolo e Matteo Polo. A viagem extraordinária de Marco Polo (1254-1324), filho de Niccolo, iniciada no ano de 1271, foi realizada com o objetivo de visitar os agentes comerciais da família na distante cidade de Sudak, na costa sul-oriental da Criméia.

A expansão do comércio provocou uma expansão ainda maior das transações financeiras, desde empréstimos até vários tipos de operação de crédito, inclusive seguros.[13] Até o século XIII, quando o crescimento das cidades o tornou inevitável, a Igreja desestimulava o comércio. E ela nunca aceitou a "usúria", que considerava um dos peçados mais sérios. Para evitar a proibição religiosa, os banqueiros usavam uma variedade de recursos para poder cobrar juros, tais como o registro de quantias maiores do que as efetivamente desembolsadas, de modo que a diferença cobrisse o retorno pretendido. Outro estratagema consistia em estabelecer uma data nominal para repagamento anterior àquela ajustada efetivamente, estipulando uma multa a ser cobrada por qualquer atraso.

Na Idade Média, as restrições impostas pela Igreja às operações financeiras, e outras circunstâncias relacionadas com a situação dos judeus, fez que eles se tornassem os primeiros banqueiros. Os banqueiros de Piacenza foram os primeiros a desafiar esse monopólio dos judeus, e logo depois surgiram outros banqueiros em Siena, Lucca e Florença, e mais tarde

420 UM ESTUDO CRÍTICO DA HISTÓRIA

lombardos. Os banqueiros florentinos inventaram a contabilidade de partida dobrada, foram pioneiros do cheque e da letra de câmbio e criaram o florim de ouro, que foi a moeda internacional da época. Os Albizzi, os Bardi, os Baroncelli, os Peruzzi, os Pulci e os Stroze foram alguns dos comerciantes e banqueiros mais importantes de Florença do século XIV, e os Médici se tornariam mais tarde a principal família de comerciantes e políticos.

Como já dissemos, as feiras, que se desenvolveram continuamente a partir do século XI, foram eventos de grande importância no comércio da Idade Média. As feiras da região da Champagne eram as mais importantes, começando com a de Lagny-sur-Maine, em janeiro, e sucedendo-se ao longo do ano, para terminar com a "feira fria" de Troyes, em outubro. No século XIII cada feira durava cerca de seis semanas. Essas feiras eram licenciadas e protegidas pelos príncipes, representando para eles fontes importantes de rendimentos diretos e indiretos. Mais tarde eles passaram a proporcionar uma guarda especial para proteger vendedores e compradores, os *custodes nundinarum*.

A necessidade de proteger e regulamentar os vários ofícios provocou a organização de ligas profissionais, associações que se tornaram a principal forma de organização da cidade medieval. Essas ligas ou corporações profissionais incluíam todas as atividades profissionais importantes, e exigiam dos seus membros determinadas qualificações; eram auto-reguladas, dentro de limites determinados pelas autoridades urbanas — embora estas por sua vez fossem controladas pelas entidades profissionais. Muito hierarquizadas, atuavam sob o controle dos mestres, cuja posição tendia a ser hereditária, e estavam divididas em ligas maiores e menores. Os aprendizes eram tratados como os "primos pobres" da família; quando devidamente treinados, trabalhavam mediante um salário, aspirando a chegar à posição de mestre, difícil de alcançar.

A história de Florença como cidade de administração autônoma, típica do processo de crescente autonomia urbana, começou com a morte da condessa Matilda (1046-1115), herdeira do condado da Toscana. Os cidadãos se organizaram em grupos, geralmente vinculados às igrejas paroquiais, sob a autoridade do respectivo Bispo. Esses grupos formavam uma comuna, defendendo a sua autonomia com uma guerra bem-sucedida contra os senhores feudais do *contado*, na região circunvizinha. Isso levou à instituição, em 1138, de uma autoridade civil — o cônsul — nomeada por um conselho de 100 notáveis, os chamados *boni homines*. Por razões de defesa, o sistema consular levou mais tarde, em 1185, à instituição da

Podestà como o cargo executivo mais alto, que em 1193 passou a ter caráter permanente.

A comuna era administrada pelos comerciantes da cidade, organizados em uma associação sob a liderança das ligas mais importantes. A partir de 1387, das 21 ligas registradas, 14 *Arti Minori* e 17 *Arti Maggiori* estavam representadas nas autoridades principais, na base de um para quatro. As sete maiores ligas eram, começando pelas maiores, a *Arte dei Giudici e Notai* (advogados), a *Arte della Lana* (trabalhadores em lã), a *Arte di por Santa Maria* (trabalhadores em seda), a *Arte di Calimala* (tecidos), *Arte del Cambio* (banqueiros), *Arte dei Medici, Speziali Merciai* (médicos) e *Arte dei Vaccai e Pellicciai* (peleteiros).

Pelo *Ordinamento di Giustizia* de 1293 os nobres estavam excluídos dos cargos públicos, regra que passou por muitos ajustes, dependendo das vicissitudes havidas no conflito entre os Guibelinos, favoráveis ao imperador e mais abertos aos nobres, e os Guelfos, favoráveis ao Papa e mais inclinados em favor das classes baixas. Quaisquer que fossem os temas desse longo conflito, inclusive a oposição social aguda entra a oligarquia dos senhores e os interesses dos trabalhadores assalariados, do *grasso popolo* contra o *popolo minuto*, as ligas mais importantes sempre mantiveram o seu controle, obrigando os nobres, na medida em que ganhavam acesso aos cargos públicos, a ingressarem em uma corporação profissional, pelo menos *pró-forma*.

3. As universidades

Além das corporações que regulavam as várias profissões, a cidade medieval criou também universidades, reunindo professores e estudantes para a transmissão e o desenvolvimento do conhecimento acadêmico. A palavra "universidade" não se referia ao caráter universal desse conhecimento, mas à *universitas* representada pelo conjunto de grupos ou corporações reunindo professores e estudantes — *universitas magistrorum discipulorumque*.

Com a universidade a Idade Média criou um novo tipo de homem: o intelectual. Conforme Jacques Le Goff (1957), no ocidente o intelectual apareceu, com diferentes nomes, em algum momento do século XII, na cidade medieval. Os intelectuais eram chamados de mestres, professores, até mesmo filósofos. Já eram intelectuais na acepção moderna da palavra — homens dedicados profissionalmente ao estudo, à pesquisa e ao ensino, que procuravam compreender o mundo sob a forma de conceitos. Naturalmente, nos mosteiros já havia uma atividade intelectual, e homens como São Bernardo de Clairvaux continuaram a praticá-la no século XIII, mas o intelectual que emergia na Idade Média era muitas vezes um burocrata ocupando um cargo sem grande importância, como Abelardo ou Dante, ou um frade dominicano ou franciscano, como São Tomás de Aquino ou Duns Scotus, respectivamente; mas quase sempre estava associado a uma universidade ou instituição de ensino, onde lecionava em troca de uma taxa paga pelos estudantes.

Conforme observou Charles Homer Haskins[14], a universidade medieval era semelhante à contemporânea, que procede diretamente da mesma matriz. O primeiro centro de altos estudos da Europa medieval foi a Escola de Salerno, fundada no século IX para o estudo e o ensino da medicina — uma instituição que manteve por muitos séculos seu prestígio internacional, permanecendo sempre exclusivamente como escola de medicina. As primeiras universidades no sentido abrangente do termo foram as de Bolonha e de Paris.

A mais famosa de todas, a Universidade de Paris, começou suas atividades entre 1150 e 1170, com escolas localizadas no precinto da catedral de Notre Dame, cujo Chanceler tinha autoridade exclusiva para licenciar atividades de ensino na diocese, e para conceder graus universitários. O ensino em Paris ganhou fama com Guilherme de Champeaux (morto em 1121), que foi professor de Abelardo (1079-1143), e especialmente com o próprio Abelardo, que depois de ensinar em Melun e Corbei, ensinou na Escola da Catedral de Notre Dame, antes de mudar-se para a Escola da Igreja de Mont-Sainte-Geneviève.

A universidade de Paris recebeu autorização real para funcionar em 1200, tendo adotado esse ano como data da sua fundação. Em 1211 recebe um mandato do Papa Inocêncio III para eleger um inspetor como seu representante na corte papal. Durante muito tempo a universidade não dispunha de uma sede própria, e os professores moravam em casas separadas, na Ilha de São Luís. Gradualmente esses professores formaram uma comunidade de mestres, com quatro grupos de docentes — três superiores, de teologia, direito canônico e medicina, e um inferior, de arte. A Universidade estava dividida em quatro "nações", de acordo com a origem geográfica e cultural dos estudantes: 1) a francesa, que incluía italianos, espanhóis e gregos; 2) a picarda, com estudantes do norte da França e dos Países Baixos; 3) a normanda; 4) a inglesa, incluindo irlandeses, escoceses, alemães e estudantes do norte e do leste da Europa. Um Decano dirigia cada grupo de professores, e um Inspetor chefiava cada uma das "nações". O reitor foi inicialmente o Decano de Arte.

O Colégio de Paris, cuja origem remonta a 1180, foi originalmente uma residência para os estudantes pobres. Em 1500 já havia 68 colégios, que se transformaram gradualmente em centros de ensino, enquanto nas universidades inglesas de Oxford (fundada na década de 1190) e de Cambridge (de 1209) os colégios eram os centros básicos de ensino.

Enquanto a Universidade de Paris, nascida nas escolas de Notre Dame, se desenvolveu como uma instituição professoral, a Universidade de Bolonha, ativa desde o fim do século X como um centro de estudos de direito, foi criada por iniciativa dos estudantes. Para evitar a exploração por parte dos moradores da cidade, que cobravam preços exorbitantes pela alimentação e alojamento que forneciam, os estudantes se organizaram em corporações, para negociar coletivamente a aquisição do que precisavam para viver. O sistema demonstrou sua eficiência, pois os estudantes podiam sempre ameaçar uma mudança de supridor ou senhorio, já que o ensino que os interessava não dependia de um local específico. O êxito nessa negociação das suas necessidades materiais os levou a usarem a mesma abordagem com os professores, estabelecendo regras para o número mínimo de aulas por semana, a duração das aulas e outras características fundamentais dos cursos. Os professores, que dependiam das taxas pagas pelos estudantes, precisavam aceitar essas regras, mas também se organizaram de forma coletiva, criando regras para a admissão de estudantes, para os exames e as exigências dos graus acadêmicos. Os diplomas menos graduados eram as licenças para ensinar, *licentia docendi*.

Muitas universidades seguiram os padrões instituídos pela Universidade de Paris. Entre as mais antigas estavam as de Oxford (1167), Vicenza (1204), Cambridge (1209), Salamanca (1218), Pádua (1222), Nápoles (fundada pelo Imperador Frederico II em 1224) e Toulouse (1229).

A princípio a vida intelectual da Idade Média se orientava de modo geral para a dialética, dada a influência de Abelardo. Mais tarde, a introdução de Aristóteles motivou um interesse na metafísica e nas ciências naturais, que eram cultivadas especialmente em Chartres.

Uma questão central que dividia a comunidade intelectual, e que foi tema de um longo debate era a disputa sobre os universais. A Querela dos Universais, no fim do século XI e na primeira metade do século XII, reproduzia, em certa medida, a controvérsia entre Platão e Aristóteles sobre a natureza das idéias, embora os intelectuais da época não tivessem consciência disso, e na ocasião só conhecessem os dois grandes filósofos gregos de forma indireta, e muito parcialmente. A Querela dos Universais a princípio colocava os realistas contra os nominalistas; mais tarde, depois das importantes qualificações introduzidas pelos defensores de cada uma dessas teorias, colocou os dois lados contra a posição conceitualista ou sermonista de Abelardo.

Influenciados por Platão e Porfírio, os realistas sustentavam que os universais, ou seja, os conceitos classificatórios, tais como "animal" e "homem", representam uma realidade que contém em si os casos particulares — como Sócrates, por exemplo, incluído no conceito de "homem". Os universais, portanto, não seriam apenas substâncias (*res*, daí o nome "realismo") mas, contrastando com os objetos individuais, correspondiam às substâncias primitivas, das quais emanavam as coisas particulares. As substâncias seriam tanto mais reais quanto mais universais.

Os nominalistas, influenciados por fragmentos da lógica aristotélica, especialmente o tratado *De Categoriis*, afirmavam que as coisas individuais são as verdadeiras substâncias, e que as substâncias não podem ser predicadas em um julgamento: *res non praedicatur*. Assim, o universal não passa de um nome (*nomen*), de uma palavra (*vox*), designando numerosas particularidades. Assim como Boécio afirmou que as palavras eram "um movimento de ar produzido pela língua", para os nominalistas os universais eram apenas sons (*flatus vocis*).

A posição dos conceitualistas, proposta em primeiro lugar por Abelardo e adotada mais tarde pelos tomistas, opunha-se a esses dois pontos de vista. Para eles os universais não eram coisas, mas por outro lado eram mais do que simples *flatus vocis*; representavam a predicação (*sermo*), através do pensamento conceitual (*conceptus*), das características essenciais de um conjunto de coisas particulares. Sócrates e Platão são indivíduos, apresentando as características gerais da condição humana. "Homem" não é apenas uma palavra, mas a representação conceitual das características essenciais possuídas individualmente por todos os homens. Só os indivíduos são reais, mas os traços essenciais da condição humana (como a de ser um animal racional) são uma parte necessária das características específicas de cada indivíduo.

Abelardo, o principal pensador da escola conceitualista, foi o intelectual mais brilhante da sua época, um notável precursor do Iluminismo e do espírito crítico do intelectual moderno. Sua tentativa de manter um relacionamento não convencional com Heloísa fez que fosse cruelmente castrado pelo tio da moça; e sua defesa intransigente do primado da racionalidade lhe valeu a condenação pela Igreja, e sua perseguição incessante pelo fervor religioso fanático de São Bernardo de Clairvaux.

O tomismo tornou-se o pensamento filosófico predominante na Idade Média e a filosofia oficial da Igreja, mas foi disputado por outras posições filosóficas, tais como a dos franciscanos, já mencionada; pelo empiricismo de outro franciscano eminente, Roger Bacon (ca. 1220-ca. 1292), e pelo misticismo de Bernardo de Clairvaux (1090-1153) e seus seguidores.

Outros temas importantes do fim da Idade Média foram manifestos na renovação da controvérsia entre o Império e o papado, com a participação, já mencionada, de Ockam e de outro notável intelectual, Marsílio de Pádua (ca. 1275-ca. 1342), cujo texto *Defensor Paci*, de 1324, foi a defesa mais clara e consistente da autonomia da autoridade política com relação à Igreja. Em uma perspectiva distinta, João de Salisbury (1115-1120-1180), com seu *Metalogicon* e *Policratus*, enfatizando a importância das letras clássicas, acentuou a necessidade de orientar a especulação filosófica em uma direção humanista. Tanto Marsílio como João de Salisbury abriam uma polêmica que seria central na fase seguinte da Civilização Européia, o Renascimento.

A despeito da importância da universidade como base para o intelectual da Idade Média, em cidades como Florença havia lugar para intelectuais independentes, sobretudo com relação à vida política. Dante (1265-1321) foi o exemplo mais marcante. Esse homem extraordinário, um dos maiores poetas que já viveram, cuja *Divina Comédia*, escrita entre 1310 e 1321, era tanto uma súmula da cosmovisão medieval como uma antecipação do Renascimento, foi também um Guelfo branco militante. Depois da ocupação de Florença pelas tropas de Carlos de Valois (1301), em apoio ao partido papal (os Guelfos negros), Dante, vivendo no exílio, e já uma figura do maior prestígio internacional, chegou a uma acomodação com os Guibelinos.

4. Conclusões

Ao concluir o presente capítulo importa fazer duas breves considerações sobre o contexto regional do processo sociocultural que levou à formação da Europa, assim como sobre as principais tendências impulsionadas por esse processo.

Durante o processo da sua formação a Europa medieval foi influenciada pela predominância de certas regiões e de determinados povos. Os ostrogodos, visigodos, jutos, anglo-saxões e sarracenos, com a intervenção bizantina de Justiniano, marcaram inicialmente a sua presença no território do antigo Império Romano do Ocidente. Mas o impacto duradouro, que superou a influência desses povos, e mais tarde a dos lombardos, foi a dos francos. Os sarracenos durante muito tempo controlaram a Península Ibérica, e a Itália meridional foi mantida sob a hegemonia de Bizâncio, enquanto a Inglaterra, com os celtas remanescentes, era dominada pelos anglo-saxões e os dinamarqueses. No entanto, a maior parte da Europa Ocidental era controlada pelos francos, sob o domínio flexível dos merovíngios e mais tarde sob o domínio sistemático de Carlos Magno.

No curso do tempo o vasto império dos francos foi dividido em três partes principais: a francesa, a alemã e a italiana.[15] Depois do interregno entre o colapso do Império Carolíngio e Oto I o Grande, surgiu um novo sistema imperial na Europa, e o século seguinte, até a morte de Frederico II, em 1250, foi marcado pela oscilação da balança de poder entre o Império e o papado. Assim, predominava a presença ítalo-germânica, com influências marginais da França e da Inglaterra.

O novo interregno, depois da morte de Frederico II, viu o poder emergente da França dos Capetos ser contestado pela Inglaterra dos Plantagenetas, com a influência marginal de Aragão, cabendo um papel secundário à breve ressurgência do Sacro Império, com o rei Luís IV da Baviera. A debilidade dos Imperadores alemães no fim da Idade Média, os recursos materiais limitados do papado e a diminuição da sua autoridade moral iriam permitir a formação de importantes cidades-estado independentes no norte da Itália, e com elas surge uma nova era — o Renascimento.

Quais foram as principais tendências socioculturais geradas pelo processo formativo que criou a Europa? Como é natural, a questão é vista com uma ótica diferente se considerada do ponto de vista do fim da Idade Média (preocupada com o conflito entre Estado e Igreja) ou da perspectiva contemporânea. A visão de hoje tem a vantagem de ser histórica; não é uma mera projeção especulativa. Mas tem dificuldade em distinguir as tendências da história européia que derivaram significativamente do seu processo formativo daquelas resultantes das novas condições surgidas durante os seiscentos anos que separam de nós o fim do século XV.

Além disso, é também importante reconhecer em que medida qualquer tentativa de discernir ou interpretar essas tendências depende de uma apreciação subjetiva, quaisquer que sejam os esforços feitos pelo analista para derivar suas conclusões apenas de fatos objetivos.

Com essas importantes qualificações, penso que devemos considerar, para nossos objetivos, os principais problemas enfrentados pelas sociedades européias no período coberto pelo presente capítulo — conflitos que deram origem às grandes tendências da história européia. Na visão deste analista, esses conflitos poderiam ser assim resumidos:

- O conflito entre o império e o papado, para definir se o Estado ou a Igreja deveriam predominar.
- O conflito entre a razão e a fé, a filosofia e a teologia; sobre se devemos determinar nosso pensamento por nossas crenças ou se, ao contrário, nossas crenças devem ser determinadas pelas nossas idéias.
- O conflito entre a afirmação de formas reciprocamente compatíveis dos direitos e da personalidade do indivíduo e, de outro lado, os limites impostos pelas coletividades de que o indivíduo participa.
- O conflito entre o risco de adotar os aperfeiçoamentos esperados das inovações racionais e a segurança implicada na preservação de tradições seguras.
- O conflito entre submeter a sociedade a um sistema legal adotado pelo consentimento do povo ou regulamentá-la pela autoridade daqueles que supostamente têm maior conhecimento.
- O conflito entre o projeto de submeter as relações internacionais a um sistema acordado de leis ou o reconhecimento de que é inevitável a predominância dos Estados mais fortes.

Admitindo que esses foram os principais problemas que as sociedades européias precisaram enfrentar, do império dos francos até o fim do século XIV, somos levados a concluir que alguns deles tiveram uma resposta decisiva, gerando tendências que persistem até hoje. Outros problemas, porém, podem ser descritos como correntes, ou tendências, sem representar contudo uma tendência definitiva e irreversível.

O conflito entre o Estado e a Igreja, incorporado paradigmaticamente nas figuras de Frederico II e do Papa Inocêncio III (e seus sucessores), terminou com a completa independência dos dois lados: os Estados modernos são completamente seculares, e a Igreja Cristã moderna, católica ou protestante, independe do Estado, a despeito da dependência nominal da Igreja da Inglaterra com relação ao monarca.

No caso do conflito entre a razão e a fé, não há dúvida de que prevaleceu a razão, e a fé tornou-se uma matéria de convicção íntima das pessoas. Não obstante, não podemos afirmar a mesma supremacia inequívoca da razão se falamos de dogma, em vez de fé. Experiências recentes com o comunismo e o fascismo nos fazem pensar. E embora esses dois totalitarismos tenham sido derrotados, tanto em termos de poder como intelectualmente, é óbvio que não podemos excluir do cenário contemporâneo novas formas de dogmatismo.

Com relação aos quatro outros itens da lista precedente podemos dizer que as tendências predominantes são claramente visíveis, mas que os movimentos opostos não podem ser ignorados. Os direitos individuais e a afirmação legítima do indivíduo, considerados em termos de compatibilidade recíproca, são certamente predominantes na civilização ocidental. Na medida em que as pressões coletivas podem vir a prevalecer não podem ser ignoradas. Esses são os limites que surgem às vezes de fortes pressões da opinião pública, de vínculos familiares ou de exigências patrióticas.

Certamente uma das características do homem ocidental moderno é o espírito de inovação. No entanto, as considerações tradicionais ainda influenciam a conduta de todas as pessoas, e certa ou erradamente restringem a amplitude da experimentação individual.

Hoje prevalece também o sistema de direito consuetudinário, embora sua aplicação na realidade seja mais restrita. O problema da nossa época, porém, independentemente dos resíduos do autoritarismo, deve-se à complexidade das decisões que dependem de conhecimento e competência na ciência e na tecnologia. Em que medida essas decisões podem ser tomadas pelo consenso popular? Este é certamente um dos problemas que enfrenta o sistema democrático contemporâneo.

Desde o tratado de Kant sobre a paz perpétua subsiste sem solução o problema de regulamentar de forma eqüitativa, racional e consensual as relações internacionais, que está longe de ser resolvido, e até mesmo de ser formulado apropriadamente. O que prevalece no mundo moderno, assim como na época do Sacro Império Romano, é a lei do mais forte, sujeita, é claro, a considerações auto-impostas de razoabilidade. Além disso, há uma forte semelhança entre a forma como o Imperador germânico influenciou coercitivamente o papado para obter a legitimidade que desejava, e o modo como a superpotência de hoje, os Estados Unidos da América, influencia as Nações Unidas para conseguir uma conveniente legitimação.

Na sua avaliação crítica deste capítulo, o professor R. B. Dobson acrescentou outra consideração aos seis pontos discutidos acima, relacionada com o fato de que durante a Idade Média a servidão individual desapareceu da Europa Ocidental, mas se intensificou em muitas partes da Europa Oriental (na Alemanha Oriental e, naturalmente, na

Rússia) — contraste que teve muita influência sobre a história recente da Europa.

Os problemas citados acima envolvem muitas outras questões e aspectos, mas abordá-los aqui seria ultrapassar os limites da presente discussão: essa é uma tarefa que precisamos deixar para o capítulo final deste estudo.

16

A CIVILIZAÇÃO OCIDENTAL
II. O RENASCIMENTO*

I
Introdução

1. Significado do Renascimento

O conceito de "Renascimento" ou "Renascença" tem sido objeto de uma grande controvérsia, que coloca contra as idéias de Burckhardt aqueles para quem o Renascimento simplesmente não existiu de forma claramente distinta do período precedente, como é o caso de Erwin Panofsky[1], e seria na verdade uma continuação da Idade Média tardia.

O termo "Renascimento" foi empregado pela primeira vez em um romance de Balzac, de 1829 (*Le Dernier Chouan*), mas o conceito, como o entendemos hoje, foi apresentado por Jules Michelet (1798-1874) na segunda série da sua *História da França* (1855-1867), e desenvolvido plenamente por Jacob Burckhardt no seu extraordinário *A Civilização do Renascimento na Itália*, de 1860.

Michelet pensava que esse período se estendia, *grosso modo*, de 1400 até 1600, marcado pela descoberta do mundo e a descoberta do homem. Burckhardt via no Renascimento, em contraste com a Idade Média, a redescoberta do homem e do mundo empreendida por indivíduos em harmonia com a sua realidade circundante. Há um ressurgimento do individualismo, e o homem se torna o construtor do seu mundo, transformando o Estado e a própria vida em uma obra de arte.

---

* O presente capítulo é de autoria do prof. José Calvet de Magalhães.

Com efeito, o homem renascentista se via como o criador de uma nova era de luz e liberdade, contrastando com a obscuridade gótica. Petrarca (1304-1374) já tinha dito que começava uma nova era, com os homens "rompendo a treva para retornar à claridade pura e prístina da Antiguidade" (Black et al., 1993: 15). Flavio Biondo (1392-1463) foi o primeiro a usar o termo *medium aevum* para descrever o período que vai da queda do Império Romano até a sua época. Para ele, e seus contemporâneos, a Idade Média representava todo um milênio de decadência.

Mas o ponto de vista de Panofsky não é arbitrário. Conforme Jacob Huzinga mostrou na sua obra clássica *O Outono da Idade Média*, muitas características renascentistas já estavam presentes na cultura e na arte da Itália setentrional e do norte da Europa, nos séculos XIII e XIV. O estilo gótico internacional gradualmente adquiriu traços que seriam característicos do Renascimento, como na obra de Giovanni Cimabue (ca. 1240-ca. 1320), na *"Maestà"* de Duccio di Buoninsegna (ca. 1225-ca. 1318) ou em Simone Martini (ca. 1284-1344), sem falar nos pintores da escola flamenga tardia. Na Idade Média o latim era a língua internacional e erudita, e nesse período a filosofia grega foi introduzida na Europa pelos árabes.

Mas essa continuidade das tradições e o caráter gradual das mudanças ocorridas entre os séculos XIII e XIV não devem obscurecer o fato de que o resultado final dessa tendência foi a criação, com a cultura do Renascimento, de uma cosmovisão e um estilo de conduta profundamente diferentes dos medievais. Conforme observou Eugenio Garin, muito apropriadamente, é certo que há uma continuidade nos temas tratados, mesmo nos autores antigos citados na Idade Média com maior freqüência, e o Renascimento, mas o que é absolutamente novo é o modo de ver o mundo e o homem, de considerar o papel da religião e a distinção entre o sagrado e o profano. A novidade essencial é a premissa de individualismo radical aceita pelo homem do Renascimento (Garin, 1969, esp. cap. IV).

2. Principais características

O homem medieval é essencialmente um cristão, membro de uma sociedade cristã a que está vinculado através de uma pequena comunidade que envolve inteiramente a sua vida; aspira a salvar a sua alma, seguindo os ensinamentos da Igreja. É muitas vezes um pecador incorrigível, e poderia mesmo sentir prazer nisso, pois acredita na misericórdia infinita de Deus e na eficácia dos sacramentos da Igreja, que canalizam a graça divina.

A nova visão renascentista se baseia no deslocamento do centro de gravidade do homem da condição universal, como cristão, da condição coletiva, como membro de uma comunidade ou paróquia, e até mesmo da condição por ele herdada, como nobre ou aldeão, para a sua posição individual de *pessoa*, cuja vida será determinada principalmente pela própria capacidade. Sua *virtù* lhe permitirá vencer uma *fortuna* adversa, e além disso uma grande *virtù* tenderá a gerar uma *fortuna* favorável.

Quatro outras características relevantes devem ser mencionadas, relacionadas de um modo ou de outro com esse individualismo. Uma das mais marcantes é a visão secular do mundo, oposta à cosmovisão religiosa. O homem do Renascimento reteve sua fé cristã e guardou a crença de que a Igreja é a ponte entre Deus e o homem. Mas o que distingue essa perspectiva da visão prevalecente na Idade Média é que a religião deixou de ser o regulador universal da conduta, e a Igreja não era mais vista como dotada da faculdade e do direito de determinar publicamente qual deve ser o comportamento individual. A religião passou a ser um assunto subjetivo, a ser considerado particularmente por cada pessoa, e o comportamento neste mundo é orientado por outras regras: os princípios éticos, as leis da cidade e os interesses pessoais. A Igreja não tinha mais autoridade para regulamentar a vida pública; era apenas a agência autorizada para a administração dos sacramentos, considerados ainda instrumentos da graça divina. O homem renascentista está comprometido essencialmente com a otimização da própria vida, considerada estritamente em termos mundanos[2].

Outra característica importante do homem do Renascimento é a sua compreensão protagônica do homem como medida de todas as coisas. Dentro das circunstâncias propostas pela *fortuna* ele exercita a *virtù* para alcançar os seus objetivos, livre e racionalmente — metas que são essencialmente mundanas. Essa atitude básica levou o homem renascentista ao humanismo, que configura a sua filosofia neoplatônica. Sua ética se baseia em princípios morais universais, que são reconhecidos e respeitados mas que tacitamente admitem exceções — abertamente, segundo Maquiavel, para o Príncipe — quando objetivos importantes exigem a utilização de meios perversos. Outro aspecto desse humanismo individualista é a crescente emancipação das mulheres, nas camadas sociais superiores, tanto com respeito à sua conduta pessoal nos assuntos emocionais como nas suas intervenções públicas, como ilustram Lucrezia Borgia e Isabella d'Este. A referência ao homem como medida universal condicionou também a arte do Renascimento, que tentou recuperar — e na verdade superou — os padrões da Antiguidade clássica, e conseguiu, no campo da pintura, uma mudança revolucionária no código da reprodução visual, introduzindo a idéia da profundidade espacial e o papel autônomo da luz.

Tipicamente renascentista foi a nova e apaixonada avaliação da Antiguidade clássica. A Grécia clássica e a Roma republicana eram os paradigmas da excelência nas artes plásticas, na política e no conhecimento de modo geral. Exceção feita da sua transmissão da fé cristã, a Idade Média era vista como uma época bárbara. Essencialmente, os homens dos séculos XV e XVI pensavam viver um renascimento — embora a palavra não fosse empregada — no sentido de reviver e recuperar o mundo clássico.

A paixão pela Antiguidade alimentou o desejo de recobrar a pureza da língua latina, como tinha sido usada por Cícero e Virgílio. Com efeito, o latim medieval era um idioma vernacular, não apenas eclesiástico. Era uma língua viva simplificada, sujeita aos ajustes exigidos pela vida quotidiana, assim como os que resultavam das diferentes tradições étnicas dentro das sociedades européias. O latim renascentista foi uma imitação consciente dos autores clássicos, chegando a atingir muitas vezes os mesmos padrões de qualidade, como no caso de Petrarca e dos grandes humanistas.

Ao mesmo tempo, os humanistas e freqüentemente os poetas e ficcionistas, como Petrarca e Bocaccio, desenvolviam suas línguas nativas criando com sofisticação e boa gramática as línguas modernas da Europa, e dando início assim à literatura do Ocidente.

Esta breve descrição das principais características do homem do Renascimento requer, contudo, um duplo esclarecimento. De um lado, é óbvio que estamos lidando com modelos ideais (Garin, 1990). De outro, esses modelos ideais são aplicáveis à população urbana, de classe elevada, especialmente na Itália. O camponês da mesma época mal se distinguia do seu predecessor medieval.

3. Difusão geográfica

O Renascimento foi essencialmente um fenômeno italiano, tendo Florença como o seu foco de irradiação, do qual se expandiu para muitas cidades no Norte da Itália e Nápoles, mas especialmente para Roma e Veneza. Predominantemente sob influência italiana, mas também, no caso da pintura dos Países Baixos, influenciada por fontes nativas, no fim do século XV até o princípio do século XVII houve uma expansão da cosmovisão renascentista pela maior parte da Europa Ocidental, particularmente a Holanda, Suíça, França, Alemanha, Inglaterra e a Península Ibérica.

Simbolicamente, em Roma o Renascimento começou com a coroação de Petrarca como poeta laureado, realizada no Capitólio, em 8 de abril de 1341 O grande humanista Poggio Bracciolini (1380-1459) trabalhou na cúria papal quase cinqüenta anos, de 1403 a 1453. Como capital do mundo antigo, Roma era uma referência permanente para os humanistas. Em 1406 o Papa Inocêncio VIII (1404-1406) criou cadeiras de literatura latina e grega na Universidade de Roma.

Mas o Papado de Avignon, a crise conciliar e o Grande Cisma tiveram o efeito de retardar o desenvolvimento da Renascença italiana. O Renascimento papal começou realmente com Nicolau V (1447-1455), que construiu a Biblioteca do Vaticano. Pio II (Eneas Sílvio de Piccolomini, 1458-1464), ele próprio um estudioso, inaugurou a tradição dos papas humanistas. Sixto IV (1471-1484) começou a construir a Capela Sistina, e Alexandre VI (Borgia, 1492-1503) não era um modelo das virtudes cristãs mas foi um grande patrono das artes, seguido por Júlio II (1503-1513), que deu início à construção da Basílica de São Pedro. Seu sucessor, Leo X (Giovanni de' Medici, 1513-1521) impulsionou dramaticamente essa obra e construiu na via Julia a Igreja de San Giovanni.

Em Veneza o Renascimento mostrou um quadro muito diferente, condicionado pelas instituições e o caráter peculiar da cidade, sua influência bizantina, sua adesão conservadora ao estilo gótico e o frutífero intercâmbio que praticava com a Europa setentrional. O humanismo foi promovido fortemente, sob a influência de Aldo Manutius (1450-1515) e sua famosa Imprensa Aldina, que publicou textos gregos e em 1506 atraiu a cooperação de Erasmo. A família Bellini teve um papel importante na pintura, a começar com Jacopo (1400-1470), e continuando com seus dois filhos — Gentile (1429-1507) e Giovanni (1430-1506).

O Renascimento italiano foi acompanhado de perto pelo Renascimento nos Países Baixos, com um intercâmbio ativo de artistas e influências entre os dois países. A difusão do Renascimento na Europa setentrional ocorreu em duas ondas sucessivas. A pintura produziu obras-primas extraordinárias, como o insuperável "Cordeiro Místico" de Jan van Eyck (1385-1432) e a "Deposição da Cruz" de Roger van der Weyden (1400-1464). Estilisticamente esses artistas extraordinários ainda estavam associados ao gótico tardio, embora já tivessem um aspecto claramente renascentista. Não obstante, encontravam-se imersos na cultura medieval, como sucessores autênticos dos grandes mestres iluministas. O mesmo se pode dizer, na França, dos irmãos Limbourg (ca. 1413) e suas maravilhosas iluminuras no *Livro de Horas* do Duque de Berry. No norte da Europa só mais tarde o espírito do humanismo deslocou a cultura medieval, com Erasmo (1466-1536), Thomas Morus (1477-1525) na Inglaterra e Guillaume Budé (1468-1580) na França.

Nos países ibéricos, onde os últimos muçulmanos se mantiveram até o fim do século XV, houve um condicionamento semelhante pela pintura anterior ao humanismo. Sob a influência dos Países Baixos, e não imediatamente da Itália, os catalães desenvolveram uma importante arte pictórica, principalmente com temas religiosos, e por volta de 1465 o grande pintor português Nuno Gonçalves preparou seu extraordinário tríptico de São Vicente, no qual mostra, entre outras figuras, o Infante Henrique o Navegador. O humanismo ibérico surgirá mais tarde, com o Cardeal Ximenes (1436-1517) e Juan Luis Vives (1492-1540) na Espanha[3]; em Portugal, com o grande poeta Luiz Vaz de Camões (1524-1580).

4. Condições sociopolíticas

As grandes fases da cultura resultam sempre da combinação de dois fatores importantes: condições sociopolíticas favoráveis e o surgimento de grandes talentos. Em quase toda parte os indivíduos dotados de grande talento potencial tendem a surgir ao acaso, ao longo do tempo, mas o que converte o talento potencial em talento efetivo são as condições sociais favoráveis, como a existência de papéis a exercer na sociedade que estimulem e recompensem a aplicação desse talento.

A partir do fim do século XIII as condições sociopolíticas no Norte da Itália e nas regiões adjacentes se tornaram particularmente propícias ao surgimento do que seria o Renascimento. Quatro circunstâncias principais contribuíram para isso. A primeira foi o conflito entre o Império e o papado, ao longo dos pontificados de Gregório IX (1227-1241) e Inocente IV (1243-1254), conflito que provocou a destruição dos Hohenstaufens — o último deles, Conradin, em 1268. O efeito principal da derrota dos Hohenstaufens foi o fato de que o Sacro Império Romano deixou de exercer seu antigo controle sobre o papado e a Itália, como acontecia antes.

Outro fator relevante foi a perda significativa da autoridade moral e da respeitabilidade do papado, ao sair vitorioso do conflito. Por outro lado, o Pontífice perdeu a sustentação política e militar que lhe era até então proporcionada pelo Sacro Império Romano, em troca de uma relativa submissão. Em conseqüência, o papado foi atraído para a órbita da monarquia francesa, durante o período de Avignon (1309-1376), seguido pelo Grande Cisma (1378-1417). Nessas condições, o Papa foi também incapaz de submeter a Itália central e setentrional ao seu domínio político, como desejava.

Um terceiro aspecto importante foi o fato de que o vácuo internacional de poder criado na Itália com o colapso do Sacro Império Romano, e o enfraquecimento do papado, não pôde ser preenchido pelas outras potências européias. A França, que no curso do século XVI seria um ator importante nos assuntos italianos, a começar com Carlos VIII, no fim do século precedente, durante a maior parte do século XV esteve envolvida com a Inglaterra na Guerra dos Cem Anos (1337-1453). Até a queda de Granada, em 1492, a Espanha, que disputaria com a França o controle da Itália, ainda estava empenhada na Reconquista. Essas condições abriram um espaço para que as cidades-estado da Península Italiana pudessem administrar de forma independente os seus assuntos, dedicando-se, como queriam, aos conflitos ou à busca de alianças entre elas.

Um último fator, decisivo, na configuração sociopolítica favorável ao Renascimento italiano foi o fato de que as cidades da Itália do Norte, a começar por Florença, tinham conseguido preservar sua autonomia contra os senhores feudais que a circundavam no *contado*[4]. Com regimes que iam desde a república oligárquica até a autocracia, especialmente sob a forma de despotismo hereditário (às vezes esclarecido), essas cidades-estado governavam seu povo e território de forma independente. Seus governantes estavam cercados de humanistas, como ministros, conselheiros ou simples cortesãos, e eles agiam como grandes patronos das artes, competindo entre si na promoção de eventos culturais, na construção de palácios e monumentos, na exibição de quadros e esculturas. Nessas condições, os artistas de talento eram profundamente estimulados e tinham muitas oportunidades de praticar a sua arte. Assim como na Grécia clássica, o vácuo de poder internacional do século XV representou o cenário perfeito para que as cidades-estado italianas produzissem outro milagre do espírito, com o Renascimento.

Outro aspecto relevante das cidades renascentistas, que não pode deixar de ser mencionado, foi a importância crescente das transações monetárias, que levou a um aumento significativo dos preços, em uma época de crescimento demográfico sustentado.

No século XV a população da Europa começava a se recuperar dos efeitos devastadores da Peste Negra (ca. 1347-1351), que dizimou cerca de terça parte dos seus habitantes. Segundo as estimativas de J. C. Russell, em conseqüência da peste a população européia diminuiu de cerca de 73,5 milhões, em 1340, para algo como 50 milhões em 1450[5]. De acordo com os dados da obra citada, *Histoire des Populations de l'Europe* (: 251), em 1500 a população da Europa era de cerca de 81 milhões, e as maiores cidades da Europa Ocidental (: 261) eram Paris (225mil habitantes), Nápoles (125 mil), Veneza (115 mil) e Milão (104 mil).

As novas condições econômicas resultantes do desenvolvimento das cidades, depois da peste negra, aumentaram a necessidade e a prática das transações monetárias. Os meios metálicos para financiar essa expansão foram fornecidos a princípio por novas atividades de mineração no próprio continente, como a prata extraída do Tirol, e pelo ouro recebido através do comércio marítimo de Portugal; mais tarde, pelas minas do Novo Mundo. Conforme dados citados por Bartolomé Bennassar e Jean Jacquart, (Benassar & Jacquart, 1995: 36), o estoque europeu de prata cresceu de 86,2 ton. em 1531-1540 para 303,1 ton. em 1551-1560 e para 2.103 ton., em 1581-1590. Esse aumento maciço dos meios monetários, que ultrapassava em muito o valor global da produção, provocou altas taxas inflacionárias — entre 1500 e 1595-1597 — o preço dos artigos de subsistência se multiplicou por cinco (idem: 53). A inflação ocorrida no século XVI teve uma série de consequências e tendeu especialmente a acelerar o processo de mobilidade social, a pressão para que as pessoas se dedicassem a servir os poderosos, aumentando o hiato entre a classe social inferior e a mais elevada.

5. Novos horizontes

O esplendor da arte renascentista, juntamente com as fascinantes e muitas vezes sinistras intrigas dos Príncipes do Renascimento, não nos devem fazer esquecer de outra dimensão importante dessa época: a abertura de novos horizontes em função das descobertas marítimas, da abordagem inovadora das ciências naturais e de uma nova visão da religião cristã.

Irmão do Rei Afonso V de Portugal, e Geral da Ordem de Cristo, o Príncipe Henrique o Navegador (1394-1460) redirecionou o impulso e os fundos da Ordem, desviando-os dos projetos de novas cruzadas para um grandioso programa de descobrimentos marítimos. Foi o fundador da Escola de Sagres, que deu início a uma pesquisa científica sistemática da navegação oceânica. Os esforços do Príncipe Henrique foram plenamente compensados e os navegadores lusitanos desvendaram gradualmente toda

A CIVILIZAÇÃO OCIDENTAL – II. O RENASCIMENTO **439**

a costa africana. Em 1487 Bartolomeu Dias ultrapassou o Cabo da Boa Esperança; em 1499 Vasco da Gama chegou à Índia; em 1500 Pedro Álvares Cabral descobriu o Brasil. A Espanha estava igualmente ativa nesses empreendimentos, e forneceu navios e recursos para a expedição com que Cristóvão Colombo pretendia alcançar a Índia navegando rumo a Oeste, e assim foi descoberto o continente americano, em 1492. Em uma seção subseqüente deste capítulo, o Embaixador José Calvet de Magalhães apresenta uma breve descrição dessas realizações.

O Renascimento marcou também o começo da ciência moderna, baseada na observação empírica, na experimentação e na matemática, assim como de novas tecnologias, como a pólvora e o canhão, a bússola e a imprensa de Gutenberg, entre muitas outras. As descobertas marítimas mudaram radicalmente a concepção do mundo, provando que a terra era redonda, e gerou a nova ciência da geografia, baseada no conhecimento efetivo dos mares e continentes. As novas concepções científicas começaram com a teoria heliocêntrica de Nicolau Copérnico (1473-1543), mais tarde confirmada por Johannes Kepler (1571-1630) e pelas observações astronômicas feitas com o telescópio por Galileo Galilei (1564-1642). Vale mencionar também o gênio científico e tecnológico de Leonardo da Vinci (1452-1519), com suas contribuições teóricas e práticas à mecânica e à invenção de máquinas extraordinárias, como o helicóptero e o submarino, cujas limitações operacionais não eram o fruto de erros de concepção, mas apenas da falta de motores e materiais apropriados à sua construção.

Outro evento do Renascimento que mudou a história do mundo foi a Reforma, iniciada por Martinho Lutero (1483-1546), com suas 95 teses expostas na porta da Igreja de Todos os Santos, de Wittenberg, no dia 31 de outubro de 1517. Precedido pela tentativa de Erasmo de reformar a Igreja, com o restabelecimento da ênfase na imitação de Cristo, Lutero rompeu com a tradição eclesiástica e negou a autoridade da Igreja de definir os artigos da fé, defendendo a idéia de que só as Escrituras têm autoridade plena (*sola scriptura*), e que para o cristão o mais importante é a fé (*sola fide*). Condenado pela bula papal *Exsurge Domine*, de 1520, Lutero conseguiu mobilizar a proteção do Eleitor de Saxe, e gradualmente dos outros príncipes da parte oriental da Alemanha, assim como de algumas cidades do sul, como Nuremberg e Constança. O movimento de Reforma se espalhou rapidamente por outros países europeus, e nas décadas seguintes dividiu o mundo cristão em dois campos opostos, gerando um conflito que marcaria profundamente o século XVII, criando no Cristianismo uma divisão permanente entre as perspectivas católica e protestante.

II
O Quattrocento

1. As Cidades-Estado

O *Quattrocento* italiano testemunhou o florescimento das Cidades-Estado independentes. Embora essa independência tenha criado ou desenvolvido características particulares do *Quattrocento*, no século XV, ela resultou de um longo processo, durante a Idade Média, quando a Itália ainda era um país de cidades, contrastando com o resto da Europa, quase exclusivamente rural[6].

O longo processo pelo qual muitas cidades italianas se transformaram em comunidades autogovernadas começou, em larga medida, com os conflitos entre o Império e o papado, especialmente no norte da Itália, onde os papas estimularam e apoiaram a independência das cidades, contra as pretensões dos Hohenstaufens. A autonomia crescente das cidades começava usualmente com a formação de comunas, criando instituições administrativas e afirmando sua independência com relação ao bispo e aos senhores feudais do *contado*, embora se mantivessem sujeitas nominalmente ao papa ou ao imperador. A administração era assumida por cônsules, eleitos pelas pessoas importantes do lugar, e os conflitos entre as famílias mais poderosas alimentavam disputas incessantes pelo poder entre facções rivais, tais como os Guelfos e os Guibelinos, levando à substituição do regime de cônsules por novas instituições, ou sob a forma de oligarquias republicanas, baseadas nas ligas profissionais mais importantes ou com uma *podestà*, exercida por *condottieres* bem-sucedidos, que tendiam a criar suas próprias dinastias, agindo como príncipes hereditários.

Entre as muitas Cidades-Estado italianas que fizeram contribuições significativas à cultura do *Quattrocento*[7], Florença merece uma menção especial como centro de irradiação do Renascimento clássico e cenário das suas manifestações mais importantes.

2. Florença

Florença entrou no século XV com uma longa história de autonomia administrativa, cuja origem remota vem do período que sucedeu à morte da Condessa Matilda (1046-1115), filha do *Margrave* Bonifácio de Canossa, quando a autoridade do bispo e dos *vices domini* que administravam a diocese era mais importante do que a dos representantes imperiais, os *gastoldi*.

Nos séculos que se seguiram à formação da comuna autônoma do século XII, até o advento dos Medici, com Giovanni de Medici (1360-1429) e seu filho Cosimo (1389-1464), as instituições de governo da cidade foram se consolidando gradualmente, em um longo processo de avanços e recuos que foi descrito brevemente na seção IV do capítulo 15.

O governo dos Medici em Florença teve duas fases distintas, e um período intermediário. A fase mais importante começou com Cosimo (1434-1464), sucedido por Piero (1464-1469), chegando ao seu clímax mais brilhante com Lourenço o Magnífico (1478-1491), seguido pelo seu filho Piero (1492-1494). O período intermediário cobriu a restauração temporária dos Medici, sob a liderança do Cardeal Giovanni, filho de Lourenço, e futuro papa Leão X. A segunda fase corresponde ao Ducado hereditário, começando com Alexandre, que reinou por pouco tempo, entre 1523 e 1527, no velho estilo, até ser expulso do poder por uma revolta que instituiu na cidade o regime republicano. Mas o Ducado seria restaurado mais tarde, em 1530, por Carlos V, que dois anos depois nomeou Alexandre Duque hereditário de Florença. Essa fase terminou com Gian Gastone (1723-1737), que morreu sem deixar sucessor. Pelo Tratado de Viena, de 1735, as potências européias atribuíram o Ducado da Toscana a Francisco III, Duque da Lorena, mais tarde Imperador Francisco I.

O primeiro Medici conhecido em Florença, no princípio do século XIII, foi Chiarissimo di Giambuono (Chiarissimo I), membro do conselho municipal em 1201 Averardo III, conhecido geralmente como Giovanni di Bicci (1360-1429), foi o fundador da grande fortuna da família, tornando-se o mais rico banqueiro de toda a Itália. Teve uma participação moderada na vida pública, e em 1421 atuou como Gonfaloniere, apoiando os interesses dos *popolani*, a classe popular. Seu filho, Cosimo Senior (1389-1416), até a morte do pai, devotou-se inteiramente aos negócios da família, e depois do falecimento de Giovanni assumiu as rédeas da sua participação na política da cidade. Exilado em 1433 por uma revolta patrícia liderada por uma família rival, os Albizi, retornou ao poder em 1434, e daí em diante manteve seu domínio sobre Florença, continuamente mas de forma indireta, através dos representantes que nomeava.

Cosimo inaugurou um estilo de governo indireto que caracterizaria a primeira fase do governo dos Medici. Usou toda a sua influência, fortuna, talento pessoal, prestígio, a colaboração de humanistas e artistas, o apoio do povo e seu julgamento político eficaz e patriótico para promover a carreira política de pessoas da sua confiança, governando através delas.

Interessava-se profundamente pela literatura clássica, a filologia, a filosofia e as artes, cercando-se dos melhores representantes da primeira geração de humanistas florentinos e de artistas do Renascimento. Ordenou e financiou a aquisição dos manuscritos gregos mais importantes, que formaram o acervo básico da Biblioteca Laurentiana. Poggio, Bruni e Marsilio Ficino, fundador com o apoio de Cosimo da Academia Platônica de Florença, foram os humanistas mais eminentes do seu círculo. Entre os artistas que lhe eram mais próximos estavam Brunelleschi, Michelozzo, Donatello, Fillipo Lipi e Gozzoli.

Cosimo foi uma voz influente no acordo negociado por Milão, Veneza, Florença, Nápoles e o Papa, que oficializou a paz de Lodi entre Milão e Veneza, do ano 1454, dando à Itália um quarto de século de paz e criando um ambiente internacional favorável ao rápido desenvolvimento de Florença. Com razão Cosimo ganhou do seu povo, quando morreu, o título de *Pater Patriae*.

Piero il Gottoso (nascido em 1414, falecido em 1469), filho de Cosimo, sucedeu o pai sem conseguir o mesmo sucesso, e o casamento do seu filho Lourenço com a patrícia Clarice Orsini não foi bem visto pelos *popolani*.

Lourenço o Magnífico nasceu em Florença em primeiro de janeiro de 1449, tendo sucedido o pai juntamente com o irmão Juliano (ambos com o título de *Principe dello Stato*), e morreu em Careggi, perto da sua cidade, em 8 de abril de 1492. Lourenço precisou enfrentar uma crescente oposição dos *grandi*, apoiados por Sixto IV (Francesco della Rovere), hostilidade que motivou a conspiração dos Pazzi, com a conivência do Arcebispo de Pisa, Francesco Salviati, e do Cardeal Rafaele Riario, sobrinho-neto do Papa. Em 26 de abril de 1478, durante a missa que estava sendo rezada na catedral, Juliano foi apunhalado e morreu, mas Lourenço conseguiu escapar com ferimentos superficiais. Os Pazzi procuraram mobilizar o povo contra os Medici, mas o golpe foi um fracasso completo. De uma forma ou de outra, todos os participantes foram finalmente mortos, com a notável exceção do Cardeal Raffaele Riario, salvo graças à intervenção direta do próprio Lourenço.

Como seu avô Cosimo, Lourenço governou Florença sem participar diretamente do governo, mediante o preenchimento dos cargos mais importantes com amigos leais. Sua corte foi a mais brilhante da Itália dessa época, quando a segunda geração de grandes artistas e humanistas florentinos atingiu o auge da cultura quatrocentista. A paz interna tinha o apoio

A CIVILIZAÇÃO OCIDENTAL – II. O RENASCIMENTO **443**

de uma política externa prudente, a aliança com Nápoles e Milão equilibrando a influência de Veneza e do Papado e desestimulando qualquer intervenção estrangeira.

Lourenço foi uma personalidade excepcional, com múltiplos talentos, incluindo a diplomacia e a política, a arte de fazer amigos e a composição de excelente poesia. Mas a magnificência e esplendor da sua corte, e o florescimento inigualável do *Quattrocento* florentino, se estendeu além dos limites do razoável, comprometendo os recursos disponíveis. Houve assim um certo declínio, não só nos negócios particulares dos Medici como na economia da cidade, de modo geral. Os competidores setentrionais de Florença estavam crescendo de importância, o que obrigou os florentinos a desvalorizar o florim e a aumentar a carga tributária.

Os últimos anos de Lourenço foram empanados pela influência crescente de Girolamo Savonarola, um ascético frade dominicano cujos incendiários sermões da Quaresma, proferidos na catedral, condenando os vícios de Florença e o estilo de vida da corte dos Medici, combinavam ameaças de condenação ao inferno com profecias sobre invasões estrangeiras, alegadamente recebidas de Deus. Isso gerava entre os florentinos uma atmosfera de medo e repúdio dos prazeres sensuais.

Piero, o filho de Lourenço, foi confrontado com o duplo desafio representado pela rápida ascensão de Savonarola, que se tornou o líder de uma reação republicana contra os Medici, e pelas forças invasoras de Carlos VIII, que pretendia conquistar Nápoles. Percebendo que era impossível impedir Carlos de entrar em Florença como um conquistador, e lembrando a missão exitosa do seu pai em Nápoles, durante a guerra dos Pazzi, em fins de outubro de 1494, Piero decidiu solicitar uma entrevista pessoal com o monarca francês, sem consultar a *Signoria*. Recebido por Carlos com desprezo, para obter um acordo foi obrigado a aceitar as exigências mais ultrajantes. Quando a *Signoria* e o povo florentino tomaram conhecimento das concessões feitas por Piero houve grandes protestos, e ele perdeu o pouco apoio que ainda tinha. Precisando fugir da cidade à toda pressa para não ser preso. Com ar de triunfo, Savonarola apresentou a vinda das tropas francesas como o preenchimento das suas profecias, e induziu a *Signoria* e o povo a receber calorosamente os franceses.

Assim, Florença foi poupada do saque pelos soldados franceses, e as forças combinadas da Liga Sagrada terminaram obrigando Carlos VIII a se retirar da Itália. Mas a Idade de Ouro de Florença chegara ao fim, e o Renascimento do *Cinquecento* se transferiu para Roma e o papado.

3. Principais aspectos culturais

Fatores condicionantes

O florescimento no *Quattrocento*, em Florença e na Itália de modo geral, de um grande número de talentos excepcionais, e de extraordinárias obras de arte, resultou de um longo processo social e histórico que começou no século XIV, assim como da expressão, no caso de Florença, das características particulares da sua cultura e vida social, além dos fatores recônditos que influenciam em qualquer circunstância o surgimento da genialidade.

Em Florença do século XIV vamos encontrar muitas características essenciais do Renascimento — nas obras de Dante (1265-1331), Petrarca (1304-1374) e Bocaccio (1313-1375). Dante tem sido qualificado acertadamente como o último gênio da Idade Média, devido à sua visão teológica do mundo, e também como o primeiro gênio do Renascimento, dada sua concepção individualista do homem, seu retorno à Antiguidade clássica e o emprego da língua italiana. Petrarca já é um humanista do Renascimento, acentuando a necessidade de uma educação clássica e escrevendo em latim ciceroniano, tão facilmente como no seu admirável toscano. Bocaccio é um erudito clássico, um latinista, e o autor do *Decameron*, coletânea de contos satíricos, um episódio da fuga de Florença atingida pela peste. As tradições humanistas do princípio do século XIV, e as inovações geniais de Giotto foram retomadas e continuadas pelos humanistas e artistas do círculo de Cosimo de Medici, no segundo terço do *Quattrocento*.

As características culturais e sociais de Florença que criaram as condições necessárias para a explosão de talento e beleza do século XV podem ser resumidas em três aspectos principais: a busca extremamente competitiva de excelência entre os artesãos das várias ligas profissionais; o ambiente de igualdade e liberdade fundamentais que existia na cidade, mesmo no período em que os *popolani* tinham uma situação política desvantajosa, como durante o predomínio dos Albizzi, entre 1393 e 1434; e o desenvolvimento das atividades de pesquisa e intelectuais leigas, a partir do século XIII, criando um humanismo não escolástico.

Fases principais

Como já observamos, o *Quattrocento* florentino foi em larga medida a continuação das tendências do século XIV, ou seja do *Trecento*, embora de

A CIVILIZAÇÃO OCIDENTAL – II. O RENASCIMENTO **445**

forma mais ampla e refinada. Considerar o século XIV de Florença como o princípio do Renascimento ou como um Proto-Renascimento, reservando para o século XV o privilégio de dar início a um novo período histórico, é uma simples questão de nomenclatura. O importante é que, em termos dos humanistas, houve uma continuidade básica entre Petrarca e Boccacio, de um lado e, de outro, Coluccio Salutati (1351-1402), Leonardo Bruni (1369-1444) e Poggio Bracciolini (1380-1450).

O mesmo não se pode dizer da pintura. As reformas advogadas por Roger Bacon no seu livro *Opus Majus* (1266-1268) sobre o modo como as imagens deveriam ser apresentadas, aceitas depois pelo Papa Nicolau III (1277-1280), seriam postas em prática plenamente por Giotto di Bondone (1266/7-1337), depois de várias tentativas iniciais, como os afrescos comissionados por Nicolau III para a reforma da capela *Sancta Sanctorum*, em Roma.

A grande inovação introduzida, comparativamente à pintura medieval, foi a adoção da perspectiva linear, criando no plano de duas dimensões da tela a impressão de corpos tridimensionais, com os efeitos correspondentes no emprego da luz. E a ilusão do volume dominou rapidamente o estilo dos pintores.

A Ordem dos franciscanos, a mais prestigiosa entre a segunda metade do século XIII e o começo do século seguinte, foi responsável, graças ao apoio dado aos artistas, pelo estímulo a esse "ilusionismo" e à sua generalização. Durante o "ciclo franciscano" o culto de São Francisco, intenso e muito difundido, provocou a proliferação de pinturas mostrando episódios da sua vida com a nova técnica tridimensional.

No princípio do século XIV uma Ordem rival, a dos dominicanos, substituiu gradualmente os franciscanos na preferência do público, e com o novo "ciclo dominicano" começou uma moda antiilusionista, que levou ao retorno deliberado da pintura em duas dimensões, destinada a exprimir o sentido eterno do divino, juntamente com a proliferação de quadros de São Domingos.

O *Quattrocento* florentino redescobriu a técnica perdida de criar a ilusão de volume, aprimorando, com Masaccio — um gênio, nascido em 1401, que viveu menos de trinta anos —, o uso da perspectiva linear, com os correspondentes efeitos de luz.

Em Florença, o *Quattrocento* passou por quatro fases principais. A primeira, correspondendo aos anos até 1425, aproximadamente, quando Masaccio pintou dois dos afrescos da capela Brancacci, continuou o período precedente, sob a influência predominante da pintura gótica internacional. Um dos melhores exemplos dessa fase é a bela *Adoração dos Magos*, pintado em 1423 com têmpera sobre madeira, por Gentile da Fabriano (ca. 1370-1427).

As três fases seguintes do *Quattrocento* florentino podem ser divididas convenientemente de acordo com as principais vicissitudes políticas da cidade, sob o domínio, sucessivamente, de Cosimo de Medici (1434-1464) e seu filho Piero il Gottoso (1464-1469), de Lourenço o Magnífico (1469-1492) e de Savonarola (1492-1498).

Inaugurando o brilhante período do governo indireto dos Medici, Cosimo preservou as instituições republicanas, usando-as de tal forma que seus partidários legais eram sempre eleitos ou nomeados para as principais funções governamentais, e criando um sistema de patrocínio dos grandes artistas e estudiosos que deu a Florença um esplendor insuperável. Poggio Bracciolini (1380-1450), Leonardo Bruni (1369-1444) e Marsilio Ficino (1433-1499), fundador da Academia Platônica, foram os humanistas mais eminentes do círculo de Cosimo, entre outros. Bruneleschi (1377-1446), Ghiberti (1378-1455), Michelozzo (1396-1472), Donatello (1386-1461), Fra Angelico (1400-1455), Benozzo Gozzoli (1430-1497) e Masaccio (1401-1428) foram os artistas mais notáveis que tiveram Cosimo como patrono.

O brilhante período de Lourenço o Magnífico produziu outro círculo de artistas e humanistas excepcionais trabalhando sob a sua proteção, tais como o já idoso Marsilio Ficino, mestre de Lourenço, o enciclopédico Pico della Mirandola, e Agnelo Poliziano, o poeta que celebrou a *giostra* do amor de Simoneta, disputada por Giuliano e o próprio Poliziano, que também a amava timidamente. Os artistas do círculo de Lourenço figuram entre os maiores gênios de todos os tempos, dentre eles Botticelli (1445-1510), Verrochio (1435/6-1488), o então jovem Leonardo da Vinci (1452-1519) e Michelangelo (1475-1564), ainda mais moço.

Depois da morte de Lourenço aumentou o poder de Savonarola, o ascético e fanático frade dominicano, que mobilizava o povo com seus sermões incendiários e profecias de desastre iminente, que dizia receber do próprio Deus. Savonarola transformou o ambiente de Florença durante o período em que sua voz foi ouvida, desde os últimos anos de Lourenço até ser excomungado pelo Papa Alexandre VI, em 1497, e por fim executado, no ano seguinte. O estilo de vida alegre que prevalecia na época de Lourenço foi substituído por um clima de remorso e penitência, com práticas ascéticas e o repúdio dos prazeres carnais. Muitos objetos de arte com imagens sensuais foram queimados publicamente na *Piazza della Signoria*, inclusive quadros de Botticelli, Lorenzo di Credi e Fra Bartolommeo. Convertido pelo frade, o próprio Botticelli aprovava essa destruição, tendo mudado completamente de atitude, e devotou o resto da sua vida à prática de atos piedosos e ao culto da memória de Savonarola, cuja condenação atribuía a forças satânicas.

O retorno temporário dos Medici, em 1512, depois da fase republicana de Soderini, e em caráter permanente a partir de 1527, bem como a propensão natural do povo florentino restauraram no *Cinquecento* o estilo de vida alegre da cidade. No entanto, algo muito importante tinha sido perdido, de forma irrecuperável: a independência da cidade-estado, em um mundo que passou a ser dominado por grandes potências estrangeiras, assim como o clima de liberdade e de igualdade básica que prevalecera sob o despotismo esclarecido e moderado de Cosimo e de Lourenço.

Principais tendências

O humanismo de Petrarca (1304-1374) era essencialmente literário e filológico; ele deu início ao culto do latim clássico, e com o seu *Canzionere* levou ao nível mais alto a poesia lírica toscana. Coluccio Salutati (1331-1406), nomeado Chanceler de Florença, foi um colecionador insaciável de manuscritos clássicos, e ao mesmo tempo um apologista da vida ativa. Sucedeu-o na Chancelaria Leonardo Bruni (1365-1444), que enfatizou a importância das humanidades, os *studia humanitatis*, que incluíam a gramática, a poesia, a retórica, a história e a filosofia moral, e acentuou a relevância da história e da experiência prática no governo da cidade-estado. Com Manuel Chrysodoras (1368-1415) ele introduziu em Florença a cultura da Grécia e o ensino da língua grega. Traduziu Platão e Aristóteles em latim, enfatizando o sentido em lugar da correspondência literal, e com sua *História de Florença* produziu a primeira obra da historiografia moderna. Como Salutati, Bruni combinava competência acadêmica com um sentido profundo de participação nos assuntos públicos. O terceiro Chanceler de Florença, sucessor de Bruni, foi Gian Francesco Poggio Bracciolini (1380-1450), amigo íntimo de Cosimo de' Medici, estudioso do classicismo, moralista, historiador e defensor da vida ativa.

A geração seguinte de humanistas, cercando Lourenço de' Medici, diferia dos seus predecessores. Homens como Marsilio Ficino (1433-1499), fundador da Academia Platônica de Florença, e o erudito Giovanni Pico della Mirandola (1463-1494) não se empenhavam mais na *vita attiva*. Embora mantivessem o mesmo nível elevado de conhecimento dos clássicos, Ficino, Pico e outros humanistas usavam sua competência nas letras clássicas como um instrumento para a busca do conhecimento. Assim, gradualmente o humanismo deslocava sua ênfase da filologia para a filosofia[8], deslocando-se também do comprometimento político para a contemplação intelectual, com a transferência do seu principal foco de interesse para os assuntos mundanos e cortesãos, como a *Stanza Cominciata per la Giostra del Magnifico Giuliano de Medici*, já citada, uma das grandes obras da literatura italiana, que descreve o amor de Juliano por Simoneta, que era amada também pelo poeta.

Enquanto o governo indireto de Cosimo tinha sido muito discreto e impessoal, totalmente orientado para o interesse público (além do seu banco), o de Lourenço, embora também indireto, era ostensivo, exercido de modo principesco, com uma corte brilhante. O Príncipe chegava a negligenciar os negócios familiares, empenhando-se profundamente nos interesses da sua cidade e no bem-estar dos cidadãos. Mas se a principal preocupação de Lourenço era a sua cidade-estado, não resta dúvida de que ele colocava a sua pessoa no centro do palco.

No campo artístico, os aspectos humanos assumiram importância cada vez maior no curso do *Quattrocento* florentino, em comparação com os temas sagrados e divinos. Começando no século anterior, o aumento da relevância dos aspectos humanos pode ser observado quando comparamos Simone Martini (ca. 1284-1344) com Gentile da Fabriano (1370-1437), representante tardio da pintura gótica internacional. A mesma importância crescente do humano e do profano, comparativamente ao divino e ao sagrado, pode ser vista na seqüência de artistas que vai de Fra Angelico (1400-1466) a Masaccio (1401-1429), Piero della Francesca (1415/20-1492) e Sandro Botticelli (1445-1510).

No fim do século, porém, sob a influência de Savonarola, houve uma breve tendência contrária, levando à repressão das manifestações mundanas, cortesãs e sensuais, nos anos que se seguiram à morte de Lourenço o Magnífico, até a restauração dos Medici.

Fora de Florença

A extraordinária importância do *Quattrocento* florentino não nos deve levar a esquecer as realizações artísticas importantes ocorridas em outros países e em outras cidades da Itália.

Na arquitetura, merece menção especial a obra de Bramante, em Milão, com *Santa Maria della Grazia*, iniciada em 1492, e o *Castelo Sforza*, da segunda metade do século XV. Luciano Laurana e Francesco di Giorgi construíram o belo palácio ducal de Urbino, iniciado por volta de 1454. Em Roma, Giuliano da Sangalo foi responsável pela construção do *Palazzo Venezia*, em 1463-1474, enquanto Alberti construiu entre outros prédios o *Palazzo Cancellaria*, de 1489, tendo projetado também algumas igrejas, inclusive Santo André de Mantua, cuja construção foi iniciada por volta de 1471

Na escultura, Donatello foi o autor da *Madonna Pazzi*, de Siena (ca. 1417-1418), acrescentando assim ao acervo de obras extraordinárias que deixou em Florença, assim como da *Festa de Herodes* (ca. 1425), no Batistério. Devemos também a Donatello a impressionante estátua eqüestre em bronze de Gattemalata (1444-1452), em Pádua. Em Veneza, Pietro Lombardo construiu o imponente monumento a Pietro Mocenigo (1476-1481), e outra importante obra escultórica e arquitetônica do período foi o arco triunfal de Alfonso I (ca. 1452-1471), em Nápoles, projetado por Francisco Laurana.

Sobretudo no campo da pintura encontramos obras de grande importância, principalmente em Veneza, que rivalizam com as de Florença. A escola veneziana foi fundada pela família Bellini: o pai, Jacopo (1400-1470/71), e seus dois filhos, Gentile (1429-1507) e especialmente Giovanni (1432-1516). Entre muitas obras esplêndidas, merece menção especial o retrato do Doge Leonardo Loredan, de Giovanni Bellini (1501/1505). Entre os melhores artistas de uma época tão rica em talento devem ser citados Antonello da Messina, com sua *Virgem Anunciada* (ca. 1475), Carlo Crivelli (ca. 1430-1435-ca. 1493-1495), cuja *Madonna della Candellota* (ca. 1492) é uma das melhores obras desse tempo, e as extraordinárias paisagens de Andrea Mantegna (1431-1506), com figuras que se destacam como em relevo.

Fora da Itália encontramos contribuições importantes à pintura quatrocentista na Alemanha, com Stephan Lochner (ca. 1405-1451); em Avignon, com o Mestre da *Pietà* (ca. 1460) e o Mestre do *Moulin* (1480-1500); na Espanha, com Barlomé Bermejo (1470-1498); em Portugal, com o grande pintor Nuno Gonçalves (morto em 1471), autor do extraordinário políptico de São Vicente (ca. 1470).

Foi em Flandres, porém, que a pintura do *Quattrocento* alcançou uma qualidade só comparável à italiana do melhor nível. A grande escola dos pintores flamengos começou com Jan van Eyck (ca. 1385-1441) e seu irmão mais velho Hubert (ca. 1366-1426), menos conhecido. *O Cordeiro Místico*, que se supõe tenha recebido uma contribuição importante de Hubert, é uma das obras mais extraordinárias do princípio do Renascimento. *O Homem com Turbante* (1433), a *Madonna van der Paele*, de 1430, a *Madonna* do Chanceler Rolin, de 1435-1436, e a *Anunciação*, entre outras obras, constituem uma combinação insuperável de beleza, composição equilibrada e execução perfeita, com incrível precisão de detalhe, que no entanto não se afasta do objetivo principal da obra, qualidades que caracterizam o gênio de van Eyck.

Roger van der Weyden (1393/41-1464), com sua *Anunciação*, de ca. 1435; Huge van der Goes (ca. 1440-1482), com o tríptico Portinari; Peter Christus (morto em 1472/3), com a *Deposição da Cruz*, de 1465; Deric Bouts, com *A Última Ceia* (1464-1467); Hans Memling (ca. 1433-1494) e seu *Casamento Místico de Santa Catarina*, de 1479; e Gerarį David (1460-1524), com *O retábulo de São João Batista* (1502-1507), figuram entre os melhores pintores dessa época.

O princípio do Renascimento flamengo mostra uma combinação interessante que resultava da preservação do espírito e da cultura da Idade Média com uma nova abordagem individualizada das figuras, típica do *Quattrocento*, obras executadas com perfeição. Entre as diferenças significativas entre essa arte flamenga e a italiana da mesma época está o fato de que na Itália o humanismo precedeu o Renascimento na pintura, enquanto em Flandres o Renascimento pictórico precedeu o humanismo, que só surgiria no século XVI, com Erasmo.

III
As Grandes Descobertas
e a Aurora da Ciência Moderna[9]

1. Observações gerais

O começo do período conhecido como "Idade Moderna" é marcado por dois eventos de importância crucial para a história do pensamento político do Ocidente: a transformação política, econômica e espiritual causada pelas grandes descobertas marítimas dos séculos XV e XVI, realizadas pelos povos ibéricos; e de outro lado a revolução intelectual trazida pelo movimento humanista e a Reforma religiosa.

As grandes viagens de descoberta expandiram os limites do conhecimento humano. As concepções que a Antiguidade e a Idade Média tinham do universo e do mundo foram completamente revistas, e certos mitos que prevaleciam em vários campos do conhecimento foram derrubados. O valor da observação direta foi reconhecido como o instrumento mais importante do progresso científico.

Por outro lado, como o humanismo diferia significativamente da filosofia escolástica tradicional, ele transformou o pensamento ocidental, cedendo lugar a uma nova concepção do mundo e da vida, governados pelas forças da natureza. Criou as bases para o racionalismo e o empiricismo modernos, e para o individualismo político e social. Concebendo a humanidade como parte integrante da natureza, o humanismo propunha que os princípios que regem o mundo natural eram os mesmos que permitiam compreender a natureza por si mesma. A autonomia do mundo natural, um conceito que está na raiz de qualquer pesquisa experimental, não só criou uma nova ciência natural como transformou a que vinha sendo praticada. Os humanistas mais avançados e mais representativos consideravam o indivíduo não apenas como um valor transcendental mas, o que é mais importante, como um cidadão ou parte do estado. Liberado da autoridade tradicional da Igreja, o Estado era visto como uma força em si mesmo, secular e onipotente.

Os precursores e disseminadores da Reforma estavam imbuídos do espírito do individualismo que caracterizou os humanistas, e defendiam o retorno do homem às suas origens cristãs, encorajando-o a rejeitar o domínio das superestruturas tradicionais. A fundamentação teórica de Erasmo, o famoso humanista, precursor da Reforma, pode ser resumida na renovação radical da consciência cristã mediante um retorno às fontes originais do cristianismo. Erasmo rejeitava tanto a especulação escolástica como a supremacia da tradição, advogando abertamente o livre estudo das Escrituras. Lutero, a grande figura da Reforma, fez do repúdio da tradição o núcleo prático e especulativo da sua doutrina; rejeitava não só o valor da tradição, de modo geral, mas também o *magisterium* da Igreja, defendendo a livre-interpretação dos textos bíblicos. Com outros líderes da Reforma, Lutero foi responsável pelo fim do poder universal do Papa e da submissão do Estado à Igreja.

2. As grandes descobertas e o humanismo

Esse novo espírito de liberdade intelectual, aparente em muitas das teses da Reforma, foi um dos elementos básicos da transformação da sociedade européia a partir do século XVI, contribuindo para o desenvolvimento da ciência moderna.

Como se observou acima, o humanismo coincidiu com as viagens de descoberta das nações ibéricas. No entanto, seria difícil demonstrar que o pensamento humanista teve um efeito direto sobre essas descobertas, que começaram no século XV. As viagens promovidas pelo Príncipe Henrique o Navegador, de Portugal, ocorreram antes de o humanismo se estabelecer no pensamento europeu, e especialmente no ibérico. As navegações não eram motivadas pela mesma inspiração intelectual que provocou o movimento humanista; na verdade, seus motivos eram eminentemente práticos, complementados por uma tonalidade religiosa que tinha sua origem nas Cruzadas. Contudo, embora as descobertas não tenham sido a causa da revolução humanista, foram um fator importante no desenvolvimento da nova ciência experimental nascida da revolução intelectual do humanismo, no Renascimento — revolução que indubitavelmente se consolidara no começo do século XVII, quando pôde conquistar por fim a fortaleza do pensamento escolástico tradicional.

Francis Bacon (1561-1626), um dos pais da filosofia e da ciência moderna, registrou o impacto das grandes navegações sobre o progresso do conhecimento, assim como o fato de que as navegações coincidiram, a seu ver milagrosamente, com a aurora da ciência moderna. As Colunas de Hércules, ingresso do Oceano Atlântico, apareciam preeminentemente no frontispício da primeira edição do seu famoso *Novum Organum*, de 1620. Ao fundo vê-se a imagem de dois navios singrando as águas do oceano. Em outra de suas obras, *De Dignitatis et Augmentis Scientiarum*, de 1623, Bacon observa o desenvolvimento simultâneo da ciência e das grandes navegações, escrevendo:

> E essa proficiência na navegação e nas descobertas pode sugerir também uma expectativa de ampliação e maior proficiência em todas as ciências; porque pode parecer que as duas coisas estejam ordenadas por Deus como coetâneas, encontrando-se na mesma época. Assim o Profeta Daniel, falando sobre os temas futuros, prevê *Plurimi pertransibunt, et multiplex erit scientia*: como se estivesse determinado que a abertura e a viabilização de todo o mundo e o aumento do conhecimento devessem ocorrer na mesma época — justamente como o vemos em grande parte acontecer.

Em outra passagem dessa importante obra, Bacon afirma mais o seguinte:

Circundar a terra, porém, como os corpos celestiais, é algo que até o presente não se fazia; e portanto nossa época pode com justiça confirmar as suas palavras: não só *plus ultra*, em precedência ao antigo *non ultra*, e *imitabile fulmen*, em precedência ao antigo *non imitabile fulmen*, mas do mesmo modo *imitabile coelum*, com respeito às viagens memoráveis que repetem a abrangência do céu em torno da terra.

O princípio da autoridade, bem-amado dos escolásticos, foi rejeitado pela ciência moderna, que se baseava não apenas na observação direta mas também na experimentação. Contrastando com a visão organicista que caracterizava o antigo conhecimento, a nova ciência tendia para uma visão mecanicista do mundo, e procurava usar a matemática como base para o progresso da pesquisa científica. Embora os autores medievais não desconhecessem de todo esses princípios, até o Renascimento eles nunca foram plenamente aceitos e aplicados. Além disso, o progresso da nova ciência experimental, fruto de uma revolução intelectual, foi consideravelmente reforçado pelos resultados práticos das descobertas marítimas.

3. O impacto das grandes navegações

Durante todo o século XV, e a maior parte do século XVI, as navegações empreendidas pelos povos ibéricos, e por outros países que seguiram a mesma trilha, enriqueceram o acervo de conhecimento da Humanidade, contribuindo com uma enorme massa de informações baseadas na observação direta de novas realidades, e acelerando assim o ritmo do conhecimento científico, de um modo nunca antes testemunhado. Foi o impacto geral dessas viagens, maior em abrangência e profundidade do que o das viagens espaciais da nossa época, que criou os verdadeiros fundamentos do mundo moderno. Em 1872, há mais de cem anos, o grande historiador português Joaquim Pedro de Oliveira Martins escreveu:

> Suponhamos por um momento que se concebesse um sistema de propulsão suficientemente poderoso para propelir um homem além do campo de gravidade da terra. Imagine-se assim que fosse possível viajar ida e volta até Marte, Juno, Palas ou a Lua, trazendo um tesouro de informações e novidades tão importante que transformaria todas as idéias que temos sobre o nosso passado, todos os nossos planos para o futuro das sociedades terrestres, todas as nossas idéias sobre a essência física do planeta. Que súbita revolução esse

evento não provocaria no pensamento contemporâneo! Foi o que aconteceu no Renascimento. Os homens visitaram um novo planeta: aquele onde viviam. Aprenderam o seu passado, mal lembrado através de vagas reminiscências, quando as Cruzadas os levaram à região oriental do Mediterrâneo(...) Descobriram novas terras, mares, outro firmamento planetário(...) O choque foi tão grande que mudou tanto a economia como as idéias.

Os descobrimentos marítimos promoveram o progresso do conhecimento, estimulado pelos humanistas em dois sentidos fundamentais: desafio às verdades estabelecidas pela antiga ciência, derrubando mitos e provando a falsidade das concepções dos escritores clássicos e medievais; e trouxeram à luz novos fatos que afetaram o estudo da geografia, da cosmologia e virtualmente de todos os ramos das ciências naturais. Por outro lado, ficou amplamente comprovada a importância crítica de adotar uma abordagem experimental na investigação científica.

Segundo os estudiosos clássicos e medievais a terra era plana, circundada por uma região tórrida, onde a vida humana não podia subsistir. À sua volta viviam monstros, homens com cabeça e patas de cabras ou presas e cauda de cães, assim como outras criaturas tais como cobras imensas, dragões voadores e grifos enormes que podiam voar segurando touros nas suas garras poderosas. Nesse mundo não havia antípodas, e a superfície líquida do globo era dez vezes maior do que a terrestre.

As grandes descobertas marítimas dos séculos XV e XVI, notadamente a passagem do Cabo Bojador, na África, em 1434; a descoberta do Golfo da Guiné e a passagem da linha do equador, por volta de 1470; a ultrapassagem do Cabo da Boa Esperança por Bartolomeu Dias, em 1477-1488; a descoberta das Américas por Cristóvão Colombo, em 1492; a descoberta da rota marítima para a Índia, por Vasco da Gama, em 1498; a circunavegação do globo por Fernão de Magalhães, entre 1519 e 1522; essas foram fases importantes dessas descobertas, demonstrando pela força da experiência os falsos mitos e as concepções errôneas dos grandes autores da Antigüidade e da Idade Média, e provocando deste modo o nascimento de um novo mundo. Concluiu-se que o planeta não era plano, mas esférico, que o equador era habitado, que os mares e oceanos não eram tão vastos como os antigos supunham, cobrindo pouco mais de dois terços da superfície da terra. Por outro lado, não havia selvagens monstruosos; o homem era o mesmo em toda parte, embora existissem raças diferentes. A existência de antípodas, negada vigorosamente por Lactâncio e depois por Santo Agostinho, era uma realidade que podia ser explicada racionalmente. Os monstros que habitavam o mundo imaginado pela literatura antiga e medieval não passavam de pura fantasia.

Tudo isso e muito mais foi testemunhado por um grande número de navegadores, marinheiros e viajantes que cruzavam o globo em todas as direções. Em sua maioria esses indivíduos não eram educados, e baseavam seu testemunho na experiência e na observação direta. Comentando esse fato, o humanista Petrus Ramus (Pierre de la Ramée, 1515-1572) escreveu no seu *Scipionis Somnium*, de 1546: "Os filósofos, oradores, poetas e eruditos de todas as épocas e de todo o mundo não conheciam aquilo que os navegadores, mercadores e pessoas sem educação aprenderam pela própria experiência em vez da argumentação". Galileu (1564-1642), o pensador que definiu com maior agudeza o método moderno de investigação científica, ecoou as mesmas idéias nos seus *Dialoghi*, de 1632, aludindo claramente à supremacia da experiência sobre a autoridade dos grandes mestres; afirmou que Demóstenes e Aristóteles tinham de ceder lugar a qualquer ser humano, por mais humilde, que tivesse podido observar diretamente algum aspecto real da natureza.

Esse novo conhecimento se difundiu inicialmente de boca a boca, nos centros culturais da Europa, até ser corroborado por guias e diários de viagem, cartas de viajantes, mapas e relatos de variada extensão escritos por marinheiros e viajantes. Esses métodos variados de difusão do novo conhecimento baseado na experiência foram mais importantes para a sua disseminação do que as obras de alguns navegadores, cosmógrafos e sábios ibéricos, como Duarte Pacheco Pereira, D. João de Castro, Garcia da Orta, Pedro Nunes, Martim Cortez ou Alonso de Santa Cruz. Algumas das obras desses autores só mais tarde foram traduzidas e difundidas, alcançando um público limitado, embora projetassem luz sobre a nova ciência experimental.

Por outro lado, as grandes navegações contribuíram decisivamente para destruir a credibilidade da "ciência dos antigos", assim como a força dos argumentos de autoridade. Desafiavam, também, a influência predominante dos escolásticos, alvo predileto da escola humanista, e enriqueciam o acervo de conhecimento do Ocidente com uma enorme quantidade de novas informações. Abriram as portas efetivamente para um novo mundo, permitindo a descoberta de novas terras e novos mares, novos povos, plantas e animais, e até mesmo novas constelações de estrelas. Desse momento em diante, o mundo inteiro se tornou conhecido, e as ciências naturais foram enriquecidas com uma profusão de novos dados, colhidos pela observação direta. A importância da experiência foi demonstrada pelos grandes pais da ciência moderna: Galileu e Bacon.

4. O ponto de vista de Bacon

Conforme Bacon pôde observar, foi lenta a evolução da ciência experimental, baseada na observação direta, na experimentação e na matemática, e rejeitando o princípio da autoridade. A persistência da "ciência dos antigos" e do prestígio dos grandes autores da Antigüidade e da Idade Média, exaltado pela filosofia escolástica dominante, transparecia nas obras de muitos autores famosos do século XVI, embora cem anos já tivessem transcorrido desde o começo das grandes descobertas. Alguns geógrafos e cosmólogos continuavam a dar preferência aos ensinamentos de Plínio e Ptolomeu, desprezando as informações trazidas pelos navegadores. O progresso da filosofia e da ciência modernas foi realmente lento, e de pouca importância no século XVI. Só no princípio do século XVII ele se fez sentir com um ritmo mais intenso.

No seu livro *De Revolutionibus Orbium Celestium*, publicado pouco depois da sua morte, Nicolau Copérnico (1473-1543) contradisse as noções ptolemaicas, geralmente aceitas, propondo a hipótese de que a terra girava em torno do sol, o que revolucionava os fundamentos da astronomia. A obra de Copérnico foi esquecida até que no século seguinte Kepler e Galileu garantiram o triunfo do sistema heliocêntrico. Johannes Kepler (1571-1630) confirmou a hipótese de Copérnico e em dois trabalhos publicados em 1609 e 1619 enunciou três leis que descreviam o movimento elíptico dos planetas. Em 1610 Galileu revelou as descobertas que tinha feito com o seu telescópio, fazendo observações precisas sobre a configuração da Lua, da Via Láctea e de Júpiter. A física aristotélica foi definitivamente ultrapassada pela física moderna em grande parte devido à investigação científica de Galileu, para quem a natureza podia ser objeto do estudo científico, que devia basear-se exclusivamente na experiência, pois não havia argumento de autoridade, nem mesmo o das Sagradas Escrituras, que pudesse contradizer as lições diretas da natureza — uma idéia que lhe causaria sérias dificuldades com a Inquisição.

Mas foi Francis Bacon que propôs uma síntese do método científico, inspirado nas lições dos navegadores. Seu objetivo era colocar a ciência a serviço da Humanidade, com apoio na observação direta, a base moderna da investigação científica.

Embora registrasse a existência de outros elementos que contribuíam para o progresso da ciência, Bacon enfatizava particularmente o papel das grandes navegações, aludindo, no seu *De Dignitatis et Augmentis Scientiarum*, ao "domínio das ondas do mar, e à exploração ampla do globo, resultando em tantas observações desconhecidas dos antigos que vieram enriquecer a história natural".

Em *Novum Organum* Bacon foi ainda mais explícito:

> E não devemos ignorar que muitos aspectos da natureza foram relevados pelas longas viagens e navegações que se tornaram comuns na nossa época; são descobertas que podem projetar nova luz sobre a filosofia. E não há dúvida de que seria lamentável se o mundo intelectual permanecesse fechado dentro dos limites estreitos das antigas descobertas, enquanto em nossos dias estão sendo reveladas todas as regiões do mundo material — a terra, o mar, as estrelas.

No entanto, ao contrário de Aristóteles e dos escolásticos, Bacon não se propôs a elaborar e propagar uma ciência puramente teórica, para satisfazer a curiosidade das pessoas. Queria criar uma ciência prática e ativa, capaz de produzir invenções úteis e de dar à Humanidade uma imagem real do mundo que o refletisse na sua realidade, e não como concebido pela razão de cada pessoa. Para Bacon verdade e utilidade eram dois aspectos da mesma coisa. E qualquer trabalho devia ser apreciado mais pelo que relevasse sobre a verdade e menos sobre as vantagens que pudesse oferecer ao homem. Finalmente, as verdades teóricas eram apenas meios para chegar a um fim. Ao contrário de Aristóteles, para Bacon a teoria seguia a prática, e a arte vinha depois da ciência. Sua filosofia era assim fundamentalmente otimista e utilitarista, baseada em uma fé robusta na natureza ilimitada do conhecimento científico. Para Bacon, no futuro o homem poderia voar, navegar sob a superfície dos oceanos, criar o movimento perpétuo, fabricar pedras preciosas e modificar espécies vegetais e animais. Ele lembrou a seus leitores que a invenção da imprensa, da pólvora e da bússola tinha mudado a face da terra, provocando uma revolução no mundo do intelecto, da guerra e da navegação.

Em todas as épocas a obra de Bacon provocou grandes controvérsias. Seus críticos mais severos o acusavam de não atingir as metas ambiciosas que se propôs, e alegavam ter ficado comprovado que o método científico que usava era inaplicável. Não obstante, nem mesmo os seus maiores detratores negam a originalidade das suas idéias, o seu mérito em demonstrar a importância crescente das ciências naturais, os benefícios a serem colhidos da filosofia científica e o do método experimental; e, além de tudo, sua previsão das maravilhosas conquistas da indústria moderna.

Nenhum outro pensador da sua época foi capaz de demonstrar como ele a importância que tiveram para o progresso da ciência da Idade Moderna as grandes navegações marítimas empreendidas pelos povos ibéricos. Seus discípulos e admiradores adotaram seu refrão favorito, que expressa de forma sucinta e incisiva essa convicção: *Plurimi pertransibut, et multiplex erit scientia* (Muitos deverão viajar, e a ciência irá florescer).

IV
O Cinquecento

1. Aspectos gerais

Em termos culturais o *Cinquecento* foi uma continuação das grandes tendências intelectuais e artísticas do século precedente, várias das quais tinham chegado ao nível máximo de perfeição. No entanto, na segunda metade do período surgiu uma nova preocupação com a religião, e uma nova compreensão da fé cristã, com a Reforma e a Contra-Reforma.

Em termos políticos o *Cinquecento* trouxe uma mudança profunda no sistema internacional. Na Europa, o vácuo de poder anterior, que permitiu a independência das cidades-estado italianas, foi preenchido com potências que começavam a surgir, com a nova configuração dada ao Sacro Império pelo Habsburgos, assim como pelo Império Otomano, que se desenvolvia rapidamente. Esse novo sistema internacional afetou profundamente as Cidades-Estado da Itália, tornando-as dependentes de alianças com potências estrangeiras, e teve também um efeito sobre o Papado. Nos primeiros trinta anos do século XVI os Papas ainda desempenhavam um papel importante no cenário internacional, ao mesmo tempo em que gozavam em Roma um esplêndido estilo de vida principesco, quase pagão, agindo como grandes patronos das artes. Mas já no Pontificado de Paulo III (Alexandre Farnese, 1534-1549), os efeitos devastadores da Reforma não podiam mais ser ignorados, ou os reformistas tratados como simples heréticos. Assim, Paulo III foi obrigado a reagir, convocando o Concílio de Trento e lançando a Contra-Reforma, com mudanças profundas na Igreja e um militante antiprotestantismo, que estimularia futuras guerras religiosas e as práticas infames da Inquisição.

Com o *Cinquecento* houve algumas modificações significativas, sendo a mais notável a perda de independência das cidades-estado italianas, à qual se devia algumas realizações extraordinárias no século XV, particularmente em Florença, assim como o clima de otimismo que as tinha gerado. Do mesmo modo, o espírito de tolerância, com a abertura a opiniões divergentes, que prevalecera no *Quattrocento*, seria substituído pelo dogmatismo político e religioso, que perdurou até a era da Ilustração. Em outras áreas novos desenvolvimentos estavam em curso, sendo o mais marcante o surgimento de monarquias modernas na França, Inglaterra e Espanha, e do sistema dinástico dos Habsburgos. No campo da ciência política, Maquiavel e Guicciardini deixavam a sua marca; nas ciências naturais, Copérnico, Kepler, Galileu e Descartes revolucionavam o pensamento prevalecente; na religião, Lutero e Inácio de Loyola propunham uma nova visão da fé cristã.

2. O sistema internacional

No fim do século XV o sistema internacional da Europa passou por mudanças profundas. O "vácuo de poder" que caracterizara o *Quattrocento* foi substituído por uma disputa incisiva pelo controle da Itália e a supremacia européia, basicamente entre a França e a Espanha. Esta última não tardaria a ser incorporada ao Império dos Habsburgos, enquanto a Inglaterra procurava preservar um certo equilíbrio do poder no continente. O novo cenário internacional resultava das circunstâncias cambiantes que tinham antes inibido a ação externa das potências emergentes da Europa, finalmente superadas no curso dos últimos anos do século XV.

Entre 1338 e 1483 a França esteve envolvida na Guerra dos Cem Anos. No fim desse período Carlos VII (1422-1461) conseguiu criar um exército permanente, a *"Compagnie d'Ordonnance"*, assim como uma administração centralizada e um sistema fiscal estável. Luís XI (1461-1483) manteve essas políticas e usando a infantaria suíça derrotou finalmente Carlos o Bravo, da Borgonha. Nessas condições, o fim das longas guerras com a Inglaterra e da rivalidade de Borgonha liberaram as forças francesas, permitindo assim as aventuras italianas de Carlos VIII (1483-1498), repetidas por Luís XII (1498-1515) e mais tarde por Francisco I (1515-1547).

Na Espanha, o longo reinado conjunto de Isabel e Fernando (1479-1516), e o fim do processo de expulsão dos mouros, com a conquista de Granada, em 1492, consolidou a força econômica e militar do reino, assim como o poder do monarca. Como acontecera na França, o poder do Estado espanhol podia agora ser empregado em empreendimentos externos. Ao contrário da França, porém, Aragão já tinha uma presença tradicional no Sul da Itália, e Fernando se opôs às intervenções da França na península. O fato de que a coroa espanhola seria sucedida pelos Habsburgos reforçava imensamente o poder da Espanha sob Carlos I (1516-1556), que seria Carlos V do Império (1519-1558), atingindo o apogeu sob Filipe II (1556-1598).

Depois do fim dos Hohenstaufens (com Conradin, em 1268), o Sacro Império reviveu sob os Habsburgos, que tinham meios para sustentar o sistema imperial, compensando com recursos austríacos a falta de apoio efetivo por parte dos príncipes alemães. Maximiliano I (1508-1519) desempenhou um papel internacional de preeminência, e seu sucessor, Carlos I da Espanha e V do Império, foi a figura dominante do sistema internacional da sua época. A divisão subseqüente do Império dos Habsburgos entre Filipe II e Fernando I (1558-1564), que herdou a Alemanha, transformou a Espanha, reforçada por suas colônias, na potência européia predominante do *Cinquecento*.

A Inglaterra experimentou também, nesse período, uma expansão do seu poder nacional, acompanhada pelo crescente poder do monarca. O longo e ativo reinado de Henrique VIII, entre 1509 e 1547, e seus esforços determinados para construir uma grande marinha, seguido depois dos breves reinados de Eduardo VI (1547-1553) e Maria Tudor (1553-1558), pelo longo e bem-sucedido período de Elizabeth (1558-1603), transformaram a Inglaterra na potência marítima dominante da Europa, animada pelo novo espírito da Reforma e do Renascimento inglês (exemplificado por Shakespeare, 1564-1616), e apoiado em uma economia próspera.

Se couberam às grandes potências européias os papéis predominantes no cenário internacional da Europa do *Cinquecento*, o crescimento do Império Otomano, dominante em outras regiões do mundo, foi também um fator importante, e ameaçador, na temática da Europa. A conquista de Constantinopla em 1453 por Mehemet II (1451-1481) deu aos otomanos uma fonte importante de novos recursos e uma posição estratégica na Europa Oriental, a partir da qual seus sucessores puderam expandir substancialmente o território sob o domínio otomano, estendendo-o até chegar, em 1529, às portas de Viena. O litoral do Mediterrâneo oriental estava sujeito a freqüentes ataques predatórios por navios turcos, e até mesmo Roma foi seriamente ameaçada por Suleiman I o Magnífico (1520-1566). O poder otomano só foi contido efetivamente depois que a Liga Sagrada organizada pelo Papa Pio V (1566-1572), mobilizando uma grande armada veneziana e espanhola, sob o comando de Dom João da Áustria, infligiu em Lepanto, no ano de 1571, uma séria derrota à frota turca. No entanto, durante muito tempo os otomanos continuaram a ameaçar a Europa, embora com menor sucesso[10]. Ainda em 1683 conseguiram uma vez mais assediar Viena, que dessa vez foi salva pelas forças combinadas de Carlos de Lorena e John Sobieski. A partir desse momento, contudo, o Império Otomano entrou em um longo processo de decadência.

Durante o século XVI, com as intervenções militares e diplomáticas na Itália por parte das grandes potências européias, muitas vezes a pedido dos governantes locais, chegou ao fim a independência das Cidades-Estado da península. A exceção era Veneza, que no entanto foi muitas vezes ameaçada pelos turcos, embora tenha conseguido preservar sua independência até o fim da República e a ocupação napoleônica, em 1798. E pôde também preservar sua cultura admirável, com os grandes pintores do século XVI, como Giovanni Bellini (ca. 1430-1516), Ticiano (1488/1490-1576), Tintoretto (1518-1584) e Veronese (1528-1588), e os grandes músicos barrocos do princípio do século XVIII, como Albinoni (1671-1750), Marcello (1686-1739) e Vivaldi (1678-1741).

A partir do fim do século XV a Itália sofreu sucessivas invasões estrangeiras, associadas quase sempre a conflitos entre as cidades-estado da península. A primeira incursão francesa, a pedido de Ludovico Sforza, foi a de Carlos VIII, com o pretexto de que tinha herdado o Reino de Nápoles de René de Anjou. Carlos VIII foi bem-recebido em Milão e Florença (onde pontificava Savonarola), e no princípio de 1495 pôde ocupar Nápoles, sem encontrar qualquer resistência mais séria. Em seguida, porém, enfrentou uma coalizão formada por Veneza, o Papa Alexandre VI e Ludovico Sforza, que mudou sua posição e tornou-se Duque de Milão. Obrigado a retirar-se da Itália, Carlos VIII conseguiu salvar seu exército com uma vitória em Fornovo.

Luís XII, seu sucessor, retornou à Itália três anos mais tarde, e os franceses voltaram a ocupar Milão (1497) e Nápoles (1500), mas foram expulsos finalmente em 1504. Aliado a Alexandre VI, o Papa Borgia, Luís XII apoiou as conquistas feitas por Cesar Borgia na Romanha e na Toscana. Maquiavel chegou a ver Cesar Borgia como um possível unificador da Itália — unificação que ele considerava necessária para preservar a sua independência.

Sucedendo o Papa Alexandre VI em 1503, Júlio II (1503-1513) se serviu a princípio dos franceses contra Veneza, conseguindo a vitória de

Agnadello em 1509. Tendo alcançado seus objetivos iniciais, voltou-se contra "os bárbaros", formando a Liga Sagrada contra a França — coligação que incluía Veneza, Aragão, os suíços e a Inglaterra. Embora inicialmente vitorioso em Ravena (1512), mais tarde os franceses foram obrigados a abandonar Milão.

Francisco I renovou o interesse francês pela Itália. Depois de derrotar os suíços em Marignan (1515), e de retomar Milão (que a França tinha perdido em 1521), sofreu uma derrota importante em Pavia, em 1525, tendo sido aprisionado e levado para Madrid. Para ser liberto teve de assinar o tratado de Madrid de 1526, renunciando a todas as sua pretensões na Itália. Embora mais tarde tivesse quebrado sua palavra, alegando haver concordado sob pressão, o resultado final do conflito, resolvido finalmente pelo Tratado de Château Cambrésis de 1559, foi deixar a Itália para os Habsburgos. Entrementes, reclamando o pagamento dos soldos que lhes eram devidos, em 1527 os soldados imperiais saquearam Roma, o que enfraqueceu ainda mais o poder residual do Papa.

Sob os Habsburgos espanhóis, em 1530 os Medici voltaram ao poder em Florença como Duques hereditários, e mais tarde (em 1570) receberam o título do Grão-Ducado da Toscana. A influência espanhola deixou também a sua marca na Contra-Reforma italiana, com a criação de tribunais da Inquisição, levando, entre outras conseqüências nefastas, à condenação e morte na fogueira de Giordano Bruno, em Roma, no ano 1600.

Outra característica importante do novo sistema internacional, no século XVI, foi a emergência da Holanda como país independente, depois da longa guerra de liberação contra os espanhóis.

A Holanda fazia parte do Império de Carlos V, e quando este abdicou foi concedida à Espanha na partição do território imperial entre seu filho Filipe e seu irmão Fernando, em 1556. A mudança das regras prevalecentes, do regime liberal do Sacro Império, descentralizado e respeitoso das tradições locais, para o regime centralizado e a militância católica de Filipe II, em uma região predominantemente protestante, provocou descontentamento na população local. A apresentação de um pedido pela alta nobreza, em 1556, solicitando maior autonomia, foi ignorada desdenhosamente pelos espanhóis, que consideravam os requerentes "um bando de miseráveis". Depois disso espalhou-se a insubordinação, reprimida impiedosamente, em 1567, pelo Duque de Alba. Repressão que provocou a rebeldia generalizada e uma longa guerra de independência que passou por muitas vicissitudes. Depois do desastre da Armada Invencível, em 1588, a Espanha foi obrigada a aceitar em 1609 uma trégua por 12 anos que implicava a independência *de facto* dos Países Baixos, as chamadas Províncias Unidas. Independência que seria reconhecida formalmente pelo Tratado de Westfalia, de 1648. Mesmo antes disso, porém, a Holanda teria um papel importante nos últimos trinta anos do século XVI, propagando a Reforma; e no século XVII interviria como um ator importante no cenário internacional.

3. Principais características culturais

Perspectiva geral

Culturalmente o *Cinquecento* foi um período de extraordinária riqueza, caracterizado por tendências definidas, que correspondiam ao desenvolvimento e maturação de processos iniciados no século precedente. Algumas dessas tendências eram inovadoras, como a formação de monarquias fortes e centralizadas; outras contrariavam diametralmente o espírito do *Quattrocento*. Além das influências derivadas de condições sociais e econômicas, ou das grandes descobertas, duas outras circunstâncias marcaram profundamente esse período. Uma delas foi o surgimento de grandes potências européias, com a resultante perda de independência das cidades-estado italianas (exceção feita de Veneza), o que afetou a sua criatividade, com o deslocamento de boa parte do impulso cultural do período a princípio para Roma e depois para outras cidades fora da Península Italiana. A segunda circunstância importante foi a Reforma e sua reação dialética no lado católico, a Contra-Reforma, gerando um movimento anti-humanista, com interesse renovado pela religião e uma nova visão das crenças cristãs.

Contrastando com as idéias prevalecentes da Idade Média, o humanismo representava a substituição de um universo centralizado em Deus por outro que tinha como centro o Homem, embora mantivesse a fé cristã. A Reforma foi um retorno, em outros termos, à concepção medieval centralizada em Deus. Consciente da sua liberdade racional, o homem quatrocentista se via como a medida de todas as coisas, a exemplo de Protágoras. Mas o Homem da Reforma, considerando-se um pecador inato, perdeu a confiança no seu valor, passando a depender inteiramente da fé em Deus e do destino que lhe estava predestinado em uma ordem divina.

Quanto às artes plásticas, o *Cinquecento* representou o nível mais alto de perfeição, dentro dos paradigmas propostos pela fase inicial do Renascimento. Houve um desenvolvimento extraordinário das ciências sociais, com a análise política de Maquiavel e as suas contribuições à história, como também a de Guicciardini. Na música, viu-se igualmente um desenvolvimento notável, desde Joaquin Deprès a Monteverdi. Nas ciências naturais o progresso foi ainda maior, estimulado pelas grandes descobertas, incluindo as visões de Leonardo da Vinci e as contribuições de Copérnico, Kepler e Galileu — tema que foi mencionado brevemente na Seção III deste capítulo. A literatura alcançou novo auge em vários países europeus, com a poesia épica e lírica de Camões, o *Quijote* de Cervantes e a obra genial de Shakespeare.

A primeira metade do século XVI testemunhou a culminação do humanismo, com Thomas More e Erasmo, que expressavam também um desejo intenso de reformar internamente a Igreja, restaurando a pureza da mensagem de Cristo dentro de um quadro altamente racional, marcado pela tolerância. O fracasso dessa tentativa abriu caminho para a abordagem radical de Lutero e Calvino.

Vamos encontrar outra versão importante do humanismo do século XVI na figura do dominicano Bartolomé de las Casas (1474-1566), que defendeu os índios e devotou sua vida, com uma boa margem de sucesso, à promoção na Espanha de leis que os protegessem. Las Casas foi nomeado mais tarde Bispo de Chiapas, no México, e suas idéias foram seguidas ardorosamente por Francisco de Vitoria (1482-1546), que em 1532 escreveu um livro importante em defesa dos índios, *De India et de Jure Belli Reflectiones*, o qual foi também o primeiro tratado de direito internacional.

O desenvolvimento das artes plásticas

Entre o fim do *Quattrocento* e o princípio do *Cinquecento* três artistas geniais, Leonardo da Vinci (1452-1519), Michelangelo (1475-1564) e Rafael (1483-1520), elevaram as artes plásticas a uma altura insuperável.

De Leonardo, temos a *Anunciação* (1473-1475), a *Virgem dos Rochedos* (1483-1485), *Dama com um Arminho* (ca. 1484), *Retrato de um Músico* (ca. 1490), *A Bela Ferroniere* (1490-1495), o mural da *Última Ceia* (1495-1498), *Mona Lisa* (1504-1505) ou a *Virgem e Santa Ana* (ca. 1510), para mencionar só algumas das suas melhores obras. Leonardo atingiu um padrão inigualável de beleza, com a gradação imperceptível da luz e um sentido misterioso de intimidade, executado com grande maestria, criando um padrão de beleza absoluta.

De Michelangelo, temos *Baco* (1496-1497), a *Pietà* (1497-1499), *David* (1501-1504), *Moisés* (1513-1516) e os túmulos de Lorenzo e Giuliano de

Medici (1521-1534), assim como de Júlio II (1542-1544) — obras que estão entre as esculturas mais extraordinárias de todos os tempos, desde Fídias, e projetam uma impressão incomparável de força e poder. Suas contribuições à Capela Sistina, desde os quatro afrescos do teto (1508-1512) até o *Último Julgamento* (1533-1534), são outros exemplos de extraordinária realização artística.

De Rafael, vale citar o *Casamento da Virgem*, de 1504, a "Madonna com o Pintassilgo" (ca. 1507), o afresco *Escola de Atenas*, na Capela Sistina (1510-1511), a *Mulher Velada*, de 1516, o *Retrato de Baldassare Castiglione* (1515-1516) e o *Papa Leão X com os Cardeais Giulio de' Medici e Luigi de' Rossi* (1518-1519) — peças que atingiram o mesmo nível de beleza suprema e extrema qualidade artística, mediante uma combinação inimitável de graça e precisão.

Fora de Florença e de Roma, as primeiras décadas do *Cinquecento* italiano produziram outras tantas obras-primas, tais como as cores extraordinárias de Correggio (ca. 1489-1534), em Parma, com a *Adoração dos Pastores* (1522), *Zeus e Antíope* (1528) e *Rapto de Ganimede* (1531). Em Veneza encontramos, entre outros, os trabalhos de Giovanni Bellini e as pinturas de Giorgione (1477-1510) e Ticiano (1477-1576). *Os Três Filósofos* (1503-1504) de Giorgione, o *Retrato de um Jovem* (ca. 1503) e a extraordinária *Cena Pastoral* (1508), de que participou o jovem Leonardo, estão entre as melhores obras da escola veneziana. Ticiano, o príncipe dos pintores, contribuiria com um grande número de obras-primas soberbas, tais como a *Venus de Urbino* (1536), *O Papa Paulo III e seus Sobrinhos* (1456) e *O Imperador Carlos V Depois da Batalha de Mühlberg* (ca. 1544).

Segundo o consenso quase unânime dos contemporâneos, essas e outras obras de arte alcançaram uma tal perfeição que os artistas posteriores se viram obrigados a reconhecer que a única forma de chegar a um nível comparável era tentar incorporar a seus trabalhos os melhores atributos desses grandes mestres, ainda que às custas da originalidade. Em outras palavras, trabalhar copiando o seu estilo, "*a la manière de*". Esta é a origem do chamado "maneirismo".

Recentemente os críticos de arte puderam superar a pouca estima em que eram tidos de modo geral os pintores maneiristas, admitindo que alguns deles conseguiram alcançar altíssima qualidade, embora às custas de uma originalidade genuína. Jacopo da Pontormo (1494-1557), com seu afresco *Vertumnus e Pomonax* (ca. 1519-1521), na Vila Medici de Poggio a Caiano, e sua *Deposição* (ca. 1523-1525), na Capela Capponi, na Igreja da Felicidade, em Florença, é um dos primeiros mestres maneiristas. A

Madona do Longo Pescoço (1534), de Parmigianino (1503-1540), as sofisticadas estátuas em bronze de *Mercúrio* (1564-1580) ou o *Rapto das Sabinas* (1581-1583), em mármore, de Giambologna (1529-1602), e a pintura em óleo sobre madeira *Uma Alegoria: Venus, Cupido, o Tempo e a Loucura*, (ca. 1540-1541) de Bronzino (1503-1572), são belos exemplos da arte maneirista.

Muitas vezes através dos maneiristas os artistas italianos exerceram uma influência profunda em toda a Europa (embora não fosse a única), enfrentando em diferentes graus a contribuição ou a resistência das tradições locais. Na França, a família Clouet, composta do pai Jean (ca. 1485-1540) e seu filho François (ca. 1515-ca. 1572), neste caso sob a influência da arte flamenga, foram retratistas consumados. O *Retrato de Pierre Outhe* (1562), de François, assim como o *Retrato de Carlos IX* de corpo inteiro (ca. 1569), *Francisco I a Cavalo* (ca. 1545), *Elizabeth de Vallois* (ca. 1558) e *Elizabeth d'Austrilia* (ca. 1571) são obras-primas do gênero.

No século XVI, Flandres e a Alemanha foram também dois importantes centros artísticos. Nos Países Baixos, Hieronymus Bosch (ca. 1450-ca. 1516), cujas pinturas não trazem data, foi um mestre notável do horror surrealista, demonstrando sua obsessão com as representações medievais do mal. Quentin Massys (1466-1530) é o autor de delicadas pinturas religiosas, como o seu Tríptico de 1507-1509, na Igreja de São Pedro em Louvain, ou suas representações psicológicas de grande refinamento, como em *O Banqueiro e sua Esposa*, de 1514. E Pieter Brughel (ca. 1525-1569) deu início à grande tradição flamenga de paisagens rurais.

Na Alemanha, Mathias Grünewald (ca. 1460-1528) produziu uma série de pinturas impressionantes do sofrimento de Cristo. Hans Holbein Junior, filho de Holbein Senior e irmão de outro pintor, superou as realizações paternas pintando retratos com extrema fineza de execução e grande penetração psicológica, tais como os retratos maneiristas de Erasmo (1523) e de Thomas More (1526-1528). Mais influenciado pelo classicismo italiano foi Albrecht Dürer (1471-1525), responsável por algumas das maiores obras-primas da época, tais como a *Assunção da Virgem*, de 1508-1509, que só conhecemos através de uma boa cópia; a *Madonna com o Iris* de 1508; e o painel *Adão e Eva*, de 1507. Dürer foi também um gravador admirável, com obras da categoria de *O Cavaleiro, a Morte e o Demônio, São Jerônimo no seu Estúdio* e *Melancolia*, todas do período 1513-1514. Tinha interesses amplos, e escreveu um tratado sobre as fortificações militares, em 1527, assim como estudos sobre vários temas científicos, inclusive o *Tratado sobre a Proporção*, publicado postumamente em 1518.

Música

A música renascentista representou uma transição importante da música medieval para a grande fase da música barroca, criando novas formas musicais e deixando um repertório importante de peças muito agradáveis. O desenvolvimento da música ocorreu mais tarde no Renascimento, e a maior parte dos compositores importantes datam da segunda metade do século XVI e do princípio do século XVII. Claudio Monteverdi, o músico mais importante desse período, compôs a maior parte da sua obra no começo do século XVII, e marca o início do Barroco.

A música medieval era principalmente música sacra e cantochão coral, além das canções dos trovadores. A contribuição mais importante dos músicos renascentistas foi a introdução da harmonia integrada na polifonia medieval e, sob influência flamenga, com uma linha melódica. Houve igualmente um desenvolvimento significativo da música secular, ou com a introdução de outras formas de canção, como a *frottola*, da música homofônica para voz acompanhada de alaúde, ou com danças, tais como a pavana, a *passamezzo* ou a *saltarella*. Os concertos seculares, que se tornaram uma constante na vida cultural, eram promovidos pelas academias musicais, tais como a Academia de Verona, fundada em 1543, e a Academia dos Concordi, do Duque Alfonso II de Ferrara.

Josquin Deprès (ca. 1440-1521), também conhecido como Josse, Jodocus ou Josquinus Pratensis, foi o grande inovador musical do Renascimento, com seus motetes e canções. A música de órgão encontrou sua melhor expressão na família Gabrielli, de Veneza — o tio Andrea (ca. 1520-1586) e o sobrinho Giovanni (1557-1612) —, que rompeu com a tradição bizantina introduzindo uma nova forma musical, com o duplo coro e o *concertato*, em que os instrumentos, em vez de acompanhar as vozes, tinham um papel independente.

Girolamo Frescobaldi (1583-1643), de Ferrara, foi um mestre da composição para instrumentos de teclado, especialmente o cravo, tendo escrito *canzone* para diversos instrumentos, com acompanhamento de *basso continuo*, prenunciando assim a música barroca de Vivaldi e Bach.

Giovanni Pierluigi da Palestrina (ca. 1525-1594) foi outro grande inovador musical renascentista, contribuindo tanto para a música sagrada, com 105 missas, inclusive a famosa *Messa del Papa Marcello*, de 1555, juntamente com centenas de motetes, como para a música secular, com um grande número de madrigais, dentre eles *Vestiva i Colli*, o mais famoso, um soneto narrativo em forma de madrigal. Palestrina foi um notável mestre do contraponto, e a mencionada missa dedicada ao Papa Marcelo foi decisiva para impedir que o Concílio de Trento excluísse a música das missas, tendo convencido a comissão de cardeais de que na verdade ela podia acentuar a mensagem religiosa do sacramento, em vez de prejudicá-la.

Orlando di Lasso (ca. 1532-1594), o mais importante músico flamengo do século XVI, foi também um grande mestre da música sagrada e profana, e na juventude compôs canções de amor e de beber, muito populares. Mais tarde escreveu centenas de madrigais e canções em francês, alemão e italiano. Muito apreciado por reis e pelo Papa, recebeu títulos de nobreza do Imperador Carlos V e do Papa Gregório XIII. Sua música sagrada inclui nove missas e um grande número de motetes e de paixões.

Cláudio Monteverdi (1567-1643) foi o músico mais importante do Renascimento, tendo criado a forma da grande ópera com *Orfeo*, levado à cena pela primeira vez em Mantua, no ano de 1607. Compôs cinco óperas das quais só sobreviveram o *Orfeo, Il Ritorno d'Ulisse in Patria*, de 1641, e *L'Incoronazione di Poppea*, de 1642. É grande o número de outras composições, inclusive três missas e muitos vesperais, motetes e madrigais. Suas óperas continuam a ser muito apreciadas, formando parte do repertório moderno.

Literatura

Ainda que brevemente, é preciso mencionar a literatura do *Cinquecento*. A Itália contribuiu com dois importantes poetas épicos, Ludovico Ariosto (1474-1533), autor de *Orlando Furioso*, de 1516, e Torquato Tasso (1544-1595), com suas duas obras a respeito de Jerusalém: *Gerusalemme Liberata*, de 1581, que dá um tratamento clássico a tema cristão, e, sob a influência da Contra-Reforma, *Gerusalemme Conquistata*, de 1593.

É fora da Itália, porém, que vamos encontrar as maiores obras literárias do século XVI. Na França, vale lembrar o extraordinário François Rabelais (1495-1559), com suas histórias de *Gargantua e Pantagruel*; a delicada poesia de Joachim du Bellay (1522-1560) e o grande Pierre de Ronsard (1534-1585).

Mas na opinião do presente autor é na Península Ibérica que encontramos o maior poeta épico e lírico da época, o português Luiz Vaz de Camões (1524-1580), cujas *Lusíadas* representam a combinação extraordinária de comovedora força épica, tocando o lírico, com enorme erudição clássica e um patriotismo sincero, vivido efetivamente pelo poeta em suas aventuras no império colonial português. A Espanha, por sua vez, contribuiu com a maior obra-prima do gênero: *Don Quijote* (1605) de Cervantes (1547-1610). Lope de Vega (1562-1685) e Tirso de Molina (1571-1648) são duas figuras eminentes da literatura espanhola do *Siglo de Oro* — os anos entre o fim do século XVI e o princípio do século XVII[11]. Mas é na Inglaterra elizabetana que surge o maior gênio literário de todos os tempos: William Shakespeare, só comparável a Sófocles, com a vantagem de demonstrar o sentido renascentista da individualidade, revelando uma penetração psicológica que estava fora do alcance da cultura grega.

Uma parte de grande importância da literatura do século XVI poderia ser abordada sob o título de "Humanismo". Thomas More (1428-1535) e sua *Utopia*, de 1516, Desiderius Erasmus (ca. 1460-1536), com o *Elogio da Loucura*, são as figuras exponenciais do humanismo no fim do Renascimento. Miguel de Montaigne (1532-1592) e seus *Ensaios*[12] ocupam igualmente uma posição importante. Muito interessante também é a figura menos conhecida de Pedro Pomponazzi (1467-1525), de Mantua, que ensinou filosofia na Universidade de Pádua, onde tinha feito os seus estudos, e mais tarde em Ferrara e em Bolonha (1512-1525), onde faleceu. Pomponazzi foi um averroísta, seguidor do filósofo árabe, e em *De Immortalitate Animae*, de 1516, sustenta que, se pudéssemos dissociar-nos dos ensinamentos da Revelação cristã (que ele fingia aceitar), a análise científica da alma nos mostraria sua associação indissolúvel com o corpo, e portanto sua perecibilidade.

A política e a história

Foi no campo da análise política e da história que o *Cinquecento* italiano produziu suas obras mais notáveis. Niccolò Machiavelli (1469-1526), que conhecemos como Maquiavel, é o representante mais importante do gênero, e pode ser considerado, merecidamente, o maior analista do emprego do poder de todos os tempos.

A vida de Maquiavel não foi muito feliz, devido a circunstâncias quase sempre independentes da sua *virtù*, mas demonstrou a seriedade das suas idéias e, em termos de modelo ideal, sua correção teórica. Qualquer tentativa de fazer a biografia de Maquiavel, por mais breve, ultrapassaria o escopo do presente estudo, e por isso bastará dizer que como homem de ação e patriota florentino ele tinha quatro convicções básicas. Queria antes de mais nada assegurar a independência da Itália como um todo, condição necessária para a independência de Florença, e compreendia que depois do surgimento das grandes potências européias isso exigiria a unificação da Itália. Em segundo lugar, acreditava na República, e defendia pessoalmente os valores republicanos. Mas sabia também, realisticamente, que o regime republicano depende de certas condições prévias, e que não seria viável promover a unificação italiana sob a forma de República. Essa tarefa só poderia ser executada por um grande Príncipe, e durante algum tempo pensou que César Borgia podia ser esse Príncipe, embora particularmente sempre o tivesse detestado. Por fim, em quarto lugar, pensava que a unificação da Itália e, mais especialmente, a defesa imediata de Florença exigiam o emprego de uma força militar, que para ser confiável não podia ser composta de mercenários. Seria preciso assim formar, treinar e equipar apropriadamente um exército de cidadãos, uma milícia civil. Sob Solderini como *Gonfalonie*, Maquiavel chegou a tentar a organização e o treinamento dessa milícia, mas não teve o tempo necessário para isso, nem condições para transformar um bando de camponeses recém-recrutados em uma força militar eficaz e respeitável.

Além de *Il Principe*, sua obra prima, Maquiavel deu outra contribuição importante à análise histórica e política com os seus *Discorsi sopra la Prima Deca di Tito Livio* — comentários a propósito da obra do historiador romano Tito Lívio. Os dois livros foram escritos quando ele se retirou para o seu pequeno sítio, em 1513, depois da queda da República liderada por Solderini. Maquiavel é também o autor, entre outras obras extremamente interessantes, de uma excelente comédia, *Madragora*, (nome da erva que corresponde ao português "mandrágora", e ao inglês *mandrake*), escrita em 1518.

As idéias de Maquiavel, especialmente as expostas em *Il Principe*, têm sido objeto de um debate em grande parte hipócrita, e são criticadas muitas vezes pelos que não se inibiam de seguir as suas receitas, embora acusando-o de imoralidade. Na verdade, Maquiavel nunca defendeu, em termos de valores, as técnicas de poder que descreveu — seus valores pessoais eram cristãos e republicanos. O que ele tentou fazer foi uma análise científica dos meios utilizados para a conquista e o uso do poder, em condições discricionárias. Nesse sentido, estava absolutamente certo, dadas as condições prevalecentes no *Cinquecento*. Em diferentes condições sociais e históricas, particularmente em um regime democrático, essas práticas abertamente imorais teriam efeitos muito negativos, mas não era isso que acontecia com a Itália na época de Alexandre VI.

Francesco Guicciardini (1483-1540), de uma família aristocrática de Florença, com uma carreira de distinção a serviço do Papa, amigo íntimo de Maquiavel, é o outro reputado autor de estudos históricos. Enquanto

A CIVILIZAÇÃO OCIDENTAL – II. O RENASCIMENTO   **471**

Maquiavel era um realista teórico, mas na prática um romântico, Guicciardini era um realista prático e um analista objetivo dos eventos correntes e passados. Suas duas contribuições mais importantes aos estudos históricos foram a *História de Florença*, escrita entre 1508 e 1509, e a *Storia d'Italia*, a obra mais importante dos seus últimos anos, na qual demonstrou ser um pesquisador de primeira linha, com uma visão global e integral da Itália, naquela época fragmentada em vários Estados, de diferente tamanho, todos competindo entre si.

A Reforma

A Reforma foi a revolução mais ampla e mais profunda já ocorrida na história do Cristianismo. Representou um rompimento muito mais sério do que o de 1054 entre o Ocidente e o Oriente. Este último tinha a ver com a precedência entre Patriarca e Papa e, teologicamente, com a questão do *filioque*, de importância relativamente pequena. Com a Reforma, porém, todo o relacionamento entre Deus e a humanidade foi revisto de forma radical, e o papel do Papa, dos sacerdotes e de modo geral da própria Igreja tiveram sua importância contestada.

Pode-se debater se o tema da Reforma, que será discutido aqui brevemente, é assunto apropriado para um capítulo sobre o Renascimento. Em muitos aspectos a Reforma foi um movimento *contra* o Renascimento, propondo uma concepção do mundo e do Homem centralizada em Deus, contrariando portanto a perspectiva quatrocentista, que tinha o Homem como foco. A Reforma foi também uma rejeição indignada da aceitação neopagã do Renascimento e do culto irrestrito das antiguidades greco-romanas, valorizando em seu lugar a Bíblia e a tradição patrística. Finalmente, desde Lutero e com uma afirmação radical em Calvino, negava o valor do homem e da prática das boas ações, postulando a predestinação. Não obstante, a presente referência muito sucinta sobre a Reforma foi inclusa no capítulo sobre o Renascimento não só porque ela é necessariamente um tema central no tratamento da história do *Cinquecento* como também porque representou uma versão alternativa do humanismo, oposta à de Erasmo, embora abrigasse, de forma radical, algumas das mesmas preocupações, constituindo assim mais uma expressão do individualismo renascentista, que no futuro iria ter um grande desenvolvimento.

Embora precedida por importantes tentativas de reforma, como as do inglês John Wycliffe (ca. 1320-1384) e do tcheco Jan Hus ou Huss (ca.

1369-1415), e seguida por alguns reformistas influentes como Zwingli (1484-1531) e Calvino (1509-1564), a Reforma foi essencialmente obra de Martinho Lutero (1483-1546). Filho do proprietário de uma pequena fundição de cobre, que conseguiu dar ao filho uma boa educação, preparando-o para uma carreira jurídica, Lutero, que tinha completado seus estudos na Universidade de Erfurt em 1503, resolveu tornar-se um monge, impressionado com uma terrível tempestade que precisou enfrentar, filiando-se assim em 1506 à Ordem dos Eremitas de Santo Agostinho, em Erfurt. Ordenado sacerdote em 1508, teve uma carreira eclesiástica brilhante. Recebeu seu doutorado em teologia em 1512, tendo começado a pregar na igreja paroquial em 1514; tornou-se prior e, no ano seguinte, vigário distrital da sua Ordem, supervisionando onze outros mosteiros.

Durante todo esse período Lutero viveu sob uma angústia profunda, devido à sua percepção aguda do pecado, refletindo continuamente sobre os problemas do pecado, da graça, da penitência, das indulgências, e, finalmente, sobre a sua salvação pessoal e a salvação do Homem, de modo geral. Confrontado com essas questões, indignava-se cada vez mais com a atitude comercial com que a Cúria Romana tratava as indulgências papais[13]. Essa revolta contra o comércio das indulgências atingiu um nível intolerável quando o enviado papal dominicano, Johann Tetzel, começou a vender indulgências na Alemanha, recolhendo fundos para a reconstrução da Basílica de São Pedro. Ao mesmo tempo, Lutero tinha chegado a uma nova perspectiva das relações entre Deus e o Homem que seria fundamental para o movimento reformista. Seus estudos sobre São Paulo e de Santo Agostinho, e outras reflexões, o tinham levado à conclusão de que o julgamento divino não é o resultado de uma simples contabilidade entre as boas e más ações cometidas — por melhor que um homem se conduza, ele é sempre um pecador inato, e não merece ser salvo. Deus justifica sua salvação exclusivamente devido à fé (sola fide). E para orientar sua fé, o homem não precisa mais do que seguir as escrituras (sola scriptura): o Papa, os sacerdotes e a Igreja nada significam.

Essa convicção e sua indignação com a venda de indulgências por Tetzel o levaram a expor suas 95 teses, fixando-as na porta da Igreja de Todos os Santos de Wittenberg, condenando esse comércio e enfatizando o caráter introspectivo da religião cristã. Enviou cópias das suas teses ao Arcebispo de Mainz e ao seu Bispo. Por outro lado, independentemente da iniciativa de Lutero, muitas outras cópias foram impressas e distribuídas.

As propostas de Lutero foram aceitas com grande rapidez. Frederico II o Sábio, Eleitor da Saxônia, e particularmente seu secretário, o humanista Georg Spalatin, estiveram entre os seus primeiros admiradores. A proteção do Eleitor foi crucial durante a propagação inicial das idéias de Lutero, impedindo sua prisão por ordem da Igreja. Assim, Lutero pôde recusar-se a cumprir a ordem papal de submeter pessoalmente suas teses ao julgamento das autoridades romanas; em vez disso, em 1518 teve uma entrevista com o Cardeal Cajetan, em Augsburg, que terminou com a sua expulsão do palácio pelo indignado Cardeal.

As idéias de Lutero continuaram a ganhar terreno, recebendo amplo apoio nos círculos acadêmicos, especialmente em Wittenberg. No ano crucial de 1520 Lutero produziu algumas das suas obras mais importantes, como o *Sermão sobre as Boas Ações*, desenvolvendo a tese da justificação pela fé, e o *Apelo à Nobreza Cristã da Nação Alemã*, que influenciou fortemente a classe governante da Alemanha, a que se dirigia. Outra obra importante desse período, orientada para os estudiosos e membros da Igreja, foi *Um Prelúdio sobre o Cativeiro Babilônico da Igreja*, na qual o autor afirmava que só três sacramentos eram válidos: o batismo, a última ceia e a penitência. Negou também o valor da missa, o princípio da transubstanciação eucarística e a autoridade papal, acentuando a supremacia das Escrituras e o direito de todos de examinar pessoalmente a Bíblia.

Pela Bula *Exsurge Domine*, de 15 de junho de 1520, o Papa condenou 41 dos 95 artigos propostos por Lutero. Em 10 de dezembro daquele ano, diante do Portão Elster da cidade, grande número de estudantes de Wittenberg ateou fogo às obras dos adversários de Lutero, e o próprio Lutero queimou a Bula papal, tendo sido excomungado formalmente em janeiro do ano seguinte.

Nos quarenta anos que se seguiram as idéias de Lutero ganharam cada vez mais apoio, sob a forma do luteranismo ortodoxo, sob a influência de Calvino ou na modalidade adotada na Inglaterra pela Igreja Anglicana. O Imperador Carlos V se opôs fortemente à difusão do luteranismo, e teve um papel importante, entre outros fatores, em prevenir a sua propagação nas regiões sob o seu domínio ou influência. No entanto, uma série de circunstâncias impediram Carlos V de realizar uma campanha contínua e exaustiva contra a difusão do protestantismo, como desejava. Essas circunstâncias estavam relacionadas, de modo geral, a aspectos militares e diplomáticos da sua política externa. O protestantismo tornou-se assim a religião predominante naqueles países e regiões da Europa onde continua predominando em nossos dias. Por fim, Carlos V foi obrigado aceitar uma solução que preservava o *status quo*: pela Paz de Augsburgo, de 25 de setembro de 1555, os Principados e as cidades livres que já tinham adotado a chamada Confissão de Augsburgo[14] tiveram reconhecido o direito de introduzir o protestantismo no seu território.

Na França, onde as guerras religiosas atingiram uma grande proporção, culminando com o infame massacre de São Bartolomeu, de 1572, a subida ao trono de Henrique de Navarra, antigo chefe do partido protestante, como Herique IV, depois de repudiar o protestantismo (*"Paris vaut bien une messe"*), levou finalmente ao chamado Édito de Nantes de 1598.

A Reforma nos coloca uma pergunta difícil de responder: como foi possível que tão ampla e profunda revisão de crenças, idéias e práticas no seio do Cristianismo tivesse progredido tão depressa, em tantos países da Europa, consolidando-se em apenas quarenta anos de luta contra as forças combinadas da Igreja oficial e do Sacro Império Romano? Como pôde Lutero ter êxito em um empreendimento que basicamente repetia as tentativas anteriores de Johnn Wycliffe e Jan Hus, as quais fracassaram completamente? Como pôde escapar do destino de Hus e, mais tarde, de Giordano Bruno (1548-1600), que morreram na fogueira?

Muitos livros foram escritos sobre as causas da Reforma e há um consenso básico sobre as circunstâncias e os fatores externos que contribuíram para essa expansão. Como observou o professor G. R. Elton[15], no relativo às causas externas, as circunstâncias e fatores políticos foram decisivos: o protestantismo prevaleceu onde predominavam príncipes ou magistrados protestantes, refletindo assim a frase famosa, segundo a qual a religião de cada país era a religião do seu governante: *cuius regio eius religio*.

Examinando a questão mais de perto podemos citar outros fatores externos que contribuíram significativamente para a expansão e o sucesso final da Reforma. Para começar, a debilidade da Igreja no século XVI. Após acumular, ao longo dos séculos precedentes, uma imensa fortuna, inúmeras prerrogativas, a mais alta autoridade e extrema visibilidade, depois da sua vitória sobre os Hohenstaufens, a Igreja oficial perdeu muito do seu poder efetivo, tornando-se muito vulnerável. Essa vulnerabilidade foi exacerbada pela perda da sua respeitabilidade moral, por estar mais empenhada em assuntos seculares e na defesa do Estado papal do que na orientação espiritual da cristandade. Essa perda da sua liderança ética foi seriamente agravada pela conduta muitas vezes imoral de membros da Igreja, desde o Papa até os simples sacerdotes, assim como pela nomeação de dignatários eclesiásticos completamente desqualificados, por razões políticas ou por outros motivos não religiosos. Tudo isso estimulou no resto da Europa um nacionalismo anti-romano e antiitaliano.

A CIVILIZAÇÃO OCIDENTAL – II. O RENASCIMENTO **475**

Por outro lado, o fato de que Carlos V foi o maior defensor da Igreja mobilizou contra o Papa os seus inimigos políticos, como Francisco I. Fora da França, essa oposição passou a defender o movimento protestante. Além disso, havia em toda parte uma grande inveja da riqueza da Igreja, e o desejo por parte de alguns príncipes sequiosos de dinheiro de expropriar as propriedades eclesiásticas, o que representava uma forte motivação para adotar posição favorável aos protestantes. O escandaloso comércio das indulgências simplesmente acrescentou mais combustível ao incêndio potencial que já ameaçava a Igreja.

Cabe aqui uma consideração final. Ao contrário dos movimentos reformistas de Wycliffe e Hus, que eram apoiados por classes humildes rebeladas, o protestantismo atraía as classes média e superior, e por isso não representava um perigo para o *status quo* político e social. Vale lembrar que os anabatistas, que constituíam uma versão populista do movimento protestante, foram perseguidos tanto pelos católicos como pelos luteranos e calvinistas.

Todos os elementos citados, porém, eram externos às propostas religiosas de Lutero. A revolução protestante não pode ser entendida se não considerarmos seriamente sua motivação religiosa. A esse propósito, dois fatores importantes devem ser levados em conta. O primeiro é que a piedade cristã, ainda muito intensa na Europa seiscentista, e exacerbada com freqüência por circunstâncias externas adversas, como pragas, guerras ou a extrema pobreza, não vinha recebendo da Igreja oficial a atenção que merecia. As pessoas sentiam necessidade de uma comunicação direta com Deus, queriam pertencer a uma comunidade espiritual — e essas duas demandas estavam sendo atendidas pelos pregadores da Reforma e pelas comunidades protestantes.

Um segundo fator decisivo, de caráter cultural, estava associado na medida em que, na época da Reforma, a tradição clássica impregnava várias regiões européias. O Cristianismo resultou da fusão de elementos bíblicos e judaicos com outros greco romanos. Como o Padre Henrique de Lima Vaz SJ expôs brilhantemente no seu estudo *Transcendência: Experiência Histórica e Interpretação Filosófico-Tecnológica* (apud Jaguaribe, 1993), a "transcendência" era abordada de forma distinta em Israel, onde se revestia de um caráter profético, e na Grécia, onde tinha um caráter noético. Para os israelitas, a transcendência era comunicada pela palavra de Deus, de cima para baixo, como *katábasis*; para os gregos, a transcendência era alcançada noeticamente, mediante um esforço do pensamento, de baixo para cima: como *anábasis*.

A cultura da parte da Europa que mais preservara a herança clássica, e que no passado constituíra o núcleo central do Império Romano, mantinha uma abordagem noética da transcendência, tendendo a ajustar a Revelação às exigências da racionalidade. Mas na cultura das outras regiões européias menos expostas a essa tradição (basicamente a antiga periferia germânica do Império Romano), o Cristianismo sustentava uma visão da divindade mais próxima da israelita, e da Revelação. Por isso o povo dessa região estava preparado para aceitar a visão luterana, segundo a qual faltava ao homem qualquer valor intrínseco, e sua justificação dependia inteiramente da fé que depositasse em Deus. A tradição romana pode ser observada também nas culturas européias que seguiram a Contra-Reforma tridentina: o Papa era visto como espécie de substituto religioso do Imperador de Roma, a Cúria como reprodução do Senado, e lei canônica assumia função análoga ao direito romano. Em contraste, as culturas européias mais impregnadas com a tradição germânica eram menos inclinadas a aceitar a autoridade do Papa e da Igreja.

Cabe uma observação final sobre o sucesso de Lutero e o fracasso de Wycliffe e de Hus. Muitas das propostas de Lutero, se não a sua maioria, estavam contidas nos escritos e na pregação de John Wycliffe, seguida da de Jan Hus. Mesmo levando em conta as diferenças na situação histórica dos primeiros reformistas e de Lutero, com as correspondentes diferenças nas respectivas sociedades, é preciso reconhecer que a distinção essencial entre essas primeiras tentativas frustradas de reforma e o sucesso do luteranismo reflete o fato de que as primeiras eram socialmente revolucionárias, e mobilizaram o apoio das classes inferiores, provocando assim a repressão do movimento pelas classes superiores. Lutero, porém, dirigiu-se aos príncipes, nobres, burgueses e eruditos, opondo-se diametralmente à revolta dos camponeses. Como já mencionamos, os anabatistas, que representavam a mobilização das classes inferiores, pacífica ou não, em defesa das idéias protestantes, foram discriminados e reprimidos tanto pelos católicos como pelos próprios protestantes porque punham em perigo a ordem social existente e não apenas a igreja oficial.

V
Observações Conclusivas

Concebida da forma mais ampla, a cultura do ocidente, que abrange a herança clássica, passou por períodos cruciais que modelaram o seu rumo e condicionaram de forma decisiva a história da Humanidade. Seis dessas fases históricas merecem ser citadas:

- a grega, dos pré-socráticos aos estóicos, culminando com a Era de Péricles;
- a romana, de Scipião a Marco Aurélio, culminando com a Era de Augusto;
- a medieval, de Carlos Magno a São Tomás, culminando com São Francisco e o princípio do Renascimento, no século XII;
- a renascentista, de Petrarca a Erasmo, culminando com a Florença dos Médici;
- a Ilustração, culminando com Rousseau, Kant e Mozart;
- os tempos modernos, de Galileu à física e biologia contemporâneas, culminando com Newton e Einstein.

Dentre essas fases de grande fertilidade, o Renascimento merece ser distinto por três das suas contribuições mais notáveis: o paradigma da beleza absoluta, a fundação do Estado moderno e a Reforma.

O Estado moderno corresponde ao desenvolvimento, dentro de um quadro democrático, do Estado criado pelas monarquias francesa e espanhola do século XVI, e em particular pelo Estado criado por Henrique VIII e Elizabeth, com o conceito fundamental do "Rei no Parlamento". O Cristianismo moderno é o herdeiro da Reforma de Lutero e da Contra-Reforma de Loyola, trazendo até nossos dias a alternativa permanente da consciência pressionada pela obsessão com a própria culpa e da consciência confiante na sua redenção.

Mas foi o paradigma estético do Renascimento que demostrou ser a contribuição mais universal e permanente do Ocidente, juntamente com a ciência moderna. Embora baseado fundamentalmente em modelos clássicos, esse paradigma criou um padrão estético que ultrapassou as fronteiras do tempo e da cultura, apresentando-se a todos que dele se aproximaram, desde o princípio, como o modelo da beleza absoluta[16].

Confrontados com esse paradigma, os artistas ocidentais se encontraram em um dilema: escolher a busca da beleza às custas da inovação, sendo obrigados a seguir de alguma forma o paradigma do Renascimento, como o maneirismo, o classicismo, o impressionismo ou outras derivações semelhantes; ou então optar pela criação inovadora, sendo obrigados neste caso a abandonar a busca da beleza, como aconteceu na arte moderna.

A história é um processo não concluído, e saber se a futura arte ocidental poderá criar um novo acesso à beleza, sem passar pelo paradigma renascentista, é uma questão em aberto. Talvez isso só seja possível na medida em que o desenvolvimento da atual sociedade tecnológica de massa possa gerar um novo sentido da beleza. E talvez só seja possível se esse desenvolvimento suprimir as exigências estéticas do Homem.

17

O DESENVOLVIMENTO OCIDENTAL

I
Introdução

1. Objetivo do capítulo

O presente capítulo procura identificar sucintamente as principais características sóciopolíticas e culturais do Ocidente no século XVII e no princípio do século XX, até as vésperas da Primeira Guerra Mundial, analisando brevemente o modo como o Ocidente de Cromwell, Olivares e Richelieu se transformou no Ocidente de Clemenceau, Lloyd George, do Presidente Wilson e do Kaiser Guilherme II.

Este estudo tem um duplo enfoque. Primeiramente procura descrever os traços mais importantes do sistema internacional durante o período que vai do século XVII ao princípio do século XX. Ao mesmo tempo, procura analisar brevemente as características sociopolíticas mais importantes dos países de maior repercussão durante esses períodos; os acontecimentos mais significativos e seus principais protagonistas. Em seguida, consideraremos os traços culturais mais importantes de cada era, e discutiremos como o mundo de Pascal e do Cardeal Bellarmino, de Galileo, Descartes e Newton, de Calderon de la Barca, Milton e Corneille, de Caravaggio, Rembrandt, Rubens e El Greco, de Monteverdi, Frescobaldi, Vivaldi e Bach se transformou no mundo de Einstein e Max Planck, de Nietzsche, Freud e Bertrand Russell, de Thomas Mann, Bernard Shaw e James Joyce, de

UM ESTUDO CRÍTICO DA HISTÓRIA

Cezanne, Matisse e Picasso, de Richard Strauss, Schöenberg e Stravinsky. Esses processos sóciopolítico e cultural serão analisados separadamente, levando em conta, porém, suas principais vinculações recíprocas.

2. População

A Europa, cuja população tinha crescido em 1900 para 295 milhões de habitantes, a maioria residentes nas cidades, no princípio do século XVII não tinha mais do que 80 ou 85 milhões, sem incluir os oito milhões que viviam na Europa sob domínio turco.[1] De acordo com C. MacEvedy e R. Jones,[2] entre 1500 e 1800, a população européia podia ser tabulada assim, de acordo com a sua distribuição por país:

POPULAÇÃO DA EUROPA
(em milhões de habitantes)

País/região	1500	1600	1650	1700	1750	1800
Escandinávia	2.00	2.25	2.50	3.00	3.75	5.25
Ilhas Britânicas	5.00	6.25	7.50	9.25	10.00	16.00
Alemanha	9.00	12.00	11.00	13.00	15.00	18.00
França	15.00	18.00	21.00	22.00	24.00	29.00
Península Ibérica	7.75	10.50	9.25	10.00	12.00	14.00
Itália	10.00	12.00	11.00	13.00	15.00	19.00
Europa Central	8.25	10.25	9.50	11.00	13.25	18.50
Polônia	4.00	5.00	5.50	6.00	7.00	9.00
Rússia européia	12.00	15.00	17.00	20.00	26.00	36.00
Bálcãs	4.50	6.00	6.00	6.25	8.00	10.00
TOTAL	**81.0**	**100.0**	**105.0**	**120.0**	**140.0**	**180.0**

Essa população era principalmente rural. Em 1600 só 42 cidades européias tinham vinte mil habitantes ou mais; e dentre elas só 13 tinham pelo menos cem mil habitantes. As maiores cidades da Europa eram então

Constantinopla, a capital do Império Otomano, a mais populosa, com 700 mil habitantes; Nápoles, com 275 mil; Paris, 250 mil; Andrianopla, 160 mil; Veneza, 151 mil e Salamanca, 144 mil.[3]

3. Características sóciopolíticas do século XVII

O século XVII se caracterizou na Europa pela emergência de grandes potências, contrastando com o mundo do Renascimento, quando as cidades-estado da Itália desempenhavam os principais papéis na arena internacional, cercadas por países potencialmente poderosos como a França, a Espanha e a Inglaterra, que no entanto viviam em condições medievais. No princípio do século XVII esses países tinham conseguido em grande parte alcançar sua integração nacional, e começavam a ter um papel internacional importante.

O sistema internacional desse período foi marcado pela preponderância inicial (para não dizer hegemonia) da Espanha, cujo poder, no entanto, não tardou a declinar. Durante o mesmo período, a França emergiu rapidamente como uma nação poderosa, enquanto a Inglaterra passava por mudanças internas que no século XVIII lhe dariam uma posição predominante. Na primeira metade do século XVII os Países Baixos tiveram também uma posição de relevo no desenvolvimento da Europa, enquanto os países escandinavos chegavam à preeminência como principais participantes da Guerra dos Trinta Anos. Sob Pedro o Grande (1682-1725) a Rússia tornou-se também, na segunda metade do século, uma potência de peso no sistema europeu. Foi nesse contexto que os países europeus precisaram enfrentar a séria ameaça do Império Otomano, cuja tremenda expansão foi contida inicialmente pela sua derrota na batalha naval de Lepanto, em 1571, mas que continuou a atemorizar a Europa Oriental até o insucesso da tentativa de tomar Viena, no ano de 1683.

Se consideramos as potências européias do século XVII, podemos observar o contraste entre países com um forte sistema monárquico mas carentes de integração nacional, como a Espanha — unida pela autoridade pessoal do monarca mas na verdade um conjunto de reinos e regiões separados, cada um com seus próprios costumes e leis — e países como a Inglaterra e a França — que possuíam uma unidade nacional básica mas se encontravam divididos internamente por conflitos religiosos ou políticos. Os Países Baixos, com dezessete províncias independentes, tentavam reforçar a sua unidade nacional sem destruir a estrutura provincial, mas o resultado foi a separação das sete províncias predominantemente calvinistas, no norte, das províncias predominantemente católicas, no sul. Entrementes, o que restou do Sacro Império Romano, confinado aos Estados alemães sob a predominância da Áustria e da dinastia Habsburgo, deixou também de completar sua unificação por causa da disparidade étnica das regiões que o compunham, e da divisão entre católicos e luteranos. Depois das importantes intervenções na Guerra dos Trinta Anos, pela Dinamarca, sob Cristiano IV (1588-1648), e pela Suécia, sob Gustavo Adolfo II (1594-1632), esses dois países se mantiveram no resto do século fora do principal palco internacional. De outro lado, a Rússia de Pedro o Grande ingressou na arena internacional na segunda metade do século, com um papel de crescente importância.

4. Características culturais do século XVII

O século XVII pode ser designado apropriadamente como a Era do Barroco. Como estilo artístico o Barroco começou no fim do século XVI, e uma das suas primeiras manifestações foi a igreja de Gesù, em Roma, construída pelos jesuítas. O estilo continuou, especialmente na arquitetura das igrejas, até a primeira metade do século XVIII, mantendo-se predominante por mais tempo ainda na América portuguesa e espanhola. Na música, o que chamamos hoje de "música barroca", a partir de Monteverdi (1567-1643), continuou pelo século XVIII, quando o compositor alemão Johann Sebastian Bach (1685-1750) e compositores venezianos como Albinoni (1671-1750), Marcello (1686-1739) e Vivaldi (1675-1741) produziram as maiores expressões desse estilo.

Culturalmente, a Idade do Barroco se diferenciou por três características dominantes, contrastando às vezes com tendências opostas, mas de menos influência. Essas características podem ser descritas como a crescente manifestação do poder do Estado, a afirmação dogmática de certezas religiosas e uma exibição dramática de grandeza.

Enquanto o Renascimento foi o palco para exibir a *virtù* individual, com o Estado visto como obra de arte, e uma das manifestações dessa *virtù*, a era barroca foi marcada pelo poder do Estado, sob a autoridade centralizada e burocrática de monarcas que exerciam o poder absoluto, ou pretendiam exercê-lo, alegando terem para isso uma delegação recebida diretamente de Deus. Esse era o caso dos Habsburgos espanhóis, dos Tudors e Stuarts ingleses e dos Bourbons franceses.

Herdada do século precedente, a tríplice divisão da cristandade ocidental em católicos, luteranos e calvinistas, foi mantida da forma mais dogmática. Os conflitos religiosos dentro da França, da Inglaterra, da Alemanha e dos Países Baixos eram manifestações de certezas absolutas, que levavam à exclusão de qualquer tolerância, vista sempre como traição da única fé verdadeira. O mesmo se aplica à Guerra dos Trinta Anos, embora neste caso houvesse forte influência de motivos puramente políticos. Se foi possível chegar finalmente a um acordo negociado, depois de disputas ferozes, isso se deveu à incapacidade dos atores em conflito de impor pela força os seus respectivos dogmas. A exaustão das forças espanholas, na tentativa de impor a toda a Europa as idéias e práticas da Contra-Reforma, a revogação do Édito de Nantes, com efeitos desastrosos na França, e a insurreição generalizada na Inglaterra contra James II, um monarca bom e corajoso, embora obstinado, são exemplos típicos dessa profunda intolerância religiosa.

Uma terceira característica marcante dessa época foi a inclinação pelas manifestações dramáticas de grandeza: na esfera secular, a construção de grandes palácios, como o Escorial e Versailles, as esculturas dramáticas de Bernini e os quadros exagerados de Rubens; na esfera religiosa, o misticismo de El Greco; aparecendo também nas tragédias de Corneille; nos poemas épico-religiosos de Milton e no interesse generalizado pela ópera.

Embora esses fossem os traços predominantes, eles podiam às vezes contrastar com tendências opostas. A primeira revolução inglesa, contra Carlos I, foi, entre outras coisas, um movimento antiabsolutista, de defesa da liberdade parlamentar. O mesmo se pode dizer da *Fronde* francesa, à sua maneira, mais reacionária. A rebelião dos Países Baixos foi determinada essencialmente pelos sentimentos antiabsolutistas e a demanda pelos direitos civis dos seus habitantes.

Lutando contra a intransigência dogmática, e enfatizando a necessidade da experimentação, a ciência da era barroca, tendo à frente Galileo, Kepler e Newton, precisou enfrentar a intolerância da Inquisição. Giordano Bruno pagou com a vida a sua liberdade intelectual, e Galileo com a obrigação, imposta pelo Papa, de rejeitar o sistema de Copérnico (1616). Um terceiro contraste pode ser encontrado no terreno artístico. Opondo-se ao espírito de grandeza predominante, havia na era do Barroco um sentido de intimidade e de interesse pelas pessoas mais simples, como na arte antigrandiosa de Vermeer ou na pintura dos irmãos Le Nain.

5. O princípio do século XX

Em termos sóciopolíticos e culturais, o mundo passou por uma mudança profunda no curso dos duzentos anos que separam o fim do século XVII da primeira década do século XX. O desenvolvimento extraordinário da ciência e da tecnologia, a expansão por todo o mundo da influência do Ocidente e as correspondentes mudanças na cosmovisão, nas práticas e crenças religiosas, criaram uma paisagem social, política e cultural completamente nova.

No sistema internacional, no fim do século XVII a predominância da França declinou em favor da ascendência da Inglaterra. Embora restaurada temporariamente na época de Napoleão, no século XIX ela foi suplantada definitivamente pela hegemonia britânica. A supremacia industrial e financeira da Inglaterra, apoiada em um grande império colonial e sustentada pela marinha mais poderosa de todo o mundo, garantiu o primado internacional do Reino Unido até os primeiros anos do século XX. No entanto, a posição da Inglaterra foi desafiada em duas frentes. Uma, visível, pelo império Alemão, que se afirmava incisivamente. Outra, mais consistente, e que viria a prevalecer, pelos Estados Unidos, que crescia rapidamente, mas de cuja importância global os próprios norte-americanos ainda não se tinham dado conta.[4] Às vésperas da Primeira Guerra Mundial (1914-1918), a França, o Império Austro-Húngaro, a Rússia e, em menor escala, a Itália desempenhavam um papel internacional importante. Quanto ao Japão, depois da sua vitória sobre a Rússia, na guerra de 1904-1905, começou a mostrar ao mundo o alto nível de desenvolvimento e de modernização que tinha alcançado desde a restauração Meiji de 1868.

II
Idade do Barroco

1. O sistema internacional

Durante o século XVII o sistema internacional do ocidente se caracterizou pela predominância sucessiva de grandes potências, começando com a supremacia espanhola, seguida pela predominância mais longa da França e, na virada do século, pelo poder crescente da Inglaterra que, depois do Tratado de Utrecht, de 1713, se tornaria como a Grã-Bretanha a maior potência européia. Neste contexto, os países escandinavos tiveram um papel importante na primeira parte da Guerra dos Trinta Anos, enquanto a Rússia de Pedro o Grande, modernizada à força e rapidamente por aquele grande monarca, passou a ser um protagonista internacional cada vez mais importante. De outro lado, depois de conquistar a Europa oriental e ameaçar Viena até o seu assédio final, em 1683, o Império Otomano foi rechaçado pelos russos e austríacos, afastando-se gradualmente do cenário europeu.

De outra perspectiva, o século XVII foi marcado pelos conflitos religiosos mais agudos já ocorridos no ocidente. Herdados do século precedente, eles culminaram com a Guerra dos Trinta Anos (1618-1648). Internamente, ocorreram conflitos religiosos na Inglaterra, nos Países Baixos (que se dividiram em dois grupos hostis de províncias) e na França — onde durante um século perturbaram a sociedade francesa, desde Henrique II (1547-1559) até Henrique IV (1589-1610). Esse conflito logo consistiu essencialmente na tentativa frustrada dos católicos de conter e reprimir por meios militares a expansão do protestantismo, em especial a sua modalidade calvinista. Como resultado final da Guerra dos Trinta Anos, que passou a ser uma disputa pela hegemonia européia, a Espanha e o Império Alemão cederam terreno para a França de Richelieu e para as Províncias Unidas que, juntamente com a Suíça, tiveram a sua independência reconhecida formalmente pelo tratado de Westfalia de 1648.

Filipe III (1598-1621) herdou do pai um império que, a despeito de certos sinais de relativa decadência, ainda era a potência predominante na Europa, incluindo toda a Península Ibérica, as principais ilhas do Mediterrâneo, o reino de Nápoles, portos na Toscana, o ducado de Milão, a parte meridional dos Países Baixos e enclaves na costa norte-africana, além das extensas colônias espanholas e portuguesas. A despeito das suas dificuldades fiscais crônicas, recebia uma grande quantidade de prata do Peru e do México, e lucros importantes do comércio com o açúcar americano. Dispunha de uma formidável força militar, baseada, em terra, nos *tercios* invencíveis; no mar, em uma grande frota, reconstruída depois do desastre da Armada Invencível. Por outro lado, em termos culturais a Espanha desfrutava de todo o esplendor do seu *"siglo de oro"*.

No entanto, por razões que serão indicadas mais adiante, a preponderância da Espanha era prejudicada seriamente por algumas opções utópicas e políticas mal orientadas, e não tardou a ser superada pela França. A derrota de Rocroy, em 1643, pelas tropas francesas sob o comando de Condé, marcou o fim da decantada invencibilidade da infantaria espanhola, e o Tratado de Westfalia, que pôs fim à Guerra dos Trinta Anos, confirmou a nova supremacia da França, que se manteve desde o fim do reinado de Luís XIII (1610-1643) até o fim do reinado de Luís XIV (1643-1715). A vaidade, a prepotência e uma sede descomunal de glórias militares precipitaram Luís XIV, no fim do seu reinado, em conflitos ruinosos que, entre outros fatores, deslocaram o eixo do poder na Europa para a Inglaterra, que a partir de 1707 passou a se chamar de Grã-Bretanha.

2. Espanha

Assim como a decadência do Império Romano, o rápido declínio da Espanha, na primeira metade do século XVII, tem sido objeto de muitos estudos. Levando em conta os principais fatores envolvidos e a riqueza do material publicado sobre o tema, o presente autor considera que a decadência espanhola resultou da combinação de quatro causas principais: certas debilidades institucionais; estruturas sociais predatórias; compromissos ideológicos utópicos; e a adoção de políticas equivocadas.

As fraquezas institucionais da Espanha decorriam do modo como o país se unificou, sob Fernando e Isabel. Embora datassem também da época dos reis católicos, sua estrutura social predatória assim como os seus compromissos utópicos se agravaram substancialmente durante o reinado de Filipe II, que marcou o apogeu da Espanha mas também o início da sua decadência. Filipe II foi responsável pela repressão dos líderes protestantes holandeses. Filipe III e Filipe IV herdaram esses problemas mas, a despeito dos grandes esforços feitos pelo conde-duque de Olivares, primeiro ministro de Filipe IV, não foi possível resolvê-los.

A debilidade institucional da Espanha resultava do fato de que os quatro reinos que compunham o Estado espanhol — Castela, Aragão, Portugal (entre 1580 e 1640) e Navarra — só estavam unidos no sentido de terem o mesmo monarca — sucessivamente Carlos I, Filipe II, Filipe III e Filipe IV. Cada um deles tinha suas próprias instituições, sistema fiscal e burocracia, e quando se tratava de defender os interesses gerais da Espanha, era Castela que pagava o preço, tanto financeiro como militar. Castela era dos quatro reinos o maior em área (65,2%) e em população, com mais de oito milhões de habitantes (acima de 73% do total), assim como em riqueza. No entanto, quase todas as despesas governamentais corriam por sua conta. Enquanto a despesa pública normal chegava a quase nove milhões de ducados, a receita fiscal, incluindo a prata recebida das Índias (cerca de 2,2 milhões de ducados), gerava um déficit anual da ordem de 1,6 milhões de ducados. Assim, Filipe III herdou uma dívida pública de vinte milhões de ducados. Os déficits fiscais persistiram através dos reinados sucessivos, e explicam basicamente porque a Espanha não conseguiu sustentar sua preponderância militar. Além disso, por razões ideológicas o país assumiu compromissos utópicos, que excediam muito a sua capacidade de responder por eles, ao mesmo tempo em que negligenciava as providências necessárias para melhorar o rendimento da sua economia.

Durante o reinado de Filipe II, os chamados "arbitristas", tais como Sancho de Moncada, Fernandez Navarrete e Leon de Biedna, propuseram uma série de medidas destinadas a corrigir o déficit fiscal, um certo protecionismo para favorecer a produção local, tributação menor e melhor distribuída, redução das despesas reais etc. Suas propostas porém não foram aceitas. O conde-duque de Olivares, primeiro ministro de Filipe IV entre 1623 e 1643, tentou corrigir as deficiências institucionais do reino implantando um sistema de tributação geral e a participação de todos os componentes do reino no recrutamento militar. Tentativas que falharam devido à resistência combinada da aristocracia e das cortes regionais. Seus esforços para obrigar os outros reinos, além de Castela, a fornecer recrutas para o exército provocaram uma prolongada rebelião na Catalunha, e abriram caminho para a secessão portuguesa de 1640. A decadência da Espanha foi sublinhada dramaticamente pelo duelo político entre Olivares, que sabia o que precisava ser feito e contudo não conseguia fazê-lo, e Richelieu, que na França sabia também o que devia ser feito, mas pôde fazê-lo.

O segundo grande problema enfrentado pela Espanha decorria da sua estrutura social predatória. Trinta e cinco por cento das terras eram de propriedade da aristocracia, e outra parte considerável pertencia à Igreja, incluindo as Ordens Religiosas, e nem uma nem outra pagavam impostos. Além disso, a agricultura era prejudicada pela aridez do solo, que proporcionava uma economia pastoral pobre, embora a introdução das ovelhas, por volta de 1300, tenha aumentando ligeiramente a sua produtividade. A expulsão dos judeus pelos reis católicos eliminou boa parte da classe empresarial, deixando o país nas mãos da nobreza, do clero e dos burocratas da corte real. A expulsão dos mouriscos, em 1609, eliminou também esse grupo de trabalhadores dos mais industriosos. Ao mesmo tempo, muitos camponeses deixavam suas vilas e acorriam para as cidades. Castela tornou-se uma terra de aldeias abandonadas, devido à deserção maciça de agricultores arruinados pelas más colheitas e os impostos, enquanto os latifúndios improdutivos, controlados pela Igreja e pela aristocracia, ampliavam-se continuamente. Essa estrutura social espoliativa tornou-se cada vez mais inadequada para manter as crescentes demandas feitas ao setor público por um sistema imperial.

Nessas condições, o fanatismo religioso de Filipe II e, em menor grau, dos seus sucessores — que consideravam a defesa global do catolicismo e a repressão dos protestantes como a principal prioridade do Estado —, envolveu a Espanha em conflitos custosos com os Países Baixos e a Inglaterra anglicana, além da França, sua grande rival. A tentativa de Filipe II de impedir a ascensão de Henrique IV ao trono da França, mediante uma intervenção militar, terminou em completo fracasso, com os espanhóis obrigados a restituir todas as suas conquistas territoriais, de acordo com os termos do Tratado de Vervin de 1558.

Os efeitos negativos resultantes desses fatores foram agravados particularmente por certas políticas equivocadas adotadas pelo governo espanhol. Todos os governos, em todos os períodos históricos, praticam políticas erradas, em maior ou menor escala. Mas os efeitos negativos dessas políticas são muito perigosos em um país confrontado por sérias dificuldades estruturais, como a Espanha no século XVII. Consideração que é especialmente relevante quando se estuda o modo como a Espanha tratou a questão da liberdade religiosa nos Países Baixos durante o reinado de Filipe II.

Sob a regência de Margarida da Áustria (1560-1564), irmã de Filipe, e do seu primeiro ministro, o cardeal Granvelle, foi adotada nos Países Baixos uma política de respeito pela cultura local e a religião protestante, ao mesmo tempo em que eram feitas tentativas de incorporar os líderes holandeses à administração do império. Depois da demissão de Granvelle, porém, mudanças nessa política de tolerância e cooptação provocaram ataques populares contra algumas igrejas católicas em certas partes de Flandres. A reação de Filipe foi substituir Margarida (1567-1568) pelo Duque de Alba, que foi enviado aos Países Baixos com uma força militar e instruções para reprimir severamente os calvinistas. O duque cumpriu essas instruções com rigor, executando os principais líderes do país, como os condes Egmont e Hoorn, e fazendo cerca de doze mil vítimas. Essa política de terror e violência provocou entre os holandeses uma rebelião aberta, levando a nobreza moderada, que até então se prestara a colaborar com o rei da Espanha, a juntar-se aos radicais em uma prolongada guerra pela independência do país. Sem apoio local, e incapaz de manter no país um grande exército, devido às dificuldades fiscais, longe das suas bases e sem o controle do mar, dominado pelos rebeldes e a marinha inglesa, em 1609 a Espanha de Filipe III teve de aceitar uma trégua de 12 anos.

Finda a trégua, no reinado de Filipe IV, o conde-duque de Olivares concluiu que a despeito das persistentes dificuldades fiscais o preço da paz era maior do que o de uma guerra. Durante o período da trégua os holandeses tinham penetrado profundamente no império espanhol-português, incluindo a conquista da rica província açucareira de Pernambuco, no Brasil. Conseguiram também ganhar o controle do comércio internacional, inundando a Espanha e as suas colônias com mercadorias holandesas, e chegaram desse modo a apropriar-se de uma parte significativa do estoque de prata da Espanha. Nessas condições, o império espanhol não tinha condições financeiras para permitir a Olivares reunir uma força militar suficientemente forte para esmagar a oposição ao domínio espanhol nos Países Baixos, como desejava. O conflito se arrastou inconclusivamente, até que, com o fim da Guerra dos Trinta Anos, a independência dos neerlandeses foi reconhecida oficialmente pelo Tratado de Westfalia.

3. França

A França do século XVII foi essencialmente a obra de três estadistas notáveis: Henrique IV (1589-1610); Richelieu, que administrou o país entre 1624 e 1643; e Colbert, ministro de 1651 a 1683, juntamente com a contribuição, para o bem ou para o mal, de um monarca extraordinário, Luís XIV (1643-1715). Foi um processo que se desenrolou em contexto interno marcado pelas guerras religiosas e suas conseqüências; e com a situação internacional resultante da decadência espanhola, das tentativas fracassadas dos Habsburgos alemães de manter a sua supremacia, da contenção da expansão otomana na Europa e da predominância da França, até os últimos anos do século.

Da segunda metade do século XVI até a primeira metade do século XVII as guerras religiosas afetaram profundamente a sociedade francesa. O reinado de Henrique II (1547-1559) e, mais ainda, o de Carlos IX (1560-1574) foram marcados pela divisão do país em três grupos desiguais: os católicos radicais, os huguenotes e os chamados *politiques*. Estes últimos, representando alguns grupos dos segmentos cristãos em conflito, incluíam uma minoria moderada, como os "Montmonrencianos" e o filósofo político Jean Bodin, e outros ainda influenciados pelas idéias de Erasmo, que pretendiam preservar o Estado e a sociedade do fanatismo religioso, e favoreciam o reforço da autoridade legal do rei. Essas idéias moderadas terminaram predominando, aceitas pela maioria dos cidadãos, mas somente depois de conflitos amargos, do terrível massacre de São Bartolomeu, em 1572, e dos esforços militares e diplomáticos de Henrique IV para garantir sua ascensão ao trono e a pacificação do país.

Sob os Guises, que eram aliados da Espanha, chegando a recorrer à traição, a Liga Católica tentou varrer os huguenotes à força, sujeitando o monarca aos seus desígnios, e chegando ao extremo de tentar depor Henrique III para substituí-lo pelo Cardeal Carlos de Bourbon (1523-1590).

Adotando uma versão francesa do calvinismo, sob o príncipe de Condé, o Almirante de Coligny, e finalmente Henrique de Navarra, os huguenotes tentaram o reconhecimento oficial da sua liberdade de culto, contando com o apoio da Inglaterra elizabetana e dos príncipes alemães protestantes, e chegaram mesmo a apelar para a força. Mas só com Henrique IV e o Édito de Nantes, de 1598, eles conseguiram um grau razoável de liberdade religiosa. Antes disso, e depois da sua reação violenta ao massacre do Dia de São Bartolomeu, tinham conseguido certas concessões de Henrique III, por ocasião do acordo de paz de Beaulieu, de 1576, que lhes permitiu a liberdade de culto fora de Paris. Mas depois de novos conflitos e da pressão exercida pela Liga Católica, a Paz de Nérac, de 1580, estabeleceu para eles condições bem menos liberais. Uma das concessões estratégicas conseguidas pelos huguenotes, pelo Édito de Nantes, foi o controle de 150 cidades fortificadas, das quais as mais importantes eram La Rochelle, Saumur, Montauban e Montpellier. Criou-se assim uma espécie de Estado protestante dentro do reino católico, e mesmo antes do Édito de Nantes ser revogado por Luís XIV, em 1685, essa situação foi contestada energicamente por Richelieu, que se empenhou na eliminação sistemática desse privilégio.

Após comandar exitosamente as forças huguenotes, Henrique IV se reconciliou com Henrique III, ameaçado de deposição pela Liga Católica (depois de ordenar o assassinato de Henrique de Guise e do seu irmão, o Cardeal de Lorena, em 1588), e em 1589 os dois assediaram a cidade de Paris, que era controlada pela Liga. Quando estavam a ponto de vencer a resistência da cidade, Henrique III foi assassinado por um monge fanático, Jacques Clément. Antes de morrer, proclamou como seu sucessor legítimo o Rei de Navarra, Henrique de Bourbon.[5] Henrique IV levou cinco anos para consolidar seu acesso ao trono, pois Filipe II tentou impor a candidatura da filha Isabel, enquanto a Liga Católica sustentava a pretensão do

O DESENVOLVIMENTO OCIDENTAL **491**

cardeal de Bourbon, tio de Henrique, confiando a Mayenne o comando das suas tropas. Henrique IV derrotou Mayenne duas vezes — em Arques (1589) e em Ivry (1590). A direção da Liga rejeitou a candidata espanhola, fortalecendo assim a posição de Henrique IV. Percebendo que em um país predominantemente católico sua adesão ao protestantismo era na prática o único obstáculo que o afastava da Coroa, em 23 de julho de 1593, na Basílica de São Denis, Henrique renegou solenemente sua fé. Atribui-se a ele a frase famosa "Paris bem vale uma missa", que teria pronunciado na ocasião. Foi consagrado em Chartres, em 25 de fevereiro de 1594, e um mês mais tarde Paris lhe abriu suas portas. Os últimos obstáculos à sua frente foram removidos com a vitória definitiva sobre Mayenne, em 1595, e o tratado de Vervin com a Espanha, obrigada a reconhecer o novo soberano e a restituir as áreas do território francês que havia conquistado.

O grande reinado de Henrique IV foi caracterizado pela tolerância, havendo o rei demonstrado não ter qualquer propósito de vingança ou perseguição, e revelando uma grande preocupação com o bem-estar do povo comum. Manteve um firme controle sobre os aristocratas, seguindo políticas sadias de desenvolvimento econômico, sob a competente direção financeira do duque de Sully. Reformou a máquina estatal e as forças militares, sob um regime centralizado, e conduziu habilmente a política exterior francesa, orientando-a para a redução do poder dos Habsburgos alemães e espanhóis; aliou-se aos suíços e aos príncipes protestantes da Alemanha, e manteve boas relações com Toscana, Mantua, Veneza e o Papado. Foi Henrique IV que deu início à colonização francesa do Canadá. Obrigou o Duque da Savoia a assinar o Tratado de Lyons, de 1601, pelo qual a França obteve Bresse, Bugey, Valromey e a terra de Gex. Nesse período a França teve um relacionamento internacional pacífico, procurando alcançar seus objetivos por meio da diplomacia, embora estivesse sempre preparada para apoiá-la com ações militares. Segundo a afirmativa de Sully no seu *Economias Reais*, às vésperas de ser assassinado por um católico fanático, Ravailllac, Henrique IV se preparava para dar início a uma guerra de larga escala contra os Habsburgos. Tendo recebido um país convulsionado e empobrecido, deixou para seu filho e sucessor, Luís XIII, uma França poderosa e bem-integrada, com as condições que a levariam nas décadas seguintes à supremacia européia, sob o Cardeal Richelieu.

Richelieu administrou o governo francês durante praticamente todo o reinado de Luís XIII (1610-1643). Introduzido inicialmente aos círculos governantes pela rainha Mãe, Maria de Medici, e pelo seu ministro preferido, Concino (que ocupou esse cargo desde 1611 até ser executado, em

1617, por ordem real), Richelieu desenvolveu mais tarde um estreito relacionamento com Luís XIII, contrariando assim os desejos da Rainha Mãe e da clique católica. Recebeu do soberano ampla delegação de poder, e a partir de 1630 passou praticamente a governar o país, embora sempre submetesse suas decisões à aprovação do rei, ou pelo menos justificasse minuciosamente as que tinha tomado sozinho.

No curso do tempo, porém, a despeito da atitude de submissão ao monarca mantida por Richelieu, seu autoritarismo começou a irritar Luís XIII, e o relacionamento entre os dois se deteriorou. Em um momento crítico, em 10 de novembro de 1630, o rei foi quase convencido pela sua mãe e a clique católica a demitir o cardeal, mas terminou não o fazendo, por achar que se tratava de um colaborador indispensável — a sua mão direita. O resultado dessa intriga, que ficou conhecida como a *"journée des dupes"*, o "dia dos tolos", ou seja, daqueles que haviam cometido o erro de pensar que tinham saído vitoriosos do conflito. O episódio foi a desgraça da clique Marillac e provocou o confinamento da rainha mãe, a princípio em Compiègne e depois em Moulin, de onde escapou, refugiando-se em Bruxelas, para nunca retornar à França.

A política de Richelieu tinha três objetivos fundamentais: 1)implementar plenamente no país a autoridade e o poder do Rei, reforçando o processo no sentido da monarquia absolutista; 2) eliminar os enclaves dos huguenotes, considerados possíveis bases para intervenções estrangeiras (o que correspondia à realidade), sem procurar impedir a prática da religião protestante; e 3) reduzir substancialmente o poder dos Habsburgos, para evitar que a França ficasse vulnerável entre a Espanha e o Império; aumentar a influência francesa na Península Italiana, eliminando ou pelo menos reduzindo ali a presença da Espanha.

Católico sincero, Richelieu desejava conter e reduzir a influência e a expansão internacional dos protestantes, mas queria fazê-lo usando o poder da França, e não o dos Habsburgos. Manobrou assim para formar alianças táticas com as Províncias Unidas, a Suécia e a Inglaterra, contra a Espanha e o império. Conseguiu isolar os huguenotes, assediando e por fim capturando La Rochelle (1627-1628).

Richelieu financiou também a intervenção de Gustavo Adolfo na Guerra dos Trinta Anos. Depois da morte do monarca, em 1632, na batalha de Lützen, induziu o chanceler Axel Oxenstierna (1583-1654) a continuar a guerra, mas a vitória imperial em Nördlingen, em 6 de setembro de 1634, impossibilitou novos ataques suecos contra as forças imperiais, e por isso no ano seguinte a França decidiu intervir diretamente na Guerra.

A situação militar favorecia inicialmente a Espanha, cujas tropas avançaram na direção de Paris, e só em 1638 os franceses começaram a melhorar sua posição. Revoltas na Catalunha e em Portugal obrigaram os espanhóis a dividir suas forças, abrindo caminho para a brilhante vitória francesa de Rocroy, em 1643, depois da morte de Richelieu, obrigando o Imperador a aceitar um tratado de paz.

Depois de Rocroy, que custou caro à Espanha, com a perda de 15 mil homens, os holandeses começaram a ficar alarmados com o crescente poder da França, enquanto na Suécia a Rainha Cristina desejava ardentemente a paz. O Tratado de Westfalia, de 1648, pôs fim à Guerra dos Trinta Anos, quando Mazarino já se encontrava no poder. Mas a guerra com a Espanha continuou por outros 11 anos, até a decisiva derrota espanhola na batalha das Dunas, em 1658, e no ano seguinte o Tratado dos Pireneus selou a paz com a Espanha.

Pelo Tratado de Westfalia a França ganhou a soberania sobre os Bispados de Metz, Toul e Verdun, que já possuía desde 1522, e recebeu também as cidades de Pignerol e Breisach, a Alsácia Superior e Inferior, destacada do território austríaco, e a administração de dez cidades imperiais da Alsácia, inclusive Estrasburgo, assim como o direito de guarnecer Phillippsburg.

Internamente a política de Richelieu se orientava, do ponto de vista político, para manter a nobreza sob controle, aumentando a autoridade real centralizada por meio de uma rede de *intendants*. Administrativamente, ele inverteu a política fiscal equilibrada de Henrique IV e Sully, para poder fortalecer o exército e a marinha, e financiar suas guerras e manobras diplomáticas, acumulando assim déficits crescentes nesse processo, embora procurasse compensar esse regime deficitário com impostos pesados e a venda de cargos públicos — os quais chegaram a render, durante a sua época, um total de quinhentos milhões de libras. O montante pago como juros da dívida pública contraída para cobrir os déficits orçamentários aumentou dez vezes entre 1624 e 1642. Embora Richelieu se preocupasse com a situação fiscal do país, e tivesse consciência da necessidade de uma reforma administrativa radical, considerava que as exigências da soberania e da presença internacional da França eram ainda mais importantes, o que o levava a adiar continuamente essa reforma.

Um aspecto importante da política interna de Richelieu foi seu esforço bem-sucedido para acumular saldos comerciais, maximizar a produção interna e as exportações, com a ajuda de uma grande marinha mercante, minimizando ao mesmo tempo as importações. Estimulou também ativamente a ocupação francesa do Canadá, apoiando Samuel de Champlain.

Outro objetivo importante da sua administração era promover a cultura francesa, que passava por uma idade do ouro. A fundação da Academia de Letras remonta a essa época.

Sob Richelieu o reino de Luís XIII superou a hegemonia dos Habsburgos, embora por meio de pesado endividamento público e de uma tributação excessiva, e a cultura francesa foi promovida ao seu mais alto nível internacional, projetando a França como a maior potência européia.

Richelieu foi sucedido por um protegido seu, Mazarino, um siciliano talentoso a quem ele deu a nacionalidade francesa e o título de cardeal, recomendando-o para servir o rei, que tinha adoecido. Mazarino desenvolveu uma amizade íntima com a rainha Ana da Áustria, tornando-se o último dos principais ministros de Luís XIII, posição que reteve durante a regência da rainha mãe e a infância de Luís XIV. Na verdade foi uma ponte entre duas eras, a de Richelieu e a de Luís XIV. Diplomata muito capaz, conduziu com grande competência e sucesso a negociação dos Tratados de Westfalia e dos Pirineus. Internamente, porém, esteve sempre exposto a rebeliões por parte da nobreza, e às três *Frondes*, a primeira das quais em 1649, e a segunda, que o obrigou ao exílio temporário, em 1651-1652. A terceira Fronde obrigou o rei, que em 1651 atingiu a maioridade, a abandonar Paris, retornando vitorioso em 1652, quando convocou Mazarino para voltar a exercer o cargo de primeiro ministro, que o manteve até a sua morte, em 1661. Depois disso, o rei anunciou a decisão de exercer diretamente os deveres de chefia do governo, solicitando para isso a assistência de vários homens capacitados a assisti-lo nessa tarefa.

O longo reinado de Luís XIV (1638-1715, rei a partir de 1643) pode ser dividido em dois períodos principais. O primeiro corresponde à sua minoridade, sob a regência da rainha mãe, Ana d'Áustria, com Mazarino como primeiro ministro, e prosseguindo, depois da maioridade, e até 1661, sob a liderança de Mazarino. O segundo período, com o país governado diretamente pelo rei, com a assistência de um grupo de ministros competentes, entre os quais a personalidade mais preeminente foi Colbert. Essa fase foi marcada pelo mais completo absolutismo:"*L'État c'est moi*", teria afirmado o rei. O primeiro período correspondeu à continuação da fase precedente, prejudicada pelas três rebeliões da *Fronde*, esmagadas por Mazarino. Mas foi depois da morte do Cardeal que começou a época que Voltaire chamou de "século de Luís XIV".

Durante as cinco décadas do seu governo absolutista Luís XIV perseguiu com grande consistência, embora nem sempre com a maior sabedoria, um grande projeto de *grandeur* pessoal e nacional. Procurou alcançar para si como monarca, e para a França como país e expressão cultural, a supremacia absoluta na Europa. Como objetivo secundário quis consolidar a ortodoxia católica na França, impedindo a expansão do jansenismo e extirpando os resíduos protestantes.[6]

Para levar adiante sua política de *grandeur*, Luís XIV contou com alguns conselheiros de grande competência: Colbert, para muitas tarefas mas especialmente para os assuntos financeiros e econômicos; Louvois, seu ministro da guerra, que organizou o exército permanente mais capacitado, melhor equipado e treinado de toda a Europa, com 170 mil homens; Vauban, que promoveu inovações importantes na arte da fortificação militar; Turenne, Villars e Luxembourg, excelentes comandantes militares.

Embora não tenha recebido os amplos poderes confiados a Richelieu por Luís XIII, Colbert foi a figura preeminente do reinado de Luís XIV. Suas realizações nas áreas onde aplicou seu extraordinário talento administrativo e organizacional asseguraram ao rei os pré-requisitos fundamentais para o cumprimento dos seus grandes desígnios. Até mesmo um breve sumário da obra de Colbert excederia o escopo do presente estudo. Bastará assim mencionar seus quatro aspectos mais importantes.

No campo das finanças públicas, ele combinou medidas eficientes para a redução de gastos com o aumento da receita fiscal e o controle adequado do orçamento governamental, conseguindo gerar saldos fiscais desde o seu primeiro ano no cargo, 1661, até 1671. Depois dessa data, o custo da guerra com os Países Baixos, a construção de Versailles e outras despesas voltaram a produzir constantes déficits fiscais. Instituindo uma *Caisse d'Emprunt*, Colbert pôde pelo menos exercer um certo controle sobre a dívida pública, utilizando vários expedientes para cobrir os déficits orçamentários.

Na esfera econômica, Colbert concebeu e implementou uma série de medidas visando maximizar as exportações e diminuir as importações da França, de acordo com as teorias mercantilistas predominantes na época. Essas medidas incluíam a criação de numerosas fábricas governamentais e privadas, o aperfeiçoamento do sistema de transporte, com a construção de novas estradas e a abertura de canais para facilitar o fluxo dos produtos domésticos, reduzindo o seu custo.

Como corolário dessa política orientada para a exportação, Colbert investiu pesadamente na expansão da frota mercante, apoiada por uma grande força naval, criando e aprimorando portos, arsenais navais e escolas para a formação de marinheiros e oficiais, e protegendo as florestas que forneciam a principal matéria-prima usada pelos estaleiros. Seguindo o exemplo dos ingleses e holandeses, criou companhias de comércio internacional, como a Companhia Francesa das Índias Orientais. No entanto, o pouco interesse do setor privado francês por esses empreendimentos de ultramar condenou essas iniciativas ao fracasso, excetuado o caso da Companhia das Índias Orientais.

Um quarto aspecto importante da atuação de Colbert foi a sua percepção da importância das colônias, pouco comum na França. Dando continuidade à política de Richelieu, apoiou vigorosamente a colônia da Nova França, no Canadá, reconhecendo-a oficialmente e estimulando a emigração, com o objetivo de povoá-la.

Com o apoio do rei, Colbert sinalizou com algumas contribuições seu estímulo à cultura francesa, que durante esse período atingiu um dos seus níveis mais elevados. Entre as mais importantes dentre essas iniciativas é preciso mencionar as três academias que fundou e financiou: a Academia das Inscrições, em 1662; a Academia das Ciências, em 1666; e a Academia Real de Arquitetura, em 1671.

Essas academias e a corte real de Versailles promoveram um importante movimento literário, cujas figuras mais notáveis foram Corneille (1606-1684), La Fontaine (1621-1695), Molière (1622-1673) e Racine (1639-1684). O rei era um grande admirador da música e da dança, e Lully era o seu compositor favorito. A época foi também um momento importante para a arquitetura, com a obra monumental de Mansart em Versailles, embelezada com pinturas de Le Brun e os jardins de Le Notre.

Foi dentro desse contexto de florescimento cultural que Luís XIV perseguiu seu grandioso objetivo de assegurar a supremacia da França na Europa, em parte recorrendo à diplomacia e mais ainda por meios militares. Antes da formação da Liga de Augsburgo, em 1686, e da Grande Aliança de 1689, as primeiras guerras de Luís XIV foram todas bem-sucedidas — a Guerra da Devolução de 1667-1668, a Guerra dos Países Baixos de 1672-1678, e as intervenções que levaram à invasão dos Países Baixos sob domínio espanhol, em 1683, e à ocupação de Luxemburgo e de Trier em 1684. Com essas guerras a França desafiou seus vizinhos europeus, procurando impor sua hegemonia pela força, e obter ganhos territoriais às suas custas. A revogação do Édito de Nantes, em 1685, um gesto arbitrário e extremamente insensato, custou à França a perda de duzentos mil dos seus melhores cidadãos, que fugiram para os Países Baixos, a Alemanha etc. E provocou ainda um sentimento agudo de insegurança entre os príncipes protestantes, que consolidou a Grande Aliança. Daí em diante a França teve de enfrentar não mais países isolados, sem meios para resistir

O DESENVOLVIMENTO OCIDENTAL **497**

ao seu poderoso exército, mas a força militar conjunta da Inglaterra, dos Países Baixos e da maioria dos Estados alemães, excedendo os recursos que os franceses tinham condições de mobilizar, pois os conflitos anteriores já haviam enfraquecido o país.

O reinado glorioso de Luís XIV teve um triste fim. A Guerra da Liga de Augsburgo (1689-1697) e a Guerra da Sucessão Espanhola (1701-1714) terminaram desfavoravelmente para a França, com os Tratados de Ryswick, de 1697, e de Utrecht, de 1713. A supremacia francesa chegara ao fim, enquanto a estrela da Grã-Bretanha estava em plena ascensão. Internamente também o reino foi atingido por vários infortúnios. Doente, o monarca tinha perdido seus filhos e netos, e foi sucedido por um bisneto, ainda menor. O reino da *grandeur* se empobrecera, o prestígio do Rei foi seriamente erodido e sua popularidade chegou ao nível mais baixo.

Não é fácil realizar um balanço final do reinado de Luís XIV, marcado por tantas grandes realizações, em especial no que concerne as contribuições permanentes de arquitetos, pintores, escultores, escritores e músicos, sob o patrocínio real, formando uma Idade de Ouro da cultura francesa. Muito mais importante do que os maus resultados das últimas guerras do seu reinado, a herança mais negativa de Luís XIV foi a criação de um Estado absolutista, deixando o país sem subsistemas autônomos, como parlamento e sistema judicial independentes. Outra conseqüência desse absolutismo foi a transformação da aristocracia francesa em uma classe ociosa de cortesãos, contrastando com a formação, dentro da aristocracia britânica, de uma grande classe de empresários e, na nobreza prussiana, de comandantes militares e funcionários civis competentes. O fim do reinado de Luís XIV foi marcado pelas mesmas características que provocariam mais tarde a Revolução Francesa.

4. Os Países Baixos

Observações introdutórias

Entre a segunda metade do século XVI e a segunda metade do século XVII os Países Baixos desempenharam um papel importante na Europa.

Há certa semelhança histórica entre as suas realizações nesse período e as de Portugal da segunda metade do século XV até a segunda metade do século XVI. Nos dois casos, um país pequeno, com poucos recursos humanos e naturais, empreendeu com sucesso uma extraordinária aventura marítima. Os portugueses desenvolveram o mais avançado conhecimento náutico da sua época. Descobriram a costa da África ocidental, onde estabeleceram várias feitorias; ultrapassaram o cabo da Boa Esperança e percorreram a rota marítima para a Índia, onde instalaram o vice-reinado de Goa. Exploraram o litoral do Japão e do Ceilão, e na mesma época descobriram o Brasil. Os holandeses também desenvolveram o conhecimento náutico mais avançado da sua época e construíram a maior marinha mercante da Europa. Durante a guerra contra a Espanha capturaram algumas das colônias mais importantes do império português, que fôra absorvido pela Espanha, até mesmo parte do nordeste brasileiro, e ao mesmo tempo concluíram com êxito sua guerra de independência. Nos dois casos essas realizações excederam muito a capacidade que tinham os dois países de sustentá-las. A infeliz tentativa portuguesa de conquistar Marrocos provocou o extermínio da sua elite e consumiu a maior parte dos seus recursos militares, facilitando a sua incorporação ao Império Espanhol, com Filipe II subindo ao trono português. Naquela época já era possível perceber que o império colonial português se havia expandido excessivamente, muito além da capacidade de sustentação do país. No caso dos Países Baixos, já seriamente enfraquecidos pelos ataques franceses, a competição da Inglaterra excedia muito a possibilidade de manter tanto a antiga predominância da sua marinha mercante como a maioria das suas conquistas do império português.

Os Países Baixos consistiam de 17 províncias (a Frísia contava duas vezes, como Frísia Ocidental e Oriental),[7] oito das quais constituíam as Províncias Setentrionais, que formavam a União de Utrecht, e nove as Províncias Meridionais, conforme o Tratado de Arras. Desde 1384 as províncias tinham o Estado sob o domínio dos Duques da Borgonha. Maria, irmã e herdeira de Carlos o Bravo, casou-se com Maximiliano, Arquiduque da Áustria e depois Imperador. Seu filho Filipe o Belo contraiu matrimônio com Joana, filha de Fernando e Isabel, cujo filho, Carlos V, herdou as províncias dos Países Baixos. Ao abdicar, em 1550, este último as legou ao seu filho Filipe II, e assim elas passaram para o domínio da Espanha.

A obsessão fanática de Filipe II com a repressão do protestantismo e a imposição da fé católica a todo o mundo intensificou a irritação dos habitantes das Províncias Setentrionais, predominantemente calvinistas, provocando violentos distúrbios anticatólicos em protesto contra a implementação nessas províncias dos decretos do Concílio de Trento, e as atividades da Inquisição. Em 1567 Filipe reagiu enviando aos Países Baixos o duque de Alba com vinte mil homens, para impor o catolicismo pela força das armas. A execução de alguns dos membros mais distintos da nobreza local, inclusive os condes Egmont e Hoorn (que no entanto lideravam a facção moderada), juntamente com milhares de outras vítimas, detonou uma revolta generalizada contra os espanhóis, dando início à prolongada guerra de libertação que continuaria ininterruptamente até a trégua de 12 anos negociada em 1609, a qual foi renovada depois da sua expiração, até o Tratado de Westfalia de 1648, quando a independência holandesa foi reconhecida formalmente.

Durante o século XVII os Países Baixos passaram por quatro fases principais:

- o período desde os últimos anos das guerras da independência até o Tratado de Westfalia;
- o período de expansão máxima, da trégua de 1609 até 1650;
- o período da liderança de Jean De Witt, de 1653 a 1672; e
- o período orangista, até o Tratado de Utrecht de 1713.

Da independência à expansão

O período das guerras de liberação, que começou com a revolta contra as práticas terroristas do duque de Alba, provocou uma cisão no país, devido às convicções religiosas prevalecentes, entre as províncias setentrionais, calvinistas, que formaram a União de Utrecht contra a Espanha, e as Províncias Meridionais, católicas, que aceitaram as propostas do duque de Parma na Paz de Arras de 1579. A Espanha aceitou a trégua de 12 anos, em 1609, devido ao fracasso da Armada Invencível[8] e o alto custo implicado na manutenção de um grande exército distante das suas bases na Espanha, quando as comunicações marítimas eram irregulares, sofrendo além disso a interferência constante de navios rebeldes, apoiados pela marinha inglesa. Os holandeses aproveitaram a trégua para ampliar o seu comércio e conquistas ultramarinas, às custas das colônias portuguesas, que na época pertenciam à Espanha. Diante dessa situação, ao expirar a trégua, o conde-duque de Olivares decidiu reiniciar as hostilidades, esperando reunir uma força militar tão grande que pudesse aniquilar sem dificuldades a resistência holandesa. Uma vez mais, porém, a debilidade financeira da Espanha frustou os seus planos, e depois de uma guerra indecisiva o governo de Madrid se viu obrigado, pelo Tratado de Westfalia, a reconhecer a independência das Províncias Unidas dos Países Baixos.

UM ESTUDO CRÍTICO DA HISTÓRIA

O período da expansão, entre 1609 e 1650, foi marcado pelo extraordinário sucesso desse pequeno país, com uma população reduzida — cerca de dois milhões de habitantes — e boa parte do seu território recuperado do mar ou de áreas pantanosas, que pôde sustentar sua independência e atingir a expressão mais alta do seu tempo nos campos da ciência, da tecnologia e das artes, tendo construído a maior marinha mercante do mundo, representando 75% da capacidade marítima de toda a Europa. Com sua indústria e seu comércio, interno e internacional, os Países Baixos se transformaram no país mais rico de todo o ocidente.

Vale notar que esse desenvolvimento extraordinário, ocorrido em todos os campos, se deu em meio a agudo conflito interno, político e religioso. De um lado havia os calvinistas moderados da seita arminiana, republicanos que defendiam a descentralização. Rejeitavam a idéia da predestinação obrigatória, e enfatizavam a importância do livre-arbítrio dos seres humanos. De outro, os gomaristas, calvinistas radicais que acreditavam na predestinação independentemente da vontade humana. Subjacentes a essa disputa teológica havia forças sóciopolíticas importantes: o Grande Pensionário arminiano Oldenarnevelt, responsável pela trégua com a Espanha e favorável a uma política de pacificação, era apoiado pela burguesia republicana e descentralizadora; e o *Stathouder* gomarista Maurício de Nassau (não se trata do homônimo, que nasceu em 1604 e morreu em 1679, tendo governado o Brasil holandês entre 1637 e 1644), com inclinação monárquica e centralizadora, favorável a uma atitude belicosa, que tinha o apoio dos militares. Por fim prevaleceu a visão gomarista, e Nassau conseguiu condenar à morte Oldenbarnevbelt.

O súbito falecimento de Nassau (1584-1625) o impediu de consolidar seu poder. O sucessor foi seu irmão Frederico Henrique (1625-1647), um moderado que, sem grandes pretensões de aumentar seu poder pessoal, sustentou com sucesso as hostilidades contra a Espanha, reconquistando algumas das cidades que tinham sido tomadas pelo duque de Parma, inclusive Maastricht, em 1632, e Breda em 1637.[9] Frederico Henrique foi sucedido pelo filho Guilherme II. Este, muito ambicioso, procurou converter o cargo de *Stathouder* em uma monarquia hereditária. No entanto, em obediência à vontade dos Estados Gerais, teve de assinar com a Espanha o Tratado de Paz de 1648, muito favorável, com a conseqüente diminuição do poder dos militares. Seu súbito falecimento, em 6 de novembro de 1650, pouco depois de uma tentativa frustada de golpe, mudou abruptamente a situação política no país. Na Assembléia Geral das províncias, reunida em 1650, houve apoio decisivo a um governo republicano, com plena soberania das províncias, e forte oposição à supremacia dos militares. A Assembléia se recusou a nomear um sucessor para Guilherme II como *Stathouder* em cinco províncias mais, além daquelas onde ele já tinha essa posição — a Frísia e Groningen. Com a adoção de um regime republicano descentralizado, a província da Holanda, mais rica e com maior população, tornou-se a força predominante nos Países Baixos, e terminou emprestando o seu nome para todo o país. Decepcionados, os orangistas ficaram aguardando a maioridade de Guilherme III, mas Jean de Witt (1625-1672), eleito Pensionário da Holanda em 1653, foi reeleito três vezes, e governou a República praticamente sozinho.

O período desde de Witt até Guilherme III

Internamente, esse período correspondeu à consolidação do regime republicano e descentralizado de 1651, com sua ênfase na liberdade urbana, bloqueando as aspirações de poder de Guilherme III. Pelo Ato de Exclusão os Príncipes de Orange foram excluídos do acesso ao cargo de *Stathouder*, abolido por fim pelo Édito Perpétuo de 1667. A Lei da Harmonia de 1670 proibiu a acumulação das funções de capitão geral e *Stathouder* de qualquer província. Não obstante, ao completar vinte anos Guilherme III tornou-se membro do conselho de Estado.

No âmbito internacional, os Países Baixos criaram uma marinha poderosa sob o comando da família Tromps — Martim (1593-1643) e seu filho Cornélio (1629-1691) — juntamente com outros comandantes brilhantes, tais como de Ruyter e Cornélio de Witt, irmão do Pensionário. Os Países Baixos se empenharam em duas guerras contra a Inglaterra, na tentativa de cancelar os privilégios concedidos aos barcos de bandeira inglesa pela Lei de Navegação, mas não conseguiram alcançar esse objetivo. O que não impediu que de Witt formasse com a Inglaterra e a Suécia a Tríplice Aliança, para conter as conquistas de Luís XIV em Flandres (1667), obrigando-o a assinar o Tratado de Aix-la-Chapelle. Em 1672, porém, o Rei se vingou invadindo os Países Baixos. Prevendo esse perigo, de Witt permitiu que em 24 de fevereiro de 1670 Guilherme III fosse nomeado Capitão, General e Almirante, para a eventualidade de uma invasão. Os franceses conseguiram atravessar o Reno, apoderando-se de Utrecht. Quando essa notícia foi recebida, uma multidão furiosa investiu contra o Pensionário, responsabilizando-o pela derrota, e ele e seu irmão Cornélio foram assassinados. Embora não pessoalmente responsável, Guilherme III ficou satisfeito de ver seu adversário eliminado, recusando-se a punir os assassinos, e assumiu o comando do país.

A fase seguinte da história dos Países Baixos, de 1672 até o Tratado de Utrecht, de 1713, que pôs fim à Guerra da Sucessão da Espanha, foi marcada por uma inversão anárquica e centralizadora do período precedente, republicano e descentralizado.

A legislação antiorangista foi rejeitada e Guilherme III assumiu plenos poderes como *Stathouder* geral, recebendo o apoio do novo Pensionário, Gaspar Fogel, do Partido Orangista, que sucedeu de Witt. Em 1674 Guilherme assinou a paz em separado com a Inglaterra, e obteve o apoio do imperador, da Espanha e dos príncipes alemães, contra a França. A revogação do Édito de Nantes por Luís XIV, em 1685, foi decisiva para determinar as políticas de Guilherme III, reforçando sua posição antifrancesa e recebendo o apoio de um grande número de protestantes franceses, que haviam abandonado o seu país. As hostilidades terminaram com a paz de Nijmwegen, de 1678, que restituiu aos Países Baixos todos os territórios perdidos na guerra.

Os eventos subseqüentes melhoraram ainda mais a situação de Guilherme III. Em 1688 a "Revolução Gloriosa" lhe concedeu o trono da Inglaterra, sem que para isso precisasse exercer qualquer interferência. Em 1689-1697, com a Inglaterra e os Países Baixos firmemente a seu lado, Guilherme teve um papel decisivo em uma coalizão com base na Liga de Augsburgo, formada em 1686 entre o Imperador e alguns príncipes alemães. Foi essa coalizão que pôs fim à política de anexações territoriais de Luís XIV.

A morte de Guilherme III, em 1702, dissolveu a união pessoal entre a Inglaterra e os Países Baixos. Pelo *Act of Settlement*, de 1701, a sucessão inglesa devia ser protestante, e depois do reinado da Rainha Ana (1702-1714), irmã da Rainha Mary, esposa de Guilherme III, a linha sucessória foi transferida para George I de Hanover (1714-1727), filho de Sofia, a herdeira presuntiva, que falecera um ano antes. Nos Países Baixos os Estados Gerais retomaram o controle sobre os assuntos governamentais, Antônio Hensius, Grande Pensionário desde 1688, continuou nesse cargo até morrer, em 1720, e durante esse período foi assinado o Tratado de Utrecht, pondo fim à Guerra da Sucessão Espanhola. Apoiado por Luís XIV, Filipe V foi reconhecido como Rei da Espanha, mas as coroas espanhola e francesa foram separadas formalmente, e a sucessão protestante na Inglaterra foi reconhecida. Os Países Baixos espanhóis foram concedidos à Áustria, mas cedidos temporariamente à República da Holanda, até que a linha de fortalezas ao longo da fronteira da França, de Furnes até Namur, tivesse sido ocupada por guarnições holandesas. Assim, os Países Baixos ingressaram no século XVIII com sua independência formalmente garantida, e suas fronteiras protegidas contra possíveis incursões francesas.

5. Inglaterra

Desde o reinado de Henrique VIII (1509-1547) até o de George I (1714-1727), a Inglaterra passou por uma profunda transformação, durante um período extremamente agitado, marcado pela violenta revolução de Cromwell (1648-1660), a restauração dos Stuarts (1660-1688), a "Revolução Gloriosa" de 1688 e a ascensão da dinastia de Hanover ao trono britânico, em 1714.

No curso desse período o país teve sucessivamente quatro dinastias — Tudor, Stuart, Orange-Nassau e Hanover, com a ditadura de Cromwell entre as duas primeiras. No mesmo espaço de tempo o domínio autoritário dos Tudors foi sucedido pelas tentativas absolutistas malsucedidas dos Stuarts, o absolutismo teocrático de Cromwell e a emergência gradual do parlamentarismo e do governo de Gabinete, sob a dinastia de Hanover.

Para entender esse período e seus processos sóciopolíticos é preciso levar em conta quatro fatores principais:

- a evolução interna dos sentimentos religiosos da Inglaterra, entre a época de Henrique VIII e a de Elizabeth;
- a ligação existente, no século XVII, entre o anticatolicismo inglês e o conflito no continente entre a Espanha e o Império, de um lado, contra os Países Baixos e os príncipes protestantes, de outro, com a França católica mudando de posição, do pragmatismo nacional de Richelieu para o antiprotestantismo ideológico de Luís XIV;
- as mudanças internas ocorridas na Inglaterra, de uma aristocracia de grandes famílias para uma sociedade em que predominava a pequena nobreza e a burguesia incipiente;
- as mudanças culturais havidas na Europa, da crença no direito divino dos reis para o surgimento gradual da mentalidade iluminista.

Quanto à questão religiosa, é importante compreender a diferença profunda que separa, na família protestante, os luteranos dos calvinistas; e na família católica, os moderados seguidores de Erasmo dos radicais, defensores da Contra-Reforma e da Inquisição. Visto de uma perspectiva cronológica, o século XVII, que na Inglaterra começou de fato com a Era Elizabetana, abrange cinco fases sucessivas: a de Elizabeth (1558-1603); dos primeiros Stuarts (1603-1645); de Cromwell (1649-1660); da restauração dos Stuarts (1660-1688); da dinastia de Orange; e da dinastia hanoveriana, a partir de 1702.

Religião

Particularmente importante na formação da cultura política prevalecente na Inglaterra durante esse período foi a evolução interna da Reforma inglesa e sua vinculação com as forças políticas e religiosas do continente europeu. A peculiaridade da Reforma inglesa foi o fato de que um processo que começou como simples expediente político para legalizar o divórcio entre Henrique VIII e Catarina de Aragão, e o casamento do monarca com Ana Bolena, transformou-se, em poucas décadas, em um movimento religioso profundo, colocando a antiga maioria católica, relegada rapidamente a uma posição minoritária, contra a antiga minoria protestante, que passou de repente a ser a grande maioria, perdendo contudo nesse processo sua unidade anterior. Com efeito, o protestantismo anglicano se fracionou em vários ramos, de diferente força e penetração, com a emergência de uma linha episcopal importante de presbiterianismo calvinista e do hipercalvinismo de grupos independentes, como o do próprio Cromwell.

Esses conflitos religiosos tinham escopo e caráter internacional — lembrando sob certos aspectos o conflito entre marxistas e antimarxistas, no século XX. Os católicos tendiam a se identificar com a Espanha e, em menor grau, com os Habsburgos alemães. Os protestantes se inclinavam pelas Províncias Unidas, os príncipes protestantes da Alemanha e os huguenotes franceses. No continente europeu, os protestantes se voltavam também para a Inglaterra. É verdade, porém, que em alguns casos interesses econômicos poderosos superavam a solidariedade religiosa, como aconteceu com as guerras entre Inglaterra e os Países Baixos. Da mesma forma, por pragmatismo político a França católica se aliou algumas vezes com as forças protestantes, opondo-se à Espanha e ao Império — para não mencionar a aliança ainda mais pragmática de Francisco I com os otomanos.

A evolução surpreendente da Igreja Anglicana, ao longo de várias décadas, exige um breve esclarecimento. Por que razão o rompimento de

Henrique VIII com o Papa, que não afetava sua posição em termos doutrinários (sendo um mero expediente para dar aparência legal ao divórcio de Catarina de Aragão e ao casamento com Ana Boleyn), se transformou em um movimento sério, dentro de relativamente tão pouco tempo? Uma resposta abrangente a essa pergunta exigiria uma análise mais ampla e profunda do que a que poderia ser feita aqui. No entanto, para reduzir uma questão complexa à sua expressão mais simples, precisamos levar em conta quatro aspectos principais que caracterizam a Inglaterra do fim do século XV e do princípio do século seguinte: o anticlericalismo; o antipapismo; a adoção de uma perspectiva teológica associada à percepção generalizada no povo; e o desenvolvimento de um sentimento patriótico antiespanhol e a conseqüente aversão ao catolicismo, visto como a ideologia do inimigo, trazendo assim implicações de traição para os seus defensores.

O anticlericalismo era na época um sentimento popular em toda a Europa, devido aos notórios abusos do clero, em especial do alto clero aristocrático. O antipapismo era generalizado na Inglaterra, onde o Papa era visto como um príncipe italiano que manipulava a religião em busca de vantagens pessoais e de poder político. Assim, já preexistia apoio popular à posição de Henrique VIII, antes mesmo do seu choque com a Igreja de Roma.

A questão teológica era mais complexa. O luteranismo exercera uma influência marcante nos setores mais intelectualizados da elite inglesa (como no caso de Thomas Cranmer), dado o seu apelo à consciência individual e o desejo de retornar a uma modalidade de religião mais espiritual e ética. A nova proposta de Henrique VIII respeitava os pontos fundamentais da fé tradicional — conforme manifestada nos Seis Artigos de 1539 — e era compatível com as aspirações generalizadas de uma vida religiosa mais pessoal e espiritual, sob o estímulo da influência luterana.

O quarto fator importante — a identificação do catolicismo com os interesses da Espanha — assumiu proporções decisivas com a guerra de 1587 e a tentativa da Invencível Armada de conquistar a Inglaterra, no ano seguinte. A associação do catolicismo com a Espanha, no espírito do povo inglês, foi enfatizada de forma dramática durante o curto reinado da católica Rainha Mary (1553-1558), primeiro pelo seu casamento com Filipe II e depois pela aliança com a Espanha de 1557, contra a França, que provocou a perda de Calais (1558). Em contraste, a Rainha Elizabeth (1558-1603), adotando de forma mais moderada o protestantismo do curto reinado do seu predecessor, Eduardo VI (1547-1552), consolidou institucionalmente o protestantismo inglês, cuja intolerância se restringia aos católicos (considerados traidores, por defenderem os interesses espanhóis), os calvinistas extremados (brownistas, os futuros Independentes de Cromwell, considerados subversivos da monarquia) e os unitaristas (vistos como heréticos, por não aceitarem a Santa Trindade).

Mais tarde, o conflito entre episcopais e presbiterianos ganharia proporções extremas, levado aos seus limites pelo ato de Cromwell expulsando todos os moderados do chamado *"Rump Parliament"*, em 1648.

Estrutura social

Os desenvolvimentos políticos e religiosos na Inglaterra do século XVII mostram, como sempre, uma estreita conexão entre as mudanças ocorridas na estrutura da sociedade e as idéias prevalecentes. A velha Inglaterra feudal das grandes famílias nobres tornou-se, sob os Tudors, uma sociedade onde predominava a pequena nobreza, com a burguesia urbana em crescimento e um proletariado incipiente. A população tinha praticamente dobrado entre o primeiro quartel do século XVI (2,2 milhões de habitantes) e o primeiro quartel do século XVII (4,1 milhões). Ao mesmo tempo, houve um aumento significativo da concentração da propriedade da terra, com a formação de fazendas maiores e mais produtivas às custas dos antigos arrendatários e foreiros. As terras comunitárias eram transferidas para a propriedade privada, e as áreas de lavoura marginal convertidas em pastagens, para a lucrativa criação de ovelhas. A resultante redução da demanda pela mão-de-obra no campo desviou muitos camponeses para as cidades, ajudando a aumentar as fileiras do proletariado urbano, miseravelmente remunerado. Essa nova estrutura social emergente, marcada pela pequena nobreza rural em expansão, derivada da antiga alta aristocracia, e um proletariado incipiente, foi mobilizada pelas novas formações religiosas que se desenvolveram na primeira metade do século XVII, e que recrutaria a população mais pobre, com combinações variáveis de *status* de classe e religião, nos exércitos que se enfrentavam durante a primeira revolução inglesa.

Os movimentos sóciopolíticos da Inglaterra do século XVII, com suas profundas implicações religiosas, passaram por quatro fases principais. A primeira foi caracterizada pelas tentativas iniciais dos Stuarts de instalar na Inglaterra uma monarquia absolutista, acompanhando a tendência que prevalecia no continente europeu, assim como pela resistência de um Parlamento cada vez mais rebelde.

Durante essa fase, James I (1609-1625) tentou forçar quatro Parlamentos sucessivos a aceitar a supremacia do rei e, como não conseguiu obter os fundos solicitados, adotou uma interpretação ampla do direito que tinha o monarca de impor tributos, aumentando as receitas por decreto real. O terceiro Parlamento se rebelou contra esse procedimento, e apresentou a James o "Grande Protesto", documento rasgado pelo monarca, que mandou prender os líderes do protesto: Southampton, Coke, Pym e Selden. Carlos I (1625-1645), seu filho e sucessor, continuou a mesma política, em estilo ainda mais autoritário. Sob a liderança de calvinistas radicais, três Parlamentos sucessivos se revoltaram contra as pretensões absolutistas do monarca, recusando-lhe os recursos que exigia e adotando resoluções que restringiam seu direito de impor tributos diretos.

A reação de Carlos I foi dissolver seu terceiro Parlamento, colocar na prisão os líderes rebeldes e governar os onze anos seguintes, de 1629 até 1640, sem o Poder Legislativo, levantando recursos por meio de vários expedientes. Uma série de dificuldades políticas criadas pelos presbiterianos escoceses rebeldes, juntamente com a crescente resistência popular aos impostos baseados exclusivamente na autoridade real, obrigaram o Rei, em 1640, a convocar um quinto Parlamento, depois de dissolver o quarto; nesse momento, porém, ele já enfrentava uma rebelião aberta. O seu quinto Parlamento, que se tornou o Longo Parlamento (1640-1660), adotou uma série de decisões revolucionárias: o Ato Trienal, exigindo que o Parlamento fosse convocado a cada três anos, e outra lei segundo a qual só com o seu consentimento o Parlamento podia ser dissolvido. Por fim, em 1642 o Parlamento nomeou uma Comissão de Segurança Pública e formou um exército de vinte mil infantes e quatro mil cavaleiros, sob o comando do terceiro *Earl* de Essex. O rei reagiu levantando a bandeira em Nottingham, e no dia 22 de agosto daquele ano começou a Guerra Civil Inglesa.

A guerra consistiu em uma série de encontros entre as forças parlamentares e as reais. Com Cromwell comandando uma tropa importante de soldados devotados fanaticamente ao seu comandante e à causa do protestantismo radical — os *"Ironsides"* —, os rebeldes derrotaram as forças reais e capturaram o monarca, que foi executado em 30 de janeiro de 1649.

A segunda fase abrange o governo de Cromwell, de 1649 até a sua morte, em 1658. A revolução provocada pela reação do Parlamento ao absolutismo real, com amplo apoio popular, e que tinha por meta estabelecer a supremacia parlamentar, transformou-se rapidamente no governo ainda mais absoluto do seu comandante militar, Oliver Cromwell. Três fatores principais contribuíram para esse resultado: primeiro, as necessidades da guerra civil transferiram para o exército o poder do partido contrário ao Rei, e particularmente para os *Ironsides* de Cromwell. Segundo, o ramo calvinista radical dos Independentes, que se identificavam com a revolução, conseguiu, em parte pela força, o monopólio do poder dentro do exército e do que restava do chamado *Rump Parliament*. Finalmente, os seguidores fanáticos de Cromwell delegaram a ele o poder absoluto, com o título de *Lord Protector of the Commonwealth*, já que o beneficiário rejeitara a coroa real. A despeito de grandes excessos políticos e religiosos, Cromwell conduziu um governo austero, administrando com competência a coisa pública, e com o primeiro *Navigation Act*, de 1651, e outras medidas, construiu as bases da futura supremacia econômica e militar da Inglaterra.

A terceira fase do processo sóciopolítico inglês, desde a Restauração dos Stuarts, em 1660, até a ascensão ao trono de Guilherme de Orange, em 1688, foi um período de distensão e também de preparação para atender definitivamente as demandas políticas e religiosas da opinião pública inglesa, levando à instalação de uma monarquia constitucional protestante. A Restauração dos Stuarts resultou, antes de mais nada, do desejo de paz da sociedade, que queria a instalação de uma ordem pública baseada na legalidade, com as liberdades públicas e privadas. A sociedade inglesa estava cansada do calvinismo radical e da opressão dos Independentes, que afinal não passavam de uma pequena minoria dentro da família protestante. Além de tudo, *Merry England* — o espírito festivo da Inglaterra — aguardava a oportunidade para emergir do puritanismo seco e obscuro do período de Cromwell.

A Restauração foi assim uma fase de festividades, danças e espetáculos teatrais. Mas foi também um período de adaptação da monarquia à Igreja da Inglaterra. Embora não tivesse desaparecida inteiramente com Carlos II (1660-1685) e James II (1685-1688), a aspiração tradicional dos Stuarts — o poder absoluto do monarca — deixou de ser o tema central do debate político. Restaurados, os Stuarts aprenderam a respeitar o Parlamento, que por sua vez teve de aceitar certas prerrogativas reais. A questão fundamental era a medida de que a liberdade de consciência e de culto podia ser estendida aos católicos e, em especial, decidir se o rei da Inglaterra poderia ser um católico praticante, e essas duas perguntas foram respondidas pelo povo inglês com uma negativa. Durante todo o século XVII o catolicismo continuou associado de perto com a causa da Espanha, e mesmo quando esse país deixou de ser uma ameaça à Inglaterra, no século seguinte, o sentimento anticatólico passou a ser uma parte integrante do patriotismo inglês — e continuou a sê-lo por muito tempo mais. O fato de que o rei James II teve um filho do sexo masculino, inesperadamente, com sua esposa a rainha Maria de Modena, que era católica, provocou quase de imediato uma resistência em todo o país à perspectiva de um futuro monarca educado no catolicismo. Essa foi a origem da "Revolução Gloriosa", que obrigou James II a se refugiar na França, deixando a coroa para a sua filha e o marido, Guilherme de Orange.

A quarta fase desse processo sóciopolítico inclui os reinados de Guilherme III e Mary (1689-1702), seguidos pelo reinado da irmã desta última, a Rainha Ana (1702-1714) e, depois dela, o início da dinastia de Hanover.

Foi esse período que testemunhou a emergência gradual do parlamentarismo e dos governos de Gabinete. Vários fatores contribuíram para isso. O próprio fato de que a coroa foi detida, em curta sucessão, por dois príncipes estrangeiros (Guilherme III entre 1689 e 1702; alguns anos mais tarde, George I, de 1714 a 1727), teve uma influência decisiva na formação do novo regime. Interessado fundamentalmente nos assuntos militares e internacionais, Guilherme III delegou os assuntos internos aos seus ministros. Quanto a George I, como não falava inglês, viu-se obrigado também a delegar aos seus ministros os assuntos correntes do governo. Além disso, dois outros desenvolvimentos devem ser levados em consideração. O primeiro era a importância crescente adquirida pelo Parlamento na vida política inglesa, a partir da revolta do Longo Parlamento contra Carlos I, culminando uma antiga tradição, que vinha da Idade Média e tinha sido reforçada por Henrique VIII. Outro aspecto importante foi o desenvolvimento gradual do Gabinete, a partir do *privy council* original dos Tudor. Era habitual nomear comissões temporárias ou permanentes do Conselho para lidar com temas específicos. Uma dessas comissões, a de Assuntos Externos, cujos membros incluíam os conselheiros mais próximos do Rei, cresceu gradualmente em importância, passando a deliberar não só sobre os assuntos internacionais mas sobre todos os temas relevantes.

Depois da Restauração, a Comissão de Assuntos Externos cresceu demais, e surgiu assim um comitê interno, secreto e informal, para decidir sobre os problemas mais importantes. Com a Rainha Ana o Gabinete e a Comissão se tornaram partes do mecanismo aceito do governo, mas em 1717 George I deixou de participar dessas reuniões, porque não sabia inglês o bastante para acompanhar o debate, e como é natural isso aumentou a autonomia do Gabinete. A partir de 1739 o Gabinete interno era composto do Primeiro Lorde do Tesouro, o Lorde Chanceler, o Lorde Presidente e os dois Secretários de Estado. E o Gabinete mais amplo gradualmente deixou de funcionar. Para garantir sua aceitação pelo Parlamento, o Gabinete interno era composto de membros do partido majoritário, por recomendação do seu líder, que passou também a presidir as reuniões do Gabinete na ausência do rei (como acontecia com George I). Assim, aos poucos foi tomando forma na Inglaterra o parlamentarismo e o governo de Gabinete. Embora não ostentasse o título correspondente, Walpole (1721-1742) era de fato o Primeiro Ministro, no sentido moderno do termo.

6. Europa setentrional e oriental

Embora no século XVII o palco central europeu estivesse ocupado pelas principais potências ocidentais, os escandinavos desempenharam um papel importante na primeira metade desse período, e sob Pedro o Grande (1682-1725) a Rússia se transformou em uma potência relevante, que no século XVIII teria um papel de peso crescente no cenário internacional.

Sob Cristiano IV (1588-1648), a Dinamarca lideraria durante alguns anos (1625-1629) as forças protestantes na Guerra dos Trinta Anos. No entanto, a derrota imposta por Tilly aos dinamarqueses, em 1627, seguida por vários outros desastres, tiraram da Dinamarca sua posição central. Gustavo Adolfo II da Suécia (1611-1632) assumiu então a liderança das forças luteranas, derrotando a Rússia e a Polônia, até a vitória final de Lützen, em 1632, onde, no entanto, o monarca foi morto em combate.

No período seguinte, a Suécia continuou a desempenhar um papel importante na guerra, sob o Chanceler Axel Oxenstierna (1583-1654) e com o apoio da França. No entanto, a Rainha Cristina (1632-1654), que sucedeu seu pai, Gustavo II, era contrária à guerra, que foi concluída formalmente pelo Tratado de Westfalia de 1648. Desse momento em diante a Suécia deixou de exercer um papel internacional de importância, até tornar-se, no século XX, uma sociedade modelar.

A última década do século XVII e as primeiras décadas do século XVIII viram a emergência da Rússia como uma potência européia cada vez mais importante. Nos anos que se seguiram à fase de distúrbios depois da morte de Boris Gudonov, quando a Rússia foi vitimada por agressões da Suécia e da Polônia, Pedro o Grande (1689-1725) empenhou-se em uma das iniciativas de modernização mais extraordinárias da história. Durante o seu reinado, cujas políticas foram continuadas pela esposa e sucessora, a Rainha Catarina I (1725-1727), Pedro o Grande transformou a Rússia medieval em uma incipiente nação moderna; derrotou a Suécia e reconquistou alguns dos antigos territórios que o país tinha perdido, assim como o acesso ao mar Báltico.

As grandes realizações de Pedro o Grande começaram com sua percepção do atraso da Rússia e a compreensão arguta das principais causas sociais e culturais desse atraso. Para superá-lo, o imperador passou por um processo de auto-educação, familiarizando-se com a cultura e a tecnologia do ocidente, sobretudo no campo dos instrumentos de governo e das artes militares. Fundou São Petersburgo, projetada como uma capital grandiosa para o Império, situada sobre o rio Nerva. E daí dirigiu seus esforços para modernizar a sociedade e o Estado. O projeto de modernização de Pedro o Grande, antecipando processos semelhantes ocorridos na Turquia, sob Mustafá Kemal (1923-1938) e no Brasil, com Juscelino Kubitschek (1955-1960), teve um sucesso considerável. Como se perceberia também mais tarde, ficou claro que a modernização é, acima de tudo, um processo educativo e cultural, cuja implementação exige muito tempo, e uma sucessão de gerações. Mas a experiência russa mostrou igualmente o que as futuras experiências confirmariam: certos resultados importantes podem ser alcançados em apenas duas décadas, com a criação de um setor moderno que, embora representando uma minoria da população, tenha condições de liderar a sociedade e o Estado.

7. A cultura barroca

Grandes períodos artísticos, como o Barroco, são mais do que a manifestação de um certo estilo; eles expressam as características essenciais de um período determinado na evolução de uma civilização. Por isso falamos de uma Idade do Barroco (incidentalmente, este é o título de um livro excelente de Carl Friedrich (1965)) para indicar uma certa fase da história da cultura ocidental.

Quais as principais características da cultura barroca? Como acontece geralmente com as fases da cultura, essas características são muitas, e até certo ponto contraditórias na sua diversidade, embora certos traços predominantes possam ser observados, indicando um "ar de família", uma *Gestalt* básica. Na introdução do presente capítulo sugerimos que a Idade do Barroco foi marcada por três traços dominantes, contrastando, embora menos freqüentemente, e de forma menos influente, com certas tendências opostas. Esses traços são: as imponentes manifestações do poder do Estado, a afirmação dogmática de certezas religiosas e uma exibição dramática da grandeza. A monarquia majestosa da Espanha de Filipe II ou da França de Luís XIV são boas ilustrações do poderoso Estado barroco. Os conflitos religiosos na França, nos Países Baixos e na Inglaterra, ou entre Estados, como na Guerra dos Trinta Anos, são um testamento de dogmatismo religioso fanático. E edifícios extraordinárias, como El Escorial ou Versailles, são monumentos típicos da era barroca.

Podemos observar também tendências opostas, embora não predominantes. Assim, o absolutismo estatal era desafiado por forças que acentuavam a necessidade de sujeitar o arbítrio dos monarcas às leis do Parlamento. O grande desenvolvimento da ciência experimental nesse período contrariava a atitude de dogmatismo religioso. Nessa época foram fundadas importantes academias científicas: a Accademia del Cimento de Florença, em 1657; a Royal Society de Londres, em 1662; a Académie Royale des Sciences, de Paris, em 1666. Contrastando com a preocupação com a grandeza, havia também uma demanda de intimidade e privacidade, que transparece nos quadros de Vermeer, e um interesse pelas pessoas mais simples, como os camponeses retratados pelos irmãos Le Nain.

O traço predominante dessa época foi uma qualidade de afirmação dinâmica que moldaria a conduta dos principais líderes políticos e militares, como Olivares e Richelieu, Wallenstein, Gustavo Adolfo e Pedro o Grande. Foi uma época marcada pelo sentido de tragédia, como em Corneille e Milton; uma arquitetura monumental, como nos já citados El Escorial e Versailles ou no projeto da *Place Vendôme*; um esforço intensivo para captar a expressão de movimento e emoção na fixidez de uma escultura ou em uma tela, como em Bernini e Rubens. Foi uma época que viu também a criação na música do contraponto e das grandes sinfonias, de Monteverdi a João Sebastião Bach. Finalmente, em um sentido diferente, foi a época do estabelecimento dos fundamentos da ciência moderna, de Galileu a Newton, substituindo o conceito de substância com a noção de processo, as descrições qualitativas pela formulação matemática.

Convencionalmente, a Era Barroca se situa no período que vai de 1610 a 1660, aproximadamente. Na verdade, as primeiras manifestações do Barroco podem ser observadas já a partir das últimas décadas do século XVI, e várias características da cultura barroca continuaram no século XVIII. A música barroca ultrapassou a geração de Johann Sebastian Bach (1685-1750), e a arquitetura barroca, especialmente na América Latina, dominou todo o século XVIII e os primeiros anos do século XIX.

Embora seja tentador ampliar esta breve descrição das várias manifestações da cultura barroca, isto não seria compatível com o escopo do presente estudo. Bastará mencionar as realizações mais importantes desse período, nos seis campos mais preeminentes da cultura, nos quais seus efeitos foram mais duradouros: as artes plásticas, a música, a literatura, a teologia, a ciência e a filosofia.

As artes plásticas e a música foram os campos mais importantes da expressão barroca. No primeiro, os grandes artistas da época tentaram, com sucesso incomum, exprimir o movimento e a emoção através da rigidez de um bloco sólido de matéria ou de uma tela estática. Na escultura e na arquitetura, Loenzo Bernini (1598-1680) atingiu uma perfeição insuperável na expressão do movimento e da emoção em uma escultura, tal como no seu *Êxtase de Santa Teresa*, e na criação de uma estrutura arquitetônica que transmite o sentido de transcendência e transporta o observador da terra aos céus, como o seu baldaquino da Basílica de São Pedro. Na sua melhor expressão, os quadros barrocos alcançaram um nível de excelência comparável ao das obras-primas do Renascimento, mas abrangiam uma gama de estilos ainda mais ampla, desde o típico barroco de Rubens (1577-1640), Caravaggio (1579-1610) e Franz Hals (1581-1660) até uma abordagem mais clássica, soberba em Velasquez (1599-1660) e impecável em van Dyck (1599-1641); e abrangendo a profunda penetração psicológica de Rembrandt (1606-1669), a penetração nos momentos de intimidade, de Vermeer (1632-1675), as paisagens de Claude Lorrain (1600-1652) e Meyndaert Hobbema (1638-1709), como o céu extraordinário de Ruysdael (1628-1682).

Na música a arte do Barroco nos oferece um dos modelos musicais supremos, com Vivaldi (1678-1741) e Johann Sebastian Bach (1685-1750), só comparável ao classicismo de Mozart e ao romantismo de Beethoven, juntamente com uma plêiade de grandes compositores, tais como Albinoni (1671-1750), Telemann (1681-1763) e Marcello (1686-1739).

Não menos do que a música e as artes plásticas, a literatura foi outro dos campos destacados da cultura barroca. Independentemente da genialidade do artista, as artes plásticas estão limitadas pelas circunstâncias inerentes à sua condição estática; e a música, embora abra oportunidades ilimitadas para a expressão das emoções, não consegue expressar conceitos intelectuais. A literatura, contudo, embora não transmita diretamente imagens físicas, nem alcance a profundidade emocional da música, tem o privilégio da expressão ilimitada. É compreensível, assim, que algumas das manifestações mais momentosas da cultura do Barroco tenham surgido no campo da literatura. Para começar, Shakespeare (1565-1605) — assim como Michelangelo nas artes plásticas — foi ao mesmo tempo uma manifestação soberba da cultura do Renascimento e uma primeira expressão, ainda prematura, do Barroco. *Hamlet* (1602), *Othello* (1604), *Macbeth* e o *Rei Lear* (1605) são as melhores ilustrações do teatro barroco, e figuram também entre as mais importantes criações literárias da Humanidade. Cervantes (1547-1616) e seu *Dom Quixote*, de 1613; Lope de Vega (1562-1635); Tirso de Molina (ca. 1571-1648), o gênio inesgotável de Calderon de la Barca (1600-1681); os clássicos Corneille (1606-1684) e Racine (1639-1699); as sátiras intemporais de Molière (1622-1733), as fábulas de La Fontaine (1621-1695); e os grandes sermões de Antonio Vieira (1608-1697) e Bossuet (1627-1704) estão entre as expressões mais notáveis da literatura barroca.

A religião e a teologia foram uma dimensão de grande relevância da Idade do Barroco, condicionando todos os aspectos da vida pública e privada. O catolicismo, o luteranismo e o calvinismo foram as três principais correntes da convicção religiosa dessa época. Em sua maior parte os eventos ocorridos no século XVII se relacionavam com as tentativas mal-sucedidas dos católicos no sentido de reprimir o movimento protestante e impedir a sua difusão, com o apoio da Espanha e do império Germânico. Esses eventos foram também influenciados decisivamente pela forte animosidade engendrada pelas posições radicais dos calvinistas, tanto entre os católicos como entre os luteranos, assim como os esforços desesperados que fizeram para preservar suas idéias e um espaço em que pudessem levá-las à prática, empresa cujo sucesso ficou limitado praticamente à Suíça e às Províncias Unidas dos Países Baixos.

No contexto resultante, marcado por disputas violentas e guerras selvagens, os jesuítas tiveram um papel decisivo como a vanguarda militante e intelectualmente competente da Contra-Reforma. Foi em larga medida devido aos jesuítas que na segunda metade do século XVII o protestantismo se tornou menos militante e mais defensivo. Os calvinistas, porém, mantiveram seu radicalismo, ou emigrando para o Novo Mundo (como os *Pilgrim Fathers*, em 1617) ou dominando os armianistas moderados, nos Países Baixos.

No campo intelectual os selvagens conflitos religiosos dessa época encontraram uma expressão mais moderada no cardeal Bellarmino (1542-1621), depois canonizado, que procurou, com suas *Disputationes* e o seu *Potestati Summi Pontifici*, examinar a doutrina católica e a controvérsia com os protestantes de modo mais racional e equilibrado. Equilíbrio, moderação e racionalidade foram também as tônicas da *Law of Ecclesiastic Polity*, de Richard Hooker (1554-1600), tratado que sistematizou a doutrina da Igreja Anglicana.

No princípio do século XVII surgiram duas derivações interessantes do calvinismo e do catolicismo, respectivamente — o armianismo e o janse-

O DESENVOLVIMENTO OCIDENTAL **515**

nismo. Jacobus Arminius (1560-1609) foi um teólogo calvinista moderado de Oudewater, na Holanda, professor de teologia na Universidade de
Leiden, de 1603 até a sua morte, para quem a predestinação defendida por
Lutero não era incompatível com o livre-arbítrio humano. Para ele a graça
divina é oferecida a todos os homens, mas cada um tem a liberdade de
aceitá-la ou rejeitá-la. No entanto, sendo omnisciente, Deus sabia anteci-
padamente quais seriam os eleitos. O armianismo terminou sendo reprimido nos Países Baixos, devido à disputa pelo poder entre o *Stathouder*
Maurício de Nassau e o Grande Pensionário Oldenbarnevelt, que era
armianista, o que levou o primeiro a favorecer a corrente teológica contrária, o calvinismo estrito dos gomaristas, por razões políticas.[10]

Do lado católico, uma divergência envolveu Cornélio Jansen ou Jansenius (1585-1638), Bispo de Ypres e professor de teologia na Universidade de Louvain. Estudioso de Santo Agostinho e seguidor das suas idéias,
Jansen se opunha fortemente aos jesuítas, e escreveu um tratado publicado postumamente em 1640, o *Augustinus* — uma interpretação mística
e pietista das Escrituras, semelhante à posição dos protestantes, embora
mantivesse a doutrina católica da Graça e dos Sacramentos. As idéias
de Jansen foram adotadas pela família Arnauld no seu reduto, a abadia de
Port Royal, sob a direção de Jean Duverger de Haurranne, Abade de Saint
Cyran (1581-1643). O mais importante dos Arnaults, Antoine (1612-
1694), publicou uma defesa do *Augustinus*, a *Apologie pour les Saints Pères*
(1650), na qual, além de apoiar o pensamento semiprotestante de Jansen,
demonstrou compartilhar do seu forte sentimento antijesuítico. Em 1643,
publicou uma séria crítica da ética alegadamente casuísta da Companhia
de Jesus, a *Théologie Morale des Jesuites*, reforçada depois por novos ataques.
Em *Provinciales* (1656-1657), Blaise Pascal (1623-1662) defendeu as idéias
de Port Royal, mas o jansenismo foi condenado pelo Vaticano em 1641 e
novamente em 1642, tanto por razões disciplinares (a publicação de
comentários sobre a Graça sem a prévia autorização eclesiástica) como por
alegados erros teológicos. Em 1653 o Papa Inocêncio X condenou Port
Royal por adotar cinco proposições errôneas do *Augustinus* de Jansenius.
A controvérsia subseqüente começou com uma afirmativa de Arnault distinguindo o direito da Igreja de condenar teses teologicamente errôneas da
questão factual da presença dessas teses em determinadas proposições.
Sobre esta última questão a Igreja não tinha qualquer privilégio, e estava
sujeita às mesmas regras de qualquer analista. Dessa forma, Arnault sustentava que o texto de *Augustinus* não continha as teses errôneas atribuídas a Jansenius.

A ciência e a filosofia receberam uma contribuição notável na Idade do Barroco, quando foram lançadas as bases modernas dessas disciplinas. Como no campo das artes, a ciência moderna emergiu, no século XVI, a partir de precedentes medievais. Em 1537 a Nova Ciência de Niccolò Tartaglia (ca. 1500-1557) propôs uma explicação para o movimento dos corpos celestes e descobriu a solução das equações cúbicas. Leonhart Fuchs (1501-1557) inaugurou a botânica sistemática com seu catálogo de ervas. Andrea Vesalius (1514-1564) escreveu *De Humani Corporis Fabrica*, o primeiro tratado moderno sobre a anatomia humana. Mas a realização culminante do século XVII foi a obra de Nicolau Copérnico (1473-1543), apresentando o heliocentrismo, sua teoria científica revolucionária, em *De Revolutionibus Orbium Coelestium*. Outra importante contribuição desse século foi a introdução, pelo Papa Gregório VIII (1502-1585), do calendário gregoriano, que continuamos a usar até hoje.

As inovações matemáticas e astronômicas do século XVI tornaram possível a emergência da ciência moderna no século XVII. Johannes Kepler (1571-1630), com sua *Astronomia Nova*, definiu as primeiras leis dos movimentos planetários, e Galileo Galilei (1564-1642), combinando o conhecimento matemático com a observação telescópica, rejeitou a cosmologia aristotélica, demonstrando a validade da teoria de Copérnico. A astronomia atingiu seu auge com Isaac Newton (1642-1698), cuja *Philosophiae Naturalis Principia Mathematica* estabeleceu os fundamentos da mecânica celestial e terrestre, com o princípio da gravidade. A cosmologia de Newton propôs uma explicação do universo que prevaleceu até a descoberta da relatividade por Einstein, nos primeiros anos do século XX.

No domínio da metafísica, da ética e da política, a filosofia recebeu também sua formulação moderna no século XVII, com Descartes, Hobbes, Pascal, Spinoza, Locke e Leibniz, que proporcionaram uma compreensão inovadora do mundo, do homem e da sociedade — cosmovisão que prevaleceria até Kant e Hegel.

René Descartes (1596-1650) concebeu a idéia de que a física devia ser reduzida à geometria, e de que todas as ciências estavam entrelaçadas "como por uma corrente". A construção essencial do seu *Discours de la Méthode*, de 1637, foi o reconhecimento do princípio filosófico segundo o qual *cogito ergo sum*. Toda a construção subseqüente dependia em parte de assunção de uma reformulação da afirmativa de Santo Anselmo: nossa idéia de Deus como ser perfeito postula a existência divina, porque se Ele só existisse em nossas mentes não teria a perfeição absoluta, que inclui a existência. A outra forma de estabelecer a existência de Deus, usada por

Descartes, consistia em considerar que dado o caráter fortuito da condição humana, não poderíamos conceber a noção do absoluto se não houvesse um ser absoluto. E dada a existência de Deus, e seu atributo da perfeição, Descartes concluía que todos os outros seres do mundo real, que conhecemos, necessariamente devem também existir. E assim foi fundada a concepção idealista do mundo, que sobreviveria até o nosso século.

Blaise Pascal (1623-1662) foi um gênio matemático possuído por uma profunda convicção religiosa. Foi o inventor da máquina de calcular (1642-1644), desenvolvida depois por Leibniz para realizar todas as operações aritméticas. As contribuições de Pascal ao cálculo e à física foram extremamente importantes, mas a sua fama deriva em grande parte das *Provinciales*, obra que circulou inicialmente, em 1656-1657, com um pseudônimo: *Lettres Écrites par Louis de Montalt à un Provincial*. As *Provinciales* constituem uma brilhante defesa das idéias de Port Royal e das teses de Antoine Arnault, apresentadas com suma elegância.

Benedito Spinoza (1632-1677), de uma família de judeus portugueses, fundou outra importante corrente de pensamento, baseada na concepção da identidade entre Deus e a Natureza — *Deo sive Natura*. Desenvolvendo essa sua concepção, Spinoza formulou um sistema ético baseado no utilitarismo altruísta, uma corrente da filosofia moral que influenciou também os pensadores da Ilustração, e que chegou até os nossos dias.

Gottfried Wilhelm Leibniz (1646-1716) foi o mais enciclopédico pensador da sua época, dando contribuições importantes a praticamente todos os ramos do conhecimento. Sua "monadologia" foi uma reformulação moderna do atomismo de Demócrito, embora atribuísse às suas mônadas características que não resistiram à evolução da ciência.

O campo da filosofia política recebeu uma das contribuições mais duradouras dessa época, com as idéias divergentes de Thomas Hobbes e John Locke. Hobbes (1588-1679) tinha um espírito extremamente vital e combativo, o que o envolveu em muitas controvérsias durante a sua longa vida. *De Cive* (1642), *The Elements of Law* (1650) e sua obra máxima, *Leviathan* (1651) expressavam sua compreensão da sociedade como um pacto entre os indivíduos para preservar seus interesses essenciais, como a propriedade e a própria vida. As sociedades são levadas à percepção de que o modo de conseguir esses objetivos é conferir poder absoluto a um príncipe ou a um Conselho, com a faculdade de suspender a obediência dos seus membros se esses direitos primordiais forem desprezados pelo governante. Hobbes fundou assim a interpretação "pessimista" da sociedade, justificando o absolutismo monárquico e também, mais tarde, a monarquia constitucional.

John Locke (1632-1704), um protestante moderado, contribuiu para a moderna teoria do conhecimento com o *Essay Concerning Human Understanding* (1689-1690), e ganhou fama com *Two Treatises on Government*, de 1689. O primeiro desses tratados estava relacionado com questões circunstanciais, mas o segundo estabeleceu as bases da teoria democrática moderna. Locke aceitava o ponto de vista de Hobbes sobre o contrato social, mas afirmava que a delegação de poder dada aos governantes tinha o propósito de garantir o bem-estar público, e era assim um mandato condicional, que poderia ser revogado se não fosse cumprido adequadamente. As idéias de Locke foram fundamentais para justificar a Revolução Americana, e persistem até os nossos dias como uma das melhores formulações da teoria democrática.

III
A Grande Transição

1. Principais mudanças estruturais

A profunda transformação do Ocidente, entre o século XVII e a primeira década do século XX, foi o resultado de mudanças estruturais igualmente profundas, ocorridas ao longo de dois séculos. Mudanças relacionadas com três aspectos principais da Civilização Ocidental: o sistema internacional, a cultura ocidental e a estrutura social das próprias sociedades envolvidas.

O novo sistema internacional, nos primeiros anos do século XX, manteve alguns dos atores mais importantes do fim do século XVII, tais como a Grã-Bretanha, mas passou a incluir dois novos protagonistas: o Império Alemão, recentemente unificado, e os Estados Unidos, que se afirmavam no cenário mundial. Um país asiático, o Japão, que se tinha modernizado rapidamente desde a Restauração Meiji de 1868, começava também a desempenhar um papel internacional de importância.

Sob a influência combinada da industrialização, da rápida expansão do comércio internacional e das comunicações, assim como das novas idéias sociais e políticas, a profunda transformação da estrutura social dos países do ocidente estava fazendo da antiga sociedade européia de notáveis uma sociedade de classe média, e criava nos Estados Unidos uma incipiente sociedade de massa. A busca da democracia e do bem-estar social cresceu de importância[11], condicionando a forma de governo adotada em países como a Grã-Bretanha, a França e a Itália, e exercendo forte influência nos impérios alemão e austríaco.

No entanto, foi na cultura que ocorreu uma das mudanças mais impressionantes. As crenças religiosas do Ocidente se deterioraram amplamente, enquanto a ciência passava a ser cada vez mais a principal fonte de explicação do mundo. A tecnologia tinha nesse processo um papel decisivo, com uma presença cada vez maior nas esferas práticas da vida. Nas belas-artes uma das características notáveis da nova cultura era a medida crescente na qual o modelo clássico de beleza, concebido pela Antiguidade Clássica e o Renascimento, era substituído por uma série de variações do construtivismo, completamente divorciado da idéia da beleza e do propósito de alcançá-la. Bastará mencionar, como ilustração, a tela *Les Demoiselles d'Avignon*, de Picasso, exibida em 1907, e o atonalismo de Schöenberg, que começou com o seu Segundo Quarteto de Cordas, no ano seguinte (sua famosa peça *Pierrot Lunaire* é de 1912).

Essas mudanças profundas foram devidas a uma longa seqüência de fatores, alguns deles derivando de eventos distantes, como a Reforma e as grandes descobertas do Renascimento, mas a maioria bem mais recentes. Qualquer tentativa de relacionar sinteticamente esses fatores ou eventos cruciais que transformaram o Barroco na Idade Contemporânea seria necessariamente arbitrária. No entanto, sem descontar outras possíveis combinações, os dez eventos seguintes podem ser mencionados como particularmente importantes:

- a evolução cultural e institucional havida entre o século XVI e o princípio do século XIX nos países mais importantes, especialmente a Inglaterra e a França;
- a adoção pelos atores presentes de decisões apropriadas ou equivocadas em assuntos da maior importância estratégica, em certos momentos cruciais;
- a nova cosmovisão trazida pela Ilustração;
- a Revolução Francesa e o seu resultado napoleônico;
- a Revolução Industrial;
- o Romantismo;
- a emergência e o rápido desenvolvimento dos Estados Unidos da América;

- o positivismo e o cientificismo;
- as idéias revolucionárias de Marx, Nietzsche e Freud;
- o surgimento da arte moderna.

As profundas mudanças decorrentes desses e de outros eventos e fatores aconteceram ao longo de fases distintas, de duração variada. Entre o fim do século XVII e os primeiros anos do século XX, quatro fases principais podem ser identificadas. A primeira compreende o longo período da Ilustração, abrangendo, de modo geral, eventos dos últimos decênios do século XVII até os primeiros do século XIX. A segunda, que se sobrepõe à primeira, cobre o período breve mas excepcionalmente agitado e profícuo da Revolução Francesa e da sua seqüela napoleônica, entre 1789 e 1815. A terceira foi a etapa nacionalista e romântica, das primeiras décadas até meados dos anos 1800. A quarta fase durou basicamente das últimas décadas do século XIX até a primeira década do século XX, sendo marcada por várias características distintas como o imperialismo, o cientificismo, a arte moderna e as idéias revolucionárias de Marx, Nietzsche e Freud. Uma breve descrição desses dez eventos cruciais, transcorridos ao longo dessas quatro fases, é indispensável para que possamos compreender a formação do mundo contemporâneo.

2. Mudanças institucionais

O fator isolado mais importante na determinação do destino dos vários países que desempenharam um papel relevante no século XVII foi possivelmente a sua evolução cultural e institucional. Sem excluir outros fatores de peso (como por exemplo uma série de decisões infelizes tomadas pelos franceses no século XVIII, com respeito a certas questões estratégicas, em contraste com a política mais sagaz dos ingleses), fatores institucionais e culturais explicam a inversão da posição internacional da França e da Inglaterra, da supremacia da primeira, até os últimos anos do século XVII, para a hegemonia da segunda, depois do Tratado de Utrecht de 1713 — cujas disposições foram consolidadas pelo resultado da Guerra dos Sete Anos (1756-1763).

Não seria possível analisar aqui, mesmo sumariamente, as diferenças na evolução cultural dos principais países da Europa, no período sob exame. Bastará mencionar brevemente os casos mais importantes da França e da Inglaterra. Os temas cruciais e interligados que deveriam distinguir profundamente a cultura e as instituições desses dois países — que até o século XV não eram tão diferentes — foram, de um lado, o contraste entre os efeitos da criação e do desenvolvimento do protestantismo anglicano e do catolicismo francês e, de outro, o contraste entre o governo parlamentarista de gabinete na Inglaterra e o absolutismo real na França — diferença associada intimamente com o processo precedente.

Na seção anterior deste capítulo discutimos sucintamente a evolução cultural e religiosa da Inglaterra, de Henrique VIII a Elizabeth I. A consideração importante, aqui, é a medida com que efeitos sociais remotos do anglicanismo contribuíram para formar uma sociedade de pessoas conscientes, imbuídas de patriotismo e com uma ética de responsabilidade moral, gerando um forte sentido pessoal de iniciativa independente.[12] Foi esse sentido de iniciativa independente que inspirou os grandes estadistas ingleses do século XVIII, de Walpole a Pitt, os marinheiros que derrotaram a Invencível Armada e saíram vitoriosos da batalha de Trafalgar, os soldados e exploradores coloniais que conquistaram a América do Norte e a Índia, às custas da Espanha, da França e do Império Mogul, e os empreendedores que promoveram a expansão internacional do comércio e das finanças da Grã-Bretanha, assim como o desenvolvimento pioneiro da Revolução Industrial.

Ainda que não intrinsecamente equivocada, a famosa tese de Max Weber sobre as relações entre o protestantismo e capitalismo deve ser ajustada ao caso especial do Anglicanismo, tão contrário ao catolicismo como ao calvinismo, enquanto o movimento protestante germânico — se não contarmos com os Países Baixos, e incluindo um segmento importante dos calvinistas — estava tão associado ao absolutismo monárquico quanto o catolicismo francês.

Com o patrocínio real, o catolicismo francês perseguiu os huguenotes e os jansenistas, e embora apresentasse uma certa conotação antipapal, foi sem dúvida um fator que gerou dentro da sociedade francesa o sentido de dependência da autoridade que prejudicou a formação em larga escala do tipo de individualismo responsável, com um sentido de iniciativa independente, tão comum na Inglaterra. A cultura resultante levou a França a apelar para Colbert, que representava o Estado, para formar as empresas comerciais e industriais que na Inglaterra resultaram espontaneamente da iniciativa privada. E contribuiu também para reforçar o absolutismo real, às custas da representação popular, fazendo que o governo fosse entregue aos favoritos do monarca, sem um gabinete parlamentar responsável, e criando assim as condições que permitiram que na França os ministros fossem feitos e desfeitos pelas amantes oficiais do rei, de Madame Pompadour à Condessa du Barry.

3. Algumas decisões equivocadas

Um fator muito importante que explica a supremacia conquistada pela Grã-Bretanha, em detrimento da França, foi a série de decisões oportunas tomadas pela Inglaterra com respeito a certas questões altamente estratégicas, ao contrário do que aconteceu na França. Essas questões tinham a ver com o poder naval, a importância das colônias e a estratégia de poder no continente europeu.

Richelieu compreendia perfeitamente a importância decisiva do poder naval para a aquisição e expansão das colônias de além-mar. Mais tarde, sob Luís XIV, Colbert compartilhou esse ponto de vista, mas devido às limitações financeiras da França as iniciativas de Richelieu nesse campo não puderam ser implementadas. Em parte também porque na época o tema estratégico mais importante era a defesa do território francês, ameaçado de cerco pela Espanha e o império, situação que em termos militares precisava ser enfrentada com forças terrestres, não marítimas. Colbert compreendia também a importância do poder naval e do desenvolvimento colonial, mas a política de poder sob Luís XIV era essencialmente um problema continental, dirigido contra os Habsburgos, inimigos tradicionais, e os Países Baixos.

Sendo uma ilha, a Inglaterra tinha a vantagem, em comparação com a França, de não possuir fronteiras terrestres para defender ou expandir, e por isso não necessitava de um grande exército; mas dependia do seu poder naval para defender-se e para proteger o seu comércio internacional. Além de serem fontes da riqueza da Inglaterra, esse comércio e uma marinha poderosa levavam naturalmente a uma melhor compreensão da importância de que se revestia na época a expansão colonial, fornecendo ao mesmo tempo os meios necessários para realizá-la. Podemos entender, assim, por que a Inglaterra foi motivada a desenvolver sua supremacia naval sobre a França, e a expandir suas colônias, equipando-se do melhor modo para atingir esses objetivos.

A situação que descrevemos, que já favorecia a Grã-Bretanha, foi exacerbada pelas numerosas decisões políticas equivocadas tomadas pela França nas guerras da Sucessão Austríaca (1740-1748) e dos Sete Anos (1756-1763). Nesses dois casos, sob o incompetente regime absolutista de

Luís XV, a França fez as alianças erradas, contrariando essencialmente os seus próprios interesses. Na sucessão austríaca, os tradicionais sentimentos antiaustríacos dos franceses prevaleceram sobre uma compreensão realista dos temas políticos e estratégicos implicados, levando a França à vã tentativa de impedir que Maria Teresa se sentasse no trono austríaco, em um conflito no qual a França tinha pouco a ganhar, se saísse vitoriosa, e muito a perder, se derrotada — que foi o que aconteceu. A posição da França foi ainda mais inepta na questão da Guerra dos Sete Anos, quando a vaidade de Luís XV e da clique de Versailles foi manipulada habilidosamente por Kaunitz, o chanceler austríaco, com vantagem inicial para a Áustria e finalmente para a Grã-Bretanha. O tratado de Hubertusburg, que pôs fim à guerra, selou a supremacia mundial da Grã-Bretanha, a força militar da Prússia e a marginalização da França em um papel internacional secundário, com a perda das suas possessões coloniais no Canadá e na Índia. Vale notar que, muitos anos depois, como veremos adiante, decisões errôneas tomadas por Napoleão, com respeito ao seu próprio *status* e à administração do seu império, levaram inevitavelmente à sua ruína, em lugar de uma possível consolidação.

4. A Ilustração

A Ilustração foi um período relativamente longo da história do ocidente, abrangendo as últimas décadas do século XVII até as primeiras do século XIX, caracterizando-se pela predominância da razão sobre a tradição e a autoridade, da racionalidade sobre a fé e as crenças religiosas. Foi um movimento basicamente urbano, concentrado nas classes superior e média da Europa ocidental, que depois se difundiu pela Europa oriental e o continente americano, influenciando também o mundo islâmico. No fundo a Ilustração era um movimento cultural, uma atitude intelectual, no sentido mais lato, que modelou de forma decisiva outras dimensões da sociedade, e cujos pontos altos vamos encontrar em Locke (1632-1704), Newton (1642-1727) e Leibniz (1646-1716).

O núcleo central da cultura da Ilustração era a idéia do impulso do progresso inerente à humanidade, sustentada por Condorcet (1743-1794), e incluía o reformismo enciclopédico de Diderot (1713-1789) e d'Alembert (1717-1783), a ironia libertária de Voltaire (1694-1778), o revolucionário *Contrato Social* de Rousseau (1712-1778), o empiricismo de David Hume (1711-1776), o materialismo mecanicista de de la Mettrie

(1709-1751)[13] e do Barão d'Holbach (1723-1789), assim como o liberalismo de Adam Smith (1723-1790). Um acontecimento de grande importância, que teria as maiores conseqüências históricas, foi a Revolução Americana (1763-1788), com os líderes que fizeram a independência dos Estados Unidos da América — Washington, Hamilton, Jefferson e Madison, entre outros. O clímax cultural da Ilustração foi a filosofia crítica de Kant (1724-1804)[14] e a sua tese sobre a Paz Perpétua, assim como a filosofia da história desenvolvida por Hegel (1770-1831).

Na transição do século XVIII para o século XIX a cultura da Ilustração sofreu a influência crescente de um romantismo emergente, que já podemos observar em Rousseau (1712-1778), Goethe (1749-1832), Schiller (1759-1805) e na filosofia de Hegel (1770-1831); influência que alcançará sua plena expressão nos irmãos Schlegel (August Wilhelm, 1767-1845; Friedrich, 1772-1829), em Hölderlin (1770-1843), Novalis (1772-1801), Hoffmann (1776-1823) e Chateaubriand (1768-1848). A mesma transição de uma pura racionalidade para uma racionalidade que incorporava sentimentos românticos vamos encontrar comparando as pinturas de Watteau (1684-1721), Nattier (1685-1766) ou Lancret (1690-1743) com a pintura da maturidade de Goya (1746-1828). O próprio Goya ilustra essa transição, que pode ser notada na diferença entre seus quadros mais antigos, de festas do século XVIII, com o clima dramático de *Os Desastres da Guerra*, de 1810-1814 e, mais tarde, os "quadros negros", de 1820-1823, que antecipam o estilo expressionista. Uma diferença semelhante, do classicismo puro para o romântico, separa a música de Lully (1632-1687) e Haydn (1732-1804), e a maioria das primeiras composições de Mozart (1756-1791), da sua obra posterior, assim como distingue na obra de Beethoven (1770-1827) a influência mozartiana inicial das peças da maturidade.

Conforme observamos, a Ilustração foi sobretudo um movimento cultural, uma nova maneira de ver o mundo comandada pelas exigências da razão, cuja emergência, no fim do século XVII, estava associada em larga medida à exaustão do fanatismo religioso que prevalecera na geração precedente, como bem ilustra a ferocidade da Guerra dos Trinta Anos (1618-1648). Teve início como um movimento na direção oposta, que contribuiu para inspirar uma ampla crítica da Igreja e, de modo geral, das religiões institucionalizadas, a qual iria caracterizar o pensamento ilustrado.

Outro impulso extremamente poderoso dado à mentalidade da Ilustração veio da obra de Newton, que dentro das possibilidades da ciência do seu tempo desenhou uma visão harmoniosa do universo, mostrando que era regido por leis permanentes da gravidade cósmica, que a razão humana podia descobrir e explicar. A racionalidade implícita nas descobertas de Newton e no seu uso do método científico tornaram-se o padrão da racionalidade iluminista, que seria disseminado de forma ampla e inteligente por Voltaire, com a ajuda da sua amante, a Marquesa de Châtelet, que tinha um excelente conhecimento da matemática e da física.[15]

Ao longo do século XVIII a preocupação com a racionalidade e a predominância da razão tornaram-se rapidamente a norma de boa conduta em todos os domínios da vida pública e mesmo da vida privada.[16]

A produção

Penetrando em todos os aspectos da vida do século XVIII, o espírito da racionalidade introduziu mudanças importantes nos setores mais diversos, desde a agricultura, a indústria e o comércio até a política e a guerra; nas artes, na ciência e filosofia, inaugurando na civilização ocidental a Idade Moderna.

Para os fins do presente tópico, quatro aspectos principais da Ilustração exigem aqui uma breve menção. Inicialmente, é preciso acentuar os desenvolvimentos importantes ocorridos, durante esse período, na produção, circulação e gerenciamento dos produtos. A agricultura, que continuava a ser uma parte fundamental da produção, aumentou de forma significativa a sua produtividade, com a adoção do sistema de Norfolk, impondo a rotação das terras da lavoura por períodos de quatro anos, juntamente com o maior uso dos adubos, das técnicas da drenagem e da irrigação. A criação de gado se beneficiou grandemente com o sistema de Norfolk e a disseminação de novas práticas veterinárias. A começar com a pioneira *Società di Georgofilia*, fundada na Itália em 1753, surgiram sociedades agrícolas na maior parte dos países da Europa ocidental, divulgando práticas agrícolas adequadas.

Esses aperfeiçoamentos na agricultura foram acompanhados por um progresso industrial constante e pela expansão substancial do comércio internacional. A primeira inovação industrial importante, o primeiro passo no sentido da Revolução Industrial, foi a invenção da lançadeira de tear, a *flying shuttle*, por John Kay, em 1773, que tornou possível fabricar com maior rapidez tecidos mais largos. Seguiu-se toda uma série de invenções, culminando com o motor a vapor de James Watt, em 1764, e o seu emprego na tecelagem de algodão, em 1785.

O aumento da produção agrícola e industrial provocou uma correspondente expansão comercial. As mercadorias em trânsito pelos portos da

Inglaterra passaram de 450 mil toneladas em 1720 para 650 mil em 1763, e o valor total das exportações britânicas aumentou, no mesmo período, de 8 para 15 milhões de libras esterlinas.

O despotismo esclarecido

Foi no campo do governo que ocorreram alguns dos efeitos mais notáveis da Ilustração. Diferindo da concepção renascentista do Estado como obra de arte, tendo o Príncipe como o seu virtuoso supremo, e da visão dinástica do governo, com implicações religiosas, a Ilustração provocou e difundiu a idéia de que governo significava a administração racional e eficiente dos assuntos públicos, orientada para a prosperidade do país e o bem-estar dos seus cidadãos.

Herdeira do absolutismo de Luís XIV, a monarquia francesa preservou um forte sentido dos privilégios reais, mas a partir de Colbert, o principal Ministro de Luís XIV, e continuando com alguns dos Ministros de Luís XV e Luís XVI, ela começou a incorporar um sentido racional na administração dos assuntos governamentais. Típico da Ilustração, porém, foi o desenvolvimento paralelo da monarquia constitucional parlamentar na Grã-Bretanha e o despotismo esclarecido de vários países do continente europeu. Já nos referimos à evolução havida no governo inglês, e cabe agora dizer algumas palavras sobre os déspotas esclarecidos. No século XVIII, vários príncipes desejavam ser considerados governantes esclarecidos — dentre eles José I de Portugal, Carlos II da Espanha, José II da Áustria, Frederico II da Prússia e Catarina II da Rússia. Em suas diferentes manifestações o despotismo esclarecido mantinha o princípio da origem divina da autoridade real, acentuando ao mesmo tempo a obrigação dos monarcas de prover a prosperidade do país e o bem-estar dos seus súditos, mediante formas racionais e eqüitativas de governo, assim como o respeito aos direitos dos cidadãos e aos princípios do "direito natural". Dois desses "déspotas esclarecidos" merecem uma menção especial; em Portugal, o Marquês de Pombal; na Prússia, Frederico II.

Sebastião José de Carvalho, Conde de Oeiras e Marquês de Pombal (1699-1782), governou Portugal como primeiro ministro de José I de 1750 a 1777, gozando de um poder absoluto. Notável em Pombal, o maior estadista da história portuguesa — um misto de Richelieu e Colbert —, foi a sua capacidade de elevar um país atrasado e marginal, dominado por um clero medieval e uma nobreza parasitária, ao nível de civilização mais alto da Europa no seu tempo. A magnífica reconstrução de Lisboa, quase completamente destruída pelo grande terremoto de 1755, e a reforma do Estado, inclusive a formação de um exército e uma marinha atualizados, assim como de um sistema financeiro eficiente, a fundação de muitas indústrias, a administração inteligente da colônia brasileira, combinada com a expulsão dos jesuítas e a feroz repressão de uma conspiração organizada pelos nobres, foram algumas das realizações mais notáveis de Pombal. Depois da morte do rei José I, porém, ele caiu em desgraça, e a rainha Maria, filha e sucessora do monarca falecido, convocou a Igreja para ajudá-la a governar.

Frederico II da Prússia (nascido em 1712, rei desde 1740 até a sua morte, em 1786) foi um dos maiores estadistas do século XVIII e um dos mais notáveis de toda a história do ocidente, merecendo, como seu homônimo Frederico da Sicília, a designação de *"stupor mundi"*. Da mesma forma que seu predecessor Hohenstaufen, Frederico II da Prússia era um homem de talento multiforme: intelectual, compositor musical e executante da flauta, político, estadista e o melhor general da sua época. Era também uma pessoa agradável, de interesses universais, sem o traço de crueldade do outro Frederico II. Dominou o cenário internacional da sua época, transformando a Prússia, cujas fronteiras expandiu pela conquista da Silesia e de outros territórios, no Estado mais forte e melhor administrado de toda a Europa.

A despeito da grande competência de Frederico como comandante militar, tendo vencido batalhas em condições de significativa inferioridade numérica, durante e Guerra dos Sete Anos (1756-1763) sua posição era quase insustentável, pois, a despeito da assistência britânica (principalmente financeira), teve de enfrentar uma coalizão que reunia a Áustria, a Rússia e a França. No fim de 1761 sua posição estava praticamente perdida, com as tropas exaustas, Berlim, a capital prussiana, tinha sido ocupada pelos inimigos, e por fim o subsídio inglês foi suspenso. Mas a sorte voltou-se em seu favor com a súbita morte da Rainha Isabel da Rússia, que foi sucedida pelo sobrinho Pedro III, um grande admirador de Frederico. Isso levou os russos a negociarem uma trégua com a Prússia, e depois a aliar-se com ela e apoiá-la, o que permitiu a Frederico restaurar suas forças e chegar à vitória final sobre a França e a Áustria.

Mais do que a guerra, Frederico II amava a literatura e a companhia dos intelectuais franceses, especialmente Voltaire. Embora consciente do lado desagradável do caráter do filósofo, Frederico manteve com ele uma grande amizade, o que permitiu a introdução da Ilustração francesa na Prússia.

No entanto, as grandes realizações de Frederico,[17] que modernizou a Prússia, transformando-a no país mais forte da Europa, dependeram excessivamente da sua personalidade incomum e de um estilo de governo muito centralizado. Assim como no caso de Portugal depois do Marquês de Pombal, após Frederico a Prússia não conseguiu manter por muito tempo a preeminência que tinha alcançado, e vinte anos depois, em 1806, seria derrotada esmagadoramente por Napoleão, em Jena. Ao contrário, entretanto, do que aconteceu em Portugal, a herança de Frederico criou a base para uma rápida recuperação, e incluiu os frutos da fundação da Universidade de Berlim.

As artes e o conhecimento

No século XVIII as artes seguiram, de modo geral, o caminho de uma transição do classicismo sóbrio para um classicismo cada vez mais impregnado de sentimento romântico, passando a ser plenamente românticas ao longo da primeira metade do século XIX. Na literatura essa transição é visível na mudança dos episódios galantes de Marivaux para a crítica social implícita em Swift (1667-1745) e Beaumarchais (1732-1799), assim como no romantismo de Hölderlin e Novalis. Mudança visível também na pintura, com o contraste entre o *Embarquement pour Cythère*, de Watteau (1717) e de outro lado o sentimentalismo de Greuze (1725-1805) e o romantismo expresso pelos grandes retratistas ingleses, como Gainsborough (1721-1788), Romney (1734-1802) e Constable (1776-1837). E aparece de modo especial na música, que com a filosofia de Kant e Hegel representa a mais alta expressão da Ilustração. A música clássica pura de Lully (1632-1687), Telemann (1681-1767), Haendel (1685-1750), Gluck (1714-1787), Haydn (1732-1809) e Mozart (1756-1791), com as últimas composições deste último, e com Beethoven (1770-1827) tornou-se um classicismo impregnado do espírito romântico. Como os grandes artistas do Renascimento, Mozart e Beethoven conseguiram com a sua música (como Bach tinha conseguido antes) um nível não superado e provavelmente insuperável de beleza e distinção. No seu caso, somos confrontados uma vez mais com a categoria de "beleza absoluta", que alguns gênios puderam alcançar, satisfazendo supremamente, dentro das condições de uma dada cultura, as exigências estéticas mais profundas da natureza humana.

No domínio do conhecimento pode-se dizer, de modo geral, que a racionalidade da Ilustração passou da abordagem direta da realidade (como em Newton, Condorcet e os Enciclopedistas) para uma atitude crítica, como a de Kant, desembocando com Hegel em uma compreensão dialética do mundo. Para a Ilustração o mundo era visto como regulado por leis eternas, que determinavam o curso regular das estrelas, conforme Newton revelara. Esse mesmo princípio regulava a harmonia da natureza, inclusive a natureza humana, que estava contida no direito natural e na religião natural. O mundo era governado por uma Razão suprema, de que as religiões e igrejas apresentavam uma versão distorcida. Mas a razão humana, refletindo a razão divina, tinha condições de superar esses dogmas e mitos, alcançando a idéia do Divino, cujas regras morais estavam inscritas no coração humano.[18]

Desenvolvendo de forma original as implicações empíricas da filosofia de Hume, Kant separou os julgamentos sintéticos dos analíticos, distinguindo o que podemos apreender da realidade, os fenômenos, da realidade última, inalcançável — o *noumenon*. Deus não pode ser atingido pela investigação empírica, como alegava São Tomás, e também não pode ser postulado mediante uma dedução analítica do conceito da sua perfeição, derivando-se daí a afirmação da sua existência, conforme Santo Anselmo e Descartes. No entanto, pela crítica da razão prática, e a resultante verificação da lei moral, Deus pode ser inferido como o supremo legislador moral. E por meio da crítica do julgamento e da verificação do princípio da razoabilidade, sua existência pode ser inferida como a razão que possibilita o princípio da razoabilidade; e a sua existência pode ser inferida como a condição que torna possível a própria razoabilidade. Desse modo, Kant esclareceu, na cultura da Ilustração, as condições para validar o conhecimento humano, propondo ao mesmo tempo uma melhor formulação para o deísmo do século XVIII. O último passo no desenvolvimento do conceito de razão no período iluminista surgiu com a aplicação da dialética hegeliana à lógica, à fenomenologia e à história.

Conforme desenvolvida no período da Ilustração, mediante sucessivos estágios conceituais, críticos e dialéticos, a idéia da razão foi sujeita, no curso da história, a alguns desafios. O primeiro veio com o romantismo, que enfatizava as emoções e sentimentos como forças propulsoras do comportamento humano. Em seguida surgiu o desafio de Nietzsche à visão apolínea da vida, baseada na razão e no equilíbrio, que quis substituir por uma abordagem dionisíaca e zaratrustiana, baseada na vontade de poder e nos instintos vitais. Freud denunciaria depois o caráter superestrutural da razão, como forma de ocultação legitimizadora dos impulsos gerados pela libido ou pelo medo da morte. Finalmente, Heidegger e, seguindo a sua orientação, os pós-modernistas sustentaram que todas as verdades correspondem a uma elaboração ideológica e retórica, substituindo o conceito de razão por um possibilismo fundado na infinita relatividade de todas as coisas e de todas as concepções. A medida que o hiper-relativismo contemporâneo, baseado nessas críticas sociológicas, psicológicas e existenciais, possa permitir validamente o restabelecimento da razão como a faculdade humana por excelência, dirigida para alcançar a essência das coisas, formulando julgamentos verdadeiros e desvendando os falsos, é um dos grandes problemas do nosso tempo — questão que será discutida brevemente no próximo capítulo.

5. A Revolução Francesa

Produto da Ilustração, a Revolução Francesa representou a culminação explosiva do processo de erosão do *"ancien régime"*. No longo prazo o absolutismo não é viável, entre outras razões, porque ele exige uma sucessão contínua de governantes talentosos, e a cooptação oportuna dos contestadores potenciais do sistema. Na França o absolutismo monárquico foi desenvolvido e mantido por muito tempo mediante uma cadeia de monarcas e ministros talentosos, desde Henrique IV e Sully a Richelieu, Mazarino e Colbert. O reinado de Luís XV, longo, incompetente e dissoluto, foi sucedido pelo reinado débil e indeciso de Luís XVI, o que desacreditou cada vez mais o *"ancien régime"*, a despeito dos breves interlúdios em que chegaram ao poder alguns estadistas capazes,como Choiseul e Turgot. A ociosidade dos aristocratas franceses, que desde a época de Luís XIV levavam uma vida parasitária, na qualidade de cortesãos sustentados pela economia nacional, tornou-se intolerável. Além disso, os *"parlements"*, especialmente os de Paris, cuja função oficial era funcionar como um tribunal de recursos, começaram a intervir de forma crescente nos assuntos governamentais, o que era ilegal, desempenhando assim um duplo papel. Para o público mais amplo eram vistos como instituições liberais, lutando pelos princípios democráticos e mantendo dentro de limites o poder arbitrário do monarca, o que representava uma imitação do Parlamento inglês e concorria decisivamente para desacreditar o regime. Na verdade, porém, os *"parlements"* eram corporações hereditárias de membros privilegiados da *"noblesse de robe"*, que usavam seu poder, legal e ilegal, para defender interesses corporativos e impedir reformas progressistas. Incapaz de agir como um monarca constitucional viável, conforme a proposta de Mirabeau, mas

O DESENVOLVIMENTO OCIDENTAL   531

sem as condições pessoais e sociais que lhe permitissem reprimir a revolução com meios militares, quando ela ainda era incipiente, Luís XVI terminou na guilhotina. Destino que lembra o de Nicolau II, em outro país e em outra época, mas sob condições semelhantes.

Entre as muitas consequências importantes da Revolução Francesa, a mais espetacular, no curto prazo, foi a aventura napoleônica, que quase mudou o mapa político da Europa, mas teve um fim catastrófico. Não obstante, Napoleão — o último expoente do despotismo esclarecido — deixou um impacto duradouro, na medida em que propagou a mensagem liberal e democrática da Revolução Francesa, a despeito de outros aspectos negativos. A mensagem duradoura da Revolução Francesa, superando os terríveis abusos do Terror de Robespierre, foi liberal e democrática, representando a culminação sóciopolítica da filosofia da Ilustração e modelando o desenvolvimento subseqüente das instituições do ocidente.

É interessante observar que, como Luís XV, mas por razões diferentes e em condições distintas, Napoleão cometeu também erros estratégicos fatais, e dois deles merecem ser lembrados. O primeiro foi a sua decisão, em 1802, de se tornar cônsul por toda a vida, em vez de aceitar uma função consular renovável.[19] Pior ainda foi tornar-se imperador em 1804, a pretexto de que o título imperial facilitaria suas negociações com monarcas estrangeiros. Mais do que sua genialidade militar e a eficiência dos exércitos que comandava — o primeiro exército moderno recrutado com a *levée en masse* —, a melhor arma de Napoleão foi ser portador do estandarte libertário da Revolução Francesa. Os espíritos progressistas de toda a Europa (como Beethoven, Goethe e Hegel) estavam preparados para aceitar as suas intervenções militares, como uma forma de revolução trazida de fora. Mas quando Napoleão passou a ser mais um monarca, mostrou que não era o mensageiro genuíno da Revolução Francesa, e suas vitórias sobre outros países passaram a ser vistas como atos condenáveis de conquista por uma potência estrangeira.

O segundo grande erro de Napoleão foi seu fracasso em transformar o projeto de criar uma Grande Europa — idéia também aceita pelos espíritos progressistas — como uma instituição pan-européia efetiva. Em vez disso, colocou membros da sua família nos tronos dos países ocupados, mantendo-os sob uma administração exclusivamente francesa, que representava sua vontade pessoal. O ideal antigo de uma Grande Europa, uma Europa Unida, que em nossos dias tomou consensualmente a forma da União Européia, foi realizado a princípio pelo Império Romano, depois por Carlos Magno e, mais tarde, pelo Sacro Império Romano. Depois da Paz de

Amiens, de 1802, poderia ter sido reimplantado por Napoleão, se o corso não tivesse cometido o primeiro erro fatal mencionado acima.

6. Industrialização e Romantismo

São evidentes os efeitos que teve a Revolução Industrial sobre a estrutura da sociedade e a posição internacional dos países europeus avançados. A Grã-Bretanha deveu sua predominância econômica, entre outros fatores, ao progresso industrial, e juntamente com o seu predomínio naval pôde manter a supremacia mundial até a Primeira Guerra Mundial.

Novas forças sociais

Entre as mudanças mais importantes provocadas pelo processo de industrialização, nas sociedades européias mais desenvolvidas, a formação de um proletariado urbano em muitas grandes cidades introduziu novas forças radicais na área política, apoiando as tendências republicana e socialista no continente, assim como as reformas liberais na Grã-Bretanha. Expressando essas novas forças e demandas, na primeira metade do século XIX houve uma série de eventos radicais significativos.

Esse processo de mudança começou na França com a revolução de 1830, que derrubou o governo reacionário de Carlos X e quase chegou a proclamar a república. No entanto, uma maioria moderada conseguiu sustentar a monarquia, levando ao trono Luís Filipe de Orleans, que reinou até 1848. Na Alemanha, os acontecimentos de 1830 em Paris provocaram uma forte onda de reação liberal, obrigando os governantes de Brunswick, da Saxônia e de Hesse-Cassel a abdicarem, impondo uma nova constituição em Hanover e fortalecendo as reformas adotadas na Prússia pelo rei Frederico Guilheme III (1797-1840). Na Grã-Bretanha, sob Earl Grey, um movimento de reforma tentou suprimir os chamados *pocket boroughs* (distritos eleitorais controlados por um político, mediante o sistema de "cabresto") e os *rotten boroughs* (distritos eleitorais com um número de eleitores na verdade menor do que o legalmente registrado), criando um sistema eleitoral mais representativo. Depois de duas tentativas em 1831, bloqueadas pela Câmara dos Lordes, um terceiro projeto de Lei de Reforma foi por fim aprovado no ano seguinte, já que os Lordes foram induzidos pelo rei a aceitar a medida diante do risco iminente de uma rebelião.

A segunda onda de mudanças que sacudiu a Europa começou também na França, com a revolução de fevereiro de 1848, que derrubou Luís Filipe e dessa vez conseguiu transformar o país em uma república, com a predominância dos radicais de Louis Blanc. Os radicais instituíram uma série de *"Ateliers Nationaux"* — empresas públicas destinadas especificamente a criar postos de trabalho para o proletariado. Com a passagem do tempo os radicais parisienses conseguiram irritar suficientemente a maioria conservadora, provocando uma reação, e no fim de 1848 Louis Napoleon Bonaparte, sobrinho de Napoleão, foi eleito presidente, e os *Ateliers* foram abolidos. Mais tarde Louis Napoleon restaurou o Império, mediante um plebiscito, tornando-se imperador da França.

Na Europa central as repercussões da revolução de 1848 na França levaram à renúncia de Metternich e à adoção de reformas liberais na Prússia, com a instalação do Parlamento de Frankfurt, que aprovou a constituição de 1849. O Parlamento de Frankfurt pretendia unificar os Estados alemães, e ofereceu a coroa da Alemanha ao rei da Prússia, Frederico Guilherme IV (1840-1861), mas o monarca a recusou, insistindo no seu *status* como rei pelo direito divino. Com o tempo, as tendências liberais na Alemanha foram superadas pelas forças conservadoras, e a unificação do país só pôde ser realizada anos mais tarde, em 1871, sob o governo autoritário de Bismarck.

O Romantismo

O impacto do Romantismo no desenvolvimento do ocidente é um tema mais complexo, por envolver as relações entre os quatro subsistemas do sistema social.[20] O Romantismo foi um fenômeno cultural que correspondeu a um certo tipo de sensibilidade humana, embora tenha sido condicionado em larga medida por determinadas características do contexto social.[21] O movimento romântico surgiu na Europa no fim do século XVIII, expressando-se sobretudo na literatura e na música, e floresceu na primeira metade do século XIX, mas sua influência se estendeu por período bem mais longo. No fim do século XVIII, os últimos quintetos de Mozart e *La Nouvelle Héloise* (1761) de Rousseau anunciaram essa nova atitude mental, lançada, no princípio do século XIX, pelos livros de Goethe e Schiller, seguidos da obra dos Schlegel e de Novalis, e pela música de Beethoven, seguida pela de Schubert.

Além de dominar a atmosfera cultural da sua época, a sensibilidade romântica influenciou de modo significativo as formas privadas e públicas de comportamento, desde o modo como o amor era concebido, e a condução da vida de modo geral, até as opiniões e processos políticos, tais como o movimento europeu pela libertação da Grécia, que teve a participação de Byron (1788-1824), as revoluções de 1848, a aceitação da coroa do México por Maximiliano e a luta de Garibaldi pela unificação da Itália.

7. Os Estados Unidos da América

O surgimento e o desenvolvimento dos Estados Unidos da América foram um dos eventos mais importantes da história da civilização no ocidente, transformando aquele país, no alvorecer do século XX, no maior produtor industrial do mundo, e, ao terminar o século, na única superpotência mundial.

No curso da história dos Estados Unidos houve uma combinação de circunstâncias que ajudou a formar essa sociedade singular, guardando certas características da pátria-mãe, como o sentido altamente desenvolvido da iniciativa individual — ainda mais acentuado — ao lado de vestígios importantes do código moral puritano herdado dos *Pilgrim Fathers*, equilibrado pela influência da Ilustração sobre os líderes da independência, diluído pela influência de ondas sucessivas de imigrantes não anglo-saxônicos, e afetado decisivamente pela sua situação geopolítica, com a abertura para um espaço continental e a inexistência de vizinhos perigosos. No princípio do século XX essa sociedade se tornou a primeira democracia de massa do mundo.

De modo geral, o desenvolvimento rápido e extraordinário dos Estados Unidos foi o resultado, entre outros fatores, da derrota dos Estados sulistas pela União, na Guerra Civil de 1861-1865. Depois de submeter o sul ao regime expoliatório da chamada *"Reconstruction"* (1865), e terminado os dois mandatos presidenciais de Ulysses Grant (1869-1877), a base industrial dos Estados do Norte, que tinham sido estimulados pelo conflito, experimentou um tremendo progresso. A primeira ferrovia transnacional, inaugurada em 1869, abriu todo o território do país à expansão industrial. As tarifas elevadas de Mckinley permitiram um aumento excepcional da produção industrial, favorecido pelo aumento da população também excepcional: de 62 milhões em 1860 para 73 milhões em 1890, devido sobretudo à imigração maciça — mais de 800 mil pessoas por ano. Os *"robber barons"* da grande aventura ferroviária norte-americana acumularam fortunas que, com fundos de outras fontes, foram aplicados em grandes empresas como a Standard Oil em 1882 e a US Steel Corporation em 1901. Às vésperas da Primeira Guerra Mundial, os Estados Unidos já eram a maior nação industrial do mundo, embora isso não fosse percebido claramente pelos europeus e até mesmo pela maioria dos norte-americanos.

8. O Cientificismo

Períodos culturais sucessivos raramente são separados por divisões nítidas, mas tendem a se sobrepor durante fases mais longas ou mais curtas, com os novos padrões predominando gradualmente sobre os precedentes. Foi o que aconteceu com a transição do racionalismo iluminista para o emocionalismo dos românticos. Transição que se repetiu, no ocidente, do Romantismo para a fase sucessiva, que podemos chamar de Cientificismo, se a consideramos do ponto de vista eidético, ou do Realismo, ou ainda do Naturalismo, se a vemos da perspectiva da literatura e das artes, como testemunham os romances de Dickens (1812-1870), Flaubert (1821-1880), Dostoievski (1821-1888) e Tolstoi (1818-1910), assim como os quadros de Courbet (1819-1877) e Daumier (1808-1879).

Três fatores principais podem ser mencionados como tendo contribuído particularmente para a transição entre o Romantismo e o Cientificismo e Realismo. Em meados do século XIX despontou um certo desagrado com relação ao sentimentalismo prevalecente — a atitude, que passou a predominar nas sociedades ocidentais, de querer ver os fatos como eles são, em vez de idealizá-los romanticamente. Atitude estimulada pelo progresso nas ciências naturais, que vinha ocorrendo continuamente desde o fim do século XVIII. O progresso da ciência estimulava a visão científica do mundo, o que levava, no nível filosófico, ao positivismo de Auguste Comte (1798-1857), cuja obra mais importante, *Cours de Philosophie Positive*, foi publicada entre 1830 e 1843. Um terceiro estímulo importante à visão realista e cientificista provinha do desenvolvimento de Estados fortes na Europa, e da rápida industrialização tanto nesse continente como nos Estados Unidos da América, assim como das reformas na Rússia, com a emancipação dos servos, em 1801, a lei *Zemstvo* de 1864, estabelecendo a autonomia das administrações locais, a reforma do Poder Judiciário, desse mesmo ano, e a grande influência das idéias francesas.

Reagindo contra as revoluções romântico-liberais de 1848, na Alemanha e na França as forças conservadoras apoiaram a criação de governos fortes e autoritários. Louis Napoléon Bonaparte (1808-1873), sobrinho de Napoleão I e primeiro presidente da república a ser eleito, em dezembro de 1848, assumiu o controle do governo, mediante um golpe de Estado, em 2 de dezembro de 1851; em janeiro do ano seguinte obteve por meio de um plebiscito a aprovação de uma nova constituição, que lhe conferia poderes absolutos, e em novembro do mesmo ano, por meio de novo plebiscito, restabeleceu o império napoleônico, assumindo o título de imperador. Recuperando-se da estagnação das décadas precedentes, o Segundo Império foi um período de industrialização e rápido crescimento econômico.

Acontecimentos semelhantes ocorreram na Prússia. Frederico Guilherme IV (1840-1861) reagiu contra a revolução alemã de 1848 e o Parlamento de Frankfurt, recusando a coroa que lhe foi oferecida pelos parlamentares e enfatizando seu *status* de monarca por direito divino. A unificação econômica dos Estados alemães foi alcançada mediante a adoção do *Zollverein* (união aduaneira), sob a liderança prussiana e com a exclusão do Império Austríaco. Em 1854 e 1855 o governo prussiano foi reorganizado sob um regime autoritário, embora preservasse nominalmente algumas antigas liberdades. Com a morte de Frederico Guilherme IV, em 1858, seu irmão Guilherme II subiu ao trono, e em 1862 convocou Otto von Bismarck para chefiar o governo, nomeando-o depois ministro-presidente. Começou assim a era de Bismarck (1862-1890), que depois da derrota de Napoleão III, em 1871, iria transformar a união econômica alemã no Império Germânico, tornando-o o poder econômico predominante na Europa.

Embora contidas no quadro do governo de gabinete parlamentarista, e preservando os direitos individuais e as liberdades públicas, as tendências conservadoras prevaleceram também na Grã-Bretanha na segunda metade do reinado da rainha Vitória (1857-1901), correndo em paralelo com o bom desenvolvimento econômico do país. O ponto alto desse período foi o segundo governo de Disraeli, entre 1874 e 1880.

Conforme observamos no princípio do presente tópico, três pessoas influenciaram profundamente a formação da cultura ocidental contemporânea: Marx, Nietzsche e Freud. Sua influência, começando no nível das idéias, difundiu-se por todas as dimensões importantes da vida pública e privada nos 150 anos que se seguiram ao *Manifesto Comunista* de 1848 e nos 90 anos posteriores à publicação de *A Interpretação dos Sonhos*, de Freud.

9. Marx

Com a colaboração de Friedrich Engels (1820-1895), Karl Marx (1818-1883) fez uma revisão geral da evolução histórica da sociedade, devotando especial atenção à análise do capitalismo como modo de produção e sistema social. No seu âmbito mais lato, a obra de Marx pretendia investigar a natureza da sociedade e os fatores e condições que geram o processo histórico, e um dos objetivos principais dessa investigação era o estudo das causas e características da alienação humana.

Em sua revisão "materialista" da filosofia de Hegel, Marx reteve o método dialético e a abordagem holística do filósofo, sócio-histórico-filosófica, mas substituiu sua interpretação idealista da sociedade e da história, baseada na idéia da auto-realização do Espírito Absoluto, por um concepção fundamentada no materialismo histórico, na compreensão das forças de produção predominantes em cada período e os seus respectivos modos de produção. Para Marx a luta de classes era o motor da história; e considerava a classe trabalhadora como a classe universal, cuja liberação do processo alienante derivado do modo capitalista de produção criaria um mundo de liberdade, igualdade e plena realização das potencialidades humanas.[22] Os aspectos filosófico, histórico e sociológico do pensamento de Marx constam sobretudo na obra do "jovem Marx", como os *Manuscritos de Paris*, de 1844, a *Ideologia Alemã*, de 1845, e o *Manifesto Comunista* de 1848 — os dois últimos escritos com Engels. Para muitos estudantes de Marx, inclusive este autor, essas foram suas contribuições mais importantes e permanentes. Mais tarde, depois de uma fase intermediária extremamente interessante, compilando anotações no *Grundisse* (1857-1858), Marx dedicou-se inteiramente, no seu refúgio londrino, a desenvolver as idéias econômicas e sociológicas contidas nessas notas, incluídas em parte nos três volumes do *Das Kapital*, dos quais só o primeiro foi publicado (1867) antes da sua morte.

Mais do que um estudioso acadêmico da sociedade, Marx foi um reformista militante, de visão humanista, profundamente preocupado com a condição miserável da classe trabalhadora do seu tempo. Tentou assim promover a organização internacional dos trabalhadores, convencido de que o capitalismo burguês tinha exaurido seu papel histórico e podia ser substituído, com um mínimo de violência e uma medida apropriada de democracia burguesa, por uma sociedade socialista, justa e humana. Com esse objetivo, fundou e dirigiu em 1861, a Associação Internacional dos Trabalhadores. Embora se tivesse oposto à Comuna de

Paris, antecipando sua falta de sustentação política, apoiou o movimento, logo que foi lançado.

A influência de Marx, considerável desde o princípio no campo das idéias, adquiriu com o tempo a mais ampla repercussão já alcançada por qualquer proposta de reforma social. Alguns dos movimentos sóciopolíticos gerados pelas suas idéias mantiveram expressamente o caráter "marxista" original, como os vários ramos de socialismo, preservando maior ou menor vinculação com o processo democrático. O ramo mais importante do socialismo foi o Partido Social Democrático Alemão, fundado com o nome de Partido Socialista dos Trabalhadores no Congresso de Eisenach, de 1865, por Wilhelm Liebknecht e August Bebel. Após uma longa carreira política e teórica, e tendo sofrido a influência do revisionismo de Bernstein, o Partido Social Democrático Alemão passou por profunda reformulação no Congresso de Bad Godesberg, de 1959, assumindo então suas características básicas atuais. Outro ramo do socialismo confessadamente marxista deriva da Segunda Internacional, fundada em 1889. Instalada no Congresso de Minsk do Partido Trabalhista Social Democrático Russo, em 1898, transformou-se, sob a liderança de Lenin (1870-1920), no Partido Comunista Russo, que chegaria a controlar a Rússia depois da "Revolução de Outubro", de 6 de novembro de 1917, instituindo um governo autoritário de partido único que descambou rapidamente para um regime totalitário. Outros grupos reformistas, porém, tiveram forte influência de Marx, sem aderir formalmente ao "marxismo", como a Sociedade Fabiana, fundada em 1883-1884, sob a liderança de Sidney e Beatrice Webb, e o Partido Trabalhista Britânico, fundado em 1900, e que mantém o seu nome atual desde o ano de 1906.

O desenvolvimento teórico da ciência econômica desde os *Princípios da Economia Política* de Stuart Mill (1800-1873), de 1848, culminando com a teoria da utilidade marginal de Leon Walras (1834-1910) e outros, superou definitivamente a economia de Karl Marx. Entre outros desafios, sua teoria do materialismo histórico não pôde resistir às novas formulações históricas e sociológicas de Max Weber (1864-1920), constante em obras como o seu *Wirtschaft und Gesellschaft* (*Economia e Sociedade*), de 1922, e *Wirtschaftsgeschichte* (*História Econômica Geral*), de 1924. No entanto, como afirmou recentemente Norberto Bobbio, a crítica social feita por Marx às formas ilimitadas do capitalismo continuam válidas, e correspondem ao principal fundamento da concepção contemporânea da economia social de mercado, assim como da "Terceira Via" de Tony Blair.

10. Nietzsche

As idéias brilhantes, incisivas e muito pouco convencionais de Friedrich Nietzsche (1844-1900), apoiadas em uma sólida cultura clássica e expressas muitas vezes sob a forma de aforismos, podem não ter alcançado a influência universal do pensamento de Karl Marx, mas têm sido também um dos fatores mais importantes na configuração da cultura contemporânea do Ocidente. Podemos observar um certo paralelismo entre a linha "positiva" da influência de Marx, com a criação dos ramos democráticos do socialismo, da Sociedade Fabiana à Democracia Social alemã, e a linha "negativa" do comunismo totalitário, com a influência "positiva" de Nietzsche sobre alguns dos pensadores mais representativos da nossa época (Thomas Mann, Oswald Spengler, Karl Jaspers, Max Scheler e muitos outros), e sua influência "negativa" sobre o nazismo. A posição pessoalmente simpática dos "voluntaristas românticos", como Gabriele D'Annunzio (1863-1938),[23] estaria entre esses dois extremos.

Não discutiremos aqui em detalhe a questão complexa das relações entre o pensamento de Nietzsche e o nazismo — assim como a associação entre o nazismo e a música de Wagner (Ascheim, 1994). Bastará mencionar, em primeiro lugar, a falta de uma relação cronológica convincente entre Nietzsche, que morreu em 1900, e cuja obra foi interrompida em 1889 pela sua insanidade, e o movimento nazista, formado depois da Primeira Guerra Mundial. Na medida em que se pode apresentar uma hipótese honesta sobre questões desse tipo, é possível especular no sentido de que o voluntarismo aristocrático do filósofo e sua refinada sensibilidade cultural o levariam seguramente a repudiar a rude violência popular dos nazistas e seu anti-semitismo genocida. Não obstante, é verdade que Hitler e os nazistas encontraram nas idéias de Nietzsche e na música de Wagner fontes poderosas de inspiração. Por quê? Certamente não devido a alguma conexão direta com suas idéias, mas provavelmente por causa de uma certa visão compartilhada do heroísmo.

Para sintetizar em poucas linhas uma questão muito complexa, pode-se dizer que o modelo ocidental de heroísmo tem três dimensões fundamentais: o impulso corajoso, a realização eficaz e a motivação nobre. De Homero a Wagner, o herói ocidental tem muita coragem, e não hesita em arriscar a sua vida; é um executante bem-sucedido, que consegue o que deseja fazer, se não morre na tentativa. Essas duas características do heroísmo dominaram a ética nazista, embora não necessariamente a sua prática, e também foram saudadas por Nietzsche e Wagner. No entanto, quando se chega à terceira dimensão, ela não aparece necessária ou claramente nos heróis da Ilíada, nem era um ingrediente da conduta original dos cavaleiros da Idade Média. Foi devido aos esforços contínuos da Igreja que os rudes desordeiros do feudalismo incipiente, no século X, se transformaram nos virtuosos heróis da cavalaria épica. Mas o heroísmo nazista estava relacionado com a coragem e suas realizações, não com a nobreza dos motivos, como o holocausto ilustra com clareza.

Por outro lado, a idéia nietzscheana do heroísmo, vinculada ao conceito do "super-homem", era uma noção ética baseada na premissa do autocontrole e orientada para metas nobres: a beleza, a racionalidade, a espiritualidade. Baseado no seu ateísmo e na sua teoria do eterno retorno, o anticristianismo de Nietzsche exprimia a condenação da "moral dos escravos", uma moralidade baseada no ressentimento. Contra essa moralidade o filósofo oferecia a ética da plenitude (não a ética dos senhores), da auto-realização, situada a igual distância da dissolução e da autoprivação. Nietzsche favorecia uma vida de sobriedade, considerando todas as formas de sibaritismo como a corrupção do caráter e da força de vontade. Por outro lado, rejeitava igualmente a autoprivação, qualificando os dois extremos como desvios da completa realização dionisíaca das potencialidades humanas.

11. Freud

A terceira personalidade cujas contribuições influenciaram profundamente a cultura ocidental contemporânea foi Sigmund Freud (1856-1939). A psicanálise de Freud é ao mesmo tempo uma disciplina teórica e um procedimento terapêutico. Sua origem está relacionada com as experiências de Freud com Charcot, em 1885, e, mais imediatamente, com o seu trabalho conjunto com o médico vienense Josef Breuer em um caso de histeria, que resultou na publicação de um livro precursor da psicanálise, *Estudos sobre a Histeria*, de 1895. Mais tarde Freud abandonou a técnica da hipnose que tinha usado inicialmente, substituindo-a pelo método da livre associação. Seu primeiro estudo psicanalítico foi *A Interpretação dos Sonhos*, de 1900. As obras completas de Freud tiveram duas edições em alemão e uma edição crítica em inglês, por James Strachey, a Standard Edition das *Complete Psychological Works of Sigmund Freud* (1953-1974), que passou a ser o texto padrão da sua obra completa.

Essencialmente a forma como a psicanálise encara os processos mentais se baseia em uma tríplice diferenciação, relacionada com a dinâmica, a economia e a topografia desses processos. A abordagem dinâmica identifica os instintos humanos fundamentais: Eros, o instinto da libido, e Tânatos, o instinto destrutivo. A economia desses processos revela o princípio do prazer e da dor e, por derivação, o princípio da realidade. A abordagem topográfica distingue três níveis mentais, correspondendo respectivamente ao id, ao ego e ao superego. O método psicanalítico conduz o paciente, cujas livres associações são estimuladas pelo analista, a revelar gradualmente a causa dos seus traumas psicológicos. Por esse processo o paciente é liberado dos efeitos do trauma original.

A psicanálise adquiriu uma grande influência no mundo contemporâneo. Desenvolvimentos recentes na neurologia e na psiquiatria, inclusive a melhor compreensão da química do nosso cérebro, estão reduzindo o espaço da terapia psicanalítica em favor dos tratamentos químicos. Além disso, é permanente o debate sobre o *status* científico da disciplina. A despeito dessas restrições, porém, a psicanálise tem demonstrado ser em certos casos a melhor e até mesmo a única terapia efetiva para tratar certos distúrbios psíquicos; é portanto uma verdadeira revolução terapêutica no mundo contemporâneo, no qual o equilíbrio das pessoas está sujeito a amplas e crescentes agressões. Problemas que até então eram interpretados como falhas morais, ou que precisavam ser sofridos passivamente pelo paciente, passaram a ser convertidos pela abordagem psicanalítica em distúrbios psicológicos objetivos, sendo resolvidos, em muitos casos, por um tratamento eficaz. Em um mundo marcado pelo declínio das crenças religiosas, em muitos casos o psicanalista exerce com eficiência a função que em outros tempos os sacerdotes tentavam praticar apelando para a fé religiosa. Em determinadas circunstâncias, o psicanalista substitui também o médico comum, que no passado tratava os traumas psíquicos como se fossem causados por disfunções orgânicas.

Os efeitos revolucionários da psicanálise não se têm limitado à terapia, aspecto que adquiriu a maior difusão, especialmente em alguns países, como os Estados Unidos da América e a Argentina. Não menos importantes têm sido as conseqüências da revelação, por Freud, do papel profundo da libido no comportamento humano, gerando novas abordagens no domínio artístico, tais como a estreita conexão dos surrealistas com a psicanálise, como no caso de Salvador Dali (1904-1989). A influência de Freud foi importante também no campo da filosofia e das ciências sociais: diretamente, no caso dos chamados "freudmarxistas", como Wilhelm Reich (1895-1857), embora essa escola esteja declinando em número de participantes; em um sentido mais amplo, em muitos pesquisadores eminentes como Bronislow Malinowsky (1884-1942), Herbert Marcuse (1898-1979), Erich Fromm (1900-1980) e Margaret Mead (1901-1978), assim como na escola de sociologia de Frankfurt.

12. A arte moderna

Como já afirmamos, o surgimento da "arte moderna" foi um dos principais fatores a influenciar (e expressar) a transformação da fase precedente da cultura ocidental na cultura que começou a tomar forma no princípio do século XX.

Qualquer expressão que use o termo e o conceito de "moderno" pode ser usada em pelo menos três sentidos — cronológico, sociológico ou histórico. Cronologicamente, um evento é "moderno" quando está relacionado com outros que o precedem. Sociologicamente, ser moderno, com relação a um período anterior, implica a condição de substancial aumento na extensão e intensidade do emprego da razão instrumental nas opções correntes da sociedade, usadas predominantemente em substituição ao uso precedente de formas míticas, religiosas ou tradicionais de ver o mundo e de lidar com ele. No presente estudo, é neste sentido que aplicamos o conceito de "moderno" a determinadas fases das civilizações antigas, como a Mesopotâmia e outras. Por fim, "moderno", em um sentido histórico, refere-se a eventos relacionados com o período da civilização ocidental que começa com a Ilustração. No entanto, porém, como no caso de "arte moderna", o adjetivo é usado para indicar eventos relacionados com o mundo contemporâneo.

Nesta última acepção, "arte moderna" designa, em termos gerais, as formas artísticas iniciadas pelo movimento impressionista do fim do século XIX, e de modo específico a mudança revolucionária introduzida pelo cubismo, no fim da primeira década do século XX, e os desenvolvimentos artísticos sucessivos.

A arte moderna introduziu a mudança mais radical já havida na história da arte ocidental, uma mudança que apresenta duas facetas principais. Primeiro, foi um rompimento com a idéia e com o ideal da beleza, conforme concebido pela Civilização Clássica, até o começo do século XX. Segundo, no campo da pintura e da escultura houve um afastamento da concepção de que o artista de algum modo reproduz a realidade conforme é percebida pelos sentidos. Os cubistas — e depois deles várias outras escolas — procuraram praticar uma criação independente de objetos por meio das artes plásticas, não a reprodução de objetos já existentes no mundo real.

Depois do movimento impressionista, o cubismo representou um momento crucial na evolução das artes plásticas. Os impressionistas como Sisley (1830-1899) e Pissarro (1830-1903), chegando à sua expressão máxima com Monet (1840-1926) e Renoir (1841-1919), não renunciaram aos objetos existentes no mundo real como matéria-prima da sua arte, mas estavam menos interessados em reproduzi-los do que em captar os efeitos da luz sobre eles, ou ao seu redor (Monet, por exemplo, em suas últimas criações, parecia mesmo não ter qualquer interesse na sua reprodução). Buscavam sobretudo a impressão final percebida segundo sua maneira de ver a realidade material.

Os pós-impressionisas, notadamente Cezanne (1839-1906) que deveriam influenciar profundamente o rumo subseqüente da pintura, queriam captar a estrutura das coisas, além dos efeitos de luz e das impressões resultantes. Entre outros fatores, foi esta busca pela estrutura das coisas que abriu o caminho para o cubismo.

Como já observamos, a arte moderna foi ao mesmo tempo um fator importante na configuração da cultura contemporânea e a expressão e conseqüência das profundas mudanças culturais havidas no ocidente desde a Ilustração. Os artistas estão sempre sujeitos a um duplo desafio. De um lado, esse desafio deriva da sua própria arte, de outro, origina-se nas condições socioculturais da sociedade. O primeiro consiste em confrontar, em determinado campo da criação artística, o que já foi conseguido pelos seus predecessores e o que está sendo feito pelos seus contemporâneos. Nos períodos históricos em que se exige do artista a inovação, e a originalidade é privilegiada, ele se vê obrigado a experimentar mudanças no modo de fazer ou de ver as coisas. Essa tendência pode ser observada claramente no curso da pintura, no qual esse processo é particularmente evidente, de Corot (1796-1875) a Courbet (1819-1877), de Courbet a Sisley (1830-1903), de Monet (1840-1916) e dos pós-impressionistas aos estágios sucessivos de fauvistas (Vlamick, 1876-1958), cubistas (Picasso, 1881-1973) e abstracionistas (Mondrian, 1879-1944).

O outro fator condicionante vem das condições socioculturais prevalecentes. Do Renascimento à Ilustração e do Romantismo à primeira década do século XX ocorreram mudanças profundas na cultura do Ocidente. Mudanças que foram influenciadas por muitos fatores, tais como o aumento da urbanização das sociedades ocidentais, o extraordinário progresso científico e tecnológico, com conseqüentes modificações nos modos de produção e no estilo de vida, assim como nas idéias prevalecentes, modificando a cultura política e o modo como vemos o mundo.

O objetivo almejado com a discussão dos temas acima foi oferecer uma breve análise das principais alterações socioculturais ocorridas ao longo dos dois séculos que separam a Idade do Barroco do princípio do século XX. Devemos considerar, por fim, um elemento crucial nessa cadeia de fatores intervenientes: a imagem e a idéia que o homem tem de si mesmo. O homem medieval se considerava essencialmente um cristão. As crenças religiosas foram mantidas até a Ilustração, mas a sua função no que diz respeito à vida quotidiana passou por uma mudança profunda. Durante o Renascimento, o homem tornou-se o artista da sua própria vida; no século XVII, passou a ser o seguidor de determinada Igreja e de um certo monarca; no século XVIII, era um *"honnête homme"*; no século XIX, um bom cidadão, membro consciente de uma família. Mas, o que tem sido desde o princípio do século XX, depois de Marx, Nietzsche e Freud? O que é o homem depois de consolidadas as formas avançadas da Revolução Industrial — ou seja, desde o fim do século XIX ?

A conseqüência dos eventos citados foi a fragmentação social e regional da cultura do ocidente. O hiato entre a Europa ocidental e oriental, inclusive a elite russa, que no século XVIII não era muito grande, ampliou-se consideravelmente, e desde o fim do século XIX tem continuado a crescer. O mesmo se pode dizer das relações entre os Estados Unidos e a Europa. Por outro lado, no mesmo período na América Latina a elite aumentou seu processo de europeização. Em termos sociais, a fragmentação cultural se caracterizou por diferenças profundas entre as classes trabalhadoras urbanas, mobilizadas pela cosmovisão marxista, a demanda urgente por mudanças na sociedade e o desinteresse demonstrado pelas classes superiores, vivendo a *"belle époque"* na corte de Viena e a boa vida parisiense. Caracterizou-se igualmente pelo contraste, dentro da elite, entre o caráter cosmopolita de países como a França e a Grã-Bretanha e o nacionalismo exacerbado de nações não-integradas, como as balcânicas, ou de integração recente, como a Alemanha; e também a Itália, no seu estilo peculiar.

A fragmentação cultural produziu uma fragmentação correspondente na auto-imagem do homem, distinguindo o trabalhador sofrido do burguês saciado; o número cada vez maior de indivíduos anônimos, submetidos a um trabalho duro e miseravelmente remunerado, do *"beautiful people"*, vivendo a sua *"dolce vita"*. Foi em tais condições socioculturais que se tornou cada vez mais difícil manter a tradição do retrato iniciada no Renascimento por Rafael e Ticiano, e continuada por Van Dyck, David e Goya, com os grandes retratos burgueses, e culminando com Manet. A fragmentação cultural estava fracionando também a imagem do homem: o Impressionismo diluiu a figura humana na luminosidade ambiental; o cubismo reproduziu essa fragmentação da auto-imagem humana na divisão do retrato, combinando a redução geometrizante da figura humana com a adoção concomitante de perspectivas opostas (Langer, 1953; Read, 1957).

A causalidade circular entre arte e vida foi muito acentuada pela arte moderna. A partir do princípio do século XX a imagem do homem despedaçado reforçou consideravelmente a sua própria fragmentação. O consumismo elegante e discriminador das pessoas "bem" da *Belle Époque*, dos *dandies* ingleses (de que Oscar Wilde foi ao mesmo tempo cronista e modelo) e das personalidades descritas por Proust *"du côté de Guermantes"*, foi o precursor do consumismo universal do fim do século XX. Essa democratização e universalização do consumismo o afastaria da sofisticação de Wilde e Proust, lançando-o ao nível da arte *pop* e da *fast food* com *coca-cola*. Os indivíduos anônimos, que eram os trabalhadores de salário miserável do princípio do século, tornaram-se, no fim do século, o homem na sua generalidade. O homem intransitivo pós-cristão, nietzscheano e freudiano, dos primeiros anos do século, passou a ser o homem descartável, sob a forma do burocrata consumista das décadas finais do século.

13. O sistema internacional

No começo do século XX o sistema internacional europeu se caracterizava pela existência de dois blocos antagônicos, opondo as potências centrais à *Entente* anglo-franco-russa, blocos que tinham uma dimensão formal e outra implícita. Formalmente, representavam o resultado final de uma série de alianças militares, culminando na Tríplice Aliança de 1882 entre Alemanha, Áustria e Itália, e a Tríplice *Entente* de 1907 entre França, Grã-Bretanha e Rússia. A dimensão implícita mostrava, contudo, certas diferenças, que com a Primeira Guerra Mundial se tornaram ostensivas.

Embora não pertencesse à Tríplice Aliança, o Império Otomano se inclinava em favor das Potências Centrais, e a situação da Bulgária era a mesma. Sérvia e Romênia, como Portugal, inclinavam-se em favor do bloco anglo-francês. Na Ásia, o Japão, tendo vencido a Rússia em 1904, buscava uma oportunidade para receber os portos chineses controlados pela Alemanha, assim como as ilhas do Oceano Pacífico que pertenciam àquele país. Quanto à Itália, embora fosse oficialmente um membro da Tríplice Aliança, mostrava-se crescentemente insatisfeita com a Áustria, devido à sua recusa em ceder-lhe o Alto Adige, a zona do Tirol onde se falava italiano. A opinião pública italiana era fortemente contrária à Áustria, e às vésperas da Primeira Guerra Mundial era evidente que as Potências Centrais não poderiam contar com o apoio militar italiano.

Por trás dos antagonismos que dividiam os dois blocos havia os interesses coloniais das grandes potências européias e a competição do seu imperialismo ultramarino. Para reduzir aos termos mais simples uma questão intrincada, o século XIX testemunhou uma nova onda de colonialismo que motivou vários países, tomando o lugar do colonialismo original das nações ibéricas. Com a independência do Brasil, em 1822, as possessões ultramarinas de Portugal ficaram limitadas praticamente a Angola e Moçambique, além de alguns resíduos territoriais remanescentes na África, na Índia, em Macau e Timor. Depois da independência de quase todas as suas colônias nas Américas, a Espanha ficou reduzida a Cuba e Porto Rico, no Novo Mundo, às Filipinas, no Oriente, e a algumas outras possessões menos importantes. E boa parte desse resto do grande império colonial do passado a Espanha perdeu para os Estados Unidos, depois da sua derrota catastrófica na guerra de 1898.

No século XIX o colonialismo ibérico foi substituído pela expansão colonial da Grã-Bretanha e da França — no caso da França, uma repetição do passado — e em menor escala pelo colonialismo holandês, belga, alemão e italiano. A Grã-Bretanha já se tinha apoderado do primeiro império colonial francês, depois da Guerra dos Sete Anos, assim como de partes das colônias holandesas, que os Países Baixos tinham adquirido principalmente de Portugal, no século XVII. Desta vez os ingleses expandiram suas conquistas coloniais na África, competindo com o novo império colonial francês, mas esse conflito foi resolvido com uma solução negociada, a *Entente Cordiale* de 1904. Seus interesses comuns de defesa na Europa, ameaçados pela Alemanha, podiam ser melhor protegidos com a inclusão na aliança da Rússia, que já era aliada da França na antiga *Entente Cordiale* anglo-francesa, que em 1907 se converteu assim na Tríplice Aliança.

Um fator importante do crescente antagonismo entre os dois blocos era o rápido crescimento da Prússia, com Bismarck e depois dele, e o papel hegemônico que exercia sobre os Estados alemães, ocupando na Europa uma posição econômica e militar predominante dentro do Império Alemão. A derrota da Áustria pela Prússia, na guerra de 1866, pôs fim à Confederação Germânica liderada pelos austríacos, criando, sob a liderança prussiana, a Confederação da Alemanha do norte, da qual a Áustria estava excluída. Combinando uma demonstração de força com uma diplomacia sagaz, e aproveitando a vantagem que lhe davam os sérios erros táticos cometidos por Napoleão III, nos anos que precederam a guerra franco-prussiana, Bismarck isolou a França da Grã-Bretanha. Tendo assegurado a aliança militar dos Estados meridionais da Alemanha pelo Tratado de Praga de 1866, Bismarck levou Napoleão a uma declaração de guerra suicida, cujo resultado foi a derrota esmagadora dos franceses em Sedan, no ano de 1870. Com a concordância dos Estados alemães, as condições estavam maduras para criar um grande império Alemão, sob a liderança da Prússia. O império foi instituído formalmente em 18 de janeiro de 1871, quando Guilherme I foi proclamado Imperador da Alemanha.

O rápido desenvolvimento político e militar da Prússia, que passara a integrar o Império Alemão, foi acompanhado por um surto igualmente rápido de desenvolvimento econômico, de tal forma que no princípio do século XX a produção industrial alemã já excedia a inglesa.[24] Para a Inglaterra, porém, um desafio ainda maior do que o da superioridade industrial alemã era o representado pelo crescimento igualmente rápido da marinha mercante e de guerra da Alemanha, que em pouco tempo se aproximou do nível da Grã-Bretanha, começando assim a ameaçar sua antiga supremacia naval, principal sustentáculo do império.

Às vésperas da Primeira Guerra Mundial se havia criado na Europa uma situação bastante complexa. Os estadistas responsáveis, como Asquith e Lloyd George na Inglaterra, Poincaré e Clemenceau na França, e até mesmo Guilherme II da Alemanha, assim como a opinião pública generalizada dessas nações tinham perfeita consciência dos prováveis efeitos calamitosos de uma guerra, devido ao progresso tecnológico europeu. Por outro lado, nenhuma das grandes potências européias podia aceitar qualquer mudança no equilíbrio de poder existente, que pudesse favorecer os seus antagonistas. O resultado era uma paz armada e vigilante. Ora, a preservação dessa situação de delicado equilíbrio militar e naval exigia extrema prudência por parte dos principais atores, em suas manobras diplomáticas e militares, assim como uma compreensão pragmática e realista dos respectivos interesses e capacidade bélica.

Dois países, porém, deixaram de agir com a cautela necessária: a Áustria, sob a inspiração do conde Berchtold, seu ministro do exterior, e a Rússia, governada então pelo Tsar Nicolau II (1894-1917). A condução desastrosa da política exterior austríaca, por Berchtold, sob a influência da clique militar de von Hötzendorf, o Chefe do Estado Maior, provocou o antagonismo da Itália com a recusa em ceder-lhe a pequena área italiana do Tirol, assim como a irritação da Sérvia, pelo bloqueio ao seu acesso ao mar. O assassinato do arquiduque Francisco Ferdinando e da sua esposa, por um pequeno grupo de anarquistas, em Saravejo, no dia 28 de junho de 1914, foi usado por Berchtold como pretexto para declarar guerra aos sérvios, com o objetivo de submeter esse pequeno país ao domínio austríaco. Berchtold não percebeu que, na condição de maior potência eslava, a Rússia se veria obrigada a apoiar a Sérvia, dando início assim a um processo que levaria inevitavelmente a uma guerra geral. Pior ainda: não percebeu que essa guerra, mesmo se vitoriosa, poderia destruir a precária composição interna de nacionalidades do Império Austro-Húngaro, que vivia uma fase de declínio do prestígio da dinastia dos Habsburgos.

De seu lado, Nicolau II concordou relutantemente em declarar guerra à Áustria, em apoio à Sérvia, sem levar em conta a extrema debilidade e a total falta de preparo do seu país para uma guerra de larga escala (como a derrota precedente, imposta pelo Japão, tinha deixado claro), ou os efeitos da séria crise social e política que tinham atingido o país desde a revolução fracassada de 1905 — situação que o assassinato de Stolypin, em 1911, tinha agravado ainda mais.

Como Berchtold poderia facilmente ter previsto, a declaração de guerra da Áustria contra a Sérvia provocou a declaração de guerra da Rússia contra a Áustria, pondo em movimento todo o sistema de alianças dos dois blocos, e forçando assim as Potências Centrais a embarcarem numa guerra contra a França e a Grã-Bretanha, conflito que em seguida arrastaria outros países. A expectativa dos alemães de uma vitória fulminante foi frustrada pela resistência franco-inglesa no Marne, entre os dias 5 e 12 de setembro de 1914, dando início à terrível temporada de guerra de trincheiras, com numerosas baixas, pois as tropas de cada lado eram dizimadas pelo fogo fatal das metralhadoras.

O colapso do exército russo, em 1916, seguido pela queda do Tsar, em 15 de março de 1917, e a formação do governo de Kerensky, dois meses depois, assim como o golpe bolchevista de 6 de novembro (a "Revolução de Outubro"), forçou a Rússia a se retirar da guerra, tendo assinado em 3 de março de 1918 uma paz em separado: o Tratado de Brest-Litovsk. Liberadas da frente oriental pelo colapso do exército russo, as forças alemãs, embora exaustas e drasticamente reduzidas em número pelas pesadas perdas sofridas ao longo de três anos de guerra, ainda poderiam ter prevalecido sobre as não menos exauridas forças anglo-francesas se os Estados Unidos não assistissem a aliança ocidental com suprimentos maciços de equipamentos e alimentos. Depois da declaração de guerra dos Estados Unidos à Alemanha, em 6 de abril de 1917, essa ajuda foi ampliada, e tropas americanas chegaram ao teatro de operações na Europa. Depois do colapso das forças austro-húngaras, derrotadas pelos italianos em outubro de 1918[25], e do iminente armistício austríaco (assinado em 3 de novembro), o *Kaiser* renunciou, em 2 de novembro. E nove dias mais tarde, em 11 de novembro de 1918, os representantes do novo governo alemão assinaram o armistício com os aliados ocidentais, em um vagão ferroviário perto de Compiègne.

A guerra tinha custado a vida de cerca de dez milhões de homens, e causado mais de vinte milhões de feridos. Só a Rússia sofreu quase sete milhões de baixas. O custo total das hostilidades foi estimado em mais de US$180 bilhões, em valores de 1919, gerando custos indiretos de mais de US$150 bilhões (Langer, 1968: 976).

Analogicamente, a Primeira Guerra Mundial correspondeu para a Europa do século XX à Guerra do Peloponeso na antiga Grécia. Embora os "espartanos" de 1914-1918 tivessem sido derrotados, a Europa perdeu sua hegemonia no mundo, e a nova ordem mundial passou a ser comandada não pelos "atenienses" vitoriosos, mas pelos emergentes Estados Unidos da América, o verdadeiro vencedor do conflito.

18

REFLEXÕES SOBRE
O SÉCULO XX

I
Introdução

1. Delimitação do tema

Tendo começado cronologicamente em 1º de janeiro de 1901, para terminar em 31 de dezembro de 2000, o século XX pode ser considerado, do ponto de vista sociológico, como um período com menos de cem anos, ou mais. Entre outras opiniões, Giovanni Arrighi, em *O Longo Século XX* (1994), pensa que ele corresponde ao período da emergência e desenvolvimento da supremacia norte-americana, em substituição à britânica, seguido pela emergência e desenvolvimento do capital financeiro. Isso significa, em termos cronológicos, o período que começa no fim do século precedente — ele propõe o ano de 1873 — e continua até o começo do século XXI. Em uma abordagem mais sociológica, Eric Hobsbawn, em *Age of Extremes: The Short Twentieth Century* (1994), considera o período que vai da Primeira Guerra Mundial até a implosão da União Soviética, em 1991.

A idéia de um século "qualitativo", que não coincida integralmente com a sua dimensão cronológica, tem a vantagem de acentuar o significado sociocultural de um certo período histórico. Para isso, porém, é necessário identificar no período estudado quais foram os principais acontecimentos e as características mais notáveis, como a "Era do Barroco", no caso do século XVII, ou a "Ilustração", no século XVIII. Naturalmente, embora legítimas e úteis do ponto de vista sociocultural, essas tentativas têm uma margem inevitável de arbitrariedade, se considerarmos a forma e os critérios com os quais o analista define os principais eventos e as características mais importantes de um período.

O ponto de vista de Arrighi é deliberadamente econômico, o de Hobsbawn é sociológico, e nenhum deles é "melhor" do que o outro. Uma vez mais, o importante é determinar, o mais objetivamente possível, o que foi mais relevante no período considerado. A opção de Hobsbawn foi dominada pela sua compreensão do século XX como um período de crises sucessivas, conseqüência dos desenvolvimentos históricos precedentes, que culminaram na grande crise da Primeira Guerra Mundial, os acordos fracassados que a sucederam, a explosão revolucionária na Rússia, o fascismo, o nazismo e a Segunda Guerra Mundial, terminando por fim com a implosão da União Soviética. Um processo desenrolado em três fases, que ele chama de Era da Catástrofe (1914-1945), a ilusória Idade de Ouro Intermediária (1945-1973) e a derrocada de 1973-1991.

Baseadas em uma abordagem semelhante à de Hobsbawn, estas reflexões sobre o século XX começam identificando sua principal característica que seria a emergência e o desenvolvimento da sociedade de massa, na forma de democracias de massa ou sob regimes autoritários. Do ponto de vista político esse processo corresponde ao surgimento, desenvolvimento e colapso do projeto comunista no antigo Império Russo. Embora apresentem características específicas, outros eventos importantes do século XX, como o fascismo, o nazismo e até mesmo o *welfare state* — o estado do bem-estar social — não teriam sido possíveis sem a existência do comunismo russo, ao qual foram, entre outras coisas, uma reação. O planejamento soviético foi uma demonstração significativa de que era possível instituir um sistema de gerenciamento da economia protegido das depressões, e como tal teve a sua influência sobre as políticas adotadas no ocidente para superar esse outro importante acontecimento do século — a Grande Depressão dos anos 30. O planejamento soviético exerceu uma influência semelhante no Terceiro Mundo e nas idéias de Prebisch de planejar a superação do subdesenvolvimento. Por fim, o exército soviético foi a principal força a derrotar a Alemanha nazista e, no período que se seguiu à Segunda Guerra Mundial, e durante a subseqüente Guerra Fria, o poder soviético e o fantasma do comunismo foram os principais fatores que desafiaram a supremacia dos Estados Unidos, impondo uma ordem mundial bipolar.

2. Principais Fases

A tríplice divisão do século XX proposta por Hobsbawn distingue apropriadamente as suas fases mais importantes. A Primeira Guerra Mundial é um marco evidente para definir o seu início, quer a consideremos o primeiro evento importante do novo século ou a última guerra do século precedente. A Primeira Guerra Mundial marcou o derradeiro confronto entre as grandes potências do século XIX, mas iniciou também um novo período histórico. Além do que representou em termos socioculturais, e de sofrimento humano, seu efeito mais imediato, embora resultando também da combinação de vários outros fatores, foi a Revolução Russa de 1917. Se bastasse um único acontecimento para marcar o nascimento do século XX, seria esse.

O período entre 1917 e 1945, com o fim da Segunda Guerra Mundial, corresponde em certo sentido a uma crise contínua. As difíceis negociações, de que o Tratado de Versailles de 1919 foi o documento mais importante, levaram à noção de que a Alemanha foi a responsável pela guerra, e portanto devia pagar indenizações pelos danos materiais resultantes. Foi a intervenção dos Estados Unidos que consumou a derrota alemã, e suas propostas para pôr fim ao conflito — os 14 pontos de Wilson — foram aceitas pela Alemanha como base para o armistício de 11 de novembro de 1918. Assim, sua retirada da Liga das Nações afetou seriamente a implementação do tratado. As potências vitoriosas hesitaram entre impor as decisões de Versailles e adotar uma atitude benevolente, visando reincorporar uma nova Alemanha democrática à comunidade das nações. E a própria Alemanha hesitou entre respeitar as obrigações que lhe tinham sido impostas ou alegar que os 14 pontos de Wilson, fundamentais para a sua aceitação do armistício, não haviam sido levados em conta pelo tratado. As águas ficaram ainda mais turvas com as acusações germânicas de haver recebido "uma punhalada pelas costas", como justificativa hipócrita da derrota, além da tendência, bastante razoável, de culpar os aliados pela terrível hiperinflação dos anos 20, cujo resultado foi a crescente manifestação de um nacionalismo cada vez mais agressivo.

A Revolução Russa, a emergência do fascismo na Itália, a Grande Depressão dos anos 30, o advento de Hitler e a consolidação do nazismo terminaram por destruir a precária paz alcançada em 1919, submergindo o mundo na Segunda Guerra Mundial. Essa turbulência marcou a primeira fase do século XX (1917-1945), caracterizando-o como uma era de crises contínuas. Sob outros aspectos foi um período de extraordinária criatividade cultural, em particular no campo das ciências naturais, com Einstein e Heisenberg; nas ciências sociais, com Dilthey e Max Weber; na filosofia, com o neokantismo, Cassirer, Husserl e Heidegger; na artes, com o desenvolvimento da arte moderna, o cubismo, a arte abstrata e o expressionismo alemão, assim como na literatura moderna, com Proust, Thomas Mann e James Joyce.

Os meados do século XX, entre 1945 e o princípio da década de 1970, representaram o que podemos considerar, entre outros aspectos, uma nova e ilusória *Belle Époque*. O nazi-fascismo tinha sido eliminado completamente, a Grande Depressão foi seguida por uma nova etapa de crescente prosperidade, os problemas e tensões sociais estavam sendo administrados satisfatoriamente pelo *welfare state* e, a despeito do risco apocalíptico de uma catástrofe nuclear, as duas superpotências demonstravam muita contenção e prudência, sem embargo da sua retórica agressiva e das intervenções limitadas em alguns pontos críticos do Terceiro Mundo, em contraste marcante com o sistema internacional altamente volátil que precedera as duas grandes guerras do século. No entanto, essa nova *Belle Époque* não durou mais do que três décadas.

Na terceira parte do século XX nada de importante aconteceu, exceto a implosão da União Soviética, no fim do período, e com ela o fim do comunismo internacional. Mas foi uma fase de crescente mal-estar, coincidindo com o rápido desenvolvimento do processo econômico, cultural e social conhecido como globalização, que em certa medida foi a causa desse desacerto. Influenciados pelo impacto da formação de um volume imenso de capital financeiro, operando de forma completamente independente da economia real, os processos econômicos ficaram livres de qualquer controle, nacional ou internacional, dependendo do livre fluxo internacional de muitos bilhões de dólares, deslocando-se pelo mundo a cada dia. Depois dos extraordinários desenvolvimentos havidos durante a Segunda Guerra Mundial, que continuaram, embora com um ritmo menos intenso, nas duas primeiras décadas depois da guerra, em meados dos anos 70, a União Soviética entrou em estagnação e começou a dar sinais de um declínio, que culminou abruptamente com a implosão de 1991. Estagnou também o *welfare state*, proposta que preenchia as melhores promessas do socialismo e do capitalismo, sob a forma de uma economia social de mercado, mostrando sinais de decadência diante das pretensões exageradas dos sindicatos e do desafio supercompetitivo do Japão, no fim dos anos 70 e no princípio do decênio seguinte; e subseqüentemente, do desafio norte-americano.

Uma revolução tecnológica em rápida expansão abrangia todo o mundo, baseada na cibernética, na telemática e no transporte rápido. Nessas novas condições tecnológicas a cultura ocidental, com repercussões mundiais, aumentou até a enésima potência o seu conteúdo relativista, adotando uma concepção niilista do mundo, e postulando, com o pós-modernismo, o fim da metafísica, da arte e da história. Na cultura de massa tecnológica pós-moderna o homem foi submergido pelo consumismo intransitivo, desprovido de valores superiores e de sentido de destino.

II
Aspectos Principais

1. Visão geral

Ao longo das três fases sucessivas do século XX que mencionamos ocorreram importantes mudanças sociopolíticas, culturais e internacionais. Como já se observou, o século foi marcado pela emergência e expansão da sociedade de massa que, à medida que os anos 90 se aproximavam do fim, adquiria as características de uma sociedade de grandes números, consumista, intransitiva e tecnológica. Ao obter o controle do antigo Império Russo, em 1917, o projeto comunista visando a implantação de um socialismo marxista marcou todo o século, tanto pelas suas realizações (e terríveis brutalidades) na União Soviética como pela repercussão internacional que teve, favorável em alguns casos e em certas circunstâncias, e contínua em todo o mundo, sob a liderança dos partidos comunistas. Rejeitado e combatido, por outro lado, pelas democracias ocidentais e pelos regimes nazi-fascistas.

No decorrer do século XX três universos se diferenciaram[1]: o "Primeiro Mundo" das democracias ocidentais desenvolvidas, incorporando o Japão, com sua economia crescentemente tecnificada; o "Segundo Mundo" das sociedades comunistas da Europa; e o "Terceiro Mundo" das sociedades subdesenvolvidas, algumas das quais atingiram níveis mais elevados ao longo do século, como a Turquia de Mustafá Kemal, o México pós-revolucionário, a Argentina peronista e pós-peronista, o Brasil de Getúlio Vargas e Juscelino Kubitschek, assim como a Índia depois da independência e vários países do Sudeste asiático. Outros casos interessantes de desenvolvimento no Terceiro Mundo foram os regimes comunistas assumidos pela China e por Cuba.

Do ponto de vista cultural o século XX apresentou quatro características relevantes. Em primeiro lugar, foi o período mais importante de toda a história em termos científicos e tecnológicos. Foi também o século das "religiões políticas", no qual, particularmente no Ocidente, a erosão das crenças religiosas tradicionais abriu espaço para formas de religião secular, de convicção e militância a respeito das formas de organização da sociedade e de emancipação do homem, com o comunismo marxista e, em menor escala, o fascismo e nazismo. Uma terceira característica do século, particularmente importante na sua segunda metade, foi a emergência e o desenvolvimento da chamada "cultura *pop*", não como expressão da cultura popular (nesse sentido períodos históricos anteriores foram muito mais importantes), mas como cultura de massa baseada na mídia ou, mais precisamente, como cultura da mídia refletindo a sociedade de massa tecnológica e consumista. A cultura *pop* adquiriu dimensões mundiais e incorporou no seu processo uma versão *pop*, ou uma abordagem *pop*, da alta cultura, apagando a linha divisória que as separava. Finalmente, uma quarta característica cultural do século XX, enfatizada especialmente nas três últimas décadas, foi a expansão e difusão do niilismo, um hiper-relativismo que rejeitava todos os critérios objetivos para a verificação da verdade teórica e dos valores éticos mais elevados, na própria cultura *pop*.

O sistema internacional foi outra área importante de mudança no século XX. A Segunda Guerra Mundial extinguiu o que restou da ordem multipolar, reduzindo a Europa à dependência das duas superpotências e criando um mundo bipolar, dividido entre as áreas de hegemonia, ou pelo menos de predominância, dos Estados Unidos — o "Mundo Livre" — e da União Soviética — o "Mundo Socialista". Na segunda metade do século a China emergiu como um país socialista independente; e no fim do século a influência soviética experimentou um rápido declínio, que provocou em 1991 a implosão da União Soviética e a dissolução do comunismo internacional como sistema organizado.

Levando em conta essas várias mudanças, é possível fazer uma lista básica dos principais eventos e características do século, embora essa enumeração varie de acordo com o ponto de vista de diferentes observadores. Assim, sem excluir outras compilações igualmente legítimas, os seguintes itens serão considerados no presente capítulo como particularmente importantes para a reflexão sobre o século XX:

- *A nova revolução científica e tecnológica*, começando com a teoria da relatividade de Einstein e o princípio da indeterminação de Heisenberg, que levou à cibernética, à telemática, à energia nuclear, ao avião a jato e aos mísseis, e mais recentemente à biologia molecular.
- *A Revolução do Comunismo*, que começou com as idéias de Karl Marx, disseminadas mundialmente no fim do século XIX e no princípio do século XX, provocando a Revolução Russa de 1917, a criação da União Soviética, seu desenvolvimento e a expansão da sua influência em todo o mundo, até o súbito colapso do comunismo internacional nos anos 1989 a 1991.
- *O surgimento e a influência mundial do fascismo e do nazismo*, nos anos 20 e 30, e a sua destruição final, na Segunda Guerra Mundial, com a Rússia soviética desempenhando um papel importante na sua eliminação.
- *A difusão do "welfare state", o Estado do bem-estar social*, depois da Segunda Guerra Mundial; a difusão das economias sociais de mercado e sua crise, nos últimos anos do século.
- *A configuração de três mundos distintos*, depois da Segunda Guerra Mundial, com a elevação subseqüente de alguns países do Terceiro Mundo em níveis mais altos de desenvolvimento.
- *O processo de globalização*, que se acelerou nas últimas décadas do século, representando a fusão do processo de tecnificação generalizada do mundo com o desenvolvimento de uma sociedade de consumo de massa.

2. Depois da Primeira Guerra Mundial

A Primeira Guerra Mundial representou um custo terrível em termos de sofrimento humano e destruição material. O número total de mortos é estimado em dez milhões e outras vinte milhões de pessoas foram feridas. Os aliados perderam mais de 4,6 milhões de homens, dos quais 1,7 milhões eram russos; as potências centrais perderam mais de 3,5 milhões.

Ao terminar a guerra a dívida total recíproca dos países aliados ultrapassava vinte bilhões de dólares, e metade dessa importância tinha sido emprestada pelo governo norte-americano. Os europeus acreditavam que esses débitos seriam cancelados, mas os Estados Unidos exigiram o seu pagamento.

Diante da guerra, a opinião do povo norte-americano se dividira. De modo geral, havia uma tendência para não participar do conflito, que muitos consideravam um problema exclusivamente europeu. De outro lado, predominava uma grande simpatia pelos aliados, que representavam a resistência das forças democráticas contra o autoritarismo; simpatia reforçada pelos laços naturais de empatia entre os Estados Unidos e a Inglaterra. O fator decisivo para superar a resistência norte-americana a participar da guerra foi a campanha submarina da Alemanha, que afundou sem aviso prévio navios mercantes de bandeira norte-americana, na tentativa desesperada de instituir um bloqueio das ilhas britânicas e impedir o fluxo de suprimentos indispensáveis recebidos pela Inglaterra. Depois de romper as relações diplomáticas com Berlim, em 3 de fevereiro de 1917, em 6 de abril do mesmo ano os Estados Unidos formalizaram sua declaração de guerra à Alemanha.

A intervenção dos Estados Unidos foi decisiva, tanto militar como diplomaticamente. Na fase em que se desenrolava o conflito, os dois lados estavam chegando à completa exaustão. De súbito, com o colapso da Rússia, a Alemanha conseguiu encontrar novas forças para uma ofensiva na França. Nesse momento, a chegada de reforços maciços norte-americanos, materiais e humanos, alterou definitivamente o equilíbrio de forças, em favor dos aliados.

A contribuição diplomática dos Estados Unidos para a paz, com os 14 Pontos do Presidente Wilson,[2] foi também muito importante. Wilson ofereceu aos alemães os termos de um armistício honroso, levando-os a preferir uma derrota negociada em lugar da continuação do seu custoso esforço de guerra, quando a vitória se tornara impossível e a derrota total era inevitável. Depois do colapso do regime do Kaiser, com o anúncio da abdicação de Guilherme II (que na verdade só foi assinada em 11 de novembro, o dia do armistício), e a proclamação da República pelo líder socialista Philip Scheidemann, em 9 de novembro, a comissão alemã do armistício, chefiada por Mathias Erzbeger, líder do Partido do Centro, reuniu-se com o Marechal Foch no seu vagão ferroviário, perto de Compiègne, para assinar o documento. O armistício era válido por um período de trinta dias, e foi renovado periodicamente até a assinatura do tratado de paz.

Os acontecimentos ocorridos na Alemanha entre o armistício de 1918 e o advento de Adolf Hitler, em 1932, foram marcados basicamente por quatro fatores principais: 1) os efeitos do Tratado de Versailles, assinado em 28 de junho de 1919, e sua interpretação conducente a hesitações, devido às divergências entre os aliados; 2) os temores de que a revolução comunista havida na Rússia contaminasse a Alemanha; 3) a hiperinflação de 1923; e 4) a Grande Depressão de 1929-1932.

O Tratado de Versailles impôs à Alemanha a aceitação da plena responsabilidade pela guerra e, com ela, a obrigação de pagar reparações de guerra muito pesadas, sob severo controle aliado e incluindo um regime de sanções. Essas reparações foram fixadas em 132 bilhões de marcos-ouro, quantia equivalente a cerca de 33 bilhões de dólares — mais do dobro do PNB alemão. Os alemães alegavam que o tratado desconsiderava as condições por eles aceitas para o armistício, baseadas nos 14 Pontos de Wilson, e que o valor das reparações excedia de muito os recursos do país. O fato de que o Senado norte-americano se recusou a aprovar o tratado, agindo assim de forma irresponsável, impediu os Estados Unidos de ingressar na Liga das Nações, o que prejudicou extremamente a sua implementação. Contrastando com a inclinação mais flexível e tolerante da Inglaterra, a França e a Bélgica, que tinham sofrido os maiores prejuízos com a guerra, e precisavam repagar suas dívidas para com os Estados Unidos, estavam determinadas a obrigar a Alemanha ao pagamento que lhe havia sido imposto, e esperavam que o tratado fosse fielmente executado.

De seu lado, os alemães se ressentiam com as humilhações sofridas pelo seu país em Versailles — por exemplo, a ocupação militar de partes do seu território como penalidade pelo não pagamento das prestações previstas. Por outro, sem mercados externos e sem uma fonte de recursos não-fiscais, a Alemanha se viu obrigada a aumentar o suprimento da moeda, que levou à hiperinflação de 1923. O marco passou de uma taxa de 4,2 ao dólar em 1914 para 493 em julho de 1922, 17.792 em janeiro de 1923 e 4,2 trilhões em 15 de novembro daquele ano. Os efeitos dessa hiperinflação foram socialmente catastróficos, e provocaram um repúdio generalizado do tratado de Versailles, preparando o caminho para a forte reação nacionalista que se seguiria.

O fantasma da ameaça comunista teve também um papel relevante no desenvolvimento da Alemanha no pós-guerra. Depois do colapso do regime do Kaiser, comissões de soldados e trabalhadores, semelhantes aos sovietes russos, se espalharam por toda a Alemanha, e nos primeiros dias de 1919 o Movimento Espártaco, comunista, tentou tomar o poder em Berlim. O presidente provisório, Friedrich Ebert, um social-democrata honesto, que acabava de ser nomeado, se viu diante de uma séria ameaça e concluiu um acordo com o alto comando alemão para reprimir militarmente os comunistas do grupo Espártaco. Com o objetivo de impedir novas tentativas de subversão, teve de preservar a estrutura militar do regime do Kaiser; assim, paradoxalmente, a sustentação da nova República Alemã passou a depender do apoio de um exército anti-republicano. Essas circunstâncias fizeram que a República de Weimar sofresse de uma dualidade de poder, dividido entre a liderança social-democrática e o exército — dualidade que facilitaria o futuro surgimento de Hitler e do nazismo.

As duas crises econômicas de 1923 e 1929-1932 tiveram efeitos desestabilizadores agudos na República de Weimar. A primeira crise, a hiperinflação de 1923, destruiu o poder de compra da população, gerando uma situação caótica que só não teve conseqüências imediatas mais graves devido à duração relativamente curta, e à pronta recuperação do valor da moeda alemã, sob o comando respeitado do chanceler Stressemann, a capacidade técnica de Hjalmar Schacht e o apoio norte-americano, com o Plano Dawes. Com a introdução de uma nova moeda, o *Rentenmark*, garantida pela hipoteca de toda a terra e toda a indústria do país, cujo valor global era estimado em 3,2 bilhões de marcos-ouro, e sob a administração do Rentenbank, os antigos marcos desvalorizados foram trocados pela nova moeda à razão de um trilhão por cada *Rentenmark*. Além disso, a situação financeira da Alemanha foi reforçada com o Plano Dawes, um empréstimo norte-americano de duzentos milhões de dólares e melhores condições de pagamento das reparações de guerra. Essas medidas restauraram rapidamente a normalidade econômica e social do país, abrindo o caminho para vários anos de prosperidade, que poderia ter durado muito tempo não fosse a súbita interrupção causada pela Grande Depressão de 1929-1932.

Vale notar, porém, que além dos seus efeitos profundos sobre a memória coletiva dos alemães, gerando uma aspiração permanente à solidez da moeda, a crise da hiperinflação teve conseqüências sociopolíticas que prepararam o caminho para o surgimento de um novo nacionalismo radical de direita, sob a chefia do ex-combatente Adolf Hitler.

Hitler, que no momento do armistício ainda se encontrava em tratamento em Pasewalk, perto de Stettin, temporariamente cego por um ataque de gás sofrido na frente de combate, em 1918, ao se recuperar deixou o hospital e viajou para Munique. Nessa cidade conseguiu emprego em uma repartição do exército que fazia propaganda antiesquerdista, e no mesmo ano ingressou em um partido de direita, o Partido dos Trabalhadores Alemães, fundado no ano anterior por Anton Drexler, um ferramenteiro. A originalidade de Drexler consistia em entender que um movimento nacionalista de direita precisava ter uma base popular e não o apoio das classes superiores, como normalmente se pensava. Hitler participava plenamente dessa concepção, e compreendeu as potencialidades desse partido insignificante. Em 1920 o partido mudou seu nome para Partido Nacional Socialista dos Trabalhadores Alemães, com a sigla NSDAP em alemão, e Hitler revelou sua excepcional capacidade como propagandista e promotor de contribuições financeiras. Abandonou assim seu emprego no exército alemão para concentrar-se na atividade partidária, e rapidamente superou a posição dos antigos líderes, impondo a toda organização sua autoridade carismática.

A hiperinflação de 1923 criou condições favoráveis para a expansão do partido. Da liderança anterior Hitler herdou um programa de 25 pontos, incluindo a revisão radical do tratado de paz, várias medidas socialistas e a exclusão dos judeus de toda a nação alemã. Sem renunciar a esse programa, Hitler começou a mudar a ênfase partidária, com um ataque violento às condições socioeconômicas prevalecentes na situação crítica da Alemanha de 1923, alcançando assim um público mais amplo.

Uma das primeiras medidas internas tomadas por Hitler, como presidente do Partido, foi transformá-lo em uma organização paramilitar, com um emblema — a suástica ariana — uniforme, bandeira, canções, a camisa de cor castanha com uma braçadeira exibindo a suástica e, muito especialmente, um grupo de jovens arruaceiros organizados como tropa de choque — a *Sturm Abteilung* (SA) —, incumbido de garantir a segurança dos comícios do partido e também de perturbar as atividades dos adversários políticos — embora a princípio essa segunda função fosse menos explícita.

Um dos futuros membros do movimento nazista já participava do partido dirigido por Hitler, no princípio dos anos 20, o capitão Ernst Röehm. Outros aderiram nessa época, com Hermann Goering, que no fim da guerra era o piloto militar alemão mais conhecido e, com a morte de Richthofen, passou a comandar o seu famoso esquadrão. Outros recrutas incluíam o arquiteto Alfred Rosenberg, o jovem intelectual Rudolf Hess, e Josef Goebbels, um doutor em literatura que tinha estudado com o erudito judeu Friedrich Gundelfinger. Goebbels tinha sido secretário de Gregor Strasser, que desafiara ideologicamente Hitler, e a ele transferiu sua lealdade em 1926, quando Strasser rompeu com Hitler.

Como dissemos, contando com a competência financeira de Hjalmar Schacht, no fim do ano de 1923 o governo de Stressemann parecia prestes a controlar a hiperinflação. Hitler percebeu que qualquer melhoria nas condições do país lhe tiraria a melhor oportunidade de contestar o governo, e decidiu assim tentar um golpe em Munique, no dia 8 de novembro de 1923, usando para isso a força de assalto do seu partido; se conseguisse controlar a Baviera, tentaria conquistar o poder central em Berlim. Essa conspiração apressada e mal planejada, que pretendia usar o prestígio do general Luddendorf junto ao exército, embora o general tivesse aderido ao golpe à última hora, sem qualquer preparação prévia, começou bem, na mesma cervejaria onde teve início, mas foi logo controlada facilmente pela polícia da Baviera, que não se deixou impressionar pelo prestígio de Luddendorf.

Em conseqüência Hitler foi condenado a cinco anos de prisão, mas ficou apenas nove meses na cadeia, tendo sido libertado condicionalmente, sob palavra. A despeito da promessa de ter "bom comportamento", feita ao dr. Heinrich Held, primeiro-ministro da Baviera, na noite de 27 de fevereiro de 1925 Hitler voltou a *Buergesbrau Keller*, a mesma cervejaria onde tentara seu golpe fracassado, para retomar a posição de líder do partido nazista, e não pôde resistir a proferir um discurso violento, repleto de ameaças veladas ao Estado. Discurso que foi recebido com entusiasmo por cerca de quatro mil seguidores, reafirmando assim sua liderança absoluta do nazismo, mas que lhe custou a proibição oficial de fazer qualquer pronunciamento público pelo período de dois anos.

Embora sem poder usar sua arma mais importante, a oratória eletrizante, Hitler continuou a dirigir o Partido Nacional Socialista, investindo todas as suas energias no desenvolvimento de uma organização disciplinada. O Partido, que tinha 49 mil membros contribuintes em 1926, cresceu para 72 mil membros em 1928, 108 mil em 1928 e 178 mil em 1929. Estava dividido em duas seções, uma incumbida de atacar o governo, a outra de organizar o futuro Estado nazista. Foram criados grupos especiais para os jovens, as mulheres, os estudantes e intelectuais. Atenção especial era dada às "tropas de choque", os membros da SA, com suas camisas marrons, comandadas por Ernst Röehm, e compostas de desordeiros de reputação duvidosa. Com o tempo a SA reuniu várias centenas de milhares de homens, em toda a Alemanha, adotando uma variedade de sistemas de pagamento. Além da SA, Hitler criou a SS — *Schutzstaffel Corps* — com membros mais confiáveis, que a princípio se incumbiam da sua segurança pessoal, usando um uniforme negro, semelhante ao dos fascistas. Depois de uma série de comandantes menos eficientes, em 1929 Hitler encontrou o homem perfeito para o cargo — Heinrich Himmler, que durante o futuro regime nazista deveria ter um papel monstruoso.

Depois da hiperinflação de 1923, o período entre 1925 e 1929 foi marcado por uma nova prosperidade, testemunhando um extraordinário desenvolvimento cultural na República de Weimar, e chegando a um dos pontos mais altos da história cultural do país nesse século. Portanto, não era uma época favorável para o projeto de Hitler, obrigado a limitar-se à tarefa paciente de organizar o partido para aproveitar uma futura oportunidade.

Essa oportunidade foi criada pela Grande Depressão de 1929-1932, além do estúpido e obstinado antagonismo dos comunistas aos social-democratas. A oposição comunista debilitou a posição da social-democracia, impedindo a eleição do candidato de centro-esquerda, William Marx, em favor de Hindenburg, nas eleições presidenciais de 1925, e facilitando assim a aprovação de Hitler pelo *Reichstag* em 1932.

A Grande Depressão foi um dos acontecimentos mais marcantes do século XX, que poderia ter derrubado todo o sistema capitalista, não fosse uma combinação de circunstâncias favoráveis, inclusive a terapia recomendada por Keynes, a liderança de Franklin Roosevelt, o exemplo da Rússia Soviética e a irrupção da Segunda Guerra Mundial. No tópico seguinte comentaremos brevemente esse importante acontecimento, mas o que vamos considerar agora são os efeitos da Grande Depressão na Alemanha.

Os anos de prosperidade que se seguiram à hiperinflação de 1923 sofreram um primeiro recuo no verão de 1928, quando os investidores norte-americanos, atraídos pelo crescimento aparentemente incessante da Bolsa de Nova York, venderam suas posições na Alemanha para investir nos Estados Unidos. No verão de 1929 a Europa já sentia alguns efeitos recessivos, enquanto em Nova York o preço das ações continuava a subir. O *crash* de setembro de 1929 teve conseqüências especialmente negativas na Alemanha, a despeito de um certo alívio trazido pelo Plano Young,[3] devido à sua elevada dívida externa e à dependência excessiva de investimentos norte-americanos. A súbita queda da demanda, a não-renovação de empréstimos e o resultante declínio do sistema produtivo provocaram uma taxa elevada de desemprego. Com o índice da produção industrial caindo de 108 em 1929 para 67 em 1932, o número de desempregados aumentou na Alemanha de dois milhões no princípio de 1929 para seis milhões no inverno de 1931-1932.

Hitler e o seu partido aproveitaram plenamente a crise econômica. Combinando uma propaganda astuciosa, e todos os mitos do nacionalismo da direita revanchista, com a extrema violência praticada nas ruas pelos grupos paramilitares da SA, dirigidos contra os adversários políticos, sob os olhares complacentes da polícia e dos militares, nas eleições de 1930 Hitler conseguiu preencher 107 cadeiras no *Reichstag*, quando na eleição precedente, de 1928, tivera apenas 12. O agravamento da recessão e a mesma combinação de uma propaganda delirante com a violência nas ruas contribuíram para aumentar a força dos nazistas nas eleições de 31 de julho de 1932, quando Hitler obteve 230 lugares, o que lhe assegurava, juntamente com os outros partidos direitistas, o controle majoritário do Parlamento.

Em 1932 o marechal Hindenburg tinha sido reeleito presidente, com 18,3 milhões de votos, contra os 11,3 milhões recebidos por Hitler. Depois de tentar nomear para o cargo de chanceler, equivalente a primeiro-ministro, pessoas da sua confiança, como van Papen e o general Schleicher, que no entanto não tinham apoio parlamentar, Hindenburg foi convencido por von Papen a nomear Hitler, o que ocorreu em 30 de janeiro de 1933. Como o gabinete era controlado politicamente por von Papen, tendo os nazistas uma posição minoritária, Hindenburg achou que conseguiria a aprovação do *Reichstag* sem qualquer perigo para as instituições. Embora permanecesse fiel ao regime monárquico, e aos Hohenzollerns, que tinham sido depostos, o velho soldado era um presidente consciencioso, e considerava seu dever preservar a constituição. Nomeado Chanceler, Hitler pressionou imediatamente o presidente para convocar novas eleições, argumentando a necessidade de obter uma maioria no *Reichstag*. Assim, novas eleições foram convocadas para março de 1932.

Em 27 de fevereiro daquele ano, porém, o *Reichstag* foi incendiado. Como se revelaria mais tarde no julgamento de Nüremberg, a conspiração tinha sido planejada por Goering. Karl Ernst, líder da SA de Berlim, encheu o edifício de gasolina e substâncias químicas, e com a ajuda de um piromaníaco idiota, o comunista holandês Martinus van der Lubbe, incendiou o Parlamento. Os comunistas foram imediatamente acusados de ter provocado o incêndio; van der Lubbe foi preso e Hitler conseguiu que Hindenburg assinasse um decreto suspendendo todas as garantias legais e delegando plena autoridade ao chanceler. Graças à sua propaganda maciça e à intimidação da SA, nas eleições de 5 de março de 1933 os nazistas conseguiram 44% dos votos.

Hitler se preparava agora para receber poderes ditatoriais do Parlamento, por meio de uma lei especial. O primeiro passo foi promover um evento dramático, que foi programado com todo cuidado para o dia 21 de março de 1933, aniversário da abertura por Bismarck da sessão do Primeiro Parlamento do Segundo *Reich*. A cerimônia foi organizada para conquistar a simpatia de Hindenburg e dos velhos generais na chamada Capela da Guarnição, considerada o templo das glórias prussianas, e dedicada à memória de Frederico o Grande. O discurso de Hitler, apresentando o nazismo como uma continuação da *gesta* prussiana, foi recebido calorosamente pela velha guarda militar. O segundo passo consistiu na cassação do Partido Comunista, com a prisão dos seus deputados, juntamente com uma dúzia dos deputados mais radicais da SPD. Assim, na sessão parlamentar de 23 de março de 1933, controlada pelos nazistas e seus aliados, a lei desejada por Hitler foi aprovada por dois terços dos presentes, maioria conseguida graças à ausência dos comunistas e da dúzia de sociais-democratas que tinham sido presos.

3. A Grande Depressão

Como já mencionamos, em 1928 a economia européia tinha revelado alguns sintomas recessivos, quando investidores norte-americanos começaram a transferir capital para a Bolsa de Nova York, que continuava em ascensão. Nos próprios Estados Unidos vários sinais de recessão podiam ser observados, como o declínio do PNB em relação ao seu pico, alcançado no primeiro trimestre de 1929, uma queda na produção de automóveis, de 622 mil unidades em março para 416 mil em setembro de 1929. Não obstante, o preço das ações continuava subindo, configurando um verdadeiro *"bull market"*. Foi quando, em 24 de outubro de 1929, a *"black Thursday"*, ocorreu uma reversão súbita, como acontece muitas vezes, e começou um pânico, com todos querendo vender seus títulos. Uma vez iniciado, o processo continuou sem parar. O índice que refletia o valor médio das ações na Bolsa (1926 = 100), que era de 381 em 29 de setembro de 1929, em 1º de novembro já tinha caído para 198, e continuava caindo.

O índice da produção (1925-1929 = 100) caiu abaixo de 60 nos Estados Unidos, de 90 no Reino Unido, de 85 na França e de 70 na Alemanha. Em uma base *per capita,* caiu para 70 nos Estados Unidos e 75 na Alemanha. Os dados referentes ao comércio eram ainda piores. De US$ 9,5 bilhões do período precedente, o volume de comércio caiu nos Estados Unidos para US$ 3 bilhões; na Alemanha, de US$ 6,5 bilhões para US$ 2,5. O desemprego aumentou de forma dramática: em 1923-1933 atingia mais de 22% da força de trabalho na Inglaterra, 27% nos Estados Unidos e 44% na Alemanha.

A Grande Depressão foi em toda a história o pior caso de baixa cíclica, com movimentos financeiros perdendo totalmente o contato com a economia real. No fim dos anos 90, no momento em que o presente capítulo estava sendo preparado, eventos recentes tinham produzido outros choques dramáticos na economia mundial, com o rápido deslocamento de muitos bilhões de capital financeiro, de um mercado para outro, ao sabor das suas expectativas especulativas. Em conseqüência, ocorriam súbitas desvalorizações de moedas, de mais de 50%, e quedas substanciais do PNB de muitos dos países afetados.

Em 1929, as expectativas auto-alimentadas de um crescimento contínuo do valor das ações na Bolsa de Nova York, sem qualquer relação com a lucratividade efetiva das empresas, e contrariando os sinais cada vez mais claros de que a economia mundial estava entrando em uma fase de baixa, fez que a bolha financeira aumentasse até explodir. Com a queda dos preços das ações, os bancos começaram a cancelar muitos créditos utilizados para a compra de títulos, que os beneficiários pensavam liquidar com o aumento do valor dos papéis adquiridos, e isso forçava os investidores a vender suas ações a qualquer preço, reforçando assim o processo de depreciação. A queda severa no nível geral da demanda, especialmente de bens duráveis, levou a reduções correspondentes no sistema produtivo e no nível de emprego.

As primeiras reações, baseadas nas premissas ortodoxas da economia liberal, foram contraproducentes, e simplesmente exacerbaram a guerra comercial entre as nações. Com o tempo, porém, foram adotadas algumas medidas mais eficazes, seguindo as receitas de Keynes para estimular a demanda. O planejamento soviético, que em larga medida manteve a União Soviética fora da crise (beneficiada também por uma economia praticamente autárquica), induziu os países capitalistas a adotarem algum tipo de planejamento. Na verdade, com Hitler a Alemanha nazista e anti-soviética vinha adotando um planejamento econômico bem-sucedido, e por isso foi capaz de reabsorver seus desempregados, combinando obras públicas com a preparação ativa para a guerra. Só gradualmente, porém, o mundo se recuperou da Grande Depressão, e para isso contribuiu muito a enorme demanda de equipamentos militares e outros materiais, gerada pela Segunda Guerra Mundial.

III
Principais Acontecimentos

1. A revolução científica e tecnológica

A ciência e a tecnologia estão entre as características mais importantes do século XX. De modo geral pode-se dizer que a primeira metade do século foi marcada por uma nova revolução científica, enquanto a segunda metade correspondeu a uma nova revolução tecnológica, em conseqüência da primeira.

Até o fim do século XIX e o princípio do século XX os desenvolvimentos tecnológicos eram pouco influenciados pela ciência e seguiam seu próprio curso de modo prático e empírico. A Revolução Industrial não foi feita por cientistas, mas por homens práticos, guiados pela suas observações e pela imaginação racional. Desde então a tecnologia passou a se fundamentar cada vez mais na ciência. O hiato entre as descobertas científicas e sua aplicação à tecnologia foi reduzido, em alguns casos, de muitos anos a questão de meses. Por exemplo: três anos separam a descoberta da fissão nuclear por Otto Hahn, em 1939, do primeiro reator nuclear auto-sustentado, desenhado em 1942 por Fermi. Atualmente, a utilização prática das descobertas científicas é quase simultânea. Por isso as grandes empresas têm seus próprios laboratórios, transferindo as pesquisas mais importantes, que até então eram feitas abertamente pelas universidades públicas, para a privacidade das suas instalações.

Durante o século XX todos os ramos da ciência experimentaram o mais extraordinário desenvolvimento. Pela sua importância especial devemos mencionar a física, que dominou a primeira metade do século, e no primeiro terço fez progressos espantosos, assim como a biologia, que na segunda metade do século passou por uma verdadeira revolução, com o surgimento da biologia molecular.

Nas primeiras décadas os cientistas foram confrontados com a divergência entre o modelo Newtoniano e a teoria da relatividade de Einstein (a teoria especial, de 1905, e a geral, de 1915), assim como pela física quântica. A teoria dos *quanta* de Max Plank foi formulada em 1909, a teoria atômica de Rutherford em 1911, o novo modelo atômico de Niels Bohr é de 1913, e a fundamentação teórica da mecânica quântica, por Werner Heisenberg e Erwin Schroedinger, se sucedeu rapidamente.

O curso subseqüente da física foi marcado pela necessidade de conciliar a relatividade com a mecânica quântica, objeto dos trabalhos de Paul Dirac (a relatividade do electron, em 1928) e as tentativas posteriores de chegar a uma "teoria de tudo", que pudesse explicar com um campo unificado as quatro forças fundamentais da natureza (a gravidade, o eletromagnetismo, as forças nucleares forte e fraca), empreendimento tentado por Eddington (1882-1944), seguido por Gabrielle Veneziano, nos anos 1960, e por alguns cientistas contemporâneos como P. C. W. Davies e, entre outros, os físicos que trabalham no desenvolvimento da teoria das supercordas — Abdus Salam, Sheldon Glashow e Steven Weinberg, agraciados com o Prêmio Nobel.

Nesse contexto, duas linhas de pensamento e investigação modelaram decisivamente o desenvolvimento contemporâneo da física teórica e aplicada: a fusão-fissão nuclear e a cibernética. Os fundamentos teóricos e tecnológicos da produção da energia nuclear foram sendo estabelecidos ao longo de um processo que começou com os estudos de Otto Hahn sobre a fissão nuclear, em 1938, até a construção do primeiro reator nuclear autosustentado, por Enrico Fermi, em 1942.

Data de meados do século XIX uma concepção pioneira do computador, com a obra do matemático inglês Charles Babbage (1791-1871) e os instrumentos que ele chamou de "máquinas analíticas", mas só o desenvolvimento da eletrônica tornou possível a construção dessas máquinas. Com base nas idéias de Babbage, em 1945, Alan M. Turing (1911-1954) e Christopher Strachy (1916-1975) projetaram na Inglaterra, para o Laboratório Nacional de Física, o ACE, *Automatic Computing Engine*. Norbert Wiener deu uma contribuição teórica decisiva nesse campo, com seu livro *Cybernetics*, publicado em 1948.

Com o apoio de equipamentos telescópicos e de computação mais avançados, a nova física abriu caminho para o desenvolvimento da cosmologia e da cosmogonia. No princípio dos anos 20 o matemático russo Alexander Friedmann identificou um erro algébrico nos cálculos feitos por Einstein. Devido a esse erro, Einstein tinha introduzido na sua visão do universo a "constante cosmológica", que levava a um universo estático. A correção de Friedmann proporcionou soluções para equações relativistas básicas que configuravam um universo em transformação, permitindo conciliar uma visão teórica do universo com a descoberta feita por Edwin P. Hubble, em 1929, do movimento recíproco de recessão das galáxias, de alta velocidade. Combinando o conceito de universo dinâmico de Friedmann com a descoberta de Hubble, o cosmologista belga Georges Lemaître propôs a teoria do universo em expansão, ainda prevalecente.

Com base nessas idéias, várias teorias foram elaboradas para tentar explicar a origem do universo e o seu desenvolvimento, a partir de uma explosão primordial e até o presente. O chamado *big-bang* foi proposto pelo cosmologista George Anthony Gamow (1904-1968), nascido na Rússia e naturalizado americano em 1934. Em 1948 ele formulou seu modelo cosmológico, que começa com a explosão de um núcleo inicial. O modelo de Gamow é consistente com duas visões alternativas do universo: a que presume a sua expansão contínua e aquela em que a expansão continua com velocidade declinante até uma certa fase em que será impedida pela gravidade universal, revertendo o processo em uma concentração crescente do sistema. Tudo depende da relação entre a massa total do universo e o seu volume, que ignoramos. Se essa proporção for inferior à unidade teremos a expansão contínua; caso contrário, a futura reconcentração.

Em 1960 W. B. Bonner apresentou uma teoria relativista do universo concebendo-o como um processo infinito de explosão, expansão, colapso e nova explosão. A teoria de Bonner pressupõe uma relação massa-volume superior à unidade, e implica a hipótese de que a segunda lei da termodinâmica só prevaleceria nas condições de um universo em expansão, como ocorre hoje, invertendo-se em um universo em contração. A teoria de Bonner tem a vantagem decisiva de propor uma explicação racional para o *big-bang* e para o universo de modo geral, que deixaria assim de ser uma singularidade inexplicável, passando a ser apenas uma das fases de um processo contínuo. A confirmação empírica da teoria de Bonner depende da questão ainda não resolvida da relação entre massa e volume do universo.

No campo da biologia, houve uma verdadeira revolução com a descoberta, no princípio da década de 1950, da estrutura de dupla hélice do DNA, por Francis Harry Compton Crick e James Watson, que lhes garantiu o Prêmio Nobel de 1962. Essa descoberta abriu o campo da biologia molecular, que é hoje uma disciplina em rápido desenvolvimento, tornando possível mapear o genoma humana, com imensas implicações médicas e práticas.

Os extraordinários progressos científicos do século XX, especialmente na sua primeira metade, abriram caminho para o progresso não menos extraordinário da tecnologia, sobretudo na sua segunda metade. Com as comunicações instantâneas possibilitadas pela telemática, o transporte extremamente rápido, com o avião a jato e os mísseis, a tecnologia espacial,[4] a energia nuclear, a cibernética, a química de novos materiais, a biologia celular e uma nova visão científica do universo, o mundo chegou no fim do século XX a uma nova fase revolucionária, cujas imensas implicações ainda não podemos avaliar plenamente. A diferença entre esse novo mundo e o mundo do princípio do século XX é muito maior do que qualquer hiato histórico precedente, e só comparável à emergência do neolítico ou à revolução urbana.

Uma das conseqüências dessas mudanças revolucionárias que podem ser observadas é o atual processo de globalização. É verdade que, em termos históricos, como já se tem observado, a globalização começou com as descobertas marítimas do século XV e a era do mercantismo. Uma segunda onda de globalização foi iniciada, em escala muito mais ampla, pela Revolução Industrial. Nos nossos dias, porém, a terceira onda é tão mais importante do que as precedentes, em qualidade e quantidade, que constitui na verdade um novo fenômeno, caracterizado nas atuais condições pela simultaneidade de tudo o que acontece no mundo, combinada com facilidades extremas e uma velocidade sem precedentes nos transportes.

Outra faceta do novo mundo criado pela ciência e a tecnologia do século XX é o que Karl Jaspers (1950[5]) chamou de "aparelho existencial da massa", criando uma sociedade de massa tecnológica que usa em tudo os recursos tecnológicos existentes, e depende do seu funcionamento regular, sem entender bem do que se trata. Em outro tópico do presente capítulo as implicações socioculturais desse novo fenômeno serão discutidas brevemente.

2. A revolução comunista

Principais aspectos

A Revolução Russa de 1917 foi o acontecimento sociopolítico mais importante do século XX,[6] tanto em termos do que realizou (ou deixou de realizar) no antigo Império Russo, transformando em poucas décadas um país atrasado de camponeses analfabetos na segunda potência industrial e militar do mundo, embora a um preço terrível, como em termos do impacto positivo e especialmente negativo que teve no mundo.

Qualquer tentativa de compreender um fenômeno de tal complexidade exigiria uma explicação muito mais extensa da que é possível elaborar dentro dos limites do presente estudo. Entre muitos outros aspectos interligados tiveram importância fundamental as condições particulares da Rússia no começo do século XX, a completa desestabilização do regime tsarista, depois da sua devastadora derrota militar na Primeira Guerra Mundial, a natureza peculiar da ideologia que animava o Partido Comunista Russo e as personalidades de Lenin e Stalin, entre outros líderes revolucionários.

Às vésperas da Primeira Guerra Mundial a Rússia era um país atrasado e extremamente heterogêneo. A maioria dos seus 170 milhões de habitantes era de camponeses analfabetos, que até 1861 tinham a condição de servos. A força de trabalho industrial era de apenas três milhões de trabalhadores, e contrastava com a elite intelectual que produziu gênios literários como Chekov, Tolstoi e Maiakóvski; músicos como Rachmaninov e Stravinsky; um sociólogo como Sorokin e matemáticos como Paul Alexandrov.

As últimas décadas do século XIX e a primeira década do século XX foram marcadas por um rápido processo de industrialização que, no entanto, em 1914 era ainda muito modesto, comparado com o Ocidente industrializado, pois tinha começado praticamente do nada. Havia então oito núcleos industriais em todo o país, com umas poucas grandes empresas equipadas com máquinas modernas, cada uma delas empregando uma média de quinhentos trabalhadores, apoiada em capital acionário (com uma participação estrangeira de dois terços) e empréstimos estrangeiros. A produção de ferro gusa, que na época representava uma boa indicação do desenvolvimento industrial, tinha aumentado de 175 milhões de *pudies*[7] em 1909 para 283 milhões em 1913. A produção de ferro e aço cresceu no mesmo período de 163 para 246 milhões de *pudies*. A rede ferroviária passou de 3.800 km em 1865 para 25.000 km em 1900. No entanto, a Rússia capitalista emergente entrava em conflito com um sistema social controlado pela nobreza latifundiária, cerca de quarenta mil pessoas que possuíam as melhores terras (mais de 46% da terra cultivada), sob um regime político autocrático sustentado pela Igreja Ortodoxa. A situação econômica geral pode ser melhor avaliada comparando-se a renda *per capita* russa (102,2 rublos), imediatamente antes da Primeira Guerra Mundial, com os dados relativos aos países ocidentais: equivalia a 29% da renda *per capita* da França, 22% da inglesa e a apenas 14% da norte-americana.

Contrastando com o atraso econômico, a Rússia era um país de grande atividade intelectual, não só em termos das várias manifestações da alta cultura, mas, depois da eclosão da Revolução Russa, especialmente com respeito às idéias sociopolíticas, todas fortemente esquerdistas, envolvendo democratas constitucionalistas, social-democratas, populistas e marxistas.

Um segundo aspecto da Rússia pré-revolucionária que precisamos acentuar está relacionado com as derrotas militares devastadoras infligidas ao país pela Alemanha, que levaram à rápida e completa desmoralização do regime tsarista, já debilitado pela derrota e a revolução de 1905, e a rebelião espontânea final do seu exército, com os soldados desertando para voltar às suas aldeias.

Alguns acontecimentos cruciais

Uma série de acontecimentos importantes se sucederam rapidamente. Em maio de 1915 o exército russo, sofrendo com a falta de equipamento e sem apoio material, com o moral baixo, sofreu uma derrota devastadora na Galícia. Em 5 de setembro desse ano, depois de mudar duas vezes o seu comando militar, o Tsar assumiu ele próprio a direção das tropas, e seguiu para a frente de combate, deixando a imperatriz Alexandra como regente do Império. Alexandra, que era alemã de nascimento, caiu sob a influência nefasta de Gregório Rasputin, um monge místico e licencioso, supostamente dotado de poderes hipnóticos, acreditando-se que podia curar a hemofilia do *Tsarevich* Alexis. Seu comportamento escandaloso era tolerado pela imperatriz, que acreditava nos seus poderes curativos, e contribuiu, juntamente com as intrigas sobre a verdadeira lealdade da regente, para enfraquecer a autoridade imperial. Uma violenta sessão da Duma, em 18 de novembro de 1916, denunciando as "forças obscuras" que infestavam o governo, provocou a demissão de Boris Stürmer, o ministro do Exterior, suspeito de simpatia pela Alemanha. Seu substituto, Alexandre Trepov, adotou uma política repressiva, e no dia 20 de dezembro o príncipe Felix Yusupov, acompanhado por alguns amigos, matou Rasputin, numa tentativa de salvar o regime. No princípio de março de 1917 a capital foi paralisada por greves, distúrbios e um levante geral das tropas de Petrograd. No dia 11 a Duma se recusou a obedecer a um decreto imperial que ordenava a sua dissolução, criando um Governo Provisório chefiado pelo príncipe George Lvov, presidente da União dos *Zemdvos*.[8] Esse governo incluía Paul Milinko, líder dos democratas constitucionalistas, como ministro da Guerra, e o social-democrata Alexander Kerensky como ministro da Justiça. No dia 15 do mesmo mês Nicolau II abdicou não em favor do seu filho mas do irmão Miguel, que no dia seguinte abdicou também, reconhecendo o Governo Provisório. E assim começou o que ficou conhecido, pelo antigo calendário, como a "Revolução de Fevereiro".

Os eventos que precederam a "Revolução de Outubro" (6 de novembro pelo novo calendário) ocorreram também em rápida sucessão. A formação do Governo Provisório foi simultânea com a instituição do soviete de Petrograd, em 12 de março, criando assim um duplo sistema de governo. O Governo Provisório proclamou as liberdades civis e a igualdade de todos os cidadãos, independentemente da sua origem social, religiosa ou racial. Declarou a independência da Finlândia e a plena autonomia da Polônia e da Estônia. Adotou um amplo programa de reformas sociais, que incluía a distribuição de terra aos camponeses, mas condicionou-o à aprovação da futura Assembléia Constitucional. E decidiu prosseguir na guerra, o que foi um erro fatal.

O soviete de Petrograd, porém, tomou a decisão de pôr fim à guerra, imediatamente, além da adoção de medidas de reforma social. Por meio da sua diretriz nº 1 retirou toda a autoridade dos oficiais, transferindo o comando do Exército aos sovietes eleitos pelos soldados e oficiais, com igualdade de votos. Essa ordem foi anulada pelo Governo Provisório, cuja decisão porém não foi respeitada. No dia 16 de abril os alemães trouxeram Lenin da Suíça em um vagão selado, em companhia de outros líderes comunistas. Trotsky chegaria alguns dias depois dos Estados Unidos, via Inglaterra. Em 1º de abril Lenin tinha proclamado suas famosas "Teses de Abril": 1) todo o poder para os sovietes; 2) fim imediato da guerra; 3) a terra para os camponeses; 4) a indústria sob o controle dos operários. Seu lema principal era: Paz e Terra.

Aprovado por Trotsky mas sem contar com o apoio dos Mensheviks, esse programa teve a mais ampla aceitação popular, e precipitou a instalação de muitos sovietes. Ignorando a ordem destes últimos, o Governo Provisório, deliberando entre 29 de junho e 7 de julho, decidiu promover uma grande ofensiva contra as forças austríacas e alemãs na Galícia Oriental, sob o comando do General Busilov. O resultado foi uma derrota catastrófica, e o colapso definitivo das forças russas. Os bolchevistas aproveitaram a oportunidade e tentaram assumir o governo em Petrograd, com um golpe de Estado, nos dias 16, 17 e 18 de julho, mas fracassaram. O príncipe Lvov renunciou e transferiu a chefia do Governo Provisório para Kerensky. De 9 a 14 de setembro, o general Lavr Kornilov, que Kerensky nomeara comandante e chefe do exército, tentou um golpe conservador, com algum sucesso inicial. Diante da iminente vitória de Kornilov, Kerensky apelou para os bolchevistas, libertando Trotsky, que estava preso. A greve geral que se seguiu paralisou o golpe de Kornilov e salvou o Governo Provisório, que no entanto passou a depender dos bolchevistas. Lenin e Trotsky decidiram então que havia chegado o momento de tomar o poder. Em 6 de novembro (14 de outubro pelo antigo calendário), os Guardas Vermelhos de Trotsky, os marinheiros do Kronstadt e os soldados da guarnição da capital atacaram o Palácio de Inverno, sede de Kerensky, que era defendida simbolicamente por um pequeno destacamento de cadetes. Kerensky conseguiu escapar e Lenin proclamou a instalação do novo regime. Em 7 de novembro, com a ausência dos moderados, o Segundo Congresso de Toda a Rússia do Partido Socialista aprovou o golpe de Estado e organizou o Conselho dos Comissários do Povo, chefiado por Lenin, ficando Trotsky responsável pelos assuntos externos e Stalin incumbido das minorias. Em 25 de novembro a Assembléia Constituinte realizou sua sessão inaugural, com 420 social-revolucionários (socialistas moderados) e 225 bolchevistas, mas no dia seguinte Lenin ordenou às tropas vermelhas que dissolvessem à força a Assembléia, e assim o regime comunista se instalou na Rússia.

O assombro que foi o comunismo

A repercussão e disseminação, ao longo do tempo, da proposta de transformar o mundo apresentada por Karl Marx só foi ultrapassada pelo impacto do Cristianismo e do Islã. Embora nem as idéias econômicas de Marx nem o seu materialismo histórico tenham permanecido, conforme a concepção do ativista e filósofo alemão, dado o desenvolvimento havido nos campos da economia, da sociologia e da ciência da história, sua crítica do capitalismo puro como regime alienante e sua afirmativa de que um regime mais humano podia e devia ser adotado pelas sociedades modernas tiveram uma influência decisiva em todo o século XX, conforme observa Norberto Bobbio, e mantiveram a sua validade mesmo depois do colapso do comunismo internacional, continuando a influenciar fortemente a social-democracia contemporânea.

A despeito das falácias de Marx, o apelo extraordinário dos ideais socialistas provocou outro evento extraordinário: a Revolução Russa. É surpreendente que Lenin tenha conseguido manter o regime soviético nas condições caóticas prevalecentes entre os anos 1917 e 1924, e que Stalin tenha podido desenvolvê-lo em seu longo reinado de terror. E não é menos surpreendente que o sistema tenha entrado em colapso em apenas dois anos, de 1989 a 1991, transformando a segunda superpotência mundial virtualmente em um país do Terceiro Mundo, quase que do dia para a noite.

Como manifestação radical do socialismo marxista, o comunismo é uma religião secular, embora pretenda exprimir uma visão científica do processo sócio-histórico. É um projeto militante destinado a implantar valores sociais humanísticos, mediante a instituição revolucionária de uma igualdade social básica, e a socialização dos meios de produção. Em meados do século XIX, o positivismo foi também uma religião secular, que procurava conduzir a humanidade na direção do humanismo social, embora pretendesse exprimir uma compreensão científica da sociedade. O positivismo teve um corpo sacerdotal difuso, sob a forma de um movimento de intelectuais, secular e internacional. Mas a sua influência ficou limitada no espaço (França, Brasil, México), no tempo (fim do século XIX e princípio do século XX) e em números: não mais do que alguns milhares de adeptos. O comunismo porém foi muito além da geração de um sacerdócio difuso: criou uma ordem secular disciplinada e bem-estruturada, o equivalente contemporâneo dos monges beligerantes da Idade Média, como São Bernardo de Clairvaux. Lenin e Fidel Castro são os protótipos dessa ordem secular, cuja militância corajosa e incansável conseguiu promover a Revolução Russa (mediante um golpe de Estado quase sem derramamento de sangue) e — o que é incomparavelmente mais difícil — conseguiu sustentar o regime soviético nas condições caóticas reinantes no período entre os anos 1917 e 1924 e, mais tarde, sob a liderança de Stalin, transformou em poucas décadas a União Soviética na segunda potência mundial, enfrentando a hostilidade do Ocidente e a agressão militar da Alemanha nazista.

Na prática, o comunismo foi confrontado com uma contradição fundamental: para implantar seu projeto social humanista, fundamentado na igualdade básica de homens livres, e a socialização — ou seja, a nacionalização — dos meios de produção, precisava impor à sociedade uma disciplina militar, e usar os métodos mais coercitivos, o emprego mais amplo e arbitrário da polícia política, a utilização sistemática do terror e a ditadura contínua do principal líder partidário.

Essa contradição entre fins e meios está presente em toda a história da União Soviética e, de modo geral, dos partidos comunistas de todo o mundo. O objetivo imperativo e irrestritamente social humanista do comunismo exigia o uso de meios coercitivos para implantar uma sociedade igualitária de homens livres, baseada em sistema de produção de propriedade do Estado. As necessidades práticas da eficiente implantação desse projeto impunham um tipo de regime como o que foi imposto à União Soviética.

É importante observar que essa contradição entre meios e fins, que se observa no caso do comunismo, aparece também, embora menos agudamente, nas religiões evangelizadoras, como o Cristianismo e o Islã. Ambas são religiões baseadas na caridade, que pregam o amor ao próximo, mas nos períodos de maior fervor as duas foram conduzidas a usar meios coercitivos, inclusive práticas terroristas, para converter os infiéis e preservar a pureza da sua fé. Em nome de *Allah* misericordioso o Islã conquistou pela espada uma boa parte do mundo. No começo da era cristã os monges irlandeses aterrorizaram os pagãos, destruindo violentamente os seus templos para impor a religião de Cristo. As Cruzadas dirigidas contra os muçulmanos e a Inquisição orientada contra judeus e heréticos aplicaram a violência e o terror (com tanta convicção que os inquisidores agiam em nome da "Santa" Inquisição) de modo não muito diferente do comportamento da Cheka e da NKVD na União Soviética.

Mas há também diferenças. Por exemplo, o fato de que a cristandade não conseguiu erigir uma estrutura secular equivalente à da União Soviética (o Império de Carlos Magno seria o que mais se aproximou disso), o que se deveu inicialmente ao confronto entre o Papa e o império, em um conflito mutuamente destrutivo. Mais tarde, depois dos horrores das guerras religiosas do fim do século XVI e do princípio do século XVII, a impossibilidade prática de impor coercitivamente um credo religioso terminou transformando a religião em um assunto privado, uma questão subjetiva. Por fim, com o Iluminismo houve uma erosão da autoridade da Igreja e da validade das crenças religiosas.

De uma perspectiva comparativa, o stalinismo deixa de parecer uma perversão monstruosa do comunismo genuíno, e Lenin não impressiona mais como um marxista acima de qualquer crítica. O leninismo é o stalinismo de um regime incipiente e débil, quando ainda se acreditava que o socialismo russo dependia para a sua sobrevivência de uma revolução universal, sobretudo na Alemanha. Por sua vez, o stalinismo representa o leninismo de um regime consolidado, que renunciou à sua dependência da revolução mundial como condição de sobrevivência, e compreendeu perfeitamente que essa sobrevivência depende do sucesso que tiver em promover um desenvolvimento extremamente rápido, baseado sobretudo em um poderoso complexo industrial-militar. Há óbvias diferenças entre Lenin e Stalin, devidas principalmente às situações específicas internas e internacionais em que se encontraram e também a diferenças de personalidade; o primeiro é um homem culto e sofisticado, o outro um rude camponês georgiano, sujeito a impulsos paranóicos e crises de suspicácia.

Nessas condições, é possível compreender melhor o súbito colapso da União Soviética nos anos 1989-91. Quatro causas principais podem ser identificadas: 1) as deficiências inerentes ao sistema; 2) a erosão das convicções comunistas nos níveis de liderança; 3) os erros estratégicos de Gorbachev; e 4) as circunstâncias eventuais que provocaram o fracassado golpe anti-Gorbachev de agosto de 1991, e o surgimento, nessa situação, de uma alternativa de poder bem-sucedida, montada por Boris Yeltsin, um grande oportunista.

Vejamos adiante como atuaram essas quatro causas:

- **As deficiências inerentes ao sistema**

Desde o princípio a centralização burocrática e um regime irrealista de recompensas individuais eram fatores que limitavam as possibilidades intrínsecas do sistema. O regime provou ser adequado para sustentar o primeiro Plano Quinqüenal. Partindo praticamente do zero, a tarefa de construir em menos de quinze anos a segunda maior base de indústria pesada de todo o mundo, apoiada na infra-estrutura correspondente de energia elétrica, transportes, petróleo, fornecendo todo o equipamento necessário para a agricultura coletivizada, era uma meta que só podia ser alcançada mediante disciplina militar, sob uma autoridade ditatorial centralizada, com a colaboração devotada de um partido que agia como ordem religiosa secular. Partido imbuído de convicções profundas, que impunham um regime duro de trabalho a uma grande classe camponesa remunerada em níveis de subsistência, gerando assim a poupança gigantesca que tornava possível o investimento de mais de 30% do PNB, para levar adiante os planos. O sucesso do planejamento, a devoção do partido e o patriotismo tradicional dos russos, ajudados pelas condições geoclimáticas do país e por uma substancial assistência material dos Estados Unidos, levaram à derrota da Alemanha nazista, a mais forte máquina militar da história, embora ao custo de vinte milhões de vidas.

Com o correr do tempo, porém, as deficiências inerentes ao sistema soviético o impediram de chegar à plenitude esperada, como Nikita Krushchev ainda acreditava no período em que deteve o poder (1957-1964). Mesmo com a concessão de considerável autonomia aos diretores de fábricas, a centralização burocrática se mostrou incapaz de atender ao complexo e diversificado intercâmbio intersetorial exigido por uma economia desenvolvida. Não havia um sistema efetivo de controle dos custos e uma determinação realista dos preços. Faltava o tipo de sistema financeiro flexível e dinâmico exigido para sustentar uma economia madura. O número de burocratas era excessivo, em comparação com as forças produtivas, e o sistema de estímulos e de remuneração era completamente inadequado, em particular na agricultura. Terminada a fase de construção autoritária de uma União Soviética robusta, nas décadas que se seguiram à Segunda Guerra Mundial, e com a cessação do trabalho coercitivo para atender à demanda cada vez mais complexa de uma economia moderna, o sistema não pôde mais sustentar o rápido crescimento do período inicial, entrando em uma fase de estagnação. Nos anos de Brezhnev (1964-1984) começou o declínio, e com Gorbachev (1985-1991) ficou fora de controle, obrigando-o a tentativas radicais de reforma.

Três fatores importantes agravaram as disfuncionalidades intrínsecas do sistema soviético: 1) a permanente ineficiência de uma agricultura estagnada, obrigando a custosa importação de alimentos; 2) a ineficiência contínua da indústria de bens de consumo, que produzia artigos de baixa qualidade, devido à prioridade atribuída à manutenção da paridade militar com os Estados Unidos, erodindo assim o apoio popular ao regime por parte de uma população cada vez mais educada e mais consciente das condições de vida no Ocidente; 3) as demandas crescentes do sistema militar, agravadas pela resposta ao programa de "guerra nas estrelas" do presidente Reagan, que representava para o sistema um ônus técnico e financeiro insustentável.

- **A erosão das convicções**

A longo prazo todas as religiões tendem a sofrer uma erosão das suas convicções, erosão que reflete de perto o processo de modernização da sociedade ou sociedades envolvidas. A modernização tirou a força das convicções religiosas da Babilônia, sob Nabucadrezar II (695-562 a.C.), criando as condições para que Ciro fosse aceito pela população. A modernização da cultura egípcia impediu o sucesso duradouro da XXVI Dinastia (663-525 a.C.). Entre os séculos XVIII e XX da era cristã a modernização erodiu as crenças cristãs. No mundo islâmico, um efeito semelhante ocorreu na Turquia de Kemal e nos países islâmicos modernizados, surgindo o fundamentalismo como uma reação contra essa modernização, com a sua proposta de uma (suposta) renúncia ao moderno.

Depois de anos de terror stalinista, a modernização soviética, a partir de Khrushchev, provocou uma erosão das crenças no comunismo, a qual serviu para demonstrar a contradição entre meios e fins inerente ao sistema àqueles que ainda o viam como uma forma de implantar no país o social-humanismo. A revelação por Khrushchev (motivada possivelmente pelos seus valores humanistas) do terrorismo de Stalin, e da sua conduta patológica, levou muitos comunistas leais a reconhecer que o sistema soviético era intrinsecamente incapaz de criar uma sociedade humanista. A maioria deles, inclusive Gorbachev, chegou à conclusão de que o regime precisava ser mudado radicalmente, transformando-se em algo semelhante à social-democracia ocidental. Outros adotaram uma atitude cínica, tentando beneficiar-se galgando posições no aparelho estatal e partidário, para gozar das vantagens da *Nomenklatura*. As duas reações destruíram a fé e a confiança que prevaleciam dentro do Partido Comunista, que deixou de ser uma ordem secular de monges aguerridos para dividir-se entre um grupo de reformistas sociais e um bando de aproveitadores.

- **Os erros estratégicos de Gorbachev**

Como líder dos reformistas social-humanistas, Gorbachev tentou com a *perestroika* (a reconstrução do Estado) e a *glasnost* (a transparência da ação governamental) reorganizar o sistema produtivo do país e sujeitá-lo, assim como o comunismo internacional, a uma conduta compatível com os valores do social-humanismo. Mas não percebeu (contrariamente ao que ocorreria com a liderança chinesa) que esses dois objetivos eram contraditórios. Com efeito, para viabilizar a *perestroika* o regime precisava ter e exercer plena autoridade e poder, com base na legitimidade incontestada do Partido, empregando todos os meios coercitivos necessários. Por outro lado, para implantar a *glasnost* o país precisava antes de mais nada de alcançar uma situação de estabilidade e prosperidade para comandar o consenso social dirigido para a construção de formas alternativas de legitimidade do Estado e do governo, através de meios democráticos, apoiando-se em instituições e agências que permitissem administrar o país democraticamente.

Gorbachev superestimou sua autoridade, pensando que teria a seu dispor todo o poder que vinha sendo transmitido com regularidade aos líderes soviéticos desde a época de Lenin. Não percebeu a medida de sua autoridade sobre o partido e a autoridade do partido sobre a nação dependiam de uma combinação especial da crença amplamente compartilhada no projeto comunista e no sistema por ele implantado com a disponibilidade de meios efetivos de coerção. O descrédito da ideologia, que começou com

UM ESTUDO CRÍTICO DA HISTÓRIA

a denúncia dos crimes de Stalin e ganhou força com a adoção por Gorbachev de procedimentos democráticos e limites morais à ação governamental, antecipando as necessárias condições sociais e operacionais, minou a sua autoridade de governante. Do mesmo modo, o controle soviético sobre os Estados satélites e as repúblicas não russas que integravam a federação soviética dependiam da mesma combinação de fatores.

- **As circunstâncias eventuais**

Mais tarde Gorbachev percebeu que a *glasnost* estava destruindo a autoridade do Partido e a sua própria autoridade, e tentou compensar essa perda apelando para a autoridade do Estado, e promovendo a sua eleição, em março de 1990, como Presidente Executivo do Parlamento. Esse reforço do seu poder e autoridade, que era possível mas naquelas condições bastante incerto, não tardou a ser neutralizado por dois acontecimentos circunstanciais: primeiro, o golpe tentado contra ele pela KGB e alguns membros da "linha dura" do partido, em agosto de 1991, golpe que fracassou devido à reação mobilizada em Moscou por Boris Yeltsin, que tinha acabado de ser eleito presidente da República Russa (a mais importante da União Soviética), e que emergiu do episódio como o verdadeiro detentor do poder. Segundo, o fato de que Yeltsin promoveu com as outras Repúblicas um movimento de secessão, implodindo a União Soviética em benefício das Repúblicas que a integravam. Esvaziado desse modo o cargo ocupado por Gorbachev, no Natal de 1991 este se viu obrigado a renunciar.

3. O fascismo italiano

Visão geral

No princípio do século XX a Itália ainda se encontrava na fase de um Estado incompleto. A brilhante industrialização dos quinze anos anteriores à Primeira Guerra Mundial não tinha sido suficiente para superar o atraso do país e a divisão entre o norte e o sul. Havia uma Itália setentrional, desenvolvida, dentro de um país tradicional e subdesenvolvido. A classe dirigente era composta de industriais do norte e oligarcas do Sul, que impunham seu poder a uma população de camponeses analfabetos. A classe operária era relativamente pequena, e havia uma grande classe média urbana, apoiada pelo Estado e dependente de atividades tradicionais, em grande parte mal ajustada ao setor moderno do país.

Nessas condições, o parlamentarismo italiano era na verdade um sistema de clientelismo, marcado pelos grupos que se incrustavam no poder para defender seus interesses. E o hiato entre norte e sul tornava precária a integração nacional. Havia uma identificação retórica com o *Risorgimento*, mas pouca compatibilidade entre os segmentos que compunham a sociedade italiana: industriais, latifundiários, operários, camponeses, a classe média. Uma situação que se pôde manter com um certo equilíbrio na medida em que persistiam as condições tradicionais, sem fortes choques externos que a abalassem.

A Primeira Guerra Mundial foi um choque externo importante e, além do seu custo em termos humanos (460 mil mortos e 94 mil feridos), os anos do pós-guerra impuseram ao país sacrifícios dolorosos, com a inflação, a recessão e o desemprego. O fracasso da Itália em obter uma recompensa adequada ao seu esforço de guerra, já que a Dalmácia e Fiume lhe foram negados, a despeito do acordo secreto de abril de 1915, provocou muita insatisfação, por conta do que D'Annunzio chamou de "uma vitória mutilada". Sua ocupação de Fiume, em 1919, acompanhado por um grupo de aventureiros e veteranos da guerra, foi saudada como um ato de heroísmo nacionalista.

A situação que descrevemos gerou duas forças distintas. A primeira foi o Partido Socialista, criado em 1892, que foi beneficiado nas eleições de 1919, sofrendo, contudo, com a sua dependência excessiva do Norte, além das divisões internas entre reformistas e revolucionários. A outra força foi o fascismo, movimento fundado por Benito Mussolini em Milão, em 23 de março de 1919.

Defendendo a princípio uma ideologia anticapitalista, republicana e anticlerical, a partir de 1921 o fascismo se aliou abertamente com as classes proprietárias. Nas eleições parlamentares de 1919 Mussolini só conseguiu cinco mil votos, dos 346 mil depositados em Milão. No entanto, a crise social de 1920 lhe abriu a oportunidade de intervir com suas *squadre d'azione* contra os socialistas e os movimentos operários, ganhando assim o apoio do exército e dos industriais. Nessas condições, tornou-se a expressão de um vigoroso anticomunismo.

No Congresso de Bolonha, em outubro de 1919, a facção maximalista dos socialistas obteve uma ampla maioria. Mas no Congresso de Livorno, em janeiro de 1921, o Partido se dividiu e um grupo de maximalistas, liderados por Bordiga e Gramsci, fundou o Partido Comunista Italiano, atendendo à convocação da III Internacional. No Congresso de Roma, de outubro de 1922, os reformistas (Zurati, Treves) foram expulsos e fundaram então o Partido Socialista Unificado. Essas tensões enfraqueceram a esquerda italiana e em 1920 foram uma das principais causas do fracasso da tentativa de greve geral.

Em janeiro de 1919, com o apoio do Papa Benedito XV e da Ação Católica de dom Luigi Sturzo, foi criado o PPI, *Partito Popolare Italiano*, liberal e católico, que depois da guerra adquiriu uma força considerável, mas se dividiu entre uma linha de centro (Sturzo, De Gaspari, Meda), um grupo conservador e uma facção sindicalista. Contrário aos líderes liberais anticlericais, o PPI não pôde oferecer uma resistência consistente à ascensão dos fascistas.

Em 1920, um ano muito agitado, os *squadristi* cresceram rapidamente, de 17 mil membros em 1919, para mais de 320 mil em 1921, recrutados entre pessoas de classe média, temerosas do comunismo, e entre os veteranos da guerra. Os governos de Nitti e Giolitti, ambos liberais, se empenharam em resolver os problemas do pós-guerra. Em 1921 a lira foi estabilizada. Giolitti, porém, preocupado com a invasão de fábricas pelos trabalhadores, incluiu os fascistas na sua frente de coalizão nacional que disputou as eleições de 1921.

Naquele ano, no congresso realizado em Roma, no mês de novembro, os *Fasci* se institucionalizaram no Partido Fascista Nacional. Em 1922 a violência fascista impediu a realização de uma greve geral no norte do país. Mussolini já contava com 800 mil seguidores, e com o apoio aberto ou oculto da maior parte da classe dirigente, que via nos fascistas a única defesa confiável contra a subversão social. Com a cumplicidade dos membros do exército, da polícia e do governo, em outubro de 1922 Mussolini promoveu numa marcha sobre Roma, partindo de vários pontos do país, enquanto ele permanecia em Milão, esperando ser convocado pelo rei. Este poderia ter resistido facilmente, pois as forças militares continuavam fiéis à monarquia, mas depois de muita hesitação, e para evitar um confronto, em 30 de outubro o monarca resolveu convidar o líder fascista para formar um governo. Em um gabinete de coalizão, com vários membros não-fascistas, Mussolini detinha os ministérios do Interior e das Relações Exteriores. Em novembro, recebeu de uma ampla maioria parlamentar plenos poderes por um ano, com oposição exclusivamente da esquerda. Com o apoio do centro e da direita, e depois de chegar a um acordo com a Igreja, soltou seus grupos de ativistas armados contra os inimigos do fascismo. Nas eleições de abril de 1924 essa hábil orquestração dos acontecimentos lhe valeu uma grande vitória.

Em 10 de junho de 1924, o deputado socialista Giacomo Matteotti foi assassinado, provavelmente não por ordem direta de Mussolini, que no entanto assumiu publicamente a responsabilidade pela sua morte, o que provocou protestos indignados mas não chegou a lhe custar o cargo. Com o apoio do rei, Mussolini decidiu então acelerar a fascistização do governo e em 1926 proclamou novas leis que o tornavam um ditador.

As três fases do fascismo

A aventura fascista passou por três fases: de 1922-1926 a 1936; de 1936 a 1943; e a partir de 1943, com a República de Salò, até 1945, quando Mussolini foi morto por *partigiani* italianos.

A primeira fase foi caracterizada por uma posição que procurava conciliar, em primeiro lugar, a satisfação dos interesses essenciais dos industriais e da Igreja, ao mesmo tempo que mobilizava a classe média e os trabalhadores em *corporazioni*, que representavam seus principais interesses. Até a depressão, a economia era liberal, dentro do quadro de um Estado corporativista, mas depois passou a haver um forte controle governamental. Uma das características marcantes era a ampla mobilização da juventude nas *Ballilas*, que contavam com 2,4 milhões de membros.

Esse foi o período da aventura imperialista africana de Mussolini, com a invasão da Etiópia, ignorando as deliberações e sanções da Liga das Nações, a pretexto de vingar um ataque etíope contra as forças italianas em Valval, na fronteira com a Somália. A conquista da Etiópia, que mobilizou um exército moderno de cerca de 400 mil homens contra as forças muito fracas de uma nação atrasada, pretendia exibir o novo poder da Itália e dirigir o grande fluxo emigratório do país para um protetorado italiano.

A segunda fase foi mais totalitária, influenciada pelo nazismo, e associada à guerra. Foi a época da intervenção italiana na guerra civil espanhola, apoiando Franco. O apoio nazi-fascista a Franco gerou uma estreita aliança dos dois movimentos, e Mussolini passou a se referir ao "eixo ítalo-alemão".

A terceira e curta fase do fascismo correspondeu à tentativa de voltar a suas origens revolucionárias antiburguesas, já sob os efeitos dos claros sinais da iminente vitória aliada sobre os países do Eixo.

A ideologia

Como aconteceu também com o nazismo, a ideologia fascista foi elaborada gradualmente e só tomou sua forma definitiva depois da consolidação do poder de Mussolini, em meados da década de 1920. Começou combinando certos traços idiossincráticos de Mussolini, um antigo militante socialista, que demonstrava uma mistura peculiar de agressividade e teatralidade, exibindo tendências sociais anarquistas. Mas não tardou a se transformar em uma ideologia de direita, agressivamente anti-socialista, defendendo a ação direta e com pretensões patrióticas de grandeza territorial — aspirações heróicas à maneira de Nietzsche e D'Annunzio. Preservou contudo uma cosmovisão de classe média, sem certos aspectos do espírito aristocrático de Nietzsche, que permeariam o nazismo alemão a despeito do seu concomitante populismo.

Na verdade, o fascismo mussoliniano assumiu características de muitas classes, o que o ajudaria a ser a ideologia predominante na Itália — e também em outros países[9] — durante muito tempo, até que o desenvolvimento da Segunda Guerra Mundial impôs aos italianos uma série de sacrifícios crescentes, e a humilhante subordinação à Alemanha.

As bases do "coquetel ideológico" fascista e do seu Estado corporativo eram a garantia da propriedade e o apoio estatal às empresas privadas, protegendo assim a burguesia do fantasma do comunismo. Para a classe média, o fascismo oferecia empregos e respeitabilidade social; para os patriotas, a oportunidade de participar da construção de uma nova e grandiosa Itália, que lembrava a Roma imperial. Para os trabalhadores, os fascistas propunham, com a *Carta del Lavoro*, segurança no emprego, salário estável e os serviços sociais de um Estado assistencialista. A princípio o fascismo exerceu uma forte influência sobre Hitler; em compensação, a partir de 1933 a Itália foi obrigada a aceitar o anti-semitismo dos nazistas, que lhe era intrinsecamente estranho.

Na noite de 24 de julho de 1943 as derrotas militares da Itália provocaram a queda de Mussolini, com a sua demissão pelo Grande Conselho fascista e a subseqüente prisão por ordem do rei. Detido em Campo Imperatore, nos Abruzzi, uma região montanhosa, Mussolini foi salvo inesperadamente por uma operação de resgate montada pelos alemães, no dia 12 de setembro, sob a chefia do general Otto Skorzeny. Na medida em que podemos avaliar suas intenções, o *Duce* teria preferido refugiar-se em um país seguro, antecipando a derrota inevitável do Eixo, mas foi obrigado a restabelecer seu programa fascista na República de Salò (*Repubblica Sociale Italiana*), proclamada no Norte da Itália. Nessa fase terminal o fascismo retomou várias das posições radicalmente antiburguesas dos seus primeiros anos. Tendo conseguido apoderar-se do seu genro Galeazzo Ciano, que no Grande Conselho Fascista votara em favor da sua deposição, Mussolini mandou executá-lo juntamente com outros "renegados". Em 28 de abril de 1945, depois da derrota das forças alemãs que ocupavam a Itália, o líder fascista foi capturado por *partigiani* italianos, quando tentava escapar para a Suíça acompanhado da sua fiel amante, Clara Petacci, e os dois foram mortos.

O fascismo italiano representou inicialmente uma manifestação radical das frustrações da Itália no pós-guerra, associada à promessa de estabilidade social, opondo-se aos distúrbios causados pela ocupação de fábricas pelos operários, assim como às greves paralisantes organizadas pela extrema esquerda. Mais tarde foi uma tentativa da direita de criar um Estado corporativista com base em uma pluralidade de classes, articulado legalmente por juristas muito competentes e com o apoio de filósofos como Giovanni Gentile (1875-1944). Pretendia então oferecer uma terceira via entre o capitalismo liberal e o socialismo. Desse modo, o fascismo serviu durante algum tempo como modelo sociopolítico para outros regimes de direita. Ao contrário do nazismo, concebido como um movimento étnico, limitado portanto a uma autoproclamada "raça superior", o fascismo tinha a pretensão de tornar-se um modelo universal.

A partir de meados dos anos 30 o desenvolvimento da aliança com a Alemanha introduziu no fascismo uma crescente arbitrariedade totalitária, modificando assim a concepção legal inicial do Estado corporativista.[10] Esse aspecto juntamente com as grandes adversidades trazidas pela guerra, e finalmente pelo claro domínio exercido pela Alemanha, erodiram substancialmente o apoio popular do *Duce*, que no fim dependia inteiramente dos alemães, cujas forças eram o seu único sustentáculo.

4. O nazismo

Iniciado por Hitler, com aprovação legislativa, o regime nazista passou também por três fases desiguais. A primeira corresponde à sua formação na antiga República de Weimar, entre 23 de março de 1933 e meados de agosto de 1934. A segunda vai do fim de agosto de 1934 ao começo da Segunda Guerra Mundial — oficialmente 3 de setembro de 1939. A terceira e última fase abrange o período da guerra, até a derrota final da Alemanha e o suicídio de Hitler, em 1º de maio de 1945.

A instituição do regime nazista, nos meses que se seguiram à delegação dada a Hitler pelo Parlamento alemão, consistiu essencialmente na supressão dos direitos civis e políticos, da independência do Judiciário e da

UM ESTUDO CRÍTICO DA HISTÓRIA

autonomia do Estado com relação ao único partido autorizado, o Partido Nacional Socialista dos Trabalhadores Alemães — a agremiação nazista.

A primeira fase

Logo que obteve poderes ditatoriais Hitler iniciou um expurgo geral em todo o país, prendendo e executando arbitrariamente as pessoas "indesejáveis": judeus, comunistas, socialistas, liberais — rivais e opositores reais ou potenciais de Hitler dentro e fora do Partido. Vários campos de concentração foram instalados para receber os "indesejáveis" que não tinham sido sumariamente executados.

Em meados do ano seguinte esse expurgo alcançou todos os grupos que alegadamente desafiavam de modo efetivo ou potencial a autoridade de Hitler, como o do líder das SA, Ernst Röehm, que contava também com a falta de confiança do Exército. Foi usado o pretexto, fornecido por Goering e Himmler, de que Röehm estava preparando um *Putsch* contra Hitler, tornando necessária uma ação preventiva contra ele e alguns outros comandantes das SA. Mais alguns rivais potenciais, como Gregor Strasser e o general von Schleicher, ex-chanceler, foram incluídos no expurgo, que segundo a admissão do próprio Hitler atingiu 77 pessoas, mas que na verdade foi muito maior. Essa repressão preventiva do alegado golpe de Röehm, que ficou conhecida como "a noite das facas longas" foi bem recebida pelos militares.

A perseguição dos judeus, começando em abril de 1933 com boicotes e outros atos de violência, foi institucionalizada pelas Leis de Nüremberg de 15 de setembro de 1935, que cassaram a nacionalidade alemã dos judeus.

Para desmantelar o regime federal, Hitler a princípio suprimiu os governadores eleitos das *Länder*, e em 7 de abril de 1935 nomeou em seu lugar *Statehalters*. Mais tarde, em janeiro de 1936, aboliu o *Reichsrat*, transformando formalmente as *Länder* em províncias de um Estado unitário.

Para criar um Estado unipartidário, em 10 de maio de 1933 os partidos socialistas foram banidos; os partidos Nacionalista e Católico foram obrigados a se dissolver, e em 14 de julho de 1933 o Partido Nacional Socialista foi declarado o único partido político legal. Quanto ao Partido Comunista, já tinha sido fechado em 28 de fevereiro de 1933, um dia depois do incêndio do *Reichstag*.

A completa subversão do sistema judiciário foi promovida ignorando as prerrogativas judiciais e subordinando os magistrados ao governo e ao Partido. Em 3 de maio de 1934 foi criado o Tribunal do Povo, com poderes ilimitados para definir e julgar todos os casos de traição. O tribunal promulgava usualmente sentenças sumárias, que enviaram para os campos de concentração milhares de pessoas. Mais de trinta desses campos foram instalados, vários deles, os *Vernichtungslager*, equipados com câmaras de gás para exterminar prisioneiros. Foi assim que Auschwitz, Büchenwald, Mauthausen, Sachsenhasen e Treblinka, entre outros, ganharam sua terrível reputação. Segundo o livro de Eugen Kogon, de 1946, publicado em inglês como *The Theory and Practice of Hell* (1951), mais de 7,8 milhões de pessoas foram internadas nesses campos, das quais mais de sete milhões foram mortas. O número de judeus exterminados durante a "solução final" hitlerista foi estimado em cerca de seis milhões.

Para suprimir a autonomia do Estado, a tática usada por Hitler consistia em confundir arbitrariamente as funções governamentais com as do Partido. Investido da tríplice autoridade de líder partidário, chanceler e, depois da morte de Hindenburg, também de presidente — embora mantivesse apenas o título de *Führer*, usando todos os poderes presidenciais —, Hitler atribuía as mesmas funções, ou funções semelhantes, a mais de uma pessoa, misturando funções governamentais com funções partidárias revestidas de autoridade estatal. Essa prática era adotada deliberadamente para limitar os poderes dos seus subordinados, tornando-os dependentes do arbítrio pessoal do *Führer*. O resultado, como era de esperar, foi uma grande confusão na administração da coisa pública. O fato de que mesmo em tais condições o Terceiro *Reich* tenha funcionado com muita eficiência testemunha de modo impressionante a base sólida que ele devia ao passado prussiano e, de modo, geral, o alto sentido de eficiência pessoal implicado na cultura alemã, para não mencionar os efeitos do terrorismo nazista.

Juntamente com a nazificação do Estado e da sociedade, a primeira preocupação de Hitler foi superar o grande desemprego provocado pela depressão, reativando a economia alemã, que em 1933 tinha mais de seis milhões de desempregados. Hitler atacou o problema com uma tríplice abordagem: a reorganização do sistema de mão-de-obra, o apoio às empresas privadas interessadas em cooperar com o Estado, especialmente as grandes firmas industriais (Thyssen, I.G. Farben etc.) e a criação pelo governo de novas frentes de trabalho.

Os antigos partidos e organizações trabalhistas foram suprimidos e substituídos pela Frente Trabalhista Nazista, com uma nova constituição lançada em 24 de outubro de 1934. Desde 17 de maio de 1933 as greves de empregados e as paralisações por empregadores estavam proibidas. Em compensação, foram criadas muitas entidades para proporcionar entretenimento, férias e outros benefícios à classe operária.

O governo nazista conseguiu assim um rápido sucesso na redução do desemprego, ou mediante o recrutamento direto de trabalhadores para obras públicas, como as famosas rodovias (*autobahnen*), ou no desenvolvimento das indústrias militares.

De seu lado, desde que se dispusessem a colaborar com o regime, os empregadores gozavam de plena autoridade para administrar as suas empresas, recebendo do governo créditos e outras facilidades para expandir e aperfeiçoar sua capacidade de produção. Desde o início desse regime foram feitos grandes esforços para aumentar a auto-suficiência econômica do país, até mesmo com incentivos à produção de substitutos (materiais *ersatz*) para os produtos estratégicos sujeitos à importação.

A segunda fase

A segunda fase do regime, já estabelecido solidamente na Alemanha, e beneficiando-se do pleno emprego e de uma economia reativada, teve como objetivo superar as penalidades e limitações impostas pelo tratado de paz concluído no fim da Primeira Guerra Mundial, preparando assim o país para uma possível guerra no futuro. Com esse fim Hitler adotou uma abordagem gradualista, planejando passo a passo as violações do tratado de Versailles — processo acompanhado por uma propaganda habilidosa, procurando mostrar que cada vantagem exigida ou obtida era razoável e justa, e seria a última.

A primeira meta da Alemanha era levantar as restrições impostas ao rearmamento do país. Após longos debates na conferência de desarmamento, nos quais os alemães sustentaram que os contingentes de SA eram uma força policial interna, e não podiam ser considerados como parte do exército, em 16 de março de 1935 Hitler finalmente denunciou as cláusulas de Versailles relativas ao desarmamento, e adotou o recrutamento geral, anunciando que o exército seria expandido para 36 divisões. Justificou essa medida argumentando que as outras potências não se tinham desarmado ativamente. A Liga das Nações condenou esse gesto, mas nenhuma medida prática foi adotada contra ele. Em 14 de outubro de 1933 Hitler tomara a iniciativa de retirar a Alemanha da Conferência sobre o Desarmamento e da Liga das Nações e ocupou a Renânia. Essa decisão provocou violentos protestos da Inglaterra, França, Bélgica e Itália, assim como da Liga das Nações mas sem efeitos práticos devido à decisão britânica de não intervir militarmente.[11] No mesmo ano, a Alemanha firmou um pacto com a Itália, em 25 de outubro, oficializando assim o eixo Berlim-Roma. Nesse momento, a Itália estava prestes a conquistar a Etiópia. O pacto com a Itália foi seguido pelo acordo teuto-japonês de 25 de novembro, integrando Tóquio implicitamente no Eixo. Nessa época, o Japão já havia ocupado a Mandchúria.

Depois de preparar o terreno para a nazificação da Áustria (Delfuss, o chanceler austríaco, foi assassinado em 25 de julho de 1934), em 12 de março de 1938 a Alemanha finalmente invadiu aquele país, e o primeiro-ministro austríaco, Seyss-Inquart, um nazista, proclamou a união da Áustria com a Alemanha. Um plebiscito realizado em 10 de abril aprovou a fusão com mais de 99% de votos favoráveis dos austríacos. Enquanto isso, a Inglaterra e a França limitaram sua reação a um protesto, e a Itália, aliada da Alemanha, teve de aceitar a anexação do país vizinho, o que fez com alguma relutância.

Na segunda metade de 1938 a Alemanha prosseguiu com a sua política expansionista com relação à Tchecoslováquia. Inicialmente, reivindicou a região dos Sudetos, onde a população era predominantemente alemã, ou pelo menos favorável à Alemanha. Diante da ameaça de uma invasão alemã, Chamberlain convocou uma conferência sobre a questão. Em 29 de setembro de 1938 a reunião teve lugar em Munique, com a presença de Hitler, Ribbentrop, Mussolini, Ciano, Chamberlain e Daladier, tendo-se chegado a um acordo para evitar a guerra: a Alemanha recebeu os sudetos e novas fronteiras foram desenhadas para a Tchecoslováquia. O acordo de Munique foi celebrado como uma vitória para a paz na Europa. Na verdade, foi uma vitória para Hitler, que adquiriu pacificamente uma parte do território tcheco, sem abandonar a intenção de ampliar esses ganhos territoriais, o que ocorreu em março de 1939, quando Mgr Tiso, primeiro-ministro da Eslováquia, foi deposto por Emil Hacha, presidente da Federação Tcheca, devido à sua posição separatista e pró-nazista. Hitler convenceu Tiso a proclamar a independência da Eslováquia e depois, convocando Hacha a Berlim, comunicou-lhe que o exército alemão estava avançando na direção de Praga, e convenceu-o a não resistir.

Esse último sucesso de Hitler marcou o fim das suas conquistas feitas sem pagar um preço em sangue, assim como da longa e timorata complacência dos aliados ocidentais. Finalmente os governos da Inglaterra e da França se convenceram de que a Alemanha estava seguindo um caminho de ampliações territoriais contínuas, que só uma ação militar poderia deter.

De seu lado, tendo decidido invadir a Polônia, Hitler procurou garantir a cumplicidade de Stalin. Em agosto de 1938 negociações entre os dois países foram conduzidas rapidamente. Conforme já observamos ao discutir a Revolução Russa, depois da invasão da Tchecoslováquia Stalin tinha chegado à conclusão de que a Inglaterra e a França não ousariam enfrentar Hitler; como a Rússia seria certamente uma da próximas vítimas do nazismo, valia a pena aliar-se temporariamente com a Alemanha. A perspectiva de obter uma parte do território polonês, útil faixa de segurança na hipótese provável de uma futura invasão, seria um fator adicional que levou Stalin a aceitar o pacto proposto por Hitler, assinado em 23 de agosto de 1938 pelos ministros do Exterior dos dois países, Molotov e Ribbentrop.

Estimulado por essa série de fáceis triunfos, e garantido pelo pacto com a União Soviética, em março e abril de 1939 Hitler fez exigências importantes à Polônia, inclusive a cessão de Danzig (hoje Gdansk), assim como facilidades no "corredor polonês" para a construção de estradas de ferro e de rodagem alemãs. Os poloneses recusaram, e em 31 de março receberam garantias da Inglaterra e da França, para o caso de uma agressão alemã. Depois de um período de tensão crescente, em 1º de setembro de 1939 Hitler invadiu a Polônia com um exército poderosamente equipado de 1,7 milhões de homens, protegido por uma força aérea irresistível. Dois dias depois, em 3 de setembro, a Inglaterra e a França declararam guerra à Alemanha, e assim começava a Segunda Guerra Mundial.

Não está claro se Hitler esperava que os aliados ocidentais resistissem à sua invasão da Polônia ou se pensou que poderia fazer mais uma conquista fácil, mas ele sabia que em algum momento a Alemanha teria de enfrentar uma guerra, e tinha preparado o país para essa eventualidade. O risco de guerra sempre fora contemplado por Hitler em seus desafios seguidos ao tratado de Versailles, mas a preparação bélica sistemática da Alemanha nazista começou com o Plano Quadrienal lançado em 19 de outubro de 1936, que incluía todas as medidas econômicas e militares necessárias. Entre as primeiras, a expansão da indústria bélica, a acumulação prévia de grandes estoques de materiais estratégicos e um esforço intensivo para produzir dentro do país tudo o que fosse possível, usando as matérias-primas disponíveis, tais como o carvão mineral, *ersatz* para o petróleo, a borracha, e para aperfeiçoar a tecnologia de utilização de minério de ferro de baixo teor. A execução do Plano Quadrienal foi colocada sob a responsabilidade de Goering, mas a duplicidade na atribuição de funções provocou sérios conflitos entre as autoridades econômicas e militares incumbidas do plano, de forma que a sua eficiência foi prejudicada pela confusão resultante, como acontecia aliás com todas as atividades governamentais durante o regime nazista.

A guerra

De modo geral a Segunda Guerra Mundial pode ser dividida em duas fases. A primeira começou com a invasão da Polônia pela Alemanha, em 1º de setembro de 1939, e foi caracterizada por uma série quase ininterrupta de vitórias alemãs nos vários teatros do conflito, abrangendo a Europa ocidental, setentrional e oriental, a Rússia, os Balcãs e a África do Norte, até 1942-1943.

A segunda fase foi marcada pela gradual inversão da sorte, com a vitória de Montgomery sobre von Rommel em El Alamein, em 23 de outubro de 1942, a contra-ofensiva soviética de 19 de novembro de 1942, na frente de Stalingrado, que levaria a seguidas derrotas das forças do Eixo no ano de 1944, à execução de Mussolini em 28 de abril de 1945, ao suicídio de Hitler em 1º de maio daquele ano e à rendição final da Alemanha no dia 8 de maio de 1945. Depois de perder para as forças norte-americanas as suas conquistas iniciais no Sudeste da Ásia, o Japão sofreu a destruição atômica de Hiroshima, em 6 de agosto e severos danos em Nagasaki em 9 de agosto de 1945, rendendo-se incondicionalmente em 2 de setembro daquele ano.

A primeira fase da guerra demonstrou a enorme superioridade da Alemanha, tanto em equipamentos como em capacidade de combate. A Polônia foi conquistada em apenas 27 dias; a França, em cerca de dois meses. A primeira derrota alemã ocorreu na batalha aérea sobre o Sul da Inglaterra, em agosto e setembro de 1940, quando a *Royal Air Force* britânica mostrou sua superioridade sobre a *Luftwaffe*. A súbita invasão da Rússia pela Alemanha, em 22 de junho de 1941, abrindo uma segunda frente e criando um novo e poderoso inimigo, foi um erro fatal de Hitler. Depois de uma série inicial de vitórias, os alemães foram confrontados com uma devastadora reação soviética, que os expulsou do território russo e só terminou com a ocupação de Berlim pelo Exército vermelho, em maio de 1945.

O ataque de surpresa dos japoneses contra a frota norte-americana, em Pearl Harbour, no dia 7 de dezembro de 1941, seguido quatro dias depois pela declaração de guerra aos Estados Unidos pela Itália e a Alemanha, trouxe a extraordinária superioridade do complexo industrial-militar norte-americano contra as potências do Eixo.

Ao contrário da Primeira Guerra Mundial, que foi um conflito entre exércitos, a Segunda Guerra Mundial foi uma guerra total, provocando a maior destruição civil e o maior número de baixas já ocorridas nas cidades européias. Dos quarenta milhões de mortos, mais da metade eram civis. As baixas aliadas chegaram a 22,5 milhões; as do Eixo, a cerca de 17,5 milhões. Londres e Berlim foram muito castigadas pelo bombardeio aéreo, Dresden e Leipzig foram praticamente destruídas. Hiroshima foi aniquilada e Nagasaki severamente atingida pelas duas bombas atômicas.

A Alemanha perdeu a Primeira Guerra Mundial porque o seu alto comando, contra o conselho insistente do chanceler Theobald von Bethmann, insistiu em lançar em fevereiro de 1917 uma campanha submarina contra navios mercantes, incluindo vários de bandeira norte-americana que transportavam suprimentos para a Inglaterra, o que provocou a declaração de guerra dos Estados Unidos contra a Alemanha, em 6 de abril daquele ano. A ajuda material e o poder militar norte-americano selaram a sorte do exército alemão, que já se encontrava em estado de exaustão.

A Alemanha perdeu a Segunda Guerra Mundial porque Hitler, contra o conselho dos seu generais e a experiência da guerra precedente, decidiu invadir a Rússia em junho de 1941. O profundo preconceito racial de Hitler foi mais forte do que a análise racional da situação, levando-o a presumir que a natural superioridade dos alemães e a inferioridade dos eslavos garantiam uma rápida conquista da Rússia. Contrariando essa expectativa, e ao preço de vinte milhões de baixas, os russos repeliram a invasão, derrotaram o exército alemão e entraram vitoriosos em Berlim.

Outro fator importante da derrota alemã na Segunda Guerra Mundial foi o anti-semitismo demente de Hitler, associado com o seu antiintelectualismo, típico dos ativistas fanáticos, sem muita educação. Além de serem excelentes cidadãos, os judeus alemães representavam um segmento fundamental do estabelecimento acadêmico e científico do país. A hostilidade aos intelectuais e a perseguição dos judeus fizeram que fugissem da Alemanha nazista vários cientistas que trabalhavam no campo da energia atômica, para se exilar nos Estados Unidos, onde ajudaram a construir a bomba atômica que derrotou o Japão. Se os nazistas tivessem mantido e apoiado esses cientistas, a primeira bomba atômica teria sido alemã, não norte-americana — uma perspectiva da qual o mundo foi salvo pelo anti-semitismo patológico de Adolf Hitler.

Considerações finais

O nazismo foi o fenômeno mais horrível de toda a história. A crueldade dos assírios e sua ampla utilização do terrorismo de Estado, as ações violentas de Átila e Tamerlão, entre muitos outros, foram exemplos chocantes de uma ferocidade brutal e destrutiva, mas foram perpetrados por sociedades pré-racionais ou puramente primitivas. O que é espantoso acerca do nazismo é a combinação única de uma racionalidade sofisticada, e grande competência científica, com o emprego mais insensível do homicídio em massa e do genocídio, orientados pela estupidez cega implícita no seu anti-semitismo oficial. Talvez ainda mais espantoso seja o fato de que o nazismo surgiu, prosperou e durante algum tempo comandou uma grande maioria da população de um dos países mais civilizados do mundo, na mesma época em que a República de Weimar produzia algumas das expressões mais elevadas da cultura do Ocidente, com Cassirer, Husserl, Max Scheler, Karl Jaspers, a escola de Frankfurt, Max e Alfred Weber, os pintores expressionistas, a música de Richard Strauss, a direção orquestral de Furtwängler, a prosa de Thomas Mann, a física de Einstein. Como foi isso possível?

Provavelmente não se pode chegar a uma resposta definitiva, da mesma forma como, olhando em outra direção, não conseguimos explicar o milagre grego do quinto século a.C. ou o do Renascimento nos séculos XV e XVI. No entanto, alguns dos elementos cruciais que conduziram ao fenômeno nazista podem ser identificados. Considerando a questão em seus aspectos mais amplos, o nazismo foi o resultado da combinação, nas condições da Alemanha de pós-guerra, de certas características da cultura germânica com circunstâncias específicas prevalecentes naqueles anos — condições sociais, econômicas e políticas — e, de outro lado, a personalidade única de Adolf Hitler, e a mistura de uma dose importante de puro acaso.

Antes de falar sobre a cultura alemã, devemos mencionar o tradicional anti-semitismo latente na civilização Cristã que, em alguns momentos históricos e em determinados episódios, chegou a proporções explosivas, e que só em parte foi superado pela restauração dos valores bíblicos pelo protestantismo, e em particular pela cultura da Ilustração. É indubitável que sentimentos anti-semitas residuais foram revividos e exacerbados pelo ódio irracional que Hitler tinha dos judeus.[12]

A respeito da cultura alemã poderíamos fazer várias observações, relativas, em primeiro lugar, ao seu respeito pela autoridade legal, a que Hitler atribuiu corretamente o fracasso do *Putsch* de Munique, e que ele depois cultivou na sua luta pelo poder e mais tarde, como chanceler, ao exercer poderes ditatoriais por delegação formal do *Reichstag*. Esse respeito, incidentalmente, para muitos alemães está mais associado à legalidade do que à legitimidade. O segundo traço a ser mencionado tem a ver com a dimensão metafísica dessa cultura, cuja busca de valores absolutos gera uma inclinação para adotar objetivos e formas de conduta radicais. Um terceiro aspecto importante da cultura alemã, associado ao seu respeito pela legalidade, é a obediência sem questionamento às ordens emanadas de uma autoridade superior. Outra característica perigosa dessa cultura, que não se pode esquecer, é a profunda convicção da sua superioridade — assim como a dos gregos com relação às culturas não-helênicas; uma convicção que para muitos alemães se confunde com o sentimento da sua superioridade racial. Assim, em determinadas circunstâncias o racismo latente dos alemães pode gerar uma reação anti-semita.

A segunda ordem de considerações a ser levada em conta diz respeito à medida que as condições alemãs do pós-guerra contribuíram para a prosperidade do nazismo, garantindo a Hitler, durante algum tempo e especialmente para certos fins (a posição contrária às obrigações impostas em Versailles), o apoio da grande maioria do povo alemão. O tratado de Versailles e duas sérias crises econômicas, a hiperinflação de 1923 e a depressão de 1929 e dos primeiros anos 1930, contribuíram de forma decisiva para a expansão do movimento nazista. O caso do tratado de Versailles é especialmente interessante, pois, como é fácil de entender, as cláusulas humilhantes impostas à Alemanha, e as reparações de guerra em montante exagerado, representando mais de duas vezes o PNB alemão, provocaram ressentimento generalizado. Astuciosamente, Hitler se serviu desse ressentimento, transformando-o na principal base do seu apoio popular. O que os alemães não perceberam, e obviamente era omitido da propaganda nazista, é que as divergências entre os aliados, e outras circunstâncias, impediam a implementação eficaz do tratado, e na verdade só uma pequena parte das reparações chegaram a ser pagas. Por outro lado, as cláusulas restritivas foram gradual e sistematicamente desrespeitadas por Hitler, que no entanto continuava a vociferar contra a letra do tratado, como se ele estivesse sendo realmente aplicado.

O efeito das duas crises econômicas foi crucial. Com a hiperinflação de 1923 as propostas de Hitler passaram a ter ouvintes receptivos. Por outro lado, nos anos de prosperidade, depois de controlada a inflação, Hitler foi esquecido. O máximo que pôde fazer, o que não deixa de ser notável nas condições da época, foi ampliar o número de membros do Partido; mesmo assim, em 1929 esse número não excedia 178 mil. Foi a depressão que restaurou o público de Hitler, e o desemprego agiu como o seu maior aliado. Entrementes, ele tinha preparado uma robusta organização partidária, e com o emprego efetivo da propaganda, juntamente com o impacto positivo de um partido uniformizado e bem disciplinado, conseguiu dispersar sistematicamente os seus adversários. O fato de que nesse período os comunistas tenham cometido o erro de hostilizar os social-democratas, preferindo favorecer os nazistas, embora de forma indireta, em vez de se aliar às forças democráticas, teve um impacto decisivo na abertura do caminho que levou Hitler a governar a Alemanha.

Cabe aqui um breve comentário sobre o fator sorte. A sorte está sempre presente na história e teve um papel importante na carreira de Hitler, como na de qualquer outra personalidade histórica. Além de uma infinidade de episódios em que Hitler foi ajudado por circunstâncias favoráveis, quatro eventos ou momentos em que a boa sorte foi decisiva para a aventura hitlerista devem ser mencionados. O primeiro data de 1923: o fato de o general Luddendorf, introduzido inesperadamente pelos nazistas no princípio do *Putsch* da cervejaria, ter aceitado um papel subordinado naquele movimento, o que lhe deu um certo peso, evitando que se transformasse em uma simples farsa. Uma segunda interferência providencial da sorte foi a decisão do Partido Comunista, nas eleições presidenciais de 1925, de apresentar um candidato próprio, Ernst Thälmann, que não tinha a menor possibilidade de vencer, desviando assim do candidato social-democrata, Otto Braun, perfeitamente viável, os votos que poderiam tê-lo eleito. Com Braun eleito, em lugar de Hindenburg, toda a história subseqüente da República de Weimar teria sido diferente, cortando as oportunidades futuras de Hitler.

Uma terceira vantagem resultante puramente da sorte ocorreu com a iniciativa mal planejada de Goering de incendiar o Reichstag, às vésperas das eleições decisivas de março de 1933, quando Hitler estava apenas começando a exercer o cargo de chanceler, e o seu futuro político dependia do resultado dessas eleições. O que deu credibilidade à versão de que o incêndio era parte de um plano comunista para derrubar o regime foi um incidente fortuito: o fato de que Marinus van der Lubbe, um comunista holandês, lunático e piromaníaco, foi induzido a atear fogo nos lugares que um grupo da SA tinha previamente encharcado de gasolina. O incidente permitiu a Hitler extrair do presidente Hindenburg um decreto suspendendo as liberdades constitucionais e conferindo-lhe amplos poderes policiais, que ele utilizou, antes da sessão do *Reichstag* de 23 de março, para prender os deputados comunistas e um grupo de social-democratas, garantindo a maioria de dois terços exigida para aprovar a delegação parlamentar de poder de que necessitava para agir ditatorialmente.

Um quarto exemplo, entre os vários atentados planejados contra a vida de Hitler, foi o fracasso da tentativa feita em 20 de julho de 1944 pelo coronel Stauffenberg, juntamente com outros conspiradores militares. Uma bomba de tempo, que o coronel tinha levado a uma reunião militar com Hitler, oculta em uma pasta de couro e colocada sob a mesa da conferência, perto do assento do *Führer*, foi deslocada casualmente por um certo coronel Brandt, outro dos participantes da reunião. Para poder esticar as pernas, Brandt removeu a pasta do local onde tinha sido posta, colocando-a perto de uma das extremidades da mesa. Minutos antes da bomba explodir, Stauffenberg deixou a sala, mas com a explosão Hitler sofreu apenas ferimentos superficiais, devido à posição em que o engenho se encontrava.

Finalmente, algumas palavras sobre a personalidade de Adolf Hitler. É realmente espantoso que um pintor austríaco de origem modesta e pouca educação, que não conseguira ser admitido à Escola de Arte de Munique, e cujo maior título era a dupla condecoração com a cruz de ferro obtida como cabo, na Primeira Guerra Mundial, se tenha tornado o líder supremo do partido político mais forte da Alemanha, depois seu chanceler e finalmente, por delegação parlamentar, o ditador legal do país. As características acima mencionadas e as vicissitudes da Alemanha do pós-guerra explicam em larga medida como as circunstâncias favoreceram o programa e o partido dos nazistas. Por outro lado, a sorte teve também o seu papel, como vimos. Todos esses fatores, porém, não explicam totalmente como Hitler pôde utilizá-los em seu favor de forma estão espetacular.

Independentemente de outras circunstâncias, é preciso reconhecer que, beneficiado por um mínimo de oportunidades de projetar-se, Hitler revelou uma genialidade política excepcional. Dotado de inteligência aguda e grande sentido tático, movido por uma vontade férrea e uma ambição extrema, de uma determinação persistente e inflexível, insensível aos limites morais, empenhou-se impiedosamente na consecução dos seus objetivos políticos. Essas qualidades eram afetadas negativamente pela sua cultura muito limitada, que distorcia a visão que tinha do mundo.[13] Visão baseada em noções e preconceitos populares, motivada por emoções irracionais, como o ódio patológico dos judeus, concebido de forma mítica. Embora no concernente ao desenvolvimento do seu Partido tivesse demonstrado grande capacidade de organização, como chanceler, ou seja, primeiro-ministro, duplicou de forma destrutiva muitas funções governamentais, movido pela ambição de concentrar todos os poderes nas próprias mãos. Por outro lado, sua personalidade magnética, a oratória eletrificante e a capacidade dramática de construir e difundir o próprio mito o colocavam acima dos fracassos circunstanciais, permitindo-lhe manter até o seu trágico fim a lealdade do Partido e do Estado, embora não de uma parte considerável da população.[14]

5. O estado do bem-estar social

Origens

O *welfare state*, o Estado assistencialista, ou do bem-estar social, representa uma tentativa explícita ou implícita de implantar os ideais da democracia social, e constitui uma das mais importantes e positivas experiências do século XX, contrastando com o autoritarismo totalitário ou semitotalitário do comunismo, do fascismo e do nazismo.

Em um sentido mais amplo, o bem-estar público, orientado para uma elite restrita ou para a totalidade da população, tem sido um dos objetivos inerentes à maioria dos Estados, desde o Antigo Reinado no Egito. No entanto, no sentido em que surgiu no século XX, a concepção deriva das idéias socialistas que emergiram na segunda metade do século XIX.

Uma primeira tentativa parcial de implantar o *welfare state* foi a de Bismarck, com sua lei de seguro contra doenças, de 1883, e a legislação do ano seguinte, que criou o seguro contra acidentes, invalidez e velhice. O custeio da primeira provinha de contribuições dos trabalhadores (2/3) e dos patrões (1/3), e o da segunda competia ao Estado. Essa iniciativa de Bismarck foi uma manobra sagaz para reduzir o impacto crescente do movimento socialista, a partir de 1875, com a fusão dos militantes de Lassalle e de Eisenach, com o Programa de Gotha.[15] Outros precursores importantes foram a lei de 1908, de Lloyd George, criando na Inglaterra a pensão para os idosos, e sua Lei Nacional de Seguro, de 1911.

Na sua forma atual o *welfare state* foi uma realização européia, datando dos anos que se seguiram imediatamente ao fim da Segunda Guerra Mundial. No entanto, suas diretrizes derivam dos movimentos socialistas do primeiro terço do século XIX, com duas fontes principais; a tendência reformista do Partido Social Democrático alemão, o SPD, depois da derrota eleitoral de 1907; e, de forma paralela mas não inteiramente dissociada, o desenvolvimento das idéias da Sociedade Fabiana, fundada na Inglaterra em 1887-1888, e incorporadas pelo Partido Trabalhista em 1900. O *New Deal* de Roosevelt, para reagir à Grande Depressão dos anos 30, foi também influenciado em parte pela social democracia e as idéias fabianas.

Depois de um breve período de aceitação das idéias de Ferdinand Lassalle, constantes do Programa de Gotha, de 1875, e até o Congresso de Erfurt, de 1881, o Partido Social Democrático Alemão voltou à sua posição inicial puramente marxista, mantendo-a até os primeiros anos do século XX. Em 1899, porém, Eduard Bernstein publicou um livro que viria a ter a maior influência — *As Premissas do Socialismo*. Atacado violentamente pelos marxistas ortodoxos, como Kautsky e Rosa Luxemburgo, Bernstein argumentava que o que havia de relevante no socialismo era a melhoria das condições sociais, de modo geral, e das condições dos trabalhadores, em particular. Bernstein contestava tanto a viabilidade como a conveniência dos métodos revolucionários propostos por Marx, com a previsão catastrófica do colapso inevitável do capitalismo e a necessidade de instaurar uma ditadura do proletariado. Para ele a democracia liberal apresentava todas as condições necessárias para criar o socialismo democrático, mediante a ação parlamentar e o voto popular, de forma a atingir todos os objetivos propostos por Marx. Na Alemanha, a séria derrota do SPD nas eleições de 1907 levou os líderes do Partido a reconhecer que o marxismo revolucionário não era aceito com facilidade pelos trabalhadores, além de não parecer viável no futuro previsível. Decidiram assim aceitar o reformismo parlamentar de Bernstein, e desse modo obtiveram um brilhante sucesso nas eleições de 1912.

Depois das muitas vicissitudes da vida política alemã, entre o fim da Primeira Guerra Mundial e o fim da Segunda, o SPD, reorganizado por Kurt Schumacher em 1945, manteve sua abordagem democrática. Um momento decisivo na história do Partido foi o Congresso de Bad-Godesberg de 1956, quando foi tomada a decisão de renunciar ao marxismo como doutrina oficial, sem excluir das suas fileiras aqueles que mantinham convicções marxistas. Em lugar das propostas de Marx foi adotada uma concepção contemporânea da social-democracia baseada na noção de uma economia social de mercado, orientada para o bem-estar geral da população, procurando reduzir as desigualdades sociais, melhorar as condições dos trabalhadores e proteger os setores não privilegiados da sociedade. Depois de alguns anos, em 1966, o novo SPD foi convidado a integrar o governo de coalizão de Kiesinger, e conseguiu eleger um presidente da República, Heinesmann. Alguns anos mais tarde, os social-democratas ganharam as eleições de 1976, e o seu líder, Willy Brandt, foi o primeiro chanceler socialista da Alemanha no pós-guerra, quando o *welfare state* foi formalmente adotado no país (vários dos seus elementos já tinham sido introduzidos).

Uma versão inglesa do socialismo democrático foi desenvolvida pela Sociedade Fabiana,[16] fundada por George Bernard Shaw, Sidney Webb e sua esposa Beatrice (que começou a participar mais tarde), Annie Besant e vários outros intelectuais, propondo a implantação do socialismo democrático pelo convencimento das pessoas. Os fabianos foram criticados por Engels, na época já com mais de sessenta anos, que desprezava suas idéias, considerando-as *"snooty bourgeois"*, ou seja, burguesas e arrogantes. Mas os *Fabian Essays*, publicados pelo grupo em 1889, tiveram uma repercussão ampla e duradoura.

Vários movimentos sociais foram tentados, fundamentados em alguma medida nas idéias fabianas, mas foi o Partido Trabalhista Independente, fundado por Keir Hardy e J. Ramsay MacDonald em 1893, que as levaria adiante. Tornando-se Partido Trabalhista em 1900, teve dois curtos períodos no governo, sob MacDonald, em 1924, e em 1929-1931. Depois da mudança das fortunas políticas da Inglaterra e do mundo, desde essa época e até o fim da Segunda Guerra Mundial, o Partido Trabalhista tornou-se um movimento majoritário e elegeu seu líder, Clement Attlee, como o primeiro chefe de governo da Inglaterra no pós-guerra. Como no caso da Alemanha, com o tempo vários elementos do *welfare state* já tinham sido incorporados gradualmente às instituições britânicas, mas com Attlee no governo a filosofia assistencialista foi implantada plenamente no país.

De alguma forma, a concepção do *welfare state* ganhou ampla difusão no segundo pós-guerra, sendo adotada por muitos países europeus — Áustria, Bélgica, Dinamarca, Espanha, França, Holanda, Irlanda, Noruega, Portugal e Suécia, entre outros. É interessante notar que um grande estadista latino-americano, José Battle y Ordoñez, presidente do Uruguai de 1911 a 1915, precedeu a Europa na implantação do *welfare state* no seu país. Nos Estados Unidos, a tradição de um Estado assistencialista moderado, iniciada por Roosevelt dentro das condições peculiares do país, foi adotada no pós-guerra pelos presidentes democratas como Truman, Kennedy, Johnson, Carter e Clinton.

Alguns desafios

A concepção de uma economia social de mercado, implantada através do assistencialismo estatal, teve um grande êxito. Esse sucesso decorre do fato de que, se administrado de uma forma razoável, ele combina as vantagens da economia de mercado — e, de modo geral, o dinamismo inerente ao sistema capitalista — com os benefícios do socialismo democrático, proporcionando, além dos serviços fundamentais do Estado, educação, serviços médicos, facilidades de habitação e transporte, pensões, entretenimento popular, estabilidade no emprego, salários razoáveis, pleno emprego e, finalmente, o que não tem menos importância, uma redução significativa das desigualdades sociais. Em certa medida o *welfare state* atende à tríplice aspiração democrática de Liberdade, Igualdade e Fraternidade, quando as democracias tradicionais só garantiam o primeiro desses objetivos. Limitações fiscais, abusos do sindicalismo e a competição estrangeira têm, entretanto, restringido os benefícios do Estado assistencial, embora os países nórdicos e a Holanda tenham conseguido manter um nível elevado de desenvolvimento social.

A partir da década de 1970, porém, o *welfare state* vem enfrentando desafios crescentes, que podem ser atribuídos a dois fatores principais: internamente, o poder excessivo dos sindicatos, em detrimento das agências governamentais e do interesse público, de modo geral; externamente, a supercompetitividade de alguns países e das suas melhores firmas, em relação aos países que adotam o assistencialismo estatal.

Apoiado habitualmente pelos partidos social-democráticos, o *welfare state* depende também em larga medida do apoio dos sindicatos, que têm demonstrado uma tendência para defender a concessão de benefícios excessivos aos empregados, em detrimento da produtividade das empresas; por outro lado, acumulam um poder excessivo, com prejuízo para a autoridade parlamentar e governamental. Terminam assim prejudicando também o interesse público. O longo governo de Margaret Thatcher na Inglaterra, a partir de 1985, seguido pelo de John Major, até 1997, apoiou-se originalmente na reação pública contra os excessos fora de controle da ação sindical. Nos Estados Unidos, o governo direitista de Ronald Reagan, que repetiu seu primeiro mandato, beneficiou-se também da mudança havida na opinião pública, adotando posições mais conservadoras com relação ao que era visto, a despeito da moderação do *welfare state* norte-americano, como gastos e benefícios sociais excessivos, em prejuízo da eficiência econômica do país.

O desafio externo enfrentado pelos Estados assistencialistas, a partir do fim da década de 1970, é ainda mais grave, e surgiu inicialmente com os ganhos da posição competitiva superior do Japão e das empresas japonesas, seguidos, nos anos 90, pela nova supercompetitividade dos Estados Unidos e das suas empresas transnacionais.

O caso incomum do Japão exige um breve comentário. Em um curto período, entre 1868 e os primeiros anos do século XX, o Japão se transformou de uma sociedade medieval em uma potência mundial moderna, reagindo às ameaças do Ocidente. Com a Restauração Meiji, os japoneses começaram a incorporar sistematicamente a tecnologia e os procedimentos administrativos ocidentais, adotando uma infra-estrutura, a organização militar e a liderança que lhe valeram a imposição de uma séria derrota à Rússia, em 1905. A expansão contínua da sua capacidade militar e industrial permitiu que o Japão participasse da Primeira Guerra Mundial lutando contra a Alemanha, embora com um papel secundário; com a vitória aliada, ficou com as possessões alemãs no Oceano Pacífico. O desenvolvimento importante do país, no período de entreguerras, o encorajou a realizar em 1941 um ataque de surpresa contra os Estados Unidos, destruindo a frota norte-americana ancorada em Pearl Harbour e iniciando uma campanha militar fulminante, que em questão de meses lhe deu o domínio de toda a bacia do Sudeste Asiático, incluindo Filipinas, Hong Kong, Malásia, Cingapura, Indonésia e Birmânia. Quando mudou a sorte da guerra, passando a favorecer os Estados Unidos, os japoneses resistiram ferozmente em cada um dos territórios conquistados. A resistência japonesa foi de tal ordem que para reduzir as suas baixas, evitando prolongar a guerra, os Estados Unidos se viram obrigados a usar seu poder nuclear, recentemente adquirido, aniquilando Hiroshima e danificando seriamente Nagasaki, o que obrigou o Japão a submeter-se, em 2 de setembro de 1945, a uma rendição incondicional.

Embora muito afetado pela destruição da guerra, e tendo permanecido por um longo período, de 1945 a 1950, como um país ocupado, tendo o general MacArthur como procônsul, já em 1955 o Japão conseguia superar os seus índices econômicos de pré-guerra. Esse saldo final e decisivo do desenvolvimento japonês transformou o país na segunda economia mundial, acima da inglesa e da alemã, tornando-o na década de 1980 a mais competitiva em todo o mundo, ultrapassando inclusive a norte-americana. A combinação de um esforço extraordinário no campo da educação pública, uma concentração fortemente seletiva da pesquisa tecnológica e um sistema único de trabalho e de valores, que promoviam os níveis mais altos de coesão social e lealdade ao empregador, fizeram do Japão um gigante econômico e social.

Confrontados com a supercompetitividade do Japão e onerados pelos seus problemas sindicais internos, os Estados assistencialistas da Europa se tornaram cada vez menos capazes de sustentar seus ganhos sociais. Na década de 1990 uma crise inesperada no setor bancário japonês reduziu as fantásticas taxas de crescimento do país, enquanto os Estados Unidos retomavam sua antiga competitividade, substituindo o Japão no desafio lançado aos países assistencialistas.

6. A globalização

O processo

Com a proximidade do fim do século XX a globalização tornou-se um dos traços mais característicos do cenário mundial. A globalização foi provocada pela revolução tecnológica das três últimas décadas do século, que criou as condições para a comunicação instantânea com todo o planeta, transporte de longo curso extremamente rápido, estreita interligação de todas as sociedades não-primitivas e a acumulação em mãos particulares de uma massa financeira de muitos bilhões de dólares, que podiam ser transferidos instantaneamente de um mercado para outro, conforme as expectativas de ganho.[17]

O desenvolvimento do computador, da telemática e de outras aplicações da cibernética, combinadas com as facilidades proporcionadas pela revolução tecnológica, está criando formas de produção completamente novas, e gera, entre outros efeitos, a descentralização dos sistemas produtivos, com a fabricação dos componentes de um processo industrial em lugares diferentes, para serem montados em ainda outro. As novas condições de produção, as novas facilidades e oportunidades hoje existentes levaram à formação de gigantescas empresas transnacionais, com filiais localizadas em toda parte, que trocam bens e serviços umas com outras. Esse comércio dentro das mesmas empresas transnacionais representa hoje mais de dois terços do valor total do comércio internacional.

Embora apresente algumas facetas únicas, o atual processo de globalização é o terceiro estágio, final, de um processo que começou no século XV, com as grandes descobertas marítimas: a abertura da rota marítima para a Índia, por Vasco da Gama, e a descoberta do Novo Mundo, por Cristóvão Colombo. A primeira onda de globalização correspondeu assim à revolução mercantil do período que vai do Renascimento até o fim do século XVIII. Foi a revolução mercantil que criou e desenvolveu vínculos comerciais entre os países da Europa e o restante do mundo. Correspondeu também à primeira fase do colonialismo, com a qual os europeus iniciaram o domínio econômico, político e militar de antigas sociedades asiáticas e africanas ou ocuparam, nas Américas e na bacia australiana, regiões até então habitadas por povos indígenas. Áreas de população escassa, como no caso da América do Norte e do Brasil, ou densamente povoadas, como no caso do México, da América Central e Andina, onde existiam civilizações desenvolvidas, mas que não conheciam o uso dos metais, e que não puderam resistir à invasão européia.

A segunda onda de globalização correspondeu à Revolução Industrial, entre o fim do século XVIII e os tempos modernos. Essa segunda onda se caracterizou pelo intercâmbio bastante desigual de produtos industriais europeus, de alto valor agregado, por matérias-primas nativas de baixo valor agregado. Um relacionamento entre centro e periferia, que começou com a revolução mercantil, chegando à sua expressão máxima com a segunda onda de globalização. Nessas novas condições, o colonialismo assumiu traços imperialistas, com a transformação formal das regiões dominadas em colônias dos países europeus, sob o controle das respectivas metrópoles.

Mais tarde, a princípio a América do Norte e depois a América do Sul, conquistaram sua independência das metrópoles européias. Na América do Norte, o país emergente, os Estados Unidos, não tardou a iniciar o seu próprio processo de industrialização, protegido pelas tarifas instituídas por Hamilton. Por razões relacionadas com as características da sua colonização pela Espanha e Portugal, e também devido à sua grande riqueza em produtos minerais e agrícolas, os novos países da América do Sul se tornaram grandes fornecedores mundiais de produtos primários, dependendo porém das manufaturas importadas da Europa (e mais tarde também dos Estados Unidos) — sistema que representava de fato um regime semicolonial.

A terceira onda de globalização, sobrepondo-se à fase final da segunda, teve início algum tempo depois da Segunda Guerra Mundial, e alcançou seu maior *momentum* nas últimas duas décadas do século XX. As colônias se tornaram formalmente independentes e a relação centro-periferia foi de certa forma superada por outra, fortemente reforçada. Essa substituição se deu mediante a descentralização dos modos de produção, com a manufatura de componentes industriais nas antigas áreas da periferia. E o reforço consistiu no fato de que, com algumas exceções, as áreas periféricas serviam de simples apoio territorial para processos produtivos comandados pelo centro, de acordo com a conveniência global das grandes empresas multinacionais.

As três ondas de globalização se caracterizaram pelo desequilíbrio estrutural entre centro e periferia. Quando os europeus fizeram contato pela primeira vez com as civilizações asiáticas, depois da viagem de Vasco da Gama, encontraram sociedades, como as da Índia e da China, com alto nível cultural, sob muitos aspectos superior ao do Ocidente, mas exibindo já uma certa inferioridade tecnológica. A revolução mercantil instituiu num relacionamento assimétrico entre o centro e a periferia, de cerca de dois a um em favor do centro, e a revolução industrial modificou essa proporção para uma média de dez a um, sempre em favor do centro. Ora, a revolução tecnológica aumentou esse fosso, favorecendo o centro em uma proporção de sessenta a um. Em termos de renda *per capita*, a média da periferia é atualmente de cerca de US$ 500 anuais, contra os US$ 30 mil do centro.

Consequências e necessidades

Como sempre aconteceu no relacionamento entre sociedades diferentes, o que está em jogo é uma relação de poder. Ora, as relações de poder funcionam em dois níveis distintos: o tecnológico e o cultural. O primeiro determina, no curto prazo histórico, quem leva a melhor. O nível cultural condiciona, em prazo mais longo, qual a cosmovisão que deve prevalecer. Uma ilustração típica desse relacionamento de poder entre as sociedades é o que houve entre os romanos e os gregos. A organização e a superior capacidade operacional de Roma lhe deram a possibilidade de dominar as sociedades helenísticas. No longo prazo, porém, a superioridade da cosmovisão helênica provocou a colonização cultural dos romanos. A Civilização Clássica recorreu à capacidade de organização romana orientada pela cultura grega.

Nas relações entre centro e periferia provocadas pelas ondas sucessivas de globalização a superioridade técnica do Ocidente foi também acompanhada, na maioria dos casos, pela sua superioridade cultural. Esta, no entanto, é discutível no caso de certos encontros entre países ocidentais e não-ocidentais — o exemplo típico é o caso da China. As implicações importantes dessa questão serão discutidas brevemente no tópico seguinte deste estudo.

O que nos interessa aqui é a relação tecnológica de poder implicada no processo de globalização. Confrontados no fim do século XVIII com um relacionamento entre centro e periferia, no início da Revolução Industrial, os Estados Unidos adotaram uma política protecionista, com as tarifas de Hamilton, reforçadas depois pelas tarifas Mackinley de 1890, que permitiram aos norte-americanos, a partir de meados do século XIX, aproximar-se dos níveis europeus, para superá-los no princípio do século XX.

O método que poderíamos chamar de "protecionismo hamiltoniano", combinado com o que chamaríamos de "mimetismo nipônico", permitiu a vários países subdesenvolvidos superar essa condição e alcançar os países do centro. Foi o caso da Alemanha, no segundo terço do século XIX, quando o nível elevado da sua cultura (Goethe, Beethoven, Hegel etc.) contrastava com a condição agrária da economia. Sob a direção da Prússia e com o apoio técnico de Friedrich List (1789-1846), a união aduaneira alemã (*Zollverein*) de 1844 organizou entre os Estados alemães não sujeitos ao domínio dos Habsburgos um sistema de livre comércio protegido da competição estrangeira por uma tarifa comum, o que permitiu a rápida industrialização da Alemanha, que já no fim do século XIX tinha ultrapassado a Inglaterra. Sob condições distintas mas com métodos similares, no início do último terço do século XIX o Japão da era Meiji pôde superar suas condições medievais, transformando-se nos primeiros anos do século XX em uma nação moderna. No tópico precedente comentamos brevemente esse extraordinário desenvolvimento do Japão.

Na América Latina, sob a liderança intelectual de Raul Prebisch e da Comissão Econômica para a América Latina (CEPAL), entre o fim da década de 1940 e os anos 60, os maiores países da região conseguiram transformar-se de sociedades agrárias em países predominantemente industriais. A estratégia de erigir tarifas protetoras da indústria nacional, para estimular a industrialização, que ficou conhecida como a política de "substituição de importações", em cerca de duas décadas produziu os efeitos esperados. Vale lembrar que, sob Stalin, a Rússia Soviética fez o mesmo, conforme comentamos no tópico precedente, embora sob um terrorismo totalitário que no entanto conseguiu produzir resultados ainda mais espetaculares.

Na terceira onda do processo de globalização, o problema com as condições periféricas, especialmente no caso dos países relativamente desenvolvidos, decorre do fato de que os métodos protecionistas usados no passado deixaram de ser apropriados. Nas condições atuais, os países periféricos com um nível intermediário de desenvolvimento, que aspiram a atingir o nível dos países centrais, são confrontados por um dilema perverso. Se adotam políticas protecionistas clássicas, para prosseguir no processo de industrialização, mergulham em um processo de crescente obsolescência, e na verdade agravam o seu subdesenvolvimento. E se promovem uma abertura para o mercado internacional, correm o risco de destruir a base da sua indústria, retornando à condição de exportadores de produtos primários. Haverá alguma solução para esse dilema?

É importante, primeiro, ter uma compreensão realista das condições atuais. O neoliberalismo advogado pelos países centrais, especialmente os Estados Unidos (que não foi neoliberal quando isso servia aos seus objetivos) é uma ideologia de exportação, para o consumo dos inocentes do Terceiro Mundo. Internamente, esses países seguem o que poderíamos chamar de "liberalismo pragmático": são liberais, de modo geral, mas adotam medidas protecionistas disfarçadas, sob vários pretextos, para preservar os setores menos competitivos que desejam conservar.[18]

Uma segunda consideração importante tem a ver com a necessidade de distinguir as formas seletivas e temporárias de protecionismo dos antigos projetos autárquicos. Na presente fase da globalização a autarquia nem é viável nem conveniente. O que é possível e convém a certos países — para não dizer que é necessário — é adotar medidas temporárias destinadas a melhorar a competitividade internacional de setores que, recebendo essa proteção, possam tornar-se competitivos em um futuro não muito remoto. Há três requisitos fundamentais para que essa política seja viável: 1) uma avaliação objetiva das potencialidades competitivas dos setores em causa; 2) a adoção de medidas que protejam esses setores da destruição prematura pelos produtos estrangeiros mais competitivos, desde que haja uma possibilidade genuína de alcançar dentro de um tempo razoável níveis de competitividade no mercado mundial; 3) condições adequadas para a implementação dessa política.

Avaliar com objetividade a competitividade potencial de certos setores não é uma tarefa fácil, devido às naturais distorções subjetivas que interferem em tal avaliação. O método mais seguro consiste em apoiar-se em testes práticos de competitividade aplicados dentro de uma área regulamentada que tenha dimensão suficiente, como os mercados regionais — a União Européia, por exemplo, ou o Mercosul.

As medidas tomadas para melhorar em um tempo relativamente curto a potencialidade competitiva de determinados setores não se limitam à proteção tarifária, embora esta seja necessária; elas estão relacionadas com a rápida modernização dos respectivos sistemas produtivos, tanto do ponto de vista tecnológico como gerencial, incluindo as correspondentes facilidades externas. Saber o que significa um "tempo relativamente curto" é algo que não pode ser respondido de forma genérica, mas depende do setor específico assim como das condições internacionais. Não obstante, hoje um período de dez anos pareceria o limite razoável para a maioria dos casos.

O terceiro requisito, relacionado com a existência de condições para implementar com êxito a política pretendida, tem uma dimensão interna e outra externa. Internamente, o novo protecionismo seletivo exige a disponibilidade de uma ampla área de comércio, tal como a dos mercados regionais (a União Européia e, no mínimo, o Mercosul). Externamente, vai depender da acomodação a que se chegue com as agências internacionais que regulam os respectivos setores. De modo geral, dependerá do poder internacional de barganha do país ou grupo de países interessados. Poder que é muito grande no caso dos Estados Unidos e dos seus sócios da NAFTA, muito considerável no caso da União Européia e apenas moderado no caso do Mercosul.

A globalização é na nossa época uma condição inescapável, mas os seus efeitos não são inevitáveis. Assim como no passado alguns países subdesenvolvidos puderam superar essa condição, quando confrontados com a segunda onda de globalização, hoje certos países menos competitivos podem superar suas limitações, desde que consigam assegurar as condições necessárias (as três mencionadas acima) e administrem a situação com competência satisfatória.

7. O Terceiro Mundo

Visão geral

"Terceiro Mundo" é uma expressão criada por estudiosos franceses na década de 1950 que passou a ser utilizada amplamente para designar os países subdesenvolvidos, por oposição ao Primeiro Mundo, que inclui os Estados Unidos, o Japão e os países industrializados da Europa, e um Segundo Mundo, abrangendo a União Soviética e seus satélites europeus. O Terceiro Mundo reúne uma ampla variedade de países, na África, Ásia e América Latina, abrangendo 75% da população mundial, com diferentes graus de desenvolvimento. Todos eles porém marcados por várias características do subdesenvolvimento, tanto econômicas como institucionais, e representando apenas 15% da renda mundial.

Desde a década de 1950 a natureza e as causas do subdesenvolvimento têm sido tema de muitos estudos. De modo geral, nossa compreensão dessa condição mudou de uma interpretação quase exclusivamente econômica, identificando o subdesenvolvimento com a insuficiência de capital, para a interpretação sociocultural hoje prevalecente. Em última análise, o subdesenvolvimento é considerado o resultado da falta generalizada de educação e de treinamento técnico. Para muitos países, especialmente na Ásia, o subdesenvolvimento é uma condição recente, que resulta da desigualdade dos termos de intercâmbio com os países ocidentais a partir da Revolução Mercantil e particularmente desde a Revolução Industrial. Até o princípio do século XIX, a Índia e a China, por exemplo, não eram subdesenvolvidas em comparação com o ocidente.

Hoje se reconhece que uma questão complexa como o subdesenvolvimento não pode ser explicada por fatores singulares. Há uma relação de causalidade circular entre uma série de fatores cruciais tais como uma grande deficiência de educação (moderna), a falta de capital produtivo e de tecnologia e a dependência de produtos primários de baixo valor agregado, assim como a ausência ou inoperância das instituições públicas reguladoras da vida econômica. Em alguns casos existem também obstáculos derivados de características de certas culturas como a concepção da *Ummah* no Islã. Em sua maioria os países do Terceiro Mundo são sociedades agrárias, algumas muito atrasadas, baseadas em estruturas familiares e mantendo muitas vezes organização e cultura tribais.

Os países subdesenvolvidos são o resultado de sociedades subdesenvolvidas que, devido a suas características socioculturais, têm sistemas de produção que geram um pequeno excedente social, e instituição públicas que se mantêm atrasadas. Um aspecto muito importante do subdesenvolvimento, ao qual os estudiosos do assunto ainda não deram atenção suficiente, é o fato de que o excedente produzido pelas sociedades subdesenvolvidas é quase completamente absorvido na manutenção das respectivas elites.

A análise diacrônica e sincrônica do fenômeno das elites[19] sugere a existência de um fator decisivo ainda não suficientemente observado e compreendido. O fenômeno pode ser chamado de "custo relativamente fixo da manutenção da elite". Em todas as épocas, civilizações e sociedades, a manutenção de uma elite implica certo custo, que inclui a construção de palácios ou moradias luxuosas, um certo estilo de vestimenta, de consumo, dispêndios militares e, de modo geral, o custeio de uma existência em alto nível. Nas sociedades que produzem um pequeno excedente social, esse custo o absorve quase inteiramente, utilizando recursos que poderiam ser empregados em investimentos produtivos e serviços públicos e sociais satisfatórios. Isto explica por exemplo porque, já o século XVIII adiantado, os camponeses europeus levavam uma existência miserável. Para uma sociedade com pequeno excedente social, o custo de um palácio como o de Versailles representa, em qualquer lugar e em qualquer época, a miséria das massas, perpetuando as condições do subdesenvolvimento. As sociedades ocidentais só puderam acelerar seu desenvolvimento quando aumentaram de forma significativa o excedente social, com a Revolução Mercantil e depois com a Revolução Industrial.

O custo da elite explica em larga medida o desenvolvimento pouco intenso do Terceiro Mundo, e mostra também a correlação significativa que existe entre o subdesenvolvimento extremo da maioria das sociedades africanas, que contam com um pequeno excedente social, comparadas com a relativa afluência de alguns países da América Latina, que já alcançaram um estágio avançado de industrialização.

Superando o subdesenvolvimento

Conforme mencionamos no tópico precedente, no curso do tempo muitas sociedades subdesenvolvidas conseguiram superar o seu subdesenvolvimento, o que continua a acontecer no presente. Como o conseguiram? Uma análise comparativa, diacrônica e sincrônica, dos processos de superação do subdesenvolvimento revela que em todos os casos de êxito as sociedades bem-sucedidas puderam, antes de mais nada, poupar uma proporção significativa do seu excedente social, evitando que fosse consumido totalmente pela elite, e direcionaram esses recursos para novas atividades produtivas e para serviços públicos e sociais. Além disso, puderam também reajustar suas instituições e suas práticas, para atender às necessidades do processo de desenvolvimento.

Como se dão essas mudanças sociais, no passado e hoje? A mesma comparação revela duas formas distintas, que podemos designar de não-deliberada e deliberada. A mudança social não-deliberada, como a de muitas sociedades européias e de várias ex-colônias britânicas — os Estados Unidos, o Canadá, a Austrália e a Nova Zelândia —, acontece quando uma burguesia local, evoluindo da cidade medieval ou imigrando (o caso dos Estados Unidos), se empenha no comércio transcomunitário ou transnacional, promovendo uma revolução mercantil que aumenta substancialmente a escala do excedente social, levando à adoção de instituições apropriadas para o desenvolvimento. Um salto ainda maior foi dado quando os empresários locais promoveram a industrialização da sua sociedade. Esse modelo, no entanto, é histórico, e depende de condições que deixaram de existir, não podendo ser aplicado ao Terceiro Mundo contemporâneo.

A mudança social deliberada ocorre quando uma nova elite ou um setor inovador da elite tradicional formula intencionalmente um projeto de desenvolvimento; consegue adquirir poder e usá-lo eficientemente para implementar o seu projeto. Foi o que aconteceu com a elite prussiana, que em meados e no segundo terço do século XIX promoveu uma união aduaneira dos Estados alemães não sujeitos ao domínio dos Habsburgos, sob a direção da Prússia. Subseqüentemente, sob Bismarck, essa elite promoveu a industrialização alemã, instituindo o II *Reich*. No Japão a elite da era Meiji fez o mesmo, no último terço do século XIX. Atualmente, embora tenham sofrido uma séria crise financeira no fim da década de 1990, alguns países do Sudeste Asiático superaram seu subdesenvolvimento promovendo deliberadamente uma industrialização orientada para a exportação, combinada com um amplo programa educacional, como nos casos de Formosa, da Coréia do Sul, de Cingapura e da Malásia.[20]

Muitas vezes a promoção deliberada do desenvolvimento se deve à iniciativa e aos esforços de figuras excepcionais, que conseguem angariar o apoio ao seu projeto em setores importantes da sociedade. Menção especial deve ser feita a Mustafá Kemal (1881-1938), que transformou os destroços do Império Otomano em uma Turquia moderna, entre 1922 e a sua morte. Com o apoio decisivo de Gandhi, Jawaharlal Nehru (1889-1964) promoveu a independência da Índia e a colocou no caminho do desenvolvimento deliberado (principalmente socialista), como o primeiro primeiro-ministro da nova República, de 1947 até a sua morte, em 1964. No México, Lázaro Cardenas (1895-1970) herdou uma revolução social radical, que transformou em um movimento desenvolvimentista de caráter nacionalista, lançado durante a sua presidência (1934-1940), e garantiu a continuidade dessa política reorganizando o partido do desenvolvimento como Partido Revolucionário Institucional (PRI), o qual, a despeito de alguns aspectos negativos, fez do México a nação moderna que é hoje.

No caso da Argentina, que até a década de 1930 era um "país subdesenvolvido rico",[21] um processo político complexo, com muitos traços negativos, foi iniciado por Juan Domingos Peron (1895-1974), que com considerável sucesso tentou criar um processo de industrialização socializante, sob seu governo autoritário e personalista. Peron governou a Argentina duas vezes: a primeira, entre 1946 e 1955, quando foi deposto por um golpe de Estado; a segunda, desde 1973, quando foi eleito presidente, tendo governado o país até morrer, em 1974. Durante a presidência esclarecida (1985-1989) de Raúl Alfonsin, a Argentina se transformou em uma democracia estável, na qual o Partido Peronista foi forçado a abandonar suas práticas autoritárias, passando a comportar-se como um partido democrático.

No Brasil, Getúlio Vagas (1883-1954) iniciou um importante processo de desenvolvimento, tendo governando o país em duas oportunidades: entre 1930 e 1945 e, mais tarde de 1951 até o seu suicídio, em 1954. Seu longo primeiro governo teve diferentes fases. Assumindo a presidência como chefe da revolução vitoriosa de 1930, Vargas foi eleito pelo Congresso em 1934, e em 1937 deu um golpe "salazarista", exercendo poderes ditatoriais até ser deposto pelos militares, em 1945. Depois de um período de afastamento voluntário da política, quando se internou na sua fazenda no estado do Rio Gande do Sul, em 1951. Vargas voltou a ser eleito presidente, liderando um governo muito progressista. Confrontado em 1954 por uma rebelião militar reacionária, tirou a própria vida para não ser deposto, deixando uma carta-testamento revolucionária. O impacto do suicídio e da carta provocaram uma profunda inversão política, neutralizando os objetivos reacionários dos conspiradores. A extraordinária carreira política de Getúlio Vargas foi caracterizada pela sua crescente compreensão dos problemas do desenvolvimento brasileiro, e pela sua tentativa, em boa parte exitosa, de superar esses problemas combinando uma política social progressista com um amplo programa de industrialização e de obras de infra-estrutura. Com o governo de Vargas e o seu exemplo, e os movimentos intelectuais em favor do desenvolvimento do país, como as idéias formuladas pelo Instituto Superior de Estudos Brasileiros (ISEB), a ideologia do desenvolvimento se firmou no Brasil nas décadas de 1950 e 1960, estimulando mais desenvolvimento. Um passo decisivo foi dado por Juscelino Kubitschek (1902-1976), presidente de 1956 a 1961, que propôs e executou um Programa de Metas com o qual a industrialização brasileira fez progressos extraordinários, transformando uma sociedade ainda agrária em um país predominantemente industrial.

Três outros exemplos de promoção do desenvolvimento exigem uma atenção especial: Mao Zedong e Deng Xiaoping na China, Fidel Castro em Cuba e Mandela na África do Sul.

China, a mais antiga civilização sobrevivente, que foi uma sociedade modelo até o princípio do século XIX, sofreu efeitos devastadores com a agressão ocidental no curso daquele século e no primeiro terço do século XX. Por razões que discutimos brevemente no capítulo 10, Chiang Kai-Shek e seus nacionalistas fracassaram no esforço de modernização do país.

Impondo-se aos nacionalistas, em 1949, a revolução comunista de Mao Zedong (1893-1976) adquiriu pleno controle do país e tentou implantar um programa radical e utópico de desenvolvimento igualitário, com o "grande salto para a frente" (1959-1959) e a "revolução cultural" (1966-1976), que obtiveram alguns resultados materiais mas a um custo social e humano catastrófico. A despeito desses desastres o regime conseguiu sobreviver, dado o seu caráter totalitário e repressivo. Sucedendo Mao após um interregno, Deng Xiaoping (1904-1996) governou ativamente o país entre 1978 e 1988, mantendo uma influência salutar até a sua morte. Introduzindo um realismo pragmático, e um tipo de neoconfucionismo ajustado ao mundo contemporâneo, ainda disfarçado como um regime comunista, Deng pôde promover um crescimento com taxas anuais excepcionais, da ordem de 10% ao ano, durante os últimos vinte anos, transformando a China em país que, embora ainda seja relativamente subdesenvolvido, é uma grande potência internacional, e provavelmente será uma das superpotências mundiais na segunda metade do século XXI.

O caso de Fidel Castro (nascido em 1926) é também excepcional, embora dentro dos limites impostos por uma pequena ilha no Caribe. Com uma guerra de guerrilhas Fidel conseguiu expulsar o ditador Fulgêncio Batista e pôr fim ao seu regime corrupto, instituindo em 1956 um novo regime, inspirado nos ideais de José Marti (1853-1895). No entanto, por razões estratégicas defensivas, em 1960 o governo castrista assumiu as características de um Estado comunista, associando-se a União Soviética. Confrontado por intensa hostilidade norte-americana e protegido pelos soviéticos, Cuba pôde atingir com Fidel um nível comparativamente elevado de desenvolvimento social, com um ritmo de desenvolvimento econômico razoável, embora significativamente mais baixo. O colapso da União Soviética, em 1991, teve efeitos desastrosos em Cuba, extinguindo os termos de intercâmbio favoráveis que o país gozava no comércio com os países do bloco soviético. Não obstante, expandindo o comércio com a Europa e a América Latina, Cuba conseguiu recuperar uma boa parte das suas perdas. A experiência política atual de Cuba segue uma linha completamente diversa das tendências prevalecentes nas sociedades de massa consumistas, e tem certas características de um movimento secular de fundo religioso. Com efeito, Fidel Castro é uma espécie de monge marxista, um São Bernardo de Clairvaux com um credo socialista em vez de cristão. Por quanto tempo poderá sobreviver? As convicções radicais de Castro o levaram a acreditar que a crise por que passa a sociedade de massa consumista trará a sua autodestruição em um tempo relativamente curto, enquanto o regime cubano se tornará o modelo de uma nova sociedade. Na V seção deste Capítulo tentaremos discutir essa questão.

É preciso fazer uma menção final a outra figura excepcional, Nelson Mandela (nascido em 1918) que, a despeito de violenta repressão policial, conduziu uma campanha vitoriosa contra o regime de *apartheid* da África do Sul. Depois de vinte anos na prisão, Mandela conseguiu conquistar legitimidade para o seu Congresso Nacional Africano, e tendo encontrado um parceiro esclarecido no último presidente branco do país, Frederik De Klerk, instituiu eleições livres, sendo eleito presidente em 1994, com uma maioria absoluta. O mandato de Mandela, até 1999, foi caracterizado por um extraordinário sentido de eqüidade com respeito a todos os grupos e raças da África do Sul, inaugurando uma democracia social não discriminatória que, se for mantida pelos seus sucessores, como parece provável, deve garantir um nível elevado de desenvolvimento social e econômico nos próximos anos. A genuína abertura social de Mandela, vinda de um homem que por tanto tempo foi vitimado pelo racismo branco, é uma das manifestações mais belas da grandeza humana no século XX.

Reflexões conclusivas

Como vimos no presente tópico, as tentativas atuais e históricas de superar o subdesenvolvimento permitem chegar a duas conclusões principais. A primeira é que, a despeito da sua complexidade, o subdesenvolvimento pode ser superado. A outra, contudo, é que essa superação tende a exigir, na maioria dos casos, um esforço sustentado por muito tempo.

Resultados importantes, por vezes extraordinários, podem ser conseguidos em duas décadas. Kemal, Cardenas, Nehru, Peron corrigido por Alfonsin, Vargas continuado por Kubitschek — todos eles — conseguiram resultados muito bons. No entanto, seus países continuaram a ser subdesenvolvidos, embora em um nível econômico mais alto.[22] Há muitas razões que explicam cada um desses casos.

Kemal Atatürk conseguiu modernizar a Turquia urbana, mas não o campo, e com o tempo o crescimento demográfico muito maior da zona rural modificou o equilíbrio de forças entre os dois setores, exigindo repetidas intervenções militares (urbanas) para preservar a tradição kemaliana. No que concerne os países da América Latina, dois problemas retardam o impulso final dirigido para superar o seu subdesenvolvimento. Em primeiro lugar, no caso do Brasil, um problema cultural, não muito diferente do turco. A maioria das massas rurais deseducadas migraram para as cidades nos últimos vinte anos, expressando eleitoralmente suas limitações pessoais. Enquanto estavam no campo, essas pessoas ou não votavam ou votavam de acordo com o que lhes dizia o latifundiário local, preservando assim o *status quo*. Nas cidades, porém, votam livremente, reagindo às atrações populistas e gerando demandas sociais que excedem de muito os meios disponíveis para satisfazê-las. Em segundo lugar, o movimento de interiorização do desenvolvimento latino-americano está agora seriamente ameaçado pelo processo de globalização, sofrendo o duplo perigo do retrocesso e do domínio excessivo do exterior sobre a economia nacional.

No caso da Argentina, as idéias liberais propostas contra os abusos dos peronistas e algumas tentativas custosas de desenvolvimento autárquico criaram um mercado aberto e não regulamentado, que liquidou uma parte substancial do seu parque industrial, tornando o país uma vez mais perigosamente dependente da produção de bens primários.

No caso do México, o papel do PRI foi sustentado por uma combinação de fraude eleitoral, corrupção e coerção política. A liberalização das práticas políticas, sob as condições atuais de globalização prevalecentes desde Miguel de la Madrid, está debilitando a indústria nacional, como aconteceu na Argentina, com firmas norte-americanas ocupando o espaço aberto, orientadas pelas demandas do mercado internacional e dos Estados Unidos, em lugar dos interesses mexicanos.

No caso da Índia, a abordagem liberal e secular de Nehru e Gandhi na questão das diferenças culturais e religiosas foi seriamente erodida pela nova polarização cultural e religiosa, particularmente entre muçulmanos e hindus. Além disso, o processo de globalização está prejudicando os setores industriais mais débeis, como acontece na América Latina.

É interessante observar que os esforços desenvolvimentistas realizados com sucesso por sociedades com um importante passado cultural, como a Alemanha pré-industrial, o Japão do século XIX e a China de hoje, são mais duráveis. A Índia, outra importante cultura antiga, é seriamente prejudicada pelos conflitos e a heterogeneidade cultural e religiosa herdados do passado.

Como conclusão final, devemos enfatizar dois importantes requisitos adicionais para superar com êxito o subdesenvolvimento. O primeiro tem a ver com a necessidade de atribuir a mais alta prioridade ao desenvolvimento cultural e educacional, mais ainda do que ao desenvolvimento econômico. Com efeito, se no curto prazo o desenvolvimento econômico provoca um aumento do excedente social que permite importantes investimentos públicos e sociais, além de acelerar a reprodução do capital, no longo prazo o desenvolvimento econômico não pode ser sustentado sem um desenvolvimento cultural apropriado, e sofrerá os efeitos debilitadores de uma conduta política deseducada e irracional.

O segundo ponto, relativo a um tema que já foi discutido brevemente no tópico precedente, é a medida em que a abertura não regulamentada do mercado ao processo de globalização pode ser fatal para o tecido da nação, destruindo-o e deixando em seu lugar apenas um mercado internacionalizado.

É preciso fazer uma breve reflexão sobre este último ponto. A nação moderna é uma invenção do Ocidente, gerada pela expansão do comércio no fim da Idade Média e no Renascimento. Entre outros fatores, foi a extensão do comércio das aldeias para áreas mais amplas dentro do mesmo universo cultural que promoveu a transformação de uma antiga comunidade lingüística em uma entidade econômica, e mais tarde política — o Estado nacional. A atual internacionalização dos mercados nacionais corre no sentido oposto, e levará à dissolução final das nações correspondentes. Ainda quando corretos, o que nem sempre é o caso, os argumentos neoliberais sobre o alegado aumento da eficiência decorrente da internacionalização omitem um preço invisível que, ultrapassado um certo nível, "desnacionaliza" a nação. Pode-se admitir que as nações, uma criação histórica adequada a determinadas condições, não durarão para sempre. O que é preciso, porém, é considerar quando e em que condições a dissolução de uma nação serve o interesse dos seus cidadãos; e é bastante óbvio que essas condições ainda não existem, pelo menos no caso das nações maiores.

8. A Pós-Modernidade

O que é a pós-modernidade?

O termo "pós-modernidade" é usado geralmente para designar um movimento intelectual iniciado na década de 1970, em especial por um grupo de conceituados estudiosos franceses, que representa um desenvolvimento do pós-estruturalismo, com novas formulações. Este, por sua vez, é também um desenvolvimento do estruturalismo, com algumas inovações.

Em poucas palavras, o estruturalismo, formulado por Claude Lévi-Strauss, Althusser e outros, foi uma reação contra o historicismo e o existencialismo das décadas de 1940 e 1950, acentuando o caráter estrutural de qualquer fenômeno, e generalizando assim o estruturalismo lingüístico de Saussure, em lugar do antigo subjetivismo, com o tema dominante do sujeito. As coisas não existem isoladas, mas no contexto de uma certa estrutura, dentro de uma rede de relações. Por outro lado, os estruturalistas enfatizavam a linguagem e o fato de que a nossa cosmovisão depende da linguagem. Começando com Lacan e continuando com Deleuze e outros, os pós-estruturalistas acentuavam a instância vitalista da força, da energia, da produção, considerando que o estruturalismo não se libertara de todo do subjetivismo. Para os estruturalistas, o conhecimento de algo é adquirido diferencialmente, segundo a posição do objeto, definido por suas relações estruturais. Sob a influência de Marx, Nietzsche, Freud e Heidegger, os pós-estruturalistas consideram o conceito estruturalista de "diferença" em termos de um princípio dinâmico: a "produção". Produção não é um processo subjetivo, mas o efeito de forças impessoais, como os impulsos de Freud, a vontade de poder de Nietzsche, o Trabalho de Marx, ou mesmo o Ser de Heidegger.

A passagem para a "pós-modernidade" foi navegada por Jean-François Lyotard (nascido em 1924). Depois de trabalhar teórica e politicamente no campo pós-estruturalista (seu livro *Economia Libidinal*, de 1974, expressa suas idéias anteriores), Lyotard de certo modo inaugurou a pós-modernidade com o seu ensaio *A Condição Pós-Moderna*, de 1979. As formulações pós-modernas absorveram a posição dos pós-estruturalistas, tornando-se a expressão típica da filosofia da sociedade de massa tecnológica e consumista das últimas décadas do século XX.

O que é a pós-modernidade? A primeira dúvida surge com os termos "moderno" e "modernidade", que têm três sentidos básicos. *Tout court*, moderno quer dizer algo que ocorreu recentemente, em relação a outra coisa ou outro evento mais antigo. Em um sentido diferente, implicado na pós-modernidade, "moderno" designa uma época histórica, particularmente na civilização ocidental, que para a maioria dos estudiosos compreende o período que vai da Ilustração do século XVIII até o presente. Há os que encontram raízes ainda mais antigas para a Idade Moderna, como a explosão do individualismo no Renascimento e a independência do julgamento individual introduzida pela Reforma. No entanto, há ainda um terceiro sentido para "moderno", e portanto para "modernidade", usado muitas vezes no presente estudo — a designação de uma fase sócio-histórica, em qualquer sociedade ou civilização, caracterizada por uma substituição significativa da tradição e da autoridade pela análise racional das coisas, particularmente através do emprego da racionalidade instrumental. É nesse sentido que podemos falar de uma "fase moderna" da Civilização Babilônica, por exemplo, com Nebucadrezzar II e depois dele, e da "modernização" de várias outras civilizações.

Para os autores pós-modernos, a pós-modernidade significa um momento no período contemporâneo em que as premissas básicas da Idade Moderna não podem mais ser sustentadas. A "modernidade" — essa modernidade que para eles não pode ser sustentada — caracterizou-se pela convicção do progresso histórico e da legitimidade universal e permanente dos fundamentos ontológicos e éticos do discurso e do comportamento racional. De acordo com Lyotard, a expressão "pós-moderno" designa o estado da cultura que se segue à transformação que afetou as regras do jogo nas ciências, na literatura e nas artes a partir do fim do século XIX (1979:introdução). Lyotard acentua que a cultura moderna se baseia em metadiscursos de legitimação:

> Assim, por exemplo, a regra do consenso entre emitente e receptor de um enunciado é considerada aceitável se está inscrita na perspectiva de uma possível unanimidade entre as mentalidades racionais; essa era a visão da Ilustração, em que o herói do conhecimento trabalha visando uma boa finalidade ético-política, a paz universal. (Idem)

Os metadiscursos são atos de retórica, instrumentos ocultos de persuasão, quando não explícitos, a serviço da vontade de poder.

Se os metadiscursos são sempre ilegítimos, como encontrar a legitimação? Lyotard enfatiza que os critérios operacionais são técnicos e não pertinentes para a avaliação do verdadeiro e do justo. O concenso de acordo com a proposta de Habermas, não é uma legitimação porque isso violaria a heterogeneidade do jogo da linguagem. A legitimação precisa ceder lugar à pretensão de uma validade universal, fragmentando-se em legitimações tópicas, valiosas para um momento e um processo específicos.

A partir dos seus proponentes franceses o movimento pós-moderno se difundiu por outros ambientes culturais do continente europeu, pelo mundo anglo-saxão — onde, como em Rosky, fundiu-se com a tradição da filosofia analítica — e pela América Latina. Entre os representantes mais renomados dessa corrente estão Lyotard, Gilles Deleuze (1925-1995), Michel Foucault (1926-1994), Jacques Derrida (nascido em 1930) e Gianni Vattimo (nascido em 1936).

Origens da pós-modernidade

O surgimento de movimentos intelectuais como a pós-modernidade está sempre relacionado com duas linhas de causalidade ou fatores distintos: as condições sócio-históricas e os desenvolvimentos inerentes derivados de formulações intelectuais precedentes. Conforme Heidegger admitiu, expressamente, a partir do fim do século XIX a filosofia do nosso tempo foi condicionada de forma decisiva pela expansão da tecnologia, processo que se intensificou na segunda metade do século XX. Concomitantemente, e em larga medida condicionadas pela rápida expansão tecnológica, as sociedades do Ocidente que, entre as últimas décadas do século XIX e os primeiros anos do século, adquiriram um caráter de classe média, no primeiro período de pós-guerra, passaram a ser sociedades de massa. O resultado final desse duplo processo foi a configuração da sociedade de massa consumista e tecnológica de hoje, nos anos do segundo pós-guerra.

Segundo Sorokin (1957), as sociedades tendem a emergir com uma cultura *ideacional*, cujos valores estão relacionados com uma crença profunda no divino, que os condiciona. Uma segunda fase, *idealista*, se caracteriza pelo esforço de racionalizar as crenças. A visão do divino perde seus aspectos míticos e se ajusta a uma formulação racional. À medida que progride o processo de modernização, a sociedade desenvolve suas faculdades críticas, assim como uma crescente relativização das crenças e dos valores, chegando a uma fase *sensorial*. A continuação do criticismo e da relativização leva à fase *hipersensorial*, na qual todas as crenças e valores são desacreditados, e só prevalecem a conduta pragmática e os conceitos instrumentais. No entanto, as sociedades hipersensoriais destroem sua própria base, e perdem o que é necessário para se sustentar: mergulham em condições caóticas, das quais tende a surgir uma nova cultura ideacional, a partir de fatores internos ou externos.

Aceite-se ou não na sua totalidade o culturalismo cíclico de Sorokin, suas considerações sobre as culturas sensoriais e hipersensoriais têm uma base empírica sólida, e indubitavelmente propõem um importante modelo interpretativo para as condições culturais da Civilização Ocidental tardia. A pós-modernidade, vista nesta perspectiva, é uma expressão típica da cultura hipersensorial, e manifesta o niilismo total da completa relativização dos valores.

O outro fator que gerou a pós-modernidade vamos encontrar no pensamento de Marx, Nietzsche e Freud, e mais ainda no modo como suas idéias foram revistas pelos intelectuais contemporâneos, particularmente no caso de Heidegger. A contribuição desses pensadores consistiu em reconhecer o condicionamento decisivo das crenças e da conduta pela situação de classe e pelos impulsos inconscientes, rompendo, com a morte de Deus, toda fundamentação transcendente para o mundo ocupado pelo homem.

Heidegger sistematizou o resultado dessas idéias, acrescentando a sua própria contribuição, e concluiu que na era da sociedade de massa, consumista e tecnológica, o Ser, que vinha sendo ignorado pela metafísica ocidental, tinha adquirido um valor de troca, intercambiável com outros valores, em um mundo que perdera seus fundamentos.

A concepção central

Conforme enfatizado por Lyotard, a pós-modernidade é essencialmente uma descrença na legitimidade de qualquer fundamento: todos os discursos fundacionais, aparentemente neutros e universais, não passam de expressões de uma vontade de poder. O niilismo axiológico e metafísico da pós-modernidade tem sido apresentado de várias formas pelos seus diferentes proponentes, e uma das apresentações mais abrangentes e mais consistentes é a de Gianni Vattimo, no seu livro *O Fim da Modernidade* (1988).

Segundo Vattimo, "as teorias dispersas e muitas vezes incoerentes da pós-modernidade só adquirem rigor e credibilidade filosófica quando vistas em relação com a problemática nietzscheana do eterno retorno e a problemática heideggeriana da superação da metafísica". Para Vattimo, o niilismo é a ontologia do Ocidente, que se caracteriza pelo enfraquecimento progressivo da noção de Ser platônico-aristotélica, processo ao fim do qual deixa de existir o Ser, como afirma Heidegger. O Ser é descrito por uma linguagem temporal, o que significa que todas as suas descrições são transitórias, são todas relativas à forma assumida pela vida, à situação histórico-lingüística dentro da qual são formuladas. Isso marca também o fim da filosofia fundacional, isto é, da filosofia denotada pela pretensão de: 1) descrever a estrutura imutável e universal do Ser; e 2) descrever as formas apriorísticas do conhecimento, supostamente dotadas de caráter intemporal e universal, nos modos kantiano e neotranscendental, como em Cassirer e Karl Otto Apel.

A despeito desse niilismo radical, Vattimo acentua os valores residuais da caridade e da piedade, assim como o primado da arte, contradizendo-se até certo ponto mas adotando uma posição sustentada pela maioria dos pós-modernistas, como no caso de Lyotard, que é típico.

Uma breve discussão

Conforme observamos anteriormente, a pós-modernidade é uma manifestação típica da cultura hipersensorial de Sorokin, caracterizada pela completa relativização do conceito de verdade. É a filosofia da sociedade consumista de massa, a expressão final da alta cultura *pop*. Por outro lado, vista como uma posição intelectual, a pós-modernidade é o produto final de um longo processo de revisão crítica da idéia judaico-cristã da percepção do Transcendente, e da noção platônico-aristotélica do Transcendental. Na expressão dos seus representantes mais qualificados, a pós-modernidade é uma posição intelectual muito sofisticada.

Formulado do modo mais sucinto, a questão do Transcendente pode ser apresentada assim: o fato de que o homem é um ser autoconsciente e transcendente[23] o obriga a postular o objeto último da sua transcendência, um Ser Transcendente, isto é, Deus. O Deus da tradição judaico-cristã (e também o Deus islâmico) foi a melhor representação do Transcendente final. Essa concepção de Deus superou os objetos imprecisos e imperfeitos da transcendência humana propostos pelas religiões precedentes. No entanto, submetido a um exame crítico desde a época da Ilustração, o Deus da tradição judaica-cristã se tornou incompatível com a ciência moderna e o estilo da vida contemporâneo, até que Nietzsche, culminando esse exame crítico, anunciou a "morte de Deus".

Antes de Nietzsche, a não-existência de Deus tinha sido sustentada por Feuerbach e os hegelianos de esquerda, para não mencionar casos mais antigos. Eles a viam, contudo, de modo diferente do que viria ocorrer com Nietzsche — como uma liberação do homem. Agora o homem podia assumir o papel central até então ocupado pela divindade. Mas o homem, esse animal consciente e transcendente, é um ser contingente, e como tal não podia criar uma base transcendente para as suas construções culturais, que são igualmente contingentes. Seguindo Nietzsche, a pós-modernidade estabeleceu as últimas conseqüências críticas da crise fundacional provocada pela morte de Deus.

A questão do Transcendental seguiu um caminho semelhante. Confrontado com a característica transcendental das idéias — a idéia da rosa supera, no espaço e no tempo, as diferenças existentes entre rosas individuais —, Platão tentou conciliar as características imutáveis da idéia com a multiplicidade e o caráter efêmero dos objetos designados. Sua solução foi afirmar que as idéias existem por si mesmas, como seres eternos e imutáveis, de que os exemplos concretos que encontramos na realidade não passam de simples reflexo.

Aristóteles via as características transcendentais das idéias como representações dos traços essenciais de qualquer objeto, mas pensava que essa representação era uma operação da mente, que abstraía das múltiplas características do objeto em particular a sua essência, que o diferenciava, como espécie, de outras espécies de objetos. Como representações da essência dos objetos, as idéias são eternas e imutáveis. O conceito do homem como um animal racional, que capta a sua essência, é universal e permanente, e independe da mutabilidade de todos os homens. Segundo Aristóteles, os objetos têm atributos — alguns essenciais, outros acidentais. A verdade consiste em predicar a um objeto um atributo nele contido: a verdade é a qualidade de um juízo correto.

Embora possam discernir os atributos contidos em um objeto, as operações mentais estão sujeitas a distorções. Há três tipos principais de distorção: as inerentes à natureza do homem, que resultam da percepção sensorial dos objetos materiais; as que resultam de disfunções da percepção colhida pelos sentidos; e as que decorrem do condicionamento psicológico ou sociocultural. A percepção pelos sentidos humanos atribui determinados atributos aos objetos materiais em função do modo como eles são percebidos sensorialmente. Uma rosa vermelha não é vermelha em si mesma, de modo intrínseco, e deixa de sê-lo quando vista por uma espécie animal que não tenha uma visão colorida do mundo. Com efeito, as cores são o resultado do modo como os fótons são percebidos por certo tipo de olho, como o dos homens. E há também defeitos nos sentidos, como acontece com as pessoas daltônicas. O terceiro tipo de distorção, causado por fatores psicológicos e socioculturais, é particularmente importante porque não resulta do construtivismo ou da disfunção dos sentidos, mas de fatores condicionantes, como aqueles revelados pela análise de Marx e de Freud. A hiper-relativização pós-moderna da verdade exprime, de um lado, a perda das bases transcendentes das construções culturais, resultante da morte de Deus; de outro, a perda da suposta universalidade do transcendental, resultante do condicionamento psicológico e sociocultural.

O ambiente cultural contemporâneo mostra uma notável semelhança com a crise do pensamento grego no século V a.C. gerada pelos sofistas e sua crítica devastadora dos valores tradicionais, particularmente os de Atenas. Górgias — o primeiro formulador da "pós-modernidade" — e alguns outros sofistas anteciparam em boa parte a revelação de Nietzsche sobre a vontade de poder e sua influência difusa e penetrante. No mundo desmitificado dos sofistas, só prevalecia a eficiência operacional. Como os pós-modernistas de hoje, os sofistas relativizavam todos os valores.

Foi nessas condições que ocorreu a reação socrática, acentuando o valor absoluto do Bem, que diante do exercício da maiêutica, os seus contemporâneos (inclusive os sofistas) foram obrigados a reconhecer: a existência de várias coisas boas era uma prova da existência de uma qualidade comum a todas elas. De modo diferente, Platão e Aristóteles apresentaram uma nova visão do *Transcendente* (o Bem supremo, o Primeiro Motor imóvel) e do *Transcendental*: as idéias universais que expressam a essência das coisas.

A pós-modernidade é a expressão última, imensamente mais elaborada, da síndrome dos sofistas. Mas enquanto Górgias e os seus companheiros revelavam a fragilidade das velhas tradições de origem mitológica, os pós-modernistas revelam a fragilidade das premissas platônico-aristotélicas e judaico-cristãs sobre o Transcendente e o Transcendental. Será possível restaurá-las?

A *problematique* resultante ultrapassa em muito os limites do presente estudo. Se os deuses o permitirem, a intenção deste autor é examinar essa questão crucial em um livro futuro, que tratará do posto do homem no cosmos. Algumas idéias muito básicas e altamente condensadas podem ser expostas agora, mera indicação de uma possível saída para esta nossa nova era sofística. A pista nos pode ser dada pelo melhor dentre os sofistas — Protágoras, com sua brilhante intuição de que o homem é a medida de todas as coisas. A fragilidade do humanismo de Feuerbach consiste em alicerçá-lo na presumida validade inerente à cultura humana, quando o que está em jogo é precisamente a sua falta de fundamentação transcendente. Se Deus não existe, como se pode legitimizar valores que, conforme Heidegger, foram transformados em valores de troca, tornando-se assim intercambiáveis? A resposta é o homem de Protágoras, não em seus aspectos contingentes, mas na sua conexão estrutural com o cosmos.

Reduzindo uma questão muito complexa a seus traços mais essenciais, pode-se dizer que a vida, de modo geral, e o homem, em particular, só são possíveis devido ao fato de que a evolução do cosmos, desde a explosão primordial até o estado presente, seguiu exatamente — de modo estritamente exato — o rumo tomado, como se essa evolução estivesse programada para a emergência do homem.

Essa condição levou alguns cosmologistas a sustentar a existência do Princípio Antrópico, com duas formulações distintas, uma "fraca", a outra "forte" (em inglês, WAP — *Weak Anthropic Principle* e SAP — *Strong Anthropic Principle*). Segundo a primeira, a vida e a vida humana, em particular, surgiram porque a evolução do universo seguiu um rumo particular. Conforme acentua Stephen Hawking, "a vida inteligente só pode existir em certas regiões de um Universo dado, sujeita a leis físicas determinadas". A menor distorção no rumo seguido pela evolução cósmica tornaria a vida impossível. Segundo a formulação forte, sustentada por Brandon Carter, "em algum estágio da sua evolução o Universo deve permitir a criação de observadores".

A controvérsia sobre o caráter fraco ou forte do Princípio Antrópico (Ray, 1991:189-92; Leslie, 1990; Barrow & Tipler, 1986) expressa pontos de vista divergentes a respeito da emergência da vida e do homem, como conseqüência casual ou como plano pré-programado do universo. A primeira é vista como o resultado não deliberado de um rumo específico assumido pela evolução do universo, de acordo com o WAP; a segunda, como conseqüência programada do SAP teleológico, com sua premissa deística implícita. Poucos cosmologistas endossam o SAP, enquanto o WAP é amplamente aceito como correlação correta e necessária entre a emergência da vida e do homem e as condições físicas exigidas para isso.

Embora este autor rejeite o SAP, e concorde com a formulação WAP, a discussão dessa problemática excederia o objetivo do presente estudo, e será deixada possivelmente para um futuro livro. O relevante aqui é levar em conta algumas das implicações cruciais do fato de que o curso seguido estritamente pela evolução do cosmos levou à emergência do homem.

A primeira implicação é a necessidade de recuperar uma noção que até certo ponto foi extraviada: a *natureza humana*. O desenvolvimento do pensamento sociocultural e histórico tem levado a enfatizar a noção relativista da "condição humana", a ponto de esquecer ou simplesmente negar o conceito realista de "natureza humana". Ora, embora sujeita às mudanças sofridas pela condição humana, não pode haver dúvida de que desde o surgimento do *Homo sapiens sapiens* essa natureza humana mantém certas características permanentes — sua essência, vamos dizer. A biologia molecular e o desenvolvimento do nosso conhecimento do genoma humano estão mudando substancialmente os termos da equação natureza-educação. A maior parte do peso dessa equação deve ser transferido para a natureza herdada, que representa a parte substantiva, enquanto a educação atua de forma simplesmente adjetiva, como fator de orientação e qualificação.

A segunda implicação importante a ser levada em conta é o fato de que, devido à evolução cósmica e como parte do processo cósmico, a natureza humana tem um sistema interno de ajuste à realidade. A existência do homem não é arbitrária, mas sim o resultado necessário de certos aspectos da evolução do cosmos, dado o rumo que ela assumiu. Os sentidos e a mente do homem, que permitem o seu ajuste ao ambiente natural, não são faculdades arbitrárias porém, como resultado da evolução, representam elementos necessários para esse ajuste. As sensações básicas do mundo, proporcionadas pelos sentidos e transformadas pela mente humana em imagens básicas, também não são arbitrárias, mas instrumentos necessários para a sobrevivência da espécie.

Uma terceira consideração é o fato de que a relação entre a natureza humana e a condição humana postula a existência do que poderíamos chamar de "esfera antrópica". Há muitas formas como as imagens humanas básicas do mundo podem ser organizadas, configurando diferentes sistemas culturais e padrões de conduta. Algumas favorecem mais do que outras a sobrevivência da espécie. O certo, porém, é que tudo o que o homem faça ou seja capaz de fazer está incluído necessariamente nos limites da esfera antrópica. Esta delimita o tipo de crença e de conhecimento que o homem pode atingir. Muitas dessas crenças serão empiricamente falsas, ou analiticamente inconsistentes. Contudo, a despeito da multiplicidade de sistemas culturais possíveis e das suas respectivas taxas de erro, e do fato de que o fundamento da verdade, da consistência e dos valores humanos está relacionado de forma imediata com esses sistemas (que isoladamente são contingentes), esse fundamento não é arbitrário, e transcende todas as culturas específicas. Depende dos princípios que regulam o ajuste cósmico da espécie.

Todas as formas de transcendência são imanentes ao cosmos, e a esfera antrópica impõe os limites da transcendência humana. O fundamento da verdade e do valor está nela contido, e é determinado pelo ajuste estrutural do homem ao seu ambiente. A ontologia cosmológica contemporânea confirma a afirmativa de Protágoras de que o homem é a medida de todas as coisas, se essa afirmativa se restringe aos limites da esfera antrópica.

IV
O Sistema Internacional

1. O fim da bipolaridade

A implosão da União Soviética, em 1991, pôs fim formalmente ao regime de bipolaridade que regulava o mundo desde a Segunda Guerra

Mundial. Na verdade, a bipolaridade vinha perdendo força desde 1988, quando Gorbachev percebeu a debilidade interna da União Soviética e mudou sua política de confrontação com o Ocidente, tentando criar um regime de cooperação com as Nações Unidas e os países ocidentais.

O colapso inesperado da União Soviética surpreendeu o mundo, especialmente os Estados Unidos, cuja política internacional estava dirigida para a contenção do comunismo, e cujo projeto nacional consensual consistia primordialmente em defender o "mundo livre". O fim da ameaça soviética e o desmantelamento da máquina do comunismo internacional provocaram muita satisfação, mas os Estados Unidos não se sentiram exatamente vitoriosos na Guerra Fria, já que a União Soviética entrou em colapso internamente, ainda que sob forte pressão norte-americana.

A situação internacional decorrente da implosão da União Soviética e da rede do comunismo passou por três fases principais no curso dos anos 1990. Em vários discursos pronunciados em 1991 o presidente Bush (senior) anunciou o início de uma nova era, "caracterizada pelo primado do direito e não da força, pelo ajuste pacífico das diferenças, em lugar da anarquia e da violência, pelo respeito inabalável aos direitos do homem (Glaser, 1998:8).

Embora partilhadas por muitos, essas expectativas eram uma idealização resultante da suposição de que os problemas do mundo eram devidos à natureza maligna do comunismo internacional e do seu centro de poder, a União Soviética. Com sucessivos problemas na antiga Iugoslávia, na Somália e em outros lugares, foi necessário reconhecer que o mundo não era um sistema auto-regulado, e exigia uma ordenação internacional. Os Estados Unidos passaram a ser a única superpotência, com os meios materiais e, esperava-se, com a intenção honesta de manter a paz mundial e promover uma ordem mundial eqüitativa.

No entanto, a hegemonia "benigna" dos Estados Unidos teve de enfrentar muitos problemas. De um lado, como o caso da Somália bem ilustra, sem uma ocupação militar em larga escala é praticamente impossível implantar uma ordem civilizada e justa em sociedades tribais primitivas. No entanto, os custos materiais e humanos são altos demais para justificar um empreendimento não lucrativo. Além disso, a eficácia dessa intervenção desaparecia com a retirada das forças de ocupação. De outro lado, ainda que motivada por boas intenções genuínas, a intervenção unilateral por uma única potência levanta inevitavelmente opiniões conflitivas e interesses divergentes. O caso do Iraque em 1990 é uma boa ilustração. A maioria dos países e uma boa parte da opinião pública internacional educada eram a favor do emprego da força para obrigar o Iraque a restaurar a independência do Kuait, anexado militarmente em 1990, mas havia divergências sobre se Sadam Hussein devia ser retirado do poder pelas forças das Nações Unidas (em grande parte norte-americanas), e tratado como um criminoso de guerra, ou se a questão devia ser deixada para uma decisão pelos próprios iraquianos. O presidente Bush optou pela segunda alternativa e aceitou a proposta de paz do Iraque sem tomar Bagdá ou capturar Sadam Hussein. Mas as sanções punitivas impostas ao Iraque pela sua agressão ao Kuait e pela posse de armas letais foram exageradas, especialmente no tocante à submissão indefinida do país a inspeções arbitrárias de seus armamentos pelos vitoriosos. Inspeções que resultaram na infiltração de espiões, como terminou ficando evidenciado, mas que de qualquer modo podiam ser presumidas razoavelmente.

O caso do Iraque e as suas conseqüências, com a franca admissão pelo presidente Clinton da intenção norte-americana de depor Hussein, inclusive com o bombardeio aéreo contínuo do país, visando atingir esse fim, rompeu o consenso ocidental sobre a aceitabilidade da imposição da ordem mundial por uma "potência benigna", singularmente.

2. O problema a ser enfrentado

O mundo necessita de uma regulamentação racional e eqüitativa, não só pelas razões que têm sido salientadas repetidamente desde a Antiguidade, e que foram desenvolvidas com tanto brilho por Kant na sua proposta de uma paz eterna,[24] mas porque, no sistema global criado pela tecnologia contemporânea, a ordem mundial é indispensável para a ordem interna das sociedades não-primitivas.[25]

A experiência histórica mostra que em última análise a ordem mundial pode ser instituída por uma potência hegemônica, como a *Pax Romana*, por um regime de consórcio exercido por um grupo de nações dominantes, como no século XIX, ou por um duopólio, como nos anos que se seguiram à Segunda Guerra Mundial. Atualmente, qual a possibilidade de termos uma ordem mundial racional e eqüitativa?

O mundo está hoje diante de duas possibilidades: 1) a consolidação e generalização da hegemonia norte-americana, com a criação de uma *Pax Americana*; ou 2) a formação de um regime multipolar, que inclua os Estados Unidos, a União Européia, os grandes países como a Rússia, a China e alguns outros, o que levaria a um regime de *Pax Universalis*, sob a égide das

Nações Unidas. A primeira possibilidade corresponde muito de perto à situação existente em termos de poder regulador, mas não está tão perto da exigência ideal de racionalidade e eqüidade. A segunda possibilidade é discernível em vários processos e tendências atuais, mas carece ainda das condições necessárias para a sua implementação.

É preciso acrescentar às considerações acima que, se uma ordem mundial desejável e, em última análise, estável e duradoura, exige um nível satisfatório de racionalidade e eqüidade, o mundo pode de fato ficar sujeito a regras não racionais e muito pouco eqüitativas — embora não por muito tempo. A ordem mundial assíria, imposta à bacia da Mesopotâmia, o ecúmeno da Assíria, era absolutamente não eqüitativa, e não era racional. O mesmo se pode dizer da ordem mundial mongol, de muito maior abrangência, porém por um tempo muito mais curto, assim como da ordem universal dos astecas, imposta ao seu ambiente limitado.

A consolidação e universalização da *Pax Americana*, a alternativa de ordem mundial que hoje parece mais perto da sua realização, apresenta dois tipos de problemas — um deles interno, o outro externo. Internamente, a *Pax Americana* tem diante de si a dificuldade de que o povo norte-americano não aspira a construir um Império, e não deseja ser onerado pelo que esse Império custaria em termos humanos e materiais.

Os Estados Unidos da América são uma sociedade de massa democrática consumista. A maioria dos norte-americanos quer ter um emprego razoável e viver sua vida particular com um mínimo de obrigações e de interferência do setor público. A elite econômica deseja gozar condições favoráveis, internas e internacionais, para a livre expansão das suas empresas, enquanto a elite de poder pretende controlar o país e o mundo. O resultado final dessas diferentes forças e diferentes expectativas é a busca da hegemonia mundial, mas não de um império mundial. Se não for imposta pela força das armas, mas decorrer da maior competitividade dos Estados Unidos, sua hegemonia mundial trará vantagens, embora muito desiguais, a todos os níveis do povo americano, sem qualquer custo indesejável. Embora não seja gerado por um desígnio deliberado, o processo de globalização corresponde objetivamente à expansão e consolidação da hegemonia dos Estados Unidos.

Na hipótese de uma hegemonia mundial norte-americana, através do processo de globalização, o problema principal é o fato de que no resto do mundo esse processo é extremamente desfavorável para a maioria das pessoas, e para as massas americanas é apenas satisfatório. A globalização é estruturalmente um processo que corre do centro para a periferia,[26] no qual os Estados Unidos, como centro mundial, fornece bens e serviços de maior valor agregado à periferia, que em troca vende produtos primários. A globalização preserva um papel secundário mas ainda relativamente importante para as outras sociedades desenvolvidas, como os principais países da União Européia e o Japão, que participam, embora com menos autonomia, das vantagens da centralidade, mas estão expostos a certas condições periféricas no seu relacionamento com os Estados Unidos, exceto nos poucos casos em que mantêm uma superioridade setorial.[27]

O relacionamento centro-periferia implicado na globalização, que é também o processo da predominância norte-americana, é agravado pelo fato de que a área de livre comércio criada pelos Estados Unidos no mundo não inclui o livre movimento do trabalho. Esse aspecto da questão se torna visível no caso da NAFTA, com o livre comércio de mercadorias entre os Estados Unidos e o México contrastando com o "Muro de Berlim" que impede os mexicanos de ingressarem no mercado de trabalho norte-americano. Isso ilustra uma das razões porque, nas atuais condições, a preservação dos Estados nacionais é uma necessidade para os seus cidadãos.

Comparada à *Pax Romana*, as limitações intrínsecas da *Pax Americana* ficam claras se consideramos o modo como funcionam em cada caso as relações entre centro e periferia. A paz imposta pelos romanos começou com conquistas militares — o que, com poucas exceções (decorrentes da guerra com a Espanha) não foi o caso dos Estados Unidos. Mas terminada a fase de conquista, com a violência e as apropriações predatórias iniciais, o *jus gentium* e o *praetor peregrinus* introduziam no trato dos assuntos provincianos o direito romano, com sua inerente racionalidade e sentido de eqüidade, de modo extremamente favorável aos homens livres. Nas províncias, os camponeses e escravos não eram tratados com bondade pelos romanos, mas as suas condições não eram piores do que as dos escravos e camponeses romanos. Assim, a *Pax Romana* era aceita de boa vontade, sendo defendida pela classe média e a elite das províncias. Suas mercadorias eram exportadas para Roma em quantidades maiores do que a dos produtos romanos enviados para as províncias. Os habitantes locais podiam deslocar-se à vontade, e na medida em que incorporavam a cultura clássica (que estavam interessados em adquirir, porque para isso não precisavam repudiar suas tradições não-bárbaras ou os deuses locais) podiam penetrar nos círculos sociais mais elevados do Império. Depois de Caracalla todos os habitantes das províncias adquiriram a cidadania romana. E a inexistência de preconceito racial entre os romanos os induziu a promover não-romanos aos cargos mais importantes do império, tendo havido vários imperadores não romanos. É verdade que o sistema artesanal de produção usado em Roma, bem diferente das condições da tecnologia contemporânea, não desequilibrou muito os termos de intercâmbio, como ocorre hoje com as relações entre o centro e a periferia. Mas o fator mais importante a ser considerado é que as relações entre centro e periferia, no caso de Roma, não tinham o propósito de assegurar vantagens econômicas para o centro, mas sim de preservar o seu predomínio militar e político.[28]

A diferença entre os regimes de relacionamento centro-periferia de Roma e dos Estados Unidos explica porque o Império Romano durou tanto tempo, enquanto o "Império" americano encontra forte resistência por parte das suas "províncias", e parece ter poucas possibilidades de igualar a durabilidade romana. É verdade que alguns setores das elites "provincianas" do "Império" americano o apóiam fortemente: são os gerentes e funcionários qualificados das multinacionais americanas ou voltadas para os Estados Unidos, que para manter a sua posição dependem da centralidade norte-americana. A despeito da sua ampla influência, eles representam um número insignificante dentro das populações provincianas, que sofrem, direta e indiretamente, os efeitos negativos da marginalização, do empobrecimento e da exclusão social provocados pela globalização.

Outros fatores e circunstâncias contrários à consolidação e generalização da *Pax Americana* derivam de atores importantes no sistema internacional: alguns países europeus, a Rússia, China, Índia e outros países grandes como o Brasil, no contexto do Mercosul, e o mundo islâmico. E também as Nações Unidas, na medida em que se possa atribuir uma identidade institucional a essa organização internacional, composta de tantos países.

A posição da Europa com respeito aos assuntos internacionais é complicada pela sua falta de homogeneidade. É preciso reconhecer antes de mais nada que há de fato cinco Europas:[29] latina, germânica, nórdica, anglo-saxônica e eslava. Por razões culturais e históricas cada uma dessas cinco Europas tem uma visão internacional diferente — não só com relação aos Estados Unidos mas com respeito a cada uma das outras. Dentro da Europa geográfica existe uma maior proximidade cultural e emocional entre a Europa anglo-saxônica e a nórdica, de um lado, e entre a Europa latina e germânica, de outro. A Europa dos eslavos, que por mais de meio século esteve separada da Europa Ocidental, está vivendo o processo de refazer a sua identidade cultural, depois do longo interlúdio comunista, e o mundo eslavo tende a se aproximar mais do germânico do que do anglo-saxão.

Essas diferentes inclinações afetam o modo como os europeus vêem os norte-americanos e as perspectivas de uma *Pax Americana*. Não há dúvida de que a Grã-Bretanha sente uma profunda afinidade com os Estados Unidos — muito maior do que com a Europa continental. A Inglaterra é geográfica e economicamente européia, mas em termos de afinidade cultural é americana. A despeito da tendência economicista da nossa época, a política internacional é muito mais uma função dos valores culturais do que de qualquer outro fator.

A despeito de uma sucessão de guerras, desde 1870, e de diferenças no modelo de conduta, a Europa latina e a germânica têm maiores afinidades mútuas do que qualquer outra parte da Europa, com a exceção talvez das relações nórdicas-germânicas.

Nesse quadro complexo, podemos observar inclinações variadas. Uma delas tem a ver com a esfera econômica, dentro da qual há um acordo substancial entre os membros da União Européia. Outra aparece na esfera política, na qual há duas posições claramente divergentes: os que querem uma integração restrita, essencialmente econômica, como a Grã-Bretanha e os países nórdicos, e os que pretendem chegar a uma maior aproximação política, sob a forma de uma Federação Européia ou pelo menos de uma Confederação — os latinos e os germânicos, e também os eslavos se inclinam nessa direção. O primeiro grupo apóia uma aliança mais estreita com os Estados Unidos, e quer adiar para os próximos anos, ou as próximas décadas, qualquer concepção reajustada da Aliança Atlântica, simbolizada por uma nova OTAN. O segundo grupo prefere desenvolver na Europa uma política externa e um sistema de defesa independentes. A adesão ao Euro por este último grupo, e a sua rejeição pela Grã-Bretanha, não é uma coincidência casual, mas reflete, mais do que questões puramente financeiras, as premissas subjacentes que uma moeda comum independente trará para uma política exterior e de defesa independente.

De modo geral, pode-se falar em uma Europa Atlântica e em uma Europa Européia. A primeira tende a favorecer não exatamente uma *Pax Americana*, mas uma *Pax Americana* com a OTAN. Já a Europa Européia prefere uma ordem mundial multipolar, sob a égide das Nações Unidas, levando a uma *Pax Universalis*. Esta última posição é compartilhada pelos países maiores, como a Rússia, a China, a Índia e o Brasil no contexto do Mercosul, assim como pelo mundo islâmico.

3. Alternativas para o mundo

Uma nova ordem mundial tenderá a se formar no curso das primeiras décadas do século XXI, consolidando a *Pax Americana* ou gerando um sistema multipolar, patrocinado pela ONU e levando à *Pax Universalis*. Enquanto o futuro desenvolvimento do sistema internacional ainda é uma questão aberta, é possível analisar os principais fatores e circunstâncias que estão em jogo.

Conforme já mencionamos, a consolidação e universalização de uma hegemonia mundial dos Estados Unidos da América, impulsionada pelos muitos fatores decisivos que já transformaram os Estados Unidos na potência mundial predominante, enfrentam obstáculos internos e externos consideráveis. O principal obstáculo interno é a falta de disposição do povo norte-americano de pagar o preço material e humano necessário para levar a cabo um projeto imperial;[30] os principais obstáculos externos são a pouca atração que um "Império" norte-americano tem para as "províncias", e a resistência oposta ao projeto por um grupo importante de países.

No entanto, o rumo tomado pelos acontecimentos na última década do século XX reduziu significativamente os efeitos do apoio popular limitado existente nos Estados Unidos a um projeto "imperial", devido sobretudo a duas circunstâncias. A primeira é o fato de que, embora não decorra de um plano fundamental, a aceleração do processo de globalização corresponde objetivamente à hegemonia econômica dos Estados Unidos. O segundo fator, ilustrado pela Guerra do Golfo e a impunidade em continuar bombardeando o Iraque, é que os Estados Unidos adquiriram a capacidade de infligir a qualquer outro país a uma punição intolerável,[31] por meio do bombardeio aéreo, sem sofrer praticamente qualquer baixa, e sem correr o risco de uma reação militar,[32] devido à sua absoluta preponderância bélica. Quanto aos efeitos do obstáculo externo representado pela falta de atração do "Império" norte-americano pelas províncias ainda não podem ser avaliados.

Quais as perspectivas da outra alternativa? Ao contrário da *Pax Americana*, ela tem a vantagem de ser muito atraente. A perspectiva de uma ordem mundial racional e eqüitativa, sob a égide das Nações Unidas, levando à *Pax Universalis*, parece de modo geral bem melhor do que a decisão unilateral de uma superpotência hegemônica, ainda que bem-intencionada. A questão, portanto, tem um aspecto prático. Em que medida os esforços combinados da Europa "européia", da Rússia, da China e de vários outros países importantes, trabalhando dentro do quadro institucional das Nações Unidas, podem levar provavelmente a uma *Pax Universalis* multipolar estável?

Essa questão é limitada por duas considerações iniciais. A primeira diz respeito à indiscutível superioridade militar dos Estados Unidos, agora e durante as próximas décadas. Com um arsenal de 23 mil armas nucleares, e 15 mil ogivas nucleares estratégicas, 12 porta-aviões, 25 submarinos nucleares, mais de trezentas belonaves e dois mil aviões de combate, além do controle absoluto quando não monopolístico dos sistemas eletrônicos da guerra moderna, o poder dos militares norte-americanos supera várias vezes a força militar combinada de todos os outros países, com exceção da Rússia, em termos nucleares, pois os russos dispõem de mais de 35 mil engenhos nucleares. No entanto, devido à sua crise interna, a Rússia não terá condições de empregar o seu poder militar durante vários anos, e não pode atualizar e manter adequadamente esse arsenal nuclear. Assim, no futuro previsível, nenhum outro país poderá comandar um dos requisitos fundamentais do poder mundial — uma força militar adequada.

A outra consideração importante a levar em conta é o contraste entre o processo decisório unificado de uma superpotência nacional, como os Estados Unidos, e a multiplicidade de acordos exigidos para a ação concertada de uma pluralidade de agentes, como no caso de um sistema formado pelos europeus, russos, chineses etc. Por enquanto faltam ainda, e continuarão faltando nos próximos anos, as duas condições básicas para sustentar a *Pax Universalis* como substituto da hegemonia norte-americana.

Será que a hipótese de uma ordem mundial multipolar é algo que não pode ser alcançado no futuro mais distante? Não: em princípio essa hipótese pode transformar-se em realidade, e o que a tornará realizável é uma combinação de fatores (o que não quer dizer que será efetivamente alcançada). O mais importante deles é a grande atração exercida pelo modelo da *Pax Universalis*, que representa obviamente a única boa opção para um mundo livre. Um segundo fator de importância é o fato de que a ordem mundial multipolar não precisa ser antiamericana — na verdade *não pode ser* antiamericana — mas, ao contrário, deve respeitar todos os interesses legítimos dos Estados Unidos, inclusive a manutenção da sua superioridade militar, pelo menos no futuro previsível. O terceiro fator relevante é o fato de que esse modelo só poderia ser adotado com a contribuição ativa de figuras representativas dos Estados Unidos e, finalmente, com a anuência formal desse país.

O fato de que uma ordem multipolar racional e equitativa, sob a égide das Nações Unidas e conduzindo à *Pax Universalis*, representa o único tipo de ordem mundial aceitável por toda a Humanidade faz que a possibilidade de implantá-la dependa essencialmente da formulação e do gerenciamento adequado do projeto.[33] Até mesmo para o povo norte-americano, um projeto convenientemente formulado e bem administrado seria muito mais atraente do que uma hegemonia imposta pelos Estados Unidos.

O confronto da *Pax Americana* com a *Pax Universalis* exige uma abordagem diferente, conforme seja considerado do ponto de vista da situação existente no fim do século XX ou daquela que provavelmente prevalecerá em meados do século XXI.

Como já observamos, no momento a *Pax Universalis* parece ser um resultado improvável. Não obstante, mesmo admitida a hipótese da persistência e consolidação da aliança da OTAN no futuro próximo, devemos reconhecer que uma parte importante do mundo, que inclui a China, a Rússia, a Índia, a maior parte do mundo muçulmano e outros países, não está inserida na órbita da OTAN, embora esses Estados sejam atualmente incapazes de confrontá-la. No entanto, tendo em vista o desenvolvimento rápido e contínuo da China, é altamente provável que em meados do próximo século ela alcance o *status* de superpotência. E é igualmente provável que em um período mais curto a Rússia poderá recuperar-se da sua atual desordem. Essas tendências apontam para a formação, em meados do século XXI, se não antes, de uma nova polaridade, terrivelmente perigosa, entre as esferas de influência norte-americana e sino-russa. A única solução possível para evitar uma terceira guerra mundial, que corresponderia ao suicídio da humanidade, é uma negociação que leve à *Pax Universalis*. Esta, portanto, é nossa única opção para a sobrevivência do mundo no longo prazo, se não antes — como Kant previu e propôs.

V
Perspectivas para o Século XXI

1. Considerações gerais

Esta seção final do presente Capítulo 18 será um breve e cuidadoso exercício de análise prospectiva, na tentativa de traçar o perfil de como o mundo em que vivemos a partir do fim do século XX tenderá a se desenvolver nas primeiras décadas do século XXI. Vamos tratar brevemente de cinco questões importantes 1) as condições globais do mundo; 2) o tipo de sociedade; 3) o tipo de homem; 4) o tipo de cultura; e 5) o tipo de mundo, de modo geral.

O primeiro problema global é o da população. Graças à difusão das práticas de controle da natalidade, está diminuindo a perspectiva preocupante de um grande aumento da população mundial, chegando a cerca de 15 bilhões de indivíduos como nível de estabilização demográfica. A previsão atual das Nações Unidas é que na segunda metade do século XXI será alcançado um nível de estabilização de cerca de 12 bilhões de habitantes. Os outros problemas, contudo, se relacionam com o fato de que a maior parte dessa população estará concentrada na Índia e na China, com condições de sustentação modestas. Segundo previsões feitas pela ONU em 1997, no ano 2050 a Índia deverá ter mais de 1,564 milhões de habitantes, e a China mais de 1,397 milhões. O grupo seguinte de países com grande população deve figurar em patamar consideravelmente mais baixo, liderado pelos Estados Unidos com 394 milhões, a Nigéria com 386, a Indonésia com 330 — em conjunto, menos de 4 bilhões.

Outra questão preocupante é o equilíbrio ecológico. As deliberações da Cúpula do Rio não estão sendo observadas. Espera-se para 2010 um aumento de 35% no consumo de combustíveis fósseis, o que elevará a temperatura do mar, e em conseqüência o seu nível. Com o derretimento das geleiras polares, esse nível poderá subir noventa centímetros, acarretando a inundação das planícies costeiras. Uma agressão ecológica contínua e irrestrita poderia tornar o mundo inabitável no fim do século XXI.

Entre outros perigos globais está recebendo uma atenção crescente o risco de colisão com asteróides. Os astrônomos nos previnem a respeito do asteróide 1997XF11, que em 2028 se aproximará muito da órbita terrestre.[34]

O outro lado do panorama global é o desenvolvimento exponencial da tecnologia esperado para as primeiras décadas do século XXI, introduzindo mudanças revolucionárias em todas as dimensões da existência humana (Peasson, 1998). As perspectivas mais marcantes são as do campo da cibernética, relacionadas com a robótica e a inteligência artificial. Espera-se construir em 2005 um robô bípede, que caminhe e possa dirigir-se automaticamente. Estão previstos para 2015 sistemas computarizados capazes de pensamento analógico, e para 2035 um cérebro artificial completo. Os efeitos previsíveis desses e de outros desenvolvimentos tecnológicos no domínio da medicina, das comunicações e dos transportes em geral — para não mencionar as aplicações militares — são espantosos, e mudarão substancialmente os padrões de vida no primeiro terço do século XXI.

2. Que tipo de sociedade?

O modelo do bem-estar social

O século XX foi de certa forma um grande laboratório de experimentação sociopolítica: o comunismo, o fascismo, o nazismo foram postos em prática por um tempo suficientemente longo para permitir que se chegasse a conclusões empíricas. O mesmo se pode dizer das várias formas da sociedade democrática: o liberalismo puro, o *welfare state*, a democracia social. Que conclusões podemos extrair dessas experiências?

A primeira conclusão que se tornou evidente é que os modelos extremos não funcionam: não só os casos extremados de planejamento centralizado, como na Rússia Soviética, ou de regime autoritário, como no fascismo, nazismo e comunismo, mas também de *laissez-faire* liberal. A conclusão geral que se pode tirar das experiências feitas no século XX é que um modelo sociopolítico satisfatório precisa combinar a economia de mercado com uma sociedade socialmente regulada. Os mercados têm provado ser o melhor mecanismo para a distribuição econômica de fatores, e para determinar custos de produção e preços. A competição dentro do mercado mostrou também ser o melhor caminho para estimular a inovação e a eficiência.

No entanto, os mercados provaram também não ser plenamente auto-regulados; de um lado, como já era sabido na Idade Média, porque precisam da proteção e da supervisão do Estado para garantir os direitos de propriedade e o cumprimento dos contratos. Além disso, os mercados não são um instrumento apropriado para regular a produção e alocação de bens e serviços não-negociáveis — desde a segurança pública e o bem-estar social até a cultura.

Os alemães se referem a uma "economia de mercado socialmente regulada", que é uma forma útil de indicar as condições necessárias para uma economia que funcione em nível ótimo. Da experiência do *New Deal* de Roosevelt até as social-democracias européias, o Estado do bem-estar social é uma resposta positiva à exigência de uma sociedade socialmente eqüitativa que funcione bem do ponto de vista econômico. Como já vimos anteriormente, o *welfare state* representa um equilíbrio delicado entre a eficiência e a justiça social, que pode ser facilmente perturbado por dificuldades internas, tais como as provocadas pela concentração de poder excessivo nas mãos dos sindicatos, ou a concessão de benefícios excessivos em relação às condições econômicas. E é também facilmente perturbado por desafios externos, como aqueles resultantes de uma supercompetitividade externa. Maximizar a qualidade de vida de uma sociedade, dentro de condições satisfatórias de competição internacional exige uma "sintonia fina" dos países que praticam o *welfare*, reforçada por acordos internacionais adequados.

O consumismo intransitivo

Isto dito, é preciso reconhecer que os principais problemas que as sociedades do fim do século XX estão legando para as do século XXI são os derivados da sua condição de sociedades de massa tecnológicas consumistas. O estilo de vida prevalecente nessas sociedades e a cultura niilista estão afetando a sua auto-sustentação. Outro problema crucial deriva do fato de que a tecnologia está destruindo mais empregos do que os que são criados, com a condição agravante de que os empregos tecnológicos exigem um bom nível educacional, acima do da maioria dos que perderam o emprego devido ao desenvolvimento tecnológico. Como presentemente se encontram, sociedades dos países desenvolvidos do Ocidente caminham, no final do século, para enfrentar dificuldades internas para sustentar sua autocoesão, assim como condições externas para sustentar a sua subsistência tecnológica.

No fim do século XX a cultura consumista intransitiva e o estilo de vida das sociedades de massa geraram demandas materiais cada vez maiores, superiores às possibilidades de satisfazê-las. No nível público, o resultado é uma crescente crise de governabilidade. Os governos são eleitos na expectativa de que poderão satisfazer as exigências crescentes das grandes massas, mas depois de eleitos inevitavelmente não conseguem cumprir suas promessas. No nível privado, o consumismo intransitivo dissolve os valores éticos e induz os indivíduos a adotarem qualquer conduta predatória que esteja ao seu alcance, sem preocupar-se com a legitimidade, e a única consideração relevante é como evitar a punição merecida. No entanto, as sociedades não podem ser mantidas exclusivamente por imposições externas, completamente inadequadas para impedir a delinqüência se todos tentam praticá-la, sobretudo porque a polícia de uma sociedade amplamente transgressora é necessariamente corrupta. Com diferentes graus de seriedade, este é o quadro que tende a emergir em todas as sociedades consumistas de massa hoje existentes.

No entanto, os problemas criados pelas sociedades de massa consumistas intransitivas não são apenas internos; cada vez mais eles afetam o mundo inteiro, na medida em que as grandes massas do Terceiro Mundo — na Índia, na China, em toda parte —, motivadas cada vez mais pelas mesmas expectativas do consumismo, têm demandas incomparavelmente maiores do que a capacidade total do mundo de satisfazê-las. As conseqüências inevitáveis tendem a ser: sérios distúrbios internos e conflitos internacionais, com um aumento incontrolável do crime e do terrorismo. O consumo crescente de drogas, com suas conseqüências criminais — compensação para as frustrações consumistas — assume proporções alarmantes. Pergunta-se? Existirá alguma solução para esse quadro?

Uma coisa precisamos admitir: a sociedade de hoje, e ainda mais a dos próximos anos, é e continuará sendo uma sociedade de massa tecnológica e consumista. Não há retorno desse tipo de sociedade para outras formas anteriores de vida coletiva. Além disso, o consumismo, como um comportamento prevalecente na massa, é também irreversível. Há só dois elementos mutáveis na situação atual: o caráter intransitivo e a falta de qualquer sentido de limite. Um sentido de limite é a conseqüência inescapável da existência objetiva de limites. De um modo ou de outro é preciso chegar a um equilíbrio entre recursos e consumo, ou pela imposição obrigatória ou pela admissão realista dos recursos disponíveis. O principal problema contemporâneo, além do desemprego estrutural, é a intransitividade ética[35] — questão que discutiremos mais adiante.

A civilização planetária

É preciso mencionar muito brevemente a natureza da nossa sociedade no final do século XX, e a tendência, que se pode observar, para que a Civilização Ocidental Tardia se transforme em uma Civilização Planetária.

Nos capítulos precedentes deste estudo, ao tratar do Islã, da Índia e da China, observamos como as civilizações não-ocidentais que chegaram ao século XX haviam sofrido uma influência substancial da cultura do Ocidente, e nesse processo incorporaram a ciência e a tecnologia ocidentais como condição *sine qua non* para a sua modernização e sobrevivência. Algumas dessas civilizações, como a do Islã e da Índia,[36] se viram confrontadas com uma incompatibilidade básica entre algumas das suas crenças e a cultura do ocidente. Seus líderes esperavam incorporar concepções científicas e tecnológicas sem precisar renunciar à respectiva fé religiosa. No entanto, alguns elementos fundamentais dessas civilizações, como o conceito indiano do *samsara* (a sucessão de reincarnações, de acordo com o *karma*) e a noção islâmica da *Ummah* (a comunidade religiosa, política e civil indissolúvel) eram incompatíveis com a cultura do Ocidente. Obrigadas pela história a aceitarem a ciência e a tecnologia ocidentais, essas culturas se sujeitaram inevitavelmente a uma ocidentalização mais profunda do que a desejada.

De seu lado, a civilização ocidental passou também por mudanças consideráveis. Em primeiro lugar, no final do século XIX e crescentemente depois da Primeira Guerra Mundial, ela alcançou um novo estágio, que a transformou no que estamos chamando de Civilização Ocidental Tardia. O essencial dessa mudança foi a substituição, que começou lentamente e aos poucos se tornou mais rápida, da sua convicção fundamental, que era a fé cristã, na crença na ciência e numa visão do mundo puramente racional e empírica. A partir da Segunda Guerra Mundial, o relativismo cultural e uma perspectiva do mundo mais antropológica incorporaram muitos elementos de outras civilizações, em especial as do Oriente e da África. Assim, está em andamento um processo de formação da Civilização Planetária, que tende a ser uma universalização da Civilização Ocidental Tardia, incorporando como subvariedades antigas civilizações até então autônomas, como a Islâmica, a Indiana e a Chinesa. Estas, por sua vez, estão se transformando em expressões ocidentalizadas das respectivas tradições. Assim, há muitas indicações de que nos próximos séculos haverá em todo o mundo uma única Civilização Planetária, tendo a princípio as exceções irrelevantes de pequenas manifestações isoladas de primitivismo, em rápido processo de extinção.

A hipótese da Civilização Planetária, que apresentamos aqui sumariamente, contraria a hipótese de um futuro conflito de civilizações, previsto por Samuel Huntington como um choque entre a Civilização Ocidental e as civilizações Chinesa e Islâmica.[37] Sem procurar elaborar aqui essa questão, parece a este autor que Huntington aplicou o conceito de "conflito de civilizações" a duas situações muito diferentes. Uma é a possível futura confrontação de poder entre a China e os Estados Unidos, na disputa pela hegemonia mundial — disputa na qual a China só poderia entrar na medida em que tivesse incorporado plenamente a cultura do Ocidente. A outra questão, relativa ao Islã, tem a ver com os fundamentalistas e a sua luta contra a ocidentalização como pressuposto da modernização. Quaisquer que sejam as futuras vicissitudes desse conflito, o exemplo do Irã, onde os fundamentalistas já conquistaram o poder, indica que uma vez em posição dominante, para mantê-la, especialmente *vis-à-vis* as potências estrangeiras, o fundamentalismo se vê obrigado a aceitar a modernização ocidentalizada e com o tempo será levado a integrar a crescente Civilização Planetária.

3. Que tipo de homem?

O problema do consumismo intransitivo na sociedade de massa tecnológica contemporânea, com a conseqüente perda de sustentação social, levanta a questão do tipo de homem que surgirá provavelmente no futuro. Se está sendo formada uma Civilização Planetária, que tipo de civilização será?

Uma breve discussão dessa questão fundamental deve reconhecer desde o princípio os limites de qualquer exercício útil de previsão. O futuro concreto é imprevisível, mesmo no prazo mais curto, porque se configura em cada momento futuro pela combinação aleatória dos fatores condicionantes com a liberdade humana.

O futuro do consumismo intransitivo se desenha contra o pano de fundo de duas considerações básicas. A primeira está relacionada com o fato de que uma sociedade totalmente consumista e intransitiva não se poderia sustentar por muito tempo. A segunda tem a ver com o poderoso instinto de sobrevivência humano, e o fato fundamental de que o homem é um ser transcendente. Essas duas considerações nos levam à premissa legítima de que o consumismo intransitivo observado atualmente nas sociedades do ocidente, e em menor escala em outras sociedades, não poderá ultrapassar um certo nível crítico, nem terá uma duração excessiva.

Para compreender essa questão é preciso adotar uma perspectiva histórica. Embora em diferentes condições e proporções, o consumismo intransitivo não é exclusivamente um fenômeno contemporâneo, e pode ser observado desde a Antiguidade. Foi característico, por exemplo, da sociedade babilônica tardia, e é típico do grande mal-estar que marcou o Primeiro Período Intermediário no Egito (entre 2200 e 2050 a.C.), conforme expresso na *Canção do Harpista*, assim como da crise cultural final do período Saíta (663-525 a.C.). Por outro lado, o consumismo foi experimentado também na sociedade romana depois de Augusto, conforme descrito no *Asno Dourado*, de Apuleio, do segundo século a.D. entre outras obras.

O exemplo romano é particularmente ilustrativo, porque podemos observar o curso completo do processo. Já bastante difundido no fim da República, o consumismo retornou em maior escala depois das tentativas feitas por Augusto de moralizar a sociedade de Roma, e adquiriu então um caráter mais irresponsável e intransitivo. Diante dessa situação, os romanos mais nobres desenvolveram um comportamento severamente estóico, como reação à amoralidade prevalecente, atitude compartilhada por alguns dos melhores imperadores, desde Hadriano a Marco Aurélio. O estoicismo de uma minoria sustentou o Império durante o segundo século. A crise do terceiro século, que afetou todos os níveis da sociedade romana, teve efeitos os mais deletérios. É notável que, a despeito disso, alguns grandes imperadores subseqüentes, como Aureliano (270-275) e depois Diocleciano (284-305), conseguiram preservar o Império, apoiados por uma elite estóica. No entanto, as condições de manutenção da cultura clássica declinaram fortemente no quarto século, quando a cultura hipersensorial do paganismo tardio perdeu seu poder criativo. Foi quando o consumismo intransitivo de Roma testemunhou o desenvolvimento de uma nova cultura ideacional, com o cristianismo, que com Constantino (324-337) passou a ser por fim a religião oficial de Roma, restaurando um nível elevado de moralidade.

As considerações precedentes nos levam a admitir a premissa de que em termos históricos o consumismo intransitivo tende a ser um fenômeno temporário das sociedades sujeitas a crescentes manifestações autodestrutivas, que se não entram em colapso são forçadas a assumir um rumo diferente. Se a atual frouxidão de costumes será sucedida por uma fase de austeridade, assim como a severidade vitoriana sucedeu o consumismo levemente frívolo do século XVIII, é uma questão aberta. Nas condições contemporâneas, é improvável que uma renovação da sociedade assuma forma religiosa ou ascética. O consumismo pode perdurar por muito tempo, mas o que não pode persistir muito longamente é a sua natureza intransitiva.

Nas condições da sociedade tecnológica de massa, o consumismo intransitivo[38] esvazia o homem de todos os valores e do sentido de significação pessoal, transformando-o em um objeto descartável, a ser substituído indiferentemente por qualquer outro indivíduo, também descartável.[39] Para sobreviver, uma Civilização Planetária Tecnológica obriga a existência de vínculos muito estreitos entre os sub-sistemas que a compõem, o que por sua vez exige agentes responsáveis — ou seja, algo muito diferente do "homem descartável".

Como já acentuamos, prever o tipo de homem que a Civilização Planetária emergente vai configurar não é um exercício de muita utilidade. O futuro será ainda mais complexo do que o presente, e portanto capaz de uma variedade infinita de diferentes ocorrências e realidades concomitantes. Nele pode haver lugar para uma ampla diversidade, que inclua o homem descartável, e este pode ser o destino dos indivíduos que, desempregados, recebam um subsídio dos governos. Mas não poderá conter só esse tipo de pessoas. Haverá novas formas de transcendência, dentro das possibilidades já mencionadas e dos limites da esfera antrópica, simultaneamente com o surgimento de uma nova civilização. Tendo em vista as características sincréticas que marcarão provavelmente a Civilização Planetária, uma possibilidade interessante é a criação de uma forma de neoconfucionismo atualizado tecnologicamente, como a que de certo modo está surgindo agora na China. Outro renascimento, talvez ainda mais provável, seria o de uma nova versão do estoicismo, ajustado às condições da sociedade tecnológica de massa.

Se estão corretas as considerações precedentes sobre o ajuste estrutural do homem ao ambiente, é provável que surja um novo humanismo antrópico, com ênfase no social. No século XXI o mundo será confrontado pela necessidade inescapável de administrar em escala planetária as exigências da sociedade tecnológica de massa. Embora esse gerenciamento possa ser praticado de modo coercitivo e predatório, para beneficiar os donos do poder — e é inevitável que haja tentativas nesse sentido —, a única forma duradoura de implantá-lo será por meio de procedimentos racionais e equitativos.[40] Procedimentos que levam à prática de um *quantum satis* de novo humanismo social, necessário, e do qual elas dependem.

4. Que tipo de cultura?

Como já vimos, no fim do século XX a "pós-modernidade" se tornou a alta cultura *pop* da sociedade de massa, tecnológica e consumista. É a manifestação niilista de uma fase hipersensorial, caracterizada pela relativização de todos os valores. Simultaneamente, porém, há um desenvolvimento extraordinário da ciência e da tecnologia, cujas dimensões relativistas, na mecânica quântica e na cosmologia, têm natureza completamente diversa. Distinção que os pós-modernistas não compreenderam,[41] atribuindo ao relativismo científico um caráter arbitrário, derivado, como no seu próprio pensamento, das condicionalidades marxistas e freudianas e do voluntarismo nietzcheano. No entanto, o relativismo de que nos fala a ciência tem caráter estocástico, e está sujeito à previsibilidade estatística.

Na verdade, no fim do século XX temos dois universos distintos e paralelos, o científico e o pós-moderno. Contra a expectativa manifestada por C. P. Snow (1905-1980) na década de 1950, o divórcio entre a ciência e as humanidades simplesmente aumentou. O hiper-relativismo da pós-modernidade, que segundo este escritor é desmentido pela esfera antrópica no seu próprio campo —, as ciências sociais e as humanidades —, está completamente fora de ordem no campo das ciências naturais. Cabe indagar, portanto, que tipo de cultura deverá resultar dessas tendências que se opõem.

Uma vez mais, a previsão do futuro é um exercício pouco compensador. No entanto, podemos identificar certas tendências mais importantes. Para começar, devemos reconhecer que o pensamento científico, ignorando a pós-modernidade — não só por princípio mas pelo fato de respirar uma atmosfera diferente —, seguirá sua própria linha de desenvolvimento, caracterizada pela busca de uma teoria que unifique todas as forças da natureza, e que talvez não esteja tão longe de ser descoberta. De seu lado, os pós-modernistas continuarão no seu caminho, sem se deixarem influenciar por objeções teóricas tais como aquelas baseadas na esfera antrópica, enquanto o consumismo intransitivo continue sendo um comportamento social predominante.

Se e quando o consumismo intransitivo for substituído, mesmo que parcialmente, por um novo senso de responsabilidade, como na hipótese de surgir um novo humanismo social, ocorrerão necessariamente mudanças culturais significativas, afetando a perspectiva da pós-modernidade.

Entre os muitos fatores que contribuíram para erodir a tradição do humanismo clássico, que floresceu até o primeiro terço do século XX (Rilke, 1875-1926, Thomas Mann, 1875-1955, Ortega y Gasset, 1883-1995), havia o fato de que, nas condições da sociedade de massa e da globalização, o humanismo contemporâneo não pode mais ser individualista, mas precisa necessariamente ser um humanismo social e ecológico. No entanto, mais do que uma formulação intelectual baseada na compreensão social da dignidade do homem, o humanismo social representa um compromisso emocional com a solidariedade social "vertical".[42] Esse tipo de solidariedade é a mais demandada na nossa época por parte de várias igrejas, partidos democráticos e populistas. No entanto, essas demandas continuam a ser meramente retóricas. O que acontece porque, com exceção de alguns indivíduos excepcionais, como São Francisco de Assis ou Madre Tereza, a solidariedade efetiva, que é um ato de compaixão com respeito aos menos afortunados e aos excluídos, requer uma certa base comum entre os dois lados desse relacionamento; ou então, quando são tipos de pessoa muito diferentes, que os que recebam a solidariedade sejam numericamente poucos. Condições básicas comuns, tais como raça, cultura e classe social, propiciam a solidariedade. Quando esta tem por objeto pessoas muito diferentes ela é bem menos freqüente, embora também exista, mas não pode subsistir quando o número de destinatários é excessivo, como qualquer pessoa de classe média perceberá facilmente ao ser confrontada por uma multidão de mendigos.

Nas condições prevalecentes no nosso tempo, o humanismo social precisa consistir em um comportamento individual e coletivo orientado objetivamente para transformar o perfil social do mundo, de modo a incorporar as grandes massas excluídas em níveis mais elevados de educação e a novos padrões de vida, reduzindo por outro lado o consumo excessivo e anti-social dos países ricos e das pessoas endinheiradas. Esse humanismo não é viável em termos de uma relação de compaixão entre indivíduos, como pedem as igrejas e as pessoas generosas. Na era da globalização e da sociedade de massa, o humanismo social precisa necessariamente ser um compromisso ético-político de caráter abstrato, mas orientado efetivamente para a promoção de mudanças sociais, não tanto por "amor aos pobres" mas em benefício da viabilidade do mundo.

O amor aos pobres — que não é o amor ao vizinho, já que a vizinhança implica certa situação de comunidade mínima — é a expressão de uma conduta religiosa. Madre Tereza, essa extraordinária e santa personalidade da nossa época, que levou aos seus limites extremos o cuidado e o amor devotado aos miseráveis de Calcutá, costumava dizer que em qualquer pobre leproso ela via e amava a pessoa do Cristo.

O comportamento religioso desse tipo é uma das expressões mais elevadas da transcendência humana. O que está em jogo, porém, é o fato objetivo de que a religiosidade exige condições culturais completamente diferentes das que prevalececem no mundo contemporâneo. Enquanto o niilismo atual do ocidente será substituído provavelmente por um novo conjunto de convicções, como condição necessária para a sobrevivência da sociedade, a transcendência humana não deriva da existência de um Ser Transcendente, como já vimos anteriormente; pelo contrário, a suposta existência desse Ser é que representa uma construção da transcendência humana.[43]

Pode-se considerar como provável o surgimento desse humanismo social e ecológico, com as amplas dimensões internacionais necessárias para produzir resultados efetivos? Esta pergunta está intimamente associada à medida que o consumismo intransitivo parece inclinado a ser substituído por uma conduta responsável. Uma mudança que não ocorrerá se a crise da sociedade tecnológica consumista de massa não a exigir como uma necessidade de sobrevivência.

5. Que tipo de mundo?

Como vimos anteriormente, o mundo enfrenta hoje sérios desafios globais, tais como o excesso de população, em geral, e particularmente em regiões importantes (Índia, China), ameaças ecológicas ao clima, aos oceanos e à atmosfera, ou o risco de grandes colisões com asteróides. De outro ponto de vista, as experiências sociopolíticas do século XX, incluindo algumas horríveis, levaram à conclusão de que os modelos radicais não funcionam. O que é preciso é uma economia de mercado democrática e socialmente regulada. Um modelo que, embora tenha sido praticado com êxito em vários países, é uma construção delicada, que depende de condições internas e externas favoráveis, as quais podem ser facilmente rompidas. A sociedade de massa tecnológica e consumista que temos hoje, que representa uma manifestação avançada da cultura hipersensorial, está chegando a níveis crescentes de intransitividade moral, transformando o homem em um objeto descartável. No entanto, no longo prazo as condições socioculturais resultantes provavelmente não são sustentáveis. Levando em conta esses aspectos, somos confrontados com uma pergunta final: que tipo de mundo surgirá provavelmente de tudo isso?

Um evento catastrófico, como a deterioração irreversível da biosfera, ou uma colisão cósmica de proporções devastadoras, simplesmente exterminaria a espécie humana, como os dinossauros foram exterminados há 65 milhões de anos. Mas como situações extremas desse tipo não são prováveis no futuro previsível, dada a possibilidade de uma intervenção humana ou por serem eventos de baixa probabilidade, os problemas diante das primeiras décadas do século XXI e o tipo de mundo deles resultante têm a ver essencialmente com o futuro desenvolvimento da nossa sociedade de massa tecnológica e consumista, e a modalidade de ordem mundial que deverá prevalecer: duas questões intimamente ligadas.

Na Seção IV deste capítulo discutimos brevemente os aspectos políticos e as perspectivas de duas ordens mundiais alternativas: a *Pax America-*

na ou uma ordem multipolar, patrocinada pelas Nações Unidas, que leve à *Pax Universalis*. O que deve ser acentuado agora é o fato de que, entre outras circunstâncias e fatores intervenientes, especialmente com respeito ao tipo de liderança internacionalmente influente que possa haver, o elemento mais importante para modelar o mundo do futuro será o tipo de sociedade que prevalecerá nas próximas décadas.

Se uma sociedade plenamente consumista e intransitiva não é sustentável, como já vimos, uma sociedade de massa tecnológica que inclua um grau importante de consumismo intransitivo, sob a direção tecnocrática de uma elite de poder capacitada, é algo perfeitamente viável, e pode subsistir por muito tempo. Em uma situação particular da Antiguidade, foi o que aconteceu com as sociedades helenísticas tardias e com o Império Romano depois de Augusto, até a sua cristianização.

O que está em jogo agora, e nas próximas décadas, é o modo como vai evoluir a atual crise da sociedade de massa tecnológica e consumista. Se a desintegração da nossa sociedade hipersensorial levar à emergência de uma cultura diferente, com propensão ideacional ou idealística, conforme as idéias de Sorokin, então poderão surgir sociedades justas nos centros dominantes, propiciando a implantação de uma ordem mundial racional e eqüitativa, sob os auspícios das Nações Unidas, conduzindo a uma *Pax Universalis*.

Por outro lado, se nossa atual sociedade preservar sua viabilidade, com a formação de regimes tecnocráticos autoritários que restabeleçam a coesão social com meios tecnológicos coercitivos, a ordem mundial resultante seria um sistema orweliano de coordenação internacional das elites de poder dominantes em cada país.

Embora não nos pareça agora um resultado necessário, um mundo futuro que lembre Orwell ainda é uma boa possibilidade, e representa uma das formas viáveis de preservar a sociedade de massa tecnológica e consumista, pelo menos por algum tempo, mediante uma administração autoritária e tecnocrática, em que o consumismo intransitivo daria apoio, passiva ou ativamente, à elite de poder governante, em troca da sua própria sustentação.

Embora possível, e até mesmo não improvável, esse mundo orweliano não representa necessariamente o nosso futuro, mesmo se não surgir uma cultura ideacional ou idealística para substituir o atual consumismo intransitivo hipersensorial, conforme previsto por Sorokin. Outra alternativa viável é uma sociedade tecnológica neo-helenística, contendo diferentes padrões e níveis de comportamento, na qual o consumismo intransitivo coexistiria, sustentado por uma elite tecnológica neo-estóica, que a dirigisse, devotada à produção e à coisa pública.

Na década de 1990 a exigência cada vez mais intensa de respeito pelos direitos humanos, a nova e crescente consciência ecológica, o espírito democrático e os sentimentos antiautoritários que hoje prevalecem, especialmente no Ocidente e entre os jovens, são sinais favoráveis, que contradizem um futuro *à la Orwell*. Os Estados Unidos, o exemplo contemporâneo mais avançado de uma sociedade de massa tecnológica e consumista, nos dá a esse respeito uma indicação especialmente importante: os Estados Unidos não são uma sociedade orweliana, embora não sejam também uma sociedade predominantemente social-humanista. Apontam na direção de um futuro neo-helenístico, com massas consumistas governadas por uma democracia popular controlada, mas não anulada, pela sua elite de poder.

19
CONCLUSÕES

I
Introdução

1. Objetivo da investigação

Nos capítulos 1 a 18 do presente estudo fez-se uma tentativa de analisar, no primeiro, o surgimento do homem e da civilização e depois, nos capítulos seguintes, dezesseis civilizações selecionadas, da mesopotâmica à ocidental, com o objetivo, antes de mais nada, de verificar quais os principais fatores e condições que influenciaram o nascimento, o desenvolvimento e, conforme o caso, a decadência dessas civilizações, para depois desenvolver uma análise comparativa desses fatores e condições e determinar se cada civilização é marcada por circunstâncias únicas e singulares ou se fatores e condições semelhantes produzem conseqüências similares em diferentes civilizações e em épocas distintas.

Para essa análise as civilizações estudadas foram abordadas de seis pontos de vista. O primeiro, introdutório, cobre respectivamente os diferentes povos, a localização geográfica e o período histórico em questão. Em seguida, há uma breve descrição da história sociopolítica dessa civilização, seguida por um breve resumo da sua evolução cultural. As três seções seguintes analisam sucintamente os principais fatores e condições que contribuíram para o surgimento, o desenvolvimento e a possível decadência da mesma civilização. O objetivo do presente capítulo é comparar as conclusões assim obtidas, para chegar a conclusões finais.

Além disso, o presente estudo acumulou um vasto acervo de informações baseadas em dados empíricos confiáveis, que sugerem conclusões importantes ou proporcionam a elucidação significativa do caráter de importantes eventos e processos sócio-históricos. Discute-se também aqui, brevemente, as inferências mais importantes que podem ser feitas com base nesse material.

2. Conclusões básicas

As análises comparativas realizadas no estudo da pré-história e das dezesseis civilizações selecionadas, da mesopotâmica à atual, proporcionam evidência empírica do fato de que a natureza humana permaneceu a mesma, desde o surgimento do Homo sapiens sapiens *até hoje, enquanto a condição humana experimentou uma ampla variação, do Paleolítico à nossa civilização tecnológica.*

No que diz respeito às suas características psicofísicas, o homem é sempre o mesmo, e ao longo da história as sociedades apresentam também certas características comuns, tais como o fato de que o sistema social está sempre integrado por quatro subsistemas: participativo, cultural, político e econômico; cada um dos quais gera seus valuáveis específicos e mantém com os outros relações específicas, conforme mostra o quadro abaixo.

Subsistemas Sociais

Macrofunções e planos estruturais (subsistemas da sociedade)	Valuáveis	Meios	
		Primários	Secundários
1. Cultural: produção e alocação de símbolos	Crenças factuais, de valores, de normas. Símbolos expressivos	Cultura	Influência
2. Participacional: criação e alocação afetiva, evaluativa e jocosa	Atores Papéis Status	Prestígio	Influência
3. Política: produção e alocação de	Comandos	Poder	Influência
4. Econômico: produção e alocação de	Utilidades	Dinheiro	Influência

As sociedades, no entanto, apresentam também diferenças profundas, de acordo com seus respectivos regimes — participativo, cultural, político e econômico. E o mesmo quadro de identidades e diferenças pode ser observado entre as civilizações: todas têm a mesma estrutura básica, que corresponde à estrutura fundamental da sociedade correspondente, mas cada civilização possui características específicas, marcadas por uma determinada cosmovisão, organização sociopolítica e repertório técnico, assim como pela sua evolução ao longo do tempo.

A combinação peculiar na história dos traços permanentes da natureza humana com as características cambiantes da condição humana, variando de uma civilização para outra, e manifestando características diferentes em cada uma, exibe, na sua emergência, desenvolvimento e eventual decadência, certos traços exclusivos em cada caso específico, sujeitos, naturalmente, a relações semelhantes de causa e efeito. *Embora o rumo específico de cada civilização seja em si mesmo único, fatores e condições semelhantes levam a conseqüências similares em diferentes civilizações e épocas distintas.*

As três próximas seções deste capítulo procurarão indicar brevemente de que modo conseqüências semelhantes são provocadas quando as civilizações são submetidas a determinados fatores e condições relacionados com o seu surgimento, desenvolvimento e possível decadência, a despeito do rumo específico e único de cada uma delas, conforme revelado pela investigação que fizemos.

II
As Civilizações: Seu Nascimento

A análise dos casos estudados torna possível formular uma hipótese exploratória, empiricamente bem fundamentada, para explicar o surgimento das civilizações. Essa hipótese pode ser formulada assim: *as civilizações tendem a surgir quando sociedades que do ponto de vista sociológico alcançaram o estágio apropriado, e são reguladas por um regime funcional de massa e elite, geram uma cultura específica, diferente das preexistentes, e manifestam uma propensão expansiva sustentada para incorporar novos valores utilitários, tais como terra e outros recursos materiais, em condições naturais e funcionais que permitam sua subsistência e expansão e que não imponham a essas sociedades impedimentos externos.*

Portanto, sob essa luz há cinco requisitos básicos para o surgimento de uma civilização. O primeiro é que a sociedade ou sociedades em questão tenham alcançado um nível apropriado, que foi definido no primeiro capítulo do presente estudo. No sentido histórico do termo, as civilizações só são produzidas por sociedades civilizadas, no sentido socioantropológico da expressão.

O segundo requisito é que a sociedade ou sociedades que se encontram em processo de gerar uma nova civilização tenham um regime elite-massa satisfatoriamente funcional. Ou seja, que as elites possam contar com a obediência da massa, e com o seu empenho nas tarefas a ela designadas, fundamentalmente de modo não coercitivo. Quando esse regime é não-funcional há uma inibição da atividade externa da sociedade.

O terceiro requisito é que se gere uma cultura distinta e específica. As civilizações são superestruturas culturais, e uma nova civilização, ao contrário das novas manifestações de uma cultura preexistente (como o caso de Babilônia e Assíria com relação à cultura sumero-acadiana), precisa necessariamente ser caracterizada por uma nova cultura específica, diferente das anteriores, embora mantenha uma relação estreita com uma ou mais civilizações prévias, como aconteceu com a civilização de Bizâncio em relação à civilização romana tardia.

O quarto requisito diz respeito à propensão expansiva sustentada para a incorporação de novos valores utilitários, dentro de condições naturais e operacionais favoráveis. Conforme o caso, Roma ilustra bem: foi a capacidade excepcional de expansão da Roma dos primeiros tempos que lhe permitiu superar as outras comunidades latinas, como Alba Longa, ou não-latinas, como a dos samnitas.

Finalmente, a quinta condição é intuitivamente óbvia: a inexistência de condições adversas, ou naturais, como as condições árticas que impediram os esquimós de gerar uma civilização própria, ou a presença prevalecente de forças hostis, como no caso de Esparta, quando essas forças obstruíram o surgimento de uma civilização messeniana.

A forma como ocorrem as condições gerais que possibilitam o surgimento de uma civilização varia conforme a civilização seja primária, secundária do primeiro ou do segundo grau, ou terciária. As civilizações primárias se manifestam sempre originalmente em uma única sociedade, embora mais tarde possam subdividir-se, como aconteceu com Babilônia e Assíria, no caso da Mesopotâmia. O mesmo acontece com as civilizações secundárias do primeiro grau, como a dos egeus e dos israelitas. As várias subdivisões da civilização do Egeu, culminando com a fase de Micenas, derivaram da formação unitária da fase minoana. Quanto a Israel, as 12 tribos tradicionais tinham uma origem comum. No caso das civilizações secundárias do segundo grau, a Grécia, por exemplo, tinha uma origem comum, derivada dos resíduos da cultura de Micenas, que no entanto seguiu vários caminhos, como o dórico e eólio, o jônico e o arcádio. A Pérsia resultou da fusão entre medas e persas, no reinado de Ciro. As civilizações subsaáricas se desenvolveram, a partir de vários centros neolíticos, sob a influência do Egito, e mais tarde sob outras influências, em uma diversidade de núcleos. Roma teve uma origem unitária, sob influência etrusca. No caso das civilizações terciárias, Bizâncio, evoluindo do Império Romano do Oriente, e o Islã, da gesta inicial de Maomé, tiveram origem unitária. Quanto à civilização ocidental, ela emergiu do Império Carolíngio, evoluindo mediante sua partição entre *Francia Occidentalis*, *Francia Orientalis* e *Francia Media* ou Lotharingia.

Dentro desses padrões, a forma específica com que as várias civilizações emergiram foi descrita brevemente nos capítulos precedentes. Em alguns casos, como na Mesopotâmia e no Egito, a imigração de um novo povo teve importância especial. Na cultura neolítica uruk, os sumérios estimularam o seu desenvolvimento rumo a um nível civilizado. No caso do Egito, a chegada, na cultura neolítica gerzeana, de um povo de língua semítica, em meados do terceiro milênio a.C., agiu também como um estímulo. Nessas duas civilizações a necessidade de regular para a irrigação a água do Tigre e do Eufrates, ou do Nilo, a drenagem dos pântanos e a navegação, foi um fator decisivo na instituição de um governo centralizado.

Na civilização do Egeu, a transição dos centros neolíticos de Creta para o estágio civilizado foi influenciada por populações que traziam consigo a experiência da civilização mesopotâmica. A civilização de Israel surgiu, depois da fuga do Egito, sob a influência combinada dos ensinamentos de Moisés e da vivência da civilização egípcia.

Entre os vários modos como emergiram as civilizações aqui estudadas, o caso de Roma merece maior atenção. De um lado, devido à influência notável que Roma veio a exercer na história; de outro, devido à forma excepcional como uma pequena aglomeração humana, no topo do Palatino, pôde tornar-se o núcleo da civilização romana. Como e por que uma modesta colônia latina, entre outras comunidades latinas, se tornou o centro hegemônico da região, e por que a cultura latina prevaleceu sobre as outras culturas da península italiana — como a de Osco, sem falar na civilização etrusca, que seguiu uma trajetória diferente? Como explicar o surgimento da civilização romana?

A análise do caso de Roma revela que a crescente importância da antiga cidade-estado romana resultou de circunstâncias ocasionais, combinadas com os efeitos dinâmicos da sua estrutura de classe e a contribuição civilizadora dos etruscos. Condições geotopográficas favoráveis ajudaram o crescimento relativamente rápido da Roma pré-urbana, e levaram à formação, na cidade-estado incipiente, de uma estrutura social marcada pelo domínio dos plebeus por uma classe de patrícios. Essa estrutura de classes teve um poderoso efeito dinâmico na sociedade romana, de vários modos. Procurando preservar seus privilégios de classe, e ao mesmo tempo manter o respeito dos plebeus pelos seus desígnios, os patrícios desenvolveram uma excepcional capacidade de liderança e geraram um robusto código moral baseado na estrita autodisciplina, na resistência pessoal e na coragem militar, orientadas por uma dose considerável de ousado pragmatismo racional. De seu lado, os plebeus exerceram pressão contínua sobre os patrícios para a melhoria da sua situação, e para conquistar a igualdade social e política, representando assim outra força dinâmica dentro da sociedade romana. De seu lado, a liderança etrusca foi também um fator decisivo, dando a Roma o acesso a uma linguagem escrita e a outras importantes contribuições culturais — desde a religião, as artes e técnicas militares até a organização política e um novo sentido de direção do Estado. Foi a combinação desses fatores que proporcionou a supremacia de Roma entre os latinos, e a dos latinos romanizados sobre as outras culturas da península, formando assim a sua própria civilização, a civilização romana primordial — ou seja, a civilização de Roma antes da sua helenização.

Para Roma a derrota dos Tarquínios e o estabelecimento da República resultou inicialmente em uma significativa perda de poder político, ameaçada por rebeliões latinas e de outros inimigos, tendo havido inclusive uma breve ocupação da cidade pelos gauleses. No entanto, livres da pressão dos reis etruscos, os patrícios romanos ganharam mais espaço para operar, e logo recuperaram a iniciativa na região do Lácio, impondo sua soberania sobre a Etrúria e a Campânia. Um exército de cidadãos altamente motivados, mobilizando as classes plebéias de proprietários de terras, deu início à longa marcha vitoriosa das armas romanas.

A influência etrusca na formação da civilização romana e na expansão da cidade-estado romana teve dois contextos diferentes. Durante a época dos reis etruscos, Roma recebeu uma contribuição extremamente positiva na formação da cidade e das suas instituições. No quinto século a.C., depois de expulsar os etruscos e de neutralizar as tentativas de retorno de Porsena, o império etrusco declinou rapidamente, batido no norte pelos gauleses, e no sul repelido pelos gregos e samnitas. Esse fator externo foi decisivo para a consolidação da civilização romana nascente, tornando os decadentes etruscos vulneráveis aos ataques romanos, situação que teria sido a oposta se os etruscos tivessem mantido o poder de que antes desfrutavam.

O outro lado desse quadro foram os contatos com a Magna Grécia e, mais tarde, com os reinos helenísticos, provocando a gradual helenização da elite de Roma e terminando por gerar a mistura greco-latina que caracterizaria a civilização romana na sua maturidade. Além disso, a Segunda Guerra Púnica, com as vitórias iniciais de Haníbal, exigiu esforços desesperados por parte dos romanos para evitar a derrota total, e contribuiu para desenvolver o seu patriotismo, que se tornaria outro ingrediente fundamental da civilização de Roma, ajudando a consolidar definitivamente a romanização da Itália.

III
Desenvolvimento

A análise comparativa das civilizações estudadas confirma, no que diz respeito a suas condições de desenvolvimento, que diferentes civilizações, em diferentes épocas, tendem a se desenvolver quando exista uma conjunção de determinadas condições. A hipótese explicativa do desenvolvimento das civilizações induzida dos casos estudados pode ser assim formulada: *as civilizações tendem a se desenvolver se persistem as condições que favoreceram a sua emergência e auto-sustentabilidade, e ocorrem duas novas condições. Em primeiro lugar, se adquirem uma capacidade militar superior à das sociedades com que são confrontadas, ou pela sua organização, disciplina e combatividade (Roma) ou pelo seu ímpeto, capacitação e motivação ideológica (Islã), ou ainda pela sua nítida superioridade tecnológica (o Ocidente). Em segundo lugar, se desenvolvem uma cultura favorável à sua expansão, com instituições e práticas e valores apropriados a esse fim.*

O desenvolvimento de uma civilização consiste basicamente na consolidação e expansão das suas características originais. Por isso, o primeiro requisito para esse desenvolvimento é a persistência das condições que favoreceram o seu surgimento e a sua auto-sustentação inicial. De acordo com a hipótese que parece mais provável, as civilizações dos Maias e do vale do Indus tiveram seu desenvolvimento limitado pelas mudanças drasticamente desfavoráveis que ocorreram no ambiente natural. O desenvolvimento das civilizações dos Aztecas e dos Incas foi interrompido bruscamente pela intervenção dos espanhóis, que, a despeito do seu número insignificante, gozavam de condições favoráveis, como se explicou no capítulo 14, e ao capturar os imperadores azteca e inca, e também por outras circunstâncias, puderam neutralizar a capacidade de resistência desses povos.

Duas outras condições são necessárias para que uma civilização se desenvolva — uma de natureza militar, a outra cultural. A agressão militar externa pode interromper o desenvolvimento de uma civilização e aniquilá-la, particularmente no caso das civilizações de uma única sociedade. Foi o caso de Micenas, atacada pelos povos do mar; dos egípcios, pelos assírios e os persas; a civilização occitana emergente, pelos cruzados de Simon de Montfort; os Marathas, pelos ingleses. Portanto, a capacidade militar suficiente é requisito essencial para o desenvolvimento de uma civilização. A segunda condição, de natureza cultural, está relacionada com o desenvolvimento de valores, práticas, instituições e meios materiais necessários para a expansão. Os etruscos poderiam ter tido êxito no controle da península italiana, pois haviam alcançado um nível elevado de civilização quando Roma ainda se encontrava na fase de emergência; no entanto, não puderam criar instituições que lhes permitissem uma ação concertada junto às várias cidades-estados, que foram assim dominadas sucessivamente pelos romanos, uma a uma.

Como a emergência das civilizações discutida no presente estudo, seu respectivo desenvolvimento foi também analisado brevemente nos capítulos precedentes. Foi a capacidade das cidades-estado da Mesopotâmia de encontrar precariamente, sob Lugalzaggisi, e de forma mais estável sob Sargon da Acádia, uma estrutura imperial que permitiu o seu desenvolvimento, acumulando suficiente riqueza material e cultural para gerar uma grande cultura e um sistema social complexo. No Antigo Reino egípcio, a centralização do poder criou as condições materiais e culturais para gerar uma grande cultura. A extraordinária capacidade de expansão do Novo Reino, depois da expulsão definitiva dos hicsos por Ahmosis, abriu um longo período de brilho, desde o seu reinado (c. 1570-1546 a.C.) até Ramsés III (c. 1188-1156 a.C.), no curso do qual a civilização egípcia alcançou seu nível mais alto.

Entre as dezesseis civilizações estudadas nos capítulos precedentes o processo de desenvolvimento de três delas merece uma breve menção específica — uma pela sua extrema particularidade, as outras duas pelo seu sentido universal: os casos de Israel, de Roma e do Islã.

O desenvolvimento da antiga Israel foi um processo cultural e político influenciado pelas condições internacionais prevalecentes no Oriente Médio desde o reinado do Rei David (1000-961 a.C.) até a conquista de Jerusalém por Pompeu, em 63 a.C. Internamente, Israel foi influenciado pelas vicissitudes do reino salomônico e seus dois sucessores, os reinos de Israel e de Judá. Durante esse período da sua história Israel precisou lidar com circunstâncias extremamente complexas: a dialética interna das características, exigências e conseqüências de uma monarquia centralizada e a fé dos judeus, nas condições do antigo Oriente Médio.

Sob essas influências internas e externas o antigo Israel se desenvolveu através de três fases principais, marcadas por duas tendências opostas. A tendência para o declínio da autonomia política de Israel até o exílio foi acompanhada pela propensão para o crescimento do espírito religioso de Israel, culminando nos escritos do Deutero-Isaías. Essas quatro fases principais foram: 1) O Reino Unido, desde David até Salomão; 2) os reinos sucessores, Judá e Israel; 3) o período do exílio e depois dele; e 4) O período helenístico.

O desenvolvimento da civilização romana, correspondendo à formação, expansão e consolidação do Império Romano foi, essencialmente, um processo de *push-pull* — de impulso em dois sentidos. Até César a formação do Império não resultava de uma decisão clara, mas era conseqüência de medidas defensivas ou pelo menos de prevenção. A romanização da Itália, até a Primeira Guerra Púnica, resultou das tentativas bem-sucedidas dos romanos de preservar sua cidade da competição de outros povos e de outras culturas. A formação de colônias fora da península, na Espanha e na África, foi o resultado dos contra-ataques bem-sucedidos contra Hanibal, e das medidas preventivas contra Filipe V da Macedônia e Antíoco III da Síria.

O processo de construção do Império começou com algumas exitosas campanhas militares, a princípio consideradas defensivas, que de César a Trajano passaram a ser francamente imperialistas. Depois, voltaram a ser defensivas. Após um período de violência e usurpação, a ocupação militar era transformada em ordem civil, sob o *jus gentium* e um *praetor peregrinus*. A *Pax Romana* favorecia as elites e a classe média das províncias, proporcionando um grande mercado comum, no qual as cidades, que se autogovernavam, gozavam as vantagens econômicas, institucionais e culturais da civilização clássica. A cidadania romana não era imposta, mas solicitada, e depois do édito de Caracalla, de 212 a.D., passou a beneficiar todos os habitantes das províncias.

O desenvolvimento do Islã passou por oito fases principais:[1]

1) a fase da *fundação*, com Maomé; 2) a fase da *configuração*, com os quatro primeiros Califas; 3) a fase *institucional e de consolidação*, dos Umaiads; 4) a fase *universal* dos Abassidas; 5) a fase da *fragmentação do poder* em numerosas dinastias; 6) a fase *militar* e de *reestruturação do Sultanato Otomano*; 7) as *crises de modernização*, do fim do século dezessete ao começo do século vinte; e 8) a fase *contemporânea*.

Essas fases podem ser reunidas em quatro períodos mais longos: 1) o *Islã árabe*; 2) o *Islã universal*; 3) o *Islã otomano*; 4) a *decadência otomana* e os *tempos modernos*.

O Islã começou como uma nova religião e uma nova ordem sociopolítica. Só mais tarde, sob os Umaiads, tornou-se uma civilização. Sob os Abassidas o Islã adquiriu um caráter universal, e até o século XIV foi, juntamente com a chinesa, a cultura mais sofisticada de todo mundo. Seu desenvolvimento foi gradual, na transição de religião para civilização; como uma civilização terciária, incorporou elementos persas e bizantinos, adaptados e transformados para ajustar-se aos princípios básicos da nova religião. Na expansão espetacular do Islã três aspectos merecem atenção especial:

- O zelo das forças muçulmanas, que consistiam na cavalaria nômade, usando a tática do deserto, de ataques rápidos.
- O fato de que a rápida expansão do Islã foi facilitada pela debilidade de Bizâncio e mais ainda da Pérsia sassânida, devido à guerra prolongada que os contrapuseram.
- A tolerância dos muçulmanos com relação à cultura e aos costumes dos povos conquistados, aos quais faziam só duas exigências: conformidade com a regra islâmica e pagamento de impostos moderados.

A contribuição importante dos Umaiads consistiu em transformar tribos beduínas, que lutavam entre si, em uma nação árabe unida, a *Dar-al-Islam* ("Casa do Islã"), contrária à *Dar-al-harb* ("casa da guerra") dos infiéis. Os Umaiads criaram uma burocracia civil, nos moldes bizantinos; e organizaram exércitos muito eficientes, transferindo sua capital de Medina para Damasco, na Síria, para facilitar o recrutamento de pessoas competentes.

O período Abassida (750 a 1258) deu caráter e escopo universais ao Islã, que floresceu esplendidamente, de forma independente na Espanha, no Egito com os Fatimidas, no Khurasan com os Thairidas, na Pérsia com os Ilkanidas, sucedidos depois pelos Safavidas. Na Índia, pelos Gaznavidas e dinastias sucessoras. E na Turquia com o poder crescente dos Saljucidas, seguidos pelos Otomanos.

O período clássico abassida apresenta três aspectos principais:

1. A organização de uma administração imperial.
2. A consolidação teológica e legal da doutrina do Islã.
3. A fundação e expansão da cultura islâmica, começando com Harun al-Rashid (786-809) e al-Mamum (813-833), com sua "Casa da Sabedoria" (*Bayt al-Hikmah*).

Foi importante para a legitimação dos abassidas o princípio da "consulta", pelo qual os notáveis, representando a Ummah, consolidavam a escolha do seu sucessor feita pelo Califa. A despeito de uma certa expansão territórial (no norte da Pérsia, em Creta, na Sicília), o desenvolvimento Abassida foi primordialmente interno, levando à formação de uma cultura elevada. Com o sultanato Otomano, mudou o princípio da legitimidade: o que legitimava era o poder, e não mais a religião.

IV
Decadência

As civilizações começam a declinar e se tornam decadentes quando perdem a capacidade de auto-sustentação, mediante a perda de operacionalidade e/ou da sua auto-regulagem. A perda de operacionalidade pode ocorrer devido a uma derrota militar irreversível, que prive a sociedade (ou sociedades) que sustenta(m) determinada civilização dos meios políticos e militares necessários para continuar a sustentá-la. Essa situação pode resultar também de um atraso tecnológico irrecuperável com relação a outra civilização contemporânea cujos padrões tecnológicos ela seja forçada a adotar, para poder sobreviver ou por uma imposição externa. A perda da capacidade de se auto-regular ocorre quando uma civilização perde a convicção dos seus valores básicos ou da sua cosmovisão, normalmente como resultado da penetração por uma cultura estrangeira mais forte.

Com relação aos processos de declínio e decadência, e também com respeito a outros processos revelantes, é preciso distinguir entre as civilizações com uma só sociedade ou mais de uma. As civilizações vinculadas a uma única sociedade (como a egípcia, por exemplo) são especialmente vulneráveis aos infortúnios dessa sociedade. A aniquilação militar da Assíria na guerra de 612-609 a.C., pelas forças combinadas da Babilônia (sob o comando de Nabopolassar) e dos medas (comandadas por Ciaxares), provocou a destruição da sua cultura. Por sua vez, a civilização da Mesopotâmia só conseguiu escapar da mesma sorte porque a Babilônia, que era o centro principal da sua cultura, participava das forças combinadas que derrotaram a Assíria.

As civilizações como a islâmica e a indiana, que chegaram aos nossos dias depois de passar por muitos estágios, estão sendo absorvidas lentamente pela civilização ocidental tardia, tendendo a formar variantes marcadas pelas suas respectivas tradições. Essa situação decorre do fato de que a sua auto-sustentabilidade está sendo minada pela escala em que essas antigas civilizações estão incorporando crescentemente a ciência e a tecnologia do Ocidente, o que as obriga a abandonar os seus próprios padrões científicos e tecnológicos, que demonstram não ser compatíveis com a preservação dos seus valores, crenças e instituições fundamentais.

No caso do Islã, civilização marcada pela fusão do social, do político e do religioso em um único sistema, a *Ummah*,[2] a modernização da sociedade está se tornando incompatível com a preservação do sentido tradicional da *Ummah*, forçando a separação da religião das outras dimensões da vida coletiva e individual. As sociedades islâmicas que alcançaram um grau apreciável de modernidade, como Turquia, Argélia, Iraque e algumas outras, erigiram um Estado leigo, regulam a vida civil por códigos semelhantes aos ocidentais e transformaram a religião em uma escolha subjetiva do indivíduo. O fundamentalismo islâmico, que está afetando a Argélia de modo tão catastrófico, representa uma reação de re-islamização, inspirada na religião mas com profundos condicionantes econômicos e sociais, contra as elites modernizantes e a modernização da sociedade — embora se coloquem contra a maré da história.

A experiência da revolução fundamentalista do Irã parece confirmar a hipótese de que no contexto internacional contemporâneo, depois de chegar ao poder o fundamentalismo é obrigado a fazer concessões cada vez maiores às demandas de modernização. Age assim para assegurar a sua sobrevivência, o que demonstra uma vez mais a inviabilidade de preservar a *Ummah* nas condições atuais.

Quanto à civilização indiana, a despeito do importante enclave islâmico que contém desde a época do Império Mogul, de Babur (1483-1530), até a transformação formal da Índia em uma colônia britânica, em 1858, é muito diferente da civilização islâmica, e não tem instituições, como a *Ummah*, estruturalmente incompatíveis com o processo de modernização. Não obstante, a cosmovisão indiana, marcada pelo conceito de *Samsara*[3] e pela tendência predominante de rejeitar a realidade efetiva e os valores do mundo sensorial (fundamental para a filosofia budista mas igualmente importante para o hinduísmo), tem incompatibilidades importantes com a moderna visão científica do mundo, impondo extensas adaptações que tenderão a transformar a civilização indiana em uma versão indiana da civilização ocidental tardia.

O caso da Babilônia, já mencionado, constitui uma ilustração clara do modo como a perda da auto-sustentabilidade leva à decadência e à extinção de uma civilização. Depois da morte do grande rei Nabucadrezar, em 562 a.C., o país foi confrontado por uma série de problemas sucessórios, e finalmente instalou-se no poder, em 555 a.C., Naba-naiud (Nabonidus), o líder da revolução vitoriosa. O comportamento escandaloso de Nabonidus, que praticava o culto de Sin, o deus lunar, centralizado em Harran, à custa de Marduk, o deus tradicional da Babilônia, acentuou o processo de alienação que separava o soberano das classes superiores da sociedade. Os processos de modernização da sociedade e da cultura babilônicas, que ganharam força durante o reinado brilhante de Nabucadrezar, criaram nas classes superiores um crescente individualismo e pragmatismo cosmopolita, relegando a um plano secundário o conceito do deus cosmológico, cuja intermediação conciliava a vida do homem com o processo cósmico e a vontade suprema dos deuses.

Em lugar da função cosmológica havia uma demanda cada vez maior por uma administração pública adequada por parte do rei e dos líderes das sociedade, para preservar as condições favoráveis da vida particular dos membros da classe superior. Entregue inteiramente ao culto de Sin, e com seu interesse arqueológico, Nabonidus deixou a administração da coisa pública nas mãos do filho Baltazar, pouco estimado pela população.

Contrastando com a figura desacreditada de Nabonidus, cujo conceito era agravado pelo fato de que era um usurpador do poder, Ciro II, o Grande, Rei da Pérsia (550-530 a.C.), homem de talento excepcional, vitorioso em todas as guerras, magnânimo, tolerante, eficiente, tornou-se objeto de grande admiração pelas classes superiores da Babilônia, que viam nele uma alternativa interessante para Nabonidus. Assim, formou-se no país um partido persa, e quando Ciro, fazendo manobras militares, sitiou a cidade, a maioria dos notáveis se colocou a seu lado. As portas da cidade foram abertas para o rei dos persas, que em 539 fez sua entrada triunfante na cidade, sob o aplauso dos cidadãos. Confirmando sua reputação de magnanimidade, Ciro designou o monarca deposto para governar uma das províncias do Império e, sem nada destruir, prometeu preservar suas instituições e sua cultura, prestando homenagem ao deus Marduk.

Assim, a incorporação da Babilônia ao Império Persa não extinguiu a sua civilização. Com o tempo, porém, perdida a autonomia política e militar, a civilização mesopotâmica começou a declinar lentamente, devido à falta de sustentação. Com a conquista da Pérsia por Alexandre e a criação subseqüente do Império Selêucida, nas áreas dominadas previamente pelos persas, a cultura grega passou a exercer um fascínio irresistível sobre a elite babilônica. Com a fundação de Selêucia, no ano 300 a.D., a metrópole helenística atraiu o que restava do significado da antiga cultura. Os selêucidas não destruíram Babilônia, que foi simplesmente abandonada; com a migração para Selêucia, a helenização da civilização mesopotâmica se acelerou, acompanhada pelo crescente declínio da capacidade de reprodução dos elementos remanescentes da cultura da Babilônia.

Dentro das suas respectivas condições específicas, a decadência de todas as civilizações que não puderam preservar-se até o presente ocorreu em virtude da perda da sua capacidade de auto-sustentação, de diferentes modos.

O caso da decadência de Roma, discutido na seção VI do capítulo 8, merece uma breve menção. Como se observou naquele capítulo, nenhum outro acontecimento histórico foi estudado mais extensamente. Depois de recordar brevemente as explicações mais representativas, antigas e modernas, o presente estudo chega à conclusão de que a compreensão daquele processo precisa levar em conta os principais fatores que, trabalhando na direção oposta, contribuíram para o desenvolvimento de Roma.

Como já se observou, três fatores contribuíram especialmente para o desenvolvimento de Roma:1) a excepcional capacidade militar romana, demonstrada inicialmente em guerras que os romanos consideravam defensivas; 2) a instituição, com a *Pax Romana*, de um regime racional e equitativo de lei e ordem, sob o *jus gentium*, administrado pelo *praetor peregrinus*, gerando condições muito apreciadas pelas elites e as classes intermediárias da maioria das províncias (com a notável exceção da Judéia depois de Augusto); e 3) a configuração de uma comunidade includente greco-romana, sem preconceito racial, em que os habitantes das províncias que tinham absorvido a cultura clássica não só eram incorporados ao Império mas podiam aspirar às posições mais elevadas, inclusive à púrpura imperial.

Começando com a grande crise do terceiro século a.D., e nos anos seguintes, muitas circunstâncias contribuíram para erodir os atributos e aspectos positivos mencionados acima, transformando-os por fim em forças negativas prejudiciais ao Império. O fim das guerras de conquista, depois de Trajano, diminuiu o suprimento de escravos, reduzindo a força de trabalho rural. A expansão contínua dos latifúndios, à custa dos pequenos fazendeiros originais, intensificou ainda mais a escassez de mão-de-obra no campo, e a resultante decadência da agricultura, juntamente com um processo amplo de queda da população, afetou criticamente as rendas do Estado, com efeitos correspondentes sobre sua capacidade militar. Depois de Constantino, os refinamentos da civilização se combinaram com a rejeição das funções públicas pelos cristãos, levando muitos romanos a evitar o serviço militar, que passou a depender de mercenários ou do recrutamento forçado de bárbaros germânicos e outros bárbaros, com uma perda substancial de disciplina e eficiência.

Essas circunstâncias transformaram gradualmente as até então invencíveis legiões romanas em um exército desprovido de disciplina e motivação. *Transformaram a Pax Romana, que no passado era solicitada ativamente e apoiada pelas províncias, em uma Oppressio Romana, da qual todos procuravam fugir.* Finalmente, a regionalização e a perda de unidade do Império fizeram com que a comunidade greco-romana fosse substituída crescentemente pelo localismo, antecipando a futura fragmentação do Império. *Assim, Roma não foi vitimada pelos assaltos externos dos bárbaros, mas pela sua barbarização interna; perdeu a funcionalidade econômica e militar e, finalmente, a funcionalidade sociocultural, sua capacidade de auto-regular-se.*

V
Outras Conclusões Importantes

a) Observações introdutórias

A tentativa do presente estudo de analisar brevemente um longo processo sócio-histórico, da pré-história até o presente, pelo exame de dezesseis civilizações importantes, com o objetivo fundamental de compreender as principais condições que influenciaram sua emergência, desenvolvimento e possível decadência, permite chegar a um número importante de outras inferências.

Esta seção pretende discutir brevemente algumas dessas conclusões mais significativas. Com esse propósito, 12 temas foram selecionados, tratando de uma variedade de assuntos, como segue: 1) mudança social; 2) religião; 3) regime elite-massa; 4) poder e idéias; 5) exemplaridade e institucionalização; 6) modernização; 7) malícia e interesse geral; 8) centralização e fragmentação; 9) desenvolvimento e subdesenvolvimento; 10) globalização; 11) perspectivas para o século XXI; e 12) progresso e história.

b) Mudança social

A história é um processo sem fim de mudança social. Em que[4] consiste uma mudança social, e como ela acontece? O presente estudo narra um número muito grande de mudanças sociais importantes: desde a transformação das sociedades paleolíticas em neolíticas, destas em sociedades civilizadas, assim como inumeráveis episódios de mudança social ocorridos em cada uma das civilizações estudadas e na transição de uma civilização para outra.

Uma análise do processo de mudança social revela que ele consiste na introdução de importantes modificações duradouras em um dos subsistemas da sociedade, que obrigam os outros subsistemas a ajustes congruentes. O aumento significativo da população de certas áreas, dos seus habitantes ou dos habitantes das suas vilas, como nos casos diferentes de Uruk e de Atenas, dentre muitos outros, provocam um processo de urbanização. *O que significa que mudanças importantes no subsistema participacional de uma sociedade provocam mudanças congruentes nos subsistemas, econômico, cultural e político dessa sociedade.*

Mudanças significativas em qualquer um dos outros três subsistemas podem provocar alterações congruentes nos outros. Assim, o desenvolvimento de técnicas agrícolas em uma sociedade de caçadores e coletores de alimentos, mudando significativamente o seu subsistema econômico, transforma a sociedade paleolítica em neolítica, por meio do ajuste congruente dos demais subsistemas. A formação de uma autoridade centralizada hereditária, nos subsistemas políticos do Egito meridional e setentrional, atribuída a Menes (3150-3125 a.C.), criou o Antigo Reino egípcio. Ao formar uma nova religião ou uma unidade religiosa, política e cívica, a

Ummah, Maomé (c. 570-632 a.D.) mudou os subsistemas culturais de Medina e, por extensão, de Meca e outras comunidades árabes, criando assim a civilização islâmica.

As mudanças sociais ocorrem mediante eventos que produzem uma alteração importante e duradoura em um dos subsistemas da sociedade. Depois, devido ao princípio da congruência que regula o inter-relacionamento dos subsistemas da sociedade, as mudanças importantes ocorridas em um desses subsistemas vão provocar mudanças congruentes nos outros. Em certos casos, porém, pode acontecer que por várias razões alguns dos outros sub-sistemas resistam às mudanças introduzidas em um deles. Nesse caso, as mudanças no sub-sistema afetado inicialmente não subsistem, havendo uma reversão ao regime precedente. Um exemplo típico desse processo regressivo é a reforma religiosa de Akhenaton (1379-1362 a.C.) no Egito, em que esse Faraó deixou de introduzir, de forma estável, mudanças congruentes nos demais sub-sistemas egípcios. Por isso sua nova religião não prosperou, e as mudanças introduzidas por ele no sub-sistema cultural egípcio não se puderam manter, sendo reintroduzido eventualmente o culto de Amon-Re.

Outro resultado possível das mudanças produzidas em um dos sub-sistemas que deixem de provocar ajustes congruentes nos outros subsistemas é a destruição do sistema social. Os ajustes políticos no culto judaico, e em certa medida na própria religião dos judeus, introduzidos por Salomão como uma estratégia para preservar a sua independência, já que o país estava cercado por potências mais poderosas, com culturas diferentes, depois da sua morte não foram preservados pelas tribos setentrionais. O resultado foi a cisão do Estado judeu, com a formação de dois reinos: Judá, liderado pelo filho de Salomão, e Israel, secessionário.

Da mesma forma, a resistência de Constantinopla ao monofisismo que dominou o subsistema cultural do Egito e da Síria destruiu o sistema social bizantino, induzindo aquelas duas províncias a preferir o domínio do Islã ao de Constantinopla diofisista. O mesmo aconteceu nos Países Baixos, com a divisão entre católicos e calvinistas no seu subsistema cultural, os levando à divisão, em 1579, transformados na União Católica Meridional, de Arras, e na União Calvinista Setentrional, de Utrecht.

c) Religião

A análise comparativa realizada neste estudo acentua, entre suas muitas conclusões, a de que a religião tem sido um dos fatores mais importantes da história.

O fato de que nos tempos modernos as crenças religiosas sofreram uma erosão substancial oculta dos observadores contemporâneos a importância extraordinária da religião na história. Com efeito, os principais traços culturais que caracterizam o surgimento e o desenvolvimento de uma civilização, com respeito a outras civilizações, são as suas crenças religiosas.

A tese de Karl Marx de que as forças e os meios de produção constituem a infra-estrutura das sociedades e das civilizações é um duplo equívoco. Em primeiro lugar, porque nenhum dos subsistemas de uma sociedade é em si mesmo infra-estrutural. A relação de causalidade entre os sub-sistemas tem natureza circular, e mudanças importantes em qualquer um deles provoca mudanças congruentes nos outros, como se observou previamente. Em segundo lugar, se em certos momentos históricos o subsistema econômico tende a ser aquele onde têm início as mudanças sociais, como no caso das sociedades neolíticas ou, modernamente, nas mudanças provocadas pelas revoluções mercantil, industrial e tecnológica, em outros momentos é o aumento ou a diminuição da população que origina mudanças sociais importantes, afetando o subsistema de participação. Do mesmo modo, mudanças no subsistema político, desde a formação de novas dinastias às grandes revoluções, como a francesa e a russa, causam profundas mudanças na sociedade. As mudanças no subsistema cultural, devidas principalmente a novas religiões mas também ao aparecimento de uma nova visão leiga do mundo, como ocorreu na Ilustração e ocorre hoje com a ciência contemporânea ou o niilismo pós-moderno, também podem provocar mudanças sociais profundas.

O que é importante observar com respeito à religião é o modo distinto como ela afeta a natureza humana e a condição humana. Reduzindo a nossa análise, para maior simplicidade, às duas religiões monoteístas mais importantes, o cristianismo e o Islã, que têm muitas semelhanças no que concerne os seus objetivos fundamentais, verificamos que as duas são religiões do amor. "Ama o teu vizinho como a ti mesmo." "Alá o misericordioso, o compassivo." Apesar disso, as duas religiões muitas vezes empregaram os meios mais coercitivos e mais violentos para a sua propagação, e para manter a sua ortodoxia. O Islã conquistou sua grande área de predominância usando a espada, desde a submissão inicial das tribos árabes até a sua expansão pela Pérsia, a Índia e o norte da África. O cristianismo foi imposto à força pelos monges irlandeses aos pagãos romanos remanescentes, e organizou não menos do que oito cruzadas militares, inclusive a tristemente famosa Quarta Cruzada contra Constantinopla, assim como a infame perseguição contra os albigenses. Provocou, além disso, outra instituição infame, a Inquisição. Tal violência e coerção culminou nas práticas mais cruéis durante as guerras religiosas do fim do século XVI e da primeira metade do século XVII. Como conciliar esse comportamento com o princípio do amor pregado pelas duas religiões?

O que se vê, aqui, como em muitos outros aspectos importantes do processo sócio-histórico, é a relação entre a *natureza humana*, que nenhuma religião consegue mudar — nem, de fato, qualquer processo não-biofísico — e a *condição humana*. As religiões sofrem da expectativa ilusória de que podem mudar a natureza humana. No entanto, a despeito dos aspectos negativos que mencionamos acima, elas têm afetado e de fato afetam a condição humana. Embora com graus variáveis de inconsistência, hoje a maioria dos cristãos e dos muçulmanos aceitam suas prescrições religiosas e se comportam de forma diferente dos pagãos ordinários. No mundo cristão e no muçulmano há uma preocupação com a vida humana que, embora não impeça manifestações de crueldade ou extremos de exploração, mudou substancialmente o mundo da Roma pagã. Se a conduta de santos cristãos como São Bernardo de Clairvaux e São Domingos, em apoio dos monges militantes, e de Simão de Beaufort, respectivamente, contradizem o amor cristão, o paradigma do cristianismo é São Francisco, que prega o amor universal, inclusive na sua missão aos muçulmanos de Damietta, em 1219, contrastando radicalmente com as cruzadas que naquela época sitiavam a cidade. Atitude que comoveu profundamente o Sultão: o Santo não conseguiu convertê-lo mas obteve pleno acesso aos seus domínios. Hoje os muçulmanos praticam a caridade de forma rotineira, e as igrejas cristãs, a longo de todo o nosso século, promoveram os valores humanitários do modo mais ativo.

No curso da história as grandes religiões têm sido os canais mais importantes para o exercício da *transcendência humana*. Como a civilização planetária que está emergindo é provavelmente a primeira na história de caráter agnóstico, causa preocupação saber como a sociedade atual — tecnológica, de massa e de consumo — poderá recuperar novos valores humanísticos sem a ajuda da religião.

d) O relacionamento elite-massa

A tese de Karl Marx de que a luta de classe é o motor da história representa uma visão parcial de um fenômeno muito mais amplo. *A história é movida por muitos fatores mas o principal deles é a relação entre elite e massa.*

De acordo com diferentes regimes de estratificação social, as sociedades e qualquer civilização sempre geram uma elite. E qualquer que seja a origem dessa elite, há sempre em toda sociedade uma relação básica entre o custo social da elite e o valor social dos serviços que presta. O custo social é representado pela taxa com que ela absorve o excedente social de produção; o valor social é o conjunto dos benefícios gozados pela massa e pela sociedade de modo geral. Essa relação custo-benefício distingue as elites funcionais das não-funcionais. Nas primeiras, a relação elite-massa não se baseia na coerção mas em graus variados de conformidade da massa com a ordem social existente e com as tarefas que lhe são atribuídas. Consideradas como um todo, as sociedades que funcionam bem indiciam a existência de uma elite funcional. Por outro lado, as elites que se mantêm mediante o emprego generalizado de meios coercitivos, confrontadas por uma massa rebelde, revelam sua falta de funcionalidade.

A relação entre a elite e uma massa rebelde pode não ser causada pela falta de funcionalidade imediata da elite, mas dever-se à acumulação prévia de abusos pela elite. As grandes revoluções, como a francesa e a russa, resultam muitas vezes de eventos passados, tais como na França a criação de uma aristocracia ociosa por Luís XIV ou o reinado irresponsável de Luís XV; na Rússia, pelas condições sociais abusivas mantidas durante todo o século XIX e exacerbadas pelo governo reacionário de Alexandre III (1881-1894), predecessor de Nicolau II.

Nas condições que se seguiram ao fim do Império Carolíngio, o surgimento de uma aristocracia feudal proporcionou aos servos rurais uma defesa contra as incursões predatórias dos sarracenos, húngaros e vikings, embora isso implicasse um preço elevado. Depois do século XII, a urbanização gradual da Europa desviou o papel de liderança nas novas nações emergentes, da aristocracia feudal para a burguesia urbana e para os monarcas.

Na Europa do século XVII, a nova nobreza formada em torno dos reis, que ajudou a consolidar a sua autoridade, aos poucos se tornou obsoleta, à medida que crescia uma nova classe de funcionários operando as burocracias do século XVIII. Em alguns países, como na Inglaterra, vários membros da antiga aristocracia se dedicaram às atividades empresariais, exercendo um novo papel funcional como empresários nas revoluções mercantil e industrial. Na Prússia, *junkers* em grande número ingressaram no exército que daria poder militar a Frederico II e à Prússia pós-napoleônica. Na França, para neutralizar as *frondes* aristocráticas que tinham perturbado o reinado do seu pai, Luís XIV transformou os nobres em cortesãos de Versailles. O resultado, porém, foi a criação de uma grande classe de parasitas sociais, vivendo à custa da nação, o que levaria a uma elite completamente não-funcional, e por fim à Revolução Francesa.

Na China, o mandarinato milenar que formava um corpo de servidores públicos selecionado competitivamente, desde o tempo da dinastia Tang (618-907 a.D.), deu ao país por muito tempo uma boa administração, apesar das interrupções havidas. No entanto, sua formação exclusivamente clássica, embora baseada em sábios princípios confucianos, se tornou inadequada para lidar com os problemas da época moderna, tornando esses mandarins, no século XIX, uma elite crescentemente não-funcional. Fracassaram as várias tentativas de reforma, a última das quais devida ao jovem imperador Kung-hsü, em 1898, abortada por um golpe instigado pela imperatriz viúva. O resultado desse processo foi a revolução republicana de 1911, que com o correr do tempo levaria à conquista do poder pela revolução de Mao Zedong, em 1949.

e) O poder e as idéias

Uma análise comparativa do curso dos eventos multi-seculares, como o tentado no presente estudo, proporciona, entre muitas outras ilustrações, uma compreensão mais clara da relação entre o poder e as idéias. *O poder, particularmente sob a forma de poder militar, emerge dessa análise como o principal acontecimento e a causa mais importante de eventos na história.*

A história é uma sucessão infinita de batalhas, e é principalmente pela força das armas que as nações impõem a sua independência. É também pela força das armas que emergiu a maioria dos grandes líderes nacionais. De Sargon da Acádia (2360-2305 C) ao Marechal Jukov e ao General Eisenhower, na Segunda Guerra Mundial, passando por Ashurbanipal (669-627 a.C.), Tutmosis III (1468-1436 a.C.), Ciro (550-530 a.C.), Alexandre (336-323 a.C.), César (100-44 a.C.), Carlos Magno (771-814), Basílio II (imperador único entre 976 e 969), Babur (1483-1570), Sulaiman o Magnífico (1494-1566), Frederico II (1740-1786) e Napoleão (imperador de 1804 a 1815), sem mencionar chefes bárbaros como Átila (morto em 453), Gengis Khan (morto em 1227) e Temerlão (1336-1405), os acontecimentos históricos importantes parecem resultar de grandes guerreiros. Em contraste com os generais vitoriosos, os homens de idéias têm aparentemente um papel menos importante, como conselheiros ou ministros, filósofos, literatos e artistas.

Estará o estudo da história apontando para a conclusão empírica de que a humanidade é dirigida pela violência? Uma análise crítica dos fatos relevantes nos leva a uma conclusão mais complexa. De um lado, é inegável que a violência é uma das grandes parteiras da história, porém *um escrutínio mais minucioso dos fatos evidencia duas conclusões fundamentais. A primeira é a absoluta esterilidade da violência pura,* causadora de destruição que pode ter efeitos negativos de grande importância. Assim, a cultura de Micenas foi destruída pelos Povos do Mar. O califado de Bagdá foi destruído em 1258 por Hulegu, um chefe mongol. Além disso, a violência pura não tem outra conseqüência histórica além da pura destruição. *Ela só é historicamente fértil quando associada a idéias, quando representa um meio para instituir uma nova ordem social, e sua importância histórica é proporcional ao significado da nova ordem assim estabelecida.* Ashurbanipal foi não só um grande chefe militar mas também um grande soberano, que levou ao auge a cultura assíria. Tutmosis III foi um dos maiores monarcas do Novo Reino egípcio. A significação histórica dos grandes guerreiros acima mencionados está vinculada a papéis construtivos correspondentes à violência que desencadearam.

A segunda conclusão a ser retirada da história contraria a impressão mais superficial: trata-se do papel de extrema importância desempenhado pelas grandes idéias, mesmo quando não impostas por meios violentos. O impacto histórico dessas idéias raramente é imediato. A fundação do Islã por Maomé, ao longo de uma década, desde a Hégira, no ano de 622, até a sua morte, em 632, é um acontecimento muito raro. O cristianismo, por exemplo, levou mais de três séculos para se tornar uma grande religião. Entre a vida de Buda (c. 563-c.483 a.C.) e a generalização do budismo, sob o rei Asoka (c. 274-232 a.C.), transcorreram mais de dois séculos.

Um dos exemplos mais extraordinários do poder das grandes idéias é o impacto relativamente rápido do pensamento de Karl Marx (1818-1883), cujo *Manifesto Comunista* data de 1848, e cuja primeira aplicação prática foi a fundação do Partido Social Democrático dos Trabalhadores, em 1869; no entanto só em 1912 o marxismo começaria a adquirir importância política efetiva — e de modo estável só depois da Primeira Guerra Mundial.

O papel histórico do poder e da violência é particularmente interessante e importante no caso dos bárbaros e das suas relações com a civilização. Como se explicou no capítulo 1 do presente estudo, segundo a terminologia de Gordon Child[5] o termo "bárbaro" designa povos pastorais sem uma escrita, usualmente nômades, que tentam pilhar as civilizações ao seu alcance. Durante muito tempo os bárbaros atacaram os centros civilizados, desde a época das civilizações da Mesopotâmia: gutianos, cassitas, arameus, amoritas e caldeus, até os mongóis, ativos ainda no século XVIII.

Conforme mencionamos no capítulo 2, sobre a civilização da Mesopotâmia, os bárbaros tiveram na história um importante papel duplo: de um lado, representaram um desafio destrutivo, saqueando e destruindo ferozmente centros de civilização. De outro, a ameaça bárbara agiu como um forte estímulo para que os povos civilizados mantivessem seu vigor e disciplina; sem ele haveria uma tendência para a lassidão, na ausência de pressões externas. Além disso, em alguns casos, depois de saquear um centro civilizado os bárbaros permaneceram nas cidades em vez de retornar à vida nômade, sujeitando-as ao seu domínio e injetando um vigor renovado na civilização conquistada, fundindo-se por fim com a população subjugada. Foi o que aconteceu com os amoritas na Mesopotâmia, que fundaram a primeira dinastia babilônica; com os cassitas, que tomaram a cidade devastada pelos hititas; e com os caldeus que criaram um novo Império Babilônico. Efeitos semelhantes ocorreram com as invasões germânicas do Império Romano do ocidente, com a conquista do califado abassida pelos otomanos ou as invasões da Inglaterra, da França e da Rússia pelos vikings.

f) Exemplaridade e institucionalização

O exemplo tem um papel importante na história, embora seu impacto não seja determinado exclusivamente pelo valor intrínseco, mas depende de modo decisivo das condições que cercam a sua repercussão. Todos os campos da excelência humana estão abertos a manifestações de exemplaridade, como o gênio artístico e científico; o heroísmo no arriscar a própria vida; a beleza, a elegância e o encanto no domínio das graças sociais; a santidade na religião e na ética etc.

Desnecessário enfatizar o impacto histórico dos gênios, dos heróis, dos modelos de beleza e elegância, assim como dos santos. Os capítulos precedentes esboçaram brevemente o papel que eles tiveram em todas as civilizações estudadas e em todos os campos da atividade humana. O que exige um curto comentário é a medida em que o impacto da exemplaridade dependa da sua absorção por uma instituição apropriada.

Desde que surgiu o *Homo sapiens sapiens* inúmeros atos de exemplaridade passaram despercebidos, porque as circunstâncias não eram propícias à sua repercussão ou mesmo ao seu reconhecimento. Como qualquer ato social, uma precondição para o impacto da exemplaridade é ser reconhecido, mas isso não basta para criar um impacto, mesmo em casos importantes. O último soberano da Assíria, Sin-shar-ishkun, defendeu heroicamente a sua cidade, até o fim, e quando viu que tudo estava perdido, lançou-se às chamas do seu palácio em lugar de render-se. Boges, o comandante persa de Eion, na Calcídica, defendeu também heroicamente aquela fortaleza contra o assédio de Cimon, em 476 a.C. e, quando viu que tinha sido derrotado, matou-se com os seus familiares, em vez de render-se ao inimigo. Decébalo, rei da Dácia, vencido por Trajano em 106 a.D., reuniu sua côrte em um grande banquete, e quando os romanos chegaram encontraram todos mortos, envenenados.

Embora tivessem alcançado reconhecimento público, e até mesmo histórico, esses e muitos outros atos exemplares não tiveram qualquer impacto significativo, não porque tenham sido praticados na derrota, mas porque não foram absorvidos por uma instituição adequada. Por outro lado, o grito de *"merde!"* do general Cambronne, o comandante da velha guarda napolêonica que em Waterloo preferiu também não se render, fez dele um herói nacional, garantindo-lhe fama histórica.

Os fundadores de grandes religiões como Moisés, Buda,[6] Jesus e Maomé tiveram um impacto histórico mais amplo porque conseguiram que seus ensinamentos e seu exemplo adquirissem permanência institucional das respectivas igrejas. O mesmo aconteceu com São Paulo, como organizador do cristianismo, e com São Francisco, restaurador da mensagem cristã do amor. Seus exemplos foram preservados e fortalecidos pelas respectivas instituições religiosas.

g) Modernização

Como se discutiu previamente, o conceito de "moderno" tem três sentidos. O primeiro, puramente cronológico, quando indica o que aconteceu depois de um acontecimento mais antigo. O sentido sociológico exprime um processo que envolve o uso crescente da racionalidade instrumental em contraste com a situação anterior onde prevalecia a influência de fatores tradicionais, religiosos ou autoritários. E o termo denota também uma referência histórica específica, particularmente no contexto da civilização ocidental, designando um período que vai da Ilustração ao presente ou, de modo mais restrito, da Primeira Guerra Mundial até os nossos dias.

É no segundo sentido do conceito de "moderno" que o fenômeno da modernização tem uma grande relevância histórica. Como se pode observar nas dezesseis civilizações discutidas no presente estudo, em todas houve um certo grau de modernização. Em alguns casos o processo de modernização foi discreto, ou porque o desenvolvimento da civilização foi muito conservador, como parece ter acontecido na América pré-colombiana, ou porque a civilização teve seu progresso interrompido por fatores externos. A fase minoana dos egeus foi interrompida pelos aqueus; a fase miceniana, pelos Povos do Mar. Mesmo no caso dos aztecas e dos incas, o súbito colapso provocado pelos espanhóis interrompeu um processo de desenvolvimento que poderia ter experimentado uma futura modernização.

Em todas as civilizações que estiveram sujeitas a um considerável processo de modernização, categoria que inclui todas as outras civilizações estudadas aqui, pode-se ver que esse processo consistiu essencialmente na racionalização instrumental das crenças e dos valores. Os efeitos desse processo foram muito diferentes. Em certos casos, como na Babilônia e no Egito, a crítica das crenças cosmológicas fundamentais as desacreditou sem gerar por isso uma versão mais racional (na linguagem de Sorokin, uma versão idealista) dessas crenças. As mitologias tradicionais da Babilônia e do Egito não geraram uma substituição na forma de uma teologia racionalizada, mas só abriram o caminho para a penetração do helenismo, preservando resíduos das antigas crenças.

Em outros casos, como na Pérsia sassânida, particularmente nos reinados brilhantes de Vaharam V (421-438 a.D.) e Coroes II (531-579 a.D.), a modernização provocou um novo florescimento das artes e ciências, e uma abertura para outras culturas — a grega e a indiana — juntamente com um aumento do espírito de tolerância. O que levou à queda da Pérsia sassânida foram fatores políticos e militares, não culturais.

De modo até certo ponto semelhante, em Israel a modernização transformou uma religião tribal na religião universal de Isaías (de meados do oitavo século a.C.), assumindo um caráter transcendental com Deutero-Isaías. O fechamento formalístico ocorreu depois, com Ezequiel (ca. 628-570 a.C.) e Neemias (464-42 a.C.), devido principalmente a razões políticas, orientando-se basicamente para a direção oposta.

No caso da Grécia o processo de modernização assumiu uma trajetória circular. De Homero e da época arcaica até Ésquilo (525-456 a.C.), houve um processo de modernização relativamente linear. Depois, a grande crise dos sofistas do século quinto, que se aproximou de características hiper-sensoriais, foi reformulada no sentido ideacional por Sócrates

(4709-399 a.C.) e Platão (438-348 a.C.), mudando mais tarde para uma formulação moderadamente sensorial, sob a influência de Aristóteles (384-322 a.C.). No período helenístico podia-se sentir diversas tendências, desde a posição empírica e científica de Alexandria às inclinações ideacionais e místicas do neoplatonismo, com a predominância social das exigências de uma visão transcendente do mundo, que favoreceu o desenvolvimento do cristianismo.

Roma seguiu um caminho semelhante. Pela helenização a mítica Roma arcaica adquiriu uma cosmovisão crescentemente racionalizada, chegando no período de Augusto a uma formulação ideacional, com Virgílio. Depois de Augusto, Roma desenvolveu uma cultura cada vez mais sensorial, com a oposição de uma minoria estóica, até a crise do terceiro século, que geraria tendências divergentes — um sibaritismo hiper-sensorial e um neoplatonismo ideacional que, como na Grécia, abriria o caminho para o advento do cristianismo.

Para as civilizações africana, islâmica e indiana a modernização representa a poderosa atração da atitude científica e tecnológica ocidental, em detrimento das crenças tradicionais. O que gerou também, como reação, fortes tendências fundamentalistas, de "zelotes" que aspiram a um retorno às crenças fundamentais dessas civilizações.

É interessante observar os efeitos da modernização nas duas civilizações que emergiram da Antiguidade tardia — a bizantina e a ocidental. Em Bizâncio, o processo de modernização foi durante muito tempo predominantemente técnico e organizacional, equipando Constantinopla com meios para resistir a sucessivos assaltos árabes. Mas o desenvolvimento técnico de Bizâncio, em grande parte, não acompanhou, devido à sua decadência econômica, a evolução militar dos turcos, que terminaram conquistando a cidade. No curso dos séculos XIV e XV a cultura bizantina se deslocou das suas anteriores características sensoriais para manifestar uma tendência ideacional, prefigurando o humanismo do Renascimento. A queda de Constantinopla, em 1453, interrompeu essa evolução cultural.

A Civilização Ocidental, que hoje se tornou a civilização predominante, sob a forma da Civilização Ocidental Tardia, seguiu o modelo de modernização descrito por Sorokin: ideacional até o Renascimento, idealista até o princípio do século XIX, sensorial até meados do século XX, crescentemente hiper-sensorial nas últimas décadas.

Considerando as várias modalidades de modernização exibidas no curso da história, observa-se que as formas extremas do processo, representadas de um lado pela sua ausência ou insuficiência, de outro pela hipermodernização, tiveram efeitos negativos sobre as respectivas civilizações. *Os processos de modernização mais bem-sucedidos foram aqueles que puderam criar culturas sensoriais não-niilistas; desenvolveram critérios empíricos mas não perderam seus fundamentos e impulso transcendentais, sem que este último implicasse necessariamente uma crença religiosa.* É o que parece acontecer, no fim do século XX, com a China depois de Deng Xiaoping. E é o que pode acontecer com a Civilização Planetária emergente, se ela conseguir conciliar o progresso científico e tecnológico com um humanismo social e ecológico efetivamente internalizado.

h) A malícia e o interesse público

Uma das questões mais interessantes da história é o papel exercido pela malícia. Desde os tempos mais remotos houve maquinações maliciosas, algumas das quais com sucesso, visando atingir determinados objetivos. Afinal, que importância tem a malícia na história?

Uma análise comparativa das 16 civilizações estudadas mostra um quadro díspar de êxito e fracasso no que respeita à efetividade da malícia. No entanto, é preciso desde logo esclarecer que a maior parte das conspirações da malícia que não tiveram êxito deixaram de ser registradas pela História, e a maioria delas provavelmente nem foram percebidas na sua época. Contudo, muitos empreendimentos maliciosos atingiram os fins visados.

Alguns exemplos podem ser esclarecedores. Na Babilônia, a sucessão do grande rei Nebucadrezar II (604-562 a.C. — Nabucodonosor — foi marcada por uma série de assassinatos. Seu filho Evil-Merodach (561-560 a.C.) foi morto por Neriglisser (559-556 a.C.), que se apoderou do trono, transferindo-o para o filho Labash-Marduk (556 a.C.), que por sua vez foi assassinado por Nabonidus (555-539 a.C.). Este conseguiu finalmente impor uma linha dinástica estável.

Em Roma, entre outras intrigas, Agripina, a quarta esposa de Cláudio (41-54 a.D.) conseguiu induzir o marido a adotar como herdeiro Nero, filho que trazia de casamento anterior, em lugar do seu próprio filho, Britânico (41-45 a.D.), e em seguida envenenou o esposo, para apressar a sucessão. E Nero, para consolidar sua posição, assassinou Britânico.

Em Bizâncio, Focas, um aventureiro militar, conseguiu apoderar-se do trono chefiando uma conspiração; matou o bom imperador Maurício e impôs ao país o seu domínio tirânico. Também em Bizâncio, Basílio I (867-886 a.D.), um favorito do imperador Miguel III, matou César Bordas em

866 e no ano seguinte o próprio imperador, assumindo a sucessão. Diferentemente de Focas, contudo, foi um grande e brilhante monarca.

Um dos exemplos mais fascinantes de perfídia é o do príncipe renascentista César Borgia (1476-1507), filho do cardeal Rodrigo Borgia (mais tarde Papa Alexandre VI) e da sua amante Vannoza Catanei. Durante algum tempo Maquiavel o considerou um modelo de governante eficiente, embora não o estimasse. César Borgia começou sua carreira política sucedendo o irmão Giovanni, sob suspeitas de que o tivesse assassinado, como comandante do exército papal. Nessa posição, conseguiu conquistar a maior parte da Romanha, com uma mistura de conduta enganosa e ousada liderança militar. Seus métodos, porém, criaram ressentimento em muitos oficiais, que liderados por Magione o abandonaram, levando consigo seus regimentos. Forçado a uma posição defensiva durante algum tempo, César Borgia pôde finalmente organizar um novo exército, recorrendo a fundos do Papa, e por meio de intrigas diplomáticas, rompeu a unidade dos seus antigos oficiais. Depois, a pretexto de promover uma reconciliação, reuniu os principais conspiradores no seu castelo de Senigallia e os matou. A morte de Alexandre VI, em 1503, e sua substituição por Giuliano della Rovere como Papa Júlio II, retirou-lhe o apoio papal. Com a reputação destruída, César Borgia entrou em desgraça, e esteve preso duas vezes, mas escapou e se juntou ao rei da Navarra, tendo morrido naquele país, combatendo em uma batalha contra rebeldes.

Uma análise desses e de outros casos de ações maliciosas destinadas a atingir ilicitamente certos objetivos revela uma distinção entre o que poderíamos chamar de limitação inerente da malícia e certos exemplos específicos de sucesso. A limitação inerente da malícia deriva do fato de que uma conspiração maliciosa exige, de um lado, uma recompensa satisfatória para os participantes e, de outro, uma garantia confiável de impunidade. Ora, é muito rara a combinação desses dois elementos, e menos ainda em um período mais longo. Por isso, de modo geral o comportamento malicioso não se sustenta por muito tempo — ainda que de algum modo possa ser sustentado. A malícia é socialmente degradável. No caso inverso, as ações orientadas no sentido do interesse geral da sociedade são apoiadas naturalmente por toda a coletividade, independentemente de recompensas prometidas; portanto, são socialmente sustentáveis.

Mas, por que algumas tramas têm êxito, a despeito dessas limitações inerentes? Os exemplos citados acima, como tantos outros, indicam que os casos bem-sucedidos de malícia dependem de duas condições. Tem havido casos em que o objetivo da conspiração, uma vez alcançado, se transformou exitosamente em uma situação que corresponde ao interesse geral da sociedade, real ou aparente, sem o aspecto de um óbvio ganho ilícito dos conspiradores. A condição de ajuste real ou aparente ao interesse geral da sociedade é caracterizada pela atribuição de legitimidade aos objetivos alcançados, apresentando-o como uma expressão do bem comum. Assim, depois de uma série de homicídios, Nabonidus se apresentou como tendo recebido ordens divinas para restaurar a ordem pública. Nero foi apresentado ao povo romano como o herdeiro legítimo de Cláudio. O pretexto inicial de legitimidade de Basílio I foi reforçado pela demonstração sustentada do seu excelente governo.

A outra alternativa se baseia no controle dos instrumentos de poder. O golpe pérfido de Foca contra o bom imperador Maurício teve seu êxito inicial sustentado porque ele continuou a controlar o exército. Quando seu governo tirânico e incompetente erodiu esse apoio militar, Heráclio mobilizou as forças de oposição e conseguiu derrubar Focas, que terminou morto pela multidão. Da mesma forma, César Borgia pôde manter sua conduta nefasta na medida em que tinha o apoio do Papa; ao perdê-lo, não conseguiu recobrar o antigo poder, tornando-se um mero subordinado do rei de Navarra.

i) Centralização e fragmentação

A alternância da fragmentação e da centralização política é um fenômeno histórico recorrente, desde a civilização mesopotâmica até os nossos dias. Enquanto ao longo de toda a história os processos de centralização apresentam características semelhantes, a fragmentação ocorre seguindo dois modelos distintos. Em um deles, ela divide um sistema político anteriormente unificado em duas ou mais unidades independentes. Em outro, a fragmentação mantém um governo central fraco e gera unidades regionais ou locais autônomas, subordinadas formalmente à autoridade central mas governadas na verdade por chefes hereditários, como aconteceu nas várias ocorrências históricas de sistemas feudais. A fragmentação pode ocorrer também como resultado da segmentação de um sistema anteriormente unido mas expressando a existência de unidades locais geradas de forma independente, como no caso da fase miceniana da civilização dos egeus e, mais tarde, da Grécia clássica.

No entanto, a centralização resulta sempre de um processo político, normalmente através de meios militares, onde uma de várias unidades menores pré-existentes consegue impor sua hegemonia sobre as outras, com graus variáveis de integração.

As cidades-estado micenianas sugiram na Grécia continental por volta de 1600 a.C., e subsistiram, com períodos alternados de coexistência pacífica e conflitiva, até a sua destruição pelos Povos do Mar, por volta de 1100 a.C. Emergindo no nono século a.c. das ruínas da civilização de Micenas, as cidades-estado gregas tiveram também relações muito flutuantes ao longo de seis séculos, por vezes gozando de uma coexistência pacífica, às vezes participando de conflitos, até serem reunidas sob o poder da Macedônia.

A China nos oferece um exemplo interessante de alternância sucessiva entre centralização e fragmentação. Uma primeira tentativa exitosa de centralização foi a dos Zhou ou Jou (1900-950 a.C.), cuja decadência fragmentou o reino em diversas unidades, durante o chamado período da Primavera e do Outono (722-481 a.C.), seguido do período dos Estados Guerreiros (403-221 a.C.). O Primeiro Império (221-207 a.C.) conseguiu uma unificação pouca duradoura, sucedida pela longa dinastia Han (206 a.C.-220 a.D.), cuja fragmentação gerou as Seis Dinastias (220-589 a.D.) e os Dezesseis Reinos (303-439). A nova centralização promovida pela breve dinastia Sui (581-618) foi sucedida pela dinastia Tang (618-907). Uma vez mais a decadência dos Tang abriu o caminho para a fase das Cinco Dinastias (907-913) e dos Dez Reinos (902-937). Os Sung (960-1279) conseguiram restabelecer a centralização, que deveria durar ao longo de todas as dinastias subseqüentes.

A Europa também nos oferece vários exemplos de alternância entre sistemas políticos centralizados e fragmentados. Os casos da Itália e da Alemanha são especialmente interessantes. A Itália renascentista herdou da Idade Média uma pluralidade de municípios e cidades que se tornaram cidades-estado independentes. As realizações extraordinárias dessa época são discutidas brevemente no capítulo16. No caso da Itália, o processo de centralização progrediu em duas etapas. Em primeiro lugar, unidades maiores, como o Grão-Ducado da Toscana, criado por Carlos V em 1531 e concedido a Alexandre Farnese, ou o reino das Duas Sicílias, aglomeraram cidades-estado antes independentes. Só muito mais tarde o processo da unificação italiana foi objeto do empenho da Casa de Savoia, sob Cavour, culminando em 1870 com a criação do reino da Itália.

A Alemanha, por outro lado, experimentou processos de centralização desde a Idade Média, com o Sagrado Império Romano, culminando com Frederico II Hohenstaufen (1215-1250). Objeto de forte oposição papal, que mobilizou o espírito autônomo das cidades da Lombardia contra o Império, os Hohenstaufen foram finalmente derrotados. A despeito das tentativas posteriores de restaurar o Império, por Luís IV da Baviera (1314-1347), com o apoio de Marcílio de Pádua, e as tentativas posteriores dos Habsburgo, as grandes áreas da Alemanha não dominadas pela Casa d'Áustria se consolidaram sob a forma de reinos independentes. Dentre elas, a Saxônia, destinada a ter grande importância cultural, e a Prússia, que alcançaria uma relativa primazia sob Frederico II (1740-1786) e sua *Aufklärung*, continuada por Kant e Hegel. Por fim, a Prússia assumiria um papel hegemônico com Bismarck como *Ministerpräsident* a partir de 1862 e como Chanceler de 1970-1 até 1890, unificando a Alemanha não-Habsburgo.

A despeito da natureza específica de cada caso, a análise comparativa dos períodos de centralização e de fragmentação revela certas tendências de caráter geral peculiares a cada processo. Assim, *as fases de centralização tendem a gerar uma burocracia central, que busca implantar formas racionais de administração, abrindo estradas e canais, organizando e mantendo exércitos importantes, com o correspondente aumento da capacidade defensiva do sistema e da sua propensão ao expansionismo militar. Os sistemas fragmentados, porém, em geral criam administrações mais próximas das demandas populares, e abrem mais oportunidades para as pessoas de talento.*

A Grande Muralha da China foi construída por Huang-ti, o primeiro imperador, sob o qual o país alcançaria sua maior expansão. Alexandre foi responsável pela maior difusão da influência grega. Em contraste, os dois picos históricos do florescimento do talento humano aconteceram em Atenas e nas cidades-estado gregas do quinto e do quarto séculos a.C., e em Florença e nas cidades italianas do Renascimento.

No entanto, seja na forma específica da Idade Média européia ou na sua contrapartida em Bizâncio, depois de Alexis Commenus, a fragmentação feudal não demonstrou a mesma fertilidade intelectual, em larga medida porque os barões medievais e os grandes senhores bizantinos se preocupavam sobretudo com a preservação dos seus privilégios em relação ao rei ou ao imperador.

j) Desenvolvimento e subdesenvolvimento

A questão do desenvolvimento e do subdesenvolvimento, que representa um dos problemas mais cruciais do mundo contemporâneo, é relativamente recente. Na Antiguidade as sociedades civilizadas tinham um nível de desenvolvimento basicamente equivalente, embora diferissem na sua organização e sofisticação cultural, como ilustra o caso do Império Romano. Isso acontecia, a despeito de outros fatores importantes, porque os níveis de desenvolvimento são determinados predominantemente pela tecnologia, e as antigas sociedades civilizadas tinham fundamentalmente o mesmo nível tecnológico.

Os aperfeiçoamentos tecnológicos tiveram início na Idade Média — inicialmente e de forma mais significativa no mundo islâmico. O Ocidente começou a se aproximar desse nível no século XIII, para ultrapassá-lo dois séculos depois. Foi a superioridade náutica e de armamento dos barcos portugueses que permitiu a Vasco da Gama chegar à Índia, superando a oposição dos barcos árabes, menos avançados.

A partir do Renascimento a superioridade técnica ocidental, comparativamente à das outras sociedades, vem aumentando rápida e continuamente. De modo geral, essa superioridade era da ordem de dois a um no período mercantil e de dez a um depois da Revolução Industrial, chegando a sessenta a um com a revolução·tecnológica contemporânea.

Como observamos no capítulo anterior, depois da Segunda Guerra Mundial se generalizou a clara percepção do problema do subdesenvolvimento. E passou a ser também um ponto que causa perplexidade o fato de que a despeito da extensa bibliografia sobre o tema, e dos esforços significativos feitos pelas Nações Unidas, a comunidade internacional e os próprios países subdesenvolvidos, muitos destes não conseguiram superar o seu subdesenvolvimento.

A breve discussão desse problema no capítulo precedente nos permite identificar quatro fatores importantes para explicar a resistência do subdesenvolvimento, a saber: 1) o custo relativamente fixo das elites; 2) as relações desiguais no contexto do atual processo de globalização; 3) os déficits drásticos e as grandes deficiências na educação pública e no campo da pesquisa e desenvolvimento; e 4) as instituições inadequadas e a sua resistência sociopolítica às mudanças.

A questão do custo relativamente fixo das elites é, do ponto de vista sociopolítico, a mais fundamental. As sociedades não podem superar seu subdesenvolvimento se não conseguem poupar uma parte significativa do excedente social da produção, evitando que seja consumido pela elite, para investi-lo em educação, saúde e melhorias na infra-estrutura, introduzindo as correspondentes mudanças institucionais, o que implica mudanças na conduta da elite, ou em sua substituição. Dado o custo relativamente fixo das elites, a proporção do excedente social da produção que elas absorvem é excessivo nos países subdesenvolvidos, embora seja negligível nos países desenvolvidos.

Conforme se observou previamente, há muitos exemplos históricos da superação do subdesenvolvimento, e alguns atuais. Todos implicam o redirecionamento de uma parte significativa do excedente social da produção, desviada do consumo da elite para investimentos socialmente importantes — alguma coisa da ordem de 25% do PNB dos países em desenvolvimento. A assistência internacional para a promoção do desenvolvimento é muito importante, embora tenda a diminuir. No entanto, a aplicação desses recursos é muitas vezes inadequada, por uma variedade de razões. Em última análise, as tentativas bem-sucedidas de superar o subdesenvolvimento precisam ser nacionais, e a melhor ajuda que a comunidade internacional pode proporcionar é compensar os países em desenvolvimento pelas conseqüências desfavoráveis da desigualdade de condições que orientam as relações derivadas do atual processo de globalização. *De um modo geral, o subdesenvolvimento resulta de um nível insatisfatório de racionalidade pública.[7] A promoção do desenvolvimento representa um esforço para aumentar a taxa de racionalidade pública.*

k) Globalização

Como vimos brevemente no capítulo precedente, a globalização atual constitui uma terceira fase de processo que teve início com os descobrimentos marítimos do século XV e com a revolução mercantil; prosseguiu em uma segunda fase iniciada com a Revolução Industrial para hoje atingir abrangência, escopo e velocidade sem precedentes com a revolução tecnológica da parte final do século XX.

A globalização é a conseqüência socioeconômica da última fase da modernização tecnológica e cultural. *Resulta do fato de que as condições tecnológicas atuais estão impondo a todos os países e a todos os sistemas produtivos certos requisitos cuja desconsideração é muito inconveniente e às vezes impraticável.* E resulta também do fato de que há uma pressão irresistível para aceitar certos traços e apelos culturais, universalizados pelos meios de comunicação de massa.

Atualmente, três fatores principais orientam o processo de globalização. O primeiro é a existência de uma grande massa de capital financeiro, no valor de muitos bilhões de dólares, que se desloca livremente entre os mercados nacionais, de acordo com certas expectativas de ganho, de tal forma que a possibilidade de acessá-la é determinada por certas regras internacionais. Outro fator é a circunstância de que a maior competitividade de alguns sistemas produtivos obriga as firmas e os países a incorporá-los para manter sua posição competitiva no mercado mundial e para evitar a obsolescência e conseqüente exclusão do comércio internacional. O terceiro fator é o seguinte: a combinação das regras e das instituições internacionais, regulamentadas pelos Estados Unidos e, em menor escala, pelas outras principais potências industriais, associada ao extraordinário poder que têm esses países, exerce uma pressão para que certas normas e padrões de conduta sejam aceitos em todo o mundo.

O processo de globalização resulta das atuais condições mundiais, e não é engendrado por qualquer país em particular, e menos ainda por qualquer grupo econômico. No entanto, ele corresponde aos interesses dos Estados Unidos e das grandes empresas multinacionais, a maioria delas controladas pelos norte-americanos, que representam a força motriz, econômica e tecnológica, por trás da hegemonia mundial dos Estados Unidos, como a economia mais avançada e mais competitiva. Além disso, a denominação do capital financeiro internacional em dólares — pelo menos até que o euro da União Européia amplie de forma substancial a sua área de influência — dá aos Estados Unidos, além da sua imensa riqueza, o direito exclusivo de criar capital financeiro, por iniciativa própria e decisão unilateral: o privilégio de fabricar dinheiro legalmente.

O atual processo de globalização afeta de modo muito diferente três categorias de países. Para os mais desenvolvidos, com os Estados Unidos em primeiro lugar, ele é extremamente favorável, pelas razões já expostas. Para os países subdesenvolvidos que conseguiram colocar no mercado mundial uma parte satisfatória dos seus produtos primários, a globalização é também favorável, porque amplia consideravelmente esse mercado e reduz de forma significativa o custo das suas importações. O aspecto negativo é que esses países tendem a ficar "congelados" na sua posição atual, perdendo a oportunidade de se transformarem em sociedades industrializadas.

O processo de globalização tem seus efeitos mais negativos nos países em fase intermediária de desenvolvimento, que conseguiram desenvolver uma capacidade industrial significativa mas continuam a enfrentar condições de baixa competitividade internacional, dependendo em grau considerável dos fluxos financeiros originados em outros países. Se esses países tentam preservar suas indústrias mediante recurso às estratégias protecionistas tradicionais, agravam seu atraso comparativo e incorrem em sanções punitivas aplicadas pelas grandes potências e as agências reguladoras internacionais. E se aceitam as pressões para abrir o mercado interno à competição internacional, comprometem a capacidade industrial que conseguiram adquirir, voltando à situação anterior de exportadores de produtos primários, com terríveis conseqüências sociais e econômicas.

No entanto, como vimos no capítulo 18 deste estudo, há uma possível solução para esses países, a qual vai depender de duas condições básicas. A primeira é que possam *aumentar significativamente a escala do seu mercado interno, assim como a sua capacidade internacional de negociação, criando mercados comuns regionais com países que se encontrem na mesma situação.* A União Européia foi primeiro desses mercados comuns, e em menor escala este é também o caso do Mercosul.

A segunda condição é que selecionem cuidadosamente, no contexto do seu mercado comum regional, aqueles setores produtivos que, com uma certa proteção e facilidades para modernizar-se, podem adquirir competitividade internacional em um período de tempo razoável — digamos, dez anos. Esse foi o resultado conseguido pela Comunidade Européia, com relação aos Estados Unidos, e que pode ser obtido pelo Mercosul. A receita é apropriada para a maioria dos países que se encontram em uma etapa intermediária de desenvolvimento, como Índia, Paquistão, Indonésia, Coréia do Sul, Filipinas, Cingapura e também, nas suas condições específicas, a China e a Rússia.

l) Perspectivas para o século XXI

Como discutimos brevemente na última seção do capítulo 18, *as perspectivas para as primeiras décadas do século XXI dependem do tipo de evolução que venha a ocorrer na contemporânea sociedade de massa tecnológica, baseada num consumo intransitivo; assim como no tipo de ordem mundial a ser adotada, em estreita associação com essa estrutura social.*

A atual sociedade tecnológica de massa de consumismo intransitivo está gerando uma nova modalidade de indivíduo: o homem descartável — descartável como trabalhador, como burocrata, como presidente, que é substituído por outros homens descartáveis.

No entanto, como também já observamos, uma sociedade de consumo intransitivo absoluto não é auto-sustentável, o que pode levar a dois resultados. *Um deles seria a formação de um mundo orwelliano, em que uma elite de poder instituísse uma forma tecnocrática e autoritária de administração da sociedade, mediante a qual o consumismo intransitivo pudesse ser mantido, em troca da manutenção no poder dessa elite.*

A outra alternativa seria uma *sociedade tecnológica neo-helenística, com diferentes estruturas e níveis de conduta, em que o consumismo intransitivo seria mantido sob o controle de uma elite tecnológica neo-estóica dedicada à produção e à coisa pública.*

Na discussão precedente desses modelos acentuamos que tanto a experiência histórica, nos casos dos reinos helenísticos e de Roma imperial, como o exemplo atual da sociedade tecnológica de consumo de massa mais avançada — os Estados Unidos — mostram que a hipótese do neo-helenismo tecnológico é a mais provável.

A ordem mundial que será criada no curso das primeiras décadas do século XXI ficará condicionada de forma predominante às tendências seguidas pela nossa presente sociedade tecnológica de consumo de massa. Uma sociedade de massa do tipo imaginado por George Orwell (1903-1950) criaria uma ordem internacional baseada na coordenação das elites de poder de cada país, sob a liderança norte-americana. Uma evolução diferente e mais provável da sociedade que temos hoje abriria a possibilidade de dois modelos alternativos — a *Pax Americana* ou uma ordem mundial multipolar patrocinada pelas Nações Unidas, que levasse a uma *Pax Universalis.*

No momento em que escrevo, a intervenção militar da Organização do Tratado do Atlântico Norte na Iugoslávia, reagindo ao genocídio cometido pelos sérvios em Kosovo, indica o caminho pelo qual os Estados Unidos estão tentando impor uma *Pax Americana: é uma Paz da OTAN sob liderança dos Estados Unidos.* No momento, não é possível prever como terminará essa intervenção, depois da aceitação por Milosevic das condições impostas pela OTAN.

O que se pode prever, contudo, é que o modelo de Paz da OTAN será submetido a um teste importante, possivelmente decisivo. Se perdurar a aliança da OTAN, mesmo com algumas defecções de menor importância, o projeto de uma hegemonia mundial dos Estados Unidos, sob o manto da OTAN, ficará consolidado durante algum tempo. *A nova ordem mundial resultante de uma Paz da Otan, substituindo a Pax Americana, seria marcada por uma falta de universalidade e de estabilidade.* Representaria o primeiro passo para uma futura nova bipolaridade, com potências importantes, fora do âmbito da OTAN (por exemplo: China, Rússia, Índia, o mundo islâmico), contestando essa ordem, a princípio passivamente e, algumas décadas depois, de forma ativa.

Outra hipótese é que a aliança da OTAN não perdure, deixando só os Estados Unidos e a Grã-Bretanha como seus membros ativos, e esta assim mesmo não por muito tempo. *A decisão dos países europeus importantes de retirar-se da OTAN, ou deixar de ter uma participação ativa na Aliança Atlântica, os induziria a organizar um sistema próprio e independente de defesa, gerando assim uma política externa independente e reforçando a sua integração política.* O resultado desse processo seria uma Europa "européia". Desse modo, outro passo importante seria tomado na direção de uma ordem mundial multipolar, patrocinada pelas Nações Unidas, levando a uma autêntica *Pax Universalis*.[8]

m) O progresso e a história

A idéia do progresso

Haverá na história um progresso real? O pensamento da Antiguidade, baseado em uma concepção circular do mundo, não conhecia a idéia do *progresso*, entendido como um processo contínuo de aperfeiçoamento da condição humana. Os autores clássicos tinham consciência da superioridade da sua cultura, comparativamente à dos bárbaros, e dela se orgulhavam, reconhecendo a margem significativa de progresso alcançado pelo mundo clássico. No entanto, tendiam a considerar o nível de progresso alcançado como relativamente permanente.

O cristianismo introduziu uma concepção linear da história, como algo que teve um começo, com a criação do homem, e teria um fim no dia do Julgamento Final. Foi essa concepção que introduziu a idéia do progresso histórico, concebido segundo a noção de graça e da salvação da alma. Houve um momento decisivo de progresso, em relação à época pré-cristã, com a vinda de Jesus Cristo; daí em diante, o progresso era uma questão moral, a ser tratada individualmente, conforme a pessoa seguisse o caminho da salvação, aceitando a graça divina e conduzindo-se de acordo com ela, ou deixasse de segui-lo.

Havia uma idéia implícita de progresso nas concepções renascentistas, segundo as quais o homem se considerava capaz de superar as realizações anteriores da humanidade pelo emprego adequado da liberdade racional, por meio da sua virtù. Os eruditos, artistas e príncipes renascentistas se achavam melhores do que os modelos clássicos, cuja perfeição queriam não só imitar mas superar.

Foi com a Ilustração que a noção linear da história introduzida pelo Cristianismo e a concepção renascentista da perfectibilidade humana levaram à idéia da história como um processo de progresso humano contínuo. A melhor formulação da idéia do progresso histórico prevalecente na época da Ilustração é a de Condorcet (1743-1794), com o seu extraordinário *Esquisse d'un Tableau Historique des Progrès de l'Ésprit Humain* (*Esboço de um Quadro Histórico dos Progressos do Espírito Humano*), de visão otimista, escrito quando o autor estava sendo perseguido pelo Terror de Robespierre, e só publicado depois da sua morte, em 1795.

Condorcet concebia a história como uma série de passos progressivos. Nove etapas tinham sido cumpridas, desde a fase primitiva do homem como caçador e coletor de alimentos até a Revolução Francesa, passando pelos estágios pastoral e agrícola, o mundo greco-romano, o princípio e o fim da Idade Média, o período de Gutenberg a Descartes, e deste até os seus dias. Condorcet acreditava em uma décima fase, ainda por vir, quando as desigualdades entre os homens e as nações desapareceriam, e o homem marcharia irreversivelmente na direção da sua perfectibilidade indefinida.

No século XIX o evolucionismo social, com Spencer e Comte, e também com Karl Marx (à sua moda), procurou dar uma fundamentação científica ao conceito de progresso que, com a Ilustração, Kant e Hegel, havia tido uma formulação metafísica.

No princípio do século XX, a *Teoria do Desenvolvimento Econômico* de Joseph Schumpeter inaugurou uma nova atitude com relação à idéia do progresso, que deixava de ser vista a partir de uma perspectiva histórica mais ampla; Schumpeter queria entender como o progresso econômico se tornava possível em diferentes sociedades. A abordagem "desenvolvimentista" recebeu atenção renovada depois da Segunda Guerra Mundial, dando início a um período que durou até hoje, interessado teorica e praticamente na questão do desenvolvimento econômico e social e nos problemas relacionados com a sua promoção. R. F. Harrods, de Oxford, e Alvin Hansen, de Harvard, empreenderam a tarefa de elaborar uma teoria geral do desenvolvimento, e a atenção dada outrora à idéia do progresso foi desviada para o estudo das condições necessárias para promovê-lo. No entanto, até hoje as teorias do desenvolvimento têm implicadas uma concepção evolucionista do progresso, com inferências de Smith e Marx.

A noção do progresso foi contestada em primeiro lugar por Nietzsche, com sua tese do eterno retorno, interrompendo a visão linear da história introduzida pelo cristianismo para voltar à concepção circular clássica. Alguns autores contemporâneos aceitam essa visão circular da história, assim como a crítica da tecnologia de Heidegger; negam a existência de um progresso histórico contínuo, e até mesmo a própria continuidade da história, propondo a tese do advento da pós-história. A obra de Arnold Gehlen sobre *A Secularização do Progresso* (*Die Säkularisierung des Fortschritts*, de 1967) contém, entre outras considerações, a afirmativa de que o progresso terminou porque se tornou uma rotina. O rápido desenvolvimento cumulativo da tecnologia chegou a tal ritmo que o fato de haver constantemente realizações sempre renovadas faz com que elas sejam cada vez menos "novas". Na sociedade de consumo contemporânea, a introdução continua de novos produtos passou a ser um requisito para a simples subsistência do sistema, e a novidade não é mais do que uma condição para que as coisas permaneçam as mesmas.

Levando em conta as considerações precedentes, esse breve esboço do desenvolvimento histórico da idéia do progresso nos permite regressar à questão inicial: haverá um progresso efetivo na história? Ao tratarmos da idéia e do processo do progresso, surge o reconhecimento consensual da necessidade de distinguir o progresso científico e tecnológico do progresso moral e, num espaço intermediário, do progresso artístico.

O progresso científico

Desde *A Estrutura da Revolução Científica*, de Thomas Kuhn (nasc. 1922), obra publicada em 1962, tem havido um aceitação geral do fato de que o progresso científico não seguiu um desenvolvimento histórico linear, como se presumia outrora. Não só esse progresso esteve sujeito a flutuações, em função de certas vicissitudes históricas (a ocorrência de "épocas negras") como, na medida em que tem havido progresso, ele é marcado pela adoção sucessiva de paradigmas distintos. Baseada na observação e na inferência matemática, a ciência moderna é levada a apresentar, num momento dado, uma explicação geral do conhecimento acumulado, de acordo com um determinado paradigma — o de Copérnico, de Newton e outros. Quando novas observações ou inferências lógico-matemáticas conduzcm a conclusões que conflitam com o paradigma existente, torna-se necessário reformar a teorização, esforço que, se tem êxito, gera um novo paradigma. O progresso científico ocorre mediante a construção sucessiva de paradigmas mais adequados. Desse modo, porém, o progresso científico efetivo é suscetível de ser verificado empiricamente.

Podemos dizer o mesmo do progresso moral? Será possível observar igualmente um progresso no domínio artístico? Uma discussão ampla dessas questões excederia o escopo do presente estudo, e precisaremos contentar-nos com três breves comentários.

A moral e o progresso artístico

Enquanto o progresso científico e portanto o progresso tecnológico dependem de dados externos, acumulados continuamente, dentro dos limites (amplos) da compreensão humana, o progresso moral é inerente à conduta do homem, comandada pelos seus impulsos e necessidades fundamentais. Como desde o surgimento do *Homo sapiens sapiens* a natureza humana é a mesma, esse conjunto de impulsos e necessidades é também o mesmo.

Isto posto, *se entendermos a moral como um padrão de comportamento (presumivelmente de origem transcendente ou não) efetivamente necessário para preservar a espécie e sua condição social, então, na medida em que se refira aos impulsos e necessidades fundamentais do homem, a mesma conduta foi mantida ao longo de toda a história.* Nesse sentido básico podemos dizer que não há um progresso moral. Contudo, se a natureza humana é sempre a mesma, a condição humana tem experimentado grandes variações, o que significa que as condições para satisfazer os impulsos e as necessidades fundamentais do homem mudaram significativamente no curso da história. Por isso, *há uma tendência histórica observável, embora nem linear nem contínua, ao que poderíamos chamar de crescente "humanização" do comportamento humano.*

A crueldade, a exploração, o engano — atitudes conhecidas pelos assírios e presentes em todas as civilizações subseqüentes — continuam a ser praticadas na maioria das sociedades civilizadas contemporâneas. No entanto, há uma diferença clara entre a conduta presente, nas sociedades civilizadas e, para não mudar de exemplo, o comportamento dos assírios. Diferença que reside no respeito incomparavelmente maior pela vida, a dignidade e os direitos humanos. Embora continue a haver violações desses valores, elas são incomparavelmente menos freqüentes e — o que é mais importante — são consideradas atos ilícitos graves; não uma coisa natural. Esse aperfeiçoamento ético tem duas causas principais: exprime mudanças culturais substantivas, introduzidas pelas religiões superiores e pela filosofia, assim como a difusão e o aperfeiçoamento das idéias da Ilustração. E manifesta igualmente, em não menor grau, o fato de que, nas condições das nossas sociedades civilizadas contemporâneas, a satisfação dos impulsos e das necessidades humanas fundamentais pode ser assegurada mediante as instituições e as facilidades técnicas existentes, sem depender do emprego de métodos brutais.

A questão do progresso no domínio das artes é mais complexa, porque envolve três dimensões diferentes: 1) os meios técnicos (quando há progresso tecnológico); 2) os valores e tendências culturais; e 3) a estabilidade da natureza humana. Deve-se a esta terceira dimensão, a estabilidade da natureza humana, a afirmativa do presente estudo de que, dentro de padrões culturais variáveis, pode-se chegar, e na verdade se tem chegado historicamente, a uma "beleza absoluta". O que nos leva à terceira consideração, relacionada com a esfera antrópica.

A esfera antrópica

Como mencionamos no capítulo precedente, a cosmologia contemporânea reconhece o princípio antrópico, segundo o qual a existência da vida, em geral, e do homem, em particular, se deve ao fato de que, desde o *"big bang"* primordial, o universo se desenvolveu exatamente como o fez. Uma das muitas implicações do princípio antrópico é o fato de que o homem tem a capacidade inerente de ajustar-se estruturalmente ao seu ambiente natural. O que significa que as suas percepções e compreensão não são arbitrárias, mas se baseiam em uma correspondência estrutural com a realidade física. Os juízos verdadeiros não são verdadeiros devido às convenções humanas, como afirmavam os sofistas gregos e hoje acreditam os pós-modernistas, mas porque a representação mental correta de um objeto corresponde, em níveis variados de profundidade, às características reais, nos mesmos níveis, do objeto representado.[9] Por isso, como resultado de suas observações e dos seus cálculos, o homem é capaz de reunir dois objetos no espaço distante, de viajar até a Lua e regressar à Terra, assim como praticar inúmeros outros atos que implicam uma certeza objetiva.

Outra implicação do princípio antrópico é a existência da esfera antrópica, *o que significa que a natureza humana convive com uma certa gama de possibilidades — extremamente ampla, conforme são percebidas pelo próprio homem — dentro de cujos limites ela interage com o mundo.* A esfera antrópica determina as fronteiras da percepção humana, da sua compreensão e de todos os outros aspectos da vida do homem. Por isso as possibilidades do comportamento humano recaem dentro de determinados padrões culturais, que são exibidos pela História. Embora padrões novos e diferentes talvez possam ser criados, *a recorrência histórica desses padrões, conforme observada pelo presente estudo e comentada neste capítulo final, sinaliza que o número de padrões culturais básicos tem um limite.*

E dentro dos limites de um determinado padrão cultural, há limitações correspondentes ao que pode ser alcançado pelo homem, particularmente com respeito à sua excelência. Por isso há limites, dentro de um determinado padrão cultural — digamos, o padrão da civilização ocidental — à excelência de qualquer tipo de ação. *São Francisco provavelmente estendeu a caridade humana até os seus limites; Shakespeare provavelmente fez o mesmo com a excelência no teatro; Beethoven, com a música.*

Os limites impostos pelo princípio antrópico excluem a possibilidade de um contínuo progresso qualitativo na arte, e têm outras implicações ainda mais amplas. *A conseqüência desses limites à excelência da ação humana está em que, se e quando um deles é atingido em um domínio básico — na arte, na ciência, nas instituições — dentro de determinado padrão cultural, os indivíduos portadores dessa cultura são obrigados ou a tentar repetir os padrões de excelência já atingidos ou a destrui-los.*[10]

O progresso na história foi possível até o presente, nos domínios onde ele pode ocorrer, devido às mudanças havidas nos padrões culturais, tais como, em termos macro e seguindo uma certa linha, do Mundo Antigo até as civilizações bizantina e ocidental.

O provável surgimento de uma civilização planetária, culturalmente unificadora, desenvolvida a partir da civilização ocidental tardia, da civilização chinesa e dos resíduos da islâmica e da indiana, indica a tendência, no longo prazo, para que se chegue ao fim do progresso e, nesse sentido, ao fim da história. A história pode chegar ao fim devido a eventos catastróficos irreversíveis, mas também pode terminar com o fim do progresso. Assim, a pós-história não é exatamente o que vêm anunciando alguns escritores pós-modernos: *é a condição em que se encontrará a humanidade se e quando o fim do progresso obrigar o homem à repetição ou à destruição.*

Notas

VOLUME II

CAPÍTULO 11 – ÍNDIA

1. Allchin, B. & R. *The Rise of Civilization in India and Pakistan.*

2. Universidade de Cambridge, 1993, Série *Cambridge World Archaeology*, p. 24.

3. Tradução para o inglês por Max Müller, citada por Nicol MacNicol, *Hindu Scriptures* (Londres, Everyman's Library, 1963, p. 3). Retradução livre para o português de S. B. Eis o original de Max Müller: *"I laud Agni, the chosen priest, god, minister of the sacrifice / The Hotar, lavishest of wealth./ Worthy is Agni to be praised by living as by ancient seers: / He shall bring hitherward the gods. / Through Agni man obtaineth wealth, yea, plenty, waxing day by day, / Most rich in heroes, glorious. /Agni, the most perfect sacrifice thou encompassest about/ verily goeth to the gods".*

4. De Bary, p. 252.

5. Idem, ibid., p. 245.

6. De Bary, p. 146.

7. Cf. Majundar, R. C. *The Classical Accounts of India* Calcutá, Mukhoopadhyay, 1960, p. 338.

8. Hodgson, M. G. S. *The Venture of Islam*, vol. III – *"The Gunpowder Empires and Modern Times"*, Chicago, The University of Chicago Press, 1974, p. 89.

9. Cf. Daniel, G. H. *The First Civilzations*, Nova York, Th. Crowell, (1968), 1976. Vide também, no mesmo sentido, Wolpert, S. *A New History of India*, Nova York, Oxford Univ. Press, 1993, p. 211.

10. Cf. Basham, A. L. *The Wonder that was India*, Nova York, Grove Press (1954), 1959, p. 28.

11. Allchin, F. R. *The Archaeology of Early Historic South Asia: The Emergence of Cities and States*, Cambridge, Cambridge Univ. Press, 1995, p. 29 e passim.

12. Cf. Schweitzer, A. *El Pensamiento de la India*, México, Fondo de Cultura Economica (1935), 1971.

13. Cf. Schweitzer, A. op. cit., p. 44.

14. A. L. Basham considera Yajnavalkya como a principal figura responsável pela mudança definitiva de orientação do bramanismo-hinduísmo.

15. Cf. Scjhweitzer, A. op. cit., p. 52.

16. Sankara (Shankaracharya) foi um brahman ortodoxo (788-820) que viveu em Varanasi e fundou vários mosteiros na Índia, sustentando a doutrina do duplo padrão da verdade.

17. Retraduzido para o português de uma tradução de V. Raghavan, *The Indian Heritage*, p.132.

18. Asoka começou o seu reinado assassinando os irmãos, para garantir sua sucessão, e permaneceu militarmente agressivo até a conquista devastadora de Kalinga. Depois da sua subseqüente conversão ao budismo, evitou prosseguir com as conquistas militares, mas não deixou de aplicar seletivamente medidas punitivas.

19. Na origem do controle interno do império Mugal pelos *marathas* estava a hábil política do *peshwa* maratha Balaji Vishvanath, que pelo tratado de 1714 converteu em cooperação o conflito militar com o sultão. Vide Daniélou, A. *Histoire de l'Inde*, Paris, Fayard (1971), 1983, p. 314.

20. Uma circunstância particularmente irritante era a obrigação imposta pelos ingleses aos *sepoys* de usar gordura animal para lubrificar seus cartuchos, violando assim um tabu religioso.

21. Cf. Weber, M. *The Religion of India*, Nova York, The Free Press (1958), 1967, p. 5 e ss.

22. Excepcionalmente qualificado, Surendranath Banergia teve inicialmente recusado o seu ingresso no Serviço Público Indiano, o *Indian Civil Service* (ICS), a despeito de ter sido aprovado brilhantemente no exame de acesso, e mais tarde foi rejeitado com um pretexto de pouca relevância.

23. Gladstone atuou como primeiro-ministro quatro vezes, em 1868-1874, 1880-1885, 1886 e 1892-1894.

CAPÍTULO 12 – CHINA

1. Nos seus excelentes comentários a este capítulo, o professor Robert Hymes afirma que o elemento de continuidade no longo percurso da civilização chinesa tem sido exagerado, e não deve ser considerado muito maior do que o tipo de continuidade que ligava o mundo romano a suas raízes romanas.

2. Segundo Jacques Gernet, *Le Monde Chinois* (Paris, Armand Collin (1972), 1990), em 1953 foram identificados oito grande grupos de dialetos, falados por 528 milhões de pessoas, correspondendo de modo geral às quatro variedades do mandarin, o núcleo do idioma chinês.

3. Sobrinho da esposa do Imperador Yan, Wang Mang (33 a.C.-23 a.D.) tentou fundar uma nova dinastia Hsin, e resolver a questão agrária, nacionalizando toda a terra. Suas reformas, assim como a crise social gerada por inundações na bacia inferior do rio Amarelo, provocaram a revolta camponesa dos *Chimei*, além de rebeliões aristocráticas, que levaram à sua derrota e à restauração dos Han por Liu Hsiu, que reinou com o nome *shih* de Kuang-Wu-Ti (25-57/58 a.D.).

4. Pouco depois da invenção da imprensa, foi publicada a primeira edição dos clássicos do confucionismo, entre os anos 932 e 953.

5. Cf. Mircea E. *Histoire des Croyances et des Idées Religieuses,* Paris, Payot, 1980, vol. 2, cap. XVI.

6. Cf. Elisseef D. & V., *La Civilisation de la Chine Classique,* Paris: Arthaud, 1987, p. 98 e ss.

7. Cf. Gernet J. *Le Monde Chinois*, Paris, Armand Colin (1972), 1990, p. 90.

8. Cf. Eliade, M. *Histoire des Croyances et des Idées Religieuses*, op. cit., p. 16.

9. Deve-se levar em conta, porém, a larga medida em que o Confucianismo e mais tarde o Neo-Confucionismo trouxera novas idéias, à guisa de integrar o pensamento clássico, como observamos em seguida neste capítulo.

10. Mozi (Moti, 470-391 a.C.), ativo na época de Zhou Oriental, pregava uma filosofia do amor universal, antimilitarista e antiaristocrática, hostil aos Zhou.

11. A escola dos mistérios, com Ha Yan (morto em 249 a.D.) e Wang Bi (226-249), se preocupava com o problema metafísico da relação entre o ser e o não-ser,

concebidos não em exclusão recíproca, mas como a contrapartida necessária do ser: o determinado procedia do indeterminado.

12. Excluídas do poder pela migração da corte para Nanking, com a queda da China setentrional, as elites da China meridional encontraram na nova religião taoísta a visão de um tipo de sociedade mais elevada, que seria instalada pelos futuros imortais, com a sua participação.

13. É importante levar em conta a dialética entre a "corte interna" e a "corte externa"; os três principais departamentos dos T'ang tiveram sua origem na primeira, e gradualmente evoluíram passando a participar da burocracia permanente.

14. Além da influência que exerceu na padronização das leis subseqüentes, o código serviu como modelo para os estados de Nara e Heian no Japão, assim como para outros estados no Vietnã e na Coréia.

15. O professor Robert Hymes e outros estudiosos observam que é duvidoso que esse sistema tenha sido implantado efetivamente em toda a China, e só há evidência sólida da sua aplicação às terras do extremo Noroeste.

16. O Prof. Robert Hymes e alguns pesquisadores modernos consideram a possibilidade de que a Escola Tch'an possa ter aparecido mais tarde, e pretendem que Tao-An e outras personalidades religiosas já seriam seus membros.

17. Sobre a poesia T'ang, ver Elisseeff, V. & D. *La Civilization de la Chine Classique*, op. cit., p. 305 e ss.

18. Não obstante, os chineses ingressaram em larga escala nos níveis inferiores do serviço público, e houve mesmo um pequeno grupo de indivíduos que, fiéis aos Yüan, mais tarde se recusaram a servir a dinastia Ming.

19. O sistema *li-chia* tinha sido adotado pelas dinastias precedentes, inclusive a T'ang e a Sung, mas depois disso foi difícil mantê-lo. Segundo o prof. Robert Hymes, seu sucesso sob os Ming se deveu a uma redução drástica da população na transição do período mongol, principalmente devido à peste.

20. Transcrito por Ronan, C. A., *The Shorter Science and Civilization of China*, Cambridge, Cambridge Univ. Press, (1978), 1986, p. 251

21. Cf. Grousset, R. M. *Histoire de la Chine*, Paris, Payot, 1994. p. 302.

22. Transcrito de Gernet, J., *Le Monde Chinois*. Paris, Armand Colin, (1972), 1990, p. 450.

23. O *liang* era uma moeda de prata pesando 36 g. Por trás da Guerra do Ópio estava o interesse da Companhia das Índias Orientais de reverter seu déficit comercial com a China mediante a exportação de ópio.

24. Integrantes de uma das oito divisões das Forças Manchu.

25. Além da pressão do Ocidente e das intrigas internas, o fracasso do movimento e Restauração se deveu em boa parte à debilidade do controle dos assuntos locais pelo governo central.

26. Cf. Fairbank, J. K., *China, a New History*, Cambridge, Harvard Univ. Press, 1992.

27. Cf. Fairbank, J. K., *China, a New History*, op. cit., p. 31.

28. Cf. Daniel, G., *The First Civilizations*, Nova York, Thomas Crowell, (1968), 1970, p. 131.

29. Sobre o assunto, cf. Daniel, G., *The First Civiliziatons*, op, cit.; Gernet, J., *Le Monde Chinois*, op. cit. e Fairbank, J. K., *China, A New History*, op. cit.

30. No entanto, esse pragmatismo fundamental não impediu a ocorrência de episódios e períodos de intolerância violenta, como no caso da repressão do budismo nos anos 842-84

31. Deve-se levar em conta também, como observou o Professor Hymes nos seus comentários sobre este capítulo, que os confucionistas algumas vezes não eram pacifistas, e as cortes internas nem sempre eram marciais.

CAPÍTULO 13 – ÁFRICA

1. Cf. o geografismo de Plekanov, a teoria dos climas, de Ptolemeu até os nossos dias, passando por Ibn Khaldun, Montesquieu, Buffon, etc.

2. *Atlas Historique de l'Afrique*, Jaguar, Paris, 1988, p. 28.

3. *Histoire Génerale de l'Afrique*, vol. I – *Méthodologie et Préhistoire, Présence Africaine*, Edicef, Unesco, Paris, 1986, p. 263.

4. *Atlas Historique de l'Afrique*, op. cit., p. 28.

5. Ki-Zerbo, J. *Histoire Générale de l'Afrique*, vol. I – *Présence Africaine*, Edicef, UNESCO, 1986, cap. 26.

6. Referindo-se aos etíopes (núbios), Diodoro da Sicília diz: "afirmam que a maior parte das leis dos egípcios, como dos seus autores e ancestrais, foi herdada deles" Lib. III.

7. Nadel, S. F. *A Black Byzantium: The Kjingdom of Nupe in Nigeria*, Londres, Nova York, O.U.P., 1942.

8. Croix, S. de la. *Relation Universelle de l'Afrique Ancienne et Moderne*, Lyon, 1688, p. 167.

9. Cf. Boubou, & Ki-Zerbo, J. *General History of Africa*, Unesco-Nea, vol. I, cap. 2, p. 65-75.

10. Marx, K. *Capital*, Livro I, vol. 2, p. 187.

11. Segundo essa abordagem essencialmente humanista, a saúde era considerada um direito essencial de todos, fora do contexto do mercado, e o indivíduo incumbido de curar o paciente ou nada recebia em troca ou ganhava apenas um simples presente simbólico.

12. Leon L'Africain. *Description de l'Afrique*. Epaulard, 1956. pp. 168-9.

CAPÍTULO 15 – A CIVILIZAÇÃO OCIDENTAL
I. FORMAÇÃO DA EUROPA

1. O Concílio de Nicéia, de 325, reconheceu igual primazia eclesiástica aos Bispos metropolitanos de Roma, Alexandria, Antióquia e Jerusalém. Em 381, o Concílio de Constantinopla conferiu ao patriarca daquela cidade o mesmo *status* do bispo de Roma.

2. Sobre a idéia da Europa ver Chabod (1970:23).

3. A imposição pela Igreja de um código de conduta para a cavalaria levou um tempo relativamente longo e de modo geral ele só foi adotado no século XIII.

4. Do século XVIII ao X os húngaros representaram uma séria ameaça à cristandade, até serem derrotados incisivamente em Lechfeld, mas conseguiram criar um Estado, que viria a ser o Reino da Hungria.

5. Conforme observou o professor Dobson, nos seus comentários sobre o presente capítulo, no século XII a fundação de mosteiros alcançou números espan-tosos.

6. A chamada "Lei Sálica" é uma coletânea de costumes francos, que se originaram com Clóvis, a qual inclui uma cláusula de direito privado que proíbe as mulheres herdar terras. Dispositivo que não pretendia excluí-las da sucessão ao trono.

7. A despeito de muitas pessoas terem participado com seriedade no movimento das Cruzadas, o registro histórico real mostra que elas representaram principalmente um exercício de predação, com reiteradas tentativas de criar reinos e feudos na Terra Santa. A Quarta Cruzada e o ignóbil saque de Constantinopla são boas ilustrações disso. Não obstante, como aconteceu muitas vezes na Idade Média, as Cruzadas foram também uma manifestação de profunda convicção religiosa, e um exemplo impressionante do dinamismo e da determinação medievais — especialmente a Primeira Cruzada (1096-1099), promovida pelo Papa Urbano II.

8. A controvérsia ressurgiria depois da morte de São Boaventura, levando à formação de um grupo radical, os *Fraticelli* ("Irmãozinhos"), que mais tarde foi reprimido com severidade. Por fim, a ordem se dividiu em dois grupos, os Observantes, sucessores dos radicais, fundaram uma ordem separada, que se considerou em 1380.

9. A vida de São Francisco foi narrada pela primeira vez por Tomás de Celana, em *Duas vidas* (1245-1247), assim como pela *Vida* de São Boaventura, de 1260-1262. Entre os estudos modernos ver Moorman, J. H. R. *The Sources for the Life of St. Francis*, 1940, e Ewnglebeet, D. *Saint François d'Assise*, 1957.

10. Cabe mencionar duas outras importantes ordens medievais, os agostinianos e os carmelitas. Com base na regra de Santo Agostinho, dois ramos importantes dos agostinianos surgiram na Idade Média: os cânones, no século XI, e os eremitas, reorganizados como uma ordem pelo Papa Inocêncio IV em 1244. Os carmelitas foram originalmente antigos peregrinos eremitas de monte Carmelo, na Palestina, organizados como uma ordem por Santo Alberto nos primeiros anos do século XIII.

11. A perseguição dos hereges pela Igreja foi sistematizada no Terceiro Concílio Laterano, de 1179, e no Sínodo de Verona, de 1184. A Inquisição eclesiástica esteve inicialmente sob a responsabilidade dos bispos, nas suas respectivas dioceses. Como a ação dos hereges atingia várias dioceses, o Papa Inocêncio III inaugurou a prática de nomear Inquisidores Papais, atribuindo-lhes amplos poderes. Os inquisidores podiam excomungar as autoridades leigas que não cumprissem as suas instruções, e tinham a responsabilidade exclusiva pelo julgamento dos hereges, mas a aplicação de sanções era transferida para o Estado. Os dominicanos adquiriram uma triste reputação como inquisidores. Mais tarde, a Espanha utilizou a Inquisição para perseguir os judeus.

12. Com respeito a Roma antiga ver Hollingsworth, T. H. *Demografia Historica*, Mexico, Fondo de Cultura Económica, 1983, p. 241, e Bardet, J.-P. & Dupâquier, J. (ed.) *Histoire des Populations de l'Europe*, Paris, Fayard, 1997, p. 112-3. Com relação a Roma medieval ver p. 261, 486 e ss. desta última obra.

13. Sem o direito de possuir terras, os judeus tiveram um papel importante como banqueiros e financistas nos séculos XII e XIII, antes da perseguição que viria depois.

14. Haskins, C. H. *The Rise of Universities*, Ithaca, Cornell Univ. Press, (1923), 1957.

15. A Lombardia foi anexada por Carlos Magno. A Itália Central e o Estado papal estavam sujeitos à influência predominante do Império, mas eram formalmente independentes.

CAPÍTULO 16 – A CIVILIZAÇÃO OCIDENTAL
II. O RENASCIMENTO

1. Cf. seu livro *Renaissance and Renaissances in Western Art*, apud Bullock, A. *The Humanist Tradition in the West*, New York, W. W. Norton, 1985, p. 14.

2. Um ponto de vista que adquiriria implicações pagãs no Renascimento romano do século XVI, e que seria rejeitado fortemente pela Reforma, em especial na sua expressão calvinista.

3. O professor Ruggiero Romano acentuou a importância da tradução de Leone Ebreo por Garcilaso de la Vega na promoção do neoplatonismo florentino na Espanha.

4. Uma interpretação divergente é a de Ph. Jones, em *Economia e Società nell'Italia Medievale* (Turim, Einaudi), como menciona o prof. Romano nos seus comentários sobre o presente capítulo.

5. Ver Bordas, J.-P. & Dupâquier, J. (Ed.) *Histoire des Populations de l'Europe*. Paris, Fayard, 1997, p. 185.

6. Nessa época havia também algumas cidades importantes em Flandres.

7. Além de Florença, merecem ser citadas especialmente as cidades de Pádua, Ferrara, Nápoles, Verona, Palermo e Urbina, entre outras.

8. Como documenta o estudo de Ernst Cassirer, *Individuo y Cosmos en la Filosofia del Renacimiento* (1951), foi notável a influência difusa e implícita das idéias do cardeal Nicolau Cusano sobre os humanistas italianos.

9. Essa seção foi escrita pela embaixador José Calvet de Magalhães.

10. Nos seus excelentes comentários a este estudo o professor Ruggiero Romano salienta o fato de que os otomanos mantiveram por muito tempo sua predominância no Mediterrâneo, a despeito da derrota sofrida em Lepanto.

11. Calderon de la Barca (1600-1681) é considerado o nome mais importante da literatura espanhola, depois de Cervantes, mas já é uma figura típica da Era Barroca.

12. O estoicismo cristão e um sentimento de profunda tolerância racional, em uma época de crescente intolerância, fizeram de Montaigne, preocupado com o autoconhecimento, um mestre permanente do humanismo.

13. As indulgências eram vendidas pelos agentes do Papa, comutando e até mesmo suprimindo a condenação às chamas do Purgatório.

14. A Confissão de Augsburgo consistiu da apresentação das idéias mais importantes do pensamento luterano à Dieta de Augsburgo, presidida pelo impe-

rador Carlos V — apresentação feita por Melanchton, em 1530, a pedido do próprio Lutero, e que foi rejeitada pela Dieta.

15. "The Age of Reformation" (Elton, 1990).

16. Expresso no contexto fortemente relativista dos nossos dias, o conceito de "beleza absoluta" exige uma dupla qualificação prévia. A primeira tem a ver com o reconhecimento da "natureza humana", idéia praticamente abandonada nas últimas décadas, e substituída pelo conceito da "condição humana". Ortega y Gasset, entre outros, sustentava que o homem, como um ser que se constrói, não tem uma natureza predeterminada, podendo-se falar apenas de uma "condição humana". Contrariando esse ponto de vista, sustento que existe, sim, uma natureza humana, resultante dos traços psicofísicos hereditários do Homem, que têm permanecido constantes desde o surgimento do *Homo sapiens sapiens*. No entanto, essa natureza é social, cultural e historicamente condicionada, apresentando-se sob forma variável. Foi essa natureza humana que, em conseqüência dos seus impulsos básicos, particularmente os sexuais, provocou a elaboração de um arquétipo de beleza, cujo modelo ideal corresponde à "beleza absoluta". No entanto, os paradigmas estéticos (e esta é a segunda qualificação) são condicionados pela cultura. Assim, a beleza absoluta é identificada de forma distinta pelas culturas ocidental, islâmica, confuciana e budista, embora um certo número das suas características básicas possa ser observado em todas essas variedades. O Capítulo 18 do presente estudo contém uma breve discussão teórica do assunto, apresentando a questão do princípio antrópico.

CAPÍTULO 17 –
O DESENVOLVIMENTO OCIDENTAL

1. Cf. Wetham, R. B. (ed.), *The New Cambridge Modern History*, vol. III — *The Counter-Reformation and Price Revolution*, 1559-1616, Cambridge, Cambridge Univ. Press, (1968), 1990, p. 32.

2. Dados de Bardet, J.-P. & Dupâquier, J. *Histoire des Populations de l'Europe*, Paris, Fayard, 1997, p. 251.

3. Bardet, J.-P. & Dupâquier, J. op. cit., p. 261.

4. Serve de ilustração o fato de que no princípio do século XX a Inglaterra produzia um sexto, a Alemanha um quinto e os Estados Unidos mais de um terço da produção mundial de ferro gusa, que chegava a cerca de 66 milhões de toneladas.

5. Filho de Antoine de Bourbon e Jeanne d'Albert, rainha de Navarra, e esposo de Margarida, a *"Reine Margot"*, filha de Henrique II e última sobrevivente da família Valois.

6. Luís XIV considerava heréticas as opiniões de Jansenius e em 1709 ordenou o fechamento de Port-Royal. Para eliminar o protestantismo da França revogou em 1685 o Édito de Nantes.

7. Províncias setentrionais (União de Utrecht): Holanda, Zelândia, Utrecht, Gelderland, Gronigen, Frísia Ocidental, Frísia Oriental. Províncias meridionais (Tratado de Arras): Brabante, Limburgo, Luxemburgo, Flandres, Artois, Hainault, Namur, Zutphen, Mechelin.

8. É interessante observar que uma das causas principais da derrota naval espanhola foi a superioridade técnica dos barcos ingleses e do seu armamento. Depois de ter um papel pioneiro na tecnologia náutica, no princípio do século XVI, a Espanha estagnou nesse setor, enquanto a Inglaterra continuou a progredir.

9. A conquista de Breda em 1581, pelo duque de Parma, foi celebrada por Velasquez no quadro famoso *A rendição de Breda*, exposto no salão do trono do Palácio Buen Retiro, em 1635.

10. O gomarismo baseava-se nos ensinamentos de Francisco Gomarus (1563-1641), um calvinista radical que ensinava na mesma universidade do seu opositor, Jacobus ou Jacó Arminius, em Leiden.

11. Em 1883 Bismarck começou a adotar um sistema de assistência social, e na Inglaterra o *Welfare* foi introduzido em 1909 por Lloyd George.

12. Em condições diferentes ocorreram efeitos semelhantes nos Países Baixos, sob a influência do calvinismo e do movimento pela independência.

13. *L'Homme Machine*, de 1747, a obra mais importante de la Mettrie, apresentava uma versão das idéias de Lucrécio adaptadas ao século XVIII.

14. O lema de Kant, *"sapere aude"*, é uma expressão típica do espírito da Ilustração.

15. Este foi em especial o caso dos *Principiae* de Newton, de 1687, livro popularizado pelos *Elementos da filosofia de Newton*, de Voltaire, publicado por volta de 1738.

16. Típico da racionalidade da vida privada é o episódio atribuído a Noah Webster (1758-1843), o lexicógrafo e dicionarista norte-americano, quando sua esposa, vendo que o marido se interessava por uma criada, exclamou *"Oh! I am surprised"*, e ouviu a seguinte resposta; *"No, you are astonished; surprised am I"*.

17. Na última parte da sua *Filosofia da história*, Hegel viu Frederico II como o genuíno rei filósofo platônico, porque reunia na sua pessoa o filósofo e o monarca.

18. A busca sistemática do conhecimento, típica da Ilustração, recebeu sua base institucional com a fundação da Universidade de Berlim, em 1809, por Karl Wilhelm von Humbolt.

19. Um dos segredos do sucesso e da durabilidade das instituições criadas por Augusto, na antiga Roma, comparadas com a fragilidade das de César, foi a manutenção das formas republicanas, que incluíam a renovação periódica dos mandatos.

20. Esses quatro subsistemas são o participativo, o político, o econômico e o social. (Cf. Jaguaribe, H. *Political Development*, Harper & Row, Nova York, 1973.)

21. Há uma conexão empírica entre o romantismo e a burguesia da primeira metade do século XIX.

22. O fato de que o "socialismo real" da União Soviética e de outros países se afastou completamente do humanismo de Marx não diminui a forte orientação humanística do seu pensamento, embora possa afetar a possibilidade da sua implementação.

23. Entre as façanhas românticas de D'Anunzio vale mencionar seu vôo solitário sobre Viena, durante a Primeira Guerra Mundial, em um avião desarmado, levando seu violino e compondo manifestos futuristas sob o título de *Os Céus de Viena*, assim como a sua conquista de Fiume, em 1919, à frente de 2 mil voluntários italianos.

24. A produção de aço da Alemanha ultrapassou a da Grã-Bretanha em 1895, e em 1914 chegava a mais de duas vezes a inglesa. Para esse progresso extraordinário da Alemanha contribuíram de forma decisiva as universidades tecnológicas de Aachen, Dresden, Karlsruhr, Munique etc., assim como o notável desenvolvimento ocorrido nos campos da química e da eletricidade.

25. A derrota da Itália em Caporetto fez que muitos esquecessem que depois da substituição de Cadorna, o incapaz comandante supremo, por Armando Diaz, o exército italiano conseguiu deter a ofensiva austríaca e em 30 de outubro de 1918 obteve a vitória devastadora de Vittorio Veneto, que expulsou os austríacos da guerra.

CAPÍTULO 18 – REFLEXÕES SOBRE O SÉCULO XX

1. O processo de diferenciação de um centro, a partir de uma periferia de países menos desenvolvidos, começou com a revolução mercantil e chegou ao auge no século XX.

2. Os 14 Pontos de Wilson estipulavam, entre outras cláusulas, um acordo geral de paz, a igualdade das condições comerciais, a redução geral dos armamentos e a criação de uma Liga das Nações.

3. O Plano Young suprimiu os controles aliados e as sanções a que a Alemanha estava sujeita, reorganizando os pagamentos das reparações de guerra em 59 prestações anuais.

4. Um marco memorável na tecnologia espacial foi o programa Apolo, com a primeira visita à Lua pelos astronautas Neil Armstrong e Edwin E. Aldin, em 1969.

5. Especialmente a Parte 2.

6. A Revolução Chinesa, de significado comparável, foi basicamente um subproduto da Revolução Russa. Por outro lado, o fascismo e o nazismo prosperaram como expressões radicais do anticomunismo, e o próprio *welfare state* foi influenciado pelas idéias marxistas.

7. Um *pud* equivalia a 36 libras, ou seja, 13,3 kg.

8. Os *zemdvos* eram assembléias distritais compostas de representantes eleitos, com base na representação proporcional segundo a extensão das suas propriedades no campo e nas cidades.

9. O caso da Romênia, Grécia e Espanha, e em larga medida também o de Portugal, tendo exercido uma certa influência igualmente na Argentina e no Brasil.

10. O legalismo do Estado corporativo fascista, conforme instituído inicialmente, não inibia a liberdade de ação dada à OVRA, a polícia política, criada em 1926, assim como as atividades das milícias fascistas. Havia de fato uma perfeita duplicidade, com um Estado legalista que encobria a violência dos fascistas e era por eles sustentado.

11. Essa foi provavelmente a última oportunidade de deter Hitler, antes que ele pudesse provocar uma guerra.

12. Pode-se debater a respeito da medida em que os alemães tinham consciência do holocausto a que Hitler condenara os judeus. Com efeito, a propaganda nazista antijudaica nunca mencionava o seu extermínio maciço. Naturalmente,

ninguém na Alemanha podia ignorar a perseguição dos judeus pelos nazistas, e algumas pessoas decentes e corajosas conseguiam informações sobre as instalações existentes em alguns campos de concentração para exterminar os prisioneiros. Por isso Karl Jaspers, uma dessas pessoas decentes, denunciou a culpa coletiva dos alemães. É provável, porém, que a maioria das pessoas preferisse ignorar os aspectos mais desagradáveis do anti-semitismo nazista e, com medo do terrorismo oficial, optasse por permanecer na ignorância.

13. Por exemplo: Hitler não tinha idéia da importância dos Estados Unidos.

14. O momento mais importante para a construção do mito hitlerista foi a convenção nazista de 1934, em Nüremberg, num cenário desenhado e executado magnificamente pelo arquiteto Albert Speer, e filmado ainda mais magnificamente sob a brilhante direção de Leni Riefenstahl.

15. Os elementos lassalianos do Programa de Gotha foram contestados com vigor por Engels na sua carta de 28 de março de 1875 dirigida a Babel, assim como pela carta de Marx a Wilhelm Brocke, de 5 de maio do mesmo ano.

16. O nome deriva da tática gradualista vitoriosa do general romano Fabius Cunctator.

17. No Capítulo 17 fez-se uma breve referência ao desenvolvimento extraordinário do cinema, que com a universalização da televisão contribuiu decisivamente para a globalização da cultura.

18. Os pretextos habituais são alegações de que os produtos estrangeiros competidores são mais baratos devido a uma política de *dumping*, e também o recurso a restrições pseudo-sanitárias para impedir importações que prejudiquem interesses internos.

19. Afirmativa baseada nos estudos deste escritor.

20. Hong Kong é um caso diferente, porque se desenvolveu como um centro comercial britânico, e não teve o mesmo desenvolvimento social dos outros países.

21. Dotada de condições extremamente favoráveis para a agricultura e a pecuária, a Argentina tinha uma renda *per capita* elevada, a despeito das suas condições de subdesenvolvimento — situação semelhante à dos países árabes ricos em petróleo de nossos dias.

22. Na verdade, países como a Argentina, o Brasil, a China, a Índia e a Turquia são mais exemplos de desenvolvimento desigual do que propriamente de subdesenvolvimento.

23. Formas elementares de transcendência podem ser observadas nos animais superiores e até mesmo nos pássaros, como no caso do pássaro cego alimentado pelos seus companheiros, citado por Darwin.

24. Kant, E. *Vers la Paix Perpetuelle*, trad. Jean Darbellay, Paris, PUF, (1795), (1958), 1974.

25. A ilustração mais dramática da necessidade urgente de uma ordem mundial racional, eqüitativa e implementável é a tragédia de Kosovo, no princípio de 1999, vítima da "limpeza étnica" genocida promovida por Milosevic e de uma tentativa da Otan, contraproducente além de ilegítima, embora bem-intencionada, de salvar os habitantes da região através do bombardeio aéreo.

26. Processos do centro para a periferia ocorrem também dentro do país hegemônico, concentrando a riqueza e ampliando a taxa de exclusão social.

27. O mercado regional europeu foi essencialmente uma proteção contra a supercompetitividade norte-americana.

28. Saber se os tributos impostos nas províncias eram compensados pelas obras públicas realizadas pelos romanos é uma questão aberta. Muito provavelmente as províncias não eram economicamente lucrativas, mas funcionavam como fontes convenientes para o fornecimento de mercadorias e de soldados.

29. Não estamos considerando nesse número o pequeno contingente de muçulmanos europeus.

30. Uma questão relevante com respeito a resistência interna ao projeto de instituir um império norte-americano é a reconhecida incompatibilidade entre a democracia interna e a implantação de um império externo, demonstrada repetidamente pela história.

31. Em 1999, porém, o bombardeio pouco eficiente da Iugoslávia, no caso de Kosovo, mostrou que há limites para a eficácia de tal estratégia.

32. Tem havido reações terroristas, devido à impotência militar dos outros países, mas os procedimentos antiterroristas também se aperfeiçoaram.

33. Ultrapassa o escopo da presente análise discutir os requisitos para formular um projeto viável e atraente de ordem mundial multipolar. O que está obviamente implicado, além da adequação do projeto, é um amplo apoio internacional, desde o princípio, até mesmo de setores importantes dos Estados Unidos da América.

34. Esse asteróide tem dimensões comparáveis às do asteróide que, cujo choque com a terra, provocou a destruição dos dinossauros, há 65 milhões de anos.

35. Há um reconhecimento cada vez maior de que o desemprego estrutural deverá aumentar, exigindo subsídios governamentais, concedidos aos desempregados ou destinados à criação artificial de postos de trabalho, sem prejuízo de medidas específicas tais como o retreinamento dos trabalhadores.

36. Baseada não em uma concepção de Deus, mas do Bem, a civilização chinesa está incorporando a ciência e a tecnologia ocidentais sem precisar alterar suas crenças fundamentais.

37. Cf. Huntington, S. *The Clash of Civilizations and the Remaking of World Order*, Londres, Simon and Schuster, 1997.

38. O comportamento "intransitivo" não se relaciona com qualquer outra consideração além da própria satisfação.

39. O episódio do homicídio em massa ocorrido na escola de Columbine, no Colorado, EUA, em abril de 1999, seguido por vários outros crimes ou tentativas criminosas atribuídas a jovens, mostra os efeitos autodestrutivos do consumismo intensivo e abrangente.

40. Conforme discutimos brevemente na Introdução Geral, a distinção objetiva entre a conduta bem e mal-intencionada reside no fato de que esta última exige o apoio de cúmplices, que são recompensados, enquanto a primeira obtém apoio social pelo seu próprio mérito. Por essa razão fundamental a história não se deteve na Antiguidade, e continuará no futuro. O comportamento malicioso não ultrapassa o círculo limitado da sua cumplicidade, e por isso é socialmente degradável, embora continuem sempre ocorrendo novas manifestações de malícia.

41. Alan Sokal e Jean Briomand demonstraram essa incompreensão da ciência pela pós-modernidade no seu livro *Impostures Intellectuelles* (1997).

42. A solidariedade "horizontal", isto é, entre iguais, é uma expressão do auto-interesse coletivo, enquanto a solidariedade "vertical" se dirige aos necessitados, por parte dos bem dotados.

43. No entanto, as crenças religiosas não desaparecerão de todo, o que é um sinal de esperança, do ponto de vista social.

CAPÍTULO 19 – CONCLUSÕES

1. Conforme mencionado no Capítulo 10, sobre o Islã, para maior simplicidade essa civilização foi estudada só nas suas áreas centrais, na África do Norte e na Turquia.

2. A *Ummah* é uma comunidade religiosa, social e política sujeita às mesmas regras da vida individual e coletiva instituídas pela *Shariah* (a Lei sagrada), que inclui *Hadeth* (a tradição) e *Sunna* (as práticas e costumes estabelecidos).

3. *Samsara* é uma idéia relacionada com o ciclo infinito de nascimentos e reincarnações dos seres vivos, com a *metempsicose*, funcionando de acordo com o *karma* de cada indivíduo, ou seja, o resultado das boas e más ações praticadas pela pessoa.

4. Veja o quadro precedente dos subsistemas. Para um tratamento teórico da questão, ver Jaguaribe, H. *Political Development*, op. cit.

5. Cf. Childe, V. G. *Social Evolution*, Nova York, Meridian Books, (1951), 1963.

6. Buda não pretendeu fundar uma religião, mas seus seguidores converteram suas novas idéias filosóficas em uma religião.

7. *Racionalidade pública* é uma expressão genérica que se refere ao modo apropriado e equitativo de empregar a razão instrumental na organização e no gerenciamento dos assuntos públicos.

8. Uma ordem mundial multipolar seria, na verdade, um consórcio das potências mundiais, com diferentes níveis de influência, sob o manto simbólico da Organização das Nações Unidas.

9. A física contemporânea está chegando a um conhecimento da estrutura da matéria que ultrapassa o nível kantiano do *fenômeno* para alcançar o nível do *noumenon*.

10. Como foi mencionado no capítulo 18, esse fenômeno pode ser observado no caso da arte moderna.

BIBLIOGRAFIA

VOLUME II

CAPÍTULO 11

Kees W. Bolle
Seções I, II e III

Allchin, Bridget and Raymond. *The Rise of Civilization in India and Pakistan* (Cambridge: Cambridge University Press, 1993).

Bary, Wm. Theodore de a.o., *Sources of Indian Tradition* (Nova York: Colombia University Press, 1959).

Basham, A.L. *The Wonder That Was India* — (Londres: Sidgwick and Jackson, 1956).

_____. Id., *The Origins and Development of Classical Hinduism* (Boston: Beacon Press, 1989).

Bolle, Kees W. *"The Idea of Mankind in Indian Thought"*, in W. Warren Wagar (Ed.), *History and the Idea of Mankind* (Albuquerque: University of New Mexico Press, 1971).

_____. Id., *The Bhagavadgita. A New Translation* (Berkeley — Los Angeles — Londres: University of California, 1979).

Casson, Lionel. *Travel in the Ancient World* (Baltimore: Johns Hopkins University Press, 1994).

Coedès, G. *Les états hindouisés d'Indochine et d'Idonésie* (Paris: Boccard, 1948).

Coomaraswamy, Ananda K. *History of Indian and Indonesian Art* (Nova York: Dover 1965).

_____. Id. *What is Civilization?* (Delhi, Bombain, Calcutta, Madras: Indira Gandhi National Centre for the Arts, 1989.

_____. Id. *Spiritual Authority and Temporal Power in the Indian Theory of Government* (New Haven: American Oriental Society, 1942).

Dasgupta, Surendranath. *A History of Indian Philosophy* (Cambridge: Cambridge U.P., 1951-1955), 5 vols.

Dirks, Nicholas B. a. o. (eds.) *A Reader in Contemporary Social Theory* Princeton: Princeton U.P., 1994.

Dundas, Paul. *The Jains* (Londres e Nova York: Routledge, 1992).

Dutt, Nalinaksha. *Aspects of Mahayana Buddhism and its Relation to Hinayana* (Londres: Luzac, 1930), with a foreword by Louis de la Vallée Poussin.

Edwardes, Michael. *A History of India from the Earliest Times to the Present* (Nova York: Farrar, Straus, 1961.

Ensink, J. and Gaeffke, P. (eds.), *India Maior Congratulatory Volume Presented to J. Gonda* (Leiden: Brill, 1972).

Gonda, Jan. *Change and Continuity in Indian Religion* (The Hague: Mouton, 1965).

_____. Id., *Ancient Indian Kingship from the Religious Point of View* (Leiden: E.J. Brill, 1966).

Hourani, Albert. *A History of the Arab Peoples* (Cambridge: Harvard University Press, 1991).

Kane, P. V. *History of Dharmasastra* (Poona: Bhandarkar Oriental Research Institute, 1968), 5 vols.

Klostermaier, Klaus K. *A Survey of Hinduism* (Albany: State University of New York Press, 1989).

Krick, Hertha. *Das Ritual der Feuergründung* (Viena: Verlag der österreichischen Akademie der Wissenschaften, 1982).

Kulke, Hermann (ed.), *The State in India 1000-1700* (Delhi: Oxford University Press, 1995).

_____. Id,. an Rothermund, Dietmar *A History of India*, Rev., updated, Londres, Nova York: Routledge, 1990 (1ª ed., c. 1986).

_____. Id,. *Kings and Cults: State Formation and Legitimation in India and Southeast Asia* (New Delhi: Manohar, 1993), "Perspectives in History" vol. 7.

Lamotte, Etienne. *Histoire du Bouddhisme Indien* (Leuven: Instituut voor Orientalistiek, 1967).

Lingat, Robert. *Les sources du droit dans le système traditionnel de l'Inde*, "Le monde d'Outre-Mer passé et présent, "Première série, Études XXXII (Paris-La Haye: Mouton, 1967).

Majumdar, R. C. (General Ed.), *The History and Culture of the Indian People*, vol. II: The Age of Imperial Unity (Bombain: Bharatiya Vidya Bhavan, 1968).

_____. Id,. and Altekar, Anant Sadashiv (eds.), *The Vakataka-Gupta Age* (Banaras: Motilall Banarsi Dass, 1954).

Malamoud, Charles. *"Paths of the Knife: Carving up the Victim in Vedic Sacrifice"*, in Richard F. Gombrich, Papers on India, vol. 2 part. 1, Indian Ritual and its Exegesis (Delhi: Oxford University Press, 1988), pp. 1-14.

Marriott, McKim (ed.), *India through Hindu Categories* (New Delhi, Newberry Park, London: Sage publications, 1990), nº 5 in "Contributions to Indian Sociology".

_____. Id. (ed), Village India. *Studies in the Little Community* (Chicago: University of Chicago Press, 1955).

Moffett, Samuel Hugh. *A History of Christianity in Asia*, vol. I, Beginnings to 1500 (San Francisco: Harper San Francisco, 1992).

Mounin, Georges. *Histoire de la linguistique des origines au XXe siècle* (Paris: Presses Universitaires de France, 1967).

Mus, Paulo. *L'angle de l'Asie* (Paris: Hermann, "Collection Savoir", 1977).

_____. Id., *La notion de temps réversible dans la mythologie bouddhique* (Melun: Imprimerie Administrative, 1939).

Oberhammer, Gerhard (ed.), *Im Tod gewinnt der Mensch sein Selbst. Das Phänomen des Todes in asiatischer und abendländischer Religionstradition* (Viena: Verlag der Osterreichischen Akademie der Wissenschaften, 1995).

Panikkar, K. M. *A Survey of Indian History* (Bombaim: Asia Publishing House, 1957).

_____. Id,. *Origin and Evolution of Kingship in India* (Baroda: Baroda State Press, 1938).

_____. Id,. "*Satapathaprajña: Should we speak of philosophy in classical India? A case of homeomorphic equivalents*", in Contemporary Philosophy. A New Survey, vol. 7, pp. 11-67 (Dordrecht: Kluwer, 1993).

Pingree, David, ed., transl., comment., *The Yavanajataka of Sphujidhvaja* (Cambridge: Harvard University Press, 1978), vol. II.

Postgate, J. N. Early Mesopotamia. *Society and Economy at the Dawn of History* (Londres: Routledge, 1994).

Renou, Louis and Filliozat, Jean. *L'Inde classique, Manuel des études indiennes*, 2 vols. (Paris-Hanoi: Payot-Ecole Francaise d'Exteme Orient, 1947-1953).

Sastri, K. A. Nilakanta. *A. History of South India* (Londres: Oxford University Press, 1958).

Scott, David. "*Religion in Colonial Civil Society: Buddhism and Modernity in 19th century Sri*", in Cultural Dynamics, vol. 8 (1996), pp. 7-23.

Singhal, Sudarshana Devi, Ganapati-Tattwa, in Raghu Vira (Fundador e editor chefe), series "Sata pitaka" vol. 6 (O prefácio é útil para a presente discussão): pp. 1-8.

Smith, W. Cantwell. "*The Concept'Hinduism*", in Whitfield Foy (ed.), The Religious Quest (Londres: Routledge, 1988 (49-50).

Sontheimer, Gunther D. and Kulke, Hermann (eds.), *Hinduism Reconsidered* (New Delhi: Manohar, 1989). "South Asian Studies", Nº 24.

Spuler, Bertold. "*Die Thomas-Christen in Süd-Indien*", in B. Spuler (ed) a. o., Handbuch der Orientalistik, vol. 8, Religion: Religionsgeschichte des Orients in der Zeit der Weltreligionen (Leiden: Brill, 1964), pp. 226-239.

_____. Id,. *History of the Mongols, Based on Eastern and Western Accounts of the Thirteenth and Fourteenth Centuries*, transl. by Helga and Stuart Drummond (Berkeley: University of California Press, 1972).

Srinivas, M. N. *Social Change in Modern India* (Berkeley: University of California Press, 1968).

Tripathi, G. C. and Kulke, Hermann (eds.), *Religion and Society in Eastern India* (Bhabaneshwar: Eschmann Memorial Fund; New Delhi: Distr. by Manohar Publishers, 1994).

Weese, Devin De. *Islamization and Native Religion in the Golden Horde*. Baba Tükles and Conversion to Islam in "Historical and Epic Tradition" (University Park: The Pennsylvania University Press, 1994)

Helio Jaguaribe
Seções IV, V e VI

Basham, A.L. *The Wonder That Was India*. Nova York, Macmillan (1954), 1959.

Danielon, Alain. *Histoire de l'Inde*. Paris, Fayard, (1971), 1983.

Embree, Ainslie T.; Wilhelm, Friedrich. *India*. Tradução espanhola do alemão. Mexico, *Historia Universal Sigle Vinte Uno*, Siglo XXI (1974), 1987.

Frédéric, Louis. *Dictionnaire de la Civilization Indienne*. Paris, Robert Laffont (1987), 1991.

Hopkins, Thomas J. *The Hindu Religion Tradition*. North Scituate, Mass. Duxbury Press, 1971.

Schweitzer, Albert. *El Pensamiento de la India*. Tradução espanhola do alemão. Mexico. Fondo de Cultura Económica (1952), 1971.

Weber, Max. *The Religion of India*. Tradução inglesa do alemão. Nova York. The Ford Press (1958), 1967.

Wolpert, Stanley. *A New History of India*. Nova York, Oxford Un. Press (1977), 1993.

CAPÍTULO 12

Chang, David Wen — wei. China under Deng Xiaoping — *Political and Economic Reform*. Nova York, St. Martin's Press, (1988), 1991.

Daniel, Glyn. *The First Civilizations*. Nova York, Thomas Y. Crowell (1968), 1970.

Fairbank, John King. *China — A New History*. Cambridge, Harvard Univ. Press, 1992.

Gernet, Jacques. *Le Monde Chinois*. Paris, Armand Colin (1972), 1990.

Granet, Marcel. *La Pensée Chinoise*. Paris, Albin Michel (1934), 1968.

Grousset, René. *Histoire de la Chine*. Paris, Payot & Rivage (1942), 1994.

Itch, Fumio. Edit. *China in the Twenty-First Century, Politics, Economy and Society*. Tokyo, United Nations University Press, 1997.

Needham, Joseph abriged by Colin A. Roman. *The Shorter Science & Civilization in China*. Cambridge, Cambridge Univ. Press, Vol. I (1978), 1980.

Peyrefitte, Alain. *La Chine s'est Éveillée*. Paris, Fayard (1996), 1997.

Shi, Qin. *China, 1996*. Beijing, Editorial Nueva Estrella, 1996.

Vadime & Danielle Eliseeff. *La Civilisation de la Chine Classique*. Paris, Arthaud, 1982.

Weber, Max. *The Religion of China*. Nova York, Macmillan (1951), 1964.

Zelin, Madeleine. *The Magistrate's Tael*. Berkeley, Univ. of California Press, 1984.

Livros de Referência

Barraclough, Geoffrey. Ed. *The Times Atlas of World History*. Londres, Times Books (1993), 1995.

Hilgermann, Werner; Hermann, Kinder. *Atlas Historique*. Tradução francesa do alemão orig. Paris, Lib. Acad. Pirin (1987), 1992.

Langer, William L. Ed. *An Encyclopaedia of World History*. Boston, Houghton Mifflin (1940), 1968.

Malherbe, Miche. *Les Langages de l'Humanite*. Paris, Robert Laffont (1987), 1995.

Mourre, Michel. *Dictionaire d'Histoire Universelle*. Paris, Bordas, 1981.

Renfrew, Colin. Ed. *Past World — The Times Atlas of Archaeology*. Londres, Times Books (1988) 1995.

Rocher, Guy. *Dictionaire de l'Archeologie*. Paris, Robert Laffont (1983), 1994.

The University of Chicago, Ed. *The New Encyclopaedia Britannica*. Chicago, 1989.

CAPÍTULO 13

Adamu, M. (1978). O Hausa factor na História do Oeste Africano (Zaria, Ahmadu Bello University press and OUP).

Akindjogbin, I.A., *Dahomey and its Neighbours*, 1708-1818, Londres, 1967.

Al-Sa'di, A., *Tarikh es-Soudan*, tradução de O. Houdas, A. Maisonneuve, Paris, 1964.

Ba, A.H. — 1972. Aspects de la civilisation africaine, Paris, Présence africaine.

Boulnois, J., Hama, B. (1964). *Empire de Gâo: histoire, coutumes et magie des Sonrai* (Paris, Maisonneuve).

Braudel, F. *Monnaies et civilisations de l'or du Soudan à l'argent d'Amérique : un drame méditerranéen*, AESC, 1, pp. 9-22, 1946.

Chapelle, J. *Nomades noirs du Sahara* (Paris, Plon), 1957.

Cissoko, S.M. *Tombouctou et l'empire Songhay : épanouissement du Soudan nigérien aux XV-XVIe siècles* (Dakar, Nouvelles Editions africaines), 1975.

Cuvelier, J., L. Jadi. *L'Ancien Royaume du Congo d'après les archives romaines 1518-1640*, Bruxelas, 1954.

Davidson B., *L'Afrique avant les Blancs*, PUF, Paris, 1962, traduzido por P. Vidaud de Old, Africa Rediscovered, V. Gollancz, London, 1959.

Davidson, B., F.K. Bush, (1965). *The Groth of African Civilization: a History of West Africa, 100-1800* (Londres, Gollancz), 1967.

Davidson, B., *Mère Afrique, les anées d'épreuve de l'Afrique*, PUF, Paris, 1965, tradução de Black Mother Gollancz, Londres, 1961, contendo extratos de testemunhas de escravos ex-escravos.

Diabaté, H. *A propos de la reine-mère dans les société akan*, Antes do colóquio de Bonduku, 1974.

Diop, C.A. *L'Afrique noire pécoloniale: étude comparée de systèmes politiques et sociaux...* (Paris, Présence africaine), 1955-1965.

Diop, C.A. — 1955. *Nations nègres et culture,* Paris, Présence africaine. — 1959. L'Unité culturelle de l'Afrique Noire, Paris, Présence africaine.

Fernandez, V.; T. Monod, A. Texeira da Mota, R. Mauny, (eds.) French translation P. de Cenival and T. Monod, *Description de la côte occidentale d'Afrique* (Sénégal du Cap de Monte, Archipels (Bissau, Publicações do centro da Guiné portuguesa, 11) (s.d.) 1951.

Fortes, M. "The Political System of the Tallensi of the Northern Territories of the Gold Coast", in M. Fortes, E.E. Evans-Pritchard (ed.), African Political Systems (London, IAI), pp. 239-271, 1940.

Freeman-Grenville, G.S.P., *The East African Coast: Select Document from the First to the Nineteenth Century*, Clarendon, Oxford, 1964.

Frobenius, L. — *Histoire de la civilisation africaine*, Paris, Gallimard, 1952.

Glele, M.A., *Le Danxomè, du pouvoir aja à la nation fon*, Nubia, Paris, (O autor descende dos reis de Agbomè), 1974.

Greenberg, J. H. — *The languages of Africa*, The Hague, Mouton, 2nd ed., 180 pp., 1966.

Guernier, F. — *L'Apport de l'Afrique à la pensée humaine*, Paris, Payot, 1952.

Houis, M. — *Anthropologie linguistique de l'Afrique noire*, Paris, PUF, 1971.

Hugo, H.J. and Bruggman, M. *Sahara : dix mille ans d'art et d'histoire* (Paris, Bibliothèque des Arts), 1976.

Hugot, H. J. — *Le Sahara avant le désert*, Paris, les Hespérides, 1974.

Kati, M., *Tarikh al-Fettach ou Chronique du chercheur*, tradução de O. Houdas and M. Delafosse, A. Maisonneuve, Paris, 1964.

Lange, D. *Le Diwan des sultans du (Kanem)-Bornu* : Cronologia e história de um reino africano de fins do século X a 1808 (Wiesbaden, Steiner; Studien zur Kulturkunde, 42), 1977.

Laude, J., *Les Arts de l'Afrique noire*, Poche, Paris, 1966, provides an excellent introduction.

_____. 1967, et Nations nègres et Culture, 2nd ed. Présence Africaine, Paris, 1968.

Levtzion, N., *Ancien Ghana and Mali*, Methuen, Londres, 1973.

Ly-Tall, M. *Contribution à l'histoire de l'empire du Mali (XIIIe-XVIe siècles)* : limites, principales provinces, institutions politiques (Dakar, NEA), 1977.

Mac. Call, D. F. *Africa in time perspective*, Boston, Univ. Press, 1964.

Maquet, J., *Pouvoir et Société en Afrique*, Hachette, Paris, 1970.

Martin, G., *Histoire de l'esclavage dans les colonies françaises*, PUF, Paris, 1948, e Négriers et bois d'ébène, Arthaud, Grenoble, 1934.

Meillassoux, C. (ed.), *L'Esclavage en Afrique précoloniale*, Maspero, Paris, 1975.

Nadel, S.F., *Bysance Noire*, Maspero, Paris, 1971, traduçao de A. Black *Byzantium: the Kingdom of Nupe in Nigeria*, Longmans, Londres, 1942.

Niane, D.T., *Soundiata ou l'épopée mandingue*, Présence africaine, Paris, 1966.

Njoya Aruna (Sultan), tradução H. Martin, *Histoire et Coutumes des Bamoum*, IFAN, Douala, 1952 (escrito pelos escribas de Sultan na escritura por ele inventada).

Nkeita, H. J. *The history and organization of music in West Africa*, Legon, Institute of African Studies of Ghana, 1975.

Ogor, B.A. and Kieran, J.A., Zamani, a Survey of East African History, EAPH, 1968.

Person, Y., *Samori : une révolution dyula*, 3 Vols., IFAN, Dakar, 1968.

R. Mauny et al. Textos e documentos relativos à História da África, extraídos de publicações da Seção de História da Faculdade de Artes e Ciências Humanas, 1975, parcial tr. francesa em J.M. Cuoq (Ed.), 1975 (q.v.), pp. 289-323.

_____. V. Monteil, Discours sur l'histoire universelle, 3 vols. (Beirut, Commission internationale pour la traduction des chefs-d'oeuvre); 1975, partial French translation in J.M. Cuoq (q.v.), pp. 328-363.

Randles, W.G.L. *L'Ancien Royaume du Congo, des origines à la fin du XIXe siècle* (Paris, Mouton, Civilisations et sociétés, 14), 1968.

Rattray, R.S. *Ashanti Law and Constitution* (Oxford, Clarendon Press), 1929.

Rattray, R.S., *Ashanti*, Clarendon, Oxford, 1923, o a instigou a reconstrução de confederação e o restabelecimento do asanthehene em 1935.

Ruffie, J. *De la biologie de la culture*, Paris, Flammarion, 598 pp., 1977

Smith, R.S., *Kingdom of the Yoruba*, Methuen, Londres, 1969.

Tiendrebeogo, Y. *Histoire et coutumes royales des Mossi de Ouagadougou* (Ouagadougou, Naba), 1964.

Unesco 1974. Colóquio internacional sobre o povoamento do Egito antigo e deciframento da língua merótica. Cairo, 28 Janeiro-3 Fevereiro..

Urvoy, Y. *Histoire de l'empire de Bornou* (Dakar, IFAN; Mémoirees, 7; Paris, Larose); ed. 1968 (Amsterdam, Swets and Zeitlinger), 1949.

Vansina, J., Les Anciens Royaumes de la savane, Université Lovanium, Kinshasa, 1965 (edição inglesa, "Kindgoms of the Savanna", University Wisconsin, Madison, 1965 mais facilmente desponível), e "Tio Kingdom of the Middle Congo", OUP for IAI, London, 1973.

Williams, E., *Capitalisme et Esclavage*, Présence africaine, Paris, 1968, translation of Capitalism and Slavery, Chapel Hill, 1944.

Zouber, M. *Ahmad Baba de Tombouctou, 1556-1627 : sa vie, son oeuvre* (Paris, Maisonneuve et Larose : Publications du départment d'islamologie de l'Université de Paris-Sorbonne, 3), 1977.

CAPÍTULO 14

Adams, R E. W. de. *Los Orígenes de la Civilización Maya,* México: Fondo de Cultura Económica, 1992.

Bauer, B. S. *The Development of the Inca State* Austin, University of Texas Press, 1992.

Calnek, E. E. "The Pattern of Empire Formation in the Valley of Mexico. Late Postclassic Period, 1200-1521", in Collier, R.I, Rosaldo, R.I., Wirth, J.D. *The Inca and Aztec States 1400-1800* (New York, Academic Press, 1982.

Carrasco, P. "The Political Economy of the Aztec and Inca States", in Collier, G.A. Rosaldo, R.I., Wirth, J.D. *The Inca and Aztec States 1400-1800* New York, Academic Press, 1982.

Coe, M. D. *El Desciframiento de los Glifos Mayas* México, Fondo de Cultura Económica, 1995.

Conrad, G. W. & Demarest, A.A. *Religión e Imperio* México, Alianza Editorial Mexicana, 1988.

Culbert, T. P. Ed. X *Classic Maya Political History: Hieroglyphic and Archaeological Evidence* Cambridge, Cambridge University Press, 1991.

Diez Canseco, M. R. de. *Historia del Tawantinsuyo* Lima, Instituto de Estudios Peruanos, 1988.

Favre, H. *Los Incas* Barcelona, Oikus-Tay, 1975.

Fiedel, S. J. *Prehistory of the Americas* Cambridge, Cambridge University Press, 2ª ed., 1992.

Flannery, K. & Marcus, J. Eds. *The Cloud People* New York, Academic Press, 1983.

Gendrop, P. *Les Mayas,* 3rd ed., Paris: Presses Universitaires de France, 1985.

Gibson, C. *The Aztecs Under Spanish Rule: A History of Indians of the Valley of Mexico, 1519-1810* Stanford, Stanford University Press, 1964.

Gruzinski, S. *Le Destin Brisé de l'Empire Aztèque* Paris, Gallimard, 1988.

Hassig, R. *Trade, Tribute and Transportation* Norman, University of Oklahoma Press, 1985.

Katz, F. *The Ancient American Civilizations* New York, Praeger, 1972.

León Portilla, M. "Mesoamérica antes de 1519", in Bethell, L. (Ed.) *Historia de América Latina I. La América Precolombina y la Conquiesta* Barcelona, De Crítica, 1990.

Les Aztèques. Paris, Presses Universitaires de France: 1991.

Marcus, J. *Mesoamerican Writing Systems. Propaganda, Myth and History in Four Ancient Civilizations* Princeton, Princeton University Press, 1992.

Morley, S. G. *The Ancient Maya* Stanford, Stanford University Press, 1956.

Murra, J. V. *Formaciones Económicas y Políticas del Mundo Andino* Lima, Instituto de Estudios Peruanos, 1975.

_____. *La Organización Económica del Estado Inca* 3. ed., México, Siglo XXI, 1983.

Pachacutec y la Leyenda de los Incas Lima, Instituto de Estudios Peruanos, 1977.

Pease, F. *El Dios Creador Andino* Lima, Mosca Azul, 1973.

_____. *Los Incas* Lima, Pontificia Universidad Católica del Perú, 1994

Pinã Chan, R. & Itza, C. *La Ciudad de los Brujos del Agua* México, Fondo de Cultura Económica, 1993.

Rounds, J. "Dynastic Succession and the Centralization of Power in Tenochtitlan", in G. A., Collier, Rosaldo, R. J., Wirth, J. D., *The Inca and Aztec States 1400-1800* New York, Academic Press, 1982.

Rowe, J. H. "Inca Culture at the Time of the Spanish Conquest", in Steward, J., Ed., *Handbook of South American Indians* (Washington D.C., U.S. Government Printing Office, 1946, vol. II.

Sabloft, J. A. & Henderson, J. S. Eds. *Lowland Maya Civilization in the Eighth Century* Washington, Dumbarton Oaks Research Library and Collection, 1993.

Satterthwaite, L. "Calendrics of the Maya Lowlands", *in Handbook of Middle American Indians*, 2nd ed. Austin, University of Texas, 1973, vol. III. pp.603-631.

Silva, S., J. *El Imperio de los Cuatro Suyos* Lima, Editorial Cofide, 1995.

Soustelle, J. *La Vie Quotidienne de Azteques* Paris, Hachette, 1955.

Thompson, J. E. S. *The Rise and Fall of Maya Civilization* Norman, University of Oklahoma Press, 1954.

Urton, G. *The History of a Myth. Pacariqtambo and the Origin of the Incas* Austin, University of Texas Press, 1990.

Willey, G. "El Surgimiento de la Civilización Maya: Resumen", in Adams Ed. *Los Orígenes de la Civilitatión Maya,* México, Fondo de Cultura Económica, 1989, pp. 417-459.

Zuidema, T. *The Ceque System of Cuzco* Leydon, Brill, 1964.

_____. "Inka Dynasty and Irrigation: Another look at Andean Concepts of History", in Murra, J. V. Wachtel, N., Revel, J. (Ed.) *Anthropological History of Andean Polities,* Cambridge, Cambridge University Press, 1986.

BIBLIOGRAFIA – VOLUME II **711**

CAPÍTULO 15

História Geral

Atkinson, W. C. *A History of Spain and Portugal*, Baltimore, Penguin Books, (1960), 1967.

Barraclough, G. *The Origins of Modern Germany*. New York, Capricorn Books, (1946), 1963.

Bishop, M. *The Penguin Book of the Middle Ages*. Middlesex, Penguin Books, (1971), 1978.

Breton, R. Cortter, M.; dHaenens, A.; Mantran, R. (Ed.) *Peuples et Civilisations*, vol. VI — *L'Eurasie*, Paris, PUF, 1982.

Bury, J. B. (Org.) *The Cambridge Medieval History*, vol. I — *The Christian Roman Empire*. Cambridge, Cambridge Univ. Press, (1911), 1975.

Carpentier, J. & Lebrun, F. (Ed.) *Histoire de France*. Paris, Seuil, 1987.

Davies, N. *Europe, A History*, Oxford, Oxford Univ. Press, 1996.

Favier, J. (Ed.) *Peuples et Civilisations XIVème et XVème Siècles — Crises et Genèse*, Paris, PUF, 1996.

Folz, R., Guillou, A.; Musset, L.; Sourdel, D. (Ed.) *Peuples et Civilisations*, vol. V — *De l'Antiquité au Monde Médiéval*, Paris, PUF, 1962.

Hearder, H. *Italy, A Short History*, Cambridge, Cambridge Univ. Press, (1990), 1992.

Holmes, G. (Ed.) *The Oxford History of Medieval Europe*, Oxford, Oxford Univ. Press, (1988), 1992.

Le Jan, R. *Histoire de la France Origines et Premier Essor: 480-1180*, Paris, Hachette, 1996.

Mckitterkk, R. *The New Cambridge Medieval History*, vol. II *c. 700 — c. 900*, Cambridge, Cambridge Univ. Press, 1995.

Morgan, K. O. (Ed.) *The Oxford History of Britain*, Oxford, Oxford Univ. Press, (1984), 1993.

Previté-Orton, C. W. *The Shorter Cambridge Medieval History*, Cambridge, Cambridge Univ. Press, (1952), 1962, 2 vols.

(Sugeridos pelo Prof. R. B. Dobson)

Allman, C. (Ed.) *The New Medieval Cambridge History*, vol. VII — *c. 1415 — c. 1500*, Cambridge, Cambridge Univ. Press, 1998.

Bartlett, R. *The Making of Europe: Conquest, Colonization and Cultural Change, 950-1350*, Middlesex, Penguin Books, 1993.

Kirschbaum, S, V. *A History of Slovakia*, London, Macmillan, 1995.

Nicholas, D. *The evolution of the Medieval World, 312-1500*, London, Longman, 1992.

Monografias Históricas

Ballard, M.; Genet, J. P.; Rouche, M. (Ed.). *Des Barbares à la Renaissance*. Paris, Hachette, 1973.

Bark, W. C. *Origins of the Medieval World*, Stanford, Stanford Univ. Press, 1954.

Bishop, M. *The Middle Ages*, Boston, Haughton Mifflin, 1968.

Boyer, R. *Les Vikings*, Paris, Plon, 1992.

Bröndsted, J. *The Vikings*, tr. inglesa do danês, Middlesex, Peguin Books, (1960), 1971.

Bryce, J. *The Holy Roman Empire*. New York, Schooken Books, (1923), 1961.

Chabod, F. *Storia del'Idea d'Europa*, Bari, Laterza, 1970.

Dawson, C. *The Making of Europe*, New York, Meridian Books, (1956), 1960.

Du Jourdin, M. M. *La Guerre de Cent Ans*, Paris, Ed. Seuil, (1975), 1992.

Einhard. *The Life of Charlemagne*, tr. Sidney Painter, Ann Arbor, The Univ. of Michigan Press, 1960.

Fichtenau, H. *The Carolingian Empire*, (tradução inglesa de *Das Karolingishe Imperium*), Nova York, Harper Torchbooks, (1957), 1964.

Fossier, R. *L'Occident Médiéval, V — XIII Siècles*, Paris, Hachette, 1995.

Fumagali, V. *L'Alba del Medioevo*. Bologna, II Mulino, 1993.

Genet, J. P. *Le Monde au Moyen Age*, Paris, Hachette, 1961.

Halphen, L. *Charlemagne et l'Empire Carolingien*, Paris, Albin Michel, (1947), 1968.

Kantorowics, E. *L'Empereur Frédéric II*, (tradução francesa de *Kaiser Friederich der Zweite*), Paris, Gallimard, (1927), 1980.

Koenigsberger, H. G. *Medieval Europe: 400-1500*. Essex, Longman House, 1987.

Lot, F. *La Fin du Monde Antique et le Début du Moyen Age*, Paris, Albin Michel, (1927), 1968.

Petit-Dutaillis, C. *La Monarchie Féodale en France et en Angleterre*, Paris, Albin Michel, (1933), 1971.

Southern, R. W. *La Formacion de la Edad Media*, tr. Fernando Vela, Revista de Occidente, Madrid, 1955.

Their, L. *L'Héritage des Charles*. Paris, Seuil, 1990.

Vincent, C. *Introduction à l'Histoire de l'Occident Médieval*. Paris, Lebrairie Général Française, 1995.

Wallace-Hadrill, J. M. *The Barbarian West*, Nova York, Harper Torchbooks, (1952), 1962.

(Sugeridos pelo Prof. R.B. Dobson)

Abulafia, D. *Frederick II : Medieval Emperor*, Middlesex, Penguin Books, 1988.

Hallam, E. M. *Capetian France, 987-1328*, London, Longman, 1980.

Minneapolis, Univ. of Minnesota, 1993.

Sawyer, B. & Sanyer, P. *Medieval Scandinavia: From Conversion to Reformation, circa 800-1500*, Minneapolis, University of Minnesota

Sobre História Religiosa

Chélini, J. *Histoire Religieuse de l'Occident Médiéval*, Paris, Hachette, 1991.

Dawson, C. *Religion and the Rise of Western Culture*, Nova York, Doubleday, 1958.

Duckett, E. S. *The Gateway to the Middle Ages*, Ann Arbor, The Univ. of Michigan Press, (1961), 1966.

Partner, P. *I Templar*, Torino, Einaudi, (1987), 1991.

(Sugeridos pelo Prof. R. B. Dobson)

Fletcher, R. *The Barbarian Conversion: from Paganism to Christianity,* Nova York, Henry Holt, 1997.

Lawrence, C. H. *Medieval Monasticism: Forms of Religious Life,* London, Longman, 1984.

Thompson, J. A. F. *Popes and Princes, 1417-1517: Politics and Polity in The Late Medieval Church,* London, Allen and Unwin, 1980.

Wallace-Hadrill, J. M. *The Frankish Church,* Oxford, Oxford University Press, 1983.

Instituições Públicas

Barthélemy, D. *L'Ordre Seigneurial,* Paris, Seuil, 1990.

Brunner, O. *Storia Sociale dell'Europa nel, Medioevo,* (tradução italiana de *Sozialgeschichte Europas im Mittelalter*), Bologna, II Mulino, (1978), 1980.

Fédou, R. *L'Ètat au Moyen Age,* Paris, PUF, 1971.

Ganshof, F. L. *Feudalism,* New York, Harper Torchbooks, 1961.

Girard-Augry, P. (Ed.) *Dissertations sur l'Ancienne Chevalerie,* Paris, Pardès, 1990.

Keen, M. *Chivalry,* New Haven, Yale Univ. Press, 1984.

(Sugeridos pelo Prof. R. B. Dobson)

Heer, F. *The Holy Roman Empire,* Nova York, Praeger, 1968.

Reynolds, S. *Kingdoms and Communities in Western Europe, 900-1300,* Oxford, Clarendon Press, 1984.

Sayles, G. O. *The Kings Parliament of England,* Nova York, Norton, 1974.

Strayer, J. R. *The Reign of Philip the Fair,* Princeton Univ. Press, 1980.

Aspectos Culturais

Banniard, M. *Genèse Culturelle de l'Europe,* Paris, Seuil, 1989.

Brandt, W. J. *The Shape of Medieval History Studies of Perception,* New Haven, Yale Univ. Press, 1966.

Bühler, J. *Vida y Cultura en la Edad Media,* Mexico, Fondo de Cultura Economica, 1946.

Duckett, E. S. *Italy,* Ann Arbor, The Univ. of Michigan Press, (1961), 1988.

_____. *France and Britain,* Ann Arbor, The Univ. of Michigan Press, (1961), 1988.

Huizinga, J. *El Otoño de la Edad Media,* Madrid, Revista de Occidente, 1945.

Knowles, D. *The Evolution of Medieval Thought,* New York, Vintage Books, 1962.

Le Goff, J. (Ed.) *L'Homme Médiéval,* Paris, Seuil, 1987.

_____ id., *La Civilisation de l'Occident Médiéval,* Paris, Flammarion, 1964.

_____. *Les Intellectuels au Moyen Age,* Paris, Seuil, 1957.

Martin, H. *Mentalités Médiévales: XI-XV Siècles,* Paris, PUF, 1996.

Poole, R. L. *Illustrations of the History of Medieval Thought and Learning,* New York, Dover Publications, (1920), 1960.

Wolff, P. *L'Éveil Intellectuel de l'Europe,* Paris, Seuil, 1971.

(Sugeridos pelo Prof. R. B. Dobson)

Cobban, A. B. *The Medieval English Universities: Oxford an Cambridge to c. 1500*, Aldershot, Scolar Press, 1988.

Holmes, G. *Florence, Rome and the Origins of the Renaissance*, Oxford, Clarendon Press, 1986.

Rashdall, H. *The Universities of Europe in the Middle Ages*, Powicke, F. M. & Emdem, A. B. (Ed.), Oxford, Oxford University Press, 1936.

Ridder-Symoens, H. de. (Ed.) *A. History of the Universities in Europe, vol. I* — Cambridge, Cambridge Univ. Press, 1992.

Smith, C. E. S. *The University of Toulouse in the Middle Ages*, Milwaukee, Wisconsin, 1958.

Cidades

Bouwsma, W. J. *Venice*, Berkeley, Univ. of California Press, (1968), 1984.

Hibbert, C. *Florence*, Londres, Penguin Books, (1993), 1994.

Renouard, Y. *Les Villes d'Italie de la Fin du Xème Siècle au Début du XVème Siècle*, Paris, Soc. d'Edition d'Enseignement Supérieur, 1969, 2 vols.

Waley, D. *The Italian City-Republics*, London, Longman, (1969), 1988.

(Sugeridos pelo Prof. R. B. Dobson)

Ennen, E. *The Medieval Town*, Amsterdam, North Holland, 1978.

Nicholas, D. *The Domestic Life of a Medieval City: Women, Children and the Family in Fourteenth-Century Ghent*, Lincoln, University of Nebraska Press, 1987.

Russell, J. C. *Medieval Regions and their Cities*, Bloomington, Univ. of Indiana Press, 1972.

Thrupp, S. *The Merchant Class of Medieval London*, Ann Arbor, Univ. of Michigan Press, 1948.

Aspectos Socioeconomicos

Drège, J. P. *Marco Polo e la Via della Seta*, (tradução de *Marco Polo et la Route de la Soie*, Roma Universale Electa-Gallimard, (1989), 1992.

Fossier, R. *L'Enfance de l'Europe — Aspects Économiques et Sociaux*, Paris, PUF, (1982), 1989.

Le Goff, J. *Mercaders y Banqueros de la Edad Media*, (transl. from *Marchands et Banquiers du Moyen Age* Barcelona, Vilassor de Mar, (1991), 1991.

Pirenne, H. *Mohammed and Charlemagne,*_Cleveland, Meridian Books, (1957), 1964.

_____. *Historia Economica y Social de la Edad Media*, Mexico, Fondo e Cultura Economica, (1939), 1947.

(Sugeridos pelo Prof. R. B. Dobson)

Day, J. *The Medieval Market Economy*, Oxford, Oxford Univ. Press, 1987.

Mollat, M. *The Poor in the Middle Ages*, New Haven, Conn, Univ. of Yale, 1986.

Roover, R. de. *Money, Banking and Credit in Medieval Bruges: Italian merchant-bankers, Lombards and Moneychanger*, Cambridge, Mass., Harvard Univ., 1948.

Ungar, R. *The Ship in the Medieval Economy, 600-1600*, Toronto, Univ. of Toronto Press, 1980.

Livros de Referência

Barraclough, G. *The Times Atlas of World History*, Londres, Times Books, (1938), 1995.

Hilgemann, W. & Kinder, H. *Atlas Historique*, Fr. transl. from *Atlas zur Weltgeshichte* (1964), Paris, Librairie Académique Perrin, (1964) (1987), 1992.

Langer, W. L. (Ed.) *An Encyclopedia of World History*, Boston, Haughton Mifflin, (1940), 1968.

Mourre, M. *Dictionnairie d'Histoire Universelle*, Paris, Bordas, 1981.

Vauchez, A. (Ed.) *Dictionnaire Encyclopédique du MoyenAge*, Paris, Cerf, 1997, 2 vols.

(Sugeridos pelo Prof. R. B. Dobson)

Cross, F. L. & Livingstone, E. A. (Ed.) *The Oxford Dictionary of the Christian Church*, Oxford, Oxford Univ. Press, 1997.

CAPÍTULO 16

História Geral

Bennassar, B. & jacquart, J. *Le XVIᵉ Siècle*, Paris, Armand Colin, (1972), 1995.

Brandi, K. *The Emperor Charles V*, tradução inglesa do alemão. London, Jonatan Cape, (1929), 1965.

Bruce, J. *The Holy Roman Empire*, Nova York, Schocken Books, (1904), 1961.

Elton, G.R. (Ed.) *The New Cambridge Modern History*, vol. II, *the Reformation*, 2nd edit. Cambridge, Cambridge Univ. Press, 1990.

Favier, J. (Ed.) *XIVᵉ et XVᵉ Siècles, Crises et Genéses — Peuples et Civilisations*. Paris, PUF, 1976.

Garin, E. *Moyen Age et Renaissance*, Paris, Gallimard, (1954), 1969.

Hale, J. *The Civilization of Europe in the Renaissance*, Nova York, Atheneum, 1994.

Huizinga, J. *El Otoño de la Edad Media*. Madrid, Revista de Occidente, 1945.

Madariaga, S. De. (Ed.) *Charles Quint*, Paris, Albin Michel, 1969.

Margolin, J.-C. (Ed.) *L'Avènement des Temps Modernes — Peuples et Civilisations*, Paris, PUF, 1977.

Poster, R. & Teich, M. *The Renaissance in National Context*, Cambridge, Cambridge Univ. Press, 1992.

Potter, G.R. (Ed.) *The New Cambridge History Cambridge, the Renaissance*, vol. I, Cambridge, Cambridge, Univ. Press, 1971.

Previté-Orton, C.W.; Brooke, D.Z.N. Edits. *The Cambridge Medieval History Cambridge*, vol. III, *the Close of the Middle Ages*, Cambridge, Cambridge Univ. Press, (1936), 1980.

Wernham, R.B. *The New Cambridge Modern History*, vol. III, *the Counter-Reformation and the Price Revolution*, Cambridge, Cambridge Univ. Press, (1968), 1990.

Aspectos Sociais e Culturais

Bourassin, E. *Pour Comprendre le Siècle de la Renaissance*, Paris, Tallandier, 1990.
Delumeau, J. *La Civilisation de la Renaissance*, Paris, Arthaud, (1967), 1984.
Garin, E. (Ed.) *L'Homme de la Renaissance*, Paris, Seuil, (1988), 1990.
Von Martin, A. *Sociologia del Renacimiento*, Mexico, Fondo de Cultura Economica, (1932), 1946.
Wolff, P. *Antomne du Moyen Age ou Printemps des Temps Nouveaux?*, Paris, Aubier, 1986.

Humanismo e Artes

Cassirer, E. *Individuo y Cosmos en la Filosofia del Renacimiento*, Buenos Aires, Emece (1926), 1951.
Dresdan, S. *Humanism in the Renaissance*, New York, Magrow Hill, 1968.
Hauser, A. *The Social History of Art*, vol. 2 — *Renaissance, Manneism, Baroque*, New York, Vintage Books, 1960.
Kristeller, P.O. *Renaissance Thought and the Arts*, Princeton, Princeton Univ. Press, (1961), 1980.
Mondran, R. *Des Humanistes aux Hommes de Science*, Paris, Seuil, 1972.
Motta, E. (Ed.) *O Renascimento*, Rio de Janeiro, Agior, 1978.

Itália

Ady, C.M. *Lorenzo dei Medici and Renaissance Italy*, Nova York, Collier Books, (1955), 1962.
Arciniegas, G. *El Mundo de la Bella Simonetta*, Bogotá, Planeta, (1962), 1990.
Bouwsma, W. *Venice and the Defense of Republican Liberty*, Berkeley, Univ. of California Press, (1968), 1984.
Braunstein, P. & Delort, R. *Venice-Portrait Historique d'une cité*, Paris, Seuil, 1971.
Brucker, G.A. *Renaissance Florence*, Berkeley, Univ. of California Press, 1969.
Burckhardt, J. *La Cultura del Renacimiento en Italia*, Barcelona, Joaquim Gil (1860), 1946.
Garin, E. *Il Rinascimento Italiano*, Bologna, Cappelli, 1980.
Hale, J.R. *Machiavelli and Renaissance Italy*, Middlesex, Penguin Books, 1961.
Hibbert, C. *Florence — The Biography of a City*, Londres, Penguin Books, (1993), 1994.
_____. *The Rise and Fall of the House of Medici*, Londres, Penguin Books, (1974), 1979.
Nicodemi, G. et al. *Leonardo da Vinci*, An Artabras Books, Nova York, Reynald & Co., n. d.
Rubinstein, N. (Ed.) *Florentine Studies*, Londres, Faber & Faber, 1968.
Spini, G. & Casali, A. *Firenze*, Basi, Laterza, 1996.
Taylor, H.O. *The Humanism of Italy*, Nova York, Colliers Books, (1920), 1962.

Reforma e Transcendência

Chaunu, P. *Le Temps des Reformes*, Paris, Complexe, 1970, 2 vols.
Dallan, J. P. *History of the Reformation*, Nova York, Mentor-Omega Book, (1964), 1967.
Delumeau, J. *La Reforma*, Barcelona, Labor, 1985.
Jaguaribe, H. (Ed.) *Trancendência e Mundo na Virada do Século*, Rio de Janeiro, Topbooks, 1993.
Lindeberg, C. *The European Reformations*, Oxford, Blackwell Publishers, 1996.

Livros de Referência

Barraclough, G. (Ed.) *The Times Atlas of World History*, 4th ed. London, Times Books, (1993), 1994.
Black, C.F. et al. *Cultural Atlas of the Renaissance*, Nova York, Prentice Hall, 1993.
Camusso, L. *Guide du Voyageur dans l'Europe de 1492*, French Edit. Lianalevi, 1991.
Hilgemann, W. & Kinder, H. *Atlas Historique, Paris, Perrin, (1964), 1992.*
Langer, W.L. (Ed.) *An Encyclopedia of World History*, Boston, Houghton Mifflin, (1940), 1968.
Mourre, M. *Dictionaire d'Histoire Universselle*, Paris, Bordas, 1981.

CAPÍTULO 17

Geral

Davies, N. *Europe,* Oxford, Oxford Univ. Press, 1996.
Garraty, J. A. & Gay, P. (Eds.) *The Columbia History of the World*, Nova York, Harper & Row, (1972), 1981.
Hayer, C. J. H.; Baldwin, M. W. & Cole, C. W. *History of Western Civilization,* Nova York, Macmillan, (1949), 1962.
McNeill, W. H. *The Rise of the West,* Nova York, Mentor Book, 1963.
Roberts, J. M. *History of the World,* Londres, Penguin Books, (1976), 1988.

Século XVII

Bromley, J. S. (Ed.) *The Rise of Great Britain and Russia,* vol. VI — *The New Cambridge Modern History,* Cambridge, Cambridge Univ. Press, 1971.
Cooper, J. P. (Ed.) *The Decline of Spain and the Thirty Years War,* vol. IV — *The New Cambridge Modern History,* Cambridge, Cambridge Univ. Press, (1970), 1989.
Couture, J. La. *Jèsuites*, Paris, 1991 2 vols.
Friedrich, C. J. *The Age of the Baroque,* Nova York, Harper & Row, (1952), 1965.
Goetz, W. (Ed.) *La Epoca del Absolutismo, 1660-1780,* (tradução espanhola do alemão, vol. VI of *Historia Universal*, Madrid, 1934.
Lebrun, F. *Le XVIIᵉ Siècle*, Paris, Armand Colin, 1967.
Nussbaum, F. L. *The Triumph of Science and Reason* — 1660-1665, New York, Harper & Row, (1953), 1962.

Wolf, J. B. *The Emergence of the Great Powers — (1685-1715)* New York, Harper & Row, (1951), 1962.

Ilustração

Bluche, F. *L'Ancien Régime,* Paris, Fallois, 1993.
_____ id., *Le Despotisme Éclairé,* Paris, Fayard, 1969.
Bruford, W. H. *Culture and Society in Classical Weimar — 1175-1806,* Cambridge, Cambridge Univ. Press, 1962.
Cassirer, E. *Filosofia de la Ilustración,* tradução espanhola do alemão, Mexico, Fondo de Cultura Económica, 1943.
Denis, M. & Blayan, N. *Le XVIIIᵉ Siècle,* Paris, Armand Colin, 1990, 2 vols.
Dorn, W. L. *Competition for Empire — 1740-1763,* Nova York, Harper & Row, (1940), 1963.
Gay, P. *The Enlightenment,* vol. I, *The Rise of Modern Paganism,* vol. II, *The Science of Freedom,* New York, W. W. Norton, (1969), 1996.
Gershoy, L. *From Despotism to Revolution,* Nova York, Harper & Row, vol I, (1944), 1963.
Hampson, N. *Le Siècle des Lumières,* (tradução francesa do inglês, *The Pelican History of European Thought — The Enlightenment*), Paris, Seuil, (1968), 1972.
Im Hof, U. *Les Lumières en Europe,* (tradução francesa do alemão, *Das Europa der Aufklärung*), Paris, Seuil, 1993.
Lindsay, J. O. (Ed.) *The Old Regime, The New Cambridge Modern History,* vol. VII — Cambridge, (1957), 1988.
Manuel, F. E. *The Age of Reason,* Ithaca, Cornell Univ. Press, (1951), 1984.
Mousnier, R. & Labrousse, E. *Le XVIIIᵉ Siècle,* Paris, PUF, (1953), 1985.
Roberts, P. *The Quest for Security — 1715-1740,* — Nova York, Harper & Row, (1947), 1963.
Rudé, G. *Europa en el Siglo XVIII,* (tradução espanhola do inglês, *Europe in the XVIIIth century*), Madrid, Alianza Editorial, (1978), 1972.
Soboul, A. Lemarchand, G. & Fogel, M. *Le Siècle des Lumières,* tome I, Paris, PUF, 1977.
Viguerie, J. De. *Histoire et Dictionnaire du Temps des Lumières,* Paris, Robert Lafont, 1995.
Von Wiese, B. *La Cultura de la Ilustración,* (tradução espanhola do alemão, *Handwörterbuch der Sociologie*), Madrid, Centro de Estudios Constitucionales, 1979.
Vovelle, M. (Ed.) *L'Homme des Lumières,* Paris, Seuil, 1992.
Vovelle, M.; Lemarchand, G.; Gilli, M.; Cubelle, M.; *Le Siècle des Lumières,* tome II, vols. 1 et 2, Paris, PUF, 1977.

Biografias

Bandinter, E. & Bandinter, R. *Condorcet,* Paris, Fayard, 1988.
Bessa-Luis, A. *Sebastião José,* Rio de Janeiro, Nova Fronteira, 1990.
Gaxotte, P. (Ed.) *Frédérick II, Roi de Prusse,* Paris, Albin Michel, 1967.
Maxwell, K. *Marques de Pombal — Paradoxo do Iluminismo,* (tradução para o português do inglês, *Pombal, Paradoxe of the Enlightenment,* Rio de Janeiro, Paz e Terra, 1996.

A Revolução de Napoleão

Brinton, C. *A Decade of Revolution,* Nova York, Harper & Row, (1934), 1963.
Bruun, G. *Europe and the French Imperium — 1799-1814,* Nova York, Harper & Row, (1938), 1965.
Crawley, C. W. (Ed.) The New Cambridge Modern History, vol. IX — *War and Peace in an Age of Upheaval,* Cambridge, Cambridge Univ. Press, (1965), 1995.
Latreille, A. *L'Ère Napoléonienne,* Paris, Armand Colin, 1974.
Meyer, J. & Corvisier, A. *La Révolution Française,* tome I, Paris, PUF, 1991.
Meyer, J. & Poussou, J. P. *La Révolution Française,* tome II, Paris, PUF, 1991.
Tulard, J. *Napoléon ou le Mythe du Sauveur,* Paris, Fayard, 1987.
Tulard, J.; Fayard, J. F, & Fierro, A. *Histoire et Dictionnaire de la Révolution Française,* Paris, Robert La Fond, 1987.
Woolf, S. *Napoléon et la Conquête de l'Europe,* Paris, Flammarion, 1990.

Séculos XIX — XX

Artz, F. B. *Reaction and Revolution — 1814-1832,* Nova York, Harper & Row, (1934), 1963.
Barraclough, G. *The Origins of Modern Germany,* Nova York, Capricorn Books, 1963.
Benaerts, P.; Hauser, H.; L'Huillier, Maurain, J. *Peuples et Civilisations,* vol. XVII — *Nationalité et Nationalisme,* Paris, PUF, 1968.
Binkley, R. C. *Realism and Nationalism — 1852-1871,* New York, Harper & Row, (1935), 1963.
Caron, J.-C. & Vernus, M. *L'Europe au XIXe Siècle,* Paris, Armand Colin, 1996.
Eyck, E. *Bismarck and the German Empire,* Nova York, W. W. Norton, (1950), 1958.
Hale, O. J. *The Great Illusion — 1900-1914,* Nova York, Harper & Row, 1971.
Hayes, C. J. *A Generation of Materialism — 1871-1900,* Nova York, Harper & Row, (1941), 1963.
Langer, W. L. *Political and Social Upheaval — 1832-1852,* Nova York, Harper & Row, 1969.
Ponteil, F. *Peuples et Civilisations,* vol. XV — *L'Eveil des Nationalities et le Mouvement Liberal,* Paris, PUF, 1968.
Rioux, J.-P. *La Revolution Industrielle — 1780-1880,* Paris, Seuil, (1971), 1989.

Estudos Biográficos

Aschheim, S. E. *The Nietzsche Legacy in Germany — 1890-1990,* Berkeley, Univ. of California Press, (1992), 1994.
Bober, M. M. *Karl Marx's Interpretation of History,* Cambridge, Harvard Univ. Press, (1948), 1968.
Fetscher, I. *Marx and Marxism,* (tradução inglesa do alemão, Karl Marx and der Marxismus), New York, Herder & Herder, (1967), 1971.
Freud, S. *The Major Works of Sigmund Freud,* Chicago, William Benton (Britannica Great Books) (1952), 1989.
Fromm, E. *La Mission de Sigmund Freud,* Brussels, Complexe, 1975.
_____. *The Crisis of Psychoanalysis,* Greenwich, Fawcett Premier Book, (1970), 1971.

UM ESTUDO CRÍTICO DA HISTÓRIA

Habermas, J. *Sobre Nietzsche y otros Ensayos,* tradução espanhola do alemão, Madrid, Technos, 1982.
Kaufman, W. *Nietzsche,* Nova York, Vintage Books, 1968.
Kolakowski, L. *Main Currents of Marxism,* vol. I — *The Founders,* Oxford, Clarendon Press, 1978, 3 vols.
Marx, K. *Oeuvres,* Paris, tradução francesa do alemão, Bibliothéque de la Pléiade, NRF, 1963-1982, 3 vols.
Nietzsche, F. *Obras Completas,* tradução espanhola do alemão, Madrid, Aguilar, 1951, 25 vols.
Roudinesco, E. & Plan, M. *Dictionnaire de la Psychanalyse,* Paris, Fayard, 1997.
Sprigge, C. J. S. *Karl Marx,* Nova York, Collier Books, 1962.

Artes

Devambez, P. & Babelon, J. (Ed.) *Histoire de l'Art,* vol. 3, *Renaissance, Baroque, Romantisme,* Paris, Encyclopédie de la Pléiade, NRF, 1966.
Gueneau, R. (Ed.) *Histoire des Littératures,* Paris, Encyclopédie de la Pléiade, NRF, 1955-1958, 3 vols.
Hanser, A. *The Social History of Art,* Nova York, Vintage Books, (1951), 1960, 4 vols.
Hess, W. *Documentos para la Comprensión del Arte Moderna* (tradução espanhola do alemão, *Dokumente Zum Verstandut der Modernen Malerei*), Buenos Aires, Nueva Vision, 1973.
Houser, Arnold. *The Social History of Art,* 4 vols. Nova York, Vintage Books(1951), 1960.
Klee, P. *Théorie de l'Art Moderne,* (tradução francesa do alemão, *Das Bildnerische Denken, Schriften Zur form und Gestaltungslehre*), Paris, Denoël, (1956), 1985.
Langer, S. K. *Feeling and Form — A Theory of Art,* Nova York, Scribner's Sons, 1953.
Read, H. *The Philosophy of Modern Art,* Nova York, Meridian Books, 1957.
Roland-Mannuel (Ed.) Histoire de la Musique, Paris, Encyclopédie de la Pléiade, NRF, 1960-1963, 2 vols.

Livros de Referência

Hilgemann, W. & Kinder, H. *Atlas Historique,* (tradução francesa do alemão, *Atlas Zur Weltgeschrohte*), Paris, Librairie Perrin, (1968), 1992.
Langer, W. L. (Ed.) *An Encyclopédia of World History,* Boston, Houghton Mifflin, (1940), 1968.
Mourre, M. *Dictionnaire d'Histoire Universelle,* Paris, Bordas, 1981.

CAPÍTULO 18

História Geral

Baumont, M. *La Fallite de la Paix.* I. De Rethoudes à Stressa (1918-1935), II. De l'Affaire E'thiopienne à la Guerre, III. (1936-1939), Peuples et Civilisations, (Vol. XX), Paris, PUF 1967-1996.

Grouzer, M. *Le Monde Depuis 1945*. (I) Les Pays Riches el la Troisiéme Révolution Industrielle, (II) Les Pays Pauvres et la Naissance de Nouveaux Mondes, *Peuples et Civilisations* (Vol. XXI) Paris, Puf, 1967-1996.

Hale, O. J. *The Great Illusion — 1960-1914*, New York, Harper & Row, 1971, Collection the Rise of Modern Europe.

Michel, H. *Peuples et Civilisations*, vol. XXI — *La Seconde Guerre Mondiale*, Pans, PUF, 1967-1996.

Quigley, C. *The World Since 1939 — A History*, Nova York, Collier Books, (1966), 1968.

História Econômica

Bhagwati, J. *La Economia y el Orden Mundial en el Año 2000*, (tradução espanhola do inglês, *Economics and World Order from 1970, to 1990*), (1972) Buenos Aires, Siglo XXI, 1977.

Cameron, R. *A Concise Economic History of the World*, Oxford, Oxford Univ. Press, (1989), 1997.

Nére, J. *Précis d'Histoire Contemporaine*, Paris, PUF, (1973), 1991.

História do Século XX

Arrighi, G. *O Longo Século XX*, (tradução para o português do inglês, *The Long Twentieth Century*), Rio de Janeiro, Contraponto, 1994.

Berstein, S. Ed. *Histoire du Vingtiéme Siècle*. I. Un Monde Deséstabilisé — 1900-1939, II. La Guerre et la Reconstruction 1939-1993, III. Expansion et Indépendences, IV. 1950-1973, V. Crises et Mutations de 1973 à no Jours.

Droz, B. & Rowley, A. *Histoire Générale du XXeme Siécle*, I. Déclins Européns, II. La Naissance du Monde Contemporain, III. Expansion et Indépendences, IV. 1950-1973, V. Crises et Mutations de 1973 à no Jours.

Hobsbawm, E. *Age of Extreme — The Short Twentieth Century — 1914-1991*, London, Abacus, (1994), 1995.

Howard, M. & Louis, R. (Ed.) *The Oxford History of the Twentieth Century*, Oxford, Oxford Univ. Press, 1998.

A Revolução Comunista

Cipkowski, P. *Revolution in Eastern Europe*, Nova York, J. Wiley & Sons, 1991.

Hellmann, M. et al. *Russia*, (tradução espanhola do alemão *Russland*), 1972, Mexico, Siglo XXI, 1975.

Malia, M. *Comprendre la Revolution Russe*, Paris, Seuil, 1980.

Riasanovsky, N. V. *A History of Russia*, Oxford, Oxford Univ. Press, (1903) 1969.

Fascismo

Felice, R. de. *Comprendre le Fascisme*, (tradução francesa do italiano *Le Interpretazioni del Fascismo*), Paris, Seghers, 1975.

Greene, N. *Fascism — An Anthology*, Nova York, Thomas Y. Crowell, 1968.

Poulantzas, N. *Fascimo y Dictadura*, (tradução espanhola do francês *Fascisme et Dictadure*), Mexico, Sigle XXI, (1970) 1971.

Weber, E. *Varieties of Fascism*, Princeton, Anvil Original, 1964.

A Alemanha e o Nazismo

Arendt, H. *Origens do Totalitarismo*, (tradução para o português do inglês, *The Origins of Totalitarianism*), 1951.

Barraclong, G. *The Origin of Modern Germany*, Nova York, Capricorn, (1946), 1963.

Berstein, N. S. & Milza, P. *L'Allemagne — 1870-1987*, Paris, Masson, 1988.

Bill, Jr., M. *Germany — A Modern History*, Ann Arbor, Univ. Michigan, Press, 1961.

Delmar, S. *Weimar Germany*, Nova York, American Heritage, 1972.

Gaig, G. A. *Germany — 1866-1945*, Nova York, Oxford Univ. Press, (1978), 1980.

Gay, P. *Weimar Culture*, Nova York, Harper & Row, 1968.

Krebs, G. & Schneilin, G. (Ed.) *Etats et Société en Allemagne sous le IIIème Reich*, Paris, PUF, 1997.

Laqueur, W. *Weimar, Cultural History*, Nova York, G. P. Putman's Sons, 1974.

Makenzie, J. R. P. *Weimar Germany — 1918-1933*, Londres, Blandford Press, 1971.

Meinecke, F. *La Catástrofe Alemana*, Buenos Aires, Nova, 1947.

Shirer, W. L. *The Rise and Fall of the Third Reich*, Nova York, Simon & Schuster, (1959), 1960.

Wahl, A. *Cultures et Mentalities en Allemagne*, Paris, Sedes, 1988.

A Europa e o Estado de Bem-estar

Berle, E. *Histoire d'Europe*, Paris, Gallimard, (1946), 1973-1983, 3 vols.

Davies, N. *Europe*, Oxford, Oxford Univ. Press, 1996.

Jaguaribe, H. (Ed.) *A Proposta Social Democrata*, Rio de Janeiro, José Olympio, (1989), 1998.

Wolton, D. *Naissance de l'Europe Démocratique*, Paris, Flammarion, 1993.

Globalização

Ferrer, A. *Historia de la Globalizacion — Origenes del Orden Economico Mundial*, Mexico, Foundo de Cultura Economica, 1996.

————. *— Hechos y Ficciones de la Globalizacion* Mexico, Fondo de Cultura Economica, 1997.

Sistema Economico Latinoamericano *Globalización y Relaciones Externas de America Latina y el Caribe*, Caracas, 1998, Cap. 53.

Woodruff, W. *A Concise History of the Modern World — 1500 to Present*, Londres, Macmillan, (1991), 1993.

O Terceiro Mundo

Gonzalez, A. & Norwine, J. (Ed.) *The New Third World*, Boulder, Westview Press, 1998.

Handelman, H. *The Challenges of Third World Development*, Prentice Hall, Univ. of Wisconsin Press, 1996.

Jaguaribe, H. *Political Development. A General Theory and a Latin American Case Study*, Nova York, Harper & Row, 1973.

Wolkmer, A. C. *O Terceiro Mundo e a Nova Ordem Internacional*, São Paulo, Ática, 1994.

Pós-Modernidade

D'Agostini, F. *Analitici e Continentali*, Milane, Raffaella Cortina, 1997.

D'Entrèves, M. P. & Benhabib, S. (Ed.) *Habermas and the Unfinished Project of Modernity*, Cambridge, Massachussetts Univ. Press, (1977), 1996.

Deleuze, G. & Guattari, F. *Qu'Est — ce que la Philosophie?*, Paris, Minuit, 1991.

Gillespic, M. C. *Hegel, Heidegger and the Ground of History*, Chicago, Univ. Chicago Press, 1989.

Habermas, J. *La Pensée Postmétaphysique*, (tradução francesa do alemão, *Nachmetaphysische Denken*, Paris, Armand Colin, 1993.

_____. *The Philosophical Discourse of Modernity*, (tradução inglesa do alemão, *Der Philosophische Diskurs der Moderne*), Cambridge, Massachussetts Univ. Press, (1985), 1987.

Harney, D, *The Condition of Post-Modernity*, Oxford, Basil Blackwell, 1989.

Heidegger, M. *The End of Philosophy*, tradução inglesa do alemão, Nova York, Harper & Row, 1973.

Heller, A. & Faher, F. *A Condição Política Pós-Moderna*, (tradução em português do inglês, *The Post-Modern Political Condition*), Rio de Janeiro, Civilização Brasileira, 1998.

Lefebvre, H. *Hegel, Marx, Nietzsche*, Paris, Casterman, 1975.

Lyotard, J. F. *La Condition Post-Moderne*, Paris, Minuit, 1979.

Rouanet, S. P. *Mal-Estar na Modernidade*, São Paulo, Companhia das Letras, 1993.

Sokal, A. & Bricmont, J. *Impostures Intellectuelles*, Paris, Odile Jacob, 1997.

Sorokin, P. *Social and Cultural Dynamics*, Boston, Porter Sargent, 1957.

Touraine, A. *Critique de la Modernité*, Paris, Fayard, 1992.

Vattimo, G. *The End of Modernity*, (tradução inglesa do italiano *La Fine della Modernita*), Cambridge, Polity Press, (1988), 1991 (1985).

O Sistema Internacional

Glaser, E. *Le Nouvel Ordre International*, Paris, Hachette, 1998.

Jaguaribe, H. *O Novo Cenário Internacional*, Rio de Janeiro, Guanabara, 1986.

Lellouche, P. *Le Nouveau Monde — De l'Ordre de Yelta an Désordre des Nations*, Paris, Bernard Grasset, 1992.

Llana, C. P. *De la Guerra del Golfo al Nueva Orden*, Buenos Aires, Grupo Ed. Latino-Americano, 1991.

Long, F. A.; Hafuer, D.; Boutwell, J. (Ed.) *Weapons in Space*, New York, W. W. Norton, 1986.

Portes, J. *Les Etats Unis au XX^{éme} Siécle*, Paris, Armand Colin, 1997.

Weidenfeld, W. & Janning, J. (Ed.) *Europe in Global Challenge*, Gütersloh, Bertelsmann Foundation, 1993.

Perspectivas para o Século XXI

Bullock, A. *The Humanist Tradition in the West*, Nova York, W. W. Norton, 1985.
Heidegger, M. *The Question Concerning Technology and Other Essays*, Nova York, Harper Torchbooks, 1977.
Hiro, D. *Islamic Fundamentalism*, Londres, Paladin, (1988), 1989.
Jaspers, K. *Balance y Perspectiva*, (tradução espanhola do alemão, *Rechenschaft und Ausblick*), Madrid, Revista de Occident, (1951), 1953.
_____. Jasper, K. *Origen y Meta de la Historia*, (tradução espanhola do alemão, *Vom Ursprung Und Ziel der Geschichte*), Madrid, Revista de Occidente, (1949), 1950.
Kahler, E. *Out of the Labyrinth*, Nova York, George Braziller, 1967.
Mora, J. M. *Las Crisis Humanas*, Madrid, Alianza Editorial, 1983.
Tolba, M. K. *Saving our Planet*, Londres, Chapman & Hall, 1992.
Touraine, A. *La Société Post-Industrielle*, Paris, Denoél, 1969.

Ciência e Tecnologia

Barrow, J. D. & Tipler, F, J. *The Anthropic Cosmological Principle*, Oxford, Oxford Univ. Press, (1986), 1996.
Barrow, J. D. & Tipler, F. J. *The Anthropic Cosmological* Principle, Oxford, Oxford Univ. Press, (1986), 1996.
Benthall, J. (Ed.) *The Limits of Human Nature*, Nova York, E. P. Dutton, 1974.
Confort, A. *The Nature of Human Nature*, Nova York, Harper & Row, 1966.
Davies, P. *The Cosmic Blueprint*, Nova York, Simon & Schuster, 1988.
Dobzhansky, T. *The Biological Basis of Human Freedom*, Nova York, Columbia Univ. Press, (1956), 1965.
Leslie, J. (Ed.) *Physical Cosmology and Philosophy*, Nova York, Macmillan, 1990.
Monet, J. et al. *Biologia Molecular*, (tradução espanhola do francês *La Recherche en Biologie Moléculaire*, México, Consejo Nac. de Ciencia y Technologa, (1975), (1981).
_____. Meluin Caluin, *El Origin de la Vida* p. 179, 198 and Illya Prigogine,
_____. *La Termodinamica de la Vida* p. 199-224 Mexico, Consejo Nac. de Ciencia y Technologia, 1981.
Pearson, I. *The Atlas of the Future*, Londres, Myriad, 1998.
Platt, J.R. (Ed.) *New Views of the Nature of Man*, Chicago, Univ. of Chicago Press, 1965
Ray, C. *Time, Space and Philosophy*, Londres, Routledge, (1991), 1992.
Ray, C. *Time, Space and Philosophy*, Londres, Routledge, (1991), 1992.

Livros de Referência

Grun, B. (Ed.) *The Timetables of History*, Nova York, Simon & Schuster, (1975), 1991.
Langer, E. W. L. *An Encyclopaedia of World History*, Boston, Houghton Mifflin, (1940), 1968.
Mourre, M. *Dictionaire d'Histoire Universalle*, Paris, Bordas, 1981.

Anexos

VOLUME II

CAPÍTULO 11
ÍNDIA

(PROF. KEES W. BOLLE)

Não me ocorrem quaisquer "comentários finais" antes de um preâmbulo de admiração devido ao professor Helio Jaguaribe, diretor do projeto *Um Estudo Crítico da História*. Sua erudição abrangente e universal nos reuniu para um trabalho sobre várias civilizações importantes, mas ele percebeu que com simples tratados especializados não atingiríamos o objetivo almejado. Havia à nossa frente duas questões fundamentais: Quais são as contribuições vitais das grandes culturas do mundo? E, acima de tudo: Se meditarmos sobre as heranças recebidas dessas culturas, que esperança podemos trazer para o novo milênio, com a sua oferta potencial de uma civilização aceitável que abarque todo o mundo? Estou assim particularmente grato pelo privilégio de contar com o professor Jaguaribe como meu companheiro na autoria deste capítulo sobre a civilização indiana.

Que pode um historiador afirmar "conclusivamente" sobre uma civilização como a indiana, que, mudando sempre, vem perdurando há milhares de anos? Para ser breve, dirijo-me a um tema em particular do nosso capítulo.

O professor Jaguaribe não só menciona que, curiosamente, boa parte da história da Índia se desenrola sob dominação estrangeira (implicando assim que de algum modo a Índia preservou sua identidade), mas salienta corretamente certas características marcantes cuja grande importância nem sempre é registrada: a relativa estabilidade e semelhança dos governos mais bem-sucedidos ao longo de toda a história da Índia. Em cada um desses momentos mais sublimes de união do subcontinente indiano prevaleceu uma certa tolerância mútua entre as muitas comunidades diferentes e o governo central desse vasto país. Foi o que aconteceu quando o budismo adquiriu muita força (sob Asoka), quando a cultura hinduísta chegou ao auge (com os guptas), quando o Islã exerceu sua influência mais profunda (com Akbar) ou mesmo em certas fases do domínio inglês. Em cada um desses momentos predominou uma paz que transcendia a paz imposta pelo poder central. Na verdade, concretamente essa paz nascia *de baixo*: das comunidades governadas, que confiavam livremente em um governo que não enfatizava as diferenças profundas existentes entre elas. Vemos isso da forma mais notável em Akbar, governante que representava uma das tradições religiosas "estrangeiras" mais conspícuas — o Islã: Akbar tinha o hábito de cortejar a confiança dos dignatários locais. Mesmo sob Shah Jahangir, seu sucessor e filho mais velho, que como nos lembra o professsor Jaguaribe no seu sumário restabeleceu o Islã como religião oficial, os hinduístas participavam da administração pública. Em contaste, Aurangzeb, fanático na sua lealdade ao Islã, contribuiu para a decadência do domínio mugal que se seguiu à sua morte. A livre cooperação era crucial para a existência pacífica da nação. Os séculos XIX e XX, como descreve o professor Jaguaribe, confirmam essa tendência. Será ela tão óbvia que não é percebida? A paz real não é fácil de perceber; ela raramente alardeia a sua chegada ou a sua extraordinária qualidade.

A paz genuína não deve ser silenciada (são as "páginas em branco da História", de Hegel), embora possa ser difícil de reconhecer. Para que seja verdadeiramente uma civilização, e não simplesmente a imposição de um poder, a plena "civilização planetária" que antecipamos exige assim uma reflexão sobre as fontes da paz.

Estou convencido de que o sistema de castas, que os ocidentais geralmente criticam e interpretam mal, pode levar-nos a encontrar na tradição indiana uma força de que o nosso mundo muito necessita. Boa parte do mundo "desenvolvido" adotou o *individualismo* como base da existência, às custas das comunidades. Na história da Índia, "casta" e "tribo" são difíceis de distinguir; na verdade são *comunidades*, normalmente associadas a profissões e tarefas que precisam ser praticadas pela sociedade, cada uma delas com sua própria organização, costumes e responsáveis. Na Índia as comunidades autônomas têm uma longa história.

A maioria de nós imagina que a "casta" é problemática pela sua natureza, e pensamos no "sistema de castas" imaginando a repressão das "castas inferiores", sem atentar para a flexibilidade dessas comunidades ao longo da história. Naturalmente, não estou sugerindo que não existem problemas na sociedade indiana! Tanto o professor Jaguaribe como eu estudamos essa questão, e ambos constatamos a existência de excessos deploráveis. No entanto, precisamos ver mais do que os excessos, e acima de tudo ter uma visão crítica a respeito das nossas próprias premissas. Ao tratar do período britânico, o professor Jaguaribe lembrou a situação dos anglo-indianos, um grupo social que não era aceito nem pelos indianos nem pelos ingleses. Nesse caso, conforme ele sugere, atuaram conjuntamente o esnobismo inglês e o pior lado do sistema de castas indiano. No entanto, para uma perfeita compreensão do assunto, é necessário ter em mente que "casta" – ou mais precisamente, *jati*, a situação do indivíduo ao nascer, *é funcional*, e funciona em *todos os níveis*. Os anglo-indianos podiam ser "socialmente inferiores", e até mesmo desprezados por muitas pessoas, mas na verdade formavam uma entidade semelhante à casta. Assim como os funcionários ingleses (que estavam na Índia primordialmente como funcionários: os casamentos mistos não eram recomendados). No curso da História, relativamente poucos estados indianos tiveram um monarca que, pelo nascimento, fosse um *kshatriya*, como se poderia esperar; tecnicamente, a maioria dos monarcas não pertencia aos "nascidos duas vezes"; no entanto, inevitavelmente eles formavam suas próprias castas. Fica claro assim que no curso da história indiana o "sistema de castas" não foi impermeável.

Estou convencido de que ao explicar a sociedade, a cultura e a religião da Índia deveríamos corrigir os erros sustentados por muitos, equívocos que podem no futuro vir a prejudicar a compreensão entre as nações, como o fizeram no passado. Há uma razão profunda para que a história das castas na Índia represente uma experiência que para se unir, ou mesmo para se conciliar consigo mesmo, o nosso mundo precisa aprender: o mundo vindouro, possivelmente um "mercado global", não pode ser simplesmente o sonho de um sistema socioeconômico feito para funcionar de modo perfeito em toda parte. O determinismo econômico pode ser tentador, mas não deve ser o único método de trabalho do historiador. Seria demasiado sugerir que poderíamos reunir toda a China, a Índia e os países islâmicos como recipientes do globalismo ocidental — uma tendência que no entanto tem prevalecido ultimamente.[1] Não precisamos sequer do domínio da absoluta igualdade de todos os indivíduos — podemos deixar essa meta para quando o Reino de Deus for instituído na terra. Por enquanto, a verdadeira unidade só é concebível se houver reconhecimento e aceitação de comunidades muito diferentes entre si. Esta me parece a grande lição que precisamos aprender de muitas tradições — inclusive a do Islã, que de modo geral aceitou as normas legais das comunidades convertidas — mas acima de tudo da Índia, nas nossas esperanças compartilhadas de que sejam implantadas relações humanas úteis para a unidade e a paz neste mundo.

Não se pode exagerar o valor de uma vida comunitária viável e funcional. Não há dúvida de que isso se realizará quando chegarmos a "um mundo só". Naturalmente, o respeito comunitário, que foi mantido vivo na Índia, encontra as suas dificuldades. Mas não podemos também esquecer que o nosso individualismo excessivo tem causado a maior parte, se não todos os problemas das sociedades industrializadas, que exercerão o seu poder para influenciar a forma da futura unidade mundial.

CAPÍTULO 12
CHINA

(PROF. ROBERT HYMES)

O professor Jaguaribe preparou uma impressionante narrativa sumária da civilização chinesa, e propõe várias hipóteses ousadas sobre o que fez a China ser o que ela é hoje — trabalho particularmente impressionante porque o autor não é um especialista; mas os que tivemos o privilégio de assistir a uma das conferências do professor Jaguaribe conhecemos a amplitude e profundidade do conhecimento que ele traz para o estudo comparativo das civilizações. Ao contrário de outros que trabalham com uma perspectiva igualmente ampla, ele ouve com atenção o que os especialistas têm a dizer, e aprende com eles, mas utiliza o que aprendeu para fazer comparações e generalizações de uma abertura que a maior parte dos especialistas nunca se aventuraria a fazer. Seu trabalho, portanto, é ao mesmo tempo ambicioso e provocante, e cabe ao especialista que o lê reagir ao desafio na sua ampla escala e nos pontos mais provocantes, em vez de agir como um historiador especializado, passando a questionar a narrativa no nível do detalhe minucioso. Por isso, meus comentários estão orientados pela perspectiva ampla da cultura e da civilização chinesas que o professor Jaguaribe propõe na quarta, quinta e sexta seções do seu capítulo. Entendo, também, que o trabalho em questão pretende antes de mais nada estimular a discussão em um nível de generalidade em que o debate raramente acontece. Para fazer justiça a esse seu objetivo, e para manter o interesse da discussão, terei mais a dizer sobre os pontos de discordância do que sobre os de concordância com o professor Jaguaribe.

Eu talvez possa começar onde o professor Jaguaribe começa sua quarta seção: com a idéia de que a civilização chinesa é a única que chegou aos nossos dias tendo surgido diretamente do período Neolítico que a precedeu. Ora, este é o tipo de afirmativa sobre a China repetida com tal freqüência que passou a ser aceita quase sem discussão. Suspeito que muitos especialistas na China a aceitariam sem dificuldade, e posso certamente perceber o que querem dizer essas palavras. No entanto, fico pensando: sabemos o que precisaríamos saber para afirmar isso, e o que significa verdadeiramente tal afirmativa? Em um certo sentido, mais amplo, podemos traçar o passado de qualquer cultura até o período mais remoto, por uma sucessão ou continuidade de antecedentes, com os quais ela de uma forma ou de outra estará associada (ou é associada pelo observador), até atingir alguma população neolítica — que podemos então denominar de "período neolítico precedente" daquela cultura. Naturalmente é mais fácil fazer esse exercício com certas culturas, mas em princípio ele pode ser feito com qualquer uma, simplesmente porque os grupos humanos e suas culturas nascem dos que os precederam, e a não ser nos casos de genocídio completo (que nunca acontecem), há sempre alguma conexão ou similaridade entre o que aconteceu antes e depois.

O problema é saber até que ponto há no que podemos ver uma suficiente conexão ou similaridade que nos autorize a falar de uma simples entidade contínua, como o professor Jaguaribe (e quase todo o mundo) vê na China. Parece-me, por exemplo, que se poderia argüir razoavelmente que, tratada em um nível suficientemente alto de generalização, a civilização européia também constitui uma entidade ou processo de continuidade identificável que remonta pelo menos até a imigração indo-européia — e como os indo-europeus, quem quer que tenham sido, seguramente receberam uma parte da sua cultura das comunidades urbanas que os precederam, por esse caminho chegamos quase ao Neolítico. Não há dúvida de que um nacionalista inglês ou francês poderá ver em um túmulo neolítico o seu "ancestral" — um inglês ou francês primitivo. E embora essa percepção seja bastante criticável, eu me pergunto se sabemos realmente que ela contém um erro maior do que a nossa visão paralela de um "chinês primitivo". Chegamos assim a uma pergunta mais fascinante: Por que quase todos aceitamos a opinião de que de fato o erro é maior? Por que razão a idéia de que a China tem mais continuidade do que outra região histórica e geográfica do mundo parece tão natural que a maioria dos observadores ocidentais, e creio que também os chineses, a aceita quase sem discussão?

A afirmativa que focalizei na exposição do professor Jaguaribe sobre a China não é um ponto isolado; no entanto, creio que é essencial. Fica claro que a visão que tem da China o professor Jaguaribe enfatiza consistentemente a continuidade. Ao contrário de muitos observadores precedentes da China ele não despreza as mudanças, mas as vê quase sempre como "mudança na continuidade". Sempre que identifica princípios dicotômicos ou forças em tensão ou conflito na cultura chinesa, descobre consistentemente que um dos membros está contido ou restringido pelo outro — o militar pelo civil, a vontade de transcendência pelo sentido pragmático. A generalização matricial desse capítulo da obra do professor Jaguaribe é a idéia de que a civilização chinesa manteve suas características básicas ao longo de uma trajetória de três mil anos, o que implica naturalmente que podemos identificar nessa civilização um conjunto definido e consistente de "características básicas". Assim, não é só uma cultura particularmente contínua, creio, mas também particularmente una. Ora, como especialista na China penso reconhecer na sua história pelo menos tanta mudança quanto continuidade, tanta unidade como variedade. Está claro que nem todos os meus colegas concordam comigo, e é possível que estejamos diante do clássico problema das árvores e da floresta; mas a questão conceitual mais ampla consiste em saber como supor que podemos afirmar quando e onde a continuidade supera a mudança, e quando a unidade contém e limita a variedade.

O que dá forma ao caso da China não é a grande predominância do mesmo grupo étnico, os han, porque este não foi o ponto de partida ou uma condição constante, mas sim um resultado histórico, a realização (se quisermos usar este termo) de séculos e milênios de deslocamentos repetidos, aniquilações ocasionais e assimilação persistente de grupos em competição. Não creio também que a história lingüística contínua da China, que o professor Jaguaribe cita como um fator significativo do caráter peculiar dessa civilização, responda à pergunta. É verdade que a escrita chinesa tem uma história muito longa, que podemos retraçar continuamente; o mesmo acontece porém com o alfabeto mediterrâneo. Pelo menos na

China a escrita chinesa foi utilizada como linguagem escrita comum para todo um grupo de línguas faladas, pertencentes a uma mesma e reconhecível família, descendentes de uma ancestral comum não muito distante — uma unidade aparentemente natural. Mas na Europa há um grupo de línguas, dispostas em uma faixa razoavelmente contínua do seu território, que descendem todas de uma ancestral comum não muito distante, que, como a língua ancestral dos chineses, se difundiu por um amplo território devido, principalmente à expansão política de um império. No entanto, não pensamos no "romance", com suas raízes no Império Romano, como uma unidade contínua de civilização, singular, embora sua língua ancestral, o latim, tenha permanecido como a língua escrita comum não só das comunidades lingüísticas dele derivadas (como o chinês clássico) mas também (como o chinês clássico) de comunidades lingüísticas vizinhas, bem diferentes, ao longo de mais de 1500 anos, assim como a língua religiosa de uma boa parte do mundo europeu durante 2 mil anos. Ora, por que razão essa continuidade lingüística, com repercussões culturais mais amplas, não nos impressiona tanto quanto a chinesa?

Penso que uma parte importante da resposta é que a considerável unidade e continuidade lingüística, literária e cultural do que poderíamos chamar de "civilização romance", com seus ramos germânico, céltico e eslavo de escrita latina, não foi seguido por uma correspondente continuidade ou unidade política, depois da queda do império original. Na China, por outro lado, temos uma sucessão de impérios, certamente não contínuos, mas pelo menos marcadamente recorrentes, chegando muitas vezes a dominar um território de certo modo semelhante ao do império fundador, Ch'in-Han. Todos esses impérios anunciavam a continuidade de civilização com seus predecessores, remontando ao Império Han e muito antes. Desde o surgimento do neoconfucianismo, com os Sung essas pretensões foram ecoadas, retrabalhadas e enriquecidas pelos líderes intelectuais das elites locais, empenhadas permanente e simultaneamente em um misto de guerra fria e aliança instável com o Estado. Parece-me assim que a idéia da unidade cultural e da continuidade chinesas tem aí a sua origem, nas reivindicações políticas dos Estados e das elites: como os Estados chineses a pregaram de modo tão altissonante e reiterado, e porque a China foi de fato muitas vezes um único Estado, os observadores chineses e ocidentais a admitem com tanta naturalidade. Poder-se-ia argumentar que esse padrão notável — a unificação recorrente de todo o território original, ou boa parte dele, por Estados que se qualificam como detentores de uma única civilização contínua, avatares de uma estrutura política original — precisa ter como base uma continuidade e unidade culturais incomuns. Não pretendo exatamente negar isso, pois não creio que para ter condições de fazer tal afirmativa, ou negá-la, saibamos o suficiente a respeito do grau de unidade ou variedade existente na cultura chinesa ao longo de toda a sua história, e em todo o espaço que ela ocupou, ou ainda sobre as causas culturais, geográficas ou tecnológicas da sua reiterada tendência à unidade. Mas quero sim sugerir que na nossa inclinação para sustentar tal afirmativa, para ver a China como algo notavelmente contínuo e unitário, adotamos a mesma atitude dos antigos Estados chineses, ecoando um mito que para aqueles Estados tinha claramente, e às vezes explicitamente, uma função política de grande utilidade: negar as diferenças culturais e a descontinuidade temporal. Como historiadores, não devemos aceitar acriticamente essa afirmativa. O problema pode estender-se além do exemplo da China: no meu entender o tipo de comparação em larga escala entre culturas, em que se encontra empenhado o professor Jaguaribe (a meu ver meritoriamente), contém o risco de presumir com excessiva facilidade a integridade, harmonia e continuidade internas da unidade que é objeto de comparação.

Mencionei dois exemplos do modo como o professor Jaguaribe aborda a variedade na cultura chinesa, e vale a pena dizer algo mais sobre eles. A idéia de que o pragmatismo, acima de tudo como foi incorporado pelo confucianismo, tem sido um valor fundamental e consistente da civilização chinesa sugere um possível contra-exemplo no enorme poder demonstrado historicamente pelas idéias e práticas das grandes religiões clericais e (supostamente) teológicas — o budismo e o taoísmo. O professor Jaguaribe enfrenta essa questão afirmando que o pragmatismo étnico chinês era suficientemente aberto e flexível para permitir outras manifestações menos racionais, como o taoísmo e o budismo mahayana. Aqui, a própria existência e importância de tendências culturais que parecem conflitantes com o pragmatismo confucianista (como pensam os próprios confucianistas) são tratadas como evidências da mesma coisa. Ora, esse argumento nos convida não só a indagar que tipo de evidência poderia negar a afirmativa de que a cultura chinesa era basicamente pragmática — já que quaisquer elementos antipragmáticos só podiam provar como era pragmática a estrutura que os continha, ao permitir a sua existência — mas também como essa simples descrição comete uma injustiça contra as reais diferenças e conflitos implicados na coexistência na mesma sociedade do taoísmo e do budismo religiosos com os ensinamentos éticos e sociais do confucianismo. Nesse quadro de abertura e flexibilidade, onde está a ira e o desagrado visceral com que os mestres neoconfucianos condenaram as conseqüências sociais e o que consideravam a vacuidade ética do budismo e do taoísmo? Como situar os grandes episódios de proibição religiosa? Não há dúvida de que foram curtos e por fim malsucedidos, mas nem por isso foram menos sérios, e em um caso provocaram um dano maciço à riqueza e poder do clero, alterando de forma permanente o poder relativo das várias formas do budismo. Como situar as inquisições literárias e culturais dos Sung, Yuan e Ch'ing? Conforme já tive a oportunidade de argumentar em outro documento, não devemos confundir a falta do poder de supressão com a falta de vontade de suprimir. Assim, a intolerância mútua e a competição feroz são um aspecto da história dos movimentos religiosos, filosóficos e culturais da China, tanto quanto a sua coexistência pragmática.

O modo como o professor Jaguaribe trata o conflito entre a vida civil e militar, a cultura literária e marcial, na civilização chinesa, é mais sensível aos conflitos reais do que o seu tratamento das relações entre o confucianismo, o budismo e o taoísmo. No entanto, penso que aí também ele subestima a complexidade. A associação da tensão entre civis e militares com o conflito quase permanente entre a corte exterior e interior, a *entourage* imperial e a burocracia é uma generalização útil e engenhosa, mas não leva em conta seriamente a variedade de contextos em que *we* e *wu* podiam ser conflitantes, e entravam em conflito. Nem sempre os confucianistas eram "pacifistas", e as cortes internas nem sempre eram marciais. Os partidários da guerra e da paz tanto podiam ser facções burocráticas como entidades das côrtes externa ou interna. Esta última podia ser quase consistentemente contrária à guerra, como em Sung meridional, contrastando assim com os generais revanchistas que ocupavam posições administrativas na burocracia e no país de modo geral. As elites civis educadas no confucianismo eram mais provavelmente a fonte de liderança das milícias locais, nas épocas de guerra ou de banditismo. Mais importante ainda: pelo menos a partir dos Sung, possivelmente os lugares mais nutridos com imagens, aspirações e entusiasmo militares eram os templos dedicados à adoração de deuses, o teatro popular e os centros de prática de artes marciais freqüentados pela população comum, em grande parte camponesa. Esse fenômeno em particular torna difícil, em segundo lugar, ver os militares como se estivessem contidos por uma cultura civil abrangente, conforme sugere o modelo das cortes externa e interna apresentado pelo professor Jaguaribe, e mais difícil ainda considerar a preferência civil ou pacifista como uma das "características básicas" da cultura chinesa.

UM ESTUDO CRÍTICO DA HISTÓRIA

Em suma, continuo acreditando que o esforço comparativo do professor Jaguaribe, e o relato sugestivo da história chinesa que ele produziu, têm um valor considerável, mas os riscos inerentes a esse empreendimento se combinaram com a influência de hábitos mentais herdados do Ocidente (e que se tornaram também chineses) para pintar um panorama da cultura chinesa.

CAPÍTULO 15
A CIVILIZAÇÃO OCIDENTAL
I. FORMAÇÃO DA EUROPA

(PROF. R. B. DOBSON)

Na Introdução à sua síntese analítica da formação do que hoje consideramos a civilização européia, o professor Helio Jaguaribe faz a observação válida de que no fim do reinado de Teodósio, o Grande, em 395 a.D., o Império Romano clássico já se encontrava em fase de declínio terminal. Examinar a partir desse ponto a história cambiante e extraordinariamente complexa da Europa durante os mil anos seguintes (ou seja, até o ano 1400) não é uma tarefa fácil. O professor Jaguaribe merece assim todos os cumprimentos possíveis por ter dado a seus leitores uma narrativa correta e bem estruturada desses mil anos, a qual põe em evidência os fatores mais importantes dentre os muitos que criaram eventualmente a civilização européia que até recentemente viria a dominar a história do mundo — para o bem ou para o mal.

Seu relato dos desenvolvimentos ocorridos no continente europeu desde a era das invasões bárbaras até o Grande Cisma do papado é ainda mais bem-vindo porque, pelo menos na Grã-Bretanha, poucos medievalistas tiveram a coragem de escrever uma história da Europa medieval. Assim, nos excelentes trabalhos dos professores John Roberts (*History of the World*, 1976) e Norman Davies (*Europe: A History*, 1996), a história medieval européia tende a ser vista como um prelúdio relativamente insignificante dos desenvolvimentos "modernos", muito melhor documentados. Na companhia do professor Jaguaribe, temos agora a oportunidade adicional e bem-vinda de ver o período crítico de formação da história européia da perspectiva de um estudioso que não é um historiador europeu.

Nada é simples no desenvolvimento da Europa medieval, particularmente a terminologia. Como o professor Jaguaribe está bem consciente, uma das ironias desse tema é que entre os anos 400 e 1400 a.D. nenhum morador da Europa se considerava um europeu. Embora há muito tempo a lenda clássica de Europa — a princesa inocente seduzida por Zeus disfarçado em touro alvo como a neve — tivesse estimulado os helenos a denominar assim as suas terras a oeste do mar Egeu, a verdade é que na cristandade medieval a lenda era conhecida apenas por um pequeno número de estudiosos. Como o professor Denys Hay demonstrou no seu livro *Europe: the History of an Idea*, de 1957, só mediante um processo muito gradual, entre os séculos XIV e XVIII, o novo conceito intelectual e geográfico de "Europa" substituiu gradualmente a noção de "cristandade". Com efeito, ainda em 1713, ao tentar planejar uma paz geral para toda a Europa, o importante tratado internacional de Utrecht se referia à "Comunidade Cristã". Não surpreende assim que o sumário analítico preparado pelo professor Jaguaribe demonstre reiteradamente que a história do que hoje chamamos de Europa medieval deve ser categorizada mais precisamente em termos do crescimento, triunfo e eventual declínio do ideal universal de uma cristandade unida.

No entanto, mesmo no seu auge, a Europa cristã recebeu influências do passado pré-cristão, acima de todas possivelmente a de Aristóteles. Para os que queriam meditar profundamente sobre as relações entre o tempo divino e o humano, como Agostinho de Hippo (354-430), depois de Jesus Cristo toda a história terrestre estava condenada inevitavelmente a ser um anticlímax. Só no século XV os estudiosos do Renascimento florentino introduziram o novo conceito de *medium aevum*, uma "Idade Média". Por definição, esse longo período de cerca de mil anos devia ser considerado, como aconteceu até o século XIX, como menos interessante e menos significativo para o desenvolvimento da raça humana do que ou a história "clássica" que o precedeu ou a "moderna", que veio depois. Com efeito, a história medieval como tal ainda não foi reconhecida formalmente pela Universidade de Oxford, onde os estudantes que desejam estudar o assunto precisam fazê-lo na Faculdade de História *Moderna*.

Em decorrência, é óbvio que qualquer estudioso que queira periodizar o curso da história medieval, como é necessário, enfrenta o problema de que durante a própria Idade Média inexistia qualquer percepção dos períodos históricos. Sabe-se que até o século XV, nos meios cortesãos sofisticados Alexandre o Grande era representado normalmente como um cavaleiro com sua armadura, e Aristóteles como um erudito lecionando em Paris ou Oxford. No entanto, depois de pelo menos um século de estudo profissional desse longo período (a história medieval começou a ser ensinada nas universidades de Oxford e Cambridge na década de 1870), a convenção de que a Idade Média européia devia ser dividida em três períodos se tornou mais ou menos firmemente estabelecida. Hoje, poucos professores da matéria, de qualquer universidade européia, discordariam de que a melhor maneira de interpretar o seu tema é dividi-lo em três períodos: 1) o inicial (ca. 300-ca. 1000; 2) o intermediário, da "alta Idade Média" (ca. 1000-1300) e 3) o tardio ou "decadente" (depois do ano 1300). Portanto, é apropriada a adoção de um esquema cronológico tripartite no resumo preparado pelo professor Jaguaribe.

Como é natural, devemos admitir que essa periodização tem o perigo de distorcer nossas percepções do passado; e no caso da história da Europa medieval, devemos sempre lembrar que nossas impressões de cada um desses "períodos" em particular são ditadas pela natureza e a abundância da documentação remanescente, assim como pelas fontes arqueológicas disponíveis. Para citar um único exemplo, na história da Inglaterra o período entre os anos 300 e 600 a.D. será sempre uma *dark age*, não necessariamente por causa da qualidade bárbara da política, da sociedade e da cultura anglo-saxônicas primitivas, mas pelos poucos registros dos acontecimentos desse período deixados pelos anglo-saxões para benefício da posteridade. Dados os problemas excepcionais de documentação apresentados pelos primeiros cinco séculos ou mais da história medieval, é um prazer ver o modo como ela é abordada pelo professor Jaguaribe na primeira seção do seu capítulo.

I
O FIM DA ANTIGUIDADE TARDIA

Esta seção está admiravelmente organizada e escrita. Claramente justifica-se a ênfase do professor Jaguaribe na gradualidade do processo com que o Império Romano sucumbiu às invasões de tantos e tão diferentes povos germânicos e de outras etnias. No entanto, a característica mais notável do grande *Volkerwanderung* dos séculos IV e V está em que ela foi uma migração universal de diferentes grupos raciais, concentrada mais ou menos na mesma época. Da descrição cuidadosa feita pelo professor Jaguaribe dessas migrações não parece haver muita dúvida de que a crise começou efetivamente no último quartel do século IV, quando a pressão territorial exercida pelos hunos, um robusto povo não-germânico de guerreiros da Ásia Central, desestabilizou uma situação que já não era estável. Restam duas questões importantes, ainda não resolvidas. Em primeiro lugar, saber se essas migrações terão resultado de uma explosão demográfica ocorrida a leste do Reno. As investigações arqueológicas ainda não resolveram essa dúvida, e pode ser que nunca consigam resolvê-la. Em segundo lugar, se o Império tivesse contado com um melhor governo depois do ano 350 a.D., teriam os exércitos romanos podido conter essa nova ameaça vinda do leste? Se acreditamos, como muitos historiadores dos nossos dias, que nessa fase o Império Romano se tornou grande e ambicioso demais para a base fiscal, demográfica e econômica que o sustentava, terá sido esse problema estrutural que levou inexoravelmente, embora aos poucos, à criação de unidades políticas muito menores, e mais primitivas, formando gradualmente os estados da Europa Ocidental como ainda hoje os reconhecemos? Paradoxalmente, a "formação da Europa" pode dever a sua gênese à reação vigorosa contra uma tentativa ambiciosa e prematura de unificar uma Europa que ainda hoje aguarda a sua unificação efetiva.

É perfeitamente justificada a ênfase atribuída pelo professor Jaguaribe às realizações dos francos (especialmente de Clóvis) ao criar o que demonstrou ser a estrutura política mais estável da Europa depois do Império Romano. Naturalmente, ninguém poderia ter previsto a emergência de Carlos Magno como o único rei dos francos, e também como o primeiro e maior imperador do Sacro Império Romano (800-814). Embora a lenda de Carlos Magno não tenha rival na longa história dos governantes da Europa cristã, o significado preciso do seu "império" continuará sendo objeto de controvérsia. As pesquisas recentes tendem a aumentar o nosso respeito pelo seu notável patrocínio do conhecimento e das artes, mas é possível argumentar que ao tentar subjugar tantas partes diferentes da cristandade sob a sua autoridade exclusiva ele tentava uma empresa impossível, e tentando construir a sua Europa, o próprio Carlos Magno, que até o fim da vida foi essencialmente um "chefe guerreiro" franco, provavelmente nunca contemplou a unificação perpétua dos principados que controlava.

As várias divisões complicadas do patrimônio carolíngio, antes e depois da morte de Luís, o Piedoso, filho de Carlos Magno, no ano 740 (vide a seção sobre "A fragmentação do poder" no texto do professor Jaguaribe), são o exemplo mais importante da regra geral de que na Europa medieval quase toda a história política era uma história dinástica. Só muito gradualmente (e no caso do *Reich* alemão só no século XV) foi possível a um Estado unificar-se suficientemente para evitar o destino de uma divisão fratricida.

Assim, nos séculos que se seguiram ao reinado de Carlos Magno, como antes dele, as novas estruturas políticas criadas nos reinos sucessores do Império Romano ficaram muito vulneráveis aos conflitos internos, assim como aos ataques externos. Em boa parte da Europa o desafio mais duradouro de um inimigo hostil derivava naturalmente do impacto do Islã. Como observa o professor Jaguaribe, esse impacto era mais evidente — como ainda é — na Península Ibérica, onde Granada (o último reino islâmico da Espanha) só em janeiro de 1492 foi conquistada pelos reis católicos, Fernando e Isabel. No entanto é preciso acentuar que durante a sua "formação" quase toda a cristandade ocidental foi profundamente condicionada pela ameaça de uma invasão muçulmana. No curso de uma geração depois da fuga de Medina por Maomé (622), os árabes tinham saqueado Rodes (654) e fizeram do mediterrâneo um "lago islâmico" — situação que perdurou até o século XI. Aceite-se ou não a famosa teoria de Pirenne de que foi o poder muçulmano e não o colapso do Império Romano como tal que isolou a Europa Ocidental do comércio internacional (vide o seu *Maomé e Carlos Magno*, de 1937), de muitos outros modos diferentes (um dos quais, e não o menor deles foi a destruição da igreja norte-africana, no século sétimo) Maomé foi, ironicamente, o mais importante promotor da cristandade medieval no Ocidente. Muitos anos mais tarde, o novo dinamismo da Europa, nos séculos XI e XII (o que os historiadores franceses chamam muitas vezes de *l'essor d'Europe*) precisa também ser explicado em grande parte em termos da capacidade da cristandade ocidental de se liberar (finalmente) da ameaça persistente representada pelo Islã.

Além disso, como o professor Jaguaribe deixa claro, durante os dois séculos que se seguiram à coroação de Carlos Magno em Roma, no ano 800, a Europa Ocidental teve de sofrer ataques de outras origens além do Mediterrâneo islâmico. Embora os magiares tenham sido derrotados eventualmente por Oto, o Grande na batalha de Lechfeld, em 955, eles deixaram uma marca permanente no mapa da Europa, ao criar o reino da Hungria. Mais espantoso talvez, motivo de espanto para Alcuino e seus colegas na corte de Carlos Magno, foi o modo como os navegadores e piratas escandinavos dominaram o Norte da Europa durante quase três séculos, depois do primeiro ataque viking contra Lindisfarne (a "ilha sagrada" de São Cutberto), em frente à costa da Nortumbria, em 793. Ninguém conseguiu ainda explicar adequadamente, exceto em termos de um suposto aumento dramático da população, por que as expedições navais escandinavas representavam tal ameaça à Europa norte-ocidental até o ano de 1066, e depois disso perderam importância. Na parte final da Idade Média a Dinamarca, a Suécia e a Noruega não eram economicamente dinâmicas, ou adequadamente urbanizadas. Como argumentava Marc Bloch, a conseqüência mais importante desses ataques de magiares, vikings e sarracenos, nos séculos nono e décimo, foi a aceleração de poderosas forças centrífugas na estrutura social e política da Europa carolíngia. Como conclui o professor Jaguaribe ao finalizar a primeira seção do seu Capítulo, um Império ativo e centralizado passara a ser um projeto impossível. Muito antes de que Frederico II tentasse corrigir a situação, no princípio do século XIII, o Império se tinha enfraquecido permanentemente em decorrência dos longos conflitos com o papado, das suas próprias disputas fratricidas e da emergência de formas "feudais" de associação política e social.

II
A SOCIEDADE EUROPÉIA EMERGENTE

O professor Jaguaribe começa a segunda seção do seu capítulo com uma descrição detalhada da "França feudal". Enfatizar dessa forma a monarquia francesa sob a dinastia dos Capetos (987-1328) é perfeitamente justificável, não só por causa do papel importante exercido pela França setentrional na história do conhecimento, da arte e da cultura medievais mas porque é aí também que podemos observar com maior clareza o funcionamento da política feudal na Idade Média. Possivelmente na análise moderna da sociedade medieval nenhum termo seja mais complexo e tenha causado mais controvérsia do que "feudalismo". Naturalmente essa não era uma palavra usada em qualquer sentido genérico ou abstrato pelos próprios europeus: o termo só foi inventado no princípio do século XVII, por advogados reais franceses e ingleses, especialmente John Selden (1584-1654), e nessa ocasião não podia haver dúvida de que a influência do feudalismo estava em pleno declínio — o que quer que o termo significasse. Mais recentemente, o problema de chegar a uma definição universalmente aceitável do feudalismo ficou quase irremediavelmente confuso em razão de seu emprego por Marx e Engels para denotar um sistema completo (quase-hegeliano) de relações econômicas e sociais, contrastando com o seu sucessor, alegadamente inevitável — a fase histórica do capitalismo.

Felizmente o professor Jaguaribe adota uma abordagem racional, no meio de todas essas complexidades. Ao discutir o tema (nos seus parágrafos sobre a sociedade feudal), ele define a feudalização como um evento recorrente na História, que tende a ocorrer quando a autoridade central de um império perde o poder de nomear e remover seus representantes locais. Não se pode objetar a essa definição ampla mas precisa, que se combina com a observação de que o traço distintivo do feudalismo na cristandade ocidental, durante a Idade Média, era o uso do termo "feudo" (*feod* ou *fief*) para denotar a propriedade que o soberano (especialmente o monarca) concedia ao seu súdito mais importante, o *nobilis* ou magnata, em troca dos serviços militares e de outra natureza que lhe eram devidos. Assim, o "feudalismo" era uma tentativa de criar um vinculo de lealdade entre dois senhores, o suzerano, superior, e o vassalo, inferior, e não uma força política anárquica ou destrutiva, como muitas vezes se supõe. No entanto, a inovação do castelo particular tornou mais difícil para os governantes controlar seus vassalos mais rebeldes. Dentro de um período notavelmente curto, nos anos em torno de 1000 a.D., os castelos primitivos feitos de madeira, do vale do Loire, se transformaram em construções de cantaria, como em Langeais ou Cloches. Compreende-se assim porque a civilização medieval européia foi chamada — pelo falecido George Duby — de "uma civilização de pedra". E podemos entender também porque para tantos historiadores da arte medieval, ingleses e franceses, foi só no século que começa com o ano 1000 que a Europa criou o primeiro estilo artístico genuinamente novo e dinâmico (paradoxalmente denominado "romanesco") desde o colapso do Império Romano, seis séculos antes.

Mais críticas ainda para a criação de formações políticas estáveis na Europa medieval foram duas tendências distintas, muitas vezes contraditórias, dentro do próprio feudalismo, a saber: a) a emergência gradual, no século XII, de regras estritas de herança; e b)a capacidade da Coroa de explorar em seu benefício os incidentes feudais mencionados pelo professor Jaguaribe. A "sociedade feudal" da França dos Capetos é o exemplo clássico, na história da Europa medieval, de como uma dinastia aparentemente insignificante, com pouca terra e só alguns vestígios de autoridade pública (derivados de Carlos Magno) foi colocada inicialmente em situação quase de impotência pela sua incapacidade de intervir junto aos magnatas feudais da França setentrional; mas a partir do reinado de Luís VII (1137-1180), a Coroa francesa pôde gradualmente explorar sua posição de suserano feudal para tornar o reino da França uma realidade política genuína. Nesse processo, absolutamente fundamental para a "formação da

Europa", a data mais importante foi sem dúvida 1204, o ano em que Filipe II (Augusto) expulsou o rei da Inglaterra, John, do Ducado da Normandia, porque não aceitava sua devida subordinação feudal.

Durante todo o século XIII a monarquia francesa foi indubitavelmente a mais bem-sucedida da Europa feudal, ainda mais porque os reis da França tinham três outras fontes de poder não-feudal. Havia muito que os Capetos se qualificavam como os monarcas mais cristãos de toda a Europa (*"les rois très Chrétiens"*); e nenhuma monarquia teve mais êxito em atrair para si uma incomparável sanção religiosa — processo que chegou a um clímax, nunca visto na cristandade, quando Luís IX (1226-1270) foi canonizado pouco depois da sua morte. Em um nível mais material, Filipe Augusto, São Luís e seus sucessores puderam explorar as terras aráveis mais ricas da Europa. Até o fim da Idade Média, nessa sociedade "o arado era o rei"; e ainda hoje o turista que viaja na estação apropriada entre as catedrais de *Notre Dame* de Paris e *Notre Dame* de Chartres pode ver os belos campos de trigo e centeio, produtos em que se baseavam fundamentalmente os recursos e as realizações dos Capetos. Mas a exploração da riqueza exige uma organização sofisticada, e a necessidade que tinham os Capetos de tributar seus súditos para levantar recursos vultosos, destinados a fins militares, provocou gradualmente a criação de uma burocracia complexa, especialmente depois da década de 1290 — na verdade, esses eram os primeiros sinais da estrutura de um Estado "moderno". Essa concentração de poder fiscal, administrativo e religioso por uma nova autoridade central, muito mais exigente, fica evidente para quem visita em Paris a Ile de la Cité, onde a catedral real (Notre Dame), a mais esplêndida capela real da Europa, com suas relíquias (Sainte Chapelle), e o Palais de Justice, podem ser vistos quase um ao lado do outro. Não espanta assim que o falecido R. H. C. Davis tivesse sido tentado a considerar o estilo gótico na arquitetura e na escultura como a marca da dinastia dos Capetos.

Na Inglaterra também se pode argumentar, como fizeram recentemente Jean-Phippe Genet e outros historiadores franceses, que a década de 1290 marcou uma nova forma de governo central, essencialmente fiscal — a autêntica *"génèse de l'etat moderne"*, como diz Genet. No entanto, a marca mais significativa na história política da Inglaterra medieval é essa data precoce em que o poder central da monarquia passou a dominar completamente a maior parte do país. Até mesmo os últimos reis anglo-saxões tiveram poder suficiente para dividir o seu reino, pouco tempo depois de unificado, em uma série de *"shires"* ou *"counties"*, dos quais quase todos (como Cambridgeshire e Oxfordshire) sobrevivem ainda hoje. Guilherme I da Inglaterra (1066-1087) se beneficiou da vantagem adicional de ter sido o maior "conquistador" de toda a história inglesa; em 1068 sua imposição do censo de Domesday, extraordinariamente oneroso, a todos os seus súditos, normandos e ingleses, é o maior testemunho possível do controle detalhado que o monarca exercia no nível local. No entanto, a autoridade central precocemente vigorosa dos reis da Inglaterra na Idade Média não deixaria de ser desafiada pelos seus súditos mais importantes, os barões ingleses; e foi talvez pelo fato de ter-se a Inglaterra se centralizou tão cedo que se desenvolveu gradualmente uma tradição sustentada de oposição constitucional, desde a Magna Carta de 1215 até a emergência gradual (nos anos 1290) do Parlamento, a mais influente de todas as numerosas assembléias surgidas na Europa no fim da Idade Média. Como fica claro nas páginas do professor Jaguaribe sobre a Península Ibérica, ali o desenvolvimento político não poderia ter sido mais diferente. Só no fim do século XV o apetite aquisitivo de Castela conseguiu finalmente absorver todos os outros principados, com uma única exceção importante: Portugal.

Todos esses desenvolvimentos políticos foram essenciais para a criação gradual dos Estados da Europa moderna, mas é importante lembrar que eles aconteceram contra o pano de fundo da desintegração gradual da autoridade dos imperadores germânicos. Daí a interessante categorização feita pelo professor Jaguaribe sobre o que ele diagnostica como as "seis fases principais" da história medieval da Europa, e que tende a se concentrar no relacionamento longo e quase sempre difícil entre o imperador e o papa. Um conflito que seria vencido pelo papa, especialmente depois da morte de Frederico II, em 1250. Mas hoje nos parece que nesse conflito o entusiasmo popular evocado pela religião cristã teve um triunfo ainda maior do que o do papa.

Com efeito, em certa medida o gradual declínio do espantoso movimento das Cruzadas, que já enfrentava grandes dificuldades antes de 1291, quando forças mamelucas capturaram Acre, pondo fim ao domínio cristão da "Terra Santa", refletia a incapacidade do papa em liderar a cristandade na batalha contra seu maior inimigo. No entanto, a influência da mensagem de Cristo raramente foi maior do que na Europa entre 1100 e 1300. O professor Jaguaribe mostra como os valores cristãos ajudaram a transformar as práticas brutais que prevaleciam no princípio da cavalaria, transformando-as em um código de ética e cortesia. Ao mesmo tempo, toda a Europa se cobriu finalmente de uma densa rede de paróquias e dioceses, enquanto (provavelmente o aspecto mais extraordinário dessa situação) um entusiasmo sem precedentes pela vida monástica se difundia por toda a cristandade. No período anterior à morte de São Bernardo de Clairvaux, em 1153, alguns comentaristas pensavam que "o mundo todo estava prestes a se converter em um grande mosteiro cisterciano". Na verdade não era bem assim; mas no século seguinte São Francisco de Assis (possivelmente o italiano de maior influência em toda a história mundial) e São Domingos tiveram um êxito espantoso em fazer da vida de Cristo (talvez pela primeira vez) um exemplo a ser seguido por todos os homens, mulheres e crianças no conjunto da cristandade, desde a Irlanda à Península Ibérica, e no futuro da Califórnia até a Argentina. Poucos movimentos religiosos foram menos exclusivistas do que o das ordens mendicantes (franciscanos, dominicanos, carmelitas e agostinianos); e essa é a menor das razões por que eles continuam sendo em nossos dias uma herança duradoura da cristandade medieval.

III
A SOCIEDADE MEDIEVAL

A terceira e última seção do resumo do professor Jaguaribe sobre a "Formação da Europa" se concentra em algumas das heranças mais importantes da cristandade medieval (o dinamismo das cidades; o comércio e as ligas profissionais; as universidades e a atividade intelectual). Todas dependiam naturalmente da prosperidade de uma economia agrícola. Como observou certa vez Ernest Hemingway, viajando pelo norte da Espanha, "[...]sempre que se vê uma grande catedral estamos em uma região que produz cereais". Nos séculos XI e XII essa generalização começou a ser aplicada a quase toda a Europa Ocidental. O aumento da exploração da terra arável, juntamente com o crescimento demográfico correlato, criou condições para a urbanização inexistentes desde o colapso do Império Romano. Desnecessário dizer, a maior parte das cidades da Europa medieval continuaram a ser centros de comércio comparativamente pequenos, com 3 mil habitantes ou menos; mas em certas regiões da Europa (notadamente na Itália setentrional, no sul da Holanda, no vale do Reno e na Espanha), não é exagero falar na verdadeira revolução urbana ocorrida nas décadas antes e depois do ano 1200.

Quase sempre uma próspera indústria da lã constituía o *sine qua non* do sucesso urbano; mas as cidades maiores foram o resultado da especialização nas manufaturas e nos artigos negociados no comércio internacional. Depois da Peste Negra (1347-1349), como antes, as grandes vantagens correspondiam àquelas cidades, como Veneza, Gênova, Florença e Barcelona, que dominavam o comércio de artigos de luxo — especiarias, sedas e outros preciosos produtos mediterrâneos. Normalmente essas cidades eram caracterizadas por um grau elevado de autonomia política, de alfabetização e autoconfiança. Cada cidade importante tendia a ter sua própria história, peculiar e muitas vezes violenta. Florença, cuja documentação é abundante, e que o professor Jaguaribe examina de modo interessante, desenvolveu gradualmente talvez o mais sofisticado governo e estrutura social de todas elas. No princípio do século XV, a época de Masaccio e Bramante, a elite política e mercantil de Florença adotou uma nova e revolucionária ideologia urbana, esse "humanismo cívico" que em breve fundamentaria os valores morais e artísticos da fase inicial do Renascimento italiano.

Especialmente depois de 1250 as grandes e pequenas cidades medievais estavam repletas de ligas, fraternidades e sociedades de todos os tipos. Qualquer que fosse o objetivo dessas associações — proteger os direitos adquiridos no comércio internacional (como a famosa Liga Hanseática), controlar os privilégios dos açougueiros ou padeiros em cada cidade — elas se manifestavam quase sempre em termos religiosos. Os homens (e às vezes também as mulheres) se reuniam regularmente para fundar uma irmandade religiosa com o propósito de rezar e promover missas pelas almas dos que morriam. Algumas dessas fraternidades se tornavam muito especializadas, particularmente os grupos informais de estudiosos que criaram gradualmente as primeiras universidades na Europa Ocidental. O professor Jaguaribe mostra que indubitavelmente as universidades de Paris, Oxford e Cambridge tiveram sua origem (por volta do ano 1200) na reputação de grandes mestres, assim como no entusiasmo generalizado pela especulação teológica a respeito da natureza de Deus e de Cristo. No século XIV, porém, não há dúvida de que as universidades da cristandade se consideravam fundamentalmente instituições de treinamento profissional, destinadas a formar o clero superior dos respectivos países — clero que assumiria as funções burocráticas mais importantes, a serviço da Coroa. Nesse sentido, a Idade Média tardia assistiu ao surgimento de "universidades estatais", de forma mais clara quando o imperador Carlos IV da Boêmia fundou a de Praga em 1347 — a primeira universidade ao norte dos Alpes e a leste do Reno. Dos legados que nos deixou a Europa medieval poucos foram mais importantes. Foi como professor de exegese bíblica na universidade saxônica de Wittenberg (1512-1546) que Lutero iniciou a revolução religiosa que deveria romper irremediavelmente o ideal de unidade cristã alimentado pela Idade Média.

Mas a reforma protestante de Lutero não teria tido êxito sem o apoio do seu Estado, assim como de outros Estados (inclusive da Inglaterra) contra o poder da Igreja, simbolizada pelo papado. Desse modo, o professor Jaguaribe parece estar certo, nas suas observações conclusivas sobre os seis principais problemas da sociedade européia na Idade Média, ao sugerir que o conflito entre o Estado e a Igreja provocou, finalmente, a completa independência de ambos. No entanto, como admite o próprio Jaguaribe, no caso dos cinco outros temas que ele identifica, muitos dos problemas enfrentados pelos nosso predecessores medievais ainda estão conosco. Na verdade, de certa forma as lições mais importantes a extrair das complexidades da história medieval da Europa é a de que neste mundo "tudo é vaidade".

Para ficar com o exemplo mais importante, aí pelo ano 1400 estava bem claro para os europeus que nem o papa nem os imperadores do *Reich* germânico podiam implementar suas pretensões "universalistas" de poder, que os predecessores tinham pelo menos tentado transformar em realidade. Durante seu "exílio babilônico" em Avignon, o papado tornou-se uma enorme burocracia. O Grande Cisma, a partir de 1378, dividiu a Igreja cristã durante 39 anos — e na verdade depois disso o papado nunca recuperou plenamente sua autoridade sobre os principados europeus. Da mesma forma, no século XV as fraquezas dos imperadores germânicos eram tão óbvias que em 1437 o trono imperial caiu permanentemente (até Napoleão) nas mãos da dinastia taburgo. É difícil portanto escapar da conclusão do professor Jaguaribe de que uma importante herança política que recebemos da Europa medieval (útil até certo ponto, mas em grande parte negativa) foi o excessivo poder e autoridade dos chamados "Estados nacionais". Será que no novo milênio poderemos superar esse legado?

ALGUMAS REFLEXÕES AO TERMINAR O SEMINÁRIO SOBRE "A FORMAÇÃO DA EUROPA"

Não há dúvida de que o professor Jaguaribe tem razão quando sugere que em 1998 é difícil ter uma perspectiva segura que permita avaliar esse longo período; e há quinhentos anos a ameaça de uma agressão pelo Islã pode ter parecido tão importante quanto as realizações da Europa Ocidental.

Certamente o conflito religioso e intelectual entre a razão e a fé teve tanta importância para o pensamento medieval quanto a atribuída pelo professor Jaguaribe. Como é natural, seria possível argüir que esse conflito foi também fundamental para a Reforma, no século XVI; e só depois de 1660, com Isaac Newton, se consolidou finalmente a emancipação ideológica da "visão medieval".

Possivelmente as heranças mais duradouras da Idade Média ocidental foram institucionais. Entre os exemplos mais evidentes estão os Estados e os parlamentos, a idéia da autonomia administrativa das cidades e (de não menor importância) o ideal e a prática das universidades, que são hoje os beneficiários mais conspícuos do excedente de recursos do capitalismo moderno.

CAPÍTULO 16
A CIVILIZAÇÃO OCIDENTAL
II. O RENASCIMENTO

(PROF. RUGGIERO ROMANO)

Enfrentar o problema do Renascimento na Europa constitui uma aposta importante, mas podemos dizer que o professor Helio Jaguaribe apostou e ganhou. Ele abordou o Renascimento europeu nas suas dimensões política, econômica, social, artística, religiosa, literária... e o texto que nos brinda constitui certamente uma base sólida para o debate. Mas seria injusto (e inútil) basear esse debate em questões de detalhe, porque é evidente que um historiador da economia (o meu caso), da arte ou do pensamento político poderia encontrar no texto alguma lacuna ou imprecisão. No entanto, repito, isso seria injusto e ademais inútil.

Mais importante é lembrar dois aspectos que me parecem ausentes das páginas de Helio Jaguaribe, que, no entanto, abrem um grande leque de interesses. Leque que, embora muito amplo, cobre sobretudo os elementos considerados habitualmente constituintes de uma "civilização": a política, a arte, a cultura. Procedimento que não critico, porque me parece que quando se procura fazer uma síntese é inevitável mencionar os aspectos mais paradigmáticos do fenômeno que se deseja apresentar. No entanto, é verdade que ao lado desse Renascimento "elevado" das grandes figuras (pintores, filósofos, sábios, príncipes...) há também uma cultura (no sentido antropológico), uma civilização material "inferior", mais modesta.

Tomando o exemplo da Itália vou procurar mostrar em poucas palavras certos aspectos dessa outra civilização. Desde o século XV a Itália manifesta, no seu conjunto, os sinais de uma decadência política, militar, econômica; ao mesmo tempo, oferece um modelo — na verdade, o modelo — do Renascimento "elevado", e também do Renascimento "inferior", propondo um novo estilo de vida, desde a vestimenta até a cozinha, da arte de servir a mesa à organização dos jardins, dos penteados ao mobiliário... A moda (no sentido moderno) da roupa feminina surge entre os séculos XV e XVI. Em 1515, Francisco I de Valois, rei da França, pede a Isabel d'Este que lhe mande uma *"puva"* (boneca) vestida conforme a moda italiana, para que as damas da corte possam imitá-las. Mas quem diz vestimenta diz também ourivesaria, penteados. E com efeito Francisco I pedia que a boneca mostrasse também *"acconciature di testa et de li capilli"*. Do mesmo modo, encontramos o seguinte diálogo em *Cynthia's Revels,* uma peça de Ben Jonson representada pela primeira vez em 1600:

Philautia: "A, meu bom Phantaste. O quê! Mudou de penteado?"
Phantaste: "É. O outro era quase vulgar, não tinha muita graça. Além disso, já o vinha usando desde a manhã."
Philautia: "Valha-me deus, este está muito bom, lembra a gravura italiana que vimos outra noite."

Quem era o autor dessa "gravura italiana"? Provavelmente G. G. Guerra, que escreveu um tratado intitulado *Varie Acconciature di Testa* (Veneza, 1590), ou então Cesare Vecello, que em *Habiti Antichi e Moderni di Tutto il Mondo* (Veneza, 1589) mostra também os penteados usados em diversas cidades italianas.

Mas não se trata apenas da moda no vestir ou nos penteados. Pode-se citar, por exemplo, a cozinha ou as artes da mesa, desde o serviço dos vinhos à colocação dos talheres; a difusão do guardanapo e do garfo individual começa no século XVI. A partir do século XVII o modelo italiano cederá diante de outros, mas o problema não é este. O que conta é que a partir da Itália se afirma um novo gênero de vida manifestado nas cores das roupas, nos jardins, nos cuidados corporais, nas chamadas "artes menores" (tapeçaria, ourivesaria, joalheria, os têxteis...). Naturalmente esse novo estilo de vida se difunde sobretudo nas cortes dos príncipes e nos palácios dos ricos e poderosos, mas vê-se também uma espécie de democratização de certos luxos: até mesmo as casas modestas têm agora vidros nas janelas, em lugar dos pergaminhos tratados com óleo da Idade

Média; a louça e os talheres se difundem nas casas burguesas (como testemunham os quadros dessa época); os espelhos ainda são objetos de luxo, mas é um luxo menos raro; e as cozinhas têm novidades, como a grelha giratória.

A distinção que tracei entre os dois Renascimentos é certamente exagerada; seria mais apropriado falar de uma oposição-integração. Darei um exemplo no caso da tipografia. Será supérfluo falar na verdadeira revolução representada pelo papel da tipografia na difusão do saber. No entanto, durante o século XV o livro ainda era um objeto caro: houve essa revolução, mas ela teve um alcance limitado. A verdadeira mudança ocorreu primeiro em Veneza, com Aldo Manuzio, que ao lado de obras mais caras começa a publicar livros de formato pequeno, com tipos claros, de fácil leitura, vendidos a um preço acessível. As edições "aldinas" oferecem sobretudo textos de "alta" cultura, mas a sua importância está também no fato de que esses livros oferecem um modelo de edição mais econômico, para livros, opúsculos e folhas volantes, destinados a um mercado mais amplo (por enquanto ainda não podemos falar em divulgação popular...).

O segundo ponto sobre o qual gostaria de chamar atenção tem a ver com o fato de que se houve um "Renascimento" houve também um "anti-Renascimento" (vide o grande livro de Eugenio Battisti, *L'Antirinascimento*, Milão, 1962) — ou seja, que ao lado do grande florescimento racional, "clássico", houve também formas de pensamento e de arte que não chamaria de irracionais mas que certamente são diferentes das "renascentistas", embora contemporâneas e seguramente em convivência osmótica com aquelas. Penso, por exemplo, em tudo o que cabe na categoria do esotérico. Sei bem que o interesse pela astrologia, alquimia e cosmologia sempre foi escamoteado ou diminuído em todos os quadros da civilização renascentista — o que torna difícil compreender personalidades como Giordano Bruno ou Giovan Battista Della Porta, Ou, por exemplo, as pinturas com forte conteúdo alquimista do *"studiolo"* de Francesco. de Médicis, no *Palazzo Vecchio* de Florença. Há sem dúvida a racionalidade arquitetônica de um Leon Battista Alberti, mas há também as "loucuras" arquitetônicas dos anos 1500.

Dir-se-á que em boa parte tudo isso constitui um resíduo medieval, o que não é certo pois esses "resíduos" adquirem agora um valor diferente do que tinham na Idade Média. Assim, por exemplo, a astrologia, mesmo na sua irracionalidade, desde o século XV exerceu um papel indiscutível na crítica feita à religião, o que não poderia acontecer nos séculos precedentes. Parece-me portanto que é preciso levantar esses problemas — pelo menos levantá-los, se não for possível resolvê-los — para mostrar que certas posições reducionistas não são produtivas.

Repito: esses temas que quis desenvolver aqui não são mais do que alguns elementos a acrescentar às páginas densas e ricas de Helio Jaguaribe, que nos permitem abordar com um passo mais firme os problemas tão complicados da civilização do Renascimento.

CAPÍTULO 17
O DESENVOLVIMENTO OCIDENTAL

(PROF. PETER GAY)

Tenho a fazer alguns comentários gerais que poderiam ser levados em conta.

1

O Iluminismo. O modo como o termo "razão" é empregado neste texto parece um tanto indiscriminado. Observo que *Philosophy of the Enlightenment* de Ernst Cassirer consta da bibliografia. No capítulo inicial desse livro Cassirer estabelece uma distinção entre o *"esprit de système"* e o *"esprit systématique"*. O primeiro é o racionalismo dos filósofos do século XVII, com suas grandes construções; o segundo é o racionalismo crítico e científico do Iluminismo, vinculado (embora nem sempre com sucesso) ao empiricismo e que despreza a metafísica. Tratei desse tema na minha obra *The Enlightenment: an Interpretation*, em dois volumes (1966, 1969), que, incidentalmente, não consta da bibliografia.

O assunto tem uma certa importância. Conforme Voltaire, Newton foi a personalidade mais importante que já viveu, não só pelas suas descobertas no campo da ótica e da física mas também pelo método que empregou. Foi ele que disse: *hypotheses non fingo*. E não foi só Voltaire que avaliou esse tipo de comprometimento empírico como a maior contribuição de Newton — encontramos a mesma avaliação em d'Alembert, Condorcet e outros. Uma atitude que naturalmente está refletida também nos trabalhos históricos da era do Iluminismo — notadamente os de Voltaire, Hume, Robertson e Gibbon —, que secularizaram a causalidade histórica, insistindo em que os eventos históricos são devidos a uma confluência de eventos naturais (secas etc.) e ações humanas. São elementos que o texto deixa de levar em conta ao falar em "razão" de forma indiscriminada.

2

O Romantismo. Tomar Goethe e Schiller como os fundadores do Romantismo, ou suas figuras mais importantes, é começar mal. Schiller nem se considerava um romântico nem era assim considerado por qualquer pessoa. É verdade que escreveu peças com personagens melodramáticas (a sua primeira, *Die Räuber*, é naturalmente um bom exemplo). Mas para classificá-lo, o que é decididamente difícil, ficaria entre os neoclássicos. Goethe é um caso mais complicado. No princípio, sobretudo antes de 1800, os românticos alemães sentiam uma grande admiração por ele (vide o comentário de Friedrich Schlegel, que considerava *Wilhelm Meister* um dos três maiores acontecimentos da sua época). Mas também é certo que é dele a frase famosa segundo a qual o clássico é saudável, o romântico é doentio. Na melhor das hipóteses, podemos tomar algumas das suas criações, como Fausto, como uma figura "romântica". Ao mesmo tempo, vale a pena notar que Fausto fracassa em quase tudo o que faz.

Se estamos em busca de românticos com *pedigree* puro, sugiro os irmãos Schleger, poetas como Hölderlin e Novalis, escritores como Tieck e, mais tarde, E.TA. Hoffmann. Foram nesses românticos que os franceses se apoiaram ao lançar-se em um romantismo próprio, embora valha a pena observar que os franceses — penso em Constant ou Stendhal — não participaram do renascimento católico, tão vigoroso entre os alemães (a exceção francesa é, naturalmente, Chateaubriand). No Romantismo, tudo tem suas exceções. No entanto, para reiterar o meu ponto, não foi feliz a escolha dos "românticos" citados no texto.

3

O heroísmo e os nazistas. Reconheço, naturalmente, que o "heroísmo" discutido no texto é claramente uma forma viciosa. Ninguém pretende defender Hitler. Não obstante, tenho uma forte impressão de que a ênfase no heroísmo como um ideal dos nazistas os coloca perto demais das outras formas de heroísmo existentes na civilização ocidental, menos viciosas. Para caracterizar o nazismo mais precisamente acentuaria dois pontos: 1) a importância da raça, no sentido mais primitivo, pseudocientífico do conceito; e 2) a existência de um líder carismático. Hitler era tudo: se tivesse morrido, tudo teria caído por terra. A meu ver essas duas qualidades caracterizam essa gente melhor do que o texto.

CAPÍTULO 18
REFLEXÕES SOBRE O SÉCULO XX

(PROF. MANFRED MOLS)

O século XX representa para nós, atores e observadores do presente, a época mais importante da humanidade. A justificativa desse julgamento é tríplice:

Em primeiro lugar, não há qualquer época histórica que nos afete de forma mais imediata do que o século XX, em particular as suas últimas décadas: é um período da humanidade que se manifesta como nosso contexto histórico direto, a condição histórica imediata a que estamos expostos e pela qual somos responsáveis. Qualquer que seja o impacto que tenham tido ou possam vir a ter civilizações antigas como a helênica ou a romana, o civilização do Renascimento ou a da China, a diferença principal entre a história passada e a atual é que não podemos influir no passado. Podemos lembrá-lo, interpretá-lo, examinar suas múltiplas influências — mas nem somos responsáveis pelos eventos pretéritos nem temos a menor possibilidade de formá-los ou mesmo de reformá-los. Em contraste, a história atual é uma parte substancial da nossa responsabilidade como homens. Cumprir ou não o nosso papel, de forma mais ou menos convincente, tem importância imediata, porque toca a nossa vida, nosso futuro e o da humanidade.

Isso nos leva diretamente à segunda justificativa: pelo menos o desenvolvimento das primeiras décadas do século XXI vai depender substancialmente das experiências e tendências prevalecentes no século XX. Esse ponto elementar foi discutido muito sucintamente pelo professor Jaguaribe no capítulo 18, sob o título "Perspectivas para o Século XXI", e penso que os cinco pontos ali citados — a condição global do mundo, o tipo de sociedade, de homem, de cultura e de mundo que vamos ter — refletem essa responsabilidade na transição entre o nosso período histórico e as décadas vindouras. Não haverá um novo plano do próximo século, um *novus ordo saeculorum*, mas uma mistura de continuidade, correções e inovações limitadas, em que o elemento de continuidade não deve ser subestimado. O aprendizado e o potencial de ação do passado são instrumentos indispensáveis para a formação do futuro, e a outra parte da continuidade significa que as próximas décadas do século XXI devem herdar os problemas do passado: superpopulação, devastação ecológica, a divisão Norte-Sul não resolvida, uma ordem econômica internacional intolerável, etc.

O terceiro argumento em favor da relevância do século XX é o seguinte: a pesquisa histórica acumulada até hoje e os recursos existentes em termos de informação e comunicação (inclusive viagens) oferecem uma oportunidade única de focalizar todas as emanações da história da humanidade no passado — de modo ponderado, comparativo, e como uma forma de procurar identificar o sentido que tem para nós o passado, quando o consideramos e analisamos. Isso não significa que um empreendimento como este *Estudo Crítico da História* nunca tenha sido tentado (implicando portanto que devemos respeitar as obras extraordinárias de Toynbee, Jaspers, Alfred Weber e tantos outros). Quanto a mim, penso que a parte final do século XX proporciona acesso a um conhecimento histórico que outras gerações de historiadores não tiveram. Mas enfatizar esse fato tem implicações. Há uma, duas ou mesmo três gerações o conhecimento universal e acadêmico sobre determinadas civilizações e culturas já tinha crescido de forma notável; assim, a diferença entre a visão que hoje temos dessas culturas e civilizações e a visão anterior resulta menos de aspectos fundamentais (que já eram então conhecidos) do que da acumulação de novos detalhes (que hoje ninguém, nem mesmo um grupo mais amplo de pesquisadores, teria condições de absorver e levar em conta adequadamente).

O que mudou com respeito às perspectivas e aos processos de pesquisa aqui considerados são dois fatos:

a) qualquer estudo verdadeiramente critico da História tem à sua disposição disciplinas ancilares de grande sofisticação, particularmente nos campos das Ciências Sociais como a Sociologia e a Ciência

Política, nas Relações Internacionais, na Economia e em certa medida também na Filosofia Comparativa — aspectos que as antigas gerações ainda não tinham desenvolvido, como a abordagem sistêmica ou funcional ou o rico debate a respeito do desenvolvimento e subdesenvolvimento dos últimos 40 anos, com a sua imensa contribuição, tão bem utilizada pelo professor Jaguaribe. É verdade que a maioria dos historiadores provavelmente não tem o treinamento suficiente para trabalhar de modo interdisciplinar, mas quando isso é possível nossa situação oferece hoje possibilidades estimulantes;

b) atualmente todos trabalhamos mais do que nunca com consciência de um contexto histórico global, tendência que é irreversível. Os inter-relacionamentos ainda poderiam ser mais bem estimulados: é evidente a mudança havida na perspectiva histórica central. A história universal (*Universalgeschichte*) já foi tentada também em épocas passadas, por Políbio, por exemplo, ou pelo notável intelectual alemão Friedrich von Schiller, no século XVIII, mas o que os historiadores faziam então era comparar a sua própria civilização com outras culturas diferentes, consideradas muitas vezes como estranhas e pouco convincentes.

Estes são comentários introdutórios ao Capítulo 18. Examinemos agora uma parte do seu conteúdo.

Tenho dificuldades com dois pontos das observações introdutórias.

O primeiro é o seguinte: a sociedade de massa se desenvolveu muito antes do que o texto indica: a saber, de um lado em conseqüência da Revolução Francesa e das guerras subseqüentes, quando a *levée en masse* se tornou um novo elemento estratégico; de outro, com o surgimento de grandes proletariados nos países mais importantes da Primeira Revolução Industrial: na Inglaterra, Bélgica, Estados Unidos e mais tarde na Alemanha.

Eis o segundo: a irradiação do comunismo russo pela Europa ainda era relativamente limitada, especialmente nas duas décadas anteriores à Segunda Guerra Mundial, quando surgiram as grande estruturas ideológicas e os grandes programas sociais. No comunismo russo quase nada parecia atraente. Depois, os grandes partidos comunistas da Itália e da França sentiram-se mais vinculados à idéia do comunismo do que especificamente ao modelo soviético — o que era ainda mais certo na Iugoslávia, com suas características originais de uma economia baseada em agências autônomas. O chamado *Welfare State* também teve raízes complexas, dentre as quais não podemos esquecer os ensinamentos sociais da Igreja católica, que tinha muita força em partes importantes da Europa (por exemplo, o bispo Ketteler em Mainz, em meados do século XIX). De modo mais geral: na forma como o professor Jaguaribe interpreta o século XX sente-se uma certa tentação de atribuir importância excessiva às grandes mudança sociais ocorridas na Europa do nosso tempo em favor dos socialismo e da social-democracia. As características fundamentais da famosa economia social de mercado, por exemplo, tiveram sua origem nos campos liberal e democrático-cristão. Levou bastante tempo para que os partidos socialistas aceitassem a idéia de uma economia de mercado com correções ou limitações definidas pelos incentivos e as responsabilidades sociais.

A globalização é sem dúvida outra característica importante da nossa época, que, como o professor Jaguaribe indica corretamente, teve suas origens, de modo geral, na era das grandes descobertas marítimas, no século XV, com Vasco da Gama. Por outro lado, é indubitável que a presente fase da globalização traz enormes desvantagens para 80 ou 90% da população mundial. Todas as ondas de globalização foram marcadas pelo desequilíbrio entre o centro e a periferia (cf. capítulo 18), um hiato que se vem aprofundando. Mas, como o capítulo afirma corretamente, não é impossível superar ou pelo menos mitigar esse defeito. Neste sentido, mencionar o neoliberalismo como a primeira questão relevante é absolutamente plausível. No entanto, bem mais do que um ataque aos "inocentes do Terceiro Mundo", o neoliberalismo é um elemento destrutivo em todas as economias, sendo um dos motivos fundamentais (juntamente com o crescimento do Estado assistencialista) das altas taxas de desemprego em muitos países europeus. Em qualquer país, em qualquer lugar do mundo, adotar uma economia em que o critério de valor é o preço das ações, sem maior responsabilidade social por parte das elites empresariais e dos responsáveis pela política econômica e fiscal dos governos, e portanto sem um controle político nacional (assim como internacional), significa investir contra uma muralha de concreto. O neoliberalismo é incapaz de conceber a noção de uma boa sociedade (e um bom Estado), com qualidades desejáveis — um aspecto muito discutido nas últimas décadas pelos cientistas sociais latino-americanos. Afirma-se muitas vezes que a exigência fundamental imposta à conduta humana nos tempos modernos é a flexibilidade; mas também se tem observado que isso não significa que o homem seja necessariamente o sujeito ativo desse empreendimento, podendo vir a ser apenas um elemento passivo, desprovido de vontade própria.[2]

Nesse contexto, outro ponto que merece nossa atenção é a evidente inexistência de um esforço de pesquisa e desenvolvimento na maioria dos países periféricos. Nem as "reivindicações" (*sic!*) — termo e conceito político muito favorecido, durante longas décadas no pensamento político e mesmo acadêmico da América Latina — nem uma oferta de pretensa ou efetiva transferência de tecnologia constituem em si mesmas soluções apropriadas. Uma participação efetiva em P&D é pré-requisito indispensável para uma autêntica parceria internacional entre o Norte e o Sul. Se compreendo bem as observações de Shintaro Ishihara,[3] entre outros, a P&D foi importante e continua sendo importante no Japão, em Cingapura, na Coréia do Sul — países que se sentem menos expostos à globalização, considerando-se ao contrário membros do pequeno grupo dos promotores dessa tendência. Gostaria de unir esses dois argumentos: se a globalização é uma condição inescapável da nossa época, e se representa mais uma oportunidade do que uma condenação, ela precisa gerar desafios técnicos e tecnológicos que ultrapassem de muito o círculo relativamente restrito das nações mais avançadas industrialmente, do Grupo dos Sete. O outro requisito é uma participação mais ampla na discussão da boa sociedade e do bom Estado, e nas economias, que ultrapasse o mero funcionalismo. Fukuyama nos dá uma única resposta (assim como Lerner e Lipset, algumas décadas atrás): não haverá uma resposta final ou um plano aceito universalmente, porque as soluções mundiais eficazes exigem a garantia crítica da pluralidade histórica das civilizações. A questão fundamental, levantada também pelo professor Jaguaribe ao indagar "Que tipo de mundo?" é inevitável, e não pode ser respondida sem uma compreensão madura e sofisticada dos impactos e das potencialidades históricas, assim como das limitações contidas na memória coletiva das civilizações.

O argumento apresentado até aqui é que os traços culturais, as idéias prospectivas e as capacidades tecnológicas se juntaram para oferecer conjuntos de capacitação operacional. Como afirma corretamente o Capítulo 18, essas coisas não podem ser discutidas sem levar em conta a presença do poder e uma idéia da provável estrutura futura de poder. Nesse ponto não concordo inteiramente com algumas das idéias de Helio Jaguaribe.

Para Jaguaribe há uma espécie de opção lógica entre uma *Pax Romana* hegemônica moderna e um regime de consórcio, reunindo alguns dos Estados mais influentes e de maior liderança internacional, sob a égide das Nações Unidas. Ora, não estou convencido de que muitos analistas europeus e também asiáticos aceitem essa idéia. Antes de seguir adiante com outra idéia sobre o assunto, vamos examinar os dois elementos da alternativa apresentada.

Não há dúvida de que os Estados Unidos são agora a única superpotência remanescente, e que foram também no passado a única superpotência pluridimensional — digamos, entre o fim da Segunda Guerra Mundial e os anos 1989-1990. Essa grandeza pluridimensional nos Estados Unidos está se desvanecendo completamente, em um processo de relativização e também com alguns aspectos de declínio. Pela excessiva dilatação? É possível — esse seria um argumento de Paul Kennedy. Mas o contra-argumento, que aponta para o ceticismo com respeito a um papel viável e aceito internacionalmente exercido pelos Estados Unidos, mostra outras dimensões. Uma delas é o claro desaparecimento da antiga irradiação paradigmática norte-americana: com efeito, os Estados Unidos perderam um parte importante do *soft power* de que já dispuseram. Em termos de bem-estar e freqüentemente também em termos culturais e até mesmo tecnológicos, os europeus se sentem diferentes, quando não superiores.

É preciso conceder que a Europa não tem Harvard, o MIT ou Stanford. Este, porém, é um argumento relativo. Uma comparação entre os padrões "médios" de qualidade em termos de conhecimento acadêmico, teses doutorais, resultados de pesquisa, domínio de línguas estrangeiras, livrarias e quaisquer outros indicadores razoáveis que possam ser avaliados (como o número de patentes internacionais) mostram rapidamente que não faz muito sentido falar em uma extraordinária superioridade norte-americana: as universidades de Tóquio, Canberra e Cingapura mantêm os mesmos padrões. Se acrescentarmos o número de orquestras ou de teatros qualificados, se compararmos o número de jornais ou as transmissões de TV realmente qualificadas, ficará claro o que quero dizer: na Europa e no Extremo Oriente (essa é uma parte importante do famoso debate sobre os valores asiáticos), a mentalidade das lanchonetes McDonald's e as formas exageradas de individualismo parecem pesadelos quando as pessoas refletem sobre o futuro da civilização.

Meu ponto não é que nesses contextos as alternativas européia e asiática (quando e onde elas existem) sejam estrelas-guia que nos mostram o caminho do futuro, mas que a estrela da civilização norte-americana parece hoje menos brilhante do que há uma ou duas gerações (por exemplo, na época em que Toynbee escreveu a sua obra). Durante cerca de 40 anos, a começar da segunda metade da década de 1940, o século XX foi o "Século Americano". Nas palavras de Paul Kennedy, "Não há [...] muita dúvida de que os Estados Unidos entrarão no século XX e um como a maior potência mundial. Mas, se manterão essa posição no século vindouro, é uma questão em aberto". E prossegue com o seu argumento: "Pois as mudanças — tecnológicas, financeiras, demográficas, ambientais — que afetam atualmente o nosso planeta são tão profundas que seria uma imprudência afirmar que o próximo século será também seu".[4] Desde o fim dos anos 1970 ouvem-se murmúrios a respeito de um "Século do Pacífico" ou mesmo de um "Século do Pacífico Asiático", soterrados depois pelas repercussões da crise asiática. Significará isso que voltou a soar a hora da Europa? Certamente não do modo como ela se manifestou nos quatro séculos anteriores a 1900 — esperemos que não. Testemunhamos porém um longo, oneroso e muitas vezes fatídico período de nascimento de uma nova Europa, que os europeus não aceitam que fique atrás de qualquer outra região. Jacques Chirac comentou: *"L'Europe est une grande aventure collective. C'est une aventure sans précédent [...] compte rendu de son potentiel [L'Europe] peut et doit devenir la première puissance du monde multipolaire de demain".*[5] ("A Europa é uma grande aventura coletiva. Uma aventura sem precedente [...] dado o seu grande potencial, pode e deve tornar-se a maior potência do mundo multipolar do futuro.") Serão essas palavras simples retórica política? Penso que não. Sem cair na tentação de acreditar em profecias históricas, a observação do presidente da França expressa uma convicção européia generalizada, compartilhada por muitos europeus responsáveis. Sob o título "A Superpotência Européia" a revista inglesa *The Economist* argumenta de forma mais cautelosa: "Ainda não, mas pode finalmente tornar-se uma força mais coerente no cenário mundial".[6]

Voltemo-nos agora para as Nações Unidas, que se já não existissem precisariam ser inventadas. Seria fácil apresentar uma longa lista das suas realizações internacionais em termos de manutenção e restauração da paz, desenvolvimento, difusão de um padrão aceitável para a conduta internacional dos Estados, das multinacionais e das ONGs, assistência global à saúde, assistência a refugiados etc. Isso demonstra claramente os benefícios que o mundo recebe das Nações Unidas e das suas numerosas organizações especializadas. Mas não devemos esquecer que do ponto de vista legal e financeiro o sistema da Organizção das Nações Unidas (ONU) depende da cooperação entre os governos membros. E a sua influência depende em larga medida da vontade de cooperar dos Estados mais influentes. Em *The Quest for World Order*, Tommy Koh, o prestigioso diplomata de Cingapura, com muitos anos de experiência pessoal e responsabilidade operacional pelos assuntos das Nações Unidas, apresenta dois argumentos fundamentais em favor da ONU, que indicam ao mesmo tempo o âmbito do poder real da Organização: 1) a utilidade de órgãos como a Assembléia Geral ou a UNCTAD "reside no fato de que as Nações Unidas refletem a opinião pública mundial, e uma resolução da Assembléia Geral ou da UNCTAD exerce uma pressão moral sobre o estado ou Estados a que ela está dirigida"; e 2) "A ONU serve também um posto de escuta assim como uma janela aberta para o mundo".[7] Acho que não me equivoco ao repetir que essas avaliações são aceitas amplamente tanto na Europa como na Ásia.

O terceiro ponto com respeito à ordem mundial futura é que na minha opinião o elemento de insegurança e imprevisibilidade merece mais atenção. O caos potencial entre, digamos, Kiev ou Petersburgo e Vladivostok é uma ameaça à paz mundial, e não há sinais de que a Rússia e algumas das suas antigas repúblicas, agora independentes, poderão recuperar-se. Por outro lado, sabemos qual será o destino da China? E ainda, para sugerir outro exemplo, temos condições de avaliar corretamente todas as conseqüências da perda de autoridade do Estado — um fenômeno que acontece em todo o mundo?

Há outra parte do capítulo do professor Jaguaribe que deveríamos pelo menos mencionar. Sua exposição sobre os conceitos de pós-modernidade é absolutamente brilhante, embora não de fácil leitura. Não tenho dificuldade em entender a posição de Jaguaribe, para quem a pós-modernidade representa a expressão definitiva, imensamente mais elaborada, da síndrome dos sofistas, e portanto o ambiente cultural contemporâneo mostra uma semelhança marcante com a crise do pensamento grego no quinto século a.C. São idéias que fazem sentido no contexto da civilização ocidental. Mas não podemos esquecer que segmentos amplos e promissores da humanidade não compartilham os conceitos ocidentais de cosmos, do princípio antrópico e do sofismo moderno. Nos últimos anos tenho ficado impressionado com a seriedade com que os estudiosos indianos, coreanos e de outros países asiáticos tentam definir o seu próprio futuro e o futuro da humanidade. Meu argumento não é o de que eles propõem alternativas viáveis e convincentes às convicções do Ocidente (possivelmente até mesmo às convicções prevalecentes), mas o fato de que representam uma parte importante e influente do modo como os homem refletem sobre as suas condições em circunstâncias históricas reais — a saber, as injunções e a cultura que experimentam a cada dia.

Nesse ponto, ressurge o debate sobre os valores prevalecentes na Ásia e no Ocidente. Se fixarmo-nos exclusivamente na sua parte polêmica, conforme manifestadas por Lee Kuan Yew, Mahatir Mohamad ou mesmo as afirmativas pró-asiáticas de Kim Dae Jung, o debate parecerá um movimento de protesto dentro de um campo internacional de poder, em que os líderes e os intelectuais interessados buscam um novo delineamento das suas esferas de influência. Mas o ponto importante é outro. A despeito da crise, mas absolutamente bem-sucedida em termos econômicos e tecnológicos, sem qualquer precedente na história da humanidade, a Ásia não está disposta a vender a sua alma a Mefistófeles. O debate corrente sobre os valores, e suas repercussões, representa um esforço gigantesco para definir identidades enraizadas — nada mais e nada menos. Kishore Mahbubani, o principal intelectual (e diplomata) da chamada "Escola de Cingapura", publicou em 1998 um opúsculo sob o título *Can Asians Think?*[8] Eis algumas das suas afirmações:

> "[...] é cedo demais para dizer se as sociedades asiáticas poderão ter êxito na sua própria integração ao mundo moderno e também se poderão voltar a vincular-se com o seu passado: dois desafios monumentais. Mentalmente os ocidentais têm uma clara vantagem sobre os asiáticos, pois estão convencidos de que o seu salto bem-sucedido para a modernidade resultou em grande parte da compatibilidade com o universo moderno dos sistemas de valor que adotam. Com efeito, muitos ocidentais acreditam (consciente ou subconscientemente) que sem os sistemas ocidentais de valor nenhuma sociedade tem condições de ingressar no universo moderno".[9]

Segundo o seu argumento, precisamos de um discurso em nível global para chegar a uma futura civilização mundial, em que os cerca de 70% dos habitantes do mundo que vivem na Ásia também se sintam à vontade. Esse discurso começou agora com o debate sobre os valores asiáticos, e poderia durar vários séculos. Assim, a esperança é que o futuro esteja "na fusão das civilizações".

Tenho um último ponto a acrescentar, agora com respeito às "Conclusões" do imenso e admirável trabalho do professor Helio Jaguaribe. Ninguém poderia negar que a civilização planetária que está nascendo tem traços de agnosticismo. No entanto, ainda não é certo se ela será completamente agnóstica. Em muitas partes do mundo os fundamentalismos religiosos são importantes, e fora da Europa e das Américas as igrejas e denominações cristãs não se encontram em posição defensiva. Nesse contexto, Richard Falk, que há muitos anos é um dos principais analistas das tendências futuras, faz o seguinte comentário:

"As metas da governança humana ainda não são inteiramente claras, e envolvem um processo de descoberta, especialmente pela ação da sociedade civil mundial. Vários aspectos da governança global [...] abrangem ... a facilitação do contato e do diálogo entre civilizações, com o objetivo de conciliar as idéias seculares de uma estrita separação entre a religião e a política com as muitas solicitações não-ocidentais em favor de um processo mais diretamente infundido pela espiritualidade e por práticas religiosas".[10]

Tomemos como exemplo o confucionismo. A discussão dos coreanos sobre o futuro está repleta de tentativas de conciliar o seu antigo sistema de crenças com o mundo moderno. É a mesma impressão que tenho ao ler Anwar Ibrahim ou ao ouvir alguns importantes cientistas políticos indianos, como V.R. Mehta.

CAPÍTULO 19
CONCLUSÕES

(PROF. TORCUATO DI TELLA)

No seu capítulo final Helio Jaguaribe expõe as principais regularidades que podem ser identificadas no desenvolvimento, decadência (ou, esperemos, a não decadência) das civilizações. Na maioria dos casos considerados houve uma fase de declínio, tanto assim que desde a Antiguidade tem havido uma tendência entre os filósofos da História para acreditar que eventualmente todas as civilizações terão esse fim. Como fica evidente nesse capítulo final e no que o precede, intitulado "Reflexões sobre o Século XX", Jaguaribe não participa desse pessimismo. Nele se apresenta o que poderia ser chamado de "civilização planetária", baseada principalmente nas realizações do Ocidente, com a incorporação de muitos elementos de outras culturas. É duvidoso que no futuro todas essas diferentes tradições se mantenham como "civilizações" separadas, e Jaguaribe não considera que isso seja provável. Com efeito, ele argumenta que a civilização planetária que está nascendo incluirá todas as demais sobreviventes, sendo as mas preeminentes a chinesa, a indiana e a islâmica, que com o tempo se transformarão em simples variedades de um mundo unificado — o mesmo acontecendo com a ocidental. Naturalmente, o autor não propõe referências de tempo para essas tendências. Se surgirem problemas à frente — e certamente surgirão, numerosos —, eles devem representar não tanto choques entre civilizações mas processos de decadência interna, como aqueles havidos com freqüência no passado.

Colocado dessa maneira, o tema lembra imediatamente a tese de Huntington sobre o conflito das civilizações (ou seja, das culturas) visto como a preocupação mais imediata da humanidade, em substituição à da Guerra Fria, com a sua polarização ideológica.

Naturalmente as duas teses não são incompatíveis, pois muito depende da escala temporal considerada. A de Huntington está mais próxima de nós, associando-se mais de perto às preocupações com a política externa. A de Jaguaribe coloca-se em um prazo mais longo; por outro lado, se posso usar esse qualificativo, é mais filosófica. É possível que para o nosso autor o cenário de confrontação pintado por Huntington possa ser considerado uma descrição de guerras civis potenciais dentro da civilização planetária em evolução.

As "civilizações" são unidades analíticas apropriadas?

Uma civilização é certamente um fenômeno de grande abrangência, sem limites precisos quanto ao seu conteúdo e aos requisitos mínimos para que se considere um determinado grupo humano, em certo período histórico, detentor de uma civilização propriamente dita — e não apenas de uma variedade provinciana. Mas a discussão desse problema de definição não tem muita utilidade, e podemos admitir que os principais objetos estudados por Helio Jaguaribe, ou por outros pensadores como Toynbee e Sorokin, constituem unidades de análise inteligíveis. Na sua obra famosa Toynbee vai longe, argumentando que para criar generalizações históricas válidas precisamos focalizar objetos amplos, como as civilizações. Mas serão esses casos exemplos de uma concepção comum, a respeito da qual pensamos poder formular afirmativas científicas? Muitos cientistas sociais rejeitariam a idéia — em particular os que se concentram no estudo de uma só área, com uma perspectiva histórica ou sociológica, lidando com unidades de observação conceitualmente menores. Nas versões mais extremas, essa forma de pensar nega que se possa formular qualquer generalização sobre os temas referentes ao homem, que dependem da flutuação da *virtù* e da *fortuna*, e podem surgir em contextos com tantas variáveis que é praticamente impossível controlá-las. Impossibilidade, que, segundo essa opinião, decorreria não só da ausência de experimentação mas da inexistência de casos comparáveis em número suficiente, de modo que não se evidenciam regularidades confiáveis, ou quando elas parecem surgir podem se invalidadas com a simples alegação de que nesse caso "as outras coisas não são iguais".

Que fazer, então? É muito tentador entrar em desespero, e passar a cultivar o nosso pequeno jardim, considerando as tramas da História como insanidades contadas por um louco. A maioria dos nossos profissionais sucumbiu a essa tentação. Entretanto, diante dessas seduções Helio Jaguaribe se manteve sereno como Ulisses, embora tenha cedido finalmente à tentação oposta, de tentar encontrar uma medida para os assuntos humanos, quando considerados com um olhar abrangente. E esse olhar foi de fato abrangente, a julgar pelo número de capítulos que tem a sua obra.

No entanto, volto a perguntar: será possível dizer algo sobre um conjunto tão amplo, confuso e contraditório de ações humanas como o aqui considerado? Bem, a resposta é "sim" e "não". Não, se respeitadas as regras adotadas por muitas das ciências sociais. Em outras palavras, não é possível chegar a generalizações confirmadas de tão amplo escopo, válidas pelo "consenso das pessoas bem informadas". No entanto, a curiosidade humana é insaciável, e além desses limites exige certas respostas a respeito de onde viemos e para onde vamos. Se não houvesse uma resposta obtida mediante algum tipo de estudo científico disciplinado, precisaríamos recorrer aos oráculos da religião ou da ideologia. Pode ser que isso seja inevitável, mas há um meio-termo entre os oráculos, de um lado, e de outro a acumulação meticulosa de pequenas unidades de informação, ou de generalizações muito limitadas. Helio Jaguaribe escolheu esse terreno para a sua investigação, orientado pela razão e a evidência comparativa; no entanto, embora ousado nos seus passos, ele não ignora que precisa dá-los de forma ordenada para poder chegar ao destino traçado. Nesse campo, o autor se desloca em um terreno intermediário entre o inventário das regularidades observáveis e a busca de normas destinadas a orientar a conduta humana. Um terreno difícil, mas é necessário percorrê-lo, e não é difícil entender que interesse à Unesco. Vale a pena citar amplamente as preocupações expressadas por Jaguaribe.

No curso da História as religiões têm sido os canais mais importantes para o exercício da transcendência humana. Como a civilização planetária emergente será a primeira civilização agnóstica em toda a História, é uma preocupação séria saber como a sociedade tecnológica e consumista poderá recuperar novos valores humanísticos sem recorrer à religião.

Mas, por que atribuir uma tonalidade científica a esse esforço, se ele é sobretudo normativo? A resposta é que não é bem assim — como se disse anteriormente, ele está situado em um plano intermediário. Explícita ou implicitamente, busca normas que orientem a conduta, mas o seu objetivo é chegar a elas como conclusões de cadeias de causa e conseqüência, regularidades derivadas não do raciocínio puro mas da experiência histórica. Segue assim os passos de Tucídides, quando começa *A guerra do Peloponeso* dedicando sua obra "àqueles que desejam conhecer a verdade das coisas passadas, e por elas conhecer e julgar outros eventos semelhantes que possam ocorrer no futuro".

Nessa afirmativa sucinta há muito que Jaguaribe poderia incorporar como seu. A inevitabilidade é afastada, mas dadas certas condições admite-se uma certa repetição de eventos encadeados, usando como variáveis independentes as ações e opções dos indivíduos e das coletividades. Desse modo, os processos históricos podem ser vistos como uma série de vínculos do tipo "dado um certo conjunto de circunstâncias, se forem praticadas tais e tais ações os resultados serão esses". Não se trata certamente de determinismo, pois o fator causal é uma ação ou opção humana, considerada livre, dentro de certos limites. Pode-se acrescentar também que os resultados são plenamente determinados, e a História só pode garantir a alta probabilidade das cadeias de causas e efeitos que se repetem. Essa indeterminação, ou absoluta falta de determinismo nas seqüências causais, se deve entre outras coisas ao fato de que o número das variáveis envolvidas é tão grande que haverá sempre algum resíduo de fatores desconhecidos, que podem explicar a diferença dos resultados. Em outras palavras, a opção A, adotada livremente, mesmo que seja acompanhada freqüentemente do resultado B (por causa dos vínculos causais estabelecidos), pode produzir um resultado diferente se as circunstâncias mudarem, pois nas novas circunstâncias pode estar presente uma variável imprevista.

Poder-se-ia supor que a previsibilidade dos resultados fosse decorrente da existência de uma natureza humana estável. No entanto, se a natureza humana é fixa, as sociedades variam amplamente, criando o que Jaguaribe chama de "diferentes condições humanas", conceito que se aproxima da descrição do modo como os seres humanos respondem aos desafios que precisam enfrentar. Esse fato termina sendo uma variável adicional a levar em conta na comparação entre civilizações. No entanto, a condição humana não mudou tanto ao longo dos séculos, a não ser nos primórdios da civilização, ou talvez no momento presente, com a tecnologia de ponta, quando a inovação constante se torna uma expectativa normal, contrariamente ao que aconteceu com nossos antepassados por milênios.

De Alfred Weber a Toynbee e Sorokin

Alfred Weber, Toynbee e Sorokin são algumas das principais influências intelectuais que modelam a abordagem de Jaguaribe à História, especialmente o primeiro e o último. No entanto, a ampla abrangência de civilizações concretas típica de Toynbee se aproxima também da visão de Jaguaribe, embora haja uma grande diferença na interpretação dos eventos e em algumas premissas transcendentes.

Esses autores já não se encontram mais no auge da sua popularidade, mas as preocupações que expressaram continuam válidas, ainda que as técnicas de pesquisa atuais, orientadas para temas mais circunscritos, tendem a que se veja com uma certa desconfiança uma problemática tão ampla. Os seus esforços, porém, constituem um rico acervo de idéias, que não poderíamos dispensar, embora algumas delas possam às vezes necessitar de maior elaboração.

Helio Jaguaribe atribui grande importância às noções weberianas de civilização primária, secundária e terciária, usando-as como base da sua seleção de casos. Na verdade, na análise e no desenvolvimento do trabalho não faz muita diferença se uma civilização é primária ou terciária, mas há outros fatores a serem considerados que podem estar presentes em qualquer um desses tipos de civilização.

Jaguaribe repete a tentativa de Toynbee de criar conceitos baseados em um grande número de fatos observados — como o proletariado interno e externo, e outros — mas usa seu próprio conjunto de conceitos, evitando as leis rígidas de seqüência histórica, que são fundamentais na obra de Toynbee[11]. Isso, a despeito do fato de que as generalizações de Toynbee são um excelente exemplo do que Karl Popper descreveu como "leis históricas", cuja validade é rejeitada por aquele filósofo da ciência, juntamente com as "leis do materialismo histórico", estabelecidas pelo profeta de Treves, mais bem conhecidas, que pretendem regular a seqüência dos modos de produção. Jaguaribe evita a colocação dessas seqüências históricas. Contrastando com a afirmativa de Marx de que em certo ponto as forças de produção se chocam com as relações que as controlam, para gerar um novo modo, Jaguaribe afirma, com mais cuidado, que a mudança acontece quando modificações em um dos sub-sistemas da sociedade obrigam os outros sub-sistemas aos ajustes adequados[12]. Contudo, pode haver resistências de vários tipos, que bloqueiem as inovações de um dos sub-sistemas, como no caso do desmantelamento da reforma monoteísta no Egito. Veremos mais adiante que o texto está cheio de caminhos alternativos que podem ser seguidos pela sociedade, dependendo de decisões e conjuntos de ações difusos pela sua estrutura social. Portanto, a mudança social não é verificável deterministicamente, embora se desloque dentro de limites impostos por forças poderosas. O objeto de todo o *Estudo Crítico da História* é justamente descobrir qual a natureza dessas forças.

Sorokin aparece em vários pontos do Estudo, quase sempre com a sua classificação dos tipos de cultura — *ideacional, idealista* e *sensata*. Excede o escopo dos meus comentários definir esses conceitos, que o autor faria bem em explicitar de forma mais extensa, já que eles têm uma função importante na sua visão da História. Sorokin tende a esperar uma seqüência fixa na passagem de cada um desses tipos para o seguinte, admitindo porém exceções e reversões. Jaguaribe se liberta dessa fixidez seqüencial, um verdadeiro leito de Procrusto, e associa os diferentes tipos de cultura às funções exercidas pelas elites, assim como à conexão entre essas elites e a massa popular. Assim, num certo sentido a História passa a ser uma sucessão de elites, e em grande parte um cemitério para a maioria delas. As elites são um órgão dispendioso para a sociedade, e se elas não se disciplinam o seu peso é suficiente para destruir a respectiva civilização.

A grande diferença entre a civilização planetária e a maior parte das outras está em que hoje o sistema produtivo permite a manutenção de uma classe dirigente sem tornar a vida impossível para o povo. No entanto, a relação entre elite e massa guardou seu caráter fundamental, e é um dos elementos principais do raciocínio desenvolvido por Jaguaribe, para quem é necessário que haja uma elite neo-estóica, que administre com eficiência nossa civilização planetária, com seus numerosos aspectos *sensatos* e suas tendências para um "consumismo intransitivo", o nihilismo e a "descartabilidade" dos seres humanos. Uma expectativa difícil de satisfazer, baseada em interpretação muito seletiva e criativa da evidência histórica. Certamente não se trata de determinismo. É possível que a evidência seja limitada, duvidosa a possibilidade de reproduzir experiências muito antigas, incomum a atitude exortatória. De qualquer forma, estamos longe da situação atual, lamentada por muitos observadores do campo das Ciências sociais: "sabemos cada vez mais sobre cada vez menos".

As civilizações auto-sustentáveis

Um tema recorrente neste volume, e portanto nas suas Conclusões, é a natureza auto-sustentável das civilizações. Característica associada à sua capacidade de auto-regulagem, principalmente em razão da convicção com que adotam um certo conjunto de valores, e a capacidade que têm de defender suas populações contra ataque externos. As crenças podem denotar também o resultado da decadência interna, ou da penetração por outras culturas, que demonstram desta forma seu maior "poder". As reações podem ser de vários tipos, não necessariamente favoráveis à sobrevivência. O autor toca aí um tema muito amplo, que justificaria talvez uma análise mais detalhada das alternativas.

Jaguaribe descreve alguns exemplos interessantes dessa adaptação a novos desafios. Um deles é o da atual liderança chinesa, que a despeito de muitas falhas, conseguiu adaptar-se a uma cultura sensata não-nihilista, sem perder seus fundamentos transcendentais e as suas energias, pois estas últimas não implicam necessariamente crenças religiosas.

Este é um elogio bastante inesperado do que acontece na China, que naturalmente deve ser avaliado dentro de uma perspectiva de longo prazo. Na civilização planetária poderá haver um processo semelhante de integração do antigo e do novo, de valores sensatos e idealistas, desde que ela consiga combinar o progresso científico e tecnológico com um "humanismo social efetivamente internalizado". No mundo do "homem descartável" isso implica todo um programa de mudanças sociais, que o texto apenas insinua.

Precisamos retornar aqui às funções das elites, que incluem a exemplificação dos valores. Os exemplos, porém, exigem um corpo: eles precisam ser observados, incorporados a uma instituição para expor e consolidar os valores exemplificados. Em outras palavras, precisam de uma igreja. Como criar essa igreja em uma civilização agnóstica, que o autor considera ser uma característica dessa fase planetária, é um problema real, que merece ser considerado em mais detalhe, esforço que, embora penetre no reino da futurologia, é perfeitamente adequado a uma obra histórica.

A reprodução dos meios de subsistência, ou seja, da economia, e também considerada nestas Conclusões. O autor concentra sua atenção na globalização, típica da civilização planetária, e na existência de grandes volumes de capital, que se deslocam livremente entre os mercados e os países, provocando perturbações e instabilidade financeira. O problema dos países na periferia do sistema é que não podem controlar suas variáveis econômicas, o que contrasta certamente com o que fizeram os atuais países desenvolvidos durante as primeiras fases do seu processo de industrialização. A alternativa não pode ser o protecionismo ou a intervenção estatal praticados por Estados isolados, embora esses dois instrumentos possam ser usados, com cautela, nos agrupamentos regionais: a União Européia é o grande exemplo, que possivelmente será seguido por outras regiões.

Chegamos finalmente ao problema da ordem mundial: o equivalente moderno dos impérios, ou da *Pax Romana* clássica (levando em conta que ela terminou por degenerar na *Oppressio Romana*). Teremos um mundo multipolar patrocinado pelas Nações Unidas ou uma *Pax Americana* mais vigorosa, com o apoio da Otan? O tema tem importância fundamental, mas é muito cedo para que se possa traçar um quadro claro das alternativas realistas.

Fonte de inumeráveis *exempla*, e de rico estímulo para a reflexão, o *Estudo Crítico da História* tem uma sólida base empírica, e embora não repouse plenamente nos cânones aplicados à pesquisa mais pontual será certamente útil para a formação de uma camada culta da opinião pública, preocupada com os acontecimentos mundiais e sequiosa de orientação. Helio Jaguaribe parece interessado em dar um passo à frente, e propõe o que para esse comentarista parece uma base metafísica excessiva para a sua abordagem geral, a saber, o "princípio antrópico", já desenvolvido no Capítulo precedente. O que não é realmente essencial para unificar o seu esforço, mas na verdade compromete a aceitação do trabalho por uma ampla margem da opinião. Não pretendo discutir esse princípio em termos filosóficos, o que excede o meu conhecimento. O "princípio antrópico" deveria ser o tema de outro trabalho, ou ensaio, mas não precisaria ser incorporado a este livro, pois não é necessário para a compreensão do esforço analítico realizado.

Helio Jaguaribe deve evitar a tentação de Toynbee de coroar o seu *magnum opus* com um *gran finale* à Beethoven: será melhor um modesto *"au revoir"* mozartiano, e não há dúvida de que os seus leitores tornarão a visitá-lo muitas vezes para discutir estas páginas repletas de histórias fascinantes recolhidas no passado — passado sem o qual nenhum futuro pode ser construído.

Notas – Anexos

VOLUME II

1. Vide Deepak Lal, *Unintended Consequences: The Impact of Factor Endowments, Culture and Politics on Long-Run Economic Performance* (Cambridge, Mass., MIT, 1999).

2. Gunter Hofman, "Die Sehnsucht nach Gleichheit", em *Die Zeit*, 32, 5 de agosto de 1999, 3 (Hofman cita Horst Kurnitzky).

3. Cf. Shintaro Ishihara, *The Japan That Can Say No*, Nova York, 1992.

4. Paul Kennedy, "Will the next century be American too?", em *New Perspectives Quarterly*, inverno de 1999, vol.16/1, 53-8.

5. Jacques Chirac, "L'Europe notre avenir", em *Revue Politique et Parlamentarie*, suplemento do nº 997, centésimo ano, 1998, p. 6.

6. *The Economist*, 17 de julho de 1999, p. 12.

7. Tommy Koh, *The Quest for World Order: Perspectives of a Pragmatic Idealist*, Cingapura 1998, p. 22.

8. Cingapura 1998.

9. Ibidem, p. 32.

10. Richard Falk, "World Orders, Old and New", em *Current History*, janeiro de 1999, p. 34.

11. Independentemente da visão teológica final de Toynbee, que não deve obscurecer as muitas contribuições valiosas que o historiador nos oferece.

12. A definição de subsistema, que é apenas esboçada, merece um tratamento mais completo.

ÍNDICE ONOMÁSTICO

A Bela Ferroniere 464
A civilização dos Maias 349
A luta de classes 537
Aachen 380, 387
Abade de Molesmes 388
Abade de Saint Cyran 515
Abade Odon de Cluny 410
Abadia de Cluny 384, 388
Abd ar-Rahman I 377
Abd-ar-Rahman al-Ghafigi 374
Abelardo 397, 411, 422, 424
Abkar 99, 102, 103
Abodritos 377
Abteilung, Sturm 561
Academia de Ciências 496
Academia de Letras 494
Académie Royale des Sciences 512
Acamapichtli 331, 357
Acampamento em Vittoria 393
Acaryas 94, 98
Accademia del Cimento 512
Achanti 257, 258, 301, 303, 305, 309
Acllas 336

Acordo de Coblenz 382
Act of Settlement 502
Addin, Salah 240
Adolfo II, Gustavo 482, 510
Adoração dos Pastores 465
Adriano IV 390
Aécio 368, 369, 372, 373
Afonso I 241, 297
Agadja 259
Agincourt 401
Agni, deus, fogo 18, 42, 77, 93
Agostinho 372
Agostinho, Santo 454, 472
Ahau 350
Ahuitzotl 363
Aistulfo 375
Ajatasatru 84
Akbar 24, 55, 56, 104, 105, 106, 113
Al Maghili 294
Al Masudi 269, 277
Alafing 254, 256
Alamani 371, 373
Alaoma, Idriss 243
Alarico 369, 371
Albert, Schweitzer 95
Albigenses 398, 414
Albinoni 461, 482, 513

Albizzi 420, 444
Albuíno 372
Albuquerque, Afonso de 106
Alcacer Kibir 406
Alcântara 412
Alcazar de Alhambra 404
Alcuino 380
Alexandre III 390
Alexandre VI 435, 446, 461, 470
Alexandre VI, o Papa Borgia 461
Alexandrov, Paul 571
Alexis, Tsarevich 572
Alfonso VI de Leão 404
Alfonso VIII 414
Ali, Abu 296
Aljubarrota 405
Allchin, Bridget e Raymond 15
Allchin, F.R. 92
Almehen 350
Almirante de Coligny 490
Almohades 403
Almorávides 403, 404
Althusser 615
Alto Zaire 266
Álvaro II 265
Amadis de Gaula 410

Amadu, Cheikh 293, 310
Amelineau 237
An Lushan 157, 160, 161, 225
Anastasio 373
Ancien régime 530
Andrea 467
Angilberto 378
Ânglia Ocidental 372
Anjou, Carlos de 394
Anoquie 257
Ansegisal 374
Anshi, Wang 165
Antalaotra 282
Antiguidade Tardia 367, 368, 407
Antipapa Clemente III 389
Antipapa Pascal II 390
Antipapa Victor IV 390
Antoine 515, 517
Antônio, Prior da Ordem do Crato 406
Apartheid 260, 276, 279, 281, 288, 295, 313, 613
Apel, Karl Otto 619
Apu 340, 343, 359
Apuleio 639
Aquino, Tomás de 415, 422
Aquitânia, Eleanor da 397, 400, 402
Arbitristas 487
Arianismo 373, 403
Ariosto, Ludovico 468
Aristóteles 423
Arjiun 114
Arminius, Jacobus 515
Arnaldo de Brescia 390
Arnaults 515
Arquiduque Francisco Ferdinando 548
Arrighi, Giovanni 551
Arte dei Giudici e Notai 421
Arte dei Medici 421
Arte dei Vaccai e Pellicciai 421
Arte del Cambio 421
Arte della Lana 421

Arte di Calimala 421
Arte di por Santa Maria 421
Arti Maggiori 421
Arti Minori 421
As Premissas do Socialismo 598
Asno Dourado 639
Asoka 28, 29, 30, 33, 34, 41, 87, 103, 110
Asquia 248, 294, 295
Asquith 547
Asvamedha 43, 65
Atahualpa 318, 328, 360, 361, 362
Atanarico 371
Atarvaveda 20
Ataulfo 371
Ateliers Nationaux 533
Atman 94, 95
Ato Trienal 507
Attlee, Clement 599
Augustinus 515
Augusto, Filipe 391, 398, 399, 400, 414
Auizotl 332
Aurangzeb 55, 56, 102, 105, 112
Aureliano 640
Auschwitz 587
Australopitecos 235, 236
Áustria, Dom João da 461
Áustria, Margarida da 488
Autobahnen 588
Avaros 377
Averroes 404
Avicena 404
Avignon 396, 399, 408
Avis, João de 405
Axayacatl 332
Ayar Cahi, Ayar Uchu, Ayar Auca e Ayar Manco 328
Ayeque 345
Ayllu 334, 340, 342, 355, 359
Aymond 410

Azevedo, Diego de 414
Aztecas 317, 322, 323, 324, 331, 332, 345, 348, 349, 352, 353, 355, 356, 357, 358, 359, 362, 363, 364
Baba, Ahmed 299
Babbage, Charles 568
Babur 54, 55, 99, 101, 102, 103
Bach 467, 479, 482, 512, 513, 528
Bach, Johann Sebastian 482, 512, 513
Bacon, Francis 452, 456
Bacon, Roger 445
Báctria 23, 31, 33, 43
Bahadur Shah 107
Bahadur Shah II 108
Bahorun 255
Balam, Chilam 362
Balban 52
Balé 255
Ballilas 583
Balzac 431
Bambara 237, 251, 252, 253, 284, 297
Bandeira, Sá da 266
Banergia, Surendranath 115
Bantus 239, 260, 261, 270, 272, 282, 287, 288
Barão d'Holbach 524
Bardi 376, 380, 420
Barlomé Bermejo 449
Baroncelli 420
Barros 271
Barrou 623
Barry, John 364
Barth, H. 250
Bartolomé Bennassar 438
Bartolomé de las Casas 464
Basham, A. L. 34, 50, 91
Basílica de São Pedro 435, 472, 513
Bastarnae 371
Batabob 350
Batalha de Hastings 402

ÍNDICE ONOMÁSTICO

Batista, Fulgêncio 612
Bauer, Brian S. 329
Baybars 51
Beatrice 599
Beatrice Webb 538
Beaumarchais 528
Bebel, August 538
Bedja 240, 241
Beethoven 513, 524, 528, 531, 533
Bega 374
Bel Flotte 399
Beleza absoluta 464, 477
Belisário 372
Bellarmino, Cardeal 479, 514
Bellatores 408
Bellay, Joachim du 468
Belle époque 544, 545, 554
Bellini 435, 449
Bellini, Giovanni 449, 461, 465
Bencan, Asquia 295
Beneficia 384, 389
Benim 239, 254, 255, 256, 257, 303, 307
Benozzo Gozzoli 446
Bernardo 381, 411
Bernini 483, 512, 513
Bernini, Loenzo 513
Bernon 410
Bernstein, Eduard 598
Bertrand Russell 479
Besant, Annie 599
Bethmann, Theobald von 592
Beuren, Frederico de 390
Bharata 10
Biblioteca do Vaticano 435
Biblioteca Laurentiana 442
Bicci, Giovanni di 441
Biedna, Leon de 487
Big-bang 569
Bimbisara 21, 25, 84
Binger 251
Biondo, Flavio 432
Bismarck 533, 536, 546, 547

Bispo Adelberonte de Laon 408
Black Thursday 565
Blaise Pascal 515, 517
Blanc, Louis 533
Blanche de Castela 398
Blücher, general B. K. 196
Bobbio, Norberto 574
Bocaccio 434, 444
Bodhisattvas 153
Bodin, Jean 489
Boers 276, 280, 281
Bokonu 260
Boleyn, Ana 505
Bolle, Kees 9, 91, 95
Bolongongo, Chamba 267
Bonaparte, Louis Napoleon 533
Bondone, Giotto di 445
Bonner, W. B. 569
Bonsu, Osei 257
Bordiga 581
Borgia, Cesar 461
Borgia, Lucrezia 433
Boris Gudonov 510
Bosch, Hieronymus 466
Bose 88
Bosquimanos 239
Bossuet 514
Botticelli 446, 447, 448
Botticelli, Sandro 448
Bouts, Deric 450
Bouvines 391, 398
Bovill 238
Boxer 181
Bragança, João de 406
Brahmana, Satapatha 65, 66
Brahmans 94, 96, 100
Brahmins 19, 20, 23, 27, 34, 61, 70, 79, 82, 83, 85, 93
Bramanismo 20, 22, 44, 58, 59, 61, 64, 93, 94, 96, 98, 100
Bramante 448
Brandt, Willy 599
Braun, Otto 595
Breda 500

Brezhnev 578
Brienne, João de 392
Brihaspati, deus 93
British East India Company 57
Bronze, fundição 124, 126, 141, 142, 144, 214, 215, 217, 218
Bronzino 466
Bruce 242
Brunelleschi 442
Bruni 442, 445, 447
Bruni, Leonardo 445, 446, 447
Bruno, Giordano 462, 474, 483
Brunswick, Oto de 391
Budé, Guillaume 436
Budismo 125, 133, 134, 135, 136, 153, 154, 158, 159, 161, 162, 163, 164, 168, 176, 185, 222
Budismo Mahayana 44, 73, 86, 125, 153, 219
Buganda 272, 273, 274, 295
Buoninsegna, Duccio di 432
Burckhardt, Jacob 431
Burgmeister 418
Burgundios 371
Bússola 136, 164
Buticularius, o 379
Byron 534
Cabié 239
Cabo da Boa Esperança 439, 454
Cabob, Ah Cuch 350
Cabral, Pedro Álvares 439
Caetani, Pedro 413
Caisse d'Emprunt 495
Calais 400, 401
Calatrava 412
Calderon de la Barca 479, 514
Calixto II 389
Calnek, Edward 346
Calpixque 346

Calpulli 345, 355, 357, 364

Calvino 464, 471, 472, 473

Cambrésis, Château 462

Cambridge 423

Camerarius 379

Cameron 276

Camões, Luiz Vaz de 436, 468

Canção do Harpista 639

Cancellarius 379

Cango, Naaba 251

Canossa 389

Canta 250

Cantar de mio Cid 410

Cante, Sumaoro 287, 303

Canzionere 447

Capac, Huayna 319, 328, 330, 339, 340, 359, 360

Capac, Manco 328, 344

Capac, Mayta 328

Capela Brancacci 445

Capela da Guarnição 565

Capela Sistina 435, 465

Capeto, Hugo 396

Capetos 396, 397, 400, 426

Capitano del Popolo 417, 418

Capranzine 278

Caracteres chineses 162

Características psicofísicas 648

Caravaggio 479, 513

Cardeal de Lorena 490

Cardeal Giovanni 441

Cardeal Granvelle 488

Cardeal Henriques 405

Cardeal Rafaele Riario 442

Cardeal Sinibaldo de Fieschi 392

Cardeal Ximenes 436

Cardenas, Lázaro 610

Carl Friedrich 511

Carlomano 374, 375, 376

Carlos 374, 375

Carlos de Bourbon 490

Carlos I 483, 486, 507, 509

Carlos I da Espanha e V do Império 460

Carlos II 508, 526

Carlos II da Espanha 526

Carlos IV 399, 400

Carlos IX 489

Carlos o Bravo 459

Carlos o Calvo 381, 382, 397

Carlos o Gordo 384

Carlos o Simples 386

Carlos V 441, 460, 462, 465, 468, 473, 475, 498

Carlos VII 296, 401, 402

Carlos VIII 437, 443, 459, 461

Carlos X 532

Carrasco, Pedro 348

Carta del Lavoro 584

Carter 599

Carter, Brandon 623

Casamento da Virgem 465

Cassirer 554, 593, 619

Castela 486, 487

Castela e Portugal 404, 405

Castelnau, Pierre de 414

Castro e Ortega Morejón 338

Castro, D. João de 455

Castro, Fidel 575, 611, 612

Catarina de Aragão 504, 505

Catarina II da Rússia 526

Cátaros 398, 414

Cavaleiros 383, 385, 393, 397, 398, 409, 410, 411, 412

Cavaleiros Teutônicos 412

Celestino V 392

Cem Flores 205

Centralização e fragmentação 662, 675, 676

CEPAL 605

Cera 33

Cervantes 201, 464, 469, 514

César 372

Cetiuaio 281

Céu Tempestuoso 332

Cezanne 480, 543

Ch'arki 319

Ch'en, dinastia 133, 201

Ch'eng-Wang 127

Ch'i, reino 127, 129, 133, 136, 177, 179, 182, 194

Ch'ien Lung 138, 219

Ch'ien-Lung 181, 185, 186, 187, 188

Ch'in, reino 127, 128, 129, 134

Ch'iu Ying 177

Ch'ü Hsüan, Yüan 136

Ch'u, reino 129

Ch'uñu 319

Chaca 280

Chaillu, Du 297

Chalchiuhtlicue 323

Chamberlain 589

Champagne, feiras da região da 416, 420

Champavita 306

Champeaux, Guilherme de 422

Champlain, Samuel de 493

Chan-Kue 128

Chandra, Subhas 88

Chandragupta 25, 26, 27, 28, 30, 41-42, 87

Chanson de Roland 377, 410

Charles Homer Haskins 422

Chartres 397, 398, 423

Chavin 320

Chekov 571

Chel, Ix 352

Chen Boda 208

Chen Di 177

Chen Duxiu 195, 201

Cheng Hao 165

Cheng I 165

Cheng, Li 163

Chevaliers 409

Chi Yün 185

ÍNDICE ONOMÁSTICO 775

Chia-Ch'ing 186, 188
Chia-Chiang 181
Chiang Kai-Shek 196, 197,
201, 225, 227
Chichimecas 325, 331
Chih-Tsao, Li 179
Chih-Tung, Chang 139
Chilanes 351
Chimalpopoca 331, 357
Chimu 321, 322, 330, 341,
359
Chin (Jürchen) dinastia
136
Chin Oriental 133
China Ocidental 124, 125
Chinampas 325, 332
Chiu-Yuan, Lu 176
Choiseul 530
Christi, Miles 410
Christus, Peter 450
Chrysodoras, Manuel 447
Chunqiu Fanlu 152
Ciano 589
Ciano, Galeazzo 584
Cícero 434
Ciclo dominicano 445
Cientificismo 520, 535
Cimabue, Giovanni 432
Cinco "Anti" 203
Cinco Elementos 149, 152
Cinquecento 443, 447,
458, 459, 460, 463, 464,
465, 469, 470, 471
Ciro, o Grande 84
Citas 35, 83
Citeaux 397, 411, 412
Ciuacoatl 348
Civilização maia 318, 327,
350, 362
Civilização ocidental 367,
368, 369, 371, 373,
375, 377, 379, 381,
383, 385, 387, 389,
391, 393, 395, 397,
399, 428
Civilização planetária 368,
637, 638, 639, 640, 641
Civilizações: Seu
Nascimento 649

Clairvaux, Bernardo de
388, 411, 422, 424, 425
Claude Lorrain 513
Cláudio 372
Clemenceau 479, 547
Clément, Jacques 490
Clemente XI 179
Clinton 599, 626
Clive 107
Clodemar 373
Cloderico 373
Clódio 372, 373
Clotar I 373
Clotilde 373
Clouet 466
Clovis 374
Clovis II 374
Cluny 388, 397, 398, 404,
410, 411
Códigos de Dresden, Paris
e Madrid 352
Codjo, Osei 258, 309
Coi san 260
Coke 507
Cola, dinastia 102
Colbert 489, 494, 495,
496, 521, 522, 526,
530
Colégio de Paris 423
Colombo, Cristóvão 439,
454, 602
Comes palatii 379
Comes stabuli 379
Comissão de Segurança
Pública 507
Compagnie d'Ordonnance
459
Companhia Francesa das
Índias 496
Compton, Francis Harry
569
Comte, Auguste 535
Conceitualistas 424
Conceptus 424
Concílio de Clermont 397
Concílio de Lyons 393
Concílio de Trento 458,
468, 498
Concino 491

Concordata de Worms 389
Condados 379, 397, 404,
405, 407, 409
Conde Berchtold 547
Conde Egmont 488, 499
Conde Geroldo 376
Conde Godwin 402
Conde Hoorn 488, 499
Conde-duque de Olivares
486, 487, 489, 499
Condessa Marozia 383,
387
Condição humana 623,
624
Condorcet 523, 528
Confederação Maratha 107
Confissão de Augsburgo
474
Confúcio (Kong Qiu) 141,
142, 145, 152, 159, 179,
192, 193, 221
Congo 233, 241, 243, 262,
263, 264, 265, 266, 276,
279, 286, 297, 303, 306,
307
Congresso de Bad
Godesberg 538
Congresso de Bad-
Godesberg 598
Conquista de Granada 459
Conrad, Jeoffrey W. 358
Conradino 369, 394
Conrado I 387
Conrado III 390
Constable 528
Constança 390, 391, 392
Constâncio 372
Constantino 372, 375,
378, 395, 640
Constituição 195, 197,
198, 203
Cônsul 418, 420
Consumismo intransitivo
555, 636, 639, 640, 642,
644, 645
Contado 420, 440
Contra-Reforma 458, 462,
463, 468, 476, 477, 483,
504, 514

Contrato social 518, 523
Controvérsia dos Ritos 138, 179, 184, 186
Conversi 411
Copérnico, Nicolau 439, 456, 516
Corneille 479, 483, 496, 512, 514
Coronel Stauffenberg 596
Corps, Schutzstaffel 562
Corredor polonês 590
Corte Externa 131, 219, 220, 222
Corte Interna 131, 219, 220, 222
Cortez 349, 357, 364
Cortez, Hernan 357, 364
Cortez, Martim 455
Cortona, Elias de 413
Corvée 385
Cosimo 441, 442, 444, 446, 447, 448
Cosimo Senior 441
Cosmogonia 125, 149
Courbet 535, 543
Coutinho, Francisco de Souza 266
Cranmer, Thomas 505
Crash de 1929 563
Crecy 400, 401
Credi, Lorenzo di 447
Cristianismo 125, 137, 138, 178, 179, 184, 222
Cristiano IV 482, 510
Crivelli, Carlo 449
Cromwell 479, 503, 504, 506, 507, 508
Cruz, Alonso de Santa 455
Cuba 243, 262, 266, 267, 273, 309
Cudales 240
Cuius regio eius religio 474
Culibali, Biton 253, 284
Cumdumie 251
Custo da elite 609
Custodes nundinarum 420
D'Alembert 523
D'Annunzio 581, 584

D'Arc, Joana 401
D'Este, Isabella 433
Dagoberto I 374
Daladier 589
Dali, Salvador 541
Damietta 413
Dante 422, 425, 444
Daomé, amazonas de 305
Dar-al-Islam 656
Dario I 23, 84
Darmapala 44
Daumier 535
David 464, 545
David, Gerard 450
Davies, P. C. W. 568
Dawenkou, cultura 124
Dazhao, Li 195
De Beaulieu, acordo de paz 490
De Corot 543
De Gaspari 582
De la Mettrie 523
Decadência 647, 649, 657, 658, 659, 660, 661, 662, 672, 676
Defensor Paci 369, 425
Defoe 201
Deleuze 616, 617
Delfuss 589
Demarest, Arthur A. 358
Demétrio 31
Denguel, Lebna 241
Denguel, Sarsa 241
Deprès, Joaquin 464
Derrida, Jacques 617
Derrota de Rocroy 486
Descartes 459, 479, 516, 517, 529
Descobertas marítimas 438, 439, 450, 453, 454
Desenvolvimento 647, 649, 651, 653, 654, 655, 656, 657, 660, 662, 664, 671, 672, 677, 678, 679, 681, 684, 685
Desenvolvimento e subdesenvolvimento 677
Desiderata 376

Desiderius 376
Dev, Angad 114
Devisse, Jean 287
Dharma 21, 28, 29, 74, 79, 80, 81, 84, 99
Diacre, Paul 380
Diarra, Ngolo 253
Dias, Bartolomeu 439, 454
Dickens 201, 535
Dictatus Papae 388
Diderot 523
Dilthey 554
Diocleciano 640
Diop, Cheikh Anta 304
Dip, Cheik A. 237
Dirac, Paul 568
Discorsi sopra la Prima Deca di Tito Livio 470
Discours de la Méthode 516
Divina Comédia 425
Dobson 428
Dom Quixote 410
Dombo, Changamire 279
Dominicanos 412, 415
Don Quijote 469
Dona Beatriz 265, 293, 295, 306
Donatello 442, 446, 449
Dong Zhongshu 152
Doomesday Book 402
Drakkars 386
Drexler, Anton 560
Dubois, Pierre 399
Duchesne 284
Dumas, Alexandre 201
Dunas 493
Duque da Savoia 491
Duque de Alba 462, 488, 498, 499
Duque de Guise 400
Duque de Parma 499, 500
Duque de Sully 491
Dürer, Albrecht 466
Duveyrier 238
Dyan, Bakary 285
Dyck 513, 545
Dyer Genral R. E. H. 118
Earl de Essex 507

ÍNDICE ONOMÁSTICO

Earl Grey 532
Ebilun 183
Eboracum 372
Echevins 418
Eddington 568
Édito de Nantes 474, 483,
  490, 496, 502
Eduardo III 399, 400
Eduardo o Confessor 401
Eduardo VI 460, 505
Einhard 380
Einstein 479, 516, 554,
  557, 567, 568, 593
El Alamein 591
El Canemi 243
El Greco 479, 483
El Maguili 249
Elite-massa 650, 662, 665,
  666
Elizabeth 503, 504, 505, 521
Elton, G. R. 474
Emilio Choy e Carlos
  Nuñez Anavitarte 338
England, Merry 508
Enzio 393
Era barroca 482, 483, 512
Era do Barroco 482, 483
Era Elizabetana 504
Erasmo 435, 436, 439,
  450, 451, 464, 466, 471,
  477, 489, 503
Erasmus 469
Ermengarda 380
Ernst, Karl 564
Ersatz 588, 590
Erzbeger, Mathias 558
Escandinavos 371
Escola de Atenas 465
Escola de Frankfurt 542,
  593
Escola de Sagres 438
Escola Legal 143, 144, 146
Escorial 483, 512
Esfera antrópica 687
Essays, Fabian 599
Essex 372
Estados beligerantes 128,
  141, 142, 146, 147, 149,
  216, 223

Estêvão 402
Estêvão II 375
Estilo gótico 398
Estoicismo 640, 641
Evare, o Grande 255
Exemplaridade e
  institucionalização 662,
  669
Exsurge Domine 439, 473
Eyck, Jan van 435, 449
Fabriano, Gentile da 446,
  448
Fairbank 214
Família Bellini 435, 449
Família Tromps 501
Fan K'uan 163
Fan Tachang 161
Fanatismo religioso 488,
  490, 524
Fang Kho-Chang 194
Fang Kuei-Fan 191, 225
Fang, Tzhou 161
Fascismo 552, 553, 554,
  556, 557, 580
Fazilidaz 241
Fei, Han 143, 147, 148
Feiquian 158
Ferdinando 404, 405
Ferdinando II 405
Fermi 567, 568
Fernão I 405
Ficino, Marsilio 442, 446,
  447
Filioque 471
Filipe Augusto da França
  391
Filipe da Suábia 391
Filipe II 398, 406, 460,
  462, 486, 487, 488, 490,
  498, 505, 511
Filipe III 485, 486, 487,
  489
Filipe III o Calvo 399
Filipe IV o Belo 399
Filipe o Belo 398, 399,
  400, 405, 412, 498
Filipe V 399, 502
Filipe V de Valois 399
Fim da Modernidade 619

Fioretti 414
Flatus vocis 424
Flaubert 535
Focinho Anelado 332
Fodio, Usman Dan 243,
  253, 294, 310
Foederati 370
Fortuna 433
Fou, Tou 134, 160
Foucault, Michel 617
Foulques 414
Fra Angelico 446, 448
Fra Bartolommeo 447
Francia Media 381
Francia Occidentalis 381,
  382, 397
Francia Orientalis 381
Francis Bernardone 412
Franciscanos 412, 425
Francisco de Almeida 106
Francisco I 441, 459, 462,
  466, 475
Franco 583
François 466, 468
Francos 371, 372, 373,
  374, 375, 376, 377, 379,
  380, 382, 383, 407, 426,
  427
Frederico I Barbarossa
  376, 389, 390, 407
Frederico II 369, 389,
  391, 394, 395, 407,
  408, 423, 426, 427,
  526, 527
Frederico II o Sábio 472
Frescobaldi 479
Frescobaldi, Girolamo 467
Freud 479, 520, 529, 536,
  540, 541, 544
Friedmann, Alexander 568
Friedrich 524
Friedrich Engels 537
Fromm, Erich 542
Fronde 483, 494
Frondes 494
Frottola 467
Fu, Yan 200
Fuchs, Leonhart 516
Führer 587, 596

778 UM ESTUDO CRÍTICO DA HISTÓRIA

Furtwängler 593
Gabinete 503, 509, 510, 521, 536
Gabriele D'Annunzio 539
Gabrielli 467
Gainsborough 528
Gaiserico 370, 372
Galadima 250
Galileo Galilei 439, 479, 483, 516
Gama, Vasco da 57, 102, 106, 114, 262, 270, 278, 439, 454, 602, 604
Gamow, George Anthony 569
Gandara 23
Gandhi 67, 70, 88, 109, 116, 118, 119, 120, 610, 614
Garcia Inigo 405
Garibaldi 534
Garin, Eugenio 432
Gastoldi 441
Gattemalata 449
Gautama, Sidartha 20
General Busilov 573
General MacArthur 601
General Schleicher 564
General von Schleicher 586
Gentile e Giovanni 435
Gentile, Giovanni 585
Gentleman 410
George I de Hanover 502
George, Lloyd 479, 547, 597
Georges Coedès 37
Gepidos 371
Germânicos orientais 371
Gernet, Jacques 140
Ghazi, Ahmed el 241
Ghiberti 446
Giambologna 466
Giambuono, Chiarissimo di 441
Gian Francesco 447
Gian Gastone 441
Gilberto I 373
Giorgi, Francesco di 449

Giotto 444, 445
Giovanni 441, 449, 467
Girgams 250
Gita, Bhagavad 67
Gladstone 116
Glasnost 579, 580
Globalização 554, 557, 570, 602, 603, 604, 605, 606, 607, 614, 615, 627, 628, 629, 631, 643, 678, 679, 680
Gluck 528
Godos 371, 407
Goebbels, Josef 561
Goering, Hermann 561
Goes, Huge van der 450
Goethe 524, 531, 533
Goff, Jacques Le 421
Gogol 202
Golpe de Anagni 399
Gonçalves, Nuno 436, 449
Gonfaloniere 418
Gonfaloniere di Giustizia 418
Gong, Fu 164
Gonzales, Fernan 404
Gopal Krishna Gokhale 116
Gor, Muhammad de 47
Gorbachev 212, 577, 578, 579, 580, 625
Gordon Child 668
Gordon, Charles 139
Gordon, General C.G. 190
Got, Raymond Bertrand de 399
Government of India Act 99, 102
Goya 524, 545
Gozzoli 442, 446
Grafs 371
Gramsci 581
Grande Aliança 496
Grande Cisma 383, 396, 408, 435, 436-437
Grande Depressão 552, 553, 554, 559, 560, 563, 565, 566, 598
Grande Protesto 507

Grande Salto para a Frente 205, 206, 225, 228, 612
Grandeur 494, 495, 497
Grant, Ulysses 534
Grão-Ducado da Toscana 462
Grasso popolo 421
Gregório I, o Grande 375
Gregório III 375, 387
Gregório IX 384, 389, 391, 392, 395, 407, 436
Gregório o Grande 387
Gregório VII 388, 389, 411
Greuze 528
Griots 246, 281, 285, 288, 305
Grousset, René 181
Grundisse 537
Grünewald, Mathias 466
Grupo Espartaco 559
Gsen-Ma Ts'ien 159
Guadalete 403
Guelfos 390, 391, 392, 393, 421, 425
Guerra civil 132, 135, 202, 225, 228
Guerra da Devolução 496
Guerra da Sucessão Espanhola 497, 502
Guerra do Golfo 631
Guerra do Ópio 138, 181, 189, 225
Guerra dos Cem Anos 399, 400, 402, 410, 437, 459
Guerra dos Países Baixos 496
Guerra dos Trinta Anos 481, 482, 483, 485, 486, 489, 492, 493, 510, 512, 524
Guerra Sino-Japonesa 139, 182, 197, 200
Guibelinos 390, 391, 393, 394, 421, 425
Guicciardini 459, 464, 470, 471
Guicciardini, Francesco 470
Guifen, Feng 192

ÍNDICE ONOMÁSTICO 779

Guilheme III, Frederico 532
Guilherme II 500, 501, 536, 547
Guilherme II, Kaiser 479
Guilherme III 501, 502, 509
Guilherme III da Aquitânia, Duque 388, 410
Guilherme IV, Frederico 533, 536
Guilherme Rufus 402
Guilherme, duque da Normandia 400
Guise, Henrique de 490
Guises 490
Gundelfinger, Friedrich 561
Gupta, dinastia 22, 40, 41, 42, 43, 76, 78, 90, 101
Guridas 101
Gutenberg 439
Guzman Poma de Ayala 345
Hacha, Emil 589
Hadriano a Marco Aurélio 640
Hadriano e Antonino Pio 372
Haendel 528
Hahn, Otto 567, 568
Hals, Franz 513
Hamilton 524, 603, 605
Han Yanshi 164
Han, dinastia 125, 130, 131, 132, 133, 134, 140, 141, 143, 145, 147, 148, 151, 152, 153, 154, 155, 159, 164, 216, 220, 221, 223, 224
Hana 344
Hanan e Hurin 339
Hanover 503, 509, 532
Hanteizi 147
Hao-Jan, Mong 159
Harapa 14, 15, 91, 92
Hardrade, Harold 402
Harijans 119

Haroldo 402
Hastings, Lord Warren 99
Hastings, Warren 107
Hauça 248
Haydn 524, 528
Hegel 284, 291, 516, 524, 529, 531, 537
Heidegger 554, 616, 618, 619, 622
Heinesmann 598
Heisenberg 554, 557, 567
Heisenberg, Werner 567
Held, Heinrich 562
Héloise, La Nouvelle 533
Henrique I, o Caçador de Aves 387
Henrique II 485, 489
Henrique II Plantageneta 400, 402
Henrique III 270
Henrique IV 388, 389, 390, 485, 488, 489, 490, 491, 493, 530
Henrique o Navegador 436, 438, 452
Henrique o Soberbo 390
Henrique Plantageneta 397
Henrique V 389, 390, 401
Henrique VI 390, 391
Henrique VIII 460, 477, 503, 504, 505, 509, 521
Henrique, Frederico 500
Henriques, Afonso 405
Hensius, Antônio 502
Hermanrico 371
Hildegarda 376
Himmler, Heinrich 562
Hinayana 88
Hincmar 382
Hindenburg 563, 564, 565, 587, 595
Hinduísmo 10, 20, 22, 24, 25, 27, 34, 40, 44, 45, 46, 49, 50, 55, 58, 59, 61, 62, 63, 64, 67, 73, 76, 79, 81, 83, 84, 85, 86, 88, 90, 96, 97, 98, 100, 105, 109, 110, 111

Hiperinflação 553, 559, 560, 561, 563, 594
Hiroshima 591, 592, 601
Hitler 553, 558, 560, 561, 562, 563, 564, 565, 566, 584, 585, 586, 587, 588, 589, 590, 591, 592, 593, 594
Ho-Shen 185, 186
Hobbema, Meyndaert 513
Hobbes 516, 517, 518
Hobbes, Thomas 517
Hobsbawn, Eric 551
Hodson 56
Hoffmann 524
Hohenstaufens 369, 390, 392, 394, 407, 408
Holbein Junior, Hans 466
Holbein Senior 466
Hölderlin 524, 528
Home rule 100, 117
Homem descartável 640, 641
Homo erectus 235
Homo sapiens 123
Honan, Hou 161
Hong, Ge 154
Honório 369, 372, 390, 391
Honório II 390
Hooker, Richard 514
Hospitaleiros 411
Hotentotes 239, 279
Hötzendorf 547
Hruan-Tsang 158
Hsi (ocidental), dinastia 132
Hsüan-Tsung, imperador 135, 157
Hsüch-Liang, Chang 198
Hu Yaobang 210
Huacac, Yalhuar 328
Huacas 329, 341, 344, 359
Huacas do sol e da lua 321
Huaccha 334
Huangu 171
Huascar 328, 360, 361
Hubble, Edwin P. 568
Hubert 449

Hueicalpixqui 346
Huemoc 325
Hughes 411
Hugo o Grande 396
Hugo, Victor 201
Huguenotes 489, 490, 492, 504, 521
Hui-Wang 130
Huitzilihuitli 331
Humanismo 433, 435, 436, 444, 447, 448, 450, 451, 452, 463, 464, 469, 471
Hume, Allan Octavian 116
Hume, David 523
Hunabku 352
Hung Hsiu-Ch'üan 189, 190
Hung-Wu 170, 171, 172, 174, 176
Hunos 370, 371
Huntington, Samuel 638
Hurin 361
Hus, Jan 471, 474, 476
Husserl 554, 593
Huxley, T. H. 200
Huzinga, Jacob 432
Ibn Khaldun 289, 291, 404
Idade Média 132, 140, 153, 154
Idriss, Ben 243
Igreja Anglicana 504, 514
Il Principe 470
Ilunga, Calala 267
Ilusionismo 445
Ilustração 517, 519, 520, 523, 524, 525, 526, 527, 528, 529, 530, 531, 534, 542, 543, 544
Imperatriz Alexandra 572
Imperatriz Amina 249
Império Huari 321
Império Inca ou Tawantinsuyo 318, 319
Império Incaico 327
Império Mugal 54, 99, 101, 102, 105, 106, 109, 111, 112

Império Otomano 481, 485, 545
Imprensa Aldina 435
Impressionistas 543
Inca Garcilaso de la Vega 337
Inca, Manco 362, 364
Inca, Viracocha 328
Índia 59, 92, 94, 96, 99, 100, 102, 103, 104, 105, 106, 107, 108, 109, 110, 111, 112, 113, 114, 115, 116, 117, 118, 119, 120
Indra, deus 18, 85, 91, 93
Inocêncio III 384, 389, 391, 398, 413, 414, 422, 427
Inocêncio IV 384, 389, 392, 393, 395, 407
Inocente IV 436
Inquisição 415, 483, 498, 504
Ioga 22, 67, 68, 75, 90, 95, 96, 97, 98
Iolanda 392
Iorubá 254, 256, 257
Irmandade dos Cistércios 388
Ironsides 507
Isabel 392, 405
Isabel da Rússia 527
Isabel de Castela 405
Isabel e Fernando 459
ISEB 611
Islã 134, 161, 222
Itzamma 351
Itzcoatl 331, 332, 346, 349, 357, 359
Iyasu, o Grande 241
Izamma 352
Jacopo 435, 449, 465
Jacquart, Jean 438
Jacquerie 401
Jahan, Shah 55, 56, 104, 105
Jahangir 104
James I 506
James II 483, 508, 509
Jansen, Cornélio 515

Jansenius 515
Jardim de Jallianwala 117, 118
Jartoux, Pierre 184
Jaspers, Karl 62, 539, 570, 593
Jean 466
Jean de Montcorvin 137
Jean II de Albert 405
Jeanne 405
Jeanne I 405
Jefferson 524
Jen Jen-Fa 168
Jesuítas 137, 138, 178, 179, 184, 186, 222
Jiang Qing 208
Jiang Zemin 213
Jimenez de la Espada 337
Jinga 266
Jinna, Mohammad Ali 119
Jinyinwei 173
João I de Castela 405
João II 263
João o Bom 401
João XI 384, 387
João XII 387
Johnson 599
Jones, R. 480
José Battle y Ordoñez 599
José I de Portugal 526
José II da Áustria 526
Journée des dupes 492
Joyce, James 479, 554
Juchen 163, 169
Judeus 487, 517
Júlio II 435, 461, 465
Jus gentium 628
Justitiarius curiae regiae 392
K'ang Hsi, imperador 138
K'ang Yu-Wei 139, 182
K'ang-Hsi, imperador 181, 182, 183, 184, 186, 187, 189
Kabir 113
Kai-Shek, Chiang 611
Kalidasa 42
Kanauj 43, 45

ÍNDICE ONOMÁSTICO 781

Kang Shang 208
Kang Yu-Wei 192, 222, 225
Kant 71, 72, 428, 516, 524, 528, 529
Kanyakubja 43, 45, 46
Kao Ch'i 136
Kao Tsung 163
Karma 24, 62, 63, 68, 80, 97
Kassim, Mohammed bin 45
Katun 333
Kautilya 26, 27, 28
Kay, John 525
Keir Hardy 599
Keller, Buergesbrau 562
Kemal 555, 578, 610, 613
Kemal, Mustafá 511
Kennedy 599
Kent 372
Kent Flannery e Joyce Marcus 323
Kepler 456, 459, 464
Kepler, Johannes 439, 456, 516
Kerensky 548
Kerensky, Alexander 572
Keynes 563, 566
Khalji 101
Khan, Gêngis 50, 51, 136, 162, 166, 167
Khan, Sayyid Ahmad 116
Khitan, povo 136, 167, 169
Khitans 135, 162
Kiesinger 598
Kíetega, J.B. 287
Kinuwa 319
Kiwan 160
Klerk, Frederik De 613
Kogon, Eugen 587
Kornilov, Lavr 573
Kronstadt 574
Kruger 281
Krushchev, Nikita 577
Kshatrias 20, 27, 34
Kuang-Ch'i, Hsu 179
Kuang-Hsu 182, 225

Kuang-Hsü 192
Kubitschek, Juscelino 511, 555, 611
Kublai, Kan 136, 137, 167, 168, 219
Kulelob, Ah 350
Kung, Hsiao 129, 130
Kung, Huan 127
Kung-Ti 134
Kuomintang 140, 195, 197, 202, 227
Kuraka, Hono 341
Kuraka, Picqa-Pacaka 341
Kuraka, Picqawarañqa 341
Kurakas 335, 336, 337, 341, 342
La Fontaine 496, 514
La Rochelle 490, 492
La Venta 320, 323
Laboratores 408
Lacan 616
Lackland, João 398
Lalibela 241, 309
Lamvo, Muata 268
Lancret 524
Landa, Diego de 353
Langer 545, 549
Langue d'oc 414
Langue d'oil 398
Lasso, Orlando di 468
Latifúndios 488
Laurana, Luciano 449
Le Brun 496
Le Nain 483, 512
Le Notre 496
Leão IX 388
Leão VIII 387
Leão X 264
Lechfeld 387
Lefebvre, Henri 291
Legnano 390
Lei da Harmonia 501
Lei de Reforma 117
Lei Sálica 405
Leibniz 516, 517, 523
Leis de Nüremberg 586
Leis Rowlatt 117, 118
Lemaître, Georges 569
Lenin 538

Leo X 435
Leo, o Africano 299
Leon 404
Lepanto 461
Leslie 623
Lévi-Strauss, Claude 615
Leviathan 517
Li 134, 152, 160, 161, 163, 164, 177, 178, 179, 180, 185, 190, 191, 193
Li K'an 168
Li Peng 213
Li Po 134, 160
Li Shi-Min (Tai Tsung) 134, 158
Li Shizhen 177
Li Su 130
Li Ye 164
Li Yüan (Kao-Tsu) 134
Li Zicheng 137
Liang Ch'i-Ch'ao 182
Liang, dinastia 133, 154, 182, 189
Liberi e servi 409
Licchavis 42, 89
Licentia docendi 423
Liebknecht, Wilhelm 538
Lieou Tche-Ki 159
Liga Católica 490
Liga das Nações 553, 559, 583, 588
Liga de Augsburgo 496, 497, 502
Liga Sagrada 443, 460, 462
Lin Shu 201
Lin Tse-Hsü 189
Lin Tseu-Siu 138
Lipi, Fillipo 442
Lisa, Mona 464
Lissa 260
List, Friedrich 605
Liu Biao 206, 208, 209
Liu Chi-Nu 133
Liu Hsieh imperador 132
Liu Ping-Change 167
Liu Shaoqi 206, 207, 208, 211
Liu Yüan 133

Livingstone 275
Livre de l'Ordre de Cavaylaria 410
Livro de Horas do Duque de Berry 435
Lo, Yung 137
Lochner, Stephan 449
Locke 516, 517, 518, 523
Locke, John 517, 518
Lodi, Ibrahim 103
Lokayatas ou carvakas 66
Lollards 401
Londinium 372
Longo Parlamento 507, 509
Lord Canning 108
Lord Ripon 117
Loredan, Doge Leonardo 449
Lorena, Carlos de 461
Lothair 380, 381, 383, 390
Lothair I 380, 381, 383
Lothair II 382, 390
Lótus Branco 181, 189
Lourenço o Magnífico 441, 442, 446, 448
Loyola, Inácio de 459
Lu Hsi-Hsiung 185
Lu Xun 202
Lu-Shan 135
Luba 261, 262, 267, 268, 286, 309
Lubbe, Marinus van der 595
Lubbe, Martinus van der 564
Luddendorf 562, 595
Luedji 268, 304
Luftwaffe 591
Luís 380, 381, 382, 384, 397, 405, 406
Luís II, o Germânico 380
Luís IV da Baviera 369, 407, 426
Luís IX (São Luís) 398
Luís o Altercador 405
Luís o Piedoso 378, 380, 381, 383, 407
Luís VI 397

Luís VII 397, 398
Luís VIII 398
Luís X 399
Luís XII 459, 461
Luís XIII 486, 491, 492, 494, 495
Luís XIV 241, 486, 489, 490, 494, 495, 496, 497, 501, 502, 503, 511, 522, 526, 530
Lully 496, 524, 528
Lunatcharski 202
Lunda 262, 267
Lüneburg, Oto de 392
Lungshan, cultura 123, 124, 217
Lutero 439, 451, 459, 464, 471, 472, 473, 474, 475, 476, 477
Lutero, Martinho 439, 472
Luxembourg 495
Lvov, George 572
Lyotard 616, 617, 619
Ma Rong 152
Ma Yilong 177
Maastricht 500
MacDonald, J. Ramsay 599
Macehualob 350
Macehualtin 347
MacEvedy, C. 480
Machiavelli 469
Madagascar 269, 282, 283, 284, 295, 297, 309
Madison 524
Madre Tereza 642, 643
Magalhães, José Calvet de 439
Magno, Carlos 372, 376, 377, 378, 379
Magnus, Albertus 415
Mahabharata 22, 23, 25, 34, 75, 76, 82, 83
Mahal, Mumtaz 56
Mahavira 20, 21, 24, 41, 85
Mahayana 40, 86, 87, 88
Mahmud 46, 47
Mahu 260
Maias 317, 323, 325, 326, 327, 332, 333, 344, 349,

350, 351, 352, 353, 354, 355, 362, 363
Maijishon 154
Maimonides 404
Maitreya 153, 189
Major, John 600
Majoriano 369, 370
Malícia 662, 673, 674
Malinowsky 542
Mama-konas 343
Mamari 253, 309
Mamari I (Biton) Culibali 309
Mandchu dinastia 138, 140, 141, 180, 181, 182, 190, 200, 226, 229
Mandela 611, 613
Mandela, Nelson 260, 276, 281
Manfredo 394
Mani Congo 262, 263
Manifesto Comunista 536, 537
Maniqueísmo 134
Mann, Thomas 479, 539, 554, 593, 642
Mansur, Ahmed al 406
Mansus indominicatus 385
Mantegna, Andrea 449
Mantras 67, 94, 95
Manuel de Portugal 264
Manuscritos de Paris 537
Manutius, Aldo 435
Mao Zedong 195, 198, 200, 202, 206, 208, 225, 227, 228
Maquiavel 399, 433, 459, 461, 464, 469, 470, 471
Marcel, Etienne 401
Marcello 461, 467, 482, 513
Marcello, Messa del Papa 467
Marco Polo 168
Marcus 354
Marcuse 542
Marechal Foch 558
Margrave 379
Marhams 250

ÍNDICE ONOMÁSTICO   783

Marignan 462
Marigny 399
Marivaux 528
Marles 397
Marquês de Pombal 526, 528
Martel, Carlos 374, 375, 387
Marti, José 612
Martini, Simone 432, 448
Martino Martini 179
Martins, Oliveira 453
Marx 520, 536, 537, 538, 539, 544
Marx, Karl 291
Marx, William 563
Masaccio 445, 446, 448
Massacre de São Bartolomeu 474, 490
Massir, Abdallaj Ben Ali Ben 272
Massys, Quentin 466
Masud 47
Matilda 389, 402, 420
Matisse 480
Matteo Ricci 137, 178
Mauch, K. 281
Maurias, dinastia 25, 26, 32, 41, 99, 101, 112
Maximiliano 498, 534
Maximiliano I 460
Maxtla 331, 357
Mayenne 491
Mayeques 347
Mayeul 410
Mazarino 493, 494, 530
Mazrui 271
Mbequi, Thabo 276
Mckinley 534
Mead, Margaret 542
Meda 582
Medici 435, 441, 442, 443, 444, 446, 447, 448, 462, 465
Medici, Giovanni de 435
Medici, Maria de 491
Mehemet 460
Meiji 139
Memling, Hans 450

Mêncio 141, 145, 146, 177, 188
Menelique 233, 242
Meng-Fu. Chao 168
Mensheviks 573
Mércia 372, 386
Mercosul 606, 607, 629, 630
Méroe 237, 240, 243, 287
Merovech 372
Merovíngia 374
Mesi, Oio 255
Mesquita de Cordoba 404
Messina, Antonello da 449
Mestre da Pietà 449
Mestre do Moulin 449
Mgr Tiso 589
Michelangelo 446, 464, 513
Michelet 431
Michelozzo 442, 446
Milindra, (Menandro) 31
Milinko, Paul 572
Milites e rustici 409
Mill, Stuart 201
Milpa 350
Milton 479, 483, 512
Ming, dinastia 124, 137, 170, 171, 172, 173, 175, 178, 180, 184, 187, 223
Mirambo 275, 276
Mirandola, Giovanni Pico della 447
Mirandola, Pico della 446, 447
Missi dominici 379
Mitla 323
Moçarebes 403
Mochech 280
Mochica 320, 322
Moctezuma 331, 332, 363
Moctezuma II 332, 363
Modernização 656, 658, 659, 662, 670, 671, 672, 673, 679
Mohamed 248, 293
Mohammed, Asquia 294
Mohandas Karamchand Gandhi 118

Mohenjo-Daro 14, 15, 16
Moisés 464
Molière 496, 514
Molina, Tirso de 469
Molotov 590
Moncada, Sancho de 487
Monctezuma I 357
Mondrian 543
Monet 543
Mongka 136, 162
Montagu, Edwin Samuel 117
Montaigne 469
Montclaro 271
Monte Cassino 411
Montejo, Francisco de 363
Montesquieu 201
Monteverdi 464, 467, 468, 479, 482, 512
Monteverdi, Claudio 467
Montgomery 591
Montlhery 397
Monzo, Da 253
More, Thomas 464, 466, 469
Morley, John 117
Morley, Sylvanus 349
Morte Negra 401
Morus, Thomas 436
Mossi 248, 251, 252, 253, 273, 291, 293, 307
Mouriscos 487
Mozart 513, 524, 528, 533
Mozi 153
Msiri, Niamezi 267
Muacu, Muata 268
Mudanças sociais 662, 663, 664
Mugals, dinastia 52
Mundo Livre 556, 625, 632
Mundo Socialista 556
Muoroha, E. 301
Murad 105
Murra, John V. 335
Mussa, Siaga 298
Mussolini 581, 582, 583, 584-585, 589, 591
Mutapa, Muene 277

Nabucadrezar 578
Nações 422, 423
NAFTA 607, 628
Nagarjuna 73
Nanak 113, 114
Napoleão 484, 523, 528, 531, 532, 533, 536, 547
Nasrids 403
Nassau, Maurício de 500, 515
Nattier 524
Natureza humana 623, 624
Navarra, Henrique de 490
Navarrete, Fernandez 487
Navigation Act 508
Nazismo 552, 553, 556, 557, 560, 565, 583, 584, 585, 590, 593, 594, 597, 635
Ndoli, Ruganza II 274
Nehru 109, 116, 118, 119, 120, 610, 613
Nehru, Jawarharlal 119
Neoconfucionismo 125, 126, 136, 162, 164, 165, 168, 176, 192, 193, 219, 222, 232
Neomarxismo 126
Nestorianismo 134, 158
Nevers, Luís de 400
New Deal 598, 635
Newton 479, 483, 512, 516, 523, 524, 525, 528, 529
Newton, Isaac 516
Nezahualcoyotl 331, 357
Nian 181, 190, 201
Niccolo e Matteo Polo 419
Nicolau I 383
Nicolau II 384, 388
Nicolau III 445
Nicolau V 435
Niels Bohr 567
Nietzsche 479, 520, 529, 536, 539, 540, 544, 584, 616, 618, 620, 621
Niicango 272

Nirvana 24, 32, 69, 70, 73, 84, 86
NKVD 576
Noche triste 364
Nogaret, Pierre de 399
Nomenklatura 579
Nominalistas 424
Nordeste brasileiro 498
Nortúmbria 372, 386, 402
Notarius 379
Notre Dame de Paris 398
Novalis 524, 528, 533
Novum Organum 452, 457
Nuba 239
Núbios 236, 240, 295
Nunes, Pedro 455
O Cordeiro Místico 449
O progresso e a história 683
Obá 255, 256, 257, 307
Obei 183
Obenga, Th. 237
Occlo, Mama 328
Ockam 425
Oderic de Pordenone 137
Odilin 411
Odon 410
Odovacar 370, 371
Oldenarnevelt 500
Olivares 479, 486, 487, 489, 499, 512
Olmecas 320, 323, 326, 327
Omar, Al Hadj 293
Omecihuatl 348
Ometecuhli 348
Onyang Xiu 165
Orange-Nassau 503
Oratores 408, 409, 410, 418
Ordem da Liga 412
Ordem de Aviz 412
Ordem do Velocino de Ouro 412
Ordem Dominicana 414
Ordenamento di Giustizia 417
Ordens mendicantes 412
Ordinatio Imperii 380

Ordo Fratrum Praedicatorum O.P. 414, 415
Orfeo 468
Orientais 496 .
Orleans 373, 397, 401
Orleans, Luís Filipe de 532
Orta, Garcia da 455
Ortega y Gasset 642
Os Três Filósofos 465
Ostrogodos 371, 425
OTAN 630, 633
Othonium Privilegium 387, 388
Oto 387
Oto I 384, 388, 395, 407, 426
Oto III 388
Oto IV 398
Oudewater 515
Ourique 405
Oxenstierna, Axel 492, 510
Oxford 423
P'eng 160, 215
Pacarina 328
Pach kah uinic 350
Pacha, Auca 345
Pacha, Djuder 249
Pacha, Hana 344
Pacha, Urin 344
Pachacutec 359
Pachacuti (Pachacutec) Inca Yupanqui 328
Pachamama ou Ama-qoca 344
Pádua, Marcílio de 369
Pádua, Marsílio de 425
Paes, Domingo 49
Países Baixos 481, 483, 485, 488, 489, 495, 496, 497, 498, 499, 500, 501, 502, 503, 504, 512, 514, 515, 521, 522, 546
Palácio de Inverno 574
Palácio de Verão 139, 190
Palavra, dinastia 10, 29, 37, 38, 45, 46, 65, 68
Palazzo Venezia 449

ÍNDICE ONOMÁSTICO

Palestrina 467
Pan Kou 159
Pan Piao 159
Pan Tchao 159
Panaka 342, 343, 359
Pandia 33
Panini 74
Panofsky, Erwin 431
Papa Benedito XV 582
Papa Gregório VIII 516
Papa Inocêncio III 391,
  413, 414, 422, 427
Papa Inocêncio VIII 435
Papa João XXII 369
Papa Leão III 377, 378
Papa Paulo III e seus
  Sobrinhos 465
Papado de Avignon 435
Papas de Avignon 383, 389
Paracas-Nazca 320
Paris vaut bien une messe
  474
Park, Mungo 297
Parlements 530
Parmigianino 466
Partição de Worms 381
Partido Comunista Russo
  538
Partido Nacional Socialista
  561, 562, 586
Partido Social Democrático
  597, 598
Partito Popolare Italiano
  582
Pascal 479, 515, 516, 517
Passamezzo 467
Pata de Jaguar 332
Pater Patriae 442
Patrimonium Petri 375
Paulo III 458, 465
Paulo, São 472
Pavia 462
Pávia, Sínodo de 390
Pax Americana 626,
  627, 628, 629, 630,
  631, 644
Pax Romana 626, 628
Pax Universalis 626, 630,
  631, 632, 633, 645

Payns, Hughes de 411
Paz de Arras 499
Paz de Augsburgo 473
Paz de Constança 390
Paz de Deus e a Trégua de
  Deus 397
Paz de Lodi 442
Paz de Nijmwegen 502
Paz de San Germano 392
Paz perpétua 428, 524
Pedro III 527
Pedro o Grande 481, 482,
  485, 510, 511, 512
Pelagio 404
Peng Dehai, marechal 206
Pepino 372, 374, 375, 376,
  380, 381, 387
Pepino I de Landen 374
Pepino II de Heristal 374
Pepino III, o Breve 374
Pepino o Corcunda 380
Perceval 410
Pereira, Duarte Pacheco
  455
Pereira, Nuno Alves 406
Perestroika 579
Perfecti 414
período clássico 324, 325,
  326, 327, 331, 332, 333,
  350, 362
Peron 610, 613
Perspectivas para o século
  XXI 662, 681
Peruzzi 420
Peste Negra 437, 438
Petacci, Clara 585
Petrarca 432, 434, 435,
  444, 445, 447, 477
Petrus Ramus 455
Picasso 480, 519, 543
Piero 441, 443
Piero della Francesca 448
Pierre de Ronsard 468
Pieter Brughel 466
Pietro Lombardo 449
Pigmeus 239, 274
Pilgrim Fathers 514, 534
Pin-Fa 128
Pinson 283

Pio II 435
Pipiltin 345, 346, 363
Pirenne 416
Pirro 73, 74
Pitt 521
Piu Lang 130
Pizarro, Francisco 318, 361
Planck, Max 479
Plank, Max 567
Plano Dawes 560
Plano Quadrienal 590
Plano qüinqüenal 204
Plano Young 563
Plantagenetas 398, 399,
  400, 426
Platão 423, 424
Plekhanov 202
Po K'im Yi 134
Pochteca 347
Poder e as idéias 667
Podestà 417, 421
Poggio 442, 465
Poggio Bracciolini 435,
  445, 446, 447
Poincaré 547
Políptico de São Vicente
  449
Politiques 489
Poliziano, Agnelo 446
Polo, Marco 102, 419
Pólvora 136, 163, 164
Pomponazzi, Pedro 469
Pondichery 107
Pontormo, Jacopo da 465
Popolani 441, 442, 444
Popolo 417, 418, 421
Popolo minuto 421
População da europa 480
Porciúncula 413
Porfírio 394, 424
Pornocracia 383
Portorium 380
Portugal 486, 493, 497,
  526, 528, 545, 546
Pós-Modernidade 615,
  616, 617, 618, 619, 620,
  621, 622, 642
Povos refugiados 238
Praedones 409

Praetor peregrinus 628
Prazo 279
Prebisch 552, 605
Prebisch, Raul 605
Prempeh 258
Presidente Bush 625, 626
Presidente Wilson 558
PRI 610, 614
Primeira Cruzada 397
Primeiro Mundo 555, 607
Princesa Petronilha 405
Príncipe de Condé 490
Principe dello Stato 442
Príncipe Felix Yusupov 572
Princípio Antrópico 622, 623
Privy council 509
Programa de Gotha 597, 598
Progresso artístico 685, 686
Progresso científico 673, 685, 686
Proskouriakoff, Tatiana 332
Proskuriakov, Tatiana 353
Protágoras 622, 624
Proust 545, 554
Provinciales 515, 517
Puiset 397
Pulci 420
Puranas 22, 34, 50, 62, 75, 76, 79, 85
Pym 507
Qin (Ch'in), império 128
Qing, dinastia Mandchu 170, 178, 180, 181, 183, 190, 191, 192, 194, 200, 223
Quanta 567
Queita, Modibo 307
Querela dos Universais 423, 424
Quetzalcoatl 323, 324, 348, 349, 355
Quigeli IV 274
Quilderico 373
Quimpavita 265

Quipus 340, 344
Rabelais, François 468
Rachmaninov 571
Racine 496, 514
Radama I 283, 297, 309
Radama II 283
Radhakrishnan, S. 65
Rafael 545
Ragadasio 369
Rai, Gobind 114
Rainha Amina 304
Rainha Ana da Áustria 494
Rainha Caça 304
Rainha Catarina I 510
Rainha Cristina 493, 510
Rainha Elizabeth 505
Rainha Mary 502, 505
Rainha Ravahini 282
Rainha Sacalava Ravahiny 304
Rainha Vitória 108, 242, 258, 536
Rajas 42, 50, 80, 92, 94, 104
Ramanuja 73
Ramirez I 405
Ramon Berenguer IV 405
Ranade, Mahadev Govind 116
Ranavalona I 283
Ranavalona II 283
Ranavalona III 284
Rasoherina 283, 304
Rasputin, Gregório 572
Ratsimilho 282
Ravailllac 491
Ray 623
Raya, Krisna Deva 49
Read 545
Realistas 424
Reccared 403
Reconquista 404, 410, 437
Reconstruction 534
Reforma 439, 450, 451, 458, 460, 463, 471, 472, 474, 475, 477
Reforma inglesa 504
Régis, Jean Baptiste 184

Rei Afonso V 438
Rei Artur 410
Rei Evare 256
Rei Evedo 255
Rei Njoia 299
Rei Osei Tutu 257
Reich, Wilhelm 541
Reims 397, 401
Reino Bateque 262
Reino de Toulouse 371, 373
Religião 652, 656, 657, 658, 662, 663, 664, 665, 668, 669, 671
Religiões políticas 556
Rembrandt 479, 513
Remígio 373
Renascimento 431, 432, 433, 434, 435, 436, 437, 438, 439, 440, 442, 443, 444, 445
Renoir 543
Rentenmark 560
República de Salò 583, 584
República de Weimar 560, 563, 585, 593, 595
República Popular 124, 140, 200, 202, 206, 231
Restauração Meiji 484, 518, 601
Retatirum 380
Retrato de Baldassare Castiglione 465
Revolução Americana 518, 524
Revolução Cultural 205, 207, 209, 210, 225, 228, 612
Revolução de Fevereiro 573
Revolução de Outubro 548
Revolução Gloriosa 502, 503, 509
Revolução Republicana 182, 198, 200, 201, 228
Revolução Russa 553, 557, 570, 571, 574, 575, 590
Rhodes, Cecil 281

ÍNDICE ONOMÁSTICO 787

Ribbentrop 589, 590
Ricardo Coração de Leão 391, 398, 410
Ricardo II 401
Richard Strauss 480
Richelieu 479, 485, 487, 489, 490, 491, 492, 493, 494, 495, 496, 503, 512, 522, 526, 530
Rigveda 11, 18, 19, 70
Rilke 642
Rimfa, Mohammed 249, 250
Ring, o 377
Risorgimento 581
Robert Molesme 411
Roberto 388, 396, 397
Roc, Inca 328
Rocroy 493
Roderico 403
Röehm, Ernst 561, 562, 586
Roger Bacon 425
Rois faineants 374
Rolando 377
Rollo 386
Romantismo 513, 519, 524, 528, 529, 532, 533, 535, 543
Romney 528
Rômulo Augústulo 368
Roosevelt, Franklin 563
Rosenberg, Alfred 561
Rosky 617
Rotten boroughs 532
Rousseau 523, 524, 533
Roy, Ram Mohan 115
Royal Air Force 591
Royal Society 512
Ruanda 239, 272, 273, 274, 301, 307
Rubens 479, 483, 512, 513
Rudolf Hess 561
Rugionos 371
Rujugira, Cilima II 274
Rump Parliament 506, 508
Runa, Purun 345
Runa, Uari 345
Runa, Uari Uiracocha 345

Russell, J. C. 437
Ruysdael 513
Ryder, Arthur W. Smrti 74
Saarianos 236
Sacro Império Romano 368, 369, 380, 384, 386, 388, 389, 396, 399, 407, 428
Sacrum Romanum Imperium Nationis Germanicae 386
Sadam Hussein 626
Said, Seyid 271
Salam, Abdus 568
Salisbury, João de 425
Salomon, Frank 335
Saltarella 467
Salutati, Coluccio 445, 447
Salviati, Francesco 442
Samaveda 19
Samsara 32, 62-63, 68, 69, 70, 85, 90, 97, 98, 99
Samudragupta 42, 43
Sanchez III o Grande 404
Sancho III 405
Sancho VII 405
Sangalo, Giuliano da 449
Sankara 72, 73, 96, 98
Sankaracarya 98
Santa Clara 413
Santiago 412
São Bernardo de Clairvaux 575, 612
São Boaventura 413
São Bruno 411
São Domingos 414, 415
São Francisco 412, 413, 414, 415
São Francisco de Assis 642
São Tomás de Aquino 422
Sapiens 235
Saraswati, Dayananda 117
Sat e asat 70, 71
Satavahana, dinastia 31
Saussure 616
Savonarola, Girolamo 443
Saxões 371, 372, 374, 377, 426
Schacht, Hjalmar 560, 561

Scheler, Max 539, 593
Schiller 524, 533
Schlegel 524, 533
Schöenberg 480, 519
Schroedinger, Erwin 567
Schubert 533
Schumacher, Kurt 598
Sciri 371
Scott, Walter 201
Scotus, Duns 422
Sebastião 278, 406
Segunda Guerra Mundial 552, 553, 554, 556, 557, 563, 566, 578, 584, 585, 590, 591, 592, 597, 599, 603, 624-625, 626, 638
Segundo Mundo 555
Seis Artigos 505
Selden 507
Self-rule 116
Senescalus 379
Sepoy 103
Sepoys, motim 115
Sérgio III 383, 387
Serpente Nebulosa 324
Sevilha, Giralda de 404
Seyss-Inquart 589
Sforza, Ludovico 461
Shah, Sher 103
Shakespeare 460, 464, 469, 513
Shamhaji 106
Shang Yang (Wei Yang) 129
Shang, dinastia 126, 141, 213, 214, 215, 216, 217, 218
Shang, príncipe 127
Shang-Ti, deus 142, 190
Shao Yong 164
Shaw, Bernard 479, 599
Sheldon Glashow 568
Shen Chang 177
Shen Gua 164
Sheriffs 402
Shi Huang-Ti 130
Shibinda, Lunga 268
Shih Huang-Ti 124, 130

Shiva, deus 40, 47, 85, 86, 87, 95, 102
Shivaji 106
Shuga 105
Shukah, Dara 105
Shun-Chih 138, 180, 181
Siagrio 373
Siano della Bella 417
Sigiberto III 374
Sigibeto 373
Siglo de oro 485
Signoria 418
Sikhs 50, 55, 58, 105, 113, 114
Siku Quanshu Zongmu Tiyao 187
Silva, Jorge 364
Sima Guang 165
Simon de Montfort 398, 414
Sinchi Roca 328
Sindhia, de Gwalior 108
Sínodo em Worms 389
Sir John Marshall 12
Sisley 543
Sistema social 648, 654, 663
Sixto IV 435, 442
Skorzeny, Otto 584
Smith, Adam 200, 524
Snow, C. P. 642
Sobieski, John 461
Società di Georgofilia 525
Soderini 447
Sola fide 439, 472
Sola scriptura 439, 472
Solaiman ib-Arabi 377
Soma, divindade e bebida 67, 93, 94
Somba 239
Sonin 183
Sorokin 571, 618, 620, 645
Southampton 507
Soviete de Petrograd 573
Spalatin, Georg 473
Spencer, Hebert 200
Spengler, Oswald 539
Speziali Merciai 421

Spinoza 516, 517
Spinoza, Benedito 517
Squadre d'azione 581
Sri Aurobindo 75
Srinivas, M.N. 62
Srivijaya 39, 40
St. Géraud de Aurillac 410
St. Victor 397
Stalin 571, 574, 575, 576, 579, 580, 590, 591, 605
Stalingrado 591
Standard Oil 535
Statehalters 586
Stathouder 500, 501, 502, 515
Steven Weinberg 568
Stilico 368, 369
Stolypin 548
Strachey, James 540
Strachy, Christopher 568
Strasser, Gregor 561, 586
Strauss, Richard 593
Stravinsky 480, 571
Stressemann 560, 561
Stroze 420
Stuart 503, 538
Stuarts 482, 503, 504, 506, 508
Stupor Mundi 391, 394, 407
Stürmer, Boris 572
Sturzo, Dom Luigi 582
Su Sung 164
Su-Ku Ch'üansh 186
Sub-sistemas 663, 664
Subdesenvolvimento 552, 607, 608, 609, 610, 613, 614
Sudras 82, 83, 93
Sui 133, 134, 140, 153, 223
Suksaha 183
Suleiman I 460
Suleiman, Mansa 304
Sultão al-Kamil, do Egito 392
Sun Yat-Sen 194, 195, 196, 198, 225, 226, 227
Sung Ci 164

Sung, dinastia 162, 223, 225
Sunga 30, 31, 78
Sussex 372, 402
Sutras 77, 79
Suyo 342
Swift 528
T'ai-Ping, revolta de 138
T'ang Yin 177
T'ang, dinastia 134, 156, 162, 223, 225, 226
T'anglü Shuyi 156
T'angut, reino 167
T'ien-Chi, imperador 180
T'ien-t'ai 159
Tagore, Debendranath 115
Tagore, Rabindranath 115
Tai-Tsung (Chao K'uang-Yin) 134, 135
Taifa 403
Taiping 181, 182, 188, 189, 190, 191, 192, 225
Taiping Ji 164
Taiwaudi 154
Taj Mahal 56, 105
Tajin 323
Tall, El Hadj Omar 253
Taluth, Alasan Ibn 270
Tantra 44
Tao Hongjing 154
Tao Yuanming 154
Tao-Kia 147
Tao-Kiao 147
Taoísmo 125, 147, 148, 153, 154, 158, 168, 219, 222
Tarik 403
Tartaglia, Niccolò 516
Tarwi 319
Tassilon 376
Tasso, Torquato 468
Tawantinsuyo 336, 337, 339, 342, 360, 364
Tch'an 159
Tchang Yen-Yiuan 160
Tche-K'ai 159
Tcheou 160
Te-Tsung, imperador 157
Tecalli 346

ÍNDICE ONOMÁSTICO

Telemann 513, 528
Templários 411
Teobaldo I 405
Teodolfo 380
Teodon 376
Teodorico 373
Teodorico o Grande 371, 415-416
Teodósio o Grande 368
Teofilacto 387
Teoria da relatividade 557, 567
Teotihuacan 322, 323, 324, 331, 332, 362
Terceira Cruzada 391, 398
Terceiro Mundo 552, 554, 555, 556, 557, 575, 606, 607, 608, 609, 610, 637
Terror de Robespierre 531
Tetzel, Johann 472
Teutônicos 370, 412
Tezcatlipoca 324
Tezozomoc 331, 357
Thälmann, Ernst 595
Thatcher, Margaret 600
Theravada 88
Thompson, Eric J. 349
Ti, Chu 174
Tiahuanaco 321, 355
Tiananmen, praça 209, 213
Tianzi, Filho dos Céus 142
Tib, Tipu 276
Ticiano 461, 465, 545
Tilly 510
Timur ou Tamarlão 50, 53, 54, 55, 103
Tintoretto 461
Tiplesr 623
Tirso de Molina 514
Tizoc 332
Tlacaelel 346, 357
Tlacotin 347, 348
Tlaloc 323
Tlatoani, Huey 331
Todar Mall 104
Tolstoi 571
Toltecas 324, 325, 331, 345, 346, 356, 357
Tomismo 425

Tondibi 233, 249
Topa Inca Yupanqui 328, 330
Tostig 402
Toulouse, Raymond de 414
Tradição republicana 89
Tratado de Aix-la-Chapelle 501
Tratado de Madrid 462
Tratado de Paris 398, 400
Tratado de Utrecht 485, 499, 502, 520
Tratado de Verdun 381, 397
Tratado de Versailles 553, 558, 559, 588, 590, 594
Tratado de Vervin 463, 488, 491
Tratado de Westfalia 485, 486, 489, 493, 499, 510
Trecento 444
Trepov, Alexandre 572
Três "Anti" 203
Tres Zapotes 320, 323
Treves 582
Tribunal do Povo 586
Trimingham 238
Tríplice Aliança 501, 545, 546
Tríplice Entente 545
Tríptico de São Vicente 436
Trotsky 573, 574
Truman 599
Ts'ai Yüan-P'ei 201
Tsai-T'ien 180
Tsar Nicolau II 547
Tsion, Amde 309
Tso Tsung-T'ang 191, 225
Tuce, Yulin 171
Tucuiricoc 336, 340
Tudor 503, 509
Tudor, Maria 460
Tujhluk 101
Turê, Samori 298
Turenne 495
Turgot 530
Turing, Alan M. 568
Turíngios 371
Two Treatises on Government 518
Tzhouang-Tzu 141

Tzu Hsi, imperatriz 139, 140
Tzu, Lao 150
Uarga, Naaba 251
Ubri 251
Uhle, Max 317
Uigurs 157
Umaiad 377, 403
União de Utrecht 498, 499
União Européia 606, 607, 626, 628, 630
Universidade de Bolonha 423
Universidade de Paris 415, 422, 423
Universitas magistrorum discipulorumque 421
Upanixades 19, 20, 21, 24, 32, 62, 65, 66, 67, 68, 69, 70, 73, 83, 89, 95, 96, 97, 98
Urbano II, papa 397
Utopia 469
Vaisyas 27, 34, 93
Van Dyck 513, 545
Vansina, J. 261
Vargas, Getúlio 555, 611
Varnas 62, 79, 82
Vasudeva 31, 86
Vattimo, Gianni 617, 619
Vauban 495
Vaz, Henrique de Lima 475
Vega, Lope de 469, 514
Vegbadja 259
Velasquez 513
Veneziano, Gabrielle 568
Venus de Urbino 465
Verbiest, Ferdinand 184
Vernichtungslager 587
Veronese 461
Verrochio 446
Versailles 483, 495, 496, 512, 523
Vesalius, Andrea 516
Vices domini 441
Vieira, Antonio 514
Vigna, Pietro della 392
Vikings 381, 382, 384, 386, 416
Villars 495

Vinci, Leonardo da 439, 446, 464

Viracocha 328, 344, 355, 358, 359

Virgílio 434

Visconde Chelmsford 117

Vishnu, deus 40, 73, 85, 86, 95, 101, 113

Visigodo, o reino 403

Visigodos 369, 370, 371, 373, 403, 425

Vivaldi 461, 467, 479

Vives, Juan Luis 436

Vlamick 543

Volney 237

Voltaire 87, 494, 523, 525, 527

Von Kettler, barão 139

Von Papen 564

Von Rommel 591

Voytinsky, Gregory N. 195

Vuh, Popol 352

Vunda, Mani 263

Walla 371

Wallenstein 512

Walpole 510, 521

Walras, Leon 538

Wang Aushi 165

Wang Ching-Wei 196

Wang Hi-Tche 160

Wang Mang 131

Wang Tao 193

Wang Yang-Ming 176, 177

Warañqa 341

Washington 524

Wat Tyler 401

Watson, James 569

Watt, James 525

Watteau 524, 528

Webb, Sidney 538, 599

Weber, Alfred 593

Weber, Max 82, 110, 521, 538, 554

Wei Ch'ung-Chen 180

Wei, reino 132

Welfare state 552, 554, 557, 597, 599, 600, 635, 636

Wen Kung 127

Wen-Wang 127

Wessex 372

Weyden, Roger van der 435, 450

Whampoa, Academia de 196

Widuking 377

Wiener, Norbert 568

Wilde, Oscar 545

Willey, Gordon 326

Wilson, Presidente 479

Wilzes 377

Witan 402

Witt, Jean De 499, 501

Wolseley, Sir G. 258

Wu Ch'eng 178

Wu, reino 132

Wu-Ti, imperador bodhisattva 151, 154

Wu-Tsung 135

Wu-Wang 127

Wycliff 401

Wycliffe, John 471, 476

Xia, dinastia 123, 213, 214, 217

Xiaoping, Deng 206, 207, 208, 209, 213, 225, 227, 229, 611, 612

Xie Lingyun 154

Xinxue 176

Xiongnu 132

Xiyuanlu 164

Xu Hangzu 177

Xu Pianxue 187

Yajurveda 19

Yalba-uinic 350

Yang 124, 129, 133, 134, 143, 146, 148, 149, 152, 157, 176, 177, 179, 219, 223

Yang Cien (Wen-Ti) 133

Yang T'ing-Yun 179

Yang Wei-Chen 136

Yang Yen 157

Yang-Kuang (Yang-Ti) 133

Yangshao, cultura 123

Yeh-Lü Ch'u-Ts'ai 167

Yeltsin, Boris 577, 580

Yen Li-Pen 161

Yhe Fei 163

Yi 134, 145, 146, 148, 152, 160

Ying 177, 184

Yüan 136, 168, 193, 194, 201

Yüan Shih-K'ai 140, 182, 193

Yüan, dinastia mongólica 136, 166, 223

Yüan-Chang, Chu 137, 170, 223

Yung Chang, imperador 179

Yung-Cheng 181, 184

Yupanqui, Lloque 328

Zacarias 374, 375, 387

Zakat 250

Zarolho, Frederico 390

Zatian (Wu Chao) 134

Zedong, Mao 611, 612

Zemdvos 572

Zemstvo 535

Zeng Guofain 139

Zeng Kuo-Fan 190, 191, 192, 225

Zeno 370, 371

Zhang Zhidong 182

Zhen, Dai 187, 188

Zheng He 174

Zheng Xuan 152

zhengming 148

Zhongyan, Don 165

Zhou (Chou), dinastia 127

Zhou Enlai 195, 203, 209, 211

Zhou Kung 127

Zhou ocidental 216

Zhu Ci 165

Zhu Ronggi 213

Zhuangzi 147

Zimba 271, 276, 277, 281, 282

Zinjantropos 236

Ziyang, Zhao 210

Zollverein 536, 605

Zongo 251

Zuidema, Tom 329, 342

Zulus 239, 280

Zurati 582

Zwingli 472

editora gráfica
Av. Papaiz, 581 - Jd. das Nações - Diadema / SP